Le Routard

Toscane, Ombrie

Directeur de collection et auteur
Philippe GLOAGUEN

Cofondateurs
Philippe GLOAGUEN
et Michel DUVAL

Rédacteur en chef
Pierre JOSSE

Rédacteurs en chef adjoints
Amanda KERAVEL
et Benoît LUCCHINI

Directrice de la coordination
Florence CHARMETANT

Directrice administrative
Bénédicte GLOAGUEN

Direction éditoriale
Catherine JULHE

Rédaction
Isabelle AL SUBAIHI
Mathilde de BOISGROLLIER
Thierry BROUARD
Marie BURIN des ROZIERS
Véronique de CHARDON
Gavin's CLEMENTE-RUÏZ
Fiona DEBRABANDER
Anne-Caroline DUMAS
Géraldine LEMAUF-BEAUVOIS
Olivier PAGE
Alain PALLIER
Anne POINSOT
André PONCELET

Administration
Carole BORDES
Éléonore FRIESS

2015

hachette

Remarque importante aux hôteliers et restaurateurs

Les enquêteurs du *Routard* travaillent dans le plus strict anonymat. Aucune réduction, aucun avantage quelconque, aucune rétribution n'est jamais demandé en contrepartie. Face aux aigrefins, la loi autorise les hôteliers et restaurateurs à porter plainte.

Avis aux lecteurs

Le Routard, ce n'est pas comme le bon vin, il vieillit mal. On ne veut pas pousser à la consommation, mais évitez de partir avec une édition ancienne. Les modifications sont souvent importantes.
Les réductions accordées à nos lecteurs ne sont jamais demandées par nos rédacteurs afin de préserver leur indépendance. Les hôteliers et restaurateurs sont sollicités par une société de mailing, totalement indépendante de la rédaction, qui reste donc libre de ses choix. De même pour les autocollants et plaques émaillées.

Avec routard.com, choisissez, organisez, réservez et partagez vos voyages !

✓ Rejoignez la plus grande communauté francophone de voyageurs : plus de **2 millions** de visiteurs !

✓ Échangez avec les routarnautes : forums, photos, avis d'hôtels.

✓ Retrouvez aussi toutes les informations actualisées pour choisir et préparer vos voyages : plus de 200 fiches pays, une centaine de dossiers pratiques et un magazine en ligne pour découvrir tous les secrets de votre destination.

✓ Enfin, comparez les offres pour organiser et réserver votre voyage au meilleur prix.

Pictogrammes du *Routard*

Établissements
- Hôtel, auberge, chambres d'hôtes
- Camping
- Restaurant
- Pizzeria
- Boulangerie, sandwicherie
- Glacier
- Café, salon de thé
- Pâtisserie
- Café, bar
- Bar musical
- Club, boîte de nuit
- Salle de spectacle
- Office de tourisme
- Poste
- Boutique, magasin, marché
- Accès internet
- Hôpital, urgences

Sites
- Plage
- Site de plongée
- Piste cyclable, parcours à vélo

Transports
- Aéroport
- Gare ferroviaire
- Gare routière, arrêt de bus
- Station de métro
- Station de tramway
- Parking
- Taxi
- Taxi collectif
- Bateau
- Bateau fluvial

Attraits et équipements
- Présente un intérêt touristique
- Recommandé pour les enfants
- Adapté aux personnes handicapées
- Ordinateur à disposition
- Connexion wifi
- Inscrit au Patrimoine mondial de l'Unesco

Le *Routard* est imprimé sur un papier issu de forêts gérées.

I.S.B.N. 978-2-01-002747-5

TABLE DES MATIÈRES

COMMENT Y ALLER ?

TOSCANE, OMBRIE UTILE

HOMMES, CULTURE, ENVIRONNEMENT

LA TOSCANE

FLORENCE ET SES ENVIRONS

LA RÉGION DU CHIANTI

SIENNE ET SES ENVIRONS

LE VAL D'ORCIA

LE VAL DI CHIANA

LE VAL D'ELSA

LUCCA ET SES ENVIRONS

LA TOSCANE LITTORALE

LA MAREMME

L'OMBRIE

LE NORD DE LA VALLÉE DU TIBRE

LE TERRITOIRE EUGUBIN

LA VALLÉE OMBRIENNE

LE SUD DE LA VALLÉE DU TIBRE

LES VALLÉES DE LA NERA ET DE SES AFFLUENTS

☎ **112 :** voici le numéro d'urgence commun à la France et à tous les pays de l'UE, à composer en cas d'accident, d'agression ou de détresse. Il permet de se faire localiser et aider en français, tout en améliorant les délais d'intervention des services de secours.

Recommandation à ceux qui souhaitent profiter des réductions et avantages proposés dans le *Routard* par les hôteliers et les restaurateurs.

À l'hôtel, pensez à les demander au moment de la réservation ou si vous n'avez pas réservé **à l'arrivée.** Ils ne sont valables que pour les réservations en direct et non cumulables avec d'autres offres promotionnelles (notamment sur Internet). Au restaurant, parlez-en **au moment** de la commande et surtout **avant** que l'addition soit établie. Poser votre *Routard* sur la table ne suffit pas : le personnel de salle n'est pas toujours au courant et une fois le ticket de caisse imprimé, il est souvent difficile de modifier le total. En cas de doute, montrez la notice relative à l'établissement dans le *Routard* de l'année, bien sûr, et ne manquez pas de nous faire part de toute difficulté rencontrée.

??? LES QUESTIONS QU'ON SE POSE LE PLUS SOUVENT

Quelle est la meilleure saison pour y aller ?
Le printemps et le début de l'été (mai-juin) ainsi que l'automne (septembre-octobre) sont désormais les mois de la pleine saison. Le temps y est agréable sans être trop chaud. Attention, de nombreuses adresses ferment pour congés annuels aux alentours du 15 août.

Quel est le meilleur moyen de transport ?
L'avion est la solution la plus rapide, surtout pour un court séjour. Les compagnies *low-cost* desservent Florence et Pise, les aéroports de Pérouse et Assise en Ombrie.

La vie est-elle chère ?
En Toscane, elle est plus chère que dans le reste de l'Italie, cela est particulièrement vrai pour l'hébergement, dans une moindre mesure pour la restauration. Rassurez-vous, on mange facilement sur le pouce pour trois fois rien (panini, parts de pizzas...). Mêmes remarques pour l'Ombrie, où le coût de l'hébergement est toutefois beaucoup plus raisonnable.

Peut-on emmener ses enfants ?
Bien sûr ! Cependant, le riche patrimoine italien (surtout dans les grandes villes culturelles comme à Florence, Sienne, Pise ou Assise) risque d'épuiser vos chérubins. Pensez à alterner les balades et les visites de musées. Et question nourriture, c'est le top ! Pizza, pâtes, glaces...

Faut-il parler l'italien pour se faire comprendre ?
Quelques notions d'italien sont toujours utiles et facilitent les échanges...

Peut-on facilement se déplacer sans voiture en Toscane ou en Ombrie ?
Même si le stationnement est un vrai casse-tête dans les grandes villes et l'essence chère, louer une voiture reste le moyen le plus souple pour voyager si vous souhaitez sortir des sentiers battus, car toutes les petites villes ne sont pas desservies par le train ou les bus (ou alors, l'attente peut s'éterniser).

Doit-on prévoir un gros budget pour les visites culturelles ?
La plupart des villes ont mis en place des systèmes de *pass* ou billets combinant l'entrée de plusieurs musées. C'est notamment le cas de Florence avec la *Firenze Card* et de bon nombre de villes toscanes et ombriennes (Sienne, Pise, Assise, Orvieto, Pérouse). N'empêche, si vous êtes un « muséivore », ce budget devient vite assez conséquent.

Doit-on redouter la chaleur ?
Oui, en juillet-août. Dans les villes comme Florence, Sienne ou Lucques, la chaleur est étouffante (pensez à boire... de l'eau, de préférences). Préférez donc les saisons intermédiaires.

Que peut-on rapporter de Toscane et d'Ombrie ?
Des produits de bouche : huile d'olive, charcuterie, fromage, vin (que ce soit en Toscane ou en Ombrie, chaque province a ses crus de référence), mais également de l'artisanat : céramique, maroquinerie, du papier marbré, grande spécialité de Florence.

LES COUPS DE CŒUR DU ROUTARD

À FLORENCE ET DANS SES ENVIRONS

- **Visiter les cellules des moines peintes par Fra Angelico,** au museo di San Marco à Florence .... p. 180
- **Admirer l'étonnante statue** de David à l'Accademia de Florence, un chef-d'œuvre de Michel-Ange .... p. 179
- Contempler le **coucher du soleil au belvédère de San Miniato al Monte**... p. 222
- À Florence, **traverser le ponte alla Carraia pour découvrir le quartier San Frediano et admirer la chapelle Brancacci** avec ses fresques somptueuses..... p. 202, 206
- **Se balader dans les magnifiques giardino Bardini et giardino delle Rose** dans l'Oltrarno, en admirant la vue magnifique sur Florence .... p. 216, 221
- **Parcourir la campagne somptueuse** et pousser jusqu'à Fiesole, à 7 km de Florence, qui inspira Boccace.. p. 224, 228

EN TOSCANE...

- **Profiter des nombreuses dégustations de chianti** dans les *aziende* vinicoles entre Florence et Sienne (mais n'oubliez pas : « C'est celui qui ne boit pas qui conduit », et la police veille au grain !) .... p. 238
- **Entreprendre un safari-photo** de toutes les fontaines en forme d'animaux dans les 17 *contrade* (quartiers) de Sienne... p. 284
- Chercher les détails et tenter de lire au-delà de l'image en observant les **fresques du truculent Sodoma dans le cloître de l'abbatiale de Monte Oliveto Maggiore** .... p. 306
- À **Lucca,** dormir dans un palais du XIVe s avec son décor vieux de 600 ans et visiter la remarquable **villa Torrigiani,** le plus beau château de la campagne lucquoise. On se croirait dans un film de Visconti !..... p. 381
- **Prendre un thé aux thermes Tettuccio de Montecatini Terme** et se laisser bercer par la mélodie du pianiste ..... p. 385
- Profiter du calme et de l'environnement serein de l'**adorable et intime Abbazia di Sant'Antimo** .... p. 318
- **Admirer les fresques de Piero della Francesca dans le Museo civico** de sa ville natale, Sansepolcro............. p. 342
- Rester pantois d'admiration devant ***L'Annonciation* de Fra Angelico au Musée diocésain de Cortona** .... p. 331
- S'émerveiller de la vue imprenable sur la campagne toscane depuis les remparts de **San Gimignano** .... p. 364
- **Visiter une importante carrière de marbre** dans la montagne de Carrare ... p. 399
- **Se promener seul le soir sur la piazza dei Miracoli à Pise** pour un tête-à-tête avec la tour penchée .... p. 425
- Faire une halte gastronomique à **Pitigliano,** et flâner dans ses vielles ruelles chargées d'histoire .... p. 456

... ET EN OMBRIE

- Admirer sous toutes ses coutures **le superbe Duomo à Orvieto,** en soirée quand ses mosaïques chatoient............. p. 559
- **Assister à la fête des Cierges à Gubbio** et à la course folle qui s'ensuit dans les rues de la ville .... p. 502
- **Observer la fresque de saint François** parlant aux oiseaux, un chef-d'œuvre absolu de la Renaissance, dans la basilique de Saint-François à Assise.......... p. 513
- **Rapporter dans ses valises d'excellentes cochonnailles de Nursie** ainsi que la *caciotta,* un goûteux fromage de brebis .... p. 574
- **À Pérouse, déambuler dans les rues souterraines** du quartier médiéval de la Rocca Paolina............................. p. 478
- **Parcourir à pied et bien chaussé le Chemin franciscain** et découvrir des villages ravissants, le soir au soleil déclinant... p. 517

Nous tenons à remercier tout particulièrement Loup-Maëlle Besançon, Thierry Bessou, Gérard Bouchu, François Chauvin, Grégory Dalex, Stéphanie Déro, Fabrice Doumergue, Cédric Fischer, Carole Fouque, Michelle Georget, David Giason, Claude Hervé-Bazin, Emmanuel Juste, Dimitri Lefèvre, Fabrice de Lestang, Romain Meynier, Éric Milet, Pierre Mitrano, Jean-Sébastien Petitdemange, Thomas Rivallain et Dominique Roland pour leur collaboration régulière.

Emmanuelle Bauquis
Mathilde Blanchard
Jean-Jacques Bordier-Chêne
Michèle Boucher
Mathilde Bouron
Sophie Cachard
Jeanne Cochin
Agnès Debiage
Jérôme Denoix
Joséphine Desfougères
Tovi et Ahmet Diler
Clélie Dudon
Sophie Duval
Alain Fisch
Cécile Gastaldo
Bérénice Glanger
Adrien et Clément Gloaguen
Bernard Hilaire
Sébastien Jauffret
Blanche-Flore Laize
Virginie Leibel
Jacques Lemoine
Julien Léopold
Jacques Muller
Caroline Ollion
Martine Partrat
Odile Paugam et Didier Jehanno
Julia Pouyet
Émile Pujol
Maud Régent
Anaïs Rougale
Prakit Saiporn
Jean-Luc et Antigone Schilling
Alicia Tawil
Caroline Vallano
Juliana Verdier

Direction : Nathalie Bloch-Pujo
Contrôle de gestion : Jérôme Boulingre et Alexis Bonnefond
Secrétariat : Catherine Maîtrepierre
Direction éditoriale : Catherine Julhe
Édition : Matthieu Devaux, Géraldine Péron, Olga Krokhina, Gia-Quy Tran, Julie Dupré, Pauline Fiot, Camille Loiseau, Béatrice Macé de Lépinay, Emmanuelle Michon, Martine Schmitt et Marion Sergent
Préparation-lecture : Marie Sanson
Cartographie : Frédéric Clémençon et Aurélie Huot
Fabrication : Nathalie Lautout et Audrey Detournay
Relations presse France : COM'PROD, Fred Papet. ☎ 01-70-69-04-69.
• *info@comprod.fr* •
Direction marketing : Adrien de Bizemont, Lydie Firmin et Laure Illand
Contacts partenariats : André Magniez (EMD). • *andremagniez@gmail.com* •
Édition des partenariats : Élise Ernest
Informatique éditoriale : Lionel Barth
Couverture : Clément Gloaguen et Seenk
Maquette intérieure : le-bureau-des-affaires-graphiques.com, Thibault Reumaux et npeg.fr
Relations presse : Martine Levens (Belgique) et Maureen Browne (Suisse)
Régie publicitaire : Florence Brunel-Jars

Remerciements

– Valerio Scoyni, directeur de l'ENIT à Paris.
– Anne Lefèvre, chargée des relations avec la presse à l'ENIT.
– Federica Galbesi et Antonella Botta du service marketing à l'ENIT.
– Roberta Romoli, responsable des relations presse à l'office de tourisme de Florence, et Susana Scali pour leur accueil, leur gentillesse et leur disponibilité.
– Laurence Aventin, pour son aide précieuse et ses connaissances extraordinaires sur Florence !
– Caroline Raoux-Yon, pour son dynamisme et sa joyeuse compagnie.
– La famille Ferré, pour son accueil chaleureux.
– Carla Galardi, notre guide à Sienne, imbattable sur les petits secrets de sa ville.
– Bertrand Deschamps, excellent coéquipier sur les routes de Toscane.
– Emma Outrebon, pour son aide efficace et ponctuelle.

IMPORTANT : DERNIÈRE MINUTE

Sauf rare exception, le *Routard* bénéficie d'une parution annuelle à date fixe. Entre deux dates, des événements fortuits (formalités, taux de change, catastrophes naturelles, conditions d'accès aux sites, fermetures inopinées...) peuvent intervenir et modifier vos projets de voyage. Pour éviter les déconvenues, nous vous recommandons de consulter la rubrique « Guide » par pays de notre site ● ***routard.com*** ● et plus particulièrement les dernières ***Actus voyageurs.***

ITINÉRAIRES CONSEILLÉS

Attention ! Florence méritant à elle seule un voyage (prévoir 5-6 jours), nous ne l'incluons pas dans nos propositions. Sienne mérite bien quant à elle 2 jours pleins. Voici quelques suggestions de parcours.

ITINÉRAIRE D'UNE SEMAINE EN TOSCANE

Premier jour : Pise

Le centre historique n'est pas immense et le point fort de la visite reste la *piazza dei Miracoli,* avec le *baptistère,* la fameuse *tour penchée* et le *Duomo.*

Deuxième jour : Lucques (Lucca)

Cette ville aux origines romaines (son amphithéâtre) permet aussi d'apprécier les charmes de la Renaissance. Elle compte plus d'une centaine de palais, témoins de la richesse de la ville à la Renaissance. À voir : le *Duomo,* la *torre dei Guinigi,* la *piazza San Michele* et son église, les villas patriciennes des XVIe et XIXe s qui se trouvent dans les environs : *villa Torrigiani (ou villa Camigliano), villa Reale et villa Mansi*.

Troisième et quatrième jours : San Gimignano et Volterra

Le centre de San Gimignano se prête parfaitement à la marche : prenez les rues qui vous conduisent à la *Collegiata,* à la *piazza del Duomo* et à la *piazza della Cisterna.* Petit *Museo civico* intéressant.
À Volterra, d'étonnants vestiges. À voir : le *musée étrusque Garnacci* pour son étonnante sculpture *L'Ombra della Sera* et le *théâtre romain.*

Cinquième jour : le Chianti

Étape œno-gastronomique géniale ! Flânez dans cette superbe région entre Florence et Sienne en prenant la *SR 222,* appelée par les autochtones la *Chiantigiana* (en référence à la *Francigena,* la route des pèlerinages bien connue). Appréciez les paysages envoûtants de *Greve, Radda, Castellina* ou *Gaiole.* Attention sur les routes, ça tourne et virevolte jusqu'à en donner le tournis, même sans chianti !

Sixième et septième jours : Sienne

Sienne mérite deux bonnes journées de visite. La ville aux 17 *contrade* (quartiers), avec ses fontaines cachées et ses ruelles ourlées d'antiques maisons, est l'un des joyaux toscans. À ne manquer sous aucun prétexte : la *pinacoteca nazionale,* le *Duomo* (avec la très belle *bibliothèque Piccolomini*), la *piazza del Campo* en forme de coquillage et le *Palazzo Pubblico.*

ITINÉRAIRE DE 10 JOURS VERS L'OMBRIE

Reprenez l'itinéraire d'une semaine en Toscane et, pour les chanceux qui peuvent encore profiter de leurs vacances, poursuivez le voyage. Le parcours des

4 premiers jours reste le même ; prenez la direction de la région entre Volterra et Sienne puis dans la région du Chianti (4e et 5e jours).

Sixième jour : Arezzo

Une ville où tout se fait à pied. À voir : les fresques de la sainte Croix par Piero della Francesca, le *Duomo* et la magnifique *chiesa Santa Maria della Pieve.* Et pour les amateurs de beaux meubles, Arezzo est très réputée pour ses antiquaires.

Septième jour : Gubbio

Quittez la Toscane pour le poumon vert de l'Italie : l'Ombrie ! Commencez par Gubbio, très joliment adossée à une haute colline. À voir : la ville et ses ruelles qui distillent un charme indéniable, le *palazzo dei Consoli* et sa *pinacoteca,* ainsi que le *museo d'Arte Palazzo ducale.*

Huitième jour : Assise et le parc régional du mont Subasio

Une fort jolie ville aux ruelles médiévales incontestablement mystique mais aussi très touristique. La *basilique San Francesco* mérite cependant absolument votre visite. Si vous souhaitez fuir un peu la foule, le beau parc régional du mont Subasio vous tend grand les bras pour une virée dans le vert et de très belles vues sur la région.

Neuvième jour : Pérouse

Le chef-lieu de la région mérite son titre, et il faudra une bonne journée pour le visiter en l'appréciant à sa juste valeur. On ne saurait que trop vous conseiller d'y rester une ou plusieurs nuits pour vous imprégner de son atmosphère et arpenter ses ruelles qui réservent bien des surprises. À voir dans la ville : le *palazzo dei Priori* abritant l'incontournable *Galerie nationale de l'Ombrie* (qui réserve une place d'honneur aux tableaux du Pérugin), la *chiesa San Pietro,* le *tempio Sant'Angelo,* sans oublier l'étonnante petite ville souterraine que constitue la *Rocca Paolina.*

Dixième jour : le lac Trasimène

Pour la fin de votre séjour, pourquoi ne pas tenter une étape « détente » au lac Trasimène qui, dit-on, fut source d'inspiration aux compositions du Pérugin. Visitez en priorité les bourgades médiévales de *Panicale* et *Città della Pieve,* et profitez de la plage, du farniente et de jolies excursions sur les îles du lac.

ITINÉRAIRE TOSCAN DE 10 JOURS AVEC UNE BRÈVE INCURSION EN OMBRIE

Reprenez les 6 premiers jours de l'itinéraire précédent.

Septième jour : Cortona

Une belle cité médiévale à taille humaine, à la fois paisible et animée, un peu à l'écart des sentiers touristiques mais qui recèle des musées exceptionnels *(étrusque, Musée diocésain)* et des ruelles piétonnes adorables. Cortona est aussi la ville des antiquaires, comme sa voisine Arezzo.

Huitième jour : Orvieto

Elle conserve sa mémoire étrusque avec la *nécropole du Crucifix du Tuf,* mais ses monuments principaux sont le *Duomo* et le *pozzo San Patrizio.* Avant de quitter la ville, faites le tour de ses remparts.

Neuvième jour : au choix, Saturnia, Montemerano ou Scansano

Vous reprenez la route pour rejoindre le point d'embarquement de l'île d'Elbe et plusieurs villages aux charmes discrets mais certains s'offrent à vous. Sovana est reconnu pour ses eaux thermales des *cascate del Gorello.*

Dixième jour : Piombino et embarquement pour l'isola d'Elba

Piombino est le port d'embarquement pour l'île d'Elbe... Le bateau vous conduit à Portoferraio ; de là, allez jusqu'aux plages de sable et de galets, bordées d'oliviers et surmontées de falaises !

ITINÉRAIRE D'UNE SEMAINE EN OMBRIE

Commencez par la ville de Gubbio (jour 1) et dirigez-vous vers *Assise* (jour 2) en vous arrêtant à l'*eremo delle Carceri* si vous ressentez une forte envolée mystique. Le voyage continue sur Pérouse (jour 3) et les petits villages perchés de la vallée ombrienne (jour 4).

Cinquième jour : Todi

Attention, ça monte ! Vue imprenable sur la vallée du Tibre. On adore ! Petite promenade dans les ruelles, offrant au voyageur les attraits de ses vieilles maisons. Pour les accros : le *Duomo,* le *tempio San Fortunato* et son campanile, et enfin la *chiesa Santa Maria della Consolazione.*

Sixième jour : Orvieto

Orvieto, perchée sur son rocher volcanique, vous attend de pied ferme. Visitez son merveilleux *Duomo* et l'ensemble de sites qui constituent le *museo dell'Opera del Duomo,* sans oublier le fameux *pozzo San Patrizio.*

Septième jour : Spolète

La ville a su concilier son passé médiéval et une architecture plus contemporaine. Les Italiens apprécient... et nous aussi ! À voir : les *églises San Salvatore* et *San Ponziano,* le *ponte delle due Torri,* le *Duomo* et le *Musée diocésain* incorporant la surprenante *chiesa Sant'Eufemia.*

ITINÉRAIRE OMBRIEN DE 10 JOURS

Reprenez les 6 premiers jours de l'itinéraire précédent.

Septième jour : la basse vallée de la Nera

Musardez ensuite *via Amelia* et *Narni,* avant de passer du culturel au naturel aux *chutes de Marmore,* d'où vous ressortirez rafraîchi et ébahi.

Huitième jour : la haute vallée de la Nera

Visitez l'*abbazia San Pietro in Valle* et continuez vers les petits villages de la haute vallée, jusqu'à *Cascia,* où vous brûlerez un cierge à sainte Rita en sa basilique.

Neuvième jour : Nursie et les monts Sibyllins

Au programme de ce dernier jour, gastronomie, culture et nature, un trio de choc ! Faites à *Norcia* le plein de victuailles, visitez l'*abbazia Sant'Eutizio* en rendant au passage hommage à saint Benoît, puis terminez votre périple devant l'étonnant site de *Castelluccio,* ou en vous dégourdissant les jambes dans le parc national des monts Sibyllins.

Dixième jour : Spolète

Lire ci-dessus.

EN TOSCANE, SI VOUS ÊTES...

... plutôt nature, Lycra et tralala

Que vous l'abordiez en esthète ou que vous vouliez y laisser quelques grammes (ou litres) de sueur, la Toscane, c'est aussi le ***sud de Sienne*** et les forêts profondes de la ***Montagnola*** et du ***val de Merse,*** à parcourir à VTT ou sac au dos avant de revenir sur la Francigena et de longer le ***val d'Arbia*** en direction des stations thermales qui perforent les terres volcaniques des confins de l'***Amiata.*** Le ***parc naturel de la Maremme*** au sud et les ***carrières de marbre*** de Carrare au nord de la Toscane sont aussi des sites parfaits pour de belles balades...

... plutôt famille

Quoi de plus enrichissant que de ***parcourir à vélo le val di Chiana*** en empruntant le ***sentiero della Bonifica*** entre ***Arezzo*** et ***Chiusi,*** avant de revenir sur ***Sienne*** pour dresser l'inventaire – tel un jeu de piste – ***des fontaines en forme d'animaux*** dissimulées dans les différentes *contrade* de la ville ; et pourquoi ne pas s'y rafraîchir si c'est l'été ? Et pour initier les enfants à la sculpture, ***il giardino dei Tarocchi*** de Niki de Saint Phalle à ***Garavicchio.***

... plutôt nés sous le signe de la peinture

Partez à la découverte des témoignages laissés par ***Piero della Francesca*** dans la ***basilique San Francesco d'Arezzo,*** à ***Sansepolcro*** ou à ***Monterchi,*** avant de poursuivre sur les traces du truculent ***Sodoma*** en essayant de déchiffrer ce qui se cache derrière les œuvres qu'il a laissées dans l'***abbatiale de Monte Oliveto Maggiore,*** par exemple. Ou pourquoi pas un petit détour en Ombrie, à ***Città della Pieve*** pour admirer les ***œuvres du Pérugin ?*** Sans compter les ***musées d'Arts de Sienne*** ou de ***Cortone,*** Pise et sa fameuse ***tour penchée*** et la ***piazza dei Miracoli,*** Lucques (Lucca) ***(torre Guinigi, Palazzo Pfanner)...*** Volterra (***Pinacoteca du palazzo Minucci Solaini*** et ***museo etrusco Guarnacci***), Vinci ***(museo Leonardiano et la casa natale di Leonardo da Vinci),*** Pietrasanta (***museo dei Bozzetti*** pour voir des Botero ou un beau César).

... plutôt culture ascendant vieilles pierres

Nul doute que les Étrusques sauront vous combler à ***Murlo*** avec l'étonnante architecture de leurs rites funéraires, à ***Chiusi, dans leurs catacombes,*** ou encore à ***Cortone,*** dans le MAEC qui regroupe ***une incroyable collection de terres cuites et de bronzes.*** Sans oublier la Toscane médiévale des ***places fortes d'Anghiari,*** de ***Montepulciano,*** d'***Arezzo,*** de Pise ***(Duomo, Campo Santo et Battistero),*** Lucques (Lucca) ***(cattedrale San Martino),*** San Gimignano ***(Duomo),*** Pitigliano et Pietrasanta pour leurs romantiques ruelles, ou encore l'***abbatiale de San Gargano*** aux confins de la Maremme, et enfin Lucques (Lucca) pour une balade sur les remparts).

... plutôt deux et du genre épicuriens

C'est le ***Chianti Classico*** avec des petits villages perchés sur les collines, qu'on atteint à vélo, à pied ou à Vespa, et où l'on peut ***déjeuner à l'ombre d'un figuier centenaire,*** devant la robe grenat d'un bon cru. Ses petites ***chambres d'hôtes parfumées du chant des cigales,*** où la sieste n'a d'égale que le plongeon dans la piscine qui la prolonge. Tout ça ***à 15 mn à peine de Sienne*** et de ses ***musées d'Art,*** l'occasion se perdre dans ses ruelles, avant de s'attabler dans une de ces pâtisseries-confiseries de la Belle Époque pour un goûter gourmand... Puis repartez à la fraîche, un peu plus au sud, pour parcourir les ***Crete senesi*** et regarder le soleil couchant enflammer la campagne. Un peu plus au sud-ouest, Pitigliano est aussi un village de bonnes tables...

EN OMBRIE, SI VOUS ÊTES...

... un amoureux de la nature

Le parc naturel du ***Monte Cucco,*** le parc régional du ***Monte Subasio,*** le parc national des ***monts Sybillins*** vous offriront l'occasion de vous oxygéner les poumons tout en régalant vos yeux de superbes paysages. Pour les plus courageux, pourquoi ne pas partir sur les traces de saint François en arpentant le ***sentiero francescano della Pace*** *(le chemin franciscain de la Paix),* histoire d'ajouter une petite touche spirituelle à vos pérégrinations ?

... un amoureux du rouge ou du blanc

Filez à Montefalco pour déguster son ***sagrantino*** (vous prendrez le soin au passage d'abattre un sanglier ou autre gibier pour accompagner dignement ce vin rouge corsé) ou sa version douce, le *sagrantino passito.* Les amateurs de blanc, eux, privilégieront ***Orvieto*** et le ***lac Trasimène.***

... un amoureux de grande bleue

C'est en Toscane qu'il faudra aller, puisque, en Ombrie, le seul bleu que vous verrez est celui du ciel !

... un gastronome

C'est un peu partout, sauf peut-être dans les endroits les plus touristiques. Mention spéciale pour les ***délicieuses charcuteries*** de ***Nurcie.*** Pour la truffe noire, c'est encore à ***Nurcie*** que ça se passe, mais aussi autour de Spolète. Et pour la truffe blanche et les cèpes *(funghi porcini),* vous traînerez vos guêtres jusque dans la ***région de Gubbio.***

COMMENT Y ALLER ?

EN AVION

▲ AIR FRANCE

Rens et résas au ☎ 36-54 (0,34 €/mn ; tlj 6h30-22h), sur • airfrance.fr •, dans les agences Air France (fermées dim) et dans ttes les agences de voyages.

➢ Dessert Florence avec 5-6 vols directs/j. et Pise avec 2-3 vols/j. au départ de Paris-Roissy-Charles-de-Gaulle, aérogare 2.

Air France propose à tous des tarifs attractifs toute l'année. Vous avez la possibilité de consulter les meilleurs tarifs du moment sur Internet, directement sur la page « Meilleures offres et promotions ».

Le programme de fidélisation Air France-KLM permet de cumuler des *miles* à son rythme et de profiter d'un large choix de primes. Avec votre carte *Flying Blue,* vous êtes immédiatement identifié comme client privilégié lorsque vous voyagez avec tous les partenaires.

Air France propose également des réductions Jeunes. La carte *Flying Blue Jeune* est réservée aux jeunes âgés de 2 à 24 ans résidant en France métropolitaine, dans les départements d'outre-mer, au Maroc, en Tunisie ou en Algérie. Avec plus de 1 000 destinations et plus de 100 partenaires, *Flying Blue Jeune* offre autant d'occasions de cumuler des *miles* partout dans le monde.

▲ HOP!

Rens et résas sur • hop.fr •, via les canaux de ventes Air France, dans ttes les agences de voyages et au centre d'appel ☎ 0825-30-22-22 (0,15 €/mn tlj 365 j./an).

➢ De Biarritz, Bordeaux, Brest, Caen, Clermont, La Rochelle, Lille, Limoges, Lorient, Lyon, Marseille, Metz-Nancy, Montpellier, Mulhouse-Bâle, Nantes, Pau, Poitiers, Rennes et Strasbourg, vols vers Florence via Lyon. Également de Bruxelles, Düsseldorf et Prague via Lyon. HOP! propose des tarifs attractifs toute l'année. Possibilité de consulter les meilleurs tarifs du moment sur *• hop.fr •*

▲ ALITALIA

Rens et résas : ☎ 0892-655-655 (0,34 €/mn) ou ☎ 89-20-10 (en Italie) ; lun-ven 8h-20h, w-e 9h-19h. • alitalia.fr •

➢ Dessert Florence 5-6 fois/j. et Pise 2 fois/j. en partenariat avec Air France. Navettes tlj entre les aéroports de Florence et Pise.

▲ BRUSSELS AIRLINES

Rens et résas : ☎ 0892-64-00-30 (0,37 €/mn) ou ☎ 0902-51-600 (en Belgique ; 0,75 €/mn) ; lun-sam 9h-19h (17h sam). • brusselsairlines.com •

➢ Liaisons à destination de Bruxelles depuis Paris-Roissy-Charles-de-Gaulle, Genève, Lyon, Marseille, Nice, Strasbourg et Toulouse.

➢ De Bruxelles, vols tlj pour Florence.

Les compagnies *low-cost*

Ce sont des compagnies dites « à bas prix ». Elles desservent les capitales européennes ainsi que de nombreuses villes de province. Plus vous réserverez vos billets à l'avance, plus vous aurez des chances d'avoir des tarifs avantageux, mais il ne faut pas trop espérer trouver facilement des billets à prix plancher lors des périodes les plus fréquentées (vacances scolaires, week-end...). N'hésitez pas à combiner les offres, d'autant plus que les compagnies *low-cost* permettent des vols simples. La résa se fait souvent par Internet et parfois par téléphone (pas d'agence, juste un numéro de réservation et un billet à imprimer soi-même). Des frais de dossier ainsi que des frais pour le paiement par carte bancaire peuvent vous être facturés. En outre, les pénalités en cas de changement d'horaires sont assez importantes. Afin de réduire les files d'attente dans les aéroports, certaines compagnies font même payer l'enregistrement aux comptoirs d'aéroport. Pour l'éviter, vous avez intérêt à vous enregistrer directement sur Internet, où le service est gratuit. Il faut aussi rappeler que plusieurs compagnies facturent maintenant les bagages en soute ou limitent leur poids. En cabine également, le nombre de bagages est strictement limité (attention, même le plus petit sac à main est compté comme un bagage à part entière). À bord, c'est service minimum, et tous les services sont payants (boissons, journaux...). Ne pas oublier non plus d'ajouter le prix du bus pour se rendre à ces aéroports, souvent assez éloignés du centre-ville ou dans des aéroports secondaires quand il s'agit des capitales. Attention également au moment de la résa par Internet à décocher certaines options qui sont automatiquement cochées (assurances, etc.). Au final, même si les prix de base restent très attractifs, il convient de prendre en compte tous ces frais annexes pour calculer le plus justement son budget.

▲ TRANSAVIA

Rens et résas : ☎ 0892-058-888 (0,34 €/mn) ou sur • transavia.com •

La compagnie *low-cost* du groupe Air France-KLM dessert de nombreuses destinations vers l'Europe et le bassin méditerranéen au départ de Paris-Orly-Sud, Nantes, Lyon et Strasbourg.

➢ Vol direct quotidien au départ de Paris-Orly pour Pise.

▲ EASYJET

Rens et résas : • easyjet.com •

➢ Vols quotidiens de Paris-Orly à Pise. Navettes pour rejoindre Florence.

▲ RYANAIR

Rens et résas : • ryanair.com •

➢ De Paris-Beauvais, navettes tlj entre Pise et Florence.

▲ VUELING

Résas : • vueling.com •

➢ Vols quotidiens de Paris-Orly à Florence.

LES ORGANISMES DE VOYAGES

– Ne pas croire que les vols à tarif réduit sont tous au même prix pour une même destination à une même époque : loin de là. On a déjà vu, dans un même avion partagé par 2 organismes, des passagers qui avaient payé 40 % plus cher que les autres. De plus, une agence bon marché ne l'est pas forcément toute l'année (elle peut n'être compétitive qu'à certaines dates bien précises). Donc, contactez tous les organismes et jugez vous-même.

– Les organismes cités sont classés par ordre alphabétique, pour éviter les jalousies et les grincements de dents.

EN FRANCE

▲ COMPTOIR DE L'ITALIE ET DE LA CROATIE

– Paris : 6, rue des Écoles, 75005. ☎ 0892-237-037 (0,34 €/mn). Fax : 01-53-10-21-71. • comptoir.fr • Ⓜ Cardinal-Lemoine. Lun-ven 9h30-18h30 ; sam 10h-18h30.

– Lyon : 10, quai Tilsitt, 69002. ☎ 0892-230-465. Ⓜ Bellecour. Lun-sam 9h30-18h30.

– Marseille : 12, rue Breteuil, 13001. ☎ 0892-236-636. Ⓜ Estrangin. Lun-sam 9h30-18h30.

– Toulouse : 43, rue Peyrolières, 31000. ☎ 0892-232-236. Ⓜ Esquirol. Lun-sam 9h30-18h30.

D'un bout à l'autre de ces 2 pays aux ambiances souvent similaires, de multiples idées de voyages s'offrent à vous. En Italie comme en Croatie, le Comptoir vous propose un large choix d'autotours et de séjours dans des hôtels de charme, au meilleur prix. Quelles que soient vos envies, une équipe de spécialistes de l'Italie et de

LES GAULOIS

la Croatie sera à votre écoute pour créer votre voyage sur mesure.
21 Comptoirs, plus de 60 destinations, des idées de voyages à l'infini. Comptoir des Voyages s'impose depuis 20 ans comme une référence incontournable pour les voyages sur mesure, accessibles à tous les budgets. Membre de l'association ATR (Agir pour un tourisme responsable), Comptoir des Voyages obtient depuis 2010 la certification Tourisme responsable AFAQ AFNOR.

▲ **DONATELLO**

☎ 0826-102-005 (0,15 €/mn), lun-ven 9h-19h et sam 9h30-12h, 13h-18h. ● donatello.fr ●

Voyage d'exception ou à petits prix, du week-end au séjour ville d'art, du circuit au voyage personnalisé, Donatello le tour-opérateur spécialiste du voyage individuel et sur mesure vers l'Italie, la Sicile, et la Sardaigne propose toutes les formules pour voyager en liberté. Réservez en ligne ou en agence votre voyage à la carte ou votre séjour clé en main.

▲ **ITALIE & CO**

– Courbevoie : 169, bd Saint-Denis, 92400. 📱 06-85-56-30-62. ● carine@italieandco.fr ● italieandco.fr ● Sur rdv ou à domicile.

Italie & Co est une agence dynamique d'un genre nouveau, fondée par deux professionnels italiens partageant la même passion pour leur pays d'origine. Ils sont disponibles 7 jours/7 par mail ou par téléphone pour vous aider à organiser le voyage de vos rêves et pour vous assister tout au long de votre séjour. Seul ou en famille, pour vos loisirs ou pour votre travail, Italie & Co vous propose des offres sélectionnées et testées par l'agence. Une soirée à la Scala de Milan, à la Fenice de Venise ou aux arènes de Vérone, un cours de cuisine à l'école Barilla ou juste du farniente sur une belle plage en Sardaigne, Italie & Co met à votre disposition son carnet d'adresses de charme pour faire de votre voyage une véritable expérience. Offre spéciale lecteurs Routard : un accueil VIP ou un cadeau surprise en donnant la référence « routard » au moment de la réservation.

▲ **JEUNESSE ET RECONSTRUCTION**

– Paris : 10, rue de Trévise, 75009. ☎ 01-47-70-15-88. ● volontariat.org ● Ⓜ Cadet ou Grands-Boulevards. Lun-ven 10h-13h, 14h-18h.

Jeunesse et Reconstruction propose des activités dont le but est l'échange culturel dans le cadre d'un engagement volontaire. Chaque année, des centaines de jeunes bénévoles âgés de 17 à 30 ans participent à des chantiers internationaux en France ou à l'étranger (Europe, Asie, Afrique et Amérique) et s'engagent dans un programme de volontariat à long terme (6 mois ou 1 an). Dans le cadre des chantiers internationaux, les volontaires se retrouvent autour d'un projet d'intérêt collectif (1 à 4 semaines) et participent à la restauration du patrimoine bâti, à la protection de l'environnement, à l'organisation logistique d'un festival ou à l'animation et l'aide à la vie quotidienne auprès d'enfants ou de personnes handicapées.

▲ **NOUVELLES FRONTIÈRES**

Rens et résas : ☎ 0825-00-07-47 (0,15 €/mn), sur ● nouvelles-frontieres.fr ●, dans les agences de voyages, et agences Nouvelles Frontières et Marmara.

Depuis plus de 45 ans, Nouvelles Frontières fait découvrir le monde au plus grand nombre au travers de séjours aussi merveilleux qu'insoupçonnés, à la découverte de nouveaux paysages et de nouveaux visages ainsi que de rencontres riches en émotions.
Selon votre budget ou vos désirs, plus de 100 destinations à choisir parmi 240 circuits ou bien en séjours et voyages à la carte à personnaliser selon vos envies. Rendez-vous sur le Web ou en agence où les conseillers Nouvelles Frontières seront à votre écoute pour mettre le voyage d'exception à votre portée et composer votre voyage selon vos souhaits.

▲ **PROMOVACANCES.COM**

☎ 0899-860-878 (1,35 € l'appel puis 0,34 €/mn ; lun-ven 8h-minuit, sam 9h-23h, dim 10h-23h). ● promovacances.com ●

N° 1 français de la vente de séjours sur Internet, Promovacances a fait voyager plus de 2 millions de clients

en 10 ans. Le site propose plus de 10 000 voyages actualisés chaque jour sur 300 destinations : séjours, circuits, week-ends, thalasso, plongée, golf, voyages de noces, locations, vols secs... L'ambition du voyagiste : prouver chaque jour que le petit prix est compatible avec des vacances de qualité. Grâce aux avis clients publiés sur le site et aux visites virtuelles des hôtels, vous réservez vos vacances en toute tranquillité.

▲ **VOYAGES-SNCF.COM**
– Infos et résas depuis la France : • voyages-sncf.com • et sur tablette et mobile avec les applis V. (trains) et V. Hôtel (hôtels).
– Réserver un vol, un hôtel, une voiture : ☎ 0899-500-500 (1,35 € l'appel, puis 0,34 €/mn).
– Une question ? Rubrique Contact ou au ☎ 09-70-60-99-60 (n° non surtaxé).
Voyages-sncf.com, distributeur de voyages en ligne de la SNCF, vous propose ses meilleurs prix de train, d'avion, d'hôtel et de location de voitures en France et en Europe. Accédez aussi à ses services exclusifs : billets à domicile (en France), Alerte Résa, calendrier des prix, offres de dernière minute...

▲ **VOYAGEURS DU MONDE EN ITALIE**
• voyageursdumonde.com •
– Paris : La Cité des Voyageurs, 55, rue Sainte-Anne, 75002. ☎ 01-42-86-17-20. Ⓜ Opéra ou Pyramides. Lun-sam 9h30-19h. Avec une librairie spécialisée sur les voyages.
– Également des agences à Bordeaux, Caen, Grenoble, Lille, Lyon, Marseille, Montpellier, Nantes, Nice, Rennes, Rouen, Strasbourg, Toulouse, Bruxelles et Genève.
Parce que chaque voyageur est différent, que chacun a ses rêves et ses idées pour les réaliser, Voyageurs du Monde conçoit, depuis plus de 30 ans, des projets sur mesure. Les séjours proposés sur 120 destinations sont élaborés par leurs 180 conseillers voyageurs. Spécialistes par pays et même par régions, ils vous aideront à personnaliser les voyages présentés à travers une trentaine de brochures d'un nouveau type, et sur le site internet, où vous pourrez également découvrir les hébergements exclusifs et consulter votre espace personnalisé. Au cours de votre séjour, vous bénéficiez des services personnalisés Voyageurs du Monde, dont la possibilité de modifier à tout moment votre voyage, l'assistance d'un concierge local, la mise en place de rencontres et de visites privées, et l'accès à votre carnet de voyage via une application iPhone et Androïd. Voyageurs du Monde est membre de l'association ATR (Agir pour un tourisme responsable) et a obtenu sa certification Tourisme responsable AFAQ AFNOR.

Comment aller à Roissy et à Orly ?

Conservez dans votre bagage cabine vos médicaments, vos divers chargeurs et appareils ainsi que vos objets de valeurs (clés et bijoux). Et, on ne sait jamais, ajoutez-y de quoi vous changer si vos bagages n'arrivaient pas à bon port avec vous.

Bon à savoir :
– le ***pass Navigo*** est valable pour Roissy-Rail (RER B, zones 1-5) et Orly-Rail (RER C, zones 1-4). Les week-ends et jours fériés, le *pass Navigo* est dézoné, ce qui permet à ceux qui n'ont que les zones 1 à 3 d'aller tout de même jusqu'aux aéroports sans frais supplémentaires ;
– le ***billet Orly-Rail*** permet d'accéder sans supplément aux réseaux métro et RER.

À Roissy-Charles-de-Gaulle 1, 2 et 3

Attention : si vous partez de Roissy, pensez à vérifier de quelle aérogare votre avion décolle, car la durée du trajet peut considérablement varier en fonction de cette donnée.

COMPTOIR
D'ITALIE
© Emanuela Cino - IM 075100064
COMPTOIR
DES VOYAGES
LA TOSCANE SUR MESURE @ TOUT PRIX !
Sillonnez les chemins de terre bordés d'oliviers à Vespa, survolez les collines parsemées de cyprès et les champs de blé à perte de vue en montgolfière ! Découvrez les chefs-d'œuvre de la Renaissance et du baroque à Florence, Sienne ou Pise. Dormez en agritourisme, en hôtel-design ou en maison de campagne.
Paris • Lyon • Marseille • Toulouse
01 53 10 34 43
www.comptoir.fr

En transports collectifs

🚌 ***Les cars Air France :*** *☎ 0892-350-820 (0,34 €/mn).* • *lescarsairfrance.com* • *Paiement par CB possible à bord.*
Le site internet diffuse les informations essentielles sur le réseau (lignes, horaires, tarifs...), permettant de connaître en temps réel le trafic afin de mieux planifier son départ. Il permet d'acheter et d'imprimer les billets électroniques pour accéder aux bus.
➢ *Paris-Roissy :* départ pl. de l'Étoile (1, av. Carnot), avec un arrêt pl. de la Porte-Maillot (bd Gouvion-Saint-Cyr). Départs ttes les 30 mn 5h45-23h. Durée du trajet : 1h env. Tarifs : 17 € l'aller simple, 29 € l'A/R ; réduc enfants 2-11 ans.
Autre départ depuis la gare Montparnasse (arrêt rue du Commandant-Mouchotte, face à l'hôtel *Pullman*), ttes les 30 mn 6h-22h, avec un arrêt gare de Lyon (20 bis, bd Diderot). Tarifs : 17 € l'aller simple, 28 € l'A/R ; réduc enfants 2-11 ans.
➢ *Roissy-Paris :* les cars *Air France* desservent la pl. de la Porte-Maillot, avec un arrêt bd Gouvion-Saint-Cyr, et se rendent ensuite au terminus de l'av. Carnot. Départs ttes les 20-30 mn 5h45-23h, des terminaux 2A et 2C (porte C2), 2E et 2F (niveau « Arrivées », porte 3 de la galerie), 2B et 2D (porte B1), et du terminal 1 (porte 34, niveau « Arrivées »).
À destination de la gare de Lyon et de la gare Montparnasse, départs ttes les 30 mn 6h-22h, des mêmes terminaux. Durée du trajet : env 1h15.

🚌 ***Roissybus :*** *☎ 32-46 (0,34 €/mn).* • *ratp.fr* • Départs de la pl. de l'Opéra (angle rues Scribe et Auber) ttes les 15 mn (30 mn à partir de 22h) 5h15-0h30. Durée du trajet : 1h. De Roissy, départs 6h-0h30 des terminaux 1, 2A, 2B, 2C, 2D et 2F, et à la sortie du hall d'arrivée du terminal 3. Tarif : 10,50 €.

🚌 ***Bus RATP n° 351 :*** de la pl. de la Nation, 5h35-20h20. Solution la moins chère mais la plus lente. Compter 3 tickets ou 5,70 € et 1h40 de trajet. Ou ***bus n° 350,*** de la gare de l'Est (1h15 de trajet). Arrivée Roissypôle-gare RER.

🚆 ***RER ligne B + navette :*** *☎ 32-46 (0,34 €/mn).* Départ ttes les 15 mn 4h53-0h20 depuis la gare du Nord et à partir de 5h26 depuis Châtelet. À Roissy-Charles-de-Gaulle, descendre à la station (il y en a 2) qui dessert le bon terminal. De là, prendre la navette adéquate. Compter 50 mn de la gare du Nord à l'aéroport (navette comprise), mais mieux vaut prendre de la marge. Tarif : 10,90 €. *Pass Navigo* valable sans frais supplémentaires pour les aéroports.

– Si vous venez du nord, de l'ouest ou du sud de la France en train, vous pouvez rejoindre les aéroports de Roissy sans passer par Paris, la gare SNCF Paris-Charles-de-Gaulle étant reliée aux réseaux TGV.

En taxi

Pensez à explorer les nouveaux services de transport de personnes qui se développent dans la capitale, et qui pourraient être adaptés à vos besoins.

■ ***WeCab :*** *☎ 01-41-27-66-77.* • *wecab.com* • *Remise de 10 % pour nos lecteurs avec le code « routard2015 » au paiement.* Une formule de taxi partagé (avoir un peu de souplesse horaire donc, maximum 2 arrêts), fonctionnant entre les aéroports parisiens et Paris/proche banlieue, tarifs forfaitaires (paiement à l'avance en ligne)...

En voiture

Chaque terminal a son propre parking. Compter 36 € par tranche de 24h. Également des parkings longue durée (PR et PX), plus éloignés des terminaux, qui proposent des tarifs plus avantageux (forfait 24h 26 €, forfait 7 j. 158 €). Possibilité de réserver sa place de parking via le site • *aeroportsdeparis.fr* • Stationnement au parking Vacances (longue durée) dans le P3 Résa (terminaux 1 et 3) situé à 2 mn du terminal 3 à pied, ou dans le PAB (terminal 2). Formules

Toute l'authenticité de l'Italie
sous le signe de
la PlaisiroLogis
Réservez
aujourd'hui sur
logishotels.com
30 hôteliers-restaurateurs Logis en Italie
vous accueillent pour vous faire
partager leur goût de l'authenticité,
de la découverte, de l'originalité
et vous faire savourer une cuisine régionale
tellement gourmande.
C'est ce qu'on appelle
la PlaisiroLogis
2 600 hôtels-restaurants en Europe.
Vous n'êtes pas au bout de vos plaisirs.
Logis

de stationnement 1-30 j. (115-230 €) pour le P3 Résa. Forfait w-e 4 j. au PAB : 49 €. Résa sur Internet slt. Les P1, PAB et PEF accueillent les deux-roues : 15 € pour 24h.

Comment se déplacer entre Roissy-Charles-de-Gaulle 1, 2 et 3 ?

Les rames du CDG-VAL font le lien entre les 3 terminaux en 8 mn. Fonctionne tlj, 24h/24. Gratuit. Accessible aux personnes à mobilité réduite. Départ ttes les 4 mn, et ttes les 20 mn minuit-4h. Desserte gratuite vers certains hôtels, parkings, gares RER et gares TGV. *Infos au : ☎ 39-50.*

À Orly-Sud et Orly-Ouest

En transports collectifs

Les cars Air France : *☎ 0892-350-820 (0,34 €/mn). • lescarsairfrance.com • Tarifs : 12,50 € l'aller simple, 21 € l'A/R ; réduc 2-11 ans. Paiement par CB possible dans le bus.*

➢ *Paris-Orly :* départs de l'Étoile, 1, av. Carnot, ttes les 30 mn 5h-22h40. Arrêts au terminal des Invalides, rue Esnault-Pelterie (Ⓜ Invalides), gare Montparnasse (rue du Commandant-Mouchotte, face à l'hôtel *Pullman ;* Ⓜ Montparnasse-Bienvenüe, sortie Gare SNCF) et porte d'Orléans (arrêt facultatif slt dans le sens Orly-Paris). Compter env 1h.

➢ *Orly-Paris :* départs ttes les 20 mn 6h30-23h40 d'Orly-Sud, porte L, et d'Orly-Ouest, porte H, niveau « Arrivées ».

RER C + navette : *☎ 01-60-11-46-20. • transdevidf.com •* Prendre le RER C jusqu'à Pont-de-Rungis (un RER ttes les 15-30 mn). Compter 25 mn depuis la gare d'Austerlitz. Ensuite, navette pdt 15-20 mn pour Orly-Sud et Orly-Ouest. Compter 6,60 €. Très recommandé les jours où l'on piétine sur l'autoroute du Sud (w-e et jours de grands départs) : on ne sera jamais en retard. Pour le retour, départs de la navette ttes les 15 mn depuis la porte G à Orly-Ouest (5h40-23h14) et depuis la porte F à Orly-Sud (4h45-0h55).

Orlybus : *• ratp.fr •* Compter 20-30 mn pour rejoindre Orly (Ouest ou Sud) et 7,50 € l'aller simple.

➢ *Paris-Orly :* départs ttes les 15-20 mn de la pl. Denfert-Rochereau. Orlybus fonctionne tlj 5h35-23h, jusqu'à minuit ven, sam et veilles de fêtes.

➢ *Orly-Paris :* départ d'Orly-Sud, porte H, quai 4, ou d'Orly-Ouest, porte J, niveau « Arrivées ». Orlybus fonctionne tlj 6h-23h20, jusqu'à 0h20 ven, sam et veilles de fêtes.

Orlyval : *☎ 32-46 (0,34 €/mn). • ratp.fr •* Compter 11,65 € l'aller simple entre Orly et Paris. La jonction se fait à Antony (ligne B du RER) sans aucune attente. Permet d'aller d'Orly à Châtelet et vice versa en 40 mn env, sans se soucier de la densité de la circulation automobile.

➢ *Paris-Orly :* départs pour Orly-Sud et Ouest ttes les 6-8 mn 6h-23h.

➢ *Orly-Paris :* départ d'Orly-Sud, porte K, zone livraison des bagages, ou d'Orly-Ouest, porte A, niveau 1.

En taxi

Pensez à explorer les nouveaux services de transport de personnes qui se développent dans la capitale, et pourraient être adaptés à vos besoins (voir plus haut les solutions en taxi proposées pour se rendre à Roissy).

En voiture

– ***Parking aéroports :*** à proximité d'Orly-Ouest, parkings P0 et P2. À proximité d'Orly-Sud, P1, P2 et P3 (à 50 m du terminal, accessible par tapis roulant). Compter 28,50 € pour 24h de stationnement. Les parkings P0 et P2, à proximité immédiate des terminaux, proposent des forfaits intéressants, dont le Week-end aux P0 et P2 pour Orly-Ouest et P6 pour Orly-Sud. Forfaits disponibles aussi pour les P4, P5 (éloignés) : 24-27 € pour 24h. Il existe des forfaits « Vacances » intéressants à partir de 6 j. et jusqu'à 45 j. (100-300 €) aux P2 et P6.
Les P4, P7 (en extérieur) et P5

NOUVEAUTÉ

LA LOIRE À VÉLO (février 2015)

Eh oui, 800 km de voies aménagées pour les vélos de la région Centre à la côte Atlantique ; l'occasion de pédaler le long des berges d'un fleuve encore sauvage, au rythme de la petite reine. Découvrez, le nez au vent, les richesses des régions Centre et Pays de la Loire : lavoirs anciens, îles éphémères, villages troglodytiques, châteaux Renaissance, mais aussi réserves naturelles abritant toute une faune et une flore spécifiquement ligériennes. Le fleuve royal ne ménage pas ses effets pour vous séduire d'étapes en étapes. Un trajet qui serpente aussi à travers des vignobles réputés et permet ainsi de goûter aux richesses d'un terroir béni des dieux.

Un guide pratique : à chaque étape sa carte en couleurs et les sites à visiter. Accompagné d'un carnet d'adresses pour se loger, se restaurer, louer des vélos et bichonner sa monture à deux-roues.

(couvert) sont des parkings longue durée, plus excentrés, reliés en 10 mn par navettes gratuites aux terminaux. *Rens : ☎ 01-49-75-56-50.* Comme à Roissy, possibilité de réserver en ligne sa place de parking (P0 et P7) sur ● *aeroportsdeparis.fr* ● Les frais de résa (en sus du parking) sont de 8 € pour 1 j., de 12 € pour 2-3 j. et de 20 € pour 4-10 j. de stationnement pour le P0. Les parkings P0-P2 à Orly-Ouest et P1-P3 à Orly-Sud accueillent les deux-roues : 6,20 € pour 24h.

– À proximité, ***Econopark :*** possibilité de laisser sa voiture à Chilly-Mazarin *(13, rue Denis-Papin, ZA La Vigne-aux-Loups, 91380 ; env 10 mn d'Orly ; proche A 6 et A 10).* De 1 à 28 j., compter 30-166 €. Trajet A/R vers Orly en minibus (sans supplément). Option parking couvert possible. *Résas et paiement en ligne : ● econopark.fr ● ou par tél ☎ 01-60-14-85-62.*

Liaisons entre Orly et Roissy-Charles-de-Gaulle

Les cars Air France : *☎ 0892-350-820 (0,34 €/mn). ● lescarsairfrance.com ●* Départs de Roissy-Charles-de-Gaulle depuis les terminaux 1 (porte 32), 2A et 2C, 2B et 2D, 2E et 2F (galerie de liaison entre les terminaux 2E et 2F) vers Orly 5h55-22h30. Départs d'Orly-Sud (porte K) et d'Orly-Ouest (porte H) vers Roissy-Charles-de-Gaulle 6h30 (7h le w-e)-22h30. Ttes les 30-45 mn (dans les 2 sens). Durée du trajet : env 1h30. Tarif : 21 € ; 35,50 € A/R ; réduc.

RER B + Orlyval : *☎ 32-46 (0,34 €/mn).* Depuis Roissy, navette puis RER B jusqu'à Antony et enfin Orlyval entre Antony et Orly, 6h-22h15. Tarif : 19,50 €.

EN BELGIQUE

▲ AIRSTOP

Pour ttes les adresses Airstop, un seul numéro de téléphone : ☎ 070-233-188. ● airstop.be ● Lun-ven 9h-18h30 ; sam 10h-17h.

– Bruxelles : bd E.-Jacquemain, 76, 1000.
– Anvers : Jezusstraat, 16, 2000.
– Bruges : Dweersstraat, 2, 8000.
– Gand : Maria Hendrikaplein, 65, 9000.
– Louvain : Mgr. Ladeuzeplein, 33, 3000.

Airstop offre une large gamme de prestations, du vol sec au séjour tout compris à travers le monde.

▲ CONNECTIONS

Rens et résas : ☎ 070-233-313. ● connections.be ● Lun-ven 9h-19h ; sam 10h-17h.

Fort d'une expérience de plus de 20 ans dans le domaine du voyage, Connections dispose d'un réseau de 30 *travel shops,* dont un à Brussels Airport. Connections propose des vols dans le monde entier à des tarifs avantageux et des voyages destinés à tous ceux désireux de découvrir la planète de façon autonome, et de vivre des expériences uniques. Connections propose une gamme complète de produits : vols, hébergements, location de voitures, autotours, vacances sportives, excursions, assurance « protection »...

▲ NOUVELLES FRONTIÈRES

● nouvelles-frontieres.be ●

– Nombreuses agences dans le pays, dont Bruxelles, Charleroi, Liège, Mons, Namur, Waterloo, Wavre, et au Luxembourg.

Voir texte dans la partie « En France ».

▲ SERVICE VOYAGES ULB

● servicevoyages.be ● 25 agences dont 12 à Bruxelles.

– Bruxelles : campus ULB, av. Paul-Héger, 22, CP 166, 1000. ☎ 02-650-40-20.
– Bruxelles : pl. Saint-Lambert, 1200. ☎ 02-742-28-80.
– Bruxelles : chaussée d'Alsemberg, 815, 1180. ☎ 02-332-29-60.

Service Voyages ULB, c'est le voyage à l'université. Billets d'avion sur vols charters et sur compagnies régulières à des prix compétitifs.

▲ TAXISTOP

Pour ttes les adresses Taxistop : ☎ 070-222-292. ● taxistop.be ●

– Bruxelles : rue Thérésienne, 7 A, 1000.

– Gent : Maria Hendrikaplein, 65, 9000.
– Ottignies : bd Martin, 27, 1340.
Taxistop propose un système de covoiturage, ainsi que d'autres services comme l'échange de maisons ou le gardiennage.

▲ VOYAGEURS DU MONDE

– Bruxelles : 23, chaussée de Charleroi, 1060. ☎ 02-543-93-50. • voyageursdumonde.com •
Le spécialiste du voyage en individuel sur mesure.
Voir texte dans la partie « En France ».

EN SUISSE

▲ STA TRAVEL

☎ 058-450-49-49. • statravel.ch •
– Fribourg : rue de Lausanne, 24, 1701. ☎ 058-450-49-80.
– Genève : rue de Rive, 10, 1204. ☎ 058-450-48-00.
– Genève : rue Vignier, 3, 1205. ☎ 058-450-48-30.
– Lausanne : bd de Grancy, 20, 1006. ☎ 058-450-48-50.
– Lausanne : à l'université, Anthropole, 1015. ☎ 058-450-49-20.
Agences spécialisées notamment dans les voyages pour jeunes et étudiants. 150 bureaux STA et plus de 700 agents du même groupe répartis dans le monde entier sont là pour donner un coup de main *(Travel Help)*.
STA propose des tarifs avantageux : vols secs *(Blue Ticket)*, hôtels, écoles de langues, *work & travel*, circuits d'aventure, voitures de location, etc. Délivre la carte internationale d'étudiant et la carte *Jeune*.

▲ TUI – NOUVELLES FRONTIÈRES

– Genève : rue Chantepoulet, 25, 1201. ☎ 022-716-15-70.
– Lausanne : bd de Grancy, 19, 1006. ☎ 021-616-88-91.
Voir texte dans la partie « En France ».

▲ VOYAGES ARTISANS AUX PIEDS NUS

– Carouge : rue de Saint-Victor, 3, 1227. ☎ 022-301-01-50. • apnvoyages.ch • En sem sur rdv.
Voyages APN propose des destinations hors des sentiers battus, particulièrement en Europe (Grèce, Italie et pays du Nord), avec un contact direct avec les prestataires, notamment dans le cadre des agrotourismes. Certains programmes sont particulièrement adaptés aux familles. L'accent est mis sur le tourisme responsable et durable. Dans ce cadre, une sélection de destinations telles que la Bolivie ou le Bénin est proposée.

AU QUÉBEC

▲ INTAIR VACANCES

Intair Vacances propose un vaste choix de prestations à la carte incluant vol, hébergement et location de voitures en Europe, aux États-Unis ainsi qu'aux Antilles et au Mexique. Également au menu, des courts ou longs séjours, en Espagne (Costa del Sol) et en France (hôtels et appartements sur la Côte d'Azur et en région). Également un choix d'achat-rachat en France et dans la péninsule Ibérique.

▲ TOURS CHANTECLERC

• tourschanteclerc.com •
Tours Chanteclerc est un tour-opérateur qui publie différentes brochures de voyages : Europe, Amérique du Nord, Amérique du Sud, Asie et Pacifique sud, Afrique et le Bassin méditerranéen en circuits ou en séjours. Il s'adresse aux voyageurs indépendants qui réservent un billet d'avion, un hébergement (dans toute l'Europe), des excursions ou une location de voiture. Également spécialiste de Paris, le tour-opérateur offre une vaste sélection d'hôtels et d'appartements dans la Ville Lumière.

▲ TRANSAT DÉCOUVERTES

• transatdecouvertes.com •
Ce voyagiste propose quelque 25 destinations à la carte ou en circuits organisés. De l'Inde à la Thaïlande en passant par le Vietnam, la Chine, Bali, l'Europe centrale, la Russie, la Grèce, la Turquie, l'Italie, la Croatie, le Maroc, l'Espagne, le Portugal, la Tunisie ou l'Égypte. Également des programmes en Scandinavie, l'Italie en circuit, ou Israël en combiné avec l'Égypte.

▲ **VOYAGES CAMPUS / TRAVEL CUTS**

● *voyagescampus.com* ●

Voyages Campus / Travel Cuts est un réseau national d'agences de voyages spécialisées pour les étudiants et les voyageurs qui disposent de petits budgets. Le réseau existe depuis 40 ans et compte plus de 50 agences, dont 6 au Québec. Voyages Campus propose des produits exclusifs comme l'assurance « Bon voyage », le programme de vacances-travail (SWAP), la carte d'étudiant internationale (ISIC) et plus. Ils peuvent aider à planifier un séjour autant à l'étranger qu'au Canada et même au Québec.

EN TRAIN

➢ ***Société italienne Thello au départ de Paris-gare de Lyon ou de Dijon :*** un train part tous les soirs de Paris-gare de Lyon et de Dijon pour Milan (Stazione Centrale). Même fréquence pour le trajet retour. Puis, à Milan, train pour Florence. Compter 1h40 de trajet avec le train rapide *(Frecciarossa).*

– Point de vente à Paris-gare de Lyon : espace Esterel-galerie des Fresques, pl. Louis-Armand, 75571 Paris Cedex 12. ☎ 01-83-82-00-00. Tlj 10h-20h.

Les avantages européens avec la SNCF

*– **Internet :** ● voyages-sncf.com ● tgv.com ● corailteoz.com ● coraillunea.fr ●*

*– **Téléphone :** ☎ 36-35 (0,34 €/mn).*

– Également dans les gares, les boutiques SNCF et les agences de voyages agréées.

– Avec les ***Pass InterRail,*** les résidents européens peuvent voyager dans 30 pays d'Europe, dont l'***Italie.*** Plusieurs formules et autant de tarifs, en fonction de la destination et de l'âge.

À noter que le *Pass InterRail* n'est pas valable dans votre pays de résidence.

Pour les grands voyageurs, l'***InterRail Global Pass*** est valable dans l'ensemble des 30 pays européens ; intéressant si vous comptez parcourir plusieurs pays au cours du même périple. Il se présente sous 5 formes au choix. 2 formules « flexibles » : utilisables 5 j. sur une période de validité de 10 j. (184 € pour les 12-25 ans, 281 € pour les plus de 25 ans) ou 10 j. sur une période de validité de 22 j. (269 € pour les 12-25 ans, 399 € pour les plus de 25 ans). 3 formules « continues » : *pass* 15 j. (312 € pour les 12-25 ans, 442 € pour les plus de 25 ans), *pass* 22 j. (345 € pour les 12-25 ans, 517 € pour les plus de 25 ans), *pass* 1 mois (442 € pour les 12-25 ans, 668 € pour les plus de 25 ans). Ces 5 formules existent aussi en version 1re classe ! Les voyageurs de plus de 60 ans bénéficient d'une réduc de 10 % sur le tarif de l'*InterRail Global Pass* en 1re et 2de classes (tarif senior).

Si vous ne parcourez que l'Italie, le ***One Country Pass*** vous suffira. D'une période de validité de 1 mois et utilisable selon les formules 3, 4, 6 ou 8 j. en discontinu : à vous de calculer avant votre départ le nombre de jours dont vous aurez besoin pour voyager. Pour connaître les différents tarifs : ● *interrailnet.eu* ● Là encore, ces formules se déclinent en version 1re classe (mais ce n'est pas le même prix, bien sûr !). Pour voyager dans 2 pays, vous pouvez combiner 2 *One Country Pass.* Au-delà, il est préférable de prendre l'*Inter Global Pass.*

InterRail vous offre également la possibilité d'obtenir des réductions ou avantages à travers toute l'Europe avec ses partenaires bonus (musées, chemins de fer privés, hôtels, etc.).

Tous ces prix sont applicables jusqu'au 31 décembre 2014. Pour plus de renseignements, adressez-vous à la gare ou boutique SNCF la plus proche.

EN VOITURE

➢ ***À partir de Paris :*** prendre l'A 6 (en direction de Lyon) jusqu'à Mâcon. Puis Bourg-en-Bresse et Bellegarde. Autoroute vers Chamonix (A 6-E 15). Suivre l'A 40-E 21 direction Milan, puis prendre l'A 40-E 25 direction Annecy. Traverser le tunnel du Mont-Blanc (compter 42 € la traversée ; 51 €

l'A/R ; attention : le retour doit se faire 8 jours après la date d'émission du ticket). Arrivé en Italie, prendre ensuite la direction de Turin (A 5-E 25), Alessandria (A 26-E 25) et Gênes (A 10-E 80), puis rejoindre l'autoroute jusqu'à Pise (toujours l'A 12) et prendre l'A 11-E 76 pour Florence. Compter 11h de trajet, sans les pauses.

➢ ***Par l'autoroute du Sud :*** de Marseille (A 7-E 712), prendre la direction d'Aix-en-Provence (A 8-E 80), puis Nice (A 10-E 80) et la frontière italienne, Menton et Vintimille. Le voyage se poursuit sur les autoroutes à péage italiennes via Gênes (A 10-E 80) en longeant la côte ligure (San Remo, Imperia, Savona). À Gênes, prendre l'A 12 jusqu'à Lucques (Lucca), puis l'A 11 jusqu'à Florence. Compter 7h de trajet, sans les pauses.

➢ ***Par le tunnel du Fréjus :*** autoroute du Sud jusqu'à Lyon, autoroute A 43 Lyon-Chambéry-Montmélian, puis la vallée de la Maurienne jusqu'à Modane. Péage pour le tunnel : compter environ 52 € l'A/R (valable 7 jours), puis direction Turin, Gênes et Florence.

➢ ***Ceux qui habitent l'est ou le nord de la France*** ont intérêt à prendre l'autoroute en Suisse ***à partir de Bâle.*** Passer par Lucerne et le tunnel du Gothard, puis direction Milan, Bologne et Florence. À prendre en compte : le droit de passage (35 € pour l'année) en Suisse.

Attention : en Italie, sur autoroute, les panneaux indicateurs sont de couleur verte ; les bleus concernent les autres routes, notamment les nationales ou les routes secondaires. Par ailleurs, ***les feux de code sont également obligatoires le jour sur les routes italiennes... sous peine d'amende.***

Le covoiturage

Le principe est économique, écologique et convivial. Il s'agit de mettre en relation un chauffeur et des passagers afin de partager le trajet et les frais, que ce soit de manière régulière ou de manière exceptionnelle (pour les vacances, par exemple). Les conducteurs sont invités à proposer leurs places libres sur • *covoiturage.fr* • (BlaBlaCar). Disponible sur Internet et sur mobile. L'inscription est gratuite.

EN BUS

▲ CLUB ALLIANCE

– Paris : 33, rue de Fleurus, 75006. ☎ 01-45-48-89-53. Ⓜ Rennes, Saint-Placide ou Notre-Dame-des-Champs. Lun-ven 11h-19h, sam 14h-19h.

Spécialiste des week-ends et des ponts de 3 ou 4 jours (Rome, Venise, Florence, lac Majeur, lac de Garde...). Circuits économiques de 1 à 16 jours en Italie, dont un circuit combiné de 6 jours Florence-Rome-Venise. Brochure gratuite sur demande.

▲ EUROLINES

☎ 0892-89-90-91 (0,34 €/mn). Paris : 55, rue Saint-Jacques, 75005. Lun-ven 9h30-18h30, sam 10h-13h et 14h-17h. N° d'urgence ☎ 01-49-72-51-57. • eurolines.fr • Vous trouverez également les services d'Eurolines sur • routard.com • Eurolines propose 10 % de réduc pour les jeunes (12-25 ans) et les seniors. 2 bagages gratuits/pers en Europe et 40 kg gratuits pour le Maroc.

– Gare routière internationale à Paris : 28, av. du Général-de-Gaulle, 93541 Bagnolet Cedex. Ⓜ Gallieni.

– 19 agences en France.

Première *low-cost* par bus en Europe, Eurolines permet de voyager vers plus de 600 destinations en Europe et au Maroc avec des départs quotidiens depuis 90 villes françaises. Eurolines propose également des hébergements à petits prix sur les destinations servies.

– *Pass Europe :* pour un prix fixe, valable 15 ou 30 jours, vous voyagez autant que vous le désirez sur le réseau entre 51 villes européennes. Également un *minipass* pour visiter 2 capitales européennes (7 combinés possibles).

▲ NOVO.TRAVEL

☎ 0899-18-00-18 (1,35 € l'appel, puis 0,34 €/mn), lun-ven 10h-12h et 14h-18h. • novo.travel •

Spécialiste des voyages en autocar à destination de toutes les grandes cités européennes. Week-ends, séjours et circuits en bus toute l'année, grands festivals et événements européens, formules pour tout public, individuel ou groupe, au départ de toutes les grandes villes de France.

UNITAID

UNITAID a été créé pour lutter contre le VIH/sida, le paludisme et la tuberculose, les 3 principales maladies meurtrières dans les pays en développement. UNITAID intervient dans 94 pays en facilitant l'accès aux médicaments et aux diagnostics, et en en baissant les prix, dans les pays en développement. Le financement d'UNITAID provient principalement d'une contribution de solidarité sur les billets d'avion, mise en place par 6 pays membres, dont la France. Les financements d'UNITAID ont permis à près de un million de personnes atteintes du VIH/sida de bénéficier d'un traitement, et de délivrer plus de 19 millions de traitements contre le paludisme. Moins de 5 % des fonds sont utilisés pour le fonctionnement du programme, 95 % sont utilisés directement pour les médicaments et les tests. Pour en savoir plus : ● *unitaid.eu* ●

TOSCANE, OMBRIE UTILE

ABC DE L'ITALIE

- *Superficie :* 302 000 km², avec deux États indépendants enclavés, le Vatican et Saint-Marin.
- *Population :* 61 551 000 hab.
- *Capitale :* Rome.
- *Langue officielle :* italien.
- *Régime :* démocratie parlementaire.
- *Président de la République :* Giorgio Napolitano depuis le 10 mai 2006.
- *Président du Conseil :* Matteo Renzi (Parti démocrate) depuis février 2014.
- *Indice de développement humain :* 0,911 (24e rang mondial).

AVANT LE DÉPART

Adresses utiles

En France

Office national italien de tourisme (ENIT) : *23, rue de la Paix, 75002 Paris. ☎ 01-42-66-03-96. • infoitalie.paris@enit.it • enit.it • italia.it • (site très complet à consulter avt de partir). Ⓜ Opéra. RER A : Auber. Lun-ven 11h-16h45.* Pas d'info par courrier postal, uniquement par e-mail.

Consulats d'Italie en France :
– Paris : 5, bd Émile-Augier, 75016. ☎ 01-44-30-47-00 (lun-ven 9h-17h ; standard automatique qui oriente en fonction de la demande). • segreteria.parigi@esteri.it • consparigi.esteri.it • Ⓜ La Muette ; RER C : Boulainvilliers. Lun-ven 9h-12h ; mer également 14h30-16h30.
– Autres ***vice-consulats d'Italie*** *à Bordeaux, Dijon, Lyon, Marseille, Metz, Nice et Toulouse.*

Ambassade d'Italie : *51, rue de Varenne, 75007 Paris. ☎ 01-49-54-03-00. • ambasciata.parigi@esteri.it • ambparigi.esteri.it • Ⓜ Rue-du-Bac, Varenne ou Sèvres-Babylone.* Superbe hôtel particulier ouvert au public uniquement lors des Journées du patrimoine en septembre.

Institut culturel italien *(hôtel de Gallifet)* **:** *73, rue de Grenelle, 75007 Paris. ☎ 01-44-39-49-39. • iicparigi.esteri.it • Ⓜ Varenne, Rue-du-Bac ou Sèvres-Babylone. Lun-ven 10h-13h, 15h-18h. Bibliothèque de consultation : ☎ 01-44-39-49-25. Mêmes horaires sf lun mat. Fermé de mi-juil à début sept.*

Loisirs

■ ***CCI (Centre culturel italien) :*** *4, rue des Prêtres-Saint-Séverin, 75005 Paris. ☎ 01-46-34-27-00. • info@centreculturelitalien.com • centreculturelitalien.com • Ⓜ ou RER B ou C : Saint-Michel. Lun-ven 10h30-13h30, 14h30-19h ; sam 10h30-13h30.* Propose des séjours linguistiques, des cours d'italien, mais également des expos, des conférences, des ateliers de conversation, et même des cours de cuisine italienne et de chant ! On peut demander le programme des activités culturelles par téléphone ou par e-mail.

■ ***Radici :*** *☎ 05-62-17-50-37. • radici-press.net •* Revue bimestrielle centrée autour de l'actualité, la culture et la civilisation italiennes. Articles en français et en italien.

■ ***Théâtre de la Comédie-Italienne :*** *17, rue de la Gaîté, 75014 Paris. ☎ 01-43-21-22-22. • comedie-italienne.fr • Ⓜ Gaîté.*

■ ***Radio Aligre :*** *☎ 01-40-24-28-28. • aligrefm.org • FM 93.1.* Le dimanche, 8h-11h, journalistes et invités débattent sur les problématiques franco-italiennes dans le magazine *Cappuccino*. Accès aux émissions via le site internet.

En Belgique

ℹ ***Office de tourisme :*** *pl. de la Liberté, 12, 1000 Bruxelles. ☎ 02-647-11-54. • brussels@enit.it • enit.it • Lun-ven 11h-16h.*

■ ***Ambassade d'Italie :*** *rue Émile-Claus, 28, 1050 Bruxelles. ☎ 02-643-38-50. • ambbruxelles.esteri.it •*

■ ***Consulat d'Italie :*** *rue de Livourne, 38, 1000 Bruxelles. ☎ 02-543-15-50. • segreteria.bruxelles@esteri.it • consbruxelles.esteri.it • Lun-ven 9h-12h30, plus lun et mer 14h30-16h.*

En Suisse

ℹ ***Office de tourisme :*** *Uraniastrasse, 32, 8001 Zurich. ☎ 04-346-640-40. • zurich@enit.it • Lun-ven 9h-17h. (En restructuration depuis le 1er nov ; consulter l'office de tourisme de Francfort ; Barckhausstrasse, 10, D 60325 Francfort. ☎ + 49-69-23-74-34).*

■ ***Ambassade d'Italie :*** *Elfenstrasse, 14, 3006 Berne. ☎ 031-350-07-77. Fax : 031-350-07-11. • ambasciata.berna@esteri.it • ambberna.esteri.it • Lun-jeu 9h-13h, 14h-17h ; ven 8h30-13h, 13h30-16h30.*

■ ***Consulats d'Italie :***

– Lausanne : rue du Petit-Chêne, 29, 1003. ☎ 021-341-12-91. • segreteria.losanna@esteri.it • conslosanna.esteri.it • Ⓜ Lausanne-CFF. Téléphoner pour prendre rdv.

– Genève : rue Charles-Galland, 14, 1206. ☎ 022-839-67-44. • consolato.ginevra@esteri.it • consginevra.esteri.it • Lun-mer-ven 9h-12h30, mar-jeu 14h-17h.

– Autres consulats à Bâle, Lugano, Neufchâtel, Sion, Saint-Gall, Wertigen et Zurich.

Au Canada

ℹ ***Office italien du tourisme :*** *110 Yonge St, Suite 503, Toronto (Ontario) M5C 1T4. ☎ (416) 925-4882. • toronto@enit.it • italiantourism.com • enit.it • Lun-ven 9h-17h.*

■ ***Ambassade d'Italie :*** *275 Slater St, 21st Floor, Ottawa (Ontario) K1P 5H9. ☎ (1-613) 232-2401. • ambasciata.ottawa@esteri.it • ambottawa.esteri.it • Lun et ven 9h-12h ; mer 9h-12h, 14h-17h.*

Formalités d'entrée

Pas de contrôle aux frontières, puisque l'Italie fait partie de l'espace Schengen. Néanmoins, quelques précautions d'usage :

➢ ***Pour un séjour de moins de 3 mois :*** pour les ressortissants de l'Union européenne et les Suisses, carte d'identité en cours de validité ou passeport. Pour les ressortissants canadiens, passeport en cours de validité.

➢ ***Pour les mineurs accompagnés***

ou voyageant seuls, quel que soit l'âge, ils doivent impérativement posséder une carte nationale d'identité à leur nom.

➢ ***Pour une voiture :*** permis de conduire à 3 volets, carte grise et carte verte d'assurance internationale. Se munir d'une procuration si vous n'êtes pas propriétaire du véhicule.

➢ ***Pensez à scanner*** passeport, visa, carte de paiement, billet d'avion et *vouchers* d'hôtel. Ensuite, adressez-les-vous par mail, en pièces jointes. En cas de perte ou de vol, rien de plus facile pour les récupérer dans un cybercafé. Les démarches administratives seront bien plus rapides !

Assurances voyage

■ ***Routard Assurance :*** *c/o AVI International, 40-44, rue de Washington, 75008 Paris. ☎ 01-44-63-51-00. • avi-international.com • Ⓜ George-V.* Depuis 20 ans, *Routard Assurance* en collaboration avec *AVI International,* spécialiste de l'assurance voyage, propose aux voyageurs un contrat d'assurance complet à la semaine qui inclut le rapatriement, l'hospitalisation, les frais médicaux, le retour anticipé et les bagages. Ce contrat se décline en différentes formules : individuel, senior, famille, light et annulation. Pour les séjours longs (2 mois à 1 an), consultez notre site. L'inscription se fait en ligne et vous recevrez, dès la souscription, tous vos documents d'assurance par e-mail.

■ ***AVA :*** *25, rue de Maubeuge, 75009 Paris. ☎ 01-53-20-44-20. • ava.fr • Ⓜ Cadet.* Un autre courtier fiable pour ceux qui souhaitent s'assurer en cas de décès-invalidité-accident lors d'un voyage à l'étranger, mais surtout pour bénéficier d'une assistance rapatriement, perte de bagages et annulation. Attention, franchises pour leurs contrats d'assurance voyage.

■ ***Pixel Assur :*** *18, rue des Plantes, BP 35, 78601 Maisons-Laffitte. ☎ 01-39-62-28-63. • pixel-assur.com • RER A : Maisons-Laffitte.* Assurance de matériel photo et vidéo tous risques dans le monde entier. Devis basé sur le prix d'achat de votre matériel. Avantage : garantie à l'année.

Carte internationale d'étudiant (carte ISIC)

Elle prouve le statut d'étudiant dans le monde entier et permet de bénéficier de tous les avantages, services et réductions dans les domaines du transport, de l'hébergement, de la culture, des loisirs, du shopping... C'est la clé de la mobilité étudiante !

La carte ISIC permet aussi d'accéder à des avantages exclusifs sur le voyage (billets d'avion spécial étudiants, hôtels et auberges de jeunesse, assurances, cartes SIM internationales, location de voiture...).

Pour l'obtenir en France

– ***Commandez-la en ligne :*** *• isic.fr •*
– ***Rendez-vous dans la boutique ISIC*** *(2, rue de Cicé, 75006 Paris ; ☎ 01-40-49-01-01)* muni de votre certificat de scolarité, d'une photo d'identité et de 13 € (12 € + 1 € de frais de traitement). Émission immédiate sur place ou envoi à domicile le jour même de la commande en ligne.

En Belgique

La carte coûte 12 € (+ 1 € de frais d'envoi) et s'obtient sur présentation de la carte d'identité et de la carte d'étudiant auprès de l'agence ***Connections :*** *rens au ☎ 070-23-33-13 ou 479-807-129. • isic.be •*

En Suisse

Dans toutes les agences ***S.T.A. Travel*** *(☎ 058-450-40-00 ou 49-49),* sur présentation de la carte d'étudiant, d'une photo et de 20 Fs. Commande de la carte en ligne : *• isic.ch • statravel.ch •*

Au Canada

La carte coûte 20 $Ca (+ 1,50 $Ca de frais d'envoi). Disponible dans les agences ***Travel Cuts / Voyages Campus,*** mais aussi dans les bureaux d'associations d'étudiants. Pour plus d'infos : ● *voyagescampus.com* ●

Carte d'adhésion internationale aux auberges de jeunesse (carte FUAJ)

Cette carte vous ouvre les portes des 4 000 auberges de jeunesse du réseau HI-Hostelling International en France et dans le monde. Vous pouvez ainsi parcourir 90 pays à des prix avantageux et bénéficier de tarifs préférentiels avec les partenaires des auberges de jeunesse HI. Enfin, vous intégrez une communauté mondiale de voyageurs partageant les mêmes valeurs : plaisir de la rencontre, respect des différences et échange dans un esprit convivial. Il n'y a pas de limite d'âge pour séjourner en auberge de jeunesse. Il faut simplement être adhérent.

Pour l'obtenir en France

– ***En ligne,*** avec un paiement sécurisé, sur le site ● *hifrance.org* ●
– ***Dans toutes les auberges de jeunesse,*** points d'informations et de réservations en France. Liste des AJ sur ● *hifrance.org* ●
– ***Par correspondance*** auprès de l'antenne nationale *(27, rue Pajol, 75018 Paris ; ☎ 01-44-89-87-27)* en envoyant une photocopie d'une pièce d'identité et un chèque à l'ordre de la FUAJ du montant correspondant à l'adhésion. Pensez à ajouter les frais d'envoi. Vous recevrez votre carte sous 15 jours.

Les tarifs de l'adhésion 2015

– ***Carte internationale individuelle FUAJ - de 26 ans :*** 7 €. Pour les personnes de 16 à 25 ans (veille des 26 ans) – Français ou étrangers résidant en France depuis plus de 12 mois –, les étudiants français, les demandeurs d'emploi sur présentation d'un justificatif. Pour les mineurs, une autorisation parentale et la carte d'identité du parent tuteur sont nécessaires pour l'inscription.
– ***Carte internationale FUAJ + de 26 ans :*** 11 €.
– ***Carte internationale FUAJ Famille :*** 20 €. Pour les familles ayant un ou plusieurs enfants de moins de 16 ans. Les enfants de plus de 16 ans devront acquérir une carte individuelle FUAJ.
– ***Carte internationale FUAJ Partenaire :*** gratuite. Réservée aux personnes licenciées ou adhérents d'une association ou fédération sportive partenaire de la FUAJ, sur présentation de leur licence.
Liste complète des associations et fédérations sportives sur ● *hifrance.org* ●, rubrique « Partenaires ».

En Belgique

La carte d'adhésion est obligatoire. Son prix varie selon l'âge : entre 3 et 15 ans, 4 € ; entre 16 et 25 ans, 10 € ; après 25 ans, 16 €. Votre carte de membre vous permet d'obtenir de 3 à 20 € de réduction sur votre première nuit dans les réseaux LAJ, VJH et CAJL (Luxembourg), ainsi que des réductions auprès de nombreux partenaires en Belgique.

Renseignements et inscriptions

■ ***À Bruxelles : LAJ,*** *rue de la Sablonnière, 28, 1000. ☎ 02-219-56-76.* ● *lesaubergesdejeunesse.be* ●

En Suisse (SJH)

Réservée aux personnes résidant en Suisse. Le prix de la carte dépend de l'âge : 22 Fs pour les - de 18 ans, 33 Fs pour les adultes et 44 Fs pour une famille avec des enfants de - de 18 ans.

Renseignements et inscriptions

■ ***Schweizer Jugendherbergen (SJH) :*** *service des membres, Schaffhauserstr. 14, 8006 Zurich. ☎ 41-44-360-14-14.* ● *youthhostel.ch* ●

Au Canada

La carte coûte 35 $Ca pour une durée de 16 à 28 mois et 175 $Ca pour une carte valable à vie (tarifs hors taxes). Gratuit pour les enfants de - de 18 ans.

■ ***Auberges de jeunesse du Saint-Laurent / St Laurent Youth Hostels :*** *3514, av. Lacombe, Montréal (Québec) H3T 1M1. ☎ 514-731-1015. N° gratuit (au Canada) : ☎ 1-800-663-5777.*

■ ***Canadian Hostelling Association :*** *301-20 James St, bureau 400, Ottawa (Ontario) K2P OT6. ☎ 613-237-7884. • hihostels.ca •*

Pour réserver votre séjour en auberge de jeunesse HI

– ***En France :*** *• hifrance.org •* Réservez vos séjours dans 120 auberges de jeunesse. Accès aux offres spéciales et de dernière minute.

– ***En France et dans le monde :*** *• hihostels.com •* Si vous prévoyez un séjour itinérant, vous pouvez réserver plusieurs auberges en une seule fois !

ARGENT, BANQUES, CHANGE

Banques

Les banques sont généralement ouvertes du lundi au vendredi de 8h30 à 13h30 et de 14h45 à 15h30 ou 16h. Fermées les week-ends et jours fériés, la plupart disposent d'un distributeur de billets à l'extérieur. Certaines sont ouvertes le samedi matin, mais c'est plutôt rare. Il faut souvent s'armer de patience car le service peut être très long. Nos amis francophones, en particulier les Suisses et les Québécois, peuvent convertir leurs monnaies d'origine en euros dans les bureaux de change : ouverts tous les jours, même les jours fériés.

Cartes de paiement

> Afin d'éviter d'être limité, vous pouvez demander à votre banque de relever votre plafond de carte de crédit pendant votre déplacement. Utile surtout avec les cautions pour les locations de voiture et les garanties dans les hôtels.

La majorité des restaurants, hôtels et stations-service les accepte. Prudence toutefois avec les stations-service : à l'heure de la sieste ou le soir, toutes les pompes 24h/24 n'acceptent pas les cartes étrangères ; il est donc plus sage de faire le plein durant les horaires d'ouverture. Sur place, vous verrez en principe l'autocollant *Carta Si* sur les vitrines des établissements prenant les cartes. Nous vous signalons, dans la mesure du possible, nos adresses qui les refusent (et elles sont de plus en plus nombreuses, prévoyez du liquide).

– Petite mesure de précaution : si vous retirez de l'argent dans un distributeur, utilisez de préférence les distributeurs attenants à une agence bancaire. En cas de pépin (carte avalée, erreurs de numéro...), vous aurez un interlocuteur dans l'agence, pendant les heures ouvrables du moins.

En cas d'urgence – Dépannage

Quelle que soit la carte que vous possédez, chaque banque gère elle-même le processus d'opposition et le numéro de téléphone correspondant ! Avant de partir, notez donc bien le numéro d'opposition propre à votre banque (il figure souvent au dos des tickets de retrait, sur votre contrat ou à côté des distributeurs de billets), ainsi que le numéro à 16 chiffres de votre carte. Bien entendu, conservez ces informations en lieu sûr et séparément de votre carte. Par ailleurs, l'assistance médicale se limite aux 90 premiers jours du voyage, et l'assistance véhicule aux cartes haut de gamme (renseignez-vous auprès de votre banque). N'oubliez pas aussi de VÉRIFIER LA DATE D'EXPIRATION DE VOTRE CARTE DE PAIEMENT !

– ***Carte Bleue Visa :*** *assistance médicale ; numéro d'urgence* (Europ Assistance) : *☎ (00-33) 1-41-85-85-85.* • *visa-europe.fr* • *Pour faire opposition, contactez le numéro communiqué par votre banque.*

– ***Carte MasterCard :*** *assistance médicale incluse ; numéro d'urgence : ☎ (00-33) 1-45-16-65-65.* • *mastercardfrance.com* • *En cas de perte ou de vol, composez le numéro communiqué par votre banque, ou à défaut le numéro général : ☎ (00-33) 892-69-92-92 pour faire opposition.*

– ***Carte American Express :*** *téléphonez en cas de pépin au ☎ (00-33) 1-47-77-72-00 (numéro accessible tlj 24h/24).* • *americanexpress.fr* •

– ***Pour toutes les cartes émises par La Banque postale :*** *composez le ☎ (00-33) 5-55-42-51-96 depuis les DOM ou l'étranger.*

Western Union Money Transfer

• *westernunion.com* •

En cas de besoin urgent d'argent liquide, vous pouvez être dépanné en quelques minutes grâce au système *Western Union Money Transfer.* Pour cela, demandez à quelqu'un de vous déposer de l'argent en euros dans l'un des bureaux *Western Union ;* les correspondants en France de *Western Union* sont *La Banque postale* *(fermée sam ap-m, n'oubliez pas ! ☎ 0825-00-98-98 ; 0,15 €/mn)* et la *Société financière de paiements* *(SFDP ; ☎ 0825-825-842 ; 0,15 €/mn).* L'argent vous est transféré en moins d'un quart d'heure. La commission, assez élevée, est payée par l'expéditeur. Possibilité d'effectuer un transfert en ligne 24h/24 par carte de paiement (*Visa* ou *MasterCard* émises en France).

En Italie, se présenter à une agence *Western Union* *(nº Vert : ☎ 800-788-935 – tlj 8h-23h)* avec une pièce d'identité.

ACHATS

Beaucoup de magasins sont fermés entre 13h et 15h30 (voire 16h), ainsi que le dimanche et les jours fériés. L'usage veut que la fermeture hebdomadaire soit le lundi pour les boutiques de luxe et le mercredi après-midi pour les boutiques d'alimentation.

Quelques idées

– ***La maroquinerie :*** vêtements, ceintures, sacs, porte-monnaie, chaussures. Pour un beau cadeau, tapez dans Raspini, Ferragamo (un peu moins cher qu'à Paris), Tod's, Beltrami. Pour des cuirs moins chers : Furla, Gabs, Mywalit...

– Les vêtements de grandes marques de la collection précédente qu'on trouve dans des ***outlets*** dans les environs de Florence (voir plus loin la rubrique « Shopping » à Florence) : Dolce & Gabbana, Fendi, Prada, Gucci, Giorgio Armani...

– ***Les céramiques,*** à Deruta, Gubbio et Orvieto. Pots, vases, assiettes peintes à la main avec des motifs Renaissance ou modernes.

– ***La papeterie de luxe :*** cartes de vœux, cahiers, agendas, tout en papier marbré, spécialité de Florence.

– ***Le vin :*** du chianti, naturellement, mais aussi bien d'autres, comme l'excellent brunello di Montalcino, le Sagrantino de Montefalco, les vins d'Orvieto ou encore le *Vino Nobile* de Montepulciano. Si vous êtes venus en Italie en avion, n'hésitez pas à demander aux producteurs les tarifs pour les frais de port. Ce n'est pas forcément cher, et c'est toujours plus intéressant que d'acheter un vin italien en France, après majoration.

– ***Les terracotte :*** nombreux objets décoratifs, grandes jarres, cruches... en terre cuite, spécialité d'Impruneta. Nombreux ateliers d'artisans dans le village et les environs.

– ***Les produits alimentaires locaux :*** huile d'olive de première qualité, truffes noires, cèpes *(funghi porcini)* séchés, excellentes charcuteries de Nursie (Norcia,

au sud-est de l'Ombrie), fromages de la Valnerina (Ombrie), *panforte* de Sienne, différents types de miel, etc.
– ***Les tissus et dentelle :*** superbes jacquards à Montefalco, dentelle à Orvieto (les plus belles reproduisent les motifs de la façade du Duomo).
– ***Les statuettes*** en marbre de Carrare (voir la rubrique « Marbre » dans « Hommes, culture, environnement ») ou en albâtre (Volterra).
– ***Les bijoux :*** Gherardi (corail), Piccini, Settepasi Faraone (sur le Ponte Vecchio à Florence).

Bon plan : les magasins d'usine (outlet). On en trouve plusieurs dans le nord de l'Italie et plus particulièrement aux alentours de Florence, facilement accessibles en voiture car toujours situés à proximité d'une sortie d'autoroute. Généralement ouverts tous les jours, ce sont de véritables petites villes vouées au commerce des grandes marques de la mode vestimentaire italienne et internationale. Les prix, de 30 à 70 % inférieurs aux boutiques classiques, valent vraiment le déplacement. Nous les indiquons dans nos pages.

Les tailles

Sachez qu'il existe une différence (de taille !) entre les étiquettes du prêt-à-porter français et italien.

Tailles en France	34	36	38	40	42	44	46	48	50
Tailles en Italie	38	40	42	44	46	48	50	52	54

Pour les chaussures, la pointure française taille une unité de plus que l'italienne, ce qui donne :

France	36	37	38	39	40	41	42	43	44
Italie	35	36	37	38	39	40	41	42	43

BUDGET

Hébergement

Recommandation à ceux qui souhaitent profiter des réductions et avantages proposés dans le *Routard* par les hôteliers et les restaurateurs : à l'hôtel, pensez à les demander au moment de la réservation ou, si vous n'avez pas réservé, **à l'arrivée.** Ils ne sont valables que pour les réservations en direct et non cumulables avec d'autres offres promotionnelles (notamment sur Internet). Au restaurant, parlez-en **au moment** de la commande et surtout **avant** que l'addition ne soit établie. Poser votre *Routard* sur la table ne suffit pas : le personnel de salle n'est pas toujours au courant et une fois le ticket de caisse imprimé, il est difficile de modifier le total. En cas de doute, montrez la notice relative à l'établissement dans le *Routard* de l'année, bien sûr, et ne manquez pas de nous faire part de toute difficulté rencontrée.

L'hébergement risque de plomber votre budget, la Toscane étant ***l'une des régions les plus chères d'Italie.*** L'Ombrie est plus raisonnable, mais pour qui cherche un peu de confort, de charme, ou d'intimité, les tarifs grimpent aussi très vite. Précisons cependant que les prix varient beaucoup selon les saisons. Et le problème, c'est que ces saisons varient aussi beaucoup selon les lieux ! Dans des grandes villes comme Florence, Pise ou Sienne, la haute saison correspond plutôt

au printemps et à l'automne, et les prix sont alors très élevés. En juillet et août, les hôteliers pratiquent des prix intéressants pour remplir leurs hôtels. Idem pour l'Ombrie (où les prix n'atteignent cependant jamais les hauteurs toscanes), juillet et août ne sont pas forcément les mois de haute saison, surtout dans les villes, car il y fait très chaud et il n'y a aucune côte...
Alors que ***sur la côte toscane,*** justement, et même dans la campagne, les prix s'emballent en été (notamment en août, où tous les Italiens prennent leurs vacances). Les seules constantes pour ces deux régions : ***les agrotourismes,*** là, c'est en été que vous paierez le prix fort, et la Semaine sainte, où les prix s'envolent. Idem pour la période de Noël et du Nouvel An, pendant les nombreux festivals ou les fêtes locales (qui, là encore, sont un peu dispersés toute l'année). Globalement, cependant, on peut dire que la ***basse saison s'étale de novembre à mars.*** Tout devient alors plus raisonnable... sauf (eh oui ! avec toutes ces exceptions, on se croirait dans un manuel de grammaire française !) dans des régions hyper touristiques comme le Chianti ou les Crete senesi, où les *B & B,* les agrotourismes et les locations de maisons et d'appartements sont alors au prix fort !
Quelques remarques et conseils :
- les personnes voyageant seules sont désavantagées : le prix des chambres simples est pratiquement identique à celui des doubles, sauf évidemment dans les auberges de jeunesse, les campings ou dans certains monastères ou autres hébergements en communautés religieuses en Ombrie ;
- ***réservez votre hébergement le plus tôt possible.*** C'est plus sûr et cela permet souvent, dans les villes notamment, si vous réservez par Internet, de profiter de réductions non négligeables (lire ci-dessous) ;
- méfiez-vous des réservations faites par téléphone (surtout de celles faites très à l'avance), confirmez-les toujours par e-mail ou par courrier, et demandez un accusé de réception, c'est plus sûr ;
- enfin, sachez que le petit déjeuner est majoritairement inclus dans les prix des *B & B,* hôtels et pensions : nous indiquons donc le petit déj uniquement pour celles de nos adresses qui ne le proposent pas ou qui demandent un supplément. Exceptionnellement, lorsqu'il est très copieux, nous indiquons « petit déj compris ».

PROMOTIONS SUR INTERNET

C'est un fait aujourd'hui, de plus en plus d'hôtels modulent les tarifs sur Internet en fonction du taux d'occupation. Il y a donc les prix officiels (ceux que nous indiquons) et les promos proposées sur le net. Le prix des chambres évolue en permanence.

Ces promotions sont extrêmement variables d'une semaine à l'autre, voire d'un jour à l'autre. Elles sont particulièrement intéressantes et tout le monde à tendance à s'y mettre, histoire d'optimiser le chiffre d'affaires !

Des centrales de réservations proposent des tarifs attractifs sur leurs sites, prélevant au passage une commission plus ou moins importante sur la marge de l'hôtelier. Pour pallier cette dépendance, les chefs d'établissements alignent volontiers leurs tarifs sur leur propre site ou par téléphone.

Pour les routards à petits budgets, il reste les AJ, dont la plupart proposent des chambres doubles, les monastères (même si, désormais, beaucoup d'entre eux pratiquent des prix proches de ceux des hôtels) et les campings, dont certains mettent à disposition des bungalows ou des caravanes à un prix inférieur à celui d'une chambre d'hôtel. Ajoutons que, comme bien souvent, la classification ne correspond pas vraiment à celle que nous connaissons en France : par exemple, un 3-étoiles *(tre stelle)* italien

n'offre souvent pas plus que ce que propose un 2-étoiles français. Ce décalage est valable pour toutes les catégories.
Pour une chambre double en haute saison :
- ***bon marché :*** moins de 70 € ;
- ***prix moyens :*** de 70 à 120 € ;
- ***chic :*** de 120 à 190 € ;
- ***très chic :*** plus de 190 € avec des établissements exceptionnels aux tarifs très élevés, que nous citons surtout pour leur renommée et leur décor.

Restaurants

- Avant toute chose, demandez toujours s'il y a un menu et/ou qu'on vous apporte la carte. Attention, un menu à 15-20 € le midi (fréquent) peut doubler son prix le soir. Assurez-vous donc, si c'est le menu qui vous a fait choisir cette adresse, que le menu à petit prix est bien aussi servi le soir.
- Les restaurants ont des ***cartes très complètes,*** avec tous les prix indiqués. Il n'est pas rare, cependant, que les poissons et la viande (cas de la *fiorentina*) soient facturés au poids en fonction du prix du marché.
- ***Pour un repas complet*** (entrée, plat, dessert, pain et couverts), prévoir environ 25-30 €, voire beaucoup moins pour un menu touristique (mais qualité moindre évidemment).
- Sauf rares exceptions, ***pensez à ajouter à l'addition le* pane e coperto** (de 1,50 à 3 € en moyenne ; voire au-delà de 4 € dans les sites hyper touristiques et stratégiques), ainsi que la bouteille d'eau minérale (environ 2 €). Il arrive aussi qu'en plus du couvert et de l'eau minérale on vous compte le service (10 à 15 %). L'addition peut donc monter très vite !
- Rassurez-vous, pour les routards aux budgets un peu serrés, nous avons sélectionné également quelques adresses où l'on peut très bien se régaler d'une part de pizza *al taglio,* d'un sandwich (à l'italienne, bien sûr !), d'une salade ou d'un plat chaud, le plus souvent debout mais en économisant en plus sur le service et le couvert.
- ***Un plan sympa*** consiste à aller dans un *alimentari* (magasin d'alimentation) pour se faire préparer un *panino ;* on choisit une ou deux *rosette* (au singulier *rosetta :* « petit pain individuel ») ou bien un morceau de *pizza bianca* (pizza blanche), dans lesquels on met ce que l'on veut (mozzarella, jambon fumé, etc.). Également de bonnes parts de *pizze, focacce,* tartes sucrées et salées, et autres petits gâteaux secs concoctés dans les boulangeries *(panetteria).*
- Sinon, on peut aussi ***faire son marché,*** où les prix sont en revanche beaucoup moins élevés qu'en France.

Voici ci-dessous nos fourchettes ; les prix s'entendent par personne, boisson non comprise :
- ***sur le pouce :*** moins de 10 € ;
- ***très bon marché :*** moins de 15 € ;
- ***bon marché :*** de 15 à 25 € ;
- ***prix moyens :*** de 25 à 35 € ;
- ***chic :*** de 35 à 45 € ;
- ***très chic :*** plus de 45 €.

Visites des sites et musées

L'entrée des églises est gratuite la plupart du temps – sauf les accès aux sacristies, salles capitulaires ou cryptes recelant des *tesori* (trésors).
Selon l'importance du site, ***compter entre 6 et 12 €.*** Pour les musées les plus courus, pensez à réserver à l'avance (même avant de partir, par Internet par exemple). C'est particulièrement vrai pour Florence et Sienne. La réservation coûte en général 3 à 4 € de plus par personne, mais elle vous fera gagner un temps précieux.

Les musées secondaires présentent généralement des entrées allant de 5 à 8 € (variant selon les mêmes conditions).
– Les grandes villes toscanes et ombriennes telles que Florence, Sienne, Pise, Assise, Pérouse ou Orvieto proposent des ***pass*** ou des ***cartes*** pour faciliter l'accès aux musées, avec généralement des réductions non négligeables à la clé.

Nouveaux horaires et nouveaux tarifs pour les musées nationaux

– Gratuité pour les moins de 18 ans et réductions jusqu'à 25 ans. En revanche, la gratuité pour les plus de 65 ans est supprimée.

– Gratuité tous les premiers dimanches du mois. Elle s'applique à tous les lieux de culture nationaux : monuments, musées, galeries, sites archéologiques, parcs.

– Nocturne le vendredi jusqu'à 22h (galerie des Offices, par exemple).

– La *Notte al Museo,* la Nuit au musée à 1 € qui aura lieu 2 fois par an.

– Pour ceux qui préfèrent acheter leurs entrées au cas par cas, sachez que les professeurs et les étudiants de moins de 25 ans ont souvent droit à une réduction de 50 %. Les étudiants en architecture et en histoire de l'art bénéficient de la gratuité dans les musées d'État seulement. Munissez-vous donc de votre carte d'identité et de votre carte d'étudiant le cas échéant. Les musées n'acceptent pas toujours les cartes de paiement, prévoyez donc des espèces !
– Tous les musées sont fermés le 1er mai, le jour de Noël et pratiquement tous le Jour de l'an.
– Enfin, prévoyez de la monnaie pour l'éclairage des plus belles œuvres d'art de certaines églises (1 à 2 €).

Réductions

Si vous voulez bénéficier des avantages, remises et gratuités (apéro, café, digestif) que nous avons obtenus pour les lecteurs de ce guide, n'oubliez pas de les réclamer **AVANT** que le restaurateur ou l'hôtelier n'établisse l'addition. La loi italienne l'oblige à vous remettre une *ricevuta fiscale* qu'il ne peut en aucun cas modifier après coup. Ce serait dommage qu'il vous la refuse pour cette raison.
Par ailleurs, nous rappelons que ***ces remises sont valables pour les guides de l'année en cours.*** En bref, pour ceux qui auraient oublié que les guides sont mis à jour chaque année et qui voyagent avec des guides datés, l'hôtelier n'est pas tenu de vous accorder en 2015 une remise indiquée dans le guide 2012-2013.

CLIMAT

La Toscane est une région de transition entre le Nord et le climat méditerranéen du Mezzogiorno. La topographie de Florence et de Sienne fait qu'en juillet et août il peut y faire très, très chaud... comme on peut craindre par ailleurs des pluies diluviennes (surtout au mois d'août). Pas étonnant que les Florentins et les Siennois fortunés se réfugient en été dans leurs maisons de campagne sur les hauteurs toscanes. Les montagnettes préapennines de l'Ombrie souffrent d'un climat relativement humide et assez rigoureux l'hiver. Les étés sont la plupart du temps orageux et chauds.
Les meilleures saisons sont le printemps (mai et juin) et l'automne, avec des températures agréables (autour de 25 °C), et des lumières caressantes du plus bel effet.

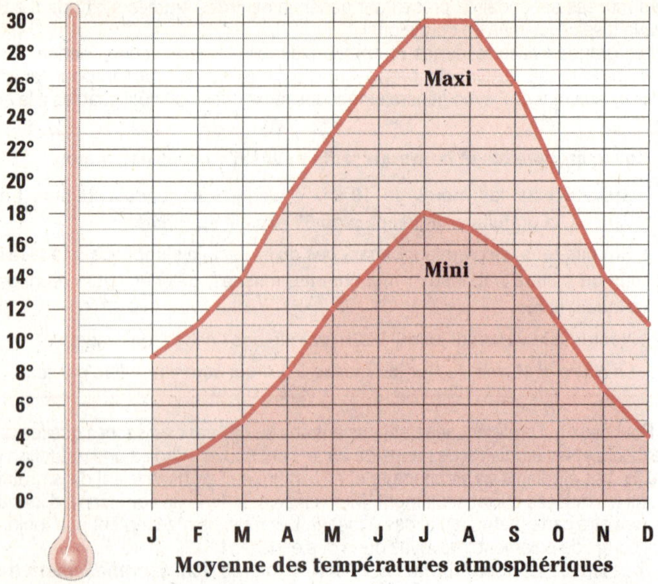

Moyenne des températures atmosphériques

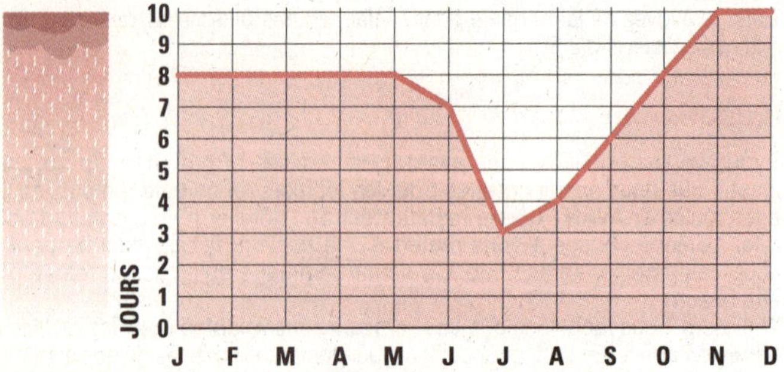

Nombre de jours de pluie

TOSCANE (Florence)

DANGERS ET ENQUIQUINEMENTS

Sécurité

Comme partout, le risque de vol existe. Quelques petits rappels...
- Ne portez jamais de sac sur l'épaule mais toujours en bandoulière.
- Ne laissez jamais rien dans vos poches, surtout arrière, trop facilement accessibles.
- Si vous avez une voiture, ne mettez rien en évidence et laissez le moins de temps possible vos bagages dans le coffre.

– En cas de perte ou de vol (passeport, permis de conduire, papiers, argent, objets divers...), rendez-vous immédiatement au poste de *carabinieri* (la police italienne) le plus proche. Ils établiront un constat en italien qui vous servira ensuite auprès de votre compagnie d'assurances, ou de l'administration française. Adressez-vous à l'antenne du consulat français uniquement en cas de vol ou de perte des papiers d'identité (passeport, carte d'identité).

Contrefaçons

Beaucoup de vendeurs à la sauvette sont dans les rues des grandes villes, tout autour des sites touristiques (Florence avec le Ponte Vecchio et le Duomo, ou Pise avec sa célèbre tour). L'Italie est un pays où la mode est tentante, mais ***attention aux contrefaçons !*** En rentrant chez vous, si vous êtes pris la main dans le sac, vous risquez amende et peine d'emprisonnement. Ça fait réfléchir, d'autant plus que depuis quelque temps les autorités italiennes et françaises ont renforcé les contrôles.

Amendes

Si vous devez payer une amende (PV) après avoir été verbalisé (excès de vitesse, mauvais stationnement, infraction au code de la route...), faites-le ! Ne quittez pas l'Italie sans avoir payé votre amende. La police italienne vous rattrapera, même en France, et vous devrez payer le double ou même le triple du montant initial. Cela concerne aussi les voitures de location.

Syndrome de Stendhal

Le 22 janvier 1817, Stendhal visite Florence « dans une sorte d'extase ». Dans l'église Santa Croce, un moine lui ouvre les portes de la chapelle Niccolini abritant les fresques du Volterrano. « Absorbé dans la contemplation de la beauté sublime », il atteint un degré extrême d'émotion, « où se rencontrent les sensations célestes données par les beaux-arts et les sentiments passionnés ». En sortant de l'église Santa Croce, son cœur bat fort, et il se sent épuisé. Il marche avec la crainte de tomber. Il s'assied enfin sur un banc, sort de sa poche des vers du poète Foscolo et les relit avec délice pour se rassurer. « J'avais besoin de la voix d'un ami partageant mon émotion. » Cet épisode personnel relaté sommairement dans *Rome, Naples et Florence* a donné naissance à un phénomène universellement reconnu aujourd'hui sous le nom de « syndrome de Stendhal ».

L'expression a été inventée par la psychiatre florentine Graziella Magherini. Il ne s'agit pas d'une maladie comme les autres, mais d'une crise psychique violente constatée auprès d'un certain nombre de touristes à Florence. Comme leur illustre prédécesseur, ces voyageurs manifestent des réactions d'hypersensibilité et de souffrance psychique face aux œuvres d'art : crise de panique (peur de mourir ou de devenir fou), sensations de dépersonnalisation (dépression totale ou euphorie). Comme Stendhal, ils sont victimes de troubles somatiques (perception troublée de la réalité, amnésie, vertiges). La majorité d'entre eux ne sont pas mariés, et le pourcentage de femmes célibataires entre 26 et 40 ans est élevé.

Il y aurait, en gros, trois raisons pour expliquer le « syndrome de Stendhal ». D'abord, la crise touche des personnalités très sensibles (et créatives). Elle se produit dans des villes d'art, face à une production artistique, mais d'autres lieux chargés d'histoire peuvent provoquer ces réactions (il existe aussi un « syndrome de Jérusalem »). Ensuite, le voyage est déstabilisant, souvent épuisant pour ces touristes qui veulent tout voir et tout faire en très peu de temps. Enfin, le troisième facteur, c'est l'œuvre d'art en elle-même. Son pouvoir est tel qu'elle peut toucher l'inconscient de la personne. La crise ne dure pas, et les victimes du syndrome retrouvent vite leur état normal. Inspiré, le cinéaste Dario Argento en a tiré un film d'horreur, *Le Syndrome de Stendhal*, sorti en 1996.

ÉLECTRICITÉ

Tension électrique : 230 V, 50 Hz, les prises sont différentes mais en général les rasoirs et les chargeurs d'appareil photo ou de portable ne posent pas de problème. Ce sont les prises rondes (celles des ordinateurs portables ou de certains sèche-cheveux, par exemple) qui ne sont pas compatibles quand les installations électriques datent un peu (ce qui n'est pas rare !). Les adaptateurs, peu encombrants, sont néanmoins assez faciles à trouver.

FÊTES ET JOURS FÉRIÉS

Fêtes et festivals

Pays de traditions, la Toscane et l'Ombrie ont toujours eu le goût de la fête. Les festivités liées aux fêtes religieuses y tiennent, bien sûr, la première place. Chaque localité a son saint patron et ne manque pas de l'honorer avec faste ; chaque quartier a son saint protecteur et chaque église son saint dédicataire. L'Ombrie regorge de saints et de sanctuaires : saint François, sainte Claire, saint Damien à Assise, sainte Rita à Cascia, saint Benoît à Norcia, saint Valentin à Terni... Mais il y a aussi les fêtes profanes, comme les célèbres carnavals. Vous verrez (surtout pendant la période estivale) de nombreuses manifestations dédiées aux reconstitutions historiques, comme le *Calcio storico* de Florence, le *Palio* de Sienne, la *Festa dei Ceri* de Gubbio, la *Quintana* de Foligno et le superbe *Mercato delle Gaite* de Bevagna. Ajoutons aussi les nombreux festivals, notamment le *Festival dei Due Mondi* à Spolète ou encore l'*Umbria Jazz* à Pérouse.

En Toscane

Pour avoir les manifestations et événements toscans, rien de mieux que de consulter le site • *manifestazionitoscana.it* •

Mars

– À Viareggio : *carnaval.*

– À Florence : *Scoppio del carro* (explosion du char). *Le dim de Pâques.* Feux d'artifice tirés depuis un char conduit par deux bœufs se dirigeant vers les portes de la cathédrale. Un feu réussi annonce de bonnes récoltes.

– À San Miniato : *festa degli Aquiloni* (fête des Cerfs-volants). *1er dim après Pâques.*

Avril

– À Lucca : *Sagra musicale lucchese* (concerts de musiques sacrées) dans les églises de la ville.

– À Florence : *Mostra internazionale dell'Artigianato* (fête des Artisans d'Europe). • *mostraartigianato.it* •

Mai

– À Florence : *festa del Grillo* (fête du Grillon). *Le 1er dim après l'Ascension.* C'est la fête du printemps, qui se déroule dans le parc de l'ouest de la ville. Les enfants libèrent les grillons achetés la veille. Symbole de liberté et de bonheur. *Maggio musicale* (festival de Musique classique). Très renommé. *Infos et vente*

LE CARNAVAL

Cette fête vient des cultes païens romains et fut récupérée par le christianisme. D'ailleurs, son étymologie est latine : carnis levare, qui signifie « ôter, retirer la viande », et qui annonce les 40 jours de jeûne avant Pâques. Durant le carnaval, les codes sont inversés. Pendant cette période, on conteste les autorités religieuses et royales. On nomme un roi de fantaisie, souvent simple d'esprit. Un âne, symbole de Satan, est vêtu des habits épiscopaux. On porte un masque pour préserver l'anonymat.

des billets : ☎ 055-277-93-50 (tlj 10h-13h30, 14h-17h30). Vente de billets : call center, ● *operadifirenze.it* ●
– À Massa Marittima : *balestro del Girifalco* (rencontre du Faucon). *4e dim de mai.*

Juin

– À Pise : le *Luminara (16 juin),* avec illumination des palais au bord de l'Arno et de la piazza dei Miracoli, *regate di San Ranieri* (régates sur l'Arno) en costumes d'époque *(17 juin),* suivies du *gioco del Ponte* (joutes sur le pont ; *dernier dim de juin*). Également *Musica sotto la Torre,* festival de Musique jazz et classique au pied de la tour penchée.
– À Florence : *Calcio in costume,* qui rappelle le rugby et oppose quatre équipes, chacune représentant un quartier de Florence. *Le 24 juin pour la fête de San Giovanni, sur la piazza Santa Croce.*

Juillet

– À Sienne : célèbre *Palio delle Contrade (2 juil). Settimana musicale,* concerts de musique de chambre.
– À Pistoia : festival de musique *Pistoia blues.* Le Woodstock toscan.
– À Lucca : *Summer Festival,* grand festival de musique rock et pop réunissant les stars de la scène nationale et internationale.
– À Torre del Lago (proche de Viareggio) : *festival Puccini,* rétrospective des œuvres du maestro dans le plus grand théâtre en plein air. ● *puccinifestival.it* ●

Août

– À Albarese : rodéos et démonstrations d'adresse des éleveurs de vaches de la Maremme durant tout le mois.
– À Cortona : *Sagra della Bistecca* (fête du Bifteck). *Les 14 et 15 août.*
– À Sienne : 2e édition annuelle du *Palio. Le 16 août.*
– À Volterra : *Volterra 1398. 3e et 4e dim d'août.* Importante fête médiévale.

Septembre

– À Arezzo : *giostra del Saracino* (joute du Sarrasin). *Le 1er dim du mois.*
– À Sansepolcro : *palio della Balestra* (fête de l'Arbalète). Compétitions à l'arbalète entre Sansepolcro et Gubbio en Ombrie.
– À Lucca : *Luminare di Santa Croce (13 sept),* et nombreuses autres fêtes tout le mois en l'honneur des saints patrons de la ville.
– À Pise : *Anima Mundi,* festival de musique sacrée avec concerts dans le Duomo.

Novembre

– À Florence : *festival dei Popoli* (festival du Cinéma), au palais des congrès. Nombreux films en v.o.
– À Lucca : *Lucca Comics & Games,* un grand festival de B.D.

En Ombrie

Mai

– À Assise : *Festa del Calendimaggio. 3 j. début mai.* Grande reconstitution historique de l'époque médiévale. Cortèges, spectacles de danse, représentations théâtrales, chants...
– À Gubbio : *Festa dei Ceri* et *Palio della Balestra. Le 15 et le dernier dim du mois.* Incontournables fêtes populaires. Courses de rues et concours de tir à l'arbalète en costume.
– À Orvieto : *Palio dell'Oca. En fin de mois (ou début juin).* Querelles de clocher entre quartiers rivaux de la ville.

Juin

– À Spolète : *festival dei Due Mondi. 2 sem à la fin du mois ou au début du mois de juil.* Musique classique, jazz, opéra et spectacles de danse, devant le Duomo notamment.
– À Bevagna : *Mercato delle Gaite. Dans la 2de quinzaine de juin.* Reconstitution d'un marché médiéval dans les rues de la bourgade. Très convaincant.
– À Castelluccio : *La Fiorita. De fin mai à début juin, voire mi-juin.* Lorsque les fleurs éclosent sur la plaine de Castelluccio, les foules accourent pour assister à ce magnifique spectacle.

Juillet
– À Pérouse : *Umbria Jazz. Les dates varient d'une année à l'autre.* Les plus grands noms du jazz animent les rues de la ville.
Août
– À Corciano : *Agosto Corcianese.* Reconstitutions historiques durant tout le mois.
– À Assise : *Palio di San Rufino. En fin de mois.* Spectacle de tir à l'arbalète. Cortèges historiques.
Septembre
– À Foligno : *Giostra della Quintana. Se déroule tt le mois de juin et sept.* Reconstitutions médiévales de joutes. Spectaculaire.
– À San Gemini : *Giostra dell'Arme.* Reconstitutions historiques et médiévales pendant 2 semaines *(à partir du dernier dim de sept).*
Octobre
– À Pérouse : le festival *Eurochocolate.* Renommée pour ses chocolats, les *Baci,* la ville se transforme en gigantesque pâtisserie pendant 10 jours.
– À Assise : *San Francesco Patrono d'Italia. En début de mois.* Célébration solennelle de saint François qui draine les foules (encore plus que d'habitude, c'est dire !).
Novembre
– À Città di Castello : *Mostra del Tartufo. Au début du mois.* Une fête autour de la truffe blanche et des produits de sous-bois. Marché et dégustations.

Jours fériés

Attention aux faux amis : *giorno feriale* signifie « jour ouvrable » soit du lundi au samedi. *Giornio festivo* correspond aux dimanches et jours fériés). Les jours fériés et chômés sont à peu près identiques aux nôtres, même si moins nombreux (l'Ascension et la Pentecôte, par exemple, ne sont pas des jours fériés).
– ***1er janvier :*** *Primo dell'Anno* ou *Capodanno.*
– ***6 janvier :*** *Epifania.*
– ***Lundi de Pâques :*** *Pasquetta.*
– ***25 avril :*** *liberazione del 1945 (fête nationale).*
– ***2 juin :*** *festa della proclamazione della Repubblica.*
– ***1er mai :*** *festa del Lavoro.*
– ***15 août :*** *festa dell'Assunta, Ferragosto.*
– ***1er novembre :*** *Ognissanti.*
– ***8 décembre :*** *Immacolata Concezione.*
– ***25 et 26 décembre :*** *Natale* et *Santo Stefano.*

SORCIÈRE D'UN JOUR

Pour tous les Italiens, l'Épiphanie est le jour de la Befana, *une gentille sorcière qui circule à califourchon sur son balai de paille. Elle rend visite aux enfants : aux méchants, elle dépose du charbon dans la chaussette suspendue à la cheminée ; aux gentils, des confiseries et des cadeaux. Ah ! qu'il est loin le bon temps de l'enfance...*

Sont aussi considérés comme des jours semi-fériés les 14 août, 24 et 31 décembre *(capodanno).* Certaines fêtes comme celle du 15 août peuvent durer plusieurs jours et paralyser une grande partie de la vie économique. Attention aux fermetures des banques notamment.
Renseignez-vous auprès de l'office de tourisme sur l'actualité festive dans les villes et les petits villages de votre séjour. Les saints patrons, la *sagra* du sanglier, des pâtes, du vin (toutes les occasions sont bonnes !) sont l'objet de manifestations souvent hautes en couleur (lanceurs de drapeaux, dégustations...).

La *Settimana della Cultura*

Le principe s'apparente aux Journées européennes du patrimoine en France. En théorie, pendant huit jours au printemps (généralement entre fin mars et début mai), dans toute l'Italie, musées, sites et monuments sont gratuits, et certains sites habituellement fermés ouvrent exceptionnellement leurs portes. Malheureusement, la crise a eu raison de cette belle et heureuse initiative, et certaines éditions n'ont pas eu lieu. Espérons que des jours meilleurs verront son retour de manière pérenne. À suivre sur • *beniculturali.it* •

HÉBERGEMENT

Ainsi que l'indique notre rubrique « Budget », le gros de vos dépenses sera consacré à l'hébergement. Il est souvent indispensable de réserver pendant les périodes de fêtes (à Florence, Sienne et Pérouse notamment), de festivals locaux, de salons ou de foires. Avis aux amoureux : lorsque vous demandez une chambre double, précisez « *matrimoniale* » si vous souhaitez un grand lit, car sinon vous risquez de vous retrouver avec deux lits séparés !

La location d'appartements et de maisons depuis la France

■ ***Casa d'Arno :*** *36, rue de la Roquette, 75011 Paris. ☎ 01-44-64-86-00. • info@casadarno.com • casadarno.com • Ⓜ Bastille.* Il est préférable de téléphoner pour prendre rendez-vous. Location d'appartements de standing et même de *palazzi* en Toscane, notamment dans le Chianti, mais aussi à Florence ou en bord de mer. En Ombrie, possibilité d'être logé au calme, dans des gîtes ruraux. Également une sélection de *B & B* pour un séjour de plus courte durée. Conseils et accueil par une Italienne qui connaît parfaitement son pays. Possibilité de réserver une voiture de location, un transfert à l'aéroport (attention, pas de billet d'avion), des cours de cuisine et des visites guidées sur mesure.

■ ***Loc'agritourisme & bnb by Loc'appart :*** *75, rue de la Fontaine-au-Roi, 75011 Paris. ☎ 01-45-27-56-41. • locappart.com • Ⓜ Goncourt ou République. Accueil téléphonique assuré à Paris par des responsables de destinations ayant une bonne connaissance de l'Italie, lun-jeu 10h30-13h, 14h-19h et ven 9h30-13h, 14h-18h. Réception sur rdv de préférence.* Après les appartements dans les grands villes d'art italiennes, *Loc'agritourisme & bnb* propose aujourd'hui des appartements et des *Bed & Breakfast* en ville, ainsi que des logements à la campagne dans des agrotourismes souvent tournés vers le vin et l'huile d'olive. Chacun de ces biens a été soigneusement sélectionnés par l'équipe de *Loc'appart* (avec une ou plusieurs visites sur place). Présence en Toscane et en Ombrie (Lucques, Florence, Sienne, Chianti, Orvieto, Todi...) et les principales régions italiennes. Accueil professionnel. Agence sérieuse et compétente que nous recommandons.

■ ***Locatissimo :*** *8, rue Saint-Marc, 75002 Paris. ☎ 01-40-13-97-87. • locatissimo@gmail.com • locatissimo.com • Ⓜ Bourse ou Grands-Boulevards.* Propose un grand choix de location à la campagne dans les *agriturismi*, fermes restaurées dans le respect des structures originelles, simples ou luxueuses. Catalogue gratuit sur simple demande et sur le site internet.

Les campings

Dans ce domaine, ***l'Ombrie diffère totalement de la Toscane*** (et de l'Italie en général). Si, dans la Botte, de plus en plus de campings ont en effet tendance à consacrer une grande partie de leur terrain à l'accueil des camping-cars, voire à l'exploitation quasi exclusive et autrement plus lucrative de bungalows ou mobile homes, l'Ombrie fait figure d'exception. Elle abrite encore un certain nombre de jolis sites, en pleine campagne, où les tentes ont encore leur mot à dire. Le prix moyen dans cette région tourne autour de 20-25 € selon la saison pour deux personnes et une voiture, avec quelques pics vers les 30 € en haute saison au bord du lac Trasimène, à Assise et à Pérouse.

La Toscane, en revanche, n'est pas une région où il fait bon camper. Les sites sont rares, chers, dans des emplacements souvent pas extraordinaires aux abords des villes, et davantage tournés vers les villages de bungalows, avec peu d'emplacements pour les tentes (et souvent pas les meilleurs !).

- ***Les campings sont généralement ouverts d'avril à octobre.*** Certains, cependant, restent ouverts toute l'année, notamment ceux qui louent des structures en dur.
- Il existe souvent un tarif « spécial *bambini* » pour les moins de 12 ans.
- Un certain nombre de ***campings disposent d'une piscine.*** Il arrive que celle-ci soit payante (même pour les résidents) et le bonnet de bain y est parfois exigé. Dans le domaine des petits luxes, précisons aussi qu'un nombre croissant de sites sont équipés du wifi (payant le plus souvent).

Vous pourrez vous procurer la *Guida ai Campeggi,* une brochure avec la liste complète des terrains de camping éditée par la *Confédération italienne de camping,* dans des librairies de la péninsule ou, avant le départ, à l'adresse suivante :

■ ***Fédération française des campeurs, caravaniers et camping-caristes :*** *78, rue de Rivoli, 75004 Paris. ☎ 01-42-72-84-08. • info@ffcc.fr • ffcc.fr • Ⓜ Hôtel-de-Ville. Lun-ven 9h-12h30, 13h30-17h30 (17h ven).* Possibilité de se procurer le guide *Europe du Sud* (15,35 €, frais d'envoi compris) qui regroupe 3 000 campings de 9 pays d'Europe du Sud, dont l'Italie. Existe aussi le guide des aires de services camping-car (Italie incluse). Possibilité d'acheter la carte *FFCC multi-avantages,* qui permet de bénéficier d'assurances spécifiques, dont l'assurance annulation/interruption de séjour, ainsi que de nombreuses réductions chez quelque 1 500 partenaires. La carte *FFCC* comprend également la *Camping Card International,* qui vous permettra d'obtenir de multiples réductions dans les campings d'Europe, dont ceux d'Italie.

Les auberges de jeunesse

Bonne nouvelle : les auberges de jeunesse *(ostello della gioventù)* sont assez nombreuses en Italie, dont 10 en Toscane et 10 en Ombrie. Parfois situées dans de beaux bâtiments historiques restaurés (d'anciens monastères ou palais notamment), elles sont bien entretenues et souvent dotées de cuisine à disposition. Il est souvent possible d'y manger dans de grands réfectoires, à des prix très doux. La carte internationale est obligatoire. Vous pouvez vous la procurer en France auprès de *Hostelling International,* représenté à Paris par la *Fédération unie des auberges de jeunesse (FUAJ).* Coordonnées plus haut dans la rubrique « Avant le départ ». On peut acheter la carte sur place, mais, bien sûr, c'est plus cher. On peut également se la procurer sur Internet.

En haute saison, il est conseillé de ***réserver par e-mail*** (c'est la meilleure solution, car vous gardez une trace) ou éventuellement par téléphone ou Internet sur *• hihostels.com •* Vous pouvez aussi vous adresser au central de réservation des auberges de jeunesse italiennes pour plus d'informations :

■ ***Associazione italiana alberghi per la gioventù :*** *via Nicotera, 1 (entrata Via Settembrini, 4), 00195 Roma. ☎ 00-39-06-487-11-52. ☎ 0648-711-52. • info@aighostels.it • aighostels.it •*

- Des auberges de jeunesse privées *(ostello)* permettent de compenser le manque de lits « officiels » et proposent le même type d'hébergement en dortoirs : elles pratiquent d'ordinaire les mêmes tarifs et sont bien mieux situées.

Le logement dans les communautés religieuses

– Ce type d'hébergements est encore très fréquent en Ombrie, terre de pèlerinage par excellence. Pour être hébergé dans les monastères, il n'est pas nécessaire d'être pratiquant. L'essentiel est de se montrer respectueux des lieux et de la culture religieuse catholique romaine. Toutefois, les couples non mariés se renseigneront avant. Certaines communautés n'acceptent pas les couples, d'autres refusent la mixité.
– Les chambres ou dortoirs sont en général assez spartiates mais très propres. Prévoir un couvre-feu (généralement vers 23h). Les offices de tourisme disposent des listes de ces hébergements ; sinon, voir le site très bien fait et illustré • *monasterystays.com* •

Les agrotourismes *(agriturismo)* et gîtes ruraux

C'est dans les deux régions de la Toscane et de l'Ombrie que le tourisme vert a percé. Et son expansion continue ! Les agrotourismes se trouvent normalement à la campagne et sont tenus par des exploitants agricoles (ou vinicoles). Bien souvent, cependant, les hébergements sont à l'écart de l'exploitation, qu'on ne remarque même pas. C'est à notre avis ***une des plus belles façons de découvrir*** ces régions et leurs habitants, même si certaines de ces adresses ressemblent davantage à des petites structures hôtelières à la campagne qu'à de vraies chambres d'hôtes intimes. À noter qu'il n'est pas rare qu'un séjour de minimum 2 nuits soit demandé. Côté confort, on trouve de tout. Certaines adresses sont très simples, d'autres beaucoup plus chic et luxueuses. De plus en plus, les chambres disposent de leur salle de bains privée.
Quant aux gîtes (ou appartements), ils se louent parfois à la nuitée hors saison, mais quasiment ***toujours à la semaine en haute saison.*** Pour les familles et les groupes d'amis (ou même pour un couple), c'est l'hébergement idéal : le prix ramené à la nuitée et par personne est souvent plus intéressant, les enfants ont davantage de liberté de mouvement et on peut manger « à la maison », ce qui réduit sacrément le budget consacré à la nourriture. Plus reposant que de changer de chambre et de ville tous les jours, c'est aussi une manière de découvrir plus en profondeur un endroit, tout en sillonnant la région alentour.
Pour plus d'infos, se procurer le *Guida dell'ospitalità rurale, agriturismo e vacanze verdi,* auprès d'*Agriturist (corso Vittorio Emanuele II, 101, 00186 Roma ; ☎ 00-39-06-68-52-342 ; • agriturist.it •).* Voir aussi le très populaire site internet • *agriturismo.it* • Les adresses y sont classées par régions et pourvues d'une description assez détaillée : situation, nombre de chambres, commodités, catégories de confort et de prix... Adressez-vous aussi aux offices de tourisme locaux, qui ont un bel éventail d'adresses.

Les *Bed & Breakfast*

Contrairement aux agrotourismes, les *B & B* ne sont pas forcément sur une exploitation agricole ni à la campagne, mais comme eux ils fleurissent un peu partout. Dans ce domaine, on trouve absolument de tout : du basique de base (!), du « chez-l'habitant » sympa à prix moyens, du chic chez l'habitant, du chic ou pas chic pas chez l'habitant, mais dans un appartement ou une maison en ville (ou même à la campagne) que le propriétaire a retapés, des petites structures dont l'ambiance et la gestion se rapprochent étrangement de celle d'un hôtel... Le plus souvent, le propriétaire n'y habite pas. Dans ce cas, il est conseillé de fixer un rendez-vous avec lui par téléphone à l'avance pour préciser l'heure d'arrivée. Sur place, leur numéro de téléphone portable est souvent indiqué à l'extérieur sur la porte d'entrée du *B & B*.

En revanche, contrairement à l'hôtel, ***il arrive qu'un séjour de 2 nuits minimum soit exigé*** (et il n'est pas rare non plus que les prix soient plus doux pour les séjours un peu prolongés).
Par ailleurs, si le petit déjeuner est systématiquement inclus dans le prix, il n'est pas forcément maison et frais pour autant : eh oui, en Italie le petit déj sous vide (biscottes, brioches, biscuits ou gâteaux en sachet, confitures et beurre en portions comme à l'hôtel) tend malheureusement à devenir roi, y compris dans les *B & B* (et même dans les agrotourismes)... Certains hébergements choisissent aussi de vous donner un bon pour un petit déj à l'italienne (café-croissant) dans un bar voisin.

■ ***Central de réservation de Bed & Breakfast Italia à Rome :*** *Palazzo Sforza Cesarini, corso Vittorio Emanuele II, 282, 00186 Roma. ☎ 01-76-60-74-75 (centre de résas en France) ou ☎ 00-39-06-68-78-618 (lun-ven 9h-18h30). • info@bbitalia.it • bbitalia.it •* Structure permettant d'obtenir aussi bien une chambre simple pour 2 nuits qu'un appartement pour 6 personnes pendant 1 mois.

■ ***Bedycasa.com :*** BedyCasa offre une manière différente de voyager en Italie, plus authentique et plus économique. La chambre chez l'habitant permet aux voyageurs de découvrir une ville, une culture et des traditions à travers les yeux des locaux. En quelques clics sur BedyCasa, il est possible de réserver un hébergement grâce au moteur de recherche ainsi que des témoignages d'autres voyageurs pour guider votre choix. BedyCasa c'est aussi un label communautaire, une assurance et un service client 7j/7 gratuit.

■ ***Association nationale de B & B ANBBA :*** *☎ 089-76-31-15. • anbba.it • Lun-mer et ven 9h-13h.*

Les pensions

Ces pensions, appelées encore parfois ***affittacamere*** ou *pensione* et plus souvent ***locanda*** (plus joli, ce qui permet de monter les prix), sont souvent plus familiales que les hôtels, mais pas toujours meilleur marché. On n'est pas obligé d'y prendre ses repas ni de rester un minimum de nuits. En ville, il n'est pas rare qu'elles occupent un étage dans un immeuble et ressemblent à un grand appartement avec plusieurs chambres réparties de part et d'autre du couloir. Un certain nombre d'entre elles proposent encore quelques chambres avec salle de bains commune, sur le palier ; le prix est alors beaucoup plus doux (et la chambre parfois plus spacieuse car, justement, il n'a pas fallu y caser une salle de bains !). Théoriquement, elles sont contrôlées par l'office de tourisme et donc de qualité correcte.

Les hôtels

Pour vous aider dans votre choix, demandez à l'office de tourisme en arrivant la *lista degli alberghi* (ou, en Ombrie, la brochure *Ospitalità,* qui regroupe tous les types d'hébergements dépendant de l'office de tourisme de la zone où vous vous trouvez). Ils sont classés en cinq catégories (L pour luxe et de 5 étoiles à 1 étoile pour les plus simples). Globalement, un 3-étoiles italien est plus proche au niveau du confort et des prestations d'un 2-étoiles français (et ce décalage est valable pour toutes les catégories), en revanche les prix sont bien ceux d'un 3-étoiles français !
La loi exige que les prix soient affichés dans les chambres ; ils sont (évidemment) indicatifs et correspondent rarement à ceux donnés à la réception ou sur Internet (où ils sont en général beaucoup moins élevés). Si vous choisissez de loger en hôtel, on le répète, réserver sur Internet permet souvent d'obtenir des prix beaucoup plus intéressants dans les catégories un peu chic (voir la rubrique « Budget »).
Les hôtels de cette même catégorie offrent également des réductions importantes aux tour-opérateurs et, contrairement aux logements chez l'habitant (type *B & B* ou agrotourisme), il est parfois plus intéressant de passer par une agence.

Quant aux petits déjeuners, faits de café soluble et de croissants sous plastique, ils sont souvent du genre « frugal », alors préférez les bars-*pasticcerie* où l'on sert de vrais cafés italiens et de bonnes pâtisseries pour un prix moindre !

L'échange d'appartements et de maisons

Une formule de vacances originale pour les propriétaires d'une maison, d'un appartement ou d'un studio. On échange son logement contre celui d'un adhérent du même organisme, dans le pays de son choix, pendant la période des vacances. Cette formule offre l'avantage de passer des vacances à l'étranger à moindres frais, intéressant pour les jeunes couples avec enfants. Voici deux agences qui ont fait leurs preuves :

■ ***Homelink :*** *19, cours des Arts-et-Métiers, 13100 Aix-en-Provence. ☎ 04-42-27-14-14 ou 01-44-61-03-23. • homelink.fr • Adhésion annuelle : 125 € avec annonce sur Internet valable 1 an.*

■ ***Intervac :*** *230, bd Voltaire, 75011 Paris. ☎ 05-46-66-52-76. • intervac.fr • echange-vacances.com • Adhésion annuelle internationale et nationale avec diffusion d'annonce sur Internet : 115 €.*

HORAIRES

Les horaires sont souvent très variables en Italie, voire quelquefois pas respectés du tout alors qu'ils sont affichés. En premier lieu, adressez-vous à l'office de tourisme dès votre arrivée pour vérifier si les horaires que nous indiquons, pourtant actualisés régulièrement, sont encore en vigueur. Il s'agit surtout des horaires des sites et des monuments, des musées et des églises mais aussi des transports publics (trains, bus). Après cela, vous n'avez plus qu'à vous rendre sur place en croisant les doigts pour que le site ait bien réactualisé ses horaires auprès de l'office de tourisme (ou tout simplement qu'il les respecte !)...
- ***Restaurants :*** de 12h30 à 15h et de 19h à 23h (mais avant 20h30, vous risquez de n'être entouré que d'autres étrangers). Dans les lieux extrêmement touristiques, la possibilité d'être servi jusqu'à 23h et au-delà n'a rien d'exceptionnel.
- ***Banques :*** du lundi au vendredi de 8h30 à 13h30 et de 14h45 à 15h30-16h. Certaines sont ouvertes le samedi matin, mais rarement en Ombrie, où il faut d'ailleurs prévoir une fermeture à 15h30 en semaine.
- ***Églises :*** ouvertes généralement tôt le matin pour la messe (souvent dès 6h30), elles ferment ensuite au moment du déjeuner, pour rouvrir, souvent, à partir de 15h ou 16h. Certaines d'entre elles, en revanche, n'ouvrent jamais leurs portes. Les églises-musées ont des horaires plus étendus et surtout plus réguliers.
- ***Musées :*** voir « Patrimoine culturel » dans « Hommes, culture, environnement ».
- ***Poste :*** du lundi au vendredi, approximativement de 8h à 13h30 ; le samedi ainsi que le dernier jour du mois de 8h30 à 13h. Dans les grandes villes, la poste centrale est ouverte l'après-midi.
- ***Bureaux et administrations :*** ouverts le matin seulement.
- ***Magasins :*** en règle générale, de 9h à 13h et de 16h à 19h30-20h ; toujours fermés le dimanche et une demi-journée par semaine (souvent le lundi matin, à l'exception des magasins d'alimentation qui ferment le mercredi après-midi). Fermeture fréquente le samedi après-midi en été.

LANGUE

L'italien est une langue latine, donc relativement facile pour les francophones, même si de nombreux dialectes sont parlés dans tout le pays, ce qui complique un peu l'apprentissage ! En peu de temps, vous pourrez apprendre quelques rudiments suffisants pour vous débrouiller, mais n'oubliez pas notre ***Guide de conversation du routard en italien.***

Linguistique

Le toscan, langue des Italiens ?

Le toscan a été choisi comme langue officielle pour l'Italie en raison du prestige de la culture toscane à travers l'histoire. En effet, dès le XIIe s, Florence se distingue par son dynamisme politique, économique et commercial, et va imposer sa langue par le biais de sa littérature florissante, notamment au XIVe s (Dante, Boccace et Pétrarque). Supplantant petit à petit le latin, le toscan s'étendra dans la Botte, avant d'être consacré par les grammairiens au XVIe s. Sur le papier, le toscan aurait dû s'imposer dans tout le pays. Mais ce ne fut pas le cas, et les dialectes occupent toujours une place prépondérante dans la vie quotidienne. Morcelée de l'Antiquité jusqu'à sa réunification en 1871, l'Italie n'ayant cessé d'être envahie, ses territoires subirent de nombreuses influences linguistiques. Pendant la Seconde Guerre mondiale, par exemple, certains soldats italiens étaient incapables de se comprendre à cause de leurs dialectes différents.

Ce morcellement du territoire pendant des siècles a engendré des traditions, des coutumes, des rivalités, notamment quand les villes sont proches (Florence et Sienne, Pise et Livourne...). Dans certaines régions, les dialectes sont encore fréquemment parlés quand bien même ils ont perdu du terrain depuis que l'État italien a imposé le toscan dans les écoles et comme moyen de communication.

À noter que cinq régions d'Italie possèdent un statut spécial d'autonomie : la vallée d'Aoste pour sa communauté francophone, le Trentin-Haut-Adige pour sa minorité germanophone, le Frioul-Vénétie-Julienne pour ses communautés slovène et yougoslave, la Sicile et la Sardaigne pour leurs volontés indépendantistes. Comme quoi, l'Italie n'est pas si unifiée que ça...

Quelques éléments de base

Politesse

Bonjour	*Buongiorno*
Bonsoir	*Buonasera*
Bonne nuit	*Buonanotte*
Excusez-moi	*Scusi*
S'il vous plaît	*Per favore*
Merci	*Grazie*

Expressions courantes

Parlez-vous français ? anglais ?	*Parla francese ? inglese ?*
Je ne comprends pas	*Non capisco*
Parlez lentement	*Parli lentamente*
Pouvez-vous me dire ?	*Può dirmi ?*
Combien ça coûte ?	*Quanto costa ?*
C'est trop cher	*È troppo caro*
L'addition, s'il vous plaît	*Il conto, per favore*

Le temps

Lundi	*Lunedì*
Mardi	*Martedì*
Mercredi	*Mercoledì*
Jeudi	*Giovedì*
Vendredi	*Venerdì*

Samedi	*Sabato*
Dimanche	*Domenica*
Aujourd'hui	*Oggi*
Hier	*Ieri*
Demain	*Domani*
Lundi au samedi	*Feriale*
Dimanche et jours fériés	*Festivo*

Les nombres

Un	*Uno*
Deux	*Due*
Trois	*Tre*
Quatre	*Quattro*
Cinq	*Cinque*
Six	*Sei*
Sept	*Sette*
Huit	*Otto*
Neuf	*Nove*
Dix	*Dieci*
Quinze	*Quindici*
Cinquante	*Cinquanta*
Cent	*Cento*

Transports

Un billet pour...	*Un biglietto per...*
À quelle heure part... ?	*A che ora parte... ?*
À quelle heure arrive... ?	*A che ora arriva... ?*
Gare	*Stazione*
Horaire	*Orario*

À l'hôtel

Hôtel	*Albergo*
Pension de famille	*Pensione familiare*
Je désire une chambre	*Vorrei una camera*
À un lit (double)	*Con letto (matrimoniale)*
À deux lits	*Con due letti*

LIVRES DE ROUTE

– ***Histoire de l'Italie*** (2003), Catherine Brice. Perrin, coll. « Tempus ». L'histoire de l'Italie ou « des Italies » est retracée de la fin de l'âge du bronze à aujourd'hui. Ce livre est notre « botte » secrète pour comprendre tous les aspects du caractère contrasté et bouillonnant des Italiens. Et tout ça en moins de 500 pages, abordable donc (même pour les plus pressés) !

– ***Histoires de Toscane*** (2001), Lucien d'Azay. Les Belles Lettres, coll. « Sortilèges », 2002. Toscane des villes ou Toscane des champs, 22 textes évoquent les infinies variations de cette région italienne au travers du temps et des regards. De Florence à Sienne en passant par Lucques, les impressions et émotions d'écrivains aussi différents que Mme de Staël ou Somerset Maugham, Dante, Stendhal ou Camus.

– ***Chroniques italiennes*** (1837-1839), Stendhal. Gallimard, coll. « Folio », n° 392, 2001. Recueil de nouvelles. En fouillant les archives de Civitavecchia, Stendhal se constitua une étonnante collection de procès-verbaux relatant des faits divers qui ensanglantèrent certaines grandes familles italiennes du XVIe s : on complote, on aime, on tue avec cette fièvre et cette exaltation latines qui, même en Italie, ont disparu depuis longtemps. Du même auteur et dans la même collection, lire aussi ***Promenades dans Rome*** et ***Rome, Naples, Florence*** (essai).

- ***Voyage en Italie*** (1954), Jean Giono. Gallimard, coll. « Folio », n° 1143, 1979. Loin de sa Provence, Giono est perdu. Dès lors, la découverte de l'Italie en 1953 par ce vieux jeune homme de près de 60 ans est un heureux hasard pour la littérature. Cette escapade de quelques semaines dans une guimbarde, sur les routes de Toscane et de la plaine du Pô, Giono la vit comme une renaissance et un éblouissement.
- ***Place de Sienne, côté ombre*** (1983), Carlo Fruttero et Franco Lucentini. Le Seuil, coll. « Points-Roman », n° R 284, 1998. La ville de Sienne célèbre chaque année la fête du *Palio,* dont le fleuron est une spectaculaire course de chevaux. À cette occasion, tous les coups sont permis. Une mort suspecte, un jockey fantôme et une mystérieuse famille sont autant d'énigmes à résoudre dans un roman où la petite ville médiévale joue un rôle essentiel.
- ***Le Décaméron*** (1350-1353), Giovanni Boccaccio, dit Boccace. Gallimard, coll. « Folio classique », n° 4352, 2006. Lors de la grande peste de 1348 à Florence, sept femmes et trois hommes, réfugiés à la campagne, décident que chacun racontera, chaque jour, 10 histoires aux autres. Texte classique par excellence, les 100 nouvelles du *Décaméron* composent un tableau haut en couleur, comique, licencieux, sentimental, tragique et pathétique aussi, de l'Italie du XIVe s.
- ***Le Clan des Médicis,*** Jacques Heers. Perrin, 2008. Un portrait juste de la famille Médicis, son ascension, sa grandeur et sa faillite. Un livre qui va à l'encontre des idées reçues et nous permet d'approfondir l'histoire unique d'une famille qui a fait d'une ville son territoire personnel.
- ***Le Dernier des Médicis*** (1994), Dominique Fernandez. Le Livre de Poche, n° 13928, 1996. Une peinture impitoyable de la dégénérescence d'un grand-duc toscan, dernier descendant d'une bien illustre famille, dans une Florence tiraillée entre les factions politiques rivales.
- ***L'Art italien,*** André Chastel. Flammarion, coll. « Tout l'Art », 2008. Panorama complet de l'art italien jusqu'au XXe s par celui qui fut le spécialiste en la matière. Incontournable.
- ***Avec vue sur l'Arno*** (1970), E. M. Forster. 10/18, coll. « Domaine étranger », n° 1545, 2006. Un roman initiatique dans le plus pur esprit british, dont la première partie se déroule à Florence et dans le Chianti. Entre bienséance et amour véritable, le cœur de la jeune Lucy Honeychurch balance... Roman à l'origine du film *Chambre avec vue,* de James Ivory.
- ***La Passion Lippi*** (2004), Sophie Chauveau. Gallimard, coll. « Folio », 2006. Biographie romancée de Filippo Lippi, l'un des peintres les plus célèbres du Quattrocento. Remarqué par Cosme de Médicis, ce peintre-moine (élève de Fra Angelico) a défrayé la chronique par son libertinage et sa manière de peindre. Dans la même veine, ***Le Rêve de Botticelli,*** Gallimard, coll. « Folio », 2007, et ***L'Obsession Vinci,*** Gallimard, coll. « Folio », 2009, du même auteur.
- ***Le Menteur d'Ombrie,*** Bjarne Reuter. Actes Sud, coll. « Babel », 2007. Giuseppe Pagamino, herboriste et menteur comme un arracheur de dent, traverse l'Ombrie pour trouver une rognure d'ongle du Diable (rien que ça !) afin de fabriquer une potion d'immortalité. Mais ce défi comporte des risques, et Pagamino n'est pas au bout de ses peines !
- ***La Saga des Médicis,*** Sarah Frydman. LGF, Le Livre de Poche, 2006. Récit en trois tomes qui retrace la dynastie des célèbres Médicis, riche famille qui a fait la gloire de Florence durant trois siècles.
- ***D'acier,*** Silvia Avallone. Liana Levi, coll. « Piccolo », 2012. Un roman situé sur la côte toscane, à Piombino, où l'auteur décrit avec justesse les désenchantements d'une jeunesse promise à un avenir incertain. Un premier roman bien accueilli dans le monde littéraire.

– Et si vous vous intéressez à la littérature italienne contemporaine, nous vous conseillons de lire les œuvres majeures de ces talentueux auteurs : Eco, Tabucchi, Buzzati, Baricco, Levi, Benacquista...

PERSONNES HANDICAPÉES

De nombreux hébergements sont équipés d'au moins une chambre adéquate (mais pas les pensions, souvent situées au deuxième ou troisième étage sans ascenseur et dans des rues en forte pente ou truffées d'escaliers !). Le plus sage est d'appeler avant de réserver.

POSTE

– Les bureaux de poste sont ouverts en général du lundi au vendredi de 8h à 13h30 et le samedi de 8h30 à 13h. Dans les grandes villes, la poste centrale est ouverte l'après-midi. Fermés les dimanche et jours fériés.
– La poste italienne a mis en circulation un timbre avec la mention *Posta prioritaria,* obligatoire sur le territoire national mais aussi vers les pays européens ; le timbre à 0,85 € permet d'envoyer une lettre en 2 ou 3 jours pour l'étranger, et celui à 0,70 € en 1 journée pour l'Italie. Ce timbre peut être acheté dans un bureau de tabac *(tabacco).*
– Pour recevoir du courrier poste restante, tenir compte des délais d'acheminement et demander à l'expéditeur de rédiger l'enveloppe avec la mention : « *Fermo posta, posta centrale di...* » et le nom de la ville en italien, précédé, si possible, du code postal comme en France.

POURBOIRE ET TAXE

Pourboire

Dans les restos, le pourboire est normalement à la discrétion du client, comme en France ; il arrive cependant, mais c'est rare, qu'on vous facture le service (10 à 15 %).

L'addition

Ne vous étonnez pas de voir votre addition majorée du traditionnel ***pane e coperto*** (lequel a théoriquement été supprimé, mais il continue d'être appliqué dans la majorité des restos). Il varie entre 2 et 3 €, et peut même atteindre plus de 4 € dans les lieux chic (mais cela signifie qu'il y a une contrepartie : pains maison, beurre...) ou très touristiques (et c'est de l'arnaque !). Ajoutez à cela une bouteille d'eau minérale (autour de 2 €), et vous comprendrez rapidement pourquoi l'addition grimpe si vite.
Dans tous les cas, n'oubliez pas de bien vérifier l'addition avant de payer, certains établissements ont la virgule distraite.

SANTÉ

Carte européenne d'assurance maladie

Pour un séjour temporaire en Italie, pensez à vous procurer la carte européenne d'assurance maladie. Il vous suffit d'appeler votre centre de Sécurité sociale (ou de vous connecter au site internet de votre centre, encore plus rapide !), qui vous l'enverra sous une quinzaine de jours. Cette carte fonctionne avec tous les pays membres de l'Union européenne, ainsi qu'en Islande, au Liechtenstein, en Norvège et en Suisse. C'est une carte plastifiée bleue du même format que la carte Vitale. Elle est valable 1 an, gratuite et personnelle (chaque membre de la famille doit avoir la sienne, y compris les enfants). Conservez bien toutes les factures pour obtenir les remboursements au retour.

Vaccins

Aucun n'est obligatoire, mais il est préférable d'avoir son rappel antitétanique à jour, surtout si l'on fait du camping. Nous vous recommandons chaudement un répulsif antimoustiques (ces charmantes petites bêtes étant très virulentes en période estivale, en particulier sur la côte toscane).

■ ***Catalogue Santé Voyage (Astrium) :*** les produits et matériels utiles aux voyageurs, assez difficiles à trouver, peuvent être achetés par correspondance sur le site de santé-voyages • *sante-voyages.com* • Infos complètes toutes destinations, boutique web, paiement sécurisé, expéditions Colissimo Expert ou Chronopost. ☎ *01-45-86-41-91 (lun-ven 14h-19h).*

Assurances

Ne partez pas sans vous être assuré que vous l'êtes bien !
– En France, vous pouvez bien sûr vous assurer auprès de *Routard Assurance.*
– En Belgique, vous pouvez faire appel à *Eurocross.* Si vous êtes malade, un coup de téléphone en PCV au ☎ *32-22-70-09-00* (numéro en Belgique) suffit pour qu'ils vous assistent.

SITES INTERNET

Sur l'Italie

• ***routard.com*** • Rejoignez la plus grande communauté francophone de voyageurs ! Échangez avec les routarnautes : forums, photos, avis d'hôtels. Retrouvez aussi toutes les informations actualisées pour choisir et préparer vos voyages : plus de 200 fiches pays, une centaine de dossiers pratiques et un magazine en ligne pour découvrir tous les secrets de votre destination. Enfin, comparez les offres pour organiser et réserver votre voyage au meilleur prix. Routard.com, le voyage à portée de clic !
• ***enit.it*** • En français. Site de l'office de tourisme, très riche en informations. À parcourir avant de partir en vacances. Sur • ***italia.it*** • (aussi en français), vous trouverez de nombreuses rubriques pratiques qui vous aideront à préparer votre séjour. Permet également de faire un tour d'horizon complet de la culture italienne.
• ***paginegialle.it*** • Correspond à nos Pages jaunes.
• ***ambafrance-it.org*** • Le site français en Italie, avec la liste complète des ambassades, consulats, centres culturels et alliances françaises, ainsi qu'un dossier sur les rapports économiques franco-italiens. Infos intéressantes pour les étudiants qui veulent y séjourner.
• ***alliancefr.it*** • Site de l'alliance française en Italie. Pas mal pour les étudiants/familles qui s'installent en Italie, pour rencontrer d'autres Français. L'alliance française organise souvent des activités en collaboration avec les associations/mairies locales. Un bon moyen de renforcer le lien entre les deux cultures et de promouvoir la culture française en Italie.
• ***regioni-italiane.com*** • En italien, plein d'infos sur les différentes régions d'Italie. Calendrier des événements, les nouvelles régionales, les foires et des idées d'itinéraires touristiques.

• ***gelatoartigianale.it*** • En italien. Le site de la très sérieuse *Accademia del Gelato.* Spécialement conçu pour les gélatophiles avertis ! Vous saurez tout sur les quelque 400 000 t de glace annuelles, sur les 25 000 *gelaterie* et les 14 kg ingurgités par personne chaque année. Son histoire, sa fabrication, sa conservation et ses nombreux parfums classiques ou originaux n'auront plus de secret pour vous. Adhésion en ligne possible au *club del Gelato !*
• ***cookinitaly.org*** • Site en anglais. Une sorte de « cooking Academy ». Permet de passer des vacances tout en s'imprégnant de la culture culinaire locale.
• ***italieaparis.net*** • Un site qui vous donnera un avant-goût de la Botte ou qui pourra, tout aussi bien, essayer de vous guérir du mal du pays à votre retour. Il ne conseille que des adresses parisiennes, mais les infos culturelles profiteront à tout le monde !

Sur la Renaissance italienne

• ***renaissance-amboise.com*** • Onglet « Les dossiers Renaissance ». Site assez complet avec photos, pour ceux qui veulent une approche basique de la Renaissance. Bons dossiers sur la peinture italienne (Quattrocento à Florence, Renaissance...).
• ***aparences.net*** • Ce site à la richesse encyclopédique détaille parfaitement l'âge d'or de la peinture florentine. Le site propose également des dossiers sur les grands hommes de cette époque, ainsi que des tableaux de maîtres commentés.

Sur la Toscane et sur l'Ombrie

• ***turismo.intoscana.it*** • Site officiel de la région, très clair et très bien documenté.
• ***cultura.toscana.it*** • Site uniquement consacré à la culture toscane, comme son nom l'indique.
• ***toscane-toscana.org*** • Site sur la région, en français, avec cartes interactives « cliquables » donnant des infos pratiques, culturelles et gastronomiques.
• ***polomuseale.firenze.it*** • Site donnant une foule de renseignements (tarifs, horaires...) sur tous les musées, les expos et toutes les bibliothèques de la ville de Florence.
• ***terresiena.it*** • Site donnant une foule de renseignements (tarifs, horaires des musées, etc.) sur toutes les terres de Sienne.

Sur l'Ombrie

• ***regioneumbria.eu*** • Site officiel de la région, très bien documenté.

TABAC

En Italie, ***la cigarette est interdite dans TOUS les lieux publics*** (restaurants, cafés, bars, discothèques et trains). Si les partisans du « *vietato fumare* » se réjouissent de pouvoir désormais dîner sans craindre l'asphyxie, les accros au tabac ont, quant à eux, la vie dure. En cas d'infraction, une grosse amende vous attend à la moindre cigarette allumée (quelques centaines d'euros s'il y a des enfants ou des femmes enceintes à proximité). Quant aux restaurateurs, ils encourent une peine de 2 200 € s'ils ne font pas respecter cette loi dans leur établissement.
Le soir, lorsqu'ils ferment, les *tabacchi* laissent place à un distributeur automatique qui n'est pas toujours bien approvisionné.
Quant à la *e-cigarette,* son développement a du plomb dans l'aile ! Sa taxation a augmenté de plus de 37 % en janvier 2014, emportant ainsi un espoir de santé publique améliorée.

TÉLÉPHONE – TÉLÉCOMMUNICATIONS

Téléphone

Avertissement : ne vous étonnez pas de trouver des numéros de téléphone fixe dont le nombre de chiffres varie (généralement de 8 à 10), c'est normal !

Le téléphone portable en voyage

Le routard peut utiliser son propre téléphone portable en Italie avec l'option « Europe ».

– ***À savoir :*** pour être sûr que votre appareil est compatible avec votre destination, renseignez-vous auprès de votre opérateur.

– ***Activer l'option « international » :*** pour les abonnés récents, elle est en général activée par défaut. En revanche, si vous avez souscrit à un contrat depuis plus de 3 ans, pensez à contacter votre opérateur pour souscrire à l'option (gratuite). Attention toutefois à le faire au moins 48 heures avant le départ.

– ***Le « roaming » :*** c'est un système d'accords internationaux entre opérateurs. Concrètement, cela signifie que lorsque vous arrivez dans un pays, au bout de quelques minutes, le nouveau réseau s'affiche automatiquement sur l'écran de votre téléphone.

– Vous recevez rapidement un SMS de votre opérateur qui propose un ***pack voyageurs*** plus ou moins avantageux, incluant un forfait limité de consommations téléphoniques et de connexion internet. À vous de voir...

– ***Tarifs :*** ils sont propres à chaque opérateur et varient en fonction des pays (le globe est découpé en plusieurs zones tarifaires). N'oubliez pas qu'à l'international, vous êtes facturé aussi bien pour les appels sortants que les appels entrants. Ne papotez donc pas des heures en imaginant que c'est votre interlocuteur qui payera !

– ***Internet mobile :*** si vous utilisez le réseau 3G (et non le wifi), les connexions à l'étranger ne sont pas facturées selon le temps de connexion, mais en fonction de la quantité de données échangées... Il peut suffire de quelques clics sur sa boîte mail et d'un peu de surf pour faire exploser les compteurs, avec au retour de voyage des factures de plusieurs centaines d'euros ! Le plus sage consiste à ***désactiver la connexion 3G/4G*** dès que vous passez les frontières. En effet, certains mobiles se connectent d'eux-mêmes sur Internet à intervalles réguliers afin d'effectuer des mises à jour (c'est le cas des *Blackberry* par exemple). Résultat, même sans surfer, vous êtes connectés... et vous payez ! Il faut également penser à ***supprimer la mise à jour automatique de votre messagerie*** qui consomme elle aussi des octets sans vous avertir (option « Push mail »). Opter pour le mode manuel.

Bons plans pour utiliser son téléphone à l'étranger

– ***Acheter une carte SIM/puce sur place :*** c'est une option très avantageuse. Il suffit d'acheter à l'arrivée une carte SIM locale prépayée chez l'un des nombreux opérateurs *(Vodafone, Tim, Wind)* représentés dans les boutiques de téléphonie mobile des principales villes d'Italie et souvent à l'aéroport. On vous attribue alors un numéro de téléphone local et un petit crédit de communication, généralement 10 €. Avant de signer le contrat et de payer, essayez donc, si possible, la carte SIM du vendeur dans votre téléphone – préalablement débloqué – afin de vérifier si celui-ci est compatible. Ensuite, les cartes permettant de recharger votre crédit de communication s'achètent facilement en Italie. C'est toujours plus pratique pour trouver son chemin vers un *B & B* paumé, réserver un hôtel, un resto ou une visite guidée, et bien moins cher que si vous appeliez avec votre carte SIM personnelle.

– ***Se brancher sur les réseaux wifi*** est le meilleur moyen de se connecter à Internet gratuitement ou à moindre coût. De plus en plus d'hôtels, restos et bars disposent d'un réseau, payant ou non. Une fois connecté grâce au wifi, à vous les joies de la ***téléphonie par Internet !*** Le logiciel ***Skype,*** le plus répandu, vous permet d'appeler

PLANS ET CARTES EN COULEURS

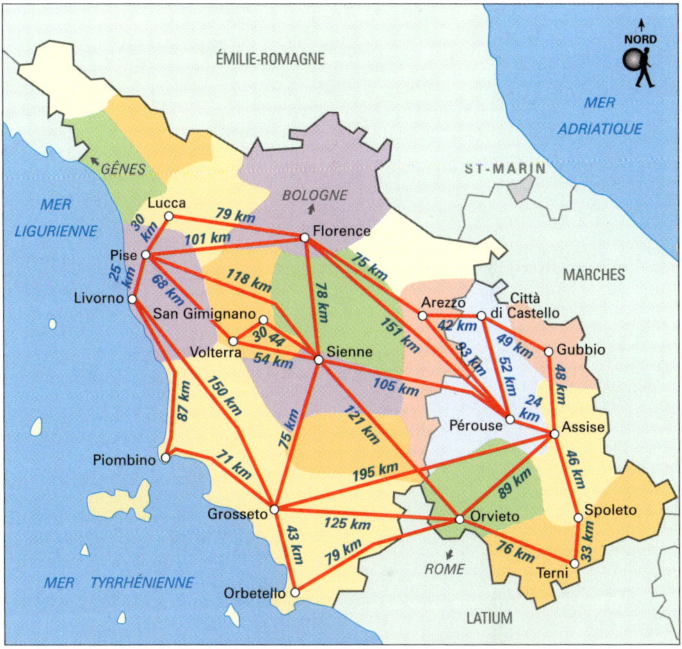

DISTANCES PAR LA ROUTE

GENOVA
PARMA
MODENA
BOLOGNA
A 15
S 62
S 12
A 1 E 35
LIGURIE
A 12
S 1
S 63
BAGNI DI LUCCA ET LA GARFAGNANA p. 408
LUCQUES ET SES ENVIRONS p. 368
Alpi Apuane
Castelnuovo di Garfagnana
Abetone
Bagni di Lucca
Monti d. Calvana
Carrara
Massa
la Spezia
S 66
Pistoia
Prato
NORD
CARRARA ET LA VERSILIA p. 394
A 12 E 80
Pietrasanta
Collodi
Pescia
R 435
Lucca
E 76
(Firenze-Mare)
Monte Albano
Viareggio
Torre d. Lago
A 11
Vinci
Marina di Vecchiano
Parco naturale Migliarino-S. Rossore
S 12
Cerreto Guidi
Buti
Empoli
Certosa di Pisa
Vicopisano
Marina di Pisa
PISA
R 67
Pontedera
San Miniato
S 429
Tirrenia
Certaldo Alto
TOSCANE LITTORALE p. 412
VAL D'ELSA p. 344
Livorno
Montenero
A 12 E 80
San Gimignano
S 1
Volterra
R 68
MER LIGURIENNE
Castiglioncello
R 68
R 439
Marina di Cecina
Larderello
Collines Metallifères
MAREMME p. 434
CORSE, SARDAIGNE
Suvereto
S 439
Massa Marittima
S 1 E 80
Populonia
Piombino
Follónica
Vetulonia
Castiglione d. Pescaia
Punta Ala
Portoferraio
Isola d'Elba
Marina di Grosseto
MER TYRRHÉNIENNE
Lucca Lieux traités
Collodi Adresses et lieux dans les environs
Pontedera Repères
sites inscrits au Patrimoine mondial de l'Unesco
0 10 20 km
I. del Giglio

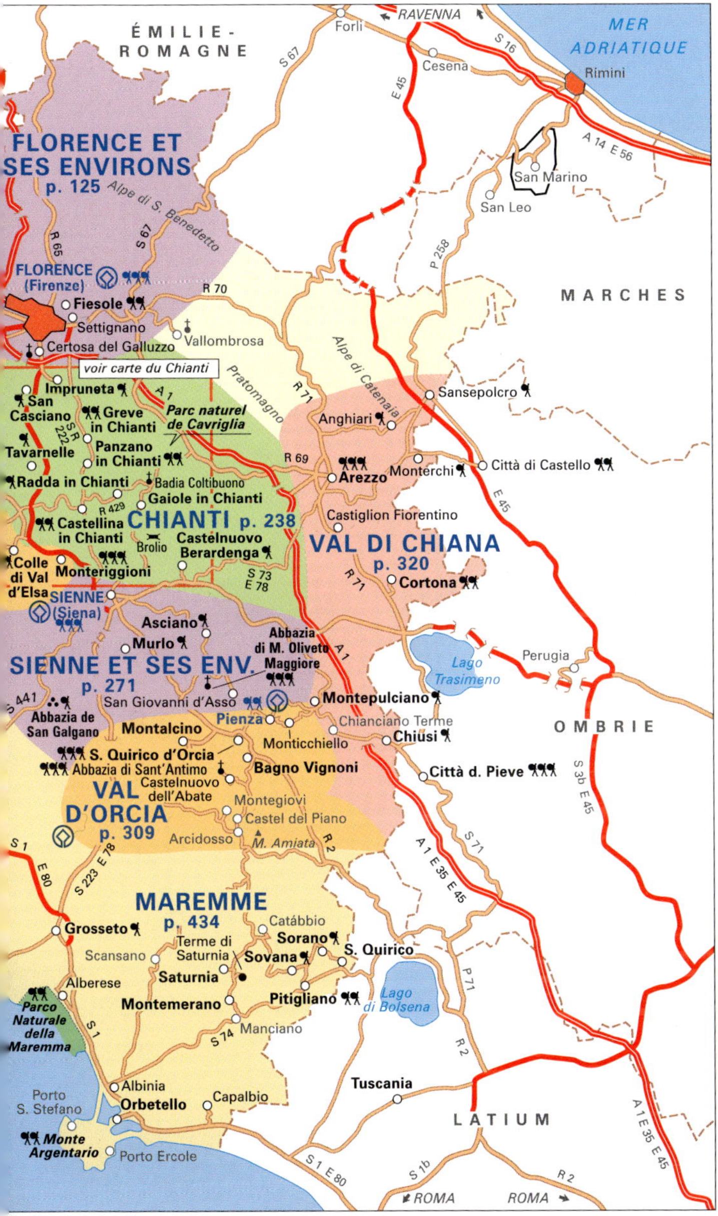

ÉMILIE-ROMAGNE
MER ADRIATIQUE
RAVENNA
Forli
Cesena
Rimini
S 16
S 67
E 45
A 14 E 56
San Marino
San Leo
P 258
MARCHES
FLORENCE ET SES ENVIRONS p. 125
Alpe di S. Benedetto
R 65
S 67
FLORENCE (Firenze)
R 70
Fiesole
Settignano
Vallombrosa
Certosa del Galluzzo
voir carte du Chianti
Pratomagno
Alpe di Catenaia
R 71
Sansepolcro
Impruneta
San Casciano
A 1
Greve in Chianti
Parc naturel de Cavriglia
SR 222
Tavarnelle
Panzano in Chianti
Anghiari
R 69
Arezzo
Monterchi
Città di Castello
Radda in Chianti
Badia Coltibuono
Gaiole in Chianti
R 429
E 45
Castellina in Chianti
CHIANTI p. 238
Castiglion Fiorentino
Brolio
Castelnuovo Berardenga
VAL DI CHIANA p. 320
Colle di Val d'Elsa
Monteriggioni
S 73 E 78
R 71
Cortona
SIENNE (Siena)
Asciano
Murlo
Abbazia di M. Oliveto Maggiore
A 1
Perugia
Lago Trasimeno
SIENNE ET SES ENV. p. 271
S 441
Abbazia de San Galgano
San Giovanni d'Asso
Montepulciano
Pienza
Chianciano Terme
OMBRIE
Montalcino
Monticchiello
Chiusi
S. Quirico d'Orcia
Abbazia di Sant'Antimo
Bagno Vignoni
Città d. Pieve
S 3b E 45
VAL D'ORCIA p. 309
Castelnuovo dell'Abate
Montegiovi
Castel del Piano
Arcidosso
M. Amiata
R 2
S 71
S 1
E 80
S 223 E 78
A 1 E 35 E 45
MAREMME p. 434
Grosseto
Catábbio
Sorano
Terme di Saturnia
Scansano
Sovana
S. Quirico
Saturnia
P 71
Alberese
Pitigliano
Lago di Bolsena
Parco Naturale della Maremma
Montemerano
S 1
S 74
Manciano
R 2
Albinia
Tuscania
Porto S. Stefano
Orbetello
Capalbio
LATIUM
Monte Argentario
Porto Ercole
A 1 E 35 E 45
S 1 E 80
S 1b
R 2
ROMA
ROMA

LA TOSCANE

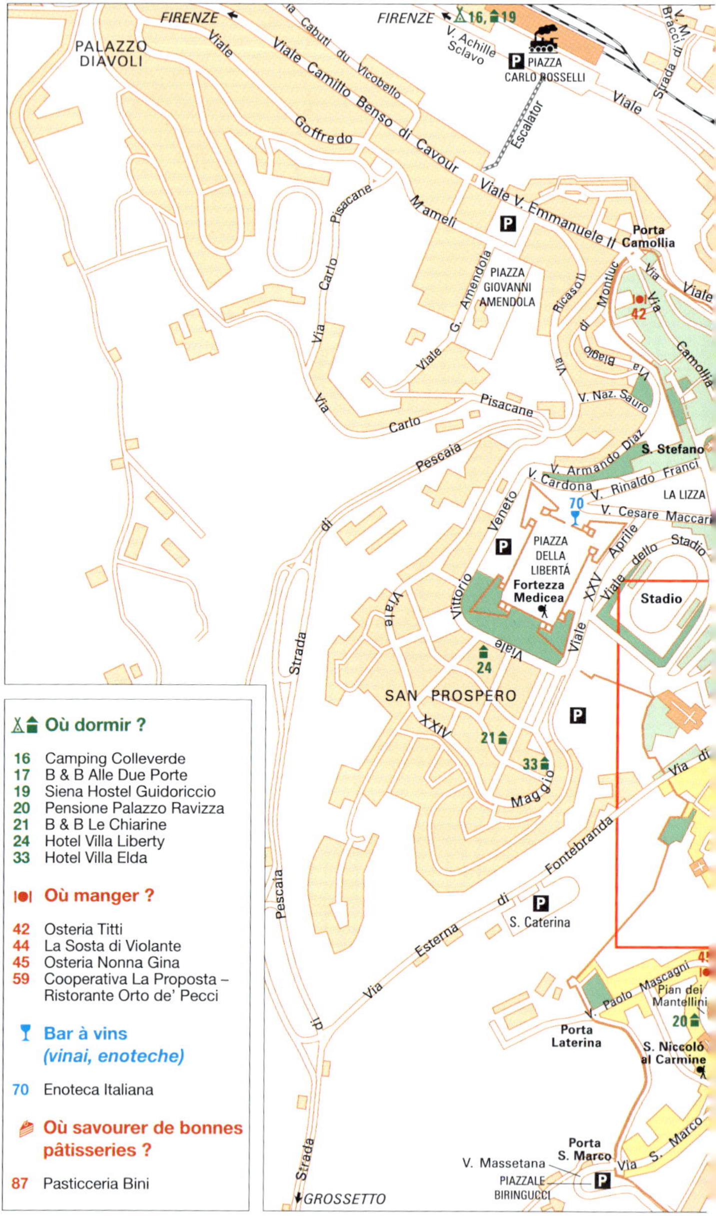

Où dormir ?

16 Camping Colleverde
17 B & B Alle Due Porte
19 Siena Hostel Guidoriccio
20 Pensione Palazzo Ravizza
21 B & B Le Chiarine
24 Hotel Villa Liberty
33 Hotel Villa Elda

Où manger ?

42 Osteria Titti
44 La Sosta di Violante
45 Osteria Nonna Gina
59 Cooperativa La Proposta – Ristorante Orto de' Pecci

Bar à vins *(vinai, enoteche)*

70 Enoteca Italiana

Où savourer de bonnes pâtisseries ?

87 Pasticceria Bini

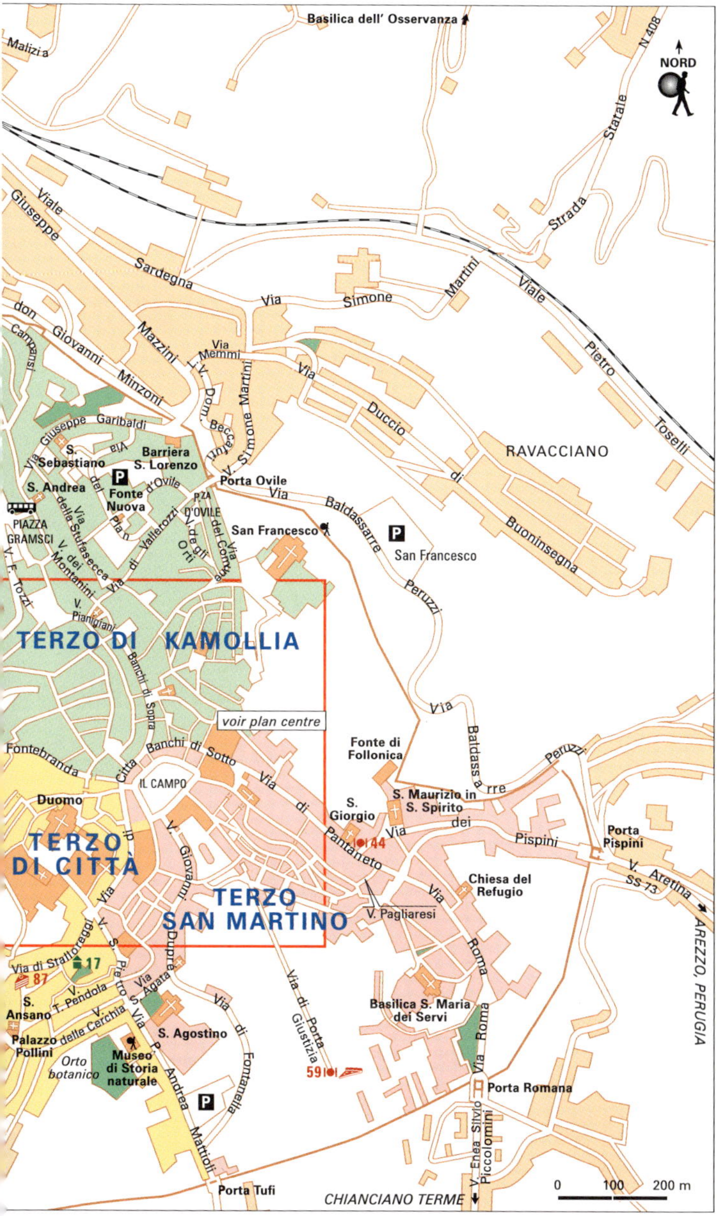

SIENNE (SIENA) – PLAN D'ENSEMBLE

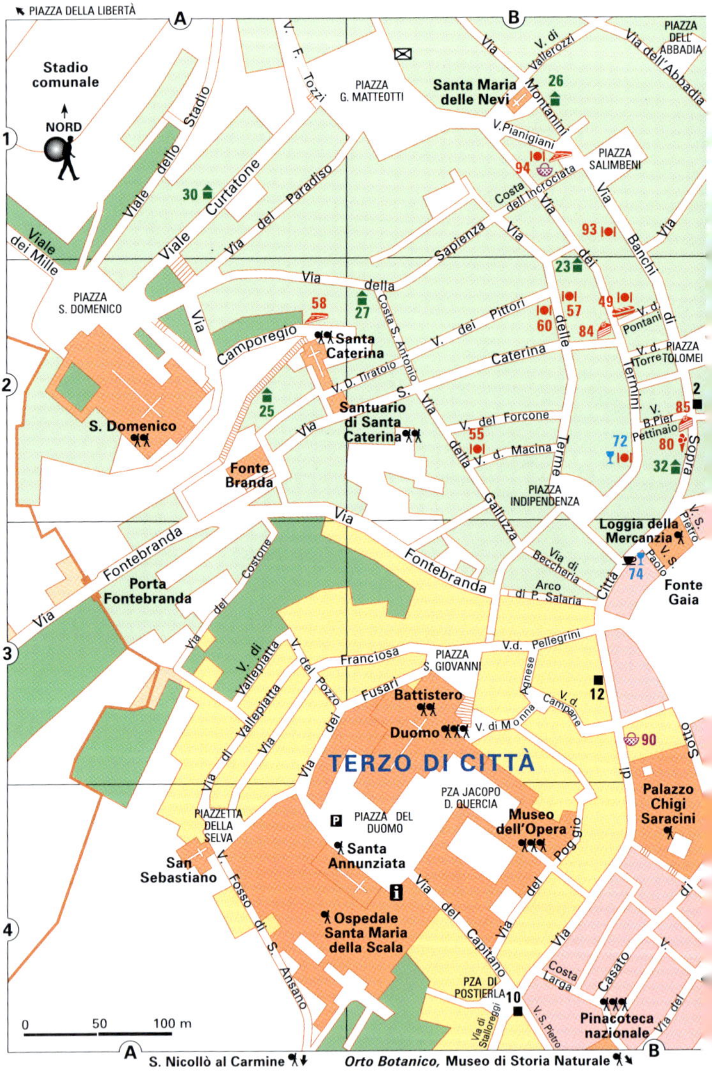
PIAZZA DELLA LIBERTÀ
A
B
Stadio comunale
NORD
Viale dello Stadio
Viale Curtatone
Viale dei Mille
Via del Paradiso
V. F. Tozzi
PIAZZA G. MATTEOTTI
Via di Vallerozzi
Santa Maria delle Nevi
Montanini
Via dell'Abbadia
PIAZZA DELL' ABBADIA
26
V. Pianigiani
PIAZZA SALIMBENI
94
Costa dell'Incrociata
Via dei Banchi di Sopra
93
30
Via della Sapienza
23
PIAZZA S. DOMENICO
58
27
Costa S. Antonio
V. dei Pittori
57
49
60
84
V. d. Pontani
Via Camporegio
Santa Caterina
V. d. Torre
PIAZZA TOLOMEI
V. D. Tiratoio
Via Santa Caterina
Via delle Terme
S. Domenico
25
Santuario di Santa Caterina
V. del Forcone
55
V. d. Macina
Via della Galluzza
72
80
85
V. B. Pier Pettinaio
32
2
Fonte Branda
PIAZZA INDIPENDENZA
Via Fontebranda
Loggia della Mercanzia
V. S. Pietro
V. S. Paolo
Via di Beccheria
Città
74
Fonte Gaia
Arco di P. Salaria
Porta Fontebranda
Via del Costone
Via di Vallepiatta
V. del Pozzo
V. Franciosa
Via dei Fusari
PIAZZA S. GIOVANNI
V.d. Pellegrini
Agnese
V. d. Campane
12
Battistero
Duomo
V. di Monna
90
TERZO DI CITTÀ
Via di Vallepiatta
PZA JACOPO D. QUERCIA
PIAZZA DEL DUOMO
PIAZZETTA DELLA SELVA
Museo dell'Opera
Palazzo Chigi Saracini
Via di Poggio
San Sebastiano
V. Fosso di S. Ansano
Santa Annunziata
Via del Capitano
Via del Casato
Ospedale Santa Maria della Scala
Costa Larga
PZA DI POSTIERLA
10
Via di Stalloreggi
V. S. Pietro
Pinacoteca nazionale
0
50
100 m
1
2
3
4
S. Nicollò al Carmine
Orto Botanico, Museo di Storia Naturale

■ Adresses utiles

- Ufficio di Informazione turistiche
- 2 Libreria Feltrinelli
- 10 Farmacia Quattro Cantoni
- 12 Libreria Senese

Où dormir ?

- 18 Locanda Garibaldi
- 23 Antica Residenza Cicogna
- 25 Hotel Alma Domus, Santuario S. Caterina
- 26 Albergo Cannon d'Oro
- 27 Albergo Bernini
- 28 Piccolo Hotel Etruria
- 29 Hotel Centrale
- 30 Albergo Chiusarelli
- 32 Palazzo Fani Mignanelli, Residenza d'Epoca

Où manger ?

- 49 Osteria Il Grattacielo
- 50 Antica Trattoria Papei
- 53 Gino Cacino
- 54 Osteria Le Logge
- 55 Grotta Santa Caterina da Bagoga
- 56 Ristorante Gallo Nero
- 57 Da Trombicche
- 58 Pizzeria il Pomodorino
- 60 Compagnia dei Vinattieri
- 63 Osteria Il Carroccio
- 93 Morbidi 1925
- 94 Consorzio Agrario di Siena

Bar à vins *(vinai, enoteche)*

- 72 Enoteca I Terzi

Où boire un bon café ? Où boire un verre ? Où sortir le soir ?

- 71 Key Largo Bar
- 73 Bella Vista Social Pub
- 74 Caffè Fiorella

Où déguster une glace ?

- 80 Grom
- 81 Gelateria Kopakabana
- 82 Bar-gelateria Il Camerlengo

Où savourer de bonnes pâtisseries ?

- 83 La Nuova Pasticceria
- 84 Forno dei Galli
- 85 Pasticceria-bar Nannini

Où acheter de bons produits ?

- 90 Drogheria Manganelli
- 94 Consorzio Agrario di Siena

SIENNE (SIENA) – PLAN CENTRE

PISE (PISA)

A
VECCHIANO
B
LUCCA, SS 12
1
A 12 10
Via Contessa
Via Mathilde
Porta e Lucca
V. del Brennero
Billeterie principale
Campo Santo
Torre di Pisa
LARGO COCCO GRIFFI
Battistero
Duomo
Museo dell'Opera del Duomo
Palazzo Arcivescovile
Terme romane
S. Torpè
Via Card. Pietro Malfi
Via C. Fedeli
Via S. Caterina
Santa Anna
PIAZZA ARCIVESCOVADO
Billetterie
PIAZZA DEI MIRACOLI
Billetterie
Via Card. Capponi
Via S. Giuseppe
DUOMO
Via Carlo Cammeo
2
PIAZZA D. MANIN
Museo delle Sinopie
6
Via A. Pisano
Via della Faggiola
35
Via Martiri
Via S. Apollonia
Via G. Carducci
Palazzo dei Cavalieri
Palazzo dell'Orologio
V. delle Sette Volte
Via Don G. Boschi
33
Via dei Mille
V. Dalmazia
V. Corsica
S. Stefano dei Cavalieri
PIAZZA CAVALOTTI
PIAZZA DEI CAVALIERI
PIAZZA BUONAMICI
S. Sisto
V. U. Dini
Via Porta Buozzi
V. L. Ghini
Via Santa Maria
Orto Botanico
Via G. Pisano
17
30
V. P. Pauli
V. S. Frediano
38
34
V. Tavoleria
Via Paolo Salvi
S. Frediano
12
40
Via Curtatone e Montanara
Via Bonanno
Via Derna
Via A. Volta
PIAZZA DANTE ALIGHIERI
Palazzo Agostini
Università
15
19
41
Palazzo Upezzinghi
Via F. Gaba
Via Risorgimento
5
PIAZZA F. CARRARA
Pacinotti
V. Magenta
Via Roma
San Nicola
V. S. Nicola
2
Via Trento
Palazzo Reale
Gambacorti
Palazzo Blu
V. Rustichello da Pisa
Via Trieste
Via Nicola Pisano
PIAZZA LOCCHI
Lungarno
Via Enrico Fermi
PIAZZA SOLFERINO
Lungarno
Santa Maria della Spina
Via La Nunziata
Via Volturno
PONTE SOLFERINO
Maddalena
PIAZZA AURELIO SAFFI
Via A. Mario
Arno
Via Giuseppe Mazzini
Arsenale delle Galee
Lungarno R. Simonelli
Via Sidney Sonnino
Via S. Paolo
Via del Torzi
S. Antonio
Via F. Crispi
Via A. Manzoni
PIAZZA M. D'AZEGLIO
Pisano
Citadella Vecchia
Santa Agata
Niosi
Francesco
PIAZZA DI TERZANAIA
3
PIAZZA S. PAOLO A RIPA D'ARNO
S. Paolo a Ripa d'Arno
Lungarno
PONTE D. CITADELLA
Domus Mazziniana
PIAZZA S. ANTONIO
V. Lavagna
Via. E. Zerboglio
Via Nisi
S. Antonio
Porta a Mare
Largo della Degazia
V. Stampace
Via G. Romiti
Via Nino Bixio
Palazzo della Provincia
V. Bonaccorso de Palude
Largo Marianai d'Italia
Via Cesare Battisti
13
Via Catalani
Lungarno Cosimo I
Conte Fazio
Bastione Stampace
V. S. Giovanni al Gatano
Via
V. di Porta a Mare
0
100
200 m
A
LIVORNO
MARINA DI PISA
LIVORNO, PISA
B

C
Porta a Lucca, Largo San Zeno
D
1
2
3
NORD
BUTI, CERTOSA DI PISA
ROMA, FIRENZE, VICOPISANO
Via San Zeno
Santa Caterina
PIAZZA DEI MARTIRI DELLA LIBERTÀ
Via S. Lorenzo
Via Filippo Buonarroti
S. Francesco
Via S. Francesco
Via E. F. D. d'Aosta
Via Gabriele Vettori
Via S. Centofanti
Via Giuseppe Parini
Via S. Giovanni
Via Mario Canavari
Via delle Trincere
Via Giovanni D'Achiardi
Via A. Momigliano
V. Donadoni
Via G. Garibaldi
Via Vicenzo Gioberti
Via S. Cecilia
Via R. Fucini
Via del Ruschi
V. Berlinghieri
Via San
Via Ettore Sighieri
Via G. De Simone
Via Bernardini
Via E. de Amicis
Via Mario Lalli
Via del Giardino
Porta delle Gondole
Via S. Marta
CENTRO
39
P. S. PAOLO ALL'ORTO
P. S. FELICE
PIAZZA DONATI
36
37
Borgo Stretto
V. di Oratì
V. Cavour
V. G. Verdi
V. L. Coccapani
V. S. Andrea
Maison natale de Galilée
V. G. Giusti
V. S. Bibbiana
Via Buschetto
Via L. Gereschi
Via Palestro
PZA VETTOVAGLIE
S. Michele in B.
S. Pierino
51
32
50
PIAZZA GARIBALDI
PIAZZA CAIROLI
60
V. d. Belle Torri
Lungarno
PIAZZA G. MAZZINI
Museo San Matteo
PIAZZA SAN SILVESTRO
PONTE DI MEZZO
Arno
Palazzo Toscanelli
Lungarno Mediceo
Palazzo Medici (Prefettura)
PONTE D. FORTEZZA
PIAZZA XX SETTEMBRE
Palazzo Gambacorti
Lungarno Galileo Galilei
Palazzo Lanfranchi Museo della Grafica
S. Cristina
S. Sepolcro
61
Via San Martino
31
V. K. dei Sigismondi
S. Bernardo
62
Via la Foglia
Via P. Gori
PIAZZA S. MARTINO
S. Martino
Via Bruno Giordano
Via A. Ceci
Via Giovanni Bovio
Lungarno Fibonacci
Giardino Scotto
Lungarno Bruno Buozzi
Via del Borghetto
Via C. Ridolfi
Via del Carmine
Santa Maria del Carmine
SUD DELL'ARNO
18
V. B. G. Cottolengo
Via G. Pascoli
Corso Italia
Via Filippo Turati
Via Sancasciani
PIAZZA G. TONIOLO
Bastione di Sangallo
Porta Fiorentina
V. Giuliano Da Sangallo
PONTE D. VITTORIA
PIAZZA CADUTI DIV. ACQUI CEFALONIA E CORFÙ
V. delle Piage
V. d'Azeglio
Viale Benedetto Croce
Gall. Don L. Sturzo
PIAZZA GUERRAZZI
4
Lungarno Guadalongo
Via Bonaini
PIAZZA VITTORIO EMANUELE II
Palazzo della Borsa
V. B. Queirolo
Viale
42
Via A. della Spina
Via Antonio Fratti
V. Francesco da Buti
Via Carlo Cattaneo
16
V. Mascagni
Gall. A
Viale Gramsci
Gall. B.
V. G. Puccini
V. C. Colombo
Via Amerigo Vespucci
V. Marco Polo
Chiassetto S. Marco
V. P. Tronci
14
PIAZZA DELLA STAZIONE
Via Filippo Corridoni
11
C
D

PISE (PISA)

Adresses utiles

- Ufficio turistico
- Bureau de tourisme de l'aéroport
- **1**, **2**, **4** et **5** Parkings
- **6** Ospedale Santa Chiara

Où dormir ?

- **10** Camping Torre Pendente
- **11** Hostel Pisa
- **12** Hotel Leonardo
- **13** Hotel La Torre
- **14** Albergo Roseto
- **15** Hotel Novecento
- **16** Hotel Milano
- **17** Pensione Rinascente
- **18** Hotel Minerva
- **19** Hotel Amalfitana

Où manger ?

- **30** Pizzeria Il Montino di J. Collodi
- **31** Trattoria da Cucciolo
- **32** Vineria di Piazza
- **33** Trattoria della Faggiola
- **34** Pizzeria-tavola calda La Tana
- **35** I Miei Sapori
- **36** Trattoria San Omobono
- **37** Salza
- **38** La Sosta dei Cavalieri
- **39** Osteria La Grotta
- **40** Trattoria da Stelio et Pizzeria L'Arancio
- **41** Osteria La Stanzina
- **42** Ristorante Lo Schiaccionoci

Où déguster une bonne glace ?

- **50** Bottega del Gelato
- **51** De Coltelli Gelateria Naturale

Où boire un verre ?

- **60** Amaltea
- **61** Café Sospeso-Libreria Ubik
- **62** Mocambo

PISE (PISA) – REPORTS DU PLAN

LA RÉGION DU CHIANTI

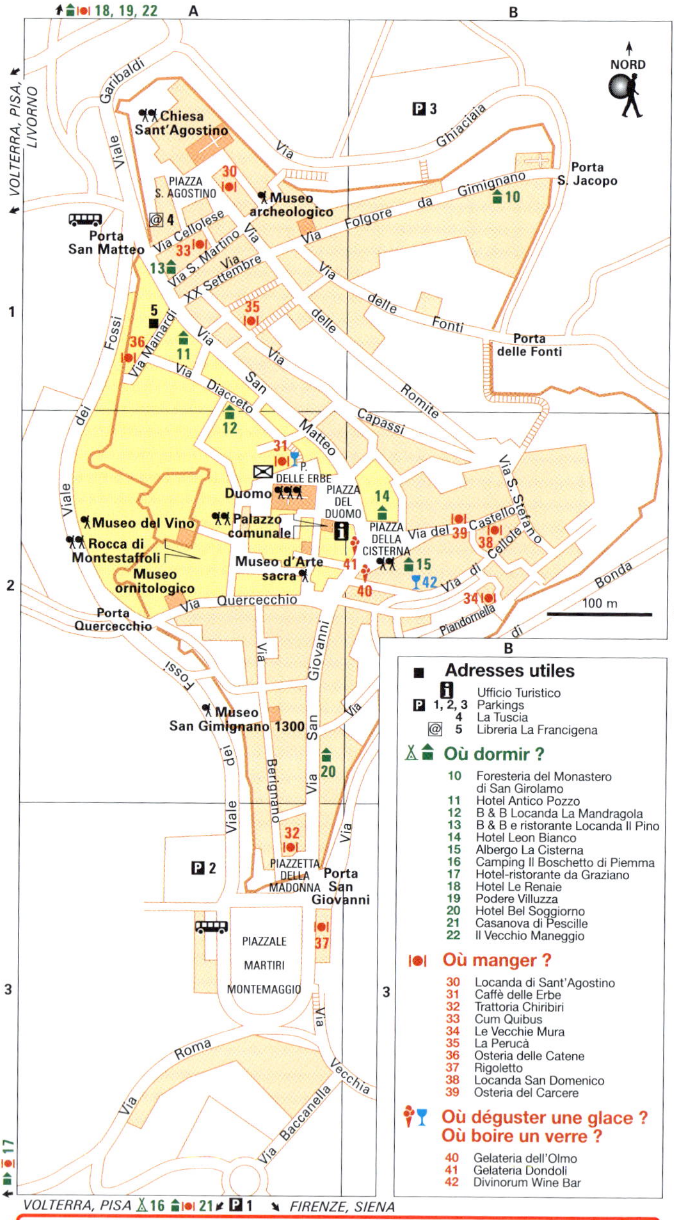

SAN GIMIGNANO

AREZZO

Adresses utiles

- Ufficio turistico
- @ Informagiovani et Coffee O'Clock

Où dormir ?

- 10 Albergo La Toscana
- 11 Hotel L'Aretino
- 12 San Lorentino B & B
- 13 B & B Antiche Mura
- 14 Graziella Patio Hotel

Où manger ?

- 21 Osteria dei Mercanti
- 22 La Torre di Gnicche
- 23 La Bottega di Gnicche
- 24 Trattoria Il Cantuccio
- 25 Trattoria Mazzoni
- 26 Osteria La Cisterna dei Toscanacci

Où déguster une bonne glace ?

- 30 Punto Gelato

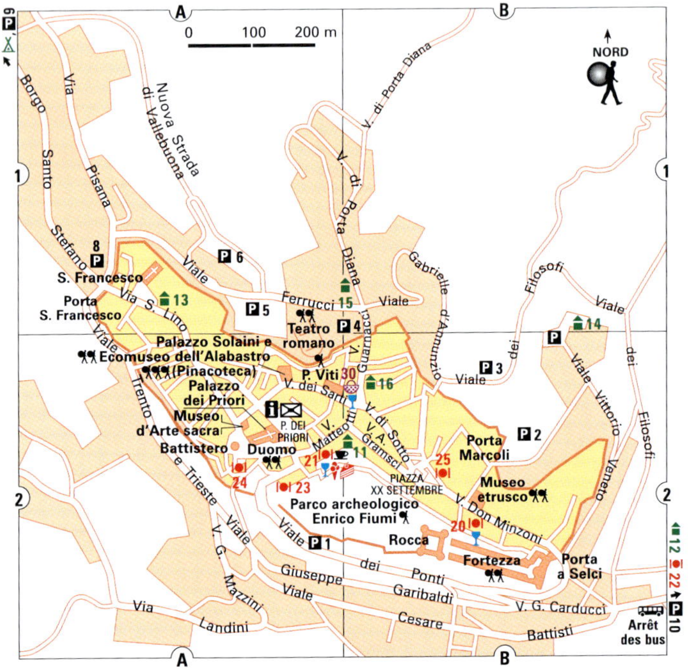

VOLTERRA

■ **Adresses utiles**

- Ufficio turistico
- @ Internet@Surfing
- 1 à 6 et 8 à 10 Parkings

Où dormir ?

- 11 Albergo Etruria
- 12 Ostello della Gioventù
- 13 Hotel San Lino
- 14 Seminario Vescovile Volterra Sant'Andrea
- 15 La Primavera B & B
- 16 Hotel La Locanda

Où manger ? Où boire un verre ?

- 20 La Vena di Vino
- 21 L'Incontro
- 22 Da Bado
- 23 Enoteca Del Duca
- 24 Trattoria Il Sacco Fiorentino
- 25 La Carabaccia

Achats

- 30 Enoteca Scali

site inscrit au Patrimoine mondial de l'Unesco
RAVENNA
FANO
ANCONA
AREZZO, FIRENZE
FIRENZE
SIENA
ROMA
ROMA
NORD
TOSCANE
MARCHES
LATIUM
E 45
S 3
S 76
S 219
S 318
S 298
S 77
S 209
S 220
S 75
S 3bis
S 316
SS 79 bis
S 418
S 396
S 320
S 395
S 205
S 4
S 471
S 79
S 17
S 2
A 1 E 35
Tibre (Tevere)
Eremo di Fonte vellana
Isola Fossara
Parco naturale del Monte Cucco
Monte Cucco 1 566
Città di Castello
Montone
Gubbio
Sigillo
Mengara
Vallingegno
Branca
Fossato di Vico
Gualdo Tadino
Umbertide
Terόntola
Tuoro
Passignano sul Trasimeno
Isola Maggiore
Isola Polvese
Corciano
PERUGIA
Magione
Castiglione del Lago
Lago Trasimeno
Valfábbrica
Parco regionale del Monte Subasio
Assisi
Valtopina
Rivotorto
Colfiorito
Spello
Mugnano
Torgiano
Bettona
Paciano
Panicale
Cannara
Abbazia di Sassovivo
Città della Pieve
Deruta
Foligno
Bevagna
Parco nazionale dei monti Sibillini
Preci
Collazzone
Trevi
Montefalco
Castellucio
Triponzo
Clitunno
Monte Castello di Vibio
Norcia
Bazzano
Lago di Corbara
San Martino in Trignano
Vallo di Nera
Castel San Felice
Collevalenza
San Giorgio
Prodo
Todi
Spoleto
Cascia
Titignano
Monteluco
Sant'Anatolia di Narco
Orvieto
Corbara
Parco fluviale del Tevere
S. Pietro in Valle
Baschi
Dunarobba
Carsulae
Ferentillo
Lugnano in Teverina
San Gemini
Cascata delle Marmore
Terni
Lago di Bolsena
Amelia
Lago di Piediluco
Narni
Rieti
Otricoli
Le nord de la Vallée du Tibre
Le sud de la Vallée du Tibre
Le territoire Eugubin
La Vallée Ombrienne
Les Vallées de la Nera et ses affluents
0
10
20 km

L'OMBRIE

■ **Adresses utiles**

- Ufficio turistico
- Caffè Duomo
- 1 Police
- 3 Association des guides d'Ombrie AGTU
- 4 Agence de voyages Stoppini

Où dormir ?

- 10 Casa Santa Elisabetta d'Ungheria
- 11 St Anthony's Guest House – Suore Francescane dell'Atonement
- 12 Hotel Roma
- 14 Hotel La Rocca
- 15 Residenza d'epoca San Crispino
- 16 Complesso Turistico Fontemaggiore
- 17 Hotel Grotta Antica
- 18 Hotel San Rufino
- 19 Hotel Berti
- 20 Hotel Ideale
- 21 Hotel Il Duomo
- 24 Lieto Soggiorno
- 25 Hotel Umbra
- 28 Country House Tre Esse
- 30 Ostello della Pace

Où manger ?

- 14 Ristorante La Rocca
- 41 Trattoria da Erminio
- 42 Pizzeria Otello
- 44 Trattoria Pallotta
- 45 Osteria piazzetta dell'Erba
- 46 Da Cecco
- 47 Taverna dei Consoli
- 49 Ristorante La Fortezza
- 50 Buca di San Francesco

Où déguster une pâtisserie ou une glace ?

- 61 Pasticceria e gelateria Santa Monica

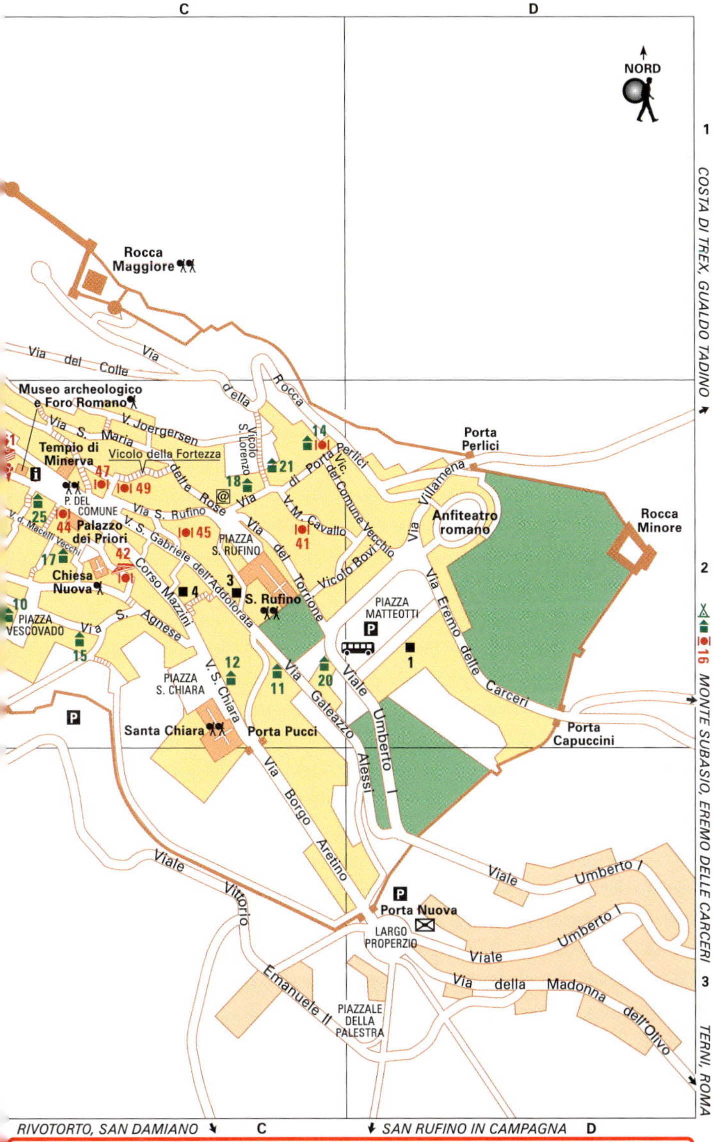

ASSISE (ASSISI)

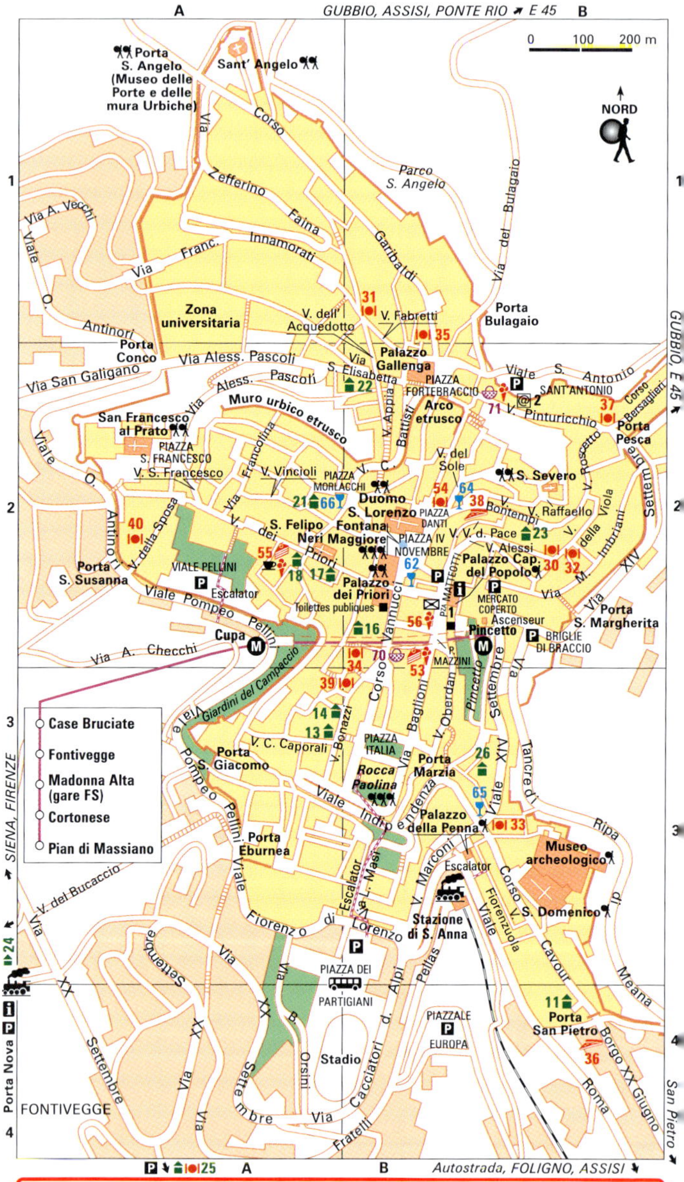

PÉROUSE (PERUGIA)

■ **Adresses utiles**

- Ufficio turistico
- Point d'information de Pian di Massiano
- @ Points Internet
- Parkings
- 1 Farmacia San Martino
- @ 2 Informagiovani

Où dormir ?

- 11 Hotel Signa
- 13 Hotel Eden
- 14 Hotel Fortuna
- 16 Hotel Umbria
- 17 Hotel Priori
- 18 Albergo Anna
- 20 Primavera Mini Hotel
- 21 Hotel Morlacchi
- 22 Hotel San Sebastiano
- 23 Centro internazionale di accoglienza per la gioventù Bontempi
- 24 Ostello per la Gioventù Mario Spagnoli
- 25 Etruscan Chocohotel
- 26 Hotel Sant'Ercolano

Où manger ?

- 30 Osteria Il Gufo
- 31 Ristorante Brizi
- 32 Civico 25
- 33 Dalla Bianca
- 34 Al Mangiar Bene
- 35 Dal mi Cocco
- 36 La Romantica
- 37 Trattoria La Lumera
- 38 Pizzeria Mediterranea
- 39 La Taverna
- 40 Trattoria del Borgo
- 54 Osteria del Turreno

Où déguster des pâtisseries et des glaces ?

- 53 L'Antica Latteria
- 55 Pasticceria dell'Accademia
- 56 Grom

Où boire un verre ? Où sortir ?

- 62 The Merlin Pub
- 64 La Bottega del Vino
- 65 Buskers
- 66 Caffè Morlacchi

Où faire ses achats gastronomiques ?

- 70 Chez Giuliano
- 71 Augusta Perugia

PÉROUSE (PERUGIA) – REPORTS DU PLAN

■ **Adresses utiles**

- Ufficio Turistico
- 1 Café Collicola
- 40 Bar degli Artisti

Où dormir ?

- 10 Hotel Aurora
- 11 Albergo Panciolle
- 12 Hotel Clitunno
- 13 Hotel Charleston
- 14 Palazzo Dragoni
- 15 San Carlo Borromeo
- 16 Casa accoglienza religiosa San Ponziano
- 17 Hotel Gattapone

Où manger ?

- 20 Taverna dei Duchi
- 21 Trattoria del Festival
- 22 Osteria del Matto
- 23 Il Biologico
- 24 Pecchiarda
- 25 Il Tiempo del Gusto
- 26 Osteria del Trivio
- 27 La Barcaccia
- 28 Ristorante Il Pentagramma

Où boire un verre et manger sur le pouce ? Où manger une glace ?

- 40 Piazza del Mercato
- 41 Bar Vincenzo
- 42 Bar La Portella

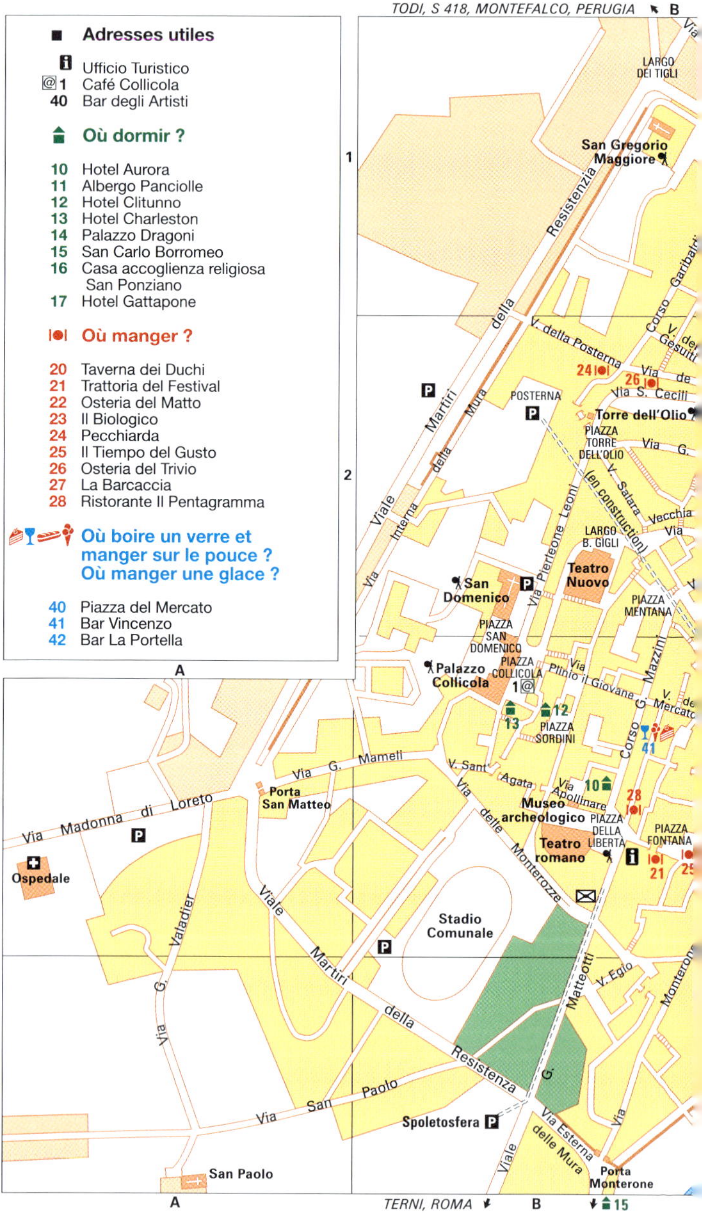

SPOLETO (SPOLÈTE)

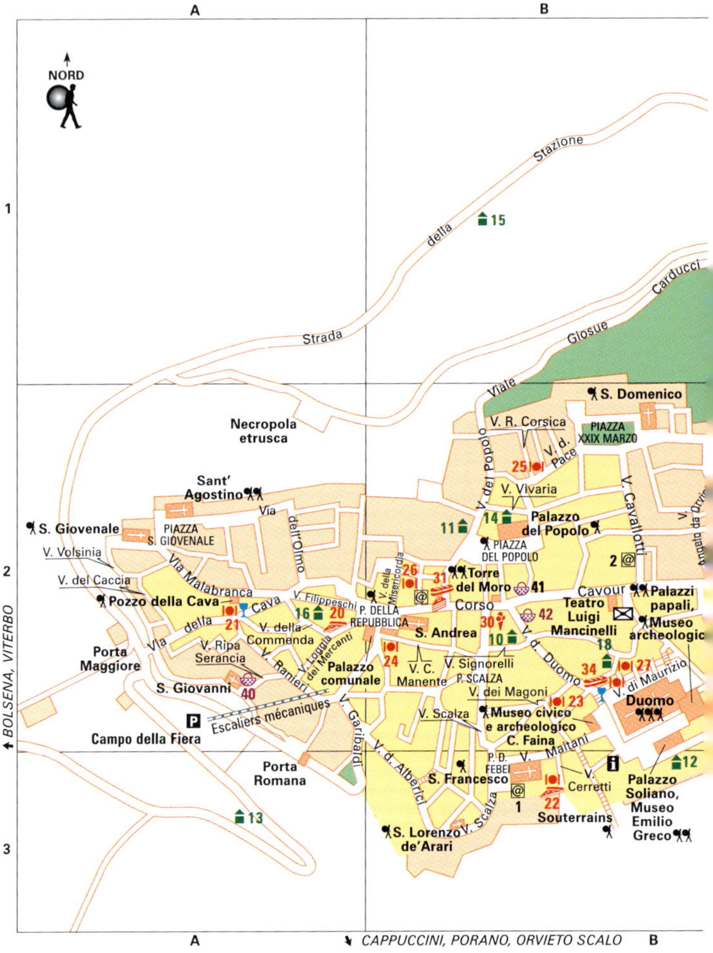

Adresses utiles

- Ufficio turistico
- @ 1 Biblioteca pubblica Fumi
- @ 2 Copisteria Espa
- @ 31 Internet@caffè Montanucci

Où dormir ?

- 10 Hotel Posta
- 11 Istituto San Salvatore
- 12 Casa Religiosa di Ospitalità Villa Mercede
- 13 Casa Sèlita
- 14 Valentina
- 15 Podere Sette Piagge
- 16 Albergo Filippeschi
- 17 Hotel Corso
- 18 Hotel Duomo

Où manger ?

- 20 Charlie Pizzeria
- 21 La Bottega del Buon Vino (Pozzo della Cava)

ORVIETO

22 Al San Francesco
23 Trattoria La Pergola
24 La Palomba
25 Osteria Numero Uno
26 Trattoria dell'Orso
27 Il Giglio d'Oro

Où déguster une glace ? Où boire un verre et manger sur le pouce ?

30 Gelateria Pasqualletti
31 Internet@caffè Montanucci
32 Bar San Paolo
34 Cantina Foresi

Achats

40 Il Palazzo del Gusto – Enoteca regionale dell'Umbria
41 Carraro
42 Dai Fratelli

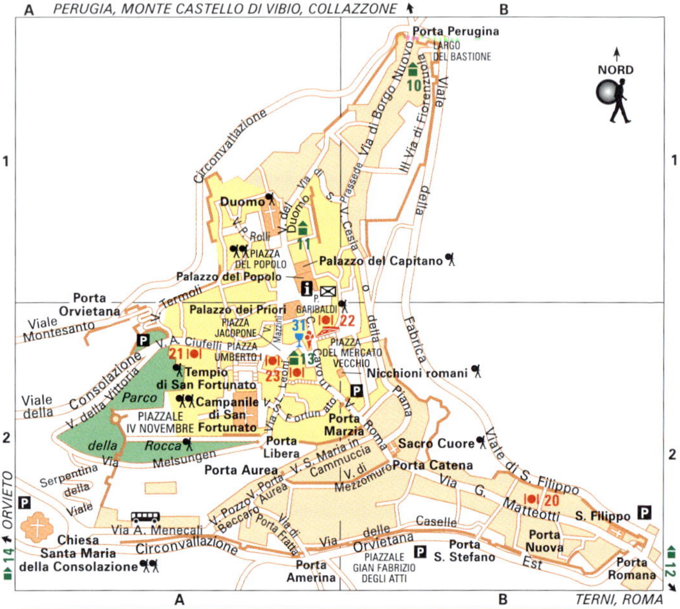

TODI

■ **Adresse utile**

- Ufficio turistico

Où dormir ?

- 10 Casa per Ferie Monastero S. S. Annunziata
- 11 Hotel San Lorenzo Tre
- 12 Villa Luisa
- 13 Fonte Cesia
- 14 Hotel Bramante

Où manger ?

- 13 Le Palme
- 20 Trattoria Piero e Silvana
- 21 Pane e Vino et Antica Hosteria della Valle
- 22 Ristorante Pizzeria Cavour
- 23 Trattoria Jacopone « da Peppino »

Où boire un verre ?
Où déguster une glace ?

- 31 Pianegiani

vos correspondants gratuitement s'ils sont eux aussi connectés, ou à coût très réduit si vous voulez les joindre sur leur téléphone. Autre application qui connaît un succès grandissant, ***Viber*** permet d'appeler et d'envoyer des SMS, des photos et des vidéos aux quatre coins de la planète, sans frais. Il suffit de télécharger – gratuitement – l'appli sur son smartphone, celle-ci se synchronise avec votre liste de contacts et détecte automatiquement ceux qui ont *Viber*. Même principe, mais sans la possibilité de passer un coup de fil, ***Whatsapp Messenger*** est une messagerie pour smartphone qui permet de recevoir ou d'envoyer des messages photo, notes vocales et vidéos.

Urgence : en cas de perte ou de vol de votre téléphone portable

Suspendre aussitôt sa ligne permet d'éviter de douloureuses surprises au retour du voyage ! Voici les numéros des quatre opérateurs français, accessibles depuis la France et l'étranger :
- ***SFR :*** *depuis la France, ☎ 1023 ; depuis l'étranger, 📱 + 33-6-1000-1023.*
- **Bouygues Télécom :** *depuis la France comme depuis l'étranger, ☎ 0-800-29-1000 ; depuis l'étranger, ☎ + 33-1-46-10-86-86.*
- **Orange :** *depuis la France comme depuis l'étranger, 📱 + 33-6-07-62-64-64.*
- ***Free :*** *depuis la France, ☎ 3244 ; depuis l'étranger, ☎ + 33-1-78-56-95-60.*

Vous pouvez aussi demander la suspension de votre ligne depuis le site internet de votre opérateur.

Appels nationaux et internationaux

- Pour un appel d'***urgence,*** composez le ☎ 112.
- ***Italie → Italie :*** pour les numéros de téléphone fixe, il faut impérativement composer le numéro de votre correspondant précédé du « 0 » et de l'indicatif de la ville.
- ***France → Italie :*** composez le 00 + 39 + indicatif de la ville (précédé du 0) + n° du correspondant. Pour les portables, 00 + 39 + numéro à 10 chiffres. Tarification selon votre opérateur.
- ***Italie → France :*** 00 + 33 + numéro à 9 chiffres de votre correspondant (c'est-à-dire le numéro à 10 chiffres sans le 0).
- ***Italie → Belgique :*** le code pays est le 32.
- ***Italie → Suisse :*** code 41.
- ***Italie → Canada :*** code 1.
- ***Italie → Luxembourg :*** code 352.

Tarification

Tous les opérateurs Internet avec téléphonie illimitée proposent les communications gratuites vers de nombreux pays européens (dont l'Italie). Renseignez-vous ! Toujours pratique quand on veut réserver les musées ou hôtels.

TRANSPORTS INTÉRIEURS

▸ Pour la carte des distances par la route, se reporter au cahier couleur.

L'avion

Florence, Pise et Pérouse ont des aéroports accueillant les vols internationaux, dont des vols *low-cost*.

Le train

Réservations et informations

- Les Chemins de fer italiens (*Gruppo Ferrovie dello Stato* opérant désormais sous le nom *Trenitalia*) proposent des réductions intéressantes, quel que soit votre âge, pour voyager à travers toute l'Italie, mais également pour rejoindre les grandes villes européennes (Paris ou Bruxelles). Concernant le *Pass InterRail,* il n'est intéressant que si vous prolongez votre périple en Italie, voire en Grèce, Turquie et Slovénie. En effet, il vous permet d'emprunter tous les trains que vous souhaitez (attention aux suppléments !) pour aller où vous voulez pendant la période choisie, mais il reste assez cher. Pour toute information, consulter le site • *trenitalia.com* • Possibilité de réserver en ligne. Vous pouvez également les joindre au ☎ 89-20-21 (numéro unique). Gratuit quand on appelle de l'Italie.

En Ombrie, il existe une compagnie régionale, la *Ferrovia Centrale Umbra (FCU),* qui relie le nord de l'Ombrie (Città di Castello) au sud (Todi, Terni...) via Pérouse. Certaines gares ne sont desservies que par *FCU,* d'autres par *FCU* et *Trenitalia.* ☎ 075-575-40-34. • *umbria mobilita.it* • (Voir la rubrique « En train » dans « Comment y aller ? ».)

– Les agences de voyages autorisées vendent tous les types de billets de train possibles et imaginables. Vous pouvez également acheter et retirer vos billets aux guichets automatiques des grandes gares.

Horaires

– Retards rares sur les grandes lignes mais fréquents sur les petites (prévoir large pour les correspondances). Si votre train a un retard de plus de 30 mn, vous pouvez demander une indemnisation, sous forme d'avoir.

Les types de trains

– Le ***Diretto,*** par exemple, n'est pas si direct que ça ! Il relie les différentes gares d'une région et les villes des régions limitrophes. Il est cependant un peu plus rapide et s'arrête moins souvent que les ***Regionali,*** qui sont, comme leur nom l'indique, des trains à desserte locale et qui s'arrêtent partout (des omnibus, quoi).

Pour accéder à la vitesse supérieure et limiter les arrêts, on passe aux trains ***Interregionali,*** qui relient des distances plus grandes et, le plus souvent, des destinations touristiques.

Tous ces trains ont en tout cas un point commun : leur manque de confort.

– Pour rejoindre plus rapidement et plus confortablement les villes de moyenne importance aussi bien que les plus grandes villes de toute l'Italie, vous utiliserez l'***Intercity.*** Sur ces trains, la réservation est optionnelle et coûte 3 €.

– Enfin, les routards pressés et plus aisés emprunteront les trains à grande vitesse, les ***Eurostar,*** qui relient les grandes villes entre elles (Naples, Rome, Florence, Bologne, Venise, Milan ou Turin). Réservation automatique à l'émission du billet et donc obligatoire. Le mieux, question rapidité et confort, mais aussi le plus cher.

Beaucoup de lignes secondaires, peu rentables, ont été remplacées par des services de bus.

Comme chez nous, les billets de train se compostent aux oblitérateurs jaunes avant le départ (en cas d'oubli ou de manque de temps, partez à la recherche du contrôleur après être monté dans le train).

Le bus

Sur les grands axes ferroviaires (Livourne, Pise, Lucques, Florence, Pérouse), autant privilégier le train, plus rapide et pas forcément plus cher. Sinon, le bus fonctionne surtout en semaine (bien moins le samedi et zéro pointé le dimanche). Nous mentionnons tous les sites internet pour permettre d'organiser votre trajet en bus. Pour les courts séjours hors des grandes villes, vous constaterez rapidement que louer une voiture facilite grandement la vie car elle vous permet de rejoindre des petits villages isolés et des lieux que les compagnies de bus ne desservent pas.

En l'absence de guichet, ce sont souvent les bars qui font office de billetterie ; sinon, on achète les billets directement dans le bus.

LE RÉSEAU FERROVIAIRE ITALIEN

Le scooter

Qui n'a pas rêvé de parcourir, cheveux au vent, les villes de Toscane ou d'Ombrie à scooter Vespa, comme Sophia Loren ? Tant pis pour les images de Cinecittà, car le port du casque est obligatoire (contrairement aux clichés). Vérifiez que vous êtes bien assuré ; un accident est vite arrivé... La marque Piaggio a ses usines de fabrication (scooters, triporteurs) à Pontedera, à 27 km à l'est de Pise.

ET PIAGGIO NE SE DÉMONTE PAS

Pendant la guerre, Piaggio construisait des bombardiers. Bien entendu, cette activité leur fut interdite après la capitulation italienne. Voilà pourquoi, en 1946, ils sortirent le premier deux-roues : la Vespa (qui signifie « guêpe » !). Les roulettes arrière des avions furent réutilisées pour les petites roues des pétrolettes.

La bicyclette

Un moyen de transport très répandu, notamment dans les villes, où la circulation automobile est réglementée (Florence, Pise, Lucques, Sienne...). Un seul problème (et pas le moindre), ça monte (sauf à Pise et à Lucques) ! Pour les cyclotouristes, reste le Chianti et la fameuse Eroica (• eroicafan.it •), sorte de Woodstock du *bici* vintage (les vieilles bicyclettes) avec des routes et des sentiers balisés pour s'époumoner à loisir (ça grimpe sec parfois !), une superbe façon de découvrir la région. Pour les férus de la petite reine, une excellente brochure en français est disponible dans les offices de tourisme de la province de Sienne (et donc du Chianti). ***Terredisiena in bici*** décrit une dizaine d'itinéraires à travers la région, avec le degré de difficulté, le nombre de kilomètres, le type de route et un bref commentaire sur les villages, *castelli* et églises rencontrés en cours de route.
Pour les familles (c'est plat, tranquille pour les gosses), il y a aussi le *Sentiero della Bonifica,* qui part d'Arezzo et descend le val di Chiana. • sentierodellabonifica.it •
Voici quelques références pour les aficionados de la petite reine :
– ***Toscana in Mountain Bike*** (vol. I et II), de S. Grillo et C. Pezzani, éd. Ediciclo. Une trentaine d'itinéraires à travers les merveilleux paysages du Chianti et des collines métallifères. Dans la même collection existe aussi un guide de l'Ombrie à VTT ; ***Ombria in Mountain Bike.*** *Disponible en librairie ou directement chez l'éditeur (☎ 042-17-44-75 ; • ediciclo.it •).*
– ***Guide cyclotouristique du Chianti,*** de Fabio Masotti, Nuova Immagine Editrice. Des itinéraires et des cartes très précises pour Radda, Gaiole, Castellina et Greve. *Disponible auprès de l'office de tourisme de Sienne ou à l'association du parc cycliste du Chianti à Gaiole : ☎ 0577-74-94-11 ; ou encore sur l'excellent site • terresiena.it •*
D'autres parcours sur les chemins verdoyants de la Valnerina, au sud-est de l'Ombrie.

Le taxi

Il a mauvaise réputation, et ce n'est pas totalement injustifié. Ne ***prendre que des taxis officiels,*** généralement de couleur blanche. Des suppléments peuvent être exigés pour les bagages, les services de nuit ou les jours de fête, affichés dans tous les taxis. Exigez la mise en marche du compteur dès que vous entrez dans le taxi.

La voiture

La *macchina* donne une autonomie totale au routard, car elle permet de s'affranchir des éventuels retards des transports en commun. Le seul problème, c'est le stationnement et la circulation dans les grandes villes.

Quelques infos pratiques

– Il est ***obligatoire de rouler avec ses feux de croisement allumés le jour*** sur les autoroutes et les voies rapides du réseau national, sous peine d'amende.
– Les ***stations-service*** sont fréquentes sur les autoroutes, où elles ne ferment pratiquement jamais.
– Les stations-service en ville ou hors autoroute sont généralement fermées le dimanche et entre 12h30 et 15h30. Si elles sont fermées, on peut toujours régler en espèces (les distributeurs automatiques fonctionnent souvent avec des billets de 20 €). En revanche, toutes les machines n'acceptent pas les cartes de paiement étrangères, c'est pourquoi il est préférable de faire le plein d'essence de son véhicule pendant les heures d'ouverture. En plus, dans les pompes automatiques, il faut parfois choisir le montant d'essence souhaité pour que la machine se déclenche, ce qui n'est pas toujours simple quand on veut juste faire le plein avant de rendre son véhicule à l'agence de location...

Distances en km	AREZZO	ASSISE	CORTONA	FLORENCE	GROSSETO	GUBBIO	LIVORNO	LUCCA	MASSA MARITTIMA	ORVIETO	PÉROUSE	PISE	PRATO	SAN GIMIGNANO	SIENNE	SPOLETO	VOLTERRA
AREZZO	-	115	30	75	133	86	162	151	129	109	93	173	95	122	68	153	118
ASSISE	115	-	67	171	195	48	289	244	189	91	24	269	191	169	126	46	180
CARRARE	200	308	240	128	206	300	74	57	178	302	287	67	121	130	226	346	148
CITTÀ DI CASTELLO	42	65	53	117	171	49	236	190	184	125	52	216	140	160	120	104	182
CORTONA	30	69	-	115	138	68	206	188	134	96	48	215	138	112	72	108	123
FLORENCE	75	171	115	-	149	161	94	79	126	166	151	101	23	64	78	211	83
GREVE IN CHIANTI	71	167	112	30	116	160	147	189	106	161	146	127	51	39	68	206	62
GROSSETO	133	195	138	149	-	204	150	182	47	125	174	157	157	114	75	204	114
GUBBIO	86	48	68	161	204	-	281	236	199	126	42	261	183	178	135	104	190
LIVORNO	162	289	206	94	150	281	-	49	108	286	271	25	107	85	127	330	74
LUCCA	151	244	188	79	182	236	49	-	154	239	224	30	61	78	141	284	75
MASSA MARITTIMA	129	189	134	126	47	199	108	154	-	187	168	130	139	83	64	228	65
ORVIETO	109	91	96	166	125	126	286	239	187	-	79	263	185	164	121	103	175
PÉROUSE	93	24	48	151	174	42	271	224	168	77	-	248	170	148	105	62	160
PISE	173	269	215	101	157	261	25	30	130	263	248	-	87	76	118	310	68
SAN GIMIGNANO	122	169	112	64	114	178	85	78	83	164	148	76	77	-	44	210	30
SIENNE	68	126	72	78	75	135	127	141	64	121	105	118	91	44	-	164	54
SPOLETO	153	46	108	211	204	104	330	284	228	103	62	310	234	210	164	-	219
TERNI	171	77	128	229	176	131	348	302	249	76	83	328	252	232	169	33	241
VOLTERRA	118	180	123	83	114	190	74	75	65	175	160	68	95	30	54	219	-

Location de voitures

Il est beaucoup plus avantageux de retenir votre voiture depuis la France dans le cadre d'un forfait « avion + voiture », car les prix pratiqués sont meilleur marché que sur place. Il y a parfois aussi des différences d'un loueur à l'autre. Ne pas hésiter à lire entièrement le contrat, à passer la voiture en revue, surtout lorsqu'il s'agit de petits loueurs locaux, et à réclamer un horodateur *(disco orario).* Comme partout, le loueur conserve une empreinte de votre carte de paiement en guise de caution (même si votre voyagiste a tout réglé d'avance, pensez à vérifier sa date de validité avant de partir).

■ ***Auto Escape :*** *☎ 0892-46-46-10 (0,34 €/mn). • autoescape.com • Vous trouverez également les services d'Auto Escape sur • routard.com • Auto Escape offre 5 % de remise sur la location de voiture aux lecteurs du Routard pour toute réservation par Internet avec le code de réduction « GDR15 ». Résa à l'avance conseillée.* L'agence *Auto Escape* réserve auprès des loueurs de véhicules de gros volumes d'affaires, ce qui garantit des tarifs très compétitifs.

■ ***BSP Auto :*** *☎ 01-43-46-20-74 (tlj 9h-21h30). • bsp-auto.com •* Les prix proposés sont attractifs et comprennent le kilométrage illimité et les assurances. *BSP Auto* vous propose exclusivement les grandes compagnies de location sur place, vous assurant un très bon niveau de services. Le plus : vous ne payez votre location que 5 jours avant le départ. Réduc spéciale aux lecteurs de ce guide avec le code « routard ».

■ Et aussi : ***Hertz,*** *☎ 0825-861-861 (0,35 €/mn) ; • hertz.com •* ***Europcar,*** *☎ 0825-358-358 (0,15 €/mn) ; • europcar.fr •* ***Avis,*** *☎ 0821-230-760 (0,08 €/mn) ; • avis.fr •*

Les routes

– ***Le réseau routier*** est moins dense qu'en France mais bien entretenu dans l'ensemble. Avec plus de 6 000 km d'autoroutes, l'Italie se place au deuxième rang européen. À quelques exceptions près, les autoroutes sont payantes, mais moins chères qu'en France. Tout sur le réseau routier italien sur *• bellitalie.org •*

– Les autorités ont créé la ***Viacard*** pour les péages. Fonctionne suivant le même principe que les cartes téléphoniques. À chaque péage, la valeur du trajet effectué est débitée de la valeur de la carte. Vous pouvez vous la procurer en France, dans les bureaux de l'Automobile Club de votre région (coordonnées auprès de la *Fédération française des Automobiles Clubs : ☎ 01-53-30-89-30, • automobileclub.org •*) ; et en Italie, dans les bureaux *ACI* et *TCI,* les Autogrills, les principales stations autoroutières et dans de nombreux bureaux de tabac. Les autres cartes de paiement sont également acceptées.

– ***La signalisation :*** avant toute chose, sachez que ***l'autoroute est signalée en vert et les routes nationales en bleu*** (le contraire de la France). Ensuite, le matraquage de panneaux publicitaires au bord des routes à l'approche des villes, ainsi que le foisonnement de panonceaux indiquant les directions des hôtels, restos, monuments, sites, etc., n'aident pas toujours à se repérer.

– Attention au ***code de la route*** des Italiens. Il arrive que le feu rouge ne s'éteigne jamais et qu'apparaisse simultanément la flèche verte ! Attention aussi aux ronds-points sans cédez-le-passage, qui ont encore la priorité à droite... Par ailleurs, la conduite italienne reste plus nerveuse que la nôtre (mais c'est surtout valable pour les très grandes villes, où il vaut mieux avoir les nerfs solides), les distances de sécurité sont rarement respectées et le stationnement en double file est plus que fréquent.

– ***Le croisement se fait par devant*** comme aux États-Unis.

– ***La limitation de vitesse*** est calculée en fonction de la cylindrée des véhicules. Dans les agglomérations, elle est de 50 km/h.

	Autoroute	Route
Autos (jusqu'à 1 099 cm³)	110 km/h	90 km/h
Motos (de 150 à 349 cm³)	110 km/h	90 km/h

Autos (plus de 1 099 cm^3)	130 km/h	90 km/h
Motos (plus de 349 cm^3)	130 km/h	90 km/h
Autobus de plus de 8 t	100 km/h	80 km/h

Les ***excès de vitesse et autres infractions*** sont sanctionnés essentiellement par des amendes qui coûtent un tiers moins cher si on les règle tout de suite. Mais attention, si vous vous trouvez dans l'incapacité de régler votre amende, faute d'argent, les gendarmes peuvent vous confisquer votre permis sur-le-champ ! Attention aussi à l'état de vos feux, la gendarmerie est assez pointilleuse là-dessus. Ne quittez pas l'Italie sans avoir payé votre amende, la police italienne vous retrouvera même chez vous en France...
Pour les amateurs de chianti, le ***taux maximal d'alcoolémie*** autorisé est de 0,5 g d'alcool par litre de sang.

Les cartes routières

En plus des cartes de l'Italie, il est utile, si vous allez visiter les villages de la Maremme des collines, d'avoir une carte détaillée. La meilleure, c'est-à-dire la plus détaillée, est la carte Toscane-Florence au 1/150 000, éditée par l'allemand Freytag & Berndt. En outre, les offices de tourisme offrent une carte routière de la Toscane à l'échelle 1/275 000 provenant de l'ENIT *(ministero del Turismo) :* mais elle n'est pas assez détaillée pour qu'on se retrouve sur le terrain. Elle offre quand même l'avantage supplémentaire de présenter au dos tous les plans des principales villes. Les offices de tourisme de l'Ombrie possèdent une excellente documentation avec des cartes très détaillées (en général gratuites).

Le stationnement

Le stationnement est un vrai casse-tête en Toscane et en Ombrie comme dans la totalité de l'Italie. Le centre des villes est presque toujours interdit aux voitures de tourisme par une ZTL *(Zona Traffico Limitato).* Les véhicules ne peuvent circuler que selon certaines règles (voire sont strictement interdits dans les villages de la Maremme des collines, par exemple). Le panneau avec le cercle rouge sur fond blanc indique que seuls les véhicules des résidents peuvent y pénétrer et parfois se garer. La circulation des véhicules de tourisme non résidents est limitée aux déchargement et chargement des effets devant l'hôtel.
Dans la plupart des villes, de ***grands parcs de stationnement*** ont été installés en dehors du centre historique, auquel chacun est relié par un *percorso meccanizzato* constitué d'ascenseurs, de tapis roulants ou d'escaliers mécaniques, comme à Sienne, Arezzo, Pérouse, Assise, voire d'un funiculaire comme à Orvieto. La plupart de ces ***parkings sont payants.*** Bien entendu, plus ils sont éloignés, moins ils sont chers (et même parfois gratuits) !
– ***Types de stationnement dans la rue :*** les emplacements marqués en jaune sont réservés aux résidents et véhicules prioritaires. Les ***emplacements blancs*** signalent normalement un stationnement gratuit mais souvent limité dans le temps (et c'est là qu'on sort le petit disque bleu de stationnement à apposer derrière le pare-brise), et ***les bleus*** sont les stationnements payants ou réservés aux personnes travaillant occasionnellement dans la ville (cas d'un livreur, par exemple) quand la zone est interdite aux véhicules non résidents.
En Toscane et en Ombrie, ***le parcmètre*** a une place privilégiée par rapport aux cartes de stationnement (à gratter genre loto et à acheter dans les débits de tabac). *Attention :* à la différence de la France, ce ne sont pas des contractuelles qui vérifient votre situation, mais des gardiens permanents affectés à une zone délimitée. Parfois, même en l'absence de machine, c'est à eux que vous devrez vous adresser pour payer.
Quant aux ***panneaux indicatifs des stationnements,*** c'est une véritable jungle. Les paiements s'effectuent en fonction des jours ouvrables ou fériés, des heures de la journée ou même de la nuit, et des événements (foires, travaux) prévus.

Signification des sigles : les deux marteaux croisés signifient jours ouvrables ; la croix signifie dimanche et jours fériés. Presque toujours, le stationnement autorisé et payant est limité dans le temps : cela va de 10 mn à 2h, rarement plus ; même pour un parking de supermarché. Lorsqu'il devient gratuit, il faut souvent apposer son disque de stationnement *(disco orario)* sur le pare-brise. Car même dans ce cas-là, le stationnement est limité en temps.

Les pannes et réparations

Sur les autoroutes, utilisez, comme chez nous, les bornes d'appel SOS. Sur le reste du réseau routier, les touristes circulant avec une voiture immatriculée à l'étranger peuvent bénéficier des secours routiers gratuits et illimités sur tout le territoire italien de l'*Automobile Club Italia* en composant le ☎ *803-116.* • *aci.it* • Ils seront reliés à un standard multilingue. Les touristes circulant à bord d'une voiture de location doivent appeler leur loueur, sauf sur les autoroutes, où ils utilisent la borne SOS.
Il est obligatoire d'avoir dans le coffre de sa voiture un gilet de sécurité fluorescent et un triangle de présignalisation.

URGENCES

On ne vous demande pas de les apprendre par cœur, mais c'est bon à savoir au cas où...

■ ***Numéro d'urgence européen :*** ☎ *112.* Voici le numéro d'urgence commun à la France et à tous les pays de l'UE, à composer en cas d'accident, d'agression ou de détresse. Il permet de se faire localiser et aider en français, tout en améliorant les délais d'intervention des services de secours.

■ ***Police :*** ☎ *113.* En cas de vol ou d'agression, on vous communiquera l'adresse du commissariat *(questura)* le plus proche de l'endroit où vous êtes.

■ ***Croce rossa italiana*** *(CRI)* **:** ☎ *118.*

■ ***Pompiers*** *(Vigili del Fuoco)* **:** ☎ *115.*

■ ***Pompiers pour les incendies de forêt :*** ☎ *1515.*

■ ***Assistance routière :*** ☎ *803-803.*

■ ***Automobile Club Italia :*** ☎ *803-116 (avec répondeur).*

■ ***Dépannage routier*** *(ACI)* **:** ☎ *803-116.*

HOMMES, CULTURE, ENVIRONNEMENT

« Les Italiens sont des Français de bonne humeur. »

Jean Cocteau

BOISSONS

Le vin

On fait du vin en Italie depuis l'Antiquité. Colons grecs, romains, puis étrusques, tous s'y sont adonnés avec passion, mais c'est à l'époque médiévale que la viticulture a pris une place importante autour des grandes abbayes. Aujourd'hui, l'Italie est même devenue le premier producteur mondial avec plus de 50 millions d'hectolitres par an (ou le 2e, quand la France ne subit pas trop d'intempéries) !
L'Italie a mis tardivement de l'ordre dans ses vins en créant, en 1963 puis en 1992, quatre catégories correspondant à des appellations contrôlées. Les *vino da tavola,* les vins de table ordinaires. Les *IGT (indicazione geografica tipica)* sont des vins de pays portant une indication géographique. Les *DOC (denominazione di origine controllata)* sont des appellations d'origine contrôlée, avec étiquettes rondes et roses autour du goulot, qui doivent être conformes à des critères stricts (zone de production définie, type de raisin, méthodes de culture et de vinification). Certains producteurs qui ne souhaitent pas se plier à ces règles, en utilisant par exemple des cépages non autochtones à la place des traditionnels (comme le cabernet-sauvignon et le merlot) n'ont alors plus droit à l'appellation, et commercialisent des vins parfois d'une très grande qualité (l'*ornellaia* et le *tignanello*) sous le nom surprenant de vin de pays. Des vins de pays dont les tarifs atteignent des sommes à 3 chiffres pour les plus prestigieux ! Quant au célèbre sassicaia qui a porté cette révolution dans les années 1970, il a désormais droit à sa DOC ! Restent les prestigieuses *DOCG (denominazione di origine controllata e garantita),* qui subissent une réglementation encore plus contraignante. Cette dernière appellation est accordée par le président de la République lui-même, sur avis du ministère de l'Agriculture et des Forêts. Les grands noms du vin italien *(barolo, brunello di Montalcino, vino nobile di Montepulciano, chianti classico, sagrantino...)* appartiennent à cette dernière catégorie. Noblesse oblige.

Les vins de Toscane

Symbole du renouveau des vins italiens, la Toscane est aujourd'hui la région productrice la plus dynamique du pays, celle qui a su se remettre en question il y a une trentaine d'années et caracole en tête des ventes. Il est loin le temps du mauvais chianti vendu en flasque...
La Toscane a beau fournir moins de 5 % de la production nationale, près de la moitié de celle-ci correspond à des appellations d'origine contrôlée, voire garantie (les DOC et DOCG).
Pas moins de 10 appellations ont droit à la DOCG, le top du top en Italie. La première d'entre elles est le chianti, qui couvre un large territoire entre Florence

et Sienne. On dit du chianti que c'est un vin « polyvalent » : jeune, il accompagne les charcuteries, les pâtes et la viande blanche ; vieilli, il se marie avec les viandes rouges et le gibier. On le sert à température ambiante (donc souvent chaud) ; nos palais y sont peu habitués. C'est dans le cœur de cette région que nous trouvons le *chianti classico,* reconnaissable au coq noir qui figure sur le col des bouteilles (l'emblème de la Ligue du Chianti médiéval, qui défendit âprement ses droits !). Pour les puristes, rien de ce qui se fait en dehors du secteur du *chianti classico,* qui couvre 7 000 ha, n'est véritablement du chianti. L'essentiel du chianti, en termes de production et de superficie (23 000 ha), ne serait donc pas du chianti. Propos un peu exagérés qui ne sont pas sans expliquer la naissance d'un deuxième consortium, à côté du *chianti classico,* le *chianti putto.* Il regroupe les autres dénominations : *colli Fiorentini, Rufina, Montalbano, Montespertoli, colli Senesi, colli Aretini* (d'Arezzo), *colli Pisane* (de Pise). De couleur rouge rubis, le chianti devient grenat en vieillissant. Charpenté, son parfum est intense. Les chiantis de base sont des vins à boire jeunes et frais. Sans faire une fixation sur le *chianti classico* (il y a de très bons chiantis parmi les *chianti putto*), soyez plutôt attentif à ce que vous dit l'étiquette. S'il s'agit d'une *riserva,* cela signifie que votre vin a vieilli 2 ans avant d'être commercialisé : une garantie de qualité.

Pour avoir la main sûre, retenez les *cantine* (caves à vins) ou autres *fattorie* (producteurs) suivantes : Marchese Antinori, Badia a Coltibuono, Fattoria di Corsignano, Castello dei Rampolla, Castello di Ana, Castello di Brolio, Castello di Verrazzano, Marchese de Frescobaldi, Nozzole, Poliziano...

Un autre vin rouge fait la renommée de la Toscane : le *vino nobile di Montepulciano.* C'est un vin de garde plutôt généreux en bouche, souvent très puissant. Les impatients se jetteront sur le *rosso di Montepulciano,* un vin plus jeune, plus souple, qui n'est pas à dédaigner pour autant (votre porte-monnaie vous conduira d'ailleurs naturellement vers lui). Les autres pourront adhérer à la devise « *Il montepulciano d'ogni vino è il Re* » (Le montepulciano est le roi de tous les vins). Vous pouvez retenir ces producteurs pour goûter au meilleur de ce vin produit par les familles nobles de Montepulciano (ville située à 45 km au sud de Sienne) : Avignonesi, Fattoria del Cerro, Poliziano... Là encore, n'économisez pas vos sous, car il faut privilégier la *riserva* (près de 3 ans de vieillissement).

UN VRAI FIASCO !

Le fiasco (flasque), bouteille recouverte d'une enveloppe de paille, ne se retrouve guère que sur les tables des gargotes pour entretenir le folklore. Il fut pourtant à l'origine du succès du chianti et servait à protéger les bouteilles lors du transport. Cet emballage a quasiment disparu au profit des bouteilles « bordelaises », plus sérieuses. Sachez que la plupart des housses de paille sont aujourd'hui importées des Philippines !

Un deuxième « vin star » est le *brunello di Montalcino.* Il s'agit d'une véritable merveille... malheureusement trop méconnue des Français. C'est un vin de grande garde, qui peut vieillir sans problème 25 ans avant d'atteindre son acmé. La *riserva* ne peut être vendue avant 5 ans. Un minimum, car ce vin exige beaucoup de patience... contrairement au *rosso di Montalcino,* qui provient de vignes plus jeunes. Le *brunello,* d'un prix élevé, est dur et tannique. Très complexe, il ne déçoit qu'exceptionnellement. Les plus grands producteurs sont le Castello Banfi, Biondi-Santi (le nec plus ultra), Lisini, Caparzo, Col d'Orcia...

D'autres appellations ont droit au titre honorifique de DOCG, comme le *Morellino di Scansano* et le *Montuccio Sangiovese* (DOCG en 2011 seulement !), deux appellations de Maremme qui se distinguent par des vins fruités moins puissants que les traditionnels toscans, ou le *Val di Cornia Rosso* et le *Suvereto* produits sur la côte tyrrhénienne. Enfin, le *carmignano,* tout petit vignoble d'à peine 120 ha à l'ouest de Florence, qui produit un excellent vin rouge nettement moins cher que les précédents (deux producteurs à retenir : Capezzana et la Fattoria di Artimino), et le *vernaccia di San Gimignano,* un vin blanc généralement sec. Très doux (et non plus sec), il peut être légèrement poivré. Vous aurez plus de chance de le rencontrer sur l'autel de l'église du coin que dans votre verre. À l'origine, il s'agit en effet d'un vin de messe.

Nous passerons sur la quantité d'autres appellations que nous rencontrons en Toscane (une trentaine de DOC) pour vous dire à nouveau tout le bien qu'il faut penser de certains vins de pays, notamment ceux que l'on appelle désormais les *supertoscans*. Conçus pour séduire les esthètes et pour convaincre le petit monde du vin que l'Italie était capable de faire des vins modernes, ces nouveaux vins se sont affranchis de la tradition en utilisant des cépages « interdits » (ou non réglementaires pour la zone concernée, comme le cabernet, le merlot, le syrah et le pinot noir), en privilégiant les assemblages et en préférant les petites barriques aux fûts d'origine. Le résultat est spectaculaire. Ceux qui découvriront un *tignanello* (Antinori), un *ornellaia* (Tenuta dell'Ornellaia) ou un *sassicaia* (Tenuta San Guido), qui a donc fini par décrocher une DOC, ne jugeront plus de haut le vin italien.

Le vin santo et la grappa

Un peu partout en Toscane vous sera proposé, en guise de dessert, un verre de *vin santo* accompagné des *biscotti di Prati (cantucci)* à tremper dans cet élixir. Ce dernier s'obtient par la vinification de raisins séchés à l'ombre après avoir été suspendus aux poutres des greniers. D'une couleur ambre foncé, doré, le « vin pour les saints » (à l'origine consommé par les prêtres) vous séduira par sa douceur qui compense une forte teneur en alcool. Il accompagnera également très bien un assortiment de *crostini.*

La *grappa* est le nom italien du marc... donc de l'eau-de-vie de marc de raisin distillé. Sa teneur en alcool avoisine les 45°, elle n'est donc pas conseillée aux débutants. Que les sceptiques trempent leurs lèvres dans la *grappa di brunello di Montalcino* pour réviser leur jugement. Vous retrouverez la grappa un peu partout en Italie... y compris dans votre café (il s'agit alors d'un *caffè corretto*).

Chianti : la légende du Coq noir

Au Palazzo Vecchio de Florence, sur les panneaux du plafond du salon des Cinquecento, vous pourrez admirer une peinture de Vasari représentant un coq noir *(gallo nero).* La légende du coq noir raconte la naissance même de la ville. Curieusement, elle évoque à la fois un conte de fées et une fable de La Fontaine. Il était une fois deux rivales, Florence et Sienne, qui n'arrêtaient pas de se battre pour agrandir leur territoire. Un jour, la sagesse l'emporta : au lieu de continuer ces luttes meurtrières, les deux villes misèrent le sort des conquêtes sur deux coqs. Au chant du coq choisi par chaque cité, un cavalier devait partir en direction de l'autre ville et le point de rencontre déterminerait la frontière. Sienne la magnifique se devait d'avoir le plus beau coq. On choisit un superbe coq blanc qui fut bichonné et nourri comme... un coq en pâte ! Florence, ville naissante et pauvre, n'avait qu'un coq noir et maigre qu'il lui fut difficile d'entretenir. Le jour J, le pauvre coq florentin se mit à chanter tant il avait faim, alors que l'aurore n'était pas encore levée, pendant que son alter ego faisait la grasse matinée. C'est, paraît-il, la raison pour laquelle le territoire de Florence est bien plus étendu que celui de Sienne. Depuis, le coq noir est l'emblème des caves de certains chiantis, dont celles du *Consorzio del Gallo Nero.* L'estampille « Gallo Nero » est désormais le label du *chianti classico.*

Les vins d'Ombrie

Justice a enfin été rendue aux vins d'Ombrie, dont la montée en gamme est assez récente même si son passé viticole remonte... aux Étrusques. Et pourtant, son grand voisin toscan continue encore de lui faire de l'ombre (ah, ah !). À ce titre, cette région peut être comparée à la Bourgogne. La *Borgogna italiana* a, en effet, du mal à s'affirmer face au *Burdigala italiana* (le Bordelais italien), la Toscane.

Une larme de vin d'Ombrie vient s'ajouter aux tonneaux italiens (moins de 2 % de la production, pour être précis). Près de 20 % de la production correspondent à des appellations. Deux seulement ont droit au titre honorifique DOCG, le *torgiano rosso* et le *sagrantino di Montefalco.* Les autres sont des DOC (*Assisi, colli Altotiberini, colli Amerini, colli del Trasimeno Grechetto, colli Martani, colli Perugini, Orvieto*, *Lago di Corbara* et *Montefalco*).

Montefalco est perchée comme un faucon sur son repaire (d'où son nom). Des remparts ne datant pas d'hier entourent cette petite ville de 5 000 âmes. Elles se penchent depuis plus d'un bail sur les vignes et oliviers qui ont poussé à flanc de colline. Un tout petit territoire de 155 ha où fleurissent deux appellations. La première, le *sagrantino di Montefalco,* est un cépage unique en Italie, qui donne un vin à la robe rubis foncé, aux arômes de fruits rouges et un goût de terroir très prononcé surtout pour la version « sec ». On peut le trouver très tannique, mais il existe des assemblages très réussis qui le rendent plus doux. À propos de vins fruités et intenses, les amateurs de vins d'apéritif opteront pour le *sagrantino passito,* obtenu à partir de grappes mûres, un vrai délice. Voir à Montefalco « Où acheter une bonne bouteille dans les environs ? ». Quant au *Torgiano rosso riserva,* produit au sud-est de Pérouse, il tire son nom de la tour de Janus *(turris Janis)* érigée dans le coin. Il peut être blanc, rosé ou rouge. Le *torgiano* est bien parfumé et devient au fil des années charpenté et gras à souhait. Une valeur sûre étonnamment abordable.

L'*orvieto* est le vin blanc le plus connu de la région. On le trouve dans les parages d'Orvieto, aussi bien en Ombrie que dans le Latium voisin. Les goûts évoluant, les vignerons du coin le proposent aujourd'hui davantage sec *(secco)* que demi-sec (*amabile* ou *abboccato*), au grand dam de certains traditionalistes. Sachez encore que l'orvieto, tout comme le chianti, peut être *classico* s'il provient d'un terroir à proximité immédiate d'Orvieto. Ses caractéristiques (très aromatiques avec des nuances de miel) en font l'un des vins blancs les plus agréables d'Italie. Les caves où il vieillit sont creusées à même la falaise. Elles contribuent certainement à sa qualité constante. Pour varier les plaisirs tout en restant dans les blancs, vous pouvez également essayer le *grechetto* produit dans les environs du lac Trasimène, à l'arrière-goût légèrement amer et idéal par grosses chaleurs estivales.

Les autres appellations (vins blancs et rouges) se rencontrent autour du lac Trasimène *(colli del Trasimeno),* sur les collines de Pérouse *(colli Perugini),* au nord des Apennins (*altotiberini,* dont les vignes dominent la vallée du Tibre).

Le marquis Piero Antinori, autre aristocrate mais Toscan cette fois-ci (l'aristocratie domine depuis longtemps le domaine viticole, en Ombrie comme en Toscane), se fait remarquer depuis une dizaine d'années avec son *castello della Sala.* Ce domaine produit des vins de table remarquables, comme le *cervaro,* un des meilleurs vins blancs italiens... à condition de le laisser vieillir. La maison produit un bon vin rouge (le *pinot nere*) et un délicieux vin doux, le *muffato,* qui vaut bien certains de nos sauternes.

Le café

Tout le monde connaît l'incontournable *espresso,* mais rares sont les Italiens qui le demandent tel quel. En effet, certains le souhaitent *ristretto* (serré), ou au contraire *lungo* (préciser *una tazza grande,* ça fait toujours une gorgée de plus). D'autres le veulent *al vetro* (dans un verre) ou bien *macchiato* (« taché » d'une goutte de lait froid, tiède ou chaud). Le café au lait se demande : *caffè latte, latte macchiato.* À ne pas confondre avec le fameux *cappuccino, espresso* coiffé de mousse de lait et saupoudré, si on le demande, d'une pincée de poudre de cacao. Sublime quand il est bien préparé ! À moins que vous ne préfériez le *caffè corretto,* c'est-à-dire « corrigé » d'une petite liqueur ou eau-de-vie. Souvent servi avec un petit verre d'eau plate ou *frizzante* (gazeuse). Mieux vaut le boire debout au comptoir, à l'italienne (souvent moins de 1 €)... Si vous êtes assis, il pourra vous coûter jusqu'à cinq fois plus cher !

Le chocolat

C'est un marchand florentin du nom d'Antonio Carletti qui découvrit le chocolat à boire lors d'un voyage en Espagne en 1606. La *cioccolata* (et non le *cioccolato* qui est le chocolat à croquer) est, pour certains, meilleure que le cappuccino qui, dans bien des endroits touristiques, se transforme de plus en plus en un banal café au lait. Ce chocolat chaud, élaboré dans les règles de l'art, est tellement onctueux et épais (la cuillère tient quasiment toute seule) qu'on croirait de la crème (et pour cause : le lait est remplacé par de la crème fraîche). Un vrai régal !
Pour représenter fièrement le chocolat, citons Pérouse, l'un des fiefs de la chocolaterie italienne avec Turin ; les deux villes revendiquent l'ancienneté de leur tradition de fabrication. Les *Baci* (baisers) de Pérouse sont des bouchées en chocolat, enrobant une noisette et enveloppées dans un petit message d'amour. Elles sont confectionnées par la grande chocolaterie industrielle de Pérouse, la *Perugina,* appartenant au groupe Nestlé. La ville est si fière de cette gourmandise qu'elle organise chaque année une grande fête en son honneur, l'*Eurochocolate.*

L'eau

L'eau du robinet, bien que potable, n'est jamais servie dans les restaurants, où l'on vous proposera systématiquement de l'eau minérale. Précisez *naturale* si vous souhaitez de l'eau plate, *frizzante* ou *con gas* pour de l'eau gazeuse. Si vous tenez vraiment à l'eau du robinet, demandez *acqua del rubinetto,* mais le goût est parfois métallique (et c'est plutôt mal vu, ça vous catalogue illico « radin »).

CINÉMA

La Toscane offre un cadre privilégié pour le cinéma en raison de l'exceptionnelle beauté de ses paysages. ***Roberto Benigni,*** originaire de Castiglion Fiorentino, a tourné les premières scènes de *La vie est belle* à Arezzo (à 15 km de sa ville natale). Autre figure cinématographique de la région : ***Franco Zeffirelli,*** né à Florence. Premier assistant de ***Visconti*** au début des années 1950, il réalisa ensuite de nombreux films, dont *Un thé avec Mussolini,* qui a pour cadre sa Toscane natale. ***Paolo et Vittorio Taviani,*** eux, sont nés dans le village de San Miniato, dans la province de Pise. Ils consacrent leur premier documentaire au massacre perpétré par les nazis dans la cathédrale de ce village et, en 1982, ils tournent *La Nuit de San Lorenzo* au même endroit. Ensuite se dérouleront plusieurs autres fictions dans la région : à Florence et à Pise *(Les Affinités électives, Good Morning Babilonia)* et à San Gimignano *(Le Pré)...*

PAPARAZZO

En 1959, Fellini sort son chef-d'œuvre, La Dolce Vita, *avec Marcello Mastroianni. On y raconte les tribulations d'un photographe pour vedettes, plutôt sans foi ni loi. Dans le film, il s'appelle* Paparazzo. *Ce qui donne, au pluriel,* paparazzi. *Ce nom propre deviendra vite un nom commun.*

Auteur de nombreux films, essentiellement comiques, sur le ton de la critique sociale, ***Mario Monicelli*** a tourné à Florence *Mes chers amis,* avec Philippe Noiret et Ugo Tognazzi, et *Pourvu que ce soit une fille,* dans la campagne siennoise. À Florence également se déroule l'action de *Metello* et de *La Viaccia*

(Le *mauvais chemin* avec Belmondo et la belle Claudia Cardinale) de ***Mauro Bolognini,*** originaire de Pistoia. C'est aussi le lieu de tournage privilégié de ***Leonardo Pieraccioni,*** dont les films comiques ont beaucoup de succès en Italie *(Le Cyclone).* ***Luigi Comencini,*** quant à lui, tourna *La Ragazza,* film psychologique et historique qui recrée l'atmosphère de l'après-guerre en Toscane. Et ***Bernardo Bertolucci*** choisit cette région en 1996 pour *Beauté volée* avec Liv Tyler, l'histoire d'une jeune Américaine qui va émoustiller les sens quelque peu endormis d'un groupe d'artistes locaux. ***Marco Tullio Giordana,*** avec *Nos meilleures années,* retrace l'histoire de deux frères et de leur famille dans l'Italie de la fin des années 1960, grande crue de Florence en 1966, lutte contre la mafia...

Mais il ne faut pas oublier que la Toscane a aussi inspiré des réalisateurs du monde entier, dont ***James Ivory*** *(Chambre avec vue),* ***Ridley Scott*** *(Gladiator, Hannibal),* ***Brian De Palma*** *(Obsession).* Sans oublier ***Kenneth Branagh*** qui a tourné le magnifique *Beaucoup de bruit pour rien* dans la région du Chianti, ***Jane Campion*** dont le *Portrait de femme* (avec Nicole Kidman) se situe à Lucca, ***Anthony Minghella*** qui a fait de nombreuses prises à Pienza pour *Le Patient anglais.* L'adaptation cinématographique du best-seller américain *Sous le soleil de Toscane* a été tournée à Cortone par Audrey Wells.

En 2008, la petite ville médiévale de Talamone (près d'Orbetello, à l'extrémité sud du parc naturel de la Maremme) a vu débarquer toute l'équipe de tournage du ***22e James Bond,*** *Quantum of Solace,* pour quelques secondes du prégénérique du film. D'autres scènes d'action furent tournées dans la montagne près de Carrare, capitale mondiale du marbre.

En 2008 toujours, est sorti le film *Miracle à Santa Anna,* adaptation au cinéma du roman de James McBride par le réalisateur *black-american* **Spike Lee.** C'est l'histoire d'une tragédie qui se déroula pendant la Seconde Guerre mondiale dans la région de la Versilia. Les nazis massacrèrent 560 innocents à Stazzema, village situé dans les montagnes autour de Pietrasanta. Spike Lee voulut que le film soit tourné sur les lieux mêmes du drame. Le massacre a été classé comme crime de guerre, et le gouvernement fédéral allemand s'est excusé officiellement près de 63 ans après les faits... Santa Anna di Stazzema fut l'Oradour-sur-Glane de l'Italie.

La ville de Montepulciano (62 km au sud-est de Sienne) attira en 2009 le réalisateur ***Chris Weitz*** et son équipe pour le tournage du deuxième volet de la saga *Twilight,* intitulé *Tentation.* Enfin, au Festival de Cannes 2010, Juliette Binoche reçoit la palme de l'interprétation féminine pour son rôle dans le film de l'Iranien ***Abbas Kiarostami,*** *Copie conforme,* dont l'action se passe à Lucignano (à une trentaine de kilomètres au sud d'Arezzo). L'actrice enchantée déclara : « La Toscane reste un lieu où le miracle est possible. » Et si l'on remonte dans le temps, ***Gérard Oury*** a filmé de nombreuses scènes du *Corniaud* à Pise et dans sa région.

– Pour les adeptes, la région regorge de festivals de cinéma tout au long de l'année dans diverses villes. Pour en savoir plus : • *mediatecatoscana.it* •

En ce qui concerne l'Ombrie, on ne peut pas dire qu'elle ait, pour l'heure, inspiré beaucoup de réalisateurs. Begnini y tourna tout de même quelques scènes du film *Pinocchio,* à Città di Castello (dans la haute vallée du Tibre), ville de naissance de la *bellissima* Monica Bellucci.

CUISINE

La carte des restaurants se divise en cinq grands thèmes : *gli antipasti, il primo, il secondo, i contorni* et *i dolci.* Il faut faire un choix en sachant que les Italiens eux-mêmes, en dehors de certains repas de fêtes, se contentent d'*antipasti* et d'un plat de pâtes, voire d'un plat de viande. Sinon, bonjour l'addition... et la digestion !

La cuisine est très marquée régionalement, du fait de l'unification tardive de l'Italie. Chaque région a ses recettes, ses spécialités et, finalement, la cuisine est restée cloisonnée bien après 1871. Aujourd'hui, avec le développement du tourisme, on assiste comme partout à l'émergence d'une cuisine plus internationale. Pour les amateurs de cuisine italienne, n'hésitez pas à vous procurer le livre de John Dickie, *Delizia, une histoire culinaire de l'Italie.*

QUAND LA CUISINE FAIT RECETTE

Le premier livre de recettes connu (De Re Coquinaria) *est celui d'un « Italien », le célèbre cuisinier officiel de l'empereur Tibère, Marcus Gavius Apicius, né vers 25 av. J.-C. Richissime et amateur de festins, il consacra sa vie et sa fortune à la recherche culinaire, parfois très excentrique !*

LES SPÉCIALITÉS CULINAIRES DE TOSCANE

La cuisine toscane est simple mais variée. Sobre, rigoureuse, voire sévère, elle n'est pas sans faire penser aux Toscans eux-mêmes. Au Moyen Âge, les Florentins se sont révoltés face à la hausse des taxes. Ils ont simplement cessé de payer la gabelle, l'impôt sur le sel. Une conséquence encore bien présente puisque que le pain présenté dans les restaurants n'est jamais salé. À la Renaissance, la cuisine florentine s'est enrichie de produits étrangers provenant d'Amérique, à commencer par la tomate... devenue incontournable.

À Florence

Les anciennes recettes florentines se retrouvent dans la *ribollita,* la *pappa al pomodoro,* la *bistecca...* Un mouvement italien pousse cependant à la redécouverte du passé gastronomique des régions, comme en témoigne la floraison des gargotes traditionnelles (les fameuses *osterie*), et plus spécialement le mouvement *slow food* (voir plus loin la rubrique « Le succès du *slow food* »). De plus en plus, on peut voir aussi afficher sur les menus la mention « locavore », qui consiste à faire travailler les petits producteurs locaux de la région. Ça peut aller de la viande aux fruits, aux légumes mais aussi aux vins... bref, une large palette pour réveiller les papilles des consommateurs !

POURQUOI « TOMATE » SE TRADUIT PAR POMODORO ?

Les grands navigateurs découvrirent la tomate chez les Aztèques, au Mexique. Elle avait bien la forme d'une pomme et valait le prix de l'or, car elle était particulièrement difficile à conserver. D'où son nom en italien.

On trouve également encore à Florence, au coin d'une rue, quelques tripiers venus s'installer avec leur camionnette de fortune pendant les pauses-déjeuner... du côté de la piazza Sant'Ambrogio, de la via Cimatori, de la piazza Romana. Si vous êtes curieux, allez donc faire un tour au marché San Lorenzo vers 8h, vous verrez que certains sont déjà attablés avec un sandwich aux abats... Rien de tel pour commencer sa journée ! En toute objectivité, il faut avoir le cœur bien accroché !

À Sienne

On déguste bien sûr à Sienne la cuisine toscane, légèrement plus relevée qu'à Florence et souvent avec des herbes aromatiques (une tradition étrusque). Ici, les gens adorent les champignons *(funghi).* Les spaghettis sont souvent à l'huile

et aux *peperoncini,* à mi-chemin entre le poivron et le piment, très parfumé dont l'odeur « colle aux pâtes ». Bien sûr, goûtez aux célèbres *tortellini alla panna* (à la crème) et aux *pici,* spécialité de pâtes creuses de forme cylindrique qui ressemblent à de gros spaghettis.
Quelques plats typiques : *acquacotta* (champignons frits au pain grillé, fromage *pecorino,* œufs, céleri, oignons, tomates), *bistecchine di maiale* (porc à la braise avec une sauce à l'ail, sauce tomate et vin rouge), *chiocciole alla senese* (escargots cuits dans une sauce au vin et à la tomate, ail, estragon, piments), *lepre e cinghiale in dolce e forte* (lièvre et sanglier au vin rouge, pignons de pin, raisins secs, amandes effilées, fruits confits, miel et une once de... cacao).

Et en Toscane en général

Pour simplifier, on pourrait dire que trois cuisines se rencontrent en Toscane : celle des terres, que vous retrouverez à Florence, à Sienne et dans le Chianti ; celle de la côte, que vous goûterez notamment à Livourne et qui fait une belle place au poisson ; et celle de la Maremme, symbolisée par le sanglier *(cinghiale).* Les ingrédients essentiels sont : le pain sans sel *(filone)* – présent dans beaucoup de recettes classiques, depuis l'*antipasto* jusqu'au dessert –, l'huile d'olive, omniprésente (les grands domaines viticoles produisent toujours de l'huile d'olive), et certaines herbes aromatiques comme le romarin, l'origan, le thym, la sauge et le fenouil.

Antipasti

– ***Les crostini :*** tartines croustillantes, garnies en principe de pâté (à base de foie de volaille), de fromages ou de légumes, mais en réalité on en trouve de toutes sortes en fonction de l'inspiration du cuisinier. Elles sont servies partout comme entrée.
– ***Le bruschette :*** tranches de pain grillées, frottées à l'ail et recouvertes d'huile et de tomates coupées en petits morceaux. On les sert le plus souvent dans leur version régionale, la *fett'unta.*
– ***La charcuterie :*** impossible de ne pas connaître le *lardo di colonnata !* À l'origine, il s'agissait de la nourriture des pauvres tailleurs de pierre de la région de Carrare. Il est aujourd'hui très recherché, notamment par les grands chefs qui se l'arrachent à prix d'or. Le *lardo di colonnata* se mange sur des morceaux de pain grillé. Délicat, il tire son nom de sa blancheur marmoréenne et de ses veines rosées qui évoquent des colonnes de marbre. À savourer également : la *finocchiona,* un saucisson aromatisé de graines de fenouil sauvage, et divers *prosciutti...*

I primi

– Ici, un peu moins qu'ailleurs cependant, la ***pasta*** occupe une place de choix. On trouve souvent des *taglioni al tartufo* (fines tagliatelles aux truffes) ou les *spaghetti al ragù* avec une sauce proche de la bolognaise (sauce qui, soit dit en passant, n'existe pas en Italie). Les *pappardelle al sugo di lepre* (sorte de lasagnes avec une sauce au lièvre) sont une petite merveille qui ne demande pas moins de 2h30 de préparation.
– ***Le risotto toscano*** est préparé avec du foie de poulet, de l'oignon, de l'ail, du persil et du céleri.
– ***Les minestre e zuppe :*** la variété et le charme de la cuisine toscane passent également par de nombreux et délicieux potages et autres soupes. La *ribollita* est une soupe épaisse à base de légumes dont le *cavolo nero* (chou noir). On y trouve aussi du pain, seul ingrédient nutritif et tenant un peu au corps. Ce plat est emblématique d'une certaine cuisine diététique : on choisira du pain toscan rassis et sans sel pour ne pas dénaturer le goût. Le nom originel est *minestra di pane.* Son

nouveau titre, *ribollita,* tient au fait que la soupe est cuisinée pour quelques jours et, à partir du deuxième, est réchauffée et rebouillie. Et, bien sûr, le plat n'a rien à voir avec celui du premier jour.

À noter, d'autres soupes : l'*acquacotta* (bouillon agrémenté de coulis de tomates, cèpes, ail, persil et servi avec des tranches de pain huilé), les *minestre di farro* (épeautre), *di ceci* (pois chiches), *di fagioli* (haricots), et la *zuppa di vongole* (soupe de coques, sur la côte seulement).

– ***La pappa al pomodoro :*** panade à la tomate. Un des incontournables de la cuisine toscane, au même titre que la *ribollita.* Une version moins liquide, la ***panzanella,*** une salade au pain avec des tomates, des concombres et des oignons.

I secondi

– ***La bistecca :*** pour les amateurs de viande rouge, c'est une merveille. Attention aux prix souvent mentionnés *per un'etto* (pour 100 g), à moins qu'il ne soit précisé que c'est au kilo. Compter entre 200 et 400 g par personne. La *bistecca* est une viande de très grande qualité provenant d'un élevage bovin du val di Chiana (région au sud d'Arezzo). Cette tranche de bœuf épaisse, comprenant l'aloyau et le filet, se cuisine à la braise et se consomme saignante, voire bleue. La *bistecca* donne lieu à une *sagra* (foire), qui se déroule les 14 et 15 août à Cortona. Des milliers de *bistecche* sont alors cuites au charbon de bois sur un gril immense (14 m) en plein cœur de la ville.

– ***Le gibier :*** le lièvre est cuisiné avec les fameuses *pappardelle al sugo di lepre* ou à l'aigre-doux *(lepre in dolce e forte).* Le sanglier est omniprésent en Toscane (plus rarement à Florence), à tel point que dans le bourg médiéval de Capalbio, on lui organise une petite fête le 2e week-end de septembre. Le lapin « façon chasseur » *(coniglio alla cacciatora)* est apprécié des voraces Toscans.

– ***Les abats :*** la *trippa fiorentina,* le *lampredotto* ou encore la *zampa alla parmigiana* témoignent du goût des Toscans pour les abats.

– ***Le poulet*** *(pollo)* n'est pas oublié non plus : le *pollo alla toscana,* le *pollo alla diavola* (à la diable) ou les *colli di pollo ripieni* sont des recettes que vous rencontrerez sur les cartes des restos de la région.

– ***Des fritures :*** *cervelli e carciofi fritti, pollo e coniglio fritto.*

– ***Le poisson :*** on trouve des spécialités de poisson principalement sur la côte, comme le *cacciucco alla livornese* (sorte de bouillabaisse), le *baccalà* (morue) *alla livornese,* le *baccalà con i ceci,* les *calamari in zimino* ou encore le *tonno e fagioli.*

I contorni

Sachez que lorsque vous commandez un plat de viande ou de poisson, il n'est jamais accompagné de légumes. Ceux-ci se demandent séparément (et en supplément) si vous en désirez.

– ***Les fagioli*** (haricots) constituent la véritable « viande des pauvres » *(carne dei poveri).* Importés en Italie depuis la découverte de l'Amérique, ils sont l'une des bases de l'alimentation toscane. On les utilise pour enrichir les soupes et potages, ou en guise de *contorni* pour accompagner les viandes (la *bistecca* notamment) et le gibier. Les plus fréquents dans le coin portent le nom de *cannellini* (à ne pas confondre avec... les cannellonis). Petits et blancs, ils n'ont rien à voir avec les *fagiolini di Sant'Anna,* qui ne manqueront pas de vous impressionner par leur longueur.

– En dehors des *fagioli,* vous rencontrerez les ***patate in umido*** (pommes vapeur en ragoût), le fameux ***cavolo nero*** (chou noir), les ***funghi porcini*** (cèpes) et quantité d'autres légumes.

I dolci

Ce n'est pas la plus belle page de la cuisine toscane, mais voici quelques spécialités. Beaucoup d'entre elles sont liées aux saisons ou à un événement précis : la

schiacciata con l'uva (pain garni de raisins que l'on trouve uniquement en période de vendanges) ou bien encore la *schiacciata alla fiorentina* (sorte de pain de Gênes plat aromatisé aux agrumes, un mets typique du carnaval).
– ***Le bugie :*** beignet frit saupoudré de sucre qu'on prépare surtout au moment du carnaval.
– ***Le zuccotto :*** gâteau glacé à la crème d'amande et au chocolat, spécialité de Florence.
– ***Le castagnaccio :*** mélange de farine de châtaigne, le tout cuisiné dans un four et agrémenté de pignons, d'huile, de romarin et de raisins secs.
– ***La colomba :*** brioche aux fruits confits et amandes en forme de colombe, qu'on mange traditionnellement à Pâques.
– ***Le panforte :*** spécialité de Sienne. Riche en épices, fruits confits et amandes. Consommé traditionnellement à Noël, on en trouve désormais toute l'année en Toscane.
– ***Les biscotti di Prato*** (ou *cantucci*) ***:*** biscuits secs parfumés aux amandes que l'on trempe dans un verre de *vin santo.* Les Siennois ne sont pas en reste avec leurs délicieux *ricciarelli* (comparables aux calissons d'Aix sans le nappage de sucre glace) et autres *cavalucci* (gâteaux secs parfumés à l'anis).

LES SPÉCIALITÉS CULINAIRES D'OMBRIE

Solitaire et raffinée, voilà comment la cuisine de ce « petit pays » pourrait être définie. Solitaire : la Toscane voisine ne l'a guère influencée, de même que les autres régions limitrophes, à commencer par le Latium. Raffinée : les sceptiques cesseront de l'être après avoir découvert certaines spécialités régionales.

UN TARTUFO, ÇA TRUFFE ÉNORMEMENT !

Drôle de jeu de mots ! En italien, la truffe se dit tartufo *et le verbe* truffare *signifie « tricher, tromper ». Rien d'étonnant puisque, depuis longtemps, certains fripons de restaurateurs faisaient passer la fausse truffe pour de la vraie...*

En ***antipasto,*** les excellentes charcuteries de Norcia, ville située dans les hauteurs de la Valnerina, se déclinent en une grande variété de saucissons (de porc ou de sanglier, souvent aux formes cocasses...), de *prosciutto* et de *capocolli* alléchants. Elles sont accompagnées de *crescia,* des tartines garnies de divers pâtés, et de tourtes salées. Moins convaincante, la *torta al testo,* entre la pizza et la galette, faite d'une pâte non salée fourrée de jambon donc un peu fade. Des ***primi*** bien plus goûteux : la *minestra di farro* (soupe d'épeautre) et les pâtes locales *(strangozzi, umbricelli)* aux sauces consistantes, comme celle aux cèpes *(funghi porcini)* ou aux viandes diverses. Parmi les ***secondi,*** les côtelettes de porc, d'agneau ou le poulet à la broche sont souvent proposés. Côté viandes rouges, vous y rencontrerez la tendre *razza chianina.* Moins connus (et en accord avec le cadre médiéval des villes ombriennes), les plats et daubes à base de gibier (sanglier, lapin), les volailles rares (faisan, pigeon) en sauté ou en ragoût, le *friccò* (fricandeau) à base de viandes blanches ou d'agneau, ou les *salsiccie* (saucisses) grillées. Il faut absolument goûter à la *porchetta,* jeune cochon désossé et rôti à la broche avec des herbes... un délice ! Bien que dépourvue de toute façade maritime (un cas unique en Italie), l'Ombrie n'ignore pas le poisson. Ceux des torrents, des rivières et du lac Trasimène vous surprendront par leur saveur, comme la truite *(trota),* le brochet *(luccio),* la carpe et l'anguille. Une autre originalité : les multiples façons d'apprêter la truffe (noire ou blanche), comme dans ces plats qui font l'unanimité dans la plupart des menus, tels les *strangozzi al tartufo* (pâtes de type tagliatelles, mais sans œufs sur lesquels on râpe de la truffe noire). La truffe

est chère, par conséquent sa présence dans de nombreux produits (l'huile, les saucissons, les biscuits, le chocolat et même la grappa !) augmente sacrément les prix. Mais d'autres mets locaux bien plus simples subissent une inflation lorsqu'ils sont étiquetés bio ou « manger équilibré ». À commencer par les cèpes, habituellement présentés en sauce pour les pâtes, et que l'on propose désormais comme légume en accompagnement. Les lentilles de Castelluccio (d'appellation contrôlée s'il vous plaît !), l'épeautre bio ou les fèves *(fave)* souvent servis avec de la *pancetta* (poitrine de lard) subissent le même sort.
Enfin, un avis aux fins gourmets soucieux de leur bourse : le succès touristique aidant, certains restaurateurs peu scrupuleux font payer le prix fort pour un mélange d'olives noires pilées et de trompettes de la mort (plutôt goûteux, il faut le reconnaître) que l'on fait passer pour de la truffe noire. De même pour quelques lamelles d'une truffe blanche dite « estivale » très peu savoureuse. Ou encore pour des mets agrémentés de sauces *al sagrantino,* faites avec des vins d'origine bien plus lointaine que les hauteurs de Montefalco... Vous voici prévenu de quelques dérives marketing liées aux produits locaux à forte valeur ajoutée. Du reste, la cuisine ombrienne est un vrai régal !

LES FROMAGES DE TOSCANE ET D'OMBRIE

– ***Le pecorino*** se décline de multiples façons selon la provenance régionale : *siciliano, romano, sardo...* et *toscano.* Ce dernier a longtemps été le seul à garnir la table du peuple. Plus qu'un simple fromage, le *pecorino* était la « viande » des pauvres. Et pourtant, dans la Garfagnana (nord-ouest de la Toscane), on n'hésite pas – aujourd'hui encore – à s'en servir pour pratiquer la *ruzzola* (sorte de pétanque, mais à la place des boules, on lance... des fromages !). On le produit dans différentes zones de Toscane : la Maremme, le Valdichiana, le Casentino, la région de Sienne *(pecorino senese)* et celle des crêts de Sienne *(pecorino delle Crete senesi).* Le secret du *pecorino* est dans les herbes savoureuses et parfumées de Toscane qui donnent au lait son goût inimitable, et dans le choix des races de brebis. Il peut être consommé frais *(fresco)* ou affiné (*semi stagionato* ou *stagionato*). On trouve parfois aussi du *pecorino con le pere* (poire), à l'automne, ou *con bacceli* (fèves), au printemps.
– En dehors du *pecorino,* il existe en Ombrie la ***caciotta,*** un autre fromage de brebis qui peut être parfumé aux truffes *(al tartufo),* à l'oignon *(alla cipolla)...* D'ailleurs, dans cette même région, on trouve le *pecorino dell'Umbria.* Y a-t-il une contrée du centre ou du sud de l'Italie qui n'ait pas son *pecorino ?*
– Rare dans les pays de montagne, on trouve quand même quelques fromages de chèvre dans la Valnerina.
Enfin, dommage que pour accompagner le fromage ombrien, le pain local soit aussi insipide. C'est que, traditionnellement, les Ombriens n'ajoutent pas de sel dans leurs pâtes à pain. Ceux qui suivent un régime hyposodique apprécieront, tandis que les inconditionnels de la baguette prendront leur mal en patience. En tout cas, on aime tellement cette région et ses habitants qu'on en oublie ce manque de goût, faisant désormais partie des habitudes gastronomiques et du passé de la région.

UNE NOTE SALÉE... TOUJOURS REFUSÉE !

Dans les années 1530, le pape Jules II avait besoin de financer ses campagnes. Loin de la mer, on imposa à Pérouse un impôt sur le sel. Les Perugini décidèrent alors de se passer de cette denrée et, depuis, ils ne salent plus leurs pâtes à pain. Une tradition qui s'est répandue dans toute la région et que les Ombriens se font une fierté de conserver.

L'HUILE D'OLIVE

Que serait la *bruschetta* sans l'huile d'olive ? La réputation de l'huile de Toscane, due à sa fragrance et à son onctuosité, n'est pas volée. Les oliviers reçoivent les mêmes attentions et les mêmes soins que les pieds de vigne. Comme pour le vin, il y a des crus, et les goûteurs d'huile doivent avoir les mêmes qualités que les œnologues. De même qu'il existe différents crus dans la même variété, il y a également différentes qualités dans la même variété. Celles-ci dépendent du sol des plantations, de leur exposition et du type de presse utilisée pour l'extraction. Les meilleures huiles se font avec des olives noires, transformées avec des presses de pierre, mais elles sont de plus en plus rares. Actuellement, les presses automatiques en acier sont naturellement les plus utilisées. L'huile la plus recherchée est celle de première pression à froid, elle a pour nom *Extra Vergine.* Elle possède moins de 1 % d'acidité. Viennent ensuite les huiles de deuxième pression à froid ou à chaud : *Sopra Vergine* et *Fina Vergine.* Dans toute la région du Chianti, de nombreuses *fattorie* (fermes) produisent leurs propres huiles. Toutes sont vraiment excellentes. Se reporter plus loin à « La région du Chianti », où nous indiquons de nombreuses adresses.
Quant à l'huile d'olive ombrienne, qui n'a rien à envier à sa voisine toscane, elle bénéficie d'un climat idéal pour le développement des fruits. Trois variétés sont utilisées : *moraiolo, frantoio* et *leccino,* et la cueillette se fait d'octobre à décembre, ce qui rend le produit final plus piquant s'il s'agit d'une récolte précoce, ou plus rond quand l'olive est plus mûre. Sans doute l'une des meilleures terres au monde pour les oliviers en raison d'une acidité très basse du fruit. Mais vous n'aurez qu'à comparer les différentes qualités d'*extra vergine* pour vous faire votre propre idée !

LA PIZZA

Si la Toscane et l'Ombrie ne sont pas le vrai royaume de la pizza, on trouve tout de même des *pizzerie* traditionnelles un peu partout. Évidemment, la qualité n'est que rarement au rendez-vous, mais certains pizzaiolos ayant fait leur classe à bonne école, ou venant carrément de la région napolitaine, plusieurs adresses relèvent le niveau et régalent les amateurs. La pizza naquit, il y a longtemps, dans les quartiers pauvres de Naples. C'était la nourriture des dockers. La pâte, agrémentée d'un petit quelque chose suivant la richesse du moment (huile, tomate, fromage...), que l'on roulait sur elle-même, constituait leur casse-croûte de midi. Elle a fait du chemin depuis : il y aurait, d'après les spécialistes, près de 200 façons de la préparer. La recette de base est *alla napoletana* (recouverte de tomate et d'anchois avec de l'huile d'olive).
Les bonnes pizzas sont cuites au feu de bois et préparées par un pizzaiolo qui a la responsabilité de la fabrication de la pâte (les meilleures lèvent jusqu'à une trentaine d'heures), de sa décoration et de sa cuisson. Tout un art ! Afin de rentabiliser l'allumage du four, elle n'est généralement servie qu'en soirée. Dans le cas contraire (sites touristiques, par exemple), sur la carte figure la mention *pizza anche a pranzo.*

PIZZA ROYALE !

C'est en l'honneur de la reine Marguerite de Savoie, femme d'Umbert Ier (fin XIXe s), que l'on prépara une pizza spéciale lors d'une réception. Sans ail évidemment, rapport à l'haleine ! On décida alors de rendre hommage à la nation nouvellement unifiée en évoquant le drapeau italien : tomate pour le rouge, mozzarella pour le blanc et basilic pour le vert. La margherita était née.

LA *PASTA*

Petite histoire de la *pasta*

L'Antiquité nous prouve que l'Italie est le berceau de la *pasta* : le bas-relief de Cerveteri (célèbre nécropole étrusque au nord de Rome), qui représente différents instruments nécessaires à la transformation de la *sfoglia* (feuille) en tagliatelle, ou encore le livre de cuisine d'Apicius, où nous retrouvons l'ancêtre de la lasagne, la *patina*.
Au travers de ces témoignages étrusques et romains, les *maccheroni* pourraient revendiquer la paternité de la *pasta.* Mais cet italianisme n'est pas si incontestable que cela. La Sicile arabe (IXᵉ-XIᵉ s) n'est pas pour rien, en effet, dans l'introduction de la *pasta secca* en Italie, les Arabes semblant avoir inventé la technique de séchage pour se garantir des provisions lors des déplacements dans le désert. Le savoir-faire aurait ensuite rayonné à travers l'Italie.

MARCO POLO A BIDONNÉ !

Partout, on prétend que Marco Polo a rapporté les pâtes grâce à son voyage en Chine. Des chercheurs, italiens bien sûr, prétendent avoir trouvé des machines à spaghettis dans les ruines de Pompéi. D'ailleurs, un médecin de Bergame parle des pâtes dans un récit du XIIIᵉ s, avant le voyage de Marco Polo. En espérant que ces histoires ne vous coupent pas l'appétit !

Avalant les siècles goulûment, nous voici, à la fin du XIXᵉ s, à Naples, qui peut être considérée par bien des côtés comme la patrie de la *pasta secca.* C'est ici qu'une véritable industrie se mit en place, favorisant la diffusion à travers toute l'Italie des pâtes sèches... qui voyagent mieux, il va sans dire, que la *pasta fresca.*

Pâtes et sauce tomate : une grande histoire d'amour

Pendant des siècles, les pâtes furent l'apanage des tables royales et aristocratiques. Il fallut attendre l'invention des pâtes sèches pour qu'elles se démocratisent et passent au rang d'aliment populaire. Sain, simple et nourrissant, le plat de pâtes mit néanmoins du temps à conquérir son public. C'est seulement à la fin du XVIIIᵉ s, quand on eut l'idée d'associer pâtes et tomates, qu'elles connurent le succès. Il faut dire que l'alchimie est parfaite. La « pomme d'or », pourtant rapportée des Amériques depuis le XVIᵉ s, fit du même coup une entrée fracassante dans la cuisine italienne. Le clergé européen l'avait jusque-là taxée de tous les maux. Trop bon, trop rouge, ce ne pouvait être que le fruit du diable ! La magie de la sauce tomate ? Elle est la seule à s'accorder à toutes les pâtes, longues ou courtes, lisses ou striées, plates ou tarabiscotées. Ce qui n'est pas le cas des autres sauces, car, en Italie, il est une affirmation qui pourrait passer au rang de proverbe : « À chaque sauce, sa pâte ! » Tout est question d'accord avec la sauce. Voilà pourquoi les *maccheroni,* longtemps servis accompagnés de trois fois rien (beurre, fromage sec râpé, sucre...), connurent par la suite tant de diversité.

Les macaronis *(maccheroni)*

Par ce mot d'origine grecque (*macarios* signifiant « heureux »), on désigne l'ancêtre de toutes les pâtes. D'ailleurs, pour les Français, il a longtemps désigné l'ensemble des Italiens. En Italie du Sud, *maccheroni* désignait aussi l'ensemble des pâtes sèches, d'où la fréquente confusion entre *maccheroni* et macaronis, ces derniers étant à ranger définitivement dans la famille des pâtes courtes.

Les pâtes courtes

Il en existe une grande variété, surtout depuis l'invention des pâtes sèches industrielles, les machines permettant toutes sortes de fantaisies. Ainsi, les ***fusilli*** (originaires de Campanie) sont le résultat d'évolutions techniques considérables. Au début, les *fusilli* étaient des cordons de pâte de blé dur enroulés en spirale autour d'une aiguille de fer. L'aiguille était retirée une fois la pâte sèche. On pourrait également citer les ***farfalle*** (ou papillons), originaires de la région de Bologne.
Plus traditionnels : ***penne, maccheroni, tortiglioni, giganti, bombardoni...*** (À noter que les ***penne rigate*** représentent, à elles seules, près du quart du marché de la pâte sèche, juste derrière les spaghettis.)
Les pâtes courtes et grosses, comme les ***orecchiette*** ou les ***trofie,*** aiment les sauces à base d'huile (par exemple le *pesto*) ou de légumes, tandis que les courtes et creuses comme les ***rigatoni*** ou les ***conchite*** aiment les sauces à la viande, plus épaisses.

Les *spaghetti*, ou les pâtes longues

Qui n'a pas un faible pour les spaghettis ? Cette forme de pâtes se mange depuis belle lurette dans toute l'Italie. Garibaldi et sa fameuse expédition des Mille en 1860 n'y seraient pas pour rien. Remontant du Sud vers le Nord, il aurait en effet fortement contribué à la généralisation des pâtes sèches, et des spaghettis en particulier. *Unità per la pasta !*
Pourtant, certaines, faciles à faire à la main, et donc à la maison, remontent aux origines même des pâtes... Encore faut-il savoir ce que l'on entend par pâtes longues. On les classe en fonction de leur largeur.
– Les larges et plates : comme les ***lasagnette,*** les ***fettuccine,*** les ***tagliatelle...*** À utiliser de préférence avec des sauces au beurre, à la crème, aux coulis de courgettes, de poivrons, de tomates... Ou encore les ***pici,*** spécialité siennoise, excellentes avec une sauce aux truffes...
– Plus larges encore : les ***pappardelle*** jusqu'aux ***lasagnes*** (que l'on fait cuire au four).
– Les longues et fines : comme les ***linguine,*** les ***linguinette,*** les ***fettucelle*** et, bien sûr, les ***spaghettis...*** Elles raffolent des sauces à base d'huile mais sont finalement assez polyvalentes...
– Les ultrafines : les ***vermicelli, capelletti*** (dites également ***capellini,*** c'est-à-dire « fins cheveux »), ***capelli d'angelo*** (« cheveux d'ange »), que l'on utilise principalement en soupe et en bouillon.
– Les ***bigoli*** ou les ***bucatini*** sont des pâtes bâtardes, à la fois spaghettis creux et macaronis longs. On les réserve volontiers aux sauces à la viande. Les plus gros sont les ***ziti.***
En Ombrie, les *spaghettoni* rustiques portent des noms différents selon les villes. À Terni, ce sont des *ciriole,* à Gubbio des *bigoli,* à Pérouse et Orvieto des *umbrichelli,* à Spolète des *strozza preti* ou *strangolapreti* (littéralement des étrangleurs de prêtres, un peu étouffe-chrétien, en somme !). Quand ils sont plus minces, on les appelle des *strengozzi* ou *strangozzi.*

Petit lexique

Pâtes sans œufs

– *Spaghetti :* long et rond.
– *Bucatini :* spaghetti géant avec un tout petit trou.
– *Ziti :* spaghetti géant avec un grand trou.
– *Rigatoni :* court, en forme de polochon.
– *Penne :* sorte de tuyau biseauté, en forme de plume.

- *Conchiglie :* en forme de coquillage.
- *Puntine :* petits points.
- *Farfalle :* papillons.
- *Maccheroni :* macaronis.
- *Fusilli :* pâtes en forme de spirale.

Pâtes aux œufs

- *Fettuccine :* long et plat.
- *Tagliatelle :* comme les *fettuccine.*
- *Tonnarelli :* spaghetti carré, blanc ou vert.
- *Lasagne :* large, long et plat, blanc ou vert, que l'on superpose.
- *Cannelloni :* en forme de polochon, fourré.
- *Ravioli :* en forme de coussin, fourré.
- *Tortellini :* en forme d'anneau, fourré.
- *Tortelloni :* la taille au-dessus, fourré.
- *Capellini :* petits cheveux.

LES *GELATI* (GLACES)

Pas d'Italie sans glaces... Après la sieste, vers 17h-18h, le rituel immuable de la *passegiata* conduit naturellement le promeneur vers son glacier attitré pour déguster un *cornetto* de son parfum préféré. Entre amis, on se donne volontiers rendez-vous devant son glacier habituel.
On sait que la glace existait déjà en Chine et au Moyen-Orient bien avant notre ère : des glaces fruitées étaient servies aux banquets d'Alexandre le Grand. Les califes de Bagdad adoraient déguster des fruits mélangés à de la neige, appelant ce mélange *sharbet,* qui signifie « glaçon fruité » en arabe. C'est Marco Polo qui aurait rapporté cette trouvaille en Italie, et sa consommation se serait développée à la cour des Médicis à Florence sous le nom de *sorbetti,* grâce au bien nommé Bernardo Buontalenti.
Par les mariages, notamment entre Catherine de Médicis et le futur Henri II, les glaces italiennes furent popularisées à la cour de France. À la fin du XVIIe s, déjà, on servait des glaces dans les cafés et restaurants parisiens. Le Sicilien Francesco Procopio dei Coltelli est le premier à les proposer à la vente. En 1686, il ouvrit le célèbre *Café Procope* à Paris, qui devint rapidement l'un des plus célèbres cafés littéraires de France. Au XIXe s, les émigrants italiens importèrent leur glace en Amérique.
Les gros fabricants de glaces industrielles sont des multinationales bien connues, mais leurs produits ne sont pas comparables aux glaces réalisées de manière artisanale. Ils contiennent souvent moins de lait, et généralement du lactosérum, des protéines concentrées, des émulsifiants, des stabilisateurs et des colorants artificiels.
Quant aux glaces artisanales, il existe encore une multitude de petits artisans-glaciers qui utilisent des ingrédients comme le lait et la crème, le sucre, les arômes naturels ou les œufs. Elles se reconnaissent immédiatement à leur texture exceptionnelle et à leur goût délicieux. Depuis quelques années, ce sont même ces glaciers qui ont tendance à l'emporter, favorisés par la mode du bio et du locavore. Tant mieux !

LE SUCCÈS DU *SLOW FOOD*

De nombreux restaurants italiens affichent l'autocollant *slow food* (reconnaissable au symbole du petit escargot). Ce mouvement culinaire, né en Italie en 1989 (le siège de l'association se trouve à Bra, dans le Piémont), a décidé de défendre les valeurs de la cuisine traditionnelle, particulièrement celles des petites *trattorie* du terroir. Il était grand temps de sauvegarder les bons produits et les plats de tradition.

Le retour du bien-manger et la volonté de préserver la biodiversité sont apolitiques. Le *slow food* ne s'oppose pas à la modernisation, à condition qu'elle soit au service du goût. L'idée, c'est aussi de respecter la nature et d'attendre la bonne saison pour apprécier un légume ou un fruit. À quoi cela sert-il de manger une fraise (insipide) en décembre ?

La carte est souvent remplacée par l'ardoise, et surtout on prend le temps de manger... et d'apprécier. Les restaurants *slow food* (on en sélectionne certains) ne sont pas forcément bon marché, car ils privilégient justement la cuisine dite du marché. Attention cependant, un resto *slow food* n'est pas une assurance de qualité, on peut avoir de bons produits et ne pas savoir les cuisiner ; mais n'ayez pas trop d'inquiétude, la plupart du temps, vous vous régalerez.

Pour plus de renseignements, vous pouvez consulter leur site • *slowfood.com* •

Dans le sillage du *slow food,* on trouve aujourd'hui le mouvement international du ***Cittaslow*** (« Ville lente »), créé en 1999 dans la ville de Greve in Chianti en Toscane. Les communes détentrices du label s'engagent à ralentir le rythme de vie de leurs citoyens et à promouvoir une certaine qualité de vie en privilégiant, notamment, la convivialité, l'équilibre alimentaire et le développement durable. La Toscane et l'Ombrie en compte plusieurs. Pour plus de renseignements : • *cittaslow.org* •

PETIT LEXIQUE CULINAIRE

Arrosto	rôti
Asparagi	asperges
Baccalà	morue
Bistecca alla fiorentina	bifteck épais assaisonné de poivre et d'huile d'olive
Casalinga (alla)	comme à la maison, « ménagère »
Dolci	desserts
Fagioli	haricots blancs
Gamberetti	crevettes
In umido	en ragoût
Maiale	porc
Mela	pomme
Melanzana	aubergine
Minestrone	soupe aux légumes avec riz ou pâtes et des haricots blancs
Noci	noix
Panna	crème épaisse ou chantilly
Peperoni	poivrons verts ou rouges
Pesce	poisson
Pollo	poulet
Pomodoro	tomate
Ragù	sauce à la viande
Risotto	riz cuisiné
Sarde	sardines
Torta	gâteau, tarte
Tortelli	raviolis farcis de fromage frais et d'herbes
Vitello	veau
Vongole	palourdes, coques ou clovisses
Zucchine	courgettes

ÉCONOMIE

La Toscane et l'Ombrie constituent deux régions parmi les plus riches d'Italie en termes économiques. Le taux de chômage y est plus bas que dans le reste du pays (moyenne nationale en 2014 : 12,3 %). Ces deux provinces conjuguent parfaitement passé, présent et futur. Tradition et modernité s'allient pour donner des merveilles, aussi bien dans le domaine de la gastronomie que dans ceux de l'habillement, de l'ameublement ou du patrimoine artistique.

Distretti industriali et savoir-faire familial

Contrairement aux régions du nord de l'Italie, la Toscane et l'Ombrie n'ont pas connu l'hyper-industrialisation du « miracle économique » des années 1970 et ont trouvé leur propre « style ». L'industrie représente 34 % des emplois, ce qui fait de la région l'une des plus industrielles d'Europe (le complexe industriel de Terni). Bien sûr, l'industrie lourde est présente dans les secteurs de la sidérurgie, de la chimie (Montecatini) ou de la métallurgie (souvenez-vous de ces petits deux-roues fabriqués à Pontedera par la famille Piaggio, symbole de liberté en 1946 et appelés « Vespa »). Mais aujourd'hui, c'est le modèle des *distretti industriali* (« districts industriels ») qui soutient en grande partie l'économie toscane. Ces districts regroupent des petites et moyennes entreprises familiales qui misent sur un savoir-faire artisanal local.

Le « made in Italy »

Cette spécialisation les pousse à travailler en réseau, mais aussi à rechercher la perfection afin de se démarquer des concurrents. Cette émulation a permis à des entreprises familiales de devenir des industries prestigieuses, et a donné naissance au « made in Italy », symbole de la qualité et du bon goût. ***Troisième fournisseur mondial d'habillement,*** après la Chine et le Japon, l'Italie réalise 60 % de son chiffre d'affaires à l'étranger. Les noms de Roberto Cavalli, Gucci, Fendi, Ferragamo, Tacchini ou Tod's vous disent quelque chose ? Ces entreprises familiales ont à peu près toutes connu le même destin : un savoir-faire hérité de père en fils, une petite boutique utilisant des matières premières locales de qualité, puis l'ouverture à l'international ; le nom de famille devient une marque renommée luxueuse, et les créations sont parfois considérées comme des œuvres d'art. De plus, ces grands noms de la mode dynamisent l'économie en continuant à passer commande à leurs petites sœurs. ***L'industrie textile de Prato*** (où 3 millions de mètres de tissu sont produits chaque jour) et les ***artisans peaussiers de Florence*** ou de Grosseto restent leurs principaux fournisseurs.

Les ***ressources du sol*** sont aussi exploitées... comme le Carrare (voir la rubrique « Marbre »), la géothermie de Larderello, dans les monts métallifères, ou encore ***l'industrie du papier de Lucques.*** Certaines villes tirent leurs ressources en majorité de ces districts, comme à Quarrata (région de Pistoia), où l'ameublement et la menuiserie représentent 80 % de leurs revenus.

DÉLOCALISATION LOCALE

À Prato, 3e ville chinoise d'Europe, on assiste depuis quelques années à un nouveau phénomène : des milliers d'ouvriers chinois et leurs familles viennent travailler dans les usines de textile tenues par leurs compatriotes. Eh oui ! les Italiens ne sont pas les seuls à travailler en famille ! Pour autant, cette mini-Chinatown est plutôt bien intégrée dans le paysage social de la région, qui compte quelque 60 000 immigrés chinois.

Agriculture et gastronomie

L'agriculture a aussi son rôle dans la prospérité de la région, bien qu'elle n'occupe que 4 % de la population. Certaines productions sont reconnues mondialement... l'huile d'olive extra-vierge, le chianti ensoleillé, le *pecorino* affiné à point et la *bistecca* feront le bonheur de vos papilles !

Et la pêche dans tout ça ? Malgré la longueur de la côte, la pêche reste marginale. La Toscane a préféré concentrer ses efforts sur la terre, maîtriser l'irrigation, assainir les marécages des plaines de l'Arno et de la Maremme, et en faire des collines verdoyantes et fécondes. Quant à l'Ombrie, elle est la seule région en Italie qui ne possède pas de littoral.

Tourisme et tertiaire

Depuis les années 1970, la Toscane est surtout devenue une région tertiaire (62 % des actifs) avec le développement du tourisme et des activités commerciales. Sienne, Pise et Florence vivent principalement du tourisme (essentiellement européen). D'autres villes toscanes sont de plus en plus visitées et tirent une partie de leurs revenus du tourisme : San Gimignano, Volterra, Lucca... Le tourisme en Toscane représente une part importante du tourisme en Italie, lequel se classe, rappelons-le, au 3e rang européen après la France et l'Espagne.

Depuis les années 1990, la redécouverte des « vieilles pierres », sculptures et tableaux ne cesse de passionner les Italiens.

GÉOGRAPHIE

La géographie, qu'elle soit humaine, économique ou électorale, réserve à la Toscane et à l'Ombrie une position charnière entre le Nord et le Mezzogiorno. Presque enclavées au nord et à l'est par les montagnes des Apennins et ouvertes sur la vaste plaine du Latium romain, ces régions sont trop diverses pour former un ensemble homogène.

– ***Au nord et au nord-est, les Apennins*** dessinent un paysage de croupes à vallées étroites peu propices à l'agriculture extensive. Dans ces reliefs tourmentés de schiste et d'argile, terre de prédilection du chêne et du châtaignier, l'homme a développé l'élevage et la polyculture. La paysannerie y est ancrée dans une tradition forestière où ramassage des champignons et bûcheronnage assurent un complément de revenus, comme dans le Casentino, une des régions les plus sauvages d'Italie.

– ***Au sud, du côté de Sienne,*** vers l'abbaye du monte Oliveto, on trouve les fameuses ***Crete senesi*** (littéralement : les « argiles siennoises »), qui datent de l'époque où toute la région était recouverte par la mer, il y a entre 5 et 2 millions d'années. C'est une terre assez difficile à cultiver en raison de sa morphologie « ondulante ». Cependant, ses argiles sont fertiles, elles descendent doucement vers le ***val d'Orcia*** en mouvements doux et réguliers, permettant la culture du blé, du tournesol, de l'olivier et de la vigne, avant de buter contre la région volcanique de l'Amiata. À l'ouest, ***les montagnes métallifères*** marquent la limite entre Maremme et Toscane, par-delà les vertes vallées et les forêts de la Montagnola et du val de Merse, terres de bûcheronnage et d'exploitation du bois.

– ***Au centre, entre Sienne et Florence, la région du Chianti*** est une terre non seulement de vignoble, mais également d'arbres fruitiers et d'oliviers. C'est son substrat, constitué à la fois de dépôts sableux, caillouteux, argileux et gréseux, associée aux microclimats provoqués par la grande variété d'exposition des parcelles, qui fait la richesse de ce vin constitué à plus de 90 % de cépage sangiovese.

– ***À l'est,*** la majeure partie de ***l'Ombrie*** non montagneuse est constituée d'une vallée alluvionnaire empruntant le cours du Tibre, lui-même alimenté par un grand nombre d'affluents perpendiculaires définissant autant de vallées dont les coteaux sont plantés d'oliveraies ou de vignobles. À l'ouest de ce paysage, le val di Chiana définit un patchwork de cultures le plus souvent maraîchères.
– ***Le val d'Arno :*** axe principal (pour ne pas dire unique) de la région, il concentre à lui seul la majeure partie de l'habitat des deux régions. Traversé de part en part par l'autoroute du Soleil (A 1), c'est le cœur de l'activité toscane.

Le fleuve Arno

Comme l'a si bien dit Jean Giono à propos de cette rivière : « C'est un torrent qui a du caractère... C'est un fleuve comme un chat est un tigre. » Long seulement de 241 km, l'Arno prend sa source au mont Falterona (1 385 m) dans les Apennins, puis il décrit une boucle vers le sud, traverse Florence et coule vers l'ouest en passant par Empoli, Pontedera et Pise. Puis, en fin de parcours, il descend vers la mer Ligure où il se jette à 10 km au nord de Livourne. À Florence, ce fleuve marque la séparation entre les deux rives : l'Oltrarno (rive gauche) et le Lungarno (la rive droite).
Construite au fond d'une vallée encaissée, Florence fut engloutie ***le 4 novembre 1966*** par les eaux dévastatrices de son fleuve. Les Florentins assistèrent alors impuissants à cette catastrophe qui s'abattit sur leur cité avec une violence inouïe. Il fallut remonter à l'an 1333 pour trouver le souvenir d'une telle catastrophe naturelle. Dans le quartier de l'église Santa Croce, le niveau des eaux atteignit 5 m ! Les portes de bronze du baptistère de la piazza del Duomo furent défoncées par le courant : certains panneaux furent arrachés et retrouvés à plus de 2 km. De nombreux chefs-d'œuvre exposés dans les églises de la ville furent défigurés par la boue mazoutée et rongés par l'humidité, et nombre d'entre eux sont toujours en restauration. D'ailleurs, on peut voir encore sur certains tableaux les dégâts de la crue (en particulier le *Christ en croix* de Cimabue, dans le musée accolé à la basilique de Santa Croce, qui, bien que restauré, est resté endommagé). On remarque aussi à certains endroits de la ville, notamment sur les places, un trait ou une discrète plaque commémorative avec le niveau de l'eau en 1966 : impressionnant !
Chaque année, en octobre et en novembre, le niveau de l'Arno monte irrésistiblement, sans provoquer d'inondation. Cependant, certains observateurs estiment que les risques d'une nouvelle catastrophe ne sont pas totalement écartés. Malgré les travaux de canalisation entrepris après 1966 et la construction de digues, Florence ne serait toujours pas, selon eux, à l'abri d'une nouvelle inondation destructrice. Ce grave problème, Léonard de Vinci y avait déjà pensé. Vers 1503-1504, le génie de la Renaissance avait présenté à la cité de Florence un projet de déviation de l'Arno pour construire une sorte de canal reliant la ville des Médicis à la mer. Le souci de Léonard était le même qu'aujourd'hui : éviter les terribles inondations.

HISTOIRE

Histoire vraie ou légende ?

Selon une très vieille histoire (légendaire ?), 108 ans après le Déluge, Noé, naviguant sur le Tibre, découvrit la vallée de la Chiana. Il s'y plut, s'y installa, eut une descendance, et notamment un certain Crano qui aurait fondé ***Cortona (Cortone)*** et un petit royaume appelé ***Turrenia.*** Ce serait la première appellation antique connue de la Toscane. Le roi Crano eut à son tour des descendants qui durent s'enfuir en Grèce où ils fondèrent la ville de Troie. De retour en Turrenia, on les aurait surnommés Étrusques en souvenir de Troie... C'est une hypothèse. Parmi ces émigrés quelques noms célèbres : Ulysse et Pythagore... Selon Homère, Ulysse serait en effet venu en Italie après son interminable périple en Méditerranée... Si l'on regarde de près son itinéraire, le héros n'est pas monté autant au nord car il accosta à Circé, au sud de Rome. Quant à Pythagore, le célèbre philosophe et mathématicien grec, il serait mort à Cortone. On voit dans cette ville aujourd'hui une sépulture de style gréco-hellénistique nommée la « tanella di Pitagora »... Vasari pensait que c'était la tombe d'Archimède.

MORT DE CRAINTE... POUR DES LÉGUMINEUSES

Sur la mort du mathématicien grec Pythagore (vers 470 av. J.-C.) il y a plusieurs hypothèses. On dit qu'il serait mort de joie après avoir trouvé son fameux théorème ! Une hypothèse plus sûre est qu'il aurait été sauvagement tué par les habitants de Cortone, révoltés contre lui et ses 40 disciples. En fuyant la cité, Pythagore, âgé de 99 ans, passa par un champ de fèves. Selon une de ses théories, les fèves contiennent l'âme des défunts. Il refusa de les piétiner. « Plutôt mourir ici que de faire mourir ces pauvres fèves » aurait-il dit en s'asseyant au bord du champ. Il fut rattrapé par les habitants qui le massacrèrent avec ses disciples...

Les Étrusques

Caton l'Ancien, Virgile ou Catulle ont beaucoup écrit sur les Étrusques, ce peuple mystérieux qui défia les Romains. Berceau de la civilisation étrusque, l'actuelle Toscane connut à partir du IIe millénaire av. J.-C. deux vagues successives d'envahisseurs. Les Indo-Européens vinrent en effet se mêler aux éléments méditerranéens indigènes (la population « villanovienne ») pour donner naissance à des peuples très diversifiés sur les plans culturel, linguistique et technique. Si les Phéniciens et les Grecs (775 av. J.-C.) eurent également un rôle civilisateur considérable, les premiers à tenter l'unification politique et culturelle de la péninsule italienne furent les Étrusques.

À la recherche de la civilisation étrusque

Le Moyen Âge n'a pas été très riche en découvertes étrusques. Il faudra attendre le XVIe s, quasiment 1 000 ans après leur âge d'or, pour que les Étrusques sortent de l'ombre. Les Médicis, et notamment Laurent le Magnifique, figurent parmi les premiers à s'y intéresser. Tout le monde s'y met, et cela devient presque une contagion. Michel-Ange, sur la *Pietà* de la cathédrale de Florence, y fera allusion avec son personnage à tête de loup, inspiré du « dieu du monde d'en bas » des Étrusques. Mais le tournant des recherches apparaît à la fin du XVIIIe s et au XIXe s, lorsque après les guerres napoléoniennes des aventurières anglo-saxonnes entreprennent de battre la campagne toscane à la recherche de leurs tombeaux. Mais c'est grâce à la prospection aérienne, et notamment à partir de photographies prises depuis une montgolfière mettant en évidence la présence de tumuli, que l'archéologie étrusque a véritablement fait un bon en avant.

L'alphabet étrusque

L'écriture apparaît en Étrurie (Toscane actuelle) aux alentours du IIe s av. J.-C., au moment où les contacts entre les Étrusques et les Grecs – qui sont arrêtés au sud de l'Italie – se font plus intenses. La découverte en 1964 des ***tablettes de Pyrgi,*** comportant un texte bilingue en étrusque et en phénicien, n'a même pas permis de trancher définitivement la question des origines de la langue.
En revanche, la découverte en 1992 de la ***Tabula Cortonensis*** à Cortone prouve bien cette ancienneté de l'alphabet étrusque. En percer les secrets n'est pas chose aisée, car les Étrusques ont sérieusement modifié l'alphabet grec dont ils se

sont largement inspirés. De ce fait, malgré les 13 000 inscriptions en langue étrusque recensées dans toute l'Étrurie, le travail des linguistes avance à petits pas.

Géopolitique étrusque

Cerveteri, Chiusi, Cortona, Orvieto, Pérouse, Populonia, Roselle, Tarquinia, Véies, Vetulonia, Volterra et Vulci constituaient le cœur de la civilisation étrusque, c'est-à-dire la dodécapole (12 cités). À l'époque, cette fédération de villes n'avait pour équivalent que celles d'Athènes ou de Phénicie. Ce peuple n'avait cessé d'étendre son pouvoir depuis le nord de Ravenne jusqu'au sud du territoire romain pendant près de sept siècles (du XIe au IIIe s av. J.-C.). Il s'appuyait sur de petites cités-États dirigées par des oligarchies familiales. Leurs seuls liens fédérateurs, et leurs principaux problèmes, étaient la religion et, peut-être, une conscience trop orgueilleuse de leur singularité.
Les cités se jalousaient leur autonomie, et aucun commandement commun ne pouvait prendre la direction des affaires politiques et militaires. Leur seule force provenait de la mer. De l'île d'Elbe étaient extraites chaque année environ 10 000 t de minerai de fer qui, après transformation dans les hauts fourneaux de Populonia par leurs esclaves, servaient à fabriquer des armes. Le *monte Amiata* fournissait quant à lui du cuivre, de l'étain et du plomb argentifère. Le ***rayonnement économique des Étrusques*** s'étendait sur une zone géographique considérable : l'actuel Danemark, le cours du Rhin, celui du Danube, Londres, la Bretagne gauloise, la côte ouest de la péninsule Ibérique depuis la Galice jusqu'à Cadix, Carthage, la Sicile, l'emporium de Naucratis (le supermarché égyptien de l'Antiquité)... Bref, les Étrusques étaient d'infatigables voyageurs et de sacrés commerçants. Ils avaient également réussi à s'allier aux Carthaginois. De - 616 à - 509, l'Étrurie domina Rome et lui donna même deux rois, dont Tarquin l'Ancien.
L'alliance fonctionnera à merveille avec Carthage jusqu'à ce que Syracuse n'inverse la vapeur, en - 474. Du coup, à partir de cette date, les Étrusques perdent la domination des routes commerciales. Sérieusement affaiblis, menacés au nord par les Gaulois, les Étrusques se soumettront petit à petit à la férule des Romains avant que leur culture ne finisse par être complètement assimilée par eux.

L'Empire romain

Après la mort de César, le monde romain connut un moment de flottement avant qu'Octave (futur Auguste), le neveu de César, ne puisse s'imposer. Son principal rival fut Marc-Antoine. Ancien lieutenant de César, Marc-Antoine fut le maître de Rome après l'assassinat de son ancien maître et dictateur. Devenu l'amant de Cléopâtre, il sera définitivement battu par Octave à Actium en l'an 31 av. J.-C.
Pour la première fois, toutes les terres bordant la Méditerranée appartenaient à un même ensemble politique. Octave, à qui le Sénat avait reconnu une autorité souveraine en lui décernant le titre d'*Augustus* le 16 janvier 27 av. J.-C., allait tenter d'en faire un État unifié et d'y instaurer un ordre nouveau. Il commença par garantir les frontières et réorganiser l'administration des provinces. La longueur de son règne (47 ans !) lui permit d'édifier, lentement mais sûrement, la nouvelle civilisation impériale (lui et ses successeurs prendront le titre d'*Imperator* comme prénom) qui tentait de concilier la satisfaction des besoins nouveaux et le respect de l'ancien patrimoine culturel romain.

CHAUVE QUI PEUT !

César était très préoccupé par la perte de ses cheveux. Il fit voter par le Sénat une loi l'autorisant à porter en permanence une couronne de lauriers, pour cacher sa calvitie. Un attribut certes honorifique mais surtout pratique. Il ramenait sur son front les rares cheveux qui lui restaient à l'arrière. Sa copine Cléopâtre, qui était de mèche, lui préparait une décoction à base de graisse d'ours et de souris grillées. Bonjour l'odeur !

Le « ***siècle d'Auguste*** » vit le triomphe de la littérature latine classique : Virgile, Tibulle, Properce, Ovide et Tite-Live.

L'âge d'or de l'Empire romain et son déclin

L'apogée de l'Empire romain se situe autour du règne des empereurs de la dynastie des Antonins : Nerva, Trajan, Hadrien, Antonin et Marc Aurèle, période qui va de l'an 96 à l'an 192.
En 180, le fils de Marc Aurèle, Commode – qui ne l'était pas du tout –, se tourna vers un régime absolutiste et théocratique. On assassina beaucoup dans l'Empire romain à cette époque, et être empereur devint presque une garantie de ne pas mourir dans son lit. Commode lui-même fut victime de la manière de régler les différends qu'il avait tant contribué à « populariser ». Il fut trucidé dans son bain le 31 décembre 192. Entre-temps, et ce depuis les dernières années du régime de Marc Aurèle, les Barbares s'agitaient aux limites de l'Empire (Orient et Germanie), et certaines garnisons commençaient à devenir nerveuses, allant parfois jusqu'à se soulever.
À partir des années 230, l'Empire romain subit un assaut généralisé de la part des Barbares, dû à des mouvements inhérents au monde germanique et à l'attitude offensive du nouvel Empire perse des Sassanides. À plusieurs reprises, Alamans, Francs, Goths et Perses ravagèrent les provinces. Pourtant, l'empire se maintint, tant son organisation était solide.
Ainsi, avec Aurélien et les autres empereurs illyriens (268-285), aidés par une litanie de soldats compétents et acharnés, entraînés dans des guerres frontalières incessantes, l'empire semble retrouver un second souffle. Le dernier empereur, Dioclétien, marqua le siècle avec sa tétrarchie.

POLTRON

*À l'époque romaine, les peureux qui ne voulaient pas aller à l'armée se coupaient le pouce (*polex truncatus *= « pouce coupé »), ce qui les empêchait de manier les armes et donc de combattre. Le mot est resté.*

Essor de la chrétienté

Le 25 juillet de l'an 306, Constantin Ier fut proclamé premier empereur chrétien par ses légions de Germanie. Au même moment à Rome, Maxence, porté par sa garde prétorienne, devenait lui aussi empereur ! Le choc final se produisit le 28 octobre 312, à la bataille du pont Milvius. Constantin aurait alors vu une croix dans le ciel avec les mots « *In hoc signo vinces* » (Par ce signe tu vaincras). C'est effectivement après cette bataille, dont il sortit vainqueur, que Constantin favorisa la religion chrétienne par l'édit de Milan en 313.
Enfin, le 20 mai 325, pour la première fois de son histoire, l'Église chrétienne triomphante rassembla librement à Nicée tous les évêques de l'Empire romain en un concile œcuménique qui devait régler le délicat problème de la Sainte-Trinité.
Peu de temps après son baptême, Constantin mourut, en 337. Sa dépouille fut ensevelie dans l'église des Saints-Apôtres de Constantinople. À sa mort, Rome, qui n'était plus résidence impériale depuis 285, vit s'élever les premières basiliques chrétiennes

LE DIMANCHE AU SOLEIL

Constantin donna au monde le « dimanche férié » en ordonnant que le « jour vénérable du Soleil » soit un jour de repos obligatoire. Ce jour, célébré par les adeptes du culte solaire, suivi longtemps par Constantin lui-même, correspondait au « jour du Seigneur » chrétien. Par cette loi – qui fut comme un pont jeté entre deux religions – se trouvait aussi officialisé le découpage en semaines qu'ignorait le calendrier romain.

grâce aux donations de l'empereur. Elles s'installèrent aux abords de la ville, sur les emplacements des cimetières chrétiens devenus lieux de pèlerinage.

Quand l'Église prend goût au pouvoir

Débuts et expansion de l'Église romaine

Théodose le Grand fut le dernier empereur à régner sur l'ensemble du territoire de l'empire, de 379 à 395. Il le partagea entre ses deux fils : Honorius pour l'Occident et Arcadius pour l'Orient. Sous le règne de Théodose, le christianisme devint religion d'État, mais ce dernier connut quelques déboires avec l'Église : saint Ambroise l'excommunia pour avoir massacré 700 insurgés en l'an 390. Ainsi, pour la première fois, l'État romain se soumit à la puissance de l'Église.

Rome perd sa toute-puissance

Sous le règne d'Honorius, le 24 août 410, les ***Wisigoths,*** le roi Alaric à leur tête, pénétrèrent dans Rome. Honorius était alors dans sa résidence à Ravenne et refusa d'accorder à Alaric l'or et les dignités qu'il convoitait. En représailles, les Wisigoths pillèrent Rome. La chute de la ville, inviolée depuis plus de huit siècles, provoqua un énorme retentissement, faisant douter les païens de sa puissance. Huit ans plus tard, le roi Wallia obtint de l'Empire – ou plutôt de ce qu'il en restait – le droit d'installer ses Wisigoths en Aquitaine : c'était la première fois qu'un royaume barbare s'établissait sur le sol romain !
Puis ce fut au tour des ***Vandales,*** cousins germains – ou plutôt germaniques – des Wisigoths, qui, après avoir pris Carthage en 439, pillèrent Rome pendant 15 jours en 455, sans toutefois massacrer la population ni incendier la ville, selon un accord passé avec le pape Léon Ier ! Vinrent ensuite les ***Ostrogoths*** – les Goths de l'est du Dniepr – qui, eux, occupèrent toute l'Italie, la France méridionale jusqu'à Arles et l'ex-Yougoslavie.

L'héritage de Charlemagne

En 843, l'empire de Charlemagne est divisé entre ses trois petits-fils. Les Francs occidentaux s'étant retirés, c'est au tour des Francs orientaux d'étendre leur empire sur la moitié nord de la péninsule italienne. ***Frédéric Ier Barberousse*** entérine son héritage en prenant Naples en 1162, et en faisant reculer les hordes de Vikings qui avaient envahi la région. Cependant, sur la question politique se greffe un abcès religieux : la querelle des investitures. En 1059, le pape Nicolas II décide que l'élection du souverain pontife doit être soustraite à l'influence de l'empereur. Il s'ensuit une longue lutte entre le Saint Empire romain germanique et le Saint-Siège. Elle n'aboutira qu'en 1122, avec le concordat de Worms : le pouvoir spirituel est dévolu à la seule autorité religieuse.
En Bavière, les ducs se font appeler les *Welfs* (d'où les « guelfes ») et défendent leur bout de gras bec et ongles pour pouvoir s'installer dans la Ville Éternelle (Rome). Mais les seigneurs de Souabe (les *Waiblingen,* d'où les « gibelins ») ne l'entendent pas de cette oreille et veulent, eux aussi, pouvoir influer sur la nomination du vicaire de Jésus-Christ. Le débat se transposera en Italie et plus particulièrement en Toscane, où les partisans du pape et de Charles d'Anjou, les guelfes, s'opposent aux partisans de Barberousse, les gibelins. Sur le cours de l'Arno et dans les environs de Sienne, les cités s'organisent en minirépubliques indépendantes, gouvernées par une aristocratie « locale » tantôt guelfe tantôt gibeline. C'est dans cet état d'esprit de rivalité, ponctué d'actions punitives, que s'épanouit la Renaissance.

L'âge d'or de la Toscane

Les compagnies commerciales de Florence, Pise ou Lucques jouissaient, dans l'Europe médiévale, d'une place primordiale. ***La région de***

ORIGINE DE LA BANQUE

Au Moyen Âge, les prêteurs sur gage travaillaient sur un comptoir (il banco). *C'est l'origine de ces établissements financiers. Quand ils faisaient faillite, ils étaient obligés de casser, de rompre ce comptoir* (banco rotto). *D'où le mot « banqueroute ».*

Toscane était le cœur névralgique de l'économie de la péninsule italienne. Ses satellites étaient les foires de Champagne et du Lyonnais, les villes hanséatiques du nord de l'Europe, les comptoirs commerciaux de Londres et les îles de la Méditerranée. Ses ports : Gênes, Venise et Pise. Au XIIIe s, Pise connut un essor fantastique grâce aux industries drapières. Mais elle attira la jalousie de ses proches et, en 1284, sa flotte se fit littéralement damer le pion par les Génois. Pise tomba dans la sphère d'influence de Florence, qui concentra alors tous les pouvoirs. ***Le val d'Arno devint le Manhattan de l'Italie.*** La plupart des commerçants étaient des banquiers qui supportèrent l'industrie lainière naissante. L'une des plus grandes familles de l'époque, les Borromeo, provenait de San Miniato, petite bourgade entre Pise et Florence. La victoire de Charles d'Anjou donna un coup de fouet au dynamisme naissant. Les hommes de Florence et de Sienne qui l'avaient soutenu eurent alors les coudées franches pour pouvoir s'imposer dans le domaine du commerce, de la banque, de la frappe de la monnaie, de l'assurance, des transports, de l'information et du renseignement.

Florence était désormais le siège où convergeaient les commandes, les lettres de change, les chèques (qu'ils furent les premiers à adopter), et les bords de l'Arno se peuplaient d'entrepôts. Tout ce qui était vendable était acheté. Les denrées alimentaires locales, comme l'huile et les vins, partaient à destination de l'Aragon, des pays du Nord et des côtes tunisiennes. La soie, les produits tinctoriaux et le poivre provenaient de Chine et du Moyen-Orient, puis étaient redistribués dans l'ensemble de la chrétienté. Une ville comme Lucques doit sa richesse au commerce et à la production de la soie. Elle comptait 400 banques à la fin du XVe s. Les métaux et les armes achetés en Pologne, en Scandinavie et à Londres étaient écoulés en petite quantité sur le chemin du retour ; les laines (sous forme de toison) d'Angleterre, du Pays basque ou de Bourgogne passaient dans les « petites mains » pisanes, puis étaient réexportées. La puissance commerciale des Toscans était tentaculaire. Ainsi, pour armer les troupes d'Édouard Ier et d'Édouard II, les Italiens prêtèrent-ils aux souverains 122 000 livres sterling gagées sur les mines d'argent du Devon. Tout le monde y trouvait son compte, les Italiens étaient exempts d'impôts et de droits de douane, et les souverains pouvaient concrétiser leurs ambitions de puissance.

À la fin du XIVe s et au début du XVe s, plusieurs éléments vont amorcer le déclin économique de la Toscane. La peste noire, tout d'abord, puis le lourd passif des rois de France, incapables de rembourser les dettes de la guerre de Cent Ans. Enfin, la fermeture des routes commerciales orientales, en raison de la prise de Constantinople par les Turcs en 1453, fit chanceler l'édifice. Henri VIII, en mauvais termes avec le pape, et Louis XI bannirent les Italiens. Les causes externes exacerbaient une situation intérieure instable. Florence fut acculée.

Les Génois tentèrent tant bien que mal de résister en essayant de contourner l'Afrique pour trouver une route maritime directe avec la Chine et supplanter ainsi les routes de la soie, terrestres mais dangereuses. Parmi eux, le fils d'un tisserand, cabaretier à ses heures, s'embarqua sur un bâtiment en 1476 pour l'Angleterre. Peu après le détroit de Gibraltar, le navire sombra, attaqué par un corsaire à la solde du roi de France. Le jeune homme gagna à la nage (ou dériva ?) les côtes de la péninsule Ibérique. Il s'appelait Cristoforo Colombo... Christophe Colomb ! De ses déboires, naquit son rêve de trouver une route plus courte et par l'ouest afin d'atteindre Cathay (la Chine) et Cipangu (le Japon)...

La Renaissance (XVe s)

Dès le XIIIe s, puis au XVe s sous le règne de Laurent le Magnifique, Florence devint une ville de grande tradition festive. Plusieurs fois par an, la ville cédait à la fête, au cours de laquelle exotisme et fantaisie se déployaient avec faste et magnificence. Aux XIVe, XVe et XVIe s, elle fut, avec Venise sa rivale, la seule république d'Italie dont la gouverne revenait aux riches plutôt qu'aux nobles. C'est une des raisons pour lesquelles les Médicis, bourgeois issus du peuple, régnèrent si longtemps. Ville de dialogue et d'échange d'idées, Florence accordait une part importante à la critique. On organisait des concours publics où s'affrontaient les goûts, les styles et les idées ! L'archétype humain de la Renaissance, le génie universel complet de cette époque faste n'est autre que ***Léonard de Vinci*** (1452-1519), né près du village de Vinci, entre San Miniato et Pistoia. À la fois peintre, dessinateur, ingénieur, inventeur, humaniste... il est le symbole intellectuel et artistique de l'âge d'or de la Toscane. La littérature s'épanouit aussi avec des poètes comme ***Laurent de Médicis, Pétrarque, Pogge*** et des écrivains comme ***Boccace*** (né probablement mais mort certainement à Certaldo Alto) et ***Dante.*** Tous abandonnèrent le latin pour le toscan, langue jugée plus vivante, moins rigide. La Toscane est donc à l'origine de la langue italienne actuelle. En politique, l'art de gouverner fut réinventé et décrit en 1513 par le Florentin ***Niccolò Machiavelli (Machiavel)*** dans son ouvrage à portée universelle, *Le Prince*. Homme politique et philosophe, il nous a donné une vision des mécanismes politiques qui reste tout à fait actuelle, en particulier dans les régimes politiques à parti unique, où le pouvoir est absolu. Il est évident que ses écrits ont été à l'origine de nouveaux courants de pensée qui, liés aux récentes facilités de transmission du savoir et des idées (merci Gutenberg d'avoir inventé l'imprimerie en 1455), ont ouvert grand les portes de l'humanisme. Les nouvelles données du commerce furent brillamment analysées dans *La Pratica della mercatura* du Florentin Pegolotti.

On a l'habitude d'appeler la Renaissance italienne du XVe s le Quattrocento, et celle du XVIe s, le Cinquecento.

FLORENTINER

La Renaissance créée à Florence s'intéressait bien plus aux arts qu'à la guerre et à la haine. C'était le règne de la tolérance. Les homosexuels vivaient leur sexualité sans être méprisés. D'ailleurs, avoir des relations avec des personnes du même sexe donnera même un verbe : « florentiner ».

Les Médicis en Toscane

Les Médicis étaient, pense-t-on communément, médecins apothicaires depuis le XIIe s. Le succès et la fortune rapides les transformèrent en hommes d'affaires, puis en banquiers.

Florence, aux XIVe et XVe s, était régie par une Constitution oligarchique : le pouvoir se trouvait entre les mains de la famille la plus influente de la cité. Quand l'occasion se présenta, ***Cosme l'Ancien*** (1389-1464) ne la laissa pas passer : profitant du fait que la famille en place était déstabilisée, il prit le pouvoir à la mort de son père en 1429, qu'il ne céda qu'à sa propre mort (et encore, à son fils Pierre). Il n'exerça pas lui-même les magistratures et les confia à ses partisans dévoués.

AH ! LES BOULES !

Six boules rouges sur fond doré, surmontées du lys royal ajouté quand le roi de France anoblit la famille : voici les armoiries des Médicis ! La légende dit qu'Évrard de Médicis, chambellan de Charlemagne, tua l'oppresseur Mugel avec sa massue, de laquelle pendaient six boules qui imprimèrent six taches ensanglantées sur son bouclier d'or. D'autres pensent qu'il s'agit de pièces de monnaie ou encore de poids pour peser l'or : hypothèse la plus vraisemblable.

Mais il fut bel et bien le personnage politique le plus important de Florence. Homme d'État d'une grande habileté, il fut également un mécène remarquable (***Brunelleschi, Fra Filippo Lippi, Donatello*** firent partie des artistes qu'il favorisa) et surtout un excellent homme d'affaires. Il amplifia l'héritage déjà considérable légué par son père, en particulier une compagnie bancaire et commerciale qui prêtait de l'argent aux rois et aux princes, et qui n'avait pas moins de 10 filiales dans la péninsule et à l'étranger. Sans jamais quitter son image de marchand, par sa modestie et sa simplicité, il sut conquérir le cœur des Florentins. À sa mort, ils lui donnèrent le titre de « Père de la Patrie ».

Son fils, Pierre le Goutteux, eut moins de prestige et ne resta au pouvoir que 5 ans. À sa mort, son fils aîné, ***Laurent le Magnifique*** (1449-1492), prit la relève. Son surnom de Magnifique (*magnifico :* « généreux ») lui avait été donné au regard de sa générosité (surtout financière) envers les Florentins. Son frère Julien et lui étaient tellement aimés dans la cité que lors de l'attentat qui coûta la vie à Julien en 1478, le peuple sortit spontanément dans les rues en criant le nom des Médicis, ce qui, en grande partie, sauva la vie de Laurent.

Intransigeant, Laurent le Magnifique sut pourtant charmer son monde et exerça un véritable ascendant sur son entourage. Mais moins avisé que son grand-père, il laissa s'affaiblir la compagnie familiale, et des filiales firent faillite. Son mécénat manqua d'ampleur ; les grands artistes de sa génération (Alberti et Botticelli, par exemple) furent soutenus par d'autres que lui. En revanche, son œuvre poétique est d'une indéniable qualité. Très à l'aise avec les princes, il fut traité par eux comme l'un des leurs ; il faut dire que sa cour était des plus brillante. Son fils Pierre prit la succession mais fut chassé en 1494, lors de la venue en Italie du roi de France, Charles VIII.

Exilés, les Médicis gardèrent cependant des partisans dans Florence, et si leur fortune fut touchée, elle ne fut pas anéantie. Ils furent toujours traités en égaux par les grands et, au début du XVIe s, deux Médicis devinrent papes sous les noms de Léon X et Clément VII. En 1512, ils se réinstallèrent au pouvoir pour 15 ans.

Trois ans de république, puis ils revinrent aux affaires grâce aux armées pontificales et impériales. À partir de 1530 et pendant 207 ans, Florence fut gouvernée par les Médicis, qui portèrent dès lors le titre prestigieux de duc, puis de grand-duc de Toscane. Le premier duc, Alexandre, fut assassiné en 1537 par son cousin Lorenzino, plus connu sous le nom de Lorenzaccio (le mauvais Laurent), qui finira lui aussi assassiné.

En dehors de ces querelles de famille, les Médicis se débrouillèrent plutôt bien. Des alliances consolidèrent leur pouvoir, les heureuses épouses étant choisies parmi les plus grandes familles européennes. Les mariages du reste de la famille ne furent pas moins prestigieux. N'oublions pas les ***reines de France, Catherine et Marie de Médicis,*** respectivement femmes d'Henri II et d'Henri IV.

Le règne des Médicis s'arrêta avec la mort sans descendance du dernier d'entre eux, Jean-Gaston de Médicis en 1737. François Ier (duc de Lorraine et époux de l'impératrice Marie-Thérèse d'Autriche) prit les rênes du grand-duché de Toscane. En réalité, le gouvernement fut confié à plusieurs régents, et en 1765 il passa aux mains de Pierre-Léopold Ier. Ce dernier lança plusieurs réformes, comme l'abolition de l'Inquisition, souhaitant réellement améliorer la vie des Toscans.

L'unification de l'Italie ou « *Il Risorgimento* »

Du rêve à la réalité

Quand Bonaparte se lança dans sa campagne d'Italie, le 11 avril 1796, il ne se doutait guère qu'il serait à l'origine de l'émergence du sentiment nationaliste. En 1799, il reprit Florence et en donna le commandement à sa sœur Élisa Baciocchi. Quant à l'Ombrie, les Français tentèrent de soutenir son économie. L'occupation de l'Italie par les troupes napoléoniennes dura jusqu'en 1814. Entre le Vatican et Napoléon, les relations n'étaient pas au mieux : le pape Pie VII refusait

d'accorder l'annulation du mariage de Jérôme Bonaparte et d'Élisabeth Paterson ; de son côté, Napoléon voulait contrôler l'Église tant en France qu'en Italie.
Le traité de Paris, en 1814, livra l'Italie aux Autrichiens, mais le mouvement nationaliste devint de plus en plus actif, et dès 1821 eurent lieu les premières insurrections, notamment à Turin. En 1825, un Génois, ***Mazzini,*** créa le Mouvement de la Jeune Italie ; la conscience de faire partie d'une même nation était désormais dans le cœur de tous les Italiens. Même le pape Pie IX, fervent lecteur des philosophes, adhéra aux théories de Vincenzo Gioberti, prêtre philosophe et homme politique qui prôna l'idée d'une fédération... sous la direction du pape. Mais il fut aussi un sympathisant des idées de Mazzini qui, lui, souhaitait une république. En 1848, toutes les villes italiennes connurent une certaine agitation au contact de ces idées progressistes. Livourne et Pise furent le théâtre d'insurrections car les partisans réclamaient une constitution toscane, et le roi de Piémont-Sardaigne, Charles-Albert Ier – qui n'avait pourtant aucune sympathie pour ces mouvements –, déclara la guerre à l'Autriche. La cause italienne fut rapidement écrasée, même si Venise résista jusqu'en août 1849. De ces événements allait sortir la leçon suivante : peu importe la forme que prendrait une Italie unifiée – royaume, fédération ou république –, l'essentiel était d'abord d'expulser les Autrichiens, ce qui ne pourrait se faire qu'avec une aide extérieure.

Les acteurs de l'Unité

Camillo Benso Cavour créa en 1847 le journal *Il Risorgimento,* modéré mais libéral. Appelé à jouer des rôles ministériels sous le roi Charles-Albert et son successeur et fils Victor-Emmanuel II, il devint le véritable maître de la politique piémontaise. Il fonda une société dans laquelle un autre jeune homme allait très vite se distinguer dans cette marche vers l'indépendance : ***Giuseppe Garibaldi.*** Né en 1807, Garibaldi fut contraint de s'exiler au Brésil en raison de ses sympathies pour Mazzini. Après ce séjour aux Amériques, au cours duquel il prit part à une insurrection brésilienne et combattit pour l'Uruguay, il revint en Italie, d'abord en 1848, échouant militairement, puis en 1854 aux côtés de Cavour. Petit à petit se dessinait la force qui allait renvoyer les Autrichiens de l'autre côté des Alpes.
Le 14 janvier 1858, un autre événement se produisit : la tentative d'assassinat de Napoléon III par Orsini. Avant d'être exécuté, le coupable écrivit à Napoléon III pour le supplier d'intervenir en faveur de l'unité italienne. Impressionné par la teneur de la lettre, l'empereur conclut un accord avec Cavour : la France fournirait 200 000 hommes pour appuyer la libération, mais, en échange, le Piémont céderait à la France la Savoie et le comté de Nice. Un peu réticent au début, Cavour réalisa plus tard la nécessité de ce sacrifice. En 1859, Garibaldi leva une armée de 5 000 chasseurs et vainquit les Autrichiens à Varese et à Brescia. L'année suivante, il s'empara de la Sicile et de Naples grâce aux *Chemises rouges,* une armée formée de volontaires internationaux. Élu ensuite député, Garibaldi – natif de Nice – ne tarda pas à entrer en conflit avec Cavour au sujet de la cession du comté de Nice, puis à propos du problème des États pontificaux.

Les premiers pas de l'Italie naissante

Victor-Emmanuel II fut proclamé roi d'Italie en mars 1861. Son royaume comprenait – outre le Piémont et la Lombardie – la Romagne, Parme, Modène, la Toscane, le royaume des Deux-Siciles, les Marches et l'Ombrie. Restait le problème de la Vénétie et de Rome, laissé en suspens avec la mort de Cavour. Victor-Emmanuel II prit la tête de l'armée italienne pour tenter de récupérer Venise. Ce fut un échec cuisant mais, par un extraordinaire tour de passe-passe diplomatique (et la défaite des Autrichiens à Sadowa contre les Prussiens), Venise fut remise aux mains de Napoléon III qui, à son tour, la céda aux représentants vénitiens ! Après un vote de 647 246 voix contre 69, Venise intégra l'union italienne et le roi déclara : « C'est le plus beau jour de ma vie : l'Italie existe, même si elle n'est pas encore complète... » Il faisait allusion à Rome, que les Français, pas plus que le pape, n'avaient l'intention d'abandonner... Puisque la « Cité éternelle » était encore occupée en 1865, Florence fut donc désignée comme capitale de cette union naissante. La ville en profita pour se moderniser et lancer de grands chantiers d'aménagement urbain. Le 18 juillet 1870, le XXIe concile œcuménique proclama l'infaillibilité du pape. Bien que les forces armées françaises se fussent retirées du territoire dès le mois de décembre 1861, les forces pontificales se composaient largement de Français.

Le 16 juillet 1870, Napoléon III eut la malencontreuse idée de déclarer la guerre aux Prussiens et, le 3 septembre, la nouvelle de la chute de l'Empire français parvint en Italie. Les troupes pontificales baissèrent les armes face aux Italiens, et Rome rejoignit la jeune nation pour reprendre son statut de capitale. Le gouvernement italien proposa un acte, connu sous le nom de loi des Garanties papales, où l'Italie reconnaissait l'idée d'une Église libre dans un État libre, la personne du pape étant considérée comme sacrée. Il lui fut accordé annuellement une somme de 3 225 000 lires, les propriétés du Vatican et du palais du Latran, ainsi que la villa de Castel Gandolfo. Il put aussi entretenir une petite force pontificale : les fameux gardes suisses. Ce transfert de pouvoir fut un désastre économique pour Florence qui s'était beaucoup endettée et qui dut attendre le début du XXe s pour retrouver son souffle.

De 1870 à nos jours

L'entrée dans le XXe s

Tout d'abord, un régime parlementaire fut institué, et le système des élections devint habituel. Dix ans à peine après la fin des luttes pour l'unité, la droite se retrouva en minorité, et la gauche arriva au pouvoir. La colère monta en Toscane et en Ombrie, car les conditions de vie dans ces régions étaient misérables. C'est alors que des mouvements socialistes et anarchistes se développèrent et que la région devint (et resta) un réservoir de votes pour les partis de gauche. L'Italie connaissait alors de grosses difficultés : le fossé économique et culturel entre le Nord et le Sud continuait de se creuser, et la population rurale était illettrée à 80 %. Au début du XXe s, l'ouvrier italien était l'un des plus mal payés d'Europe, et quand il pouvait travailler, il travaillait plus qu'ailleurs.

Avec l'unification, la croissance démographique connut son taux le plus haut. C'est aussi à ce moment que l'émigration fut la plus forte : entre 1876 et 1910, environ 11 millions de personnes émigrèrent, surtout vers l'Amérique du Nord, enrichissant les pays d'accueil des particularismes italiens.

« L'Italie fasciste »

Au terme de la Grande Guerre (1914-1918), la paix rendit à l'Italie Trieste, le Trentin, le Haut-Adige et l'Istrie, mais l'après-guerre fut accompagné de grèves et d'une succession de gouvernements, ce qui créa un terrain favorable à la montée du fascisme. Mussolini et ses *Chemises noires* donnèrent un temps l'illusion d'une prospérité, qui profita surtout à la petite-bourgeoisie. Les représailles fascistes furent plus violentes qu'ailleurs, en Toscane et en Ombrie, dans ces régions rebelles de gauche qui n'avaient pas peur de critiquer le gouvernement. Engagé dans la conquête éthiopienne et rejeté par les démocraties

LES LECTURES CACHÉES DE BENITO

Mussolini écrivit une quinzaine d'ouvrages. Il créa même un journal. Les Italiens le considéraient comme un intellectuel. Son fils Romano avouera que le Duce avait, en fait, une véritable passion pour... Mickey. Il en dévorait tous les albums et visionnait les films. Il invitera même Walt Disney à Rome, en 1935, alors que l'Union sacrée avec l'Allemagne était officielle.

occidentales, Mussolini finit par s'allier avec Hitler, après avoir été son plus fervent adversaire. Il fit notamment capoter la première tentative d'*Anschluss* (intégration de l'Autriche à l'Allemagne) en 1934, en massant ses chars à la frontière autrichienne. Beaucoup plus faible que son allié allemand, le régime fasciste italien rencontra au sein du pays une résistance ouverte dès 1941-1942.

La ville de Florence n'attendit même pas les Alliés pour se libérer du joug allemand en août 1944. C'est un soulèvement presque spontané de sa population qui la mena à la liberté ! Littéralement occupée par les Allemands, l'Italie fut la première des forces de l'Axe à subir l'assaut des Anglais et des Américains. Mussolini fut tué par des partisans italiens.

Après la Seconde Guerre mondiale, l'Italie était dans une situation dramatique : usines, réseau de chemin de fer, villes, tout n'était que ruines.

QUAND MUSSOLINI VOULUT EXCOMMUNIER HITLER

Mussolini avait peur que le Führer envahisse les régions germanophones d'Italie du Nord. En 1938, il demanda au pape d'excommunier Hitler, qui était de religion catholique. Et puis les deux leaders fascistes fraternisèrent à Rome. Peu après, ils signèrent le « Pacte d'acier », entraînant l'Italie dans la guerre.

L'après-guerre et les « années de plomb »

Devenue république par référendum en juin 1946, après l'abdication de Victor-Emmanuel III et la mise à l'écart de son fils Umberto II, l'Italie a connu une vie politique particulièrement agitée. La première République italienne, il est vrai, a rencontré toutes sortes de difficultés : terrorisme d'extrême gauche (les Brigades rouges) et d'extrême droite, de type néofasciste, corruption généralisée grippant les rouages de l'État et touchant les plus hauts responsables gouvernementaux, scandales divers (la loge secrète P2 et ses relations avec les banquiers du Vatican)... Sans parler des remous sociaux, de la crise économique... L'Italie paraissait ingouvernable, livrée aux jeux d'alliance (et surtout de retournements d'alliance).

Après l'embellie du « miracle économique » des années 1960, l'Italie revient sur terre et se réveille avec la gueule de bois. Une vague d'attentats d'une violence inouïe (et sans précédent) déferle sur toute la péninsule. Mais déjà, en 1968, la révolte gronde dans les universités italiennes. Des universités, la contestation se propage au monde ouvrier qui entre dans une période de grève générale, entraînant d'impressionnantes manifestations à travers le pays. À l'orée des années 1970, la tension sociale est maximale et le pays se révèle être une véritable poudrière. Il ne manque plus que l'étincelle. Cette étincelle interviendra le 12 décembre 1969, avec l'attentat de la piazza Fontana à Milan. La responsabilité de l'attentat est imputée, à juste titre, à un mouvement d'extrême droite, qui dès lors adopte la « stratégie de la tension », tactique visant à instaurer délibérément un climat de violence politique, afin de favoriser l'émergence d'un État autoritaire.

Puis en septembre 1970 se crée un mouvement d'extrême gauche : les ***Brigades rouges*** *(le Brigate rosse),* qui revendiquent leur premier attentat à Milan. Devant l'échec de ses revendications en milieu étudiant et dans le monde ouvrier, ce groupuscule révolutionnaire décide de se lancer dans une lutte armée et violente afin de renverser le modèle capitaliste en place. Dès lors, des actes de violence en tout genre (enlèvements, séquestrations, attentats, assassinats...) vont proliférer durant toutes les années 1970, faisant régner un climat de terreur provoqué par des mouvements d'extrême gauche, mais aussi d'extrême droite. En 1974, des factions des Brigades rouges se développent à Padoue, à Porto Marghera, à Turin et à Gênes. L'acte le plus marquant des Brigades rouges restera l'enlèvement et l'exécution d'Aldo Moro en mars 1978. Moro était alors le dirigeant de la Démocratie chrétienne italienne et s'apprêtait à conclure une alliance de gouvernement (« le compromis historique ») avec les communistes. Dès le printemps 1979, l'État italien durcit le ton et adopte une série de mesures exceptionnelles afin d'éradiquer le terrorisme. Cette stratégie portera rapidement ses fruits puisqu'en avril 1981 Mario Moretti, l'un des chefs historiques des Brigades rouges, est arrêté. L'année 1983 est marquée par l'ouverture des grands procès : plus de 4 000 activistes de gauche sont condamnés. En dressant un bilan, les « années de plomb » (de 1969 à 1986 environ) auront provoqué près de 14 600 attentats, 415 morts et 1 180 blessés.

La politique anti-corruption des années 90

Tout a semblé prendre une nouvelle tournure dans les années 1990 avec, enfin, des signes forts de l'État, apparemment décidé à se faire entendre : rigueur économique, opération « Mains propres » qui dénonce le rôle occulte de la mafia au sein même de l'État, conduisant à un grand nettoyage de la vie politique (1 500 personnes mises en examen, dont des parlementaires). Le socialiste Bettino Craxi, ancien président du Conseil, prend alors la fuite pour échapper à la justice et se réfugie en Tunisie, où il reste jusqu'à sa mort. Giulio Andreotti, autre ancien président du Conseil, de couleur démocrate-chrétienne, est aussi mis en cause : il est blanchi, faute de preuve, de l'accusation d'« association mafieuse ». Sa carrière est terminée et sa formation politique balayée.
De nouveaux visages apparaissent. Surgit ainsi un histrion nommé Umberto Bossi, qui cherche à fanatiser les Italiens du Nord pour leur vendre son concept de Padanie, « pays » aux frontières incertaines incarné dans la *Lega Nord.* De nouvelles têtes donc..., mais l'expérience ne dure pas et la gauche revient au pouvoir en 1996. L'Italie semble alors reprendre sa route vers l'Europe dans une relative sérénité, le gouvernement essayant de travailler dans la durée. Mais « l'Olivier » (*l'Ulivo,* nom de la coalition de gauche) est miné par des divisions internes et affaibli par le long exercice du pouvoir (sans oublier l'accomplissement de la marche vers l'Europe). Le Parti démocrate est fondé en 2007, autour de la personnalité de Romano Prodi afin d'unir les forces de gauche, mais la coalition est divisée. La droite de Silvio Berlusconi reprend les rênes du pouvoir en 2008.

La parenthèse Prodi

Après un coude-à-coude difficile à démêler, c'est finalement Romano Prodi, le leader de l'*Unione* (coalition de gauche), qui gagne les élections législatives de 2006. Cependant, cette coalition hétéroclite de 11 formations différentes qui place des catholiques progressistes aux côtés de l'extrême gauche ne réussit pas à trouver une ligne d'action commune. Romano Prodi ne parvient pas à s'imposer, et le *Cavaliere* fait son retour sur la scène politique, gagnant les élections d'avril 2008.

L'Italie de Berlusconi

Le sort de Romano Prodi est scellé en janvier 2008 à la suite de la démission du ministre de la Justice, Clemente Mastella, accusé de corruption et de trafic d'influence. L'ingérence grandissante de l'Église catholique dans la politique italienne annonce le retour des valeurs conservatrices. Adversaire de Prodi sur son projet de Pacs à l'italienne, elle tente aussi de revenir sur le droit à l'avortement...
Après la chute de Prodi, le président Napolitano refuse puis accepte finalement d'organiser des élections anticipées pour le mois d'avril 2008. À la grande satisfaction de Berlusconi qui les avait réclamées, pour ne pas dire exigées, et qui s'annonce de nouveau grand favori... C'est le maire de Rome, Walter Veltroni, classé au centre-gauche, qui prend la tête du combat contre Berlusconi. Le ras-le-bol des Italiens de gauche profite à Berlusconi qui gagne largement les élections en dépit d'une participation en baisse. Il obtient même la majorité absolue dans les deux chambres (Sénat et Assemblée nationale), ce qui lui permet de caresser deux rêves : faire à nouveau l'intégralité de ses 5 ans de mandat... et postuler plus tard à la présidence de la République. Néanmoins, il lui faudra compter avec la Ligue du

Nord, le parti d'extrême droite, qui a obtenu 8,2 % des voix et exige des mesures plus strictes contre l'immigration clandestine. Un créneau qui a également porté un ancien militant d'extrême droite à la mairie de Rome, Gianni Alemanno, dans la foulée des élections. Bref, 2008 aura annoncé le retour de la droite italienne.
Quant à 2009 et 2010, elles ont été marquées par les frasques multiples de Berlusconi, tant dans sa vie privée que dans sa vie publique. Le chef du gouvernement a été notamment éclaboussé par de nombreux scandales politiques qui ont poussé une partie de la population à organiser des manifestations géantes dans tout le pays. Ces « *No Berlusconi days* » ont remporté un grand succès.

2011-2012 : dehors Berlusconi !

L'année 2011 est marquée par le ras-le-bol des Italiens pour leur président du Conseil, mouillé, entre autres, dans le scandale du *Rubygate* et autres soirées privées *(Bunga Bunga)* dans ses villas près de Milan et en Sardaigne... Comme à son habitude, il n'a pas daigné répondre aux convocations des juges, trouvant toujours des prétextes pour minimiser les faits en faisant usage de quelques *barzellette,* ces blagues « légères » dont il a le secret et qui lui ont valu quelques ratés diplomatiques, notamment à l'égard d'un sexisme affiché, voire carrément d'une attitude discriminatoire à l'adresse de la communauté homosexuelle... Ajoutons à cela une situation de crise à laquelle il ne semblait pouvoir faire face, discrédité par les marchés financiers, critiqué par les médias ainsi que par l'Église (pour les raisons qu'on sait), le *Cavaliere* remettra sa démission le 12 novembre 2011. Quatre jours plus tard, l'économiste et universitaire Mario Monti, n'appartenant à aucun parti politique, prendra sa place aux commandes de l'État à la tête d'un gouvernement « technique » soutenu par toutes les tendances présentes au Parlement, à l'exception de la Ligue du Nord. Mario Monti jouit d'une certaine popularité malgré une politique de réformes et d'austérité pénible mais nécessaire... jusqu'en décembre 2012, où il démissionne.

Depuis 2013

Au lendemain des élections législatives des 24 et 25 février 2013, aucune majorité politique ne se dégage, le président Napolitano (réélu à 88 ans !) qui a nommé en avril Enrico Letta, de centre-gauche, à la tête d'un nouveau gouvernement formant une coalition d'unité nationale inédite, réunissant des hommes politiques de gauche comme de droite. Depuis février 2014, le président du Conseil est ***Matteo Renzi*** (Parti démocrate), le nouvel « homme pressé » de la gauche. L'ex-jeune maire de Florence a invité les élus à sortir du « marécage ». Le plus jeune Premier ministre que l'Italie ait jamais connu va trouver en Manuel Valls le partenaire idéal pour rétablir un axe franco-italien correspondant à la dynamique européenne qu'ils rêvent tous deux de restaurer.

Petite chronologie

Avant J.-C.

- ***900 :*** installation dans la région (en plus de l'Ombrie et du Latium) des Étrusques. Ils donnent le nom de Tusci à la région.
- ***753 :*** fondation de Rome.
- ***509 :*** Brutus chasse les Étrusques et fonde la république.
- ***500 (environ) :*** installation des Étrusques dans la plaine du Pô.
- ***396 :*** prise de Véies par Rome.
- ***390 :*** incursion de Gaulois jusqu'à Rome et dévastation des villes étrusques.
- ***295 :*** Rome bat les Étrusques à Sentinum.
- ***254 :*** chute de Volsinies (Orvieto), dernière cité étrusque libre.
- ***205 :*** les cités étrusques aident Scipion contre Carthage.
- ***59 :*** fondation de Florentina (Florence).

– ***42 :*** Octave détruit Pérouse.
– ***27 :*** fondation de l'Empire romain par Auguste, qui crée l'Étrurie.
– ***20 :*** fondation de Sienne.

Après J.-C.

– ***250 :*** introduction du christianisme par des marchands orientaux.
– ***313 :*** statut officiel accordé au christianisme.
– ***405 :*** les Ostrogoths assiègent Florence.
– ***800 :*** Charlemagne est sacré empereur.
– ***1065 :*** Pise conquiert la Sicile et devient le premier port de Méditerranée.
– ***1115-1200 :*** lutte des empereurs germaniques contre la papauté. Les cités toscanes se rangent sous la bannière des premiers (gibelins) ou des seconds (guelfes). Elles acquièrent leur indépendance.
– ***1224 :*** développement du christianisme avec saint François d'Assise.
– ***1250 :*** développement du système bancaire et des prêts aux papes et aux rois.
– ***1265 :*** Charles d'Anjou, frère de Louis IX, est couronné roi de Sicile.
– ***1284 :*** Gênes bat Pise et prend sa place en Méditerranée. Florence prend alors le dessus et met les villes de Toscane sous sa coupe, à l'exception de Lucques et de Sienne.
– ***1294 :*** décret publié en vue de la construction du Duomo de Florence. Début des travaux en 1296.
– ***1350 :*** construction de la tour de Pise.
– ***1400-1500 :*** apothéose de la Toscane. Époque dorée de la Renaissance et de l'humanisme.
– ***1494-1498 :*** les Français de Charles VIII entrent à Florence, les Médicis sont chassés et Savonarole prend le pouvoir.
– ***1499 :*** la république est réinstaurée.
– ***1512 :*** les Médicis reviennent au pouvoir.
– ***1513 :*** Jean de Médicis devient le pape Léon X.
– ***1523 :*** Jules de Médicis devient pape sous le nom de Clément VII.
– ***1530 :*** Alexandre de Médicis devient premier duc de Toscane.
– ***1532 :*** publication du *Prince* de Machiavel.
– ***1537 :*** Cosme Ier est élu duc de Florence et réunit les différentes cités de la région.
– ***1569 :*** création du grand-duché de Toscane.
– ***1737 :*** fin des Médicis, remplacés par la maison de Habsbourg- Lorraine. François de Lorraine devient grand-duc de Toscane sous le nom de François II.
– ***1801 :*** traité de Lunéville : la France récupère les territoires italiens des Habsbourg. Création du royaume d'Étrurie au profit de Louis de Bourbon-Parme, gendre du roi d'Espagne.
– ***1802 :*** la France hérite de l'île d'Elbe.
– ***1806 :*** occupation de la Toscane par les troupes de Napoléon et création de trois départements rattachés à l'Empire.
– ***1809-1814 :*** résurrection du grand-duché de Toscane pour Élisa Bacciochi, sœur aînée de Napoléon.
– ***1814-1848 :*** le grand-duché est dirigé par les Habsbourg, et s'agrandit en 1847 du duché de Lucques.
– ***1848-1849 :*** interlude de la République.
– ***1849-1859 :*** rétablissement du grand-duché par les Habsbourg.
– ***1859 :*** Napoléon III conduit avec Victor-Emmanuel II les armées franco-piémontaises. Après la victoire de Solferino, Cavour intègre la Lombardie au Piémont, puis les duchés d'Italie centrale. Nice et la Savoie seront rattachées à la France après plébiscite.
– ***1860 :*** c'est la montée du *Risorgimento*. L'expédition des Mille, ou Chemises rouges, conduite par Garibaldi, achève le mouvement de l'unité italienne.
– ***1861 :*** proclamation de l'unité italienne.

– ***1866 :*** guerre austro-prussienne. La Vénétie devient italienne par l'échec autrichien contre la Prusse.
– ***1870 :*** avec la défaite de la France face à l'Allemagne tombe le dernier obstacle pour faire de Rome la capitale du royaume d'Italie.
– ***1918 :*** la paix donne à l'Italie Trieste, le Trentin, le Haut-Adige et l'Istrie.
– ***1922 :*** la « marche sur Rome » d'un certain Mussolini ouvre l'ère fasciste.
– ***1924 :*** dictature fasciste de Mussolini.
– ***1929 :*** signature des seconds de Latran réduisant la souveraineté du pape au seul État du Vatican.
– ***1940 :*** entrée en guerre de l'Italie.
– ***1943 :*** campagne d'Italie.
– ***1945 :*** exécution de Mussolini et de ses ministres.
– ***1946 :*** plébiscite pour la République italienne, caractérisée par une forte instabilité ministérielle.
– ***1962-1965 :*** concile de Vatican II convoqué par Jean XXIII. Concile œcuménique en vue d'adapter l'Église catholique au monde moderne.
– ***1970 :*** fondation des Brigades rouges par Renato Curcio.
– ***1978 :*** Aldo Moro, enlevé par les Brigades rouges, est assassiné. Lois sur le divorce et l'avortement. Élection du pape Jean-Paul Ier, qui décède 2 mois après son intronisation. Karol Wojtyla, cardinal de Cracovie, entre en scène.

MUSSOLINI ET LA FAMILLE

Le Duce eut cinq enfants de sa femme officielle. Lui qui prônait la famille traditionnelle, il eut en parallèle une autre épouse, Ida, qui lui donna un fils, Albino. Agacé par l'acharnement amoureux d'Ida, il la fit interner ainsi que son fils. Ils moururent tous les deux en asile. Mussolini eut de nombreuses maîtresses, dont une belle juive qui le rendit fou. Il l'était déjà !

– ***1980 :*** attentat néofasciste à la gare de Bologne, faisant plus de 85 morts. Le cabinet de Francesco Cossiga tombe.
– ***1981 :*** début des arrestations des chefs historiques des Brigades rouges.
– ***1987 :*** aux élections législatives, la démocratie chrétienne reste largement le premier parti italien (34 %), tandis que le PCI (Parti communiste italien) recule (26,6 %). Les Verts entrent au Parlement avec 13 députés.
– ***1989 :*** le PCI amorce sa transformation en parti démocratique de la gauche (PDS), sans la mention « communiste ».
– ***1992 :*** élections législatives avec une émergence de la Ligue lombarde. Démission du président Francesco Cossiga. Assassinat des juges Falcone et Borsellino, à Palerme.
– ***1993 :*** l'enquête « Mani Pulite » sur la corruption liée aux partis politiques met en cause Bettino Craxi, secrétaire général du Parti socialiste, et plus de 150 politiciens. Elle provoque aussi la démission de plusieurs ministres. Levée de l'immunité parlementaire de Giulio Andreotti, ancien président du Conseil et démocrate-chrétien, accusé de collusion avec la mafia. Arrestation en janvier du numéro un de la mafia, Salvatore Riina, recherché depuis 23 ans, suivie en mai de celle du numéro deux, Nitto Santapaola. Attentat à la voiture piégée, en mai à Florence, provoquant la mort de cinq personnes et des dégâts importants à la galerie des Offices. Attentats à Rome contre deux monuments du patrimoine national : Saint-Jean-de-Latran et San Giorgio al Velabro.
– ***1994 :*** retour de la droite au pouvoir. Démission de Berlusconi en décembre, à la suite d'une manifestation géante dans les rues de Rome.
– ***1995 :*** ascension de la Ligue du Nord et de son leader, Umberto Bossi, une « nouvelle » droite fascisante.
– ***1996 :*** véritable alternative depuis 1946. Victoire de la coalition de gauche, au nom prometteur de l'Olivier, conduite par Romano Prodi.
– ***1998 :*** l'Italie entre le 1er mai dans la zone euro.
– ***1999 :*** nomination de Romano Prodi en septembre à la présidence de la commission de la Communauté européenne.

– **2000 :** élections régionales remportées par la droite, autour de Silvio Berlusconi, démission de Massimo d'Alema. Giuliano Amato lui succède.
– **2001 :** en mai, élections législatives et sénatoriales : majorité confortable à la Maison des Libertés, la coalition menée par Berlusconi, nommé président du Conseil.
– **2003 :** soutien de Berlusconi pour l'intervention militaire des États-Unis en Irak, malgré la vive opposition de l'opinion publique.
– **2005 :** défaite massive de la droite de Berlusconi aux élections régionales... 10 régions sur 13 passent à la coalition de gauche (dont les régions du Latium et des Pouilles, historiquement fidèles à la droite). Mort de Jean-Paul II. Son successeur, Benoît XVI, n'est autre que son ancien bras droit, le cardinal allemand Ratzinger.
– **Avril 2006 :** élections législatives et sénatoriales des plus rocambolesques ! L'équipe de Romano Prodi l'emporte de justesse au Sénat et à la Chambre des députés.
– **Mai 2006 :** élection du sénateur centre-gauche Giorgio Napolitano au poste de président de la République. Il est le premier président issu du Parti communiste italien (PCI).
– **2007 :** retrait définitif des troupes italiennes en Irak. Crise des poubelles à Naples.
– **2008 :** réélection de Silvio Berlusconi à la tête du gouvernement pour la troisième fois. Élection de Gianni Alemanno – ancien néofasciste – à la mairie de Rome, crise des déchets à Naples et, par ricochet, affaire de la mozzarella contaminée.
– **2009 :** frasques privées et publiques de Berlusconi, qui voit une partie de ses amis politiques le lâcher, et succès des « *No Berlusconi days* ».
– **2010 :** opposition de plus en plus vive entre Silvio Berlusconi et Gianfranco Fini, président de la Chambre des députés.
– **2011 :** scandale du *Rubygate* avec Berlusconi (6 ans de prison, 5 ans d'inéligibilité). Béatification du pape Jean-Paul II le 1er mai. Démission le 12 novembre de Berlusconi, remplacé par Mario Monti.
– **Mai 2012 :** succession de tremblements de terre en Émilie-Romagne avec un bilan de 27 victimes. Dégâts matériels et conséquences économiques considérables.
– **Décembre 2012 :** dissolution du Parlement italien par le chef de l'État suite à la décision du président du Conseil Mario Monti.
– **Mars 2013 :** élection du nouveau pape, un Argentin, François.
– **Avril 2013 :** élection d'Enrico Letta, nouveau président du Conseil, qui rassemble un gouvernement hétéroclite.
– **Août 2013 :** condamnation de Berlusconi, pour fraude fiscale, à 4 ans de prison dont un ferme.
– **Février 2014 :** nouveau président du Conseil, Matteo Renzi (Parti démocrate). Natif de Florence, dont il a été maire en 2009, il est le plus jeune chef (40 ans) d'un gouvernement italien.

LITTÉRATURE

Le lien entre la Toscane et la littérature est essentiellement florentin. ***Dante,*** grand poète devant l'Éternel, est né à Florence en 1265 et a écrit la plus belle partie de son œuvre pour une certaine Béatrice, croisée deux fois en tout et pour tout, et à qui il n'a jamais adressé la parole (ah, l'amour !). On doit à cette femme mystérieuse l'existence de *La Vita Nuova,* et son ombre flotte sur *La Divine Comédie.*
Son œuvre sera commentée par ***Boccace*** (né probablement à Paris mais mort certainement à Certaldo Alto) qui aura comme égérie, la fille illégitime du roi de Naples, Maria de Conti d'Aquino, la *Fiammetta* de son récit. De 1349 à 1353, il écrit *Le Décaméron,* œuvre magistrale, dans laquelle 10 personnages se réfugient

à la campagne pour fuir l'épidémie de peste de 1348 qui sévit à Florence.
De son côté, son ami ***Pétrarque,*** originaire d'Arezzo, aimait d'un amour platonique (décidément !) Laure de Noves, rencontrée en Avignon. Elle lui inspira plus de 300 poèmes, essentiellement des sonnets (317), regroupés dans le *Canzoniere.* Le recueil célèbre cet amour impossible et a donné forme au « pétrarquisme ».
Quant à ***Machiavel,*** homme politique par tradition familiale, excellent négociateur et philosophe, il est écarté du pouvoir lorsque Florence se soumet aux Médicis (1512). Il dédie tout de même *Le Prince* à Laurent de Médicis, qui ne lut même pas l'ouvrage (il aurait pu en prendre de la graine !). Selon lui, le pouvoir n'est pas compatible avec la morale et mieux vaut être craint qu'aimé.
Les siècles suivants sont plutôt calmes côté littérature toscane.
Cependant, dans la vague du roman noir italien des années 2000, ***Nino Filasto,*** fin connaisseur des milieux de l'art florentin *(Cauchemar de dame)* et de la politique – il est avocat de formation –, propose des livres sombres à la frontière du fantastique *(L'Éclipse du crabe).*

SANS MENTIR !

Journaliste florentin du XIXe s, on doit à Carlo Collodi la plus mythique des marionnettes : Pinocchio. On dit que, à la suite de dettes contractées au jeu, il commença l'écriture des aventures du petit garçon désobéissant, d'abord publiées en feuilleton. Les bonnes valeurs du travail et de la famille prônées dans ce chef-d'œuvre ont été traduites en 400 langues et dialectes depuis 1881. Voilà un bon exemple pour les enfants bien sages.

MARBRE

La Toscane est le plus gros producteur au monde de marbre. Les gisements sont situés au nord-ouest du pays, dans les Alpes apuanes. Ces montagnes renfermeraient encore aujourd'hui environ 5 millions de kilomètres cubes de marbre à exploiter... En Toscane, plus de 2 millions de tonnes sont extraites chaque année sur environ 300 carrières. On en comptait près de 1 000 il y a plusieurs siècles. La région de Carrare est la plus réputée, avec ses 150 carrières, 3 000 ouvriers et une production annuelle de 1,2 million de tonnes. Elle donne un marbre blanc, de renommée mondiale. On l'appelle le ***statuario.*** Il est niché au cœur de la matière, sous les couches externes où s'enchevêtrent les veines de la roche. Les spécialistes ont poétiquement nommé le *statuario* « larme d'étoile ».
Curieusement, le marbre ne fut pas utilisé par les Étrusques (ils se servaient plus de l'albâtre, comme on le voit à Volterra). Les Romains seront les premiers à couvrir de marbre les sols et les murs de leurs palais. Ils l'appelaient « *marmor lunensis* », marbre de Luni, car l'exportation des blocs se faisaient au port de Luni. Le filon de Luni est aujourd'hui épuisé. La Renaissance fut également une grande utilisatrice de marbre, notamment celui de la région de Sienne, très coloré (de couleur jaunâtre).
Pour couper les énormes blocs cubiques, les Romains utilisaient le martèlement avant même le sciage manuel. On utilise depuis 1800 un fil hélicoïdal à couper le marbre. Ce procédé fut ensuite équipé de disques dentés. Dans les années 1970, les carriers utilisaient un câble tranchant fait de tungstène mélangé à de la poudre de diamant. Résultat : on peut couper 15 cm de marbre en une heure. Cette méthode est toujours appliquée de nos jours. Pour le transport des blocs, on les fixait naguère à des rondins de bois savonnés (la *lizzatura*) que les marbriers poussaient jusqu'à la mer. Aujourd'hui le transport se fait à l'aide de grues modernes et de treuils spéciaux à commande électronique.

En dehors du marbre blanc *(statuario)*, le plus beau et le plus recherché, surtout pour la sculpture, il existe ***plusieurs variétés :*** le *bardiglio chiaro* ou *cupo*, le marbre gris, ou, proche du turquoise, la *breccia violetta,* la *breccia medica* et l'*arabescarto.* Le *cipolinacci di Carrara* est une variété de marbre rayé de veines verdâtres. La région de Prato (en Toscane toujours) produisait (car la mine est épuisée) la *serpentine,* un superbe marbre vert que l'on retrouve dans l'église San Miniato al Monte, à Santa Maria Novella et dans le campanile de Giotto à Florence. Quelle que soit la variété utilisée, sans le marbre de Carrare, la colonne Trajane, le Panthéon d'Agrippa, la statue de David de Michel-Ange, la fontaine des Néréides, les chevaux de Marly, l'arche de la Défense (Paris), Notre-Dame-des-Naufragés à l'extrémité de la pointe du Raz (Bretagne) et les ex-tours du World Trade Center à New York n'auraient pas vu le jour, pour ne citer qu'eux...
Aujourd'hui le marbre de Carrare est concurrencé par le granit, moins cher, et par les pierres de synthèse, mais il reste une valeur sûre, inégalable en qualité et en beauté.

FROID COMME DU MARBRE

À Colonnata, dans la région de Carrare, la spécialité c'est le lard de cochon. Pour le conserver au froid et permettre sa maturation, il est enfermé dans des coffres de marbre, pour qu'il s'affine. Le marbre est froid car il a une faible transmission thermique.

MÉDIAS

Votre TV en français : TV5MONDE partout avec vous

TV5MONDE est reçue partout dans le monde par câble, satellite et sur IPTV. Dépaysement assuré aux pays de la francophonie avec du cinéma, du divertissement, du sport, des informations internationales et du documentaire.
En voyage ou au retour, restez connecté ! Le site internet • *tv5monde.com* • et son application iPhone, sa déclinaison mobile *(• m.tv5monde.com •),* offrent de nombreux services pratiques pour préparer son séjour, le vivre intensément et le prolonger à travers des blogs et des visites multimédias.
Demandez à votre hôtel sur quel canal vous pouvez recevoir TV5MONDE, et n'hésitez pas à faire vos remarques sur le site • *tv5monde.com/contact* •

Journaux

Deux grands quotidiens nationaux se partagent le gâteau : *Il Corriere della Sera* et *La Repubblica.* Mais il existe une flopée de journaux locaux, parfois pour toute une région, ou simplement pour une ville (*La Nazione* à Florence ou *Il Tirreno* à Livourne). La presse spécialisée talonne de près ces journaux généralistes. Avec 400 000 exemplaires vendus par jour, *La Gazzetta dello Sport* arrive en troisième position des ventes ; de même, le quotidien économique *Il Sole 24 Ore* diffuse à près de 350 000 exemplaires. Dans les kiosques, les librairies françaises, les centres culturels, vous trouverez une sélection de quotidiens et hebdomadaires français. Certaines librairies, comme *La Feltrinelli Internazionale,* présente dans toutes les grandes villes, proposent un large rayon d'ouvrages et de presse internationale et en français, ainsi qu'un choix de livres de poche.

Radio

Il existe plus de 1 300 stations de radio, pour la plupart locales, réparties sur tout le territoire. La radio d'État, la *RAI (Radio Audizione Italia),* est toute-puissante, mais on compte aussi des dizaines de radios libres, dont *Radio Kiss Kiss,* spécialisée dans la variété, et *Radio Marte,* la préférée de la jeune génération. De plus, sur les grandes ondes, selon l'endroit où l'on se trouve, on peut parfois capter certains postes français tels que *Radio Monte-Carlo, Europe 1, France Inter...* La réception n'est pas toujours fameuse cependant. *Radio Vaticana* diffuse des informations en français, plusieurs fois par jour.

Télévision

On aurait pu quasiment intituler ce chapitre « Pollution visuelle », vu l'état actuel de la télévision italienne. Difficile de parler de celle-ci sans évoquer le groupe *Fininvest* de « Monsieur Télévision », Silvio Berlusconi. Le monopole d'État ayant été levé en 1975, les chaînes privées ont envahi le petit écran. C'est en 1970 que Silvio Berlusconi a pris le contrôle de *Canale 5,* puis, au début des années 1980, s'est porté acquéreur d'*Italia 1* et de *Rete-Quattro,* regroupés sous *Mediaset.* Pour info, depuis la loi Maccanico de 1997, *Rete 4* ne devrait plus émettre sur les ondes hertziennes nationales. En effet, cette loi stipule qu'une entreprise privée ne peut détenir plus de deux chaînes nationales. L'État avait ensuite adjugé les droits à *Europe 7 ;* cette station est, depuis 1999, autorisée à émettre mais ne dispose pas de fréquence. En 2004, la Cour constitutionnelle a décrété que *Rete 4* devait cesser toute émission et être transférée sur le câble. En 2014, *Rete 4* émet toujours en toute illégalité.
Pour la petite histoire, l'empire médiatique de Berlusconi lui a valu le surnom de *Sua Emittenza* : une combinaison du qualificatif des cardinaux catholiques, *Sua Eminenza,* et du mot italien « *emittente* », qui signifie « émetteur ». Quel meilleur nom pour qualifier sa puissance et son influence dans le monde des médias ?
La télévision italienne regorge d'émissions complètement décalées de la réalité, kitschissimes à souhait, où se dandinent les *veline* censées représenter le stéréotype beauté *all'italiana.*

DES PLANTES ET DES JEUX

Les veline *sont ces potiches pulpeuses qui ont envahi les plateaux de la télévision italienne, grâce à Berlusconi. Avec leur forte poitrine, leur décolleté ouvert jusqu'au nombril et leur jupe courte, elles n'ont généralement pas droit à la parole. Ce sont les reines des jeux débiles. L'une d'entre elles est quand même devenue ministre (de l'Égalité des chances !).*

PATRIMOINE CULTUREL

Petit B.A.-BA à l'usage des visiteurs « musévores »

– *Chiuso* est un petit mot italien signifiant « fermé » et qui décore parfois la porte d'un musée qui devrait être ouvert. La crise est telle qu'il n'est pas rare de voir certains horaires réadaptés en fonctions de nouvelles coupes budgétaires...
– En principe donc, les musées sont ouverts l'été de 9h-10h à 18h-19h (pour certains jusqu'à 22h le vendredi) et fermés le lundi (parfois le mardi ou le mercredi). Les horaires changent fréquemment, selon la saison et l'année. Parfois, viennent s'ajouter des travaux de rénovation dans l'un ou l'autre musée, qui ferme alors temporairement. Ne boudez donc pas votre guide préféré si vous trouvez porte close, c'est indépendant de notre volonté.
Sachez également que les billetteries ferment généralement 30-40 mn avant le musée lui-même.
– De nombreux sites à ciel ouvert sont accessibles de 9h à l'heure précédant le coucher du soleil. Le mieux est, dès votre arrivée dans une ville, de vous

renseigner à l'office de tourisme, qui publie une liste des sites et musées mise à jour très régulièrement (notamment à Florence et à Sienne).

– ***Tarifs :*** les prix des sites et musées demeurent élevés. Les étudiants en histoire de l'art ou en architecture peuvent entrer gratuitement dans les musées. Le mieux est de demander un laissez-passer à l'office de tourisme. Quant aux jeunes de 18 à 25 ans, ils bénéficient de réductions dans bon nombre de musées et sites nationaux. Munissez-vous donc toujours de votre carte d'identité. Pour les jeunes de moins de 18 ans, c'est gratuit dans la très grande majorité des musées. En revanche, depuis juillet 2014, le gouvernement italien a annulé la gratuité pour les personnes de plus de 65 ans. En période de crise, il n'y a pas de petits profits ! Seule concession, la gratuité pour tous le 1er dimanche du mois dans les musées d'État. Par ailleurs, la *Nuit des musées* (en principe deux fois par an) devrait permettre à tous de visiter les musées pour 1 € symbolique.

– ***Avertissement :*** méfiez-vous des sites internet fantaisistes proposant des réservations à prix exorbitants avec des marges énormes.

– De nombreux petits musées locaux ont vu le jour grâce à la volonté de certains de mettre en valeur leur région (vestiges étrusques témoins de son riche passé historique). Il existe pour chaque microrégion présentée dans ces pages un site internet correspondant, comme celui du Chianti *(• chiantivaldarno.it •)* avec une description pour chaque musée et site.

Infos pratiques

– ***Les audioguides :*** ils sont disponibles la plupart du temps à l'accueil des musées (moyennant finance : en général autour de 3-4 €). Si vous avez les moyens, profitez-en, car ils s'avèrent bien utiles pour comprendre toute la complexité de l'art italien. À Sienne, par exemple, pour la visite du pôle muséal du Duomo, l'audioguide se présente sous forme de tablette numérique, vous avez à la fois la représentation spatiale de la visite et les commentaires.

– Attention à votre ***tenue vestimentaire*** pour la visite des églises. En effet, la nécessité d'une tenue correcte et d'un minimum de discrétion semble parfois échapper à certains visiteurs. Évitez le short et le marcel, par exemple. Le mieux est de glisser dans votre sac un foulard ou un paréo qui vous sera utile pour vous couvrir les épaules au moment opportun. Certaines églises mettent néanmoins à disposition des visiteurs des châles ou une sorte de cape bleue en papier qu'on rend une fois la visite terminée. Pas franchement seyant, mais c'est tout de même mieux que de rester dehors !

Les sites incontournables en Toscane

– *Florence :* la galerie des Offices, la galerie de l'Académie, le palais Pitti avec la Galerie palatine et le jardin de Boboli, le Duomo et son baptistère, le Ponte Vecchio, le musée du Bargello, le Palazzo Vecchio.

– *Sienne :* le Duomo et l'incontournable piazza del Campo, la pinacothèque nationale, le musée de la Ville.

– *Pise :* la célèbre tour, le Duomo et le baptistère.

– *San Gimignano :* le Duomo et le Palazzo comunale.

– *Volterra :* le musée étrusque Guarnacci et la piazza dei Priori.

– *Lucques :* les ruelles du centre-ville et la balade sur les remparts.

L'AMOUR À DOUBLE TOUR

Les amoureux ont pris l'habitude de sceller leur amour en accrochant un cadenas sur les grilles du buste de Cellini, sur le Ponte Vecchio. Ils jettent ensuite la clé dans l'Arno ! Depuis quelques années, la ville interdit cette pratique, sous peine d'une très forte amende (160 €), car le poids des cadenas abîme les grilles. Qu'à cela ne tienne, les amoureux cadenassent désormais le ponte alle Grazie.

– *Carrare :* les carrières de marbre et les *Ateliers Nicoli.*
– *Pitigliano :* les ruelles médiévales et les nécropoles étrusques des environs.

En Ombrie

– *Pérouse :* la Galerie nationale de l'Ombrie.
– *Città della Pieve :* les fresques du Pérugin.
– *Assise :* la basilique Saint-François.
– *Orvieto :* la cathédrale.
– *Spolète :* le Ponte delle Torri.
– *Gubbio :* les palais Pretorio et dei Consoli.

La peinture toscane

La Toscane : berceau de la Renaissance ?

La révolution artistique apparue en Toscane entre la fin du XIIe s et le XVIe s tient presque du miracle. La situation politique, géographique, démographique, économique, religieuse et intellectuelle a permis un véritable bouleversement artistique (peintres, sculpteurs, architectes...) avec, en tout premier lieu, une montée en puissance de l'humanisme. Cette évolution a été paradoxalement, et en partie, à l'initiative de l'Église, qui fit la promotion des artistes en les finançant et parfois en les censurant.
En ce qui concerne Florence, la cité des Médicis apparaît aujourd'hui à la fois initiatrice et dépositaire de la Renaissance italienne dans l'imaginaire occidental. Si une telle affirmation est en partie vraie (et ce, notamment grâce au succès du fameux livre du XVIe s sur la vie des grands peintres italiens par Giorgio Vasari, peintre florentin maniériste au service des Médicis, et donc d'un parti pris proflorentin sans égal...), elle mérite toutefois quelques nuances.
Au cours des Xe, XIe et XIIe s, la culture gothique francilienne s'est largement répandue dans l'Europe entière. C'est à la fin du XIIe s que la sculpture italienne s'émancipe, redécouvrant un certain naturalisme issu de l'Antiquité romaine, incarné par exemple par le célèbre sculpteur pisan Nicola Pisano. Peu à peu, les peintres suivront les sculpteurs, s'affranchissant quant à eux de la rigidité et du formalisme byzantin.
C'est à Assise, à la fin du XIIIe s et au début du XIVe s, au sein de la basilique franciscaine, que le célèbre peintre florentin Cimabue et son élève Giotto vont révolutionner la peinture occidentale. Le chantier d'Assise fut une aventure extraordinaire, car les plus grands peintres italiens de l'époque (siennois, romains, florentins...) s'y retrouvèrent pour partager leurs expérimentations au service de la toute nouvelle idéologie franciscaine dédiée à une foi sincère, faite d'humilité et de proximité, sentiments parfaitement incarnés par le naturalisme « giottesque ». Les personnages semblent être des portraits d'époque, développés au sein d'un cadre architectural et d'une nature environnante bien plus proches de la réalité qu'auparavant.
Cependant, le XIVe s n'est pas le triomphe de la peinture « giottesque ». Si, à Florence, les héritiers de Giotto sont nombreux, le courant artistique dominant est siennois, mené par Simone Martini et les frères Lorenzetti, qui couvrent de fresques les palais de Sienne et influencent tout l'art occidental via Avignon, où se réfugient un temps la papauté et certains peintres siennois. Or, l'art siennois est très ornemental, gothique. On apprécie encore les décors dorés en stuc, l'émotion prime sur le réalisme, d'où un certain expressionnisme, aux antipodes du naturalisme idéalisé florentin. Par ce passage des Siennois en Avignon, un courant de peinture élégant, précieux et décoratif, appelé gothique international, va alors dominer l'Occident, de Prague à Rome. Ses représentants sont Pisanello, Masolino ou Gentile Da Fabriano. Toujours pas de Florentins à l'horizon.

Entre-temps, la grande peste de 1348 a, en partie, dévasté la glorieuse génération siennoise et orienté les représentations picturales vers plus de pessimisme. Mais les survivants veulent croquer la vie à pleines dents, et l'économie redémarre.
C'est seulement au début du XVe s que l'assistant de Masolino, le Florentin Masaccio, va reprendre à son compte l'ancienne leçon de Giotto (soit près d'un siècle après !). Dans la chapelle Brancacci de Florence, on peut admirer ces deux grands artistes et apprécier la modernité sculpturale et réaliste de Masaccio. De là découle toute la première génération florentine (plus toscane que florentine, en fait) de la première moitié du Quattrocento (Fra Angelico, Filippo Lippi, Andrea del Castagno, Piero della Francesca, Paolo Uccello, Donatello, Ghiberti, Brunelleschi...), pleine d'équilibre, d'harmonie, de majesté et de puissance. Les couleurs sont froides, et le dessin ciselé. À cette époque, le nombre d'artistes majeurs se formant ou travaillant à Florence est impressionnant. Viendront ensuite Ghirlandaio, Verrocchio, Botticelli... Bref, le Quattrocento florentin constitue une véritable explosion picturale, architecturale et sculpturale.
Cependant, cette situation hors normes ne doit pas faire oublier l'influence majeure, à cette même époque, des peintres flamands. Œuvres marquées par leur souci du réalisme, leur découverte de la peinture à l'huile et leur perspective naturelle (Van Eyck, Van der Weyden, Van der Goes).

Peintres : la bande des trois de la Renaissance

Le Quattrocento est en réalité la période la plus féconde de l'art florentin. Mais, alors même que Rome, dès le début du XVIe s, reprend la main en faisant travailler les plus grands artistes, l'année 1504 voit séjourner ensemble à Florence et pour quelques mois les trois figures artistiques centrales de ce siècle : ***Léonard de Vinci*** (le plus vieux), ***Michel-Ange*** (né à Caprese, au nord d'Arezzo) et ***Raphaël*** (originaire d'Urbino, dans les Marches). La conscience de la Renaissance était accompagnée chez chacun d'eux d'une vocation universaliste. Tous trois apportèrent la preuve de l'accession de l'artiste à une dignité nouvelle. Leonardo mit fin aux rapports d'humilité en traitant d'égal à égal avec les « grands » de ce monde.
Est-ce pour conjurer sa propre laideur que Michel-Ange se mit à développer le culte du beau ? L'important, c'est de comprendre les sentiments qui animent le sujet, disent les artistes. Regardez, détaillez les statues..., on aime ou on n'aime pas.
De ces trois génies, Raphaël est certainement celui qui incarne le mieux l'idéal de la Renaissance. Son œuvre est le triomphe du beau à la fois idéalisé et réaliste.
Cet équilibre ne se retrouve ni chez Léonard de Vinci ni chez Michel-Ange. Son amour de l'expérimentation et son génie scientifique conduisent Vinci à un certain « inachèvement ». Pour ce qui est de Michel-Ange, il privilégie le dessin au détriment de la couleur, apportant un sens tragique aux destinées humaines, ouvrant ainsi la voie au baroque. Le pape en personne, Jules II, ne s'est pas trompé ; il va jusqu'à bouleverser l'ordonnance des travaux au Vatican pour lui confier les fresques du plafond de la chapelle Sixtine !

LÉONARD, DILETTANTE ?

De Vinci est doué dans tant de matières qu'il touche à tout, sans faire des œuvres cohérentes entre elles. Au total, il n'achève qu'une quinzaine de tableaux et encore moins de statues. Il dessine plein de plans sans ériger un seul bâtiment. Il conçoit de nombreuses machines géniales sans en construire une seule. Il résume son œuvre à la fin de sa vie : « J'ai perdu mon temps. »

Le XVIe s et le maniérisme

Derrière ces trois monstres, la génération suivante se devait d'innover afin d'éviter une certaine fadeur ou froideur. On savait représenter la réalité, pas de problème. D'où un retour aux sentiments, à l'émotion, le cadre architectural devenant

secondaire et anecdotique : on utilise des couleurs froides, auparavant jamais associées, comme le fait Michel-Ange à la chapelle Sixtine. Comme lui également, on s'affranchit du réel, l'anatomie et les mouvements deviennent subjectifs, au service d'une émotion qui prime. Finalement, ces maniéristes sont très proches de notre modernité artistique ! Là encore, Florence prédomine avec ***Pontormo*** et ***Rosso Fiorentino*** (qui acceptera l'invitation de François Ier à Fontainebleau, où il sera à l'origine du maniérisme français, dit « bellifontain »), les élèves d'***Andrea del Sarto,*** immense artiste lui aussi. Parmi les maniéristes, citons ***Beccafumi,*** le Parmesan...
Venise prend à son tour une place fondamentale dans l'histoire de l'art avec le trio ***Tintoret, Véronèse*** et, bien sûr, ***Titien.*** L'école vénitienne privilégie les couleurs chaudes et les sujets intimistes, la lumière est dorée et scintillante. Son maniérisme est plus décoratif et classique que le maniérisme florentin.

Le caravagisme et le baroque au XVIIe s

Cette période consacre définitivement la fin de la prééminence florentine sur l'art italien au profit de Rome, où travaille un ovni de la peinture, à l'origine d'une révolution réaliste : ***le Caravage.*** Par ailleurs, les frères ***Carrache*** (bolonais) inventent la peinture baroque, financée par l'Église toute-puissante du concile de Trente, désireuse de faire rêver les foules et de concurrencer le protestantisme. Le baroque en peinture est un art protéiforme, mélange de classicisme dans les couleurs (un retour à l'art de Raphaël en quelque sorte), de réalisme et d'explosion des repères picturaux (la peinture déborde du cadre, les stucs sont foisonnants).

LE SECRET DU CARAVAGE

Le peintre aurait mis au point le premier la chambre noire de Léonard de Vinci. Éclairant ses modèles sous une lumière zénithale (d'où son goût du clair-obscur...), il aurait projeté leur image à travers une lentille sur une toile enduite d'éléments sensibles, le temps de les peindre à grands traits. On note le grand nombre de gauchers dans ses œuvres, preuve que la lentille inversait l'image !

Quelques peintres qui ont mis la Toscane à l'honneur

– ***Giotto di Bondone, dit Giotto*** *(1266-1337).* Né à Colle di Vespignano dans une famille paysanne. Son talent aurait été décelé alors qu'il était encore berger et s'amusait à faire des croquis de ses brebis. Peintre et architecte, il innova dans l'art de la fresque en se démarquant des peintres du Moyen Âge et en assurant aux œuvres une meilleure conservation. Giotto représente l'homme et cherche à introduire des décors. Il orne la chapelle de la Madeleine de la basilique inférieure San Francesco d'Assise et travaille, par exemple, dans d'autres chapelles à Florence. À partir de 1320-1325, son œuvre se rapproche du gothique. De 1328 à 1333, il est au service de Robert d'Anjou à Naples. Rénovateur de l'art pictural, son atelier a rayonné dans toute l'Italie. Son œuvre n'a eu une influence sur l'Europe qu'à partir de la seconde moitié du XIVe s.
– ***Sandro di Mariano Filipepi, dit (Sandro) Botticelli*** *(1445-1510).* Né à Florence. Son surnom vient de *botticello,* qui signifie « petit tonneau », attribué à son frère aîné ou à l'orfèvre chez qui Sandro fut mis en apprentissage. Vers 1460, il entre dans l'atelier de Fra Filippo Lippi, peintre florentin de renom. Il y apprend la peinture, l'orfèvrerie, la gravure, la ciselure et les émaux jusqu'en 1467, date à laquelle Lippi quitte Florence. Botticelli ouvre son propre atelier à Florence (via della Porcellanna). En 1468, il peint *L'Adoration des Rois mages.* Le tableau représentant *La Force* en 1470 lui apporte une certaine reconnaissance. En 1481 et 1482, l'artiste

travaille à Rome à la réalisation de fresques pour la chapelle Sixtine. Il reçoit des commandes de toutes les grandes familles de Toscane. Botticelli utilise la technique de la détrempe alors que la peinture à l'huile est couramment employée à Florence depuis 1475. En 1482, il peint la fresque *Le Printemps* pour la famille Médicis. En 1483, il réalise *Vénus et Mars* et, en 1485, *La Naissance de Vénus,* qui représente pour la première fois une femme non biblique nue. En 1487, il peint *La Madone à la grenade.* Dans la dernière période de sa vie, son art se consacre exclusivement aux thèmes religieux. En 1501, il crée notamment *La Nativité mystique.* Il est considéré comme le plus grand peintre de son époque.

LA « SANS PAREILLE »

Une des plus belles femmes de la Renaissance, Simonetta Vespucci, était la cousine du navigateur Amerigo Vespucci. Sa grâce, son sourire triste, l'or de sa chevelure inspirèrent les maîtres du Quattrocento, surtout Botticelli, qui en fit son modèle d'élection. On dit d'elle qu'elle galvanisa les timides, intimida les audacieux (les Médicis) et fut aimée par l'un d'entre eux, Julien, frère de Laurent le Magnifique. Elle mourut en 1476 à l'âge de 23 ans, emportée par la tuberculose.

– ***Michelangelo Buonarroti, dit Michel-Ange*** *(1475-1564).* Né à Caprese, près d'Arezzo. Il est à la fois sculpteur, peintre, architecte et poète. Lié aux Médicis par son père, il fait montre de son talent dès son plus jeune âge. Entre 1501 et 1504, il sculpte un *David* géant en marbre pour la seigneurie de Florence. Son premier tableau est le *Tondo Doni* (galerie des Offices, Florence), dans lequel il a essayé d'appliquer à la peinture la matière de la sculpture.

IMPERFECTIONS AU PLUS-QUE-PARFAIT

Michel-Ange a eu l'audace de rompre, en sculpture, avec la tradition romaine. Il n'a pas hésité à faire grossir une main pour qu'un buste ait l'air élancé. Pour donner l'idée d'une qualité physique (associée à une qualité morale, d'ailleurs), il l'a imposée en proportionnant une partie du corps par rapport à une autre. S'il a toujours réussi à faire en sorte que la statue conserve des traits humains, aucune n'est anatomiquement valable, affirment les médecins ! L'important est de comprendre les sentiments qui animent le sujet, répondent les artistes.

– ***Giovanni Cimabue*** *(vers 1240-1302).* Ce peintre marque la période de transition entre la peinture du Moyen Âge, sous les influences byzantines et gothiques, et la révolution de Giotto, dont il était, comme par hasard, le maître. Le style de Cimabue naît lors de son voyage à Rome (1270-1275), presque en opposition avec les peintures de Constantinople, dont le savoir-faire s'était diffusé dans la péninsule à la suite de la fuite des iconoclastes ! Il développe le *chiaroscuro,* technique unique à l'époque, ce qui donne à l'image une vibration inconnue à l'art byzantin. Si le crucifix de San Domenico à Arezzo (vers 1265) témoigne encore des influences de l'école pisane, le style propre de l'artiste est superbement illustré dans les décorations de la basilique supérieure à Assise (les fresques de l'histoire de la Vierge, scène de l'Apocalypse, histoire de saint Pierre) et le *Crucifix* de Santa Croce à Florence, sérieusement endommagé lors de l'inondation de la ville en 1966.

– ***Paolo di Dono, dit Paolo Uccello*** *(1397-1475).* À 10 ans, il travaille avec le jeune Donatello à l'atelier de Ghiberti, pendant la construction de la première porte du baptistère. À cette époque, on lui donne le surnom d'*Uccello* (en v.f. « oiseau »), probablement à cause de sa manière de dessiner les oiseaux et autres bêtes. Il s'inscrit à la Compagnie des peintres mais, en 1425, il quitte Florence pour Venise, où il se spécialise dans l'art des vitraux et des mosaïques. À son retour, la ville a subi la révolution artistique de Masaccio. C'est alors qu'il travaille à *La Création* et au *Déluge* (1445-1450), la décoration du cloître de Santa Maria Novella. Ses chefs-d'œuvre restent les épisodes de la *Bataille de San Romano* : les trois panneaux étaient une décoration du Palazzo Medici mais se sont dispersés aujourd'hui aux Offices, au Louvre et à Londres.

– ***Fra Giovanni da Fiesole, dit Fra Angelico*** *(vers 1400-1455).* Cet artiste du début de la Renaissance réalise ses premières œuvres au moment de la mort de Masaccio. De son passé mystérieux, nous ne connaissons pas grand-chose. Moine dominicain, il s'oriente de par sa formation de miniaturiste vers une composition suave et courtoise de l'art gothique. Toutefois, sa peinture garde un ton de propagande car son souhait est l'élaboration d'un humanisme chrétien... Ses principales œuvres sont *Le Couronnement de la Vierge* (vers 1434), aujourd'hui au Louvre, sa superbe *Annonciation* (vers 1434) du musée de Cortone, ainsi que les fresques au couvent San Marco (1440) qui racontent les épisodes de la vie de Jésus et les fresques du *Jugement dernier* (1447) à la cathédrale d'Orvieto. Il mourra en 1455, lors d'un séjour romain pour décorer les chambres du Vatican.

– ***Tommaso di Ser Giovanni di Mone Cassai, dit Masaccio*** *(1401-1428).* En 1422, il se rend à Florence, où il s'inscrit à la corporation des médecins et pharmaciens. Il entre donc dans le cercle de Masolino et autres peintres florentins. Selon Léonard de Vinci, son art renouvelle la peinture florentine, qui déclinait après la mort de Giotto par de viles et stériles imitations du grand maître. Masaccio développe le travail sur le naturalisme : par son œuvre, nombreux sont ceux qui le considèrent comme l'inventeur de la perspective et, à ce titre, le premier peintre de la Renaissance italienne. Sa courte vie (il meurt à l'âge de 27 ans) lui permettra malgré tout de réaliser quelques chefs-d'œuvre, comme *La Trinité* à Santa Maria Novella à Florence et le polyptyque du Carmine de Pise (1426). Il meurt à Rome, après avoir accompli le polyptyque de Santa Maria Maggiore, *La Madone de la neige,* et les fresques de la chapelle du cardinal Branda Castiglione.

– ***Piero della Francesca*** *(vers 1416-1492).* Peintre et mathématicien toscan, il développe l'art de la perspective et de la géométrie. À l'âge de 16 ans, il rencontre le peintre Domenico Veneziano, qui l'emmène à Florence et qui le garde plusieurs années en tant qu'apprenti. Sa première œuvre date de 1445, un tableau d'autel à l'hôpital de Sansepolcro. Son talent reconnu partout, il devient l'un des portraitistes les plus appréciés de son temps : il fait le portrait du seigneur de Rimini, Sigismond Malatesta, et de sa quatrième épouse, Iseult. Pour l'anecdote, le puissant seigneur avait répudié sa première femme, empoisonné la deuxième et étranglé la troisième, et voulait par là même sceller son amour (ô combien éphémère) pour sa quatrième épouse ! Vers 1466, il achève les fresques du chœur de l'église Saint-François à Arezzo, *La Légende de la Sainte Croix.* Il réalise aussi les peintures religieuses de *L'Assomption* dans l'église Santa Chiara à Sansepolcro, sa ville natale, *Jésus devant Pilate* à la cathédrale d'Urbino (1469) et *Le Baptême du Christ,* aujourd'hui à la National Gallery. L'écrivain Vasari nous raconte que le peintre, frappé de cécité, dut interrompre sa carrière.

– ***Pietro Vannucci, dit le Pérugin*** *(vers 1448-1523).* L'art du peintre ombrien reflète l'intimité religieuse propre à sa région et les doux paysages du lac Trasimène. Originaire de Città della Pieve (Ombrie), il se déplace à Lucques puis à Florence, où il fréquente l'atelier d'Andrea del Verrocchio. Sa peinture va se distinguer par la conscience du paysage et la conquête de l'espace, grâce aux travaux élaborés avec Léonard de Vinci. En 1478, il réalise les fresques pour l'église du Cerqueto à Pérouse, tandis que son *Adoration des Mages* (1473) est conservée aujourd'hui à la Galerie nationale de l'Ombrie. Il travaille avec Botticelli à la décoration de la chapelle Sixtine, où il accomplit son œuvre la plus importante : *La Remise des clés à saint Pierre.* De retour dans sa région natale, il y restera jusqu'à sa mort tout en produisant encore quelques tableaux comme *Le Mariage de la Vierge* (1500-1504). Parmi ses œuvres majeures, citons les fresques du *Collegio del Cambio* de Pérouse. Il inspira l'iconographie religieuse jusqu'au XIXe s. Son jeune apprenti répondait au nom de Raphaël !

– ***Raffaello Sanzio, dit Raphaël** (1483-1520).* Célèbre peintre de la Renaissance, il naquit en Ombrie, à Urbino. Il fit d'ailleurs son apprentissage auprès du Pérugin, qu'il supplanta rapidement. Lors de son séjour à Florence, il assimila les études de Léonard de Vinci en matière d'anatomie, ainsi que les techniques de Michel-Ange. Appelé à Rome en 1508, il y devint le peintre officiel de la papauté et signa bientôt son œuvre majeure dans les trois *Stanze* du Vatican (1509-1511). Il peignit plusieurs Vierges, dont la plus célèbre est *La Madone à la chaise* (1514-1515). « Quand il ferma les yeux, la peinture devint aveugle », dit Vasari lorsque mourut Raphaël à Rome.

– ***Amedeo Modigliani** (Livourne 1884-Paris 1920).* En 1902, il entre à l'école libre du nu, à l'académie des beaux-arts de Florence. Il s'initie alors à la peinture impressionniste des « Macchiaioli » et fait connaissance avec le chef de file du mouvement, Giovanni Fattori. À partir de 1906, il s'installe à Paris et s'inspire de Toulouse-Lautrec, Cézanne ou encore Picasso pour tirer le portrait de ses amis (Blaise Cendrars, Jean Cocteau, Diego Rivera et autres « connaissances » de Montmartre). En 1910, il y découvre les arts primitifs au musée de l'Homme et se lance dans la sculpture, mais abandonne très vite car il a une santé fragile et ne supporte pas les poussières de pierre. Certes, Modigliani est un jeune homme maladif, mais sa vie dissolue n'arrange rien et il ne peut participer à la Première Guerre mondiale. En 1917, sa première exposition est un fiasco et elle est fermée pour outrage à la pudeur : le nu féminin est son autre domaine de prédilection, et cela fait scandale ! Cette année-là il rencontre Jeanne Hébuterne, l'amour de sa vie, qui se suicide en 1920 lorsqu'il meurt d'une méningite à 36 ans. Sa fille Jeanne écrira une biographie détaillée, intitulée *Modigliani : homme et mythe.*

– ***Gerardo Dottori** (1884-1977).* Un des artistes les plus importants du courant futuriste, il est surtout connu pour sa technique dite de « l'aéropeinture ». En 1904, il entre à l'académie des beaux-arts de Pérouse et adhère au mouvement futuriste en 1912, choix qui influencera toute son œuvre. Pendant la Grande Guerre, il écrit *Parole in libertà* (« Mots en liberté »), et à son retour des tranchées, il fonde la revue futuriste *Griffa.* De 1940 à 1947, il dirige l'académie des beaux-arts de Pérouse, qui l'a formé, et y enseigne jusqu'en 1967. Entre-temps, il signe le *Manifeste futuriste de l'aéropeinture* (1941) et tente de faire connaître son art et sa conception du paysage en Ombrie. Son œuvre est construite autour de perspectives aériennes, de formes qui semblent être en mouvement et de couleurs vibrantes. Dottori s'est toujours inspiré du paysage ombrien, et cela jusqu'à sa mort, en 1977.

L'école siennoise

– ***Duccio di Buoninsegna** (vers 1255-1318).* Peintre toscan considéré comme le fondateur de l'école siennoise. Son art est le point culminant du gothique en Italie, ce qui précède le ravissement de la Renaissance. Curieusement, nous pouvons retracer le parcours de cet artiste grâce à des amendes, mentionnées dans le registre de la commune de Sienne ! Dès 1278, il décore les tablettes de bois de la *Biccherna* à l'Office financier. Des commandes similaires suivent jusqu'en 1295, à l'exception des années 1280, ce qui permet d'établir sa participation aux travaux de décoration de la basilique supérieure Saint-François. À Assise, le peintre entre en contact, et en subit les influences, avec le savoir-faire de Cimabue. L'ascendant de ce dernier engendra l'erreur pour l'attribution de l'œuvre *La Madone Rucellai* (1285), que Vasari même avait allouée à Cimabue, mais qui revient à Duccio. Cette célèbre peinture, commanditée par la Compagnie des chantres de Santa Maria Novella, fait preuve d'une grande liberté dans le choix des couleurs et d'un début de logique des proportions, anticipant la démarche naturaliste. Toutefois, c'est en 1308, avec la création de *La Maestà* pour l'autel majeur de la cathédrale de Sienne, que l'artiste atteint sa plus haute gloire. Pour être sûre de son entier dévouement à l'œuvre, la commune lui verse une discrète somme d'argent et le contraint à jurer sur l'Évangile de respecter *bona fede sine fraude* (en v.f. « bonne foi sans fraudes ») les clauses de son contrat, le pacte étant alors scellé aux yeux de Dieu !

– ***Simone Martini*** *(vers 1284-1344).* Peintre originaire de Sienne, dont nous ne connaissons pas vraiment la formation artistique. Les critiques le supposent élève de Duccio di Buoninsegna, car ses premières œuvres présentent de fortes influences de cet artiste. En 1315, il réalise les fresques de *La Maestà* pour le Palazzo Pubblico de Sienne, ce qui prouve que, malgré sa jeunesse, il est déjà un artiste confirmé. D'ailleurs, il est cité par le poète Pétrarque qui l'imagine au paradis pour, ensuite, dessiner les traits de sa bien-aimée. Rappelez-vous, nous sommes en plein courant poétique de la femme-ange, aux hautes valeurs morales et à la pureté absolue ! Sa plus grande œuvre reste la décoration, par des fresques et des vitraux, de la chapelle de San Martino dans la basilique inférieure Saint-François à Assise (vers 1317). Ce travail représente une alliance parfaite entre les valeurs laïques et religieuses, considérée alors comme la plus haute expression de valeurs courtoises et chevaleresques.

Quelques noms de la sculpture

– ***Donatello*** *(1386-1466).* Il fait ses premiers pas dans le contexte de la sculpture florentine, et se lie d'amitié avec Brunelleschi. Tous deux partent ensemble pour Rome, afin d'étudier l'art classique. L'expérience acquise lors de ce voyage se développe dans ses compositions, telles que la statue de *Saint Jean l'Évangéliste* (1415), celle de *Saint Georges* (1416) ou le *Sacrifice d'Isaac* pour le Campanile. En 1425, il ouvre un atelier avec Michelozzo : leur partenariat produira les fonts baptismaux de Sienne et les tombeaux de l'antipape Jean XXIII et du cardinal Brancacci. Ses derniers chefs-d'œuvre sont le *David* (vers 1430) et la *Cantoria* (1439). Toujours à Florence, il s'occupera de la décoration de la Sagrestia Vecchia de San Lorenzo (1435-1443) avant de se déplacer à Padoue, ville où il restera une dizaine d'années. Lorsqu'il revient à Florence, c'est un vieil homme, certes, mais il poursuit son activité.

– ***Michelangelo Buonarotti, dit Michel-Ange*** *(1475-1564).* Cet artiste polyvalent pourrait être cité dans chacune de nos rubriques artistiques, car il a déployé ses talents tour à tour en peinture, sculpture et architecture ! Ses principales sculptures sont la *Pietà* (1499), le *David* et les *Esclaves,* statue destinée au tombeau de Jules II mais aujourd'hui conservée à la Galerie de l'Académie à Florence.

Quelques noms de l'architecture

– ***Filippo Brunelleschi*** *(1377-1446).* Il donne naissance à la figure moderne de l'architecte, qui dessine et exécute le projet. Il entreprend tout d'abord une formation d'orfèvre et de sculpteur dans un atelier florentin, pour se démarquer en 1401 en remportant, ex æquo avec Lorenzo Ghiberti, le concours pour la porte du baptistère. Quand le travail est finalement confié à Ghiberti, il part à Rome étudier l'art classique avec son ami Donatello. En 1404, il entre dans la corporation des Orfèvres, mais son goût pour les maths et pour l'étude des monuments anciens le conduit vers l'architecture ! Ainsi, il travaille pour la coupole de l'église Santa Maria del Fiore, dont il gagne le concours en 1418. Il s'occupe ensuite de l'hôpital des Innocents (1419), de la chapelle des Pazzi (1429) et des sacristies des églises San Lorenzo (1420) et Santo Spirito (1435), sans oublier le Ponte a Mare de Pise.

– ***Michelozzi Michelozzo di Bartolomeo*** *(1396-1472).* Disciple de Brunelleschi, il travaille à l'atelier de Ghiberti pendant la composition de la porte nord du baptistère, avec Donatello. L'enseignement de Brunelleschi et sa formation de sculpteur lui permettent d'apprendre les deux grandes notions de l'architecture : la perspective et l'utilisation des arcades. En voulant exploiter ce talent, Cosme l'Ancien lui commande la construction de son propre palais (palais Medici-Riccardi, 1444-1459), ainsi que la restructuration du couvent dominicain San Marco. L'édification du palais avait d'abord été confiée à Brunelleschi, mais Cosme refusa les plans du maître pour accepter ceux de Michelozzo, au dessin plus sobre. Quand l'élève dépasse le maître... le modèle du palais florentin à trois niveaux voit le jour ! Ses autres œuvres sont les villas médicéennes aux alentours de Florence, celles de Trebbio, Cafaggiolo et Careggi, qui donnent aux châteaux médiévaux une interprétation architecturale renaissante.

Petite chronologie artistique

- ***1063 :*** construction du Duomo de Pise.
- ***1153 :*** construction du baptistère à Pise.
- ***1173 :*** construction de la tour de Pise.
- ***1228 :*** Grégoire IX commande la construction de la basilique à Assise.
- ***1240 :*** naissance de Cimabue.
- ***1255 :*** naissance de Duccio di Buoninsegna.
- ***1265 :*** *Crucifix* de S. Domenico à Arezzo, par Cimabue.
- ***1266 :*** naissance de Giotto.
- ***1278 :*** Duccio décore les tablettes de bois à la Biccherna, à Sienne.
- ***Vers 1280 :*** Cimabue décore la basilique inférieure d'Assise.
- ***1284 :*** naissance de Simone Martini.
- ***1285 :*** réalisation de la *Madone Rucellai* de Duccio.
- ***1290 :*** construction de la cathédrale d'Orvieto.
- ***1296 :*** Giotto réalise les fresques de *L'Histoire de saint François* à Assise. Construction du Duomo à Florence.
- ***1302 :*** mort de Cimabue.
- ***1308 :*** la *Maestà* de Duccio.
- ***1315 :*** les fresques de la *Maestà* au Palazzo Pubblico de Sienne, par Simone Martini.
- ***Vers 1317 :*** les fresques de Simone Martini à la basilique inférieure Saint-François, à Assise.
- ***1318 :*** mort de Duccio di Buoninsegna.
- ***1320 :*** les fresques de Giotto commencent à la chapelle Bardi. Début de la construction de la cathédrale Santa Maria del Fiore à Florence, avec Giotto comme maître d'œuvre.
- ***1334 :*** Giotto est nommé contremaître pour l'église Santa Maria del Fiore, à Florence.
- ***1337 :*** mort de Giotto.
- ***1338 :*** fresques d'Ambrogio Lorenzetti au Palazzo Pubblico de Sienne.
- ***1344 :*** mort de Simone Martini.
- ***1377 :*** naissance de Filippo Brunelleschi.
- ***1378 :*** naissance de Lorenzo Ghiberti.
- ***1386 :*** naissance de Donatello.
- ***1396 :*** naissance de Michelozzo.
- ***1397 :*** naissance de Paolo Uccello.
- ***Vers 1400 :*** naissance de Fra Angelico.
- ***1401 :*** naissance de Masaccio. Ghiberti remporte par concours la porte nord du baptistère à Florence, puis la troisième en 1425 (surnommée la « porte du Paradis » par Michel-Ange).
- ***1415 :*** statue de *Saint Jean l'Évangéliste* par Donatello.
- ***Vers 1416 :*** naissance de Piero della Francesca.
- ***1419 :*** construction de l'hôpital des Innocents par Brunelleschi.
- ***1420 :*** Brunelleschi commence la construction de la coupole du dôme de Florence (terminée en 1438).
- ***1425-1428 :*** fresques de la chapelle Brancacci dans l'église du Carmine à Florence par Masalino et Masaccio.
- ***1426 :*** Masaccio réalise le polyptyque du *Carmine* à Pise.
- ***1428 :*** mort de Masaccio.

– ***1429 :*** construction de la chapelle des Pazzi à l'église Santa Croce par Brunelleschi.
– ***Vers 1430 :*** le *David* de Donatello.
– ***1434 :*** *Le Couronnement de la Vierge* de Fra Angelico.
– ***1435 :*** Donatello commence la décoration de la Sagrestia Vecchia de San Lorenzo à Florence. Construction de l'église Santo Spirito par Brunelleschi.
– ***1436 :*** fresque du *condottiere* John Hawkhood de Uccello. Sassetta peint les scènes de *La Vie de saint Antoine* à la pinacothèque de Sienne.
– ***1440 :*** fresque du couvent San Marco par Fra Angelico.
– ***1444 :*** Michelozzo entreprend la construction du palais Medici-Riccardi (terminé en 1459).
– ***1445 :*** naissance de Botticelli à Florence.
– ***1446 :*** mort de Filippo Brunelleschi.
– ***1447 :*** fresques de Fra Angelico à la cathédrale d'Orvieto.
– ***Vers 1448 :*** naissance du Pérugin.
– ***1452 :*** naissance de Léonard de Vinci. Achèvement des portes du baptistère de Florence par Ghiberti.
– ***1455 :*** mort de Lorenzo Ghiberti et de Fra Angelico.
– ***1466 :*** mort de Donatello. Fresques de Piero della Francesca à l'église San Francesco à Arezzo.
– ***1468 :*** *L'Adoration des Rois mages* par Botticelli.
– ***1469 :*** *Jésus devant Pilate* de Piero della Francesca.
– ***1473 :*** *L'Adoration des Mages* du Pérugin.
– ***1475 :*** naissance de Michel-Ange.
– ***1478 :*** le Pérugin réalise les fresques pour l'église du Cerqueto.
– ***1481 :*** *La Remise des clés à saint Pierre* du Pérugin.
– ***1483 :*** naissance de Raphaël, à Urbino.
– ***1485 :*** *La Naissance de Vénus* de Botticelli.
– ***1492 :*** mort de Piero della Francesca.
– ***1499 :*** Michel-Ange termine la *Pietà*.
– ***1500-1504 :*** le Pérugin peint *Le Mariage de la Vierge*.
– ***1500-1506 :*** retour de Léonard de Vinci à Florence, où il peint *La Joconde*.
– ***1501-1504 :*** Michel-Ange sculpte le *David*.
– ***1514-1515 :*** *La Madone à la chaise* par Raphaël.
– ***1519 :*** mort de Léonard de Vinci.
– ***1520 :*** mort de Raphaël.
– ***1523 :*** mort du Pérugin.
– ***1530 :*** *Vierge à l'Enfant* de Michel-Ange à la chapelle Médicis de l'église San Lorenzo, à Florence.
– ***1564 :*** mort de Michel-Ange.
– ***1600 :*** essor de l'art baroque.
– ***1603 :*** *La Fuite en Égypte* par Annibal Carrache.
– ***1606 :*** le Caravage fait scandale avec son tableau *La Mort de la Vierge*.
– ***1625 :*** *Apollon et Daphné* par le Bernin.
– ***1637 :*** la Chiesa d'Ognissanti, à Florence, est achevée dans le pur style baroque florentin ; fresques du palais Pitti par Pierre de Cortone.
– ***1684-1686 :*** *La Création de l'homme,* fresque du palazzo Riccardi à Florence par Luca Giordano.
– ***1700 :*** naissance de l'art rococo en Italie. En Toscane et à Rome, le baroque continue de dominer.
– ***1752 :*** *Allégorie des planètes et des continents* par Giambattista Tiepolo.
– ***1770 :*** mort de Tiepolo et épanouissement du néoclassicisme.
– ***1779 :*** *Dédale et Icare,* sculpture de Canova.
– ***1804-1810 :*** *Mausolée de Vittorio Alfieri,* en l'église Santa Croce à Florence, par Antonio Canova.
– ***1848 :*** création du mouvement des Macchiaioli à Florence.

– ***1866 :*** *La Rotonda di Palmieri* par Giovanni Fattori.
– ***1870 :*** réaménagement des murailles de Lucques en jardins par Élisa Baciocchi (sœur de Napoléon).
– ***1878 :*** *Le train passe* par Giuseppe de Nittis.
– ***1884 :*** naissance de Gerardo Dottori et d'Amedeo Modigliani.
– ***1910 :*** essor du futurisme ; Giorgio De Chirico et sa peinture métaphysique.
– ***1917 :*** première exposition des portraits et des nus de Modigliani, fermée pour « indécence ».
– ***1924 :*** *Aeropeinture* de Gerardo Dottori.
– ***1967 :*** création du mouvement de l'Arte Povera. Exposition « Oggetti in meno » (« Objets en moins ») de Michelangelo Pistoletto.

PERSONNAGES

Panthéons toscan et ombrien

La Toscane et l'Ombrie n'ont pas été avares de personnages hauts en couleur. Il n'y eut pas que les Médicis et les artistes de la Renaissance qui naquirent sur ces terres bénies des dieux et des muses.
– ***Saint Valentin*** *(mort en 268).* Martyr né à Terni. Le patron des amoureux, refusant de désavouer sa foi, fut livré au supplice par les Romains avec d'autres chrétiens. Pour ceux qui ne le sauraient pas (ou qui auraient encore oublié !), sa fête est le 14 février.
– ***Saint Benoît*** *(480-547).* Né à Nursie, au pied des Apennins, il est le fondateur du monachisme occidental, et en particulier de l'ordre des Bénédictins. Élevé dans une famille de nobles romains, il se rend à Rome, qu'il déteste, par peur de « tomber dans l'abîme des vices »... À la recherche de la solitude, il se retire dans la grotte du Sagro Speco avant de fonder l'ordre des Bénédictins vers 529 à Monte Cassino. Selon les chroniqueurs, Benoît avait des dons pour faire des miracles et des prophéties. La règle des bénédictins se résume ainsi : « Prie et travaille. » Sa fête est le 11 juillet.
– ***Saint François d'Assise*** *(1182-1226).* Fils d'un riche drapier, il ne semblait pas vraiment destiné à passer à la postérité comme chantre de la pauvreté et de l'humanité. Né à Assise, il eut une jeunesse turbulente et mondaine, menant la « dolce vita ». Blessé et fait prisonnier à l'issue d'une guerre avec Pérouse, il découvre sa vocation. Pieds nus, une simple étoffe sur le dos, une corde pour ceinture, il passera désormais sa vie à prêcher et à recruter des fidèles. Surnommé *Il Poverello,* marié à « Dame Pauvreté » il aida sainte Claire à fonder l'ordre des Clarisses et créa bien évidemment le sien : les frères mendiants, devenus plus tard les franciscains. Très mystique, saint François serait même parvenu à parler aux oiseaux et reçut les stigmates du Christ. Il appelait les oiseaux « mes frères ailés ». Il rachetait parfois avec ses habits une brebis que l'on conduisait au boucher. Une cigale habitait sur une branche d'un figuier près de sa maison. Il l'appelait, elle venait se poser sur sa main. Pour prier le matin, il ordonnait le silence aux hirondelles, et elles se taisaient... Il fut canonisé en 1228. Sa fête est le 4 octobre, ce jour étant aussi celui de la Journée mondiale des animaux (en souvenir de l'amour qu'il leur portait).
– ***Durante Alighieri, dit Dante*** *(1265-1321).* Originaire de Florence et grand poète devant l'Éternel. Son inspiration lui vint d'une femme, Béatrice, qu'il idéalisa. Il la vit une fois dans sa vie et ne lui adressa même pas un mot, mais Dante en fut follement amoureux toute sa vie. La mort prématurée de celle-ci donna le jour à la *Vita nuova,* alternant lettres intimes et poèmes. Mêlé à la vie politique, comme Machiavel bien plus tard, il devint successivement membre du Conseil des Cent, prieur et ambassadeur. Puis il fut banni, tout comme Machiavel mais au lieu de se fixer, il entama une vie d'errance entre plusieurs villes italiennes. Il

rédigea alors *Le Banquet,* et surtout de nombreuses épîtres exhortant les Italiens à mettre fin à leurs querelles permanentes. Condamné à l'exil, il eut tout le loisir de peaufiner son chef-d'œuvre, *La Divine Comédie.* Poème épique en trois volets (*L'Enfer, Le Purgatoire* et *Le Paradis*), il est la consécration parfaite et aboutie de l'humanisme chrétien au XIIIe s. Sa tombe se trouve près du couvent franciscain de Ravenne où Dante passa la fin de sa vie. La ville de Florence, sa ville natale, réclame toujours les restes du grand écrivain mais Ravenne refuse de céder à leur demande... du coup Florence se contente de fournir l'huile nécessaire à l'alimentation de la lampe du tombeau...

- ***Pétrarque*** *(1304-1374).* Francesco Petrarca représente à merveille la Renaissance franco-italienne, humaniste et esthétique. Originaire d'Arezzo, il vit d'abord à Carpentras (non loin d'Avignon, où résident alors les papes), se réfugie à Fontaine-de-Vaucluse en 1338, « centre de sa vie émotive et intellectuelle », puis il part continuer ses études à Montpellier. Il délaisse le droit pour la poésie, il écrit et voyage beaucoup entre la France du Midi, les Flandres, la Rhénanie et sa Toscane natale. Son *Canzoniere,* recueil de poésie lyrique en italien, devient le modèle de la poésie courtoise en Italie et en France (Ronsard s'en inspire pour composer ses *Sonnets pour Hélène,* par exemple). Il reçoit la couronne de laurier offerte aux grands poètes. Paris et Rome se le disputent. Il opte pour Rome. Il est admiré, célébré, récompensé, un poète heureux et comblé par les honneurs et le succès, non seulement en Italie mais dans toute l'Europe. À la mort en 1348 de sa muse française, Laure de Noves, il cesse de voyager, devient ambassadeur des Visconti, vit à Milan, Padoue et Venise (1362), où il passe 5 ans. Enfin, en 1367, il se retire à Arqua près de Padoue. Il y passe la fin de sa vie. Il y meurt en 1374 d'une crise d'apoplexie. Sa fille le retrouve la tête reposant sur un livre ouvert...

LE GÉNIE DES MUSES

Béatrice pour Dante, Laure de Noves pour Pétrarque, Simonetta Vespucci pour Botticelli, elles furent des muses au sens grec du mot, c'est-à-dire des inspiratrices de génie. De ces passions platoniques, de ces feux d'amour courtois pour des femmes quasi invisibles et irréprochables, sont nés des chefs-d'œuvre comme La Divine Comédie *et* le Canzoniere. *La relation de Pétrarque et de Laure est du même ordre que celle de Don Quichotte et de sa Dulcinée, Tristan et Yseult, Héloise et Abélard. Pouvoir occulte des femmes, creuset de l'inspiration artistique !*

La ville se nomme aujourd'hui Arqua Petrarca et on y voit sa tombe et sa maison. L'influence de Pétrarque est telle qu'elle a donné naissance au « pétrarquisme », forme littéraire et vision particulière de l'amour. La reine Christine de Suède lui voua une admiration aveugle : « grand philosophe, grand amoureux et grand poète ». Plus proches de nous, Châteaubriand, Victor Hugo, Aragon et Picasso ont loué aussi son génie.

- ***Boccace*** *(1313-1375).* Giovanni Boccaccio serait né à Certaldo Alto, au centre de la Toscane, d'une riche famille de négociants. Certains pensent qu'il serait né à Paris où son père avait des affaires, d'une union illégitime de celui-ci avec une dame de la noblesse française... Boccacio fait des études de commerce et de droit, mais semble plus doué pour la dolce vita de la cour de Robert d'Anjou. Son père le rappelle pour l'aider à Florence. Finies les jolies filles ! Son expérience servira de cadre à son chef-d'œuvre, *Le Décaméron,* qu'il rédige certainement entre 1349 et 1353. L'ouvrage est présenté sous forme de nouvelles que se racontent en 10 jours 10 jeunes gens *(la onesta brigata)* ayant fui la peste, réfugiés dans une enceinte protégée. Chacune des 100 nouvelles, presque des contes, met en place dans une nature bien présente toutes sortes de personnages, souvent ecclésiastiques, dans des positions tant physiques que morales assez délicates, ou peu conformes aux règles de la société. Boccace commencera à regretter son œuvre proche de la licence lors d'une crise mystique (c'était la mode dans la région à cette époque). Son ami Pétrarque le dissuadera de la renier. Boccace commentera *La Divine Comédie* de Dante, et ce jusqu'à sa mort. Pasolini a superbement adapté à l'écran quelques contes du *Décaméron*.

– ***Sainte Catherine de Sienne*** *(1347-1380)*. Caterina Benincasa, issue d'une famille de teinturiers, aurait eu 24 frères et sœurs ! Ses visions, apparues dès son plus jeune âge, lui font penser qu'elle a une mission à accomplir ici-bas. En attendant son heure, elle entre au couvent et soigne les pestiférés. Sa mission consiste à convaincre le pape d'Avignon, Grégoire XI, de revenir à la maison... Rome, bien sûr ! Ce qu'il fait en 1377. Enterrée à Rome, Catherine est canonisée par un pape (Pie II) compatriote de Sienne en 1461. Puis, en 1939, Pie XII lui donne le titre de patronne de l'Italie, et en 1970, Paul VI celui de docteur de l'Église. Ironie du destin : Catherine ne savait pas écrire et dictait à 5 secrétaires ses paroles inspirées lors de ses crises d'extase et de transe. Ainsi est né son livre majeur, le *Dialogue ou Traité de la Divine Providence*. Dans ce traité mystique, elle est la première mystique à classifier les larmes humaines en 5 catégories bien distinctes ! Sa fête est le 29 avril.

– ***Sainte Rita de Cascia*** *(1381-1457)*. Née à Roccaporena, près de Cascia (région de Pérouse), Rita s'est senti toute jeune une vocation religieuse mais fut contrainte au mariage par ses parents. Après la mort violente de son mari et de ses fils, elle fut admise au couvent des augustines. La réputation de ses miracles lui valut le surnom de « sainte des causes désespérées ». Les gens accouraient pour la voir, car lui parler suffisait à régler les problèmes les plus compliqués. Elle reçut les stigmates du Christ : une épine dans le front qui, s'infectant, causa sa mort. Elle fut canonisée au XXᵉ s. Sa fête est le 22 mai.

– ***Savonarole*** *(1452-1498)*. Originaire de Ferrare, il entre jeune dans les ordres et devient dominicain. Écœuré par la corruption ambiante, il passe son temps à prêcher. Bologne le chasse. Il se réfugie à Florence, où ses prêches attirent les foules. Lorsque les Français entrent dans la ville en 1494 et que Pierre le Malchanceux (un Médicis) s'enfuit, il profite du pouvoir vacant pour installer sa théocratie. Dieu devient la source de toute loi. Il est nommé roi de Florence, et les écrits et tableaux licencieux sont brûlés sur des « bûchers des vanités » (qui feront des émules durant plusieurs siècles). Naturellement, une fois confronté au pape Borgia, il est excommunié. Mais il continue de plus belle ses critiques sur la curie. Sa vie se termine sombrement : arrêté, puis jugé pour hérésie, il est condamné à mort et brûlé sur la place publique.

LE BÛCHER DES VANITÉS

Vers 1490, Savonarole, le prédicateur fou, exigea que l'on brûlât ce qui représentait (pour lui) la vanité des hommes : robes, bijoux, parfums, portraits de femmes... Botticelli, lui-même fanatisé, brûlera plusieurs de ses toiles. Le célébrissime Printemps *en réchappa de justesse.*

– ***Amerigo Vespucci*** *(1454-1512)*. Né à Florence, il est célèbre pour son prénom légué à l'Amérique ! Il travailla aux côtés du royaume de Portugal et de Castille. Son oncle, proche du clan Médicis, est envoyé à Paris en 1478 comme secrétaire d'ambassade. Amerigo l'accompagne. Son séjour parisien lui permet alors de rencontrer un certain Bartolomé Colomb, venu solliciter une aide financière auprès du roi Louis XI pour son frère, un certain Christophe... avec un projet de découverte d'une nouvelle route pour les Indes. De retour dans sa ville natale, le Florentin se met au service des Médicis, qui l'envoient quelques mois plus tard à Séville, comme commissaire aux comptes. Les Médicis, au sommet de leur puissance, étaient désireux d'établir des contacts commerciaux avec l'Andalousie. Amerigo Vespuccci s'avère être le négociateur idéal. Il noue à cette époque des relations amicales avec Christophe Colomb, à son retour de ses premières découvertes

en 1493. Frustré de son emploi de bureau, Vespucci naviguera par la suite au service du roi de Castille et du roi Manuel Ier du Portugal le long des côtes de l'actuelle Amérique du Sud. Il est surtout l'un des premiers à avoir compris que Christophe Colomb avait découvert un autre continent. Il va retourner le génie de Colomb à son profit...
Jaloux de Colomb, avide de reconnaissance et de pub autour de son nom, Vespucci publia un récit sur la découverte d'un nouveau monde tandis que Colomb en disgrâce était reclus et enchaîné à Valladolid. Les moines de l'abbaye de Saint-Dié (Lorraine) furent les premiers à recevoir ce livre et à le comprendre. Ne sachant pas comment nommer ce nouveau continent, ils choisirent le prénom de l'auteur : Amerigo a donc donné son nom à l'Amérique alors qu'il n'en est pas le découvreur... Une immense erreur historique irréparable et injuste car cette terre, l'Amérique, aurait du s'appeler la Colombique... ou la Christophique... en hommage à Colomb. Vespucci meurt en 1512 à Séville, sans doute des conséquences de la peste qui y sévit en 1510.
– ***Pic de La Mirandole*** *(1463-1494).* L'homme universel de cette époque est bien Giovanni Pico della Mirandola. Né à Mirandola (province de Modène), doué pour les études et doté d'une mémoire phénoménale, il aborda avec succès tous les sujets : philosophie, sciences, littérature, mathématiques et arts. Ses connaissances lui donnèrent une vision globale du monde, où toutes les sciences et les philosophies connues convergeaient vers le christianisme. Ses 900 thèses furent condamnées par la curie, comme les œuvres de Galilée... Trop avant-gardiste. Il écrivit également des poèmes en toscan. Laurent le Magnifique le protégea de l'Inquisition, mais il mourut empoisonné par son secrétaire. Il n'avait que 31 ans ! C'est Savonarole qui prononça l'oraison funèbre. Sa tombe se trouve dans la basilica di San Marco à Florence. Pic de La Mirandole reste le symbole de la connaissance encyclopédique. Le mouvement philosophico-métaphysique d'origine américaine, le New Age, le cite comme un de ses auteurs de référence.
– ***Machiavel*** *(1469-1527).* Niccolò Machiavelli est né à Florence, où son père était médecin. Il fut le témoin du règne glorieux de Laurent le Magnifique, de l'arrivée des Français et de la théocratie de Savonarole. Après de sérieuses études de droit, il devient chef de la chancellerie de la ville à la mort de Savonarole ; à ce titre, il fréquente toutes les cours d'Italie et de France. Mis en disgrâce en 1512, lors du renversement de la république par les Médicis, il se réfugie avec sa famille dans la propriété de son père. Il met à profit son temps libre et ses connaissances pour rédiger le best-seller planétaire des hommes de pouvoir, *Le Prince* (1513). Sa tombe se trouve dans l'église Santa Croce (« Panthéon des gloires italiennes ») à Florence à côté de Galilée, et Michel-Ange. La plupart des hommes d'État occidentaux ont surtout retenu la notion de raison d'État... qui les arrangeait bien.

UNE RÉPUTATION INJUSTE

Machiavel a un nom évoquant le cynisme en politique. En fait, il n'a jamais cherché le pouvoir personnel. Ses penchants politiques vont plutôt vers l'humanisme même s'il sut décrire l'absolutisme. Assez mal vu par les puissants, il mourut d'ailleurs dans le dénuement.

– ***Galilée*** *(Pise 1564-près de Florence 1642).* Astronome, opticien et mathématicien, Galilée fait partie de ces derniers savants qui maîtrisaient plusieurs sciences. En perfectionnant la lunette optique, il se rendit compte que la Terre tournait autour du Soleil. Selon la Bible, la Terre est immobile. Aïe ! Il fut jugé puis condamné à la prison à perpétuité. Sa peine fut commuée ensuite en résidence surveillée dans sa villa d'Arcetri, près de Florence où il passa la fin de sa vie. La papauté mit plus d'un siècle pour que ses partisans puissent enfin s'exprimer. Il faudra attendre le concile Vatican II (1962 !) pour que Galilée soit lavé de toute accusation.

– ***Giacomo Puccini*** *(1858-1924).* Né à Lucques (Lucca), issu d'une famille de longue tradition musicale de cinq générations de musiciens. Après la mort de son père, alors qu'il est seulement âgé de 5 ans, il est envoyé pour étudier auprès de son oncle, qui le considère comme un élève peu doué et indiscipliné. L'inspiration pour l'opéra lui vient lors d'une représentation de l'*Aïda* de Verdi à Pise en 1876. Après des études au conservatoire de Milan, il participe à un concours d'écriture pour un opéra en un acte mais ne remporte pas le prix avec *Le Villi.* C'est à cette époque qu'il rencontre Elvira, qui deviendra sa femme et la mère de son fils Tonio. Suivra l'écriture de ses grands succès : *Manon Lescaut, La Bohème* (considéré comme l'un des meilleurs opéras romantiques), *Tosca* (une première approche du vérisme) et *Madame Butterfly,* qui fut accueilli avec une grande froideur lors des premières représentations. Puis son activité ralentit et, en 1903, il est blessé à la suite d'un accident de voiture qui le rendra boiteux. En 1909 éclate un scandale : sa domestique se suicide en raison d'une accusation d'Elvira d'avoir eu une relation avec lui. Dix ans plus tard, il réalise le triptyque *Il Trittico,* regroupant un épisode d'horreur, une tragédie sentimentale et une farce. Il meurt à Bruxelles des suites cardiaques dues à un cancer de la gorge. *Turandot,* son dernier opéra, demeure inachevé. En 2001, un nouveau final sera réalisé par Luciano Berio.

– ***Roberto Benigni*** *(né en 1952).* Bouffon comique, volubile, délirant et irrévérencieux, il est originaire de Castiglion Fiorentino. Il a tourné quelques scènes de *La vie est belle* à Arezzo. Avant ce film, qui lui a valu le grand prix du jury à Cannes et trois oscars, il a réalisé d'autres films moins connus en France et a tourné dans de nombreux films, notamment avec Fellini *(La Voce della Luna)* ou des films américains, avec Jim Jarmusch *(Down by Law).* On l'a vu dernièrement à l'écran dans *Astérix et Obélix contre César.*

– ***Monica Bellucci*** *(née en 1969).* La belle Monica voit le jour à Città di Castello, dans la haute vallée du Tibre. Elle se lance dans une carrière de mannequin pour financer ses études de droit, qu'elle abandonne pour signer avec une agence prestigieuse. S'orientant vers la comédie, elle rencontre Francis Ford Coppola, qui lui donne un rôle dans *Dracula* (1992). Après quelques films en Italie, elle arrive en France. En 1996, elle joue dans *L'Appartement* de Gilles Mimouni, aux côtés de son ex-époux, Vincent Cassel. Elle est nommée pour ce rôle au césar du meilleur espoir féminin. Depuis, elle alterne les films français et américains, tels *Suspicion* avec Stephen Hopkins, *Doberman* de Jan Kounen, *Mission Cléopâtre* d'Alain Chabat, *Matrix Reloaded* des frères Wachowski, *La Passion du Christ* de Mel Gibson, *Combien tu m'aimes ?* de Bertrand Blier, *Le Tigre et la Neige* de et avec Roberto Benigni... En 2008, elle est à l'affiche d'*Une histoire italienne,* présenté hors compétition à Cannes, et incarne l'actrice Luisa Ferida compromise avec le fascisme. Depuis, elle enchaîne film sur film : *Ne te retourne pas,* de Marina De Van en 2009, *L'Apprenti sorcier* en 2010, *L'Amour a ses raisons* en 2011, *Un été brûlant* de Philippe Garrel la même année, *Des gens qui s'embrassent* de Danielle Thompson en 2013 et bientôt dans le prochain film d'Emir Kusturica.

POPULATION

« **Méfiez-vous des gens qui ont tout compris de l'Italie, ils sont sûrement mal informés.** »

Jacques Nobécourt, Le Monde

L'Italie, pays vieillissant ? L'image persistante de ribambelles d'enfants jouant sur les places des villages ne sera-t-elle bientôt plus qu'un cliché ? À en croire les recensements, le vieillissement de la population touche la péninsule de façon alarmante. En 2014, l'annuaire statistique publié par l'Istat (Institut supérieur de statistiques italiennes) donne une population totale de 61 680 122 d'habitants.

Il démontre que la population italienne continue à augmenter faiblement bien que l'accroissement annuel soit de moins 0,12 %. Cette croissance s'opère par conséquent « sous l'effet des flux migratoires ». L'Italie peut en effet compter sur ses quelque 4 600 000 étrangers (dont 1 000 000 en situation irrégulière). Le retour d'anciens émigrés et l'afflux de travailleurs ou de réfugiés issus de Roumanie (la population étrangère la plus forte), d'Albanie (n° 2), du Maroc (n° 3), de Chine (n° 4), d'Ukraine, de Philippines ou encore de Tunisie contribuent ainsi à combler le solde naturel négatif du pays.
Avec un taux de fécondité faible (1,42 enfant par femme) et une espérance de vie qui s'allonge (83 ans pour les femmes, 77 ans pour les hommes), la moitié de la population italienne risque d'avoir plus de 65 ans dans un quart de siècle ! En 2014, environ 21 % de la population italienne a plus de 64 ans. Le changement des mentalités est l'une des principales causes de ce déclin démographique. La famille nombreuse a perdu son aura chez des jeunes qui commencent à travailler de plus en plus tard et qui, face à la difficulté de trouver un logement, restent chez papa-maman jusqu'à la trentaine. À cela s'ajoutent le déclin religieux, l'augmentation du nombre de femmes à exercer un emploi et aussi le fait que l'État n'accorde aucune espèce d'allocation familiale... Mais si les nouvelles conditions de vie font qu'il y a de moins en moins de bébés, l'enfant reste roi dans ce pays culturellement maternel.

RESTAURANTS – ALIMENTATION

La Toscane et l'Ombrie regorgent de bonnes petites adresses. Certaines perdurent, d'autres disparaissent d'une année sur l'autre... Certains restaurants n'acceptent toujours pas les cartes de paiement (les *osterie* notamment), mais c'est rare. Dans les établissements qui marchent bien et en haute saison, pensez à réserver le soir (si vous ne voulez pas faire le pied de grue sur le trottoir...).

Où manger ?

Rosticceria

Correspond au traiteur français, vend des plats à consommer le plus souvent debout au comptoir ou à emporter. Mais il y a parfois quelques tables et chaises pour soulager les jambes fatiguées. Autre bon plan, quoiqu'un peu plus cher, les épiceries pleines de bons produits et pouvant vous confectionner un délicieux sandwich.
– Petit conseil : les paninis sont incontestablement meilleurs réchauffés, le plaisir du pain toasté et du fromage fondant valent bien quelques minutes de patience.

Tavola calda

C'est un endroit où l'on sert une restauration rapide, offrant un nombre assez limité de plats déjà cuisinés à un prix très abordable. Une sorte de cantine ou self, en quelque sorte.

Pizzeria

Les vraies *pizzerie* possèdent un four à bois, généralement allumé que le soir. Il y a des *pizzerie* où l'on consomme assis et d'autres où l'on peut également emporter. On peut acheter des tranches de pizzas dans certaines boulangeries *(panetterie)*, qui ne sont franchement pas mauvaises.

Trattoria

Restaurant à gestion (théoriquement) familiale. Comparable au bistrot du coin français en quelque sorte, proposant une cuisine faite maison (*casareccia* ou *casalinga*). La carte offre un choix restreint de plats (une poignée d'entrées, quatre plats de pâtes, trois ou quatre viandes), garantissant une plus grande fraîcheur de la cuisine, se montrant alors très goûteuse...

Osteria

À l'origine, un endroit modeste où l'on allait pour boire et qui proposait un ou deux plats pour accompagner la boisson... L'appellation a été reprise par des restaurateurs (transformée parfois en « *hosteria* » pour faire plus chic) pour donner un goût d'antan tout en appliquant des tarifs plus modiques... On peut le comparer à nos brasseries.

Ristorante

Correspond au resto gastronomique. Dans cette catégorie, on trouve tout et son contraire, surtout la note salée en fin de repas. C'est souvent le cas des établissements servant les spécialités locales. Attention à ne pas vous laisser appâter par la déco guindée, par la terrasse avec vue plongeante ou par les serveurs rabatteurs.

Cafés

Les Italiens consomment plutôt debout au comptoir après avoir acquitté le montant (bien moins cher qu'en France) de leur boisson à la caisse à l'entrée. On économise ainsi le service. Le café est toujours majoré quand on s'assoit. Au comptoir, c'est 0,80 € à 1 €. Assis, ça peut monter à 2 €, voire 2,50 €.

Enoteca (bar à vins)

On y mange et on y boit. Les œnothèques s'enorgueillissent d'une riche sélection de vins, servis au verre ou à la bouteille, ainsi que d'un excellent choix (en général) de fromages et de charcuteries. Certaines se révèlent être de véritables restos. D'autres accueillent les œnophiles à l'heure de l'apéro, pour grignoter au comptoir, un verre à la main. C'est vraiment le meilleur moyen de découvrir les vins de la région. Chaque année, de nouvelles adresses apparaissent sur la scène florentine, témoignant du succès de cette formule, idéale selon nous pour un déjeuner rapide et relativement économique (autour de 10 € le verre et ses accompagnements)... Ils ont poussé comme des champignons après la pluie, mais attention, ils ne sont pas tous recommandables. On a repéré pour vous quelques bonnes adresses.

Et l'*aperitivo* ?

Une formule magique pour marier tous les plaisirs à moindres frais ! À l'heure fatidique de l'*aperitivo* (on ne vous fera pas l'injure d'une traduction littérale), certains établissements ont eu l'idée géniale de proposer un buffet de petits plats typiques accessibles dès le premier verre de vin payé. À l'origine, c'est la région Piémont qui a lancé cette joyeuse initiative. Le succès est tel que tout le monde s'y est mis. Très convivial, nourrissant et nettement meilleur qu'un bol de cacahuètes !

Les marchés alimentaires et supermarchés

Véritable institution dans les villes et villages italiens, le *mercato* a lieu une à plusieurs fois par semaine. On y trouve les excellents produits du terroir local : charcuterie, fromages, vins, miel, fruits, légumes, etc., mais aussi des petits traiteurs qui étalent d'alléchants *antipasti.* Idéal pour se constituer un excellent pique-nique ou une dînette improvisée à prix juste et sans se ruiner du tout. Nous indiquons donc systématiquement les jours et lieux où se trouvent ces marchés. On trouve aussi dans les supermarchés type *COOP* ou *Il Centro* de bons produits italiens, notamment des fromages et de la charcuterie à la coupe.

Un détail culturel parmi d'autres : dans les supermarchés italiens, on ne touche pas les fruits, ou alors seulement... avec un gant en plastique ! Imaginez la réaction des vendeurs quand un Français débarque avec ses vieilles habitudes : on tâte à main nue, voire on goûte et après on se décide ou non... Gare aux remontrances !

SAVOIR-VIVRE ET COUTUMES

La *siesta*

La sieste fait partie des traditions depuis l'Antiquité. L'été surtout, la ville s'endort après le déjeuner. Les boutiques ferment, la circulation ralentit et les travailleurs de la sixième heure (sieste vient de *sexta hora*) sont l'exception. Le plus sage, après tout, serait pour le visiteur de suivre ce rythme réputé reconstituant pour l'esprit et le corps. Mais un changement est actuellement entrepris par les autorités pour transformer les habitudes.

LA FRENCH TOUCH

Un proverbe italien prétend : « Quand vient l'heure de la sieste, seuls les chiens et les Français se promènent. » À méditer...

La *passeggiata*

L'une des images les plus évocatrices est sans nul doute cette coutume venue du Sud. La *passeggiata* (littéralement « la promenade ») est le petit tour que font bras dessus, bras dessous les Italiens en fin de journée, juste avant le coucher du soleil. D'abord on se dirige vers le comptoir pour avaler tout de go un bon *espresso*, ensuite on entame sa petite promenade à pas lent. Toujours bien habillé, quand ce n'est franchement tiré à quatre épingles (l'esthétique joue un grand rôle comme souvent dans les mœurs italiennes), c'est l'occasion de se montrer, et par là même de montrer l'autre, celui que l'on a choisi. C'est presque un défilé de mode ! C'est également le moment de la journée où la queue devant les glaciers s'allonge à vue d'œil.

Chants traditionnels

Moins connus en France que les chants corses, les chants toscans polyphoniques n'en sont pas moins beaux. Les groupes, mixtes ou non (cela peut se réduire au simple duo), accompagnés le plus souvent par un accordéon – jadis c'était le luth, la viole ou la cornemuse (*zampogna* ou *surdulina*) –, se mettent à l'unisson pour chanter des ballades *(ballate)*, des textes narratifs *(cantastorie)*, des chants à couplets *(stornelli)* ou des comptines *(filastroce)*. Vous aurez peut-être l'occasion d'entendre chanter des groupes de femmes à Casciana, ou à Limano près de Lucques, et un groupe d'hommes de Castel del Piano près de Grosseto. Chaque année à Arezzo, fin août-début septembre, a lieu un grand rassemblement international de chanteurs polyphoniques.

SITES INSCRITS AU PATRIMOINE MONDIAL DE L'UNESCO

UNESCO
Organisation des Nations Unies pour l'éducation, la science et la culture

En coopération avec le centre du patrimoine mondial de l'UNESCO

Pour figurer sur la liste du Patrimoine mondial, les sites doivent avoir une valeur universelle exceptionnelle et satisfaire à au moins un des 10 critères de sélection. La protection, la gestion, l'authenticité et l'intégrité des biens sont également des considérations importantes.

Le patrimoine est l'héritage du passé dont nous profitons aujourd'hui et que nous transmettons aux générations à venir. Nos patrimoines culturel et naturel sont deux sources irremplaçables de vie et d'inspiration. Ces sites appartiennent à tous les peuples du monde, sans tenir compte du territoire sur lequel ils sont situés. Pour plus d'informations : • *whc.unesco.org* •

L'ITALIE, CHAMPIONNE DU MONDE

Sur près de 1 000 sites répertoriés par l'Unesco au Patrimoine de l'humanité, l'Italie remporte la première place avec une cinquantaine de monuments ou lieux sélectionnés. La France n'est pas si mal placée, avec 38 au compteur.

– ***Centre historique de Florence.*** Inscrit en 1982. Symbole de la Renaissance et réputée pour sa créativité artistique, Florence est l'une des plus belles villes du monde. Ses monuments principaux : le Duomo, Santa Croce, la galerie des Offices et le Palazzo Pitti.
– ***Centre historique de San Gimignano.*** Inscrit en 1990. Ville perchée réputée pour ses 14 tours, pouvant atteindre jusqu'à 50 m de haut.
– ***Centre historique de Sienne.*** Inscrit en 1995. La piazza del Campo constitue le centre névralgique de cette magnifique cité médiévale.
– ***Centre historique de Pienza.*** Inscrit en 1996. Conçue comme une ville idéale, elle représente la première application du concept humaniste de l'urbanisme Renaissance.
– ***La piazza del Duomo à Pise.*** Inscrite en 1997. Ensemble célèbre dans le monde entier avec ses quatre chefs-d'œuvre de l'architecture médiévale : la cathédrale, le baptistère, le campanile (la célèbre tour penchée) et le cimetière.
– ***La basilique Saint-François à Assise.*** Inscrite en 2000. Assise est le lieu de naissance de saint François. Elle est étroitement associée au travail de l'ordre des franciscains.
– ***Paysage de la vallée de l'Orcia.*** Inscrit en 2004. Arrière-pays agricole de Sienne. Paysage presque lunaire avec ses plaines de craie. A inspiré de nombreux artistes de la Renaissance.
– ***Les villas et jardins des Médicis en Toscane.*** Inscrits en 2013. Douze villas et deux jardins situés principalement autour de Florence. Témoignages laissés par les Médicis, famille indissociable de la Renaissance italienne.

LA TOSCANE

ABC DE LA TOSCANE

- *Superficie :* 22 993 km².
- *Densité :* 162 hab./km².
- *Population :* 3 734 355 hab.
- *Divisions administratives :* 9 provinces ; capitale de région : Florence.
- *Principales ressources :* tourisme, vin, cuir, terre cuite, textile, marbre.
- *Tourisme :* 10 millions de visiteurs par an.

FLORENCE ET SES ENVIRONS

« On quitte ordinairement la Toscane au momentoù l'on allait s'y trouver à peu près bien. Il en résulte que, chaque fois qu'on y revient,on s'y trouve mieux... »

Alexandre Dumas, Impressions de voyage, 1867

Pour la carte générale de la Toscane, se reporter au cahier couleur.

La Toscane ! Un mot magique qui donne envie de s'évader, voire de s'exiler... Des bosquets de cyprès disposés parcimonieusement sur les collines et les interfluves. Les vieilles fermes du Chianti plongées dans une marée de chênes verts, avec comme son et lumière le chant des cigales et la pesanteur zénithale du soleil. La Maremme fiévreuse et son arrière-pays étrusque truffé de catacombes à ciel ouvert. Les chapelles romanes et les hameaux coiffés de leur pigeonnier carré. Les chemins de terre poussiéreux bordés de murs de pierres sèches et d'oliviers. Nourricière, enchanteresse, authentique, cette région parle autant à l'esprit qu'au corps. Mais le décor (magnifique) a beau être planté, il lui faut encore des artistes pour lui donner son vrai visage, le magnifier et l'interpréter. Or, la Toscane n'a jamais manqué d'artistes, notamment à la Renaissance, avec des peintres qui ont su capter et mettre en valeur l'essence des paysages, comme Piero della Francesca. On peut

qu'ils ont été bien inspirés puisque, avant eux, les éléments de la …e, lorsqu'ils étaient représentés, étaient purement et simplement d'ori… biblique. Les peintres du Quattrocento, quant à eux, ont montré (et même médiatisé) le pays. Pour ce faire, ils ont utilisé la *veduta* : une fenêtre ouverte sur la campagne, qui, malgré son format réduit, donne une profondeur au tableau. Le genre était né. Pour la première fois, des peintres plantaient le décor.

Il faut musarder dans cette campagne, symbole de douceur de vivre. Se créer son parcours imaginaire n'est pas bien difficile. Et l'extraordinaire richesse artistique de la région est là pour vous y aider ! Florence, Sienne, Pise ne sont que les exemples les plus éclatants d'un art toscan florissant entre le Moyen Âge et la Renaissance. Bien d'autres villes laisseront le visiteur enchanté et émerveillé : San Gimignagno, Volterra, Lucca ou Massa Marittima. *Small is beautiful,* les petits villages médiévaux ne démentent pas la formule. Peu d'endroits au monde peuvent se vanter d'une concentration aussi dense de chefs-d'œuvre. Peu d'endroits au monde ont vu naître autant de génies : Giotto, Michel-Ange, Botticelli, Dante, Machiavel et tant d'autres.

En outre, toute la Toscane est truffée d'agrotourismes de très grande qualité (donc parfois un peu chers), et nul ne s'en plaindra, car voilà bien le mode d'hébergement idéal pour profiter de cette célèbre campagne.

FLORENCE (FIRENZE)

(50100) 371 300 hab.

◗ Pour se repérer, se reporter aux plans de Florence et au plan de la zone à trafic limité sur le plan détachable en fin de guide.

Florence est sans conteste l'une des plus belles villes d'Italie. À elle seule, elle rassemble 25 % d'œuvres du patrimoine artistique italien ! On ne peut pas parler de Florence sans évoquer la famille Médicis qui a régné en maître pendant toute la Renaissance. De leur dynastie, elle conserve jalousement tous les attraits de son riche passé. En effet, cette célèbre famille toscane a permis une nette évolution de la ville, en multipliant les interventions en matière culturelle, économique et politique. De plus (ou concours de circonstances !), la ville n'a jamais manqué de personnalités (artistes, politiques), à cette période clé de l'histoire de la Toscane.

Florence a su aussi préserver durant des siècles son charme. Elle est entourée d'une campagne verdoyante. Dans un rayon d'une dizaine de kilomètres, on admire de superbes villas médicéennes, repaires estivaux de Florentins fortunés, installés depuis des siècles. Aujourd'hui, certaines sont classées au Patrimoine mondial de l'Unesco. Il suffit de prendre un peu de hauteur (de la Torre di Arnolfo du palazzo Vecchio ou de la chiesa San Miniato dans l'Oltrarno) pour apercevoir collines et cyprès à perte de vue. Enchanteur !

Florence n'est pas seulement une ville-musée, c'est aussi (méfiez-vous des apparences !) une ville qui bouge et qui s'amuse. Laissez-vous gagner par la magie de la ville en vous perdant au gré des venelles, c'est le meilleur moyen de la connaître... Promenez-vous en début de soirée, à l'heure de l'*aperitivo,* dans l'Oltrarno du côté de San Frediano et de la piazza Santo Spirito. Les bars et les *enoteche* sont légion et ne demandent qu'à vous faire partager des moments de convivialité.

Et puis on peut aussi apprécier une certaine solitude en prenant le chemin des écoliers et en découvrant des endroits insolites, bien loin de la foule de visiteurs. Tout alors devient calme et douceur...

Arriver – Quitter

En avion

✈ ***Aeroporto Amerigo-Vespucci*** *(hors plan détachable par B1)* **:** *via del Termine, 11 (Peretola). Aéroport situé à 5 km au nord-ouest du centre de Florence. ☎ 055-30-615 (infos 8h-23h30). Rens sur les vols : ☎ 055-30-61-300 (24h/24). • aeroporto.firenze.it •*

■ ***Compagnies aériennes : Alitalia,*** *☎ 06-22-22 (0,34 €/mn). • alitalia.fr •* ***Air France,*** *☎ 848/844-466 (d'un poste fixe italien). • airfrance.fr •* ***Brussels Airlines,*** *☎ 899/800-903. • brusselsairline.com •*

■ Distributeur ***Bancomat*** dans le hall des départs.

ℹ ***Office de tourisme :*** *comptoir situé au terminal des arrivées lun-sam 9h-19h, dim et j. fériés 9h-14h. ☎ 055-31-58-74. • infoaeroporto@commune.fi.it •*

■ ***Location de voitures :*** *le parking de loc se trouve à 5 mn de l'aéroport, accessible par une navette ttes les 20 mn env.* ***Avis,*** *☎ 055-31-55-88 (tlj 8h-23h) ;* ***Hertz,*** *☎ 055-30-73-70 (lun-ven 8h30-22h30 et w-e 9h30-22h30) ;* ***Europcar,*** *☎ 055-31-86-09 (tlj 9h-23h) ;* ***Maggiore/National,*** *☎ 055-31-12-56 (tlj 8h30-22h40).*

■ ***Assistance bagages et objets perdus :*** *☎ 055-30-61-302 (tlj 8h30-20h).* Un service des objets perdus dans l'aéroport ou retrouvés par la police de l'air est également disponible sur le site internet de l'aéroport (rubriques « Services », puis « Lost & Found »).

Pour aller de l'aéroport Amerigo-Vespucci au centre-ville

➢ ***En bus :*** la navette *Volainbus* se trouve près des taxis (à droite en sortant de l'aéroport). Elle vous amène en 20 mn env en plein centre-ville, à la gare ferroviaire Santa Maria Novella *(plan détachable B-C2).* Départ ttes les 30 mn 5h30-20h30, puis à 21h30, 22h30, 23h30 et 1h. Dans l'autre sens, 1er départ au centre de BusItalia, situé via San Caterina da Siena, à droite en sortant de la gare. Ttes les 30 mn 5h30-20h30, puis à 21h30, 22h30, 23h30 et 1h. Le billet (6 €) est à acheter dans le bus (10 € l'A/R). *Rens auprès de BusItalia-Sita Nord : ☎ 800-37-37-60 ou • fsbusitalia.it •*

➢ ***En taxi :*** compter 20 mn pour rejoindre le centre-ville. Prix fixe : 20 € (majoré la nuit 22h-6h et j. fériés : 23 et 22 €). Compter un supplément de 1 €/bagage. *Résas : ☎ 055-42-42, 055-43-90, 055-47-98 ou 055-200-13-26.*

Autre aéroport

✈ ***Aeroporto Galileo-Galilei de Pise :*** *situé à 80 km de Florence. ☎ 050-84-93-00 (infos sur les vols). • pisa-airport.com •*

➢ La navette directe *PisaMover Bus Service* relie l'aéroport de Pise à la gare SMN de Florence. On attend avec impatience la navette automatique qui reliera l'aéroport à la gare de Pise en 5 mn (prévue fin 2015). Durée : 1h15. 6 liaisons/j. 6h-minuit. Aller : 7 €. Possibilité d'acheter les tickets pour Pise au kiosque de la gare de Santa Maria Novella situé face au quai légèrement à gauche en entrant.

➢ Liaisons également avec la compagnie de bus *Terravision,* qui relie les 2 aéroports en passant par la gare Santa Maria Novella. Compter 6 € l'aller (10 € l'A/R si on l'achète en même temps). Ticket à acheter à l'aéroport de Pise ou dans le bus. Une quinzaine de liaisons/j. *• terravision.eu •*

➢ Également, la navette *Bus Express* qui relie l'aéroport de Pise à la gare de Santa Maria Novella à Florence. Compter 1h10 de trajet. Aller : 5 € (A/R 10 €), réduc enfants. *Pour plus d'infos : • airportbusexpress.it •*

En train

🚆 ***Stazione Centrale Santa Maria Novella*** *(plan détachable B-C2)* **:** *la gare principale de Florence, en plein centre-ville. Un seul et unique n° pour tte l'Italie : ☎ 89-20-21. Pour les horaires et les résas : • ferroviedellostato.it •*

■ ***Consigne à bagages*** *(deposito bagagli a mano)* **:** *gare centrale, le long du quai n° 16. ☎ 055-235-21-90. Tlj 6h-23h. Compter 5 € pour 5h, puis*

0,70 € de la 6e heure à la 11e ; à partir de la 12e : 0,30 €...

■ ***Objets trouvés à la gare et dans les trains*** *(oggetti smarriti)* **:** *gare centrale. Même endroit (et mêmes horaires) que la consigne à bagages manuelle...*

– ***Autres services :*** poste *(lun-ven 8h-19h), Bancomat* (à côté de la consigne), change, pharmacie, toilettes *(payant, situé au niveau du quai no 5).*

Stazione F. S. Campo di Marte *(plan détachable G2)* **:** *via Mannelli, 12. 2e gare de Florence, située à l'est, à quelques km du centre historique. Accueil et rens 7h-21h.*

➢ Utile pour ceux qui veulent prendre un train direct pour ***Rome.*** Compter 1h20 de trajet. On peut également, de cette gare, rejoindre la petite ville de ***Fiesole*** au nord de Florence.

➢ De la gare, vous pouvez rejoindre le centre avec les bus nos 12, 13 et 33, ou en train (5/h) pour la ***gare Santa Maria Novella*** en 8 mn. Attention, pas de consigne à bagages.

En bus

■ ***Ataf-Sita :*** *• ataf-linea.it •* Compagnie du ***transport par bus dans Florence.*** Site internet très complet, vivement conseillé avant votre arrivée, afin d'éviter une attente trop longue au centre de renseignements de la gare. ***Point Ataf*** (achat de billets et renseignements), *via Alamanni 20 r (☎ 055-565-03-90 ; tlj 7h15-19h), à droite de la gare (quand on y fait face).*

➢ ***Pour le transport dans la province de Toscane (le Chianti surtout) et au-delà :***

■ ***Busitalia Sita Nord :*** *via S. Caterina da Siena, 17 r. ☎ 800-37-37-60. • fsbusitalia.it •* C'est la compagnie nationale des trains, *Trenitalia,* qui propose par le biais de cette société de bus de nombreuses liaisons inter-villes en Toscane.

Adresses et infos utiles

Offices de tourisme

Le site internet de l'office de tourisme de Florence fourmille de renseignements pratiques. *• firenzeturismo.it •* À consulter vivement avant de partir (site en anglais et italien).

Ufficio informazioni turistiche – APT *(plan détachable D2-3)* **:** *via Cavour, 1 r. ☎ 055-29-08-32 ou 33. • infoturismo@provincia.fi.it • firenze turismo.it • Tlj sf dim et j. fériés 9h-18h.* Accueil multilingue dont le français. Indispensable pour la visite de Florence : un plan de la ville, un plan des lignes de bus, une brochure avec tous les hôtels (pour les retardataires !), ainsi qu'une liste régulièrement mise à jour des heures d'ouverture et des tarifs des musées et des sites, quasi obligatoire pour pouvoir jongler avec les horaires très variables des musées d'un mois à l'autre. Également des renseignements sur la Toscane en général et sur les manifestations culturelles et festives de la province.

Enfin, si vous estimez que vous avez été victime d'une arnaque ou tout simplement de mauvaises prestations (hôtelières ou autres), vous pouvez adresser une plainte au : *☎ 055-276-03-82 ou sur • info1@firenzeturismo.it •*

– ***Autre point info à l'aéroport*** *(hall des arrivées)* **:** *☎ 055-31-58-74. • infoaeroporto@firenzeturismo.com • Tlj 9h-19h (14h dim et j. fériés).*

Les autres ***offices de tourisme*** qui dépendent de la commune de Florence : *• comune.fi.it •*

– ***Stazione,*** *piazza della Stazione, 4 (plan détachable C3). ☎ 055-21-22-45. • turismo3@comune.fi.it • Tlj 9h-19h (14h dim et j. fériés).*

– ***Loggia del Bigallo,*** *piazza San Giovanni, 1 (Duomo) (zoom détachable D3). ☎ 055-28-84-96. • bigallo@comune.fi.it • Tlj 9h-19h (14h dim et j. fériés).*

Découvrir Florence autrement : visites guidées en français

Faire appel à un guide est une solution économique, pratique et originale. Il vous est certainement arrivé d'avoir envie d'approfondir vos visites d'un musée, d'un quartier et d'avoir un guide rien que pour vous. Si vous êtes plus de 3 ou 4, Laurence vous présente Florence vue sous un autre angle, à la fois insolite et instructif...

– ***Contact :*** *Laurence Aventin, 📱 0039-328-9124021. Il est préférable de lui envoyer un mail avt votre arrivée (surtout en pleine saison) : • laurence@visiteflorence.com • visiteflorence.com • Compter la demi-journée de visite (max 5 pers) à partir de 130 €.* Guide-conférencière agréée, Laurence est dotée d'une solide culture en histoire de l'art, tout particulièrement sur l'histoire de Florence qu'elle connaît sur le bout des ongles ! Elle propose des visites classiques (la galerie des Offices, le Palazzo Pitti, le Palazzo Vecchio) mais aussi des parcours thématiques et originaux à travers la ville : « Florence au féminin », « Florence littéraire », « Parfums de Florence »... Laurence s'adapte selon vos envies culturelles et propose aussi de visiter la ville en famille ou en petits groupes.

Agenda culturel

– ***Firenze Spettacolo :*** *en vente à 2 € dans ts les kiosques ou sur • firenzespettacolo.it •* À se procurer dès votre arrivée, le magazine mensuel le plus complet pour connaître les programmes des spectacles, concerts (classiques, variétés, pop, rock, jazz), expos, ainsi que les nouveaux restos gastros et branchés de la capitale toscane et des environs...

– ***The Florentine :*** bimensuel gratuit. *• theflorentine.net •* Pas mal d'articles consacrés aux visites culturelles. Journal réalisé par la communauté anglophone de Florence.

– ***Florence & Tuscany News :*** un mensuel petit format publié par l'office de tourisme, qui donne un calendrier exhaustif des expos, des concerts, des foires... à Florence et dans sa région. Également des infos pratiques ainsi qu'un plan utile de la ville.

La Firenze Card coûte 72 € et est valable 72h (3 jours à partir de l'oblitération du premier ticket d'entrée). Avec cette carte, on bénéficie d'entrées dans une soixantaine de sites, comme l'incontournable galerie des Offices, l'Accademia ou le palais Pitti. Les églises Santa Croce et Santa Novella, dont les entrées sont payantes, font aussi partie de la carte. Le tout sans faire de réservation préalable. Sont compris, aussi, les transports en commun. Vite rentable, on vous conseille de l'acheter dès votre arrivée à Florence. Disponible dans les offices de tourisme, au Palazzo Pitti, au Palazzo Vecchio, au museo Stefano Bardini, à la cappella Brancacci, au museo Nazionale del Bargello et à la galleria degli Uffizi. Pour les moins de 18 ans qui accompagnent un des parents détenteurs de la carte, c'est gratuit. Pour plus de renseignements : *• firenzecard.it •*

Wifi

La municipalité de Florence a mis en place une connexion facile et gratuite 2h/jour dans les endroits stratégiques de la ville : piazza della Signoria, piazzale Michelangelo, Santa Croce, Santo Spirito, S.S. Annunziata, Libertà, Alberti, Bambini di Beslan, via Canova, Cascine, Parco di S. Donato... Pour info, on peut se connecter gratuitement en wifi dans certains endroits de la ville, autres que les cafés, restaurants et hôtels, comme le *cortile* du Palazzo Strozzi, par exemple.

Représentations diplomatiques

■ ***Consulat de France*** *(plan détachable B3,* ***1****) : Palazzo Lenti, piazza Ognissanti, 2. ☎ 055-230-25-56. • consul.honoraire-florence@diplomatie.gouv.fr • Lun-ven 9h-13h ; l'ap-m slt sur rdv 14h-17h.*

■ ***Consulat de Belgique*** *(plan détachable E3) : via dei Servi, 28. ☎ 055-57-70-97. • consubel.firenze@tiscali.it • Lun-ven 9h-12h.*

■ ***Consulat de Suisse :*** *piazzale Galileo, 5. ☎ 055-22-24-31. • cons.suisse.firenze@fol.it • Ouv mar et ven 16h-17h. Sinon, il délivre tlj, en sem, ttes les infos utiles par tél.*

Poste

✉ ***Poste centrale*** *(zoom détachable D4)* **:** *via Pellicceria, 3 ; juste à côté de la piazza della Repubblica.* ☎ *055-273-64-81. Lun-sam 8h15-19h.* D'autres bureaux de poste un peu partout dans la ville, qui ont tous, sauf indication contraire, les mêmes horaires *(lun-sam 8h15-13h30 (12h30 sam) :*
– via Pietrapiana, 53 (plan détachable E3). ☎ *055-26-74-21. Lun-sam 8h15-19h (12h30 sam).*
– Via Cavour, 71/a (plan détachable E1). ☎ *055-46-35-01.*
– Galerie des Offices : mar-dim 8h15-18h45.
– D'autres bureaux : via Barbadori, 37 r ; piazza Brunelleschi, via Alamanni, 18 r ; piazza della Libertà, 40 r ; via Magenta, 13 r.

Transports intra-muros

Bus

Le meilleur moyen de locomotion (hormis vos pieds !) reste sans hésitation le bus. La voiture étant *persona non grata* à Florence, mieux vaut profiter du bus, d'autant qu'avec la *Firenze Card* les transports en commun sont gratuits pendant 3 jours.

City Sightseeing Florence

☎ *055-29-04-51.* • *city-sightseeing.com* • Billet : 20 € (24h), 25 € (48h) ; 6-12 ans, 10 € (24h), 12 € (48h). Tarif famille : 60 € (24h), 75 € (48h). Audioguide multilingue à bord (compris dans le prix). Départ 9h-17h (21h, voire 23h en haute saison).
– 2 parcours intéressants qui permettent de donner un bon aperçu de la ville... sans épuiser les parents ni... les enfants ! Un parcours initiatique en bus à ciel ouvert (toit panoramique ; en saison seulement) à travers la ville. Les 2 itinéraires partent de la piazza Santa Maria Novella, face à la gare. L'itinéraire A (durée 1h) reste concentré sur les grandes places de Florence (sauf celles du centre-ville, interdites à la circulation) avec un départ à la gare Santa Maria Novella. Quant à l'itinéraire B (durée 2h), il fait une boucle vers le nord en passant par Fiesole puis par l'est (piazza Beccaria) et enfin par le sud (porta Romana) pour revenir au point de départ.

Location de vélos et scooters

■ ***Mille e una Bici* :** la mairie a mis à disposition un parc de 220 vélos, disponibles du lundi au samedi. *Tarif : 2 €/h, 10 € la journée.* Un système de Vélib' florentin en quelque sorte ! 3 endroits stratégiques : stazione Santa Maria Novella, piazza Santa Croce et piazza Ghiberti. *Pour plus de rens :* ☎ *346-883-78-21.*

■ ***Florence By Bike*** *(plan détachable D1,* **3***)* **:** *via San Zanobi, 54 r (parallèle à la piazza dell'Indipendenza).* ☎ *055-48-89-92.* • *florencebybike.it* • *Lun-ven 9h-13h, 15h30-19h30 ; w-e 9h-19h (17h dim) ; horaires restreints en hiver. Compter 15 €/j. pour un vélo de ville.* Propose des tours accompagnés à vélo dans Florence et ses proches environs (2-3h), notamment et dans le Chianti (une journée), pique-nique et découverte des vignobles inclus.

■ ***Alinari*** *(plan détachable D2,* **4***)* **:** *via San Zanobi, 38 r.* ☎ *055-28-05-00.* • *alinarirental.com* • *À côté de la précédente. Lun-sam 9h30-13h, 14h30-19h et dim mat. Résas à l'avance. Compter à la journée 12-18 € pour un vélo, 45-55 € pour un scooter. Balades à vélo à travers la ville mer-ven : départ à 10h de l'agence.* Compter 2h30 de balade.

■ ***Vespatour*** *(plan détachable B2-3,* **5***)* **:** *via Il Prato, 50.* ☎ *055-538-560-45.* • *info@stradanova.com* • *tuscanyvespatour.com* • *Compter 60 €/24h.* Personnel sérieux et scooters en bon état. Possibilité aussi de faire des balades accompagnées dans le Chianti.

Location de voitures

La location de voiture est intéressante quand on veut visiter les environs... À Florence, ça n'a aucun intérêt : avec les ZTL, c'est fortement déconseillé, voire interdit. Ces loueurs de voiture ont aussi un bureau à l'aéroport.

■ ***Avis*** *(plan détachable B3,* **6***)* **:** *borgo Ognissanti, 128 r.* ☎ *055-21-36-29. Lun-sam 8h-18h (16h30 sam) ; dim et j. fériés 8h-13h.*

■ **Europcar** *(plan détachable B3, **7**) : borgo Ognissanti, 53-55 r. ☎ 055-29-04-38. Lun-sam 8h-19h (15h30 sam) ; dim 8h30-12h30.*

■ **Hertz** *(plan détachable B3, **8**) : via borgo Ognissanti, 137 r. ☎ 055-239-82-05. Tlj 8h-19h (13h dim) ; horaires restreints en hiver.*

Parkings publics

Pour tt rens : ☎ 055-50-30-21, ou sur • firenzeparcheggi.it •

Il existe une dizaine de parkings publics à Florence, dont les principaux sont :

P **Parcheggio del Parterre** *(plan détachable E1) : piazza della Libertà (entrée via Madonna della Tosse, 9). 24h/24. Compter 2 €/h ; forfait journalier 20 € ; pour la sem, compter 65 €. Capacité : 650 places.*

P **Parcheggio Oltrarno** *(plan détachable B5) : porta Romana (entrée piazza della Calza). 24h/24. Prévoir 2 €/h ; forfait journalier 20 € ; compter 66 € la sem (19h-9h). Capacité : 220 places.*

P **Parcheggio Stazione Santa Novella** *(plan détachable C2-3) : piazza della Stazione. 24h/24. Compter 3 €/h. Forfait 5 j. : 160 €. Capacité : 600 places.*

P **Parcheggio S. Ambrogio** *(plan détachable F3-4) : piazza Lorenzo Ghiberti. 24h/24. 2 €/h. Capacité : 380 places.*

P **Parcheggio piazza Beccaria** *(plan détachable F-G3) : piazza Cesare Beccaria. 24h/24. 1,70 €/h. Capacité : 200 places.*

P **Parcheggio Fortezza Fiera** *(plan détachable B1) : Piazzale Caduti nei Lager. 24h/24. 1,60 €/h ; forfait journalier : 20 €. Capacité : 500 places.*

– Petite astuce : la piazzale Michelangelo *(plan détachable E-F5)* dispose d'un nombre important d'emplacements gratuits, sans limitation dans le temps. Évitez simplement certaines dates en été, lorsque la place accueille différents concerts.

Institut, livres et journaux français

■ **Institut français de Florence** *(Palazzo Lenzi ; plan détachable B3, **1**) : piazza Ognissanti, 2. ☎ 055-271-881. • institutfrancais-firenze.com • Lun-sam 10h-18h30 (13h sam). Possibilité de visites guidées sur résa (☎ 055-271-88-17).* L'institut dispose d'une bibliothèque *(accessible aux membres : lun-ven 14h30-18h30)* et organise des conférences. En plus des cours de français qui y sont donnés, des rencontres, des concerts ainsi que la projection de films français.

■ **Librairie française de Florence** *(plan détachable B3, **1**) : piazza Ognissanti, 1 r. ☎ 055-281-813. • libreria francesefirenze.it • Lun 15h30-19h, mar-sam 10h-19h (juil-août fermé sam).* Propose la plus grande sélection de livres francophones de Toscane.

■ **La Feltrinelli Librerie :** *3 adresses à Florence. Via dei Cerretani, 30-32 r (zoom détachable D3, **11**). ☎ 055-238-26-52. • lafeltrinelli.it • Lun-ven 9h30-20h, sam 10h-20h ; dim 10h30-13h30, 15h30-20h. Via Cavour, 12 (plan détachable D3, **11**). Lun-sam 9h-19h30. Piazza della Repubblica, 26. Tlj 9h30-23h.* Un rayon de livres en français. Également une section tourisme conséquente avec cartes et plans (en italien, anglais et français).

■ **IBS.it Bookshop** *(zoom détachable D3, **13**) : via dei Cerretani, 16 r. ☎ 055-28-73-39. Tlj 9h-20h (jusqu'à 23h ven-sam) ; dim 10h30-20h.* Grand choix de livres sur 2 étages. Un rayon anglophone ainsi que quelques livres en français. Bonne sélection de beaux livres sur la Toscane.

Santé

Pharmacies ouvertes 24h/24

■ **Farmacia AFAM :** *à la gare de Santa Maria Novella (dans la galleria di Testa). ☎ 055-21-67-61.*

■ **Farmacia Molteni :** *via dei Calzaiuoli, 7 r (à l'angle avec la Piazza Signoria). ☎ 055-21-54-72.*

■ **Farmacia All'Insegna del Moro** *(zoom détachable D3, **15**) : piazza San Giovanni, 20 r. ☎ 055-21-13-43.*

Hôpitaux

✚ **Ospedale pediatrico Meyer** *(hôpital pour enfants, hors plan détachable par D1) : viale Pieraccini, 24.*

☎ 055-566-21. Au nord de la ville.
Ospedale Santa Maria Nuova *(plan détachable E3)* **:** *piazza Santa Maria Nuova, 1. ☎ 055-693-81. Bus nº 14 ou 23.*

Urgences

■ Pour toute plainte ou déclaration à faire à la police, adressez-vous à l'un des **commissariats** suivants :
– **Police d'État :** *via Pietrapiana, 50 r (plan détachable E3). ☎ 055-20-39-11 (standard) ou ☎ 055-203-912-27 et ☎ 055-203-912-21 (agent francophone). Lun-sam 8h30-19h30 (13h30 sam).*
– **Carabinieri :** *borgo Ognissanti, 48 (plan détachable B3). ☎ 055-248-11. Ouv 24h/24.*
■ **Ambulances :** *☎ 055-21-22-22 ou 055-21-55-55.*

Supermarchés

Il existe des supermarchés, plutôt petits au niveau de la surface mais bien fournis. Ils ont éclos un peu partout dans tous les quartiers de Florence, notamment les magasins ***Il Centro,*** qui sont ouverts tous les jours et même parfois le dimanche. Le *supermercato* **Conad,** situé via Pietrapiana en face de la poste, est assez grand. On y trouve tout ce dont on a besoin. *Ouv lun-sam 8h (9h dim)-21h. Également, même enseigne à côté du Ponte Vecchio via de Bardi avec un rayon spécial « saveurs toscane ».*

Toilettes publiques

– Elles sont disséminées dans des endroits stratégiques de la ville et accessibles aux personnes à mobilité réduite : *porte San Miniato al Monte, piazza Stazione (face au quai nº 5), via Filippina (quartier San Lorenzo), via della Stufa (quartier San Lorenzo), piazza dei Ciompi, borgo Allegri.* Également, sur la piazza San Giovanni, devant le baptistère au *Centro Arte e Cultura* qui dépend de la gestion de Santa Maria del Fiore (Duomo). *Tlj 8h-20h. Compter 1 €.*

Shopping

Le rayonnement de l'Italie en matière de mode n'est plus à prouver. En développant des marques prestigieuses, la capitale toscane est reconnue mondialement dans le milieu de la mode avec ses vêtements, ses accessoires, ses chaussures, ses bijoux... La célèbre via dei Tornabuoni, le faubourg Saint-Honoré florentin, en est la vitrine (Gucci, Prada, Ferragamo, Fendi, Armani...). La crise n'a malheureusement pas épargné cet univers. De nombreux créateurs (jeunes et moins jeunes) se sont tournés alors vers une mode plus adaptée, plus accessible. Idem pour les accessoires, et en particulier les bijoux. Adieu, or, argent et pierres précieuses. Bienvenue au plastique, au tissu et aux perles pour réaliser colliers, bracelets et autres bijoux. Et pour la gastronomie et le vin, joies simples mais ô combien gourmandes pour le commun des mortels ? Il demeure encore quelques belles boutiques gastronomiques traditionnelles en centre-ville qui vendent un petit vin bio, une bonne huile d'olive, ou encore d'excellentes salaisons comme le *salame con cinghiale,* provenant des sangliers en liberté dans les collines du Chianti, à quelques kilomètres de Florence. Fuyez les boutiques autour des grands sites touristiques qui vendent des produits soi-disant typiquement toscans et qui sont fabriqués... en Europe de l'Est. Écartez-vous et vous découvrirez, au hasard de vos balades, un bon caviste *(enoteca),* une boutique de fruits et légumes, un producteur d'huile d'olive... Eh oui ! La qualité existe encore !
Et l'artisanat ? Longtemps le fer de lance de Florence, qu'est-il devenu ? Les artisans ont la vie dure ces dernières années. Beaucoup ont fermé (dans l'Oltrarno surtout) pour laisser place à des magasins chinois sans aucun intérêt. Malgré des actions « coups de poing » pour interpeller la mairie (hausse des loyers, difficultés

financières), les artisans ont bien du mal à faire valoir leur savoir-faire. Réputés pour leur travail soigné, dans le domaine du cuir surtout, mais aussi dans l'ébénisterie, la marqueterie, ils ne ménagent pas leurs efforts afin qu'on n'oublie pas leur art, mais on peut désormais compter les ateliers de l'Oltrarno sur les doigts de la main. Le must à Florence c'est le papier marbré. Même s'il a pratiquement disparu, certains artisans tentent de le faire (sur)vivre... C'est aussi dans le quartier de l'Oltrarno (du côté de la via Maggio) que se concentrent la plupart des antiquaires de prestige. Meubles anciens, marqueterie, ou même de vraies pièces de collection des XVIIe et XVIIIe s encombrent des arrière-boutiques dignes parfois d'un musée. Certains antiquaires sont même des restaurateurs hors pair, voire des créateurs de génie. La ville a aussi conservé une tradition vivace du travail du cuir. Le centre renferme encore quelques ateliers de maroquinerie de qualité. Attention cependant à la contrefaçon. Chaque jour, le grand marché au cuir de San Lorenzo, devenu très touristique, propose des sacs, ceintures, blousons, mais parfois on y perd son latin : on ne distingue plus le vrai du faux !
Bref, tout ça méritait bien une rubrique à elle seule ! Voici une liste non exhaustive de petites adresses dégottées au gré de nos envies !

Plaisirs de bouche

Le vin

Les amateurs de vin trouveront leur bonheur dans les adresses « *Enoteche* » que nous citons dans les différents quartiers... Capitale du chianti, Florence regorge en effet de caves où l'amateur trouvera une sélection de rêve de flacons précieux ! Attention toutefois à ne pas tomber sur des lieux attrape-touristes. Pour vous y retrouver, voici une petite sélection parmi les plus sympas et les plus sérieuses *(ttes fermées dim)* : ***Casa del Vino*** *(plan détachable D2, **143**), via dell'Ariento, 16 r ; ☎ 055-21-56-09.* ***Le Volpi e l'Uva*** *(plan détachable D4, **146**), piazza dei Rossi, 1 ; ☎ 055-239-81-32.* ***Enoteca-bar Fuori Porta*** *(plan détachable E5, **147**), via del Monte alle Croci, 10 r ; ☎ 055-234-24-83.* ***Fratelli Zanobini*** *(plan détachable C-D2, **141**), via Sant'Antonino, 47 r ; ☎ 055-239-68-50 ;* ***Galleria del Chianti,*** *via del Corso, 41(zoom détachable D3, **156**).*

L'huile, les charcutailles et autres gourmandises

Eataly *(zoom détachable D3, **233**) : via dei Martelli, 2. ☎ 055-015-36-01. • eatalyfirenze@italy.it • Tlj 10h-22h30.* Cette enseigne désormais célèbre pour ses produits bio estampillés *made in Italy* est installée à deux pas du Duomo. Fort de son succès, l'endroit ne désemplit pas. À vous les rayonnages aussi alléchants les uns que les autres. Difficile de résister ! Sans compter des petits comptoirs pour grignoter (pizzas, paninis, glaces...). Voir plus loin dans « Où manger ? » dans le quartier du Duomo. Vous aurez bien du mal à repartir les mains vides...

Botteghina *(plan détachable C5, **300**) : piazza Pitti, 9 (juste en face du Palazzo Pitti). ☎ 055-21-43-23. Tlj 11h-18h.* Petite épicerie fine spécialisée dans la truffe (même proprio que le *Caffè Pitti*). Vendue nature en bocaux ou incorporée à toutes sortes de préparations : terrines, crèmes, pâtes, huile, la truffe vous tend les bras... La maison propose également une belle sélection d'huiles d'olive et de charcuteries. D'ailleurs, on peut vous confectionner un *panino* avec les produits en vente. Délicieux ! La célèbre marque *Mussini* a d'ailleurs sa place dans les étals.

La Bottega del Chianti *(zoom détachable C4, **340**) : via Borgo Sant'Apostoli, 41 r. ☎ 055-28-34-10. • sandra@labottegadelchianti.it •* Les boutiques alimentaires sont légion à Florence, mais celle-ci nous a particulièrement plu avec un festival de couleurs et d'odeurs. Sandra Fancelli, la sympathique propriétaire, a bien mis en valeur huiles d'olive, bocaux, fromages du coin, fruits et légumes, qui sont joliment disposés... Une folle envie de tout acheter !

La Bottega dell'Olio *(zoom détachable C4,* ***301****) : piazza del Limbo, 2 r (à côté de l'église S.S. Apostoli). ☎ 055-267-04-68. Ouv 10h-19h, sf dim-lun mat.* L'huile d'olive dans tous ses états ! La maison la décline sous forme d'huiles extra-vierges provenant des meilleurs producteurs (possibilité de déguster), d'huiles aromatiques supposées exalter les saveurs d'une sauce, de pâtés, de crèmes et même de savons à la douceur inégalable. Gourmands, élégants et bons vivants y trouveront leur compte.

Pegna *(zoom détachable D3,* ***302****) : via dello Studio, 26 r. ☎ 055-28-27-01. Ouv 9h-13h, 16h-20h, sf mer ap-m et dim (en été, ouv dim aussi).* À deux pas du Duomo. Petit supermarché de luxe qui a le mérite d'offrir un large éventail de bons produits toscans. Les vins de la région ne manquent pas, et le choix de pâtes aux multiples formes ne vous laissera pas insensible... Une adresse bien connue des Florentins gourmets.

Bacco Nudo *(plan détachable F4,* ***303****) : via dei Macci, 59-61. ☎ 055-24-32-98. Tlj sf dim 9h-13h, 16h-20h.* 2 boutiques côte à côte, l'une avec des produits italiens bien alléchants, l'autre spécialisée dans le vin. Une concentration de victuailles toscanes idéale pour remplir sa valise. Personnes compétentes et accueil charmant.

Olio & Convivium *(plan détachable C4,* ***133****) : via di Santo Spirito, 4 r. ☎ 055-265-81-98. Tlj sf dim.* Voir « Où manger ? Chic » dans le quartier de Santo Spirito.

Enoteca Obsequium *(zoom détachable C4,* ***313****) : borgo San Jacopo, 17-39 r. ☎ 055-21-68-49. • info@obsequium.it •* Boutique chic proposant un large choix de produits régionaux, vins compris. Moult bocaux aux préparations typiquement toscanes auront raison de vos papilles. Vous trouverez même une petite salle de dégustation où quelques tables vous attendent pour vous régaler de charcutailles et fromages du pays accompagnés d'un bon verre de vin *(à partir de 10 €).*

La mode italienne

Boutiques vintage

Boutique Nadine *(zoom détachable E4,* ***329****) : via dei Benci, 32 r. ☎ 055-247-82-74. Lun 14h30-19h30, mar-sam 10h30-20h et dim 12h-19h.* À deux pas de Santa Croce, voici une boutique vintage qui ne manque pas de cachet avec son beau plancher ciré, sa lumière tamisée, son côté « *home sweet home* » qui donne envie de s'éterniser ; alors, on hésite entre la valse des portants où des vêtements griffés sont en bonne place *(Saint Laurent, Gucci, Valentino, Pierre Cardin)* et des « babioles » disposées joliment sur d'antiques commodes. On peut même acheter des fauteuils, un vélo, des valises, le tout en excellent état... Autre adresse : *lungarno Acciaiuoli, 22 r.*

Angelo Vintage *(zoom détachable D4,* ***338****) : via dei Cimatori (angle avec la via dei Calzaioli). ☎ 055-21-49-16. Dim-lun 15h30-19h30, mar-sam 10h30-13h30, 14h30-19h30.* Le vintage a le vent en poupe ! Cette boutique qui a pignon sur rue propose des collections uniques de vintage spécialisées dans les grandes marques *(Chanel, Hermès, Dior)* mais aussi dans les nouveaux créateurs *(ACNE, Stella MacCartney).* On peut y trouver des accessoires (sacs, chapeaux) à des prix corrects mais aussi des vêtements recyclés de toutes époques et à tous les prix.

Accessoires et vêtements de créateurs florentins

Angela Caputi *(plan détachable C4,* ***312****) : via di Santo Spirito, 58 r. ☎ 055-21-29-72. • angelacaputi.com • Mar-sam 10h-13h, 15h30-19h30.* La créatrice Angela Caputi fabrique des bijoux en perles de résine colorée du plus bel effet : colliers, broches, boucles d'oreilles... Une petite fantaisie à s'offrir (pas donné quand même). Adresse très prisée par les Florentines. Autre adresse : *borgo S. Apostoli, 44-46. ☎ 055-29-29-93.*

FLORENCE ET SES ENVIRONS

Flo Concept Store *(plan détachable C4,* ***322****) : lungarno Corsini, 30 r. ☎ 055-537-05-68. Lun 15h-19h, mar-sam 10h-19h.* Voilà une belle boutique coincée entre 2 beaux palais florentins et proposant un large éventail de vêtements de marques essentiellement italiennes pour toute la famille et pour tous les goûts. Le concept est de favoriser les jeunes talents tout en gardant une « éthique artisanale ». Le coin destiné aux enfants est craquant. Conçu comme un endroit cosy et chaleureux, l'endroit ravira les *shoppeuses addict* ! Personnel disponible et charmant.

Grevi *(zoom détachable C3,* ***335****) : via della Spada, 11/13 r. ☎ 055-26-41-39. • info@grevi.com • Fermé dim.* Entreprise familiale datant de 1875, dont la fabrique est à vol d'oiseau de Florence. C'est dans les années 1930 que la maison se taille une jolie réputation grâce à Silvano et Ada Greti. Le produit phare : le chapeau de paille. Depuis, elle s'est diversifiée avec le velours, le feutre, l'organdi et même l'agneau de Toscane. Forcément, ce n'est pas donné, mais en cherchant bien, on peut trouver quelques jolis modèles à des prix raisonnables. Accueil très aimable.

Quelle Tre *(plan détachable C4,* ***319****) : via di Santo Spirito, 42 r. ☎ 055-21-93-74. Mar-sam 10h30-14h, 15h-19h30.* Nées dans une famille de couturiers, 3 sœurs ont eu la bonne idée de créer cette boutique pour mettre en valeur leurs créations : accessoires (sacs, chapeaux, colliers) et robes trapèzes sobres... mais très tendance. La plupart des pièces sont uniques et réalisées avec de la laine bouillie ou du velours. Jetez un coup d'œil aux robes de petites filles : elles sont tout simplement craquantes.

Aprosio & Co *(zoom détachable C3,* ***320****) : via della Spada, 38 r. ☎ 055-265-40-77. Lun-sam 9h30-13h, 15h30-19h30 (horaires restreints en août).* La dynamique créatrice Ornella Aprosio a le don de mettre en valeur perles et cristaux. Des modèles, façon petites bébêtes (coccinelles, abeilles, insectes divers) et de fleurs, délicatement sertis sur des colliers, bracelets ou boucles d'oreilles. C'est joli, ça brille et c'est de très bon goût.

Pesci che Volano *(plan détachable E3,* ***327****) : borgo Pinti, 3 r. Lun-sam 9h (10h sam)-13h, 15h30-19h30.* Créations originales uniques de petits bijoux fabriqués en bronze, en bois ou en argent (bracelets, boucles d'oreilles, colliers). Également un rayon dédié aux enfants, notamment une ravissante collection de chapeaux. Si vous voulez faire un cadeau unique et original, c'est ici !

Falsi Gioielli *(zoom détachable D4,* ***333****) : via dei Tavolini, 5 r. ☎ 055-29-32-96. Tlj sf dim et lun mat.* Signifie littéralement « faux joyaux ». Silvia imagine depuis plus de 20 ans des bijoux en Plexi aux couleurs toniques et aux formes géométriques originales. Beaucoup de fleurs, déclinées en pendentifs, boucles d'oreilles, broches, bagues... Un concentré de fantaisie et de gaieté à des prix abordables. Autre boutique : *via de' Ginori, 34 r (plan détachable D2).*

Borsalino *(zoom détachable D4,* ***318****) : via Porta Rossa, 40. ☎ 055-21-82-75. Tlj sf dim.* Le mythique Borsalino a une belle boutique rien que pour lui à deux pas de la loggia del Mercato Nuovo. Évidemment, ce n'est pas donné, mais à ce prix-là, on a l'original ! Pour la petite histoire, Giuseppe Borsalino, avant de lancer sa première collection de chapeaux en Italie, avait appris le métier de chapelier à... Paris !

Achats dégriffés

Les grandes marques ont implanté leurs magasins d'usine au sud-est de Florence. Judicieusement situés près d'une sortie d'autoroute, ces magasins démarquent leurs stocks et collections des années précédentes à 50 %. Évidemment, ces marques prestigieuses sont excessivement chères à l'origine, mais en fouillant bien, on peut vraiment faire de bonnes affaires. Les accros du shopping qui ont une furieuse envie d'alléger leur compte en banque seront servis ! Le plus intéressant, c'est de s'y rendre au moment des soldes (en janvier et en juillet). Là on peut vraiment faire de bonnes affaires.

Pour plus de renseignements, on peut aussi consulter le site (très bien fait) : *• outlet-firenze.com •*

The Mall *(Outlet Centre)* **:** *via Europa, 8,* ***Leccio Regello,*** *50060. ☎ 055-865-77-75. • themall.it • Tlj 10h-19h. Pour s'y rendre, prendre l'autoroute A 1 Florence-Rome, sortie Incisa-Reggello, puis la SS 69 en direction de Pontassieve ; traverser le village ainsi que celui de Leccio ; à la sortie de celui-ci, tourner à gauche (fléché). Vous pouvez aussi prendre le train à la gare Santa Maria Novella à Florence jusqu'à Incisa Val d'Arno. Il existe également un service de navette qui relie Florence au Mall (compter 35 €/pers ; tlj 10h-19h). Solution encore plus économique : prendre un bus (liaison à partir de 8h50) de la compagnie Sita, direction Firenze-Leccio. Env 50 mn pour 5 €.* Grandes marques prestigieuses à des prix vraiment intéressants : *Emanuel Ungaro, Fendi, Ermenegildo Zegna, Giorgio Armani, Gucci, Valentino, Salvatore Ferragamo, Stella MacCartney, Roberto Cavalli, Dior.* Chaussures *Tod's* et *Hogan.*

Dolce & Gabbana Outlet : *localité* ***S. Maria Maddalena,*** *49. ☎ 055-833-13-00. À deux pas du Mall, à Rignano Sull'Arno. Lun-sam 9h-19h ; dim 15h-19h.* La collection de la saison précédente à des prix pouvant atteindre 50 % de réduction.

Space Prada : *localité Levanella, 52025* ***Montevarchi.*** *☎ 055-91-901. Tlj 10h-19h. Au sud des 2 adresses précédentes. Prendre l'autoroute A 1 ; sortir à Montevarchi. Assez mal indiqué (bien suivre les panneaux).* Le stock de la célèbre marque italienne à des prix défiant toute concurrence.

Roberto Cavalli : *via Volturno, 3,* ***Sesto Fiorentino,*** *50019. ☎ 055-31-77-54. Lun-sam 10h-19h (fermé sam en hiver).* Toute la collection de l'année précédente du créateur à prix sacrifiés ! On peut vraiment y faire de bonnes affaires.

Le cuir

Scuola del Cuoio *(plan détachable E4,* ***304****)* **:** *via San Giuseppe, 5 r. ☎ 055-24-45-33. Tlj 10h30-18h. Fermé en août. Dépend de la basilique Santa Croce mais l'entrée se fait par la porte latérale est.* Fondée il y a des siècles par les moines franciscains, l'école du Cuir confectionne de beaux objets de qualité en suivant les exigences de la mode. Les artisans y travaillent sous les yeux des visiteurs, ce qui leur permet d'effectuer quelques retouches à la volée si telle ceinture n'est pas tout à fait à la taille, ou d'apposer des initiales sur un produit. Prix presque raisonnables.

Antica Cuoieria *(zoom détachable D3,* ***311****)* **:** *via del Corso, 48 r. ☎ 055-23-81-653. Tlj 9h30 (10h dim)-19h30.* Un des derniers bastions du cuir florentin. En effet, ils fabriquent 90 % de leurs produits. Tradition et savoir-faire sont les principes de cette belle boutique à l'ancienne. Des chaussures de qualité et à des prix encore raisonnables, surtout les nu-pieds.

Kara Van Petrol *(zoom detachable D4,* ***342****)* **:** *borgo s.s Apostoli 6/8 (à l'angle de la via Por Santa Maria). Lun-sam 11h-20h, dim 15h-20h.* Même si le nom ne semble pas l'indiquer, la marque est bien 100 % italienne ! Elle est née à Florence à la fin des années 1970. La boutique offre un bon choix de sacs en tout genre ainsi que des accessoires (ceintures, porte-monnaie). Ce n'est pas donné mais le cuir est vraiment de qualité.

Mywalit *(zoom détachable D4,* ***332****)* **:** *via degli Speziali, 10/12. ☎ 055-21-16-68. Tlj.* Enseigne toscane spécialisée dans le cuir, créée à Lucques dans les années 2000 (mais les usines de fabrication sont en Asie). L'enseigne au petit éléphant multicolore a un *flagship* dans l'une des rues les plus passantes de Florence. Toute une maroquinerie déclinée dans des couleurs gaies. Et ce n'est pas non plus le coup de bambou niveau prix. Autre adresse (plus petite) : *via della Condotta, 30 r,* à deux pas, vendant les collections des années précédentes, donc moins chères.

Sermoneta *(zoom détachable C3,* ***317****)* **:** *via della Vigna Nuova, 28 r. ☎ 055-28-53-05. Tlj sf dim-lun mat.* Cette enseigne est née dans les années 1960 d'un gantier romain Giorgio Sermoneta. Il a su faire évoluer le gant longtemps réservé à une certaine classe sociale en un accessoire pratique, beau et à un prix tout à fait démocratique. Conseils avisés et disponibilité de rigueur dans cette jolie boutique.

L'artisanat florentin

Terre cuite et céramique

Sbigoli Terrecotte *(plan détachable E3,* ***309****) : via Sant'Egidio, 4 r ; face à la piazza G. Salvemini. ☎ 055-247-97-13. Lun-sam 9h-13h, 15h-19h.* 35 ans de métier et toujours autant de passion. Voilà qui résume l'histoire de cette petite affaire familiale, où le père tourne lui-même ses collections de pots, de vases ou de vaisselle classique, avant de les décorer à la main, aidé de sa femme et de sa fille. Et si quelques pièces ne sortent pas de ses propres fours, il s'agit toujours d'une sélection du meilleur de la production florentine, notamment de la célèbre fabrique d'Impruneta, à 10 km au sud de Florence.

Mosaïque florentine

Spécialité florentine développée par les Médicis pour leur usage personnel, la technique délicate de la pierre dure subjugue l'amateur d'art par la beauté des couleurs et la précision du détail. On peut encore admirer les œuvres d'art raffinées à la *Galeria Palatina* ou au *Museo dell'Opificio delle Pietre Dure*. Même si leur nombre décroît dangereusement, il reste des artisans habiles encore au travail, répétant des gestes appris au XVIe s.

I Mosaici di Lastrucci *(plan détachable E-F4,* ***306****) : via dei Macci, 9. ☎ 055-24-16-53. Tlj 9h-13h, 15h-19h, sf dim en hiver. Entrée libre.* Lorsque Bruno Lastrucci et son fils esquissent une nouvelle œuvre, ils ne savent jamais à quel moment ils en viendront à bout. Qu'importe. La technique de la pierre dure est un art exigeant, qui requiert autant d'habileté que de patience dans la découpe des pierres naturelles, comme le porphyre, le marbre ou l'agate, soigneusement taillées en biseau avant d'être assemblées avec de la cire d'abeille. En poussant les portes de cet ancien couvent, vous découvrirez d'abord l'atelier, où l'on vous expliquera en détail ces techniques, avant d'admirer les « peintures éternelles » exposées dans la galerie. Évidemment tout ça a un prix !

Papiers marbrés, papiers princiers, aquarelles

Originaire d'Orient, la technique du papier marbré a rapidement fait des émules pour la grande liberté qu'elle offrait aux artisans. Lorsqu'ils disposent les gouttelettes d'encre sur un bain gélatineux, puis les mêlent à l'aide de peignes et de stylets spéciaux, ils peuvent laisser courir leur imagination pour donner aux motifs toutes les formes possibles. Mais on n'a pas le droit à l'erreur : une seule feuille de papier absorbera le dessin définitif. Il n'est donc pas étonnant que la plupart des maisons commandent désormais leur papier aux imprimeries ! Pas toutes.

Giulio Giannini *(plan détachable C4,* ***310****) : piazza dei Pitti, 37 r. ☎ 055-239-96-57. Lun-sam (parfois fermé sam) 9h30-12h30, 15h-18h.* En réalisant des paysages et même des scènes animalières grâce à cette technique difficile, Giannini fut distingué en tant qu'artiste, et une exposition au palais Strozzi lui fut consacrée il y a plusieurs années. Des grands couturiers viennent même s'inspirer de ses motifs pour leurs futures collections ! La famille Giannini (reconnue depuis 1856) continue toutefois à confectionner de beaux carnets, des albums photos ou de jolies boîtes, à des prix encore raisonnables. C'est beau mais pas donné !

Il Torchio *(plan détachable D4,* ***326****) : via dei Bardi, 17. ☎ 055-23-28-62. • info@legatoriailtorchio.com • Lun-ven 9h30-13h30, 14h30-19h ; sam 9h-13h.* Magnifiques albums photos et papiers traditionnels fabriqués selon un procédé du XVIIe s, un savoir-faire qu'on ne manquera pas de vous expliquer. Possibilité de passer commande si vous êtes dans la région quelques jours.

L'Ippogrifo *(plan détachable C4,* ***328****) : via Santo Spirito, 5 r.* ☎ *055-21-32-55.* • *stampeippogrifo.com* • Gianni Raffaelli est un véritable artiste, qui manie la même technique de l'aquarelle qu'il y a 500 ans. On peut le voir ainsi créer ses œuvres (son atelier et la boutique ne font qu'un). On admire ses natures mortes, ses portraits mais aussi les aquarelles qu'on offrirait à des enfants *(Pinocchio, Fiat 500)*. Possibilité d'en réaliser sur commande à condition d'en faire la demande quelques jours avant.

Enfants

Bartolucci *(zoom détachable D4,* ***307****) : via della Condotta, 12 r.* ☎ *055-21-17-73. Tlj 9h30-19h30.* Jolie boutique à l'ancienne ressuscitant le monde merveilleux des jouets en bois. On y trouve de tout, à tous les prix, du cheval à bascule aux petites horloges en passant par les toupies, les boîtes à musique... à l'effigie de Pinocchio, évidemment !

Letizia Fiorini *(zoom détachable C4,* ***314****) : via del Parione, 60 r.* ☎ *055-21-65-04.* Minuscule boutique où la créatrice propose de jolies marionnettes toutes personnalisées et faites à la main. Farfadets en feutrine ou encore adorables pantins peints en bois, qui amuseront les plus petits.

La Bottega di Gepetto *(plan détachable C4,* ***328****) : via San Spirito, 16 r.* La vitrine surtout fera le bonheur des enfants. À l'intérieur, un vrai bric-à-brac dédié entièrement au fils de Gepetto. Nul doute que cette boutique minuscule comblera petits et grands.

Città del Sole *(zoom détachable D3,* ***330****) : via dello Studio, 23.* ☎ *055-277-63-72.* • *cittadelsolefirenze.it* • *Lun-sam 10h-19h30 (à partir de 10h30 dim).* Un immense magasin de jouets entièrement dédié aux univers divers et variés de vos chérubins. Bonne sélection de livres, puzzles, coin poupées et même un immense train en bois pour occuper vos têtes blondes pendant vos achats. Pour les plus grands, des jeux pour faire des expériences scientifiques, des tours de magie... Bref, de quoi faire rêver petits et grands...

Le 18 Lune *(plan détachable C5,* ***316****) : via Romana, 18 r.* ☎ *055-51-20-306.* Boutique grande comme un mouchoir de poche où crayons, papier, blocs-notes et divers petits objets de déco ont une place de choix. Également de jolies aquarelles exposées (et à vendre !) : l'atelier de l'artiste Stefano Ramunno est juste à côté.

Papeteries

Fabriano Boutique *(zoom détachable D3,* ***315****) : via del Corso, 59 r.* ☎ *055-28-51-94. Lun-jeu 10h-19h30, ven-sam 10h-20h et dim 11h-19h.* Cette fabrique de papier, située à Fabriano dans les Marches, était le principal centre européen de papier depuis le... XIIe s. Depuis, les ateliers sont passés entre plusieurs mains, et depuis les années 2000 les boutiques *Fabriano* offrent un éventail original et varié de papeterie aux couleurs flashy, alliant savoir-faire et modernité. Une belle idée de cadeaux !

Angela Salamone *(plan détachable F4,* ***334****) : piazza Ghiberti, 16 r.* ☎ *055-234-68-11. Tlj sf lun et sam ap-m 10h-13h, 16h30-19h.* Voilà déjà quelques années que cette créatrice a posé ses feuilles de papier dans cette petite boutique de Sant'Ambrogio. Alliant modernité et tradition, elle façonne de ravissants porte-cartes, porte-photos, blocs, etc. Vous pouvez même la regarder travailler en direct ! Création sur demande (compter 4-5 jours de délai).

Boutique de thé

La Via del Tè *(zoom détachable D4,* ***331****) : via della Condotta, 26-28 r.* ☎ *055-234-49-67.* • *firenze2@laviadelte.it* • *Tlj 10h-19h30 (13h30 lun).* Envie de thé au royaume de l'*espresso* ? Cette adresse est pour vous ! Voilà une jolie boutique située dans la très commerçante via della Condotta. Plus de 250 mélanges soigneusement sélectionnés, venus du Japon, d'Afrique, d'Inde ou de Chine. Le choix est difficile ? Vous pouvez humer ces délicieuses senteurs grâce à l'*Aromateca,* bouteille en verre qui conserve tous ses arômes. Notre préférence ? La sélection des thés spéciale Florence aux senteurs florales et fruitières, présentés dans de jolies boîtes en fer aux noms évocateurs : *Il Sogno di Michangelo, Appuntamento sul Ponte Vecchio, Il segreto dei Medici...* Le salon de thé du même nom se situe sur la piazza Ghiberti quartier Sant'Ambrogio (*plan détachable F4*). Ils ont franchi l'Arno en installant un 3e magasin et un salon de thé via Santo Spirito (*plan détachable C4*). Accueil sympathique et professionnel. Pour ne pas froisser leurs clients asiatiques ils ont fait un mélange chinois et japonais. Intarissable sur l'histoire du thé.

Parfums et parfums d'intérieur

Aquaflor *(zoom detachable E4,* ***324****) : via borgo Santa Croce, 6. ☎ 055-9234-34-71. • florenceparfum.com • Tlj sf dim et lun mat.* Une adresse à l'enseigne quasi secrète à deux pas de la basilique Santa Croce avec ses deux salles, type boudoir cosy. Ambiance feutrée, où il fait bon humer les multitudes senteurs dans des flacons joliment présentés. Sans compter les savons, les bougies, les crèmes et les parfums d'ambiance qui ont eux aussi une place de choix. Sileno Cheloni est le maître parfumeur qui élabore, après une étude très precise sur vos goûts et votre caractère, un parfum rien que pour vous ! Grand voyageur, il n'hésite pas à aller chercher lui même l'essence manquante aux 4 coins du monde (service plus cher bien sûr mais un parfum unique !)

Olfattorio *(zoom détachable C4,* ***321****) : via de Tornabuoni, 6. ☎ 055-28-69-25. Lun-sam 11h-19h30.* Un bar à parfums ! Voilà une idée originale qui plaira aux coquettes de passage. Une minuscule exposition au fond du magasin : poudriers de toutes sortes et de toutes marques (il faut demander à la vendeuse d'ouvrir la salle). On y trouve des fragrances très originales qu'on mélange en créant soi-même son propre parfum. À l'aide de cornets en papier, la vendeuse vous aidera à choisir le parfum qui vous convient le mieux. Pour les nostalgiques, on y trouve également des marques françaises tendance *(Diptyque, L'Artisan Parfumeur).*

Dr Vranjes *(zoom détachable C3,* ***336****) : via della Spada, 9 r. ☎ 055-28-87-96. • info@drvranjes.it • Fermé dim-lun mat.* Voici 30 ans que Paolo Vranjes sélectionne avec soin ses fragrances, une passion héritée de son grand-père qui voyageait beaucoup. Résultat ? Une jolie boutique-écrin avec des parfums délicats présentés dans des flacons en verre de Murano, ainsi qu'une ligne pour le corps, des parfums d'intérieur, des bougies parfumées... Autres adresses : *via San Gallo, 63 r, et borgo La Croce, 44 r (plan détachable D2 et F3,* ***336****).*

Bizzarri *(zoom détachable D4,* ***337****) : via della Condotta, 32 r. ☎ 055-21-15-80. • bizzarri.firenze@libero.it • Lun-ven 9h30-13h, 16h-19h30 ; sam mat slt. Congés : août.* Un magasin d'herboristerie et d'essences naturelles qui a pignon sur rue depuis 1842. La boutique vaut la visite à elle toute seule, avec ses petits flacons et ses bocaux gentiment alignés sur des étagères séculaires. Si vous restez un peu de temps à Florence, demandez qu'on vous concocte une tisane avec les herbes de votre choix. Conseils avisés et accueil pro.

Officina profumo Farmaceutica di Santa Maria Novella *(plan détachable C3) : via della Scala, 16. ☎ 055-21-62-76. • officina@smnovella.com • Tlj 9h30-19h30.* Un lieu incontournable à Florence. Depuis plus de 400 ans, elle est célèbre pour ses herbes officinales autrefois cultivées par ses moines. L'enseigne historique est aujourd'hui à la tête d'une grande entreprise commerciale, implantée mondialement. Évidemment, on craque sur les crèmes, les eaux florales, savons joliment emballés de façon rétro (vieilles étiquettes, écriture manuscrite). N'oubliez pas de demander les prix avant de passer commande. Sinon, c'est le coup de bambou assuré ! Accueil commercial bien sûr... Se reporter aussi dans la rubrique « À voir » pour la partie historique.

Divers

Mario Luca Giusti *(plan détachable C3, **341**) : via della Vigna Nuova, 88 r. ☎ 055-239-95-27. Tlj sf dim.* Originaire de Florence, ce designer a eu la bonne idée de faire du verre précieux des répliques en... plastique. Un concept original qui fait son chemin depuis 10 ans. Inspiré par ses voyages, Mario Luca Giusti a su créer des objets du quotidien déclinés dans des couleurs toniques (assiettes, verres à pied, candélabres, pichets) qui font sacrément de l'effet. Ses collections ont largement dépassé les frontières de la Botte. Prix encore raisonnables.

QUARTIER DU DUOMO

Véritable musée à ciel ouvert, le quartier concentre un nombre impressionnant d'œuvres au mètre carré ! On y trouve le Duomo et sa coupole, le baptistère et les célèbres portes de Ghiberti, la galerie des Offices aux mille chefs-d'œuvre : Botticelli, Raphaël, Michel-Ange, Titien, Véronèse... le Palazzo Vecchio et la piazza della Signoria, que les Florentins affectionnent particulièrement, sans oublier le Ponte Vecchio, l'emblème de la ville. La piazza della Repubblica, majestueuse avec ses vieux cafés historiques, est aussi un des centres névralgiques de la cité. On peut parfois regretter les piétinements incessants des touristes et les pas pressés des Florentins qui rythment le quartier. La mairie a eu la bonne idée d'élargir la zone piétonne tout autour du Duomo. Et c'est tant mieux !

Où dormir ?

Prix moyens

Hotel Canada *(zoom détachable D3, **58**) : borgo S. Lorenzo, 14. ☎ 055-21-00-74. • info@pensionecanada.com • pensionecanada.com • Au 2e étage sans ascenseur. Doubles 90-100 € avec ou sans sdb et w-c privés.* Idéalement situé, à 50 m du baptistère, ce petit hôtel tenu par un couple motivé dispose d'une poignée de chambres simples mais spacieuses et confortables. Un petit coin salon TV vient même compléter le tout ! Propreté irréprochable et accueil dynamique.

N4U Guest House *(zoom détachable D3, **18**) : via del Proconsolo, 5. ☎ 055-051-51-47. • n4uguesthouse.it • Doubles à partir de 80 € (moins cher en basse saison).* 5 chambres toutes différentes, décorées par un designer américain, aux noms de villes évocatrices... Paris, Florence, Miami, Londres... on s'y voit déjà ! Et c'est vraiment une réussite ! Le design se fond avec la structure de ce palais du XIVe s. Quelques touches perso et puis surtout tout le confort adéquat.

Hotel Maxim *(zoom détachable D3, **66**) : via dei Calzaiuoli, 11. ☎ 055-21-74-74. • reservation@hotelmaximfirenze.it • hotelmaximfirenze.it • Doubles avec sanitaires privés 70-100 €. Possibilité de parking payant.* Dans une artère piétonne à quelques pas de la place du Duomo, on ne peut plus central. Hôtel coquet aux poutres apparentes, à l'accueil personnalisé et chaleureux. Petit patio fleuri. Les chambres propres et confortables se répartissent sur 2 étages. À chaque étage, une salle de petit déjeuner et un veilleur de nuit.

Hotel Axial *(zoom détachable D3, **66**) : même adresse et mêmes proprios que le précédent. ☎ 055-21-89-84. • info@hotelaxial.it • hotelaxial.it • Doubles 90-130 €. Possibilité de parking payant. 10 % de réduc sur le prix de la chambre sur présentation de ce guide.* Situé à l'étage juste en dessous, il est un poil plus cher, mais l'accueil y est toujours chaleureux et le lieu très propre.

Hotel Por Santa Maria *(zoom détachable D4, **23**) : via Calimaruzza, 3. ☎ 055-21-63-70. • info@*

hotelporsantamaria.com • hotelpor santamaria.com • Doubles 40-95 € avec sdb (moins cher avec sdb à l'étage), petit déj non inclus. Une petite adresse sans prétention qui a le mérite d'être très centrale. 8 chambres proprettes et bien tenues qui peuvent dépanner. Accueil prévenant des jeunes proprios disponibles pour vous aider.

Albergo Firenze *(zoom détachable D3,* ***64****) : piazza Donati, 4 (via del Corso). ☎ 055-21-33-11. • info@albergofirenze.net • alber gofirenze.org • Très bien situé, à deux pas du Duomo. Selon période, 85-114 € pour 2 avec sdb. Parking payant.* Il a l'originalité d'être situé dans une tour médiévale de 5 étages où habitait autrefois la riche famille florentine Donati. Une cinquantaine de chambres fonctionnelles, globalement confortables (TV, téléphone) et très propres. Double vitrage côté rue. Rien de transcendant concernant la déco... qui mériterait un brin de fantaisie !

De chic à très chic

Hotel Bigallo *(zoom détachable D3,* ***71****) : vicolo degli Adimari. ☎ 055-21-60-86. • info@hotelbigallo.it • hotelbigallo.it • Compter 90 à 150 € pour une double.* Idéalement situé (la majorité des chambres ont la vue sur le Duomo), l'hôtel propose des chambres très confortables et d'un très bon rapport qualité. Profitez-en surtout à la baisse saison, les prix chutent ! Également tout un éventail de services (navette aéroport, laverie...). Accueil professionnel et avec le sourire !

Hotel Hermitage *(zoom détachable D4,* ***80****) : piazza del Pesce, vicolo Marzio, 1. ☎ 055-28-72-16. • flo rence@hermitagehotel.com • hermita gehotel.com • Chambres 120-200 € selon saison (plus cher pour celles avec jacuzzi). Parking payant.* À deux pas du Ponte Vecchio, hôtel de charme à la déco patinée. Pour peu, on se retrouverait subitement à l'époque des Médicis. Ambiance chaleureuse et cosy. Les quelques chambres ayant une petite vue sur l'Arno nous ont particulièrement plu. Et le petit déj sur la terrasse donnant sur le fleuve est un moment délicieux.

Hotel degli Orafi *(zoom détachable D4,* ***19****) : lungarno Archibusieri, 4. ☎ 055-26-62-22. • info@hoteldegliorafi.it • hoteldegliorafi.it • Doubles à partir de 160 €. Parking payant.* Hôtel à l'emplacement idéal qui se paie (forcément !) et aux chambres confortables, à la hauteur du lieu. Des détails architecturaux font toute la différence, comme les fresques d'origine, les plafonds en bois à caissons ou encore le lustre en cristal du XIXe s dans la salle du petit déjeuner. Non négligeable, une belle terrasse pour buller en regardant le soleil se coucher sur l'Arno. Vous pouvez aussi rejouer la scène du film aux 3 oscars *Chambre avec vue* de James Ivory, qui a été tournée ici même (chambre nº 414 au 4e étage). Inutile de vous dire qu'elle est réservée des mois à l'avance. Si vous voulez tenter votre chance, mieux vaut le savoir. L'hôtel a été totalement reconstruit après l'explosion en 1993 qui ravagea les Offices. Préférez les chambres sur l'Arno (les plus chères !). Également, une aile restaurée, plus moderne, pour des familles ou des séjours longs (mais moins bien). Beaucoup d'Américains y séjournent (on comprend pourquoi !). Accueil très pro et personnel disponible.

Très chic et design

Gallery Art Hotel *(zoom détachable D4,* ***83****) : vicolo dell'Oro, 5 r. ☎ 055-272-63. • gallery@lungarno collection.com • lungarnocollection.com • À partir de 300 € la nuit.* Ce boutique-hôtel est idéal pour les amateurs de confort, de luxe et d'art contemporain, à condition d'y mettre le prix ! Ambiance raffinée, chambres grandes et lumineuses. De belles expos temporaires dans le hall. Quant au *roof top,* il est dément avec ses grandes banquettes blanches et sa vue panoramique sur l'Arno. Évidemment cet écrin de calme et de volupté à deux pas du Ponte Vecchio nous a conquis.

Où manger ?

Sur le pouce

Il Cernacchino (zoom détachable D4, **102**) : *via della Condotta, 38 r. ☎ 055-129-41-19. • lecernacchie@tin.it • Fermé dim et 1 sem en août. Panini à partir de 4 €.* Petite sandwicherie sur 2 niveaux idéalement placée, qui propose un large choix de *panini* d'une grande fraîcheur ainsi que des plats de pâtes, tout à fait corrects. Pratique pour les petits budgets et les grosses faims. Possibilité de s'asseoir (attention, les places sont chères le midi !). Idéal en même temps pour reposer les gambettes. Accueil très gentil et en français.

Tre Comari (zoom détachable D4, **136**) : *via Lambertesca, 22 r. ☎ 055-21-19-162. Lun-sam ts les midis.* Une petite adresse sans prétention qui propose des petits plats frais pas chers, à emporter ou à déguster sur place. C'est la cantine des travailleurs du quartier. Rapide et pas cher, on dit oui !

INO (zoom détachable D4, **184**) : *via dei Georgofili, 3 r-7 r. ☎ 055-21-92-08. • info@ino-firenze.com • Tlj 11h30-16h30. Panini à partir de 6 € ; assiette toscane 12 €.* À deux pas des Offices. Pour une pause déjeuner chic et agréable, accoudé à une longue table commune en bois. La 2e salle avec ses fûts géants en guise de tables est plus intime. On déguste entre 2 visites une assiette toscane accompagnée d'un verre de vin local, ou un *panino* au speck, au *pecorino* et au chutney de figue réalisé dans les règles de l'art. On peut aussi craquer devant le bel alignement de sauces et divers condiments. On vous l'accorde, c'est un peu cher pour des *panini*, mais la fraîcheur des produits est garantie et l'accueil souriant.

De bon marché à prix moyens

Eataly (zoom détachable D3, **233**) : *via dei Martelli, 2. ☎ 055-015-36-01. • eatalyfirenze@italy.it • Tlj 10h-22h30.* Mis à part une tripotée d'excellents produits locaux (voir plus haut la rubrique « Shopping »), on y trouve des petits comptoirs de pain, poissons, viandes, charcuterie, pizzas... où tout est préparé devant vos yeux. Attention : à l'heure du déjeuner et du dîner, mieux vaut arriver tôt car les places sont chères ! Un endroit propice pour déguster un bon aperçu de la cuisine italienne.

Osteria I Buongustai (zoom détachable D4, **103**) : *via de Cerchi, 15 r. ☎ 055-291-304. • ibuongustai@libero.it • Lun-jeu 12h-15h30, ven-sam 12h-22h. Congés : août. Résa conseillée. Repas env 12 €.* Un petit bout de vitrine et un étroit couloir en guise de devanture. LA cantine des gens du quartier, qui s'y pressent chaque midi, attendant souvent dehors pour trouver une place à l'une des 5 tables avec bancs de la salle du fond. Service efficace, mais comme toute cantine qui se respecte, c'est bruyant. On s'installe là pour de fameux *antipasti,* une généreuse platée de pâtes ou une salade composée, accompagnés d'un verre de vin maison. Fait aussi des sandwichs à emporter. Et basta !

Vecchio Vicolo (zoom détachable D4, **226**) : *via Lambertesca, 16 r. ☎ 055-265-45-12. Compter 20-22 € pour un repas complet.* Une adresse pratique entre 2 visites et idéale pour ceux qui veulent déjeuner dans le coin sans faire de folies. 2 salles banales et une carte qui offre moult possibilités. Ce n'est pas un grand rendez-vous culinaire mais on y mange correctement dans ce quartier hautement touristique. Service rapide.

De prix moyens à plus chic

La Bussola (zoom détachable C4, **118**) : *via Porta Rossa, 58 r. ☎ 055-29-33-76. • info@labussolafirenze.it • Compter 15-30 € pour un repas.* Cette adresse a pignon sur rue depuis les années 1980. Ce n'est pas un hasard si les Florentins y viennent pour ses pizzas, parmi les meilleures de la ville, paraît-il ! Il faut voir les pizzaioli s'activer pour des pizzas généreuses et fondantes. Également de bons *piatti* joliment présentés. Aux beaux jours, terrasse agréable avec vue sur le Palazzo Davanzati.

|●| ***Coquinarius*** *(zoom détachable D3,* ***105****) : via dell'Oche, 11 r. ☎ 055-230-21-53. • coquinarius@gmail.com • Tlj sf dim juin-août. Résa vivement conseillée. Compter 25-30 € pour un repas.* Grand espace avec une belle hauteur de plafond, déco chaleureuse. Côté cuisine, spécialités toscanes revisitées et *pasta* sont à l'honneur. Courte mais bonne sélection de desserts également. Quant au vin, belle carte et petite sélection au verre. Service survolté au moment du coup de feu mais toujours dans la bonne humeur.

|●| ***Café Gucci*** *(zoom détachable D4,* ***130****) : piazza della Signoria. À l'intérieur du musée Gucci. Tlj 10h-23h. Compter 30 € pour un repas complet le midi.* Un bel endroit, chic comme il se doit avec une vue agréable sur le Palazzo Vecchio. La carte le midi est tout à fait correcte. Nous nous sommes régalés d'un délicieux risotto aux asperges ! Le soir, la carte change et les prix montent évidemment. Accueil extrêmement courtois et prévenant, comme l'exige l'illustre maison...

|●| ***Ristorante Paoli*** *(zoom détachable D3-4,* ***106****) : via dei Tavolini, 12 r. ☎ 055-21-62-15. • ristorantepaoli@casatrattoria.com • Compter 25-30 € pour un repas.* Datant de 1824, il fait partie des plus anciennes adresses de la ville. Un cadre original aux voûtes séculaires. Préférez la salle du fond (une ancienne chapelle reconvertie) avec ses jolies fresques. Dans cette institution, on savoure sans chichis de la solide tambouille toscane (avouons-le, un peu lourde parfois). Accueil courtois.

|●| ***La Bottega di Rosa*** *(zoom détachable D3,* ***218****) : via del Campidoglio, 8/14 r. ☎ 055-267-04-23. • info@labottegadirosa.it • Tlj 8h30-1h30. Compter 30-35 € le repas sans la boisson. Le midi, 15 € pour un plat et un verre de vin.* Cette adresse évolue au fil de la journée. On s'y sustente le midi d'une assiette de charcuterie et d'un verre de vin perché sur une chaise en bois, en fin d'après-midi on profite de l'*aperitivo,* et le soir, ambiance plus cosy, lumière tamisée et musique jazzy. Question cuisine, elle se défend surtout pour ses pâtes faites maison et sa bonne viande. Les desserts ne sont pas mal non plus. Conseils avisés sur le choix du vin.

|●| ***Buca dell'Orafo*** *(zoom détachable D4,* ***84****) : via dei Girolami, 28 r. ☎ 055-21-36-19. • info@bucadelloorafo.com • Ouv le soir slt sf dim. Résa conseillée car il y a très peu de places. Compter 35-40 € pour un repas.* Un repaire culinaire classique de l'itinéraire culinaire florentin pour les habitués qui y viennent savourer des plats typiques (*bistecca,* tripes). Une adresse comme celle-ci se compte sur les doigts d'une main dans la ville. Leur spécialité ? Elles sont situées dans des caves. Très typique, produits frais et service attentif. Attention, ça peut parfois paraître bruyant...

Très chic

|●| ***Ora d'Aria*** *(zoom détachable D4,* ***219****) : via dei Georgofili, 11. ☎ 055-200-16-99. • prenotazioni@oradariaristorante.com • Tlj sf dim et lun soir. Congés : 15 j. en août. Résa vivement conseillée (le soir surtout). Compter 40 € le midi, le double le soir ! Menu dégustation 60 €.* Marco Stabile, formé chez les plus illustres restaurateurs de la région, est un jeune chef à la créativité débordante. À deux pas de la galerie des Offices, dans un décor élégant et sobre aux tons gris et blanc, le voici aux commandes d'une cuisine légère et savoureuse qu'il accommode d'herbes fraîches et d'épices. Quelques associations inattendues mais excellentes : crème de *burrata* avec ses crevettes à la bière, morue salée à la marjolaine ou encore le cochon de lait à la lavande enchanteront les papilles les plus traditionnelles. Et l'accueil ? Attentionné, comme il se doit... Alors ? Cassez sans hésiter la tirelire pour un dîner en amoureux...

… à vins (vinai, enoteche)

Bon marché

I Fratellini (zoom détachable D4, **140**) : via dei Cimatori, 38 r. ☎ 055-239-60-96. • ifratellini@gmail.com • ♿ Tlj sf dim 8h-20h30. Congés : fév et nov. Un endroit bien dans son jus qui propose un verre de vin et un *panino* à consommer debout dans la rue. Une vraie relique, tenue avec amour par 2 frères, l'un préparant les sandwichs à la commande (à partir de 4 €), l'autre s'occupant de remplir les ballons de chianti ou même de brunello. Accueil chaleureux.

All'Antico Vinaio (zoom détachable D4, **142**) : via dei Neri, 65 r. Tlj 8h-21h. Compter 5 € pour un panino. Ici, tout est dans l'atmosphère : à la bonne franquette, comme en témoignent ces bouteilles disposées autour de rangs serrés de verres que les amateurs remplissent eux-mêmes (le patron vous a tout de même à l'œil !). Et à ras bord, s'il vous plaît ! Pour accompagner le chianti, des *panini* et *crostini* garnis de bons ingrédients, frais et variés. Également plat de pâtes et *focaccia*. Le tout se livre pour une poignée d'euros et se déguste au comptoir, perché sur un tabouret haut. Qui dit mieux ?

Galleria del Chianti (zoom détachable D3, **156**) : via del Corso, 41. ☎ 055-29-14-40. Tlj 10h (11h dim)-20h. Une belle *enoteca* à l'ancienne où le patron prodigue moult conseils. Possibilité aussi de grignoter quelques plats typiques du coin, accompagnés d'un ballon de rouge, comme il se doit ! À la vôtre !

De prix moyens à chic

Cantinetta da Verrazzano (zoom détachable D3-4, **144**) : via dei Tavolini, 18-20 r. ☎ 055-26-85-90. Lun-sam 8h-21h. Voici le « temple » de Verrazzano, un fameux producteur de vins du Chianti dont on parlait déjà au XIIe s ! On y vient bien sûr pour les vins du domaine, au verre ou à la bouteille, mais aussi pour ses délicieuses *focaccie* cuites au four à bois, ses charcuteries artisanales, sans oublier ses desserts (délicieuse tarte aux pignons). Les pressés s'accouderont au comptoir le temps d'une dégustation sauvage, les autres s'attarderont dans l'une des 2 salles cossues tapissées de belles boiseries sombres ou s'attableront en terrasse, prise d'assaut à l'heure de l'*aperitivo*. L'un des incontournables de la tournée des bars à vins.

Où savourer de bonnes glaces ?

Perchè No (zoom détachable D4, **211**) : via dei Tavolini, 19 r. ☎ 055-239-89-69. Tlj jusque... tard. Depuis 1939, cette *gelateria* émoustille nos papilles avec un vaste choix de sorbets, glaces traditionnelles et glaces sans crème (un peu plus light). Notre must : la chocolat (pas le sorbet, plus fade), la café aux pépites de chocolat ou encore la caramel. Mais il y en a tant d'autres, comme celles aux amandes et au thé vert, que chacun y trouvera forcément son compte.

Grom (zoom détachable D3, **160**) : via del Campanile, 2 (à l'angle de la via dell'Oche). ☎ 055-21-61-58. Tlj 10h30-minuit (23h en hiver). Désormais célèbre, cette enseigne turinoise ne déroge pas à la règle ici avec ses glaces bio élaborées avec les meilleurs produits. La carte des parfums change tous les mois (saison oblige !). Armez-vous de patience, il y a souvent la queue à la belle saison. Accueil pro mais pas toujours avec le sourire... Dommage.

Carapina (zoom détachable D4, **168**) : via Lambertesca, 18 r. ☎ 055-29-11-28. Tlj (horaires restreints en basse saison). À deux pas du Ponte Vecchio, une adresse qui se veut résolument branchée et aux glaces 100 % parfums naturels. Sélection rigoureuse de fruits de saison. La glace à la fraise est fameuse, crémeuse à souhait. Celle au chocolat nous a bien plu aussi. Difficile de ne pas craquer ! Autre adresse : piazza Oberdan, 2 r, et via Corsi.

Où siroter en terrasse ? Où boire un chocolat ?

Caffetteria Le Terrazze della Rinascente *(zoom détachable D3,* ***189****)* **:** *piazza della Repubblica, 1. Lun-sam 9h-21h, dim 10h30-20h.* Au dernier étage de ce grand magasin. On vient surtout pour la vue sublime sur Florence et les collines toscanes, et non pour le cappuccino à 6 € ! Mais quelle vue !

Molto Bene Caffè *(zoom détachable D3,* ***173****)* **:** *piazza Sant'Elisabetta, 2 r. ☎ 055-21-71-36. Tlj (sf lun mat) 10h-20h.* Un endroit tranquille pour siroter un café à deux pas de la bouillonnante via del Corso. Salades, carpaccio, *panini* et pâtes le midi. On vous conseille de finir par les excellentes glaces au chocolat de Roberto Catinari qui émoustilleront les papilles des « chocolaphiles ».

Chiaroscuro *(zoom détachable D3,* ***182****)* **:** *via del Corso, 36 r. ☎ 055-21-42-47. • info@chiaroscuro.it • Tlj 8h (9h sam, 15h dim)-21h30. Congés : 3e sem d'août.* Cette maison du café, connue pour la pertinence de sa sélection internationale de cafés, de thés et de chocolats, a tout doucement glissé dans la petite restauration. Les gourmands ne rateront pas le rituel du café agrémenté de cannelle, du thé millésimé ou du chocolat enrichi de piment mexicain pour en exhaler les arômes ; mais les petits plats frais du midi n'ont rien de déshonorant ! Service parfois longuet.

Giubbe Rosse *(zoom détachable D3,* ***187****)* **:** *piazza della Repubblica, 13 r. ☎ 055-21-22-80. • info@giubberosse.it • Tlj 10h-1h.* Brasserie littéraire historique idéalement située. Au début du XXe s, c'était le lieu de rencontre des poètes, artistes et écrivains. André Gide et même Lénine y seraient venus. Les plafonds voûtés en brique, les grosses poutres en bois, les ventilos et les vieux lustres contribuent au charme nostalgique de l'endroit. Parfait pour un *espresso* (pas donné) sur la terrasse en suivant des yeux l'animation de la *piazza.*

Rivoire *(zoom détachable D4,* ***188****)* **:** *piazza della Signoria. ☎ 055-21-44-12. • rivoire.firenze@rivoire.it • Tlj sf lun 8h-0h30 (21h l'hiver).* Institution florentine, stratégiquement située en face du Palazzo Vecchio, mais sachez simplement que son fameux chocolat se négocie au prix du champagne (ou presque) !

Où sortir ? Où écouter de la musique ?

YAB *(zoom détachable C4,* ***205****)* **:** *via dei Sassetti, 5 r. ☎ 055-21-51-60. • yab@yab.it • Fermé mar et dim. Entrée payante.* Boîte de nuit sympathique où l'on vient danser jusqu'à l'aube. Lundi soirée hip-hop, mercredi universitaire, jeudi disco, vendredi aussi, et samedi, c'est plutôt destiné aux moins de 30 ans. Une boîte commerciale pour jeunes de style smart avec un décor sobre aux lumières bleutées.

À voir

Piazza del Duomo *(zoom détachable D3)* **:** elle comprend en fait trois œuvres architecturales : la *Cattedrale Santa Maria del Fiore* ou *Duomo,* le *Campanile di Giotto* et le *Battistero* (baptistère). Un conseil aux lève-tôt, c'est de visiter le Duomo très tôt quand les éboueurs, les boutiques et les marchands ambulants s'activent.

Conseil : il existe désormais un billet unique (10 €) utilisable pendant 24h qui permet l'accès aux cinq monuments de la place. Il s'agit de la *cattedrale,* de la *cupola,* du *battistero,* du *Campanile di Giotto* de la *cripta di Santa Reparata* et du *museo dell'Opera del Duomo (galleria d'Arte).* Pour plus de renseignements *• operaduomo.firenze.it •*

Campanile di Giotto (zoom détachable D3) : *accès tlj 8h30-19h30.* Haut de 84 m, commencé par Giotto, c'est sûrement l'un des plus beaux d'Italie. L'alternance des marbres polychromes dans le style florentin et les ouvertures de fenêtres qui assouplissent l'ensemble en font un chef-d'œuvre. Observez également l'intérieur du campanile, parfaitement gothique. Le contraste architectural entre l'intérieur et l'extérieur est étonnant.
Si vous avez le courage de gravir les quelque 400 marches qui conduisent au dernier étage, vous ne le regretterez pas : panorama superbe. Claustrophobes, s'abstenir.

Cattedrale Santa Maria del Fiore ou **Duomo** (zoom détachable D3) : *☎ 055-230-28-85. Lun-mer et ven 10h-17h ; jeu 10h-16h ; sam 10h-16h45 ; dim 13h30-16h45. Entrée libre. Visites guidées gratuites en français, italien et anglais. Attention, shorts interdits ; la visite se fait de façon circulaire, en commençant par la gauche de la cathédrale. On ne peut plus pénétrer dans le chœur. Audioguide : 5 € (8 € les 2).*
La façade originelle était l'œuvre du grand sculpteur florentin Arnolfo di Cambio. Jusqu'au XVe s, de grands artistes se succédèrent pour compléter cette façade en conservant l'esprit d'origine. Malheureusement, elle fut détruite au XVIe s et resta en brique jusqu'au XIXe s. On retrouve aujourd'hui au *museo dell'Opera di Santa Maria del Fiore* les originaux du XIVe s et ceux du XVe s. Sa façade actuelle, du XIXe s, construite « à l'ancienne », témoigne de la richesse de l'époque : rosaces, nombreuses sculptures, niches, marbres polychromes, etc.
L'intérieur de la cathédrale est d'une grande simplicité. En entrant à gauche, magnifique tombeau sculpté par Tino di Camaino, grand artiste siennois du Trecento. En se retournant, belle fresque d'anges musiciens. Remarquez les deux fresques, à gauche de la nef, représentant chacune un cavalier. D'un côté (vert), une œuvre de Paolo Uccello, traitée à fresque monochrome et figurant l'aventurier anglais sir John Hawkwood, et de l'autre, réalisé 20 ans plus tard (1456), le *Cavalier blanc* (Niccolò da Tolentino) d'Andrea del Castagno. Ces portraits commémoratifs sont à rapprocher des statues équestres qui se développèrent à la même époque (notamment à Venise et à Padoue). La *Pietà* réalisée par Michel-Ange se trouve au *museo dell'Opera di Santa Maria del Fiore.* Il éleva ce dôme en se passant d'échafaudages, ce qui força l'admiration générale. Michel-Ange lui-même, un siècle plus tard, ira travailler au Vatican en emportant le souvenir du dôme de Florence.

Cripta di Santa Reparata : *lun-sam 10h-17h (16h45 sam ; 16h en hiver). À l'intérieur du Duomo.* Après la visite du Duomo, juste avant la sortie, un escalier souterrain mène à la crypte. On y découvre que l'actuel Duomo a été bâti sur les vestiges d'une église romane du IXe s. Remarquez quelques beaux pavement en mosaïque. Elle accueille également les tombeaux des papes Étienne IX et Nicolas II ainsi que celui de Filippo Brunelleschi.

Cupola del Brunelleschi (zoom détachable D3) : *lun-ven 8h30-19h, sam 8h30-17h40. Outre les j. traditionnels de fermeture, aussi fermé Jeudi, Vendredi et Samedi saints, 24 juin (Saint-Jean-Baptiste), 8 sept (nativité de la Vierge) et 8 déc (Immaculée Conception). L'entrée se fait par la porta della Mandorla du Duomo. Déconseillé aux pers sujettes au vertige.*
Plusieurs tentatives furent effectuées (y compris par Botticelli) et tout manqua plusieurs fois de s'écrouler. La coupole, toujours imitée mais jamais égalée, est l'œuvre de Filippo Brunelleschi, un sculpteur qui s'intéressait à l'architecture et qui a eu l'ingénieuse idée de construire un dôme de forme ovoïde de 45 m de diamètre, sans armature en créant une double voûte séparée de 2 m dans laquelle des chaînages intérieurs assurent la stabilité de l'édifice. On le crut fou, mais pour lui, la résistance des matériaux et les poussées qui entraient en jeu pouvaient être calculées. Ses plans, maintes fois remaniés et refusés, furent enfin acceptés 2 ans après le projet, en 1420. Malheureusement, l'architecte ne verra pas son œuvre achevée (1434), il

meurt avant. Il faut attendre 1466 pour qu'Andrea del Verocchio surmonte la coupole d'une croix dorée avec une boule contenant des reliques. Jamais une coupole de cette envergure n'avait été construite jusque-là. Michel-Ange, plus d'un siècle et demi après reprit l'idée de Brunelleschi pour réaliser celle du Vatican...
Pour y accéder, il vous faudra monter 463 marches (pas d'ascenseur possible). À l'intérieur, admirez la fresque de 3 600 m² du *Jugement dernier* pensée par Vasari mais réalisée sous le contrôle de Federico Zuccari et Bandinelli. Au départ, la fresque devait être en mosaïque. De nombreux artisans et artistes ont participé à son élaboration. L'iconographie est disposée en huit rangées concentriques qui se rejoignent autour du Christ en majesté (il fait plus de 8 m). Dans la partie supérieure, ce sont les ordres célestes et dans la partie inférieure, des scènes de la Genèse et des épisodes de la vie du Christ. Sur les côtés, quelques scènes isolées du Jugement dernier.

Terrazze del Duomo : *les terrasses sont désormais visitables mais sur résa slt. Faire la demande au préalable à la direction du museo dell'Opera. Visites ven-dim. Inutile de vous dire que c'est très cher.* Le tour commence par la visite guidée de la cathédrale, mettant l'accent sur l'histoire et l'architecture des œuvres les plus intéressantes. Puis on continue avec les terrasses extérieures, accessibles seulement avec ce type de tour. Vue imprenable à 360° sur Florence. Impressionnant et vertigineux à la fois. Attention, ça grimpe sec ! Toujours accompagné du guide, la visite se poursuit avec celle du dôme. De sa propre initiative, le visiteur peut à la fin du tour grimper tout en haut de la coupole... si vous avez encore le courage d'affronter les dernières marches restantes, qui ne sont pas les plus faciles...

Battistero *(baptistère ; zoom détachable D3) : ☎ 055-230-28-85. Lun-sam 11h15-19h (1er sam du mois et j. fériés 8h30-14h). Fermé Noël, 1er janv et dim de Pâques.*
Au XVe s, les non-baptisés n'avaient pas le droit de pénétrer dans les églises. Voilà pourquoi les baptistères étaient souvent construits à l'extérieur (on voit la même chose à Pise).
Ghiberti, avant d'être sculpteur, était orfèvre, ce qui explique les véritables chefs-d'œuvre qu'il réalisa. Le travail est d'une précision et d'un réalisme extraordinaires. La fameuse porte principale est décorée de scènes de la Bible. Observez, notamment, ces foules reproduites sur des espaces réduits, un peu à la façon des peintures du Moyen Âge. L'art de la perspective et du trompe-l'œil acquiert ici ses premières lettres de noblesse. Pas étonnant que Ghiberti ait mis 27 ans pour réaliser cette œuvre ! À noter que les originaux de la porte du Paradis sont actuellement visibles au *museo dell'Opera di Santa Maria del Fiore*. Tandis qu'au musée du Bargello on peut voir, au 1er étage, les deux médaillons originaux de Brunelleschi et Ghiberti réalisés pour le concours de 1401.
À l'intérieur du baptistère, on trouve une admirable mosaïque du XIIIe s. Noter, en bas, à droite du Christ, la scène classique du *Jugement dernier*, avec les monstres et autres diables dégustant les méchants.

LES CLÉS DU PARADIS

Un concours fut organisé en 1401 pour la réalisation de la nouvelle porte (côté nord). Ghiberti l'emporta devant Brunelleschi. Puis il fut de nouveau sollicité pour réaliser la porte principale (côté est), pour laquelle il fit preuve d'une grande innovation technique. Fier de son œuvre, il se représenta sur un des médaillons qui la décorent. C'est Michel-Ange, pourtant avare de compliments, qui la surnomma un siècle plus tard la « porte du Paradis ».

Museo dell'Opera di Santa Maria del Fiore *(zoom détachable D3) : piazza del Duomo, 9. ☎ 055-230-28-85. Fermé à Pâques et à Noël. Lun-sam 9h-19h30, dim 9h-13h45. Audioguide en français 5 € ; réduc.* ***ATTENTION, LE MUSÉE EST FERMÉ JUSQU'EN NOV 2015 POUR RÉNOVATON.***

Toutes les œuvres qui ornaient jadis le Duomo, le baptistère et le campanile, sont désormais rassemblées dans ce musée, actuellement au centre de grands projets de rénovation. La fin des travaux est prévue pour... octobre 2015. Seule certitude : la porte du baptistère (l'originale) de Ghiberti et la *Pietà* de Michel-Ange resteront accessibles aux visiteurs dans la partie rénovée du musée. Pour la visibilité des autres œuvres... cela relève du bon vouloir de la gestion des musées de la ville !

– La porte nord du baptistère sur la piazza del Duomo, ***la porte du Paradis*** a été réalisée par Lorenzo Ghiberti suite à un concours gagné à la barbe de son concurrent Brunelleschi. Il y consacra 27 ans de sa vie ! On raconte que c'est Michel-Ange qui l'a baptisée ainsi quand il l'a vue pour la première fois, estimant qu'elle était si belle, qu'elle ne pouvait qu'être aux portes du... Paradis. Cette fameuse porte a survécu à la Seconde Guerre mondiale (elle a été cachée pour échapper aux Allemands et aux bombardements) mais n'a pas échappé à la crue de 1966. Remplacée par une copie depuis 1990 et en restauration depuis, la voici enfin resplendissante et entièrement restaurée. Elle a été réalisée en bronze et en or, haute de 5 m, large de 3 m, elle pèse près de... 8 t. Conservée et préservée sous vitrine en verre, laissant passer l'air pour éviter trop d'humidité qui abîmerait la couche de bronze et la fine pellicule dorée. Chaque panneau évoque plusieurs épisodes bibliques, le sculpteur ayant estimé qu'il n'était pas forcément nécessaire de séparer les différentes histoires bibliques et certainement aussi par manque de place pour décrire la longue histoire de la création de l'Homme. La partie haute (la plus belle) a été réalisée par Lorenzo Ghiberti lui-même (et aussi grand collectionneur à ses heures perdues). Ghiberti s'est d'ailleurs représenté dans l'un des médaillons. L'avez-vous reconnu ? Il est situé au niveau du troisième panneau en partant du bas au milieu, la partie basse a été conçue par son fils qui a façonné les scènes de Goliath et celles avec le roi Salomon.

– ***La Pietà aux 4 figures de Michel-Ange*** *(attention ce n'est pas celle installée à Saint-Pierre à Rome)* **:** située sur une mezzanine, entre le 1er et le 2e étage, elle est magnifiquement présentée et son isolement la rend encore plus pathétique... Réalisée sur le tard (à presque 70 ans), la *Pietà* était destinée au propre tombeau de l'artiste, car son désir était d'être enterré à Rome dans la basilique Sainte-Marie-Majeur. Le destin en a décidé autrement et c'est dans la basilique Santa Croce à Florence qu'il fut enterré (voir plus loin « Quartier de Santa Croce »). Dans cette sculpture, il s'y est probablement représenté sous les traits de Nicodème, le vieillard soutenant le corps du Christ. Regardez la douleur exprimée dans le visage du vieillard. Michel-Ange est l'un des premiers artistes à exprimer sa douleur à travers sa sculpture, un avant-goût du maniérisme... L'œuvre ne fut jamais terminée car Michel-Ange, excédé par la longueur du travail et la friabilité du marbre, prit un beau jour son marteau pour l'achever... à sa manière (en la faisant voler en éclats) : ça, c'est Vasari qui l'écrit ! L'œuvre a été terminée par Tiberio Calcagni, un de ses élèves. D'ailleurs, vous remarquerez que le personnage de Marie Madeleine est un ajout tardif qui jure quelque peu avec le génie du reste de la composition. La statue avait été installée à l'origine par Côme III de Médicis à la chiesa San Lorenzo (à Florence) avant finalement d'atterrir ici à l'ouverture du musée au XIXe s.

Abordez la *salle de l'ancienne façade de la cathédrale* (celle qui fut détruite en 1587), avec de nombreuses sculptures d'Arnolfo di Cambio et de Donatello, ainsi que la petite salle dédiée à Tino di Camaino, grand sculpteur siennois dont on peut admirer le talent à travers le magnifique *Christ bénissant.* On pénètre alors dans une grande salle où irradie le talent d'Arnolfo di Cambio (XIVe s). De ce dernier, architecte de talent mais également élève du fameux Nicola Pisano, on remarquera, entre autres, la *Madonna della Natività,* dans une pose bien lascive, et la statue du pape Boniface VIII, pape détesté par Dante qui lui fit visiter l'Enfer dans sa *Divine Comédie* (cette statue fut restituée à la cathédrale par l'un de ses descendants après que celui-ci l'eut rachetée à un antiquaire), ainsi que la troublante Madone aux yeux de verre. Intéressante

série des *Évangélistes,* mais ce sont évidemment le *Saint Jean* de Donatello et le *Saint Luc* de Nanni di Banco qui retiennent l'attention.
À côté, dans la *salle des peintures,* l'étonnant et célèbre *Martyre de saint Sébastien* (il aura eu son compte !) attribué à Giovanni del Biondo, et magnifiques bas-reliefs en marbre issus de l'enceinte du chœur de la cathédrale. Dans la chapelle octogonale voisine, collection de reliquaires (dont le doigt de saint Jean), quelques pièces d'orfèvrerie religieuse du XVe s et une belle Vierge de Bernardo Daddi. À noter, quelques belles terres cuites des Della Robbia. À l'étage toujours, admirer les deux *cantorie* (ces tribunes d'église où se produisent les chantres), chefs-d'œuvre absolus de la Renaissance florentine. L'une est signée Luca Della Robbia, l'autre Donatello. L'occasion de comparer deux styles contemporains (plusieurs panneaux de composition plus riche, plus classique pour le premier, une grande fresque plus dynamique pour le second). En dessous de celui-ci, admirez la célèbre *Madeleine en pénitence* en bois et recouverte d'or, vieillissante et pathétique, de Donatello (conçue pour le baptistère). Ne ratez pas les statues du campanile, et en particulier l'*Habacuc* et le *Jérémie* de Donatello. Dans une salle au fond, remarquables panneaux du campanile (attribués en partie à Andrea Pisano et Luca Della Robbia), figurant l'évolution de l'homme depuis la création jusqu'aux voies spirituelles. Ils racontent la Genèse et illustrent les planètes, les vertus, les arts, les sciences... Les panneaux représentant les métiers sont absolument extraordinaires de détails et de fraîcheur.
Dans une salle voisine, somptueux autel de Saint-Jean en argent (pour lequel plus de 400 kg du précieux métal furent nécessaires !). C'est un des chefs-d'œuvre de l'orfèvrerie du XVe s. Prenez le temps d'admirer le *Saint Jean-Baptiste* de Michelozzo au centre et les panneaux latéraux du bas (à gauche, la *Naissance de saint Jean* par Antonio del Pollaiolo et à droite la *Décollation de saint Jean* par Verrochio). Voir aussi le *Baptême du Christ* par Sansovino. Reste de beaux manuscrits enluminés et des broderies sur la vie de saint Jean. Mais gardons un peu d'énergie pour la fin de la visite : à partir de la salle des panneaux, en redescendant vers les niveaux inférieurs, les visiteurs découvrent les outils utilisés par les ouvriers de Brunelleschi, l'échafaudage particulier qu'avait mis au point l'architecte avec un système habile de poulies ainsi qu'une série de maquettes en bois représentant les différents projets pour la façade de la cathédrale.

Galleria degli Uffizi *(galerie des Offices ; zoom détachable D4)* **:** *piazzale degli Uffizi, 6. ☎ 055-29-48-83. • uffizi.firenze.it • Tlj sf lun 8h15-18h50. Fermé à Noël, 1er janv, 1er mai. Entrée : 12,50 €. La résa est conseillée quand on ne prend pas la* Firenze Card *: 4 €. Audioguide en français 5,50 € (8 € pour 2). Demander le plan gratuit du musée à l'entrée. Parcours tactiles pour les non-voyants.*
C'est bien évidemment le fleuron des musées florentins, mais surtout l'un des plus anciens et des plus beaux musées du monde. Incontournable est un faible mot...
– ***Attention :*** la direction du musée mène depuis plusieurs années le projet « Nouveaux Offices », une vaste campagne de travaux d'agrandissement (passant de 6 000 à 13 000 m^2) pour présenter aux visiteurs de plus en plus nombreux les richesses inestimables qui sommeillent encore dans les dépôts. Mais les travaux s'éternisent, et on envisage les nouvelles dispositions en... 2015. Certaines œuvres décrites ci-dessous n'auront peut-être pas encore trouvé leur place définitive lors de la parution du guide. Certaines salles sont fermées momentanément au public. Sachez toutefois que toutes les peintures majeures, même déplacées, restent visibles, pour ne pas décevoir les visiteurs. Se renseigner lors de la visite (souvent indiqué sur le site internet du musée). Demander à l'accueil le plan (gratuit) du musée : sommaire mais pratique.
– En haute saison, attendez-vous à des queues de 2h à 4h ! ***Réservez*** pour y échapper, même si le délai d'attente peut être de plusieurs jours, voire de plusieurs semaines. Sinon, n'hésitez pas à vous présenter 15 à 20 mn avant l'ouverture des portes. Et même mieux, pour les détenteurs de la *Firenze Card,* il n'y a pas de queue à faire... normalement !

Pour la petite histoire

L'histoire de cet incroyable musée est indissociable de celle des Médicis. Dès le XVᵉ s, Cosme l'Ancien, sous des dehors sévères et avares, se montra généreux envers les arts et encouragea des talents comme Donatello ou Filippo Lippi. C'était le début d'une longue tradition de mécénat, qui connut son apogée avec le fin politique Cosme Iᵉʳ, puis l'esthète François Iᵉʳ. Le premier confia à Vasari la création de l'académie de dessin et la construction du palais des Offices, le second transforma en musée (1581) les galeries de cet immense bâtiment administratif. Réservée au départ à une élite, la galerie des Offices ne fut ouverte officiellement qu'en 1765.
Sans être exhaustif, voici les plus belles œuvres des Offices.

LA VOIE PRINCIÈRE

Les Médicis habitaient au Palazzo Pitti, de l'autre côté de l'Arno, mais se rendaient chaque jour au Palazzo Vecchio et au palais des Offices où ils avaient concentré leurs administrations. Cosme Iᵉʳ fit construire par Vasari un long couloir suspendu entre les deux sites. Pour égayer la promenade, les Médicis eurent bientôt l'idée d'y accrocher des peintures. Endommagé par les ravages de la Seconde Guerre mondiale et par un attentat terroriste en 1993, cet ensemble remarquable a désormais recouvré l'essentiel de son faste, mais il est malheureusement fermé au public...

Second étage (début de la visite)

Galerie Est

En arrivant au second étage, avant d'entamer la visite à proprement parler, admirer les deux magnifiques chiens, puis, à droite, les quelques belles pièces archéologiques (en particulier, une frise romaine en provenance du forum d'Auguste et une tête de César). Portraits des Médicis au mur. Remarquer aussi le couple funéraire inséré sous une statue d'Hercule combattant un centaure. Fresques décoratives d'origine datant de 1560-1580. Vasari a dirigé le chantier et fut aidé par des Flamands dont on reconnaît la main dans les panneaux de paysages.
Au mur, le long de la galerie, levez la tête et regardez dans la frise sous le plafond la série de peintures de rois et de princes italiens.
Passons maintenant à la visite des salles de la galerie Est ; une visite qui nous a semblé très didactique, car à la fois chronologique et par école.

Salle 1 : le Duecento (XIIIᵉ)
Les primitifs toscans, avec notamment les peintures des trois monstres sacrés du *Duecento* et du début du *Trecento* : la *Madone* de Cimabue, puis celle de Duccio (un Siennois) et enfin la *Madone d'Ognissanti* de Giotto qui s'affranchit là du style byzantin ; toujours le fond or, mais les traits prennent vie (noter les touches de rouge sur les joues de Marie et la poitrine qui affleure sous le fin tissu). Ces trois tableaux restaurés forment un ensemble unique de cette période de l'art italien. Les voir ensemble permet d'appréhender l'émancipation progressive des peintres de cette époque vis-à-vis des codes picturaux immémoriaux de la manière byzantine. C'est un des fleurons des Offices. Noter également les deux christs en croix. Le premier, à droite du Cimabue, date d'avant la mort de saint François, en 1221, et le second d'après cette date. Remarquer le changement complet de l'iconographie : le Christ devient un être de chair, souffrant sur la croix.

Salle 3 : le Trecento siennois
XIVᵉ s siennois. Superbe *Annonciation* de Simone Martini (remarquer le salut de l'Ange, traité à la manière d'une bande dessinée) et œuvres des frères Lorenzetti,

Ambrogio et Pietro. En particulier, un des chefs-d'œuvre d'Ambrogio, la *Présentation au Temple,* les panneaux du retable de la bienheureuse humilité et ceux sur la vie de Nicolas de Pietro.

Salle 4 : le Trecento florentin

Le XIVe s toujours, mais à Florence avec les suiveurs de Giotto, parfois répétitifs (ce n'est toutefois pas vraiment le cas des œuvres présentées ici), à savoir Bernardo Daddi, Andrea Orcagna et Taddeo Gaddi. Observer le grand retable d'Andrea Orcagna sur la vie de saint Matthieu, arrondi pour épouser la forme d'un pilier, et la fantastique *Pietà* de Giottino (il s'appelait en fait Giotto di Maestro Stefano, mais on l'a surnommé ainsi pour le distinguer de Giotto), un chef-d'œuvre de sensibilité et de mise en scène.

Salles 5 et 6 : le gothique international

Retable monumental magnifique de Lorenzo Monaco, *Le Couronnement de la Vierge.*

Une mode de l'époque consistait pour les peintres à se représenter dans leurs œuvres. Pour les repérer, c'est assez simple : c'est toujours le personnage qui vous regarde droit dans les yeux ! C'est le cas de Gentile da Fabriano qui, dans son *Adoration des Mages,* se fit représenter derrière le 3ème mage (l'homme avec le chapeau en velours rouge). Cette commande réalisée pour les Strozzi, une famille de banquiers très influente à Florence, fut traitée comme une miniature, avec une remarquable utilisation des ors : certains détails apparaissent même en relief pour souligner l'aisance et la générosité du mécène. Autre *Adoration des Mages,* autre autoportrait avec Lorenzo Monaco (chapeau pointé à liseré et à plume doré).

Salle 7 : la première moitié du Quattrocento

Salle du début de la Renaissance. Progressivement, on abandonna le fond doré. On introduisit derrière les personnages des paysages minutieusement peints, avec souvent plein de détails intéressants, en particulier les scènes retraçant la vie dans les villes au Moyen Âge. Une œuvre capitale : *La Bataille de San Romano* de Paolo Uccello, décrivant la victoire de Florence sur Sienne en 1432. Triptyque dont les autres parties sont au Louvre et à la National Gallery de Londres. Dommage que les trois ne soient pas réunis ! Observer le fantastique jeu de lignes et de perspective. Voir aussi *Sainte Anne et la Vierge à l'Enfant,* exécuté à deux mains par Masolino et Masaccio. Également un *Couronnement de la Vierge,* œuvre véritablement « rayonnante » de Fra Angelico (dit *il Beato*), qui reste fidèle aux fonds d'or tout en s'adaptant au nouveau style de l'époque.

Salle 8 : Filippo et son fils Filippino Lippi

Superbes *Federico da Montefeltro* et *Battista Sforza* de Piero della Francesca (on dit que les cheveux blonds étaient très prisés à la Renaissance et que pour la teinture rien ne valait... l'urine). Ces portraits figurent, sans doute, parmi les dix chefs-d'œuvre des Offices. Principalement des œuvres de Filippo Lippi, le maître de Botticelli, dont on peut admirer *Madone, Enfant et deux anges* et le *Couronnement de la Vierge,* où les essais de perspective ont fini par aplatir un peu la tête des anges ! À noter également, *L'Annonciation* délicate de Baldovinetti. Les peintures de Filippino sont, quant à elles, plus tardives et soumises à l'influence de Botticelli.

Salle 9 : les frères Pollaiolo

On y trouve *La Force,* la plus ancienne toile de Botticelli. Les autres vertus présentées sont l'œuvre des Pollaiolo. Les frères Pollaiolo, artistes polyvalents, étaient aussi des sculpteurs, ce qui se ressent.

Salles 10 à 14 : Botticelli

Consacrées principalement à ***Botticelli*** avec les célèbres *Naissance de Vénus* et *Le Printemps.* Dans *La Naissance de Vénus,* thème de la naissance d'une nouvelle humanité, Zéphyr souffle sur la coquille portant une Vénus frêle et diaphane. À droite, *Le Printemps* lui tend un manteau. Ici, quasiment pas de profondeur. On est fasciné par les lignes voluptueuses des drapés, des courbes du manteau, la finesse ondoyante des cheveux. Composition dépourvue de perspective pour mieux mettre en valeur le rythme quasi musical des lignes et des couleurs. On n'avait jusqu'à présent jamais poussé aussi loin le raffinement pictural. Botticelli utilisa à fond la technique de son maître, Filippo Lippi, dans la recherche de la beauté idéale. En particulier dans le personnage de Flore distribuant ses fleurs et dans l'éblouissante technique du drapé des trois Grâces. Seule l'ondulation du tissu léger suggère le mouvement. *La Calomnie* est une œuvre tardive de Botticelli, qui va, à cette époque, vers des proportions plus réduites et peint des sujets dramatiques sous l'influence de Savonarole, qui prônait un retour à une religion pure et dure (il a fini sur le bûcher !). D'autres chefs-d'œuvre de Botticelli : *La Madone des roses, L'Annonciation* (grâce exquise du mouvement de la Vierge), *La Melagrana.* Également deux peintures sur bois où le peintre excelle aussi dans la miniature.

De Ghirlandaio, belle *Vierge en majesté* et *Adoration des Mages*. Triptyque *Portinari* de Hugo Van der Goes, dont l'arrivée en Italie fut un choc pour les peintres du XVe s, qui découvrirent grâce à lui la peinture flamande et l'observation des détails réalistes (paysages, enfants, paysans) qui n'étaient pas, jusqu'alors, de tradition florentine.

Salle 15 : Léonard de Vinci et son entourage

Œuvres de ***Léonard de Vinci*** dont on découvre *L'Adoration des Mages.* Cette toile est très intéressante : comme elle est inachevée, on saisit la façon de travailler de l'artiste et on apprend comment les volumes s'intègrent les uns aux autres. Également de Léonard de Vinci, la très célèbre *Annonciation.* Penser qu'il n'avait que 17 ans quand il exécuta ce chef-d'œuvre ! Noter l'utilisation géniale de la lumière sur les visages et les chevelures. On dit que son maître Andrea del Verrochio aurait renoncé à la peinture après avoir constaté son talent. Le *Baptême du Christ,* œuvre de Verrocchio et Léonard de Vinci, permet d'apprécier la main de Léonard dans les deux anges et le paysage du fond où l'on commence à voir ce que sera le célèbre *sfumato* de Vinci.

Admirables *Pietà* et *Crucifixion* du Pérugin, le maître de Raphaël. De Luca Signorelli, *Crucifixion* et une *Trinité.*

Salle 16 : salle des cartes géographiques
Généralement fermée

Contient de magnifiques mappemondes provenant de la collection de Ferdinand de Médicis.

Salle 18 : la tribune, les maniéristes

Après d'importants travaux de rénovation, on peut de nouveau admirer cette tribune de forme octogonale conçue par Buontalenti en 1584 pour le duc François Ier. On ne peut plus y entrer mais les œuvres sont bien visibles des ouvertures extérieures. Voulue par les Médicis, cette salle rassemble leurs œuvres préférées, un mélange de « best of » et de cabinet secret en quelque sorte... Cette salle, magnifique a, d'ailleurs, toujours été considérée comme la plus belle du palais. Les quatre éléments y sont représentés : le sol symbolise donc la terre ; les murs rouges, le feu ; les décorations nacrées et bleues, l'eau ; et les sortes de bulles sous la coupole

UNE BEAUTÉ... IRRÉSISTIBLE

Les statues antiques de la salle 18 sont d'une qualité remarquable, en particulier la fameuse Vénus Médicis, *la pièce la plus importante de la collection des Médicis, original grec du IIe s av. J.-C. Elle symbolisait tellement la beauté parfaite que Napoléon la fit enlever pour l'exposer dans son projet de musée Napoléon à Paris. Après tout, pourquoi se gêner ! L'Histoire cependant en décida autrement, puisqu'à la suite de sa défaite à Waterloo, ce dernier s'engagea dans le traité de paix à la remettre à sa place.*

(magnifique), l'air. Superbe *Venus des Médicis,* une des sculptures antiques, achetée à l'origine au XVIIe s par la famille Médicis pour leur villa à Rome. C'est Cosme III qui la rapatria aux offices dans les années 1670. Voir également *Les Lutteurs,* remarquables dans leur représentation anatomique et leur mouvement, et le petit *Apollon.*

Salle 19 : Quattrocento (1re partie de la renaissance italienne)
De Signorelli, *Madone et Enfant* ; du Pérugin, le fameux *Francesco delle Opere,* de facture très moderne ; de Piero di Cosimo, *Andromède délivrée par Persée,* typique de ce peintre un peu hors norme et excentrique. Et puis, aussi, Lorenzo di Credi, Lorenzo Costa, Francesco Francia...
Attention, les salles 20 à 23 sont actuellement fermées pour travaux mais les œuvres (celles des peintres flamands par exemple dans les salles rouges) sont réparties dans d'autres salles, notamment dans celles du 1er étage.

Salle 20 : Venise (Montagna, Bellini, Messina)
Un magnifique *Compianto di Cristo* de Giovanni Bellini (en noir et blanc) et une *Allégorie* sacrée dont le sujet énigmatique n'est pas encore élucidé à ce jour. Splendide *Vierge à l'Enfant* de Cima da Conegliano. Cette pièce est l'occasion d'apprécier toute la singularité de l'école vénitienne (lumière chaude et dorée, paysages doux, beauté des femmes...) avec une *Madone à l'Enfant* d'Antonello da Messina ou encore l'*Histoire de la vie du Christ* par Andrea Montagna.

Salle 22 : quattrocento emilano-romagna
Beau portrait de Francesco Raibolini ou surnommé Il Francia.

Salle 23 : quattrocento lombardi
De Mantegna, un triptyque sur *L'Adoration des Mages* avec un extraordinaire panneau central. Ceux qui connaissent ce tableau d'après des reproductions seront étonnés de sa petite taille (ce qui témoigne de la qualité de l'œuvre). Le côté minéral de l'œuvre de Mantegna est toujours étonnant ! À voir également, la douceur et la grâce du Corrège, notamment avec la petite *Vierge adorant Jésus.*

Salle 24
Dite « des miniatures ». Abrite des médaillons qu'on aperçoit au loin car on ne peut pas accéder à la salle (barre métallique à l'entrée), ce qui en limite l'intérêt.

Attention, les salles 25 à 34 sont fermées pour travaux.

Le corridor Vasari

Ici s'achève la visite de la galerie Est. Avant de poursuivre votre chemin, prenez le temps d'admirer la vue sur l'Arno et le Ponte Vecchio. Le fameux corridor Vasari se trouve à gauche au début de la galerie Ouest. Il traverse l'Arno et permettait aux Médicis de rejoindre tranquillement leur demeure privée du Palazzo Pitti (il contient une célèbre collection de portraits et d'autoportraits qui ne se visite qu'exceptionnellement, et sur réservation : la demande est à faire auprès de la direction des *Firenze Musei*). Belle vue également sur les collines environnantes avec au loin l'église de San Miniato. Un tel panorama nous rappelle que le bâtiment des Offices a été conçu, notamment, pour contrôler la vue sur le fleuve.

Galerie Ouest

Salles 35 : Michel Ange et l'école florentine
Les peintures de ***Michel-Ange.*** Les visages sont moins figés, les femmes arborent quelques timides sourires. De Michel-Ange, *La Sainte Famille (Tondo Doni)* : là aussi, le sommet dans la perfection. Attardons-nous quelques instants sur cette œuvre magistrale, la seule à avoir été peinte sur bois. Ce sont déjà les couleurs de la chapelle Sixtine. On y décèle la rigueur de Michel-Ange et son sens de la composition. Elle est organisée en plusieurs plans, allant vers la profondeur (au fond, les corps nus, presque flous, des hommes du temps du péché originel),

tout en s'articulant autour d'un mouvement en spirale. À noter enfin qu'il s'agit de l'unique tableau de Michel-Ange exposé en dehors du Vatican. Offert aux Doni en cadeau de mariage, il fut racheté par les Médicis et exposé aux Offices dès 1580 !

Vestibulo di uscita *(vestibule de sortie)*
Belle *Hermaphrodite endormie.*

Salle 41 à salle 45 : provisoirement fermées sauf la salle 41
Pour le moment, cette salle de Rubens (salle 41) *et ses suiveurs est fermée pour restauration jusqu'à...* Si elle rouvre, vous pourrez admirer de Rubens, *L'Entrée d'Henri IV à Paris, Bacchus sur son tonneau.* Magnifiques portraits de Van Dyck et Jordaens. Remarquer aussi, de Sustermans, le *Portrait de Galilée regardant vers le ciel*.

Salle 42 : salle de Niobé
Salle du nom du groupe de sculptures de statues antiques retrouvé près de Rome. Ce groupe évoque un épisode de la mythologie quand Arthémis et Apolon ont tué les sept filles et les sept fils de Niobé. Beaux effets de drapé.

Ici s'achève la visite du second étage. Au fond du corridor, l'imposant *Porcellino* (porcelet) de Tacca, dont il existe une copie à la *Loggia del Mercato.*

I●I ***Cafétéria :*** déco et mobilier contemporains pour un service rapide de boissons et *panini.* Une halte qui vaut surtout pour la superbe terrasse en surplomb avec vue sur le campanile, le Duomo, le Palazzo Vecchio et, au loin, la colline de Fiesole.

Premier étage

Salles bleues (sale blu) *: salles 46 à 55*
Salles dédiées aux peintres étrangers du XVIe au XVIIIe s on y retrouve notamment les peintres flamands, hollandais, espagnols et français. Admirer le bel autoportrait de Jean-Étienne Lyotard. De Chardin, *Jeune fille tenant un volant et une raquette* ou encore son *Petit joueur de carte*. Côté espagnol, deux portraits par Goya, une nature morte de Vélazquez ou son autoportrait le mettant bien en valeur ! Et côté hollandais, un bel autoportrait de Rembrandt ainsi que des portraits de Van Dick.

Salle 56 : marbres grecs (marmi ellenistici)
Les œuvres exposées offrent un bon aperçu de la sculpture du IVe au IIe s av. J.-C. dont la fameuse statue du petit garçon à l'épine (*Spinario*), réplique de la statue en bronze conservée au Capitole à Rome. On trouve aussi une copie au Palazzo Vecchio.

Salles rouges (sale rosse del Cinquecento) *consacrées au XVIe s florentin : salles 57 à 66*
Dernières salles ouvertes au public consacrées aux artistes toscans de renom comme Andrea del Sarto, Rosso Fiorentino, Pontormo, Bronzino (un des plus grands portraitistes de l'histoire de la peinture), Rafaello (Raphaël) ou encore Bronzino regroupant plus de 50 tableaux et une dizaine de sculptures. La couleur pourpre des murs rappelle la couleur des Médicis. Admirer une belle *Madone aux harpies* d'Andrea del Sarto, qui doit son nom aux sculptures visibles sur le piédestal de la Vierge. Au sujet de ce peintre, on disait qu'il ne connaissait pas l'erreur. Entre maniérisme et académisme (il fut le maître des grands maniéristes florentins, Pontormo et Rosso) : perfection de la composition et, outre le jeu complexe des courbes, on notera aussi celui des couleurs. Tranchant avec la sobriété générale, éclatent le rouge et le jaune de la robe de la Vierge et le rouge du manteau de saint Jean. Dans la salle 62, portrait célèbre de Laurent de Médicis par Vasari. Portraits de Pontormo qui fut, donc, l'élève d'Andrea del Sarto. Admirer également le talent de son compère Rosso Fiorentino dans la *Vierge à l'Enfant entourée de saints.* Admirable Beccafumi *(Sainte Famille),* le troisième grand maniériste, moins connu car siennois et non florentin...

De Raphaël : *Autoportrait, Francesco Maria della Rovere, La Madonna del Cardellino* (au chardonneret), *Léon X, Jules II, Saint Jean dans le désert...* Intéressant de noter, dans le portrait de Léon X, cette diagonale figurée par le bord de la table, puis le bras du pape, relayé par la main du cardinal de droite. Cela donne au tableau une dynamique très moderne. Également un portrait du nain Morgante de Bronzino, un tableau à double facette, pour évoquer toute l'épaisseur de la chair.

Salle 74-77 : Peinture vénitienne
On y trouve la célèbre *Vierge au long cou* du ***Parmesan.*** Il y travailla 6 ans. Chef-d'œuvre du maniérisme italien : trait précieux, teint de peau artificiel, coiffures recherchées, composition et poses élégantes, silhouettes étirées... Mais l'œuvre est restée inachevée ! À droite du tableau, à côté de saint Jérôme tenant un rouleau, on aperçoit le pied isolé d'un saint qui n'a jamais été peint. ***Œuvres vénitiennes*** du XVIe s dont *L'Annonciation, Sainte Famille avec sainte Barbe* et *Martyre de sainte Justine de Véronèse.* Portraits de Jacopo Tintoretto (dit « le Tintoret ») et *Le Concert* de Bassano.

Salle 83 : Salle Titien
Orgie d'œuvres de ***Titien,*** dont la *Vénus d'Urbino* d'un érotisme troublant. La femme est belle et ce n'est plus un péché de la peindre nue. L'étau de la religion commence à se relâcher. Remarquer l'opulence et les couleurs chaudes des fleurs.
Avant d'accéder aux salles du Caravage, prendre le temps d'admirer *Le Vase Médicis.* Il s'agit d'un vase venant de la propriété des Médicis à Rome. Plusieurs fois abîmé et recollé. Il a été restauré en 1993 après l'attentat à la bombe des Offices et en 2012.

Salles jaunes consacrées au Caravage et ses disciples : salles 90 à 93
Les dernières salles accueillent les chefs-d'œuvre du Caravage, comme la célèbre *Tête de Méduse,* peinte sur un bouclier et représentée le regard baissé puisqu'elle a le pouvoir de pétrifier qui la fixe dans les yeux, ou le fameux *Bacchus* à la sensualité à fleur de peau. L'artiste, à peine âgé de 20 ans, n'avait pas craint de scandaliser ses pairs avec l'attitude équivoque du jeune dieu. Moins ambiguë mais éprouvante, la scène du *Sacrifice d'Isaac* bouleverse par le réalisme des visages d'Abraham et de son fils, fidèles reflets de l'angoisse et de l'horreur. Admirer le travail des ombres dans *Le Concert,* où le Caravage emploie sa fameuse technique du clair-obscur. Superbe utilisation de la lumière artificielle (souvent une bougie) également chez Gherardo delle Notti.

Piazza della Signoria *(zoom détachable D4)* **:** c'était le cœur palpitant de la cité. Toute l'histoire de Florence se résume en cette place. Elle fut le lieu des rassemblements populaires, des révolutions, le cadre des supplices, le décor de fêtes somptueuses. D'un côté, elle est dominée par le majestueux Palazzo Vecchio et de l'autre, par la *Loggia dei Lanzi.*
– ***La Loggia dei Lanzi :*** plusieurs statues d'un intérêt majeur en font un véritable musée en plein air. On y découvre, entre autres, le fantastique *Persée,* en bronze, de Benvenuto Cellini, et l'*Enlèvement d'une Sabine* de Giambologna (Jean de Bologne, grand sculpteur du XVIIe s), œuvre maniériste qui préfigure déjà le baroque. Admirez la délicate représentation des mains sur les fesses de la Sabine. Remarquez aussi les deux lions, de part et d'autre de l'entrée de la loggia : celui

SOUS ÉTROITE SURVEILLANCE

Lanzi vient de lanzichenecchi. *Les lansquenets étaient des soldats allemands employés par les Médicis pour surveiller le Palazzo Vecchio, l'équivalent en quelque sorte des gardes suisses du Vatican à Rome. Quand les grands-ducs se sentirent en sécurité, ils renvoyèrent les soldats et remplirent la loggia de statues.*

FLORENCE ET SES ENVIRONS

de droite, quand vous faites face à la loggia, est un original antique, celui de gauche est une copie de la Renaissance.
De gauche à droite en faisant face au Palazzo Vecchio :
– ***La statue équestre de Cosme Ier de Médicis*** (réalisée entre 1587 et 1594). Encore une œuvre de Giambologna. Impressionnante par ses mesures parfaites.
– ***Judith et Holopherne*** de Donatello : l'original est à l'intérieur du Palazzo Vecchio. Ce fut la seconde statue mise en place devant le *Palazzo* par Savonarole, qui l'emprunta à la collection privée des Médicis. Il considéra à l'époque que Judith libérant le peuple juif du tyran Holopherne symbolisait le peuple florentin se libérant du joug des Médicis.
– ***La fontaine de Neptune :*** on doit le *Neptune* à Ammannati et la fontaine, avec ses nymphes, à Giambologna (encore lui !). L'ensemble fut réalisé dans les années 1560. Déjà, les peintres n'hésitaient pas à chanter les louanges du corps humain, mais leurs œuvres étaient réservées à quelques privilégiés. Là, pour la première fois, la nudité descend dans la rue. C'est aussi le cas avec la fontaine de Jacopo della Quercia sur la place de Sienne, un ensemble sculptural novateur qui sera en partie à l'origine de la représentation classique des fontaines italiennes (Trevi à Rome, par exemple). En revanche, si l'ensemble est harmonieux, la représentation de *Neptune* fut, à l'époque, considérée comme très médiocre. Ammannati essuya les sarcasmes de Michel-Ange qui, chaque fois qu'il passait devant, soupirait : « Quel gâchis de beau marbre ! »
– ***Le Marzocco*** de Donatello : l'original est au musée du Bargello. Ce lion symbolise le courage des Florentins face à l'ennemi. Remarquez sous sa patte droite le blason de Florence avec sa fleur de lys rouge.
– ***David*** de Michel-Ange : ce marbre est encore une copie (décidément !). Ses dimensions sont d'ailleurs réduites. Les plus curieux ne manqueront pas d'aller admirer l'original à la galleria dell'Accademia.
– ***Hercule et Cacus*** de Bandinelli (XVIe s) : devant l'entrée du Palazzo Vecchio. Représente avec une certaine brutalité Hercule tuant Cacus.
Le soir, la *piazza* est particulièrement agréable avec son animation et les lumières jouant sur la pierre jaune.

> **LE PREMIER TAG ?**
>
> *Cherchez sur le mur du Palazzo, juste derrière* Hercule et Cacus, *un graffiti représentant une tête de profil. Il s'agirait d'un graffiti original du XVe ou XVIe s qui, selon la petite histoire, serait de la main de Michel-Ange, mais réalisé de dos... Quel talent !*

Palazzo Vecchio et son musée *(zoom détachable D4)* **:** *piazza della Signoria. ☎ 055-276-82-24. Tlj 9h-19h (ferme à 14h jeu et j. fériés en sem) ; 1er avr-30 sept jusqu'à minuit. Entrée : 10 €. Audioguide : 5 €. 2 accès : l'entrée principale sur la piazza della Signoria et l'autre, beaucoup moins fréquentée, via dei Gondi (à gauche quand on fait face au palais). Possibilité de visiter la Torre di Arnolfo : 10 € (billet combiné avec le Palazzo Vecchio : 14 €). Si vous en avez la possibilité, prenez le temps de faire la visite des « Parcours secrets ». Pour 6 €, des guides francophones vous ouvriront les portes de salles fermées au public en raison de leur fragilité, comme le fameux cabinet de travail de François Ier tapissé de tableaux figurant les arts et les sciences, ou les combles renfermant l'incroyable charpente de la* sala dei Cinquecento. *Activités ludiques proposées aux enfants à partir de 3 ans (ateliers, visites-spectacles et contes) ; résa obligatoire au secrétariat (à côté de la billetterie) ; pour ces activités, l'entrée se fait par la via Gondi.*
Ce palais-forteresse sévère, édifié à la fin du XIIIe s sur les ruines des demeures gibelines rasées par les guelfes, servit dans un premier temps de siège au gouvernement des prieurs, avant que les Médicis n'y emménagent. Il devient le siège du pouvoir florentin quand Cosme de Médicis vient s'y installer avec Eleonore de Tolède ; ils en font leur résidence principale. Ils en furent toutefois

dépossédés un temps par Savonarole, qui s'en empara pour y installer le siège de son éphémère république florentine. Au XVIe s, lorsque les Médicis s'installèrent au « nouveau » Palazzo Pitti, l'édifice prit le surnom de *Palazzo Vecchio* (palais Vieux). Bien plus tard, au moment de l'unification italienne (1865-1871), le palais servit un court moment de siège à la Chambre des députés. À l'intérieur, très belle cour à arcades ornées de stucs, avec la fontaine décorée du petit génie ailé de Verrocchio.

– La visite débute par la ***sala dei Cinquecento,*** salle immense avec un extraordinaire plafond à caissons peints. Créée à l'origine par Savonarole pour accueillir le Conseil de la République, elle fut utilisée par la suite comme salle d'audience par les Médicis. C'est pourquoi tous les thèmes choisis pour la décoration glorifient les Médicis (sur le médaillon du plafond, Cosme s'est même fait représenter en empereur romain !). Aux murs, fresques de Vasari racontant l'histoire de la ville et très belles statues du XVIe s représentant les travaux d'Hercule. Seule celle de la *Victoire sur Sienne* (en face de l'entrée) est de Michel-Ange (admirable mouvement du personnage principal, le « Génie » dominant la force brutale). À droite en entrant dans la salle, jetez un coup d'œil au *studiolo* de François Ier de Médicis : superbes fresques de Vasari et de ses collaborateurs, mais surtout magnifiques petits bronzes dans les niches (malheureusement difficiles à voir) par Jean de Bologne et Ammannati, notamment.

Avant de monter à l'étage, observez les très beaux plafonds des appartements de Léon X et les fresques.

– Ensuite, succession de salles et appartements aux plafonds et parois richement ornés de peintures maniéristes, et présentant de nombreuses œuvres (on ne sait plus quoi regarder, des salles ou des couloirs !) : sculptures sur bois polychromes, primitifs religieux dont la *Madonna dell'Umiltà* de Rossello di Jacopo Franchi. Petites sculptures d'Andrea Della Robbia, adorable *Madonna e Bambino* de Masaccio et magnifique *Nativité* d'Antoniazzo Romano (XVe s).

Une fois à l'étage, vers la gauche, les salles ont moins d'intérêt (on passe toutefois devant un adorable *Chérubin au dauphin* de Verrochio) ; néanmoins, depuis la terrasse dite « de Saturne », belle vue sur l'église de San Miniato et les collines environnantes.

On repasse alors au-dessus de la *sala dei Cinquecento* qu'on peut admirer à loisir pour visiter l'autre partie des appartements beaucoup plus intéressante (sur la droite).

Parmi les salles les plus marquantes :

– ***Chapelle d'Eleonore,*** ornée de fresques de Bronzino, réalisées à l'origine pour des cadeaux officiels. Magnifique *Déposition* de belle facture maniériste ! Orgie de plafonds peints et dorés, notamment dans la salle qui porte l'inscription « Florentia ».

– Les trois salles suivantes (Sabines, Esther et Pénélope) valent surtout pour leurs plafonds.

– ***Chapelle des Prieurs,*** décorée de peintures en fausse mosaïque. C'est là que Savonarole passa sa dernière nuit avant d'être supplicié.

– ***Sala delle Udienze*** *(salle des audiences)* **:** les prieurs y recevaient les citoyens de la ville. Plafond assez outrageusement chargé. Fresques admirables d'une fraîcheur éclatante par Francesco Salviati, à notre avis un maniériste de plus grand talent que Vasari (notamment celle de la *Pesée des trésors de guerre*).

– ***Salle du Lys :*** juste en entrant, remarquable porte de marbre sculptée par Benedetto da Maiano (notamment le délicat *Saint Jean-Baptiste*) ; la salle abrite aussi l'une des plus grandes œuvres de Florence, le groupe *Judith et Holopherne,* sculpture en bronze de Donatello. Celle-ci trôna de 1494 à 1980 devant le Palazzo Vecchio, avant de partir en restauration, sérieusement victime des ravages du temps. Aux murs, à l'opposé de la porte de marbre, magnifiques fresques de Ghirlandaio. De cette salle également, belle vue sur le campanile, le *Duomo* et l'église de la Badia.

– ***Salle des Cartes*** avec des globes terrestres impressionnants.

– On termine par plusieurs salles abritant la collection Loeser. Vaut surtout pour la deuxième pièce avec un bel ange de Tino di Camaino, une superbe *Vierge à l'Enfant* de Pietro Lorenzetti et une *Madone à l'Enfant* d'Alonso Berruguete. Dans la dernière salle également, belle série de panneaux du Pontormo.

⚲⚲⚲ ***Torre di Arnolfo*** *(zoom détachable D4)* **:** *entrée 10 € (14 € avec la visite du Palazzo Vecchio, mêmes horaires pour les 2 musées).* Elle permet une vue panoramique à 360° sur la ville et la campagne avoisinante. Les escaliers sont assez faciles et larges d'accès. Attention, nombre de visiteurs limité. En cas de pluie, l'accès est fermé.

⚲⚲ ***Museo Gucci*** *(zoom détachable D4)* **:** *piazza della Signoria, 10. ☎ 055-29-00-17. ● gucci.com ● Tlj 10h-20h. Entrée : 6 €.*
Situé sur la piazza della Signoria, le musée ne pouvait rêver rien de mieux que cette place emblématique ! Installé dans le sobre Palazzo della Mercanzia, et dans un cadre sobre, noir, laissant apparaître les vestiges d'un vieux palais Renaissance. Également une boutique, un bar-restaurant et une librairie. *À savoir :* les salles sont renouvelées tous les 6 mois environ mais on retrouve à chaque fois les thèmes évoqués, seuls les objets changent.
On a l'impression de visiter une boutique plutôt qu'un musée, mais cet endroit nous a agréablement surpris par le personnel accueillant et professionnel. Si vous avez un peu (beaucoup !) d'économies, une petite boutique destinée à la vente de sacs et de ceintures se trouve au rez-de-chaussée du palais.
À l'origine, Guccio Gucci n'était que simple groom dans un hôtel chic de Londres. Côtoyant la jeune bourgeoisie du début du XXe s, il eut l'idée en rentrant en Italie de créer une première série d'articles de voyages... on connaît la suite !
Sur deux étages, le musée invite les visiteurs à parcourir huit salles thématiques, symboles de la marque Gucci. On retrouve, par exemple, la première valise datant de 1938 (originale et en excellent état), les ceintures en forme de fer à cheval (équitation étant la grande passion de Gucci), les créations de robes de soirée, le thème « Flora » cher à la princesse Grace Kelly, pour qui Guccio Gucci avait fait créer expressément un foulard à motifs floraux lors de sa venue dans la boutique de Milan : c'est devenu un must de la maison. Et, bien sûr, les sacs, grandes vedettes de la maison, tous fabriqués en Italie (les usines sont situées dans les environs de Florence).
D'autre part, vous y trouverez deux salles réservées aux expos temporaires (qui changent elles aussi tous les 6 mois) de la collection de François Pinault (qui possède la maison Gucci).

⚲⚲ ***Orsanmichele*** *(zoom détachable D4)* **:** *via Arte della Lana, entre la piazza della Repubblica et la piazza della Signoria. Tlj 10h-17h. Le 1er étage est ouv ts les lun ap-m et permet de voir les sculptures originales exposées (celles qui ornent actuellement l'église à l'extérieur sont des copies). GRATUIT.*
Orsanmichele est une abréviation d'*Orto di San Michele,* signifiant le « potager de saint Michel ». À l'origine, c'était la halle au blé, ce qui explique que le pavement n'est ni en marbre ni en matière précieuse. Les arcades étaient à l'époque ouvertes : l'architecte Arnolfo di Cambio avait construit une couverture en bois et en brique pour abriter les étals du marché des céréales. Un incendie détruisit partiellement le bâtiment et la légende raconte qu'il ne resta qu'un pilier sur lequel figurait une peinture de la Vierge. Les Florentins crurent à un miracle et s'arrêtèrent dans ce bâtiment pour prier. Le lieu connut un tel succès qu'il fallut consacrer le bâtiment au XIVe s... Ce qui explique la forme peu habituelle de cette église (à deux nefs !). En revanche, une fois l'église consacrée au rez-de-chaussée, l'étage supérieur resta dédié au stockage du grain !
À l'extérieur, on perça des niches tout autour, ornées de statues réalisées par les plus grands artistes de l'époque et commandées par les grandes corporations. Chaque guilde de la ville avait été chargée de la réalisation d'une statue

de son saint patron, si bien que ce bâtiment présente l'un des ensembles sculpturaux les plus importants et surtout les plus représentatifs de l'évolution stylistique. Via dei Calzaiuoli, on peut voir *Saint Jean-Baptiste* de Ghiberti (celui du baptistère), *Saint Thomas* (patron du tribunal des marchands) de Verrocchio, *Saint Luc* (patron des juges) de Jean de Bologne. Via Orsanmichele, on trouve *Saint Pierre* (protecteur des bouchers) et *Saint Marc* (patron des drapiers) de Donatello. Via dell'Arte della Lana, superbe représentation dans le marbre du labeur des maréchaux-ferrants par Nanni di Banco.

LA HALLE AUX MIRACLES

Lors de la peste de 1348, les Florentins se réunirent au marché et implorèrent la Vierge de faire cesser l'épidémie... ce qui arriva ! Pour la remercier, ils commandèrent à Bernardo Daddi, élève de Giotto, un magnifique retable représentant la Vierge à l'Enfant en majesté. Les fidèles furent de plus en plus nombreux à remplir l'église d'ex-voto, rendant inaccessible l'accès à l'étage. On construisit alors un passage surélevé entre l'ancien grenier à blé et le Palazzo dell'Arte di Lana, toujours visible aujourd'hui.

À l'intérieur, les peintures du plafond ont conservé leurs couleurs éclatantes. Admirable *ciborium-retable* d'Andrea Orcagna, du XIVe s. Les vitraux, représentant les miracles de la Vierge, sont intacts et comptent parmi les plus anciens de la ville. Un détail intéressant, les trous situés dans les colonnes de gauche permettaient la livraison du blé directement du premier étage au consommateur. Il est probable que le fait d'avoir consacré le rez-de-chaussée permettait de limiter les convoitises et la fraude...

Ponte Vecchio *(zoom détachable D4)* **:** il porte bien son nom, c'est le plus ancien de la ville (il existait déjà avant le Xe s). Pas difficile, cela dit, puisque l'armée allemande a fait sauter tous les autres le 4 août 1944 pour de nébuleuses questions stratégiques. Il est resté, à peu de chose près, tel qu'il était en 1345, date à laquelle il fut reconstruit et enrichi de boutiques et de maisons qui lui donnent son caractère bien particulier. À cette époque, des bouchers et poissonniers occupaient les lieux, mais la famille Médicis, ne supportant plus l'odeur insoutenable de ces commerces, les fit partir pour laisser place aux bijoutiers qui sont encore là aujourd'hui. Les maisonnettes étaient louées par l'État, qui en récoltait une coquette somme. Le corridor au-dessus des maisons, qui relie les Offices au palais Pitti, date en revanche du XVIe s. Si vous voulez bien le voir, passez-y le matin tôt (vers 7h-8h) ou le soir pour éviter la foule. Dans la journée, on le voit beaucoup mieux des autres ponts !

LE RESCAPÉ

Le Ponte Vecchio a été le seul pont de Florence à ne pas être dynamité par les Allemands en août 1944. En effet, il est si étroit que les chars alliés n'auraient pas pu passer ! Voilà pourquoi les Allemands lui ont laissé la vie sauve...

Chiesa Badia Fiorentina *(église de la Badia Fiorentina ; zoom détachable D4)* **:** *près du Bargello. L'entrée se fait sur le côté, via Dante Alighieri. Horaires très restreints : lun 15h-18h slt. Entrée : 3 €.* À gauche en entrant, un sublime chef-d'œuvre de Filippino Lippi, *L'Apparition de la Vierge à saint Bernard.* La scène est proche d'un tableau de Botticelli avec l'élégance de l'enfant (regardez ses mains...). Sculptures du plafond splendides. Il a fallu 27 ans pour les réaliser. Œuvres sculptées de Mino da Fiesole (1464-1470). Les fresques du chœur, en trompe l'œil, sont de G. D. Ferretti (1733-1734). Demandez gentiment à la personne de l'entrée si vous pouvez pousser la porte de droite à côté de l'autel. Vous découvrirez un petit cloître charmant, le « cloître des orangers », qui faisait partie autrefois d'un couvent bénédictin. Vous pouvez admirer (mais la majeure partie est abîmée) les fresques de la vie de saint Benoît.

Chiesa Santa Maria dei Ricci *(zoom détachable D3)* **:** *via del Corso. Concerts classiques presque tlj à 21h15 ; ts les sam, concert d'orgue à 18h.* ☎ *055-28-93-67. La vente des billets commence 1h avt le début du concert.* Voici un excellent moyen de profiter de la beauté de l'église ! Voilà un amour de petite église qui cultive une mise en lumière géniale. Ce qui marque d'abord, c'est l'absence de retable. À la place, un délire baroque où des angelots plus dorés les uns que les autres nagent dans une mer de nuages argentés. On sent vraiment que quelqu'un s'est ingénié à mettre en valeur la décoration. Ici, un rai de lumière fend la pénombre pour atterrir sur une petite statuette timide ; là, dans son alcôve damassée de velours bordeaux, un christ fait de l'œil à un gisant d'une blancheur luisante. Remarquez d'ailleurs les proportions étranges de ce dernier : ses membres inférieurs et sa tête sont manifestement disproportionnés par rapport au thorax.

Loggia del Mercato Nuovo *(zoom détachable D4)* **:** *via Porta Rossa.* Édifiée au XVIe s, avec hautes arcades et pilastres d'angle. Célèbre pour sa *fontaine du Porcelet (del Porcellino)* de Pietro Tacca, un artiste du XVIIe s, sanglier de bronze très expressif. Lui caresser le groin porte bonheur, paraît-il ! Et mieux encore, si vous voulez revenir un jour à Florence, il vous suffit de glisser une pièce sur sa langue et qu'elle retombe dans les rainures de la fontaine. Une reproduction en bronze est également conservée aux Offices.

Museo Galileo *(musée Galilée ; zoom détachable D4)* **:** *piazza dei Giudici, 1.* ☎ *055-26-53-11. • museogalileo.it • Tlj 9h30-18h sf mar 9h30-13h. Entrée : 9 €.* Installé depuis 1930 dans l'un des plus vieux édifices de Florence (le *Palazzo Castellani*), ce musée (anciennement *museo di Storia della Scienza*) a fait peau neuve après de nombreux mois de fermeture. Inauguré en juin 2010, il abrite l'une des plus riches collections d'instruments scientifiques du monde. La qualité des pièces témoigne de la passion des grands de Florence pour le monde des sciences, en particulier sous le règne du grand-duc Ferdinand au XVIIe s. Protecteur de Galilée, cet érudit atypique en était même arrivé à négliger les affaires courantes de l'État !

Pas moins de 1 500 pièces datées du XVe au XIXe s sont exposées de manière didactique, réparties par thèmes. On y voit, par exemple, la lentille du télescope avec lequel Galilée découvrit les satellites de Jupiter, ainsi qu'un globe de verre contenant... un doigt de l'illustre savant. Un peu plus loin, amusez-vous avec ce portrait d'homme qui, réfléchi dans un miroir, vous montre une femme ! Et toutes sortes d'instruments savants délicatement ciselés jalonnent le parcours, sérieux comme ces beaux compas et ces cadrans solaires, surprenants comme cette lunette en ivoire pour dame... assortie d'un poudrier ! Les remarquables globes terrestres et les subtils mécanismes à mesurer le temps précèdent quelques salles plus éprouvantes, consacrées à la chirurgie et à l'obstétrique.

– *Meridiana Monumentale :* située sur la piazza dei Giudici et visible de tous, elle a été conçue en 2007 par les designers Luise Schnabel et Filippo Camerota. L'ombre projetée par la boule en verre indique à la fois l'heure réelle de la journée et la période de l'année, et la ligne transversale définit la course du soleil dans l'année. Belle réussite associant verre et alliage, et se mariant très bien avec le Palazzo Castellani.

Pour les insatiables

Oratorio dei Buonomini di San Martino *(zoom détachable D4)* **:** *en face de la Casa di Dante. Tlj 10h-12h, 15h-17h (fermé ven ap-m).* Fondé en 1441 par la confrérie des *Buonomini* (les « hommes bons »), dirigée par San Martino, qui venait en aide aux « démunis mais dignes ». Lorsque l'ordre manquait cruellement d'argent, une bougie était allumée devant la porte, signifiant « nous en sommes réduits à cette petite lueur ». La charité du voisinage jouait alors son rôle. On les aidait en leur donnant de l'argent, à manger, en leur prodiguant les soins dont ils avaient besoin. Fresques d'origine du XVe s, remarquablement conservées, représentant la vie de San Martino (dont on voit le portrait au-dessus de la porte extérieure).

Casa di Dante *(zoom détachable D3-4)* **:** *via Santa Margherita, 1. ☎ 055-21-94-16. Tlj 10h-18h. Entrée : 4 €.* Dans la partie la plus ancienne de Florence, une maison-musée qui intéressera essentiellement ceux qui marchent sur les traces du célèbre auteur de *La Divine Comédie.*

DANTE À TERRE

Détail amusant : lors de la restauration qui eut lieu au XIXe s, on plaça au sol, à environ 6 m devant le mur de la maison et le buste incrusté, un pavé, plus ou moins rectangulaire, à l'effigie de Dante. Plongez le nez vers le sol et regardez bien.

QUARTIER DE SANTA CROCE

Un vieux quartier historique (encore un !) avec ses petites rues entrelacées, ses petits commerces de proximité et surtout sa magnifique basilique. La *Basilica di Santa Croce* renferme des trésors, notamment les tombeaux des personnages qui ont illustré l'histoire artistique et politique italienne : Michel-Ange, Ghiberti, Machiavel, Rossini, Galilée... Un quartier aux multiples facettes qu'il faut découvrir en prenant son temps. N'hésitez pas non plus à faire un saut au *museo del Bargello,* un musée aux collections incroyables de sculptures. Il suffit de vous aventurer (et de vous perdre) dans les ruelles de ce quartier populaire, pour tomber sous le charme.

Où dormir ?

Prix moyens

Hotel Dali *(zoom détachable E3,* ***63****)* **:** *via dell'Oriuolo, 17. ☎ 055-234-07-06. • hoteldali@tin.it • hoteldali.com • Fermé 2 sem en janv. Doubles 60-85 € avec ou sans salle d'eau privée. Parking.* On aime cette petite pension sans histoire tenue par un couple charmant. Une dizaine de chambres agréables, bien tenues dans l'ensemble. L'atout de l'endroit ? C'est évidemment le parking privé gratuit dans la cour de l'immeuble. Une aubaine à Florence ! Accueil souriant.

Hotel Bavaria *(zoom détachable E3,* ***68****)* **:** *borgo degli Albizi, 26. ☎ 055-234-03-13. • info@hotelbavariafirenze.it • hotelbavariafirenze.it • Doubles avec ou sans salle d'eau privée 78-95 €.* Les impressionnantes hauteurs sous plafond, les traces de fresques émergeant ici ou là du crépi et la taille atypique des chambres entretiennent l'atmosphère Renaissance du Palazzo Ramirez datant du XVIe s. Beaucoup de caractère, mais si l'établissement est dans l'ensemble bien tenu, on aimerait que les équipements (tuyauteries notamment) soient rénovés...

B & B Le Stanze di Croce *(plan détachable E4,* ***75****)* **:** *via delle Pinzochere, 6. 📱 347-25-93-010. • info@lestanzedisantacroce.com • lestanzedisantacroce.com • Compter 130-160 € la double. Parking payant.* Maria Angela, originaire des Pouilles, a posé ses valises à deux pas de la piazza Santa Croce dans cette belle maison qu'elle a entièrement rénovée depuis. Les chambres sont gaies et colorées à l'image de la joyeuse propriétaire. Le petit déjeuner (fait maison), servi sur la terrasse fleurie, est vraiment copieux. Excellente cuisinière, Maria Angela propose également des cours de cuisine (elle adore ça !) et même de faire le marché avec elle ! Plus qu'un *B & B,* une atmosphère unique. Une de nos adresses préférées dans le quartier.

De chic à plus chic

Hotel Balestri *(zoom détachable D4,* ***35****)* **:** *piazza Mentana, 7.*

☎ 055-21-47-43. • info@hotel-balestri.it • hotel-balestri.it • Doubles à partir de 110 €. Parking. 💻 📶 Bel et imposant édifice du XIXe s, bénéficiant d'une situation privilégiée sur les berges de l'Arno. Les chambres (une cinquantaine), dont une bonne partie ont été rénovées, sont confortables et lumineuses. Celles donnant sur le fleuve avec les balcons sont évidemment un poil plus chères... mais tellement plus agréables ! Accueil professionnel.

Residenza d'Epoca Verdi *(plan détachable E4,* ***69****) : via Giuseppe Verdi, 5. ☎ 055-23-47-962. • info@residenzaepocaverdi.it • residenzaepocaverdi.it • Interphone sur rue, escalier en pierre, puis, au 1er étage, ascenseur jusqu'au 3e. Résa indispensable en hte saison. Doubles 100-120 € avec douche et w-c ou bains.* 💻 8 chambres seulement, à la déco chaleureuse (mobilier peint, épais rideaux, sols en terre cuite, tissus de choix sur les lits) et jolies salles de bains modernes. Préférez celles donnant sur l'arrière du théâtre, plus calmes et à la déco plus typique. L'accueil, s'il est discret, est éminemment gentil. On s'y sent bien, comme dans une maison d'hôtes. Une adresse vraiment charmante.

Où manger ?

Sur le pouce à très bon marché

Macelleria Falorni *(plan détachable E3,* ***161****) : via Palmeri, 35-37. ☎ 055-24-54-30. Lun-mer et dim : 11h30-15h30, 17h30-22h30, jeu-sam jusqu'à 23h. Congés : 10 j. en août.* On retrouve ici le célèbre charcutier de Greve in Chianti, installé en plein cœur de Florence. Ambiance carreaux blancs au mur façon boucherie et grandes tablées en bois. Propose des sandwichs à déguster sur place ou à emporter. Également un petit comptoir pour faire le plein de charcutailles. Toujours aussi bon !

Pizzicheria Guadagni *(zoom détachable E4,* ***222****) : via Isola delle Stinche, 4 r. ☎ 055-239-86-42. Tlj sf dim 8h-20h. Compter 5 € pour un panino.* Petite épicerie familiale à l'écart du touristique borgo Croce. À votre demande, la maîtresse des lieux vous prépare un *panino*. Vous choisissez parmi les bocaux d'*antipasti*, les fromages parfumés et les jambons appétissants, tranchés sous vos yeux. Accueil serviable. Une bonne petite adresse.

Salumeria Verdi – Pino's Sandwiches *(plan détachable E4,* ***109****) : via Giuseppe Verdi, 36 r. ☎ 055-24-45-17. • info@pozzodivino.com • ♿ Tlj sf dim 8h30-21h. Congés : 3 sem en août. Compter 7-9 € pour un repas.* 📶 *Un verre de vin offert aux lecteurs sur présentation de ce guide.* Idéale pour les petits budgets (c'est le repaire des étudiants de la ville), cette traditionnelle charcuterie-fromagerie plus connue sous le prénom de son sympathique propriétaire proprio Pino propose *primi* (les lasagnes sont excellentes), *secondi* et *panini* à des prix défiant toute concurrence. Il suffit de s'asseoir parmi les employés du quartier dans les salles aux rayonnages remplis de bonnes bouteilles. Bons produits frais. Parfait pour une pause à n'importe quel moment de la journée, mais attention à l'attente à l'heure du déjeuner.

Prix moyens

Ristorante-pizzeria I Ghibellini *(plan détachable E3,* ***112****) : piazza San Pier Maggiore, 8-10 r (angle borgo degli Albizi et via Palmieri). ☎ 055-21-44-24. Tlj sf dim. Plats 6-10 €.* Difficile de rater cette grosse pizzeria de quartier. On y vient surtout pour sa terrasse très appréciée aux beaux jours (beaucoup de monde au déjeuner). Également un grand espace au sous-sol. Ce n'est pas un grand rendez-vous culinaire mais les pizzas croustillantes à pâte fine (une cinquantaine) ou quelques plats classiques auront raison de votre estomac affamé.

Osteria de' Pazzi *(plan détachable E4,* ***235****) : via dei Lavatoi, 3r (à l'angle de la via Verdi). ☎ 055-23-44-880.*

• osteriadeipazzi@legalmail.it • Tlj. Compter 20-25 € pour un repas. Une osteria populaire où les gens du quartier se retrouvent à la bonne franquette autour d'une succulente *bistecca* ou d'un copieux plat de pâtes. La déco ne vaut pas tripette, le service peut parfois être un peu rude. Le principal ? C'est qu'on y mange drôlement bien !

Il Gatto e la Volpe *(zoom détachable E4,* ***110****) : via Ghibellina, 151 r. ☎ 055-28-92-64. • osteriadelgattoelavolpe@yahoo.it • Tlj 12h-minuit. Compter 15-25 €/pers pour un repas. 10 % de réduc sur le prix du repas du soir sur présentation de ce guide.* Dans une *trattoria* de quartier animée par les nombreux étudiants qui s'y pressent, copieux plats de pâtes pour caler les gros appétits. Idéal pour faire des rencontres, dîner entre amis, avec un niveau sonore généralement élevé. Ce n'est pas de la grande cuisine, mais service jeune et souriant.

Libreria Brac *(zoom détachable D4,* ***220****) : via dei Vagellai, 18 r. ☎ 055-094-48-77. • info@libreriabrac.net • Dans une petite rue très discrète non loin de la Basilica Santa Croce. Lun-sam 10h-minuit, dim 12h-20h. Fermé à Pâques et à Noël. Résa conseillée pour le dîner. Compter 15-20 € pour un repas. Brunch le dim.* Ambiance zen, même dans le service (stressés s'abstenir). Aux beaux jours, on s'assoit dans les fauteuils moelleux du patio ou on pioche un livre d'art dans l'espace librairie tout en sirotant un thé. Pour les adeptes de la cuisine bio et végétarienne, chacun y trouvera son compte : tagliatelles au seitan et à l'artichaut, raviolis aux épinards et à la ricotta, soupes du jour, sans oublier les desserts. Une bonne petite adresse au cadre relaxant.

De prix moyens à plus chic

Ristorante Le Fate *(plan détachable E4,* ***234****) : Borgo Allegri 9 r. ☎ 055-26-38-035. • ristorantelefate@gmail.com • Lun-ven midi et soir, w.e soir slt. Compter 30 €.* Un végetarien sous l'œil bienveillant de Santa Croce, tout à côté. Voilà une carte originale ! Les 12 plats principaux correspondent aux signes astrologiques. Évidemment, ce qui est amusant, c'est de prendre le plat qui correspond à chacun ! Ambiance chic et zen ; ça va de soi !

Enoteca Boccanegra *(plan détachable E4,* ***159****) : via Verdi, 27 r. ☎ 055-200-10-98.* Ne pas confondre avec le *ristorante* du même nom, tout à côté, plus cher et plus chic. Ambiance chaleureuse avec ses imposants murs de pierre, sa lumière tamisée et ses tables en bois foncé. Cuisine toscane copieuse et bien présentée. Le tout arrosé d'un verre de vin proposé par un des jeunes sommeliers (qui ne vous proposent pas le plus cher, en plus !). Appétits d'oiseau, s'abstenir. Préférez la mezzanine pour un dîner plus tranquille, la salle est plutôt bruyante.

Trattoria Acqua al 2 *(zoom détachable E4,* ***116****) : via della Vigna Vecchia, 40 r (à l'angle de la via dell'Acqua). ☎ 055-28-41-70. • acquaal2.it • Ouv le soir slt jusqu'à 1h. Compter 20 € pour un repas complet. Digestif offert sur présentation de ce guide.* Connu pour ses *assaggi* (assortiments) de pâtes, de viandes, de fromages et même de *dolci*. En revanche, on ne choisit pas : c'est selon l'humeur du chef. Il n'est pas toujours facile pour les petits touristes que nous sommes de se glisser dans l'atmosphère des 2 petites salles conviviales, repaires de nombreux habitués !

Boccadama *(plan détachable E4,* ***117****) : piazza di Santa Croce, 25-26 r. ☎ 055-24-36-40. • ristoranteboccadama@yahoo.com • Tlj. Congés : fév. Résa souhaitée le soir. Compter 30 € sans le vin.* Idéalement située, cette *enoteca* se distingue par sa très grande sélection de vins (plus de 400 étiquettes répertoriées). La carte affichée sur le grand tableau noir change selon le marché. À l'affiche, risotto, pâtes (spécialité de lasagnes), légumes de saison, le tout simple et très correct. Les tables en bois et les chaises peintes donnent un avant-goût de la campagne toscane. Terrasse face à Santa Croce, prise d'assaut aux beaux jours. Fort de son succès, ce restaurant ne désemplit pas, mais le rapport qualité-prix n'est pas toujours au rendez-vous. Dommage !

Chic

Ristorante Gastone (zoom détachable E4, **237**) : *via Matteo Palmieri, 24.* ☎ *055-26-38-763.* • *info@gastonefirenze.it* • *Tlj sf dim 11h-minuit. Compter 35 € le soir (moins cher le midi).* Un cadre élégant, un brin chic pour passer un bon moment sans pour autant vider votre portefeuille. Le midi, on se régale de belles salades mélangées ou de carpaccios. Le soir, c'est plus cher : la carte prend une tournure gastro avec un beau (et bon) choix de poissons. Belle carte des vins aussi. Service agréable et efficace.

Osteria del Caffè Italiano (zoom détachable E4, **223**) : *via Isola delle Stinche, 11 r.* ☎ *055-29-90-80.* • *info@caffeitaliano.it* • *Tlj sf lun. Compter 38 € pour un repas complet. Menu dégustation 50 €. Apéritif maison offert sur présentation de ce guide.* Une institution florentine bien dans son jus avec son carrelage d'époque et ses belles boiseries. On s'y attable pour de solides plats traditionnels typiquement toscans comme la salade de tripes, la *pappa alla pomodoro*, les *fagioli bianchi* ou encore la *bistecca alla fiorentina*. Cohabitent également une pizzeria qui propose quelques pizzas napolitaines et le *Ristorante Sud*, donnant sur la via della Vigna Vecchia, qui offre une large place à la cuisine de la Campanie. Bref, un resto « trois-en-un » ! Attention à ne pas vous tromper de porte !

Où boire un bon café ?
Où manger des pâtisseries ?

Ditta Artigianale (zoom détachable, D-E4, **161**) : *via dei Neri, 33.* ☎ *055-274-15-41.* • *info@dittaartigianale.it* • *Tlj 8h-22h.* Le meilleur café de la ville est ici ! Le chef s'est illustré dans une diatribe violente contre les cafetiers italiens ! Ici, il est fait dans les règles de l'art... un vrai délice. Dans une déco épurée et arty-vintage, on peut aussi déjeuner le midi. Et en plus, l'accueil est chaleureux. Que demander de plus ?

Biobistro Miso di Riso (zoom détachable, E3, **107**) : *borgo degli Albizi, 54r.* ☎ *055-265-40-94.* Un endroit comme beaucoup d'autres qui fleurissent en ce moment à Florence. Un concept bio-végéto culinaire entouré de chlorophylle, de mobilier coloré et dépareillé. Ateliers couture ou cuisine (c'est selon), de la déco à vendre et accessoirement, de quoi se sustenter. Agréable pour une pause thé entre 2 visites. C'est très reposant et le service est agréable.

La Milkeria (zoom detachable D3, **172**) : *Borgo degli Albizi, 87.* ☎ *055-97-56-052.* • *lamilkeria@live.it* • *Tlj 8h-23h (1h le sam).* Ambiance cosy pour cette adresse aux murs immaculés, au mobilier de récup' et au sol parqueté à l'ancienne. Idéal pour une pause sucrée. Quelques douceurs pour accompagner l'espresso ou le cappuccino du matin. Pour les nostalgiques de la Bretagne, les crêpes ne sont pas mal non plus ! Bon point aussi pour les smoothies et les glaces bio crémeuses et bien servies.

Où savourer de bonnes glaces ?

Vestri (plan détachable E3, **163**) : *borgo degli Albizi, 11 r.* ☎ *055-234-03-74. Lun-sam 10h30-20h.* Petite maison du chocolat qui a eu la bonne idée d'adapter ses recettes aux glaces artisanales : peu de parfums mais souvent originaux (celui au piment est divin) et toujours délicieux. Celle au chocolat à l'orange est succulente, mais les habitués viennent aussi faire la queue pour y siroter le chocolat chaud maison, un vrai nectar concentré.

Rivareno (zoom détachable E3, **176**) : *via Borgo degli Albizi, 46 r.*

☎ 055-011-80-39. • info@riverano.com • Tlj 11h-22h. Cette chaîne de glacier née près de Bologne est reconnaissable à son espace tout blanc, digne d'un laboratoire expérimental ! Certifiées sans colorant artificiel et sans graisses hydrogénées, les glaces ont des parfums raffinés comme la noisette de Cuneo, la pistache sicilienne ou encore le sublimissime gianduja-bacio ! Pour les plus téméraires, tentez la *Leonardo* à la crème de balsamique ou encore la *Alice,* mascarpone avec du gianduja.

Où boire un verre ? Où sortir ?

🍸 ***Oibó Café*** *(zoom détachable E4,* ***208****) : borgo de Greci, 1.* ☎ *055-263-86-11.* Idéal dans la journée pour boire un verre au calme et pour profiter de la minuscule terrasse avec vue sur Santa Croce. L'endroit s'anime furieusement le soir autour d'un plantureux *aperitivo* sur l'immense comptoir. Sur fond musical, une ambiance éclectique qui donne envie de s'éterniser jusque très tard dans la nuit…

🍸 ***Moyo*** *(zoom détachable E4,* ***190****) : via dei Benci, 23 r.* ☎ *055-247-97-38.* • *info@moyo.it* • *Tlj 8h30-3h. Aperitivo 10 €.* Ce vaste bar néorétro ne désemplit pas. Du coup, la belle salle épurée, ornée de sièges à hauts dossiers formant un « M » (eh oui, pour « Moyo » !), de chandeliers et d'un lustre de style, déborde largement sur la placette, où l'ambiance bat son plein jusqu'à une heure avancée de la nuit. Les DJs aux platines y sont probablement pour quelque chose ! Accueil moyen.

À voir

👁👁 ***Museo del Bargello*** *(zoom détachable D4) : via del Proconsolo, 4.* ☎ *055-238-86-06. Ouv 8h15-13h50. Fermé 2e et 4e lun de chaque mois. Salle des petits bronzes et salle d'armes fermées l'ap-m. Entrée : 4 € (7 € lors d'expos temporaires) ; réduc.*

C'est le Musée national de sculpture, installé depuis 1865 dans un très beau palais (appelé aussi *Palazzo del Podestà*). Édifice à l'aspect sévère du début du XIIIe s, dominé par une tour crénelée de près de 60 m de haut. D'abord palais du Podestat (qui garantissait la liberté du peuple), il devint tribunal, prison et lieu de tortures au crépuscule de la démocratie florentine (fin XVIe s). C'est une des visites les plus agréables de Florence, car il y a souvent peu de monde et les chefs-d'œuvre y sont nombreux. C'est l'occasion de parcourir et de comprendre l'évolution de la sculpture florentine. Dommage que ce musée soit délaissé par les touristes, c'est une pure merveille.

Rez-de-chaussée

– Dans la cour, à l'élégante architecture (difficile d'imaginer qu'elle servait jadis aux exécutions), œuvres de Bartolomeo Ammannati et adorable *Petit pêcheur* en bronze (1877) de Vincenzo Gemito. *Canon de San Paolo* (1638) très ouvragé et orné de la tête de saint Paul, presque une œuvre d'art.

– Les salles de sculpture médiévale contiennent théoriquement de magnifiques œuvres de Tino di Camaino, Arnolfo di Cambio... Elles sont toutefois le plus souvent dédiées aux expositions temporaires et les œuvres sont alors transférées au premier étage (salle du Trecento).

– ***Salle du Cinquecento*** (absolument magnifique mais à découvrir en dernier, après la visite de l'étage, pour des raisons chronologiques) : on y découvre des œuvres de jeunesse de Michel-Ange, dont *Bacchus* (la première sculpture importante de l'artiste) et *Madone avec Jésus et saint Jean,* mais aussi des compositions plus tardives comme *David,* ou le buste de *Brutus.* Également un buste de *Cosme Ier* de Benvenuto Cellini (œuvre extrêmement maîtrisée), *Mercure* de

Giambologna (Jean de Bologne) et des sculptures de Bandinelli, Ammannati, Vincenzo Danti, Tribolo, Jacopo Sansovino (le *Bacchus,* en particulier), Francavilla, Rustici.

Premier étage

– La visite débute, en principe, par la ***salle des Ivoires*** : remarquable collection de petits ivoires ciselés (superbes diptyques), reliquaires, crosses d'évêque, coffrets sculptés. Prenez le temps de découvrir la qualité extrême de ces pièces pour la plupart d'origine française. Également, statuaire de bois polychrome : *Madone de la Miséricorde* (XIVe s), art de l'Ombrie.

– ***Salle Carrand :*** elle rassemble la collection éclectique d'un riche donateur. Petites peintures flamandes du XVe s, dont de remarquables miniatures de Koffermans rappelant un peu les créatures fantastiques de Jérôme Bosch. Sinon, bel éventail de bijoux, émaux, merveilles de l'art limousin, serrures et marteaux de porte ouvragés, ou encore cette *Annonciation* et *Présentation au Temple* du maître de la légende de sainte Catherine, les *Grotesques* d'Alessandro Allori et des objets religieux. Avant de quitter la salle, profitez-en pour jeter un coup d'œil aux fresques admirables de l'ancienne chapelle.

– ***Salle de la céramique polychrome et des beaux objets,*** dite aussi *salle islamique* : olifant en ivoire sicilien du XIe s, tapis et tissus anciens, casques turcs du XVe s. Levez la tête pour découvrir le plafond à caissons.

– ***Salle des sculptures :*** c'est, avec la salle dédiée à Michel-Ange, le must du Bargello : superbe volume pour des œuvres majeures de Donatello en particulier, dont le célèbre *David,* en bronze, le *David* en marbre (une œuvre de jeunesse) et l'original du *Saint Georges* d'Orsanmichele avec son fameux bas-relief où saint Georges délivre la princesse et terrasse le dragon. Les panneaux de bronze qui servirent au concours pour les portes du baptistère, par Ghiberti et Brunelleschi : la vivacité et la qualité de la mise en scène de Ghiberti sautent aux yeux, le *Sacrifice d'Isaac* de Brunelleschi est moins vivant, plus rigide... Magnifiques coffres peints. Dans cette salle également, les sculptures des Florentins de la première moitié du Quattrocento valent le détour (Michelozzo, Della Robbia, Agostino di Duccio...). Et de belles sculptures siennoises, par Vecchietta notamment.

– ***Loggia :*** nombre d'œuvres du bestiaire à plumes de Giambologna et le *Jason* de Pietro Francavilla, d'une grande finesse. Dans les salles de la verrerie et de la céramique : *Madone à l'Enfant* de Sansovino. Intéressante série de faïences de Castelli du XVIe s, avec des bleus remarquables.

– ***Salle du Trecento :*** art florentin des XIIIe et XIVe s. Surtout Tino de Camaino, dont on remarquera *La Vierge et l'Enfant* (au torticolis). Également des œuvres de Simone di Francesco Talenti.

Deuxième étage

– ***Salle de Luca et Andrea Della Robbia,*** ainsi que ***de Buglioni,*** qui furent les grands représentants de la terre cuite émaillée. Explosion de couleurs et de charme !

– Splendide ***salle d'armes*** *(fermée l'ap-m)* **:** selles en os et ivoire ciselés, mousquets et arbalètes incrustés de nacre, or et ivoire. Armures, armes perses et turques du XVe au XVIIe s.

– ***Salle Verrocchio :*** on y admire le superbe *David* de Verrocchio, dont la moue amusée due à la jeunesse le différencie du *David* de Donatello (au premier étage), plus pensif, accomplissant sa tâche sans gloriole. À voir aussi, de Verrocchio, la magnifique et sobre *Dame au bouquet.* Également des œuvres charmantes de Mino de Fiesole, Agostino di Duccio, Benedetto da Maiano...

– ***Salle des petits bronzes*** *(fermée l'ap-m)* **:** la présentation est un peu surchargée. On y trouve pourtant de magnifiques bronzes d'artistes célèbres (Jean de Bologne, Pollaiolo...), qui méritent le détour mais dont on ne profite malheureusement pas, car ils sont noyés dans la masse.

– ***Salle baroque :*** en restauration pour le moment.

Piazza di Santa Croce *(plan détachable E4)* **:** vaste place très caractéristique de la ville, bordée de palais aux élégants encorbellements, et au fond de laquelle s'élève le plus intéressant des édifices religieux de Florence, la *Basilica di Santa Croce.* L'un des palais de cet ensemble remarquable, le *Palazzo dell'Antella,* présente des traces de jolies fresques.
À l'époque médiévale, c'est dans cet espace, alors hors les murs, que les Florentins se rassemblaient pour écouter les prédicateurs franciscains, participer aux fêtes populaires et assister aux différentes joutes princières. On y jouait notamment au fameux *calcio,* jeu de ballon local des plus viril, qui oppose les quatre quartiers d'origine de la cité depuis le XVIe s. Et comme les Transalpins avaient déjà la passion du ballon rond, le siège de Charles Quint en 1530 n'empêcha pas les équipes de s'affronter sous la mitraille !

Basilica di Santa Croce e museo dell'Opera *(plan détachable E4)* **:** *piazza di Santa Croce, 16. ☎ 055-246-61-05. Ouv 9h30 (14h dim et j. fériés)-17h30. Entrée : 6 €. Billet combiné avec la casa Buonarroti valable 7 j : 8,50 €. Audioguide en français : 4 €. Plan en français disponible à l'accueil. Tenue décente obligatoire. Également accès gratuit à la Scuola del Cuoio (l'école du Cuir), fondée par les moines franciscains (voir plus haut la rubrique « Shopping. Le cuir »).*
On vous conseille de venir de bonne heure si vous voulez rêver un peu... avant l'arrivée massive des touristes en visite organisée. L'église profite actuellement d'un ambitieux programme de restauration, effectué par roulement pour ne pas pénaliser les visiteurs. Par conséquent, certaines œuvres décrites ci-dessous peuvent être momentanément inaccessibles.
Santa Croce fut construite pour l'ordre des franciscains à la fin du XIIIe s, mais la façade en marbre blanc de style néogothique (totalement rajeunie pour le jubilé) date du XIXe s. Santa Croce doit également son immense célébrité aux nombreux personnages illustres qui y sont enterrés et en font un véritable panthéon toscan, voire italien.
À l'intérieur, commencer la visite par le portail principal pour mieux apprécier les volumes. L'église est très large, de style simple et rigoureux, et coiffée d'une magnifique charpente de bois pour se conformer à la tradition des ordres mendiants. Dès l'entrée, l'une des deux statues qui, dit-on, inspirèrent à Bartholdi sa statue de la Liberté de New York. Belle chaire sculptée du XVe s par Benedetto da Maiano. Au sol, nombreuses belles dalles funéraires en marbre, protégées par des cordons du piétinement des visiteurs. Dans le bas-côté droit (face au chœur), on rencontre d'abord le tombeau de Michel-Ange (par Vasari, qui a sculpté le buste de l'artiste à partir de son masque mortuaire), puis le cénotaphe de Dante (il est enterré à Ravenne). On trouve ensuite le tombeau du poète Alfieri (par Canova), celui de Machiavel et celui de Rossini. Le bas-côté gauche abrite pour sa part celui de Galilée (belles fresques du XIVe s autour), de Marconi, l'inventeur de la radio, la pierre funéraire de Lorenzo Ghiberti (auteur des portes du baptistère) et les plaques commémoratives de Raphaël (enterré à Rome) et de Léonard de Vinci (enterré à Amboise). Toujours dans ce bas-côté gauche, un beau monument funéraire de Carlo Marsuppini par Desiderio da Settignano.
– ***Le transept gauche*** est réservé à la prière. Au fond du transept, un beau crucifix de Donatello et, dans la chapelle du fond, superbes fresques de Maso di Banco, un élève de Giotto. Également, belles fresques du « giottesque » Bernardo Daddi dans la chapelle juste avant. Enfin, remarquez l'*Assomption* de Giotto et l'intéressant retable en terre cuite émaillée de Giovanni Della Robbia (quelle famille !).
Sur l'autel du ***chœur principal,*** grand polyptyque du XIVe s représentant la Vierge, les saints et les Pères de l'Église, immense crucifix peint par le maître de Figline (élève de Giotto, encore un !). Les superbes fresques du chœur, illustrant le cycle de la croix d'après la *Légende dorée* de Jacques de Voragine, par Agnolo Gaddi (fils de Taddeo), sont en restauration.

– ***Le transept droit :*** tout de suite à droite du chœur, les célèbres chapelles Bardi et Perruzi, couvertes de fresques de Giotto. Dans la première chapelle, *Scènes de la vie de saint François.* Noter comme les personnages prennent du relief. Sur la voûte, les symboliques de la Pauvreté, la Chasteté et l'Obéissance, vertus qui caractérisent l'ordre franciscain. Dans la chapelle voisine, *Scènes de la vie de saint Jean-Baptiste* (toujours par Giotto).
Au fond, à droite du transept droit, *chapelle Castellani* (scènes de la vie de plusieurs saints par Agnolo Gaddi) *et Baroncelli-Giugni* (fresques superbes de la *Vie de la Vierge* par Taddeo Gaddi en 1332, un des élèves les plus doués de Giotto). Au fond du transept droit, un couloir mène à la sacristie. Avant d'y entrer, magnifique *Déposition* d'Alessandro Allori. Dans la sacristie, murs décorés de fresques, dont une superbe *Crucifixion* par Taddeo Gaddi et les *Scènes de la vie de la Vierge* par Giovanni da Milano dans la petite chapelle Rinuccini. À côté, l'*école du Cuir* où l'on peut encore voir les artisans travailler. À noter, au fond du couloir de l'école, une délicieuse *Annonciation* à fresque.
Depuis la nef, un autre passage débouche sur un *cloître* du XIVᵉ s flanqué de la fameuse et somptueuse *chapelle des Pazzi,* de style Renaissance, construite par Brunelleschi (l'auteur du dôme de la cathédrale). Intérieur d'une très grande austérité, décoré de médaillons en terre cuite de Luca Della Robbia figurant les apôtres et les évangélistes. Élégance, sobriété, force et équilibre, cette chapelle incarne parfaitement le miracle du Quattrocento florentin.
À gauche en sortant de la chapelle, un autre *cloître,* dessiné également par Brunelleschi. Enfin, l'ancien réfectoire abrite le ***museo dell'Opera.*** On y trouve nombre d'œuvres qui décorèrent autrefois l'église. Dans les salles de gauche, quelques sculptures d'un des plus grands sculpteurs du XIVᵉ s, le Siennois Tino di Camaino. On entre ensuite dans la ***salle des vitraux.*** Juste en entrant, une superbe *Vierge allaitante* (anonyme – mais quel talent !) et, au fond de la salle, le célèbre triptyque *Baroncelli* de Giotto. Enfin, une grande salle contenant le fameux *Christ en croix* de Cimabue qui, bien que restauré, porte encore les traces de la terrible inondation de 1966. Dans la salle suivante, belle fresque de Domenico Veneziano représentant saint François et saint Jean-Baptiste. Magnifique *Saint Louis de Toulouse* par Donatello. Enfin, au fond, vestiges d'une fresque d'Orcagna évoquant *L'Enfer et le Triomphe de la mort,* et immense *Arbre de vie* et la *Cène* de Taddeo Gaddi.

Museo della Fondazione Horne (zoom détachable E4) *: via dei Benci, 6. ☎ 055-24-46-61. Ouv 9h-13h (vente des billets jusqu'à 12h). Fermé dim et j. fériés. Entrée : 6 €. Se munir à l'entrée d'un guide (prêté) détaillant les différents objets exposés, en anglais et en italien slt. Les œuvres sont décrites de haut en bas et de gauche à droite en entrant dans les pièces. Pour vous faciliter la visite, nous vous indiquons les numéros des œuvres que nous avons particulièrement remarquées.*
Occupe le petit *Palazzo degli Alberti,* une belle demeure patricienne caractéristique de la première Renaissance florentine, construite au XVᵉ s pour des riches marchands d'étoffes. Ce musée méconnu présente la belle collection d'un esthète londonien installé à Florence, Herbert Percy Horne. L'homme, historien de l'art, eut le bon goût de disposer ses œuvres dans un environnement approprié, en garnissant les appartements de meubles d'époque pour restituer l'atmosphère de la Renaissance. Une reconstitution fidèle qui justifie déjà une visite ! Quant à la collection, elle regroupe de magnifiques peintures, œuvres des meilleurs maîtres italiens.
– Au premier étage, dans la grande salle, remarquez, parmi les œuvres exposées, la petite *Sainte Catherine d'Alexandrie* (nº 51) de Luca Signorelli, une sainte famille siennoise, *La Femme de Loth* (nº 7) de Francesco Furini, de belles petites crucifixions dans l'armoire en verre, le *Saint Jérôme* (nº 31) par Piero di Cosimo et trois saints par Lorenzetti. Dans la petite salle à droite en entrant, magnifique *tondo* (sorte de tableau de forme circulaire généralement placé au plafond) de Beccafumi. À droite dans cette même salle, un magnifique coffre de mariage peint.

FLORENCE ET SES ENVIRONS

Dans la petite salle du fond, le superbe *Saint Stéphane* (nº 52) de Giotto, tableau devenu l'emblème du musée (c'est surtout pour lui que la majorité des visiteurs se déplace). On y trouve aussi, entre autres œuvres remarquables, une *Sainte Famille* de Lorenzo di Credi, un buste de Giambologna, un superbe Beccafumi (nº 79) entouré de deux très beaux christs anonymes. Enfin, un beau buste en terre cuite du XVe s.

– Au deuxième étage, dans la petite salle, juste à droite en entrant, des instruments de calcul et des couverts d'époque. Dans la salle de gauche, sur le mur de droite en entrant, *Tobias, Raphaël et Saint Jérôme* de Neri di Bicci et une copie du portrait du duc Federico da Montefeltre (nº 87) par Piero della Francesca (l'original est aux Offices). Dans la salle principale, ne pas rater le petit Christ de Filippo Lippi (caché dans une vitrine d'angle au fond à gauche, avec juste en dessous un petit coffre pour collectionneur de pièces) et l'admirable diptyque de Simone Martini (très belle *Vierge à l'Enfant* sous verre). Toujours de Lippi, *La Reine Vasti quittant le Palais* (nº 41), tout à fait admirable. Avant de quitter la maison, tentez de regarder les élégants chapiteaux sculptés de la cour intérieure. Une visite reposante, loin des foules...

Casa Vasari *(zoom détachable E4)* **:** *borgo Santa Croce, 8. ☎ 055-24-46-61. Visite le sam sur résa (en collaboration avec la Fondazione Horne).* À l'occasion des 500 ans de la naissance de Vasari, la ville de Florence a ouvert au public la maison de Vasari où il a vécu jusqu'à sa mort. On ne voit que la grande salle avec ses fresques murales.

Casa Buonarroti *(plan détachable E4)* **:** *via Ghibellina, 70. ☎ 055-24-17-52. Tlj sf mar 10h-17h. Fermé dim de Pâques, à Noël et 1er janv. Entrée : 6,50 €. Billet combiné avec Santa Croce : 8,50 €, valable 7 j.* Il s'agit de la maison de Michel-Ange, ou plutôt de celle qu'il avait achetée, car il n'y résida guère. Au XVIIe s, son petit-neveu, Michel-Ange le Jeune, décida de la dédier au génie de son grand-oncle. On y trouve des œuvres de jeunesse de l'artiste, dont la célèbre *Vierge à l'escalier* et la *Bataille des centaures.* La maison expose aussi, par roulement, quelques-uns de ses croquis. À ce propos, Vasari raconte que Michel-Ange, peu avant sa mort, détruisit bon nombre de ses ébauches et brouillons, de peur que la postérité ne découvrît que son geste n'était pas toujours... parfait.

QUARTIER DE SANT'AMBROGIO

La charmante église a donné son nom au quartier et au marché de la piazza Ghiberti. Le *mercato Sant'Ambrogio* en fait saliver plus d'un : saucissons, fromages, fruits, fleurs, viandes, bocaux de légumes séchés sans oublier les poissons (pêchés du jour dans la mer Ligure toute proche). C'est LE rendez-vous des Florentins et des visiteurs gourmands.

Le quartier se transforme à la tombée de la nuit en un lieu branché et festif... allez donc musarder du côté de la piazza Sant'Ambrogio où quelques cafés font l'animation du coin. Et que dire de ces petites adresses, situées à deux pas du centre, qu'on se transmet de bouche à oreille... on y mange divinement bien !

Où dormir ?

Institution religieuse

Istituto Oblate dell'Assunzione *(plan détachable E3,* ***22****)* **:** *borgo Pinti, 15. ☎ 055-248-05-82. • sroblate borgopinti@virgilio.it • Couvre-feu à minuit. Résa indispensable car minuscule. Compter 90 € pour une double avec bains. Chambres 1-4 pers. CB refusées.* Derrière une entrée discrète, un couvent tout à fait recommandable : belles chambres, très propres (salle d'eau impeccable) et équipées du téléphone et d'un poste Internet. Certaines donnent sur un grand jardin intérieur accessible aux résidents. Évidemment, atmosphère très tranquille, à l'inverse de la rue souvent bruyante... Accueil en toute simplicité et gentillesse.

De prix moyens à chic

Hotel Bodoni (plan detachable E3, **16**) : *via Martini del Popolo, 27. ☎ 055-24-07-41. • hotelbodoni.it • Doubles 71-117 €.* Un de nos meilleurs rapports qualité-prix du quartier. Situé au dernier étage d'un immeuble moderne, on est tout de suite conquis par l'accueil chaleureux du personnel ainsi que par la terrasse (qui se transforme en solarium l'été) avec sa vue magnifique sur la ville. Et pour couronner le tout, un solide petit déjeuner (compris) ! Les chambres sont très simples mais c'est propre et fonctionnel. Un bon plan, vraiment.

Hotel Cardinal of Florence (plan détachable E3, **67**) : *borgo Pinti, 5. ☎ 055-234-07-80. • info@hotelcardinalofflorence.com • hotelcardinalofflorence.com • Doubles à partir de 60 €. Possibilité de parking.* Un hôtel bien situé, au 3e étage, très propre et fonctionnel. Toutes les chambres sont climatisées et certaines bénéficient même de la vue sur le Duomo. Accueil pro et en français.

B & B Palazzo Galletti (plan détachable E3, **73**) : *via Sant'Egidio, 12. ☎ 055-390-57-50. • info@palazzogalletti.it • palazzogalletti.it • Doubles 100-170 € ; suites 170-230 €. Une bouteille de vin de leur production offerte sur présentation de ce guide lors du check-out.* Situé au 1er étage d'un ancien palais restauré, ce *B & B* porte le label *Residenza d'Epoca,* avec une dizaine de chambres dont 4 suites (ne confondez pas avec la structure pour étudiants au 3e étage, qui n'a strictement rien à voir). Magnifiquement aménagées, elles mêlent judicieusement modernité et meubles anciens, fresques d'origine (surtout celles des suites « Cerere » et « Giove »), sols en *terra cotta.* Aux murs, accrochage de peintures contemporaines. Toutes bénéficient de la clim et d'un petit balcon donnant sur une cour intérieure paisible. Petit déj servi dans une jolie salle voûtée du XVIe s ! Le petit plus : le délicieux spa au sous-sol du palais (indépendant de l'hôtel mais accessible aux clients) : idéal après avoir arpenté le pavé florentin toute une journée. Accueil dynamique de la pétillante Francesca.

Firenze Suite (plan detachable E3, **14**) : *via Nuova De Caccini, 25 (à l'angle de la via della Pergola). ☎ 055-20-01-730. • info@suite.firenze.it • suite.firenze.it • Compter 100 à 140 € pour une double selon les saisons (200 € pour les suites).* Un peu de tranquilité et de luxe à prix raisonnable ? L'accueil adorable du jeune couple aura raison de votre choix. Ils ont rénové cet ancien palais pour le rendre cosy et chaleureux. C'est charmant. Les chambres sont immenses, toutes décorées différemment et avec goût ! Pas de salle de petit déj mais on vous l'apporte dans votre chambre. Également deux suites avec petite terrasse et kitchenette qui conviendront aux familles. Une très belle adresse de charme.

Très chic

The J and J Historic House Hotel (plan détachable F3, **82**) : *via di Mezzo, 20. ☎ 055-26-312. • info@jandjhotel.net • jandjhotel.net • Doubles 210-280 €, voire plus pour les suites (à partir de 160 € en basse saison). Possibilité de parking sur demande.* Historique, cet hôtel l'est bien, puisqu'il est installé dans un couvent construit au XVIe s. Mais si l'architecture d'ensemble, les quelques fresques d'origine et le cloître intérieur laissent clairement entrevoir ce riche passé, les chambres, elles, n'ont rien de monacal. Plus ou moins vastes (tout est question de prix !) et richement et subtilement meublées, aux éclairages savamment étudiés, elles sont dotées de tout le confort moderne. Certaines bénéficient même d'une terrasse privative et d'un mobilier en fer forgé. Salle du petit déjeuner très jolie avec son plafond en ogive. Ici règne un calme parfait. Accueil en français digne des grandes maisons. Classe assurée ! Une adresse idéale pour convoler...

Hotel Mona Lisa (plan détachable E3, **84**) : *borgo Pinti, 27.*

☎ 055-247-97-51. • info@monalisa.it • monalisa.it • Doubles à partir de 160 €. Ce magnifique hôtel niché dans un beau palais du XVe s conviendra aux clients soucieux de leur confort. Belles chambres douillettes dans un bel écrin de verdure, le tout à une enjambée du Duomo. Un charme discret certain, mais à un certain prix tout de même...

Où manger ?

Marché

Mercato Sant'Ambrogio *(plan détachable F4) : piazza Ghiberti. Lun-sam 7h-14h.* Au nord-est de Santa Croce, un quartier animé et plein de charme. Marché populaire très complet, dont les étals débordent largement la petite halle du XIXe s. *Alimentari, frutta, verdura, fiori...* et tutti quanti ! Plus intime et nettement plus florentin que son grand rival de San Lorenzo. À la sortie, pause *espresso* recommandée à la terrasse du *Cibreo Caffè.*

Supermarché

Supermercato Conad *(plan détachable E3) : via Pietrapiana. En face de la poste principale (angle avec la via dei Martiri del Popolo). Tlj 8h-21h (20h dim).* L'un des plus grands supermarchés du centre de Florence. Pour ne pas trop se ruiner, le rayon traiteur propose un large éventail de charcuteries toscanes, de fromages et d'*antipasti.* Bien pratique pour préparer un pique-nique improvisé. Vous pouvez leur demander de vous les emballer sous vide, ce qui les rend plus facilement transportables.

Sur le pouce

Semel *(plan détachable F3,* ***213****) : piazza Lorenzo Ghiberti, 44 r. Lun-sam 12h-15h. 5 € le panino.* Grand comme un mouchoir de poche, *Semel* met à l'honneur la *Semela,* petit pain rond que Marco accommode de plusieurs façons pour confectionner un sandwich à votre demande. Les plus téméraires avaleront des *panini* aux viandes de sanglier, de cerf ou encore de lapin. Les timides se rabattront sur le *panino* végétarien (*pecorino,* miel et céleri), sur celui au veau et aux tomates séchées, ou encore sur celui aux anchois marinés. D'autant que, pour les ingrédients, Marco n'a qu'à traverser la rue pour les chercher : ils proviennent du marché Sant'Ambrogio, juste en face.

Bon marché

Da Rocco *(plan détachable F4,* ***108****) : sous la halle du mercato Sant'Ambrogio. Tlj jusqu'à 14h30 sf dim. Congés : 15 j. en août. Plat env 4 € ; compter 15 € pour un repas complet.* Une tranche de vie pour le prix d'un plat de pâtes ! Chez ce petit traiteur escorté de quelques tables, les habitués viennent autant pour le spectacle du marché que pour les assiettes bien pleines. Cuisine toute simple de bistrot (lasagne, *panna cotta*), sans tambour ni trompette, mais qui nourrit son homme et dont le menu change tous les jours. Et puis c'est communautaire... Il manque un ingrédient ? On interpelle l'étalage voisin. Parfait pour tâter l'atmosphère florentine à moindres frais.

La Divina Pizza *(plan détachable E-F4,* ***241****) : via Borgo Allegri, 50r. ☎ 055-2347498. • divina@ladivinapizza.it • Tlj 11h-23h30 sf dim.* Un local grand comme un mouchoir de poche et quelques tabourets pour déguster des pizzas déclinées à (presque) l'infini ! Servie *al taglio* ou entière, la pâte à pizza est épaisse grâce à une levure naturelle que Graziano laisse reposer 24h. Les garnitures changent en fonction des saisons (encore un bon point !). Très animée certains soirs (surtout lors de matchs de foot).

Acasamia *(plan détachable F4,* ***212****) : piazza Ghiberti, 5 r. ☎ 055-263-82-23. • info@pizzaecarboneacasamia.it • Tlj. Pizzas à partir* *de 4 € (le soir slt).* On vient pour les excellentes pizzas fines et croustillantes, déclinées en quelques dizaines de variétés. Repaire de Florentins avec une salle tout en longueur et de grandes tablées pour sympathiser avec ses voisins. Certes, c'est bruyant, mais que les pizzas sont bonnes ! Également des pizzas à emporter. Le soir, c'est souvent plein comme un œuf, armez-vous de patience. Minuscule terrasse. Service survolté et accueil jovial.

Il Pizzaiuolo *(plan détachable F3,* ***111****) : via dei Macci, 113 r. ☎ 055-29-46-77. Tlj sf dim. Fermé 1 sem en août et période de Noël. Pizzas 6-10 €. Café offert sur présentation de ce guide.* Le royaume de la pizza ! Le ton est donné : dialecte local et carte des vins n'alignant que des flacons du sud de la Botte, et on se régale de pizzas à pâte épaisse, façon napolitaine. Service bourru, mais à voir les files d'attente, ce n'est pas vraiment un obstacle à sa popularité.

Prix moyens

Acquacotta *(plan détachable E-F3,* ***119****) : via dei Pilastri, 51. ☎ 055-24-29-07. • acquacottafirenze@gmail.com • Fermé mar soir-mer. Compter 25-30 € pour un repas.* Ne vous fiez pas aux épais rideaux des vitrines, c'est l'une des meilleures adresses typiques du quartier ! Ce petit restaurant, tenu par des femmes, tient son nom d'une spécialité toscane : l'*acquacotta,* soupe de légumes servie avec du pain grillé et un œuf poché. Dans l'assiette, d'excellents plats élaborés avec des produits locaux de première qualité. Tout est fait maison, même le pain. Conseils avisés et accueil tout en gentillesse.

Ristorante Le Carceri *(plan détachable F4,* ***125****) : piazza Madonna della Neve, 3. ☎ 055-247-93-27. • info@ristorantelecarceri.it • Pizzas à partir de 8 € (le soir slt).* Dans les anciennes prisons de Florence entièrement réhabilitées se cache une adresse insoupçonnable, celle d'un *ristorante* aux pizzas généreuses et aux pâtes savoureuses, accommodées de mille manières... Service rapide et charmant. Idéal avec des enfants qui peuvent galoper sans danger dans la cour.

De chic à plus chic

Teatro del Sale *(plan détachable F3,* ***114****) : via dei Macci, 111 r. ☎ 055-200-14-92. • info@teatrodelsale.com • Fermé dim-lun. Congés : août et 31 déc-6 janv. Résa conseillée le soir. Après s'être acquitté de la carte de membre valable 1 an (5 €), le petit déj (5,50 €), le déj (20 €) et le dîner (30 €) sont déclinés sous forme de buffet (boissons comprises).* Le dernier-né de *Cibreo* (le 4e du nom) fait dans le conceptuel. Un ancien garage à motos transformé en une épicerie fine, un resto et une salle de spectacles. Buffet excellent et copieux. L'épicerie aligne une sélection des meilleurs anchois, huiles d'olive ou miels du marché. Tous les soirs, un spectacle (une pièce de théâtre, un concert, des lectures). Attention, il faut impérativement arriver tôt le soir (avant 19h30 pour dîner), car le spectacle commence à 21h30. À partir de cette heure, le buffet n'est plus servi.

Touch Ristorante *(plan détachable E3,* ***227****) : via Fiesolana, 18 r. ☎ 055-24-66-150. • info@touchflorence.com • Compter 30 € pour un repas.* Voici une adresse originale et surtout très tendance avec un menu interactif à l'aide d'une tablette. Un serveur vient quand même prendre commande (un peu d'humanité quand même !). Une adresse qui s'adresse à des clients adeptes de la cuisine fusion. Jolie présentation des plats, mais on aimerait en avoir un peu plus dans l'assiette. Accueil cordial.

Trattoria Il Cibreo *(plan détachable F3,* ***111****) : via dei Macci, 122 r. ☎ 055-234-11-00. • cibreo.fi@tin.it • Fermé dim-lun. Congés : août et 1re sem de janv. Pas de résa : venir tôt ou tard. Env 35 € pour un repas.* À ne pas confondre avec le resto du même nom (voir plus loin), beaucoup plus cher. Toutefois, ce bistrot classique estampillé *slow food* bénéficie des mêmes cuisines que son illustre voisin ! Qualité et fraîcheur des produits garanties, pour une cuisine de terroir de bon ton privilégiant les spécialités toscanes. Très bons desserts. Assez cher et service peu aimable qui n'aide malheureusement pas à faire passer la douloureuse.

Très chic

Ristorante Il Cibreo *(plan détachable F3,* ***111****) : via Andrea del Verrocchio, 8 r. ☎ 055-234-11-00. • cibreo.fi@tin.it • Fermé dim-lun. Congés : août et 1re sem de janv. Compter env 75 € pour un repas complet (sans le vin).* L'un des grands classiques du circuit gastronomique florentin. Tables espacées et meubles anciens en bois vernis confèrent à la salle une atmosphère intime, idéale pour apprécier les spécialités du pays transcendées par le talent du chef. Belle carte des vins, avec quelques incursions parmi les domaines français et même du Nouveau Monde.

Où savourer de bonnes glaces ?
Où déguster une bonne pâtisserie ?

Gelateria Il Gallo Ghiottone *(plan détachable F4,* ***167****) : via dei Macci, 75 r.* Minuscule boutique, mais excellentes glaces aux parfums classiques. Réputé dans le quartier. D'ailleurs, il n'y a qu'à voir la queue aux beaux jours...

Dolci e Dolcezze *(plan détachable F4,* ***170****) : piazza Cesare Beccaria, 8 r. ☎ 055-234-54-58. À l'est du quartier de Sant'Ambrogio. Mar-sam 8h30-19h30, dim 9h-13h. Congés : août.* Cette coquette boutique vaut le déplacement à elle seule. Elle figure en bonne place sur le carnet d'adresses des becs sucrés florentins, c'est l'une des meilleures pâtisseries en ville, qui fournit d'excellentes tartes au chocolat. Dommage qu'elle soit si excentrée.

Où boire un verre ? Où écouter de la musique ?

Caffetteria dell'Oblate *(zoom détachable E3,* ***185****) : via dell'Oriulo, 26. Lun 14h-19h et mar-sam 9h-minuit. Congés : 1 sem en août.* Au deuxième étage de la bibliothèque universitaire. Un bon plan qui consiste à siroter un verre face sur la terrasse à la coupole du Duomo. Ambiance jeune, ça va de soi, mais studieuse... tout de même. Attention, souvent privatisé pour des manifestations culturelles.

Caffè Sant'Ambrogio *(plan détachable F3,* ***194****) : piazza Sant'Ambrogio, 7 r. ☎ 055-247-72-77. • caffesantambrogio@libero.it •* Tranquille dans la journée, on peut se sustenter d'une salade ou d'un plat de pâtes en terrasse. Le soir, après un *aperitivo* de choc, chaude ambiance sur fond de musique *trendy.* Le flot d'oiseaux de nuit déborde alors sur la mignonne petite place de Sant'Ambrogio... jusque très tard dans la nuit.

Caffé Letterario Le Murate *(plan détachable F4,* ***236****) : piazza delle Murate. ☎ 055-23-46-872. • caffeletterario@lemurate.it • Tlj 9h-1h (11h le dim). Brunch dim et j. fériés 12h-15h. Aperitivo 7,50 € (18h30-21h30).* Un café littéraire reconnu qui accueille régulièrement des débats thématiques ou philosophiques ainsi que des émissions radio. Il se transforme aussi en lieu de concerts de music live et bar pour étudiants. Ne ratez pas le copieux *aperitivo*... fameux ! La terrasse au milieu de l'ancienne prison est très agréable à l'heure estivale. Accueil jeune et parfois débordé.

Plaz *(plan détachable E-F3,* ***238****) : via pietrapiana, 36/38r. ☎ 055-24-20-81. Aperitivo 8 € (18h30-20h30). 8h30-3h sf dim.* Cette adresse nous a surtout plu pour son emplacement. Quel bonheur de siroter son apéro à l'ombre des arcades de la piazza Ciompi désormais piétonne ! Petite collation pour dépanner. Quelques concerts de music live de temps en temps.

Cibreo Caffè *(plan détachable F3-4,*

181) : *via Andrea del Verrocchio, 5 r. ☎ 055-234-58-53. Mar-dim 8h-minuit. Congés : août.* Autrefois, c'était une pharmacie, d'où le magnifique comptoir en bois. Le reste des boiseries et le plafond à caissons proviennent d'églises. Une réussite esthétique qui confère à ce tout petit café beaucoup de chaleur, d'autant que l'endroit est généralement bondé... mais la terrasse en saison permet de doubler sa superficie ! Pour boire un verre ou picorer parmi les mets délicats des cuisines du *Cibreo* (attention, presque aussi cher que le *Ristorante*).

Jazz Club *(plan détachable E3,* ***196)*** : *via Nuova de' Caccini, 3 r (à l'angle du borgo Pinti). ☎ 055-247-97-00. • casinomarchese@hotmail.com • Tlj sf dim 21h30-1h30 ; concert vers 22h30. Entrée : 10 € (prix de la carte de membre valable 1 an).* Cette adresse bien cachée, à l'abri des regards, en sous-sol, réunit dans sa petite salle conviviale tous les amateurs de jazz du canton depuis une vingtaine d'années. Concerts de bonne tenue tous les soirs, *jam session* le mardi.

Rex *(plan détachable E3,* ***197)*** : *via Fiesolana, 23-25 r. ☎ 055-248-03-31. • info@rexcafe.it • Tlj 18h-3h.* Un feu d'artifice de couleurs vives, reflétées par des mosaïques de verre ou de céramique, le tout rythmé de luminaires design. Très *bohemian chic* tout ça ! Bons cocktails qui délient les langues d'une clientèle jeune, bruyante et cosmopolite. Plantureux *aperitivo.* Concerts certains soirs.

À voir

Sinagoga e museo di Storia e Arte Ebraici *(synagogue et musée d'Histoire et d'Art hébraïques ; plan détachable F3)* : *via Luigi-Carlo Farini, 6. ☎ 055-234-66-54. Dim-jeu 10h-17h30 (10h-15h ven). Fermé sam et fêtes juives. Entrée : 6,50 €.* C'est la plus grande synagogue d'Italie et l'une des plus belles, construite à la fin du XIXᵉ s dans une sorte de style mozarabe, avec des lignes élégantes. Belle façade où alternent marbres blanc, rose et rouge (que l'on retrouve au sol à l'intérieur), surmontée d'un dôme de couleur verte, le cuivre d'origine ayant viré de couleur, qui tranche bien sur l'ensemble. L'intérieur entièrement peint, avec une coupole superbe, rappelle les formes et les volumes byzantins. Un guide pourra vous expliquer (gratuitement) les traditions hébraïques, avec pièces à l'appui, dans le petit musée à l'étage.

Chiesa Sant'Ambrogio *(plan détachable F3)* : *piazza Sant'Ambrogio.* Un des plus anciens sites de la ville, situé à deux pas du marché Sant'Ambrogio. Un premier édifice remonterait au VIIᵉ s, érigé à la place d'une chapelle d'un ancien couvent. Plusieurs fois reconstruite à partir du XVᵉ s, l'église a sa forme définitive depuis la fin du XIXᵉ s. Sa façade, elle aussi maintes fois remaniée, ne présente pas grand intérêt. Les fidèles sont particulièrement attachés à cette église : un miracle sauva la ville de la peste de 1340 grâce à un mystérieux calice rempli de sang séché. À l'intérieur, elle se présente sous une forme rectangulaire, avec une seule nef. Dans la ***chapelle du Miracle,*** beau tabernacle en marbre réalisé par le sculpteur Mino da Fiesole, qui repose ici, ainsi que Verrocchio, un des maîtres de Léonard de Vinci. Dans cette même chapelle, superbe fresque de Cosimo Rosseli qui retrace le miracle du calice.

QUARTIER DE SAN MARCO

C'est un quartier à la fois central et tranquille, loin du brouhaha du centre tout proche. C'est aussi ici que se nichent quelques merveilles de l'art toscan. On découvre avec ravissement le *couvent de San Marco* et ses fresques merveilleuses de Fra Angelico, on se presse à l'*Accademia* pour le sculptural *David* de Michel-Ange et admirer sa plastique parfaite. Également un petit bijou : le *Palazzo Medici Riccardi* qui renferme deux trésors, la fresque du *Cortège des Rois Mages* de Gozzoli et la *Vierge à l'Enfant* de Lippi. Et puis, surtout, promenez-vous le nez en l'air, vous tomberez forcément sous le charme d'un détail architectural, d'une statue antique, d'un palais décrépi d'une riche famille florentine. Un quartier qu'on apprend à connaître... et où l'on revient... forcément !

Où dormir ?

Camping et auberge de jeunesse

Ostello della gioventù Villa Camerata *(hors plan détachable par G1) : viale Augusto Righi, 4. ☎ 055-60-14-51. • hihostels.com • Bus nº 17 (direction Coverciano) depuis la gare de S. M. Novella ou la place du Duomo (l'auberge est à 4 km au nord-est). Ouv 7h-minuit (couvre-feu négociable pour les petits groupes). Chambres fermées 10h-14h. Résa indispensable et carte des AJ requise (ou prévoir un petit supplément). Compter 20 € en dortoir 4-10 lits ; 35 € pour une double, petit déj compris. Pour le camping, compter 25 € pour 2 avec tente et voiture. Douches chaudes gratuites. CB refusées.* La plus grande auberge de jeunesse de la ville, avec près de 350 places. Excentrée mais située dans un immense jardin à l'italienne planté d'espèces rares et de quelques vignes. Le bâtiment vaut le détour à lui tout seul avec sa façade ocre du XVe s et son vaste portique... Beaucoup de charme, même si les dortoirs se révèlent sans surprise et d'une simplicité toute fonctionnelle. C'est aussi un camping convivial tout simple. Sanitaires communs propres. Laverie, cafétéria et projection quotidienne de films... en anglais.

Bon marché

Ostello Gallo d'Oro *(plan détachable E1, **25**) : via Cavour, 104. ☎ 055-552-29-64. • info@ostellogallodoro.com • ostellogallodoro.com • Au 1er étage. Lit env 30 € en dortoir ; doubles avec douche et w-c 55-85. Apéro maison offert sur présentation de ce guide.* Petite structure conviviale parfaitement tenue. Des chambres avec moquette et sanitaires propres, une salle à manger où l'on peut se préparer quelques petits plats. L'esprit d'une auberge de jeunesse, mais le confort d'un petit hôtel ! En été, apéro festif 4 fois par semaine sur la terrasse ou dans le salon de l'auberge. Sans doute l'un des meilleurs rapports qualité-prix du centre-ville, à une vingtaine de minutes à pied du Duomo.

Prix moyens

B & B Il Giglio d'Oro *(hors plan détachable par G1, **65**) : via Pacinotti, 11. ☎ 055-011-27-39 ou 347-484-30-98. • info@ilgigliodoro.eu • ilgigliodoro.eu • Au nord-est du centre-ville. Doubles 70-130 € selon saison.* Un havre de tranquillité joliment arrangé par Edo et Célia. Petit jardin d'intérieur où il fait bon prendre son petit déj aux beaux jours ou se reposer après une journée de visite (les chaises longues sont si tentantes, ma foi !). Bonne literie et déco cosy (boutis, carrelage d'époque, rocking-chairs). C'est propre, et l'accueil des proprios saura rendre votre séjour agréable. *B & B* excentré certes, mais très agréable.

Hotel Europa *(plan détachable D2, **61**) : via Cavour, 14. ☎ 055-239-67-15. • firenze@webhoteleuropa.com • webhoteleuropa.com • En face de l'office de tourisme. Doubles 80-160 € selon confort et saison, suites 100-150 € selon période. Parking payant (cher).* L'*Hotel Europa* cumule le deux en un ! Au 2e étage, des chambres récentes joliment décorées et donnant, pour la plupart, sur de charmants petits jardins verdoyants à l'arrière. Certaines sont pourvues de terrasse privative avec vue sur le Duomo. Au 1er étage, les suites dans la grande tradition florentine : hauts plafonds, tentures, portes épaisses, meubles peints, peintures à fresque du XVIIIe s... le tout donnant sur un jardin intérieur et le Duomo. Jolie salle de lecture. Une bien belle adresse, calme et centrale. Pour la petite anecdote, elle était aussi, il y a bien longtemps, la demeure du compositeur Franz Liszt...

De prix moyens à plus chic

Residenza Johlea *(plan détachable E1, **36**) : via San Gallo, 76. Pas très loin de la piazza della Libertà. ☎ 055-463-32-92 (précisez le nom de l'hôtel, car 4 autres hôtels font partie du même groupe). • johlea@johanna.it • johanna.it • Réception 8h30-20h. Doubles 90-120 €.* Cette adresse intime a tout de la chambre d'hôtes : intérieur cossu, déco raffinée et atmosphère chaleureuse. Petits gâteaux et thé servis à toute heure de la journée. Un des meilleurs rapports qualité-prix et un accueil des plus charmant complètent ce tableau idyllique.

Antica Dimora Johlea *(plan détachable E1, **36**) : via San Gallo, 80. ☎ 055-463-32-92. • anticajohlea@johanna.it • johanna.it • Superbes doubles 100-180 €.* Gérée par le même propriétaire que la précédente adresse, mais avec des chambres d'une gamme supérieure. Au dernier étage d'un palais du XIXe s, cette délicieuse demeure florentine offre de belles chambres avec de beaux espaces, dont certaines avec lit à baldaquin. Le privilège de cette adresse : la très jolie terrasse sur le toit où l'on peut prendre le petit déjeuner en profitant de la vue sur la coupole du Duomo. L'ambiance cosy et l'accueil affable incitent à y revenir. Excellent rapport qualité-prix.

Antica Dimora Firenze *(plan détachable D-E1-2, **37**) : via San Gallo, 72. ☎ 055-462-72-96. • info@anticadimorafirenze.it • johanna.it • Chambres 90-160 €.* Même direction que les 2 précédentes adresses et autant de charme. Avec ses lits à baldaquin et ses meubles de style, cette adresse discrète promet à ses hôtes un séjour de charme à la florentine. Rien n'est laissé au hasard, à l'image du thé servi dans le petit salon au retour d'une promenade. Luxe, calme et volupté...

Mr My Resort *(plan détachable D1, **59**) : via delle Ruote, 14 a. ☎ 055-28-39-55. • info@mrflorence.it • mrflorence.it • Doubles 80-140 € selon saison.* Un repaire pour les adeptes du confort et du chic. Les 5 chambres sont toutes aussi mignonnes les unes que les autres (avec une petite préférence pour « Il Chiostro » avec son petit bout de terrasse). Tout a été pensé par Giuseppe et Cristina, les maîtres des lieux. Le top : le spa au sous-sol. Idéal pour découvrir Florence à deux. Les proprios ont aussi le *Relais Grand Tour* (voir plus loin « Quartier de San Lorenzo. Où dormir ? Très chic »). Les petits déjeuners (compris) se prennent au bar *Nabucco,* tout à côté. Une adresse pour amoureux exclusivement !

Hotel Royal *(plan détachable D1, **41**) : via delle Ruote, 50-54. ☎ 055-48-32-87. • info@hotelroyalfirenze.it • hotelroyalfirenze.com • Doubles 160-250 €. Parking.* Un véritable havre de paix non loin du bouillonnant quartier de la gare. Cet îlot résidentiel réjouira les amateurs de calme et de tranquillité. Magnifique endroit où le temps semble s'être arrêté. Jardin séculaire où la piscine vous attend et les chaises longues vous tendent les bras. Les chambres confortables et spacieuses ont été décorées avec goût et respect de la tradition toscane. Accueil élégant et professionnel.

Très chic

Hotel California *(plan détachable D3, **72**) : via Ricasoli, 28-30. ☎ 055-28-27-53 ou 055-28-34-99. • hotelcalifornia@inwind.it • californiaflorence.it • ♿ À partir de 100 € (mais ça grimpe très vite en hte saison !) selon confort et saison, petit déj-buffet inclus. Possibilité de parking payant (23-35 €/24h). Apéritif offert et remise de 10 % sur présentation de ce guide non cumulable avec d'autres offres.* Un hôtel aux parties communes très « Renaissance » avec fresques, bas-reliefs et tutti quanti ! Les chambres, même si elles sont coquettes – certaines disposent même d'un jacuzzi et ont un balcon avec vue sur le dôme du Duomo (les nos 122 et

123) – n'ont pas le lustre des parties communes. La cerise sur le gâteau, c'est sans conteste sa terrasse très calme dissimulée parmi les toits, idéale pour le petit déj.

Où manger ?

Sur le pouce

Pugi *(plan détachable D-E2, **214**) : piazza San Marco, 9 b. ☎ 055-28-09-81. • info@focacceria-pugi.it • ♿ Lun-sam 7h45-20h. Congés : 3 sem en août.* Cette institution florentine a pignon sur rue depuis 1925. Les *focaccie* sont délicieuses et les parts de *pizze* déclinées en une vingtaine de variétés régalent les habitués depuis des générations. Les ingrédients varient selon les saisons, c'est plutôt bon signe. Le midi, il faudra pousser du coude pour dégotter un bout de table. Spécialité : le *Pugine*, pain à base de fruits secs et d'abricots. Accueil enjoué et service rapide. Autres adresses : *via San Gallo, 62 r, et viale de'Amicis, 49 r.*

Bon marché

La Mescita *(plan détachable E2, **104**) : via degli Alfani, 70 r. ☎ 333-650-02-73. Lun-sam 11h-17h. Congés : 3 sem en août. Plat env 16 €. CB refusées.* Minuscule débit de boissons à l'ancienne (depuis 1927 !) laissé dans son jus avec du carrelage aux murs et quelques tables en bois. Idéal pour se sustenter d'une petite restauration ou du plat toscan du jour (tripes le lundi, *lampredotto* le mardi, *porchetta* le mercredi, etc.), et surtout, pour boire un petit coup ! L'endroit est vite envahi par les nombreux étudiants des facs voisines, il faut savoir jouer des coudes ! Accueil convivial des patrons.

Trattoria Tibero *(plan détachable D1, **226**) : via delle Ruote, 26. ☎ 055-384-12-66. Tlj sf dim. Plat du jour 8 € ; plat de pâtes 7 € le midi slt.* Une *trattoria* qui plaît beaucoup à ceux qui travaillent dans le quartier. Jolie terrasse abritée à l'abri des regards où il fait bon se relaxer en avalant le menu du jour. Cuisine typique où l'on retrouve toutes les spécialités toscanes. Le soir, c'est nettement plus cher. Service agréable et attentif.

Il Vegetariano *(plan détachable D1, **92**) : via delle Ruote, 30 r. ☎ 055-47-50-30. • ilvegetariano@gmail.com • ♿ À 2 mn de la piazza dell'Indipendenza, en remontant la via San Zanobi. Mar-ven midi et soir, w-e le soir slt. Congés : août. Carte env 15-20 €. CB refusées. Café offert sur présentation de ce guide.* Une fois passés les vitraux, on découvre une petite salle façon bistrot, qui donne dans une salle conviviale avec tables en bois, vitrines chargées de bocaux remplis d'épices, grosses poutres en bois et fresque sur l'un des murs, le tout débouchant dans une petite cour ombragée, charmante dès le printemps venu. Sur le tableau noir, les plats du jour : tartes aux légumes, couscous végétariens, pâtes, aubergines farcies, soufflés, quiches, soupes traditionnelles... Très bon pain et savoureuses pâtisseries. Sans aucun doute, le meilleur végétarien de la ville !

Bar à vins *(enoteca)*

Fratelli Zanobini *(plan détachable C-D2, **141**) : via Sant'Antonino, 47 r. ☎ 055-239-68-50. Tlj sf dim 8h-14h, 15h30-20h.* Caviste réputé, avec un petit comptoir pour les dégustations, usé par des générations de connaisseurs. C'est d'ailleurs un des plus anciens magasins de la ville, avec 3 000 étiquettes (en comptant les mousseux, les spiritueux et les vins français !). Vous y trouverez à coup sûr les crus que vous avez goûtés au restaurant et que vous souhaitez rapporter chez vous. Bons conseils. On s'y désaltère, mais pour caler une petite faim, il faudra repasser !

Où savourer de bonnes glaces ?

Gelateria Carabe (plan détachable D2, **162**) : via Ricasoli, 60 r. ☎ 055-28-94-76. Tlj sf lun 10h-1h. Réputée pour ses *granite* absolument délicieuses, vous n'aurez que l'embarras du choix des parfums : kiwi, figue, melon, pêche... (ce sont des fruits frais, bien sûr). Tout est fait maison, sans oublier les glaces tout aussi excellentes et la spécialité : le *cannolo siciliano*. Petite adresse très prisée des autochtones. Une valeur sûre.

Le Parigine (plan détachable D3, **174**) : via dei Servi, 41 r. ☎ 055-239-84-70. Tlj 11h-23h. Une bien étrange association que l'imposante vache à l'entrée et le nom de l'enseigne... Il paraît que *Les Parisiennes* est une spécialité de biscuit fourré de crème glacée, l'ancêtre de la gaufrette en quelque sorte... Pour ceux qui préfèrent les glaces classiques, pas de crainte, il suffit de piocher parmi les fruits de saison et les parfums naturels (chocolat, pistache, vanille).

Où boire un verre en écoutant de la musique ?

Kitsch 2 (plan détachable D2, **203**) : via Antonio Gramsci, 1. ☎ 055-234-38-90. • info@kitsch.it • Tlj 18h30-23h. Aperitivo 8,50 €. Enfin un endroit animé dans un quartier plutôt calme. Serveurs dynamiques, programmation de concerts de musique, une clientèle jeune et active... on retrouve ici tous les bons ingrédients pour passer une excellente soirée. À commencer par le plantureux buffet de l'*aperitivo* (vraiment excellent), où la jeunesse florentine et quelques touristes égarés se pressent...

À voir

Palazzo Medici Riccardi (plan détachable D3) : via Cavour, 3. ☎ 055-276-03-40. Tlj sf mer 8h30-19h. Entrée : 7 € ; réduc. Attention, visite de la chapelle par groupe de 7 pers max, pour une durée de 10 mn.

Aujourd'hui palais provincial, voué à un rôle administratif, cet édifice construit pour les Médicis au XVe s (puis vendu aux Riccardi) abrite une splendeur méconnue, la fresque du ***Cortège des Rois mages*** par Benozzo Gozzoli, cachée à l'étage dans la chapelle comme pour se protéger des regards extérieurs. Joyau de la peinture italienne réalisé à partir de 1459, cette composition éclatante de couleurs illustre le cheminement des Rois mages vers la grotte de Bethléem ; elle subit dès la fin du XVIIe s une première altération : vous remarquerez le décrochement du mur ouest, qui coupe les fresques de Balthazar et Melchior.

Cosme l'Ancien a choisi ce thème parce qu'il parrainait la confrérie des Mages, lesquels symbolisaient à l'époque « les parfaits vassaux du Grand Roi », c'est-à-dire de Dieu. Ils étaient également vénérés comme saints patrons des rois et des chevaliers : se placer sous leur protection n'était donc pas un acte anodin... D'autant moins que l'une des curiosités de la fresque, outre sa beauté, est de reprendre la symbolique des trois âges des rois, qui se lit le dos tourné à l'autel : sur votre gauche, Gaspar, le mage enfant ; face à l'autel, Balthazar, le mage adulte, et sur votre droite, Melchior, le vieux mage. Ces âges rappellent aussi l'histoire de la famille de Médicis : on reconnaît dans la suite de Gaspar les portraits de Piero et Carlo, fils de Cosme, mais aussi Cosme lui-même âgé, ainsi que le très jeune Lorenzo (futur Laurent le Magnifique)... L'artiste s'est également plu à faire figurer des Florentins contemporains du commanditaire dans la procession : noter la finesse et la précision de ces visages, comparés au modelé beaucoup plus classique (mais tout aussi délicat) des visages des anges en adoration, représentés sur les murs de l'abside. Les détails fourmillent, mais pour en savoir plus, un ingénieux système vidéo (le système *Point At*) installé au rez-de-chaussée livre tous les

secrets de cette œuvre remarquable. Il s'agit pour le visiteur de choisir la langue désirée et ensuite de pointer le doigt sur la représentation des fresques de la chapelle des Mages. On choisit le personnage désiré et on écoute le commentaire (clair et explicatif) sur l'interprétation dudit personnage.
À voir également, au deuxième étage du palais, la très délicate ***Vierge à l'Enfant*** de Filippo Lippi. Passez derrière le tableau, la tête d'homme dessinée à l'arrière est également attribuée à Lippi. Mais aussi : la salle des Quatre Saisons, tendue de tapisseries, où se réunit le Conseil provincial. Ensuite, la galerie baroque décorée avec l'***Apothéose des Médicis*** par Luca Giordano, un chef-d'œuvre qui fourmille de détails et de scènes mythologiques. Admirez également les glaces peintes ornées de putti (angelots) et la bibliothèque *Riccardiana* (qui abrite de belles boiseries et qui est toujours en activité).

Galleria dell'Accademia *(galerie de l'Académie ; plan détachable D-E2)* **:** *via Ricasoli, 60. ☎ 055-29-48-83. Au nord du Duomo. Tlj sf lun 8h15-18h50. Fermé 1er janv, 1er mai et 25 déc. Résa conseillée (+ 4 €). Entrée : 11 € (6,50 € sans expos temporaires ; réduc. Loc d'audioguide en français : 5,50 € (8 € les 2).*
L'un des incontournables du circuit artistique florentin. Dans la première salle, qui présente au centre une copie en plâtre de l'*Enlèvement d'une Sabine* de Jean de Bologne (visible dans la Loggia de la piazza della Signoria), l'éclairage est franchement décevant, mais on y découvre de superbes peintures.
Sur le mur de droite, en entrant dans la première salle, deux grands tableaux du Pérugin, une *Assomption* et une *Descente de la Croix,* un touchant diptyque de Lippi représentant Marie-Madeleine et saint Jean-Baptiste vieillissants, deux beaux prophètes de Fra Bartolomeo. Sur le mur du fond, un grand tableau de Giovanni Antonio Sogliani avec des *Dottore* de l'Église discutant pour savoir si la Vierge est exempte du péché originel. Également un magnifique *tondo* représentant une *Vierge à l'Enfant* par Franciabigio. Des toiles florentines du XVe s. Sur le mur d'entrée (il faut se retourner donc), deux tableaux attribués à Botticelli tout à fait charmants (*Madone de la mer* et *Vierge à l'Enfant et saints*) et deux *Annonciation* intéressantes par le Pérugin et Bicci. Et si vous aimez la musique pousser jusqu'à la salle à l'extrême gauche, il s'agit du petit ***museo degli Instrumenti Musicali*** avec des violoncelles, violons ainsi qu'un piano d'Anton Gabbiani. Ici est rassemblée toute la collection lorraine, grande influence musicale à Florence après la fin de la dynastie Médicis. Un peu partout des écrans tactiles pour vous sensibiliser à la musique. Puis revenez sur vos pas et vous entrez alors dans la salle abritant des œuvres majeures de Michel-Ange. Ne ratez pas les statues inachevées des *Captifs* ou *Esclaves,* où l'on décèle déjà, dans ces visages à peine dégrossis, l'angoisse et la rage, et une belle *Pietà* où le Christ est très touchant dans la mort. Juste avant le *David,* à gauche, se trouve la *Vénus et l'Amour* de Pontormo (vers 1532), peint sur un dessin préparatoire de Michel-Ange.
Mais, bien sûr, le célèbre *David* reste l'œuvre-phare qui justifie les longues heures d'attente. Ce formidable athlète de 5,5 t et de 5,17 m de haut subjugue le visiteur par l'intensité de son regard et ses proportions apparemment parfaites. En réalité, Michel-Ange s'est permis des libertés avec l'anatomie réelle afin, et c'est là tout le paradoxe, de mieux rendre compte de la réalité : regarder les mains, énormes mais pourtant parfaites... C'est d'ailleurs en partie l'essence même du mouvement maniériste qui reproduisit sans fin les postures en partie inventées par Michel-Ange (notamment à la chapelle Sixtine du Vatican).
Regarder le réalisme des dessins de la peau : on distingue même les veines sur ses pieds. On ne peut résister à vous encourager à tourner autour de ce *David* pour voir ses fesses ! Il ornait autrefois la piazza della Signoria jusqu'en 1873, où il est aujourd'hui remplacé par une copie. Avec *Judith et Holopherne* de Donatello, le *David* symbolisait le combat perpétuel contre la tyrannie et pour la liberté, combat que la petite cité-État de Florence mena à de nombreuses reprises. Mais ce *David*-là, avec son air calme et détendu (il n'a pas, comme souvent, le pied posé, triomphant, sur la tête coupée de Goliath), montre plus encore la victoire de l'intelligence sur la brutalité.

À droite du *David*, des tableaux maniéristes avec *Allegoria della Fortezza* de Maso da San Friano. À gauche du *David,* on a surtout aimé la *Déposition* du Bronzino et celle de Pieri.

Au fond, la salle des statues de plâtre du XIXe s, destinées à l'étude (d'où les nombreux trous pour le calcul des lignes et perspectives). Attention, on ne peut plus y rentrer mais elle est seulement visible de l'entrée de la salle entravée par un cordon de sécurité.

On passe alors dans trois salles dédiées aux primitifs (fin XIIe-début XIVe s) : dans la salle du *Duecento,* un *Arbre de Vie* de Buonaguida, dont il faut s'approcher pour admirer tous les détails, ainsi qu'une *Crucifixion* d'un peintre florentin où la position du Christ est inhabituelle ; dans la salle des disciples de Giotto, quelques belles pièces de Bernardo Daddi (*Crucifixion* remarquable et le *Couronnement de la Vierge*) et de Taddeo Gaddi (*Histoire du Christ* et *saint François d'Assise*). Enfin, dans la salle Orcagna, admirer un triptyque de la *Trinité* de Nardo di Cione, et le *Couronnement de la Vierge* de Jacopo di Cione ; un triptyque montre la *Vision de saint Bernard* par le maître de la chapelle Rinucini, Matteo di Pacino.

À l'étage, quatre salles. Dans la première, un fabuleux *Christ en pitié* de Giovanni da Milano. Dans la deuxième, un ensemble exceptionnel de tableaux florentins des XIVe et XVe s avec un polyptyque de Giovanni del Biondo (*Annonciation*), tandis qu'un groupe d'œuvres de Lorenzo Monaco, dont un *Crucifix,* un *Christ avec les instruments de la Passion* et une *Annonciation,* peuvent être vues dans la troisième salle. La dernière abrite, entre autres, des peintures en provenance du tabernacle du couvent de Santa Lucia.

Museo di San Marco *(plan détachable D-E2)* **:** *piazza San Marco, 1. ☎ 055-238-86-08. Lun-ven 8h15-13h50 (16h50 w-e et j. fériés). Fermé 1er, 3e et 5e dim et les 2e et 4e lun de chaque mois. Entrée : 4 € (7 € avec l'expo temporaire).*

Fra Angelico, de son vrai nom Guidolino di Pietro, commença à peindre au couvent de San Marco vers 1440, sur la demande de Cosme de Médicis. Ce moine utilise son art pour traduire sa foi, à l'abri du monde extérieur. Il en résulte une œuvre plutôt sobre mais pleine de lumière et de béatitude, dont il retirera d'ailleurs le surnom de Beato Angelico. Ses anges en particulier sont remarquables par leur légèreté. Le pape Jean-Paul II l'a canonisé en 1984 : il est ainsi devenu le saint patron des artistes.

On y trouve la majeure partie des œuvres de Fra Angelico, ce moine qui exécuta des fresques dans tout le monastère pour exprimer son amour de Dieu. Il s'agit en fait d'un ancien couvent dominicain du XIIIe s, reconstruit en 1438 sur décision de Cosme l'Ancien. Celui-ci en confia l'architecture à Michelozzo (voir notamment la bibliothèque au premier étage), qui travailla en si étroite collaboration avec Fra Angelico que, à peine les murs construits, le peintre commença les fresques. On en compte à peu près une centaine. Outre Fra Angelico, Savonarole, saint Antonin et Fra Bartolomeo y résidèrent.

C'est une de nos visites préférées à Florence car on y rencontre assez peu de touristes par rapport au centre-ville tout proche.

On accède d'abord au cloître du couvent, décoré de fresques des XVIe et XVIIe s. De là, on visite les différentes salles :

– On commence à droite par *l'Hospice des pèlerins :* une profusion de chefs-d'œuvre de Fra Angelico, un régal pour les yeux ! Très belle *Déposition,* dégageant une grande sérénité (en contraste d'ailleurs avec l'événement). Équilibre de la composition, douceur des tons, extrême finesse de la chevelure de Marie-Madeleine. L'homme au bonnet bleu, à gauche de Jésus, n'est autre que Michelozzo, l'architecte du couvent. Dans *Le Jugement dernier,* on découvre plutôt un manichéisme sublime : à gauche, les anges font la ronde dans un délicieux jardin nimbé de lumière, où les bons se congratulent, tandis qu'à droite les méchants mijotent dans des chaudrons (certains en sont même réduits à avaler des crapauds et des scorpions).

Nombreux et somptueux retables. Un remarquable cycle sur le thème de la vie du Christ. Ravissant petit *Couronnement de la Vierge* pour le tabernacle de Santa Maria Novella. Sur celui de Linaioli (1433), *Adoration des Mages* et *Martyre de saint Marc*.

– *Le Grand Réfectoire* (à droite) et *la salle de Fra Bartolomeo* (à gauche).

Dans le Grand Réfectoire, au fond, *Cène miraculeuse de saint Dominique* par Sogliani (XVIe s) et, sur les murs, des peintures inégales. Noter la *Déposition* de Suor Plautilla Nelli (regarder également le réalisme des yeux rougis !) et *Vierge trônant et saints* et *Vierge à l'Enfant* par Fra Paolino.

Dans la salle de gauche, uniquement des œuvres de Fra Bartolomeo, disciple de Savonarole, d'un classicisme qui influencera Raphaël, *Visages* et *Madone et Enfant avec sainte Anne* (œuvre inachevée).

– *La salle du Chapitre* : superbe *Crucifixion*, où Fra Angelico a réussi à exprimer l'idée d'expiation et de rédemption.

– En allant vers le Petit Réfectoire et l'escalier qui monte au premier étage, quelques belles toiles caravagesques.

– *Le Petit Réfectoire (Cenacolo)* : *Cène* exécutée par Ghirlandaio (en face de la petite librairie). *Pietà* de Luca Della Robbia. Dans le corridor des cellules, petite expo lapidaire et plusieurs consoles en bois.

Premier étage

Toutes les cellules ont été décorées de scènes des Évangiles par Fra Angelico (ou par ses élèves sur un dessin du maître). Peintes de 1437 à 1445, comme s'il y avait représenté aussi son âme. En haut de l'escalier, le premier choc, une très belle *Annonciation* (attention au syndrome de Stendhal !). Commencer par la gauche. Vous entrez dans le premier couloir. Sur la gauche, le must, les cellules peintes de la main du maître (on aime surtout les cellules nos 1, 3, 5, 7, 9 et 10) ; sur la droite, les cellules peintes par ses disciples. Dans quelques cellules, vous pouvez apercevoir, sous le niveau du sol, par des jeux de miroir, des fresques du XIVe s du couvent précédent recouvertes par la construction actuelle de Michelozzo.

Au fond à droite, le couloir des novices, des cellules de moindre intérêt.

En continuant, on trouve les trois pièces utilisées par Savonarole (oratoire, cabinet de travail et cellule). Ce moine, dénonçant les mœurs dissolues des Médicis, réussit à les chasser de la ville. Il instaura un régime tellement dur que le peuple s'insurgea, le pendit, puis le brûla sur la piazza della Signoria. On y trouve de belles petites fresques du XVIe s et, surtout, un tableau illustrant le supplice de Savonarole où l'on peut voir que les seules statues présentes à l'époque devant le Palazzo Vecchio étaient le *Marzocco* (lion assis) et *Judith et Holopherne* de Donatello.

On retourne sur nos pas jusqu'à l'escalier pour voir les cellules de droite dites « du troisième couloir ». Elles sont plus tardives, plus narratives. En particulier, au fond à droite, remarquable *Adoration des Mages* par Benozzo Gozzoli, le plus talentueux des disciples de Fra Angelico, dans la cellule qu'occupa Cosme de Médicis (noter qu'il bénéficiait d'un duplex...).

Dans la bibliothèque réalisée par Michelozzo, sur la droite, double rangée de colonnes et arcades. Grands psautiers enluminés.

Chiesa San Marco *(plan détachable D-E2)* **:** *à côté du couvent.* Date du XIIIe s mais fut souvent remaniée. Façade du XVIIIe s. Chœur abondamment couvert de fresques. Jolie mosaïque. Momie de San Antonino Pierozzi, fondateur du couvent (1389-1459), réformateur de l'ordre des dominicains et archevêque de Florence.

Piazza della Santissima Annunziata *(plan détachable E2)* **:** *à deux pas de San Marco.* Très jolie place dessinée par Brunelleschi. Bordée par le *Spedale degli Innocenti* (hôpital des Innocents) de Brunelleschi avec son élégant portique et les médaillons d'Andrea Della Robbia, l'église Santissima Annunziata et la loge des Servites, de l'autre côté de la place par rapport à l'hôpital, réalisées par Antonio da Sangallo et Baccio d'Agnolo. Au centre, la statue de Ferdinand Ier de

Médicis, œuvre tardive de Jean de Bologne (1608), aidé par Tacca, qui réalisa également les fontaines baroques.

Museo dello Spedale degli Innocenti *(plan détachable E2-3)* : *piazza della Santissima Annunziata, 12. ☎ 055-203-73-08. Lun-ven 9h-16h, sam 11h-17h. Fermé dim. Entrée : 3 € (slt les jardins, la loggia et la salle Grazzini).* ***En travaux jusqu'à fin 2015, début 2016.***

L'hôpital des Innocents est à proprement parler le premier édifice Renaissance de Florence. Construit à partir de 1419 par Brunelleschi, il était destiné à recueillir les enfants trouvés. En 1421, c'est le premier orphelinat en Europe à ouvrir ses portes. L'architecte y a emprunté à la fois des éléments romans et des éléments antiques. À noter, sur la façade, les médaillons d'Andrea Della Robbia (1463) avec leur fameux fond bleu en terre cuite émaillée. Ils représentent de jeunes enfants, pour la plupart. Très belle cour intérieure avec, comme symbole répétitif, une échelle représentant l'hôpital (on retrouve ce signe pour l'hôpital Santa Maria della Scala à Sienne qui s'occupait d'enfants aussi).

Aujourd'hui, cet ancien hôpital se refait un sacré lifting. Trois parcours sont prévus avec, au sous-sol, un travail sur le récit. À l'entré de l'hôpital, les mamans qui abandonnaient leurs enfants pouvaient les déposer dans une roue entre Marie et Joseph. Quand les mères abandonnaient leurs enfants, elles prenaient soin de couper une moitié de la médaille, (alors accrochée au cou de leur petit) qu'elles gardaient précieusement et l'autre moitié était récupérée par les sœurs autour du cou de l'enfant. La maman, en cas de remords, pouvait récupérer son enfant avec sa moitié facilement reconnaissable. On peut voir dans une vitrine une émouvante série de médaillons. Très touchant. On peut y lire aussi certains témoignages de nourrices. À l'entresol, expo sur l'individualité et quelques réflexions sur l'enfance à l'époque (sur le travail des enfants, par exemple). Le musée prévoit également la réfection des terrasses (vue magnifique sur la ville, comme vous vous en doutez !) Bref, ce musée est à visiter, ne serait-ce aussi que pour les œuvres exposées : l'extraordinaire *Adoration des Mages* de Ghirlandaio, qu'il mit 4 ans à réaliser (1480-1484). Les rouges y sont sublimes. À l'arrière-plan, *Le Massacre des innocents* et de ravissants paysages. D'autres œuvres intéressantes, une *Vierge de la miséricorde* du Pontormo et une *Crucifixion* maniériste de Poppi dans un magnifique cadre. Également un *Couronnement de la Vierge* de Lorenzo Monaco, un autre de Neri di Bicci, qui réalisa également *L'Annonciation.* Superbe *Vierge à l'Enfant* de Filippo Lippi et Botticelli. Enfin, et surtout, *L'Adoration des Mages,* citée plus haut.

Chiesa Santissima Annunziata *(plan détachable E2)* : *piazza della Santissima Annunziata. ☎ 055-26-61-81. Ouv 7h30-12h30, 16h-18h30. Entrée gratuite.*

L'une des plus chères au cœur des Florentins. Œuvre de Michelozzo (qui reconstruisit également le couvent San Marco) en 1441. Ne pas manquer le cloître des vœux qui précède l'entrée dans l'église. Il contient des fresques importantes, certaines en mauvais état, d'un groupe de peintres florentins de la fin du XVe au début du XVIe s ; elles illustrent le travail et le cheminement de l'art pictural entre le sommet du trio Vinci, Michel-Ange, Raphaël et le maniérisme. À gauche de l'entrée se trouvent les fresques de la première époque ; en face, une nativité fin XVe s d'Alesso Baldovinetti, puis une fresque de Cosme Rosselli (également fin XVe s, les autres sont d'Andrea del Sarto, 24 ans à l'époque !).

À gauche également, sous les centaines d'ex-voto, on distingue une *Annonciation* (du XIVe s), dont la légende dit que le visage de la Vierge fut terminé par des anges en 1252. Les fidèles lui vouent encore un culte, tant et si bien que les offices se déroulent souvent en direction de cette dernière et non vers le chœur. À droite, des fresques plus tardives : *Assomption* du Rosso, *Visitation* de Pontormo, *Mariage* de Franciabiagio, le reste par Andrea del Sarto. C'est à partir du cloître des vœux qu'on accède au cloître des morts (le plus souvent fermé au public) où se trouvent d'autres fresques qui racontent l'histoire de l'église. Mais une seule est vraiment digne d'intérêt : *La Vierge au sac* d'Andrea del Sarto (qui est d'ailleurs enterré dans cette église, comme Jean de Bologne ou

Benvenuto Cellini). À l'intérieur, l'un des décors baroques les plus fous qu'on connaisse. Plafond or et argent outrageusement chargé, décor grandiloquent, fresques.
Au fond de cette chapelle, à droite, un beau christ d'Andrea del Sarto. Les chapelles de la nef et du transept sont inégales. Quelques beaux tableaux et fresques. À noter, un beau christ de Sangallo dans la seconde nef de droite et, dans le transept droit, une puissante *Pietà* de Bandinelli qui s'est représenté dans les traits du vieillard soutenant le Christ. La sacristie et les absides derrière le chœur (qui contiennent quelques belles peintures) sont en général fermées au public.
Le réfectoire de Santa Apollonia peut également se visiter (horaires d'ouverture aléatoires). On peut y admirer de magnifiques fresques et, en particulier, une *Cène* et une *Crucifixion* par Andrea del Castagno, peintre typique du Quattrocento florentin (dessin précis, personnages sculpturaux, couleurs acidulées).

★ ***Museo dell'Opificio delle Pietre dure*** *(musée de la Manufacture des pierres dures ; plan détachable D-E2)* **:** *via degli Alfani, 78. ☎ 055-26-51-11. Lun-sam 8h15-14h. Entrée : 4 €.* Le travail des pierres dures *(pietre dure)* est un art d'une grande finesse qui rappelle la marqueterie sur bois. On l'appelle aussi la « mosaïque florentine ». Des pierres semi-précieuses comme l'onyx, l'obsidienne, la cornaline, l'agate ou le porphyre sont découpées, taillées puis incrustées dans des compositions aussi colorées que variées (bouquet de fleurs, nature morte, etc.). Pendant trois siècles, les artisans de l'*Opificio delle Pietre dure* eurent comme objectif de décorer les palais et les églises de Florence, en particulier le caveau des Médicis et la chapelle des Princes de l'église San Lorenzo. À présent, l'atelier est voué à la restauration, ainsi qu'au travail de la marqueterie de bois et de la majolique. Ce petit musée permet d'admirer quelques magnifiques exemples de composition de pierres dures, d'un étonnant réalisme et d'une remarquable finesse. Sur la mezzanine, présentation des outils et des sortes de pierres (ou d'essences pétrifiées) utilisés pour réaliser ces chefs-d'œuvre.

★ ***Museo archeologico*** *(plan détachable E2)* **:** *piazza della Santissima Annunziata, 9. ☎ 055-235-75. Mar-ven 8h30-19h, sam-lun 8h30-14h. Jardin abritant des tombes étrusques ouv sam slt. Entrée : 4 €.* À l'entrée de la plupart des pièces, feuilles explicatives en français, indispensables pour éclairer votre lanterne. Un grand musée à la disposition aérée, qui présente de belles pièces, notamment étrusques, de l'âge du bronze à la période hellénistique. Collection de petites statuettes en bronze, sarcophages égyptiens, poteries, pierres sculptées, hiéroglyphes très bien conservés, vases grecs, statues romaines, etc. Parcours pas toujours très clair.

★★ ***Museo Leonardo Da Vinci*** *(plan détachable E2)* **:** *via dei Servi, 66/68 r. ☎ 055-28-29-66. • mostredileonardo.com • Tlj 10h-19h (18h nov-mars). Entrée : 7 €.* Encore un musée sur Léonard, nous direz-vous ? Certes, mais celui-ci diffère quelque peu des autres : didactique, il est divisé en cinq thèmes, cinq salles pour l'eau, l'air, la terre, les mécanismes et le feu. Présentation des principales créations du maître. On a aimé le prototype du deltaplane ou encore la barque à pédales ! Au fond du musée, une petite salle présente les copies des tableaux les plus célèbres de Vinci *(Joconde, La Cène, l'Annonciation...)*. Un bon moment pour petits et grands.

ON A VOLÉ LA JOCONDE !

1911. Coup de tonnerre. Aussitôt, on arrête Apollinaire, et Picasso est longuement interrogé. On retrouve rue du Vert-Bois, près de la République, le chef-d'œuvre avec la signature de l'artiste. Les enquêteurs mettront un certain temps à se rendre compte que Léonard n'avait jamais signé son tableau. On retrouva l'authentique en 1913, dans un hôtel de Florence, volé par un vitrier italien qui travaillait dans le musée. Depuis, l'hôtel s'appelle Gioconda.

Cenacolo di sant'Apollonia *(plan détachable D2)* **:** *via 27 aprile, 1. ☎ 055-238-8607. Ouvert tlj 8h15-13h50 sf le dim, le 2 et 4ᵉ lundi du mois ainsi que le 1er, 3e et 5e dim. Fermé le 1er janv, 1er mai et le 25 déc.*
Couvent fondé au XIVe siècle, il fut consacré à sainte Apolline chrétienne martyre morte en 236 qui se jeta dans les flammes pour échapper à ses bourreaux. On retiendra dans ce réfectoire l'œuvre la plus importante : la fresque d'Andrea del Castagno représentant la Cène (représentation commune à tous les réfectoires des monastères). Détail amusant les deux fenêtres (varies celles-ci) qui se fondent dans la fresque. Admirez également le décor entourant le dernier repas du Christ : le plafond aux formes géométriques, les tuiles rouges et les pavements muraux qui donnent de la profondeur à la fresque. La nappe blanche, quant à elle, donne plutôt l'impression d'un immense rectangle blanc et n'offre aucune perspective.

Giardini dei Semplici – Orto botanico *(plan détachable E2)* **:** *entrée par la via Pier Antonio Micheli, 3. Tlj sf mer 10h-19h (17h en hiver). Entrée : 6 €.* Le jardin botanique, de plus de 2 ha, est une belle halte pour ceux que la botanique intéresse. Évidemment, l'entrée pour un jardin public semble chère (gratuite avec la *Firenze Card*) mais on y trouve plus de 9 000 variétés de plantes, une jolie fontaine centrale. Il fait partie du musée d'Histoire naturelle de Florence. C'est sous la houlette de Cosme Ier de Médicis que le jardin fut créé, en 1545. C'est à cette époque qu'il connut toute sa splendeur avec Giuseppe Casabona, qui fit apporter du monde entier des plantes rares. Au XVIIIe s, le botaniste Pier Antonio Micheli en fit son jardin d'études. Il fut enfin ouvert au public en 1864. Aujourd'hui, on peut toujours admirer les serres qui renferment de belles variétés de plantes exotiques (bananiers, caféiers, arbres des Voyageurs, un plan d'eau bordé de lierre et tout un parterre destiné aux plantes médicinales).

QUARTIER DE SAN LORENZO

San Lorenzo, c'est avant tout son marché central à deux pas de la gare, grouillant et coloré avec ses maraîchers et ses marchands de fruits qui s'interpellent, où les Florentins et les touristes aiment venir remplir leurs paniers de denrées alimentaires de toutes sortes. San Lorenzo, c'est aussi son église édifiée par Brunelleschi, l'une des plus importantes de Florence, les chapelles construites par Michel-Ange qui renferment les tombeaux de la famille Médicis. San Lorenzo, c'est encore sa place avec son marché de peaux et cuirs, où le pire côtoie le meilleur et où le marchandage devient un art ! Certes, les amoureux de Florence peuvent trouver le quartier trop touristique à leur goût, mais ce dernier mérite tout de même qu'on y passe un peu de temps pour l'apprécier à sa juste valeur.

Où dormir ?

Bon marché

Plus Florence *(plan détachable D1,* ***62****)* **:** *via Santa Caterina d'Alessandra, 15-17. ☎ 055-46-289-34. • info@plusflorence.com • plusflorence.com • Compter 24 €/pers en dortoir et à partir de 40 € pour une chambre 2-4 lits.* Une auberge de jeunesse privée très fonctionnelle et d'une propreté irréprochable. Chambres spacieuses et joliment colorées (avec une mention spéciale pour celles des filles, aux murs parme). Ici, les *backpackers* de tous pays se retrouvent dans une ambiance conviviale, n'hésitant pas à se refiler moult conseils et bonnes petites adresses. Soirées à thème qui renforcent forcément les liens amorcés dans la journée au bar ou au bord de la piscine intérieure... Agréable terrasse sur le toit de l'immeuble, avec une vue imprenable sur la ville.

Prix moyens

☗ ***Hotel Lorena*** *(plan détachable C3, **34**) : via Faenza, 1 (angle piazza Madonna). ☎ 055-28-27-85/86. • info@hotellorena.com • hotellorena.com • Fermeture 2h-6h du mat (fêtards, passez votre chemin !). Doubles avec sdb 45-108 € selon affluence et saison ; petit déj 5 €. Parking à 50 m (20-26 €/24h).* Très bien situé, ce petit hôtel familial n'a rien d'extraordinaire mais il dispose de chambres confortables (TV, double vitrage...), sans charme. Quelques privilégiées (les nos 42 et 43) bénéficient d'une belle vue sur la piazza Madonna.

☗ ***Hotel Accademia*** *(plan détachable C3, **46**) : via Faenza, 7. ☎ 055-29-34-51. • info@hotelaccademiafirenze.com • hotelaccademiafirenze.com • Doubles avec sdb 60-130 €.* L'entrée fait bonne impression, avec son escalier tout de velours rouge revêtu. Les chambres (TV, AC...), reliées par un dédale de couloirs, sont confortables. Petite cour intérieure, salle pour le petit déj et espaces communs conviviaux (jeux de dames et d'échecs).

☗ ***Hotel Giada*** *(plan détachable D3, **43**) : via del Canto dei Nelli, 2. ☎ 055-21-53-17 ou 79-80. • info@hotelgiada.com • hotelgiada.com • Doubles avec sdb 70-130 €.* Au cœur du marché San Lorenzo, un hôtel sans surprise qui a l'avantage d'être bien placé. Des chambres soignées avec tout le confort possible : que demander de plus ?

☗ ***Hotel Burchianti*** *(zoom détachable C3, **38**) : via del Giglio, 8. ☎ 055-12-17-96. • info@hotelburchianti.it • hotelburchianti.it • Doubles 120-150 € selon saison.* Cette petite pension de charme, à l'abri des regards, occupe l'une de ces vieilles demeures qui fleurent bon la Florence d'antan, à peine la lourde porte entrouverte. Des meubles de style agrémentent les vastes chambres, toutes couvertes de fresques du XVIIe s (celle réservée aux jeunes mariés en lune de miel est particulièrement jolie). De quoi faire de beaux rêves ! En revanche, le confort est bien du XXIe s. Une escapade romantique ? Cette adresse est pour vous. Accueil en français, de surcroît.

☗ ***Tourist House Liberty*** *(plan détachable D2, **60**) : via XXVII Aprile, 9. ☎ 055-47-17-59. • libertyhouse@iol.it • touristhouseliberty.it • Doubles avec sanitaires privés 60-130 € (pour les plus grandes). En hte saison, séjour de 2 nuits min exigé.* Cet endroit confortable propose des chambres très agréables, lumineuses, bien arrangées (mobilier de style, tons chauds et harmonieux, jolies tentures, parquet...). Propreté irréprochable. Une bonne adresse.

☗ ***Hotel Casci*** *(plan détachable D2, **70**) : via Cavour, 13. ☎ 055-21-16-86. • info@hotelcasci.com • hotelcasci.com • ♿ Au 2e étage (ascenseur). Doubles 75-150 € selon saison. Parking payant (21-26 €/j.). 10 % de réduc sur le prix de la chambre sur présentation de ce guide et sur règlement en liquide.* Hôtel familial situé dans un palais du XVe s où vécut le compositeur Rossini. Deux chambres donnent sur un jardin et sont destinées en priorité aux jeunes couples en voyage de noces ! Accueil courtois (et en français) et chambres tout confort.

De chic à plus chic

☗ ***Hotel dei Macchiaioli*** *(plan détachable D2, **39**) : via Cavour, 21. ☎ 055-264-81-53. • info@hoteldeimacchiaioli.com • hoteldeimacchiaioli.com • Double env 120 € (mais prix très fluctuant selon le remplissage). Parking payant.* Un hôtel refait à neuf, installé dans le Palazzo Morrochi. Chambres spacieuses, décorées avec goût et avec tout le confort nécessaire. Coup de cœur pour la salle du petit déj décorée de fresques et qui n'était autre que le salon de réunion des peintres avant-gardistes toscans, appelés communément les Macchiaioli dans les années 1848. Idéalement placé et très calme malgré la proximité de la via Cavour. Accueil serviable et personnel absolument charmant.

Très chic

☗ ***Hotel Il Guelfo Bianco*** *(plan détachable D2, **74**) : via Cavour, 29. ☎ 055-28-83-30. ♿ • info@ilguelfobianco.it • ilguelfobianco.it • Doubles* *à partir de 90 € et pouvant aller jusqu'à... 275 € selon taille et saison,* prima colazione *comprise ; apparts 4 pers à partir de 150 €. Offres parfois plus intéressantes en réservant par Internet.* ⌨ *(payant).* 📶 Un lieu de bon goût, qui restitue l'atmosphère médicéenne. Essai réussi pour les chambres supérieures, coiffées de plafonds à caissons ou voûtes rustiques et pourvues de beaux tapis et de mobilier de style. Évidemment équipées comme il se doit (coffre, minibar, salles de bains irréprochables...). En revanche, les chambres premier prix, bien que cossues et joliment décorées, ne se démarquent pas du classicisme bon teint des hôtels de standing. Pour les insomniaques, les chambres situées à l'arrière profitent d'une jolie vue sur les toits et échappent à toute nuisance sonore. Un mariage réussi de luxe et de charme...

🏠 ***Relais Grand Tour*** *(plan détachable D2,* ***44****) : via Santa Reparata, 2. ☎ 055-28-39-55. • info@florencegrandtour.com • florence.grandtour.com • Doubles à partir de 140 €. CB refusées.* 📶 *10 % de réduc sur le prix de la chambre sur présentation de ce guide.* Petite adresse douillette nichée dans un ancien théâtre du XVIIIe s. Les heureux propriétaires ont su mettre en valeur les vestiges du passé en gardant les fresques, le carrelage ancien ou encore le plafond à caisson. Et c'est une réussite ! Même les noms de chambres s'inspirent du théâtre (« il Musicista », « la Cantante », « la Ballerina »...). Les chambres sont très spacieuses et les meubles ont été patiemment chinés par Giuseppe et Cristina. Le patio est mignon tout plein avec ses plantes vertes et son mobilier de jardin. On s'y sent bien dans cette vieille et belle maison florentine. Pour ceux qui recherchent le calme et la volupté, cette adresse est pour vous ! Les adorables proprios, très fiers de leur ville, n'hésiteront pas à vous donner moult conseils.

Où manger ?

Marché

|●| ***Mercato centrale di San Lorenzo*** *(plan détachable C-D2) : via dell'Ariento. • mercatocentrale.it • Lun-sam 7h-14h.* Halles du XIXe s abritées par une charpente métallique. Un marché idéal comme introduction à la gastronomie locale. Au rez-de-chaussée, charcuteries, boucheries, triperies, crémeries et épiceries à profusion ; à l'étage, beaux étals de fruits et légumes. Chaque stand est numéroté (on en dénombre pas moins de 1 000). C'est devenu très touristique et assez cher, mais la qualité des produits n'a pas baissé et le choix est immense. L'avantage, c'est que de nombreux stands vous permettent de goûter.

– Nouveauté : n'hésitez pas à grimper au 1er étage (pas très bien signalé). Vous ne saurez plus où donner de la tête ! De nombreux comptoirs pour commander et déguster pizzas, poissons, glaces, *foccace.* Également, pour ceux qui ont plus de temps une *enoteca,* une trattoria... Tous ces petits stands sont joliment présentés sous l'immense verrière du marché couvert. On n'y va pas pour un dîner en amoureux (un peu bruyant), mais c'est bien pratique car on y propose un large éventail de choix. Idéal pour les familles. Également un comptoir *Eataly* (voir plus haut dans « Quartier du Duomo »), *entrée par la via dell'Ariento ; tlj 10h-minuit.*

Sur le pouce

🥖 ***Vecchio Forno*** *(plan détachable D2,* ***228****) : à l'angle de la via Gallo et de la via Guelfa. ☎ 055-265-40-69. • vecchiofornofirenze@gmail.com • Ouv lun-sam 7h30-20h.* Titillé par la bonne odeur du pain chaud, vous ne pourrez que succomber ! Également des *panini* et des *pizze* à la coupe ainsi que des pains bien traditionnels comme le *pan de rameirino* (le pain des Rameaux), qu'on boulotte toute l'année. Idéal quand on ne veut pas perdre trop de temps à la pause déjeuner.

Focaccine Bondi *(plan détachable C2,* ***229****) : via dell'Ariento, 85 r. Compter 3-4 € pour un panino.* Une adresse connue comme le loup blanc depuis des générations de Florentins. Ici pas de chichis, on commande sur l'ardoise les ingrédients qu'on veut intégrer dans son sandwich, et on repart avec son *panino.* Et basta ! Rapide, pas cher et très bon !

L'Ultima Spiaggia *(plan détachable D2,* ***90****) : dans le marché de San Lorenzo. Cornet de friture à partir de 7 €. Mêmes horaires que le marché.* Allez voir ces poissonniers au travail : ça chante fort, ça parle haut. Le client choisit parmi les petits poissons de l'étal et en moins de temps qu'il ne faut pour le dire, voici que ceux-ci ont valdingué dans la friture. 5 mn après c'est plié : on se régale d'un cornet de fritures de poissons. C'est divinement bon, sauf que tout le monde a la même idée ! Arriver donc tôt !

Bon marché

Trattoria da Nerbone *(plan détachable D2,* ***90****) : à l'intérieur du mercato centrale di San Lorenzo. ☎ 055-21-99-59. ♿ Lun-sam 8h-14h30 slt. Congés : 3 sem en août et 1 sem en janv. Compter 10-15 € pour un repas complet. CB refusées.* Indéboulonnable depuis 1872, Cette gargote très populaire dans le coin accueillent les vieux habitués et les nombreux touristes sur quelques mètres carrés du comptoir et une poignée de tables en marbre. Côté plats, la maison propose de savoureuses spécialités (également à emporter). On y vient surtout pour ses trippes mais le *passato di ceci* (purée de pois chiches) ou le *lampredo* (intestin de veau bouilli dans son jus et saupoudré de poivre) ne sont pas en reste. Et pour faire passer le tout, un chianti au verre e *poi, il conto e basta !*

Trattoria Mario *(plan détachable D2,* ***96****) : via Rosina, 2 r (à l'angle de la piazza del Mercato Centrale). ☎ 055-21-85-50. • trattoriamario@libero.it • Tlj le midi sf dim et j. fériés. Congés : août. Compter env 15-18 € pour un repas complet (sans la boisson).* Une petite trattoria de quartier où l'on s'attable sans façons pour profiter d'une atmosphère conviviale. Bonnes spécialités florentines (*braciola fritta, zuppa di fagioli,* excellente *bistecca...*) à des prix plus que raisonnables. Accueil simple et sympathique. Cette adresse étant victime de son succès et de son rapport qualité-prix, il faudra vous armer de patience... ou revenir !

Trattoria Palle d'Oro *(plan détachable C2,* ***216****) : via Sant'Antonino, 43-45 r. ☎ 055-28-83-83. • trattoriapalledoro@gmail.com • Tlj sf dim et j. fériés. Le soir les lun, ven, sam. Congés : 3 sem en août. Compter 20-30 € pour un repas.* Cette institution florentine a pignon sur rue depuis 1860... Touristes et Florentins s'y côtoient dans une atmosphère conviviale (quoiqu'un peu bruyante) et se régalent de solides plats toscans comme la *ribollita,* la *panzanella* ou encore les *ravioli al tartufo.* Pour les amateurs de tripes, petit stand de *panini* le midi à l'entrée du resto (attention il y a souvent la queue). Service rapide et efficace.

Prix moyens

Osteria Pepò *(plan détachable D2,* ***122****) : via Rosina, 6 r. Juste à côté du mercato centrale. ☎ 055-28-02-59. • info@pepo.it • ♿ Env 25 € le repas.* Rustique et dépouillée à la fois, cette adresse nous a plu pour le service discret mais disponible, pour son choix de pâtes et ses délicieux desserts faits maison (*panna cotta,* crème caramel, *torta al cioccolato* et la *schiacciata con l'uva,* sorte de *focaccia* sucrée).

Trattoria Sergio Gozzi *(plan détachable D3,* ***98****) : piazza San Lorenzo, 8 r. ☎ 055-28-19-41. • trattoriasergiogozzi@tiscali.it • ♿ Ouv le midi slt. Congés : août. Compter 20 € pour un repas.* Pas facile de dénicher cette trattoria familiale, dont la façade est dissimulée par les stands de cuir du marché San Lorenzo. Joyeuse assemblée d'habitués et de touristes en goguette qui se mélangent dans un brouhaha bon enfant. Côté cuisine, c'est de la bonne tambouille toscane... à commencer par la copieuse *ribollita* (soupe de légumes et de pain). Rien à redire non plus concernant les classiques plats toscans que sont la *pappa al pomodoro,* la *trippa alla fiorentina* ou la fameuse *bistecca.* Et pour finir, une petite trempette de *biscottini di Prato* à manger dans un verre de *vino santo* suffira amplement. Accueil bousculé mais absolument charmant. Un des musts à Florence.

De prix moyens à plus chic

Cipolla Rossa *(zoom détachable D3,* ***99****) : via dei Conti, 53 r. ☎ 055-21-42-10. • info@osteriacipollarossa.com • Tlj midi et soir. Compter 25-30 €. Apéritif maison offert sur présentation de ce guide.* Un établissement tout en longueur avec son mobilier en bois et ses murs colorés qui propose une cuisine de qualité. Il faut les voir s'activer dans la cuisine ! Et dans l'assiette ! Pâtes maison, savoureuse *bistecca alla fiorentina...* Une bonne adresse dans ce quartier peu fourni dans cette gamme de prix.

La Cucina del Garga *(plan détachable D2,* ***215****) : via S. Zanobi, 33 r. ☎ 055-47-52-86. • info@barbargarga.com • Fermé dim. Menu 15 € le midi. À la carte, compter 35 € le repas (sans la boisson).* Une bonne adresse dans un quartier qui en manque cruellement, à deux pas de la piazza dell'Indipendenza. Le concept avec la cuisine ouverte passe bien auprès des clients qui peuvent jeter un œil au chef et à ses cuistots s'affairer autour des casseroles. On s'essaye ici à de curieuses associations aux influences asiatiques mais pas seulement, comme ce risotto à la fraise des bois ou encore des *orecchiette* au navet et à la saucisse. Service un poil plus aimable serait le bienvenu.

Bar à vins *(enoteca)*

Casa del Vino *(plan détachable D2,* ***143****) : via dell'Ariento, 16 r. ☎ 055-21-56-09. Lun-Y 9h30-19h ; sam 10h-15h (fermé sam mai-juil).* Minuscule bar à vins où l'on déguste debout (2 chaises et une table pour ceux qui auront de la chance !) un choix de charcuteries, *crostini* et *panini* du jour.

Où savourer une bonne glace ?

Le Botteghe di Leonardo *(plan détachable D3,* ***165****) : via dei Ginori, 21 r. ☎ 055-28-50-52. • firenzeginori@lebotteghedileonardo.it • Tlj 12h-23h.* Encore une adresse de *gelateria,* nous diriez-vous ? Oui, mais celle-ci assure des glaces sans conservateurs, 100 % bio et avec des ingrédients soigneusement sélectionnés : variétés au chocolat Domori, noix du Piémont, citron d'Amalfi. Voilà les maîtres mots de ce glacier ! Les glaces au chocolat sont tout simplement divines.

À voir

Chiesa San Lorenzo *(plan détachable D3) : piazza San Lorenzo. ☎ 055-21-66-34. Lun-sam 10h-17h30 ; dim et j. fériés 13h30-17h30 (fermé dim oct-mars). Entrée : 4,50 €. Billet combiné avec la bibliothèque Laurentienne : 7 €.* L'une des églises les plus importantes de Florence, avec un décor intérieur à ne pas manquer. Édifiée en 1425 par Brunelleschi, l'auteur du dôme de la cathédrale (il faut dire que le commanditaire n'était autre que la famille Médicis). À sa mort, on prit d'autres architectes pour achever la façade (dont Michel-Ange), mais les problèmes techniques et les difficultés d'approvisionnement en marbre les arrêtèrent. À l'intérieur, plan de basilique à trois nefs. Décor de marbre froid et élégant tout à la fois, et impression d'équilibre et d'harmonie car toutes les proportions furent calculées mathématiquement.

– Dans la nef en entrant à droite, dans le chœur de la seconde chapelle, un superbe *Mariage de la Vierge* par Rosso Fiorentino. Au centre de la nef, les deux ambons en bronze de Donatello (à gauche l'ambon de la Passion et à droite celui de la Résurrection). Surtout, prenez le temps de regarder les détails, c'est fantastique. Il s'agit d'une œuvre majeure de la sculpture italienne, sorte de testament artistique d'un Donatello âgé et malade. Superbe fresque de Bronzino à gauche, juste avant le transept, figurant le *Martyre de saint Laurent*.

LA CACHETTE DE MICHEL-ANGE

Le peuple chassa les Médicis en 1527 et Michel-Ange soutint cette révolte. Quand ils revinrent en 1530, l'artiste disparut 3 mois. Ce n'est qu'en 1975 qu'on découvrit son lieu secret sous la sacrestia nuova *de San Lorenzo (entrée derrière l'autel, sur la gauche). On y décela des esquisses au fusain dont il s'inspira pour la chapelle Sixtine. Vu la fragilité des dessins, on édifia une reproduction de la cachette, à côté.*

– *L'ancienne sacristie :* au fond du transept gauche. À ne pas rater. Association des immenses talents de Brunelleschi (architecte) et de Donatello (décorateur-sculpteur), c'est l'un des plus grands chefs-d'œuvre de la Renaissance. Admirables panneaux de bronze des portes de la sacristie. Tout de suite à gauche de l'entrée, sarcophage des fils de Cosme l'Ancien. Joli travail en porphyre et bronze de Verrocchio. Ce sarcophage est peint par Léonard de Vinci sur son *Annonciation* à la galerie des Offices. Au milieu de la sacristie, sarcophage en marbre blanc des parents de Cosme l'Ancien. Tout le reste est l'œuvre de Donatello : le petit lavabo dans la chapelle de gauche, la frise de chérubins, les médaillons qui cernent la coupole, les évangélistes dans les tympans, les bas-reliefs en terre cuite au-dessus des portes de bronze, le buste sur le meuble à droite de l'entrée. Entre les portes de bronze, constellations qui représenteraient le ciel de Florence lors de l'arrivée de Robert d'Anjou dans la ville en 1306.
Sous l'abside de l'antica Sacrestia (ancienne sacristie), on a découvert en 1975 des dessins secrets de Michel Ange. Le local ne visite pas (l'humidité associée aux visiteurs dégraderait les esquisses) mais on peut regarder une vidéo intéressante située derrière le petit autel qui retrace le processus de restauration. Privé de son atelier car fâché avec les Médicis, il est accueilli en 1530 par le vicaire de l'église qui l'autorisa à s'y réfugier quelques semaines... jusqu'à son retour sur la scène artistique rappelé par le pape Clément VII. À son départ, on recouvre la cave de crépi.
Dans le transept, la première chapelle à gauche (dos au chœur) contient un autre chef-d'œuvre, l'*Annonciation* par Filippo Lippi, tandis que la première chapelle de droite (toujours dos au chœur) abrite une *Annonciation* sculptée en perspective avec un superbe *Christ mort* en dessous par Desiderio da Settignano (1461).
– *Le cloître :* accès par la chapelle Martelli (où est enterré Donatello) ou directement de l'extérieur, sur le côté de l'église. Même entrée que la bibliothèque Laurentienne.

⁂ ***Biblioteca medicae Laurenziana*** *(bibliothèque Laurentienne ; plan détachable D3) : piazza San Lorenzo, 9. Tlj sf dim 9h30-13h30. Entrée : 3 € (billet combiné à 7 € avec la chiesa San Lorenzo). Accueille désormais des expos temporaires.*
Créée par Cosme l'Ancien et enrichie par Laurent le Magnifique. Hors expos, on peut admirer le vestibule dessiné par Michel-Ange et achevé par Ammannati. À l'intérieur, des manuscrits de Virgile, des écrits de Pétrarque, des autographes de Léonard de Vinci, qui malheureusement ne se consultent pas.

⁂ ***Cappelle Medicee*** *(chapelles des Médicis ; plan détachable D3) : piazza Madonna degli Aldobrandini (derrière l'église San Lorenzo). ☎ 055-238-86-02. Lun-ven 8h15-13h50. Fermé les 1er, 3e et 5e lun du mois, ainsi que les 2e et*

4e dim. Entrée : 6 € (8 € avec l'expo temporaire ; franchement cher, vu les travaux à l'intérieur). Audioguide : env 4 €.
Cette vaste chapelle abrite de nombreux tombeaux de la famille des Médicis. Sous une coupole, les sarcophages des grands-ducs (Ferdinand II et III, Cosme III et IV) en granit égyptien constituent un décor vraiment grandiose, d'un aspect funèbre impressionnant. Somptueux autel en marbre avec un travail minutieux de marqueterie. Quelques reliques dans la petite salle à gauche de l'autel.
Près de la sortie, un couloir mène à la chapelle funéraire qui abrite les tombeaux de Laurent et Julien de Médicis. Ils sont chacun représentés dans une niche au-dessus de leur tombeau. Ceux-ci sont ornés de statues couchées, personnifiant les différents moments du jour : l'Aurore et le Crépuscule pour Laurent, le Jour et la Nuit pour Julien. Réalisées à partir de 1525, ces œuvres font partie des plus beaux chefs-d'œuvre de Michel-Ange.
– Au nº 21 de la via Taddea, la maison de Carlo Lorenzini detto Il Collodi... le papa de Pinocchio ! Ne se visite pas.

Macchine di Leonardo da Vinci *(plan détachable D2)* **:** *via Cavour, 21. ☎ 055-29-52-64. • macchinedileonardo.com • Situé dans la galerie Michelangelo. Tlj 9h30-19h30. Entrée : 7 €.* Petite exposition de machines créées par le génial inventeur, qui ne rassemble qu'une infime partie de son immense créativité. Ici plus de 40 modèles exposés intéresseront petits et grands. Ils ont tous été réalisés par des artisans florentins d'après les dessins originaux de l'inventeur. On a particulièrement aimé la bicyclette, la foreuse verticale ou encore le fameux parachute, idée géniale et futuriste, qui devait être construit avec une toile de lin de forme pyramidale, de 7 m de côté. La plupart des inventions sont fabriquées en bois et, pour une dizaine d'entre elles, il est possible de les actionner. Dommage toutefois que les modèles ne soient pas mieux mis en valeur.

AUTOUR DE LA VIA DEI TORNABUONI

La *via dei Tornabuoni* est, avec ses magasins de luxe de créateurs italiens et internationaux, la rue chic par excellence. On se prend à rêver devant les vitrines installées dans des palais qui rivalisent de beauté par leur dimension et leur majesté, mais les prix vous ramèneront vite à la réalité ! Les calcéophiles pourront visiter le musée Ferragamo, installé dans le palais familial, le *Palazzo Spini Ferroni.* Les amateurs de vieilles pierres visiteront le *Palazzo Davanzati,* à deux pas, un bel écrin pour imaginer la vie quotidienne d'une famille florentine florissante à la Renaissance. La *via dei Tornabuoni* est une promenade agréable d'autant que la rue piétonne permet de faire les vitrines en toute tranquillité ! Elle vous permet surtout de rejoindre l'Oltrarno par le ponte Santa Trinità.

Où dormir ?

De prix moyens à chic

Hotel Abaco *(zoom détachable C3,* ***32****)* **:** *via dei Banchi, 1. ☎ 055-238-19-19. • abacohotel@tin.it • hotelabaco.it • Double 85 € avec douche ; petit déj 5 €, inclus si paiement comptant. Parking payant. Remise de 20 % sur le prix de la chambre sur présentation de ce guide de nov à mi-mars (sf périodes de fêtes).* Au 3e étage sans ascenseur, voici un tout petit établissement qui plaît dès qu'on y entre : outre l'accueil de Bruno, le charmant propriétaire, on découvre des chambres pleines de personnalité, décorées avec goût et étonnamment confortables pour le prix (excellent double vitrage). Également un petit bar et un coin petit déj en vieux bois très convivial (dommage qu'il soit servi un peu tard). Plus qu'un hôtel, un lieu de séjour avec un personnel extra. Un bon rapport qualité-prix pour le quartier.

Hotel Cestelli (zoom détachable C4, **56**) : borgo S.S. Apostoli, 25. ☎ 055-21-42-13. • info@hotelcestelli.com • hotelcestelli.com • Fermé de mi-janv à mi-fév et 3 sem en août. Doubles 70-100 € selon saison ; pas de petit déj. Au 1er étage d'un vieux palais, l'hôtel est idéalement situé, à deux pas de la piazza Santa Trinità. Il propose une petite dizaine de chambres hyper propres et bien aménagées. Certaines sont plus spacieuses que d'autres, n'hésitez pas à les demander lors de votre réservation. L'accueil adorable d'Alessio, qui n'est pas avare de conseils sur sa ville, rendra votre séjour d'autant plus agréable. Un bon rapport qualité-prix si près du centre.

Hotel Davazanti (zoom détachable D4, **54**) : via Porta Rossa, 5. ☎ 055-286-66-66. • info@hoteldavanzati.it • hoteldavanzati.com • Doubles 120-200 €. Un hôtel d'une vingtaine de chambres tenu par la famille Fuzier-Cayla. Outre le confort, le petit plus, c'est l'ordinateur portable dans chaque chambre. La réception vous prête même un iPad ! Le seul hic, ce sont les 25 marches à grimper pour arriver à la réception. À l'accueil, le petit-fils Fabrizio est charmant, comme tout le reste du personnel.

Hotel Scoti (zoom détachable C4, **51**) : via dei Tornabuoni, 7. ☎ 055-29-21-28. • hotelscoti@hotmail.com • hotelscoti.com • Doubles avec bains 105-115 € ; familiales 130-155 € ; petit déj 5 €. Sur l'une des avenues les plus prestigieuses de Florence et niché dans un vaste palais du XVIe s, le *Scoti* se divise en 2 structures d'à peine une dizaine de chambres. D'une part, l'*albergo*, avec des chambres parfaitement calmes, adaptées et avantageuses pour les familles. D'autre part, des chambres classées « *Residenza d'Epoca* » côté avenue, à la déco assez sobre, impeccables, spacieuses, parfaitement équipées et indépendantes. L'ensemble a beaucoup de caractère avec ses appartements meublés à l'ancienne, et ornés de fresques originelles dans les parties communes, et sa vue sur les toits. En prime, accueil absolument charmant.

Hotel Bretagna (zoom détachable C4, **53**) : lungarno Corsini, 6. ☎ 055-28-96-18. • info@hotelbretagna.net • hotelbretagna.net • Doubles 75-150 € avec ou sans sdb, petit déj compris. Sur les bords de l'Arno, un hôtel de taille moyenne, situé dans le Palazzo Gianfigliazzi (ancienne habitation de Louis Bonaparte). Les parties communes ont conservé le cachet de l'ancien, et les chambres confortables (AC, TV) sont dotées de meubles chinés. La plupart donnent sur l'arrière, mais des chambres avec jacuzzi et vue sur le fleuve ont été entièrement refaites.

Très chic

Floroom1 (zoom détachable C3, **17**) : via del Sole, 2. ☎ 355-21-66-74. • floroom.com • À partir de 150 € la double. Un lieu qui fait penser plutôt à un appartement familial chic qu'à un *B & B* classique. Une entrée discrète, à l'image des propriétaires, 5 belles chambres cosy, un style épuré dans les tons blanc et gris. Voilà pour l'ambiance ! Les familles ou les couples d'amis apprécieront ce petit cocon qui a gardé une atmosphère florentine, malgré son design très tendance. Pas donné au total mais les prestations sont de qualité. Également un autre *B & B Floroom1*, situé dans l'Oltrarno, via del Pavone, 7.

Antica Torre di via dei Tornabuoni n° 1 (zoom détachable C4, **40**) : via dei Tornabuoni, 1. ☎ 055-265-81-61. • info@tornabuoni1.com • tornabuoni1.com • Doubles 180-350 € (pour celle avec vue panoramique et terrasse privée). Parking payant. Le Palazzo Gianfigliazzi est une maison-tour médiévale, l'une des dernières de la ville à être encore debout. Les 22 chambres, toutes plus belles les unes que les autres, ont été restaurées avec des matériaux nobles et possèdent bien sûr tout le confort du XXIe s ! Et que dire du toit-terrasse où l'on prend son petit déj ou encore de la 2e terrasse où l'on s'assoit pour un verre à toute heure de la journée. Magique ! Les clients au portefeuille bien garni s'offriront la suite panoramique avec une vue imprenable à 360° sur la ville. Accueil très agréable. L'emplacement est idéal pour parcourir la ville. Un bel endroit, vraiment.

Où manger ?

Sur le pouce

Leopoldo Procacci *(zoom détachable C3,* ***85****) : via dei Tornabuoni, 64 r. ☎ 055-21-16-56. Lun-sam 10h30-20h. Fermé en août.* Très vieille boutique créée en 1885... Mais rien ne semble avoir changé, les étagères cirées alignant toujours la meilleure sélection de produits fins de la ville (ainsi que le fameux thé londonien *Fortnum and Mason*). Adresse idéale pour caler un p'tit creux entre 2 courses (attention au porte-monnaie !). On y consomme des mini-*panini (tartufati, salmone con salsa di rucola...)* avec un verre de vin. Résolument chic, comme les boutiques du quartier.

Amblé *(zoom détachable C-D4,* ***113****) : chiasso dei del Bene. ☎ 055-26-85-28. • info@amble.it • Tlj 10h-22h (17h-22h le dim).* Non loin du Ponte Vecchio, dans un petit recoin, c'est ici qu'il faut venir vous faire préparer sous vos yeux un bon gros *panino* à votre convenance. Vous choisissez votre pain, vos ingrédients, vous commandez et hop, vous voilà prêt à avaler votre sandwich ! Aussi très sympa pour prendre un verre. Sachez que tout le mobilier que vous voyez est à vendre... Jeune et dynamique... ça nous plaît !

Boulangerie del Rifrullo *(zoom détachable C3,* ***217****) : via de Rondinelli, 24 r. ☎ 055-28-16-58. • boulangerie@ilrifrullo.com • Lun-ven 8h-20h, dim 12h-16h. Panino 5 €, salades à partir de 7 € ; brunch dim 12h30-15h30, 25 €/pers.* À deux pas de la via dei Tornabuoni. Fait penser à un café new-yorkais mâtiné d'une *French touch* style néobistrot. On se retrouve à la fois dans une boulangerie, une épicerie et un café. Pour les nostalgiques de la baguette, bons choix de sandwichs. Sympa aussi pour avaler une salade entre 2 visites. Accueil inégal.

Prix moyens

Ristorante La Spada *(plan détachable C3,* ***97****) : via della Spada, 62 r. ☎ 055-21-87-57. • laspadaitalia@gmail.com • Tlj. Congés : une petite sem mi-sept. Menus 11 € le midi et 28-35 € le soir ; carte env 30-35 €.* Rôtisserie à l'origine, c'est maintenant une *trattoria* avec ses 2 belles salles (la plus petite pour les amoureux ?) aux plats toscans roboratifs et bien ficelés. Côté *via del Sole,* la petite rôtisserie propose toujours de la vente à emporter avec ses poulets embrochés, ses légumes rissolés et ses plats de traiteur qui laissent présager de la qualité de la cuisine. Accueil souriant et personnel chaleureux.

Obikà Mozzarella Bar *(zoom détachable C3,* ***91****) : Palazzo Tornabuoni, via dei Tornabuoni, 16. ☎ 055-277-35-26. • firenze@obika.it • Tlj 10h-23h. Compter 25-30 € pour un repas complet ; brunch dim.* Littéralement, *Obikà* signifie en napolitain « on est là » ! Cette adresse, en effet, est bien là, nichée dans un magnifique palais florentin. La déco résolument design et volontairement épurée (acier trempé, verre poli) tranche avec les moelleuses et rondes mozzarellas, accommodées de mille façons. Évidemment la *campana DOP* est fameuse, mais notre préférée, c'est la *stracciatella di burrata,* maxi calories mais extra ! Il y a aussi la *Pontina,* le *rotolo di mozzarella di buffala.* D'autres produits du terroir en accompagnement sont de très bonne qualité *(bresaola valtellina, lardo di Colonnata, prosciutto San Daniele).* Belle carte de vins. Accueil jeune et efficace. Très agréable *cortile* aux beaux jours.

Il Borro Tuscan Bistro *(zoom détachable C4,* ***100****) : Lungarno Acciaiuoli, 80r. ☎ 055-29-04-23. • firenze@ilborrotuscanbistro.it • Tlj 10-22h. Compter 25-30 € le repas.* À deux pas de la chic via Tornabuoni, ce bistrot chic n'est autre que le dernier-né de la famille Ferragamo qui après le luxe, s'attaque à la restauration. C'est plutôt bien réussi ! Les plats sont joliment présentés mettant à l'honneur les produits du terroir toscan. Propose également à la vente huile et vins de leur exploitation située dans les collines toscanes. Accueil pas du tout guindé... comme on pourrait le croire...

De plus chic à chic

Bistro del Mare *(plan détachable C4,* ***172****) : lungarno Corsini, 4 r. ☎ 055-239-92-24. • info@bistrodelmare.it • Tlj sf lun. Compter 35 € pour un repas.* Enfin un resto entièrement tourné vers à la mer. Une ambiance zen aux murs blancs, un mobilier épuré rehaussé de quelques tableaux rouges aux murs. Quant à l'accueil, il est extrêmement gentil et attentionné. Et l'assiette dans tout ça ? Des pâtes bien accommodées, un risotto de fruits de mer à la cuisson parfaite... Une adresse marine au bord de l'Arno que nous avons particulièrement appréciée.

Trattoria Gargani *(plan détachable C3,* ***89****) : via del Moro, 48 r. ☎ 055-239-88-98. Ouv ts les soirs. Congés : 2 sem fin août. Compter 35-40 € pour un repas complet. Apéritif offert sur présentation de ce guide.* Derrière cette façade quelconque se trouve l'un des bons restos de viande de la ville. Les habitués viennent pour la *bistecca,* tendre et savoureuse. La déco est surprenante : le fils, qui a repris l'affaire après le décès de son père, a gardé les pans des murs des 3 salles, toutes décorées par son père, artiste à ses heures.

Il Latini *(plan détachable C3,* ***155****) : via Palchetti, 6 r. ☎ 055-21-09-16. • info@illatini.com • Fermé lun. Antipasti 6-10 €, secondi 15-25 €.* Des petits plats bien ficelés typiquement toscans : *ribollita, trippa alla fiorentina, agnello arrosto.* Un restaurant florentin qui a pignon sur rue depuis... des générations. Autrefois cave réputée, on y venait surtout pour ses grands crus classés, mais malheureusement, en 2013, un gang bien organisé a sévi dans les bonnes caves des restos de la ville. Le soir, on fait la queue à l'ouverture pour être sûr d'avoir une table. Certes la cuisine n'est pas mauvaise, mais on regrette cependant le personnel qui force un peu la main. Ambiance bruyante et clientèle où se mêlent habitués et touristes.

Bar à vins *(enoteca)*

Cantinetta Antinori *(zoom détachable C3,* ***145****) : Palazzo Antinori, piazza Antinori, 3. ☎ 055-29-22-34. • cantinetta@antinori.it • Tlj sf sam et dim midi. Fermé en août et à Noël. Antipasti et primi 20-25 €, secondi 25-30 €.* Pour les amateurs de crus italiens, la maison *Antinori* se démarque par la qualité et la grande régularité de ses vins. Nichée dans le palais du comte, son savoir-faire est immense, héritage de générations d'œnologues en poste depuis 1385. Son gigantesque domaine produit aujourd'hui pas moins de 10 rouges : du Tignanello ou du Solaia – vins phares du producteur – au Santa Cristina (entrée de gamme) en passant par le Tenute del Marchese, le Badia a Passignano ou le villa Antinori (3 bons *chianti classici*). Du coup, une dégustation à la *Cantinetta* fait partie des grands classiques florentins. Cuisine à l'avenant, à la fois traditionnelle et élégante, un peu chère tout de même. Service impeccable.

Où boire un verre ?

Caffè Roberto Cavalli *(zoom détachable C3,* ***207****) : via della Spada, 10 r. ☎ 055-277-63-28. • info@caffegiacosa.it • Tlj 7h30-20h30. Brunch dim.* Café historique repris par le créateur florentin Roberto Cavalli. En gardant l'esprit du café, il y a ajouté sa touche perso avec ses célèbres imprimés animaliers. Petite restauration que l'on savoure le plus souvent debout (assis si on a de la chance !) ou à emporter. Quelques tables en terrasse avec chaises façon peaux de bête (léopard, guépard, zèbre : au choix !) pour boire un thé ou un cappuccino. Et si vous craquez pour les chocolats, optez pour les boîtes façon Cavalli. Les habitués (et les touristes de plus en plus nombreux) aiment la petite terrasse très prisée aux beaux jours. Chic et pas (trop) cher au final.

Rivalta Café *(zoom détachable C4,* ***191****) : lungarno Corsini, 14 r. ☎ 055-28-98-10. • info@rivaltacafe.it • Tlj 11h-3h.* Un lieu agréable à la déco minimaliste. On aime surtout sa petite terrasse donnant sur l'Arno et l'excellent rapport qualité-prix de l'*aperitivo,* avec son buffet gargantuesque. Le midi, on se régale de bons burgers ou d'une grosse salade. Le soir, les cocktails ne sont pas en reste non plus ! Très animé aux beaux jours quand le soleil se couche sur l'Arno....

Colle Bereto *(zoom détachable C3,* ***183****) : piazza degli Strozzi, 5 r. ☎ 055-28-31-56. Tlj 8h30-2h.* Les Florentins jeunes et moins jeunes viennent à l'heure de l'*aperitivo* profiter du plantureux buffet. La musique s'intensifie au fur et à mesure de la soirée. Ambiance bruyante pour un melting-pot de tous âges, à deux pas du palais d'exposition. Bien plus calme en journée pour prendre un café, par exemple...

Caffè Giacosa *(zoom détachable C3,* ***180****) : à l'intérieur du Palazzo Strozzi. Mêmes horaires que les expos.* Pas d'*aperitivo,* mais un café historique qui a quitté la via della Spada (repris par le créateur Cavalli) pour venir cueillir les visiteurs à la fin des expos temporaires du Palazzo Strozzi. Idéal pour siroter un verre au calme.

À voir

Museo Marino Marini *(plan détachable C3) : piazza San Pancrazio. ☎ 055-21-94-32. Tlj sf mar et dim 10h-17h. Fermé en août. Entrée : 6 €.* Situé dans l'ancienne église de San Pancrazio, ce musée, éloigné des circuits touristiques, étonne par sa muséographie, réalisée par les architectes Bruno Sacchi et Lorenzo Papi, qui est à l'opposé des musées traditionnels florentins. On prend plaisir à admirer ces œuvres agréablement mises en valeur dans un espace clair et aéré, à la manière d'une promenade architecturale. À la mort de Marino Marini, en 1980, sa femme, Marina, a légué à la ville de Florence la majorité de ses créations (dont la collection représente plus de 180 œuvres). Elles sont regroupées par thème et non par ordre chronologique, selon le souhait de l'artiste. Les architectes ont privilégié la lumière naturelle et l'espace. Belle mise en valeur des statues, qui devaient à l'origine être exposées en plein air.

Au centre du musée (dans l'ancienne abside), on peut admirer sa création la plus célèbre : *Il Cavaliere,* sculpté en 1957-1958. Certaines de ses sculptures se rapprochent de l'art étrusque. Il suffit de regarder les cavaliers et les statues réalisés dans les années 1950 pour s'en rendre compte. Les jongleurs font partie aussi de l'univers de Marini (admirer celui de l'escalier permettant d'accéder à la mezzanine). Quelques beaux portraits de peintures jalonnent également la visite. Un musée qui gagnerait à être connu.

– ***Chapelle Rucellai :*** attenante au musée. Visite limitée à 25 personnes. Tombeau d'une famille noble avec l'emblème des Médicis. Notez l'encorbellement en marbre avec les insignes de Pierre et de Laurent de Médicis. À l'intérieur, scène de l'Annonciation avec deux anges agenouillés avec le geste de la foi.

Museo di Palazzo Davanzati – Museo dell'Antica Casa *(zoom détachable C-D4) : via Porta Rossa, 13. ☎ 055-238-86-10. Tlj sf lun 8h15-13h50 ; fermé les 2e et 4e dim du mois. Possibilité de visiter sur résa les 2e et 3e étages (le 1er étage est en visite libre). Entrée : 2 €.* Un bel exemple de demeure bourgeoise du XIVe s, à l'aspect sévère avec ses trois étages et sa loggia. Superbe *salla dei Pappagalli* avec ses rideaux en trompe l'œil. La *camera dei Pavoni* n'est pas en reste avec son magnifique plafond peint et sa fresque d'écussons représentant les familles Davizzi et Strozzi. Une petite salle est également consacrée à la dentelle (les propriétaires possédaient une manufacture). Mobilier, tapisserie, peinture : tout est d'époque. Une visite s'impose.

FLORENCE ET SES ENVIRONS

Palazzo Strozzi (zoom détachable C3) : *entre la piazza degli Strozzi et la via dei Tornabuoni. Tlj 9h-20h. Abrite des expos temporaires, prix selon expo. (dans le cortile).* Exemple typique de la puissance montante de certains Florentins qui voulaient, au XVe s, rivaliser avec les Médicis. Façade à bossages massifs. Très belle corniche.

Piazza Santa Trinità (zoom détachable C4) : vous y trouverez un ensemble architectural assez rare comprenant une colonne provenant des thermes de Caracalla (au centre de la place), puis l'église baroque *Santa Trinità*, le *Palazzo Bartolini-Salimbeni* du XVIe s (y pointent déjà des éléments de l'époque baroque), le *Palazzo Ferroni* (du XIIIe s, à l'allure de forteresse), le *Palazzo Gianfigliazzi* (à côté de l'église).

Chiesa Santa Trinità (zoom détachable C4) : *☎ 055-21-69-12. Ouv 8h-12h, 16h-18h.* Très agréable et reposante. L'éclairage des œuvres est gratuit (à l'exception des fresques de Ghirlandaio). On entre dans l'église par le transept droit. À droite en entrant, les magnifiques fresques de Ghirlandaio. À gauche en entrant, magnifiques fresques également de Lorenzo Monaco. Traversez l'église vers le transept gauche. Dans la chapelle de droite, le tombeau de Federighi (lui-même sculpteur) par Luca Della Robbia et, à gauche, une belle *Marie Madeleine* par Desiderio da Settignano. Les chapelles à gauche de la nef (quand on fait face au chœur) contiennent de très belles fresques et peintures.

Museo Salvatore Ferragamo (zoom détachable C4) : *piazza Santa Trinità, 5. ☎ 055-336-04-56. Situé dans le sous-sol du palazzo Ferroni. Tlj 10h-19h30. Entrée : 6 € (audioguide fourni gratuitement et en français).* Pour les aficionados de chaussures made in Italy, voici un musée pour vous ! Ici on retrace la vie et le travail du célèbre chausseur napolitain. À l'origine, il était parti rejoindre sa famille installée à Los Angeles, qui fabriquait à l'époque des... santiags ! Ces bottes ne lui plaisant guère, il commença alors à créer ses propres modèles. Par un heureux hasard, on eut besoin de lui sur un plateau de tournage, ce fut Greta Garbo, et la grande saga de l'histoire Ferragamo débuta ! Toutes les vedettes devinrent ses clientes (Audrey Hepburn, Ava Gardner...). Il déposa plus de 100 brevets. Quand il revint en Italie, c'est à Florence qu'il choisit de s'installer, car c'est une ville qui reflète l'image de la beauté et, surtout, qui se trouve à proximité de tanneries. Ici sont exposés ses nombreux modèles phares portés par les vedettes de Hollywood. L'invention de la célèbre chaussure compensée, en liège, c'est lui ! Brevetée en 1936 et copiée depuis dans le monde entier, sa fabrication n'aura plus de secret pour vous. Les chaussures, exposées par roulement, sont choisies parmiles 10 000 paires que conserve jalousement la famille Ferragamo (et on la comprend !). Le magasin se trouve juste au-dessus, donnant sur la luxueuse via dei Tornabuoni, 14 r *(☎ 055-29-21-23 ; lun-sam 10h-19h30).* Tout le monde n'a pas les moyens de s'offrir les services du bottier des stars de Hollywood mais vous pouvez toujours y jeter un œil...

QUARTIER DE SANTA MARIA NOVELLA

Le quartier de la gare est, comme on peut facilement l'imaginer, grouillant et bruyant avec un important réseau de trains et de bus (Florence est un nœud ferroviaire important en Italie). Certes, il est populaire, mais certains endroits demeurent pleins de charme et de simplicité. La piazza Santa Maria Novella en est un bel exemple, surtout depuis qu'elle est interdite aux voitures et qu'elle a été entièrement repensée ! Les promeneurs prennent le temps de lézarder sur les bancs et d'admirer les palais qui bordent la place. À deux pas, ne pas rater la visite de l'une des plus anciennes parfumeries du monde, fondée en 1612, l'*Officina Profumo Farmaceutica di Santa Maria Novella.* Le quartier est, avec sa large gamme d'hôtels toutes catégories, un endroit agréable et stratégique pour poser ses valises afin de rayonner dans la ville.

Où dormir ?

Auberge de jeunesse

🏠 ***Archi Rossi Hostel*** *(plan détachable C2,* ***26****) : via Faenza, 94 r. ☎ 055-29-08-04. • info@hostelarchirossi.com • hostelarchirossi.com • À 200 m de la gare ferroviaire. La nuit en dortoir (4-9 lits) 18-28 €, petit déj léger compris ; 2 doubles 55-90 € selon saison. Réception 24h/24.* Une AJ hyper active, envahie de groupes de jeunes occupés à refaire le monde ou à jouer aux cartes. Déco kitschissime avec des fresques peintes par les étudiants des beaux-arts et une cour intérieure pseudo-antique. Dortoirs basiques mais nickel. Des petits « plus » : lave-linge, énorme télé-vidéo et consigne gratuite. Également frigo et micro-ondes à disposition, petite restauration le soir (sauf samedi). Terrasse, jardin. Bref, que du bon...

Bon marché

🏠 ***Albergo Paola*** *(plan détachable C2,* ***31****) : via Faenza, 56. ☎ 055-21-36-82. • infoalbergo@paola.com • albergopaola.com • Au 3ᵉ étage. 20 €/pers en chambre de 6 ; double avec douche 70 €.* Un endroit qui tend plus vers une AJ qu'un hôtel. Il aligne une poignée de chambres au 3ᵉ étage (sans ascenseur) d'un immeuble très central. Les toilettes sont en commun, mais le niveau de confort est honnête. Mobilier gai et coloré. Une bonne option à prix doux, à deux pas du centre.

Prix moyens

🏠 ***Il Ghiro Guesthouse*** *(plan détachable C2,* ***33****) : via Faenza, 63. ☎ 055-28-20-86. • info@ilghiro.it • ilghiro.it • Réception 9h-18h. Compter de 45-60 € (douche et w-c communs) à 70 € (avec sdb privée), triples. Accès parking (payant).* Cette petite adresse dégage un on-ne-sait-quoi de vaguement rebelle et anticonformiste avec ses affiches pour le forum international. Rien de révolutionnaire toutefois, mais une *guesthouse* fraternelle tenue par des jeunes, avec une cuisine équipée pour partager ses spécialités ! Chambres très fréquentables et propres (elles ne sont que 2 à se partager une salle d'eau commune). Accueil joyeux.

🏠 ***Albergo Merlini*** *(plan détachable C2,* ***31****) : via Faenza, 56. ☎ 055-21-28-48. • info@hotelmerlini.it • hotelmerlini.it • Au 3ᵉ étage sans ascenseur du Palazzo Barbera. Fermeture des portes à 1h. Congés : août. Doubles à partir de 80 € selon saison ; petit déj 6 €.* Pension propre et bien tenue, située dans un palais du XVIIIᵉ s, avec un brin de caractère pour les chambres avec vue sur le Duomo, le campanile et la chapelle médicéenne. Belle salle à manger. Les propriétaires sont hyper disponibles pour vous donner des infos pratiques sur la ville.

🏠 ***Hotel Argentina*** *(plan détachable B3,* ***28****) : via Curtatone, 12. ☎ 055-239-82-03. • info@hotelargentina.it • hotelargentina.it • Double 120 €. Parking.* Non loin de l'Arno, dans un quartier calme tout en étant à proximité de la gare Santa Maria Novella. Ce petit hôtel familial propose une vingtaine de chambres climatisées, propres et claires. Mobilier en fer forgé, copieux petit déj. Accueil poli.

🏠 ***Hotel Pensione Elite*** *(plan détachable C3,* ***55****) : via della Scala, 12. ☎ 055-21-53-95. • hotelelitefi@libero.it • Au 2ᵉ étage. Compter 75 € pour une double avec douche (w-c sur le palier) et 90 € avec sdb privée.* Sur 2 étages, une pension de taille moyenne sans prétention (qui porte donc assez mal son nom) mais qui propose des chambres tout à fait convenables et très bien tenues. Un petit peu de fantaisie dans la déco ne serait pas superflu. Accueil exceptionnellement souriant et humour (communicatif) de la patronne.

🏠 ***Residenza Castiglioni*** *(zoom détachable C3,* ***38****) : via del Giglio, 8.*

☎ *055-239-60-13. • info@residenzacastiglioni.com • residenzacastiglioni.com • Au 2e étage (ascenseur). Chambres 95-160 €. 10 % de réduc si résa par Internet.* La différence de prix se justifie par la présence ou l'absence de fresques peintes dans la chambre. À l'étage de la réception, chambres supérieures avec déco florentine plutôt réussie (bémol pour le carrelage cependant). Au 3e étage, chambres plus modernes mais toutes avec un très bon confort. Coin salon-bar pour papoter avec les autres résidents ou avec l'intarissable patron. Une bonne adresse idéalement située.

Hotel Azzi – Locanda degli Artisti *(plan détachable C2,* ***31****) : via Faenza, 56-58 r. ☎ 055-21-38-06. • info@hotelazzi.it • Doubles 80-120 € selon saison et standing, petit déj inclus ; également suite avec jacuzzi. Possibilité de parking.* Cette « pension d'artistes » possède un cachet certain avec ses chambres meublées à l'ancienne, son sol parqueté, sa vue sur les toits, son atmosphère confinée. Matériaux écolos, belle bibliothèque fournie, salon avec cheminée, une terrasse et un petit sauna. En un mot : tranquillité.

Tourist House *(plan détachable C3,* ***50****) : via della Scala, 1. ☎ 055-26-86-75. • info@touristhouse.com • touristhouse.com • Doubles avec bains 50-120 €, petit déj compris.* Petite structure bien située, qui a le gros avantage de concentrer ses chambres sur l'arrière du bâtiment ou autour d'une petite cour intérieure. Les durs de la feuille pourront toujours choisir une chambre côté rue pour profiter à plein de l'animation de la piazza di Santa Maria Novella ! Pour le reste : propre, sobre et ventilo ou AC pour tout le monde.

Hotel Cosimo de' Medici *(plan détachable C2,* ***45****) : largo Fratelli Alinari, 15. ☎ 055-21-10-66. • info@cosimodemedici.com • cosimodemedici.com • Au rdc à gauche dans le hall d'entrée de l'immeuble. Fermé en déc. Doubles avec sdb à partir de 70 € (mais pouvant atteindre plus de 250 € lors de manifestations). Parking privé payant (15 €/24h). 10 % de réduc sur le prix de la chambre sur présentation de ce guide.* Accueil professionnel (et francophone). Les chambres avec leurs belles tentures, le mobilier design, les lumières tamisées... ont tout le confort adéquat. Petite cour intérieure l'été pour le petit déj. Ambiance décontractée.

Bellevue House *(plan détachable C3,* ***52****) : via della Scala, 21. ☎ 055-260-89-32. • info@bellevuehouse.it • bellevuehouse.it • Doubles avec douche et w-c 70-120 € (triples), sans petit déj.* Chambres situées au 3e et dernier étage, mais si vous n'avez pas prévenu de l'heure de votre arrivée, il faudra peut-être sonner au 1er, où Antonio, le charmant propriétaire, a son appartement privé. Il s'agit d'un ancien palais, comme en témoigne la fresque tapissant la voûte de la cage d'escalier. Déco soignée, claire et accueillante pour quelques chambres confortables (AC et TV). Accueil sympathique et en français de surcroît !

Domus Florentiae *(plan détachable C3,* ***42****) : via degli Avelli (sur la piazza di Santa Maria Novella). ☎ 055-265-46-45. • info@domusflorentiahotel.com • domusflorentiahotel.com • Compter 95-250 € selon saison et vue, à l'arrière ou, le must, sur la place.* Dans un palais du XVIe s, un hôtel tout confort (TV, AC, frigo...), avec un mobilier choisi avec soin. Une adresse de haut standing à prix acceptable.

Très chic

Casa Howard Guest House *(plan détachable C3,* ***57****) : via della Scala, 18. ☎ 06-69924-555 (à Rome). • info@casahoward.com • casahoward.com • Doubles 160-260 € selon taille (chambres familiales) et saison.* Halte-là : maison de charme ! Et quel charme... Massimiliano, le patron, a aménagé, avec l'aide de son épouse, dans cette somptueuse demeure appartenant autrefois à sa tante, une maison d'hôtes de 14 chambres à la déco de très bon goût mais pour le moins (d)étonnante. Subtil et audacieux mélange d'ancien et d'ultramodernisme : lavabos en Inox design et fauteuils imitation zèbre côtoient rideaux en toile de Jouy ou autres tissus baroques. Les chambres, et même certaines salles de bains, sont équipées d'écrans plats et de hi-fi dernier cri ! Toutes sont différentes et ont leur spécificité. On a eu un faible pour la « terrace room » dotée d'une terrasse privative ! La « library room », avec ses étagères remplies de livres, n'est pas mal non plus ! Parties communes (salon et terrasse intérieure) très agréables. Une adresse hors du commun où l'on résiderait volontiers plusieurs nuits...

J.K. Place *(plan détachable C3,* ***47****) : piazza di Santa Maria Novella, 7. ☎ 055-264-51-81. • jkplace@jkplace.com • jkplace.com • Chambres à partir de 300 € et jusqu'à... 1 000 € en hte saison pour une (superbe) suite.* Magnifique hôtel design alliant patrimoine de palais florentin avec une déco résolument moderne, très réussie. Les chambres, toutes différentes, toutes charmantes, offrent un confort irréprochable. Chaque meuble a été choisi avec soin, les pièces communes dégagent beaucoup de chaleur, et le personnel est aux petits soins. Au dernier étage, somptueuse terrasse. Bien sûr, tout cela se paie (très cher) ! Également le *J.K. Lounge* (réservé à l'usage exclusif des hôtes), idéal pour prendre un dernier verre ou discuter avec les autres convives. Pour les routards amoureux aux portefeuilles bien fournis.

Grand Hotel Minerva *(plan détachable C3,* ***48****) : piazza di Santa Maria Novella, 16. ☎ 055-272-30. • info@grandhotelminerva.com • grandhotelminerva.com • Doubles à partir de 200 €. Remise intéressante en fonction du remplissage.* Idéalement situé, à deux pas du cœur historique, cet hôtel imposant aligne des chambres élégantes et sobres dans les tons crème, et propose évidemment la panoplie complète des services attendus dans ce genre d'endroit... L'atout indéniable qui le différencie de ses homologues, c'est la piscine et la terrasse sur le toit avec un panorama sur le Duomo et le campanile. Les portes des chambres, ornées de photographies en taille réelle de vieilles portes florentines, apportent une touche originale.

Hotel Santa Maria Novella *(plan détachable C3,* ***49****) : sur la place du même nom, au n° 1. ☎ 055-27-18-40. • info@hotelsantamarianovella.it • hotelsantamarianovella.it • Compter 200-280 € pour 2.* Belles chambres joliment classiques et décorées dans un style florentin revisité. Salles de bains majestueuses en marbre, beaucoup de classe et confort douillet. Belle terrasse panoramique pour admirer les toits rouges de la ville et les plus beaux monuments. Sauna. Centre de fitness. Accueil très pro.

Où manger ?

Marché

– ***Mercato delle Cascine*** *(hors plan détachable par A2) : viale Lincoln. Bus n° 17 c. Mar 8h-14h.* Le long de l'Arno, une profusion de stands proposant, entre autres, de l'alimentation. Un peu excentré mais ça vaut vraiment le coup et surtout ce n'est pas cher du tout ! Beaucoup de Florentins s'y retrouvent pour faire de bonnes affaires.

Prix moyens

I Due G. *(plan détachable C2,* ***93****) : via B. Cennini, 6 r. ☎ 055-21-86-23. • abuba@libero.it • Tlj sf dim et j. fériés. Compter 20 € max pour un repas complet.* Cantine de quartier qui se distingue par ses belles spécialités florentines (signalées clairement sur le menu) à prix doux et par ses desserts maison. L'accueil, quant à lui, pourrait être plus chaleureux.

Trattoria Guelfa *(plan détachable C2,* ***94****) : via Guelfa, 103 r. ☎ 055-21-33-06. Ouv midi et soir. Congés : 1 sem en août. Menus 15 € le midi et 20 € le soir. Apéritif offert sur présentation de ce guide.* Cadre plutôt hétéroclite : murs agrémentés de croquis humoristiques, bouteilles, vieilles marmites et calebasses. En travers de la pièce, une barre de bois où se cramponne un nounours sur une balançoire.

Laissez-vous donc tenter par les *penne* aux cèpes, à la crème de truffe et au jambon toscan. Sinon, les sympathiques patrons prendront le temps de commenter (en français) la carte et de vous guider dans le choix des vins. Que du bon, on vous le dit !

Trattoria 13 Gobbi *(plan détachable C3, **225**) : via del Porcellana, 9 r. ☎ 055-28-40-15. Compter 20-25 € pour un repas.* Une adresse qui a pignon sur rue depuis des années. Une bonne grosse tambouille, que les habitués et les nombreux touristes viennent déguster ici dans une atmosphère festive et bon enfant. On y retrouve les plats traditionnels toscans, notamment la *bistecca alla fiorentina.* Patron jovial et serveurs attentifs.

Pizzeria Centopoveri *(plan détachable C3, **224**) : via Palazzuolo, 31 r. ☎ 055-21-88-46. • info@centopoveri.it • Fermé pour les fêtes de Noël. Compter 20-25 € pour un repas complet. Café offert sur présentation de ce guide.* Une grande pizzeria de quartier où les autochtones ne s'y trompent pas en s'attablant régulièrement autour de pizzas croustillantes. Mention spéciale pour la pizza napolitaine bien épaisse et savoureuse. Également, l'*osteria* (plus chère) du même nom juste à côté (c'est le même proprio), qui propose des plats typiquement toscans.

Trattoria Il Contadino *(plan détachable B3, **95**) : via Palazzuolo, 69-71 r. ☎ 055-238-26-73. Tlj sf w-e. Congés : 12-28 août. Formules midi 11,50 € et soir 13 €.* Petite cantine familiale sans prétention mais toujours pleine à craquer. Et pour cause ! 2 petites salles carrelées pas désagréables. Côté cuisine, pas de quoi crier au génie culinaire, mais pour le prix, c'est copieux et on a bien aimé que les produits surgelés soient mentionnés (c'est plus honnête !). Et pour 0,50 € de plus, vous aurez droit au quart de rouge... mais mieux vaut avoir l'estomac bien accroché !

Trattoria al Trebbio *(zoom détachable C3, **101**) : via delle Belle Donne, 47-49. ☎ 055-28-70-89.* Belle salle à l'italienne avec grappes d'ail et déco florale. Cuisine de bonne femme bien ficelée et une excellente *bistecca alla fiorentina* (moins chère qu'ailleurs mais tout aussi bonne). Beaucoup d'employés du quartier en ont fait leur cantine le midi. Accueil variable.

Où savourer de bonnes glaces ?

B-Ice *(plan détachable B3, **179**) : via Borgo Ognissanti, 150. Tlj 11h-minuit.* Glacier un peu excentré mais qui nous a emballés pour ses glaces artisanales aux parfums subtils et naturels (la fraise est excellente tout comme le sorbet au chocolat). Accueil très gentil.

Où déguster de bonnes pâtisseries ?

Forno Becagli *(plan détachable B3, **164**) : via Borgo Ognissanti, 92. ☎ 055-21-50-65. Lun-sam 8h-19h30.* Une boulangerie grande comme un mouchoir de poche, bien connue des habitants du quartier. Pains et viennoiseries italiennes régaleront les bouches sucrées et les petites faims. Et cette odeur qui vient vous chatouiller les narines... un délice !

Où danser ?

Discothèques

Tenax : *via Pratese, 46. ☎ 055-30-81-60 (infoline) ou 055-63-29-58. • tenax.org • Dans le secteur de l'aéroport. Tlj juin-sept, 22h-4h ; oct-mai, jeu-dim et lors de concerts à partir de 22h30. Prix de l'entrée variable en fonction de la notoriété des artistes mais assez élevé dans l'ensemble.* Une des boîtes les plus chic (il faut passer l'épreuve de la porte d'entrée !). Sa réputation a largement dépassé les frontières toscanes et draine une faune étudiante et post-étudiante qui vibre à l'unisson au rythme de la house et de la techno. Les DJs les plus célèbres s'y produisent régulièrement.

♫ ***Space Electronic*** *(plan détachable B3,* ***206****)* **:** *via Palazzuolo, 37. ☎ 055-29-30-82. À deux pas de la piazza della Stazione. Ouv 22h-3h (4h sam).* Grosse boîte (la plus grande de Florence, pouvant accueillir jusqu'à 800 personnes) sur 2 niveaux, où afflue une clientèle très jeune, principalement anglo-saxonne, qui ingurgite avidement la musique commerciale, house et hip-hop assénée sans modération par les DJs. Karaoké au 1er niveau et *dance-floor* avec laser et écran vidéo à l'étage.

À voir

Chiesa Santa Maria Novella *(plan détachable C3)* **:** *piazza di Santa Maria Novella. ☎ 055-264-51-84. Lun-jeu 9h-17h30, ven 11h-17h30, sam 9h-17h et dim 12h-17h. Entrée : 5 € (avec le musée ci-après).*
Église édifiée par les dominicains à partir du XIIIe s. Remarquable façade en marbre polychrome. Sur la droite, l'ancien cimetière de la noblesse florentine. À l'intérieur, nombreuses fresques inspirées de *La Divine Comédie* de Dante. Dans la nef centrale, au-dessus de l'entrée, une *Nativité* à fresque de Botticelli. Au milieu, un crucifix suspendu, peint par Giotto. Dans la nef à gauche (juste après la chaire magnifiquement sculptée), la *Sainte Trinité* de Masaccio (1424-1425), où l'artiste introduit un effet de trompe-l'œil (plafond à caissons, cadre en arc de triomphe) qui rappelle la structure intérieure de l'église elle-même. Les deux personnages agenouillés et priant, au premier plan, sont le commanditaire de l'œuvre et sa femme. Derrière le maître-autel, extraordinaires fresques de Domenico Ghirlandaio sur la vie de la Vierge. Scènes d'extérieur et d'intérieur d'une fraîcheur réaliste, plongée unique dans le quotidien du XVe s florentin. À droite, chapelle de Filippo Strozzi et fresques de Filippino Lippi (finies en 1502), qui comptent parmi les plus étonnantes de l'artiste (*Vie de saint Philippe* à droite et *Vie de saint Jean l'Évangéliste* à gauche). À gauche du chœur, la chapelle Gondi avec un magnifique *Christ en croix* par Brunelleschi.
Dans la sacristie (vers le fond, à droite) : un lavabo tout en couleurs de Giovanni Della Robbia.

Museo di Santa Maria Novella *(plan détachable C3)* **:** *à gauche de l'église. ☎ 055-28-21-87. Mêmes horaires que l'église ci-dessus.* On pénètre d'abord dans le *cloître vert* (ainsi nommé à cause des nuances vertes des terres de Sienne utilisées), dont les fresques sur le Déluge sur le côté droit en entrant sont attribuées à Paolo Uccello. Quelle modernité malgré le mauvais état de conservation ! Découvrir, au fond, la remarquable ***chapelle des Espagnols,*** recouverte de fresques datant de 1365 par le Florentin Andrea Buonaiuto. La *Crucifixion* est à voir. Petit musée avec bustes-reliquaires (du XIVe s), tapisserie florentine très ancienne, fragments de fresques d'Andrea Orcagna, belle orfèvrerie religieuse, *Cène* d'Alessandro Allori, etc.

Museo del Novecento *(plan détachable C3)* **:** *piazza di Santa Maria Novella, 10. • museonovecento.it • Avr-sept tlj 10h-21h (sf jeu 10h-14h, ven 10h-23h) ; horaires restreints le soir en basse saison. Entrée : 8,50 € (10 € avec l'expo temporaire).*
Dans l'ex-couvent Léopoldine, on a installé plus de 300 œuvres, représentant l'art italien du XXe s. Elles proviennent d'un fonds de la ville (institutions surtout) et du fond privé Rosai (collectionneur toscan). Les œuvres (peintures et sculptures) sont réparties sur deux niveaux dans 15 salles thématiques. Elles sont présentées par rotation. C'est la raison pour laquelle nous n'indiquons pas d'œuvres précises. On y voit notamment les œuvres d'Alberto Moretti, d'Emilio Vedova, d'Alberto Magnelli et le spécialiste de la lumière, Lucio Fontana. Au deuxième niveau, les salles sont consacrées à la mode et au Maggio Musicale Fiorentino

(incontournable festival de musique à Florence) où on peut écouter des morceaux d'opéras, de chants et autres sur des tablettes. Le parcours se termine avec une section consacrée au cinéma en Toscane et ses nombreux tournages et lieux de films. D'ailleurs, on peut regarder une vidéo (20 mn) retraçant l'histoire des principaux films. C'est aussi un espace initiatique à l'art contemporain italien avec un espace multimédia et une salle de conférences.

Officina Profumo Farmaceutica di Santa Maria Novella *(plan détachable C3)* **:** *via della Scala, 16 n. ☎ 055-21-62-76. Tlj 9h-20h. Fermé en août.*

Il faut pousser la porte de cette superbe maison pour découvrir l'une des plus anciennes pharmacies du monde, fondée par les pères dominicains. Dès 1221, année de leur arrivée à Florence, ils cultivaient dans leur potager des herbes médicinales pour la pharmacie du couvent. En 1612, on décida de l'ouvrir au grand public. Très vite, on reconnut les bienfaits des formules des frères pharmaciens jusqu'en Russie et aux Indes. En 1866, le gouvernement italien confisqua les biens de l'Église mais autorisa toutefois le neveu du dernier frère directeur à lui rétrocéder la pharmacie.

Aujourd'hui encore, on y élabore les fabrications artisanales des frères dominicains : essences, pommades, savons, shampoings... Tout est à base de plantes. Les fleurs sauvages viennent des collines de Florence et sont mises à sécher des mois entiers dans des jarres en terre cuite d'Impruneta. C'est maintenant dans une usine au nord de Florence, à Reginaldo Giuliani, que sont réalisées toutes les préparations présentées à l'*Officina Profumo.* Attention : les savons sont encore fabriqués avec les machines du XIXe s et emballés à la main ! Cette officine est unique au monde et son catalogue fait rêver. Élisabeth II, la reine d'Angleterre, y commanderait tous ses produits. On peut rester néanmoins sceptique sur l'efficacité réelle de certains remèdes, comme l'*aceto dei sette Ladri,* une potion contre l'évanouissement... ou encore l'eau antihystérique, appelée plus communément *Acqua di Santa Maria Novella...* La tentation est grande, mais les prix sont évidemment très élevés. Les vitrines en noyer du XVIe s, les voûtes ornées de fresques et les statues veillant sur les rangées de pots pharmaceutiques hors d'âge ensorcellent néanmoins les visiteurs qui repartent en grande majorité avec un savon ou un flacon à la senteur délicate...

L'EAU DE FLORENCE... À COLOGNE

Suite à une commande de Catherine de Médicis, Giovanni Paolo Feminis, qui œuvrait à l'Officina de Santa Maria Novella, mit par écrit la recette d'une eau fraîche et citronnée, à la fois parfumée et curative (elle soignait même... les maux d'amour). Lorsque la reine quitta l'Italie pour la France, elle emmena son parfumeur, et le breuvage (à l'époque, on en mettait jusque dans la soupe) prit le nom d'Eau de la Reine. Ce n'est qu'en 1725 que la mystérieuse formule prit le nom de la ville qui accueillit Feminis lorsqu'il quitta la Cour : l'eau de Cologne.

– Petit musée *(jouxtant la 2e salle sur la droite en entrant). Tlj 10h30-17h30.* Exposition de nombreuses fioles et pots dans lesquels étaient conservées toutes les essences et herbes pour la fabrication de parfums et lotions, ainsi que quelques jarres en terre cuite où l'on séchait les mélanges et un pressoir pour les fleurs. Également, dans le musée, une ravissante chapelle avec ses fresques d'origine entièrement rénovées, un vrai bijou à ne rater en aucun cas !

Chiesa di Ognissanti *(plan détachable B3)* **:** *piazza Ognissanti, le long de l'Arno. Lun-sam 9h-12h, 16h-17h30 ; dim et j. fériés 16h-17h30. La sacristie de l'église est fermée au public. Visite du cloître tlj sf mer ; sam, dim et j. fériés 9h-17h. Entrée indépendante à gauche du portail principal.*

En entrant, vous pouvez apercevoir la présence des Médicis à leur blason en marbre. Belles orgues ainsi qu'une chaire magnifiquement sculptée. Jolie église, un peu chargée, au décor plutôt baroque. Beau plafond peint, malheureusement difficile à voir à cause de l'éclairage. Dans la nef, sur la gauche, belle fresque du XVIe s ; sur la droite, une admirable *Pietà* réaliste (d'inspiration flamande) par Ghirlandaio. Mais surtout, au milieu de la nef, à droite, le célèbre *Saint Augustin* de Botticelli et à droite encore le non moins célèbre *Saint Jérôme* de Ghirlandaio. Vous apercevrez en entrant à droite l'indication du niveau de la crue de novembre 1844, puis celle de novembre 1966. Cela explique en grande partie la disparition presque totale des fresques de la partie inférieure des murs du cloître. Celles-ci racontent la vie de saint François. On peut admirer dans le réfectoire une magnifique *Cène* de Ghirlandaio. Petit détail, la nappe ne couvre pas les pieds des apôtres et le troisième personnage (en partant de la gauche) ne semble pas bien convaincu... Accueille aussi des expos temporaires contemporaines.

QUARTIER DE SAN FREDIANO

Suivant le cours de l'Arno, vous traverserez le ponte alla Carraia et vous échouerez sur les rivages du borgo San Frediano, coincé entre la via dei Serragli à l'est, le giardino Torrigiani au sud, les murailles à l'ouest et le fleuve au nord. C'est une tout autre ambiance ici ! C'est la piazza del Carmine qui fait battre le cœur du quartier et des jeunes branchés venus faire la fête. Elle renferme également un joyau de la Renaissance, la *chapelle Brancacci* avec les fresques somptueuses de Masolino, Masaccio et Lippi. Il faut surtout déambuler dans les ruelles, sans but précis, pour profiter de ce quartier à l'avenir prometteur.

Où dormir ?

Auberge de jeunesse

Ostello Tasso *(plan détachable A4-5,* ***86****) : via Villani, 15. ☎ 055-06-02-087. • info@tassohostelflorence.com • ostellotassofirenze.it • Congés janv à mars sf quelques j. à Noël et 1er janv. Compter entre 25 et 33 € par pers en dortoir. Chambre double 68 à 90 €. Aperitivo + music live tlj sf w-e. Cuisine à dispo.* Installée dans une ancienne école rénovée, cette auberge de jeunesse est une aubaine pour les *backpackers*. Accueil extra à l'ambiance chaleureuse (malles en guise de table basse, ancien théâtre transformé en salle de musique, vieux fauteuils de cinéma, grande tablée dans la cuisine...). L'auberge reçoit aussi beaucoup de musiciens d'avril à septembre. Au total, 13 chambres dont le nombre pourrait doubler d'ici quelques temps puisque la direction lorgne sur le monastère d'à côté... à suivre... Également, prêt de vélo, laverie.

Ostello Santa Monaca *(plan détachable B4,* ***27****) : via Santa Monaca, 6. ☎ 055-26-83-38. • info@ostellosantamonaca.com • ostellosantamonaca.com • Attention, chambres fermées 10h-14h. Couvre-feu à 2h. Résa online ou par e-mail slt ; sinon, se présenter le mat, le plus tôt possible (ouv à 6h), et laisser son nom sur une liste d'attente. L'attribution se fait dès 9h30, lorsque les lits ont été libérés. Dortoirs mixtes (4-22 lits) 19-22 € (draps fournis) ; doubles à partir de 45 €.* AJ ouverte à tout le monde, sans limitation d'âge (carte des AJ pas obligatoire). Située dans un palais du XVe s, c'est une vaste AJ privée, à deux pas de la piazza del Carmine. La déco n'est pas exceptionnelle, mais les équipements et l'entretien sont convenables. Dortoirs fonctionnels équipés de casiers et de ventilos, blocs sanitaires corrects. Côté services : cuisine basique à dispo (mais apporter son matériel), lave-linge, TV, consigne. Vaste salle commune aussi, avec distributeurs de boissons et snack.

Institutions religieuses

Antico Spedale del Bigallo : *via Bigallo e Apparita, 14, 50012* ***Bagno a Ripoli*** *(suivre les panneaux marron* *indiquant ce monument historique). ☎ 055-63-09-07. • info@bigallo.it • bigallo.it • À 8 km au sud-est de Florence, compter 25 mn avec le bus n° 33 depuis la gare S. M. Novella ou la gare Campo di Marte (ou n° 71 21h-0h30), arrêt La Fonte, puis 15 mn à pied. Check in : 18h-22h30. Auberge fermée 10h-18h. Pas de couvre-feu. Congés : 1er janv-31 mars. Compter 26 € en dortoir et 39 € la double, petit déj compris. Loc set de toilette 3 €.* Depuis le XIIIe s, cette vieille hostellerie a pour vocation d'accueillir les pèlerins. Rien n'a vraiment changé, les messes en moins ! Dans la cuisine, la cheminée est assez grande pour rôtir des sangliers, la vaisselle est faite dans des éviers de pierre, et les grosses tables communes entretiennent la camaraderie. On dort dans différents dortoirs aux lits juchés sur des estrades ou bien répartis dans de petites alcôves aux allures monacales. Un dépouillement digne du *Nom de la rose,* qui ne manque pas de charme ! Et puis la campagne toscane est si belle...

Casa Santo Nome di Gesù *(plan détachable B4,* ***21****) : piazza del Carmine, 21. ☎ 055-21-38-56. • info@fmmfirenze.it • fmmfirenze.it • Réception tlj 6h30-11h30. Fermé 3 sem en janv. Résa conseillée. Doubles avec sdb privée 85 € selon saison, petit déj inclus ; familiales (4-5 lits) 115-165 €. Parking payant (10 €/j.). Réduc de 10 % sur le prix de la chambre en janv-fév et nov sur présentation de ce guide.* Vieux palais florentin du XVe s à la façade ocre, tenu à la perfection par des sœurs dominicaines francophones accueillantes et chaleureuses. Atmosphère feutrée dans le magnifique jardin, propice au repos. Chambres plaisantes, très propres, pourvues d'un mobilier ancien, sans AC mais avec ventilos. Celles qui donnent sur la rue peuvent être un peu bruyantes. Si vous êtes 4, demandez la chambre n° 8, particulièrement agréable avec ses colonnes et sa fresque au plafond. Évitez les nos 6 et 7, donnant directement sur la place. Avis aux fêtards, cette adresse n'est pas pour vous : couvre-feu à 23h30 (23h l'hiver !)...

Prix moyens

Residenza Il Carmine *(plan détachable B4,* ***76****) : via d'Ardiglione, 28. ☎ 055-238-20-60. • info@residenzailcarmine.com • residenzailcarmine.com • Résa conseillée très longtemps à l'avance. Compter 80-120 €/j. pour 2 ; plus cher pour les apparts « Domus », « F. Lippi » et « Masaccio », qui sont plus grands.* Avec 6 appartements entièrement équipés (un petit béguin pour « Masaccio »), la *Residenza Il Carmine,* nichée dans une ruelle exceptionnellement calme, constitue une alternative originale aux hôtels. Meublés à l'ancienne et décorés avec goût, 3 appartements donnent sur un jardin intérieur privatif génial à l'heure de l'apéro. Les 3 autres occupent la partie principale du palais, où les plafonds voûtés ou à caissons ajoutent au charme et à l'intimité du lieu. Pour un peu, on se sentirait plus florentin qu'un Florentin ! Accueil chaleureux d'Emilio et de Myriam.

Où manger ?

Sur le pouce

La Botteghina Rossa *(plan détachable B4,* ***232****) : Borgo San Frediano, 26 r. Tlj sf dim 15h-23h (2h ven-sam). Panino 4 €.* Une adresse tenue par une dame adorable qui vous aide à choisir les bons produits pour vous confectionner le *panino* idéal. Un vrai régal, et les produits sont d'un rapport qualité-prix imbattable. Une bonne petite adresse dans le quartier, qui a déjà fait de nombreux adeptes.

Bon marché

Da Gherardo *(plan détachable B4,* ***231****) : borgo San Frediano, 57 r. ☎ 055-28-29-21. Ouv le soir slt. Pizzas à partir de 8 €. Bravissimo* pour cette adresse grande comme un mouchoir de poche et tenue par des étudiants hyper débrouillards et rigolards. Les *pizze* cuites au feu de bois sont tout simplement excellentissimes. Chouette ambiance et service endiablé.

Trattoria Sabatino (*plan détachable A4*, **151**) : *via Pisana, 2 r. ☎ 055-22-59-55. Un peu excentré, tt à côté de la porta San Frediano. Fermé w-e et j. fériés. Congés : août. Repas 15-20 €.* Petite *trattoria* familiale et populaire, sans prétention aucune, mais qui offre un bon petit choix de plats typiques toscans. Il n'y a qu'à voir les habitués défiler pour s'en rendre compte. Ici pas de chichis, ni dans le service, ni dans la déco, ni dans l'assiette ! On s'attable (où il y a de la place) pour un plat de pâtes du jour ou un tiramisù maison. Et basta !

Vico del Carmine (*plan détachable A3-4*, **138**) : *via Pisana, 40 r. ☎ 055-228-10-06. • brunocarmine59@hotmail.it • À 30 m de la porta San Frediano. Ouv ts les soirs sf lun. Congés : août. Résa vivement conseillée. Pizze à partir de 8 €.* Un lieu quelque peu excentré mais réputé pour ses bonnes pizzas napolitaines. Tout provient de la région de la Campanie, du pizzaiolo à la mozzarella en passant par les tomates. Et les *pizze* ? Légères et savoureuses, un régal ! Les Florentins s'y pressent en famille, entre amis, rejoints par les touristes de plus en plus nombreux. C'est plein comme un œuf à partir de 20h30. Hop, hop, hop ! Faut que ça tourne !

Prix moyens

Trattoria Il Guscio (*plan détachable A4*, **152**) : *via dell'Orto, 49. ☎ 055-22-44-21. • info@il-guscio.it • Tlj sf sam midi et dim tte la journée. Congés : 15 j. en août. Menu le midi 15 € ; carte 35 € (sans la boisson). Trattoria* familiale dirigée par Francesco, sommelier de métier, et sa femme Elena. La *mamma* de Francesco, Sandra, officie en cuisine. Ici, les plats font honneur aux produits de saison. Le poisson occupe une large place dans la carte. Tout est fait maison, des *antipasti* aux desserts en passant par les pâtes fraîches. Évidemment, une belle sélection de vins. Accueil prévenant et service charmant.

Vivanda Gastronomia (*plan détachable B4*, **115**) : *via Santa Monaca, 7 r. ☎ 055-238-12-08. • vivandafirenze@gmail.com • Tlj sf mar.* Une adresse bio et pour locavores. Pratique le midi pour une assiette de légumes grillés ou de charcuterie accompagnée d'un verre de vin... bio, naturellement. On mange avec des couverts biodégradables et on fait le tri des déchets à la fin du repas. Également des *panini* à emporter.

Trattoria del Carmine (*plan détachable B4*, **129**) : *piazza del Carmine, 18 r (à l'angle de Borgo San Frediano). ☎ 055-21-86-01. Congés : août. Carte 25-30 €. Digestif offert sur présentation de ce guide.* Cette *trattoria* d'habitués est réputée pour sa cuisine simple et goûteuse (mention spéciale pour le *cremino al cioccolato* et pour sa *bistecca*). Aux beaux jours, préférer la petite terrasse ombragée, plus agréable que l'intérieur. Prix honnêtes et service efficace.

Al Tranvai (*plan détachable B4*, **124**) : *piazza T. Tasso, 14 r. ☎ 055-22-51-97. • info@altranvai.it • Fermé dim. Congés : 1 sem en août. Résa conseillée. Repas 25 €. Trattoria* minuscule nichée au cœur du quartier populaire de San Frediano. La déco évoque l'intérieur d'un tram (d'où son nom), celui-là même qui parcourait autrefois les rues de Florence. La carte change tous les jours pour satisfaire les nombreux habitués, mais on retrouve les spécialités toscanes comme la *pappa al pomodoro*, la *ribollita* (en hiver) et la *panzanella* (en été). Le tout se déguste au coude à coude dans une atmosphère conviviale, très agitée selon le moment.

De chic à plus chic

Alla Vecchia Bettola (*plan détachable A4*, **132**) : *viale Vasco Pratolini, 3-5-7. ☎ 055-22-41-58. Fermé dim-lun. Congés : 10 j. en août et 10 j. Noël-Jour de l'an. Repas complet 35-40 € (sans la boisson). CB refusées. Café offert sur présentation de ce guide.* Décor d'*osteria* d'antan (carreaux de faïence aux murs, vieux zinc en marbre, présentoir chargé de charcuteries alléchantes...), ambiance conviviale caractéristique de ce quartier populaire (favorisée par les tablées communes) et nourriture florentine traditionnelle de qualité constante. On vous recommande, entre autres, les *penne alla bettola* (sauce tomate, crème de lait, poivre et vodka). Sinon, les amateurs d'abats ne seront pas déçus. Un repaire bien connu des Florentins qui apprécient le joli coin terrasse aux beaux jours.

Trattoria Napoleone *(plan détachable B4,* ***131****) : piazza del Carmine, 24 r. ☎ 055-21-07-56. • info@trattorianapoleone.it • Tlj sf j. fériés 19h-1h. Menus à partir de 25 € ; repas 30-35 €.* Café offert sur présentation de ce guide. Cette adresse a rapidement conquis le cœur et l'estomac des Florentins gourmands. La maison a en effet de sérieux atouts en main : déco branchée (patchwork réussi de meubles vieillis et de bibelots amusants) et spécialités variées (pâtes, pizzas, viandes...). Elles sont cuisinées avec de bons produits, joliment présentées et secondées par une carte des vins aguichante. Pour servir le tout, l'équipe arbore un sourire des plus chaleureux. Terrasse aux beaux jours (dommage qu'elle donne sur le parking).

Enoteca Le Barrique *(plan détachable B4,* ***135****) : via del Leone, 40 r. ☎ 055-22-41-92. Fermé lun. Congés : 3 sem en août. Compter 15 € pour une assiette de charcuterie ou de fromage et 30-45 € pour un repas complet.* Beau choix de vins italiens et étrangers (français, chiliens, sud-africains...) conseillés par le patron, qui ne pousse pas à la consommation (ça mérite d'être souligné). À déguster : les suggestions du jour et d'appétissantes spécialités de la cuisine florentine (tagliatelles aux courgettes, raviolis au vin, poulpe, filet de mérou...). Et, dès les premiers rayons de soleil, on répartit les tables entre la jolie salle chic et un jardin tranquille à l'ombre d'une treille. Accueil absolument charmant.

Ristorante Pane e Vino *(plan détachable B4,* ***150****) : piazza di Cestello, 3 r. ☎ 055-247-69-56. • paneevino@yahoo.it • Tlj sf dim 19h30-1h. Congés : 1 sem en hiver et aux env du 15 août. Menus 35-45 € ; repas complet à la carte 45-50 €.* Ne vous fiez pas à l'entrée peu avenante avec ses néons verts et rouges. À l'intérieur, c'est beaucoup plus cosy avec ses poutres et sa grande verrière. Pour plus d'intimité, les amoureux choisiront la mezzanine. Bonne cuisine toscane revue, avec quelques envolées originales comme la crème brûlée au parmesan ou la *baccalà in brandade all'antica*. On apprécie les conseils œnologiques du maître des lieux, qui ne force pas le porte-monnaie... Accueil prévenant.

FLORENCE ET SES ENVIRONS

Où savourer de bonnes glaces ?

Gelateria La Carraia *(plan détachable B4,* ***166****) : piazza N. Sauro, 25 r. ☎ 055-28-06-95. Juste en face du ponte alla Carraia. Tlj 11h-22h30.* Vaste choix de parfums maison pour ce glacier très apprécié des Florentins, donc plutôt bon signe ! Mention spéciale au parfum cookies. *Autre adresse : via dei Benci, 24.*

La Sorbettiera *(plan détachable B4,* ***178****) : piazza Tasso, 11 r. ☎ 055-12-03-36. • lasorbettiera@gmail.com •* On est prêt à tout pour traverser la ville et goûter ces sorbets légers, 100 % naturels ! Une bonne adresse rafraîchissante.

Où boire un verre ? Où écouter de la musique ?

Bar Hemingway *(plan détachable B4,* ***183****) : piazza Piattellina, 9 r. ☎ 055-28-47-81. • info@hemingwayflorence.it • Tlj jusqu'à 1h (2h ven). Congés : juil-août.* Une poignée de fauteuils en osier, un divan et quelques photos évoquant la vie aventureuse du célèbre écrivain américain composent un décor des plus cosy dans ce charmant petit café. Atmosphère relax, idéale pour savourer l'une des spécialités de café ou de chocolat de la maison. Bel éventail de cocktails, comme il se doit.

Libreria Café La Cité *(plan détachable B4,* ***210****) : borgo San Frediano, 20 r. ☎ 055-21-03-87. • info@laciteli breria.info • Tlj 10h30-1h. Brunch dim.* Un concept original avec une librairie le jour qui s'anime gentiment en salle de concerts (de jazz bien souvent) une fois le soir venu. Fort de son succès, l'endroit ne désemplit pas.

Aurora *(plan détachable A4,* ***198****) : viale Vasco Pratolini (angle de la piazza Tasso). ☎ 055-22-40-59. • info@circoloaurorafirenze.it • Tlj 18h30-minuit.* Par son histoire, cet ancien lieu de rendez-vous, dans les années 1960, de la course cycliste Firenze-Viareggio est un café comme on les aime, où il fait bon vivre. Avec le soleil, on profite des chaises extérieures ou de la petite terrasse du 1er étage, ou bien on s'installe dans la salle principale, colorée et hétéroclite. Ici, on refait le monde, on dîne entre amis ou on profite du buffet à l'heure de l'*aperitivo*. Humeur joyeuse.

Dolce Vita *(plan détachable B4,* ***153****) : piazza del Carmine, 6 r. ☎ 055-28-45-95. Tlj sf lun 17h-2h (3h ven-sam).* Le *Dolce Vita* doit son succès à une bonne alchimie : une déco néorétro mêlant avec aplomb un bar translucide, un mobilier design et une antique mob, une terrasse irrésistible et une bonne dose de musique électronique servie par un DJ derrière ses platines. Chaude ambiance à 50 m des fresques pieuses de Masolino et Masaccio !

À voir

Chiesa Santa Maria del Carmine et cappella Brancacci *(plan détachable B4) : piazza del Carmine. Église ouv 7h30-12h, 17h-18h30. Chapelle ouv 10h (13h dim et j. fériés)-17h. Fermé mar ainsi que les 1er, 3e et 5e lun du mois. Résa obligatoire (gratuite) au ☎ 055-276-82-24/85-38. Accès limité à 30 pers max pour un délai de 15 mn. Entrée : 6 € (avec un film de 40 mn sur l'œuvre de Masaccio inclus dans le prix).* À droite du transept, la fabuleuse *chapelle Brancacci,* demeurée miraculeusement intacte après l'incendie de 1771, est entièrement décorée de fresques de Masolino, Masaccio et Filippino Lippi (XVe s). Thèmes du Péché originel et de la vie de saint Pierre. Depuis leur restauration, la nudité d'Adam et Ève est à nouveau dévoilée, débarrassée du feuillage ajouté pudiquement par Cosme III au XVIIe s. Masolino, à qui l'on avait commandé l'ensemble des fresques en 1424, s'était probablement fait seconder dès le début du chantier par son jeune élève Masaccio. On mesure d'ailleurs toute la modernité de la peinture de Masaccio, aux visages expressifs débordant de vie, comparée au style plus sage et élégant de Masolino. Chez Masaccio, les corps sont tout en volume, fruit d'une étude poussée de l'anatomie et de l'application des règles de la perspective. L'homme devient ici le sujet central des compositions. Le chantier sera abandonné suite à la mort (l'assassinat selon certains) de Masaccio, jusqu'à ce que Lippi termine à sa manière ce cycle de fresques 50 ans plus tard. Sous la voûte, trompe-l'œil impressionnant.

QUARTIER DE SANTO SPIRITO

Situé dans l'Oltrarno, Santo Spirito est le quartier où bat le véritable cœur de la ville, un quartier plus populaire, un peu à l'écart des circuits touristiques (quand bien même il connaît un beau succès). Il faut parcourir ce réseau sombre de rues étroites qui débouchent sur des places et des églises pittoresques. Prenez votre temps pour flâner, être à l'affût des échoppes d'artisans et des nobles portails blasonnés des palais. Les fêtards se rejoindront sur la piazza Santo Spirito qui s'anime dès la tombée de la nuit. Les amateurs de pierre et d'art se retrouveront au *Palazzo Pitti*, un bâtiment aux dimensions architecturales impressionnantes. Il renferme trois musées dont la galerie Palatine avec la plus grande collection de peinture des Médicis. Un quartier particulièrement attachant.

Où dormir ?

Camping

Camping Internazionale : *via San Cristofano, 2, 50029* **Bottai-Impruneta.** *☎ 055-237-47-04. • internazionale@florencecamping.com • florencecamping.com • À 6 km au sud de la ville. De l'autoroute A 1, sortir à « Autosole Firenze-Certosa ». De la ville, emprunter la route de Sienne et de la Certosa del Galluzzo ; bien indiqué. Sinon, bus n° 37 (le jour) et n° 68 (21h-minuit). Ouv tte l'année. Compter 35 € pour 2 avec tente et voiture, douches et électricité gratuites ; mobile homes (4 pers) 60-80 € et chalets (2-4 pers) 50-115 € selon saison.* Vaste camping avec piscine, situé pratiquement en face de la chartreuse de Galluzzo. Situation hyper pratique pour aller dans le centre de Florence ou pour faire une excursion dans le Chianti. Les emplacements ombragés tapissent une petite colline d'où l'on perçoit toutefois le ronronnement de l'*autostrada* voisine (mais rien de gênant). Propre et bien équipé (épicerie, resto, piscine...), mais hélas surpeuplé en saison. Et comme les emplacements ne sont pas délimités, on a vite l'impression de se retrouver comme des sardines dans une boîte !

Institution religieuse

Foresteria C.S.D. Istituto Gould *(plan détachable B4,* ***24****) : via dei Serragli, 49. ☎ 055-21-25-76. • foresteriafirenze@diaconiavaldese.org • istitutogould.it • Réception tlj sf sam ap-m ; fermé dim et j. fériés ; ou sur rdv. Ici, pas de souci pour le soir, car la maison remet les clés. Résa conseillée. Dortoir (4 lits) 23 €/pers ; doubles avec sdb commune ou privée 50-80 € ; avr-oct, petit déj possible 6 €. Parking (payant).* Un bel établissement protestant tenu avec sérieux : chambres sobres, très propres, confortables et bien finies. Préférez celles qui donnent sur le paisible jardin intérieur (un poil plus chères). Pour info, il s'agit d'un organisme caritatif qui consacre ses bénéfices au soutien éducatif d'enfants en difficulté. Et en plus, on fait une bonne action !

Prix moyens

Florence Old Bridge *(plan détachable C4,* ***77****) : via Guicciardini, 22 n. ☎ 055-265-42-62. • info@florenceoldbridge.com • florenceoldbridge.com • Doubles 65-95 € ; petit déj 6 €, à prendre à la pâtisserie* Maioli, *en face. Même propriétaire que* La Scaletta, *situé de l'autre côté de la rue (voir plus loin). C'est d'ailleurs lui qui vous accueillera, cet hôtel n'ayant pas sa propre réception. Un coup de sonnette et le voilà !* Les chambres, réparties aux 2e et 3e étages, sont sobres et classiques, meublées d'armoires anciennes, mini-TV et AC. Un très bon rapport qualité-prix à mi-chemin entre le Ponte Vecchio et le Palazzo Pitti.

Pensione Annalena *(plan détachable B5,* ***29****) : via Romana, 34. ☎ 055-22-24-02. • reception@annalenahotel.com • annalenahotel.com • Doubles 60-80 €. Parking payant.* Après avoir abrité Annalena (fille adoptive de Cosme de Médicis) qui s'y retira après la mort de son mari et celle de son fils, puis Caroline Bonaparte (sœur de Napoléon), le lieu devint un pensionnat de jeunes filles puis un bordel de luxe, avant de devenir définitivement une pension en 1919. De nombreux voyageurs connus et moins connus y posèrent leurs valises : Eugenio Montale, Prix Nobel de littérature en 1930, l'écrivain juif Carlo Levi en 1944, et dans les années 1960 Vittorio Gassman et Ugo Tognazzi. Au fil du temps, l'hôtel s'est un peu défraîchi mais il a conservé ses fresques et ses sols d'époque. Les 22 chambres sont toutes différentes, avec des meubles chinés ici et là. Elles sont rénovées petit à petit à tour de rôle. Quelques-unes possèdent un petit balcon donnant sur le jardin, au calme. Un petit coin tranquille au charme suranné. Accueil à l'identique.

Convitto della Scalza *(plan détachable B5,* ***30****) : piazza della Calza, 6. ☎ 055-22-22-87. • calza.it • Doubles 94-120 €, 70 € en basse saison.* Une adresse pratique qui pourra dépanner ceux qui veulent bénéficier de tranquillité et de confort à deux pas du bouillonnant centre-ville. Cet ancien couvent transformé en hôtel a l'avantage de posséder une quarantaine de chambres plus grandes que la moyenne. Lors de la résa, demandez bien s'il n'accueille pas de congrès ou de groupes, charme en moins assuré, c'est certain !

Chic

Palazzo Guadagni *(plan détachable C4,* ***79****) : piazza Santo Spirito, 9. ☎ 055-265-83-76. • info@palazzoguadagni.com • palazzoguadagni.com • À partir de 150 € la double.* Au dernier étage de cet imposant palais, un hôtel très agréable avec des chambres spacieuses, confortables, joliment meublées à l'ancienne et d'une propreté irréprochable. L'atout de cet hôtel reste sans conteste sa merveilleuse loggia d'où la vue sur les collines du Chianti est fabuleuse. 4 chambres au 1er étage sont disponibles : pour ceux que ça intéresse, elles sont moins chères. Accueil professionnel et charmant.

Hotel La Scaletta *(plan détachable C4,* ***78****) : via Guicciardini, 13 n. ☎ 055-28-30-28. • info@hotellascaletta.it • hotellascaletta.it • Doubles à partir de 130 € (moins cher en basse saison), petit déj en sus. Parking payant. Apéritif maison offert sur présentation de ce guide.* Hôtel convivial situé dans une vénérable demeure du XVe s, garantissant une petite touche d'authenticité. Une vingtaine de chambres, de style toscan et très propres, toutes équipées de double vitrage. 3 d'entre elles offrent même une jolie vue sur les jardins de Boboli (les nos 20 à 22). Mais le must, ce sont les 3 extraordinaires terrasses fleuries sur les toits, avec une vue formidable sur la ville et les contreforts de la campagne toscane.

Où manger ?

Sur le pouce

Gustapizza *(plan détachable C4-5,* ***134****) : via Maggio, 46. ☎ 055-28-50-68. Tlj 11h30-15h, 19h-23h. Fermé 3 sem en août. Pizze 4,50-8 €.* Après le succès familial de l'ex-*Gustapanino* transformé en *Gusta Osteria,* située à deux pas (voir plus loin), l'un des frères a eu la bonne idée de s'installer dans cet endroit grand comme un mouchoir de poche. Les pizzas sont savoureuses, légères et croustillantes. Idéal pour une pause salée le midi. Attention, le week-end, la file d'attente déborde sur le trottoir, succès oblige... Préférez alors la vente à emporter.

Mama's Bakery *(plan détachable B5,* ***154****) : via della Chiesa, 34 r. ☎ 055-21-92-14. • info@mamasbakery.it • Lun-ven 8h-17h, sam 9h-15h. Fermé dim.* Nostalgique de l'Amérique, cette adresse est pour vous ! À vous les brownies, les muffins et les *cupcakes !* La dégustation peut se faire dans la jolie salle claire aux tons gris et blanc, à moins que vous ne préfériez le petit coin de pelouse du jardin attenant. Également des bagels et des salades à emporter ou à manger sur place. C'est le rendez-vous des étudiants anglo-saxons de Florence (et ils sont nombreux !).

Bon marché

Caffè degli Artigiani *(plan détachable C4,* ***87****) : via dello Sprone, 16 r (angle piazza della Passera). ☎ 055-29-18-82. Ouv 8h-1h. Fermé 2 sem en nov. En-cas, pâtes et salades env 5-8 €.* Endroit charmant situé dans un coin calme à deux pas du Palazzo

FLORENCE ET SES ENVIRONS

Pitti. Agréable petite salle aux murs tapissés de grimaces, où l'on grignote un sandwich frais ou une *piadina calda*, sorte de crêpe salée fort nourrissante. Quelques tables dans la ruelle ou un comptoir pour avaler d'un trait son *espresso*. Également une bonne petite sélection de vins. Voir « Où boire un verre ? ».

Tamero Pasta Bar *(plan détachable C4-5,* ***121****) : piazza Santo Spirito, 11. ☎ 055-28-25-96. Compter 20-25 € le repas.* Vous l'aurez compris, on vient ici surtout pour les pâtes fraîches préparées sous vos yeux. Un lieu résolument tendance où les serveurs virevoltent dans des salles dont la déco ressemble plus à une salle de concert qu'à un resto classique ! Dommage, pas de résa possible, il faut arriver tôt. Également des plats de pâtes à emporter. Aux beaux jours, on sort les tables sur la place. Attention, accueil parfois en dents de scie…

Cuculia *(plan détachable B-C4,* ***157****) : via dei Serragli, 1-3 r. ☎ 055-277-62-05. • info@cuculia.it • Tlj sf lun 10h30-minuit. Plat unique le midi 8 € ; brunch dim 10 € 12h30-15h30. Café offert lors d'un repas le soir sur présentation de ce guide.* Un concept original qui concentre resto, espace librairie et lecture et activités enfants. Dans ce lieu immaculé aux lignes résolument design, on peut à toute heure prendre un verre tout en piochant un des nombreux ouvrages sur les étagères. Belle sélection de livres de voyages, de cuisine, d'art et d'architecture dans la langue de Dante et de Shakespeare. Une ambiance légère et aérienne. Ô temps, suspends ton vol…

Gusta Osteria *(plan détachable C4,* ***88****) : via Michelozzi, 13 r. Ouv tlj sf lun 10h30-23h. Fermé en août. Sandwich 4 € env. Compter 8-12 € le plat.* L'ex-*Gustapanino* s'est agrandi et s'est offert le luxe de racheter le *Civaie Morganti* (précédente enseigne et grainetier d'origine). D'ailleurs, il a conservé l'enseigne en façade et jusque dans le nom du menu ! On peut encore se sustenter d'une *piadina* ou d'une *foccacia* composées à la commande. Produits frais, pain chaud et moelleux… Mais on peut désormais s'asseoir dans une des belles salles fraîches à la déco campagnarde et colorée pour y avaler une salade, un hamburger maison ou des pâtes fraîches. Bon accueil.

Prix moyens

Toscanella Osteria *(plan détachable C4,* ***240****) : via Toscanella, 36r. ☎ 055-28-54-88. • info@toscanellaosteria.com • Dans une petite rue qui mène au Palazzo Pitti.* Belle et vaste pièce qui a conservé des éléments historiques comme les colonnes en marbre, le pavement ou les grosses portes en bois typique de la Renaissance. Fabrizio Gori (à la vie artistique bien remplie) perpétue en parallèle la tradition familiale, à savoir la cuisine. Ici, honneur aux plats toscans typiques et bien dans leur jus. D'ailleurs les habitués ne s'y trompent pas ! Service prévenant et en français.

Trattoria La Casalinga *(plan détachable C4,* ***120****) : via dei Michelozzi, 9 r. ☎ 055-21-86-24. • lacasalinga@freeinternet.fr • Fermé dim. Congés : Noël et 3 sem en août. Compter 20 € pour un repas.* Cantine bien typique des petits budgets de l'Oltrarno. N'hésitez donc pas à entrer dans cette 1re salle sans charme, ou celle du fond aux allures de réfectoire, et prenez place dans ce brouhaha incessant (ça crie en salle comme en cuisine). Ici, on mise sur l'assiette et son contenu. Les classiques italiens (y compris les fameuses *trippe alla fiorentina*) figurent sur la carte. Plats copieux, service rapide.

Caffè Pitti *(plan détachable C5,* ***186****) : piazza Pitti, 9. ☎ 055-239-98-63. • info@caffepitti.it • Ouv jusqu'à 2h.* En face de l'imposant palais Pitti. En fait, cet endroit est autant un resto qu'un bar, mais on le mentionne pour sa terrasse idéalement située et son cadre chic agréable. Découvrez les petits recoins où l'on s'installe pour trinquer à l'écart des dîneurs.

Trattoria da Ruggero *(hors plan détachable par B5,* ***126****) : via Senese, 89 r. ☎ 055-22-05-42. Bus n° 33, arrêt Piazzale di Porta Romana. Fermé*

FLORENCE ET SES ENVIRONS

mar-mer. Congés : de mi-juil à mi-août. Résa conseillée. Compter env 30 €. Cette adresse *slow food* vaut le détour. Les plats faits maison sont mitonnés à base de produits frais : *arista di maiale, braciola della casa, tartuffo al cioccolato...* Un air de campagne qui se retrouve aussi dans le décor. Sans oublier le chianti de la maison, 12 € la bouteille. On oublierait presque le temps qui passe. Après le déjeuner, vous serez requinqué pour faire une longue promenade dans le jardin de Boboli, tout à côté. Accueil empreint de gentillesse.

De chic à très chic

Olio & Convivium *(plan détachable C4,* ***133****) : via di Santo Spirito, 4 r. ☎ 055-265-81-98. • olio.convivium@conviviumfirenze.it • Fermé dim et lun soir. Assiettes variées de charcuterie et fromage 15-25 € ; plat du jour 15 € ; compter 35 € le soir.* Les espérances sont grandes lorsqu'un traiteur de renom se lance dans la restauration. Et *Olio* ne déçoit pas ! Sélection irréprochable des meilleurs produits toscans. D'ailleurs, la maison n'a pas rompu avec la tradition : dans la partie épicerie fine, 25 huiles d'olive sont proposées en dégustation, et les rayonnages chargés de fromages, *prosciutto* ou pâtes incitent à faire ses emplettes en sortant de table. À condition toutefois d'avoir trouvé une place dans la jolie salle, accaparée par les habitués.

Trattoria Cammillo *(zoom détachable C4,* ***137****) : borgo San Jacopo, 57 r. ☎ 055-21-24-27. • cammillo@momax.it • Fermé mar-mer. Congés : août et de mi-déc à mi-janv. Compter 50 €. Digestif offert sur présentation de ce guide.* Un restaurant de renom bien connu par des générations de florentins. Cadre classique bon teint et sans extravagance avec ses 3 salles voûtées en enfilade, ornées de tableaux et de luminaires discrets. Pour l'ambiance, nappes blanches et serveurs en nœud pap' sont de rigueur. Bref, une cuisine toscane de bon goût, travaillée dans le respect de la tradition et sans gluten ! Pour les portefeuilles bien garnis.

Bars à vins *(enoteche)*

Le Volpi e l'Uva *(plan détachable D4,* ***146****) : piazza dei Rossi, 1 r. ☎ 055-239-81-32. • info@levolpieluva.com • Sur une petite place à deux pas du Ponte Vecchio. Tlj sf dim 11h-20h. Compter 10-15 € pour un repas.* Un endroit très chaleureux, avec un grand bar fait de barriques aux lignes rebondies prometteuses... et son mur garni de bouteilles. Belle sélection de vins rouges et blancs (secs ou liquoreux) privilégiant les petits producteurs (Pian Cornello, notamment, pour les vins de Montalcino, ou bien encore le producteur du Terra di Ripanera). Côté cuisine : délicieuse charcuterie. Un bon plan si près du centre. Accueil jovial des patrons.

Il Santino *(plan détachable C4,* ***149****) : via di Santo Spirito, 60 r. ☎ 055-230-28-20. Tlj. Fermé 2 sem en août. Compter 10-15 €.* Petite annexe du *Santo Bevitore,* tout à côté. Minuscule salle où charcutailles toscanes et fromages italiens font bon ménage avec un verre de chianti à l'heure de l'*aperitivo.* Bien sûr, plus on avance dans la nuit, plus le trottoir déborde de monde...

Il Santo Bevitore *(plan détachable C4,* ***130****) : via di Santo Spirito, 64-66 r. ☎ 055-21-12-64. • info@ilsantobevitore.com • Fermé dim midi. Congés : 10 j. en août. Résa conseillée. Menu 12 € servi le midi en sem ; carte env 25 €, sans le vin.* Une cuisine toscane de bonne qualité, avec toujours une pointe d'originalité (comme le *soufflé di caprino e porri su coulis di pere speziate*) et des détours dans différentes régions italiennes, comme l'assiette de fromages sardes. Le cadre n'est pas en reste : des salles propices au papotage entre amis. Accueil bien souriant et service impeccable dans cette œnothèque gastronomique, où des conseils avisés sont prodigués quant au choix du vin.

Où savourer de bonnes glaces ?

Gelateria della Passera (plan détachable C4, **169**) : via Toscanella, 15 r. ☎ 055-29-18-82. • cinotri@alice.it • Tlj 12h-minuit. Même proprio que le *Caffè degli Artigiani,* juste en face. Situé dans un minuscule local, ce glacier est réputé pour élaborer ses glaces avec des arômes naturels soigneusement sélectionnés. La glace à la fraise (de saison bien sûr), celle à la pistache de Sicile ou encore celle au chocolat à l'orange confite ont épaté nos papilles ! Beaucoup de douceur dans ces glaces délicieuses et crémeuses. On en redemande !

Où boire un verre ?

Volume Café (plan détachable C4, **191**) : piazza Santo Spirito, 5. ☎ 055-238-14-60. • hello@volume.fi.it • Tlj 11h30-1h30. Aperitivo 19h-22h30. Petite adresse à l'emplacement d'un ancien atelier de menuiserie. D'ailleurs, les nouveaux occupants ont conservé de nombreux outils (ciseaux, tenailles, marteaux...) aux murs ainsi que des sculptures en bois exposées sur les étagères. Joyeux bazar (bien organisé soit dit en passant) avec le coin bibliothèque, les expos temporaires, les objets en bois sculptés... et le café. Nul doute que vous trouverez bien une petite place dans les confortables canapés pour boire un verre ou encore manger leurs crêpes maison dont la (bonne) réputation n'est plus à faire ! Le soir, c'est une autre ambiance, plus festive mais tout aussi conviviale, avec musique live, DJ et concerts. Une petite adresse comme on les aime.

Golden View (plan détachable D4, **193**) : via dei Bardi, 58 r. ☎ 055-21-45-02. Tlj 11h30-2h. Un concept qui fait à la fois restaurant, *winebar,* lieu de concert jazz (vendredi soir), *aperitivo,* cave à vins, pizzeria, sushi bar et, de surcroît, face à l'Arno... Bref, il y en a pour tout le monde et pour tous les goûts ! Idéal le soir pour profiter de l'appétissant *aperitivo.* Pour y déjeuner et dîner, mieux vaut réserver pour profiter des meilleures tables avec vue sur le fleuve et le Ponte Vecchio. Le soir, ambiance de sortie de bureau de jeunes cadres dynamiques florentins sur fond de musique branchée.

Caffè degli Artigiani (plan détachable C4, **87**) : via dello Sprone, 16 r (angle piazza della Passera). ☎ 055-29-18-82. Fermé dim. Congés : 2 sem en nov. Un petit bar idéal qui a gardé intacte son authenticité. Ici, pas de chichis, et à l'heure de l'*aperitivo,* les esprits s'échauffent, les jeunes et moins jeunes affluent... et refont le monde dans une ambiance bon enfant. Idéal dans la journée pour un plat rapide (voir plus haut « Où manger ? Bon marché »).

À voir

Piazza Santo Spirito (plan détachable C4) : à découvrir à la tombée de la nuit, elle s'anime lorsque les jeunes se retrouvent sur les marches de l'église. Le jour, c'est un endroit frais et reposant.

Chiesa Santo Spirito (plan détachable C4) : piazza Santo Spirito. Tlj sf mer ap-m et sam mat 10h-12h, 16h-17h30 (mais horaires peu fiables !).
Là encore, un projet de Brunelleschi (1440), mais celui-ci est resté en partie inachevé, l'architecte étant mort avant la fin des travaux. Ses successeurs n'osèrent pas terminer la façade et la laissèrent à nu. À l'intérieur, on retrouve toutefois les harmonieuses proportions chères à Brunelleschi. Quant aux œuvres exposées, elles sont d'une telle richesse qu'elles mériteraient de figurer en bonne place dans les galeries des meilleurs musées florentins ! Superbes retables des autels latéraux, œuvres Filippino Lippi (très belle *Vierge à l'Enfant* encadrée de saint

Martin et sainte Catherine, avec en toile de fond une reproduction très précise du quartier de San Frediano), Andrea Sansovino (retable en marbre), Alessandro Allori et de bien d'autres artistes florentins. Mais la vraie perle de Santo Spirito est sans conteste cet émouvant christ en bois sculpté par Michel-Ange, exposé dans la sacristie. L'artiste n'avait que 18 ans lorsqu'il a modelé le visage si délicat du Christ, lui donnant un corps d'adolescent aux proportions parfaites. Il l'a offert au prieuré de Santo Spirito en remerciement des dessins anatomiques.

DIS, DESSINE-MOI UNE ÉGLISE...

La façade de l'église ne fut jamais terminée. Le patron de la Gelateria Ricchi, située sur la piazza Santo Spirito, eut une idée géniale. Il demanda à tous les artistes qu'il connaissait de dessiner un projet de décoration pour la façade de l'église. Tous les dessins et peintures qui en résultèrent sont exposés dans une petite salle de la gelateria (fermée le dimanche). N'hésitez pas à allumer la lumière pour les admirer.

À gauche de la façade de l'église se trouve le petit ***musée San Spirito*** *(sam-lun 10h-16h slt).* Pour les passionnés seulement. Quelques sculptures d'époques romaine et lombarde. Sculptures siennoises par Tino di Camaino et Jacopo della Quercia. Surtout, à droite en entrant, une *Crucifixion* du *Trecento* par Orcagna et Nardo di Cione.

Palazzo Pitti *(plan détachable C5) : piazza Pitti. ☎ 055-238-87-60. Tlj sf lun 8h15-18h50. Plusieurs tarifs. Pas évident de se retrouver dans les possibilités d'entrée. Pour vous aider : 12 € pour la galerie Palatine, les appartements royaux et la galerie d'Art moderne ; 10 € pour le jardin de Boboli, le jardin Bardini et les musées du Costume, de l'Argenterie et de la Porcelaine ; 22 € pour la totale. Audioguide (5,50 €, 8 € les 2).*

Avec une façade de plus de 200 m dominant une vaste place surélevée, le palais Pitti est l'un des monuments les plus impressionnants de Florence. Sa construction a débuté en 1458, sur des plans de Brunelleschi, pour le compte du banquier Pitti. Mêlés à la conspiration des Pazzi, les Pitti furent décimés et le chantier abandonné. Ce qui n'empêcha pas Cosme Ier de s'installer en 1560 chez l'ancien rival de sa famille... après avoir tout de même agrandi le palais et fait réaliser le passage le reliant au Palazzo Vecchio ! En revanche, c'est à son épouse Éléonore de Tolède que l'on doit l'aménagement des beaux jardins de Boboli. Installé sur la pente d'une colline, le palais servit dès lors de résidence aux Médicis, puis aux Habsbourg-Lorraine qui leur avaient succédé en 1736. Marie de Médicis, qui y passa sa jeunesse, s'inspira de cette noble demeure lorsqu'elle fit construire le palais du Luxembourg à Paris (aujourd'hui le Sénat).

Le palais abrite plusieurs galeries, dont la célèbre ***galerie Palatine*** (voir ci-après) qui rassemble toutes les œuvres acquises par les Médicis. Les collections comprennent principalement des peintures des XVIe, XVIIe et XVIIIe s, ce qui fait de la galerie un complément idéal des Offices.

Galleria Palatina *(plan détachable C5 ; dans le Pallazo Pitti) : ☎ 055-238-86-11. Tlj sf lun 8h15-18h50.*

Impossible, bien sûr, de tout détailler. Voici donc, dans le désordre, les principales œuvres. Et n'oubliez pas de lever la tête pour admirer les fresques, moulures et autres décorations flamboyantes qui ornent ces anciens appartements princiers. Présentation des tableaux à l'ancienne, la lumière laisse parfois à désirer, mais quelle richesse ! Finalement, la meilleure façon d'en profiter est de se laisser guider par ses yeux, sans vouloir systématiquement identifier l'auteur...

– ***Salle Castagnoli*** *(salle 3)* **:** noter la superbe *table des Muses* marquetée de pierre polychrome (technique de la pierre dure développée par les Médicis).

– ***Galerie Poccetti*** *(salle 16)* **:** *Martyre de saint Barthélemy* de Ribera ; *Le Duc de Buckingham* de Rubens.

- ***Salle de Prométhée*** *(salle 17)* **:** *Madone à l'Enfant (La Vierge à la grenade)* de Filippo Lippi. Noter le remarquable équilibre dans la composition des personnages situés au premier plan (mais aussi des scènes se déroulant derrière, à différents niveaux de profondeur). La délicatesse du visage annonce Botticelli, dont il fut le maître. On peut d'ailleurs s'en convaincre en détaillant le *Portait d'un jeune homme,* œuvre méconnue de Botticelli exposée dans la même salle. Autres œuvres notables : *Sainte Famille* de Luca Signorelli ; *Martyre des onze mille martyrs* de Pontormo.
- ***Salle de la Justice*** *(salle 19)* **:** le Tintoret, nombreux Titien dont le *Portrait de Tommaso Mosti,* remarquable pour la finesse des traits du personnage.
- ***Salle de Flora*** *(salle 20)* **:** Cigoli, Véronèse et une *Vierge à l'Enfant* d'Alessandro Allori, composition caractéristique des œuvres peintes à l'époque de la Contre-Réforme.
- ***Salle des Putti*** *(salle 21)* **:** peintres flamands, comme Jacob Jordaens, ou *Les Trois Grâces* de Rubens.
- ***Salon d'Ulysse*** *(salle 22)* **:** *Vierge de l'Impannata* de Raphaël ; Alessandro Allori, Andrea del Sarto ; *Ecce Homo* de Cigoli (son œuvre maîtresse) ; le Tintoret... Suivi de la salle de bains aménagée pour Napoléon Ier, de style Empire évidemment.
- ***Salle de l'Éducation de Jupiter*** *(salle 24)* **:** Van Dyck, Véronèse ; *Le Duc de Guise* par Clouet ; *L'Amour endormi* du Caravage.
- ***Salle du Poêle*** *(salle 25)* **:** splendide carrelage et fresques figurant *Les Quatre Âges du monde* par Pierre de Cortone.
- ***Salle de l'Iliade*** *(salle 27)* **:** Vélasquez, Andrea del Sarto, Titien, Van Dyck, Sustermans et Artemisia Gentileschi (une des rares femmes peintres de l'époque) ; *La Gravida* de Raphaël ; *Portrait de Catherine de Médicis* par l'école française du XVIe s.
- ***Salle de Saturne*** *(salle 28)* **:** une orgie sublime de Raphaël avec la célèbre *Madonna della Seggiola (La Vierge à la chaise).* Tout s'y inscrit en rond, renforçant la tendresse et l'intimité de la scène. Également, *Madeleine Doni* (où Raphaël plagie carrément la pose de la Joconde) et *Angelo Doni ;* autres célèbres portraits, la *Madone du grand-duc* (car c'était l'œuvre préférée de Ferdinand III de Médicis) et la *Madone du baldaquin. Déposition* du Pérugin, *San Sebastiano* d'Il Guercino.
- ***Salle de Jupiter*** *(salle 29)* **:** ancienne salle des audiences. Au plafond, *Le Couronnement de Cosimo III* (placé entre Jupiter et Hercule) réalisé par Pierre de Cortone. *Les Trois Âges de l'homme,* chef-d'œuvre de Giorgione ou la maîtrise totale du fondu de couleurs ; la célèbre *Femme au voile (La Velata)* de Raphaël ; *Sainte Famille* de Rubens ; *Madone et quatre saints* d'Andrea del Sarto ; *Christ mort* de Fra Bartolomeo (sa dernière œuvre) ; *La Vierge au sac* du Pérugin. Noter le raffinement extrême des visages de la Vierge et de l'ange.
- ***Salle de Mars*** *(salle 30)* **:** *Luigi Cornaro* du Tintoret ; Murillo, Luca Giordano ; *Andrea Vesalio* de Titien ; *Le Conseguenze della Guerra,* fantastique parabole contre la guerre, de Rubens. La vie s'y exprime par la lumière, la sensualité, la couleur, et la guerre par le chaos des corps et des ténèbres. De Rubens encore, *Les Quatre Philosophes* (le personnage de gauche n'est autre que l'artiste lui-même). Belle et douce *Madone* de Murillo.
- ***Salle d'Apollon*** *(salle 31)* **:** *Sainte Famille* et *Déposition* d'Andrea del Sarto ; *Vincenzo Zeno* du Tintoret ; *Marie Madeleine* où Titien effectua un admirable travail sur la chevelure, renforçant la sensualité du personnage ; *Charles Ier d'Angleterre* et *Henriette de France* par Van Dyck.
- ***Salle de Vénus*** *(salle 32)* **:** magnifique *Concert* nimbé de lumière où éclate la complicité des musiciens, et *La Bella,* par Titien ; rare paysage de Rubens *(Paysans rentrant des champs).* Noter le délirant décor du plafond.
- Les pièces du fond en enfilade (salles des *Allégories,* des *Beaux-Arts,* de *l'Arche,* d'*Hercule,* de *l'Aurore,* de *Bérénice,* de *la Renommée*) ne révèlent finalement que des œuvres mineures, à part *Bataille* de Salvatore Rosa, quelques Cigoli, Giovanni San Giovanni, Lorenzo Lippi et L'Empoli.

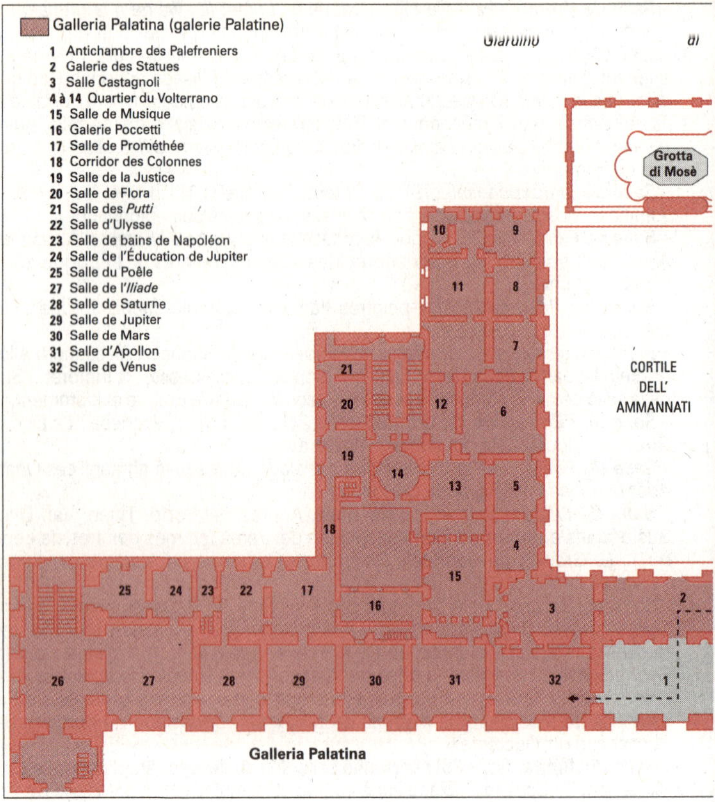

– ***Corridor :*** petite galerie renfermant une collection d'œuvres mineures d'artistes hollandais et flamands.

Les plus robustes feront un tour dans les ***appartements royaux*** *(appartamenti reali ; inclus dans le prix d'entrée ; fermés janv),* juste en face dans l'autre aile du palais, occupés successivement par les Médicis, les Habsbourg-Lorraine et les Savoie. Riche décoration intérieure : fresques, stucs et mobilier d'époque...

Galleria d'Arte Moderna *(plan détachable C5 ; dans le Pallazo Pitti) :* ☎ *055-238-86-16. Tlj sf lun 8h15-18h50.* Sculptures, peintures et objets décoratifs du XVIIIe s aux années 1920 sont exposés dans un ordre chronologique au fil des 30 salles que compte cette galerie. Les œuvres de *Benvenuti* et *Bezzuoli* y ont leur place. Et si vous avez le mal du pays, *Victor Hugo* (sculpté par *Gaetan Trentanove*) vous donne rendez-vous dans la salle n° 17, de même que Napoléon Ier, auquel est consacrée la salle n° 2. Encore quelques beaux plafonds : penser à lever le nez !

Galleria del Costume *(plan détachable C5 ; dans le Pallazo Pitti) :* ☎ *055-238-87-13. Tlj 8h15-16h30 (19h30 selon saison). Fermé les 1er et*

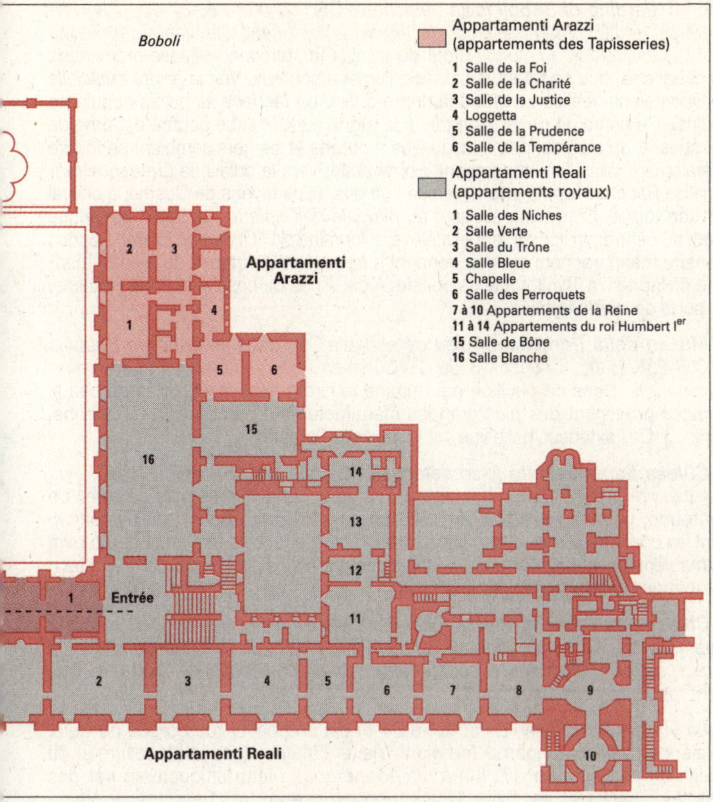

PALAZZO PITTI

dernier lun du mois. C'est un peu l'histoire de la mode qui s'expose ici, des tenues grandioses portées par les nobles au XVIIIe s jusqu'à la haute couture d'aujourd'hui, en passant par les styles légers des années 1960 ou de la Belle Époque. Les accessoires (ombrelles, sacs à main, bijoux...) ne sont pas oubliés. Curiosité : une salle expose les vêtements que portaient Cosme Ier, son épouse Éléonore de Tolède et un de leurs fils, lors de leur inhumation au XVIe s. Ils ont été exhumés en 1947 et sont aujourd'hui présentés à l'abri de la lumière du jour après 10 ans de restauration ! Bien sûr, la peinture est présente dans cette galerie, aux murs comme au plafond. Des expositions thématiques s'y tiennent tous les 6 mois.

Museo degli Argenti *(plan détachable C5 ; dans le Pallazo Pitti) :* *☎ 055-238-87-09. Tlj 8h15-16h30 (19h30 selon saison). Fermé les 1er et dernier lun du mois.* De belles salles ornées d'imposantes fresques et trompe-l'œil. Et un festival de coupes ciselées, de reliquaires sertis de pierres précieuses, ou de délicates compositions en ambre ou ivoire. Ne manquez pas le trésor, au premier étage : collection de joyaux ayant appartenu aux grands noms de l'histoire florentine.

🚶🚶 👨‍👧 ***Giardino di Boboli*** *(plan détachable C5)* **:** ☎ *055-238-87-60. Ouv nov-fév 8h15-16h30 (17h30 mars-oct, 18h30 avr, mai et sept, 19h juin-août). Fermé les 1er et dernier lun du mois.* Autour du palais Pitti, une merveilleuse promenade du dimanche, que ne ratent jamais familles et amoureux. Voir la *grotte artificielle* de Buontalenti, réalisée en 1583 (à droite quand on fait face au palais depuis les jardins). Ce genre de décor était très à la mode au XVIe s. Le gouffre est orné de fresques et de statues, parmi lesquelles moutons et bergers semblent se fondre littéralement dans l'environnement. En revenant vers le palais, la grotesque *fontaine de Bacchus* représente en réalité l'un des nains favoris de Cosme, à cheval sur une tortue. Faire aussi un saut au *piazzale dell'Isolotto,* un jardin aquatique avec, au centre, un îlot sur lequel s'élève la *fontaine de l'Océan* de Giambologna : monstre marin, rochers et eaux donnent à cet ensemble inspiré du théâtre maritime d'Hadrien, à Tivoli, toute sa poésie. À deux pas du bassin, la *porta Romana,* ex-porte de la ville fortifiée.

🚶 ***Museo della Porcellana*** *(plan détachable C5 ; dans le jardin de Boboli)* **:** ☎ *055-238-86-05. Tlj 8h15-16h30 (19h30 selon saison). Fermé les 1er et dernier lun du mois.* Dans ce pavillon qui domine le jardin sont rassemblés de beaux services provenant des plus grandes manufactures d'Europe (Sèvres, Vienne, Berlin...). De l'extérieur, belle vue sur le paysage florentin.

🚶 ***Chiesa Santa Felicità*** *(plan détachable C-D4)* **:** *piazza dei Rossi, sur la via Guicciardini. Tlj 9h-12h30, 15h-18h sf dim ap-m.* Œuvres les plus célèbres de Pontormo, peintes entre 1525 et 1528 pour Ludovico Capponi : la *Déposition,* dont les couleurs acides et la déstructuration de l'espace en font un chef-d'œuvre du maniérisme, et *L'Annonciation,* influencée par Michel-Ange ; ici, l'artiste a tenu compte de l'éclairage naturel de l'église.

🚶 ***Chiesa San Felice in Piazza*** *(plan détachable C5)* **:** *piazza di San Felice.* Au sixième autel, *Vierge en trône* de Ridolfo Ghirlandaio. La chapelle principale (le chœur) est de Michelozzo, avec, au centre, un grand *Crucifix* de Giotto, récemment restauré et très peu connu.

🚶 ***La via dei Bardi*** *(plan détachable D4-5)* est une petite rue bordée de vieux palais, parallèle au lungarno Torrigiani. Visiter l'atelier artisanal de reliure et du travail du papier, au no 17, *Il Torchio (fermé août).* Tenu uniquement par des femmes sympas et volubiles. Une vitrine expose un très beau travail. Vente au détail.

🚶🚶🚶 👨‍👧 ***Giardino Bardini*** *(plan détachable D5)* **:** *via dei Bardi, 1 r, ou Costa S. Giorgio, 2 (entrée possible aussi par le jardin de Boboli).* ☎ *055-263-85-99 ou 055-234-69-88. Fermé les 1er et dernier lun de chaque mois. Billet combiné avec la galleria del Costume, la galleria degli Argenti e della Porcellana et le giardino di Boboli : 10 €.* Ce jardin renaît de ses cendres après de longues années à l'abandon. Après avoir connu successivement plusieurs propriétaires, c'est à l'antiquaire Stefano Bardini que revint l'acquisition de ce jardin idéalement situé. Il le transforma et l'embellit de manière visible sans pour autant altérer sa structure originelle. Au contraire, il y ajouta sa touche personnelle, originale pour son époque (fin XIXe). De nouveau à l'abandon en 1965 à la mort de son fils, le jardin a rouvert ses portes depuis peu, grâce à l'aide de financements privés et publics. On peut admirer le superbe escalier baroque qui permet de rejoindre le belvédère. De là, une vue spectaculaire sur la ville (l'une des plus belles sans doute avec celle de la *Chiesa San Miniato Al Monte*). Des fontaines glougloutantes où il fait bon se poser, des variétés de fleurs par centaines (roses, iris, hortensias) et de plantes qui font de ce jardin un des plus beaux de Florence, sans compter la magnifique pergola de glycines, les bosquets à l'anglaise, l'allée d'hortensias, les plantations de menthe, de lavande, de romarin... Bref, une explosion d'odeurs et de couleurs à découvrir absolument. À l'intérieur du jardin, la villa Bardini, datant de 1641, a été également

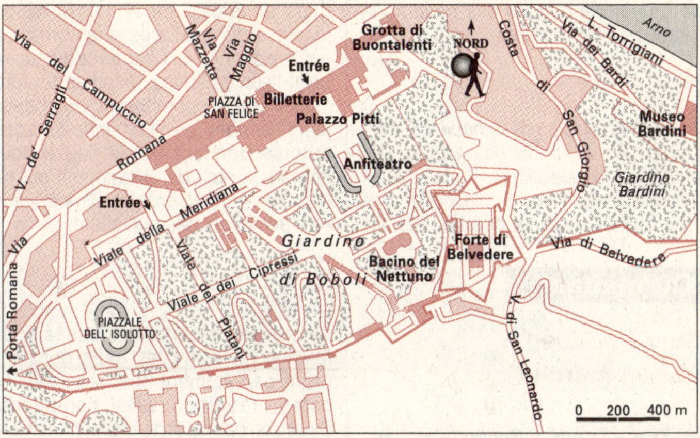

GIARDINO DI BOBOLI

entièrement rénovée. Elle abrite, entre autres, une salle de conférence, des expos temporaires et le ***Museo Pietro Annigoni*** *(mer-dim 10h-16h, 18h en été).*

QUARTIER DE SAN NICCOLÒ

Installé au-delà de l'Arno, ce quartier est l'un des moins fréquentés de Florence mais est très agréable car il a lui aussi son lot d'adresses et d'endroits typiques. Un quartier délimité par les remparts et ses trois portes (San Niccolò, San Miniato et San Giorgio), le fort du belvédère, le piazzale Michelangelo et l'Arno. Ici, à 10 mn à peine du Ponte Vecchio et du Duomo, on respire déjà une atmosphère plus tranquille. Un quartier qui met aussi en péril des artisans qui tentent de résister à la hausse des loyers (via San Niccolò). Beaucoup ont déjà baissé le rideau en raison d'un pas-de-porte trop onéreux. Malgré quelques opérations coups de poing, la mairie semble sourde à toute négociation...

Le soir venu, le quartier s'anime pour le plus grand plaisir des noctambules. Au pied de la porte San Miniato, on y trouve bars et restos pour s'amuser ou faire de belles rencontres... Et pour profiter de la vue sur Florence, n'hésitez pas à grimper les marches pour atteindre l'église *San Miniato al Monte* qui surplombe la ville... un panorama à couper le souffle vous attend. Un de nos quartiers préférés.

Où dormir ?

Camping

Camping Michelangelo *(plan détachable F5,* ***20****) :* *viale Michelangiolo, 80. ☎ 055-681-19-77. • michelangelo@ecvacanze.it • ecvacanze.it • Pour s'y rendre, prendre le bus nº 12 à la gare centrale. Compter 35 € pour 2 avec tente et voiture. Également tente à louer équipée pour 2 (sommier et matelas) env 38 €.* Beaucoup de monde en haute saison, ce qui contraint les campeurs à s'entasser. Résultat : une atmosphère communautaire... et très bruyante. La vue sur la ville est superbe depuis les emplacements en escalier ou la terrasse du bar. Bien équipé : laverie, bar-resto, magasins, aire de jeux pour les enfants et... même l'ombre des oliviers. Difficile de faire plus central ! Malheureusement, cette situation de monopole n'incite pas toujours la direction à faire du zèle.

Chic

Silla Hotel *(plan détachable E5,* ***81****) : via dei Renai, 5. ☎ 055-234-28-88. • hotelsilla@hotelsilla.it • hotelsilla.it • Doubles à partir de 98 €.* Un des rares hôtels dans ce quartier, installé dans un palais du XVe s. Situation idéale avec quelques chambres qui ont vue sur l'Arno. Chambres au papier peint fleuri équipées de tout le confort, mais il faut s'y prendre tôt. Aux beaux jours, profitez de l'immense terrasse arborée donnant sur le fleuve pour prendre le petit déj. Magique. Pour ne rien gâcher, l'accueil est sympathique et le personnel très prévenant.

Où manger ?

Sur le pouce et bon marché

ZEB – Zuppa e Bollito *(plan détachable E5,* ***139****) : via S. Miniato, 2. Tous les midis sf mer ; le soir slt jeu-sam. Compter 10-15 € pour un repas. Également plats à emporter.* On aime cet endroit pour sa vitrine discrète comme sa déco résolument tendance. Mais c'est dans l'assiette que tout se passe : *sformato di melanzane, lampredetto, torta al limone...* On peut aussi choisir ses ingrédients pour une salade (préparée sous nos yeux) en toute simplicité et la savourer assis sur des tabourets, accoudé au bar en bois clair qui entoure l'officine. Pâtes fraîches faites maison. Le soir, un poil plus cher. Une halte reposante et gourmande pour ceux qui ont prévu la montée vers San Miniato.

I Tarocchi *(plan détachable D-E5,* ***123****) : via dei Renai, 14 r. ☎ 055-234-39-12. Tlj sf lun, sam et dim midi. Compter env 15 € ; pizza moins de 8 €.* Un établissement convivial propice aux retrouvailles entre copains. Cuisine sans chichis, généreuse et de bonne tenue, à l'image des belles (et bonnes) pizzas propres à satisfaire les plus gros appétits ! Aux beaux jours, terrasse agréable sur une rue tranquille. Belle surprise au dessert avec le cheese-cake. Ambiance conviviale assurée par un contingent d'habitués.

Antica Mescita San Niccolò *(plan détachable E5,* ***127****) : via di San Niccolò, 60 r. ☎ 055-234-28-36. Tlj sf dim. Congés : 1re quinzaine d'août. Au déj, formule buffet 10 € ; plats 9-14 €.* Les tables en bois et les carreaux de faïence tapissant les murs conviendront parfaitement aux habitués des *osterie* traditionnelles florentines. Sinon, en cas de forte chaleur, tentez la salle voûtée du sous-sol qui n'est autre que la crypte de l'église attenante ! Une bonne cuisine du terroir qui ne déçoit pas. Assortiments de *crostini* en guise d'entrées. Incontournables – et tellement bonnes – *zuppe* et *minestre* (*pappa al pomodoro, ribollita,* etc.). Bonnes viandes, à commencer par le *coniglio briaco* (cuit dans du vin), et excellents *contorni.*

La Beppa Fioraia *(plan détachable E5,* ***211****) : via dell'Erta Canina, 6 r. ☎ 055-234-76-81. Située juste après l'embranchement avec l'Enoteca-bar Fuori Porta. Tte l'année, tlj. Compter 25 € pour un repas.* Une institution à Florence où on retrouve la population locale de tous âges venue se délecter d'une bonne pizza ou d'un bon plat de pâtes au frais en hauteur de la ville, noyé dans la verdure. Évidemment, beaucoup de monde et la résa est plus que conseillée, surtout en haute saison. Accueil jeune et dynamique.

Chic

Lungarno 23 *(plan détachable D4-5,* ***158****) : lungarno Torrigiani, 23. ☎ 055-234-59-57. • info@lungarno23.it • Tlj sf parfois dim (mais cela reste exceptionnel). Résa conseillée le soir. Compter 35 €.* Les amateurs de viande rouge seront comblés, d'autant que l'emplacement tranquille le long du fleuve est délicieux. La spécialité de la maison ? Des burgers à la fameuse viande bovine de race Chianina, venant des pâturages d'Arezzo. Pour les autres, salades, soupes et fromages. Carte des vins longue comme le bras. Belle terrasse, agréable aux beaux jours (un poil trop chaud l'été).

Trattoria Omero *(plan Escapade pédestre dans le Sud Florentin B3) : via Pian dei Giullari, 47. ☎ 055-22-00-53. Compter 40 € le repas.* À l'extérieur de la ville. Pour les courageux, ça sera à pied (la journée seulement, le soir c'est nettement moins agréable), pour les autres le taxi proposé par la maison quand vous réservez. Située juste en face de la *casa Galileo* (Galilée), c'est un véritable havre de paix, surtout si vous avez pris soin de réserver une table près de la fenêtre, ou mieux encore sur la terrasse aux beaux jours. Et dans l'assiette ? À l'image du cadre : fraîcheur, produits du terroir et belle carte des vins. Service stylé. Une adresse sans fausse note.

Bars à vins *(vinai, enoteche)*

Enoteca-bar Fuori Porta *(plan détachable E5, **147**) : via del Monte alle Croci, 10 r. ☎ 055-234-24-83. • info@fuoriporta.it • À côté de la porte San Miniato et des remparts de la ville. Tlj 12h30-minuit. Env 20-25 € pour une bonne assiette de charcutailles et de fromages.* Le rendez-vous des œnophiles du quartier : pas loin de 600 étiquettes d'Italie ou d'ailleurs, négociées à un tarif raisonnable. Un vrai bonheur de s'installer sur la terrasse en regardant les passants tout en buvant un *nobile* ou un *brunello* accompagné de *crostini* ou de *bruschette.* On peut étoffer le menu avec un plat de pâtes ou une salade. Les salles sont toutes aussi agréables avec les tables au milieu des rayonnages. Le soir, venir tôt pour prendre de vitesse les nombreux habitués !

Bevo Vino *(plan détachable E5, **148**) : via di San Niccolò, 59 r. ☎ 055-200-17-09. • bevovino.enoteca@gmail.com • Tlj 12h-1h. Compter 20-25 € pour un repas complet, vin compris.* À deux pas de la porta San Miniato, on le manquerait presque, ce petit bar à vins au mobilier de bois clair. Ambiance bon enfant pour avaler quelques plats bien ficelés tout en dégustant de nombreux crus toscans, choisis avec soin par le patron. Une adresse de connaisseurs. Accueil charmant et conseils avisés. Plus animé en soirée.

Où savourer de bonnes glaces ?
Où siroter un jus de fruits frais ?

Il Gelato di Filo *(plan détachable E5, **175**) : via San Miniato, 5 r. ☎ 055-248-06-17. Tlj sf lun 12h30-20h30.* Une adresse qui propose d'excellents sorbets de fruits de saison et des glaces crémeuses à souhait. Peu de parfums, ce qui garantit la qualité et la fraîcheur ! Servies copieusement et moins chères que celles vendues dans le centre historique ! Idéalement placé pour prendre des forces pour la grimpette jusqu'à San Miniato al Monte (et il en faut...).

Cantina del Gelato *(plan détachable D4, **177**) : via dei Bardi, 31. ☎ 055-050-16-17.* On pourrait presque le rater, ce glacier, à mi-chemin du Ponte Vecchio et du quartier San Niccolò. Un choix restreint (mais fameux) de glaces *home made*. Spécialité de la maison ? La *Buontalenti,* sorte de crème à la saveur douce et sucrée, mais les autres sont tout aussi excellentes, d'autant que la gentillesse est au rendez-vous.

Isola Verde *(plan détachable D4, **171**) : lungarno Torrigiani, 11 r. ☎ 055-263-85-16. Tlj 10h-22h. Fermé nov-mars.* Voilà un endroit qui plaira aux amateurs de fruits et de smoothies. À la demande, on vous fait ce que vous voulez : mélange de fruits et légumes aux vertus énergisantes toniques, diététiques. Accueil agréable et pêchu.

Où boire un verre en écoutant de la musique ?

Zoe *(plan détachable E5,* ***199****) : via dei Renai, 13 r.* ☎ *055-24-31-11. Petite rue parallèle au lungarno Serristori (qui longe l'Arno). Tlj 9h-3h ; aperitivo 18h-22h. Le midi, compter 15-20 €.* L'un des endroits branchés du quartier qui, le soir, regorge de monde jusque sur le trottoir. Terrasse attenante débordante de jeunes et de (un peu) moins jeunes. À l'intérieur, déco design en noir et blanc, épurée, où se retrouvent de belles créatures florentines. Petites expos temporaires de jeunes artistes italiens accrochées aux murs.

Negroni *(plan détachable E5,* ***200****) : via dei Renai, 17 r.* ☎ *055-24-36-47. À côté de la précédente adresse. Tlj 9h (10h w-e)-3h. Aperitivo (19h-22h) 8 €, avec un monde fou.* DJs aux platines en fin de semaine et musique *lounge* le reste du temps. L'une des bonnes étapes du Florence *by night !* La salle cosy aux lignes modernes accueille quelques petites expos temporaires, mais c'est en terrasse que les jeunes s'éparpillent volontiers dès le printemps. La journée, il est aussi sympa d'y boire son café en terrasse que d'y déjeuner d'un plat de pâtes.

High Pub Bar *(plan détachable E5,* ***202****) : via dei Renai, 27 a.* ☎ *055-23-47-082.* Un endroit qui ne paie pas de mine mais ô combien sympathique pour une bonne mousse au moment de l'*aperitivo.* Le midi, des petits plats sans prétention mais d'un bon rapport qualité-prix. Accueil jovial et plein d'allant. Une bonne adresse dans le quartier.

Flo Gallery *(plan détachable F5,* ***195****) : piazzale Michelangelo, 84.* ☎ *055-65-07-91. À 20 mn à pied du centre et tout à côté du* Camping Michelangelo. *Tlj en hte saison 19h-4h du mat ; le reste de l'année slt jeu-sam.* Un incontournable des nuits florentines. On commence par un *aperitivo* et on termine en se déhanchant sur la piste de danse... Tenue correcte recommandée.

À voir

Chiesa San Niccolò *(plan détachable E5) : à priori ouv slt le mat. Petite offrande bienvenue.* Une église peu mise en valeur de par sa situation encaissée. À l'intérieur, ambiance un tantinet austère où on trouve quelques peintures du XVIe et du XVIIe s. Demandez qu'on vous éclaire l'église... Poussez jusqu'à la sacristie pour admirer un triptyque de Fabriani, récemment restauré (un peu trop à notre goût car les couleurs sont un peu agressives), avec les portraits de Marie, saint Côme et saint Damien.

Museo Bardini *(plan détachable D-E5) : via dei Renai, 37.* ☎ *055-226-40-42. Ouv slt ven-lun 11h-17h. Entrée : 6 €.*
Stefano Bardini (1836-1922) est l'un des plus grands collectionneurs et antiquaires italiens. On l'appelait « le prince des antiquaires ». Peintre à l'origine, il est devenu au fil des ans un grand collectionneur. Il achète tout, il s'intéresse à tout : du papier mâché, des cadres, des armes, des dessins en passant par des tapis, des coffres de mariage... Il récupère et achète les palais de la ville en pièces détachées. En effet, au XIXe s, on a beaucoup détruit de palais en centre-ville pour faire de grandes percées (à la manière du baron Haussmann à Paris). Sa clientèle est russe, américaine et même française comme les Jacquemart-André (leur nom vous dit quelque chose, non ?). Il utilise son palais (qu'il a racheté aux Mozzi, une riche famille florentine) comme un showroom. Il regroupe les objets par thème. D'ailleurs, à sa mort, quand il lègue son palais à la ville, on a du mal à comprendre le mélange des genres, les copies et les originaux. Après un testament et un héritage bien complexes, c'est à l'État italien que revient la totalité des œuvres du collectionneur. Le vœu de ce dernier a été respecté : conserver les pièces exposées aux murs bleus (à la manière russe), ainsi que l'agencement de ses œuvres. On peut être

surpris en effet par le musée en lui-même. Il faut le regarder dans son ensemble et non comme une somme d'œuvres individuelles. De ses nombreux voyages en Europe et en Amérique, Stefano Bardini a réuni une riche collection éclectique.
– *Au rez-de-chaussée.* La première salle à gauche est dédiée aux statues antiques, mais l'œuvre majeure est le tableau de Tino di Camaino, *La Carità,* montrant une femme allaitant ses deux enfants. On y admire aussi des chapiteaux corinthiens, des portails, une tombe en marbre d'Arnolfo di Cambio. Toujours au rez-de-chaussée, le célèbre *Porcellino* de Pietro Tacca, offert par le pape Pio IV à Cosimo Ier en visite à Rome en 1560. Cosimo II en a commandé une copie en bronze pour le Palazzo Pitti, transférée aux Offices. Également une copie dans l'actuelle Loggia del Mercato Nuovo (vous suivez ?). Après avoir monté le majestueux escalier en marbre (jetez un œil au *Poséidon*), belle collection de tapis perses du XVIIe s aux murs. Par ailleurs une collection unique de dessins au crayon de Tiepolo. Quelques œuvres d'art comme la *Madonna dei Cordai* de Donatello ou encore le *San Michele Archangelo* de Pollaiolo. Salle d'armurerie assez impressionnante. Admirez au passage les magnifiques plafonds à caissons du palais. Un bel endroit qui mérite la visite.

Giardino delle Rose *(jardin des Roses ; plan détachable E5)* **:** *viale Giuseppe Poggi. GRATUIT.*
Agréable jardin qu'on peut désormais visiter toute l'année. Coincé entre la *chiesa San Miniato al Monte* et la *porta San Miniato,* on y accède par la via di San Salvatore al Monte. Inauguré en 1865, le jardin était connu pour sa magnifique roseraie. Plus d'un siècle après (en 1998), en partenariat avec Kyoto, la ville de Florence a enrichi le site d'un jardin japonais.
Depuis septembre 2011, on peut admirer une dizaine de sculptures du célèbre artiste belge Jean-Michel Folon disséminées dans le parc. Celui-ci affectionnait l'Italie et particulièrement Florence. Admirez *La Valise* dans laquelle on voit une vue panoramique de la ville, le gros *Chat* couché dans l'herbe, ou l'imposante *Méditerranée* avec son bateau penché. Pour l'anecdote, les plus âgés se souviendront que Folon avait créé les fameux petits bonhommes bleus qui s'envolent pour le générique d'Antenne 2 à la fin des années 1970, début des années 1980.
La cerise sur le gâteau c'est tout de même la vue magnifique sur Florence... Une halte reposante, loin du tumulte du centre-ville... Quant à la roseraie, l'idéal est de la voir en mai. Mignonne, allons voir si la rose...

Chiesa San Miniato al Monte *(plan détachable F5)* **:** *via del Monte alle Croci. ☎ 055-234-27-31. On y accède facilement à pied des ponts San Niccolò et alle Grazie (mais ça grimpe !) ou en bus (no 13). Tlj 8h-20h en été ; 8h-13h, 15h30-19h le reste de l'année.*
Une des plus belles réussites du roman florentin : façade incrustée de marbre de Carrare et de marbre vert de Prato, décorée d'une mosaïque. À l'intérieur, décoration à base de marbres polychromes et parement du XIIIe s, une partie de celui-ci représentant les signes du zodiaque. Le plafond est de toute beauté, tout en étant sobre. Pavement du XIIIe s. Devant le chœur, *chapelle du Crucifix,* œuvre de Michelozzo (1448). Bas-côté gauche, chapelle du cardinal du Portugal, au riche décor Renaissance. Admirer le travail de marqueterie en marbre sur la clôture du chœur. Dans l'abside, belle mosaïque du XIIIe s. Enfin, jeter un œil aux fresques de la sacristie. Une de nos églises préférées.

COUP DE PUB

L'aigle représenté au sommet de l'église est l'emblème des marchands florentins. Celui-ci tient dans ses serres un torsello, petit sac qu'on utilisait au Moyen Âge pour transporter des échantillons d'étoffes. On y cousait le logo de la corporation. À l'époque, les riches marchands finançaient en grande partie la construction des églises. Voir le logo permettait, à coup sûr, un bon coup de pub pour les corporations citées.

Jouxtant l'église, le ***cimetière de San Miniato.*** Immense et magnifique, ce cimetière, propriété communale depuis 1911, offre plusieurs styles, du néoclassique en passant par une inspiration russe ou encore Art déco. Plusieurs chapelles et sépultures méritent le détour. À noter que l'auteur de Pinocchio, Carlo Lorenzini (« Collodi »), Libero Andreotti, Frédérick Stibbert ou encore Vasco Pratolini, pour ne citer qu'eux, y sont enterrés. Profitez-en, les touristes ont tendance à oublier cet endroit (à tort).

San Salvatore al Monte *(hors plan détachable par E-F5)* **:** *juste en dessous de San Miniato. Ouv 6h30-12h30, 15h-19h.* À pied, ça grimpe dur pour atteindre cette petite église qui domine Florence. On vous conseille de monter par le jardin des Roses qui longe la via del Monte alle Croci. L'église en elle-même, d'une grande sobriété, avec de solides murs et une charpente en bois, ne présente guère d'intérêt.

En revanche, ne manquez pas le ***coucher de soleil*** sur tout Florence à partir de la piazzale Michelangelo sous l'église *San Salvatore al Monte.* Très touristique, certes, mais les reflets sur l'Arno et les couleurs du Ponte Vecchio valent d'affronter le monde. Inoubliable !

ESCAPADE PÉDESTRE AU SUD DE FLORENCE

Après avoir arpenté le pavé florentin, pourquoi ne pas vous échapper une journée pour parcourir la campagne florentine, l'une des plus belles régions de Toscane. Les collines entourant la ville offrent des points de vue magnifiques, le tout dans une très grande sérénité. Les cyprès et les villas accentuent cette atmosphère exceptionnelle, à l'écart du tumulte touristique. À pied, c'est idéal !

Aventurez-vous du côté des collines au sud de l'Arno, que (trop) peu de visiteurs prennent le temps de découvrir. Cette enclave aux portes de la capitale toscane mérite bien une petite escapade d'une demi-journée. En l'espace de quelques instants, le flâneur se retrouve dans la quiétude d'un charmant faubourg résidentiel aux allures de village toscan. Ici, comme dans les arrière-plans des tableaux des maîtres de la Renaissance, tout est fait pour maintenir l'homme en harmonie avec son environnement et le rendre heureux. Les arbres contribuent à l'enchantement et au raffinement : cyprès élégants comme des flammes vertes, oliviers noueux et pacifiques à l'éternel feuillage vert argenté, jardins secrets et villas anciennes noyées dans la belle végétation du Sud.

➢ La randonnée fait une bonne dizaine de kilomètres. Compter 3h sans vous presser. Prévoir des lunettes de soleil (en été), de bonnes chaussures et, surtout, de l'eau.

Proposition d'itinéraire

Le départ et l'arrivée de cette balade se font du célèbre ***Ponte Vecchio.*** De là, prenez à gauche la via dei Bardi, admirez la piazza de Mozzi, nº 4, de superbes décorations à grafiton où vous observez de belles allégories en excellent état, juste en face du musée Bardini. Puis contournez pour prendre la via dei Renai. À votre droite, la *Chiesa San Niccolò* (ouverte à priori le matin) et prenez à droite la via San Miniato pour passer sous la ***porta San Miniato.*** Cette belle porte médiévale marque les limites de la vieille ville, encore ceinturée ici par une longue section intacte de remparts datant de 1258. Continuez quelques mètres

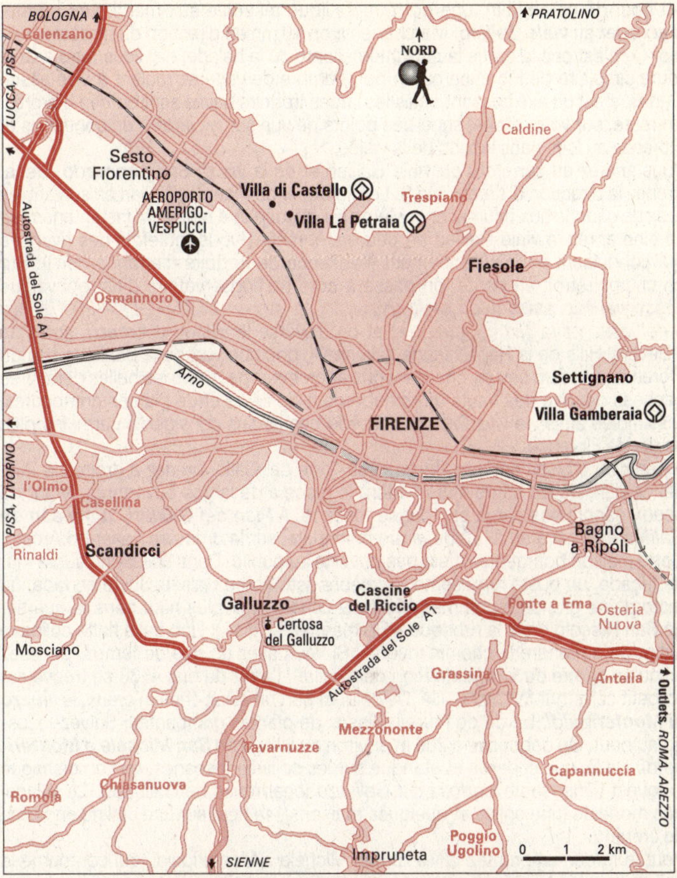

LES ENVIRONS DE FLORENCE

par la via dei Monte alle Croci (en direction de l'église San Miniato) et prenez la deuxième à droite, la via dell'Erta Canina, juste en face de l'entrée du très mignon giardino delle Rose. L'abandonner 50 m plus loin pour suivre la voie de droite à la fourche. On passe devant la pizzeria *La Beppa Fioraia,* une adresse bien connue des locaux. On est déjà à la campagne, loin du bruit et de la foule. On laisse sur la gauche, 400 m plus loin, un petit jardin public abritant des jeux pour enfants et quelques tables de pique-nique sous les frondaisons. Puis on s'achemine alors sur une petite route qui mène au tennis-club de Florence. Là, il faut suivre à droite l'allée principale de cyprès qui monte en se faufilant au creux d'un vallon très vert. On y aperçoit les toits ou une partie de façades de belles villas et de leurs jardins que l'on devine joliment entretenus. Environ 300 m après ce jardin public, on tombe sur un petit croisement. Ignorer les petites allées secondaires et suivre sur la gauche le chemin sinueux sur le flanc de la colline, qui traverse un quartier résidentiel de maisons cossues.

Au bout de ce chemin, une porte métallique réservée aux marcheurs permet d'accéder au ***viale Galileo.*** Marcher environ 10 mn en direction du piazzale Galileo. Ce n'est pas la partie la plus intéressante de la balade, car vous retrouvez la route circulaire de Florence où un bon nombre de voitures roulent à vive allure. Certes, c'est un axe passant, mais les larges trottoirs pavés sont bordés d'arbres. En route, sur votre droite, superbes points de vue sur les jardins en contrebas et Florence au loin, dans le fond de la vallée.
Vous arrivez au carrefour du viale Galileo et de la ***via di San Leonardo.*** De là, prenez la direction d'Arcetri (via S. Leonardo) et de Pian dei Giullari en suivant les rues de gauche aux bifurcations. Même si l'atmosphère redevient instantanément sereine après le viale Galileo un peu agité, méfiez-vous toutefois des riverains qui conduisent parfois rapidement (l'absence de trottoirs n'arrange rien !). Sur ce chemin étroit en pente, on passe à côté de l'observatoire d'astrophysique *(**Osservatorio astrofisico di Arcetri,** rens et résas : ☎ 055-27-52-280 ou sur • richiesta_visita@arcetri.stro.it •)* et on traverse le village d'***Arcetri,*** sorte de « Beverly Hills de la Renaissance italienne », poumon vert de la banlieue sud de Florence. Avec un peu de chance, vous apercevrez peut-être les belles demeures cachées derrière des hauts murs débordant de fleurs et de plantes grimpantes. Dissimulée aussi, la *villa Caponi* possède des jardins considérés parmi les plus beaux de Florence.
À partir du croisement avec la via della Torre del Gallo, prenez à droite via Pian dei Giullari, où les hauts murs cèdent la place à de larges ouvertures livrant de beaux panoramas sur la campagne toscane. À ***Pian dei Giullari,*** la ***maison de Galilée*** se trouve au n° 42 de la rue principale, sur la droite en venant d'Arcetri. Cette maison bourgeoise n'est pas ouverte au public. Dans une niche sur le mur de façade, un buste représente le célèbre astronome Galilée. Juste en face, un resto d'une grande renommée (*Trattoria Omero,* voir plus haut dans le quartier de San Niccolò dans la rubrique « Où manger ? Chic »). Une belle halte culinaire avant de reprendre le chemin inverse. Si vous avez un peu de temps, poussez jusqu'au centre du village de Pian dei Giullari, l'arrêt du bus n° 38 se trouve sur un petit carrefour fort tranquille. De celui-ci part un étroit chemin creux, le ***viuzzo di Monteripaldi,*** bordé de murs tapissés de plantes grimpantes. Suivez-le jusqu'au bout. On débouche à 200 m environ au village de ***San Michele a Monteripaldi.*** De là, vue superbe et étendue sur les collines toscanes, où l'on distingue à l'ouest l'imposante *Certosa del Galluzzo* (chartreuse de Galluzzo). Le village, très modeste (une église et quelques maisons), se tient sur une colline en forme de crête.
Pour le retour, empruntez la via di San Michele a Monteripaldi, qui contourne la colline escaladée précédemment, puis tournez à droite vers le carrefour du bus n° 38 et suivez exactement le même chemin à l'envers jusqu'au carrefour. On conseille de redescendre à Florence par la ***via di San Leonardo,*** étroite, dallée et bordée de vieilles maisons cossues (c'est tout droit). On passe sous la ***porta San Giorgio,*** la porte la plus ancienne de Florence (1260), et on continue à descendre par la ***costa di San Giorgio.*** Au n° 2 de cette rue, on peut accéder au ***giardino Bardini*** *(entrée payante),* même si l'entrée principale se situe via di Bardi, 1. On poursuit son chemin avec un petit arrêt au passage devant la façade du n° 19, où Galilée habita un temps. Les derniers mètres de cette randonnée ont quelque chose d'un « toboggan urbain » se glissant entre les murs anciens et resserrés, pour nous ramener au plus vite vers la via dei Bardi et le Ponte Vecchio.

LA CAMPAGNE FLORENTINE

Il est possible d'effectuer une très belle balade à travers les collines entourant Florence (environ 6 km). Cette promenade est connue sous le nom de *viale dei Colli,* avenue conçue au XIXᵉ s par l'architecte Giuseppe Poggi.

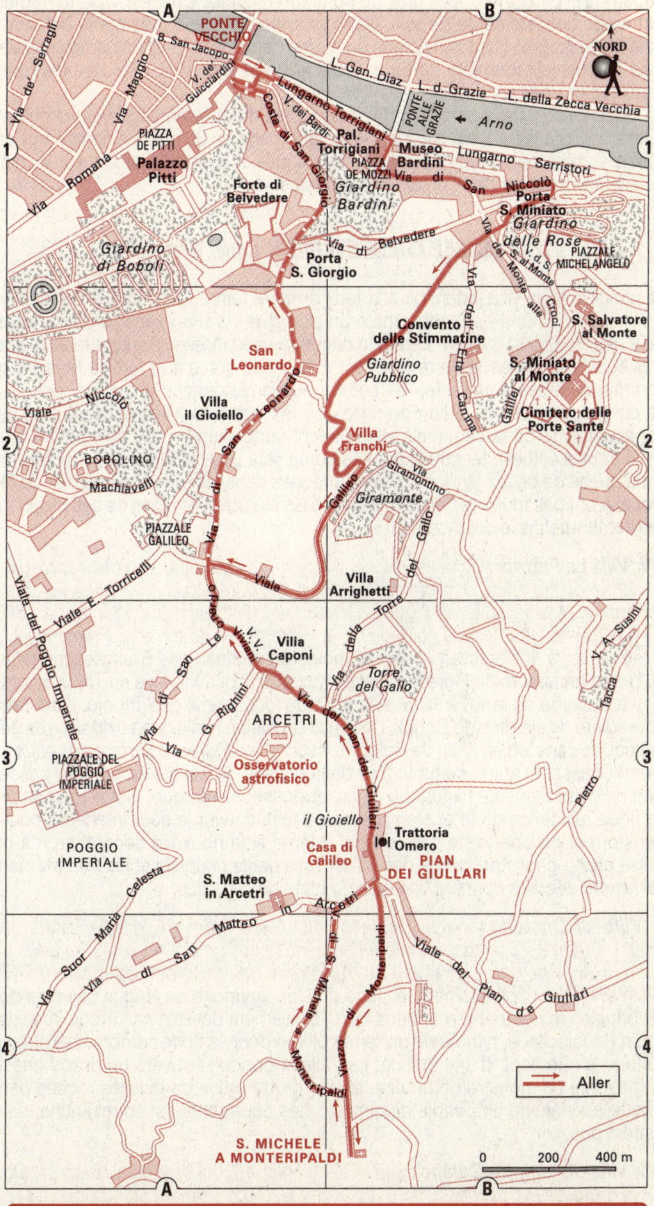

ESCAPADE PÉDESTRE DANS LE SUD FLORENTIN

...t de la piazza Ferrucci, près du pont San Niccolò. Arrivée à la porta Romana ...mité des jardins de Boboli). Cette promenade prend trois noms différents : viale Michelangelo (jusqu'à la place du même nom) ; viale Galileo (partie centrale) ; viale Machiavelli (dernière partie, jusqu'à la porta Romana). Elle offre de somptueux panoramas sur la ville.
On peut encore, de la porta San Frediano, près du pont Amerigo Vespucci (dans l'Oltrarno), prendre la ***via Monte Olive,*** qui mène en 30 mn de marche sur une colline surplombant Florence. Villas magnifiques et superbes jardins sur la route. Balade agréable car peu connue des touristes.

LES VILLAS MÉDICÉENNES *(ville Medicee)*

Le principe de la villa (attention aux faux amis, le terme *villa* en italien ne désigne pas seulement une habitation mais un domaine rural au sens large du terme) date des Romains, qui inventèrent la résidence secondaire. Après une éclipse de plusieurs siècles, les villas redevinrent à la mode grâce à la famille Médicis qui commanda à ses architectes de somptueuses résidences et jardins. Les villas de campagne étaient un lieu de repos où les riches familles pouvaient échapper au tumulte de la cité, mais elles étaient surtout un lieu de délectation artistique et intellectuelle tel que la pensée humaniste pouvait le concevoir. Ces villas constituées de beaux jardins (très nombreuses dans les environs proches de Florence) n'ont pas toujours très bien traversé les siècles ; certaines de ces propriétés méritent toutefois le déplacement :

Villa La Petraia : *via della Petraia, 40. Située à* ***Castello,*** *à 7 km au nord-ouest du centre de Florence, non loin de l'aéroport. Prendre le bus n° 28 (direction Sesto Fiorentino). Mars-oct, jardins ouv 8h15-18h30 (19h30 juin-août) ; ferme à 16h30 le reste de l'année. Visites guidées de la villa ttes les 45 mn env. Fermé les 2e et 3e lun du mois.* Il s'agissait ni plus ni moins du château des Brunelleschi, famille du grand architecte de Florence, passé aux mains des Médicis en 1575. Buontalenti fut chargé de rénover la villa au goût du jour, tandis que Tribolo, l'architecte paysagiste des jardins de Boboli, dessinait un parc à l'italienne aux parterres géométriques dans lequel Jean de Bologne inscrira une *Florence sortant des eaux.* Un grand chassant l'autre, ce fut le tour de la maison de Savoie de prendre possession de cette demeure historique... en y apposant sa marque. Victor-Emmanuel II en fit sa résidence d'été et s'empressa de faire couvrir la cour intérieure pour la transformer en une vaste salle de bal. Même si la nouvelle décoration n'a pas laissé grand-chose du temps des Médicis, la petite chapelle et les appartements richement décorés donnent une idée du faste de ces villas.

Villa di Castello : *via di Castello, 46. À env 1 km de la villa La Petraia. ☎ 055-200-12-78. • accademiadellacrusca@cscsigma.it • Visites guidées sur rdv mer 9h-13h, 15h-18h et jeu 9h-13h ; ainsi que le 1er dim du mois 10h-13h. GRATUIT.* C'est actuellement le siège du Conservatoire de langue italienne dont les origines remontent aux années 1570. Également dessiné par Tribolo, ce vaste jardin Renaissance, rythmé de parterres bien ordonnés et de nombreuses statues, s'étage sur le flanc d'une colline. Les allées conduisent vers un grand bassin, où patiente un monstre de bronze, et une grotte ornée de fausses roches parmi lesquelles s'affaire un peuple d'animaux. Les appartements, en revanche, ne se visitent pas.

Villa di Poggio a Caiano : *piazza dei Medici, 12, bourg situé à 18 km à l'ouest, sur la route de Pistoia par la N 66. ☎ 055-87-70-12. Prendre un autobus CAP ou Copit, départ piazza S. M. Novella ttes les 30 mn. La villa se situe au centre du village, en haut de la colline. Tlj mars-oct, 8h15-17h30 (18h30 juin et sept, 19h30 juil-août). Ferme à 16h30 le reste de l'année. Visites guidées de la galerie de peintures sur résa. Fermé les 2 et 3e lun du mois.*

Ce fut Laurent le Magnifique qui chargea l'architecte Giuliano da Sangallo des travaux de reconstruction. Posée sur un embasement à arcades, la villa se démarque de ses consœurs par son péristyle surmonté d'une frise d'Andrea Sansovino et d'un fronton de temple grec. Cette référence inédite à l'Antiquité est une commande du pape de la famille, Léon X. Malheureusement, les occupants successifs de la villa ont sérieusement mis à mal les décorations héritées des Médicis. Les Bonaparte ouvrent le bal sous la houlette d'Élisa, alors grande-duchesse de Toscane. Les fresques, qui ne sont pas à son goût, sont revues et corrigées sans pitié. Puis ce sera au tour de Victor-Emmanuel II de participer à ce grand nettoyage de printemps ! À l'arrivée, les 60 pièces de la demeure sont l'occasion d'une promenade instructive, on y admire des fresques d'Andrea del Sarto, de Pontormo et d'Alessandro Allori. Une palette de choix !

UN COU FATAL

Offerte à Laurent de Médicis en 1486 par un sultan mamelouk en guise de cadeau diplomatique, la girafe des Médicis fit grande impression lorsqu'on la promena dans les rues de Florence. Malheureusement l'animal se brisa le cou, peu de temps après son arrivée dans l'écurie qu'on avait spécialement aménagée pour elle dans la villa de Poggio a Caiano. Il a fallu attendre 1826 pour qu'une girafe repointe le bout de ses cornes en Europe, en l'occurrence à Marseille. Elle gagna Paris en compagnie de trois vaches la nourrissant au lait, le tout escorté par les gendarmes !

Cette villa fut la plus célèbre des villas médicéennes, notamment pour ses réceptions auxquelles participaient de nombreux humanistes (dont Montaigne). C'est ici d'ailleurs qu'en 1587 François Ier de Médicis et son épouse Bianca Capello moururent dans des conditions demeurées mystérieuses. La villa abrite, depuis 2007, le plus grand musée de la Nature morte en Europe, regroupant plus de 200 œuvres et peintres italiens, flamands et hollandais, dont notamment Bartolomeo Bimbi et Brueghel l'Ancien.

Villa Medicis di Fiesole : *via Beato Angelico, 2 (Fra Giovanni Da Fiesole detto l'Angelico),* ***Fiesole.*** *☎ 055-594-17. Fax : 055-239-89-94. Accès par le bus n° 7 (voir plus loin la rubrique « Arriver – Quitter » à Fiesole). Ouv lun-ven 9h-13h. Visite sur résa. Entrée : 6 €.* C'est la première véritable villa Renaissance, construite entre 1458 et 1461 pour Cosme l'Ancien. Il s'agit malheureusement d'une propriété privée, et seuls les jardins, suspendus comme ceux de Babylone, sont ouverts au public (magnifique panorama).

LA CERTOSA DEL GALLUZZO (chartreuse de Galluzzo)

Via di Colleramole, 11. ☎ 055-204-92-26. • certosadifirenze@cistercensi.info • À 6 km de Florence. Bus n°s 36 et 37 de la piazza S. M. Novella (en face de la gare) ou de la porta Romana. En voiture, suivre la via Senese depuis la porta Romana (panneaux). Tlj sf lun. Visites guidées obligatoires slt à 9h, 10h, 11h, 15h, 16h et 17h (en hiver, cette dernière heure de visite est supprimée), le dim à 15h, 16h et 17h. Compter 45 mn de visite (en italien, en anglais et en français).

Dressée sur une éminence à la sortie du bourg, cette vaste chartreuse fondée au XIVe s abrite depuis 1958 des cisterciens... qui vous proposeront tout de même de délicieuses liqueurs. On ne perd pas les bonnes habitudes !

À voir : la pinacothèque (fresques de la Passion, de Pontormo), l'église gothique (stalles délicatement ciselées du XVIe s) et les bâtiments conventuels. Dans la salle capitulaire, s'attarder sur la belle *Crucifixion* d'Albertinelli. Le grand cloître, décoré de médaillons des Della Robbia, renferme un cimetière dont les tombes ne portent ni nom ni date, par souci d'humilité, et dont le nombre est strictement égal à celui des cellules moines qui le bordent, c'est-à-dire 18. Leur extrême simplicité et leurs jardinets privés rappellent que les chartreux vivaient en reclus dans le silence et le recueillement, ne partageant que les principaux offices et les repas de fêtes. Le Corbusier, qui le visita à deux reprises en 1907 et 1911, s'en inspira pour la construction du couvent de Sainte-Marie-de-la-Tourette, près de Lyon.

SETTIGNANO

À 8 km à l'est de Florence. Prendre le bus nº 10 de la piazza San Marco. Charmant village coiffant une colline, célèbre pour avoir accueilli plus d'un illustre résident : Michel-Ange, D'Annunzio et Berenson. Beaucoup de magnifiques villas dans ce coin qui inspira de nombreux sculpteurs. Michel-Ange y passa d'ailleurs une partie de sa jeunesse, dans la villa Buonarroti. C'est quand même une référence...

Villa Gamberaia : *via del Rossellino, 72, à* **Settignano.** *☎ 055-69-72-05. • info@villagamberaia.it • Seul le jardin se visite. Tlj 9h-19h (dernière entrée à 18h). Entrée : 10 €.* Principalement dessiné au XVIIIe s, ce somptueux jardin s'est vu attribuer quatre bassins formant un beau parterre d'eau à la fin du XIXe s, avant que la baronne Van Kelteler n'en affirme le côté formel en multipliant les topiaires au début du XXe s. Ils donnent sur un mur de cyprès percé d'arcades, fenêtres ouvertes sur un magnifique panorama. Une autre partie abrite des grottes renfermant quelques statues dont celle de Neptune évidemment.

FIESOLE (50014) 15 000 hab.

Perchée au sommet d'une colline (à 300 m d'altitude) au nord-est de la capitale toscane, cette petite cité autrefois très puissante offre un panorama extraordinaire sur Florence. Son versant nord, en revanche, marque le début de l'arrière-pays avec de belles échappées sur les douces collines plantées de cyprès et d'oliviers.

Ce paysage bucolique, tout en nuances de vert, inspira la plume de nombreux auteurs. Boccace (XIVe s) y situait le refuge des héros du *Décaméron.* Proust y rêvait du printemps « qui couvrait déjà de lis et d'anémones les champs de Fiesole et éblouissait Florence de fonds d'or pareils à ceux de L'Angelico... ». Tandis que dans les années 1930, Gide y contemplait la « Belle Florence » couchant à Fiesole une partie des *Nourritures terrestres.*

Allez-y sans tarder, car ce gros bourg jalonné de villas cossues a su préserver sa taille humaine. On y croise beaucoup de monde en été, bien sûr, mais également chaque premier dimanche du mois, quand se tient la grande braderie des antiquaires...

Arriver – Quitter

En bus

De Florence, prendre le bus nº 7 à l'arrêt situé piazza San Marco. Tous les horaires sur • *ataf.net* •

Horaires du bus nº 7

➢ ***De Florence à Fiesole :*** bus ttes les 20 mn env 6h-0h40. Le dim, ttes les 20-30 mn env 6h30-18h20.

➢ ***De Fiesole à Florence :*** bus ttes les 20 mn env 5h30-1h. Le dim, ttes les 20-30 mn env 6h20-18h40.

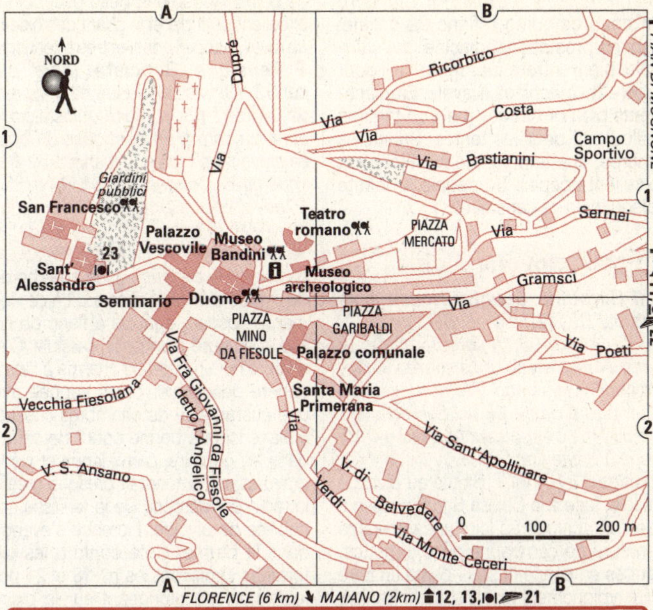

FIESOLE

■ **Adresse utile**

- Office d'information touristique

Où dormir ?

11 Camping panoramico Fiesole
12 Il Burattino Country House
13 Pensione Bencistà

Où manger ?

21 I Giuggiolo
22 Casa del Popolo
23 La Reggia degli Etruschi

Adresse utile

Office d'information touristique *(plan A1)* **:** *via Portigiani, 3-5. ☎ 055-596-13-11. • comune.fiesole.fi.it • Ouv avr-sept, tlj 10h-16h30 (horaires d'hiver restreints, téléphoner avt).* Compétent et bien documenté. Plan du centre historique de Fiesole avec le commentaire en français. Assure également la billetterie du Museo civico.

Où dormir ?

Camping

Camping panoramico Fiesole *(hors plan par B1,* ***11****)* **:** *via Peramonda, 1. ☎ 055-59-90-69. • panoramico@florencecamping.com • À 7 km du centre de Florence. Bus n° 7 depuis Florence jusqu'à Fiesole, puis navette gratuite tlj 8h-12h, 14h-17h (19h en été) ou 20 mn à pied. Compter 33-38 € pour 2 avec tente et voiture. Mobile homes 2-4 pers 40-70 €, ou chalets pour 4 pers avec petite cuisine (apporter sa vaisselle !) et sdb 100-125 € selon* *saison (draps fournis). (payant).* Un beau camping à flanc de colline. Bonnes prestations, piscine *(ouv juin-sept)* bien entretenue, resto *(avr-oct)*, supérette, machines à laver... Emplacements bien ombragés mais un tantinet caillouteux pour les tentes. Sanitaires propres. Vue imprenable sur Florence. Excellent accueil. Surpeuplé en haute saison, cela va sans dire !

De prix moyens à chic

Il Burattino Country House *(hors plan par B2,* ***12****) : via del Salviatino, 12. 338-481-89-93. • ilburattino.com • Sortie Florence-sud, puis suivre Fiesole, continuer via Lungo L'Affrico jusqu'au bout, puis à droite via del Salviatino sur env 500 m ; c'est à gauche, juste avt un virage à droite (indiqué). Ouv tte l'année. Doubles 80-100 €.* Blottie au pied de Fiesole, face à la Chiesa San Francesco, que l'on aperçoit au loin, une vénérable demeure de campagne avec tomettes, poutres en chêne et sous-pente en terre cuite typiquement toscans. Ici vit Ranieri, qui propose 3 chambres très propres, dont la déco, encore à l'état minimaliste, ne cède en rien à l'envie de bien faire. 2 d'entre elles se partagent la même salle de bains. Autrement, beau petit coin TV, excellent petit déj et le chant des oiseaux au réveil. Accueil gentil et très attentionné.

Pensione Bencistà *(hors plan par B2,* ***13****) : via Benedetto da Maiano, 4. ☎ 055-591-63. • info@bencista.com • bencista.com • En contrebas du bourg en arrivant de Florence (panneaux). Résa impérative. Congés : 1er janv-14 mars et 16 nov-31 déc. Compter 160 € la double, env 190 € la quadruple. Réduc de 10 % sur le prix de la chambre sur présentation de ce guide.* Une allée bordée de cyprès et d'oliviers conduit à ce vieux manoir toscan, agrippé à flanc de colline et entouré d'un jardin paisible. C'est aujourd'hui un hôtel de charme à l'atmosphère délicieusement surannée avec une quarantaine de chambres cossues. Il plane ici une bonne odeur de café, et dans les couloirs, parmi lithos et vieilles gravures, on entendrait presque grésiller la radio de Marconi. De la terrasse, tout habillée de glycine, Florence s'évanouit dans la brume. Côté confort, les plus fortunés choisiront les nos 18 et 21 pour leurs balcons plongeant sur la plaine. Idéal aussi, pour les familles, qui opteront pour les quadruples. Aussi spa, massage, jacuzzi et piscine. Une belle tranche de Toscane, en somme...

Où dormir dans les environs ?

Prix moyens

Casa Palmira : *via Faentina, loc.* ***Feriolo,*** *50030 Polcanto (Firenze). ☎ 055-840-97-49. • info@casapalmira.it • casapalmira.it • À 9 km de Fiesole, en direction de Borgo San Lorenzo par la SR 302. La maison se situe à Feriolo, à droite dans une descente quelques km après le croisement de la route d'Olmo. Fermé de mi-janv à début mars. Doubles 85-115 € avec sdb ; 125 € pour l'appart « La Casina ». CB refusées.* Une belle demeure traditionnelle toscane, isolée dans un environnement superbe. Déco lumineuse et printanière, depuis les chambres cossues jusqu'aux confortables salons agrémentés de meubles anciens chinés chez les antiquaires, avec de beaux tapis marocains. Ceux qui veulent s'isoler choisiront « La Casina », avec son accès indépendant sur le jardin et sa cuisinette. Accueil très attentionné et en français des proprios – tendance écolo-chic –, qui assurent un copieux petit déjeuner et proposent toutes sortes d'activités. Cerise sur le gâteau : jacuzzi et piscine.

Où manger ?

Prix moyens

I Giuggiolo *(hors plan par B2,* ***21****) : viale Righi, 3 a, 50137 Firenze. ☎ 055-60-62-40. • info@igiuggiolo.com • À la limite de Florence et de Fiesole, à l'extrémité de la via Salviatino (juste en face de l'auberge de*

FLORENCE ET SES ENVIRONS

jeunesse). Ouv tlj midi et soir. Pizze *5-8 €, plats 8-9 €.* Tenue par des jeunes dynamiques, une auberge toscane reconstituée avec faux murs de briques et divers objets des champs. On y sert des pizzas si croustillantes qu'on dirait de la dentelle. Autrement une cuisine toscane qui se tient bien, comme le prouvent les nombreuses familles qui déboulent pour s'attabler ici dans la bonne humeur. Bons raviolis à la mortadelle et excellente glace à la pistache et aux pignons caramélisés.

|●| ***Casa del Popolo*** *(hors plan par B1,* ***22****) : via Matteotti, 25/27. ☎ 055-59-70-02. Prendre la route qui monte à gauche de la mairie, c'est env 400 m plus loin sur la gauche (parking fléché). Ouv tlj 8h-23h (sf en juil), la cuisine fonctionne tlj 12h-14h30, w-e le soir slt. Pizza 6 €. CB refusées.* C'est le lieu convivial par excellence, loin, bien loin de Florence et des touristes. C'est ici que les aînés du quartier viennent se réchauffer. De la terrasse, le panorama est remarquable, on y prend volontiers un café. Sinon, la salle située juste en dessous propose une cuisine simple et bon marché. Accueil gentil.

|●| ***La Reggia degli Etruschi*** *(plan A1,* ***23****) : via San Francesco, 18, 50137 Firenze. ☎ 055-59-385. • info@lareggia.org • En contrebas du couvent San Francesco. Tlj 11h-15h, 18h-23h. Plat 12 €, couvert 3 € ; on dîne pour env 30-35 € sans les vins.* Service souriant et plats raffinés dans ce resto panoramique dont on aura pris soin de préciser « avec vue » lors de la réservation. La carte dépasse largement les classiques toscans : tartares ou carpaccios en entrée, *gnochetti* sauce safranée, morue au brandy... Beau plateau de fromages et vins assortis. Endroit agréable et romantique à souhait.

À voir

★★ ***Duomo di San Remolo*** *(plan A1-2) : piazza della Cattedrale, 1. Tlj 7h30-12h, 15h-18h (8h-12h, 14h-17h l'hiver).* Construit au XIe s sur l'emplacement du forum antique, il fut modifié dans un premier temps au XIVe s et très restauré depuis. Magnifique campanile crénelé. À l'intérieur, architecture très austère de plan basilical, interrompue par un inhabituel chœur surélevé. Magnifique polyptyque de Bicci di Lorenzo (1450) sur l'autel. Fresque sur la voûte. À droite, en montant l'escalier : petite chapelle avec des fresques de Cosimo Rosselli et des sculptures de Mino da Fiesole.

★★ ***Chiesa San Francesco*** *(plan A1) : via San Francesco, 13. En haut de la colline. L'été, tlj 6h45-20h (interruption lors des offices sam 18h et dim 11h). Ferme à 18h l'hiver.*
C'est en montant vers San Francesco que vous aurez la plus belle vue sur la plaine florentine. Édifiée au XIVe s, cette église très simple est tout à fait adorable. Sous le porche d'entrée, petite fresque du XVe s représentant saint François, un peu dégradée, mais on devine sur l'ange la délicatesse du drapé. À l'intérieur, quelques primitifs religieux : *Immaculée Conception* de Piero di Cosimo (1510), gracieuse *Annonciation* de Raffaellino del Garbo, *Adoration des Mages* du XVe s. Dans la chapelle, *Nativité* de Luca Della Robbia.
– Au sous-sol, un intéressant petit ***museo etnografico della Missione Francescana*** *(musée des Missions). ☎ 055-591-75. En été, mar-sam 9h30 (10h30 sam)-12h, 15h-19h (17h en hiver). GRATUIT.* Un peu fourre-tout : porcelaine de Chine, estampes, gravures, artisanat, instruments de musique, petite section archéologique avec quelques objets étrusques et romains. Avant de quitter le site, jetez un coup d'œil au charmant cloître en retrait sur la droite de l'église. Rassérénant !

★★ ***Teatro Romano e Museo civico*** *(plan A1) : via Portigiani, 1. ☎ 055-596-12-93. Ouv avr-fin oct, tlj 10h-19h ; 18h mars et oct ; 14h le reste de l'année. Ticket combiné avec le musée Bandini et la chapelle San Jacopo (l'ancien oratoire du palais épiscopal où l'on trouve le Musée diocésain) : 10 €*

(2 € supplémentaires si expos temporaires). Construit dans un endroit stratégique, le site de Fiesole fut occupé dès le VIe ou le Ve s av. J.-C. par les Étrusques. À leur tour, les Romains s'y trouvèrent mieux qu'en plaine, jugeant l'air nettement plus salubre, et recouvrirent la colline de bâtiments civils importants. Les vestiges de la zone archéologique témoignent de ce glorieux passé. Emblème du site, le beau théâtre romain du Ier s av. J.-C. donne une petite idée de la taille de la cité, avec une capacité de plus de 3 000 spectateurs. Bien restauré, il accueille différentes manifestations pendant l'été (concert de musique classique, ballets...). Moins bien conservés, les thermes datent de l'époque impériale et furent agrandis sous Hadrien, tandis que le soubassement d'un temple et un tronçon d'un puissant mur de fortification rappellent l'implantation étrusque. Le musée attenant rassemble des statues votives, stèles et autres urnes funéraires étrusques et romaines découvertes sur le site, ainsi qu'une très intéressante collection de céramiques attiques à figures rouges.
– Le samedi, le même billet permet également d'aller découvrir les collections d'orfèvrerie liturgique de la petite chapelle *San Jacopo,* située via S. Francesco et dans laquelle on trouve une belle collection d'objets liturgiques témoignant du savoir-faire des artisans florentins.

Museo Bandini (plan A1) **:** *via Dupré, 1. ☎ 055-596-12-93. Fermé lun-jeu. Autrement ven-dim avr-fin oct 10h-19h (18h oct, mais mieux vaut téléphoner avt). Tarifs : ticket combiné avec le théâtre romain 12 € ; sinon entrée simple 5 € ; réduc.* Ce petit musée présente une intéressante collection d'œuvres du Moyen Âge et de la première Renaissance italienne, ainsi qu'une sélection notable de terres cuites vitrifiées de la famille Della Robbia. Belles compositions de Bernardo Daddi, Taddeo Gaddi ou encore Lorenzo Monaco.

DANS LES ENVIRONS DE FIESOLE

Si vous passez dans les environs, n'hésitez pas à faire un crochet par le ***Convento del Monte Senario,*** sur la route de Bivigliano (au nord de Fiesole en direction de borgo San Lorenzo, puis Pratolino). Petit monastère occupant une position en nid d'aigle, sur un espace dégagé au sommet d'une colline ceinte d'une épaisse forêt... comme la tonsure d'un moine ! La visite vaut surtout pour la balade, empruntant de jolies routes étroites et sinueuses à flanc de colline, et pour la vue panoramique somptueuse sur la campagne florentine. Petite chapelle croulant sous les moulures dorées.

PRATO

(59100) 180 000 hab.

Connue dès le Moyen Âge pour son industrie textile lainière, Prato, que l'on appelle aussi « la petite Florence » eu égard à la beauté de certains de ses monuments, joue un rôle économique de premier ordre dans la région. Située au débouché de la vallée du Bizenzio, au centre de la plaine qui va de Florence à Pistoia, la ville possède un *centro storico* très agréable à visiter, de beaux monuments de facture romane et Renaissance, ainsi qu'un intéressant musée du textile.

Arriver – Quitter

En train

Gares ferroviaires : 2 gares, ***Prato Centrale,*** sur la ligne Florence-Bologne, et ***Prato Porta al Serraglio,*** sur la ligne Florence-Viareggio. La première se trouve à l'est de la ville. Prendre un bus *LAM* pour se rendre au *centro storico* (arrêt Piazza San Domenico). La seconde est plus près du centre-ville.

En bus

🚌 ***Gare routière :*** *piazza Stazione. ☎ 0574-60-82-35. • capautolinee.it • Les bus s'arrêtent en face de la gare Prato Centrale.* Bus ttes les 30 mn avec *CAP* depuis Florence. Compter 45 mn de trajet.

Circulation et stationnement

Depuis l'autoroute, le mieux est de prendre la ***sortie Prato Est,*** cela afin d'éviter la zone industrielle et d'accéder plus facilement au centre. Ensuite, se garer sur le parking situé en face de la poste.

Adresse utile

ℹ ***Agenzia per il turismo di Prato :*** *piazza Buonamici, 7. ☎ 0574-24-112. • pratoturismo.it • Avr-sept, lun-jeu 9h-13h, 15h30-18h ; ven 9h-13h ; w-e 10h-13h.* Petits guides sur la ville. Bon accueil.

Où dormir ? Où manger ?

🏠 ***Albergo Il Giglio :*** *piazza San Marco, 14. ☎ 0574-37-049. • info@albergoilgiglio.it • albergoilgiglio.it • Juste à l'entrée des remparts, dans un angle de la pl. San Marco (sculpture de Henry Moore). Doubles 70-80 €, petit déj compris.* Petit hôtel sans prétention mais très propre. Une douzaine de chambres correctes dont la moitié avec salle de bains. Au rez-de-chaussée, 2 d'entre elles sont accessibles aux personnes à mobilité réduite. Ambiance « hôtel chez l'habitant », d'autant qu'Alvaro et sa fille Stefania vous accueillent gentiment dans la langue de Molière.

🍴 ***Aroma di Vino :*** *via San Stefano, 24. ☎ 0574-43-38-00. • info@pratoaromadivino.it • Derrière la cathédrale. Tlj sf le midi lun-mer. Congés : 2de quinzaine de juil. On y mange bien pour 20-25 €.* Un joli petit resto, tout en couleur et patiné aux encoignures. Bonne ambiance, bonne musique. Ici, tous les produits sont faits maison, d'ailleurs Trudy est passée maîtresse dans l'art de concocter ses desserts (paraît qu'on fait de la route pour goûter sa tarte aux épinards et aux amandes !). Autrement, c'est l'occasion d'essayer une cuisine toscane gentiment revisitée : lasagnes végétariennes, céleri à la pratoise et d'excellentes soupes.

🍴 🍕 ***Lo Scoglio :*** *via Verdi, 42. ☎ 0574-22-760. • info@ristorantelosciglioprato.it • Tlj sf sam midi. On mange pour 25-30 € si on ne force pas sur les plats ; moins pour une pizza.* Dans un couvent datant de 1400, salles voûtées, ambiance proprette. La maison a fait sa spécialité du poisson frais comme en témoigne la vitrine réfrigérée en entrant. Autrement, bonnes pizzas, mais le soir seulement. Bons desserts. On regrette juste le R'n'B en musique de fond.

🍴 ***Ristorante Tonio :*** *piazza Mercatale, 161. ☎ 0574-21-266. • info@ristorantetonio.it • Derrière la cathédrale. Repérez le campanile de l'église San Bartolomeo, c'est juste à côté. Tlj sf dim-lun, midi et soir. Repas 35-40 €.* Un resto aux standards des années 1950 ; rien n'a changé depuis l'ouverture. Une table on ne peut plus classique, un service stylé, une cuisine goûteuse et sans surprise, bien dans la tradition. On y vient surtout pour le poisson.

Où manger une bonne glace ?

🍦 ***Il Lingotto :*** *piazza Mercatale, 145 a. ☎ 0574-60-58-63. Tlj en hte saison.* Un excellent glacier où les portions sont bien servies et, qui plus est, vend des glaces *senza glutine* (sans gluten).

À voir

🏛🏛 Entre autres, le ***Duomo,*** de style romano-gothique, assez représentatif de ce que furent ces édifices bicolores qui alternaient l'*alberese* (pierre calcaire claire) et la serpentine jusqu'au XVe s. Il est célèbre pour sa chaire extérieure, œuvre de Donatello et Michelozzo. À l'intérieur, belle chaire Renaissance en marbre blanc. Dans l'abside, les fresques de Filippo Lippi (admirable *Banquet d'Hérode* annonçant Botticelli !) sont accessibles moyennant 3 € (audioguide compris dans le prix).
– Voir aussi le ***museo dell'Opera del Duomo*** : *lun-ven (fermé mar et mer ap-m) 9h-13h, 14h30-18h30 ; sam 10h-13h, 14h30-18h30 ; dim 10h-13h. Entrée : 5 €.* Orfèvrerie religieuse, sculpture de Donatello.

🏛 Le ***Palazzo pretorio*** abrite la ***Galleria comunale*** (1er étage) et son importante collection de peintures (Filippo Lippi, Bernardo Daddi, Fra Bartolomeo, Giovanni da Milano). Également une belle collection de gravures sur bois allant du XVIe au XIXe s.

🏛🏛 ***Centro per l'arte contemporanea Luigi Pecci :*** *via della Repubblica, 277. ☎ 0574-53-17. • centropecci.it • Tt de suite au niveau de l'entrée en ville, quand on prend la sortie Prato-Est de l'autoroute (repérez la banane en béton, œuvre de M. Staccioli). Tlj sf mar. Entrée : env 5 €, variable selon expo. Réouverture prévue au printemps 2015.* Avec une surface agrandie, le centre a une allure plus en rapport avec la qualité des collections exposées. Accueille de très belles expos temporaires. Possède aussi dans son fonds propre des œuvres de Mario Merz, David Tremlett, Julian Schnabel, Gilberto Zorio... Pour les amateurs d'art contemporain, c'est L'endroit en Toscane.

🏛🏛 ***Museo del Tessuto*** *(musée du Tissu)* **:** *via Pucetti, 3. ☎ 0574-61-15-03. • museodeltessuto.it • Mar-ven 10h-15h, sam 10h-19h, dim 15h-19h. Fermé mar. Entrée : 3 € ; gratuit dim.* Un musée entièrement consacré à l'art et à l'industrie textile qui regroupe des pièces allant de l'Antiquité à nos jours. Belle muséographie mettant en valeur des tissages du monde entier. Les vitrines recèlent des pièces rares, comme des fragments de tissages précolombiens, mais aussi des velours vénitiens et florentins de la Renaissance. Dans les pièces contemporaines, signalons les œuvres de Moore, Ponti ou Dufy. Aussi une riche collection de vêtements et tout sur le passé industriel de la ville. Maintenant que vous êtes aiguillé, prenez une navette et filez-y dare-dare !

🏛 À voir également, l'étonnante ***chiesa Santa Maria delle Carceri*** (Sainte-Marie-des-Prisons) dont la forme de la petite coupole n'est pas sans évoquer celle de Brunelleschi.

➢ Si vous vous dirigez vers Lucca en vous enfonçant vers le sud en direction de San Gimignano, vous traverserez le *Monte Albano* et découvrirez un morceau de campagne riche en histoire, compris entre l'autoroute Fi-Pi-Li de Pise à Florence (sortie à Pistoia) au sud, et l'A 11 de Lucques à Florence (sortie à Empoli) au nord. Quelques monuments et musées d'importance jalonnent cet itinéraire, notamment sur les pas de Léonard de Vinci, dans sa propre ville natale. La meilleure période pour visiter la région est l'automne ou l'hiver : c'est le temps des vendanges, des récoltes d'olives et de la dégustation de l'huile et du vin nouveaux... Mais le printemps, tout empreint de fragrances boisées, de jasmin et de roses mélangées, n'est pas mal non plus...

DANS LES ENVIRONS DE PRATO

VINCI (56059)

À 25 km au sud de *Pistoia,* 60 km à l'est de *Pise* et 47 km de *Florence* par l'autoroute Fi-Pi-Li. Vinci est le berceau natal de Léonard de Vinci. Ce petit village perché en forme d'amande ne vit pas que de la notoriété du génie de la Renaissance, Léonard de Vinci (1452-1519). C'est une authentique petite cité de caractère, située dans un paysage exceptionnel, alternance de collines couvertes d'oliviers et de vallons verdoyants piqués de cyprès. C'est sur une de ces douces collines arrondies, sur les hauteurs du village, que se trouve la maison natale du célèbre peintre et inventeur, une des gloires de l'art d'Italie.

Arriver – Quitter

➢ ***En train, puis en bus de Florence :*** au départ de la gare S. M. Novella, prendre le train jusqu'à Empoli, puis bus fréquents *Copit* (le nº 49) depuis la gare d'Empoli jusqu'à Vinci (piazza della Libertà). Durée : 25 mn. ● *piubus.it* ●

Adresse utile

🛈 ***Ufficio turistico :*** *via della Torre, 11. ☎ 0571-56-80-12. ● terredelrinascimento.it ● Au pied du château dei Conti Guidi. Mars-oct, tlj 10h-19h ; nov-fév, lun-ven 10h-15h, w-e et j. fériés 11h-16h.* Infos sur les hébergements et doc sur la région. Bon accueil et en français !

Où dormir à Vinci et dans les environs ?

Campings

Camping Village San Giusto : *via Castra, 71, 50050* ***Limite Sull'Arno.*** *☎ 055-871-23-04. ● info@campingsangiusto.it ● campingsangiusto.it ● À 10 km à l'est de Vinci, sur la route de Carmignano. Navette tlj pour la gare d'Empoli à 9h30 ; de là, on gagne Florence en train, départ ttes les 15 mn, retour à 18h30. Ouv Pâques-début nov. Résa conseillée. Nuit env 25 € pour 2 avec tente et voiture ; chalets 2-6 pers 40-85 €.* Agrippé à flanc de colline, ce vaste camping déploie ses emplacements dans l'un des secteurs les plus verdoyants du mont Montalbano. Propre et très ombragé, il propose en outre de bonnes prestations : épicerie, resto *(trattoria)*, aire de jeux pour les enfants... Vraiment un bel endroit, à l'ambiance sereine. Accueil très gentil. Beaucoup de monde en été, comme partout.

Camping Barco Reale : *via Nardini, 11,* ***San Baronto*** *(commune de Lamporecchio). ☎ 0573-88-332. ● info@barcoreale.com ● barcoreale.com ● À 10 km au nord de Vinci, sur la route de Pistoia. Ligne de bus Pistoia-Empoli, arrêt San Baronto. Congés : oct-mars. Résa obligatoire en juil-août. Nuit 25-41 € pour 2 avec tente et voiture selon saison ; bungalows 2-5 pers 47-144 € selon saison.* Un vaste camping moderne au sommet d'une colline boisée stratégiquement situé au cœur de la Toscane. Ensemble très bien tenu, avec des emplacements bien délimités et ombragés. Resto, bar, épicerie et animations. Belles piscines (une pour les grands et une petite pour les enfants) jouissant d'un panorama...

Hôtels

Antico Masetto : *piazza Berni, 12,* ***Lamporecchio.*** *☎ 0573-82-704. ● info@anticomasetto.it ● anticomasetto.it ● À 9 km au nord de Vinci. Ouv tte l'année. Résa conseillée en été. Doubles 125-139 € selon type de chambre, petit déj-buffet compris.* Pour ceux qui préfèrent l'hôtel aux *B & B*, celui-ci se trouve sur la place du village (très animé le vendredi, jour de marché). Une vingtaine de chambres tout confort. C'est impeccable, la déco est classique et pour quelques euros de plus, offrez-vous celles qui donnent sur l'arrière, la vue est magnifique ! Excellent accueil de Sauro.

Hotel Monna Lisa : *via Lamporecchiana, 27-29, Vinci. ☎ 0571-56-266. • info@hotelmonnalisavinci.it • hotelmonnalisavinci.it • À l'entrée du village (200 m sur la droite) quand on vient de Lamporecchio. Double 75 €, petit déj compris. Moins cher si on réserve à l'avance sur leur site.* Bâtisse récente abritant des chambres, coquettes et soignées (décoration avec un certain charme). Préférer celles avec petit balcon. Bonne petite adresse si tout est complet dans la région.

Agriturismi

Agriturismo La Gioconda : *via di Santa Lucia, 4. ☎ 765-90-22. 393-965-05-06. • info@agriturismolagioconda.com • agriturismolagioconda.com • À 250 m de la maison natale de Leonardo et à 3 km de Vinci. Ouv tte l'année. Doubles 50-60 € ; petit déj 5 € ; apparts pour 4 pers 90-120 €/j. selon saison. CB refusées. Bouteille de vin offerte sur présentation de ce guide.* Perchée sur une jolie colline, cette belle demeure de caractère bénéficie d'un panorama époustouflant sur la campagne avoisinante et sur le petit village de Vinci. Un jardin très fleuri, une belle piscine avec vue imprenable sur la vallée, beaucoup de caractère et de confort, AC dans toutes les chambres (7 au total, dont 6 avec kitchenette). La plus belle est la « Camera Panoramica » (sans cuisine) avec une vue superbe. Les apprentis vignerons peuvent se faire la main à l'occasion des vendanges. Bon accueil d'Eva et de Lorenzo, qui prêtent aussi des vélos. Pour un prix raisonnable, une adresse que nos lecteurs apprécient depuis des années.

Il Vincio : *via di San Pantaleo, 28. ☎ 0571-56-009. • agriturismoilvincio@gmail.com • agriturismoilvincio.it • À 2 km au sud de Vinci, direction Cerreto Guidi ; au rond-point, continuer sur 500 m et prendre à droite vers San Pantaleo. Congés : nov-fin fév. Double 75 € ; petit déj 10 € ; apparts 2-4 pers à partir de 80 €/nuit. Repas 25-30 €. Réduc de 10 % sur le prix de la chambre en juin-juil sur présentation de ce guide.* Dans une *azienda* bio et familiale, au cœur de 11 ha de vigne, de céréales et de fruits. Cristina, la maîtresse des lieux, parle le français. Les chambres, avec salle de bains, spacieuses sont bien arrangées. Le petit déj est un vrai festin constitué des produits de la ferme. Excellente cuisine familiale, sur demande. Possibilité de manger dans le jardin et d'utiliser le barbecue.

Agriturismo Podere Zollaio : *via Pistoiese, 25. ☎ 0571-56-439. • agriturismopoderezollaio@tin.it • poderezollaio.com • À Vinci, prendre la route qui monte au pied du Museo ideale Leonardo da Vinci, puis à gauche un virage en épingle juste après la sortie du village. Ouv tte l'année. 5 apparts 2-4 pers 460-700 €/sem selon taille et saison. CB refusées. 2 bouteilles de vin offertes sur présentation de ce guide.* Maison remarquable dans un site exceptionnel de collines plantées d'oliviers ondulant jusqu'à la mer. Une belle maison du XVe s entièrement rénovée, avec sa piscine qui domine le bourg médiéval de Vinci. Des gens accueillants. Lisa propose plusieurs appartements confortables et très bien arrangés. Pas de petit déj, tout est en *self-catering,* petites kitchenettes, barbecue pour griller sa *fiorentina* ou arroser son *dentice* d'huile extra-vierge produite au domaine.

Palma's Country B & B : *via si San Pantaleo, 122 ; à 3 km de Vinci. ☎ 0571-84-10-46. 338-456-53-20. • info@palmasclub.com • palmasclub.com • De Vinci, prendre vers San Pantaleo. Au 1er rond-point à droite, puis au 2e complètement à gauche. Poursuivre sur env 400 m, puis à droite (panneau) et faire env 2 km. C'est fléché sur la droite. Doubles 80-90 € selon confort.* Le nom un peu galvaudé et commercial de ce lieu ne dit pas bien la réalité des choses. Il s'agit d'un bel agrotourisme en pleine campagne, entouré de vignes et de collines. Paolo, le souriant patron, et sa femme (qui ne l'est pas moins) vous accueillent avec jovialité. Chambres spacieuses, bien équipées, et très calmes. Merveilleuse piscine derrière la maison près de la salle à manger (il y a même un petit bar dans un cabanon). Une bonne maison, tenue par des gens adorables. Possibilité d'y dîner (sur demande).

FLORENCE ET SES ENVIRONS

Où manger ?

Ristorante-pizzeria Leonardo : *via Montalbano Nord, 16. ☎ 0571-56-79-16. • info@ristorante leonardo.com • Au pied du museo Leonardiano, dans le centre. Tlj midi et soir. Congés : janv ou nov. Menus touristiques 13-35 € midi et soir.* Petit resto, au frais l'été, avec les inévitables roues de charrettes pour faire plus campagnard. On y vient à *pranzo* pour *una bistecca* avec des frites, les yeux rivés sur la télé. On y sert une cuisine toscane rustique et classique.

La Burra di Vinci : *via Orbignanese, 15. ☎ 0571-90-90-42. • info@allabura.com • Au village de Vinci, prendre la route de Pistoia, tourner à gauche à 200 m, suivre les panneaux. 500 m plus loin un chemin de terre part sur la gauche dans un vallon verdoyant ; le continuer jusqu'au bout. Tlj midi et soir. Slt sur résa. Repas env 25-30 €.* Ce vieux moulin, niché dans la nature, a été converti en auberge rustique. Le chef y mijote une savoureuse cuisine toscane à prix sages. Recommandé par les locaux.

À voir. À faire à Vinci et dans les environs

Museo Leonardiano : *☎ 0571-93-32-51. • museoleonardiano.it • Tlj 9h30-19h (18h nov-fév). Entrée : 7 € ; réduc.* Musée officiel retraçant le génie inventif et l'avant-gardisme de Léonard de Vinci. Il est réparti sur deux bâtiments : le *castello dei Conti Guidi* (le château de Vinci), comprenant plusieurs maquettes des machines de Léonard (dont les célèbres machines volantes...), une salle dédiée aux travaux de Léonard en matière d'optique ; et la *Palazzina Uzielli* (à deux pas), où commence la visite puisqu'il abrite la billetterie ; demandez la très complète brochure en français pour cette partie assez technique mais intéressante. Expo sur les machines de chantier, les grues, leur histoire, leur évolution et leur rôle dans la construction des églises et autres monuments. Également des maquettes sur la contribution de Léonard à la technologie textile.

Casa natale di Leonardo da Vinci : *à Anchiano. ☎ 0571-56-519. À 3 km de Vinci. Tlj 10h-19h (17h nov-fév). Entrée : 2 € ; réduc. Billet combiné avec le museo Leonardiano : 8 € ; réduc. Parking à 200 m de la maison.* Explications principalement en italien. Ne vous attendez pas au grand luxe, il s'agit d'une grosse maison en pierre, sans prétention, perchée en haut d'une colline et entourée d'oliviers. Installée dans un paysage remarquable, surplombant toute la région, la maison natale de cet inventeur de génie se compose de 3 pièces. C'est assez sommaire mais on peut quand même y voir une copie de son acte de naissance, le blason familial (de sa famille paternelle), quelques documents et un petit film.

TALENT MULTICARTE

Léonard est né à Vinci des amours illégitimes d'une paysanne et d'un notaire. Il n'avait pas appris le latin mais dessinait comme un dieu. Visionnaire universel, la liste de ses expériences et inventions est impressionnante : avion, hélicoptère, sous-marin, parachute, scaphandre, char d'assaut... Il a même été ingénieur militaire pour César Borgia. Il mourut dans les bras du roi François Ier qui le vénérait, et son corps repose dans le château d'Amboise.

➢ De nombreux ***sentiers de randonnée*** rayonnent depuis Vinci. Le départ des itinéraires (tous fléchés par un panneau bordeaux et blanc) se fait au nord du village sur la route en direction d'Anchiano. Ils sont praticables aussi bien à pied qu'à VTT. Le circuit le plus intéressant est le nº 16, qui part d'Anchiano, mais c'est également le plus long (compter 2h l'A/R à pied).

CERRETO GUIDI (50050)

À 5 km au sud de *Vinci,* 28 km au sud de *Pistoia,* 45 km à l'ouest de *Florence* et 60 km à l'est de *Pise* (sortie de l'autoroute Fi-Pi-Li à Empoli). Situé sur un col qui marquait un passage stratégique vers le marais de Fucecchio (la plus vaste zone marécageuse d'Italie), ce petit village tranquille, qui tire son nom des comtes Guidi, vaut surtout pour sa ***Villa Medicea,*** une demeure chargée d'histoire.

Arriver – Quitter

➢ ***En train, puis en bus :*** par le train de Florence à Pise, descendre à la gare d'*Empoli (☎ 0571-72-659).* Ensuite, prendre le bus : ligne nº 52, ttes les heures *(Piu Bus : ☎ 0571-74-194 ; ● piubus.it ●).* Durée : 15-20 mn max.

Adresse utile

ℹ ***Ufficio turistico*** *(Pro Loco) : via dei Ponti Medicei. ☎ 0571-55-671. ● prolococerretoguidi.it ● Au pied de la Villa Medicea. Mar-dim 10h-13h, 17h-19h.*

À voir

👍👍 ***Villa Medicea :*** *via dei Ponti Medicei, 7 ; dans le centre du village. ☎ 0571-55-707. Ouv tlj 8h15-19h. Fermé 2e et 3e lun du mois. Entrée libre.* Cette imposante bâtisse fut construite au-dessus des ruines du château des Guidi, sur ordre de Cosme Ier de Médicis. Celui-ci voulait ainsi marquer sa domination sur son adversaire. Ce fut au départ une résidence de chasse, qui se transforma en petit palais au fil du temps. À l'intérieur, musée (consacré en partie à la chasse) dédié aux Médicis, avec des portraits de leurs plus fameux membres. La villa fut marquée par le scandale, au XVIe s, lorsque la fille de Cosme Ier, soupçonnée d'adultère, fut étranglée par son mari dans l'une des pièces. Impressionnants escaliers à l'avant, connus sous le nom de *Ponti Medicei.* À l'intérieur, voir une huile sur toile du Tintoret et quelques mobiliers remarquables en marqueterie datant de la première moitié du XVe s. Belle collection de lames (certaines des XIe et XIIe s), pistolets, escopettes, tromblons et revolvers, ainsi que quatre superbes tapisseries du XVIe s représentant les saisons.

LA RÉGION DU CHIANTI

« **Je crois que les hommes qui naissent là où se trouvent les bons vins ont un grand bonheur...** »

Léonard de Vinci

◗ Pour la carte de la région du Chianti, se reporter au cahier couleur.

La région du Chianti s'étend de Florence à Sienne, sur les collines du centre de la Toscane, limitées du côté est par les monts du Chianti et du côté ouest par la vallée du fleuve Elsa. Le Chianti fut le théâtre de conflits violents, en raison de la rivalité entre Florence et Sienne, qui débutèrent au Moyen Âge pour s'achever au XVIIe s. Il reste encore aujourd'hui des traces de ces guerres territoriales : on parle du Chianti florentin (San Casciano in Val di Pesa, Tavarnelle Val

di Pesa, Barberino in Val d'Elsa, Greve in Chianti) et du Chianti siennois (Castellina in Chianti, Radda in Chianti, Gaiole in Chianti et Castelnuovo Berardenga). Cette coulée verte entre les deux villes était déjà occupée au temps des Étrusques. Il semblerait même que cette civilisation préromaine ait, grâce à ses nombreux échanges, introduit la vigne en France. Pour les motorisés, la balade sur la « Chiantigiana », la SR 222 qui serpente parmi les villes des grands crus, est vraiment agréable et on traverse les jolis bourgs de Greve, Castellina, Radda et Gaiole.

Vous parcourrez les douces collines couvertes de vignes, chères à Léonard de Vinci, qui s'enchevêtrent avec des bouts de forêts. À l'aube et au crépuscule, luminosité et paysages aux palettes de couleurs exceptionnelles.

Comment s'étonner, donc, que la Renaissance soit née dans un paysage si harmonieux ? Le Chianti est la terre d'élection d'un tourisme « élitiste » de connaisseurs, de jouisseurs, d'amateurs de bonne gastronomie. Mais les Italiens ne sont pas en reste. Ils succèdent donc aux poètes, artistes et réfugiés politiques du XIXᵉ s, qui en appréciaient déjà les irrésistibles qualités. Bref, une région qui réunit beaucoup d'atouts, de privilèges et de talents.

UN PEU D'ŒNOTOURISME

Tout le monde connaît le chianti. C'est le plus célèbre des vins toscans, qui représente plus de la moitié des DOC et DOCG régionaux. Mais il y a chianti et chianti. En 1716, Cosimo III de Medici, qui avait senti la nécessité de protéger un savoir-faire local, avait délimité un terroir précis et défini les règles de production du vin. Avec le temps, la production s'étendit sur un territoire de plus en plus large, et le respect des critères d'élaboration finit par se perdre. On opéra alors un retour aux sources : les domaines situés sur la zone reconnue par Cosimo III obtinrent une appellation spécifique, *chianti classico,* identifiable au coq noir qui figure sur la bouteille, tandis que les autres durent se contenter de l'appellation *chianti,* avec parfois la mention du secteur de production *(chianti colli senesi, chianti rufina...).* Les deux sont reconnus DOCG, et bien entendu on trouve d'excellents vins un peu partout. Notre chapitre traite cependant essentiellement du *chianti classico,* la fameuse zone historique. À peu près 600 vignerons se partagent 7 000 ha et élaborent leurs vins à hauteur de 80 % avec le cépage phare, le sangiovese. Riche et concentré, il est souvent associé au Canaiolo, au Colorino et au Malvasia pour tempérer ses tannins durs. Les *riserva* indiquent des temps de vieillissement plus longs, tandis que les *gran selezione,* en principe encore un cran au-dessus, sont élaborés avec les meilleures grappes. Enfin, beaucoup de domaines se sont lancés avec succès dans la production de *supertoscans,* des vins qui ne répondent plus à l'appellation et utilisent des cépages non autochtones comme le cabernet-sauvignon et le merlot. Il ne s'agit plus de chianti, mais ces vins tanniques et structurés conçus pour rivaliser avec les meilleurs vins internationaux sont très souvent remarquables.

SAN CASCIANO IN VAL DI PESA (50026) 17 200 hab.

Sur la colline qui sépare le val di Pesa du val di Greve, San Casciano est un petit bourg commercial et agricole discret, qui conserve des traces de ses fortifications du XIVᵉ s : murs d'enceinte, quelques tours et l'église de Santa Maria al Prato. C'est ici paraît-il que Machiavel a écrit son fameux livre *Le Prince.* Agréable pour une petite étape.

Adresse utile

🅸 ***Associazione turistica*** (Pro Loco) : *via Lucardesi, à l'accueil du museo San Casciano. ☎ 055-825-63-85. Avr-oct, lun-mar 10h-13h et jeu-dim 10h-13h, 16h-19h (fermé mer) ; le reste de l'année, slt lun 10h-13h, ven 15h-18h et le w-e 10h-13h, 15h-18h.* Accueil charmant et compétent. Vend également les billets pour accéder à la tour panoramique moderne, à deux pas, dont la terrasse culmine à environ 30 m *(2 € ; mêmes horaires).*

Où dormir chic dans les environs ?

Villa Il Poggiale : *via Empolese, 69, 50026 San Casciano in Val di Pesa. ☎ 055-82-83-11. • villailpoggiale@villailpoggiale.it • villailpoggiale.it • Depuis San Casciano, emprunter la route vers Empoli ; bien indiqué. Resto ouv début avr-fin oct. Congés : de mi-janv à mi-fév. Doubles env 85-350 € selon saison, avec petit déj. Repas env 30 €.* Romantique à souhait, cette séduisante demeure du XIVe s, restaurée au XVIIIe, renferme des chambres et des suites tout confort meublées de style classique (un peu bruyantes côté route). Les parties communes sont dans le même esprit, élégantes, mais ce sont les petits plus comme une bonne table, le spa, et surtout les terrasses et la piscine avec vue splendide sur les collines du Chianti qui en font une vraie adresse de charme. Parfait pour les amoureux !

Agriturismo Villa I Barronci : *via Sorripa, 10, à 2 km de San Casciano in Val di Pesa. ☎ 055-82-05-98. • info@ibarronci.com • ibarronci.com • Congés : de mi-janv à fin fév et de mi-nov à début déc. Doubles env 150-200 € en hte saison (avec des pics à certaines dates !), env 100 € le reste de l'année, avec petit déj. ½ pens possible env 30 €/pers en sus. Parking.* On est bien loin de l'*agriturismo* rustique ! Car c'est un bel établissement haut de gamme, où les chambres, toutes différentes, sont réparties entre la maison principale pleine de cachet et les dépendances. Selon ses goûts, on choisira entre une déco classique... ou nettement plus contemporaine. Accueil pro et services de qualité, à l'image de la superbe piscine en belvédère et du spa. Chic et cosy !

Où manger ?

Antica Dolce Forneria : *via Machiavelli, 24. ☎ 055-82-03-21. Tlj sf dim 7h30-13h30, 16h30-20h.* Un petit creux ? C'est l'adresse idéale : d'abord, parce que cette boulangerie connue de longue date fait bien les choses (bons *panini,* pizza à la coupe légère et croustillante, desserts gourmands...), ensuite, parce qu'elle a l'avantage de disposer d'un petit bout de terrasse dans la rue piétonne. Parfait pour un déjeuner léger sur le pouce.

Cantinetta del Nonno : *via IV Novembre, 18. ☎ 055-82-05-70. • info@cantinettadelnonno.it • Tlj sf mer (ouv mer soir en juil-août). Congés : 2 sem en fév. Repas env 25-30 €.* Petite trattoria locale sans prétention, comme on les aime, avec quelques tables dans la rue, une agréable salle rustique, et surtout une belle terrasse ombragée à l'arrière, idéale par grosse chaleur. La cuisine (typiquement toscane) est classique, simple, et franchement bonne. Accueil sympa et sans chichis.

À voir

Museo San Casciano : *via Lucardesi. Même téléphone et horaires que l'Associazione Turistica. Entrée : 3 € ; réduc ; gratuit moins de 6 ans. Audioguide* *en français inclus.* Situé à l'intérieur de l'église Santa Maria del Gesù et dans les bâtiments attenants, c'est un petit musée intéressant dédié à l'art sacré (objets liturgiques, vêtements sacerdotaux, ou encore une séduisante *Vierge à l'Enfant* de Lorenzetti) et à l'archéologie locale (collections de bijoux et de fragments de poteries étrusques). Enfin, une troisième section, consacrée aux habitations primitives, ne manque pas d'attrait avec ses maquettes illustrées par des panneaux explicatifs.

Un peu d'œnotourisme

Villa del Cigliano : *via del Cigliano, 17. ☎ 055-82-00-33. • info@villadelcigliano.it • Visite en principe sur résa (mieux vaut téléphoner). Tarif : env 6-15 € selon la dégustation (avec ou sans petites choses à grignoter) et la visite (qui inclut ou non la cave et la propriété).* Un domaine dans la même famille depuis le XVe s : on ne parle plus d'authenticité mais d'histoire ! Mais une histoire qui n'a rien de figé, puisque les héritiers, membres de l'association des vignerons indépendants, ont une vraie réflexion sur le respect de la nature et ont jeté les bases d'une conversion en bio de leurs 25 ha de vignes. Après un petit tour dans les caves (et sur résa dans la villa, pour découvrir les médaillons de Giovanni Della Robia dans la cour intérieure, et une fontaine baroque en rocailles dans le beau jardin), c'est la mère, le fils, ou la fille qui conduisent en français la dégustation des vins : des *chianti classico* bien faits, qui privilégient la finesse sur la puissance. Quant au *vin santo,* il est élaboré de façon traditionnelle, plus sec que sucré.

TAVARNELLE VAL DI PESA (50028) 7 800 hab.

Grosse bourgade administrative située entre les rivières Pesa et Elsa, le long de la via Cassia. D'ailleurs, son nom, du latin *taberna,* indique qu'elle fut un lieu d'étape. C'est toujours le cas, car on ne s'attarde guère dans le centre, même si l'église de Santa Lucia est l'un des rares exemples d'architecture gothique de la région.

➢ Depuis Greve in Chianti, plusieurs itinéraires intéressants pour rejoindre Tavarnelle : par Montefioralle et l'abbaye de Passignano (route en partie non bitumée) ou par la splendide route panoramique de San Donato.

Adresse utile

Informations touristiques *(Pro Loco) : piazza Matteotti. ☎ 055-807-78-32. • info@prolocotavarnelle.it • tavarnellechiantidavivere.it • En saison, mer-ven 9h-12h30 ; lun et sam 9h-12h30, 16h-19h. Fermé mar et dim. Hors saison, horaires restreints.*

Où dormir à Tavarnelle et dans les environs ?

Camping

Panorama del Chianti : *via Marcialla, 349, 50052* ***Marcialla.*** *☎ 0571-66-93-34. • info@campingchianti.it • campingchianti.it • À l'est par la SP 49, 1 km après Marcialla en arrivant de Tavarnelle. Ouv avr-sept. Forfait pour 2 env 28-34 € selon saison. (à l'accueil).* Un site à taille humaine et bien entretenu (sanitaires très corrects), installé en terrasses sur les flancs d'une colline bien ombragée

LA RÉGION DU CHIANTI

(belle vue sur les environs). Piscine avec son solarium, et un petit bar bien sympa dans le chalet à l'accueil. Très convivial.

Auberge de jeunesse

Ostello del Chianti : *via Roma, 137.* ☎ *055-805-02-65.* • *ostello@ostellodelchianti.it* • *ostellodelchianti.it* • *Arrêts d'autobus à 200 m pour Florence et Sienne. Carte d'adhérent obligatoire (vendue sur place). Avec ou sans sdb, doubles 39-50 € et dortoirs 3-6 lits 16-21 €/pers ; petit déj 2 €. Possibilité de dîner pour les groupes 10,50 €/pers.* C'est l'une des rares auberges de jeunesse de la région, nichée dans un petit bâtiment moderne donnant sur un jardin. Plutôt neutre comme cadre, mais l'accueil est chaleureux, l'ambiance festive, et les parties communes sont sympas (il y a même un ping-pong dans le salon TV !). Côté hébergement, c'est sobre, efficace et propre (les amoureux noteront qu'il n'y a pas de double, mais seulement des quadruples réservées si besoin pour deux personnes). Pour la cuisine, il faut se contenter d'un frigo et d'un four, mais pour le reste, tout est mis à disposition pour rendre le séjour le plus agréable possible (organise des balades à cheval, location de vélos...) !

Agriturismi

Chambre d'hôtes Callaiola : *chez Jocelyne Muchenbach, strada di Magliano, 3, 50021* ***Barberino Val d'Elsa.*** ☎ *055-807-65-98.* *340-429-49-37. Depuis Tavarnelle, prendre la route de Magliano, puis suivre les indications (attention, il ne faut pas tenir compte du n° de la rue au début mais aller tt au bout de la route, car on change de commune à mi-chemin et il y a par conséquent 2 numérotations différentes !). Double 82 €, avec petit déj ; un peu moins cher si l'on y reste min 1 sem.* Cette chambre d'hôtes est une véritable oasis de paix, une île perdue au milieu des collines et des oliviers, dans une superbe ferme du XVIIIe s aux murs couverts de plantes et de fleurs. Accueil chaleureux (et trilingue) de la maîtresse des lieux, qui a élu domicile ici pour profiter pleinement de la sérénité de la campagne italienne, après une vie trépidante à sillonner la planète et à avoir vécu mille choses. Jocelyne cultive son potager à base de produits biologiques et est toujours disponible pour vous aider. L'ambiance des lieux et la compagnie de Jocelyne nous ont enchantés, de même que ses chambres rustiques pleines de cachet et son salon doté d'une immense cheminée.

Azienda Agricola La Colombaia : *loc.* ***San Martino ai Colli,*** *via Cassia, 16, 50021 Barberino in Val d'Elsa.* *338-598-97-18 ou 338-523-83-77.* • *lacolombaia@tin.it* • *lacolombaiagriturismo.it* • *À env 5 km de Tavarnelle et 2 km de Barberino, sur la via Cassia SS 2, en direction de Poggibonsi, sur la droite dans le bourg de San Martino ; attention, la pancarte est peu visible et l'accès se fait par une grande cour intérieure commune. Congés : nov-mars. Env 400-530 €/sem pour 2-4 pers. CB refusées.* *Accueil avec des produits de la ferme sur présentation de ce guide.* Les adorables propriétaires ont aménagé 4 appartements avec entrée indépendante dans leur grande ferme. Meubles rustiques de famille (poêles différents dans chaque chambre), charpentes et murs blancs pour la déco ; clim, cuisine équipée et salle de bains pour le confort : c'est simple, classique, et on est bien. Et comme la maison fait du vin, il y a toujours une bouteille à dispo pour améliorer l'ordinaire !

Villa S. Andrea : *via di Fabbrica, 63, loc.* ***Montefiridolfi,*** *50026 S. Casciano V. P.* ☎ *055-824-42-54.* • *reception@villas-andrea.it* • *villasandrea.com* • *À env 6 km au nord-ouest de Tavarnelle. Doubles env 110-130 €, avec petit déj ; apparts 4-8 pers env 885-1 750 €/sem.* Cette grande propriété a fière allure, perchée sur un promontoire en pleine campagne. Les chambres sont en harmonie avec la villa, classiques, élégantes et de bon confort. Mais ce qui vaut la peine ici, ce sont les appartements. Répartis dans les anciennes fermes du domaine, soigneusement restaurés et isolés dans les vignes, ils sont vastes, meublés à la toscane et vraiment cosy.

LA RÉGION DU CHIANTI

Chaque maison dispose même de sa propre piscine et de grandes terrasses (avec barbecues) pour profiter de la vue géniale sur les environs ! Paisible à souhait. Accueil pro, souriant et arrangeant.

Où manger à Tavarnelle et dans les environs ?

|●| ***Caffe degli Amici :*** *via Roma, 121. ☎ 055-807-72-36. Ouv ts les midis sf dim, et le soir lun-jeu. Menu déj 10 € ; plats de pâtes env 4-5 €.* Le café-bar PMU du coin accueille aussi le club de supporters de foot local. Un lieu de rencontres donc, à la fois sans chichi, haut en couleur et chaleureux, mais aussi un bon plan pour avaler quelque chose en terrasse sans se ruiner. La cuisine fait dans le simple, du genre plats de pâtes et grillades, mais c'est copieux, très correct, et à prix mini ! Et comme le sympathique patron en connaît un rayon sur le vin, il a toujours un cru intéressant à faire goûter. Impeccable.

|●| ***Osteria La Gramola :*** *via delle Fonti, 1. ☎ 055-805-03-21. • osteria@gramola.it • ♿ Tlj sf mar. Menus 20-45 € (certains avec les vins). Café offert sur présentation de ce guide.* Gros tonneaux en guise d'accueil pour planter le décor. Typique donc, comme la cuisine qui fait la part belle aux légumes de saison, mais aussi aux pâtes (faites maison) comme les *pappardelle al farro con sugo di anatra.* Grand choix de vins. Accueil discret et efficace.

|●| ***Osteria di Passignano :*** *loc.* ***Badia a Passignano,*** *via Passignano, 33, 50028 Tavarnelle Val di Pesa. ☎ 055-807-12-78. • info@osteriadipassignano.com • ♿ Entre Greve et Tavarnelle. En venant de Greve, passer par Montefioralle, puis suivre « Badia a Passignano ». Fermé dim. Menu 70 € (120 € avec les vins).* C'est l'*osteria* très chic de référence (tenue correcte de rigueur), réputée dans la région pour sa cuisine de terroir parfaitement exécutée et largement modernisée, inventive et goûteuse. Elle éveillera les papilles les plus gourmandes ! Précédant le resto, *L'Enoteca La Bottega (tlj sf dim 10h-19h),* une salle d'exposition et de dégustation des excellents vins de la célèbre famille Antinori. Prévoir environ 20-55 € selon le type de dégustation (la plus chère avec le vin emblématique du domaine, le fameux Solaia).

DANS LES ENVIRONS DE TAVARNELLE

BARBERINO VAL D'ELSA

★★ On entre dans le bourg fortifié par l'une ou l'autre de ses deux superbes portes. À l'intérieur, plusieurs palais à admirer, notamment le palais prétorien, au n° 40 de la via Francesco di Barberino, dont la façade est ornée de nombreuses armoiries (comme au palais de Radda). Au centre du bourg, l'*église San Bartolomeo,* de style néoromantique du début du XXe s, s'intègre plutôt bien à l'architecture du village. Depuis l'esplanade, devant l'église, vue plongeante sur la campagne environnante. Voir aussi, à quelques kilomètres du village, la *pieve di Sant'Appiano,* une église romane du XIIe s. À l'intérieur, belles fresques datant des XVe et XVIe s, de l'école florentine.

SAN DONATO IN POGGIO

À l'est de Tavarnelle. La route SP 76, qui va de Tavarnelle à Castellina en passant par San Donato, est l'une des plus jolies du coin. Juste après avoir traversé le village San Donato (lorsque l'on va vers Castellina), jeter un œil, sur la gauche, au *santuario di Santa Maria delle Grazie.* Le village, fortifié, est vraiment charmant. On entre dans le castrum en passant sous l'une des deux portes le délimitant.

Agréable balade dans les quelques petites rues du bourg. En contrebas, impressionnante église romane avec tour crénelée.

Adresse et info utiles

Informazioni turistiche (Pro Loco) : *via del Giglio, 47.* ☎ *055-807-23-38.* • *sandonatoinpoggio.it* • *Avr-oct, lun-sam 9h-12h30, 16h-19h ; dim et j. fériés 9h30-12h30. Le reste de l'année, slt mar 16h-18h, jeu 10h-12h.* Infos sur la région, point Internet et petit musée *(entrée gratuite)* sur la région.

– **Marché :** *ven mat.*

Où dormir ? Où manger ?

Agriturismo Campolungo : *strada Cerbaia, 2.* ☎ *057-774-03-18.* *338-303-93-52.* • *info@sandonatino.com* • *sandonatino.com* • *À 1 km du village. Bien indiqué (panneau « Campolungo »). Ouv avr-oct. Doubles 50-60 € selon saison, sans petit déj. Apparts pour 4-6 pers 500-1 400 €/sem. Min 3 nuits. Apéritif maison offert sur présentation de ce guide.* À deux pas de l'adorable village de San Donato, un magnifique et paisible *agriturismo* niché au milieu des vignes et des oliviers. Dans une grande maison indépendante de celle des propriétaires, 4 chambres doubles aux noms d'artistes et personnages toscans : « Galileo », « Giotto », « Cimabue » (la plus petite mais la vue est superbe) et « Brunelleschi », ainsi que 6 appartements. Nos préférés : « Michelangelo », très original avec sa mangeoire d'époque, et « Dante », avec sa vue sur la piscine et sa belle terrasse ouverte. Très confortables (clim, coffres...), ils ont tous été rénovés avec des matériaux nobles (poutres centenaires, sols en terre cuite) et sobrement décorés avec du mobilier toscan traditionnel (armoires chinées chez les antiquaires). Accueil dans une jolie salle voûtée avec un imposant pressoir à huile et vente des produits maison (voir plus loin « Où acheter du bon vin et de l'huile d'olive ? » à Castellina in Chianti). Séduisante piscine au pied des vignes, ainsi qu'une vaste terrasse où l'on peut rêvasser en admirant la campagne toscane. Accueil énergique et attentionné du couple franco-italien, Manola et Mathieu Ferré, qui feront tout pour que vous passiez un séjour agréable. Notre coup de cœur dans le coin. Le couple a également rénové une magnifique maison de 6 chambres, située à 1 km du centre de Castellina. *San Donatino di Sotto* est idéal à plusieurs familles : bien équipé, vue magnifique et calme absolu. Jolie piscine.

Locanda di Pietracupa : *strada Pietracupa, 31.* ☎ *055-807-24-00.* • *info@locandapietracupa.com* • *(slt au resto). Fermé mar (ouv tlj l'été). Congés : janv. Double 90 €. Repas env 40-50 €. Apéritif maison offert et 10 % de réduc sur le prix de la chambre sur présentation de ce guide.* Une des meilleures tables de la région. Une jolie grille en fer forgé, une agréable terrasse avec une vue magnifique sur les collines du Chianti, une véranda cosy plus intimiste à l'arrière, un accueil adorable... Et la cuisine dans tout ça ? Simple et savoureuse, on retrouve ici tous les classiques qui fleurent bon la Toscane : *cinghiale, bistecca, lardo di Colonnata, fegatino* (foie de volaille), *fagioli*... Belle et longue carte des vins. Également une poignée de chambres à l'étage, de bonne taille, élégantes et confortables. Vue superbe sur la campagne environnante. Une charmante adresse qui mérite bien un détour !

Palazzo Pretorio : *via del Giglio, 26.* ☎ *055-807-29-28.* • *palazzopretorio@virgilio.it* • *Fermé mar. Pizzas env 6-10 €.* Ici on respecte les règles : la farine est de grande qualité, la pâte repose 24h, et les ingrédients sont choisis avec soin. Résultat ? Des pizzas napolitaines savoureuses et généreuses, dont la pâte légère et croustillante est à elle seule un délice ! Sinon, la maison est également connue pour ses bons plats de poisson, à déguster en sous-sol (bof), dans une salle voûtée (mieux), ou sur une terrasse géniale à l'étage (mais les places y sont chères et la réservation s'impose).

Un peu d'œnotourisme

Le Filigare : *loc. Le Filigare. ☎ 055-807-27-96. • info@lefiligare.it • Visite en principe tlj (mieux vaut téléphoner).* Ça vaut la peine de grimper jusqu'au faîte de cette haute colline bien ventée. D'abord, parce que l'environnement de ce petit domaine familial est encore une fois exceptionnel, ensuite, parce que l'accueil est fort sympathique. Le propriétaire n'est pas avare en explications, et prend le temps de faire goûter toute sa gamme : de bons *chianti classico* classiques qui flattent le palais (plus aboutis pour les cuvées comme le Maria Vittoria, mais chers), mais aussi des *supertoscans* plus ambitieux comme le Pietro. Intéressant.

BADIA A PASSIGNANO

Une véritable carte postale ! En arrivant de Tavernelle, la petite route escalade une dernière colline avant de déboucher sur le spectacle saisissant d'une impressionnante abbaye juchée sur une route de crête. Défendue par de puissantes murailles et hérissée de tours crénelées, cette forteresse fut fondée au IXe s par une communauté de bénédictins, avant d'échoir dans l'escarcelle de l'ordre de Vallombreuse (ordre contemplatif qui respecte également la règle de Saint Benoît, mais avec plus d'austérité). On ne peut malheureusement pas la visiter, mais il est possible d'admirer l'entrée et la façade de l'église.

IMPRUNETA (50023) 14 900 hab.

À 13 km au sud de Florence, Impruneta, la « ville entourée de pinèdes », faisait partie, au Moyen Âge, des territoires de la riche famille Buondelmonti. Aujourd'hui, elle est surtout connue comme la capitale européenne de la terre cuite *(terra cotta)*. À côté de l'importante production industrielle (tuiles et briques), des artisans travaillent encore selon les procédés traditionnels. À l'intérieur de la basilique Santa Maria dell'Impruneta, des œuvres de Luca Della Robbia et de Jean de Bologne. Noter le clocher raffiné du XVIIIe s, côtoyant un campanile roman massif. Le célèbre graveur Jacques Callot vint ici chercher des sujets pour ses estampes.

Arriver – Quitter

L'arrêt se trouve près de la gare, largo Alinari.

➢ ***Depuis Florence :*** très nombreux bus lun-sam (départ ttes les 30 mn à 1h) ; slt 4-6 dim.

Adresse et info utiles

Associazone turistica Pro Impruneta : *situé piazza Buondelmonti l'été (sur la place principale, dans un kiosque sous les arcades) et piazza Garibaldi hors saison. ☎ 055-231-37-29. • proimpruneta@*

rtd.it • soggiornareaimpruneta.com • Tlj sf lun 10h-13h, 16h-19h. Propose des excursions à Florence, dans le Chianti. Liste des hébergements, des *aziende* productrices de vin et d'huile d'olive, et des ateliers de *terra cotta* (terre cuite).

– ***Marché :*** *sam mat.* Très coloré.

Où dormir ? Où manger ?

Albergo-ristorante Bellavista : *via della Croce, 2. ☎ 055-201-10-83. • info@bellavistaimpruneta.it • bellavistaimpruneta.it • Resto slt le soir. Doubles 64-109 €. Repas env 30 €. Petit déj offert sur présentation de ce guide.* Donnant sur la place principale, cette petite auberge à l'ancienne est tenue depuis des lustres par une famille francophone qui s'efforce de bien faire : l'accueil est disponible, les chambres sont impeccables et de bon confort (dans un style rustique agréable), et la salle de restaurant a été judicieusement aménagée dans une véranda géniale sur le toit-terrasse (dommage que la cuisine régionale ne soit pas toujours à la hauteur du cadre). Une bonne étape.

Où dormir dans les environs ?

Bon marché

Azienda agricola Erta di Quintole : *via Quintole per le Rose, 43. ☎ 055-201-11-91. 347-777-31-42. • info@ertadiquintole.it • ertadiquintole.it • À 5 mn en voiture d'Impruneta. De la place, prendre la via Leopoldo Vanni, puis suivre la direction Pozzolatico et ensuite la via Quintole per le Rose. Doubles 65-70 € ; apparts 2-4 pers 500-650 €/sem. Sur présentation de ce guide, dégustation gratuite de produits de la maison.* Le jeu de piste pour la dénicher en vaut la peine : on se retrouve en pleine nature, dans une belle *azienda* souvent primée pour la qualité de son huile d'olive bio (voir le pressoir de 1835). Pour se loger, on a le choix entre une petite chambre double cosy meublée à l'ancienne et des appartements modernes nickel et bien conçus, tous répartis dans différentes maisons avec accès indépendants. On est bien ici, d'autant qu'il y a pas mal de petits plus, comme la machine à laver à disposition, l'espace barbecue, et une superbe piscine avec panorama sur les vignes et les champs d'oliviers. Accueil très cordial.

Prix moyens

Agriturismo Olmi Grossi : *via Imprunetana per Tavarnuzze, 49. ☎ 055-231-38-83. • info@agriturismo-olmigrossi.com • agriturismo-olmigrossi.com • À 1 km d'Impruneta et 12 km du centre de Florence. Apparts 2-4 pers env 70-120 €, avec petit déj.* Grande ferme sans prétention au bord de la route pour Florence... mais pas de panique, c'est tranquille la nuit et la plupart des hébergements, très convenables d'ailleurs, sont en contrebas de la maison principale, au calme. De même que la piscine qui occupe une terrasse encore plus bas, face à une bien jolie vue. Vente d'huile d'olive, de miel et de vin à prix compétitifs.

Baruffi : *via Quintole per le Rose, 87-93. Représenté par* Loc'Appart, *☎ 01-45-27-56-41. • locappart.com • À 5 km au nord d'Impruneta. Compter 125 € la nuit pour 2.* 2 appartements sobres et décorés avec goût situés dans les dépendances d'un vieux moulin. Depuis la terrasse de la maison, vue panoramique sur la région du Chianti. Belles balades à faire dans l'oliveraie.

Plus chic

La Casa Gialla : *via Impruneta per Pozzolatico, 25. ☎ 055-201-19-94. 339-885-98-87. • info@bb-apt.it • bb-apt.it • À 5 km du centre-ville, en direction de Pozzolatico. Petit chemin d'accès sur la gauche, mais pas* *d'indications... mieux vaut téléphoner avt d'arriver. Doubles env 80-120 €, avec petit déj.* Un bel endroit entouré d'oliviers, dont la famille tire une petite production d'huile. Vaste terrasse fleurie et jolie piscine. Les chambres, toutes différentes, sont meublées avec beaucoup de goût. Paola Marchetti, passionnée de brocante, a disposé dans toute la maison de beaux meubles et objets anciens. Toutes les pièces sont spacieuses.

Où manger dans les environs ?

Lo Spela : *via Poneta, 44, loc.* ***Ferrone,*** *50022 Greve in Chianti. ☎ 055-85-07-87. • info@lospela.it • À env 4 km au sud d'Impruneta par la SP 71, au centre du village. Ouv le soir mar-dim, plus dim midi. Pizzas env 5-9 € ; plats env 8-13 €.* La maison ne paie pas de mine, mais c'est ici qu'œuvre l'un des meilleurs pizzaiolos de Toscane ! Ses pizzas sont croustillantes à souhait (la pâte est élaborée avec la meilleure des farines et lève pendant une trentaine d'heures !), et les garnitures préparées avec des ingrédients frais, locaux, ou au minimum italiens. Vraiment bon, et servi avec le sourire en terrasse ou dans une grande salle pleine d'habitués et de familles (il y a même un espace de jeux pour les enfants !).

Il Caminetto del Chianti : *via della Montagnola, 52, loc.* ***Strada in Chianti.*** *☎ 055-858-89-09. • ilcaminettodelchianti@gmail.com • Peu après la sortie de Strada, sur la SS 222 en direction de Florence. Fermé mar et mer midi. Pizzas env 8-12 € ; plats env 12-18 €.* Un restaurant convivial en pleine campagne, où l'on s'attable avec plaisir dans une salle à la déco gentiment chic, ou en terrasse pour profiter d'une jolie vue sur les collines du Chianti. Dans les assiettes, des pizzas originales, et surtout de savoureuses spécialités toscanes classiques préparées avec soin. Accueil sympathique.

Où déguster une bonne glace ?

Gelatilandia : *piazza Accurso da Bagnolo, 31. ☎ 055-231-35-24. Lun-ven 16h-minuit, w-e 11h-13h, 16h-minuit (horaires restreints en basse saison).* Excellentes glaces bien crémeuses. D'ailleurs, les habitués ne s'y trompent pas : ça ne désemplit pas ! Minuscule terrasse mais bien pratique quand même !

Où déguster (et acheter) du chianti et de l'huile d'olive ?

Fattoria di Bagnolo : *via Impruneta per Tavarnuzze, 48. ☎ 055-231-34-03. • marco@bartolinibaldelli.it • bartolinibaldelli.it • Accueil sam slt 8h30-12h30, 14h30-18h30 ; le reste de la sem, mieux vaut téléphoner.* Dégustation et vente d'une très bonne huile d'olive, mais aussi de vins, de grappa et de *vino santo*. Également pâte d'olives noires ou vertes et confiture de mûres.

Achats

Manifattura Imprunetana Terrecotte Artistiche e Laterizi : *via di Cappello, 31 ; dans la zone artisanale d'Impruneta. ☎ 055-201-14-14. • info@terrecottemital.it • terrecottemital.it • Sur la piazza Buondelmonti, faisant face à l'église, prendre la petite rue qui descend à droite. Lun-ven 8h-13h, 14h30-19h ; sam 8h30-13h, 14h30-17h30. Fermé dim, plus sam en août.* La famille Mariani (fournisseur officiel du Vatican) a probablement le choix le plus large parmi les artisans de *terrecotte* d'Impruneta. Les pots et jarres de toutes sortes et de toutes formes vieillissent tranquillement sous les cyprès. Pour tous les goûts et tous les prix. Possibilité de livraison à l'étranger. Accueil serviable et très pro.

À voir

Basilica di Santa Maria : piazza Buondelmonti. L'église date du XIe s (tour du XIIIe s) mais a subi de nombreuses modifications au fil des siècles. Les colonnes et les arcs de la façade sont l'œuvre de G. Silvani (1634). À l'intérieur, voir les œuvres de Luca Della Robbia (dont le tabernacle en terre cuite), artiste du XVe s, et juste à côté le ***museo del Tesoro di Santa Maria*** *(w-e slt 9h-13h, 16h-19h, jusqu'à 18h nov-mars ; entrée : 3 € ; réduc).* En plus du trésor (objets liturgiques anciens), il renferme des collections de vêtements sacerdotaux, de beaux antiphonaires médiévaux (livres de chants), et bien sûr quelques exemples de *terracotta*.

Il Cotto : dès le Moyen Âge, les artisans de la région surent tirer parti de la qualité de la terre des collines avoisinantes et devinrent de véritables experts dans les procédés de cuisson et de travail de la terre cuite. Les architectes et les artistes de Florence s'en souviendront lors de la construction et de la décoration des édifices de la ville. Brunelleschi, par exemple, fera appel aux artisans d'Impruneta pour construire le toit de Santa Maria del Fiore à Florence. Aujourd'hui, le développement technologique a transformé cet art en production industrielle et massive (tuiles, briques, sols). Il reste cependant des potiers qui poursuivent leur œuvre selon des méthodes traditionnelles.
– *Visites :* plusieurs ateliers sont proches de la place d'Impruneta. Descendez par la via della Fonte et vous arrivez dans la zone industrielle où sont concentrées la plupart des fabriques de terre cuite, généralement ouvertes de 8h à 12h30 et de 15h à 18h. Liste des manufactures disponible à l'office de tourisme.

Fêtes

– ***Fête du Raisin :*** *dernier dim de sept.* Défilé de chars, danses et dégustation de vins (pour changer !).
– ***Foire de San Luca :*** *3e sem d'oct.* Initialement foire au bétail, à l'époque des transhumances, c'est aujourd'hui l'occasion de courses de chevaux et de repas de fête.

GREVE IN CHIANTI

(50022) 12 700 hab.

À 31 km au sud de Florence, sur la route SR 222, Greve in Chianti est situé sur un axe routier ancien et constitue depuis longtemps un lieu d'échanges important. La bourgade est d'ailleurs souvent considérée comme la capitale du *chianti classico.* Au cœur de Greve, la superbe place du Mercatale, de forme triangulaire et bordée de coquettes maisons à arcades, avec la statue du célèbre Giovanni da Verrazzano, explorateur du XVIe s, qui découvrit

SANS RANCUNE

Giovanni da Verrazzano, né à Greve in Chianti, corsaire et grand explorateur, partit à la découverte de l'Amérique, non pas pour le compte de son pays, mais pour celui de François Ier. C'est lui qui découvrit New York en 1524 et une partie de Terre-Neuve, ce qui permit à François Ier de revendiquer cette partie du Nouveau Monde pour son royaume. La statue de l'explorateur « traître » orne pourtant la place principale de Greve in Chianti.

le port de New York. Chaque année, elle attire les touristes de tous horizons qui affluent vers cette place désormais célèbre dont la maison Falorni, forte de son succès, a déjà phagocyté une bonne partie...

Adresse utile

Ufficio turistico : *piazza Matteotti, 11. ☎ 055-854-62-99. • info@turismo.greveinchianti.eu • Avr-oct, tlj 10h-19h. Nov-mars lun-ven 10h-13h, 15h-19h ; sam 10h-17h ; dim 10h-13h.* Nombreuses cartes sur la région dont *Le Strade del Gallo Nero Celle* (routes du vin Chianti), très utile pour ceux qui veulent découvrir les caves de la région. Accueil charmant et disponible (notamment pour trouver un hébergement).

Où dormir à Greve in Chianti et dans les environs ?

De prix moyens à plus chic

Pian del Gallo : *via Uzzano, 31, loc. **Pian del Gallo.** ☎ 055-85-33-65. • info@piandelgallo.eu • piandelgallo.eu • À 1 km du centre par une piste. Suivre les indications vers « Casa Nova » et « Pian del Gallo ». Double 70 € ; petit déj 5 €. Apparts 2-6 pers 70-140 €, avec cuisine équipée et TV. On peut aussi y dîner pour env 30 €.* 2 jolies maisons de campagne pleines de charme, dans lesquelles les bergers faisaient halte autrefois, enserrent une ravissante terrasse qui donne sur un jardin de rêve : quelques grosses jarres, des plantes à profusion, une cuisine d'été et une piscine. Génial ! Quant aux chambres, elles sont meublées à l'ancienne, décorées de bibelots, confortables et paisibles. Un peu comme à la maison ! Accueil jovial du maître des lieux, Ettore Ambrosini, qui vous chouchoute et s'empresse de vous faire goûter son vin et son huile d'olive.

Albergo del Chianti : *piazza Matteotti, 86. ☎ 055-85-37-63. • info@albergodelchianti.it • albergodelchianti.it • Congés : début janv-début mars. Doubles env 85-105 € selon saison, avec petit déj.* Une très bonne adresse, centrale et confortable (chambres sobres, modernes et tout confort, accessibles par ascenseur). Mais la vraie surprise, c'est de découvrir à l'arrière un grand jardin avec une belle piscine. Inattendu au cœur de la vieille ville ! Accueil sympathique.

La Celtinelle : *via Canoniva, 13. ☎ 055-854-47-45. 338-752-95-82. • info@leceltinelle.it • leceltinelle.it • À 5 km de Greve en direction du parc de San Michele (dont 4 km de piste tt à fait praticable). Congés : de mi-déc à mi-mars. Double env 85 €, avec petit déj. Apparts env 700-1 000 €/sem pour 2-6 pers (possible à la nuitée si dispo).* Loin des foules, au calme, un très bel ensemble joliment réhabilité où tout est réuni pour un séjour parfait : un cadre extraordinaire (vue magnifique depuis les terrasses), des chambres cosy et champêtres (qui ont l'avantage d'avoir accès à une cuisine commune), des appartements vastes, confortables et vraiment soignés, et une belle piscine ombragée. Vraiment bien, d'autant que l'accueil est à la hauteur, charmant et disponible.

Ancora del Chianti : *via Collegalle, 12. ☎ 055-85-40-44. 339-158-76-42. • info@ancoradelchianti.it • ancoradelchianti.it • À env 3 km au nord de Greve par la SS 222, puis, en arrivant à Greti, repérer à droite le panneau (une rue qui monte fort) et suivre les indications. Double env 87 €, avec petit déj.* Après 2 km de piste, la récompense : un ensemble de jolies maisons en pierres de pays isolées dans un paysage formidable. Et tout autour, des terrasses, des transats et même des hamacs dispersés dans les oliviers pour profiter à fond de cet environnement serein.

Avec ses chambres impeccables (mignonnes, tout confort et parfois en mezzanine pour les familles) et son petit déj convivial (bons gâteaux maison), c'est l'endroit idéal pour se refaire une santé, même s'il n'y a pas de piscine ! Accueil francophone, sympa et dynamique.

Agriturismo Poggio all'Olmo : *via Petriolo, 30. ☎ 055-854-90-56. 347-521-65-56. • olmo@greve-in-chianti.com • greve-in-chianti.com/olmo.htm • À 6 km de Greve, en allant vers Lamole. Congés : de nov à mi-mars. Double 75 € ; mini-apparts 2-4 pers 90-130 € ; petit déj 10 €.* Ancienne ferme soigneusement restaurée, au milieu des vignes, avec vue splendide sur la campagne environnante. Calme royal et accueil franchement sympathique. Belle piscine et des chambres agréables et nickel. Plein de petits détails rendent le lieu encore plus joli, comme les fleurs plantées sur les ceps de vigne. Une belle adresse.

Castello di Querceto : *via A. François, 2,* ***Dudda.*** *☎ 055-85-921. • querceto@castellodiquerceto.it • castellodiquerceto.it • À 8 km à l'est de Greve, en direction de Figline, avt d'arriver à Dudda. Congés : de mi-janv à mi-mars. Apparts env 80-95 € pour 2 à la nuitée, env 450-750 €/sem pour 2-4 selon saison. Pas de petit déj.* Ce beau et vaste domaine (voir plus bas « Un peu d'œnotourisme ») dispose d'appartements répartis dans différentes maisons. Rénovés selon les standings toscans (carrelages en brique, poutres apparentes, meubles artisanaux), ils ne font pas dans le grand luxe mais se révèlent propres, suffisamment confortables et au final d'un bon rapport qualité-prix. Et puis la piscine reste un atout non négligeable !

Où manger à Greve in Chianti et dans les environs ?

Bon marché

Ristorante Il Portico : *piazza Matteotti, 83. ☎ 055-854-74-26. En hte saison, ouv ts les midis sf mer, plus le dim soir ; en basse saison tlj sf dim soir. Env 15-20 €.* Situation stratégique pour cette agréable petite trattoria dont la terrasse donne sur la place. Très touristique donc, mais la cuisine reste très convenable, fraîche, classique et sans prétention. Accueil souriant.

Prix moyens

Mangiando Mangiando : *piazza Matteotti, 80. ☎ 055-854-63-72. • info@mangiandomangiando.it • Tlj sf jeu. Congés : janv. Repas 25-30 €.* Un petit resto frais et accueillant, niché dans une des vieilles demeures de la place. Vieilles tables en bois, murs blancs et tonneaux suspendus. Cuisine ouverte sur la salle où les cuistots mitonnent de bons plats savoureux à base d'ingrédients locaux de qualité : salades généreuses, délicieux *crostini,* pâtes aux herbes fraîches, légumes grillés gratinés de fromage fondu. Le tout à des prix encore démocratiques.

Enoteca Fuoripiazza : *via I° Maggio, 2 (à l'angle de la piazza Trento). ☎ 055-854-63-13. • info@enotecafuoripiazza.it • Un peu à l'écart du centre-ville. Tlj sf lun. Repas env 25-30 €.* Un joli petit bar à vins, qui dispose d'une poignée de tables façon bistrot et d'une terrasse pour déguster sans chichis des plats typiques toscans plutôt bien réalisés, ou un bon plat de pâtes. Agréable.

Ristorante Borgo Antico : *loc.* ***Sugame,*** *via Convertoie, 11 a, 50022 Greve in Chianti. ☎ 055-85-10-24. • info@ilborgoantico.it • ilborgoantico.it • À env 4 km de Greve, en direction de Figline. Fermé mar. Congés : de début janv à mi-fév. Repas env 30-40 €. Apéritif maison offert sur présentation de ce guide.* Isolée en pleine campagne, une petite auberge connue des gourmands pour ses savoureuses spécialités toscanes et ses bonnes viandes rôties. Produits frais, goûteux et *fatti in casa,* comme les pâtes maison (les *pappardelle* à la sauce sanglier ou les gnocchis aux noix et au lard). Avec un bon vin conseillé par le sympathique Stefano, on est assuré de passer un bon moment en terrasse, ou dans l'une des deux salles sobres et rustiques.

Où déguster du chianti et d'autres vins italiens ?

Enoteca Falorni : *piazza delle Cantine, 2. ☎ 055-854-64-04. ● info@enotecafalorni.it ● enotecafalorni.it ● Tlj 10h-19h.* Cette vaste et élégante cave n'est autre que l'*enoteca* de la célèbre *Antica Macelleria Falorni* (voir plus loin). Autant dire qu'ils ont bien fait les choses... et en grand ! Car ce sont près de 140 vins italiens, essentiellement du Chianti, qui sont proposés à la dégustation selon le concept du self-service. En arrivant, on récupère une carte magnétique, on la crédite à volonté, et on se sert soi-même aux distributeurs. L'intérêt, c'est d'avoir accès à un éventail très large de vins en choisissant la dose idoine (petite, moyenne ou grande). Vraiment bien fichu. L'ennui, c'est l'absence de conseils et d'explications. Mieux vaut le savoir. Même système pour l'huile d'olive, qu'on déguste sur du pain. Un endroit incontournable quand même pour se familiariser avec le vignoble, d'autant qu'on peut en profiter pour manger sur place (plats classiques ou *antipasti* de qualité environ 10-16 €).

Enoteca del Chianti Classico Gallo Nero : *piazzetta Santa Croce, 8. ☎ 055-85-32-97. ● enoteca@chianticlassico.it ● En face de l'église. Tlj 9h30-13h, 15h-19h30 (fermé mer hors saison).* Belle sélection de vins, bons conseils : un vrai caviste. Organise presque tous les jours en saison d'intéressantes dégustations.

Un peu d'œnotourisme

Castello di Verrazzano : *☎ 055-85-32-11. ● info@verrazzano.com ● verrazzano.com ● À env 4 km au nord de Greve ; petit chemin sur la gauche en venant d'Impruneta à partir de la Chiantigiana. Propose différentes formules de visites guidées lun-sam sur résa à partir de 10 €. Sinon, dégustation et vente directe dans un local au bord du chemin qui mène au château, près de la route : ☎ 055-85-42-43 ; lun-sam 9h30-18h30, dim et j. fériés 10h-14h, 15h-19h30. Propose également dans une ancienne ferme restaurée 7 chambres (doubles env 88-94 €, avec petit déj) et 2 apparts 2-4 pers (100-140 € ; 3 nuits min). Résa en bas de la route menant au château, dans le chalet en bois.* Domaine viticole vieux de 900 ans. Les visites ne donnent pas accès au château, mais permettent de se balader dans les beaux jardins Renaissance, avant de participer à une dégustation. On peut aussi se contenter d'une halte à l'annexe au bord de la route, pour découvrir de bons vins typés, structurés et plutôt puissants.

Castello di Querceto : *via A. François, 2,* ***Dudda.*** *☎ 055-85-921. ● querceto@castellodiquerceto.it ● castellodiquerceto.it ● À 8 km à l'est de Greve, en direction de Figline, avt d'arriver à Dudda. Visite sur résa (1h env) avec dégustation payante (10 €) lun-ven à 11h, 14h et 17h (plus sam à 14h mai-sept). On peut bien sûr acheter du vin à l'enoteca sans obligation de visite lun-ven 10h30-17h30.* Un château avec une vraie belle tour crénelée et de magnifiques jardins. Le domaine appartient à la famille François, d'origine française, qui s'est installée en Toscane durant le XVIIIe s. Très impliquée dans le développement de la région et la préservation du vignoble, elle fit partie du groupe de producteurs qui créa le *consorzio dei chianti classici,* premier pas vers la future DOG. Sur 190 ha, répartis en vignobles, châtaigneraies et oliveraies, la propriété possède plusieurs *chianti classici* et des *supertoscani*. L'*enoteca* *(hors saison, mieux vaut appeler pour réserver)* accueille les visiteurs de passage pour des dégustations de ses vins, vinifiés de façon traditionnelle, qui développent de beaux arômes et révèlent une bouche intense. Une belle maison. Propose également une dizaine d'appartements (voir « Où dormir à Greve in Chianti et dans les environs ? »).

Tenuta La Novella : *via Musignana, 11,* ***San Polo in Chianti.*** *☎ 055-833-77-49. • tenutalanovella.com • À env 20 km de Greve et 3 km à gauche en venant de San Polo (bien indiqué). Accueil mai-sept, en principe lun-ven 10h-12h, 13h-17h (mieux vaut téléphoner). Oct-avr, slt sur résa.* Majestueuse bâtisse perdue au milieu des collines du Chianti. Aujourd'hui, c'est une solide équipe franco-italienne à la tête du domaine. Une production et un savoir-faire que l'on doit à 2 viticulteurs français qui se partagent entre leur domaine bordelais et les collines toscanes. Résultat : un vin certes pas donné, mais de qualité et bio. Une bonne étape dans la région.

Villa Vignamaggio : *via Petriolo, 5. ☎ 055-85-46-61. • vignamaggio.it • À quelques km de Greve, sur la route de Lamole. Vente directe et dégustation tlj 10h30-18h30. Visites guidées sur rdv : env 10 € pour la visite des jardins à l'italienne ; 25 € pour la visite des jardins et des caves, suivie d'une dégustation de vin et de fromage.* Les vignes de Vignamaggio sont parmi les plus anciennes de la région. La bâtisse date du XIVe s mais fut restaurée au XVIe. On dit que Mona Lisa serait née ici. Ce qui est sûr, c'est que Kenneth Branagh y tourna *Beaucoup de bruit pour rien* en 1993. Vaut surtout pour la vue superbe depuis la terrasse, surplombant la vallée. Une curiosité, mais on regrettera l'accueil un peu commercial.

Où faire ses courses alimentaires en grignotant un morceau ?

Antica Macelleria Falorni : *piazza Matteotti, 71. ☎ 055-85-30-29. • info@falorni.it • Lun-sam 8h-19h30 ; dim et j. fériés 10h-19h30.* Immense charcuterie qui occupe une bonne part de la place. Des salaisons en veux-tu en voilà ! Et de toutes sortes. Le sanglier est à l'honneur, décliné en pâté, en conserve et en saucisson. Spécialités de la maison : *capocollo* (tête et museaux roulés), *salame di cinghiale, salame montanaro...* Belle cave à *pecorino.* Qualité au rendez-vous et emballage sous vide : pratique pour les pique-niques ou pour rapporter dans vos valises. Possibilité également de déguster du chianti, accompagné d'un délicieux *panino...* de la production exclusive *Falorni,* bien sûr ! Agréable terrasse donnant sur la place. Adresse incontournable dans la région.

I Golosi : *via G. Garibaldi, 12. Tlj sf lun 7h30-13h30, 14h30-19h30.* Plein de sortes de pains (pour composer un sandwich avec les salaisons achetées chez *Falorni*), et des gâteaux et pâtisseries très réussis.

Il Forno : *piazza Matteotti, 89. L'hiver, tlj 7h-13h, 16h30-19h30 ; l'été, tlj 7h-13h, 17h-20h.* Minuscule boulangerie sous les arcades, où locaux et touristes n'hésitent pas à faire la queue pour un pain toscan, un morceau de *focaccia* ou une part de pizza. Gage de sérieux et de fraîcheur, les restaurateurs du coin viennent s'y ravitailler, c'est dire ! Idéal aussi pour le pique-nique du jour.

Macelleria Ceccatelli : *piazza Matteotti.* Cette boucherie familiale est réputée pour ses bonnes pièces de viande *chianina ;* essayez donc la *bistecca,* et vous nous en direz des nouvelles ! Accueil tout en gentillesse et avec le sourire !

Que rapporter du Chianti ?

Galleria Materiacrea-Geometrie di Antonella Ciapetti : *piazza Matteotti, 51. ☎ 055-85-31-72. • info@materiacrea.com • Avr-nov, tlj*

9h30-19h30 (10h30-14h dim). Outre la grande place donnée aux céramiques traditionnelles toscanes, la galerie expose des céramiques plus contemporaines. Celles d'Antonella Ciapetti sont remarquables par leurs formes et leurs couleurs rouges et turquoise. Un joli souvenir toscan mêlant la tradition de la céramique à la créativité d'aujourd'hui. Pour tous les goûts et toutes les bourses.

À voir

Museo di San Francesco : *via di San Francesco, 14. ☎ 055-854-62-99 (office de tourisme) ou 055-854-46-85. Installé dans l'ancien hospice de San Francesco, en allant vers Montefioralle. Tlj sf lun et mer 16h-19h, plus 10h-13h le w-e (horaires restreints en hiver). Entrée : 3 €.* Collection d'œuvres d'art (peintures, sculptures...) appartenant au patrimoine religieux du Chianti, ainsi que de beaux objets de culte et des vêtements sacerdotaux.

Chiesa Santa Croce : belle petite église dominant la célèbre place triangulaire. Elle fut construite dans les années 1830, sur les ruines d'un ancien oratoire. À l'extérieur, vous pouvez admirer la belle façade à trois arcs. Dans les niches, on aperçoit les statues de saint Jean-Baptiste et saint François. À l'intérieur, plafond à caissons et beau tabernacle du XIVe s.

VIN AU VERRE

En 2002, Falorni, un charcutier de Greve in Chianti, inventa l'Enomatic, la machine qui conserve le vin des bouteilles ouvertes jusqu'à 3 semaines. On remplace l'air par de l'azote, ce qui empêche l'oxydation et permet la vente au verre. Cette invention a permis de diminuer considérablement le nombre de morts au volant.

Marchés et manifestations

- **Marché :** *sam mat (jusqu'à 13h), piazza Matteotti.* Charcuteries toscanes préparées et vendues au poids ou en sandwich, fruits et légumes...
- **Marché bio :** *le 4e dim de chaque mois.* Tous les producteurs du coin se donnent rendez-vous sur la piazza Matteotti.
- **Foire des antiquaires :** *lun de Pâques.* Meubles authentiques ou très belles copies qui font la joie des chineurs. Réputée dans la région.
- **Foire aux vins :** *2e w-e de sept.* Très populaire.

DANS LES ENVIRONS DE GREVE IN CHIANTI

MONTEFIORALLE

Montefioralle est classé parmi les *Borghi più belli d'Italia,* soit les plus beaux villages d'Italie. En effet, c'est un adorable petit village perché qui a conservé ses murs d'origine, et qui s'organise le long d'une seule et unique rue circulaire. Insolite ! Au Moyen Âge, c'était un centre militaire et administratif de premier ordre ! Jolie église de l'époque, qui a été reconstruite aux XVIIe et XVIIIe s et surplombe l'ensemble.

Taverna del Guerrino : *via di Montefioralle, 39. ☎ 055-85-31-06. Fermé lun-mar ; en hiver, ouv jeu-dim. Congés : janv. Env 25-30 €.* Trattoria familiale rondement menée par Marco et sa *mamma* Gabriella en cuisine. Et c'est une affaire qui roule ! Avec ses 2 petites salles rustiques (un peu sombres) et sa terrasse fabuleuse, les habitués ne s'y trompent pas et viennent en famille savourer cette cuisine du terroir simple et goûteuse. Idéal pour un repas dominical et pour y faire bombance en se régalant d'une *bistecca* bien salgnante en profitant de la vue panoramique. Accueil tout en gentillesse.

LE PARC NATIONAL MONTE SAN MICHELE

➢ À 8 km au sud-est de Greve. Bus tlj de Radda in Chianti et de Florence. Descendre à l'entrée du parc, en bas (près de Lucolena). En voiture : 8 km par la route directe de Greve ; en venant de Lucolena, tourner à droite au niveau du panneau « Greve ». Pour ceux qui y vont à pied ou à vélo, n'oubliez pas que le parc est en altitude !
Parc national situé sur une colline couverte de forêts, grimpant jusqu'à 890 m d'altitude. Prés, arbustes, étangs et sources naturelles. Joli panorama sur les environs. Plusieurs sentiers parcourent les 165 ha du parc. Au sommet, une mignonne église du XIIe s.

Où dormir ? Où manger dans le parc ?

Villa San Michele : *via Casole, 42, loc.* ***Lucolena.*** *☎ 055-85-10-34. • info@villasanmichele.it • villasanmichele.it • Dans le parc national Monte San Michele, à 8 km au sud-est de Greve (accès difficile en venant de Greve, passez plutôt par Lucolena). Resto ouv avr-oct. Double env 60 €, avec petit déj. Plats env 10-15 €.* C'est complètement paumé, au bout d'une longue piste criblée de nids-de-poule. Mais quel environnement ! Difficile de faire plus paisible et sauvage. Quant à l'auberge, rustique à souhait, elle renferme des chambres classiques plutôt confortables (une préférence pour la no 3 avec sa terrasse privée), un bar convivial, et une vaste salle de resto avec cheminée donnant sur un grand jardin (avec une petite piscine hors sol et quelques jeux pour les enfants). Endroit idéal pour communier avec la nature ! Également un grand dortoir, mais réservé aux groupes constitués de 10 personnes minimum. Accueil décontracté.

PANZANO IN CHIANTI (50020) 980 hab.

Traversé par la route du Chianti, Panzano se trouve exactement à mi-chemin entre Florence et Sienne. On distingue de loin le *castello,* perché au sommet d'une colline haute de 500 m. À côté, l'imposante *chiesa Santa Maria Assunta* dont l'intérieur, de style néoclassique, avec des peintures attribuées à l'école florentine, contraste avec la lourde façade et sa porte de bronze.

Où dormir ?

Prix moyens

Affittacamere Vigni Marco : *via G. da Verrazzano, 7. ☎ 055-85-20-45. • info@vignituscanyrooms.it • vignituscanyrooms.it • Près de la place. Double 70 € ; petit déj 5 €. CB refusées.* Belle demeure de 1780, joliment restaurée. Côté hébergement, ce n'est pas le grand luxe mais c'est convenable pour une étape : chambres simples, claires et lumineuses, avec ou sans salle de bains privées. Atmosphère chaleureuse et paisible. Cuisine à partager à disposition des hôtes. Excellent accueil.

Agriturismo Panzanello : *loc.* ***Panzanello,*** *à Panzano. Représenté par* Loc'Appart, *☎ 01-45-27-56-41.*

Compter 125-218 € pour 2-6 pers. En plein milieu des vignes, cette belle propriété vinicole propose 3 apparts joliment rénovés avec une vue remarquable sur le village de Panzano et ses collines. Propriétaires attentionnés et discrets. Possibilité de visiter la cave. Jolie piscine. Un bel endroit idéalement situé pour rayonner dans la région.

Où manger ? Où déguster chianti et charcuterie ?

Bon marché

Enoteca-pub Il Vinaio : *via S. Maria, 22. ☎ 055-85-26-03. Juste au coin de l'église. Tlj sf jeu soir. Plat env 7 € ; panini env 4-5 €.* Un minuscule bar à vins hors d'âge, impeccable pour avaler sur le pouce un *panino* tout simple, une assiette de charcuterie, ou un plat du jour, en profitant de la vue géniale depuis la superbe terrasse ombragée cachée à l'arrière. Sans prétention et sympa, comme l'accueil.

Dario Doc : *via XX Luglio, 5. ☎ 055-85-21-76. • macelleriacecchini@tin.it • Tlj sf dim 12h-15h. Pas de résa possible. Menus 10-20 €.* Le célèbre boucher de Panzano, Dario Cecchini propose des formules qui ont fait leur preuve : pour 10 ou 15 €, un burger toscan digne de ce nom avec de la viande de race *chianina* et d'excellentes petites pommes de terre rôties à la sauge et à l'ail. Pour 20 €, ce sera un assortiment de steak tartare, de porc rôti et d'un pain de viande à la sauce au poivre, le tout servi avec des légumes et des *fagioli*. 2 grandes tablées (les premiers arrivés sont les premiers servis), et hop, c'est parti ! Un vrai régal. Bémol : l'attente. Très, trop longue !

Officina della Bistecca : *☎ 055-85-21-76. Au même endroit que l'établissement précédent (c'est encore Dario). Tlj sur résa. Le midi à partir de 13h, le soir à partir de 20h. Repas 50 €, boisson comprise.* Le menu est digne d'un repas rabelaisien. Si vous voulez savourer une *bistecca* dans les règles de l'art, c'est ici, à l'étage de la célèbre boucherie *Antica Macelleria Cecchini* (voir plus loin) ! Déco travaillée et service pro.

Solociccia : *via Chiantigiana, 5. ☎ 055-85-27-27. • macelleriacecchini@tin.it • Ouv le soir jeu-sam, plus le midi dim. Résa plus que conseillée. Menu fixe 30 €.* Encore un restaurant entièrement dédié à la viande. D'ailleurs, une magnifique vache grandeur nature est là pour le prouver (rassurez-vous, elle est en céramique). On peut, si on le souhaite, apporter son propre vin (sans droit de bouchon). Accueil décontracté et ambiance assurée.

Enoteca Baldi : *piazza Bucciarelli, 25. ☎ 055-85-28-43. • enotecabaldi@panzanoinchianti.net • ♿ Tlj 11h-22h. Congés : fév. Plats env 10-13 €.* Dégustation de vins, *antipasti*, copieuses *foccace* et quelques plats typiques simples et bons. L'endroit est joli et déborde de bouteilles de vin. Quelques tables en bois pour y goûter à l'aise, ainsi qu'une petite terrasse sur la placette. Le service est malheureusement inégal.

Antica Macelleria Cecchini : *via XX Luglio, 11. ☎ 055-85-20-20. • macelleriacecchini@tin.it • Tlj 8h-16h.* On retrouve ici notre célèbre boucher Dario (mais vétérinaire de formation !) qui a fait de sa boucherie-charcuterie une véritable vitrine de promotion pour la petite ville de Panzano. Porte-frigo en verre derrière laquelle se balancent de grands quartiers de viande, ribambelle de saucissons au-dessus du comptoir, bouchers dynamiques sanglés d'impeccables tabliers blanc et rouge.

Où manger dans les environs ?

Osteria Le Panzanelle : *loc. Lucarelli, 29. ☎ 0577-73-35-11. • osteria@lepanzanelle.it • À Lucarelli, à env 4 km de Panzano in Chianti et en* *direction de Radda. Tlj sf lun. Congés : janv et 1 sem en nov. Repas 30-35 €.* Une adresse presque invisible, en bord de route. Et pourtant... Décor simple et rustique d'auberge d'antan, avec vieux comptoir à l'entrée et carrelages d'autrefois. Et pour l'essentiel ? Les recettes des grands-mères des 2 propriétaires, Silvia et Nadia, deux « Panzanelle », des filles de Panzano. Soupes du jour, *crostini, affettati misti* (viandes mitonnées servies froides), traditionnels *pici* toscans, petites pâtes roulées à la main et carte des vins longue comme le bras. Les desserts ne sont pas en reste. La terrasse, protégée, finira de vous convaincre.

Un peu d'œnotourisme

Fattoria Casaloste : *via Montagliari, 32. ☎ 055-85-27-25. • casaloste@casaloste.com • casaloste.com • Indiqué le long de la Chiantigiana, en allant vers Greve. Propriété ouv mai-oct, tlj sf dim 10h30-12h45, 14h30-18h ; le reste de l'année sur résa.* Petit domaine bio de 10 ha, dont les sympathiques propriétaires misent sur la qualité et non sur la quantité. Un choix que l'on ne peut qu'encourager... surtout après goûté leurs vins très réussis. Également une huile d'olive savoureuse et aromatique.

DANS LES ENVIRONS DE PANZANO IN CHIANTI

Pieve di San Leolino a Panzano : *à 3 km au sud de Panzano. Pas d'horaires réguliers, mais vous pouvez frapper à la porte !* L'une des plus anciennes églises romanes de la région et aussi l'une des plus belles. Sa construction remonterait au VIIIe s (rebâtie et agrandie par la suite). Joli cloître du XIVe s, dont la galerie repose sur des piliers en brique. Tabernacles en terre cuite de Giovanni Della Robbia (1515), triptyque du XIVe s, *Madonna con Bambino,* et peinture de Meliore di Jacopo (XIIIe s).

CASTELLINA IN CHIANTI (53011) 2 800 hab.

Sur la *strada del Vino,* à 50 km au sud de Florence et à 21 km au nord de Sienne, Castellina est le cœur du *chianti classico.* Disputée pendant des siècles par Florence et Sienne, elle a conservé les traces de son passé belliqueux : une forteresse du XVe s, la via delle Volte, fascinante rue entièrement voûtée qui longe le mur d'enceinte (à faire absolument), et l'église San Salvatore.
La ville domine les vallées de l'Arbia, de l'Elsa et de la Pesa. De toutes parts des vignobles tirés au cordeau, des oliveraies au feuillage argenté, des bosquets de cyprès et des champs raturés par des petites routes en lacet. Tout ici, comme l'affirmait Léonard de Vinci, porte à la douceur de vivre. Le chanteur Léo Ferré, sans doute inspiré par la douceur de ce « pays sage », y avait élu domicile.

Adresse utile

Terre di Siena – centro servizi turistico in chianti : *via Ferruccio, 40. ☎ 0577-74-13-92. • terresiena.it • Lun-sam 10h-13h, 14h-19h, dim 10h30-12h30, 15h-18h. Fermé nov-mars.* Organisation de visites et dégustations dans la région, ainsi que réservation d'hébergements pour Sienne et alentours. Demander la carte *The Black Rooster Road* mentionnant toutes les propriétés viticoles productrices de chianti. Au fond du local, une librairie bien fournie.

Où dormir à Castellina et dans les environs ?

Vu l'affluence touristique à Castellina, les logements sont chers. Mieux vaut s'éloigner de quelques kilomètres et loger dans la campagne verdoyante.

De prix moyens à chic

Villa Casalta : *accueil à l'Albergo Il Colombaio, via Chiantigiana, 29 (à la sortie de Castellina en direction de Radda). ☎ 0577-74-04-44. • info@albergoilcolombaio.it • albergoilcolombaio.it • De Castellina, direction Radda, puis à env 2 km prendre à droite un chemin vers Colle Lungo et Casalta. Doubles env 90-100 €, avec petit déj.* Repos garanti dans cette vaste demeure de caractère perdue en pleine campagne. Pas de voisin, sauf à l'occasion un renard en maraude et, au loin, Castellina qui couronne une colline. Les chambres sont sobres, meublées d'ancien, et de bon confort. Le petit déj est servi dans une salle pleine de cachet ou sur une belle terrasse panoramique, d'où l'on accède à une piscine en contrebas. Vraiment bien, d'autant que l'accueil de l'équipe est charmant.

Casa Landi : *loc. San Martino, 25. ☎ 0577-74-09-02. • info@casalandisanmartino.it • casalandi.com • À 1 km au nord de Castellina, sur la petite route de San Donato. Tourner à droite 50 m après l'Hotel Colle Etrusco di Salvipoli et suivre le petit chemin de terre cabossé. Doubles 70-100 €, cuisine à disposition ; petits apparts pour 2 avec cuisine env 90 € ; prix négociables hors saison.* Maison ancienne rénovée, située sur une colline face à la tombe étrusque de Montecalvario. Accueil très sympa et pas compliqué. Chambres correctes et suffisamment confortables et belle piscine dans le jardin. Ambiance champêtre avec une très belle vue sur la campagne. Pas mal, mais un peu surévalué.

Hotel Colle Etrusco Salivolpi : *via Fiorentina, 89. ☎ 0577-74-04-84. • info@hotelsalivolpi.com • hotelsalivolpi.com • À 1 km de Castellina, sur la route de San Donato. Congés : de mi-nov à fin mars. Résa obligatoire tte l'année. Doubles 80-150 € selon saison ; petit déj 7 €. Parking.* Sur une petite colline, une très vieille maison paysanne transformée avec beaucoup de goût en auberge accueillante. Une vingtaine de chambres cosy de style rustico-chic réussi, avec poutres au plafond, murs blancs, beaux meubles patinés et lits en fer forgé. Également une annexe plus moderne. Piscine. Bon rapport qualité-prix.

Albergo Il Colombaio : *via Chiantigiana, 29. ☎ 0577-74-04-44. • info@albergoilcolombaio.it • albergoilcolombaio.it • À 100 m du carrefour (avec station-service), en bord de route, en direction de Radda. Double 100 €, avec petit déj. Café offert sur présentation de ce guide.* Grande maison pleine de cachet dans le style du pays, dominant le village. Belles chambres rustiques, meublées d'ancien, très confortables et tranquilles, avec salle de bains rutilante. Les n°s 20 à 23 sont particulièrement agréables, spacieuses et avec vue sur la campagne. Pour se relaxer, direction le salon cosy avec cheminée, ou la piscine dans le grand jardin avec vue panoramique. Accueil très sympathique.

Plus chic

Palazzo Squarcialupi : *via Ferruccio, 22. ☎ 0577-74-11-86. • info@palazzosquarcialupi.com • palazzosquarcialupi.com • Congés : nov-mars. Doubles 120-160 € selon saison, avec petit déj. Parking.* C'est l'adresse de charme de la vieille ville, nichée dans un beau palais toscan qui dissimule une surprise de taille : une petite terrasse profitant d'une vue magnifique, et un séduisant jardin en terrasse doté d'une piscine. Chambres également des plus agréables, spacieuses et avec des détails simples et luxueux à la fois : tomettes, beaux meubles anciens. Accueil très souriant. Pas mal de petits plus, comme un spa, un centre de *relax/wellness* donnant sous la solte di Volte et sur une bonne table (voir « Où manger ? »). Possède également l'*agriturismo La Ferrozzola* situé à environ 1 km du village avec 3 beaux appartements et une piscine commune.

Entre Castellina et Sienne

Prix moyens

Azienda Casalgallo : *via del Chianti Classico, 5,* ***Quercegrossa.*** *☎ 0577-32-80-08. • casalgallo@libero.it • casalgallo.it • À la sortie du village en allant vers Castellina. Double env 50 € ; appart pour 2 env 70 €. Apéritif maison offert sur présentation de ce guide.* Compte tenu des prix, c'est une aubaine. Alors, certes, les chambres et les appartements occupent une maison moderne (une seule chambre est dans la ferme, à quelque distance) et font dans le sobre et fonctionnel, mais c'est propre, confortable et bien agencé. Et comme l'ambiance est paisible et l'accueil très cordial, on s'y sent vite à l'aise. Dans la cour, chaises et tables où se poser tranquillement. VTT à la disposition des hôtes. Production d'huile d'olive, de miel et de vin. Possibilité de visiter les caves.

Mulino di Quercegrossa : *via Chiantigiana, loc.* ***Mulino di Quercegrossa,*** *53019 Quercegrossa. ☎ 0577-32-81-29. • mulinodiquercegrossa@libero.it • mulinodiquercegrossa.it • Sur la SR 222, à 8 km au nord de Sienne. Congés : janv-15 mars. Doubles env 80-85 €, avec petit déj. Possibilité pour les hôtes de s'y restaurer : repas 25 €.* En retrait de la route, une bonne adresse pour loger à la campagne non loin de la ville. Petit complexe touristique dans le style du pays (anciennes maisons toscanes fort bien restaurées), aménagé et décoré avec goût. Les chambres, classiques et tout confort, sont vraiment agréables lorsqu'elles disposent d'un jardin privé donnant sur l'immense piscine, digne d'un bassin olympique. Excellent accueil.

Où manger à Castellina et dans les environs ?

De bon marché à prix moyens

Macelleria Stiaccini : *via Ferruccio, 33. ☎ 0577-74-05-58. Tlj sf mer ap-m et dim 8h-13h, 16h30-19h30. Panini à partir de 3 €.* Belle boucherie à l'ancienne qui propose aux plus pressés des *panini* à des prix plus que raisonnables, confectionnés bien évidemment avec les cochonnailles maison. En revanche, c'est essentiellement à emporter, car il n'y a qu'un minuscule bout de comptoir pour ripailler.

Osteria Il Re Gallo : *via Toscana, 1 (jouxtant la piazza del Comune). ☎ 0577-74-20-00. • ilregallo@alice.it • En été, mar-dim. Congés : 15 j. en janv et 15 j. en nov. Repas complet env 20-30 €. Café offert sur présentation de ce guide.* À l'origine, une petite épicerie, qui s'est agrandie d'une salle chaleureuse et d'une terrasse de poche pour devenir une table accueillante proposant d'excellents *antipasti,* des pâtes fraîches et des plats typiquement du coin. Tout est fait maison (même les *cantucci*). Accueil souriant et décontracté.

Pizzeria Il Fondaccio : *via Ferruccio, 27. ☎ 0577-74-10-84. • info@ilfondaccio.com • Face au Palazzo Squarcialupi. Tlj, le soir slt. Pizzas env 6-8 €.* *Antipasti* frais et variés, mais la grande affaire ici, ce sont les pizzas copieuses et très réussies, à déguster dans une grande salle voûtée à la déco hétéroclite, ou sur la vaste terrasse prise d'assaut aux beaux jours. Très touristique, donc pensez à réserver ou venez tôt. Le vin, en revanche, est trop cher. Service sympa et efficace.

De prix moyens à chic

Antica Trattoria La Torre : *piazza del Comune, 15. ☎ 0577-74-02-36. • info@anticatrattorialatorre.com • Au centre, derrière l'église. Fermé ven. Congés : de mi-fév à mi-mars. Résa quasi obligatoire le soir. Env 25 € à la carte ; menus 25-45 €. Apéritif maison offert sur présentation de ce guide.* Un classique dans le secteur, tenu par la même famille depuis des générations. Dans un cadre rustique et soigné, on se régale d'une bonne cuisine paysanne élaborée à partir des produits de la région (notamment le fameux veau de Valdichiana). Le patron connaît les meilleurs vignerons du coin, ça aide à établir une superbe carte (aux prix cependant élevés). Terrasse donnant sur la jolie place.

Sotto le Volte : *via delle Volte, 14-16. ☎ 0577-74-12-99. • info@ristorantesottolevolte.it • Tlj sf mer soir. Congés : janv-mars. Env 25-30 €. Café offert sur présentation de ce guide.* Quoi de plus rafraîchissant que de s'attabler en terrasse sous des voûtes médiévales ? Ici, on déguste une cuisine honnête et sans chichis. Quelques plats du terroir toscan au menu, ainsi que des pâtes bien réalisées. On vient également pour sa cave et ses bons vins, certains proposés au verre, qu'on peut accompagner de fromages et de charcutailles. À l'intérieur, petites salles voûtées aux beaux murs de pierre, où s'active une équipe fort sympathique.

Ristorante Tre Porte : *via Trento e Trieste, 4-6. ☎ 0577-74-11-63. • treporte@hotmail.it • Congés : 8 janv-15 fév. Repas complet env 30 € ; pizzas env 6-8 €.* Pratiquement en face de la chiesa San Salvatore, une sympathique affaire familiale connue de longue date. Nappes blanches et serveurs stylés ne doivent pas vous rebuter, car on est vite rassuré par le contenu de l'assiette : une bonne cuisine traditionnelle toscane comme on aime ! Bonnes pizzas (le soir seulement). Pour certains plats, les portions sont peut-être un peu chiches. Terrasse agréable.

Palazzo Squarcialupi : *via Ferruccio, 22. ☎ 0577-74-11-86. • info@palazzosquarcialupi.com • Congés : nov-mars. Le midi, plats env 10-14 €, sinon repas env 35-45 € à la carte.* Ce séduisant palais toscan renferme l'une des belles tables de la ville. Au choix, 2 salles chaleureuses façon *enoteca* chic, ou (mais la réservation s'impose) une petite terrasse géniale, un vrai balcon sur la nature. Un cadre idéal pour goûter une savoureuse cuisine toscane un brin revisitée, préparée avec de bons ingrédients et joliment présentée. Intéressante sélection de vins, notamment au verre. Élégant, comme l'accueil.

Osteria alla Piazza : *loc. **La Piazza**, 7. ☎ 0577-73-35-80. • info@osteriaallapiazza.com • Dans un petit village à 2 km de la route entre Castellina et Panzano. Tlj sf lun. Congés : janv-fév. Repas 30-35 €.* Au milieu des vignes et des oliviers, on se régale, dans cette charmante *osteria* de campagne, de délicieux *garganelli con zucchine e speck* ou encore de *pappardelle al sugo di cinghiale.* La terrasse est superbe, avec vue dégagée, mais par grosse chaleur on préfère la quiétude intérieure des salles un brin chic, avec leurs murs en pierres apparentes et leurs lustres accrochés aux poutres centenaires.

LA RÉGION DU CHIANTI

Où déguster une bonne glace ?

Antica Delizia : *via Fiorentina, 4. ☎ 0577-74-13-37. • anticadelizia@alice.it • Tt près du rond-point, au tt début de la route qui mène à Florence et San Donato in Poggio. Tlj sf mar 11h-20h (minuit en hte saison). Congés : janv-fév.* Réputé dans la région pour son grand choix de parfums, tous plus savoureux les uns que les autres. La spécialité de la maison, l'*antica delizia*, mêle croquants et pointes de café à une glace vanille. De très bons desserts glacés qu'on peut emporter dans des bacs réfrigérés. Également une petite annexe sous les voûtes souterraines (voir l'*Enoteca Le Volte* ci-après).

Où acheter du bon vin et de l'huile d'olive ?

Enoteca Le Volte : *via Ferruccio, 12. ☎ 0577-74-03-08. Tlj en hte saison. • enotecalevolte.com •* En plein quartier historique. Une petite boutique très touristique qui vend essentiellement des crus de chianti, des huiles d'olive de la région et de délicieux biscuits secs. Le petit plus, l'un des vendeurs est français, et de bon conseil. Également, côté voûte, le glacier *Antica Delizia* (cité plus haut), a déposé ses pots de glace aux délicieux parfums.

Un peu d'œnotourisme

Azienda agricola San Donatino – chez Maria Cristina Diaz : *loc.* **San Donatino,** *15. ☎ 0577-74-03-18. • info@sandonatino.com • sandonatino.com • De Castellina, prendre la route de Poggibonsi ; à env 1 km, sur la gauche, un petit panneau indique un chemin qui descend jusqu'à San Donatino (cul-de-sac).* C'est ici que Léo Ferré a vécu de 1971 à 1993, en compagnie de son épouse Marie-Christine et de leurs 3 enfants. Dans sa demeure surplombant des champs de vignes et d'oliviers, le grand « poète » de la chanson française continua son inlassable activité d'artiste. Léo allait souvent se promener jusqu'à la colline isolée de Poggio ai Mori (la « colline aux Mûriers »), où la terre offre le meilleur d'elle-même. De là vient le nom du cru familial « ***chianti classico Poggio ai Mori*** », un vin ensoleillé, équilibré et élégant (l'un des meilleurs de la région) que l'on peut déguster à la cave et acheter. Les bouteilles sont reconnaissables au hibou peint par Picasso. Quant à l'huile d'olive extra-vierge, son arôme est d'une grande finesse ! Enfin, les amateurs ne rateront pas l'occasion de goûter aux ***bières artisanales,*** la nouvelle marotte de Mathieu, le fils de Léo. Blanche, blonde, ambrée, ou brune, elles sont toutes élaborées avec l'eau de source du domaine et les meilleurs ingrédients. Elles ont beaucoup de personnalité, des goûts très marqués (parfois originaux, comme l'ambrée aux arômes de fleurs de jasmin), et de la matière. La blonde, notamment, se distingue par sa puissance et sa richesse : une grande réussite ! À rapporter absolument dans vos valises ! Accueil charmant et avec le sourire de Maria Cristina et sa petite famille. On a beaucoup aimé cet endroit. Voir aussi plus haut « Dans les environs de Tavarnelle. San Donato in Poggio. Où dormir ? ».

Castello di Fonterutoli : *via Puccini,4, loc.* **Fonterutoli.** *☎ 0577-74-13-85. • enotecadifonterutoli.it • Au sud de Castellina, sur la route N 222. Tlj 9h-19h (18h dim). Dégustation : 5 €.* Fonterutoli, c'est un domaine de 120 ha et 6 siècles d'expérience. Un genre de monument. Alors évidemment l'accueil est bien rodé et n'a pas le charme des petites exploitations rustiques, mais la dégustation vaut le coup : les vins sont vraiment bons et soignés. Également des vins provenant d'autres régions, la famille possédant des vignes en Maremme et en Sicile, ainsi que de l'excellente huile d'olive.

Casina di Cornia : *loc.* **Casina di Cornia,** *113. ☎ 0577-74-30-52. • casinadicornia.com • En pleine campagne. De Castellina, prendre la route pour Castellina Scalo (la SP 51, à env 5 km) et, après Rocca delle Macie, prendre la 1re à gauche (une piste très praticable) et suivre les indications pour Casina di Cornia.* Accueil chaleureux chez les Luginbühl, une famille francophone dont le petit domaine est en agriculture bio depuis 1980. Production de vins (dont l'*amaranto,* mais seulement les bonnes années, le *chianti classico* et le *chianti classico riserva*) et d'huile d'olive extra-vierge pressée à froid.

À voir

Museo archeologico del Chianti senese : *piazza del Comune, 17-18. ☎ 0577-74-20-90. • info@museoarcheologicochianti.it • Avr-mai et sept-oct, tlj*

10h-18h ; juin-août, tlj 11h-19h ; le reste de l'année, slt w-e 10h-17h. Entrée : 5 € ; réduc. Petit musée local, dont les quelques salles retraçent l'histoire des Étrusques dans la région (dans les vitrines, essentiellement des bijoux, statuettes votives et fragments de poteries découverts dans les tombes proches). L'avantage, c'est que l'on a également accès à la tour médiévale attenante, siège de la municipalité (on peut d'ailleurs jeter un coup d'œil sur la salle du conseil !). Le rez-de-chaussée abrite une belle reconstitution d'un char antique, le 1er étage une pièce meublée et le 2e une expo temporaire. Avant de repartir, arrêt obligatoire sur le chemin de ronde pour profiter d'une vue dégagée sur les toits et les environs.

Chiesa di San Salvatore : charmante église datant du Moyen Âge, mais aujourd'hui de style néoromantique puisqu'elle fut plusieurs fois reconstruite suite aux nombreux pillages et aux guerres (dont la Seconde Guerre mondiale). À l'intérieur, on découvre une belle fresque représentant la Vierge, de Lorenzo Bicci, ainsi qu'un reliquaire impressionnant renfermant la dépouille de Saint Faust (XVIIe s).

Ipogeo etrusco di Monte Calvario : *à quelques mn à pied du centre du village. Prendre le chemin qui monte au niveau de l'hôtel* Il Colombaio. Tombe étrusque datant du VIe s av. J.-C. Structure étonnante : un vaste tumulus avec quatre entrées souterraines orientées vers les points cardinaux, qui conduisent à différentes chambres funéraires.

Manifestations

– ***Pentecoste a Castellina in Chianti :*** *en mai, 3 j. autour de la Pentecôte.* Le village s'anime et la via delle Volte revêt ses plus beaux atours pour célébrer les premières vendanges de la région. Les diverses *aziende* vinicoles offrent à tour de rôle la dégustation du cru de l'année, et les journées s'achèvent gaiement par des concerts de musique locale. Tout au long des festivités, présentation des outils et savoir-faire traditionnels, dégustation d'huile d'olive, de salami et de fromage... Le dimanche, messe solennelle et bénédiction des vignobles à l'église S.S. Salvatore.
– ***Calici di Stelle :*** *la nuit du 10 août, à la Santo Lorenzo.* En gros « Des verres sous les étoiles ». Dans le village, stands des différents *aziende* qui proposent de goûter leurs productions locales. Ambiance bon enfant.

RADDA IN CHIANTI (53017) 1 700 hab.

Au sommet de la colline de Poggio alla Croce (à 530 m), Radda marque la ligne de partage des eaux entre les vallées de la Pesa et de l'Arbia. Ce petit bourg médiéval (plus intime que Castellina) a gardé tout son charme, ce qui explique certains jours l'affluence de visiteurs dans les ruelles piétonnes. On peut en faire le tour à pied en quelques minutes et admirer de belles bâtisses comme le Palazzo del Podestà (aujourd'hui la mairie), construit au XVe s. De la promenade sur les murs d'enceinte, belles échappées sur les collines couvertes d'oliviers, de vignes et de cyprès.

UN PEU D'HISTOIRE

Ancienne possession des comtes Guidi, Radda passe sous la coupe de Florence en 1203. Fortifié en 1400, le village devient le chef-lieu de la Ligue du Chianti en 1415. Son âge d'or se situe au XVIIe s, il va de pair avec la notoriété grandissante du vin de Chianti, désormais exporté dans toute l'Europe et plus particulièrement vers l'Angleterre depuis le siècle précédent. À cette époque, les propriétés viticoles se développent et le système de métayage se met en place, inféodant les exploitants aux riches familles. Il dominera l'agriculture régionale jusqu'à la moitié du XXe s (il fut aboli en 1967). Pendant toute cette période, de grandes et somptueuses villas servent de « maisons des champs » aux puissantes familles de Florence, comme les Strozzi et les Pazzi qui viennent y passer l'été.

Arriver – Quitter

➢ ***En bus :*** avec la compagnie ***Tiemme,*** 5 bus/j. pour Sienne (4 dim), 4 bus/j. pour Florence, slt 2 sam et 1 dim. Rens sur ● *sienamobilita.it* ●

Adresse utile

Ufficio Pro Loco : *piazza Castello.* ☎ *0577-73-84-94.* ● *proradda@chiantinet.it* ● *Avr-oct, tlj 10h-12h30, 15h-18h30 ; nov-mars, tlj 10h30-12h30, 15h30-18h.* Tous renseignements sur les possibilités d'hébergement ainsi que sur les randos à faire dans le coin. Location de vélos et de scooters (sur résa). Accueil compétent.

Où dormir à Radda et dans les environs ?

La Bottega di Giovannino – Camere e Appartamenti : *via Roma, 6-8.* ☎ *0577-73-80-56.* ● *giochianti@katamail.com* ● *labottegadigiovannino.it* ● *Double 65 € ; appart 2 pers 70 € ; petit déj 7,50 €.* Monica Bernardoni et son frère David proposent une poignée de chambres doubles avec salle de bains à l'étage de leur resto. Elles ne sont pas grandes mais elles sont propres, aménagées à l'ancienne mode de façon agréable, et donnent soit sur la jolie rue piétonne, soit sur la campagne (vue superbe). Monica, très chaleureuse, parle le français et vous aide pour vos excursions dans le coin. Un bon plan pour la région.

Campo Agli Olivi : *via del Convento.* ☎ *0577-73-80-74.* ● *campo_agli_olivi@hotmail.com* ● *campoagliolivi.it* ● *À 200 m du centre de Radda (sortie direction Florence), après les carabinieri, prendre à droite et presque aussitôt le sentier à droite qui descend dans les vignes. Résa conseillée. Doubles 50-80 €, avec petit déj ; apparts 2-4 pers 65-125 € la nuitée. Parking.* *10 % de réduc sur présentation de ce guide.* Jolie ferme juste en contrebas de la ville, mais déjà au beau milieu des vignes. Idéal ! Les chambres et les appartements, répartis dans différents bâtiments en belle pierre de pays, sont bien tenus et confortables. Le tout donnant sur différentes terrasses, un jardin fleuri et une petite piscine ensoleillée avec solarium. À noter, animaux bienvenus. Une belle petite adresse, notre meilleur choix ici.

Podere di Canvalle : *loc.* ***La Villa.*** ☎ *0577-73-83-21.* ● *canvalle@chiantinet.it* ● *canvalle.chiantionline.com* ● *À 1,5 km de Radda. Prendre direction Gaiole, laisser la station-service sur la gauche, puis tt de suite à droite après l'hôtel* Villa Miranda. *Congés : fév. Loc slt à la sem : env 900 € pour 4 pers. Double (3 nuits min) 80 €, avec petit déj.* Une adresse insolite accrochée au coteau, *La Torre,* une haute tour carrée datant du XIXe s, aménagée en appartement sur 3 niveaux (prévu pour 4 personnes) ! Salle de séjour et coin cuisine en bas, une chambre double avec salle de bains au 1er et, tout en haut, un beau grand lit. Pas de réelle séparation entre les étages, soyez discret. Également une chambre double simple et rustique, avec accès indépendant, dans la maison des proprios, à 150 m de là. Piscine et grand jardin, et un gentil accueil de Lele.

Azienda Agricola Le Bonatte : *à 1,5 km de Radda, sur la route de Volpaia.* ☎ *0577-73-87-83.* *338-285-83-85.* ● *gioia@chiantinet.it* ● *lebonatte.it* ● *Congés : janv-fév.*

Appart 2-4 pers 60-100 € la nuitée ; maison 6-12 pers 1 000-1 750 €/sem. CB refusées. Belle propriété toscane en pleine campagne, proposant à la location la maison principale (vaste, avec 5 chambres, 3 salles de bains, salon et cuisine) et un appartement de 2 chambres dans une dépendance voisine (très mignon, avec sa cheminée dans la pièce à vivre, avec kitchenette). Meubles anciens, ambiance un poil surannée de ces vieilles demeures qui ont vécu. Idéal pour des vacances entre amis. Piscinette hors sol à la disposition des hôtes et des terrasses pour laisser passer le temps. Accueil dynamique et attentionné.

Où manger ? Où boire un verre ?
Où déguster une bonne glace ?

La Bottega di Giovannino : *via Roma, 6. ☎ 0577-73-85-99. • giochianti@katamail.com • Fermé mar. Menu 23 € ; plats env 10-12 €.* Un tout petit bar-*enoteca*-resto parfait pour boire un verre comme pour manger sur le pouce. Plat du jour, assiettes de fromage, de charcuterie (ou les 2 !), mais aussi des *panini* et *crostini* de toutes sortes à déguster dans la salle chaleureuse, ou sur quelques tables dans la rue piétonne. Ambiance très sympa, sans oublier la musique.

Caffè San Niccolò : *via Roma, 13. ☎ 0577-73-56-66. • info@hotelsanniccolo.com • En face de l'église et de la mairie.* C'est le bar du très chic hôtel *Palazzo San Niccolò*. On y vient à toute heure de la journée pour un verre en terrasse, ou le soir pour l'*aperitivo*. Idéal pour une petite pause. Attention au service débordé en haute saison.

Bar Sandy : *via XI Febbraio, 2. ☎ 0577-73-87-11. Tlj sf lun 7h-22h.* Des pâtisseries mais aussi les glaces les plus artisanales du coin. Et, bon à savoir, 2 ordis (payants) au fond de la salle !

Voir aussi l'*enotaca* de la ***casa Porciatti*** (ci-dessous).

Où faire ses courses ?

Casa Porciatti : *piazza IV Novembre, 1-3. ☎ 0577-73-80-55. • info@casaporciatti.it • casaporciatti.it • Ouv 8h-13h, 16h-20h. Fermé dim ap-m en été et mer ap-m tte l'année.* Famille de bouchers de père en fils depuis 1965. Spécialités de *tonno di Radda,* filet de porc vieilli (recette familiale tenue secrète), et de *lardo di Radda,* idéal pour les *bruschette.* Également des victuailles en tout genre, de bons vins *(brunello di Montalcino),* une sélection d'huiles d'olive des *aziende* voisines ou encore des confitures et autres sucreries faites avec des produits du coin. La maison possède également l'***enoteca*** située dans le *camminamento* médiéval, ruelle couverte incluse dans le système défensif de la ville. Une partie est destinée à la vente, et l'autre partie, avec ses 6 tables, propose aux clients un service de restauration : charcutailles, fromages et salades (plats environ 7-12 €). Beau programme.

À voir. À faire

Palazzo del Podestà : *sur la piazza Ferrucci, face à l'église. Visites des prisons antiques lorsqu'il y a des expositions temporaires, en principe mai-sept. GRATUIT.* En plein centre, c'est le siège de la mairie. Ancien palais construit en 1400. Voir les armoiries sur la façade (quelques-unes datent du XVe s). Au 1er étage, fresque de l'école florentine du XVIe s.

LA RÉGION DU CHIANTI

➢ ***Balades autour de Radda :*** infos à l'office de tourisme. Feuillets où sont détaillées quelques belles promenades à réaliser au départ du bourg (d'une durée de 2h30 à 5h).

Manifestations

– ***Radda nel bicchiere :*** *le 1er w-e de juin.* Les producteurs du coin installent des stands, des carnets d'évaluation sont distribués, et on va de stand en stand pour déguster les différents vins. Hips ! Marché des artistes et de l'artisanat le dimanche de ce même week-end. Pas mal de stands où les restos et *wine bars* de Radda concoctent des menus pour l'occasion.
– ***Radda 1527 :*** *mi-juil.* Reconstitutions historiques, fêtes costumées et banquets pour commémorer l'époque où Francesco Ferrucci, le héros de la bataille de Gavanina, symbole de la résistance à Charles Quint, fut *podesta* (maire) de la ville.

DANS LES ENVIRONS DE RADDA IN CHIANTI

Pieve di Santa Maria Novella : *au nord de Radda, sur la route de Castelvecchi.* Très ancienne église qui remonterait à l'an 1010. Entièrement reconstruite au début du XIXe s.

VOLPAIA (53017)

À 7 km au nord de Radda. Occupé en grande partie par le *castillo,* un superbe hameau fortifié aux venelles étroites parfois couvertes, dont les murs parfumés de jasmin en été dominent les vignes environnantes. Les premières fortifications du village datent du XIIe s. L'ensemble est resté authentique et l'atmosphère populaire. C'est aussi une étape pour les randonneurs qui sillonnent le parc de Cavriglia. On se retrouve sur la petite place centrale où se concentre l'activité, ou près de la *comenda di Sant'Eufrosimo* (ancien asile pour les pèlerins et les voyageurs, datant de 1443).

Où dormir ?

Casa Selvolini : *piazza XVIII Novembre. ☎ 0577-73-83-29. En plein cœur du village. Résa conseillée. Double 60 € ; pas de petit déj. CB refusées.* Vous repérerez tout de suite la maison, celle où il y a plein de plantes à l'entrée ! Accueil adorable de Mme Selvolini, dynamique mamie à l'accent local, qui propose la location de 3 chambres toutes avec salle de bains, réparties dans 2 appartements rustiques voisins. Grande cuisine. Tout est propre et soigné.

Où manger ? Où boire un verre ?

Bar Ucci : *piazza della Torre, 9. ☎ 0577-73-80-42. • bar-ucci@chiantinet.it • Fermé lun. Congés : fév-mars. Plats et en-cas env 4-8 €.* Impossible de rater cette terrasse qui s'avance en proue sur la jolie placette. Alors on s'y attable comme tout le monde, et l'on fait bien ! Car l'accueil est chaleureux, à l'image d'une cuisine simple et généreuse préparée avec de bons ingrédients : qu'il s'agissent des salades, des *crostini,* des assiettes de charcuterie, ou des plats de pâtes, tout est frais et délicieux. Impeccable pour une pause gourmande sans prétention.

La Bottega di Volpaia : *piazza della Torre, 1. ☎ 0577-73-80-01. • labottega@chiantinet.it • Fermé mar. Congés : fév-mars. Plats env 10 €. CB refusées.* Une petite adresse pour gourmets, tenue par Carla, la sœur de l'énergique proprio du *Bar Ucci*. Réputé pour ses saucissons, le resto propose une savoureuse cuisine régionale. La *ribollita* et les pâtes fraîches sont particulièrement renommées. Tout ça à déguster à l'intérieur, ou sur la belle terrasse panoramique, à l'ombre du grand érable.

Où dormir ? Où manger dans les environs ?

Podere Terreno : *via Volpaia. ☎ 0577-73-83-12. • podereterreno@chiantinet.it • podereterreno.it • En pleine campagne, par la route qui mène à Radda, à env 2 km de Volpaia. Congés : 2 sem fin déc. Double 80 €, avec petit déj ; ½ pens 70 €/j. par pers.* 1465 est l'année de naissance de cette vénérable demeure de pierre. Chaleureux décor intérieur avec terre cuite, fleurs séchées et cuivres accrochés aux poutres, vieux meubles et tapis d'Orient. Les 5 chambres, champêtres à souhait, sont toutes différentes (salles de bains simples mais suffisantes). Pas de piscine mais un jacuzzi. Marie-Sylvie et Roberto, les proprios, vous concocteront une vraie table d'hôtes, servie avec les vins du domaine. Les dîners sont pris en commun pour favoriser les échanges, dans l'ancienne cuisine avec cheminée ou, en été, sous la tonnelle. On y parle le français.

Un peu d'œnotourisme

Castello di Volpaia : *juste à l'entrée de Volpaia, sur la place principale. ☎ 0577-73-80-66. • agriturismo@volpaia.com • volpaia.com • Tlj 10h30-18h30 (ferme plus tôt en hiver). Env 3 vins pour 5 €.* Point de vente dans la tour du château, pour découvrir ce domaine séculaire dont les vins bio sont régulièrement encensés par la presse.

VAGLIAGLI *(53019)*

Un petit bourg sans histoire, à une vingtaine de minutes au nord de Sienne, en plein vignoble de *chianti classico*, parmi les vagues de collines peignées « à l'africaine », où le vert tendre des vignes enflamme les coteaux à l'heure de l'apéro.

À CHEVAL SUR LES PRINCIPES

À l'âge de 19 ans, La Rompicollo refuse la demande en mariage que lui formule un militaire de 25 ans son aîné, en lui disant : « Revenez quand vous serez général ! » 10 ans plus tard, La Rompicollo voit s'avancer une limousine dans l'allée du jardin, avec drapeaux de la cavalerie et tout le tintouin. L'homme était revenu pour l'épouser ; elle avait 29 ans, lui 54 ; ce fut le plus jeune général de l'armée italienne !

Où dormir ? Où manger ?

Villa Astreo (La casa di Rompicollo) **:** *via del Colombaione, 4. ☎ 0577-32-26-24. 📱 349-844-29-92. • info@astreo.it • astreo.it • Sur la SP 102, en venant du sud, prendre, en arrivant au village, le virage en épingle sur la gauche direction Castellina, ensuite c'est fléché à gauche. Ouv tte l'année. Doubles 70-100 € (90-100 € pour la suite, mais 3 nuits min), avec petit déj.* C'est la maison de Rosanna Bonelli, alias La Rompicollo (la « casse-cou »), la première femme jockey à avoir couru le *Palio*. C'était en 1957. La demeure, perchée en surplomb de la plaine, a conservé une part du faste de cette époque épique. Dans une déco hors du temps digne d'un inventaire à la Prévert (nombreux souvenirs, dont la jaquette qu'elle portait le jour de la course !), une suite avec accès indépendant, très grande avec une chambre et un séjour. Également 3 chambres, avec salle de bains, patinées par les ans et riches de toutes sortes d'objets du passé, à tel point qu'on dirait des cabinets de curiosités. Pour couronner le tout, une piscine avec une vue à couper le souffle et un accueil gentil de Francesco, le fils de Rosanna. Une adresse insolite.

Osteria La Botte : *via del Sergente, 6. ☎ 0577-32-27-79. • osterialabotte@live.it • En plein bourg. Congés : nov. Fermé lun midi, mer, jeu midi. Repas env 25 €.* Générosité, c'est le mot qui vient tout de suite à l'esprit pour qualifier la cuisine de Laura et le service de Salvatore. Dans la petite salle ou sous les cannisses caressées par les derniers rayons du soleil, la table est bien dressée. Apéro, amuse-bouche, puis vient la cuisine. À la carte, courte, que du frais et, pour une fois, la viande est un peu en retrait. On y trouve du poisson, des légumes grillés, des pâtes. Les desserts ne sont pas chers, car ils sont minuscules. Avant de partir, laissez vous tenter par un *limoncello,* c'est la maman de Salvatore qui le fait !

Où dormir ? Où manger dans les environs ?

Fattoria di Corsignano : *via Tognana, 4, loc.* ***Corsignano.*** *☎ 0577-32-25-45. • info@tenutacorsignano.it • tenutacorsignano.it • Au sud de Vagliagli par la SP 102, à droite (panneau). Resto le soir plus le midi le w-e. Résa à la sem souhaitée mai-sept pour les apparts. Apparts et suites pour 2-6 pers 60-240 € la nuit ; doubles env 100-140 €. Petit déj : 10 €. Menus env 20-38 € (avec les vins).* Perdue au milieu des vignes, une exploitation vinicole tenue par un couple passionné d'œnologie. Attenants à l'exploitation, une dizaine de chambres et d'apparts aménagés avec beaucoup de goût dans un esprit champêtre très déco. Vraiment élégant et cosy, d'autant que tous disposent de terrasses privées. Belle piscine en contrebas, bordée par le restaurant où l'on propose une bonne cuisine toscane du jour, accompagnée des vins de la maison. Activités diverses et variées : cours de cuisine, visite de caves, spa, vendanges... Vente de vin et d'huile d'olive de la propriété. Une adresse de charme, idéale pour se reposer.

Un peu d'œnotourisme

Fattoria di Corsignano : *via Tognana, 4, loc.* ***Corsignano.*** *☎ 0577-32-25-45. • info@tenutacorsignano.it • Au sud de Vagliagli par la SP 102, à droite (panneau). Dégustation : 10 €.* Sur les 22 ha du domaine, une dizaine à peine sont consacrés à la vigne. Mario produit peu, mais bien : ses vins bio ont du caractère et de la classe, notamment la *gran selezione,* pas donnée mais vraiment réussie.

Dievole : *☎ 0577-32-26-32. • dievole.it • C'est fléché juste avt Vagliagli quand on arrive par le sud. Visite des caves suivie d'une dégustation d'avr à mi-nov, tlj à 11h, 14h30 et 17h : env 15 €. Sinon, dégustation gratuite et vente directe à l'enoteca tlj 9h-19h.* La visite dure 1h : on passe en revue les caves, puis on découvre les vins de cette noble maison dont le domaine s'étend sur 65 ha. C'est très rodé, mais l'accueil est bon et la qualité indiscutable.

À voir dans les environs

Chiesa San Gusto in Salaio : *depuis Radda, se diriger vers Lecchi ; juste après être entré sur la commune de Gaiole, petite route sur la droite.* Église romane du XIe s flanquée d'un grand cèdre, avec trois nefs (la nef centrale est surélevée) et trois absides. Le campanile, derrière l'église, a été entièrement rénové. Beau presbytère à côté.

Certosa di Pontignano : *loc. Pontignano, 53019 Vagliagli. ☎ 0577-35-471. Appeler avt d'y aller.* Construite au XIVe s (1341), cette chartreuse a été maintes fois remaniée au cours des siècles. Désormais gérée par l'université de Sienne, elle a servi de refuge aux juifs persécutés pendant la Seconde Guerre mondiale. Vue de l'extérieur, elle a l'air austère. À l'intérieur, quelques restes de fresques et des cellules de moines transformées en chambres pour étudiants. Sur l'arrière, un jardin à l'italienne.

GAIOLE IN CHIANTI (53013) 2 770 hab.

Gaiole, à la différence des deux autres capitales des *terzieri* de la Ligue du Chianti, que sont Castellina et Radda, n'a jamais eu de vocation défensive. C'est au contraire une ville d'échange qui, depuis le XIIIe s, attire commerçants et paysans de la région. Aujourd'hui encore, cette petite ville par ailleurs assez quelconque produit la fameuse *cinta* siennoise, ce porc élevé en plein air si goûteux quand il est employé en salaison. Ici plus qu'ailleurs, les collines sont touffues, alors, évidemment, les possibilités de randonnées sont nombreuses.

– Difficile d'accès si vous n'avez pas de voiture.

LA RÉGION DU CHIANTI

Adresses utiles

Ufficio turistico *(Pro Loco) : via Ricasoli, 50. ☎ 0577-74-94-11. • ufficioturistico@comune.gaiole.si.it • Avr-oct, tlj 10h-13h, 15h-18h (10h-15h dim) ; nov-mars, slt ven-sam.* Location de vélos et de scooters. À disposition, des cartes et miniguides très bien faits pour randonner dans la région. Plusieurs circuits au départ de Gaiole.

Où dormir ? Où manger dans les environs ?

Le Miccine : *loc. Le Miccine, 44. ☎ 0577-74-95-26. • mail@lemiccine.com • lemiccine.com • De Gaiole, prendre la SS 408, faire env 2,5 km vers le sud, puis prendre à droite la SP 2 direction Radda. C'est env 2 km après sur la droite. Ouv tte l'année sur résa. Doubles en studio 85-100 € selon saison ; apparts 1 200-1 800 €/sem (possible pour 3 nuits slt si dispo), pas de petit déj.* Une belle villa dotée d'une jolie piscine à débordement, perdue dans les vignes. Elle dispose de 3 logements : 1 studio bien conçu et 2 grands apparts de 2 chambres chacun, très confortables (cuisine, large pièce à vivre, salles de bains). Dans la plus pure architecture toscane, c'est à la fois rustique et bien agencé, si bien qu'il s'en dégage une agréable atmosphère authentique et cosy. Paula, la jeune Québécoise, est à la fois œnologue et vigneronne. À ses heures, elle accueille aussi ses hôtes pour leur faire partager sa passion pour le vin. L'endroit idéal pour celles et ceux qui veulent s'immerger dans le Chianti.

Il Rifugio : *loc. Vertine, 9. ☎ 0577-74-93-10. 339-749-59-70 (Kate). • info@ilrifugioinchianti.it • ilrifugioinchianti.it • Ouv tte l'année. Double 65 € ; petit déj 8 €. Apparts 2-4 pers 95-125 €/j. CB refusées.* Le seul logement dans le petit hameau de

Vertine (voir un peu plus loin « Dans les environs de Gaiole in Chianti »). Murs de pierre épais et plafonds voûtés. Une poignée de chambres bien fraîches, avec le paysage qui vous saute à la figure dès qu'on ouvre la fenêtre. Cuisine équipée « tout comme il faut ». Question déco, c'est simple et classique. Côté tranquillité, réveil au chant des oiseaux. Également un petit appart un peu plus loin dans le village. Sinon, piscine dans les oliviers et les vignes qui moutonnent à l'horizon. Accueil familial. Barbecue.

B & B Borgolecchi : *via S. Martino, 50, 53013* ***Lecchi in Chianti,*** *Gaiole. ☎ 0577-169-80-87. • info@borgolecchi.it • borgolecchi.it • Doubles 90-130 €, avec petit déj ; apparts 95-125 € pour 2. Parking.* Dans le petit village de Lecchi, Anna, charmante, vous accueille dans sa maison à bras ouverts. Elle propose une poignée de jolies chambres très confortables (l'une d'elles possède même une douche hydromassante !), la plupart avec terrasse. Comme il n'y a pas grand-chose à se mettre sous la dent à Lecchi, Anna propose une bonne table d'hôtes (réserver à l'avance). Ambiance conviviale garantie ! Sinon, optez pour l'appart (3 personnes), en bas, plus frais, avec une grande cuisine. Une adresse sympathique dans un hameau vraiment tranquille.

Il Carlino d'Oro : *loc.* ***San Regolo,*** *à env 10 km au sud de Gaiole. ☎ 0577-74-71-36. • info1@carlinovacanze.com • Mai-oct, tlj sf lun, le midi slt. Repas complet env 25 €.* Marisa et Carlino ont tenu ce petit bout de resto au cadre simple et classique pendant plus de 50 ans ! Et quand bien même aujourd'hui c'est plutôt Fabrizio (le fils) qui s'y colle, on y mange toujours aussi bien. La cuisine est typiquement toscane : tagliatelles aux cèpes, raviolis à la ricotta, au beurre et à la sauge, etc. Bon et authentique.

Ristorante Badia a Coltibuono : *loc.* ***Badia a Coltibuono,*** *derrière l'abbaye de Coltibuono (voir « Dans les environs de Gaiole in Chianti »). ☎ 0577-74-90-31. • ristbadia@coltibuono.com • coltibuono.com • Tlj midi et soir (bar ouv l'ap-m). Congés : de mi-nov au 15 mars. Menu dégustation (avec vins) 55 € ; carte 45 €. Café offert sur présentation de ce guide.* Cuisine inspirée des traditions mais flirtant avec la cuisine nouvelle : foie de veau aux châtaignes, risotto aux artichauts et lapin, filet de porc à la sauge et au thym. La salle n'est pas particulièrement chaleureuse ; en revanche, la grande terrasse est superbe, avec vue plongeante sur la vallée. Service parfait.

Un peu d'œnotourisme

Le Miccine : *loc.* ***Le Miccine,*** *44. ☎ 0577-74-95-26. • mail@lemiccine.com • lemiccine.com • De Gaiole, prendre la SS 408, faire env 2,5 km vers le sud, puis à droite la SP 2 direction Radda, c'est env 2 km après sur la droite. Dégustation tlj avr-oct 10h-17h (mieux vaut téléphoner avt). Tarif : 5 € (offert si achat).* Une drôle d'aventure pour cette jeune Québécoise diplômée des plus grandes écoles d'œnologie du Canada et de France que d'être venue s'installer là ! Mais c'est stratégique, car ce secteur du Chianti bénéficie de conditions climatiques spécifiques. Les soirées étant plus fraîches, les différences thermiques sont plus marquées : les vins de Paula sont par conséquent moins « confiture », et se révèlent à la fois légers et fruités, avec une belle acidité. Le *riserva* notamment est excellent. Dégustation également de rosé, de blanc... et d'huile (pour ceux qui conduisent !).

Randonnée

De nombreux itinéraires sont praticables à pied ou à VTT au départ de Gaiole. Le mieux est de se renseigner à l'office de tourisme.

DANS LES ENVIRONS DE GAIOLE IN CHIANTI

Pieve di Spaltenna : *à env 1 km à l'ouest de Gaiole.* Emprunter la route qui part entre l'église de Gaiole et le bureau de poste, elle conduit à cette jolie église fortifiée, l'une des plus belles du Chianti. Jetez aussi un coup d'œil à l'ancien presbytère, juste à côté, très bien réhabilité (il accueille désormais un restaurant).

Vertine : *à 3 km à l'ouest de Gaiole.* Petit village fortifié dominant la vallée, dont les ruelles escarpées s'égayent à partir d'une porte impressionnante. Ses origines sont antérieures à l'an mille. Dès la fin du XIIe s, il devient propriété des Ricasoli, une famille noble dont le nom est associé au Chianti depuis 1141. À l'époque, il sert de poste avancé à Florence dans les guerres que cette dernière menait à l'encontre de sa rivale Sienne. Cette vocation de contrôle du territoire dure pendant tout le Moyen Âge, puis Florence en prend définitivement le contrôle et détruit le château, condamnant les Ricasoli à l'exil.

Badia a Coltibuono : *à 5 km au nord-est de Gaiole, dans les monts du Chianti.* ☎ *0577-74-481.* • *coltibuono.com* • *Pâques-fin oct, visites guidées tlj à 14h, 15h, 16h et 17h. Prix : 5 € (8 € pour celle de 17h, dégustation incluse). Mar, mer et ven à 11h, visite à 12 € comprenant aussi le réfectoire et 3 vins à déguster.* Beau complexe monastique avec église fortifiée du XIIe s, au cœur d'une forêt de pins. Grimper sur la colline pour la superbe vue d'ensemble. L'abbaye, fondée en 1051 par des bénédictins, joua un rôle important dans l'histoire de la région. Elle fut en effet occupée par la suite par les moines de Vallombreuse, ordre religieux chargé de lutter contre la corruption au Moyen Âge. Aujourd'hui, ce bel ensemble bien préservé abrite une prestigieuse exploitation vinicole. La visite, relativement rapide (environ 40 mn), comprend le charmant jardin à l'italienne, la cour du Settecento, le cloître (malheureusement très largement remanié), le réfectoire et les caves.

Castello di Brolio : *à* **Brolio.** ☎ *0577-73-02-80.* • *ricasoli.it* • *Entre Gaiole et Castelnuovo Beradenga ; à 10 km au sud de Gaiole, quitter la N 408 (c'est signalé). Prévoir 10 mn à pied depuis le parking. De mi-mars à mi-nov, tlj sf lun 10h-19h (plus tôt en demi-saison). Dernière entrée 1h avt fermeture. Entrée : 5 € (8 € avec le musée en visite guidée ttes les 30 mn, 10h-12h30, 14h30-17h30). Dégustation de vins sur rdv.* L'impressionnant château de Brolio appartient à la famille Ricasoli-Firidolfi depuis le XIe s. C'est une énorme forteresse construite suivant un plan pentagonal. Au XIXe s, le baron Ricasoli ajouta, à l'intérieur de l'enceinte, une élégante demeure dont la brique rouge contraste avec la pierre grise des remparts. Malheureusement, elle ne se visite pas. La balade, assez courte finalement, se résume à la chapelle (la *cappella di San Jacob,* avec un autel en marbre et deux polyptyques du XIVe s, des écoles florentine et siennoise), la crypte (chambre funéraire de la famille Ricasoli), aux jardins et à un petit tour sur les chemins de ronde pour apprécier la vue. Ceux qui visitent en plus le musée y découvrent des collections d'armes, et des sections historiques sur le château et la famille. Avant de partir, arrêt à l'accueil pour goûter un vin du domaine (inclus dans l'entrée).

CASTELNUOVO BERARDENGA (53019) 9 100 hab.

À la limite sud-orientale du Chianti, un œil sur les vallées de l'Ombrone et du Malena, Castelnuovo Berardenga est née de la volonté de la République du *Palio* de construire un poste avancé pour protéger son flanc est. Son système défensif (inachevé, d'ailleurs), entrepris en 1366, ne fut pas d'une grande efficacité, puisque Castelnuovo dut subir plusieurs attaques des Florentins par la

suite. Ce n'est qu'après la chute de Sienne en 1555 que la ville, nouvellement incorporée au grand-duché de Toscane, peut enfin développer son industrie de vin et d'huile, activité qui occupe toujours aujourd'hui la plupart de ses habitants. Du Moyen Âge et des époques qui suivirent, Castelnuovo Berardenga n'a pas conservé grand-chose. On ne s'attarde pas, mais le petit centre ancien est cependant agréable pour une courte étape, avec quelques ruelles reliant de jolies placettes, et une belle petite église à la façade massive néoclassique.

Adresse utile

Ufficio turistico : *via del Chianti, 61. ☎ 0577-35-13-37. • ufficio.turistico@comune.castelnuovo.it • De mi-mars à oct, mar-dim 9h30-12h30 (plus 15h-18h ven-sam) ; de nov à mi-mars, ven-sam 9h30-12h30.* Accueil sympathique. Abrite le ***museo del Paesaggio*** (une série de panneaux à lire : pas très palpitant).

Où manger ? Où déguster une bonne glace ?

La Taverna della Berardenga : *via del Chianti, 70-74. ☎ 0577-35-55-47. • info@tavernadellaberardenga.it • À l'entrée du village quand on vient du nord. Tlj sf lun. Formule déj en sem 14 €. Repas env 25 €. Digestif offert sur présentation de ce guide.* Un bar-trattoria à l'atmosphère conviviale. Petite terrasse séparée de la circulation par un rideau d'oliviers. Snacks, *panini* et cafés sont servis au comptoir. Au resto, viandes grillées (bœuf et veau à la toscane), ou d'excellents *tagliolini al tartufo* (aux truffes) et *tagliatelle ai funghi porcini* (aux cèpes). Une cuisine simple et authentique à prix très honnêtes.

Pit Stop Al Bacio : *via del Chianti, 6. 320-266-04-77. En bordure de route, entre la place du village et l'office de tourisme. Tlj 11h-minuit (plus tôt selon affluence).* Une petite *gelateria artigianale* tenue par Matteo et Francesca. Bonnes glaces.

Où dormir ? Où manger dans les environs proches ?

Il Pozzo della Citerna : *via E. Mazzei, 19. ☎ 0577-35-53-37. • info@ilpozzodellaciterna.it • ilpozzodellaciterna.it • La via E. Mazzei part de la place principale (piazza Marconi). Doubles 45-50 € ; petit déj sur résa 5 € (l'été slt). CB refusées.* Une petite maison de ville traditionnelle, entièrement restaurée. À l'entrée, amusant bric-à-brac d'objets anciens. La sympathique et dynamique propriétaire parle couramment le français et propose 3 chambres confortables, simples et nickel. Une vaste cuisine est aussi à la disposition des hôtes au rez-de-chaussée. Un vrai bon plan.

La Foresteria dell'Aia : *via dell'Aia, 9. ☎ 0577-35-55-65. • foresteriadellaia@yahoo.it • laforesteriadellaia.it • En plein quartier historique. Doubles 55-60 €, avec petit déj. Parking.* Une demi-douzaine de chambres doubles, propres et confortables, chacune meublée et décorée d'une couleur différente. 4 d'entre elles possèdent leur propre salle de bains. Côté confort, TV satellite, frigo, chauffage en hiver. Petite terrasse à l'extérieur. Simple et convenable. Accueil très gentil.

Borgo Casato : *le long de la route SS 484 sud, au n° 12, à 2,5 km au sud de Castelnuovo. ☎ 0577-35-20-02. • info@borgocasato.it • borgocasato.it • Congés : janv. Doubles 50-120 € selon saison, avec petit déj ; apparts 4 pers 110-200 € selon saison. Fait aussi resto (repas env 20-25 €).* Dans une belle maison ancienne rénovée avec soin, de jolies chambres tout confort (clim, frigo...), très bien arrangées. Au milieu de la campagne, on dort du sommeil du juste. Salle agréable et terrasse avec vue panoramique sur la verdure et la grande piscine. Accueil jeune et dynamique.

B & B Villa di Sotto : *via S. Caterina, 30. 347-932-70-90. • info@villadisotto.it • villadisotto.it • Congés : début janv-mars et nov-25 déc. Doubles 70-85 €, avec petit déj ; apparts 2-4 pers 85-155 €. Repas 20-25 €.* Une poignée de chambres et d'appartements simples et fonctionnels, mais propres et confortables, répartis dans différents bâtiments entourés de vignes et d'oliviers (d'ailleurs, ils vendent leur production). Tranquillité assurée. Belle petite piscine, et un resto dont la véranda donne sur un superbe paysage. Accueil très sympathique.

La Bottega del 30 : *via S. Caterina, 2, loc.* ***Villa a Sesta*** *(en lisière du village, tt près des vignes). ☎ 0577-35-92-26. • info@labottegadel30.it • labottegadel30.it • Ouv le soir tlj sf mar, plus le midi dim et j. fériés. Congés : janv-15 fév. Résa obligatoire. Repas env 60-80 €. Menu dégustation 85 €. Apéritif maison offert sur présentation de ce guide.* Une vraie adresse gastronomique où l'on prend son temps. Plats élégants, gourmands et parfaitement exécutés, à cheval entre l'Italie et la France, sur les Alpes, juste ce qu'il faut pour que les saveurs se marient à la perfection : raviolis à l'estragon, canard farci aux pignons de pin et romarin... Bonne cave. Assez cher mais pas exagéré pour une aussi belle expérience, d'autant que l'accueil est charmant.

SIENNE ET SES ENVIRONS

La Terre de Sienne est multiple. Au sud-ouest, la *Montagnola* et le *Valdimerre* livrent des paysages tourmentés couverts d'une épaisse forêt. C'est un pays de métayage et de bûcheronnage. Ici point de douces collines, mais un espace mangé par le vert des chênaies. De l'autre côté du val d'Arbia dont Buenconvento, étape de la *via Francigena,* marque l'épicentre, succèdent les lunaires *Crete senesi* (attention aux faux amis, *creta* en italien ne signifie pas « crête » mais « argile » !). Une terre qui festonne de villages de pierre en monastères sur fond de genêts en bataille. Plus au sud moutonne l'onctueux *val d'Orcia,* classé Patrimoine de l'humanité par l'Unesco. C'est ici, dans l'ordonnance des cyprès et des pins, parmi les collines parsemées de hameaux fleuris, que la Toscane éternelle distille au fil des saisons ses images d'Épinal. Puis les argiles fertiles cèdent leur place à l'Amiata, une terre volcanique recouverte de hêtraies. Ses ravissantes petites stations thermales livrent aujourd'hui tous les bienfaits d'une eau piégée dans ses entrailles depuis des millénaires. Enfin, sur le flanc est, traversé par l'autoroute du soleil et marquant la frontière avec l'Ombrie, le *val di Chiana,* dominé par les remparts de Montepulciano.

La Terre de Sienne constitue une campagne pittoresque au sens étymologique du terme, savoir « qui se peint ». Et c'est au cœur de cette nature tantôt sauvage tantôt maîtrisée, de forêts impénétrables, de blé d'or, d'oliveraies et de vignobles, que Sienne la gibeline a su tenir tête à la guelfe Florence.

Programmation des événements et infos sur • *terresiena.it* •

SIENNE (SIENA)

(53100) 53 000 hab.

Pour les plans de Sienne (plan d'ensemble et centre), se reporter au cahier couleur.

Il existe des pays qui restent à jamais gravés dans la mémoire, à la faveur d'une saison particulière, d'un parfum ou d'une couleur. À Sienne, cette

couleur, c'est celle de la terre, car Sienne est une ville sans eau. Perchée à la réunion de trois collines, elle n'est arrosée par aucun fleuve. Cette particularité fera d'elle une ville à part. Moins puissante que Pise, moins riche que Florence, Sienne s'enorgueillit encore aujourd'hui d'avoir damé le pion à son éternelle rivale Florence lors de la bataille de Montaperti, en 1260. Un fait d'armes décisif, dont les conséquences dépassèrent largement la victoire d'une énième prise de bec entre Guelfes et Gibelins. Aujourd'hui, Montaperti vit encore dans tous les cœurs. Elle anime l'esprit de clan des *contrade,* ces quartiers de la ville aux doux noms d'animaux : Tortue, Escargot, Panthère, Rhinocéros, Dauphin... Autant d'esprits rusés et vengeurs qui, deux fois par an, à l'occasion du *Palio delle Contrade,* se défient en public pour l'amour de leur cité. Côté beaux-arts, ses architectes, ses sculpteurs, ses peintres, permirent à Sienne de constituer sa propre école de pensée. De ce riche passé résulte une architecture médiévale à nulle autre pareille ; un lacis de ruelles imbriquées, débouchant tantôt sur une placette, tantôt sur une fontaine secrète ou un palais vieux rose aux murs enkystés de blasons. Sienne, c'est un moment fort de vos vacances en Toscane. Où le moment conjugue l'Histoire en émotions, où l'esthétique qui habille les visites des musées n'a d'égale que le plaisir pris à une terrasse de la piazza del Campo, quand le couchant tisonne sa forge de corail.

UN PEU D'HISTOIRE

Quand bien même la ville est attestée à l'époque étrusco-romaine, Sienne sort de l'anonymat pendant le haut Moyen Âge, dopée par l'activité que lui procure la *via Francigena,* la voie de pèlerinage qui conduit les Français jusqu'à Rome. Commence alors le début d'une longue période de développement et d'enrichissement qui, initiée dès le XIIIe s, s'achèvera à la fin du XIVe s. Période pendant laquelle Sienne bat sa propre monnaie, exploitant l'argent extrait des mines environnantes. Perchée sur ses collines, un œil sur Florence, l'autre sur Rome, elle devient rapidement la plaque tournante du commerce régional, avec des bailleurs de fond qui se mettent au service de la papauté. Cette allégeance au souverain pontife lui assure une certaine prospérité. La ville se dote alors de palais et d'églises, tandis que peintres et sculpteurs, portés par une foi indéfectible, se plient en quatre pour les embellir. Mais l'expansion régionale de Sienne est vue d'un mauvais œil par Florence, sa rivale, si bien qu'au XIIIe s une guerre éclate entre les deux villes. En 1260, la fameuse bataille de *Montaperti* consacre la victoire des Siennois sur les Florentins. Une victoire qui fera date. L'évoquer, ne serait-ce qu'en plaisantant, allume dans les yeux des Siennois l'étincelle d'un bonheur diffus empreint de fierté. À tel point qu'aujourd'hui encore certains affichent avec orgueil, sur la lunette arrière de leur voiture, un autocollant qui dit en gros « J'y étais », en référence à ladite bataille. Du coup la république, dirigée par les *nuove,* les neuf familles bourgeoises riches et puissantes qui la gouvernaient, façonne Sienne telle que nous la connaissons aujourd'hui : Palazzo Pubblico, piazza del Campo, etc. Nous sommes dans la

DU GUIDE DU ROUMIEUX AU ROUTARD

La Francigena *est la voie qu'utilisaient les Roumieux, les pèlerins qui se rendaient à Rome. Son tracé exact est attesté depuis qu'un certain Sigéric, archevêque de Canterbury, a consigné et décrit avec précision dans son livre de route chacune des 80 étapes qui constituaient son voyage. C'était en 990, il s'en allait voir le pape ! Si vous souhaitez refaire le parcours, achetez plutôt le dernier* Routard, *ça vous évitera de vous perdre dans les bois ; en plus de ça, pas mal d'adresses ont changé de propriétaire...*

première moitié du XIVe s. Des règlements d'urbanisme très stricts sont édictés afin de préserver son unité architectonique ; pour preuve l'élégance des vieilles façades qui ourlent la piazza del Campo. Malheureusement, le pouvoir de ces grandes familles, miné par les conflits d'intérêts qu'aggrave la grande peste de 1348, met un terme à cet âge d'or.
Dans la seconde moitié du XIVe s et pendant tout le XVe s, Florence reprend du poil de la bête en imposant sa propre monnaie : le florin, ce qui fragilise économiquement sa rivale, dont une des particularités est d'être dépourvue de cours d'eau. Cette domination florentine ralentit considérablement son développement économique. Privée d'une partie de ses grasses vallées, où elle allait faire moudre son grain, Sienne s'enfonce dans la crise, comme on dit aujourd'hui. En 1493, pour échapper à la tutelle des empereurs germaniques, elle se place sous la férule des Français, pour finalement capituler en 1555, consécutivement à la prise de la ville par les Espagnols de Charles Quint. Suite à cette défaite, la république siennoise se reconstitue temporairement à Montalcino, mais ça ne dure pas. Le traité du Cateau-Cambrésis de 1559, entre François Ier et Charles Quint, l'enterre définitivement. Désormais partie intégrante du grand-duché de Toscane, Sienne tombe sous le joug des Médicis. Florence la gardera à jamais dans l'ombre, tant et si bien que Sienne passera à l'écart des grands mouvements politico-historiques jusqu'à nos jours.

UNE GRANDE FÊTE : LE *PALIO*

Le *Palio delle Contrade* de Sienne, plus simplement appelé *Palio,* est la course de chevaux la plus célèbre, la plus courte, la plus ritualisée au monde et la seule à se dérouler en plein cœur d'une ville. Le *Palio,* tel qu'il se pratique aujourd'hui, correspond à des règles édictées en 1721. La religion et la tradition y jouent un grand rôle.
L'organisation de la fête repose sur les trois *terzi* déterminés par les trois principales parties de la ville (terzo di Città, di Kamollia et di San Martino), elles-mêmes divisées en 17 *contrade* (« quartiers, clans »).
Sponsorisé par la banque *Monte dei Paschi,* cet événement nécessite un budget important. Sur les 17 *contrade,* 10 d'entre elles sont tirées au sort chaque année pour chacun des deux *Palios* (2 juillet et 16 août). Les chevaux, élevés en dehors de la ville, sont tirés au sort par les capitaines des *contrade* participantes. Une semaine avant le *Palio,* la piazza del Campo se transforme en vrai champ de course. Un anneau de terre de 400 m est créé, et l'on enrubanne tous les angles saillants des immeubles. Pour éviter toute tricherie, aucun *fantino* (« jockey ») n'est originaire de la région, d'ailleurs la plupart d'entre eux sont des Sardes. Ils sont payés à prix d'or (plusieurs dizaines de milliers d'euros). Il faut dire que cette montée à cru et ces trois tours de piste en dévers sont particulièrement dangereux.
La *tratta* (distribution des chevaux) effectuée par le maire et les juges de la course, les 29 juin et 13 août vers midi, est toujours un moment d'une intense fébrilité.

PETITS MEURTRES ENTRE AMIS

Chacun des quartiers de la ville (délimités par des plaques sur les immeubles) possède son église, son saint protecteur et son curé, son foyer, son bar, ses couleurs et sa fontaine (où l'on baptise les nouveau-nés), ses costumes et son animal-emblème. Mais attention ! On cultive les alliances, mais aussi les inimitiés réelles. Appartenir à un quartier fait partie de l'identité profonde des participants et dépasse la compétition elle-même. Il faut savoir qu'au moment des préparatifs il se trame des manigances et des unions se créent entre contrade, *qui ne sont pas toujours très catholiques...*

Après le tirage au sort, chaque cheval regagne l'écurie qu'on a préparée spécialement pour lui dans chaque *contrada*. Il sera bichonné et surveillé pendant 3 jours. Commencent alors les *prove* (les essais, comme en Formule 1), deux fois par jour, vers 9h et vers 19h30, piazza del Campo. Le jour J, les chevaux sont bénis par le curé ; quant à leurs jockeys, le nerf de bœuf qui constitue la pièce maîtresse de leur équipement est inspecté par les *carabinieri*. Car, dans cette course éclair (le record étant de 1 mn et 13 s), tous les coups sont permis. Il n'est pas interdit, et même recommandé, par exemple, de tirer par la casaque son adversaire pour lui faire mordre la poussière... Facile, puisque tous montent à cru, mais autant ne pas perdre de temps, car ça va très vite ! Et de toute façon, c'est le cheval qui arrive en premier qui gagne la course, qu'il ait ou non son jockey sur le dos ! Puis l'étendard de soie (toujours réalisé par des artistes de renom) est saisi par le vainqueur pour des tours d'honneur à n'en plus finir. Le tout dans une frénésie digne des plus grandes finales de foot. On assiste parfois à de véritables scènes d'hystérie. Le banquet organisé par la *contrada* victorieuse peut réunir plusieurs milliers de personnes ! Les jeunes défilent avec une tétine dans la bouche, symbole de renaissance. Une fois la tension retombée, on discute jusqu'à pas d'heure...
Si la course en elle-même dure moins de temps qu'il ne faut pour le dire, le folklore qui l'accompagne dure des plombes. Mais rien de touristique dans tout ça, quand bien même les participants défilent en costume d'époque à grand renfort de tambours et d'étendards. Un simple costume peut coûter facilement jusqu'à 30 000 €. Le *Palio* est inscrit depuis des lustres dans la plupart des chartes confirmant les droits de la ville. Ainsi, la course du 2 juillet fut instituée pour conjurer l'outrage commis par un soldat des Médicis ayant malencontreusement tiré dans la Vierge de la basilique de Provenzano avec son arbalète. Ça ne rigole pas ! Celle du 16 août tombe sous le sens et s'impose d'elle-même : un jour après l'Assomption de la Vierge Marie. Sienne comptait au Moyen Âge 80 *contrade*. Elles furent en grande partie décimées par la peste noire de 1348 avant d'être réduites de moitié puis à 17 à partir de 1729. Elles n'ont jamais été mises au pas. Tout le passé de la ville peut ainsi se lire dans le défilé d'ouverture, où les porte-étendards rivalisent de grâce et d'habileté dans une débauche de couleurs. Les cités alliées de Sienne (Montalcino, Massa Marittima) y envoient une délégation, de même que les corps constitués de la ville. Si jadis les *contrade* subvenaient aux besoins matériels des habitants, elles jouent aujourd'hui le rôle de lien social. Qui plus est, Sienne est la seule ville au monde où l'on peut être baptisé à deux reprises, une fois à l'église comme le veut la tradition catholique et une fois à la fontaine de sa *contrada*, mais de façon laïque cette fois-ci. Cette forme de catharsis qui soude les membres de la *contrada* entre eux s'exprime aussi bien dans le *Te Deum* chanté à l'issue de la course que dans le banquet improvisé qui la suit.

Arriver – Quitter

Liaisons avec Florence

En bus

*Départ des bus **piazza Gramsci.** Billets à la billetterie souterraine. ☎ 0577-20-42-25. Tlj 6h30-19h30 (consigne à bagages 7h-19h ; env 5,50 €/bagage). Arrivée à Florence à côté de la gare Santa Maria Novella, via Santa Caterina da Siena, 17.* La société ***Tiemme*** gère les bus au départ de Sienne. Tous les horaires sur le site • *fsbusitalia.it* • ou • *sienamobilita.it* • La gare ferroviaire étant excentrée, le mieux est de prendre le bus.

➢ Très nombreux départs 6h20-20h45 (env 30/j., moitié moins dim). Les *corse ordinarie* mettent 1h35 et passent par Colle Val d'Elsa et Poggibonsi. Les *corse rapide* mettent 1h15 et vont directement à Florence.

En train

***Gare ferroviaire** (plan couleur d'ensemble) : piazza Carlo Rosselli. ☎ 89-20-21.* • *trenitalia.it* • Au nord de la ville.

➢ ***Pour Florence :*** une vingtaine de

trains directs 5h-21h20 vers et depuis la gare Santa Maria Novella. Compter 1h10-1h40 de trajet. Également une dizaine avec changement à Empoli.

➢ ***Pour aller dans le centre :*** très facile ! Il suffit d'entrer dans le centre commercial juste en face, où une série d'escaliers mécaniques conduit en haut de la colline sur la viale V. Emanuele II, à 200 m de la porta Camollia.

En voiture

Impossible de pénétrer dans la vieille ville en voiture, sauf pour déposer vos bagages à l'hôtel (n'oubliez pas de fournir au préalable le numéro de votre plaque d'immatriculation à votre hôtelier). Plusieurs parkings gratuits. Le plus près du centre se trouve *viale Vittorio Veneto* (près de la *Fortezza Medicea*). Celui du stade, un peu plus près (on gagne 200 m), est payant et souvent complet. Mais le meilleur plan, et de loin, c'est ***le parking souterrain de la gare ferroviaire.*** Facile d'accès, il ne coûte que 2 €/24h. Pour aller dans le centre, il suffit d'enter dans le centre commercial juste en face de la gare, et d'emprunter une série d'escaliers mécaniques (en service dans les deux sens) qui débouchent en haut de la colline sur la viale V. Emanuele II, à 200 m de la porta Camollia. Sinon, demandez toujours à votre hôtelier où se trouve le parking le plus proche. Attention, n'utilisez pas le parking de la *Lizza* le mardi soir, car un marché se tient à cet endroit le mercredi matin (les voitures « oubliées » sont enlevées et envoyées à la fourrière).
Enfin, sachez que les personnes à mobilité réduite peuvent contacter les ***vigili urbani*** pour obtenir l'autorisation de se rendre en ville en voiture : *☎ 800-28-27-27.*

Liaisons avec l'aéroport de Pise

➢ Une navette relie Sienne (piazza Gramsci) à l'aéroport de Pise. Départ de Sienne à 7h10 ; départ de l'aéroport de Pise à 11h45, arrivée à Sienne à env 13h35. Durée : env 2h. Compter 14 €. *Infos sur • sienamobilita.it • On peut acheter son billet en ligne sur • bus web.it •*

Adresses et infos utiles

Informations touristiques

🛈 ***Ufficio di informazione turistiche*** *(plan couleur centre, B4) : piazza del Duomo, 1. ☎ 0577-28-05-51. • inco ming@terresiena.it • terresiena.it • Avr-oct, tlj 9h30-18h ; nov-mars, tlj 10h-17h (13h dim).* Propose l'été des visites guidées de la ville *(en français ven-dim à 16h, env 20 € ; sinon sur résa en anglais et en italien, env 20 €/pers).* Plan de la ville, résas pour toutes sortes de services touristiques et listes des hébergements à Sienne et dans les environs. Accueil polyglotte.

🛈 ***Association des guides de Sienne :*** *via Banchi di Sopra, 31, galleria Odeon. ☎ 0577-43-273. • guidesiena.it • Lun-ven 10h-13h, 15h-17h. Résa 2 ou 3 j. à l'avance en saison. Compter 150 € pour 3h et 280 € pour la journée.* Visites guidées en français. Cette association regroupe environ 90 guides, dont près de la moitié parle parfaitement le français. Sienne, ce n'est pas seulement des dates et des noms. Sienne c'est avant tout un état d'esprit, une manière singulière de faire référence au passé, parce qu'on est né(e) dans un quartier plutôt qu'un autre, et qu'on y a écorché ses genoux d'enfant... Cet intime rapport à la ville et à son histoire, seuls les natifs peuvent le transmettre. Parmi les guides 100 % siennois, ***Carla Galardi,*** diplômée en histoire de l'art et spécialiste des Étrusques, est à même de vous faire partager sa passion. Née dans le quartier des Rhinocéros, cette femme charmante et francophone livrera, aux individuels ou aux groupes, mille anecdotes qui seront autant de clés pour comprendre le fabuleux destin de sa ville. Pour la contacter : *• gui desienne@libero.it •*

Poste et Internet

✉ ***Poste*** *(plan couleur centre, B1) : piazza Matteotti, 37. Lun-sam 8h20-19h (12h30 sam).* Pour l'achat de timbres, seulement les guichets *prodotti postali.*

@ De nombreux **points Internet** disséminés un peu partout dans la ville.

Urgences

SOS médecins : *hôpital, viale Mario Bracci, 16. ☎ 0577-58-51-11. Plan d'accès et rens sur : • ao-siena.toscana.it •*

■ **Farmacia Quattro Cantoni** *(plan couleur centre, B4,* ***10****) : via San Pietro, 4. ☎ 0577-28-00-36. Tlj 9h-13h, 15h30-19h30.* Très pratique, car le personnel parle le français et l'anglais.

■ **Police** *(carabinieri) : piazza San Francesco. ☎ 112. Ouv 24h/24.*

Divers

■ **Libreria Feltrinelli** *(plan couleur centre, B2,* ***2****) : via Banchi di Sopra, 64-66.* Journaux français, belges et suisses.

■ **Libreria Senese** *(plan couleur centre, B3,* ***12****) : via di Città, 62. ☎ 0577-28-08-45. Tlj 9h-20h (13h dim).* Belle librairie qui regorge de livres : histoire, beaux livres, cuisine, loisirs, jeunesse. Également un grand rayon d'ouvrages, de magazines et de journaux étrangers.

■ **Objets trouvés** *(Ufficio oggetti smarriti) : via Tozzi (vigili urbani). ☎ 0577-29-25-88. Lun et ven 11h-13h30, mar et jeu 15h-17h.*

Où dormir ?

Il n'y a pas beaucoup d'hôtels à Sienne, comparé à la demande. Nos bonnes adresses se trouvent souvent en dehors du centre historique. En été, si vous en avez les moyens, optez plutôt pour un agrotourisme, histoire de pouvoir profiter de la piscine, le soir, en rentrant.

Réserver longtemps à l'avance est gage de sûreté, car Sienne est une ville hyper visitée par les touristes du monde entier. Si malgré ça vous arrivez à la dernière minute, téléphonez donc à **Siena Hotels Promotion** *(☎ 0577-28-80-84 ; • hotelsiena.com •).* Ou passez à leur kiosque situé piazza San Domenico (en face de l'église).

Camping

⛺ **Camping Colleverde** *(hors plan couleur d'ensemble,* ***16****) : strada di Scacciapensieri, 47. ☎ 0577-33-40-80. • info@sienacamping.com • sienacamping.com • ♿ À 2,5 km du centre, du côté de l'hôpital. De la gare ferroviaire, bus n° 3 ou 8, ttes les env 20 mn 6h30-20h/21h (dernier départ du centre vers 23h45) ; demandez l'arrêt au camping. Congés : début janv-fin fév. Forfait pour 2 env 38 € ; bungalows 2 pers sans cuisine env 30-50 €, pour 4-5 pers avec cuisine 85-115 €, selon saison. 📶 (payant).* Pas un mauvais plan du tout, finalement, ce grand camping noyé dans la verdure en pleine zone résidentielle. Situé à faible distance du centre historique de Sienne, il offre de beaux emplacements ombragés et bien délimités, des bungalows classiques plutôt sympas avec petite terrasse (préférer ceux avec cuisine), des blocs sanitaires bien tenus, une belle piscine (de juin à mi-septembre), une aire de jeux pour les enfants et même un resto (de pâques à fin sept). Accueil pro et sympa.

Bon marché

Siena Hostel Guidoriccio *(hors plan couleur d'ensemble,* ***19****) : via Fiorentina, 89. ☎ 0577-169-81-77. • info@sienahostel.it • sienahostel.it • ♿ À env 1,5 km de la gare. Bus nos 4, 35 et 36 pour le centre (n° 60 à partir de minuit). Env 18-20 € en dortoir de 8 lits, quadruple env 90 € ; doubles env 36-46 €, avec petit déj.* 💻 📶 C'est excentré, mais cette grande AJ située dans un bâtiment moderne ne manque pas de bons arguments : des dortoirs et chambres fonctionnels et nickel (avec ou sans salles de bains privées), des blocs sanitaires communs bien conçus, des espaces détente à chaque étage (reliés par ascenseur, le luxe !), et un vaste bar coloré avec terrasse, impeccable pour se faire des amis. Pas de cuisine, mais le staff très sympa propose quelques snacks en dépannage. Bonne ambiance jeune et festive... et location de vélos pas chère pour rejoindre le centre-ville !

Hotel Alma Domus, Santuario S. Caterina *(plan couleur centre, A2,* **25***) : via Camporegio, 37. ☎ 0577-44-177. • info@hotelalmadomus.it • hotelalmadomus.it • À deux pas de l'église San Domenico. Doubles env 75-120 € selon confort, vue et saison.* Ce grand couvent en activité accueille les touristes dans une trentaine de chambres, toutes avec clim et salle de bains. La plupart ont une vue extra. Petit déjeuner copieux dans une belle salle voûtée. À l'avant, petit jardin fleuri avec tables et chaises. Une adresse d'un bon rapport qualité-prix. Bon accueil.

Prix moyens

B & B Le Chiarine *(plan couleur d'ensemble,* **21***) : via A. Pannilunghi, 14. ☎ 0577-165-50-67. • info@lechiarine.it • lechiarine.it • Vers la Fortezza medicea, à 10 mn à pied du centre. De la gare, bus n° 3, arrêt via Veneto ou Pannilunghi. Doubles 60-90 € (env 100 € à Pâques, pdt le Palio et à Noël), avec petit déj.* Dans un quartier tranquille, un immeuble de standing avec à l'étage un bel et lumineux appartement. Le couloir au carrelage Liberty dessert 4 doubles et 1 quadruple, toutes avec salle de bains et aménagées avec goût et simplicité par les maîtresses des lieux. Une atmosphère reposante, tout en lumière et en petites attentions. Petit déj copieux. Cuisine à dispo pour celles et ceux qui en ont assez du resto. Accueil impec et gracieux.

B & B Alle Due Porte *(plan couleur d'ensemble,* **17***) : via Stalloreggi, 51. 📱 368-352-35-30. • soldatini@interfree.it • sienatur.it • Au niveau de la double porte, dans l'ancienne via dei Pittori de l'antique* Trecento Senesi. *Ouv tte l'année. Doubles 75-85 €, avec petit déj ; lit en supplément 25 €.* En plein dans la *contrada* des Panthères, dans l'une des plus vieilles maisons de Sienne (1080). Une poignée de chambres à la déco classique soignée, dotées d'une literie grand confort, de salles de bains et de la clim. Enfin, le petit déj est bien fait, et Loredana vous offrira sûrement un petit cadeau avant que vous ne repreniez la route. Une bonne adresse.

Albergo Bernini *(plan couleur centre, B2,* **27***) : via della Sapienza, 15. ☎ 0577-28-90-47. • albergobernini.com • Doubles sans ou avec bains 65-85 € ; petit déj 9 €. CB refusées.* Dans une bâtisse du XIIe s, 10 chambres d'un confort simple, avec meubles en bois et laque couleur crème. C'est propre. Les nos 10 et 11 offrent une vue imprenable sur le Duomo, la n° 8 sur San Domenico. Agréable petite terrasse bien au calme, avec une vue superbe, idéale pour refaire le monde. Accueil sympathique et chaleureux, qui contribue à la bonne ambiance générale. Il n'est d'ailleurs pas rare de voir le patron sortir son accordéon pour divertir ses hôtes ! Ah ! si on avait pu y rester quelques jours de plus...

Piccolo Hotel Etruria *(plan couleur centre, C2,* **28***) : via delle Donzelle, 3. ☎ 0577-28-80-88. • info@hoteletruria.com • hoteletruria.com • ♿ Doubles selon saison env 50-110 €, sans petit déj.* Une bonne petite adresse dans sa catégorie : accueil sympa, situation ultra-centrale et des chambres simples (quelques efforts de déco pour les supérieures), mais propres et suffisamment confortables (clim, TV, salle de bains). La maison redouble d'efforts pour contenter sa clientèle et parler le français.

Antica Residenza Cicogna *(plan couleur centre, B2,* **23***) : via delle Terme, 76. ☎ 0577-28-56-13. • info@anticaresidenzacicogna.it • anticaresidenzacicogna.it • Doubles 85-110 €, avec petit déj.* Un *B & B* de charme occupant 2 niveaux d'un palais médiéval situé en plein centre historique et entièrement rénové. Les chambres et les suites, toutes avec salle de bains et clim, sont pour certaines agrémentées de fresques au plafond. Meubles d'époque, tentures, voilages ; la « Liberty » a même un lit à baldaquin. Toutes possèdent des fenêtres à double vitrage, ce qui est indispensable dans le coin, mais préférer quand même celles qui donnent sur l'arrière. Accueil charmant.

Hotel Centrale *(plan couleur centre, C2,* **29***) : via Cecco Angiolieri,*

26. ☎ 0577-22-34-34. • hotelcentrale.siena@libero.it • hotelcentralesiena.com • Double env 90 € ; petit déj 5 €. Un hôtel qui porte bien son nom. Située au 4e étage (ça monte dur, pas d'ascenseur), une petite pension familiale sans prétention proposant une dizaine de chambres doubles, toutes avec salle de bains (un peu datées) mais pas de clim. 2 d'entre elles possèdent un petit balcon avec table et chaises. La déco paraît certes un peu ringarde, mais les carrelages Liberty sont superbes. En poussant un peu les lits, on aménage facilement des triples et des quadruples. Bon accueil.

Locanda Garibaldi *(plan couleur centre, C3,* ***18****) : via Giovanni Duprè, 18-20. ☎ 0577-28-42-04. • locanda.garibaldi@virgilio.it • Double 75 €, sans petit déj.* Dans un bâtiment tout de briques construit, un petit établissement à l'ancienne mode, proposant des chambres spacieuses, claires, toutes avec salle de bains. Tout simple et sans prétention. Seul vrai bémol, elles donnent sur la rue piétonne, et ça peut être bruyant la nuit. Atmosphère décontractée.

Albergo Cannon d'Oro *(plan couleur centre, B1,* ***26****) : via Montanini, 28. ☎ 0577-44-321. • info@cannondoro.com • cannondoro.com • Mieux vaut téléphoner avt pour qu'on vous explique la marche à suivre pour arriver en voiture. Résa conseillée. Doubles 60-120 € selon saison, avec petit déj. 10 % de réduc sur le prix de la chambre sur présentation de ce guide.* Un bon 2-étoiles de 30 chambres (avec double vitrage, TV et ventilos), depuis la simple jusqu'à la triple (avec possibilité de quadruples). Idéal pour les familles. Chambres sans charme particulier, classiques et fonctionnelles (peut-être parfois un peu sombres), et sanitaires impeccables. Côté accueil, rien à redire : professionnel en tout point. Une valeur sûre.

Chic

Palazzo Fani Mignanelli, Residenza d'Epoca *(plan couleur centre, B2,* ***32****) : via Banchi di Sopra, 15. ☎ 0577-28-35-66. • info@residenzadepoca.it • residenzadepoca.it • Entrée au fond du porche (sonnerie) et réception au 3e étage (ascenseur). Doubles 69-115 € selon catégorie et saison (env 200 € pour le Palio), avec petit déj.* Dans un antique palais idéalement situé en plein centre-ville, une douzaine de chambres agréables, sobrement aménagée avec meubles et peintures d'époque. Bref, tous les ingrédients du concept *Residenza d'Epoca* sont ici parfaitement réunis et, à la différence d'autres *palazzi* de cet acabit, c'est propre et d'un bon rapport qualité-prix. Attention toutefois, les chambres sur la rue peuvent se révéler un peu bruyantes malgré le double vitrage. Excellent accueil.

Hotel Villa Elda *(plan couleur d'ensemble,* ***33****) : viale XXIV Maggio, 10. ☎ 0577-24-79-27. • info@villaeldasiena.it • villaeldasiena.it • Selon taille et vue, doubles env 129-159 €, avec petit déj. Parking.* Un peu à l'écart, au calme, dans le quartier résidentiel de San Prospero, à 15 mn de marche du centre. Mignon petit hôtel de style Liberty au milieu d'un jardin. Aucun ascenseur ne dessert la petite douzaine de belles chambres lumineuses à la déco sobre. Certaines, plus onéreuses, bénéficient d'un panorama magnifique sur la ville. Petit déj minimaliste. Accueil charmant en français.

Hotel Villa Liberty *(plan couleur d'ensemble,* ***24****) : viale V. Veneto, 11. ☎ 0577-44-966. • info@villaliberty.it • villaliberty.it • En face de la Fortezza medicea, à 10 mn à pied du centre. Doubles selon saison et confort env 125-180 €, avec petit déj. Parking gratuit dans la rue (sf sam).* Très bel hôtel d'une vingtaine de chambres aménagées dans une séduisante maison de style Art nouveau. Entièrement rénové, il propose des chambres tout confort dont le prix varie en fonction de la taille, de la situation et de la déco (*king size bed* dans les plus chères, par exemple). Un parquet de bois exotique lustré, des meubles peints, des voilages organdi. Le tout constituant des ensembles ton sur ton soulignés par d'élégants effets de lumière. C'est soigné. Bon petit déj à prendre en extérieur, bien au calme, dès les premiers soleils. Une belle adresse.

Albergo Chiusarelli *(plan couleur*

centre, A1, ***30****) : viale Curtatone, 15.* ☎ *0577-28-05-62.* ● *info@chiusarelli.com* ● *chiusarelli.com* ● *À côté de la basilique San Domenico. Doubles 100-150 €, avec petit déj-buffet.* Énorme villa italienne du XIXe s, de style néoclassique, avec entrée à colonnes et caryatides, carrelages luxueux, dorures, lustres et fresques au plafond. L'établissement propose une cinquantaine de chambres tout confort, claires, à dimensions variables suivant le prix. Jardin avec terrasse sur l'arrière. Accueil très professionnel.

Pensione Palazzo Ravizza *(plan couleur d'ensemble,* ***20****) : pian dei Mantellini, 34.* ☎ *0577-28-04-62.* ● *bureau@palazzoravizza.it* ● *palazzoravizza.it* ● *Fermé 1er janv-21 fév. Doubles 100-280 € selon confort, vue et saison, avec petit déj. Parking.* Un somptueux palais Renaissance à la sobre façade, appartenant à la même famille depuis 200 ans et transformé en hôtel dans les années 1920 ! Les parties communes ne manquent pas de charme (très beau salon à l'étage, meublé d'ancien et doté d'un piano), les chambres sont élégantes et tout confort, et le jardin merveilleux est un plus incontestable pour une adresse centrale. Vu le prix, on s'attend à un petit déj de meilleure qualité, en revanche.

Où manger ?

Sur le pouce

– Si vous êtes du genre « croque-musées », mieux vaut, le midi, planter vos crocs dans un *panino* ou une part de pizza, vous gagnerez un temps précieux. Voici quelques adresses : ***Il Capperino*** *(via della Sapienza, 16)* pour des plats préparés, des sandwichs, des desserts ; ***Pizzaland*** *(via Camollia, 41-43)* ou ***Forno dei Galli*** *(via dei Termini, 45)* pour les *arancine*, les tourtes, les *focaccie* ; et pour finir en beauté : la ***Pizzeria San Martino*** *(via del Porrione, 64 ; derrière l'église du même nom)* pour de savoureux *ciaccini* à consommer sur place ou à emporter (aussi d'excellentes pizzas).

Gino Cacino *(plan couleur centre, C3,* ***53****) : piazza del Mercato, 31.* ☎ *0577-22-30-76. Lun 7h30-15h30, mar-dim 7h30-20h. Panini et en-cas 4-6 €.* Pour manger bien et pas cher en plein centre, direction l'épicerie de Gino, une caverne d'Ali Baba version gourmandises et bons produits ! Derrière une porte discrète à moitié dissimulée par les plantes, on découvre un comptoir garni des meilleures charcutailles locales, de beaux fromages et de quelques plats du jour. Et là, tout est possible : on peut consulter la liste des *panini* proposés, ou demander celui qu'on préfère, ou encore laisser faire les sympathiques serveurs. Si on a encore faim, on ajoute une assiette de cochonnailles, ou des pâtes, et en dessert du *panforte*. Tout est frais, bon, et se déguste sur quelques tables hautes au milieu des rayonnages. Ambiance !

Consorzio Agrario di Siena *(plan couleur centre, B1,* ***94****) : via Pianigiani, 5-9. Lun-sam 8h-20h30, dim 9h-20h. On mange au poids, compter env 10-15 € le midi.* Cette coopérative vend dans une vaste épicerie tous les produits du cru. On prend son petit ticket, on zieute un peu partout dans les vitrines réfrigérées avec l'eau à la bouche, on se fait servir puis on trouve un petit linéaire de comptoir pour s'y accouder. *Pizze al taglio* excellentes, les pâtes sont du même acabit ! Également des salades, *panini*... Sympa, mais pas très confortable.

Bon marché

Morbidi 1925 *(plan couleur centre, B1,* ***93****) : via Banchi di Sopra, 73.* ☎ *0577-28-02-68. Lun-sam 8h-20h (14h30 sam). Déj env 12 €.* Belle épicerie lumineuse et aérée, tout en longueur, présentant de larges rayonnages d'huiles d'olive, conserves, pâtes, vins et autres produits toscans. Aussi tout un buffet de plats préparés renouvelé chaque jour (lasagnes, viandes, légumes, *crostini* et tutti quanti), à consommer le midi au sous-sol, dans la petite salle voûtée bien fraîche en été.

Il Pomodorino *(plan couleur centre, A2,* ***58****) : via Camporegio, 13. ☎ 0577-28-68-11. En contrebas de l'église San Domenico. Tlj 12h-1h. Pizzas env 6-11 €.* Certes, c'est une (petite) chaîne, mais dans son genre elle se défend plutôt bien : les pizzas à la napolitaine sont plus que correctes. En revanche, mieux vaut avoir faim, car les portions ne font pas dans la demi-mesure ! Impeccable pour satisfaire une clientèle jeune et enthousiaste, qui investit en masse la terrasse géniale avec vue sur les toits et, au loin, le Duomo, ou bien dans les petites salles voûtées cosy. Accueil sympa et efficace.

Osteria Il Grattacielo *(plan couleur centre, B2,* ***49****) : via dei Pontani, 6. 334-631-14-58. • lucamancianti@alice.it • À l'angle de la via dei Termini. Tlj midi et soir jusqu'à 22h. Repas env 10 €.* Un bistrot-épicerie étonnamment bien conservé. 3 petites tables en tout et pour tout, pas une de plus ! Mais aussi une grande tablée à l'extérieur, sous le passage voûté. Plats froids uniquement, parmi lesquels on pioche pour se composer une assiette : charcuterie *(salume, finocchiona, capocollo, mortadella...)*, haricots ou pommes de terre en salade, ainsi que de la salade verte. Mozzarella ou *pecorino* pour les fromages. Et pour finir sur une note sucrée, les incontournables desserts de Sienne (*ricciarelli, cantucci* et autres *cavallucci*). Accueil très sympa.

Da Trombicche *(plan couleur centre, B2,* ***57****) : via delle Terme, 66. ☎ 0577-28-80-89. • info@datrombicche.it • Tlj sf mar 11h-15h, 17h30-21h30. Menu 15 €.* Bobbe et Davide animent ce tout petit bistrot de quartier où les habitués s'attablent sans façon avec les touristes. Ici, on ne se complique pas la vie : charcuterie, fromage et quelques plats du jour préparés à l'avance et réchauffés au micro-ondes. Une cuisine simple et copieusement servie. Bien aussi pour faire des rencontres à l'heure de l'apéro.

Cooperativa La Proposta – Ristorante Orto de' Pecci *(plan couleur d'ensemble,* ***59****) : via di Porta Giustizia, 39. ☎ 0577-22-22-01. • info@ortodepecci.it • Tlj sf lun. Résa impérative le soir. Compter env 20 €.* Dans l'Orto de Pecci, le petit vallon-potager animé par une coopérative et planqué en plein centre de la ville. Une table à des années-lumière des terrasses hyper touristiques de la piazza del Campo. Sous la tonnelle ou dans la petite salle, une cuisine simple et bon marché, au maximum élaborée avec les produits bio de la production maison (également des pizzas le soir). Vos gosses auront de quoi s'ébattre dans le jardin. Reste plus qu'à envisager une petite sieste sous les peupliers.

Osteria Titti *(plan couleur d'ensemble,* ***42****) : via Camollia, 193. ☎ 0577-28-58-13. • info@osteriatitti.com • Tlj sf dim. Repas env 25 €.* Des bibelots vintage, du mobilier disparate, des ventilos au plafond, une salle largement ouverte sur la rue, où débordent quelques tables... C'est la petite *osteria* de quartier conviviale et sympa comme tout, où l'on déguste dans la bonne humeur des pâtes fraîches et des *secondi* typiques de la région, simples et bien réalisés. Accueil cordial.

Prix moyens

La Sosta di Violante *(plan couleur d'ensemble,* ***44****) : via Pantaneto, 115. ☎ 0577-437-74. • sostadiviolante@gmail.com • Tlj sf dim. Repas env 30 €.* Ça vaut la peine de marcher 5 mn depuis la piazza del Campo, car cette adresse a tout pour plaire : un service charmant, un cadre accueillant (2 petites salles chaleureuses et une terrasse agréable), et surtout une carte alléchante. La cuisine, typiquement toscane, fait la part belle aux ingrédients frais et locaux. Alors, bien sûr, le choix est relativement court, mais tout est bon, qu'il s'agisse des savoureuses viandes, du risotto bien cuit ou des pâtes parfaitement accommodées. Vraiment bien.

|●| *Osteria Nonna Gina* *(plan couleur d'ensemble,* ***45****)* **:** *pian dei Mantellini, 2. ☎ 0577-28-72-47. Tlj midi et soir. Congés : 9-26 janv et 3 sem en juil. Résa conseillée. Repas env 25 €.* À la périphérie du centre, une petite *osteria* chaleureuse aux plafonds bas, où les cartes postales s'agrippent aux poutres. Cuisine familiale variée, classique, sans prétention et copieuse.

|●| *Grotta Santa Caterina da Bagoga* *(plan couleur centre, B2,* ***55****)* **:** *via della Galluzza, 26. ☎ 0577-28-22-08. • grot01@yahoo.it • Non loin du sanctuaire de Santa Caterina. Fermé dim soir-lun. Congés : 2 sem en janv et 1 sem en juil. Repas à la carte env 25-35 € ; menus 35-50 €.* Des tables alignées dans la petite rue tranquille, une belle salle intérieure et une cuisine savoureuse. Géré par Bagoga, ex-jockey du *Palio,* ce restaurant propose des plats du terroir et d'originales spécialités comme le *gallo indiano* au vin rouge, tout droit sorti d'une recette du XVIIe s, ou encore le *peposo di Brunelleschi,* une viande de bœuf sauce au poivre. Ceux qui sont en voyage de noces à Sienne feront l'impasse sur les *pici* à l'ail, l'autre spécialité de la maison. En dessert, excellente *panna cotta* aux fruits des bois, accompagnée de *vino dolce.* Service sympathique.

|●| *Osteria Il Carroccio* *(plan couleur centre, C4,* ***63****)* **:** *via Casato di Sotto, 32. ☎ 0577-41-165. Fermé mer. Congés : fév et nov. Compter 30-35 € ; menu dégustation (min 2 pers) 30 €/pers.* Une adresse *slow food* à deux pas du Campo. Les traditionnels plats toscans sont copieusement représentés (*fiorentina,* ici servie pour 2), *bistecca di chianina, insalata di fegatini, pici...* et les *antipasti* ainsi que l'assortiment de fromages accompagnés de miel du pays ont ravi nos papilles ! Aux beaux jours, la patronne dresse quelques tables sous le dauphin-candélabre, emblème du quartier. Service bousculé et pas toujours à la hauteur.

|●| *Antica Trattoria Papei* *(plan couleur centre, C4,* ***50****)* **:** *piazza del Mercato, 6. ☎ 0577-28-08-94. Juste derrière la piazza del Campo. Tlj sf lun jusqu'à 22h30. Repas env 20-30 €.* Une vraie institution à Sienne, alors forcément, parfois, ça ressemble à une chaîne de montage, avec toute la tension que cela suppose en période d'affluence. Néanmoins, on en ressort que très rarement déçu. À l'intérieur, 2 salles ; à l'extérieur, face au marché, une très grande terrasse souvent prise d'assaut. Dans l'assiette, une nourriture classique à la fois savoureuse et copieuse. Quelques spécialités : *trippa alla senese, coniglio all'arrabbiata, osso buco in umido.* Un bon rapport qualité-prix quand même.

|●| *Ristorante Gallo Nero* *(plan couleur centre, C3,* ***56****)* **:** *via del Porrione, 65-67. ☎ 0577-28-43-56. • info@gallonero.it • ♿ Service 12h-15h30, 19h-23h30. Menu env 25 € ; carte env 30-35 €. Ven soir, banquet médiéval avec musiciens.* Wi-Fi Le concept réunit tous les éléments de l'attrape-touristes : musique médiévale, carte thématique, serveurs en tenue d'époque, le tout à deux pas du centre. Pourtant, la cuisine du chef est étonnamment riche et variée, mettant à l'honneur des spécialités anciennes oubliées. L'ordre des plats, les vins, la couleur des assiettes, les éclairages même répondent aux symboles du XIVe s siennois. Laissez-vous conseiller par le maître des lieux, dégustez, fermez les yeux, vous vivez une autre époque... Sinon, le menu comprend également des plats traditionnels classiques pour ceux qui ne se laissent pas tenter par l'expérience.

Chic

|●| *Compagnia dei Vinattieri* *(plan couleur centre, B2,* ***60****)* **:** *via delle Terme, 79. ☎ 0577-23-65-68. • info@vinattieri.net • ♿ Repas complet 30-40 € ; menus 20 € le midi, 40 € le soir (50 € vin compris).* Wi-Fi *Apéritif maison ou digestif offert sur présentation de ce guide.* Très apprécié par les locaux, qui viennent y dîner en amoureux, un très joli restaurant au cadre élégant et cosy. Certains plats sont excellents, d'autres un peu moins convaincants pour le prix, mais dans l'ensemble la cuisine est de qualité. La cave est bien fournie, demandez conseil. Les desserts, en revanche, ne laissent pas un souvenir impérissable.

Osteria Le Logge *(plan couleur centre, C3, **54**)* : *via del Porrione, 33. ☎ 0577-48-013. • lelogge@osterialelogge.it • Près de la piazza del Campo. Tlj sf dim. Congés : 7-25 janv. Résa indispensable. Repas env 40-55 €. Digestif offert sur présentation de ce guide.* Une des plus élégantes *osterie* de la ville, au cadre de bistrot chic avec cuisine visible. Bien entendu, beaucoup de monde. Nécessité absolue de réserver, ne comptez pas sur le 2e service, ils ne mettent personne dehors ! Ça traîne un peu, mais on leur pardonne, car ici la cuisine toscane est plutôt créative, façon « terroir revisité ». Quelques spécialités : le risotto aux *funghi porcini* et aux myrtilles, la joue de veau accompagnée de purée de fruits et de légumes, l'agneau au four, etc. Superbe carte des vins, servis au verre pour certains.

Où dormir ? Où manger dans les environs ?

Il y a de charmants agrotourismes à moins d'un quart d'heure en voiture de Sienne. Pour ceux qui en ont les moyens, c'est la solution idéale en été. C'est plus tranquille, et la plupart d'entre eux sont équipés de piscine et souvent situés à proximité de villages où la table est bonne et moins onéreuse qu'à Sienne. Seul bémol, il faut réserver longtemps à l'avance et pour la semaine entière en pleine saison. Nos meilleures adresses (décrites dans les chapitres qui leur sont consacrés) :

Au nord, à Corsignano

Fattoria di Corsignano : *via Tognana, 4, loc. **Corsignano,** 53019 Castelnuovo Berardenga. ☎ 0577-32-25-45. • info@tenutacorsignano.it • fattoriadicorsignano.it •* Voir plus haut « Dans les environs de Radda in Chianti ».

À l'ouest, vers Sovicille

Agriturismo Il Caggio : *loc. Il Caggio, 21, **Ancaiano,** 53018 Sovicille. ☎ 0577-34-55-06. 339-385-64-89. • ilcaggio@interfree.it • ilcaggio.it •*

Soggiorno Taverna : *loc. **Celsa,** 53018 Sovicille. ☎ 0577-31-70-03. • info@tavernacelsa.it • tavernacelsa.it •* Voir plus loin « La Montagnola – Le Valdimerse ».

Au sud-est, vers Monteroni d'Arbia

Il Canto del Sole B & B : *loc. **Cuna,** 53014 Monteroni d'Arbia (c'est fléché juste avt Cuna). ☎ 0577-37-51-27. 392-811-03-64. • info@ilcantodelsole.com • ilcantodelsole.com •*

Bars à vins *(vinai, enoteche)*

Enoteca I Terzi *(plan couleur centre, B2, **72**)* : *via dei Termini, 7. ☎ 0577-44-329. • info@enotecaiterzi.it • Tlj sf dim. Plats env 10-18 €.* Voilà l'un des meilleurs bars à vins de la ville (au dire de Siennois amateurs), qui propose, en terrasse ou dans une salle chic, une belle sélection au verre. À la carte, des *primi* et *secondi* soignés, de copieux et délicieux *antipasti,* de la charcuterie, du fromage, des desserts... De quoi se régaler, même si l'accueil est parfois un brin austère.

Enoteca Italiana *(plan couleur d'ensemble, **70**)* : *piazza della Libertà, 1 ; dans les fortifications de la Fortezza medicea. ☎ 0577-22-88-32. • enoteca@enoteca-italiana.it • enoteca-italiana.it • À 10 mn à pied du centre. Tlj sf dim 12h-minuit. Vins au verre à partir de 3 €, puis à ts les prix.* Ici, ce n'est pas le choix qui manque ! Dans la cave, plus de 1 600 étiquettes représentant la totalité de la production italienne ! Bon, il y en a évidemment nettement moins au verre, mais la sélection est bonne. Ce n'est pas la folle ambiance, mais l'accueil est sympa, et la terrasse dans les remparts vraiment agréable pour s'offrir une petite balade œnologique.

Où boire un bon café ? Où boire un verre ?

Caffè Fiorella (plan couleur centre, B3, **74**) : *via di Città, 13. ☎ 0577-27-12-55. Derrière la piazza del Campo. Ouv tlj sf dim 7h-20h.* Besoin d'une petite pause caféinée ? Direction cette minuscule échoppe, point de vente d'un torréfacteur qui a le bon goût d'être hyper central ! À toute heure et en coup de vent, on s'accoude sans façon au comptoir, le temps de faire le plein d'énergie pour repartir à l'assaut de la ville.

Key Largo Bar (plan couleur centre, C3, **71**) : *via Rinaldini, 17. ☎ 0577-23-63-39. Dans un coin de la piazza del Campo. Ouv tlj.* On aime ce bar surtout pour son balcon filant à l'étage, d'où l'on a une superbe vue sur la place. Pour en profiter, armez-vous de toute votre agilité (le service se fait au bar), mais une fois installé en haut, on a qu'une envie : y rester !

Où sortir le soir ?

– Dès les beaux jours, on aime se retrouver piazza del Campo sans forcément aller dans un bar. Sinon la via Pantaneto concentre pas mal d'adresses festives, comme l'***Al Cambio*** *(plan couleur centre, D3 ; via Pantaneto, 48 ; ☎ 0577-43-183)* qui organise souvent des concerts live. Autre endroit sympa, le ***bar Porrione*** *(plan couleur centre, D3 ; via del Porrione, 14 ; ☎ 0577-16-69-04 ; • barporrione.it •)*, lieu de ralliement de beaucoup d'étudiants.

Bella Vista Social Pub *(hors plan couleur centre par C3,* ***73****) : via Pantaneto, 102.* Un bar sombre à la déco ultra-chargée, très apprécié pour ses mojitos. Propose aussi des cocktails à base de tequila. Ambiance au déhanché très agréable !

Où déguster une glace ?

Gelateria Kopakabana (plan couleur centre, C1, **81**) : *via dei Rossi, 52. ☎ 0577-22-37-44. • info@gelateriakopakabana.it • Tlj 11h30-minuit. Congés : 15 nov-15 fév.* Un peu à l'écart du centre. Une bonne surprise que ces glaces bien crémeuses et des brioches que l'on peut fourrer. Un repaire bien connu des Siennois.

Grom (plan couleur centre, B2, **80**) : *via Banchi di Sopra, 11-13. ☎ 0577-28-93-03. Tlj 11h-minuit (0h30 ven-sam). Hors saison, ferme à 23h (minuit ven-sam).* On ne présente plus ce glacier turinois, désormais célèbre dans toute la péninsule pour ses glaces onctueuses et ses ingrédients locaux d'une fraîcheur irréprochable.

Bar-gelateria Il Camerlengo (plan couleur centre, C3, **82**) : *piazza del Campo, 6. ☎ 0577-28-93-13. Tlj sf dim nov-fév jusqu'à 19h.* Bonnes glaces servies en cornet ou en pot, qu'on aura plaisir à déguster sur la place.

Où savourer de bonnes pâtisseries ?

Pasticceria Bini (plan couleur d'ensemble, **87**) : *via di Stalloreggi, 91-93. ☎ 0577-28-02-07. Mar-sam 7h30-13h30, 16h30-20h ; et dim mat.* Très jolie pâtisserie à l'ancienne ouverte depuis 1944. Réputée notamment pour ses *ricciarelli* fondants et au goût d'amande bien marqué. Excellentes meringues à l'écorce d'orange ou au chocolat et délicieux *cantuccini* et *cavalucci*.

La Nuova Pasticceria (plan couleur centre, C4, **83**) : *via Giovanni Duprè, 37. ☎ 0577-152-00-65. Mar-sam 9h-19h ; dim 9h-12h30.* Minuscule pâtisserie sans prétention, dont les spécialités sont les *ricciarelli*. Moins chargés en amande amère que chez *Nannini*, ils sont moelleux à souhait. Goûter également aux classiques de Sienne, que la maison réussit fort bien *(panforte, cantuccini, cavallucci)*.

Pasticceria-bar Nannini *(plan couleur centre, B2,* ***85****)* : *via Banchi di Sopra, 24. ☎ 0577-23-60-09. Tlj 7h30-21h (22h sam).* Éminemment touristique, la pâtisserie *Nannini* fait partie des institutions de la ville. Elle s'est d'ailleurs agrandie d'un resto, d'une *enoteca,* et possède même sa propre ligne de vêtements. La salle est vaste et élégante, avec un énorme comptoir et une dizaine de tables. Les prix sont un peu gonflés, l'accueil est parfois moyen, mais les clients toujours aussi satisfaits du chocolat chaud et des bons gâteaux. Nombreux produits maison, dont les célèbres *Baci di Siena* (petits macarons au chocolat).

Pour trouver du bon pain : ***Forno dei Galli*** *(plan couleur centre, B2,* ***84****; via dei Termini, 45 ; ☎ 0577-28-90-73 ; fermé dim).* La maison fait aussi dans le salé (tourtes, *arancine, focaccie, pizze,* etc.).

Où acheter de bons produits ?

Drogheria Manganelli *(plan couleur centre, B3,* ***90****)* : *via di Città, 71-73. ☎ 0577-28-00-02. Tlj sf dim 9h-19h.* Sans conteste la plus belle et la plus ancienne épicerie de Sienne (1879). On fait un véritable saut dans le temps. Superbe sélection de pâtes – haut de gamme – de toutes les formes et de toutes les couleurs. On y vend aussi les classiques *cantucci, panforte* et autres douceurs, du vin, du miel, du fromage... à des prix finalement raisonnables.

Consorzio Agrario di Siena *(plan couleur centre, B1,* ***94****)* : *via Pianigiani, 5-9. Lun-sam 8h-20h30, dim 9h-20h.* Vaste coopérative où l'on trouve tous les produits du cru (*panforte, vin santo, crostini,* légumes, fromages, fruits, huiles, condiments...) à des prix honnêtes.

À voir

Un peu de géo-ethnographie locale...

Perchée à la réunion de trois collines, Sienne obéit à une division tripartite (en *terzi*) dont l'épicentre se trouve au niveau de la via dei Termini, 7, et non pas au centre de la piazza del Campo comme on pourrait l'imaginer. À cet endroit, on voit clairement les blasons enkystés dans les façades des immeubles à l'origine de chaque *terzo* (tiers de ville). Le *terzo di Kamollia* occupe le tiers nord, il est coupé en deux dans sa longueur par la via Camollia, séparé de son tiers sud-ouest par la via Fonte Branda et du tiers sud-est par la via Banchi di Sotto. Dans ce quartier, on trouve l'église San Domenico, les principaux palais et les banques du Moyen Âge. Le tiers sud-ouest est le *terzo di Città,* c'est le quartier du Duomo et du Palazzo Chigi Saracini. Remarquez sur le mur le blason qui marque le commencement du *terzo di San Martino* (on voit clairement saint Martin coupant sa cape en deux pour la donner aux pauvres). C'est le quartier des têtes pensantes, avec l'université, le Palazzo Piccolomini, également la chiesa San Martino, la synagogue et Santa Maria dei Servi, d'où l'on a le meilleur point de vue sur la ville (attention, ça grimpe sec !).

À ce découpage géographique s'ajoute celui des ***contrade,*** désormais au nombre de 17 et qui toutes, ou presque, répondent à des noms d'animaux, à tout le moins s'y identifient et dont les rapports envers les autres sont notoirement établis. À ce titre, à Sienne plus qu'ailleurs, on est né quelque part, car c'est le droit du sol qui prime. Ainsi l'Escargot a-t-il la Tortue pour ennemi, tandis que la Tour (l'Éléphant) en possède deux : la Vague (le Dauphin) et l'Oie ; la Forêt (le Rhinocéros), elle, ne connaît à priori aucun ennemi, tout comme le Dragon. Chaque *contrada* (que l'on peut même se risquer à traduire par « clan »

plutôt que par « quartier ») possède sa propre écurie (afin de recevoir le cheval qui lui est attribué les jours qui précèdent le *Palio*), sa fontaine, son église (pour bénir le cheval le jour J), sa propre salle des fêtes où sont organisés les banquets, par exemple en l'honneur du saint patron de la *contrada* (toujours en rapport avec le calendrier chrétien), son petit musée qui relate son histoire, etc. Passons sur les signes distinctifs : la couleur et les motifs de son drapeau, son hymne, sa manière de faire rouler le tambour. Très tôt les jeunes garçons auront à choisir entre lancer le drapeau ou battre le tambour et n'auront de cesse de se perfectionner pour être l'unique représentant de sa *contrada* le jour du grand défilé du *Palio*.
Au fil de vos errances siennoises, ce sont autant de détails cachés qu'il vous faudra découvrir ; là un lampadaire qui attire l'attention, ici une fontaine cachée, dans le fond d'une cour un roulement de tambour, un chant repris en chœur, une rue qui déborde en l'honneur d'un saint, un tabernacle allumé dans la nuit...

Dans le quartier terzo di San Martino

Piazza del Campo *(plan couleur centre, B-C3)* **:** c'est quand même un choc que de découvrir, dans l'enfilade d'une ruelle, la piazza del Campo, cette place inclinée sur laquelle, deux fois l'an, se déroule le célèbre *Palio,* fierté de la ville. Doucement incurvé, son pavement de briques en chevrons est divisé en neuf bandes claires en souvenir des neuf seigneurs qui gouvernèrent la ville aux XIIIe et XIVe s. Épousant parfaitement le terrain qui lui sert de support, cette conque, très prisée dès les premiers soleils par les touristes qui viennent y planter le bout de leur nez dans le bleu du ciel, capte les eaux du ruissellement. Car l'eau a toujours été un véritable casse-tête pour les Siennois. Pendant tout le Moyen Âge, les rivières mythiques animent les veillées. Les Siennois les chercheront sans jamais les trouver, d'ailleurs. Et pour cause, l'eau qui sourd ici est le fruit de nombreux aménagements, d'aqueducs et de canalisations. Les fameux *bottini,* ces boyaux souterrains qui transpercent la ville de part en part, la font jaillir comme par miracle au point le plus haut de la ville. Merci Archimède. À l'origine, ce point crucial synonyme de vie arborait une statue de Vénus. Mais au XIVe s, consécutivement à la grande peste, les Siennois, se croyant victime d'une malédiction, vont la casser, prenant le soin d'enterrer chaque morceau en territoire florentin afin de retourner le mauvais sort contre l'ennemi.
Au début du XVe s, Jacopo della Quercia sculpte la fontaine que l'on connaît. Très abîmée, elle repose désormais dans les sous-sols de l'hôpital Santa Maria della Scala. C'est une copie datant du XIXe s que nous admirons aujourd'hui.

POURQUOI JETER LES PIÈCES DANS LES FONTAINES ?

Ce rite est très ancien. Avant le christianisme, chaque fontaine était dédiée à une divinité païenne (Jupiter, Mercure...). Ces pièces leur rendaient hommage. Le christianisme, en supprimant ces dieux antiques, a dû trouver une autre explication puisque le rite perdurait. Désormais, jeter une pièce signifie que l'on souhaite revenir dans ces lieux.

Palazzo Pubblico – Museo civico (plan couleur centre, C3) **:** piazza del Campo. ☎ 0577-29-22-32. *Tlj 10h-19h (18h de nov à mi-mars). Fermé à Noël. Entrée : 8 € ; réduc ; gratuit moins de 11 ans.*
Édifié à la fin du XIIIe s en style gothique. On ne peut imaginer élégance, harmonie plus sobre. Devant, la loggia Renaissance (élevée en 1352 à la suite d'un vœu contre la peste), surmontée de la célèbre torre del Mangia (qui culmine à un peu plus de 100 m). Siège des gouvernements de Sienne, le palais abrite toujours le pouvoir local et, surtout, une magnifique série de fresques du XIVe au XVIe s. Les messages philosophiques et politiques de la cité médiévale y sont donc directement affichés sur les murs. Une telle richesse préservée au cours des siècles est unique.

Voici les temps forts du palais.

– ***Les premières salles :*** sur la droite en entrant, deux salles dédiées aux peintres siennois du XVIe s. Parmi les œuvres les plus remarquables, une Madone avec Jésus couronnant sainte Catherine d'Alessandro Casolani et quatre petites toiles de Ventura Salimbeni. La troisième salle présente des peintures du XVIIe s et, en particulier, sur la gauche, un puissant *Saint Paul* réaliste de Rutilio Manetti, qui a ici assimilé les leçons du Caravage (comparer les toiles de sa première période, beaucoup plus classique, dans cette même salle). La quatrième salle, dite ***du Risorgimento*** (XIXe s), présente, à nos yeux, moins d'intérêt au niveau artistique ; on aime quand même les quelques sculptures néoclassiques (dont une adorable *Petite fille dormant* de Giovanni Duprè). Au-dessus de votre tête, l'allégorie de l'Italie par Alessandro Franchi et, face à l'entrée, celle de la Toscane avec à sa droite deux livres : *La Divine Comédie* et un volume de Machiavel.

– ***La salle de Balia :*** contient de belles fresques du XVe s de Spinello Aretino, un des rares artistes étrangers à la ville à avoir été invités à peindre à Sienne. Solide peinture qui décrit la vie du pape, remarquez en particulier la fantastique scène de *Bataille navale entre les impériaux et les Vénitiens.*

– ***L'antichambre du Consistoire :*** ici sont réunis de beaux morceaux de fresques de l'école siennoise du XIVe s. Retournez-vous en entrant et regardez au-dessus de la porte par laquelle vous êtes entré : belle fresque d'Ambrogio Lorenzetti.

– ***La salle du Consistoire*** *(sala del Concistoro)* **:** magnifique plafond à fresques de Domenico Beccafumi (1529-1535), le peintre chéri des Siennois, né à Montaperti, d'une famille de modestes paysans. Admirez la puissance et les couleurs du grand maniériste siennois dont l'œuvre fut influencée par Raphaël. À signaler enfin qu'on célèbre encore des mariages dans cette salle ! *Grandissimo...*

– ***La chapelle seigneuriale :*** juste avant d'accéder à la grande salle du Palazzo Pubblico. Elle contient des fresques du début du XVe s, de Taddeo di Bartolo. Prenez le temps d'entrer dans la chapelle pour admirer les scènes évoquant les derniers instants de la vie de la Vierge. Belle marqueterie sur les côtés. Au fond, le chœur : observez l'*Annonciation* en hauteur. Mais il ne s'agit pas d'une Annonciation « classique ». Ici on annonce la mort de la Vierge à elle-même, le détail qui tue, c'est l'ange qui porte une palme, symbole du martyre, plutôt qu'un lys, symbole de pureté. Une toile remarquable du Sodoma.

– ***La salle de la Mappemonde :*** c'est ici que se réunissait le Conseil de la République. Elle abrite les fresques les plus anciennes du palais. Extraordinaire *Maestà* (Vierge entourée de saints), de Simone Martini. Déjà retouchée 6 ans seulement après son exécution, en 1315, par l'artiste lui-même (l'humidité l'avait déjà endommagée à l'époque), elle a été récemment restaurée et illustre parfaitement la virtuosité de Martini, très influencé par la manière réaliste qu'avait Giotto pour donner élégance et grâce à ses personnages. La richesse décorative presque irréelle de cette œuvre ne fait qu'amplifier l'impression de sérénité qui s'en dégage. Il faut mettre cette *Maestà* en perspective avec celle de Duccio au musée de l'Œuvre de la cathédrale pour mesurer l'évolution picturale accomplie par Martini. Noter l'aspect réaliste des têtes de personnages, qui sont de véritables portraits. L'artiste a peint cette fresque en deux temps, ce qui se voit très bien, les personnages les plus récents apparaissant mieux restaurés, plus éclatants. Les auréoles dorées en relief en stuc peint sont caractéristiques de la persistance du goût gothique à Sienne. À ce sujet, on peut dire que la ville a eu tendance à « résister » à la Renaissance. Ce n'est qu'à partir du moment où Pie II et sa riche famille ont invité quelques artistes florentins à venir œuvrer à Sienne entre 1460 et 1480 que la ville s'est éprise du courant Renaissance.

Ne ratez pas les deux scènes de batailles peintes aux XIVe et XVe s sur un fond monochrome ocre. Sur l'un des pilastres, en dessous, appréciez la belle *Sainte Catherine de Sienne* du Sodoma (XVIe s). Sur le mur opposé à la *Maestà,* en hauteur, un magnifique chevalier toujours par Simone Martini. Il s'agit de Guidoriccio da Fogliana, prêt pour l'assaut de Montemassi (il n'a pas vraiment l'air stressé !). Il s'agirait de l'une des plus anciennes représentations réalistes de paysage de l'histoire de l'art. Rien que ça ! Et juste en dessous, une fresque (symbolisant le « passage » d'un château sous le pouvoir siennois), récemment retrouvée, attribuée (avec beaucoup de réserve toutefois) au grand Duccio. Notez enfin, de part et d'autre de cette fresque, les beaux saints *Ansano* et *Victor* du Sodoma.

– ***La salle de la Paix :*** voici un autre chef-d'œuvre. Les fresques d'Ambrogio Lorenzetti, peintes en 1337, constituent une magistrale allégorie sur la bonne et la mauvaise gouvernance. Elles prônent l'importance d'un gouvernement mesuré et d'une justice équitable, et les conséquences directes que cela peut avoir sur toutes les couches sociales. Si la signification est facile à décrypter, l'intérêt historique de ces fresques est exceptionnel, car il s'agit, et on l'oublie souvent, d'un sujet entièrement profane, d'où l'extraordinaire somme de petits détails de la vie quotidienne. Sur la scène représentant le bon gouvernement, admirez, derrière la porte romaine, la campagne siennoise bien cultivée. En face, le mauvais gouvernement (bien abîmé par le temps) laisse entrevoir la silhouette d'un diable.

– ***La salle des Pilastres :*** dernière salle dans le prolongement de celle de la Paix. Elle présente quelques peintures et sculptures allant du XIIIe au XVe s, retables et crucifix.

– ***Deuxième étage :*** prenez encore le temps de grimper dans la loge extérieure, conçue pour permettre aux représentants du gouvernement des *nove* d'entrer en contact avec l'extérieur pendant leurs longs travaux. Superbe vue sur la campagne siennoise et la place du marché, dont le calme contraste avec le foisonnement permanent de la piazza del Campo. Vous y découvrirez une vallée verdoyante à l'intérieur même de Sienne ! Vous verrez, au fond à gauche, la basilique Santa Maria dei Servi et à droite l'église Sant'Agostino. En contrebas de cette dernière, mais impossible à voir d'ici, la charmante petite chapelle Saint-Joseph dont le toit arrondi est typique de l'architecture siennoise du XVe s. Pour info, il s'agit de la chapelle de la *contrada dell'Onda* (la Vague).

🏛🏛 ***Torre del Mangia*** *(plan couleur centre, C3)* **:** *tlj 10h-19h (16h de mi-oct à fin fév) ; clôture du guichet 45 mn avt. Visite par petits groupes ttes les 30 mn. Fermé à Noël. Entrée : 8 € ; gratuit moins de 6 ans. Billet combiné avec le Museo civico : 13 €.* Vertigineuse grimpette, plus de 400 marches (claustrophobes, s'abstenir !), mais vous serez récompensé de vos efforts par le panorama. Construite entièrement en brique, elle est appelée *Sunto* (abréviation de Maria Assunta, l'ascension de la Vierge) par les Siennois. La grande cloche de 6 t fut installée au XVIIe s. Elle porte le nom de son premier sonneur et ne sonne que deux fois l'an, le 2 juillet et le 16 août, à l'occasion du *Palio.* Gardez cependant du souffle pour la « tour » du musée de l'Œuvre du Duomo.

🏛 ***Loggia della Mercanzia*** *(plan couleur centre, B3)* **:** point de rencontre des *vie di Città, Banchi di Sotto* et *Banchi di Sopra.* C'est l'ancien tribunal de commerce. Les trois grandes arcades sont ornées de sculptures exceptionnelles de Federighi et de Vecchietta, véritables chefs-d'œuvre méconnus du XVe s italien.

🏛🏛 ***Museo dell'Archivio di Stato*** *(musée des Archives de l'État ; plan couleur centre, C3)* **:** *via Banchi di Sotto, 52. ☎ 0577-24-71-45.*
Dans l'enceinte du ***palais Piccolomini.*** Beau palais de pierre grise édifié en 1469 (de style Renaissance florentin). Modèle d'équilibre. Fenêtres à meneaux, blasons, vaste corniche sculptée. Particulièrement imposant. Contraste avec la petite demeure en brique à côté, avec son décor Renaissance. Construit pour le neveu du fameux pape siennois Pie II, dont Pinturricchio raconte l'histoire sur les murs de la *libreria Piccolomini* dans la cathédrale. Il abrite les archives de Sienne depuis le XIXe s et surtout une collection unique au monde de tablettes peintes du XIIIe au XVIIIe s, appelées *biccherne. Exposées à la visite, on peut les voir, gratuitement, par groupes de 15-20 pers max, lun-sam : visites libres ou guidées (durée : 1h) à 9h30, 10h30 et 11h30 (on vous conseille de réserver par tél ou directement au musée). Fermé la 1re quinzaine d'août.*

SIENNE ET SES ENVIRONS

Ce petit musée plongera les amateurs d'histoire et de peinture siennoise dans la vie quotidienne de la cité. Les *biccherne* étaient, au départ, des tablettes de bois peintes recouvrant les registres des impôts. Joindre l'utile à l'esthétique a toujours été une marque de fabrique ici. Les fonctionnaires municipaux faisaient appel aux plus grands artistes du moment. Si sur les premières couvertures du début du XIIIe s on ne voit pratiquement que des moines de San Galgano (les comptes leur avaient été confiés car on s'imaginait qu'ils ne piqueraient pas dans la caisse), ils ont été peints par la suite par Sano di Pietro, Giovanni di Paolo, Bernardino Fungai, Ambrogio Lorenzetti... Les *biccherne* deviendront au fil du temps de véritables œuvres d'art. Il n'en existe pas d'équivalent dans le monde. Certaines furent également destinées à recouvrir les registres de l'hôpital Santa Maria della Scala (l'échelle, symbole de l'hôpital, est alors présente). Les sujets sont souvent profanes et historiques (ce qui est très rare à cette période). Difficile d'en distinguer une plus qu'une autre, car toutes ont leur intérêt. Sachez qu'il y en a près d'une centaine. Dans un couloir adjacent, certains contrats anciens, dont celui de la fameuse *Maestà* de Duccio. Avant de sortir, on vous propose de passer au balcon pour jeter un coup d'œil sur la place.

Chiesa San Martino *(plan couleur centre, C3)* **:** *à côté de la loge du pape.* Intérieur à nef unique. Sur la gauche en entrant, une belle Vierge protégeant Sienne. Dans la nef à gauche, un grand tableau de Francesco Vanni et une magnifique *Nativité* de Beccafumi. Dans la nef à droite, une *Circoncision* de Guido Reni (grand peintre de l'école classique bolognaise du XVIIe s, dont les témoignages à Sienne sont rares) et une magnifique toile baroque du Guerchin. Mais surtout, demandez à visiter à gauche du chœur la chapelle *degli Agazzari* où se trouve un ensemble de fresques de l'école siennoise de la première moitié du XIVe s.

Dans le terzo di Città

Les visites reviennent vite cher si l'on achète les billets des sites liés au Duomo séparément. Le plus intéressant consiste à acheter un billet cumulatif *(Opa Si Pass)* qui permet de visiter le *Duomo*, le *museo dell'Opera*, la *cripta*, l'*oratorio di San Bernardino* et d'accéder au *Panorama*. *Pour plus de rens : ☎ 0577-286-30-00. • operaduomo.siena.it • Prix : 12 € (8 € nov-fév, puisque l'accès au Duomo est gratuit à cette période) ; valable 3 j.*

Duomo *(plan couleur centre, B3-4)* **:** *mars-oct, lun-sam 10h30-19h, dim 13h30-18h ; le reste de l'année, ferme à 17h30 (18h et 26 déc-6 janv). Billetterie sous la loggia à côté du campanile. Entrée : 4 € (7 € de mi-août à fin oct, quand ts les pavements sont visibles) ; audioguide (en français) pour la cathédrale sous forme de tablette numérique 6 € (10 € les 2) + guide numérisé à payer en plus pour les autres parties (baptistère, crypte, etc.).*

L'extérieur

Imposant par ses dimensions et construit au plus haut de la ville, l'édifice religieux est entièrement revêtu de marbre en bandes alternées claires et sombres. L'alternance du blanc et du noir est d'origine mauresque, il a été importé par les Arabes, lesquels échangeaient avec Pise notamment (un style que l'on retrouve par ailleurs dans toutes les villes ou régions qu'ils ont influencées : Istanbul, Cordoue, Sardaigne, Corse, Ligurie). Une architecture emblématique des cathédrales toscanes (et plus particulièrement de Sienne, puisqu'il s'agit des couleurs de la ville elle-même). La façade révèle bien les deux époques de sa construction. En bas, les trois portails sont encore très proches de l'art roman, tandis que la partie supérieure est nettement gothique. Son ornementation foisonnante, le sommet de la façade couvert de dorures, la richesse des sculptures, son festival de marbres polychromes en font l'une des plus belles cathédrales d'Italie. Le haut de la façade rappelle d'ailleurs celle d'Orvieto (au sud-ouest de Pérouse). Harmonie totale

dans les proportions avec les autres éléments de la cathédrale, le campanile et le dôme. Sur la façade toujours, les magnifiques sculptures de Nicola Pisano et de son fils Giovanni, dont les originaux se trouvent au museo dell'Opera. Leur conception est étonnamment puissante et réaliste, tranchant complètement avec les habitudes de la grande sculpture gothique francilienne. À noter, une *Vierge à l'Enfant,* sculpture de Donatello (florentin, XVe s), sur le tympan de l'entrée latérale, dite porte du Pardon.
L'édifice actuel n'est en fait que le transept de l'église primitivement prévue. En allant du côté du museo dell'Opera, on voit l'emplacement projeté pour la nef (avec les grandes arcades). Ce gigantesque plan fut interrompu au milieu du XIVe s pour deux raisons : d'abord, la grande peste qui décima la ville ; puis de graves défauts de conception originels, qui provoquèrent l'effondrement des structures portantes et amenèrent, en 1357, les gouverneurs de la république à cesser les travaux. Aujourd'hui, on peut néanmoins accéder à une superbe vue de Sienne en grimpant sur l'une des arches vestiges de ce projet pharaonique (par le museo dell'Opera). De loin notre vue préférée de Sienne et de sa fameuse place. Remarquez, en vous retournant une fois arrivé en haut, une très belle *Vierge à l'Enfant,* sculpture siennoise du XIVe s, de Giovanni di Agostino.

L'intérieur

D'une longueur de 90 m, il frappe par sa grandeur, son élégance, sa force et, toujours, cette obsédante alternance de bandes noires et blanches, baignée par une relative pénombre. À noter que certains des vitraux aux couleurs éclatantes auraient été réalisés par Duccio lui-même. Le pavement est une vraie curiosité. Sur près de 3 000 m^2, le sol est recouvert de 56 panneaux en marqueterie de marbre représentant, en général, des scènes bibliques ou des scènes sur l'histoire de la ville exécutées entre 1369 et 1541 à partir de dessins de grands artistes (dont Beccafumi, il Pinturicchio...). Les pavements sont entièrement découverts de mi-août à octobre (on peut même passer derrière l'autel à cette période, mais le prix de la visite double presque). Le reste de l'année, pour faire face aux piétinements des touristes, certains sont recouverts de cartons afin d'éviter qu'on ne les abîme. En entrant, deux magnifiques bénitiers sculptés par Antonio Federighi (XVe s). Notez l'exubérance décorative (guirlandes, personnages, etc.).

– ***Bas-côté gauche :*** l'autel Piccolomini contient dans ses niches de magnifiques sculptures et, en particulier, dans les deux du bas, un *Saint Pierre* et un *Saint Paul* du jeune Michel-Ange ! Tout en haut, pas facile à voir, une magnifique *Vierge à l'Enfant* de Jacopo della Quercia. Belle peinture de Paolo di Giovanni Fei représentant une Vierge allaitant au centre.

– ***Libreria Piccolomini*** *(la bibliothèque Piccolomini)* ***:*** avant d'entrer, remarquez la façade monumentale de la *libreria,* avec dans la lunette le *Couronnement de Pie III,* fresque du Pinturicchio. Cette bibliothèque a été fondée vers 1495 par le cardinal Francesco Todeschini Piccolomini (qui deviendra le pape Pie III) pour conserver la bibliothèque de Pie II, son oncle maternel. Elle sert d'écrin à une superbe série de fresques peintes par le Pinturicchio et ses élèves (dont peut-être Raphaël). La magnificence des couleurs, des drapés, l'élégance des personnages, le

GONFLÉ CE PAPE !

Alexandre VI fut pape de 1492 à 1503, juste avant Pie III. Amateur de belles et bonnes choses, il aimait s'entourer d'œuvres d'art et protégeait les artistes (comme Pinturicchio). En outre, ses hormones lui jouaient bien des tours, car on lui a reconnu pas moins de six enfants ! Est-ce un hasard : le jour de sa mort, son corps avait tellement enflé qu'il ne rentrait plus dans son cercueil, si bien que ses proches durent le rouler dans un tapis ! Un juste retour des choses pour un homme qui a roulé ses contemporains dans la farine !

goût du détail en font une œuvre tout à fait unique. Les scènes racontent la vie du cardinal Enea Silvio Piccolomini, élu pape sous le nom de Pie II. Sur les côtés, admirable collection d'antiphonaires enluminés (des recueils de chant grégorien). Au milieu de la bibliothèque, le célèbre monument des *Trois Grâces,* sculpture romaine du IIIe s souvent copiée par Michel-Ange (surprenant dans un lieu sacré).
– ***Transept gauche :*** c'est à ce niveau qu'il est possible de voir quelques morceaux de l'extraordinaire pavement (XVe-XVIe s) réalisé par les plus grands artistes, dont Beccafumi. Comme la plupart d'entre eux sont masqués par des cartons afin de les préserver (sauf de mi-août à octobre), on peut toujours se reporter aux cartons de l'ensemble, au *museo dell'Opera,* et, surtout, aux magnifiques esquisses de Beccafumi à la pinacothèque.
Dans la chapelle San Giovanni, à gauche, magnifique *Saint Jean-Baptiste* du grand Donatello.
– Extraordinaire ***chaire*** en marbre blanc (1265), œuvre de Nicola Pisano et de son fils, Giovanni, et d'Arnolfo di Cambio. De forme octogonale et soutenue par 10 colonnes de porphyre, c'est l'un des chefs-d'œuvre de la sculpture occidentale. Certaines scènes suscitent longtemps l'émotion et le plaisir du visiteur par leur perfection plastique et leur puissance expressive. Notez le superbe mouvement de recul et d'effroi des spectateurs dans la *Crucifixion* et la force tragique de la scène. Saisissant *Jugement dernier.*
– De l'autre côté du transept gauche, à gauche du chœur, l'un des chefs-d'œuvre du plus grand sculpteur siennois du XIVe s, le ***tombeau du cardinal Petroni,*** par Tino di Camaino.
– ***Chœur :*** maître-autel en marbre du XVIe s. Sur l'autel, magnifique ciboire en bronze de Vecchietta et deux paires d'anges porte-candélabres. Les huit autres anges, adossés aux piliers, sont de Beccafumi, qui nous rappelle qu'on peut être à la fois un grand peintre et un sculpteur de premier plan. Quelle classe ! Admirez la grande richesse décorative des stalles. Certaines datent du XIVe s, celles du milieu sont de la Renaissance.
– Enfin, la ***chapelle du Vœu,*** à proximité du transept droit, abrite quatre magnifiques sculptures romaines de style baroque du XVIIe s. Le *Saint Jérôme* et la *Sainte Marie Madeleine* sur les côtés sont l'œuvre du plus grand sculpteur baroque italien, Bernini.

*** Battistero di San Giovanni*** *(baptistère ; plan couleur centre, B3)* **:** *piazza San Giovanni, en contrebas du Duomo. ☎ 0577-28-30-48. Tlj 10h30-19h (17h30 nov-fév). Entrée : 4 € ; réduc.* Cet édifice, construit au début du XIVe s et inachevé, est entièrement décoré de fresques du XVe s, réalisées en partie par Vecchietta. Attardez-vous sur la travée centrale, face à l'entrée, et en particulier sur les voûtes. Mais le clou de la visite reste les fonts baptismaux en bronze, œuvre de trois artistes majeurs : le Siennois Jacopo della Quercia et les Florentins Donatello et Ghiberti.

Cripta *(plan couleur centre, B3)* **:** *on y accède en longeant le Duomo, par l'escalier qui descend vers le baptistère ; entrée juste après la porte sculptée par Giovanni di Agostino, sur la gauche. Tlj 10h30-19h (17h30 nov-fév). Entrée : 6 € (8 € en cas d'expo temporaire).* Ensemble de fresques découvertes en 1999, sous les pavements du chœur de la cathédrale. Cette salle était comblée de sable et de pierre, probablement déjà remblayée à l'époque, pour consolider le sol de la cathédrale. Il s'agit de fresques de l'école siennoise du XIIIe s, avant Duccio, donc. Une découverte majeure qui n'a pas encore livré tous ses secrets. L'identité des peintres n'est pas révélée, mais elle permet de resituer Duccio, le premier grand peintre siennois, dans la lignée d'une école siennoise bien vivante avant lui. La *Crucifixion* est remarquable et les couleurs étonnamment préservées (du fait de leur ensablement). Par ailleurs, il semble bien que les deux fragments de piliers, observés au centre de la salle, appartiennent à l'entrée de l'ancienne cathédrale, murée par la construction du baptistère. Ce n'est qu'un début : d'autres recherches sont en cours...

Museo dell'Opera (musée de l'Œuvre ; plan couleur centre, B4) : *piazza del Duomo, 8. À droite de la cathédrale, dans les vestiges de ce qui aurait dû être la nef. Tlj 10h30-19h (17h30 nov-fév). Entrée : 7 € ; réduc.*
Une visite qui s'impose.
– ***Rez-de-chaussée et sous-sol :*** c'est ici que sont exposés les originaux très abîmés des statues qui trônent sur la façade du Duomo, œuvres de Giovanni Pisano (le fils de son célèbre père : Nicola). Elles furent conçues pour être vues de loin et surtout d'en bas, d'où les formes parfois torsadées, décollées du mur et quelques fois artificiellement disproportionnées. On peut admirer le magnifique vitrail du Duccio (1287-1288) qui ornait, jusqu'en 1943, le Duomo.
– ***Premier étage :*** plongée dans la pénombre, la *Maestà,* polyptyque de Duccio. Rares sont les mots assez forts pour exprimer l'émotion provoquée par ce chef-d'œuvre des chefs-d'œuvre parfaitement préservé. Cette commande pour le maître-autel de la cathédrale fut réalisée en 3 ans et livrée en grande pompe, en 1311. La partie la plus connue représente la Vierge à l'Enfant sur son trône, entourée d'une kyrielle de saints. Duccio réussit la fusion parfaite de la préciosité de l'art byzantin avec le lyrisme du gothique. Noter la finesse extrême du drapé des habits de Jésus. C'est là une rupture nette avec la sévérité, voire le schématisme du trait byzantin. Le dos du retable, exposé face à la *Maestà,* raconte en 26 panneaux la passion du Christ. Là encore, on reste sans voix devant la richesse des détails, la vivacité des couleurs...
La *Nativité* de Pietro Lorenzetti, à côté, soutient pourtant sans problème un si prestigieux voisinage. Il fut le premier à réaliser, sur les volets d'un polyptyque, une scène unique, ouvrant ainsi de nouvelles perspectives d'expression artistique. Enfin, on sent bien l'influence du réalisme de Giotto qui semble absent de la *Maestà* voisine. Dans la salle des *Cartoni* au fond à gauche, très intéressante expo des dessins originaux des plans de la cathédrale, ainsi que ceux qui servirent au dallage. Superbes enluminures. Également une salle dédiée à Jacopo della Quercia.
– ***Deuxième étage :*** orfèvrerie religieuse et autres primitifs religieux d'un intérêt moindre.
– ***Troisième étage :*** deux salles, où l'on remarque essentiellement un christ de Giovanni Pisano, une *Conversion de Saint Paul* de Beccafumi et une collection de chasubles anciennes. Mais surtout, c'est ici qu'on accède au fameux ***panorama,*** tout en haut d'une des arches abandonnées. Prévoir de l'attente, car on y monte par groupe. On est moins haut qu'à la torre del Mangia, mais on bénéficie d'une vision de la ville plus globale et plus romantique. En outre, la piazza del Campo apparaît dans toute sa dimension, sur un seul plan. Au soleil couchant, par beau temps, c'est tout simplement magique !

LE MAUVAIS GOÛT, MEILLEUR AMI DE L'ART

La Maestà, chef-d'œuvre génial de Duccio visible au museo dell'Opera, doit son état de conservation absolument exceptionnel à un tyran de Sienne qui, n'aimant pas l'œuvre, l'entreposa dans une cave à l'abri de la lumière... où elle resta bien protégée pendant des siècles !

Chiesa della Santa Annunziata (plan couleur centre, A-B4) : *juste avt l'entrée au musée Santa Maria della Scala, sur la gauche.* La chapelle forme un des plus anciens éléments de l'hôpital. Sur l'autel, le bronze de Vecchietta (XVe s), *Le Christ ressuscité,* un chef-d'œuvre de la Renaissance italienne. Derrière, une belle fresque du XVIIIe s représente des infirmes attendant une guérison miraculeuse au bord d'un bassin.

Ospedale Santa Maria della Scala (plan couleur centre, A-B4) : *en face de la cathédrale. ☎ 0577-53-45-71. Tlj 10h30-18h30 (dernière entrée à 18h) ; horaires restreints en hiver. Entrée : 6 € (8-10 € lors des expos temporaires) ; réduc.*

Fondé au XIe s, ce fut l'un des premiers hôpitaux européens. La plupart des bâtiments datent du gothique. Au départ, c'était un hospice géré par les responsables religieux du Duomo et destiné à accueillir les pauvres, les orphelins et les pèlerins, Sienne se situant sur la via Francigena (l'axe qui conduisait les pèlerins de la France vers Rome, d'où son nom). L'hôpital est gigantesque, il a d'ailleurs peu à peu englobé une rue qui passait derrière la structure d'origine. Cette rue existe encore en sous-sol, et fut utilisée jusqu'aux années 1980 par les ambulances ! Au XIIIe s, les édiles siennois étaient déjà bien inspirés. Les malades étaient reçus dans un service d'urgence, où étaient dispensés les premiers soins à base d'onguents et de saignées. Au XIVe s, il servit de modèle à d'autres hôpitaux. C'est le premier qui édicta un règlement sanitaire révolutionnaire pour l'époque : les soignants devaient se laver les mains, obligation d'avoir des lits en fer (pour combattre les punaises), une nourriture adaptée à chaque patient, un surveillant par salle, etc. L'hôpital s'enrichit notamment grâce aux legs des bourgeois de la ville (qui les déduisaient de leurs impôts, déjà !), mais surtout grâce aux legs consécutifs aux épidémies de peste (des milliers d'héritages après celle de 1348 !).
Au XVIIe s, la salle du Pèlerin, couverte de magnifiques fresques de Domenico di Bartolo, fut transformée en salle de malades, et diverses chapelles en salles de soins. L'art fut laissé de côté au profit de la médecine. Et les dégradations des fresques devinrent, hélas, importantes. À partir de 1985, il fut déserté par les malades (l'écrivain Italo Calvino fut l'un des derniers à y mourir). L'hôpital ferma définitivement ses portes en 1996. Heureusement, il se visite : allez donc admirer les fresques du Pellegrinaio.
La visite commence par la *Cappella del Manto* ornée de fresques, et se poursuit dans différentes salles (dont celle qui est dédiée aux statues de marbres de Tito Sarocchi), et aboutit enfin à la fameuse ***salle dite du Pellegrinaio.*** Elle est ornée de 10 magnifiques fresques, réalisées en 1439 par Vecchietta, Domenico di Bartolo et Priamo della Quercia (le frère du grand sculpteur). Scènes de la vie hospitalière du XVe s d'une qualité documentaire et artistique exceptionnelle, notamment celles de Domenico di Bartolo. De vraies photographies de l'époque, on observe la visite des chirurgiens (notamment la visite des « médecins patrons » interrogeant l'homme à la jambe entaillée et faisant entre eux des commentaires), l'examen d'un flacon d'urine, le lavage d'une plaie, la vie dans l'orphelinat, l'éducation au mariage des jeunes filles... Franchement, l'atmosphère décrite rappellera sûrement certaines visites aux urgences...
Au même étage, remarquez aussi la voûte peinte par Agostino di Marsiglio, et la ***vieille sacristie*** complètement recouverte des fresques de Vecchietta (1446-1449). Il y a peu encore, elle accueillait des volumes de chirurgie clinique et une bibliothèque.

- Au sous-sol, on découvre tour à tour le ***trésor,*** une enfilade de vastes salles accueillant de loin en loin des vitrines d'objets d'art sacré dans une pénombre mystérieuse, puis l'***oratoire de Santa Caterina della Notte,*** et enfin une intéressante section où l'on peut suivre les étapes de la restauration de la ***fontaine Gaia*** (celle qui est au centre de piazza del Campo est une copie de l'originale de Jacopo della Quercia). Pas étonnant que la fontaine ait été aussi abîmée, on s'en servait comme tribune lors des fêtes sur la place ! En 1844, le sculpteur siennois Tito Sarrocchi en a donc réalisé une copie : la différence entre les originaux très dégradés et le résultat final est bluffante.
- ***Le Museo archeologico*** enfin, encore un étage au-dessous, vous fera suivre un véritable labyrinthe de couloirs sous les voûtes (attention la tête). Intéressante collection archéologique étrusque, dotée d'une remarquable muséographie. Il y fait délicieusement frais en été. Parmi les pièces présentées, notons quelques belles urnes funéraires et bas-reliefs plus tardifs (période romaine), de la poterie, des statuettes votives, des bronzes délicats... La dernière section est centrée sur l'histoire de Sienne, depuis les origines. En remontant, remarquez le char garé dans le couloir. C'est celui des vainqueurs du *Palio.*

Contrada della Selva (plan couleur centre, A4) : *piazzetta della Selva. En contrebas de la cathédrale, derrière l'hôpital. Parfois ouv sam ap-m, fermée le reste du temps.* Abritée dans la jolie *église Saint-Sébastien* de 1499, en forme de croix grecque. Autel couvert de reliquaires. Dans la sacristie, crucifix, statues, candélabres, un vrai petit musée. Salle de réunion de la *contrada* avec plafond peint. Dans le hall d'entrée, divers souvenirs et peintures sur le *Palio.*

Accademia musicale Chigiana (Palazzo Chigi Saracini ; plan couleur centre, B3-4) : *via di Città, 85. 366-864-20-92. • chigiana.it • Entrée libre dans la cour ; visite guidée lun-ven à 10h30 et 12h, sam slt sur résa à 10h30 (l'été à 12h en sem et 10h30 sam). Fermé 1er janv. Entrée : 10 € (7 € en juil-août lorsque certaines salles sont inaccessibles) ; réduc.*

Fort beau palais gothique épousant harmonieusement la forme de la rue. La tour du XIIIe s est la partie la plus ancienne. La petite histoire raconte que c'est de cette tour qu'on observa et annonça la victoire de Montaperti en 1260, la fameuse bataille où les Siennois mirent la pâtée aux Florentins (tout le monde s'en rappelle ici, à Sienne, car c'est la seule fois où ils ont gagné !). Belle alliance de pierre et de brique, et élégantes fenêtres géminées. Vaste entrée menant à une cour avec galerie. Puits. Fresques sur les voûtes. Sur la façade sur cour, larges baies en arcades. La nuit, on aperçoit les plafonds décorés. Balade très romantique.

Le palais abrite l'académie musicale Chigiana, qui organise des classes de musique et des concerts en été (très belle salle ornée de stucs et plafond peint). La visite guidée permet de découvrir un intérieur siennois du XVIIIe s, dont les murs sont couverts d'œuvres pour certaines exceptionnelles (splendide petite *Adoration des Mages* de Sassetta, magnifique Beccafumi). Également un petit musée des Instruments de musique (des stradivarius notamment), le piano de Liszt, etc.

Pinacoteca nazionale (plan couleur centre, B4) : *via San Pietro, 29. ☎ 0577-28-61-43. • pinacotecanazionale.siena.it • Lun 9h-13h, mar-sam 8h15-19h15 (fermeture des guichets 18h45), dim et j. fériés 9h-13h. Fermé 1er mai, à Noël et Jour de l'an. Entrée : 4 € ; réduc ; gratuit moins de 18 ans (citoyens de l'Union européenne) et pour tous le 1er dim du mois.*

La Pinacoteca nazionale, bien qu'un peu poussiéreuse et vieillotte dans sa muséographie, est d'une richesse extraordinaire en peintures siennoises du XIIIe au XVIIe s, peut-être même trop riche si l'on veut apprécier pleinement chaque œuvre. On la conseille particulièrement à ceux qui aiment les primitifs et la Renaissance italienne. Le musée est installé dans l'un des plus beaux édifices gothiques de la ville (le Palazzo Buonsignori). Les branchés en art savent qu'on peut y admirer la *Vierge à l'Enfant,* à demi effacée, de Simone Martini. Le musée se parcourt de haut en bas, du plus ancien au plus récent. Voici une petite sélection de peintures à voir en priorité, choisies pour leur qualité, voire leur intérêt historique.

Troisième étage

À voir si vous avez le temps. Il s'agit d'une petite salle contenant la collection Spannocchi : peintures vénitiennes et nord-européennes essentiellement du XVIe s. Admirez le petit *Saint Jérôme* de Dürer et surtout la *Nativité* de Lorenzo Lotto (excentrique artiste vénitien), d'une luminosité fantastique. Avez-vous remarqué, sur cette dernière, un petit détail peu commun et pourtant très réaliste : le petit Jésus a encore son cordon ombilical ! Au fond de la salle, quelques belles toiles vénitiennes.

Deuxième étage

– *Salle 1 :* peintures siennoises du XIIIe s, *Vierge à l'Enfant* de Duccio.
– *Salle 2 :* admirez en particulier la qualité des petites scènes de part et d'autre du fameux *Saint Pierre* de Guido di Graziano.
– *Salle 3 :* que des chefs-d'œuvre de Duccio (fin XIIIe-début XIVe s) et de son école. Grand *Christ en croix* de Niccolò di Segna. Fameuse *Madone* dite de la Miséricorde de Simone Martini.

SIENNE ET SES ENVIRONS

– *Salle 4 :* magnifique *Christ en croix avec saint François* d'Ugolino di Nerio. À gauche en entrant dans cette salle, ne ratez pas la célèbre petite *Madone des Franciscains* de Duccio, qui symbolise la grande influence de l'art gothique francilien sur ce peintre qui, bien que conscient de l'apport naturaliste de Giotto, semble préférer un certain archaïsme, peut-être plus à même d'exprimer à ses yeux le message divin.
– *Salle 5 :* on entre vraiment dans le XIVe s. Admirez l'extraordinaire douceur de la *Vierge à l'Enfant,* à demi effacée, de Simone Martini à gauche en entrant.
– *Salle 6 :* observez les détails du *Couronnement de la Vierge* de Bartolo di Fredi.
– *Salle 7 :* très riche, trop riche ! Les deux salles sur la droite sont remplies d'œuvres des frères Lorenzetti (Ambrogio et Pietro). Ne ratez pas, dans la salle au fond à droite, la belle *Annonciation* d'Ambrogio, inspirée de celle de Simone Martini, aujourd'hui à la galerie des Offices à Florence. En face, le retable des *Carmes* est probablement LE chef-d'œuvre de Pietro. Admirez en particulier la prédelle et son rendu des volumes et des paysages.
– *Salle 11 :* salle Taddeo di Bartolo (le peintre de la chapelle du Museo civico du Palazzo Pubblico). Ce peintre est intéressant car il permet de voir ce qu'est devenue la leçon des grands Siennois de la première moitié du XIVe s (Duccio, puis Simone Martini et les frères Lorenzetti) après la grande peste de 1348. Taddeo est finalement un peu répétitif, inégal et bien moins puissant que ses prédécesseurs.
– *Salle 12 :* on arrive au XVe s. Salle Giovanni di Paolo. Peintre un peu particulier, certainement excentrique et volontairement archaïsant. Ne pas manquer la petite *Vierge à l'Enfant* dans son jardin fleuri.
– *Salle 13 :* deux présentations au Temple inspirées de l'original d'Ambrogio Lorenzetti aux Offices à Florence. Ne ratez surtout pas la superbe *Vierge à l'Enfant* de Domenico di Bartolo, beaucoup plus sensible à la Renaissance florentine (ce dernier a peint une partie des fresques du Pellegrinaio à l'hôpital Santa Maria della Scala) ; voyez sa douceur et ses extraordinaires couleurs.
– *Salle 14 :* tout le XVe s siennois est là, conscient des nouveautés florentines, mais la douceur, la poésie, les fonds d'or nous rappellent que nous sommes à Sienne. Cette salle contient quantité de belles *Vierge à l'Enfant* par Neroccio di Bartolomeo Landi, Francesco di Giorgio Martini (regardez aussi sa *Nativité*) ou encore Matteo di Giovanni.
– *Salles 16 et 17 :* salle Sano di Pietro. Parfois inégal, il faisait probablement appel à de nombreux collaborateurs plus ou moins bons. On aime surtout la belle *Vierge au ciel* en habit blanc et or, entourée d'anges.
– *Salle 19 :* concentrez-vous sur le magnifique *Couronnement de la Vierge* de Francesco di Giorgio Martini et sur la belle *Vierge à l'Enfant sur le trône* de Vecchietta.

Premier étage
– Outre quelques maniéristes de deuxième ordre, on peut surtout y admirer de belles peintures du XVe s *(salle 23),* plutôt inspirées de la Renaissance florentine et ombrienne que siennoise, par Pietro Francesco degli Orioli, Girolamo Genga ou encore le Pinturrichio (ne ratez pas sa belle *Adoration des Mages*). Également deux beaux tableaux de Bernardino Fungai.
– *Salle 26 :* belle salle de sculpture siennoise avec une vue magnifique sur Sienne et sa campagne.
– Extraordinaires Beccafumi : *Trinité* et *Sainte Catherine recevant les stigmates, Nativité* et *Couronnement de la Vierge (salles 27 et 29).* La *salle 30,* exceptionnelle, fait apparaître la puissance de Beccafumi dans l'exécution de ses calepinages préparatoires au pavement du Duomo.
– *Salles 31 et 32 :* elles valent surtout pour le superbe *Christ à la colonne,* la *Déposition,* deux fresques du Sodoma et deux toiles toujours hors normes de Beccafumi (le *Christ aux limbes* et *Saint Michel chassant les anges rebelles* dont il existe une autre version dans l'église San Niccolò al Carmine, celle-ci ayant été refusée par les carmes, car jugée trop osée).

- *Salle 33 :* XVIIᵉ s siennois, avec en particulier trois superbes portraits de femme à droite par Bernardino Mei.
- *Salle 35 :* surtout des œuvres de Rutilio Manetti, l'autre grand Siennois du XVIIᵉ s (trois toiles de grand format en particulier).
- *Salle 36 :* belles peintures du XVIᵉ s siennois (Francesco Vanni, Alessandro Casolani).

Chiesa San Niccolò al Carmine *(plan couleur d'ensemble)* **:** *pian dei Mantellini.* Église datant du XIVᵉ s (imposante tour en poivrière du XVIIᵉ). Construction massive en brique. À l'intérieur, vestiges d'une *Assomption* du XIVᵉ s. Au deuxième autel, intéressant *Saint Michel chassant les anges rebelles* de Beccafumi, peint sur bois. C'est le siège de la *contrada la Pantera* (la Panthère) et la plus grande des églises de *contrade.* Les chevaux sont bénis à l'intérieur avant la course. Grande émotion ce jour-là.
- Sur le même trottoir que San Niccolò al Carmine, le *Palazzo Ravizza,* puis l'arc des deux portes, vestiges de l'enceinte du XIᵉ s (accès à la via Stalloreggi, qui était autrefois la rue des peintres du Trecento et qui, aujourd'hui encore, recèle quelques ateliers d'artistes).

Dans le terzo di Kamollia

La longue rue qui part de la porta Camollia (orthographe moderne) jusqu'à la piazza del Campo (*plan couleur centre, B-C1-2 ;* vie dei Montanini et Banchi di Sopra) livre d'intéressants monuments. En particulier, piazza Salimbeni, jetez un œil sur le côté et à l'intérieur du siège social de la ***Monte dei Paschi di Siena*** (banque la plus vieille du monde, fondée en 1472). Les architectes italiens ont réussi le tour de force d'aménager l'intérieur d'une façon ultramoderne tout en respectant les façades médiévales. Très réussi. Elle possède, en ses murs, un musée privé de peintures. Il est accessible au public uniquement les matins des 2 juillet et 16 août, à l'occasion de la fête du *Palio.* Cette banque est encore une des grandes banques italiennes actuelles ; elle tient plus ou moins à bout de bras l'économie touristique siennoise via son mécénat artistique omniprésent et particulièrement généreux. ***Piazza Tolomei,*** autre banque superbement aménagée dans un palais (façade sobre et élégante avec ses deux rangées de fenêtres géminées). Encore une leçon à tirer ! Devant, la louve siennoise (de 1610) et la ***chiesa San Cristoforo,*** l'une des plus anciennes de la ville.
En continuant la via del Moro, accès à la ***basilica Santa Maria di Provenzano.*** Elle est traditionnellement dépositaire de l'étendard du *Palio* du 2 juillet.

Chiesa San Francesco *(plan couleur d'ensemble)* **:** *accès par l'arco di San Francesco. Tlj 8h30-18h.* Bâtie au XIIIᵉ s, modifiée aux XIVᵉ et XVᵉ s, et façade reconstruite au XIXᵉ s. De très hautes chapelles encadrent le chœur. L'intérieur, un peu sombre toutefois, vaut la visite pour la qualité de certaines œuvres. En entrant, à gauche derrière vous, des restes de fresques de Sasseta et Sano di Pietro, et sur la droite, celles du Sodoma. À droite en entrant, fresques du XIVᵉ s, de l'école siennoise. Belle présentation dans cette vaste nef, un peu froide, de grandes toiles siennoises du XVIIᵉ s (en particulier, voir celle de Casolani) et d'une magnifique toile de Pietro Berrettini (Pierre de Cortone). Dans la première travée, à gauche du chœur, une magnifique *Crucifixion* de Pietro Lorenzetti et, dans la troisième, deux célèbres morceaux de fresques de son frère Ambrogio, appelés « Épisodes de la vie franciscaine ». Ces restes de fresques des frères Lorenzetti, aux couleurs ocre, sont d'une exceptionnelle qualité. Dans la première travée à droite, une belle *Vierge à l'Enfant* du XIVᵉ s. Enfin, notez les beaux vitraux.

Basilica Cateriana San Domenico *(plan couleur centre, A2)* **:** *mars-oct, tlj 7h-18h30 ; nov-fév, tlj 9h-18h.* Grande église gothique qui présente peu d'intérêt sur le plan architectural. Sur l'arrière, en revanche, le point de vue sur la ville en fin de journée est superbe. À l'intérieur, dans la chapelle Sainte-Catherine, quelques fresques et peintures à ne pas manquer, parmi lesquelles le plus ancien portrait de sainte Catherine de Sienne, fresque relatant sa vie par Andrea Vanni au XIVe s. Le sol en marbre est de Francesco di Giorgio Martini, l'un des plus grands artistes siennois du XVe s (à la fois peintre, sculpteur et architecte). Belle *Adoration des Mages* réalisée en partie par ce dernier. Dans la nef, série de toiles des XVIe et XVIIe s siennois, et tout particulièrement le chef-d'œuvre d'Alessandro Casolani, la *Naissance de la Vierge.* Dans la première travée à gauche du chœur, une fresque de Pietro Lorenzetti ; dans la seconde, une *Vierge à l'Enfant* du XIIe s par Guido da Siena. Dans la chapelle à droite du chœur, belles peintures siennoises du XVe s par Matteo di Giovanni.

Santuario e casa di Santa Caterina *(plan couleur centre, A2)* **:** *costa di San Antonio. Accès par les pittoresques vie Galuzza ou Santa Caterina. Tlj 9h-13h, 15h-19h30.*

Maison de la sainte, lieu de pèlerinage très populaire pour les Italiens.

Sainte Catherine naquit en 1347 et fut, durant sa vie de religieuse, une ambassadrice de choc. Elle réussit à convaincre le pape Grégoire XI de quitter Avignon et de revenir à Rome. Ensuite, elle organisa le traité de paix entre le pape Urbain VI et Florence (coupable d'avoir déclaré la guerre à l'État papal). Elle organisa aussi la bataille décisive entre les troupes du pape et celles de l'antipape d'Avignon, Clément VII. Canonisée au XVe s, proclamée patronne de Rome au XIXe s et patronne de l'Italie en 1939 par Pie XII.

CACHEZ-MOI CES SAINTES...

Sainte Catherine de Sienne n'est pas la patronne de la ville (c'est la Vierge Marie) mais de l'Italie (avec saint François d'Assise), et qui plus est, docteur de l'Église catholique mondiale, ce qui est rare pour une femme. Elle partage ce titre avec l'Espagnole Thérèse d'Avila et la Française Thérèse de Lisieux. Sur un total de 33 docteurs (« dites 33 »), on est encore loin de la parité !

Dans la cour, à droite, puits du XVe s.

Accès à l'*église du Crucifix* à droite. Au maître-autel, la croix face à laquelle la tradition rapporte qu'elle aurait reçu les stigmates (symboles de la passion du Christ) en 1375. Décor baroque chargé, fresque au plafond. En face, l'oratoire supérieur (l'ancienne cuisine) contient des fresques siennoises de la fin du maniérisme. Noter le beau pavement de faïence du XVIIe s et le plafond à caissons. À l'étage inférieur, la chambre de la sainte (on peut apercevoir l'endroit où elle reposait la tête, sur un coussin de pierre, aïe !) et un autre oratoire, peint à fresque par le puriste Alessandro Franchi en 1896 et retraçant l'histoire de la sainte. Franchement pas mal. Toujours en contrebas, on accède au siège de la *contrada* de l'Oie ou *Oca,* qui contient des œuvres d'art importantes mais la plupart du temps inaccessibles au public : sur l'autel, belle statue de la sainte par Neroccio di Bartolomeo, fresques du Sodoma, Girolamo del Pacchia, Ventura Salimbeni, Sebastiano Folli et on en oublie.

Si vous êtes allé trop loin, revenez sur vos pas vers la ***Fonte Branda,*** la fameuse « fontaine qui parle » en été, on ne vous en dit pas plus... C'est la plus belle et la plus impressionnante des fontaines siennoises, elle date de 1246. Gros édifice de brique rouge à arcades gothiques, surmonté de gargouilles en forme de lions. Plusieurs bassins bien distincts, utilisés comme réservoir d'eau potable, lavoir et abreuvoir, jusqu'à une époque récente, elle était un lieu important de socialisation en raison de sa situation en plein quartier des artisans (teinturiers, peintres...). Elle est située en contrebas de la porta Salaria, la porte qui marquait les limites de Sienne au Moyen Âge (XIIe s).

Basilica Santa Maria di Provenzano *(plan couleur centre, C1)* **:** la façade blanche et majestueuse, de style baroque romain, fin XVIe-début XVIIe s, tranche avec l'environnement en brique ocre de Sienne. Un certain aspect monumental qui surprend lorsqu'on y accède par l'une des petites rues environnantes. Elle abrite une peinture de la Vierge, touchée par l'arbalète d'un archer florentin dit-on et devenue une relique sacrée. C'est à elle qu'est dédié le *Palio* du mois de juillet. La *contrada* victorieuse amène le *Palio* en cortège jusqu'à la Madone.

Piazza dell'Abbadia *(plan couleur centre, B1)* **:** tout à fait charmante, avec la petite *église San Donato.* Elle présente une façade très simple, pierre surmontée de brique avec une délicate rosace. L'occasion d'admirer les ravissantes fenêtres gothiques (sur fines colonnettes et tympans ajourés) du palais Salimbeni (la façade arrière).

À voir encore si on a le temps

Museo di Storia naturale dell'Accademia di Fisiocritici *(plan couleur d'ensemble)* **:** *piazzetta Silvio Gigli, 2 (Sant'Agostino). ☎ 0577-47-002. • musnaf.unisi.it • Lun-ven 9h-13h, 15h-18h. Fermé jeu ap-m, w-e et j. fériés. GRATUIT (sonner à l'interphone). Visite guidée sur demande.* Aujourd'hui musée de géologie, de zoologie et d'anatomie, l'académie de Fisiocritici, fondée en 1691, joua un rôle immense dans le Siècle des lumières pour la propagation des sciences naturelles. Présentation des collections à l'ancienne dans d'étroites salles voûtées. L'ensemble dégage un charme désuet. Superbes minéraux, dont une belle collection de terres bolaires *(terre bolari)*, cette argile ferrugineuse à l'origine de la couleur « terre de sienne ». Débris de météorites tombés en 1794, curieuse collection d'environ 2 000 champignons en terre cuite, impressionnant squelette d'une baleine de 15 m, riche collection ornithologique.

Fortezza medicea *(forteresse médicéenne)*, ***piazza della Libertà et Enoteca Italiana*** *(plan couleur d'ensemble)* **:** elle rappelle douloureusement aux Siennois l'ancienne domination florentine. On peut faire le tour des remparts d'où l'on bénéficie d'une belle vue sur la ville. Bande de pelouse centrale pour faire courir les bambins.

Enfin, comme toujours, ne pas hésiter à se perdre dans les escaliers et ruelles de la ville. Par exemple, la ***via Fosso di Sant'Ansano*** *(plan couleur centre, A4)*, verte et bucolique, ou les *vie* qui musardent vers les portes de la ville, la ***porta Camollia*** du XIVe s (la plus au nord de la ville), richement sculptée, ou la ***porta Romana*** (au sud-est), après avoir rendu visite au ***quartier de la basilique Santa Maria dei Servi,*** d'où vous aurez la plus belle vue sur Sienne.

Manifestations

- **Marché local** *(plan couleur d'ensemble)* **:** *mer 8h-13h, à la Lizza.* Ne garez surtout pas votre voiture la veille dans le coin, elle serait impitoyablement enlevée. Énorme, on y fait entre autres de bonnes affaires : grandes marques internationales bradées ! Quelques fruits et légumes et, au bout de la Lizza, de délicieux *panini* à la *porchetta* (cochon grillé).
- **Petit marché du collectionneur** *(plan couleur centre, C3)* **:** *le 3e dim du mois, piazza del Mercato.* Une honnête petite foire aux antiquités, pour les aficionados de la chine.
- **Concerts :** *dans la cour du palais Chigi-Saracini (XIIIe s), digne d'un décor de Roméo et Juliette, ou dans la salle de spectacle de ce palais. GRATUIT.* Organisés par des étudiants et des professeurs, dont certains sont des artistes très célèbres de l'académie de musique Chigiana. Dans une ambiance très jeune et décontractée. Se renseigner sur place, sur le site internet • *chigiana.it* • ou encore à l'office

de tourisme. Nombreux concerts de musique classique et lyrique organisés tout l'été dans les églises de la ville (surveiller les affiches dans les rues). Décentralisation musicale : nombreux concerts en plein air dans les villages des environs. Ce qui permet au passage de découvrir la campagne toscane.
– ***Fête de Santa Caterina :*** *plusieurs j. fin avr. Rens auprès de l'office de tourisme.* Célébration solennelle dédiée à la sainte patronne. Le dimanche matin, grande procession et défilé des *contrade* dans les rues de la ville, qui se termine par une messe dans la basilique San Domenico avec bénédiction des reliques. À ne pas manquer.
– ***Fêtes annuelles du saint patron des contrade :*** *fin avr-début sept. Rens à l'office de tourisme.* Rien qu'en juin, celles du Dragon, de la Girafe, de la Tortue, de la Chouette, de la Vague (Dauphin), de la Licorne et de l'Escargot. En juillet-août, celles de la Chenille, de la Tour (Rhinocéros), de la Coquille, de la Forêt, du Porc-Épic, de la Panthère, etc. En outre, chaque *contrada* possède aussi son petit musée. Pour les visiter, il faut prendre rendez-vous avec elles.
– ***Cinema in Fortezza :*** *fin juin-début août. ☎ 0577-43-012. • cinemanuovopendola.it •* Cinéma en plein air dans l'amphithéâtre de la Fortezza medicea, projections à 21h45.
– Sans oublier la fameuse ***course de chevaux du Palio*** *(2 fois/an, le 2 juil et le 16 août)* : l'événement se prépare pendant 5 jours, avec cérémonies officielles, tirage au sort, défilés et courses d'essai. Le 29 juin et le 13 août ont lieu l'attribution des 10 chevaux par tirage au sort et la course d'essai sur la piazza del Campo. La veille du jour J, on assiste le matin à la quatrième répétition et à la *prova generale,* qui se court en fin de journée. On trouve un programme détaillé des festivités dans tous les bons offices de tourisme de la région (procurez-vous aussi l'excellente brochure *Terra di Siena*). Voir aussi la rubrique spéciale que nous lui consacrons au début de ce chapitre. Tout sur : *• ctps.it •*

LA MONTAGNOLA – LE VALDIMERSE

Terre sauvage de forêts impénétrables, percées de forteresses médiévales endormies dans l'histoire, la Montagnola et le Valdimerse définissent un triangle isocèle entre Sovicille (un lieu de villégiature agréable aux portes de Sienne), *Chiusdino* (où se dresse l'abbaye de San Galgano) et Murlo (charmant village avec son beau petit musée archéologique).

SOVICILLE (53018)

Aux portes de Sienne, Sovicille possède un riche patrimoine d'églises, de villas et de châteaux, dont certains paraissent sombrer à jamais dans une mer de vert (plus de la moitié de la commune est recouverte de forêts). *Castiglion che Dio sol sa* (« Le château connu de Dieu seul »), niché dans un bois du val de Merse, témoigne à lui seul, par son nom, de la difficulté de pénétrer ces territoires. Renseignements : *• comune.sovicille.siena.it •*

Où dormir dans les environs ?

🏠 🍽 ***Soggiorno Taverna :*** *loc.* ***Celsa,*** *53018 Sovicille. ☎ 0577-31-70-03. • info@tavernacelsa.it • tavernacelsa.it • ♿ Attention, ne pas arriver par Sovicille même, car c'est une piste impraticable, mais arriver par la strada di Pian del Lago, que l'on prend à partir de la SR 2 (sortie Monteriggioni sur l'autoroute Firenze-Siena). Congés : 7-31 janv. Doubles 70-90 €, avec petit* *déj ; apparts 600-1 000 €/sem. Possibilité de ½ pens. Menu le soir sur résa 25 €.* La *Taverna* est une grande et belle demeure restaurée avec goût par Marco et Manuela, les dynamiques propriétaires. Une petite douzaine de chambres, toutes avec salle de bains et joliment décorées dans le style traditionnel toscan. Quant aux appartements, ils sont bien conçus et disposent de tout le confort, mis à part la clim, car on est à 500 m d'altitude. Dans le jardin, piscine avec buses hydromassantes. Manuela, excellente cuisinière, prépare des gâteaux pour le petit déj, et concocte de bons petits plats typiques avec des pâtes fraîches maison, du porc noir de l'élevage familial et des produits bio du potager. On est bien ici ! D'autant que l'accueil est charmant.

Agriturismo Il Caggio : *loc.* ***Il Caggio, 21, Ancaiano,*** *53018 Sovicille. ☎ 0577-34-55-06. 339-385-64-89. • ilcaggio@interfree.it • ilcaggio.it • À 15 mn en voiture de Sienne, à env 1 km de la sortie d'Ancaiano sur la SP 52 en direction de Sovicille (panneau discret à droite). Apparts 70-100 € pour 2 et 130-170 € pour 4. Bouteille d'huile d'olive offerte sur présentation de ce guide.* Un petit groupe charmant de vieilles maisons de pierre totalisant 6 logements à géométrie et capacité variables. Le tout formant comme un hameau dans un jardin fleuri cascadant vers la piscine, avec en toile de fond le « cinémascope » de la Toscane millénaire. À l'intérieur, pierre apparente et déco rustique simple et agréable : certains apparts possèdent même une cheminée ou un poêle pour les soirées d'hiver, alors qu'en été l'épaisseur des murs vous dispense de la clim. Et si on n'a pas le courage de cuisiner, possibilité de goûter les petits plats de la maman, préparés sur commande et servis dans une salle à manger conviviale. C'est ça aussi les vacances ! Accueil attentionné de Rebecca et Camille.

MURLO (53016)

On pourrait trouver à Murlo les mêmes qualités qu'aux villages environnants : tranquillité, charmantes ruelles pittoresques, bonne chère... Mais il est une particularité qui le distingue des autres. Resté pendant longtemps isolé dans son coin, il se pourrait bien qu'il ait abrité les derniers Étrusques. En tout cas, c'est ce que les chercheurs supputent, alors ils ont pris l'affaire en main à grand renfort de tests ADN pour essayer de compléter l'arbre généalogique du pays. Sinon, pas grand-chose à faire ici, à part visiter le Musée archéologique, ramasser des champignons à l'automne ou ne rien faire sur les bords d'une piscine au cœur de l'été.

TÊTES DE TURC

Les tests ADN effectués sur les habitants de Murlo tendraient à prouver que la population du village a un patrimoine commun avec les populations d'Anatolie centrale, ce qui n'est pas le cas des autres Toscans. De même, des prélèvements effectués sur le bétail montrent qu'au moins quatre races de vaches élevées dans le coin possèdent des convergences génétiques avec des races du Proche-Orient.

Où dormir ? Où manger à Murlo et dans les environs ?

Camping Le Soline : *via delle Soline, 51, 53016* ***Casciano di Murlo.*** *☎ 0577-81-74-10. • camping@lesoline.it • lesoline.it • À 20 km au sud de Sienne. Sur la route de Grosseto, tourner à Fontazzi pour Casciano*

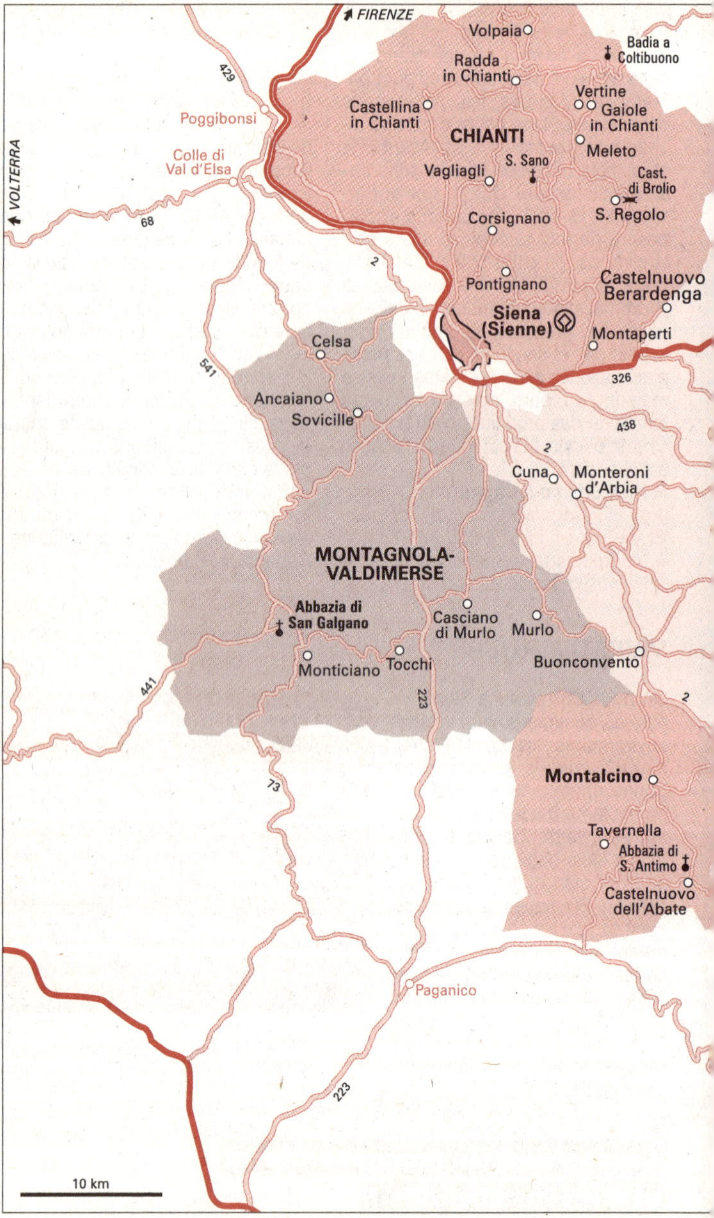
FIRENZE
VOLTERRA
Volpaia
Badia a Coltibuono
Radda in Chianti
Vertine
Gaiole in Chianti
Castellina in Chianti
Poggibonsi
CHIANTI
Meleto
Colle di Val d'Elsa
S. Sano
Vagliagli
Cast. di Brolio
S. Regolo
Corsignano
Pontignano
Castelnuovo Berardenga
Siena (Sienne)
Montaperti
Celsa
Ancaiano
Sovicille
Cuna
Monteroni d'Arbia
MONTAGNOLA-VALDIMERSE
Abbazia di San Galgano
Casciano di Murlo
Murlo
Monticiano
Tocchi
Buonconvento
Montalcino
Tavernella
Abbazia di S. Antimo
Castelnuovo dell'Abate
Paganico
429
68
2
541
326
438
441
223
73
10 km

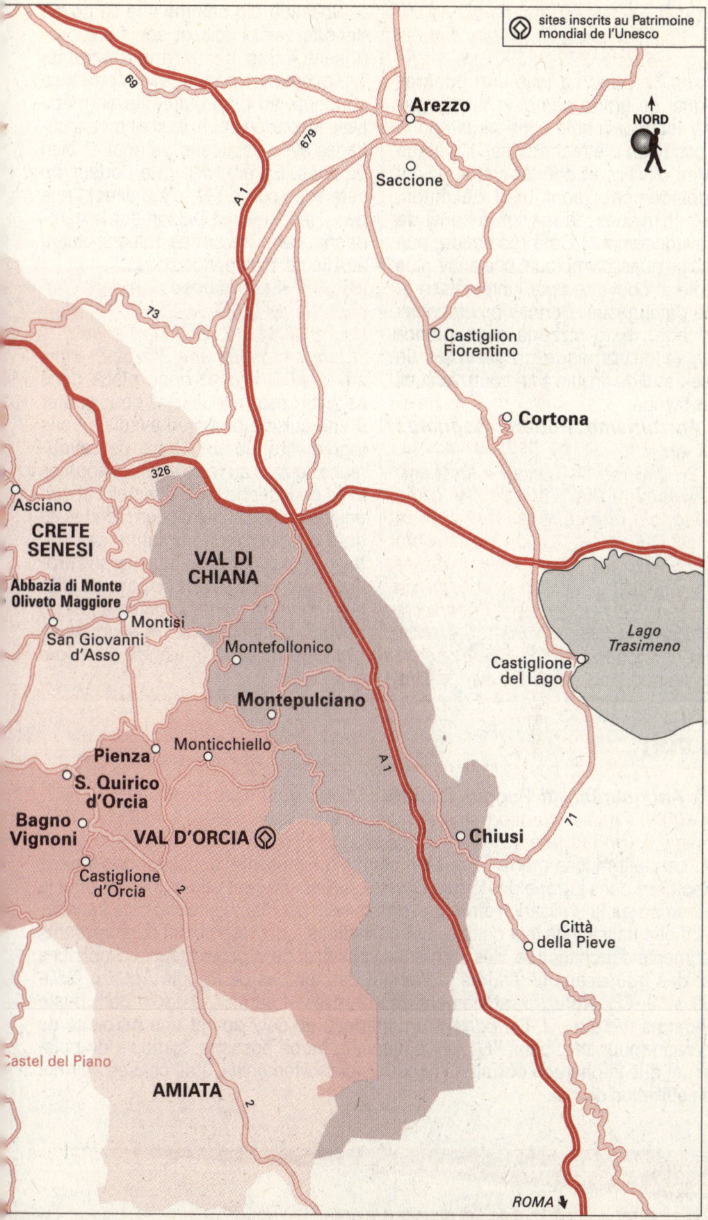

LES ENVIRONS DE SIENNE

di Murlo. Ouv tte l'année. Forfait pour 2 env 26 € ; chalets et mobile homes pour 2-6 pers 295-935 €/sem selon saison. Avec sa jolie vue panoramique, ce grand camping bien organisé est impeccable dans sa catégorie (à condition d'être motorisé). Il s'étage parmi oliviers et chênes verts, et les emplacements sont bien délimités. W-c chimiques : la maison a souci de l'environnement ! Côté récréation, une piscine quasi olympique, une autre plus petite et couverte pour l'intersaison et une pataugeoire. Bonnes prestations : épicerie, resto-pizzeria avec piano-bar, et discothèque en plein air (le week-end de fin juin à fin août). Accueil très sympa.

Agriturismo Podere Bagnolo : *via Arniano, 5. ☎ 0577-81-41-94. 320-048-09-44 (Lucia). • lucia.agriturismobagnolo@gmail.com • poderebagnolo.opificidigitali.it • Sur la SP 34 C-D, à env 3,5 km sur la route de Buenconvento (repérer à droite le panneau blanc discret pour la via Arniano). Ouv mars-sept. Réserver à l'avance. Doubles env 70-100 € selon saison ; apparts 400-700 €/sem pour 2 ; pas de petit déj ; séjour 3 j. min.* Une exploitation bio comme une île noyée dans le vert. Lucia et son frère proposent 4 très beaux appartements. Typiquement toscans, avec tomettes, soupente en terre cuite, lits en métal avec médaillon peint, ils sont tous aménagés avec beaucoup de goût et bien équipés. En été, dès que l'odeur du café vous sort du lit, c'est direct l'une des 2 piscines, en balcon sur la campagne, parmi les arbres fruitiers. Quant aux fleurs, n'en parlons pas...

Il Libridinoso : *via delle Carceri, 13. ☎ 0577-04-65-41. En plein bourg de Murlo. Ouv tte l'année, tlj sf lun 10h-minuit env. Pizzas et plats env 5-11 €.* Prenez donc place dans ce petit resto accueillant pour goûter à une cuisine préparée avec de bons ingrédients locaux. Outre de savoureuses pizzas au feu de bois (élaborées avec de la farine bio), Donatella et son équipe ont remis d'antiques recettes au goût du jour : *pici* à la farine de châtaignes, aux épinards, aux herbes aromatiques. Et puis dans ce pays de chênes, donc de glands, goûtez aussi au cochon qui s'en dédit : la savoureuse *cinta* siennoise, à la viande si maigre et si sèche.

À voir

Antiquarium di Poggio Civitate : *piazza della Cattedrale, 4. ☎ 0577-81-40-99. • museisenesi.org • Avr-oct, tlj sf lun et jeu 10h30-13h30, 15h-19h ; nov-mars, ven-dim 10h-13h, 15h-18h. Entrée : 5 € ; réduc. Audioguide en anglais : 2 €.* Un petit musée moderne et bien conçu, qui présente le résultat des fouilles effectuées dans la zone de Poggio Civitate. Celles-ci furent déterminantes pour la recherche sur la civilisation étrusque, notamment pour témoigner du côté franchement orientalisant de leur culture. Les collections, qui rassemblent d'intéressants fragments d'architecture, des statuettes votives et de la poterie, sont complétées par des trousseaux funéraires provenant des tombes de Poggio Aguzzo (650-600 av. J.-C.). Notez le raffinement des bronzes et surtout le rigolo petit buste d'homme (VIe s av. J.-C.) portant un chapeau de cow-boy et une barbiche de pharaon (pour info, dans l'Égypte antique, la barbe postiche, symbole de puissance, que le pharaon portait à l'occasion des cérémonies, était censée affirmer son affiliation divine).

ABBAZIA DI SAN GALGANO

Au sud-ouest de Sienne par la route 223. Avr-oct, tlj 9h-19h (20h dim juil-août) ; hors saison, tlj 9h-17h30. Entrée : 2 € ; réduc. Dépliant en français.

Il ne reste plus de l'abbaye cistercienne fondée en 1201 que la salle du chapitre, quelques maigres fragments du cloître, et les murs de son imposante église. Prospère et puissante au XIIIe s, elle entame son déclin quand la peste noire « débarque » à Gênes en 1348. En 1474, les moines quittent les lieux pour Sienne, laissant l'abbaye à l'abandon. Pillée à de nombreuses reprises au cours des siècles qui suivent, son toit finira par s'effondrer en 1786. Désormais au centre d'une exploitation agricole, elle dresse ses pans de mur orphelins vers le bleu du ciel pour le plus grand plaisir des photographes.
Isolée sur la petite colline jouxtant l'abbaye, à 500 m à peine, la *chapelle San Galgano* *(mêmes horaires ; GRATUIT)* mérite également une visite pour son histoire insolite. Cette petite église cylindrique fut bâtie à l'endroit où le chevalier Galgano vécut en ermite au XIIe s. Il est connu dans toute la Toscane pour avoir planté son épée dans la roche en signe de rédemption et de renoncement. Toujours en bonne place, on vient de loin pour l'admirer ! Sinon, intérieur épuré, surmonté d'une belle coupole, ainsi que quelques fresques très dégradées attribuées à Lorenzetti dans la chapelle attenante.

Où dormir ? Où manger à l'abbazia et dans les environs ?

Antico Tempio *(cooperativa agricola San Galgano)* ***:*** *loc.* ***Chiusdino.*** *☎ 0577-75-62-92. • info@sangalgano.it • Double env 65 € ; lit supplémentaire 10 €. Petit déj 10 €. Repas env 20 €.* En face de l'abbaye, c'est l'auberge de campagne sympa et multifonctions : d'un côté, le resto propose une cuisine traditionnelle copieuse et convenable, de l'autre, le bar est impeccable pour un *panino* sur le pouce préparé à la commande (à déguster sous les arbres en terrasse, un œil sur les ruines), et à l'étage, des chambres sobres et nickel qui font parfaitement l'affaire pour une étape. Très pratique.

Agricamping Le Fontanelle : *loc.* ***Fontanelle,*** *32, Iesa, 53015 Monticiano. ☎ 0577-75-81-03. 333-628-65-55. • info@lefontanelle.biz • lefontanelle.biz • À env 12 km de l'abbaye. De l'abbaye, prendre la S 73 jusqu'à Monticiano, puis à gauche la SP 32A en direction de la S 223 et suivre le fléchage (une petite route à droite avant Tocchi). Réception 8h-12h30, 15h-20h. Congés : fév. Forfait pour 2 env 19 €. CB refusées.* Un super camping perdu dans la campagne. Ici les emplacements se comptent sur les doigts des 2 mains (bon, disons aussi des 2 pieds). Douches solaires, toilettes recouvertes d'un petit cône de paille comme en Afrique, très propres. On plante sa tente sous les chênes. Belle salle commune avec la TV et des bouquins, ping-pong. Enfin un camping à taille humaine, où l'accueil francophone est sympa comme tout !

Agriturismo Podere Leccetro : *loc.* ***Tocchi,*** *53015 Monticiano. ☎ 0577-75-70-83. 347-760-96-93. • agriturismo@podereleccetro.it • podereleccetro.it • Entre Monticiano et San Lorenzo a Merse, prendre la route de Tocchi : la piste (courte) pour la maison est juste avt le village. Env 30 €/pers. CB refusées.* Vous aimez le miel ? Bienvenue chez des apiculteurs très sympathiques, écolos dans l'âme et passionnés par leurs chères ruches. Au cœur d'un pré environné de forêts, ils ont aménagé dans une ancienne grange 2 beaux appartements tout confort : celui à l'étage est adapté aux couples (cuisine, chambre et salle de bains nickel), tandis que celui du rez-de-chaussée est impeccable pour les familles (grande pièce à vivre avec cheminée, 2 chambres et salle de bains). Un point de chute très nature, propice aux grandes balades, aux soirées en terrasse... et à la découverte du petit monde des abeilles (démonstrations et explications à la clé pour qui le souhaite) !

LES CRETE SENESI

À quelques coups de volant au sud-est de la ville du *Palio,* c'est le vrai pays de la terre de Sienne. Un pays aux nuances de couleurs sans équivalent, pays de paysans, pays de paysages, tantôt écrasé de soleil, tantôt nappé de brume, où les cyprès érigés comme des cierges semblent attacher la terre au ciel. D'Asciano l'indolent à l'abbatiale de Monte Oliveto, ornée des fresques du truculent Sodoma, les Crete senesi sont un voyage au pays du beau.

Programmation des événements et infos sur • *cretesenesi.com* •

ASCIANO (53041) 7 000 hab.

Petit village tranquille, idéal pour une étape du midi. Épargné par le tourisme de masse, il recèle quelques beaux musées d'Art sacré et une ancienne collégiale, la basilique Sant'Agata, en l'honneur de la sainte martyre de Catane, en Sicile, dans laquelle on trouve une œuvre du Sodoma.

Adresse et info utiles

Ufficio turistico : *via delle Fonti. ☎ 0577-71-88-11. • info.asciano@libero.it • Avr-oct, tlj sf dim 10h30-13h (plus 16h-18h30 mar, ven, sam).* Une jeune équipe très sympa qui connaît la région sur le bout des doigts. Excellent accueil.

Où dormir ? Où manger à Asciano et dans les environs ?

Ristorante La Mencia : *corso Matteotti, 77-85. ☎ 0577-71-82-27. • info@lamencia.it • lamencia.it • Fermé lun. Congés : janv et nov. Pizzas env 6-8 €, sinon repas env 20-30 €.* Cadre agréable avec une grande terrasse dans un jardin bien aéré à l'arrière. Cuisine bien réalisée, surtout concernant les spécialités de pâtes (dont les très bonnes lasagnes et les *ravioli di ricotta e pomodoro fresco*) et les desserts. Également des pizzas, mais plus quelconques. La maison fait aussi de la vente à emporter dans une boutique attenante (bien pratique pour les randonneurs).

Il Canto del Sole B & B : *loc. Cuna, 53014* ***Monteroni d'Arbia*** *(c'est fléché juste avt Cuna). ☎ 0577-37-51-27. 📱 392-811-03-64. • info@ilcantodelsole.com • ilcantodelsole.com • Congés : janv-fév. Doubles 100-120 €, triples 120-150 € selon saison, avec petit déj. Table d'hôtes sur résa env 27 €.* Bel ensemble en pierre sèche sur une petite colline au milieu d'une plaine de blé. Au total, une dizaine de chambres tout confort, réparties entre la maison principale et une dépendance de plain-pied (ces dernières bénéficiant de terrasses). Côté déco, vieux meubles, tapis anciens : du charme donc, à l'image du salon cosy (billard) et de la grande salle à manger rustique. Une belle piscine, un barbecue, un lave-linge, un copieux petit déjeuner (sans heure limite pour le service !) et un accueil pro complètent cette adresse « spécial farniente » à 15 mn en voiture de Sienne.

À voir

Basilica Sant'Agata : *tlj 9h-19h (18h l'hiver).* Du XIIe s, elle offre un pittoresque chevet (élégant dôme à lanternon et haut clocher roman de pierre et de brique). À l'intérieur, une nef et un transept à absidioles. Et coiffant la voûte, une jolie coupole rythmée par les petites trompes d'angle superposées. Grand arc en plein cintre à l'entrée du chœur. Vestiges de fresques du XVIe s. Dans une lunette, ne pas manquer une œuvre du Sodoma, avec le style parfois... disons... très « novateur », voire « provocateur », caractérisant cet artiste qui ne se séparait jamais de ses deux blaireaux et de son corbeau : ici un christ portant un pagne très en dessous de la ceinture !

Palazzo Corboli – Museo archeologico e d'Arte sacra : *corso Matteotti, 122, à côté de l'église Sant'Agostino. ☎ 0577-71-95-24. • palazzocorboli@museisenesi.org • museisenesi.org • Avr-oct, tlj sf lun-mar 10h30-13h30, 15h-19h ; nov-mars, w-e slt 10h-13h, 15h-18h. Fermé 1er janv et 25 déc. Entrée : 5 € ; réduc. Billet combiné avec le museo Cassioli : 8 €.*
Superbe palais antique entièrement restauré, qui abrite une courte, mais remarquable, collection d'œuvres d'artistes siennois des XIVe et XVe s. L'ensemble est présenté dans de belles salles lumineuses, certaines ornées de fresques murales ou d'un plafond ouvragé. Scénographie très soignée.
– *Au 3e étage :* quelques éléments du Musée archéologique, fresques, céramiques et objets découverts sur les sites d'Asciano et de Castelnuovo Berardenga (nécropole del Poggione). En plus des urnes funéraires et des poteries bien préservées, notez la qualité des casques de parade des officiers du Ier s av. J.-C., qui figurent des visages.
– *Au 2e étage :* série de bronzes et un très beau *Kelebe* (cratère à colonnettes) étrusque du IVe s, presque intact.
– *Au 1er étage :* collection d'objets religieux (ostensoirs, chasubles...), superbe *Saint Michel terrassant le dragon* d'***Ambrogio Lorenzetti*** (XIVe s), tabernacle de ***Raffaele da Brescia*** (XIVe s) et crucifix en argent doré du Quattrocento. Voir encore une étonnante représentation de l'Adoration des bergers exécutée par ***Giovanni d'Ambrogio*** (début XIVe s) et un *Saint Sébastien* truffé de flèches de ***Pietro di Ruffolo***.
– D'autres salles renferment une précieuse collection d'objets de culte et de tableaux des XIVe et XVIIe s, dont ***Taddeo di Bartolo,*** Bernardino Mei. Notez l'expression désabusée des évangélistes et les joues fardées du Christ et de la Vierge sur le triptyque de ***Paolo di Giovanni Fei*** (XIVe s). Quelques belles sculptures en bois peint rappellent le style baroque portugais.
Un musée d'une étonnante richesse, presque insolite dans ce petit village populaire.

Museo Cassioli : *via Fiume, 8. ☎ 0577-71-72-33. • museocassioli@museisenesi.org • museisenesi.org • Mêmes horaires que le Palazzo Corboli. Entrée : 4 € ; réduc. Billet combiné avec le Palazzo Corboli : 8 €.* Sur deux niveaux, un musée qui regroupe essentiellement de la peinture de l'école siennoise du XIXe s. Il souligne l'importance de l'Académie des beaux-arts (fondée en 1816) dont est issue la majeure partie des artistes qui ont œuvré pendant tout le XIXe s, certains au début du XXe. Parmi eux, d'Angelo Visconti qui, après avoir remporté l'argent à l'Expo universelle de Paris en 1900, émigra au Brésil où il fut l'initiateur du style Liberty. Notons aussi Antoni Ridolfi, Cesare Maccari, Francesco Nenci et Luigi Mussini. Ce dernier ayant eu pour élève Amos Cassioli, lequel porta un grand intérêt au mouvement réaliste.

ABBAZIA DI MONTE OLIVETO MAGGIORE

Village de brique rouge resserré sur son éperon, *Chiusure* domine superbement l'abbaye et toute la région.

Adresse utile

Ufficio turistico di Crete senesi : *bureau à l'entrée du monastère. ☎ 0577-70-72-62. • terresiena.it • En principe, ouv avr-sept, tlj sf lun et dim ap-m 10h30-13h, 15h-18h.* Renseignements sur l'abbaye et la région des Crete senesi.

Où dormir ? Où manger ?

Foresteria Monastica : *☎ 0577-70-76-52. • foresteria@monteolivetomaggiore.it • Ouv 9h30-12h, 16h-18h pour les résas (tél) et le retrait des clés. Réserver longtemps à l'avance. Doubles env 50-60 €.* Hébergement ouvert à tous, proposant des chambres simples et sobres, avec ou sans salle de bains privée.

Ristorante La Torre : *☎ 0577-70-70-22. Juste à l'entrée du site. Tlj sf mar jusqu'au coucher du soleil. Menus 15-25 € ; repas env 25 €.* Étonnamment, ce restaurant ne profite pas de sa situation de monopole. Plats typiques toscans simples mais très convenables, notamment ceux du petit menu touristique, d'un bon rapport qualité-prix. Jolie terrasse ombragée. Propose également des *panini* à emporter (aire de pique-nique plus haut) ou à consommer côté bar. Service efficace et sympathique.

À voir

Abbazia di Monte Oliveto Maggiore : *à 2 km de* **Chiusure** *et à env 33 km de Sienne. ☎ 0577-70-76-11. • monteolivetomaggiore.it • Tlj 9h15-12h, 15h15-18h (17h l'hiver) ; dim 9h15-12h30. Visite guidée en français sur résa au ☎ 0577-71-85-67 (au moment des repas) ou via • eremitadellagrotta@hotmail.com • Entrée libre. Parking : 1 €/h. Tenue correcte exigée (épaules couvertes pour les femmes : des châles sont fournis). Pendant les messes, on peut visiter l'abbaye mais pas son église (il suffit toutefois de patienter un peu, car elles sont très courtes, sf celle de 11h le dim).*

Abbaye bénédictine fondée au début du XIVe s, isolée sur les flancs d'une colline profondément ravinée au milieu d'un bois de cyprès. L'accès au domaine se fait par une imposante tour crénelée, ornée de terres cuites vitrifiées d'Andrea Della Robbia et qui possède toujours son pont-levis. Puis on emprunte un chemin pavé qui dégringole sous les arbres jusqu'au complexe monastique, toujours en activité. Passé l'entrée, on pénètre directement dans le grand cloître, réalisé entre 1426 et 1443, avec les ***fresques de Signorelli et du Sodoma*** (Giovanni Antonio Bazzi) retraçant la vie de saint Benoît.

On a particulièrement aimé la fresque *Comment Florent envoie de mauvaises femmes au monastère*. Les deux groupes, d'un côté les moines en blanc, de l'autre les femmes sensuelles, expriment deux ambiances et deux dimensions diamétralement opposées. Saisissant. Noter la stupeur du moine au balcon, l'égarement du jeune moine derrière l'âne, l'indignation de saint Benoît.

En 1495, Signorelli en signa une dizaine, en particulier *Comment Dieu punit Florent.* Remarquer les expressions des moines, terrassés par la nouvelle du messager annonçant la mort de Florent. Dans *Comment Benoît reconnaît et accueille Totila,* observer les visages des soldats, la pugnacité de leurs attitudes, le dos nu de l'un d'entre eux... face à la paix monacale. Les œuvres de Signorelli se trouvent sur un seul mur (on reconnaît bien ses petits démons batifolant rageusement en arrière-plan). Le reste du cloître est décoré par le Sodoma, dont les fresques, datant de 1505 à 1508, suivent l'ordre chronologique de la vie de saint Benoît. Superbes, elles aussi. Elles fourmillent de détails, de personnages aux traits vraiment modernes. Notez l'influence de Donatello (son *David*) dans la posture très maniérée voire aguichante de certains de ses personnages.

Visitez ensuite les pittoresques absides et le campanile de l'église. À l'intérieur, chœur baroque du XVIIIe s avec coupole. Remarquables stalles et lutrin en marqueterie du début du XVIe s représentant des villes, paysages, animaux et exprimant la cité idéale. Visite également du réfectoire dominé par une *Cène* (et dont les tables sont dressées pour le prochain repas !), de la jolie sacristie avec pères abbés dans des médaillons très décorés, de la bibliothèque et de la pharmacie (beau comptoir et nombreux pots anciens). Enfin, ne pas manquer la collection de tableaux exposée dans la salle capitulaire.

LA PETITE RÉCRÉATION DES MOINES

Facétieux, le Sodoma plaisait beaucoup aux moines de Monte Oliveto. Un jour, pour leur faire plaisir, il entreprit de peindre une farandole de femmes entièrement nues, prenant soin de masquer son œuvre pendant toute l'exécution de son travail. On imagine leurs têtes quand il dévoila enfin sa fresque. L'abbé en chef ordonna qu'on la détruise sur-le-champ ! Mais plutôt que de lui obéir, ce qui l'aurait privé de quelques écus, le Sodoma, qui n'était point homme à se laisser faire, prit illico ses pinceaux et rhabilla les demoiselles !

Possibilité de visiter les ***caves*** datant du XIVe s, juste en contrebas du site ***(cantina** ouv en été, tlj 10h-13h, 14h30-18h30 ; en hiver, le w-e slt).* Vente directe de vin, huile et épeautre. La vinification ne se fait pas sur place mais à quelques kilomètres de l'abbatiale.

DANS LES ENVIRONS DE L'ABBAZIA DI MONTE OLIVETO MAGGIORE

SAN GIOVANNI D'ASSO *(53020)*

À une douzaine de kilomètres au sud d'Asciano, San Giovanni d'Asso abrite un important château avec de belles fenêtres gothiques géminées. Ce site fut d'abord habité par les Étrusques, puis, entre le XIIe et le XIVe s, les architectes siennois entreprirent d'y construire une forteresse. Une période pendant laquelle San Giovanni était le foyer de nombreuses familles nobles de Sienne, lesquelles y possédaient plusieurs fermes fortifiées. De tout temps, la ville a été réputée pour ses truffes et, à ce titre, elle organise encore chaque année en mars la fête de la Truffe noire et, en novembre, celle de la Truffe blanche. Côté visite, la chiesa San Pietro, des VIIIe et IXe s, et à 300 m de là, dans le bois de Ragnaia, un parcours ésotérique créé par le paysagiste américain Sheppard Craige.

MONTISI *(51010)*

De Pienza, prendre la route de Torrenieri et San Giovanni. Un petit village de trois fois rien perché sur une crête. Chaque année le dimanche le plus proche du 5 août s'y déroule pourtant une grande fête médiévale : ça guerroie, ça festoie, sur fond de chevaliers, de troubadours et de saltimbanques. Sinon, mis à part la grande foire à l'huile d'olive le week-end de la Toussaint, Montisi semble cultiver une douce somnolence comme parure à l'âpreté de ses vieux murs.

Où dormir ? Où manger ?

B & B Santa Caterina : *via Umberto I, 187 A. 347-010-78-85. • bb.santacaterina@hotmail.com • En contrebas du village, à deux pas*

SIENNE ET SES ENVIRONS

de l'aire de jeux pour enfants. Doubles 90-100 € selon taille et saison, avec petit déj. Terrasse gravillonnée sous les cannisses, petite piscine au fond du jardin. Dans la maison, une bâtisse moderne pimpante, une poignée de chambres colorées très bien tenues et confortables. Pas le charme d'un *agriturismo,* mais ça dépanne bien et l'accueil est sympa et dynamique.

Ristorante da Roberto : *via Umberto I, 3. ☎ 0577-84-51-59. • info@tavernamontisi.com • À l'entrée de Montisi en venant de Giovanni d'Asso. Fermé le jour où ça lui chante (téléphoner avt). Congés : de janv à mi-mars. Résa obligatoire. Plats env 12-20 €. Café ou digestif offert sur présentation de ce guide.* Dans une ancienne grange du XVIIIe s, au cadre rustique très agréable, ou en terrasse dans le jardin. Côté cuisine, les menus suivent les saisons, car Roberto est un passionné qui concocte de bons petits plats parfumés aux herbes aromatiques de son jardin, et surtout avec de très bons produits du terroir. Pas donné, mais la qualité est au rendez-vous.

BUONCONVENTO (53022)

C'est à Buonconvento que l'Arbia grossit l'Ombrone pour former le deuxième fleuve de Toscane. Capitale d'un ancien département français sous Napoléon (l'Ombrone justement), ce petit bourg agricole posé dans la plaine est cerné de banlieues modernes pas très glamour. Mais le centre ancien, avec ses remparts de cinéma et sa petite rue piétonne bordée de boutiques chic, est mignon comme tout et mérite le coup d'œil. Situé sur la ***via Francigena*** (la voie qui conduit les pèlerins de France jusqu'à Rome), il accueille les randonneurs depuis le haut Moyen Âge.

Où dormir ? Où manger ?

Ristorante Hotel Roma : *via Soccini, 14. ☎ 0577-80-60-21. Ouv tte l'année. Double 70 €, petit déj compris ; ½ pens 50 €/pers.* Depuis 1926, ce petit hôtel de famille à l'ancienne reçoit les pèlerins et les cyclistes qui viennent s'époumoner sur les chemins de la région (on assure même le transfert et la garde des vélos). Au programme, une quinzaine de chambres ultra-basiques mais propres. Le patron insiste pour la demi-pension. Tout ce qu'on peut dire, c'est que c'est copieux et que la cuisine sent bon.

Ristorante Mario : *via Soccini, 60. ☎ 0577-80-61-57. Tlj midi et soir sf sam. Repas env 20-25 €.* Une salle en long qui fleure bon les bonnes tablées entre amis, quelques tables dans la rue piétonne dès la saison des premières communions. Pour une cuisine du marché toute simple préparée avec les produits du terroir. Bonne sélection de vins. Accueil souriant.

À voir

Museo d'Arte sacra della Val d'Arbia : *via Soccini, 18. ☎ 0577-80-71-90. ♿ Avr-sept, mer-dim 10h30-13h30, 15h-19h ; pour les horaires d'hiver, téléphoner avt. Entrée : 5 € ; réduc.* Il ne manque pas de piquant, ce Palazzo Ricci, construit au XIXe s dans un joli petit style Liberty (le seul du coin d'ailleurs). Il abrite un intéressant musée d'Art sacré avec principalement de la peinture du Quattrocento, mais aussi quelques objets liturgiques, dont une belle collection de chasubles. Côté détrempe, la quasi-totalité des œuvres provient des églises et monastères de la région, ça permet de mesurer combien Sienne, à la différence de Florence, était, sinon opposée, à tout le moins plus conservatrice côté peinture au regard des idées de la Renaissance. Quelques très belles œuvres, notamment de Duccio et de Pietro Lorenzetti.

– En sortant, allez faire un petit tour au musée du Métayage, situé au pied des remparts, à l'extrémité de la via Soccini.

LE VAL D'ORCIA

Inscrites au Patrimoine mondial de l'humanité depuis 2004, célébrées par de nombreux artistes de l'école siennoise, les plaines agricoles du val d'Orcia furent réaménagées au cours des XIVe et XVe s, lors de l'annexion de Sienne au territoire de Florence. Elles reflètent à la perfection l'esthétisme Renaissance. On ne peut que vous recommander un séjour au milieu de cette beauté préservée, où il est interdit de construire. Sillonner les petites routes de campagne, voir surgir des animaux sauvages entre les vignes, se laisser porter par les doux reliefs et plonger son regard dans les gammes de couleurs des champs... Vous l'aurez compris, le val d'Orcia est un vrai coup de cœur !

PIENZA

(53026) 2 200 hab.

Adorable petite cité, ni tout à fait médiévale ni trop encore Renaissance. Belle parce que pensée, dessinée, et de ce fait... absolument parfaite. C'est peut-être pour cela que Franco Zeffirelli y tourna des scènes de son *Roméo et Juliette.* L'odeur du *pecorino,* ce fromage de brebis qui est la spécialité de Pienza, vous accompagnera tout au long de votre visite. Enfin, pas de voiture dans la vieille ville : un bonheur !

ET PIE VOILÀ...

Au XVe s, Eneas Silvius Piccolomini ne supportait pas d'être originaire d'un village sans renommée alors qu'il venait d'une noble famille siennoise en exil. Une fois devenu pape sous le nom de Pie II, il fit sortir de terre « sa » cité idéale en contraignant les cardinaux, dont il assurait la nomination, à construire à leur charge un palais à Pienza. Les Borgia, Ambrogio, Gonzaga s'exécutèrent, et le pape vit son caprice réalisé. Ne croyez pas qu'il y passa sa vie, il n'y séjourna que trois fois !

Arriver – Quitter

En bus

Arrêt des bus : *via San Gregorio, 8. À l'entrée de la ville, juste avt les carabinieri en venant de San Quirico d'Orcia.*

➢ Env 4 liaisons/j. avec ***Sienne*** (départ de la gare ferroviaire) et 8 pour ***Montepulciano.*** Attention, pas de liaisons dim. Horaires sur *• sienamobilita.it •*

Adresses utiles

L'Informaturista : *piazza Dante Alighieri, 18. ☎ 0578-74-83-59. • ufficioturisticodipienza.it • Juste avt l'entrée de la porte de la ville, à droite. Mars-nov et pdt les fêtes et festivités hors saison, tlj 9h30-13h, 15h-18h30 ; déc-fév, le w-e slt 10h-13h, 15h-18h.* Compétent et efficace.

Ufficio turistico : *dans le Palazzo Borgia, corso Rossellino, 30. ☎ 0578-74-99-05. • info.turismo@comune.pienza.si.it • À côté du Duomo.*

De mi-mars à fin oct, tlj sf mar 10h30-13h30, 14h30-18h ; en hiver, slt le w-e 10h30-16h30 (tlj pour les vac scol de Noël). Accueil aimable.

Où dormir ?

Oliviera Camere : *via Condotti, 4 b. 338-952-04-59 (Nello). • oliviera@nautilus-mp.com • nautilus-mp.com/tuscany/affitti/oliviera • Fermé l'ap-m. Double env 50 € ; pas de petit déj. CB refusées.* Le charme n'est pas son fort, mais cette petite adresse est en plein cœur de la ville et pas chère. Une demi-douzaine de chambres propres et bien fraîches, sans prétention. Location de vélos possible. Accueil charmant de M. Ciacci.

Il Giardino Segreto : *via Condotti, 13. ☎ 0578-74-85-39. • giardino-segreto@libero.it • ilgiardinosegretopienza.it • Ouv slt sur résa l'hiver. Doubles 60-75 €, avec petit déj ; apparts 2-4 pers 80-125 €. Réduc de 10 % pour un séjour de 3 nuits min sur présentation de ce guide.* En retrait de l'animation, une poignée de chambres et d'appartements confortables et bien agencés. Beaucoup de charme et décoration soignée. *Il Giardino*, comme son nom l'indique, possède un jardin fleuri caché derrière de hauts murs, très agréable pour prendre son petit déj. Le meilleur rapport qualité-prix de la ville.

Affittacamere del Corso : *corso Rossellino, 99. ☎ 0578-74-85-50. • info@santafrancesca.it • affittacameredelcorso.it • Doubles 60-75 €, sans petit déj.* À l'étage d'une maison sur la rue principale, 3 chambres à l'ancienne dans la pure tradition toscane. Convenables, même si les salles de bains ne sont pas toutes jeunes. Une cuisinette à dispo des hôtes. Accueil sympathique.

Antica Locanda Pienza : *corso Rossellino, 72. 338-494-26-28. • lanticalocanda@hotmail.com • anticalocandapienza.it • Doubles 70-85 €, avec petit déj.* L'escalier est raide, mais les chambres les plus hautes profitent d'une vue spectaculaire sur les environs. Ça compense ! Les autres donnent sur la rue pittoresque, et toutes sont joliment meublées et confortables. Bien pratique, certaines disposent même d'une cuisine (prévoir environ 20 € en sus). Pas mal de bons points donc, sauf pour le petit déj à faire soi-même, vraiment chiche. Accueil sympathique.

La Città Ideale Suites : *piazza San Carlo, 4. 366-931-10-51. • info@cittaidealesuites.com • cittaidealesuites.com • Ouv tte l'année. Double 120 €, avec petit déj.* Un petit escalier bien raide dessert 3 grandes suites de 40 m² pour 2 à 4 personnes (celle mansardée, avec sa petite terrasse, nous a bien plu). Climatisées (ou chauffées en hiver), elles vous en mettront plein la vue, avec leurs voilages organdi, leurs livres et leur sol en tomettes. C'est le charme de la vieille pierre et le confort au rendez-vous. Le petit déj est à préparer soi-même ou à prendre au café du coin. Bon accueil.

Il Chiostro di Pienza : *corso Rossellino, 26. ☎ 0578-74-81-29. • info@relaisilchiostrodipienza.com • relaisilchiostrodipienza.com • Juste à côté de la chiesa San Francesco. Congés : de début janv à mi-mars. Résa indispensable. Doubles env 100-200 € selon confort, avec petit déj. Parking payant.* Au cœur de la ville, dans un couvent du XVe s. Après avoir traversé un superbe cloître où l'on a disposé des fauteuils à l'ombre des arcades, on découvre un jardin irrésistible avec piscine surplombant le val d'Orcia. Du charme et de la classe ! On peut venir y prendre un verre. Chambres nettement moins grandioses, mais tout de même décorées avec goût et confortables. Bon accueil.

Hotel Corsignano : *via della Madonnina, 11. ☎ 0578-74-85-01. • info@hotelcorsignano.it • hotelcorsignano.it • À l'entrée de Pienza en venant de San Quirico. Congés : nov-fév. Doubles 80-130 € selon saison, avec petit déj. Réduc de 10 % sur présentation de ce guide.* Hôtel moderne et élégant d'une trentaine de chambres joliment agencées (sur l'arrière, certaines disposent de balcons donnant sur la vallée). Le plus, c'est la terrasse au 1er étage, avec transats et 2 jacuzzis pour se relaxer entre deux balades. Accueil vraiment sympathique. Un bon rapport qualité-prix.

Où manger ? Où boire un verre ? Où déguster une glace ?

Pummaro : *via del Giglio, 4. ☎ 0578-74-85-68. Dans une ruelle donnant sur la rue principale. Tlj 10h-22h. Pizzas entières env 5-7 €, env 2-3 € à la part.* Petit local pimpant bien pratique pour attraper au vol une part de pizza juste sortie du four, à moins d'en préférer une entière, préparée alors à la commande. C'est bon, frais, servi rapidement, et il y a même quelques tabourets hauts et un comptoir pour manger sur le pouce.

Osteria Sette di Vino : *piazza di Spagna, 1. ☎ 0578-74-90-92. Sur une petite place du centre de Pienza. Ouv tlj. Congés : 3 sem en juil et nov. Repas env 20 €. Un verre de grappa offert sur présentation de ce guide.* Décor mignon et belle terrasse fleurie sur la placette. Plats du jour simples et en-cas : grandes salades, assiettes de charcuterie et fromages, *bruschette, crostini,* spécialités toscanes, le tout arrosé d'un bon vin local. Accueil vraiment sympa.

Latte de Luna : *via San Carlo. ☎ 0578-74-86-06. Tt près d'une des portes de la ville, à l'embranchement du corso Rossellino et de la via S. Carlo. Fermé mar. Congés : juil. Repas env 20-25 €.* Une adresse simple et conviviale qui propose une cuisine du terroir généreuse (goûter aux tagliatelles aux truffes). Aux beaux jours, on déploie dans la rue une agréable terrasse, mais toujours prise d'assaut (venir tôt).

Trattoria La Chiocciola : *via Mario Mencattelli, 2. ☎ 0578-74-86-83. Fermé mer. Repas env 20-25 €.* Juste en dehors de la vieille ville, une petite adresse familiale très appréciée des locaux pour sa bonne cuisine traditionnelle. Oubliez donc les pizzas, ce n'est vraiment pas leur truc, mais goûtez les *pici* maison au *pecorino.* Simple et délicieux. Salle au cadre rustique très kitsch, ou terrasse agréable.

Caffè della Volpe : *via Case Nuove, 7. 347-404-34-50. Fermé mer. Congés : nov-janv. Plats et en-cas env 7-10 €. Café offert sur présentation de ce guide.* Ce petit bar-épicerie-pâtisserie sans prétention est l'endroit idéal pour commencer la journée avec un bon café accompagné de sa viennoiserie, ou encore pour grignoter un morceau le midi en terrasse (du genre salades et *crostini*)...

Gelateria Toscana : *via Enzo Mangia Vacchi, 3. Tlj 13h-minuit.* À l'extérieur des remparts, à 50 m de la porte principale.

Où dormir ? Où manger dans les environs ?

Agriturismo Sant' Anna in Camprena : *à 6 km au nord de Pienza, direction Castelmuzio. ☎ 0578-74-80-37. 338-407-92-84. • info@camprena.it • camprena.it • Congés : nov-mars. Doubles 80-100 € selon confort, avec petit déj (résa 3 nuits min) ; également triples et quadruples, et 3 apparts à la sem. Dîner sur résa 25-30 € tt compris.* Imaginez une belle abbaye bénédictine du XVe s isolée sur une colline dominant la campagne. Les bâtiments conventuels, organisés autour d'un cloître et d'un jardin élégant (terrasse avec vue géniale sur les environs), ont été réaménagés pour transformer les cellules des moines en une vingtaine de chambres très sobres (certaines avec salle de bains sur le palier, mais privées), ainsi que quelques appartements. Sérénité assurée. D'ailleurs, il n'y a ni TV ni piscine, on est là pour se ressourcer ! La table d'hôtes propose des recettes campagnardes à base de produits bio provenant du potager, le tout servi avec le vin de la maison dans une salle sous l'arbre généalogique de la famille Piccolomini. Dans le réfectoire, superbes fresques du Sodoma *(accès 16h-18h).* Un lieu insolite, qui a servi de décor à une partie du film *Le Patient anglais,* et qui organise chaque année un ***festival de Musique classique*** de qualité (fin juil-début août). Accueil très sympa et dynamique d'Ornella.

Agriturismo Terrapille : *podere Terrapille, 80. ☎ 0578-74-91-46. 338-920-44-70. • agriturismo terrapille@gmail.com • terrapille.it • À env 1,5 km au sud de Pienza (panneau à droite à l'entrée d'une piste). Congés : 10-25 janv et 10-25 nov. Double 115 €, petit déj 10 € ; apparts 2-5 pers 140-250 €/j., ½ pens possible.* Situation exceptionnelle pour cette adresse isolée sur une colline dominant des champs tout en dénivelées et arrondis, avec Pienza en toile de fond. Avec 3 chambres et 3 appartements cosy et joliment arrangés, elle s'inscrit dans une déco toscano-toscane répondant aux canons des vacances « les doigts de pieds en éventail ». D'ailleurs, l'accueil de Lucia ainsi que les bonnes odeurs qui s'échappent de la cuisine vous mettront tout de suite dans l'ambiance. Qu'attendez-vous pour piquer une tête dans la piscine ?

La Casa di Adelina : *piazza San Martino, 3, à* ***Monticchiello.*** *☎ 0578-75-51-67. 333-930-25-20. • info@lacasadiadelina.it • lacasadiadelina.com • Congés : janv-fév. Doubles 85-95 € selon saison, avec petit déj ; apparts 95-120 € pour 2-4 pers. Possibilité de ½ pens 27 €/pers en plus.* Au cœur du petit village de Monticchiello, une excellente adresse pour une halte avant de sillonner la région. Les chambres, toutes différentes (certaines plus classiques, d'autres carrément design), sont impeccables et cosy, et ont accès à un grand salon convivial agrémenté de tableaux peints par les propriétaires. Également un appartement tout confort à deux pas. Accueil charmant de Francesco. Vous le trouverez dans la boutique d'aquarelle à côté, si personne ne vous répond.

La Porta : *via del Piano, 3, à* ***Monticchiello.*** *☎ 0578-75-51-63. • rist.laporta@libero.it • Juste à côté de la porte de la ville. Tlj mai-oct (hors saison, mieux vaut téléphoner). Congés : de mi-janv à mi-fév. Résa impérative. Menu déj 23 € ; carte 35 €.* Des prix un poil plus élevés que la moyenne, mais c'est un incontournable dans le secteur : goûtez donc ces *bruschette,* ces pâtes, ces viandes... vous ne regretterez rien ! Les portions restent sages, mais les saveurs savent prendre votre palais. Très bons vins, y compris celui de la maison. La jolie petite salle rustique en mezzanine et la terrasse avec vue (pour ceux qui auront la chance d'être assis près de la rambarde) sont vite prises d'assaut par les gourmets. Pour digérer, partez donc à la découverte de Monticchiello !

À voir. À faire

Duomo : *tlj 8h30-13h, 14h30-19h.* Cette cathédrale, réalisée entre 1459 et 1462 par la volonté de Pie II (ses armes figurent au fronton), présente une façade Renaissance projetée par Alberti. À l'intérieur, trois nefs de même hauteur, avec au fond de belles stalles marquetées et un lutrin délicatement ouvragé. Voir également une remarquable série de *Vierge à l'Enfant* : Giovanni di Paolo, Sani di Pietro, Matteo di Giovanni... Seul Lorenzo di Pietro, dit « il Vecchietta », change de sujet avec son *Assomption* (à côté des stalles).

Palazzo Piccolomini : *à droite du Duomo. ☎ 0577-28-63-00. • palazzopiccolominipienza.it • Visite guidée slt (apparts, jardin suspendu et sa belle loggia) : tlj sf lun 10h-18h30 (16h30 de mi-oct à mi-mars). Visite accompagnée ttes les 30 mn (audioguides en français). Fermé de début janv à mi-fév et 15 j. en nov. Entrée : 7 € ; réduc.* Construite entre 1460 et 1464, c'était la résidence

d'été du pape. Diplomate, cartographe, poète, Pie II était d'une curiosité sans égal... En outre, son penchant pour la chose le poussera à publier l'*Histoire des deux amants,* une longue lettre qui, en faisant clairement l'apologie de l'amour charnel, constitua un véritable best-seller au XVe s, puisqu'elle fut traduite à l'époque dans la plupart des langues européennes. Mis à part ça, Pie II accomplit de nombreux voyages diplomatiques en Écosse pour tenter de convaincre Jacques Ier de s'allier aux Français contre les Anglais. En 1461, il canonise sainte Catherine avant de déclarer la guerre aux Turcs 2 ans plus tard, pour finalement s'éteindre en 1465.
Son palais est également une œuvre de Bernardo Rossellino. Habité jusqu'en 1962 par les héritiers de Pie II, il abrite, dans les salles donnant sur la très belle cour intérieure, des sections historiques sur les Piccolomini et des expositions temporaires. L'étage, accessible uniquement dans le cadre de visites accompagnées (la description se faisant via audioguide), permet de découvrir les appartements meublés d'époque (bibliothèque, salle de musique, chambre de Pie II...), une intéressante collection d'objets d'art et une salle d'armes, la seule du genre dans la province de Sienne. Magnifique jardin qui surplombe le val d'Orcia.

Museo diocesano : *dans le Palazzo Borgia, corso Rossellino, 30. ☎ 0578-74-99-05. • museisenesi.org • ♿ Mêmes horaires que l'Ufficio turistico. Entrée : 4,50 € ; réduc.* Belle collection agréablement présentée située dans l'actuel palais épiscopal. Entre autres : une *Vierge à l'Enfant* de ***Pietro Lorenzetti*** (XIVe s), un magnifique triptyque de Vecchietta présentant la *Vierge à l'Enfant entourée des saints,* et une *Vierge de la Miséricorde* de ***Luca Signorelli.*** Dans un autre registre, on verra également la Piviale (chasuble) de Pie II, des bijoux du XVe s, des tapisseries flamandes du XVe s exposées dans la pénombre pour les préserver, et des sculptures sur bois de ***Domenico di Niccolò dei Cori,*** qui dirigea les travaux de la cathédrale de Sienne entre 1413 et 1423.

À voir dans les environs

Monticchiello : *à 10 km de Pienza.* On le voit de loin, ce charmant village médiéval perché sur son promontoire. Passé la porte fortifiée, on découvre le maillage classique de ruelles pavées, parfois couvertes, rayonnant autour de l'église. Superbes vues sur les alentours, notamment depuis la terrasse du ***bar Guardiola*** *(• barlaguardiola.it •)* situé juste à l'extérieur des remparts. Impeccable pour une pause en cours de balade, ou le soir pour un cocktail au coucher du soleil.

SAN QUIRICO D'ORCIA (53027) 2 500 hab.

Charmant village dont le centre ancien (bien séparé de la zone urbanisée qui l'encercle) possède encore des vestiges de remparts et une quinzaine de tours (pour certaines, intégrées dans d'autres constructions). On s'y arrête pour sa très belle collégiale et pour flâner dans les vieilles ruelles à la recherche de quelques détails d'architecture. Le coucher de soleil sur la ville et la campagne alentour mérite à lui seul le détour...

Arriver – Quitter

➢ ***En bus :*** avec la compagnie Tiemme *(• sienamobilita.it •).* Le bus no 112 parcourt la route de ***Sienne*** (correspondances pour Florence) à ***Montepulciano*** env 4-5 fois/j., s'arrêtant en route à San Quirico d'Orcia et Pienza.

Adresse et info utiles

🛈 ***Informazione e Accoglienza turistica :*** *piazza Chigi, 2. ☎ 0577-89-97-28. • comunesanquirico.it • parcodellavaldorcia.com • comunesanquirico.it • Juil-sept, tlj sf mer 10h-13h, 15h30-18h30 ; mars-juin et oct, ven-dim slt. Horaires restreints en hiver (fermé janv-fév).*

– ***Marché :*** *via Dante Alighieri. Les 2ᵉ et 4ᵉ mar du mois 9h-13h.*

Où dormir ?

De bon marché à chic

Il Giardino Segreto : *via Dante Alighieri, 62. ☎ 0577-89-76-65. 📱 339-778-58-30. • ilgiardinosegreto@alice.it • giardinosegreto.info • Réception 14h-21h30. Doubles env 70-85 € selon saison, avec petit déj. CB refusées.* En plein centre historique, une adresse insolite qui ne manque pas de charme, avec 6 chambres colorées aux noms de fleurs. Délicatesse et parfum sont les atouts majeurs de ces petits nids douillets aménagés comme des bonbonnières, avec force bibelots, voilages et dorures, galons, dentelles et brocards. À la saison, vous avez même droit à une rose. Une bonne adresse.

Azienda agrituristica biologica La Moiana : *strada di Ripa d'Orcia, 20. ☎ 0577-89-73-95. 📱 347-763-59-29. • pivafabio@yahoo.it • agriturismolamoiana.com • À env 7 km du centre. Prendre la via G. Garibaldi en direction de Ripa d'Orcia et poursuivre env 6 km sur une bonne piste carrossable. Congés : 2ᵈᵉ quinzaine de janv. Double 65 € ; petit déj 5 €. Dîner sur résa 20 €. Dégustation des produits de la ferme sur présentation de ce guide.* Une exploitation vinicole et agricole bio, perdue au milieu des champs d'oliviers. Les appartements sont répartis entre la dépendance de la maison principale (le « Cerretello », au-dessus du chais) et une ferme indépendante située 1 km plus haut. Chambres confortables, à la déco rustique, soignée et pleine de cachet avec leurs beaux meubles de famille. Pour les tourtereaux, un nid douillet très mignon et sans cuisine (certes, apprendre qu'il s'agit de l'ancienne porcherie casse un peu le romantisme !). Et pour la détente, une belle piscine et quelques jeux pour les enfants. Excellent accueil de Fabio, de sa femme et de sa belle-mère, Fosca, qui servent une bonne cuisine régionale dans une salle à manger joliment décorée. Une de nos adresses préférées dans la région.

Relais Palazzo del Capitano : *via Poliziano, 18. ☎ 0577-89-90-28. • info@palazzodelcapitano.com • palazzodelcapitano.com • Derrière le Palazzo Chigi. Doubles 120-210 €, suites 210-280 €, avec petit déj. Parking payant.* Une magnifique demeure du XVᵉ s totalisant une bonne vingtaine de chambres et suites superbes, toutes différentes, meublées d'ancien et même d'un lit à baldaquin pour certaines. Pour ne rien gâcher, un très beau jardin avec différents recoins et un jacuzzi, impeccable pour le farniente ou le petit déj. Une adresse de charme. Les proprios possèdent également le restaurant *Al Vecchio Forno* (voir « Où manger ? Où déguster une bonne glace ? »).

Où manger ? Où déguster une bonne glace ?

La Torre : *via G. Garibaldi, 33. ☎ 0577-89-75-20. À l'extérieur de la vieille ville, à côté de la COOP. Plats env 5-8 €.* La situation est un peu décalée, hors les murs et au pied d'un immeuble moderne, mais c'est la vraie adresse locale : tout le monde rapplique ici pour les bons plats de pâtes hyper copieux, les plats du jour bien fichus, ou les grandes salades et les *antipasti* à prix anti-crise. Ambiance populaire sympa et pas compliquée. Et tant pis si le cadre neutre manque de fantaisie (il y a tout de même une

LE VAL D'ORCIA

terrasse pas si mal) ! Accueil souriant.

Al Vecchio Forno : *via Piazzola, 8. ☎ 0577-89-73-80. • info@palazzodelcapitano.com • Petite ruelle montant le long de l'église San Francesco (dans le centre ancien). Tlj. Repas complet env 25-30 €.* Un cadre chaleureux à l'ancienne, de brique et de pierre, et une belle terrasse au calme. Le plat du jour est à l'affiche midi et soir, on a même droit à des truffes noires servies « nature » en été. Hmm ! Pour le reste, les classiques toscans préparés dans les règles : *fiorentina, pappardelle al ragù,* lapin au thym... En dessert, craquez pour la *sfoglia con crema di mascarpone e fragole...* Waouh ! qu'c'est bon !

Gelateria Golosi di Gelato : *via Dante Alighieri, 18 A. Avr-oct, tlj 11h30 (18h mer)-23h30.* Petite *gelateria artigianale* qui sert une excellente glace à la pistache malgré son aspect très clair, mais aussi des glaces à la bière et au safran.

À voir

Collegiata : harmonieuse construction du XIIIe s en pierre de travertin, prenant le soir des reflets blonds. Clocher en poivrière du XVIIIe s. Trois remarquables portails, dont un de style roman attribué à Giovanni Pisano particulièrement séduisant. Fines colonnes posées sur des lions rongés par les siècles. Sur le linteau, deux crocodiles ont une prise de bec. Sur le côté, un des porches présente un superbe encadrement de statues, s'appuyant là aussi sur des lions. Sans doute également de Giovanni Pisano. Dernier porche plus classique avec chapiteaux en feuilles d'acanthe. À l'intérieur, plafond en chevrons et chœur baroque. Ne pas manquer, dans le transept gauche, le splendide polyptyque de Sano di Pietro du XVe s. Il fut peint pour l'église même. Stalles marquetées.

Commencez votre visite par le ***Palazzo Chigi*** : à côté de la *Collegiata,* imposant édifice construit pour le cardinal Chigi (quel goût modeste !) au XVIIe s. Puis la via Poliziano (qui part derrière le Palazzo Chigi) conduit à la ***porta Cappuccini,*** ancienne porte fortifiée de forme décagonale, datant du XIe s. Revenez sur vos pas pour emprunter la ***via Dante Alighieri,*** qui traverse le centre de part en part, vous y verrez de nombreux édifices intéressants. Au no 29, une demeure médiévale avec porte des morts murée. Au no 33, une autre jolie maison gothique. De là, poussez jusqu'à la ***piazza della Libertà,*** autre entrée de la ville, où se dresse la ***chiesa San Francesco*** (ravissant clocher, alliance de brique et de travertin) et, surtout, les ***Horti Leonini*** *(ouv 8h-20h),* jardins à l'italienne datant de 1580. Parterres de buis d'une géométrie parfaite. En continuant la rue principale, on parvient à la petite ***église*** romane ***Santa Maria Assunta*** (frise florale et monstre grignotant un humain). En face, entrée de l'***ancien hôpital della Scala,*** dont il subsiste un très vieux puits et une petite loggia à colonnettes.

MONTALCINO

(53024) 5 100 hab.

Encore un de ces adorables bourgs médiévaux juchés sur une colline formant une imposante forteresse. Sa ceinture de remparts, ses six portes et une grande partie de ses tours sont dans un remarquable état de conservation. Est-ce un hasard si la ville fut la principale place forte de la république siennoise et soutint victorieusement de 1526 à 1559 les sièges de l'antipape Clément VII, de Charles Quint et Cosme Ier de Médicis ? En 1559, Montalcino perd définitivement son indépendance par le traité du Cateau-Cambrésis.

La région est réputée mondialement pour ses vins, notamment le célèbre *brunello di Montalcino,* un rouge au fort potentiel de garde considéré comme l'un des meilleurs vins d'Italie. De fait, l'une des principales raisons de venir à Montalcino : ses *enoteche !* Mais compte tenu des tarifs élevés du *brunello,* l'atmosphère des dégustations donne dans le chic.

Arriver – Quitter

En bus

Départs et arrivées piazza Cavour.

➢ Nombreuses liaisons tlj sf dim pour **Buonconvento** et **Sienne.** À Torrenieri, correspondance pour **San Quirico** et **Montepulciano.** Renseignements : *• sienamobilita.it •*

En train

Se prend à Buonconvento (pour **Sienne** et **Grosseto**). Renseignements : *• fsitaliane.it •*

Adresse et info utiles

Pro Loco Montalcino : *costa del Municipio, 1 ; dans le Palazzo comunale. ☎ 0577-84-93-31. • proloco montalcino.com • Tlj (sf lun nov-mars) 10h-13h, 14h-17h50.* Donne la liste des chambres d'hôtes.

– **Marché :** *ven 7h-13h, sur le viale della Libertà.*

Où dormir ? Où manger ?
Où déguster une glace ? Où boire un verre ?

Albergo Giardino : *piazza Cavour, 4. ☎ 0577-84-82-57. • info@albergoilgiar dino.it • albergoilgiardino.it • De la forteresse, descendre tte la rue principale. Doubles 55-60 € ; pas de petit déj. CB refusées. 10 % de réduc (sf août-sept) sur présentation de ce guide.* Hôtel à l'ancienne en retrait du centre historique, comportant une dizaine de chambres sans clim (et dont le chauffage est à minima l'hiver !). Sans grand charme et un peu daté (un petit rafraîchissement serait le bienvenu), mais bien tenu et correct pour le prix. De quoi contenter les voyageurs de passage. Bon accueil de Mario et de son fils Roberto.

Palazzina Cesira : *via Soccorso Saloni, 2. ☎ 0577-84-60-55. • cesira@ montalcinoitaly.com • montalcinoitaly. com • Congés : 15 nov-15 mars (ouv pour Noël). Double 105 €, suite 125 €, avec petit déj inclus (2 nuits min). CB refusées. Parking.* Une belle façade colorée dissimule un véritable petit palais datant de 1275. Vaste et élégant salon donnant sur une salle à manger lumineuse pour prendre le petit déj. Une poignée de chambres impeccables et douillettes, très confortables (toutes avec bains, TV et clim), plus une suite « princière » avec meubles anciens et superbe plafond orné de fresques d'époque. L'ensemble possède beaucoup de classe, d'autant que l'accueil de Lucilla, dans un français parfait, vous augure un séjour agréable. Une adresse de charme, à l'atmosphère à la fois chic et décontractée.

Osteria di Porta Al Cassero : *via Ricasoli, 32, ou viale della Libertà, 9. ☎ 0577-84-71-96. Tlj sf mer. Congés : janv et nov. Résa conseillée. Repas env 25 €.* Une petite adresse comme on les aime : une cuisine locale typique, simple, fraîche et goûteuse, servie avec beaucoup de gentillesse. La carte reste modeste, on y trouve la spécialité de la maison, la *scottiglia di cinghiale,* servie avec des haricots rouges, le tout cuit à l'étouffée. Ce plat qui tient au corps date du Moyen Âge. Autrement, bonne carte des vins pour tous les budgets. Les salles sont à l'image de la cuisine : sans chichis et chaleureuses. Terrasse aux beaux jours. Ambiance familiale.

Il Grifo : *via Mazzini, 18. ☎ 0577-84-70-70. • info@ilgrifo.com • Pizzas env 6-8 €. Tlj.* Une adresse très touristique, dont la petite salle en longueur est prise d'assaut en saison. On y vient pour ses pizzas. Pas les meilleures d'Italie, mais pas mal du tout et à prix corrects. Bien pour manger pas cher à Montalcino.

Pasticceria Mariuccia : *piazza del Popolo, 29. ☎ 0577-84-93-19. Tlj 8h-20h.* On est d'abord attiré par l'odeur alléchante qui emplit la rue. On découvre ensuite une petite pâtisserie traditionnelle qui propose toute une variété de gâteaux et petits-fours. Entre autres délices : *dandi* (au chocolat, à la noisette et à l'écorce d'orange), *brutti ma buoni* (aux noisettes), *pane di Mariuccia* (aux amandes), *cantucci* à tremper dans le *vin santo*. Une halte gourmande qu'on vous recommande *calorosamente* !

Why Not ? : *costa Garibaldi, 7. 348-672-68-67. Tlj 8h-minuit.* Effectivement, pourquoi ne pas se laisser tenter par les glaces artisanales de la maison ? Préparées avec de bons ingrédients, elles sont vraiment excellentes, dans un style épais et crémeux à se damner. Quelques tables en terrasse donnant sur la piazza Garibaldi.

Fiaschetteria Italiana : *piazza del Popolo, 6. ☎ 0577-84-90-43.* Un café style Art nouveau ouvert depuis 1888 : lustres, moulures, tout y est. Incontournable sur la place. Au passage, jetez un coup d'œil à l'antique percolateur, une vraie pièce de collection.

À voir

Museo di Montalcino, raccolta archeologica, medievale, moderna : *via Ricasoli, 31. ☎ 0577-84-60-14. Tlj sf lun 10h-13h, 14h-17h50 (17h40 en hiver). Entrée : 4,50 € ; réduc. Billet cumulable avec la forteresse : 6 €.* Ce beau musée aménagé dans l'ancien couvent des Augustins renferme une riche collection d'art religieux. Du gothique tardif ***(Sano di Pietro, les frères Lorenzetti)*** aux œuvres maniéristes et de la Contre-Réforme en passant par la Renaissance – avec notamment ***Marco Pino,*** formé très jeune par Beccafumi –, on en prend plein les mirettes ! Notons également les terres cuites vitrifiées des ***Della Robbia,*** les sculptures en bois polychrome de ***Giovanni Pisano*** (l'un des maîtres d'œuvre de la cathédrale de Sienne) et une notable collection de ***bibles enluminées*** et antiphonaires des XIIe et XIIIe s. Bien sûr, à cela s'ajoute une section archéologique de la période étrusco-romaine.

Fortezza : *☎ 0577-84-92-11. • enotecalafortezza.com • Tlj 9h-19h30 (dernière entrée) ; jusqu'à env 17h30 hors saison. GRATUIT pour la cour et la terrasse. Visite des tours et des remparts : 4 € ; réduc ; gratuit moins de 6 ans. Billet cumulable avec le museo di Montalcino : 6 €.* Belle vue sur la ville et la campagne environnante depuis les chemins de ronde, ou tout simplement depuis la terrasse à l'arrière de la forteresse. Possibilité de faire ses achats et de casser la croûte en dégustant de très bons vins à l'*enoteca La Fortezza* : grappa, *brunello,* salami, fromages, miel, etc. Accueil sympa et de bon conseil.

LE VAL D'ORCIA

Un peu d'œnotourisme

Fattoria dei Barbi : *loc. **Podernovi.** ☎ 0577-84-11-11. • fattoriadeibarbi.it • À 4 km env de Montalcino, sur la route vers l'abbazia di Sant'Antimo. Visite des caves (env 20 mn) lun-ven à 12h et 15h : 5 €, avec dégustation. Sinon, dégustation et vente directe à l'enoteca tlj 10h (14h w-e)-18h.* On vous explique tout sur ce grand domaine de 90 ha fondé en 1790 (le 2e plus ancien de Montalcino) et sur la fabrication du *brunello* : récolte, maturation (5 ans). Et après l'effort, le réconfort, dégustation à l'appui. L'occasion de goûter trois différents *brunello* (excellent *riserva,* puissant, élégant et persistant), mais aussi les rouges plus simples produits par la maison, comme le *Morellino* et le bon *rosso di Montalcino* (vieilli 6 mois en fûts de chêne). Accueil très sympa.

Manifestations

– ***Festival Jazz & Wine :*** *env 10 j. entre la 1re et la 2de quinzaine de juil. • prolocomontalcino.com •* Des concerts de jazz disséminés dans les salles des *contrade* de la ville.

– **Fête de l'Ouverture de la chasse :** *le 2e dim d'août.* Avec défilé en costumes du XIVe s.
– **Fête de la Grive** *(il Tordo)* **:** *le dernier w-e d'oct.* Un concours de tir à l'arc et, surtout, l'occasion de goûter à la gastronomie locale, notamment les grives rôties au *brunello,* les *pici* (gros spaghettis creux), les charcuteries, etc.

DANS LES ENVIRONS DE MONTALCINO

Museo della Comunità di Montalcino e del Brunello : *loc.* **Podernovi.** *☎ 0577-84-95-46. • museobrunello.it • À 4 km env de Montalcino, sur la route vers l'abbazia di Sant'Antimo (panneau à gauche). Tlj sf dim 10h-13h, 14h30-18h. Entrée : 5 € ; réduc.* Le vin est fait par les hommes, qui transcendent la nature en y apportant leur âme et leur savoir-faire spécifique. C'est le propos du musée, dont les premières sections s'intéressent à la culture et à l'histoire de la communauté de Montalcino (les métiers, les associations, les fêtes traditionnelles, le quotidien...), les suivantes au territoire, et les dernières au *brunello*. Où l'on apprend que cette star a décroché la DOCG en 1980, et que ce sont désormais 240 vignerons qui se partagent un territoire de plus de 2 000 ha. Collection d'étiquettes, de bouteilles, et évocation de la création de la première coopérative. Intéressant.

Abbazia di Sant'Antimo : *à 9 km au sud de Montalcino, au pied de* **Castelnuovo dell'Abate.** *☎ 0577-83-56-59. Pour s'y rendre, bus de Montalcino lun-ven à 13h45 et 14h45 ; ils vous déposent au carrefour, ensuite 5 mn de marche. Retour à 16h50. Pas d'A/R possible le w-e. Visite lun-ven 10h30-12h30, 15h-18h30 ; w-e et j. fériés 9h15-10h45, 15h-18h. Messe avec chants grégoriens assurés par la communauté de chanoines à différentes heures de la journée. L'église et ttes les fonctions liturgiques sont ouv à ts. Entrée libre.*
Intime, presque délicate, c'est l'une des plus émouvantes abbayes de Toscane, dans un environnement de carte postale. Elle aurait été fondée par Charlemagne à la fin du VIIIe s ou et début du IXe s, et est devenue au XIe s un des grands lieux de pèlerinage (la via Francigena est toute proche). Quant à l'église, elle fut construite au XIIe s. Architecture romano-cistercienne (proche de celle de Cluny). Très élégant chevet à absidioles, flanqué d'une tour carrée. Amusez-vous à en faire le tour et à noter les détails insolites : dans l'appareillage de pierre, vous découvrirez de curieuses sculptures. Près du porche d'entrée, un chapiteau avec deux bêtes à tête commune. Ravissante frise de modillons autour de l'abside (têtes humaines ou d'animaux, entrelacs). Sur le côté, portail du IXe s aux motifs géométriques. Sur le flanc droit, belle porte ornée de motifs floraux, entrelacs, dragons ailés et blason de l'archevêque.
À l'intérieur, grand vaisseau d'une harmonieuse ampleur coiffé d'une charpente en chevrons. Toute la rigoureuse solennité de l'architecture cistercienne. Une pierre qui, avec le soleil, prend des tons roses ou dorés suivant l'heure. Remarquable travail des chapiteaux. Remarquez celui de la deuxième colonne sur la droite, qui représente Daniel dans la fosse aux lions. À droite, la vierge de Sant'Antimo, en bois, date du XIIIe s. Autour de l'autel, déambulatoire et absidioles décorées de colonnettes d'une belle sobriété, et délicats chapiteaux historiés. Quelques vestiges de fresques dans la crypte.

BAGNO VIGNONI (53020)

Station thermale connue depuis l'époque étrusco-romaine, à environ 5 km de San Quirico. Réputée pour ses eaux sulfurées qu'appréciaient sainte Catherine de Sienne, Pie II ou encore Laurent le Magnifique. Pendant le Moyen Âge,

Bagno Vignoni constituait un point de rafraîchissement pour les pèlerins de la Francigena. Dans le centre, voir le grand bassin Renaissance rendu célèbre par le cinéaste Tarkovski dans *Nostalghia,* où l'eau jaillit à 52 °C. Au soleil couchant (ou levant), la pierre des maisons alentour prend des tons dorés. Évidemment, possibilité de profiter des eaux miraculeuses.

Adresses utiles

Ufficio turistico : *stada di Bagni Vignoni. 333-447-32-52. • turismo-bagnovignoni@comune.sanquiricodorcia.si.it • Juil, ouv slt mer et ven-dim 10h30-12h30 ; août, tlj sf jeu 10h-13h, 16h-19h ; sept, tlj sf mar et jeu 10h-13h, 15h-18h. Horaires restreints en oct-nov. Fermé le reste de l'année.* Compétent et accueillant.

Les thermes : *dans le bourg, à l'hôtel* Marcucci. *0577-88-71-12. Tlj sf jeu : avr-sept, 9h30-13h, 14h-18h ; oct-mars, 10h-17h. Entrée : 15 €/pers la journée.* Pour faire trempette sans casser sa tirelire. Bonnet de bain obligatoire.

Où dormir ? Où manger ?

Albergo Le Terme : *piazza delle Sorgenti, 13 ; au centre du village. 0577-88-71-50. • info@albergoleterme.it • albergoleterme.it • Congés : 2de quinzaine de déc. Doubles à partir de 170 €, prix variable selon type de chambre et période, avec petit déj compris. Possibilité de ½ pens 30 €/pers en plus.* De l'extérieur, plutôt austère, on ne devine pas la qualité des prestations. Car cet hôtel a rénové ses chambres dans un style moderne agréable, et s'est doté d'une terrasse (avec gazon !) sur le toit et d'un très beau spa *(ouv jusqu'à minuit ven-dim !).* Bar, resto, et aux beaux jours, des tables disposées dans un jardin soigné. Un vrai cocon.

B & B Locanda del Loggiato : *piazza del Moretto, 30. 335-430-427. • locanda@loggiato.it • loggiato.it • Doubles 90-180 € selon saison, avec petit déj.* Au centre du village, une vénérable demeure du XIVe s superbement restaurée en ayant préservé des éléments anciens, comme le pavement en *terra cotta* et les poutres de chêne, pour offrir 8 adorables chambres romantiques tout confort. Idéal pour les amoureux, d'autant que le soir on éclaire à la bougie les escaliers et le séduisant salon en commun où trône un piano à queue. Le petit déj se prend dans le petit resto-bar à vins juste à côté. Accueil sympathique et serviable.

La Bottega di Cacio : *piazza del Moretto, 31. 0577-88-74-77. • info@labottegadicacio.it • Tlj sf mar (tlj en pleine saison) 11h-19h (21h en été). Congés : janv. Repas 10 €.* Petite épicerie et bar à vins à la déco traditionnelle. Une jolie petite salle style *enoteca,* mais on peut aussi manger dans le jardin, sous les frênes, ou en terrasse sur la placette. Dans l'entrée, fromages et salaisons attendent la commande. 2 options s'offrent à vous : une belle assiette à composer soi-même et payée au poids, ou de savoureux *panini* préparés à la demande. Vente de produits à emporter (vin, huile, miel, *pecorino*...).

Osteria del Leone : *via dei Mulini, 3. 0577-88-73-00. Un peu en retrait du bassin. Tlj sf lun 12h-14h30, 19h30-22h. Congés : janv. Repas 30-35 €. Apéritif maison offert sur présentation de ce guide.* La cuisine est authentique et soignée, avec des spécialités comme la *fiorentina* ou les gnocchis au safran et à la ricotta. Salle élégante et romantique, petites bougies sur les tables. Jardinet en été. Service agréable. Une belle adresse chic.

Agriturismo Le Querciole : *loc.* **Vignoni,** *53027 San Quirico d'Orcia (au-dessus de Bagno Vignoni, prendre la piste qui part au niveau de l'office de tourisme, c'est indiqué). 0577-88-72-09. 339-645-76-71 (Cristina). • aziendalequerciole@tiscali.it • agriturismolequerciole.net • Double 60 €,* *avec petit déj (copieux). CB refusées.* Coiffant le sommet d'un promontoire et semblant prêt à s'envoler, un ensemble de vieilles pierres attenant à une exploitation vinicole. D'ailleurs, on vous offre une bouteille dès votre arrivée ! Quant aux chambres, elles sont rustiques, possédant tantôt leur propre cuisine, tantôt se la partageant (on préfère l'appart du rez-de-chaussée, plus indépendant, avec sa petite tonnelle). La déco est campagnarde, l'épaisseur des murs gardera vos nuits fraîches tout en vous épargnant les ronflements du voisin. Sinon, Cristina et ses beaux-parents sont aux petits soins pour leurs hôtes, et le vin est bon.

DANS LES ENVIRONS DE BAGNO VIGNONI

🏛 ***Castiglione d'Orcia :*** vieux bourg construit sur un éperon. Dans l'église paroissiale fortifiée, peintures de Pietro Lorenzetti.

🏛 À 4 km de Bagno Vignoni, le ***borgo di Vignoni*** est lui aussi perché sur un éperon rocheux et domine l'ensemble de la vallée. Balade sympa vers l'ancien château et la vieille église romane. On peut y monter en voiture, mais, attention, la côte est raide ! De là-haut, la vue sur la vallée d'Orcia est superbe.

LE VAL DI CHIANA

Voie de communication naturelle entre Sienne et Arezzo, le val di Chiana a changé plusieurs fois de morphologie au cours des siècles. Il fut d'abord une terre fertile, citée par de nombreuses sources antiques en tant que « grenier d'abondance ». Mais l'inversion du cours de la rivière Chiana le transforma en marais. Divers experts se penchèrent sur le problème, ils allèrent jusqu'à consulter... Léonard de Vinci ! Si grand génie et précurseur qu'il fût, il fallut attendre la seconde moitié du XIXᵉ s pour achever l'assèchement des marais et restituer au val di Chiana sa splendeur passée. De fait, la vallée est découpée comme un jeu d'échecs par la succession de champs de tabac, de blé, de maïs ; par les oliveraies et les vignobles, les pâturages de bovins, de moutons et de chèvres. Une telle région agricole et viticole attire les gourmets nomades, les amateurs de vin en quête du fameux *nobile di Montepulciano,* tandis que les carnivores accourent ventre à terre pour dévorer la célébrissime *fiorentina.*

MONTEPULCIANO (53045) 14 500 hab.

Montepulciano semble perchée sur la crête d'un dinosaure dont on imagine la tête et les membres enfouis dans la terre fertile du val di Chiana. Cette particularité géomorphologique en bastion fit d'elle l'enjeu de nombreuses batailles entre Sienne et Florence pendant tout le Moyen Âge. Finalement, ce point stratégique tombera définitivement dans le giron florentin en 1511. Outre l'incontournable *vino nobile,* qui ravira tous les palais amateurs de nectars charpentés au fort bouquet de fruits rouges, cette ville évidemment très touristique est célèbre pour ses constructions Renaissance. Le seul bémol, c'est que les rues sont terriblement pentues ! Heureusement, la campagne alentour recèle de bonnes petites adresses dans des villages plats comme des galettes, où la *passeggiata* ne ressemble pas à l'ascension de l'Himalaya comme ici !

Arriver – Quitter

➢ ***En voiture :*** la vieille ville est strictement interdite à la circulation. Pour stationner, le plus pratique est de se garer *via dei Filosofi,* sur le grand parking en terre qui surplombe le *tempio di San Biagio.* C'est gratuit. Sinon, en cherchant un peu, on trouve pas mal d'emplacements au marquage blanc (les bleus sont payants) en contrebas de la ville, par exemple *viale Maggio* ou *via delle Lettere.* Reste plus qu'à partir à l'ascension de la ville. Autre solution pour celles et ceux qui ont des difficultés à marcher, se garer sur l'un des nombreux parkings payants situés aux environs de la *via Sangallo* (à proximité de l'office de tourisme). De là, un minibus part ttes les 20 à 30 mn 8h-20h (19h hors saison) pour la piazza Grande (1,10 €).

➢ ***En bus :*** *via delle Lettere (de l'office de tourisme, traverser le jardin public, puis descendre les escaliers qui débouchent via delle Lettere).* De là, plusieurs bus pour la gare ferroviaire de Montepulciano (à 8 km du centre). Également des bus pour Chiusi (plus pratique pour prendre le train, car la gare est mieux desservie) et, vers l'ouest, pour Pienza, San Quirico d'Orcia, Torrenieri (correspondance pour Montalcino) et Sienne. Ts les horaires sur ● *sienamobilita.it* ●

➢ ***En train :*** *la gare est à 8 km du centre ; prendre le bus pour y aller (voir ci-dessus).* Une dizaine de trains pour Rome (changement à Chiusi), Florence (avec changement à Sienne ou à Chiusi) et Sienne.

Adresses et info utiles

ℹ ***Pro Loco :*** *piazza Don Minzoni, 1.* ☎ *0578-75-73-41.* ● *prolocomontepulciano.it* ● *Avr-sept, tlj sf dim ap-m 9h30-12h30, 15h-19h ; en hiver, tlj sf dim 10h-12h, 15h-18h.* 💻 *(payant).* Quelques brochures et plan de la ville.

ℹ ***Strada del Vino Nobile :*** *piazza Grande, 7 (face à la fontaine Renaissance).* ☎ *0578-71-74-84.* ● *stradavinonobile.it* ● *Lun-ven 10h-13h, 15h-18h ; sam 10h-13h. Fermé dim.* Infos sur la route des vins uniquement. Organise des visites de domaines et des dégustations.

– ***Bravio delle Botti :*** *le dernier dim d'août.* Les 8 quartiers de la ville s'affrontent en faisant rouler de lourds tonneaux dans les rues en pente de la ville.

Où dormir ?

Rien de franchement très routard ici, les hébergements sont chers car Montepulciano est très prisée. Optez plutôt pour la campagne. Néanmoins, voici quelques belles adresses pour celles et ceux qui en ont les moyens.

🏠 ***Camere Bellavista :*** *via Ricci, 25.* 📱 *347-823-23-14 ou 338-229-19-64.* ● *info@camerebellavista.it* ● *camerebellavista.it* ● *À côté de la chiesa San Francesco. Double env 80 €, 100 € pour celle avec balcon. CB refusées. Parking.* 📶 En haut de la vieille ville, une dizaine de chambres fraîches et bien carrelées dotées de salles de bains impeccables. Mais l'intérêt ici, c'est la vue. Pour la plupart des chambres, dès qu'on ouvre la fenêtre, c'est toute la campagne qui entre en fanfare dans la pièce. L'une d'entre elles dispose même d'une formidable terrasse panoramique : romantique à souhait ! Bon accueil.

🏠 ***Albergo La Terrazza :*** *via Pie al Sasso, 16.* ☎ *0578-75-74-40.* ● *albergoterrazza@libero.it* ● *laterrazzadimontepulciano.com* ● *En contrebas de la cathédrale ; face au Duomo, descendre la via del Teatro à gauche, puis à gauche tte dans la via di Cagnano. Double 90 €, avec petit déj. Parking.* 📶 Ici, l'accueil, c'est quelque chose : Roberto et sa fille reçoivent leurs hôtes comme des amis ! On est tout de suite à l'aise, d'autant que les jolies chambres sont impeccables et tout confort (avec chromothérapie dans les douches pour certaines : effet disco garanti !), et que le petit déj est servi sur une belle terrasse ombragée. Le tout au cœur de l'action... mais au calme. Impeccable !

Meublè Il Riccio : *via Talosa, 21. ☎ 0578-75-77-13. • info@ilriccio.net • ilriccio.net • À deux pas de la piazza Grande et du Duomo. Ouv tte l'année. Doubles env 100-180 € selon confort ; petit déj 8 €. Parking.* Il ne faut pas avoir son porte-monnaie en peau de hérisson pour loger dans cet ancien petit palais médiéval. Très classe, avec son salon où trône un beau gramophone, il offre de séduisantes chambres à géométrie et confort variables, d'où les prix. Rien ne manque : salle de bains, clim, frigo-bar, et même un salon sur une mezzanine pour la suite. Certaines disposent par ailleurs d'un magnifique panorama sur le val di Chiana depuis leur balcon privé. Tons frais, bel ameublement, accueil très sympa (en français). Une adresse de charme qui ne manque pas de piquant.

Où manger ? Où boire un verre ? Où déguster une bonne glace ?

On serait tenté de dire pas ici ! Les restos, qui la plupart du temps sont chers, sont pris d'assaut par les voyageurs affamés. C'est vrai qu'à descendre et monter sans arrêt, on consomme des calories ! Alors embauchez un capitaine de soirée et allez dîner à la campagne !

Osteria Acquacheta : *via del Teatro, 22. ☎ 0578-71-70-86. Fermé mar. Congés : de mi-janv à mi-mars. Résa impérative. Repas 20-25 € (sans la boisson).* Vieilles tables en bois et pierres apparentes où les convives mangent à touche-touche pareils à une allée bordée de cyprès. Pour dîner, c'est jardin anglais à 19h30, plutôt à la française ou à l'italienne à 21h15 (c'est mieux, on peut traîner). Dans un cas comme dans l'autre, on parle fort, et l'atmosphère est conviviale et chaleureuse. Sinon, la cuisine est au fond, ouverte au regard de tous. *Cucina casalinga* (de la maison), bon petit vin du patron, toutes les pâtes que vous souhaitez, à la sauce que vous désirez, et viande au poids. La bonne adresse sympa de la ville.

Caffè Poliziano : *via di Voltaia nel Corso, 27. ☎ 0578-75-86-15. • caffepoliziano@libero.it • Tlj 7h-minuit (ferme avt si personne). Plats du jour env 8-10 €, sinon env 10-16 €.* Fondé en 1868, c'est l'un des plus anciens cafés de Montepulciano ; en tout cas, avec ses vieux airs de brasserie ou de café viennois, il détonne. Atmosphère chic et rétro, avec une belle déco Art nouveau. Fréquenté en son temps par Pirandello, Giulietta Masina et Fellini. Superbe vue sur le val di Chiana depuis le balcon, malheureusement minuscule et archi-prisé. Pâtisseries, en-cas et vins au verre. Service de restauration permanent avec une carte plus élaborée le soir *(sf dim et j. fériés).* Une adresse éminemment touristique.

Osteria Porta di Bacco : *via di Graciano nel Corso, 102-108. ☎ 0578-75-79-48. Juste à l'entrée de la vieille ville. Tlj 12h-22h en saison ; ouv slt w-e en hiver. Compter env 20-25 € ; menu 18 €, mais les portions sont un peu chiches.* Plus touristique, ce n'est pas possible ! Cela dit, les petites salles aux murs blancs et poutres au plafond sont plaisantes. On y sert des *bruschette* et *crostini misti* tout à fait convenables, ainsi qu'un bel assortiment de charcuterie. Côté vin, c'est tout du cru et servi au verre.

Où dormir ? Où manger dans les proches environs ?

La Falconara : *via delle Badelle, 3. ☎ 0578-75-72-30. 333-581-21-96. • info@lafalconara.it • lafalconara.it • De Montepulciano, prendre la*

LE VAL DI CHIANA

via dell'Antica Chiusina en direction d'Acquaviva, puis à l'embranchement pour Cervognano, prendre à droite, c'est fléché. Congés : dernière sem d'août. Résa fortement conseillée à l'avance. Apparts pour 2-4 pers env 80-120 €/nuit selon saison et durée (min 5 nuits l'été et 2 nuits hors saison). Perché sur une douce colline avec une vue à 360°, un agrotourisme où l'hospitalité n'est pas un vain mot. Alex et Ingrid sont vraiment aux petits soins pour leurs hôtes, et proposent 3 appartements joliment meublés et bien agencés avec tout ce qu'il faut pour se sentir bien. Du produit vaisselle biodégradable à l'énergie solaire, tout a été pensé pour limiter l'impact sur l'environnement. Pas de clim en revanche, mais les murs sont épais. Sinon, Alex, qui s'exprime parfaitement en français, est une mine d'infos sur tout ce que la région offre aux vacanciers avides de parfaire leur culture générale. Reste plus qu'à déboucher un petit blanc sec ou le rosé de sa production sur le bord de la piscine pour l'écouter raconter ses histoires...

Tenuta Sant'Agnese : *via dell'Antica Chiusina, 17,* ***Podere San Giuseppe,*** *53045 Montepulciano. ☎ 0578-71-67-16. 348-605-65-05. • agriturismo@tenutasantagnese.com • tenutasantagnese.com • De Montepulciano, prendre la via dell'Antica Chiusina en direction d'Acquaviva, puis à droite direction Cervognano, c'est à 300 m à gauche. Congés : 2 sem en janv. Env 45-55 €/pers la nuitée (2 nuits min).* Le domaine *Sant'Agnese,* dont la maison principale est située à 1 km sur la route principale en direction de Montepulciano, dispose de plusieurs fermes rénovées qu'elle loue aux touristes. La « Podere San Giuseppe » nous a bien plu, typiquement toscane et isolée en pleine campagne avec pour seul horizon la vigne. Elle renferme 5 appartements simples et agréables, très bien équipés. 4 sont situés au rez-de-chaussée (certains communiquent, idéal pour les familles) et 1 à l'étage. Les espaces sont conviviaux, hauts sous plafond et très lumineux. Bref, on se sent bien. Reste plus qu'à enfiler son maillot de bain pour faire trempette dans la piscine. Un bon plan vacances.

Agriturismo Il Sasso : *via dell'Antica Chiusina, 8,* ***Podere San Giuseppe,*** *53045 Montepulciano. ☎ 0578-76-74-29. 339-241-33-81. • info@agriturismoilsasso.toscana.it • agriturismoilsasso.toscana.it • De Montepulciano, prendre direction Acquaviva sur 2-3 km, c'est à droite dans un virage à gauche. Ouv tte l'année. Résa conseillée. Double env 50 €, apparts 2-6 pers env 60-120 € selon saison. Loc 1 sem min juil-août.* À 5 mn en voiture du centre de Montepulciano, cette vieille demeure de pierre sèche plantée dans les oliviers en bordure de route (heureusement très peu passante la nuit) propose 4 appartements bien frais. Répartis en rez-de-jardin tout autour de la maison (préférez celui qui ouvre sur la piscine), ils sont fort bien équipés (chambres agréables, pièces à vivre avec kitchenette, salles de bains) et donnent sur de nombreux petits recoins pour bouquiner.

La Botte Piena : *piazza D. Cinugli, 12, 53049* ***Montefollonico,*** *Torrita di Siena (à 15 mn en voiture de Montepulciano). ☎ 0577-66-94-81. Congés : 2 sem en juil. Tlj sf mer-jeu midi. Résa impérative en hte saison. Repas env 25 € (sans la boisson).* En salle, noyé dans les bouteilles au son d'une petite musique jazzy, ou en terrasse en été, entouré de vieilles pierres au cri de la pipistrelle. Une adresse où l'on sait de quoi on parle, notamment question vin : visez la carte, elle est épaisse comme un antiphonaire ! En cuisine, Elena et Sandra assurent le duo, et c'est bio. Tous les plats du coin y passent, relevés de cette petite touche originale qui fait leur marque de fabrique. *Bruschette* à tout ce qu'on veut, *pici* à la chapelure et au romarin, saucisse aux haricots... Faites glisser le tout avec un *rosso* du pays, c'est déjà les vacances. Des adresses comme ça, on en redemande !

À voir

Petit topo sur la ville

Une longue rue part de la *porta al Prato* pour se hisser jusqu'à la *piazza Grande.* Elle définit l'épine dorsale d'un système plus ou moins linéaire et pentu à partir duquel ruelles et traboules convergent perpendiculairement. Tombée dans l'escarcelle de Florence en 1511, promue diocèse un demi-siècle plus tard, Montepulciano, qui constituait un point stratégique à la croisée des chemins du val di Chiana (axe nord-sud) et du val d'Orcia vers le Trasimeno (axe ouest-est), connut deux périodes d'enrichissement. La première date du Cinquecento et s'inscrit dans le désir des familles nobles de témoigner de leur adhésion au courant de la Renaissance. Adoptant le style quasi académique imposé par l'édification du *Tempio di San Biagio* par Antonio da Sangallo l'Ancien, la noblesse s'entoure des meilleurs artisans et les met à l'ouvrage : et une corniche par-ci, et un blason par-là, une petite coupole, un chapiteau, une colonne...
Son deuxième enrichissement architectural se situe au tournant du XVIIe et du XVIIIe s. Nous sommes en plein baroque tardif, ça se tortille dans tous les sens, ça brille de mille feux. Un homme est dans la place : le célébrissime ***Fra Andrea Pozzo.*** Le maître incontesté de la perspective œuvre à la construction de la chiesa del Gesù, on lui attribue également la salle de bal du Palazzo Contucci (ainsi que les fresques en trompe l'œil des caves de la même maison), plus certains éléments de déco intérieure des églises Santa Chiara et du Duomo...

👣👣 ***Piazza Grande :*** belle homogénéité architecturale. Elle a conservé intact tout son charme et fait beaucoup penser à un décor de théâtre. On y trouve le Duomo, de style Renaissance tardive, mais dont il manque le revêtement extérieur prévu initialement en marbre (la crise, sans doute...). Il fut livré en 1630, l'année où Galilée reçut la tonsure. À l'intérieur, ça décoiffe, avec un autel en terre cuite vitrifiée d'Andrea Della Robbia et, au maître-autel, un triptyque monumental de Taddeo di Bartolo. En face, le Palazzo comunale, œuvre de l'architecte Michelozzo, ainsi que deux palais dont le massif *Tarugi* de 1510, à côté d'un élégant puits Renaissance attribué à Antonio Sangallo l'Ancien, au sommet duquel on peut voir deux lions encadrant le blason des Médicis.

👣 ***Palazzo comunale :*** *tlj 10h-13h, 14h-18h. Fermé nov-mars. Entrée : env 2,50 € pour la terrasse, 5 € pour la terrasse et la tour ; gratuit moins de 10 ans.* Palais gothique du XIVe s, qui fait penser, par sa tour et son architecture, au Palazzo Vecchio de Florence. Il ne se visite pas, sauf pour accéder à la terrasse (mais la vue est décevante), ou au sommet de la tour (vue formidable à 360°, mais ce n'est pas donné).

👣👣 ***Museo civico e pinacoteca Crociani :*** *via Ricci, 10. ☎ 0578-71-73-00. Mar-dim 10h-13h, 15h-18h (août et j. fériés, mar-dim 10h-19h). Entrée : 5 € ; réduc.* Un musée intéressant, notamment pour sa belle collection étrusque qui occupe les sous-sols : vases, urnes funéraires, objets en bronze, et, plus surprenant, une porte en pierre complète, avec battant, linteau et montants. Dans les étages, nombreuses peintures de maîtres du XIIIe au XVIIIe s, dont Jacopo di Mino del Pelliciaio (beau retable), Sano di Pietro, Luca Signorelli, le Sodoma (la Sainte Famille) ainsi que des terres cuites émaillées d'Andrea Della Robbia.

👣👣 Les ***vie Ricci*** et ***di Poggiolo*** descendent devant le Palazzo comunale. Elles alignent de nombreuses et très belles demeures, églises, palais (pierre et brique mélangées, portes sculptées). Les façades rapiécées de toutes parts témoignent des édifices qui se sont succédé. On devine d'anciennes portes ; des arcs aujourd'hui aveugles évoquent d'anciens passages. Au nº 1 ***piazza San Francesco,*** superbe portail avec statue dans une niche surmontée d'une couronne. ***Piazza Santa Lucia,*** jolie église éponyme, avec façade de style baroque (1653) dont on remarquera l'encadrement du portail avec ses colonnes ioniques et sa tenture de pierre où pendent, de chaque côté, des grosses boucles d'oreilles de fruits exotiques. À l'intérieur, une *Vierge à l'Enfant* de Luca Signorelli, l'élève de Piero della Francesca. Piazza Michelozzo (avant la via Gracciano), la ***chiesa Sant'Agostino,*** avec pilastres et une lunette ornée d'un bas-relief représentant une *Vierge à l'Enfant* et *Saint Jean-Baptiste et saint Augustin.* Délicates sculptures Renaissance. De l'autre côté de la rue, tour médiévale avec carillon. Plus loin, via Gracciano, les ***logge del Mercato*** du XVIe s avec arcades. Au n° 91, le ***Palazzo degli Avignonesi*** de style Renaissance tardive, avec, juste devant, une colonne supportant le célèbre *Marzocco,* le lion florentin qui prit la place de la louve siennoise en 1511 quand Montepulciano tomba dans le giron de la capitale toscane. Tout en bas, la ***porta al Prato*** (entrée nord de la ville) par laquelle vous êtes entré si vous avez commencé la visite par l'office de tourisme.

🎙 En remontant, la ***via Voltaia nel Corso*** propose aussi son lot de beaux palais. Notamment, au n° 21, le ***Palazzo Cervini,*** puis le ***Palazzo Gagnoni-Grugni.*** Plus loin, la ***chiesa del Gesù,*** de Fra Andrea Pozzo, dans un style baroque.

🎙 Enfin, retour vers la piazza Grande. Ne pas manquer la visite au ***Palazzo Contucci*** du XVIe s, réalisé par Antonio da Sangallo l'Ancien. Sobre et à l'élégante façade. Sur le côté, accès à la ***cave*** de vente des vins de Montepulciano, dont le fameux *vino nobile.* Les caves, datant du XIIIe s, sont sous le palais même. *Rens : ☎ 0578-75-70-06.*

🎙🎙 ***Tempio di San Biagio :*** *à l'extérieur de la ville, en limite de la campagne. À 1,5 km. Sortir par la porta dei Grassi. On y accède par une belle allée de cyprès.* L'un des sommets de l'art Renaissance, construite à partir de 1518. Il devait y avoir deux tours, mais l'architecte, Antonio da Sangallo l'Ancien, mourut avant d'avoir livré son chantier. Les trois ordres grecs se superposent. Belle pierre de travertin poreuse qui prend une couleur miel au soleil. Volume d'une très grande ampleur. Elle fut peut-être inspirée de la célèbre Saint-Pierre du Vatican, à laquelle œuvra le neveu de l'architecte, Antonio da Sangallo le Jeune, alors disciple de Bramante. Remarquable acoustique. Beau maître-autel et buffet d'orgue en marbre marqueté. Au passage, ne manquez pas de saluer la *Madonna del buon viaggio,* située derrière l'autel.

CHIUSI (53043) 8 600 hab.

Attesté depuis l'âge du fer, le site de Chiusi fut l'un des centres étrusques les plus actifs, comme en témoignent l'importance et la qualité des sépultures retrouvées à proximité de la ville. L'historien grec Hérodote affirmait qu'elle fut fondée par Cluso, le fils de Thyrrénien, alors que ce dernier conduisait les Lydiens jusqu'en Toscane. Les Romains eurent tôt fait de reprendre ce site stratégique à leur compte en le rebaptisant Clusium, pour faire de lui une étape importante sur la *via Cassia,* la voie romaine qui reliait Rome à Florence. Au Moyen Âge, Chiusi fut un puissant diocèse, même si une bonne partie de la population fut contrainte d'émigrer en raison des marigots insalubres porteurs de maladies qui gagnaient du terrain aux alentours. Aujourd'hui, Chiusi n'est plus qu'une petite cité endormie, et s'il n'y avait pas ces musées emplis de trésors et la cité souterraine, on passerait sans doute son chemin...

Arriver – Quitter

➢ ***En bus :*** *à Chiusi-scalo (en bas), à côté de la gare ferroviaire. ☎ 0578-21-120. Tlj 6h-20h.* Env 15 bus/j. pour Montepulciano et autant pour Città della Pieve, mais attention, aucun le dim. Horaires sur • *sienamobilita.it* •

ou • *lfi.it* • Si vous logez à Chiusi-Città (en haut), départ du bus pour Montepulciano via Casa Aurelia (au niveau du parking). De la gare ferroviaire, le bus local qui monte dans la ville haute s'arrête piazza Garibaldi (au commencement de la via Porsenna).

➢ ***En train :*** *la gare est à Chiusi-scalo (en bas).* C'est la mieux desservie du coin, nombreuses liaisons pour Florence, Sienne et Rome ; pour y aller de Chiusi-Scalo (en haut), prendre le bus piazza Garibaldi. Horaires sur • *fsitaliane.it* •

Adresse utile

ℹ ***Ufficio turistico :*** *via Porsenna, 79.* ☎ *0578-22-76-67.* • *prolocochiusi.it* • *Avr-sept, lun-sam 9h-13h, 15h-17h (18h juil-août), dim 9h-13h ; oct-mars, tlj sf lun 9h30-12h30.* Accueil très sympathique.

Où dormir ?

Casa per Ferie ex Collegio Paolozzi : *via Arunte, 25.* ☎ *0578-20-530.* • *turismo@clanis.it* • *paolozzihouse.com* • *Dans la vieille ville. Doubles 40-45 € ; lit en dortoir 15-18 € selon capacité ; pas de petit déj.* Cette antique résidence des comtes de Chiusi, devenue un genre d'auberge de jeunesse propre et fonctionnelle, est impeccable pour les petits budgets. Volumineuses, toutes les chambres (de 2 à 5 lits) disposent de leur propre salle de bains. Au 2e étage, les « matrimoniales » sont bien tranquilles. Une cuisine commune permet de préparer sa tambouille. De la terrasse, super panorama sur la vallée. Un bon plan.

B & B Casa Toscana : *via Baldetti, 37.* ☎ *0578-22-22-27.* • *info@bandbcasatoscana.it* • *bandbcasatoscana.it* • *En face de la chiesa San Francesco. Doubles 70-75 €, avec petit déj.* En plein centre, une poignée de chambres propres, mignonnes et de bon confort (clim). Petite terrasse à l'étage face à San Francesco. Impeccable pour une étape.

Où manger ?

La Solita Zuppa : *via Porsenna, 21.* ☎ *0578-21-006.* • *info@lasolitazuppa.it* • *Fermé mar. Congés : de mi-janv à début fév. Menus 20-24 € ; carte env 30-35 €.* Dans la belle salle chaleureuse, tout en bois, on commence par la spécialité du lieu : de délicieuses soupes parfumées. On attaque ensuite un *secondo* savoureux, comme le lapin aux prunes, le porc au romarin ou encore le canard aux poires et aux oranges, le tout accompagné de légumes de saison. Enfin, pour terminer en beauté, on combine son dessert avec un bon *vino dolce*. Une bonne table, où l'accueil est à la hauteur.

LE VAL DI CHIANA

À voir

Cattedrale di San Secondiano : l'édifice d'origine, dont il ne reste pas grand-chose mis à part quelques colonnes et chapiteaux, fut construit au VIe s. C'est l'une des plus anciennes de Toscane. L'église actuelle date du XIIe s et fut sérieusement remaniée au tournant des XVIIIe et XIXe s. Les parois ainsi que les arcatures de la nef centrale sont peintes de fresques imitant des mosaïques de style byzantin. Les fonts baptismaux datent de l'époque romaine.

Museo della cattedrale e Labirinto di Porsenna : *piazza Duomo.* ☎ *0578-22-64-90. De juin à mi-oct ainsi que pdt les vac de Noël, tlj 9h45-12h45, 16h-18h30 ; le reste de l'année, tlj 9h45-12h45 (slt mar, jeu et sam fév-mars). Visites* *guidées à 9h50, 10h30, 11h10, 11h50, 16h, 16h30, 17h et 17h30. Entrée : 5 € ; réduc.* La légende dit que Porsenna, grand roi étrusque, aurait été enterré sous Chiusi, dans un tombeau gigantesque orné de cinq pyramides. Si de nombreuses galeries souterraines creusées sous la ville témoignent d'une active présence étrusque, le fastueux tombeau de Porsenna est, quant à lui, introuvable ! Quoi qu'il en soit, partir à la découverte du Labyrinthe de Porsenna est un bon prétexte pour déambuler dans ces étranges galeries creusées par les « ingénieurs étrusques » pour s'approvisionner en eau, puis utilisées comme décharges par les Romains ! Claustrophobes s'abstenir... À la fin de la visite, on peut monter en haut de la tour de la cathédrale, d'où l'on profite d'une vue panoramique sur les environs. Dans le musée de la cathédrale, quelques pièces d'orfèvrerie et une remarquable collection d'antiphonaires, œuvres des moines de Monte Oliveto Maggiore.

Museo civico : *via II Ciminia, 2. ☎ 0578-20-915. 334-626-68-51. Visites guidées slt : mai-oct, mar-dim à 10h15, 11h30, 12h45, 15h15, 16h30, 17h45 ; nov-avr, jeu-ven à 10h10, 11h10, 12h10, w-e à 10h10, 11h10, 12h10, 15h10, 16h10 et 17h10. Fermé lun et 1er mai. Entrée : 4 € ; réduc ; gratuit moins de 6 ans.* Il s'agit en réalité de deux sites distincts. Le premier se résume à un tout petit musée proposant quelques panneaux généraux en guise d'introduction (le sous-sol de la ville et son exploration à l'époque moderne), mais le second, distant de quelques rues, est une visite guidée dans un surprenant réseau de caves et de galeries. On pénètre dans les installations vinicoles d'une famille, qui s'était contentée d'agrandir des boyaux étrusques. Désormais aménagés, ils accueillent des expositions sur le lac de Chiusi et les métiers qui gravitent autour, ainsi qu'une extraordinaire collection épigraphique. Avec près de 300 urnes cinéraires étrusques et 3 000 inscriptions, elle présente un intérêt immense : les écritures gravées sur la pierre ou le marbre ont permis de retracer l'histoire sociale de la ville entre le IVe et le Ier s av. J.-C. Pour vous donner un ordre de grandeur, Rome et la Grèce n'ont que 1 000 inscriptions remontant à cette période ! La visite, très intéressante, nous apprend que les Étrusques écrivaient de gauche à droite... puis de droite à gauche. Les Romains, superstitieux, n'ont heureusement pas touché à ces éléments funéraires, dont on peut, aujourd'hui encore, apprécier la grande valeur.

Museo archeologico nazionale e Tombe etrusche : *via Porsenna, 93. ☎ 0578-20-177. Tlj 9h-20h. Fermé 1er janv, 1er mai et 25 déc. Entrée : 6 € (avec la visite des tombes étrusques Leone et Pellegrina, à 3 km du centre, tlj 11h et 16h l'été, 11h et 14h30 l'hiver) ; réduc ; 3 € en plus pour visiter la tombe de la Scimmia (visite sur résa).* Ce fut le premier musée consacré aux Étrusques. Il retrace l'histoire des recherches archéologiques à Chiusi et le développement de l'artisanat local, des Étrusques aux Romains. Nombreuses pièces de grandes qualité : sculptures, céramiques, vases, urnes cinéraires en marbre et en terre cuite, notamment les fameux vases canopes anthropomorphes et le célèbre sphinx qui gardait l'entrée d'une tombe. Possibilité d'ailleurs de visiter en plus des tombes *Leone* et *Pellegrina* (comprises dans l'entrée) deux autres tombes sur résa : celle *del Colle* *(mer et ven à 12h et 17h ; 3 €)*, et surtout celle de la *Scimmia* (du singe), à environ 3 km du centre, la seule à présenter de belles fresques du Ve s av. J.-C. *(mars-oct, mar, jeu et sam à 11h et 16h ; en hiver, à 11h et 14h30 ; 3 €).*

DANS LES ENVIRONS DE CHIUSI

Città della Pieve : *à 11 km de Chiusi.* Petite incursion en terre ombrienne à la découverte d'une ville riche en œuvres d'art et très agréable à vivre. Voir plus loin dans le chapitre « L'Ombrie ».

CORTONA (CORTONE)

(52044) 23 000 hab.

Une étape plus que recommandable ! Au sud de la province arétine, dominant l'amphithéâtre naturel que constitue le val di Chiana, entre le lac Trasimène et les montagnes siennoises, la séduisante Cortona est l'exemple même de la petite ville bourgeoise à taille humaine, où l'on se sent tout de suite bien. Galeries d'art, boutiques d'antiquités, bijoutiers, céramistes, autant d'occasions pour chiner, flâner, dans la belle et animée *via Nazionale,* l'unique rue horizontale de la ville. Côté beaux-arts, cette ancienne cité étrusque, ville natale des grands noms de la peinture, tels Luca Signorelli, Pietro Berrettini ou encore Gino Severini, n'est pas en reste. La ville abrite des musées d'une qualité rare, dont certaines œuvres, telle l'extraordinaire *Annonciation* de Fra Angelico, attire les amateurs du monde entier. En outre, côté papilles, on est servi, car le niveau de la cuisine est élevé à Cortona, bien ancrée dans un terroir aux traditions séculaires. Dernière chose, Cortona est réputée dans toute l'Italie pour organiser début septembre et depuis plus de 50 ans l'un des plus grands marchés aux antiquités du pays.

Arriver – Quitter

➢ Cortona est facilement accessible d'***Arezzo*** par un service régulier de ***bus*** (env 6-7/j.) qui arrivent à la *piazza Garibaldi,* à la porte de la ville. Ts les horaires sur • *etruriamobilita.it* • Bien plus long que le train mais on arrive dans Cortona. Attention, pas de bus le dim.

➢ On peut aussi y accéder en ***train*** d'***Arezzo*** (liaisons régulières), ***Rome*** ou ***Florence.*** *Attention, la gare est située à Camucia, à 3 km du centre.* Le bus est plus pratique.

Adresses utiles

ℹ ***Ufficio turisitico :*** *piazza Signorelli, 9 (dans le MAEC). ☎ 0575-63-72-23. • infocortona@apt.arezzo.it • turismo.provincia.arezzo.it • Lun-sam 9h-13h, 15h-18h, dim 9h-13h (fermé sam ap-m et dim d'oct à mi-mai).* Bonne doc et plan de ville.

✉ ***Poste :*** *piazza della Repubblica.*

Où dormir ?

Bon marché

⌂ ***Ostello della Gioventù San Marco :*** *via Maffei, 57. ☎ 0575-60-13-92. • ostellocortona@libero.it • cortonahostel.com • Au cœur de la vieille ville, en face de l'église San Marco. Ouv tte l'année (attention oct-mars, c'est souvent plein à cause des groupes). Env 19 €/pers en dortoir ou 25 €/pers en chambre familiale, avec petit déj. Repas 11 €. CB refusées.* Auberge toute simple et rustique, mais propre et pleine de cachet, car elle est aménagée dans une ancienne *foresteria* (auberge). Elle dispose d'une cinquantaine de places pour les filles, idem pour les garçons, organisées en grands dortoirs de 10 personnes ou en « familiales » de 2 à 4 lits. Sanitaires communs bien tenus. Gros avantage : on est en plein cœur de ville et le calme est total. Pas de couvre-feu. Superbe salle à manger voûtée. Excellent accueil de Sergio, toujours de bon conseil, et ambiance sympa. Laverie (lessive fournie). Magnifique vue sur la campagne et le lac Trasimène depuis les chambres du 2e étage.

De prix moyens à chic

Hotel Sabrina : *via Roma, 37. ☎ 0575-63-03-97. 📱 338-422-29-95. • info@hotelsabrinacortona.it • hotelsabrinacortona.it • Prendre la rue qui descend tt de suite à gauche des grands escaliers de la mairie. Double 75 €, avec petit déj.* Une dizaine de chambres, toutes avec salle de bains, réparties sur 3 niveaux. C'est simple, propre, et le fait que certaines communiquent s'avère bien pratique pour les familles ou pour ceux qui voyagent en groupe. Dans la mesure du possible, optez pour un petit nid sur l'arrière. Un des meilleurs plans pour loger à Cortona sans casser sa tirelire, d'autant que l'accueil est très sympa et arrangeant.

Casa Chilenne B & B : *via Nazionale, 65. ☎ 0575-60-33-20. 📱 340-808-68-79. • info@rugapianavacanze.com • rugapianavacanze.com • Au cœur de la vieille ville. Doubles env 90-110 € selon période, avec petit déj.* Ce n'est pas donné pour des chambres agréables et confortables (clim, salles de bains impeccables, et parfois des balcons), mais somme toute très classiques. Ce qui fait la différence, c'est l'accueil très chaleureux de la famille, le bon petit déj (qui pour une fois mérite son nom !), et surtout un super espace commun au dernier étage : une salle à manger avec kitchenette, donnant sur une belle terrasse conviviale. Très pratique, et impeccable pour se faire des amis à l'apéro !

Rugapiana Vacanze B & B : *via Nazionale, 63. ☎ 0575-63-07-12. 📱 340-808-68-79. • info@rugapianavacanze.com • rugapianavacanze.com • Au cœur de la vieille ville. Doubles avec petit déj 85-95 €, apparts 2-4 pers 100-160 € selon période.* Une adresse bien rodée. Meubles artificiellement vieillis, céramiques paysannes, poutres et pierres apparentes, carrelage, cuisine tout équipée, salles de bains microscopiques mais fonctionnelles, déco sympa, accueil anglophone sympa et efficace, tout ça c'est super bien. Mais choisissez impérativement une chambre sur l'arrière, sans quoi, même avec le double vitrage, vous ne dormirez pas de la nuit !

B & B Piccolo Hotel : c'est le *B & B* de l'*Hotel San Michele* (voir plus loin).

B & B Dolce Maria : *via Ghini, 12. ☎ 0575-60-15-77. • info@cortonastorica.com • cortonastorica.com • Au cœur de la vieille ville. Doubles env 90-110 €, avec petit déj.* Les meubles sont beaux, les tapis élégants, les lits parfois à baldaquin, et le confort irréprochable (salles de bains impeccables) : un *B & B* à la fois chic et très cosy, où l'accueil est à la hauteur, de même que le bon petit déj servi dans une très jolie salle à manger. On ne regrette pas de poser ses valises ici.

Hotel Italia : *via Ghibellina, 5. ☎ 0575-63-02-54. • hotelitalia@planhotel.com • hotelitaliacortona.com • À quelques mètres de la piazza Comunale. Doubles 85-130 € selon saison et confort, avec petit déj.* . Un hôtel de taille moyenne aux parties communes élégantes. Les chambres, agréables, sont toutefois nettement plus conventionnelles, sobres et fonctionnelles. Bon confort général (toutes avec clim). Et, cerise sur le gâteau, on prend le petit déj dans une salle tout en haut, avec une vue remarquable sur toute la vallée.

Plus chic

Hotel San Michele : *via Guelfa, 15. ☎ 0575-60-43-48. • info@hotelsanmichele.net • hotelsanmichele.net • Congés : de nov à mi-mars. Doubles 110-170 € pour l'hôtel, env 90 € pour le B & B, avec petit déj. (payant).* Un bel hôtel chic disposant d'un ascenseur (rare dans une ville historique), où les chambres, situées dans un palais Renaissance, sont différentes mais toutes très élégantes et d'un excellent niveau de confort. Beaucoup de charme ; 4 d'entre elles peuvent être aménagées en quadruples (intéressant pour les familles). Quant aux suites, elles sont superbes avec leurs terrasses panoramiques. Sinon, la maison dispose également d'un *B & B* attenant (et accessible par l'hôtel), dont les chambres profitent plus ou moins des mêmes prestations (déco soignée, confort au top) : le rapport qualité-prix est indéniable ! Une belle adresse gérée par une équipe efficace et très sympathique.

Où manger ?

De bon marché à prix moyens

Trattoria La Grotta : *piazza Baldelli, 3. ☎ 0575-63-02-71. • info@trattorialagrotta.it • Fermé mar. Congés : de début janv à mi-fév et 1re sem de juil. Repas env 20-30 €. Café offert sur présentation de ce guide.* Au fond d'un petit cul-de-sac donnant sur la piazza della Repubblica. Très bon accueil pour cette petite adresse où l'on sert une cuisine familiale de bon aloi, régulière au fil des années. Terrasse agréable et tranquille, car juste en retrait de l'animation. Un bon rapport qualité-prix.

Trattoria Fufluns : *via Ghibellina, 3. ☎ 0575-60-41-40. • info@fuflunssnc.it • Tlj sf mar. Pizzas 5-7 €, plats 10-18 €.* *Fufluns* (le dieu du Vin chez les Étrusques), c'est la petite adresse populaire en diable, où les locaux et les touristes s'entassent dans la bonne humeur en terrasse ou dans l'une des deux salles. La cuisine ne fait pas d'étincelle, mais les pizzas comme les plats classiques sont dans l'ensemble très corrects.

Al Pozzo Antico : *via Ghini, 14. ☎ 0575-62-091. Tlj. Env 25-30 €.* Madame, en cuisine, prépare avec soin de savoureuses spécialités toscanes (*pici* délicieuses, viandes fondantes, risotto aux cèpes parfait...), tandis que monsieur, au service, fait gentiment le tour des tables avant de revenir au dessert avec le *vin santo.* On est bien ici, d'autant que la terrasse dans une belle cour fleurie est paisible et romantique.

Chic

La Bucaccia : *via Ghibellina, 17. ☎ 0575-60-60-39. • info@labucaccia.it • Tlj sf lun. Congés : 15 derniers j. de janv. Menu 18 € le midi (sf dim et j. fériés), puis 29 € ; carte 30 € (sans le vin). Apéritif offert sur présentation de ce guide.* Tout vêtu de pierre, avec un vieux pressoir et ses chandelles (le soir), cet établissement élégant ravit les papilles dans une ambiance romantique. Mais c'est la cuisine qui motive la visite : traditionnelle, parfaitement exécutée et joliment mise en scène, elle est élaborée avec les meilleurs ingrédients. Un régal. Jolie sélection de vins et accueil pro. Quelques tables en terrasse.

Osteria del Teatro : *via Maffei, 2. ☎ 0575-63-05-56. Fermé mer. Repas env 30 € (sans le vin).* On s'installera de préférence en terrasse ou dans l'une des 2 petites salles sur l'avant, celle de l'arrière étant plus bruyante. Ici, la cuisine est dictée par les saisons. Les pâtes sont travaillées avec tout ce qui pousse dans les potagers du coin. En septembre, c'est la saison des cèpes, profitez-en. Sinon, le vin est bien conseillé et quand bien même le service est longuet, on y mange très bien.

Où manger une bonne glace ?

Gelateria Snoopy : *piazza Signorelli, 29. ☎ 0575-63-01-97. Juste en face du MAEC.* Les habitants de Cortona sont formels, c'est chez *Snoopy* qu'on fait les meilleures glaces ! Et ils ont raison !

À voir

Cortona est une ville pleine de charme, très agréable à découvrir à pied. On y trouve quelques belles églises, des sanctuaires et la présence d'une architecture médiévale qui laisse quelques belles échappées sur la plaine. Dans ce dédale de ruelles et d'escaliers, il est une place qu'affectionnent touristes et locaux. Les marches du Palazzo comunale sont le lieu de socialisation par excellence : les touristes viennent y manger leur glace et les locaux observer la foule au débouché de la « *ruga piana* », la seule rue plate de Cortona, propice à la traditionnelle *passeggiata*.

*** ***MAEC** *(museo dell'Academia Etrusca e della città di Cortona) :* *dans le Palazzo Casalli, piazza Signorelli, 9. ☎ 0575-63-72-35. • cortonamaec.org • Avr-oct, tlj 10h-19h ; nov-mars, tlj sf lun 10h-17h. Entrée : 12 € ; réduc ; gratuit moins de 6 ans.* Vaste, riche, et mis en scène avec talent, le musée de Cortona est un incontournable pour les amateurs d'archéologie et d'histoire de l'art. Après une rapide introduction attestant de l'occupation du site depuis le Paléolithique, place au cœur du sujet : ***la civilisation étrusque.*** Au gré des nombreuses salles, on découvre des collections très complètes d'urnes funéraires, de statuaire, de bijoux, d'outillage et de vaisselle (belles poteries attiques dans la collection Sergadi), ou encore d'objets en bronze finement ciselés et de casques. Un petit topo retrace par ailleurs la célèbre bataille de Trasimène, qui fut l'une des plus sanglantes de la deuxième guerre punique en 217 av. J.-C. Un affrontement au cours duquel l'armée de Carthage, appuyée par des mercenaires étrusques, anéantit littéralement les légions romaines. Les sections suivantes s'intéressent justement au ***monde romain*** (quelques vestiges de mosaïques notamment), avant d'aborder à l'étage, dans un tout autre registre, celle qui est consacrée à l'enfant du pays, le futuriste ***Gino Severini*** (un peintre de la trempe des Kokoschka, Braque et consorts...). Poursuivez votre ascension pour découvrir de la peinture médiévale. Remarquable triptyque du peintre florentin ***Bicci di Lorenzo.*** Mais c'est la grande salle qui retient toute l'attention : sur les murs, des toiles de maîtres plus belles les unes que les autres ***(Signorelli, Il Pinturicchio, Il Cigoli, Santi di Tito),*** tandis qu'au centre les vitrines renferment une incroyable collection de bronzes étrusques. Enfin, après avoir admiré, dans la pièce circulaire, le superbe plafonnier emblème du musée, on termine la visite par de somptueuses salles d'apparat, agrémentées de meubles et de céramiques, dont certaines sont franchement rococo.

** ***Museo diocesano :*** *dans l'ancienne chiesa del Gesù, face au Duomo. ☎ 0575-62-830. Avr-oct, tlj 10h-19h ; nov-mars, tlj sf lun 10h-17h. Entrée : 5 €.* Riche collection de peintures, dont plusieurs œuvres de Luca Signorelli, l'enfant du pays. Une salle entière lui est d'ailleurs consacrée. On trouve également des œuvres de Pietro Lorenzetti (superbe christ en croix), ainsi que quelques réalisations de l'école arétine ou siennoise (notamment de ***Niccolò di Segna***). Dans un style radicalement différent, l'escalier qui conduit à un oratoire accueille les belles compositions de Gino Severini. Enfin, une autre salle en sous-sol renferme quelques objets liturgiques, calices, ciboires, crucifix, ainsi que des habits d'ecclésiastiques des XVIe et XVIIe s ayant appartenu à de riches familles dont certains membres étaient des proches du pape Léon X. Mais les œuvres maîtresses de ce musée sont sans conteste celles de ***Fra Angelico*** : une *Madone à l'Enfant* et, surtout, une fascinante *Annonciation,* dont on appréciera la mise en œuvre de la lumière et la saturation des couleurs, courant qui influença notamment Benozzo Gozzoli, son élève, ainsi que Piero della Francesca.

** ***Duomo :*** *piazza Duomo, face au Musée diocésain. ☎ 0575-62-830. Tlj 8h-18h.* Sa forme actuelle est de style Renaissance. Elle possède une structure à trois nefs avec voûte en berceau, colonnes, chapiteaux et *pulvini* d'inspiration « brunelleschienne ». À droite en entrant, intéressant ensemble reliquaire du XVIIe s. Autrement, faites le tour, quelques belles œuvres, notamment de l'école de Luca Signorelli ou encore de ***Pietro Berrettini,*** plus connu sous le nom de Pierre de Cortone.

** ***Chiesa Santa Maria Nuova :*** *à l'extérieur des remparts, en contrebas de la vieille ville.* Magnifique église imposante faisant face à la campagne verdoyante de

Pienza. Construite au milieu du XVIe s par Giorgio Vasari (désormais plus connu pour le livre qu'il a écrit sur les artistes de son époque) à la manière des églises orthodoxes (plan en forme de croix grecque, coupole soutenue par quatre imposants piliers). Quelques œuvres qui ne laissent pas de marbre, comme la *Nativité de Marie* d'Alessandro Allori ou *San Carlo Borromeo che porta la Comunione* de ***Baccio Ciarpi,*** le maître de Pietro Berrettini. Remarquable aussi, l'autel baroque avec ses grappes de fruits et, juste au-dessus, une toile du ***Spagnoletto.***

Une intéressante balade consiste à gagner la ***chiesa Santa Margherita,*** perchée sur les hauteurs de la ville. Ça monte fort, alors prenez le temps d'admirer les mosaïques de Serini qui ornent les 14 stations de ce calvaire.

Itinéraire
De la ***piazza Signorelli*** (MAEC), prendre la ***via Maffei.*** Juste à l'entrée, remarquez le petit tabernacle à la gloire de Santa Margherita qui marque l'angle. Cette rue débouche sur la ***chiesa di San Francesco*** (XVIe-XVIIe s ; *tlj 9h-18h45 – 17h30 en hiver*). À l'intérieur, des toiles du XIVe ***(Jacopo di Mino del Pellicciacio)*** mais aussi du XVIIe ***(Raffaello Vanni),*** ainsi que des fresques du XIVe s mais également ***Berrettini,*** Bonecchi. Au tabernacle du maître-autel, un ***reliquaire byzantin avec fragment de la Sainte Croix.*** Dans la chapelle de gauche, ***tunique de Saint Francesco*** rapportée d'Assise. De là, remontez la via Berrettini (le peintre est né au no 33), puis contournez par la gauche la petite ***piazza della Pescaia*** en direction du clocher avant de poursuivre par la ***via Santa Croce*** vers Santa Margherita (c'est fléché). Là commencent les choses sérieuses. Un escalier ourlé de cyprès vous hisse – non sans peine – jusqu'au parvis du ***sanctuaire de Santa Margherita*** *(tlj 9h-19h ; 18h en hiver).* Et là, sacrebleu, vous vous rendez compte qu'on peut y aller en voiture ! Dans l'église, rien de vraiment transcendant, si ce n'est la dépouille de la sainte patronne de la ville et, sur l'autel de droite, le fameux crucifix qui lui a parlé ! Redescendez ensuite le chemin de croix jusqu'en ville.

Manifestations

- ***Sagra della Bistecca*** *(fête du Bifteck)* **:** *les 14, 15 et 16 août.* Le *giardino delle Partere* se transforme en barbecue géant. Programme des réjouissances sur • *cortonaweb.net* •
- ***Foire des antiquaires :*** *fin août-début sept.* • *cortonantiquaria.it* • Pensez à réserver votre hébergement à l'avance.

AREZZO (52100) 100 500 hab.

▸ Pour le plan d'Arezzo, se reporter au cahier couleur.

Stratégiquement posée à la confluence de quatre vallées : le Casentino, le Valdarno, la Valtiberina et la Valdichiana (le val di Chiana en français), Arezzo est une belle cité ancienne. Son patrimoine archéologique est considérable ; à cet égard, la ville s'enorgueillit d'avoir produit de nombreux objets en métal ainsi que de la céramique sigillée. Dès la première moitié du XIVe s, elle est déjà un important foyer de création artistique, puis elle tombe sous l'emprise de Florence, à la fin du même siècle. S'ensuit alors une période de déclin, qui ne s'inverse qu'au moment où Arezzo passe sous la houlette des Médicis au XVIe s, position qu'elle tiendra jusqu'à la moitié du XVIIIe s. Curieusement, c'est pendant ses périodes de trouble que la ville se dote des atouts qui,

aujourd'hui, lui confèrent tout son charme. Entièrement corseté de remparts, doté d'une élégante cathédrale gothique, son centre historique se présente comme un plan incliné, traversé de bout en bout par le *corso Italia,* théâtre de la *passeggiata* quotidienne. Parmi les incontournables, la *piazza Grande* est un must, bordée de palais gothiques et Renaissance. C'est ici que Roberto Benigni a choisi de dérouler ses travellings pour le tournage de son film *La vie est belle.* Car la cité natale de Pétrarque est résolument une ville d'art. Ses églises et musées recèlent des œuvres des plus grands peintres italiens : Cimabue, Andrea Pozzo, Pietro Lorenzetti, Piero della Francesca. Arezzo est une base de choix pour partir à la découverte d'une région particulièrement riche d'un point de vue culturel.

LE PETIT KAMA-SUTRA DE LA RENAISSANCE

Pierre l'Arétin a eu une vraie vie de routard. À 16 ans, il quitte sa ville natale d'Arezzo pour Pérouse, où il s'initie à la reliure avant de se mettre au service d'un riche banquier romain... Un homme d'affaires qu'il quitte ensuite pour endosser la cape de capucin à Ravenne. Finalement, il est embauché comme valet au service de Léon X. C'est là qu'il commet l'erreur d'écrire et surtout de faire illustrer ses célèbres Sonetti lussoriosi, *un précis de luxure en 32 chapitres. Il fut viré sur-le-champ. L'histoire ne dit pas si le pape ou son entourage ont gardé un exemplaire...*

Arriver – Quitter

En bus

Gare routière *(plan couleur A2)* **:** *viale Piero della Francesca.* ☎ *800-92-29-84.* • *sienamobilita.it* • *Juste à gauche de la stazione.*

➢ Bus vers le ***val d'Arno, Cortona*** et ***Florence.*** Pour ***Sienne,*** une dizaine de bus/j. 6h25-20h15. Pour ***Cortona,*** le bus est préférable au train. C'est plus long (40 mn), mais il vous dépose près des murailles. Pour ***Città di Castello*** via ***Anghiari*** et ***Sansepolcro,*** horaires sur • *etruriamobilita.it* • Pas de bus le dim.

En train

Gare ferroviaire *(plan couleur A2)* **:** *piazzale della Repubblica.* • *fsitaliane.it* •

➢ ***Pour Florence :*** au min 1 départ/h 4h30-22h30. Trajet : 1h-1h30.

➢ ***Pour Rome :*** nombreux trains 4h30-22h15. Trajet : 1h30-2h30.

➢ ***Pour Cortona :*** nombreux trains tte la journée. Durée : 20 mn. Préférez le bus.

Circulation et stationnement

Accès interdit aux voitures de tourisme dans le centre (protégé comme d'habitude par des caméras). Ne pas respecter l'interdiction peut vous coûter cher. Si l'on a une réservation, possibilité de décharger ses bagages devant son hôtel. Sinon, nombreux parkings le long des remparts. Stationnement en partie gratuit au *parking Pietri (plan couleur B1),* via Pietri, entre la muraille et la via Guido Tarlati. De là, des escalators vous permettent d'accéder en plein centre-ville (directement sur le Duomo). Pour tous renseignements sur le stationnement à Arezzo : • *atamarezzo.it* •

Adresses utiles

Ufficio turistico *(plan couleur B1)* **:** *piazza della Libertà, 2 ; dans le Palazzo comunale.* ☎ *0575-40-19-45.* • *welcome@comune.arezzo.it* •

benvenutiadarezzo.it • Tlj 10h-13h, 13h30-17h30 (10h-18h le 1er dim du mois) ; horaires retreints en hiver. Très compétent. ***Autre adresse à proximité de la gare ferroviaire :*** *piazzale della Repubblica, 22-23. ☎ 0575-26-850. Tlj 9h30-13h, 13h30-16h ; horaires restreints en hiver.*

@ **Informagiovani** *(plan couleur B2)* **:** *piazza Sant'Agostino. Lun-sam 11h-13h, 16h-19h (18h30 sam).* Également wifi et quelques ordis au **Coffee O'Clock** *(corso Italia, 184).*

✉ **Poste** *(plan couleur A2)* **:** *via Guido Monaco, 34. Lun-sam 8h15-19h (13h30 sam).*

Où dormir ?

Petite mise en garde : le parc hôtelier est réduit à Arezzo. Il est très difficile de se loger pendant les nombreuses manifestations et lors de la *Feria antiquaria* (le 1er dimanche du mois et le samedi qui le précède).

Prix moyens

■ ***Albergo La Toscana*** *(hors plan couleur par A1,* ***10****)* **:** *viale M. Perennio, 56. ☎ 0575-21-692. • info@albergolatoscana.com • ♿ À l'extérieur des remparts, à env 300 m de la porte San Lorentino. Congés : 3 sem en août. Double 55 € ; pas de petit déj.* 📶 C'est neutre et fonctionnel, mais propre et suffisamment confortable (douche, TV). Strict minimum, pas de clim, mais pour ce prix, on ne peut pas demander plus. Quelques chambres dans l'annexe, séparée de la maison principale par un jardinet ombragé (terrasse sympa). Accueil routinier.

■ ***San Lorentino B & B*** *(plan couleur A1,* ***12****)* **:** *via M. Perennio, 67 a. ☎ 0575-161-12-86. 📱 380-471-80-80. • info@sanlorentinohouse.com • sanlorentinohouse.com • Doubles 60 € avec sdb sur le palier (mais privée) ou 70 € avec sdb privée, avec petit déj.* 📶 *Réduc de 10 % nov-mars sur présentation de ce guide.* À 5 mn à pied de la vieille ville, au 2e étage d'un immeuble moderne (pas d'ascenseur), un bel appartement lumineux et bien agencé où l'on se sent tout de suite à l'aise : chambres colorées et coquettes, vraiment bien tenues et parfaitement au calme quand elles donnent sur l'arrière, et un salon-salle à manger cosy dans une véranda. Excellent accueil francophone de Sara et de sa mère Patricia, et formidable petit déj (gâteau maison délicieux !). Un très bon rapport qualité-prix-atmosphère (d'autant qu'on peut se garer très facilement et gratuitement dans le coin).

■ ***B & B Antiche Mura*** *(plan couleur A1,* ***13****)* **:** *piaggia di Murello, 35. ☎ 0575-204-10. • info@antichemura.info • antichemura.info • Doubles 75-95 € selon taille, avec petit déj.* 📶 Pendant la restauration de la maison, on a découvert des vestiges de canalisations étrusques et des murs en gros appareillages. Historique ! La bâtisse a donc du caractère, mais également beaucoup de classe, car la déco de l'enthousiaste propriétaire est soignée et pleine de charme. Toutes ses chambres sont différentes, colorées et très confortables. Quant au studio du rez-de-chaussée, il est idéal pour les séjours prolongés avec sa kitchenette. Une adresse de charme.

■ ***Hotel L'Aretino*** *(plan couleur A2,* ***11****)* **:** *via Madonna del Prato, 83. ☎ 0575-29-40-03. • hotelaretino@gmail.com • hotelaretino.it • ♿ Très central. Double 110 €, avec petit déj. Parking.* 💻 📶 *10 % de réduc sur le prix de la chambre sur présentation de ce guide.* Une trentaine de chambres modernes très classiques et tout confort (moquette épaisse ou parquet, double vitrage, TV internationale), dans un petit établissement idéalement situé et parfaitement tenu. Petit déj copieux avec gâteaux maison. Petite terrasse pour prendre le frais. Accueil francophone sympathique.

Très chic

■ ***Graziella Patio Hotel*** *(plan couleur A2,* ***14****)* **:** *via Cavour, 23. ☎ 0575-40-19-62. • info@hotelpatio.it • hotelpatio.it • À deux pas de la basilique San Francesco. Doubles 145-175 €*

LE VAL DI CHIANA

(également des suites jusqu'à env 280 €), avec petit déj. Parking 20 €. Dans un superbe palais du XVIIIe s, anciennement propriété de la famille Bacci (voir les écussons), une dizaine de chambres et suites décorées de façon originale : elles sont inspirées des voyages de Bruce Chatwin. On voyage donc entre la Chine et l'Inde, en faisant un détour par le Maroc et les Tropiques. Les routards aux poches bien pleines devraient apprécier cette étape, voyage dans le voyage, d'autant que le confort est au top (il y a même des salles de bains ouvertes pour les amoureux !). Attention, 3 chambres sont en demi sous-sol (dont une étonnante suite avec sauna), à l'architecture certes assez géniale, mais avec fenêtre-soupirail. Accueil pro.

Où manger ?

Sur le pouce

La Bottega di Gnicche *(plan couleur B2,* ***23****) : piazza Grande, 4. ☎ 0575-182-29-26. • info@bottegadignicche.it • Tlj 11h-21h. Env 4-5 €.* La très sympathique propriétaire de cette épicerie fine ne fait pas les choses à moitié : charcuteries et fromages sont choisis avec soin, et lorsqu'il s'agit de préparer un panini, elle propose différents types de pains avant de les garnir généreusement. Impeccable pour une pause gourmande en terrasse, sur un coin de table (mais il n'y en a que 3 !).

Prix moyens

La Torre di Gnicche *(plan couleur B2,* ***22****) : piaggia San Martino, 8. ☎ 0575-35-20-35. À droite de la piazza Grande. Fermé mer. Repas env 20-25 €.* Rien de tel qu'un *misto di affettati* ou une assiette de *gorgonzola di grotta* accompagnée d'un verre de vin pour se sentir heureux. À moins de se laisser tenter par une *ribolitta* (soupe), une *pappa al pomodoro* ou des tripes. Ici, tout est bon, car la propriétaire de cette petite *enoteca* (une salle voûtée et quelques tables en terrasse) ne sélectionne que des ingrédients locaux de qualité. Quant aux vins, avec quelque 700 étiquettes à la carte, on a de quoi tenir un moment...

Osteria dei Mercanti *(plan couleur A2,* ***21****) : via Ser Petraccolo, 9 (piazzetta Sopra i Ponti, accessible par un passage au niveau du 65 de la via Madonna del Prato). ☎ 0575-24-330. • info@osteriadeimercanti.com • Fermé sam midi et dim. Repas complet env 15-25 €. Café offert sur présentation de ce guide.* Salle assez banale, pas désagréable pour autant, et grande terrasse aux beaux jours dans une cour intérieure. Cette dernière a bien sûr les faveurs des touristes, qui apprécient une cuisine classique, sans prétention et correcte. Une qualité régulière, mais un peu long...

Trattoria Il Cantuccio *(plan couleur A2,* ***24****) : via della Madonna del Prato, 76. ☎ 0575-26-830. • info@il-cantuccio.it • Tlj sf mer. Congés : 2 sem en janv. Repas env 25-30 €. Café offert sur présentation de ce guide.* Agréable salle voûtée toute briquetée ou terrasse dans la rue piétonne, souvent prises d'assaut par les habitués de cette bonne adresse connue de longue date. Carte restreinte mais de qualité : pâtes maison, carpaccio, *zuppa di farro, trippa in umido*... et, en dessert, le *pigliamisù al cioccolato*. Service familial efficace.

Osteria La Cisterna dei Toscanacci *(plan couleur B2,* ***26****) : via Piaggia di S. Bartolomeo, 2. ☎ 0575-165-77-37. Tlj sf lun, slt le soir. Repas env 25-30 €.* Il y a bien quelques plats de viande, mais, une fois n'est pas coutume, la carte est orientée poisson : on se régale de bons *antipasti* de la mer (moules, poulpes, et *bruschette* de sardines et de crabes), puis de *spaghetti vongole* bien exécutés, ou bien, selon arrivage, d'une savoureuse morue à la tomate. C'est simple, sans complication aucune, mais bon. Il faut dire que les patrons viennent de l'île d'Elbe et maîtrisent le sujet ! Le tout dans une grande salle voûtée à deux pas de la piazza Grande.

Trattoria Mazzoni *(plan couleur A1,* ***25****) : via Canto alla Croce,*

1. ☎ 0575-26-857. Tlj sf mar. Plats 8-12 € ; repas env 25 €. Un petit resto de quartier à l'ancienne mode, où les habitués prennent place dans une salle voûtée à la déco hétéroclite pour profiter de bons plats de pâtes, d'assiettes de charcuterie et de quelques spécialités. Vin maison correct. Pas une grande adresse, mais on mange bien et le service est gentil.

Où dormir ? Où manger dans les environs ?

B & B Il Mulino : *loc.* ***Saccione****, 10 (Bagnoro). 335-532-33-53. • vasariarezzo@gmail.com • vasariarezzo.com • Au sud d'Arezzo, en pleine campagne (de Bagnoro, direction Saccione, puis les panneaux : c'est au bout d'une piste). Double env 105 €, avec petit déj.* Pour celles et ceux qui rêvent de se mettre en roue libre, c'est à coup sûr l'adresse qu'il leur faut. Au total, 5 chambres tout confort : TV satellite, clim, DVD, moustiquaires, grande cuisine à dispo. Le tout dans une vieille maison de pierre noyée dans le vert, en pleine forêt. Déco de magazine, très colorée et un poil vintage. Tout autour, un espace de remise en forme et une légion de transats monte la garde près d'une très belle piscine, sur fond de pelouse qu'on dirait anglaise. Tranquillité absolue. Style et élégance sont les mots d'ordre des sympathiques propriétaires, qui soignent leurs hôtes (copieux petit déj).

Osteria La Capannaccia : *loc.* ***Campriano.*** *☎ 0575-36-17-59. • lacapannaccia.it • À 6 km au nord d'Arezzo. Prendre direction Bibbiena, puis Puglia et Tregozzano ; passé ce hameau, emprunter un petit chemin sur la droite. Fermé dim soir-lun. Congés : 3 sem en juil. Repas env 25-30 €.* Grande trattoria sur les hauteurs du hameau, perdue parmi les cyprès et les oliviers. Peu de choix, mais la carte est tout de même alléchante. *Antipasto misto toscano*, pâtes maison, grillades, à déguster dans une grande salle à la déco champêtre ou en terrasse. Bon accueil.

Où déguster une bonne glace ?

Punto Gelato *(plan couleur A2,* ***30****) : via Giuseppe Verdi, 15. ☎ 0575-35-61-60. Lun-sam 11h (15h lun)-minuit ; dim 10h30-13h, 15h-minuit.* C'est le glacier le plus couru d'Arezzo.

À voir

Attention, la plupart des églises sont fermées entre 12h30 et 15h. Pour tous les musées, se faire préciser ou confirmer les horaires à l'office de tourisme est une sage précaution.
Possibilité d'acheter un billet combiné, à 12 € (réduc), valable 2 jours pour visiter le Musée archéologique, la maison de Giorgio Vasari et les fresques de la basilique San Francesco. Le billet s'achète à l'accueil de la basilique San Francesco.

Basilica San Francesco *(plan couleur A2) : piazza San Francesco. ☎ 0575-35-27-27. • pierodellafrancesca.it • Visite ttes les 30 mn par groupes de 25 pers max : lun-ven 9h-18h30, sam 9h-17h30, dim 13h-17h30. En hiver, lun-ven 9h-17h30, sam 9h-17h, dim 13h-17h. Entrée : 8 € (ou 10 € avec l'expo temporaire) ; slt 2 € le 1er dim du mois. Billet combiné : 12 €.* C'est la visite incontournable d'Arezzo pour qui souhaite découvrir les fameuses fresques *(affreschi)* de Piero della Francesca. Comme elles ne sont visibles que par petits groupes (à horaires fixes indiqués sur les billets), on peut patienter en visitant les expositions temporaires proposées en saison dans l'église basse (ouverte seulement pour l'occasion). D'origine paysanne et né à quelques kilomètres d'Arezzo (à Borgo Sansepolcro), Piero della Francesca, en véritable visionnaire, réalise des tableaux d'une modernité surprenante. Le regard de ses personnages semble perdu dans le vide, la lumière est pâle, les perspectives rigides... Le chœur de la basilique, invisible depuis l'entrée de la basilique, est entièrement décoré de ses fresques (1452-1459). Elles racontent l'histoire de la *Découverte de la Croix,* inspirée de la *Légende dorée* de l'évêque Jacques de Varagine. Ne cherchez pas... l'ordre chronologique des scènes n'est pas respecté ; l'Ancien et le Nouveau Testament se suivent dans un ordre dispersé. Admirer les chevaux des scènes de bataille, *L'Adoration de la Croix* ou *La Rencontre de Salomon avec la reine de Saba.* Des chefs-d'œuvre absolus. Ne pas oublier pour autant de voir, sur la droite, une belle *Annonciation* de Spinello Aretino (1400). Enfin, les Berrichons ne manqueront pas d'admirer la rosace exécutée par un moine français, Guillaume de Marcillat, né à La Châtre et mort à Arezzo en 1529.

★★★ ***Chiesa Santa Maria della Pieve*** *(plan couleur B2)* **:** *corso Italia, 7. Tlj 8h-12h30, 15h-18h30 ; en hiver, horaires réduits. Accès libre.* *La Pieve,* comme on la nomme familièrement, est l'un des plus surprenants édifices romans de Toscane. La façade est une interprétation très libre du style de Pise avec ses séries de colonnes superposées. Quant au campanile dit « aux cent trous » (il n'y en a que 40), il est devenu le symbole de la ville. L'intérieur de cette église, la plus grande et la plus ancienne d'Arezzo, est d'une pureté et d'un dépouillement rares en Italie. Sur le chœur, surélevé, un remarquable polyptyque de Pietro Lorenzetti peint en 1320.

★★ ***Piazza Grande*** *(plan couleur B2)* **:** contourner l'église par la droite pour atteindre cette grande place pour le moins curieuse, sévèrement inclinée et fermée par une juxtaposition d'immeubles à l'architecture aussi surprenante qu'hétéroclite : l'abside romane de *Santa Maria della Pieve* (dotée d'une colonne tordue au 1er niveau, qui symboliserait les efforts du diable pour faire plier l'Église !), la façade Renaissance du *Palazzo del Tribunale,* celle du *Palazzo della Fraternità dei Laici* commencée dans le style gothique et achevée selon le goût Renaissance en 1433, le *Palazzo delle Logge,* construit par Vasari en 1573, pour clore l'ensemble.
C'est sur cette place que les antiquaires italiens s'installent, le premier dimanche de chaque mois. C'est là aussi qu'a lieu la *giostra del Saracino,* la fameuse joute médiévale. Devant le *Palazzo delle Logge,* notez le pilori qui servait à exposer les condamnés. Nous rassurons les âmes sensibles : il s'agit d'une copie. Benigni a su en faire un décor de choix pour son film *La vie est belle (1998).*

★ ***Via dei Pileati*** *(plan couleur B1)* **:** *longer les loges de Vasari pour se diriger vers le Duomo.* Dans le quartier : le *Palazzo comunale,* la *maison de Pétrarque* et le *Palazzo Pretorio.*

★★ ***Duomo*** *(cattedrale dei Santi Pietro e Donato ; plan couleur B1)* **:** *tlj 7h-12h30, 15h-18h30.* Perchée en haut de la ville, impressionnante par ses dimensions, la cathédrale fut construite au XIIIe s selon les canons de l'art gothique, puis remaniée au cours des siècles suivant. Là aussi, les vitraux du moine berrichon Guillaume de Marcillat ont conservé depuis cinq siècles leurs éclatantes couleurs. Vasari les considérait comme une « des merveilles tombées du ciel pour la consolation des hommes ». Piero della Francesca y réalisa une délicate fresque, *Sainte Marie Madeleine,* visible dans le bas-côté gauche, sur le côté droit du cénotaphe de l'évêque Tarlati. Madeleine est représentée la

LE CALICE DE SAINT DONAT

Un jour, alors qu'il célébrait la messe, une bande de païens entra avec brutalité dans son église et brisa son calice de verre. Notre évêque ne se dégonfla pas, il ramassa un à un les morceaux, les recolla tous... sauf un ! Puis il emplit son calice de vin afin de poursuivre son office. Le vin ne s'écoula pas ! Du coup, 79 païens se convertirent au christianisme ! Remarquez, on ne précise pas quel morceau manquait...

chevelure longue et défaite : étonnant et fascinant. Au fond, tombeau du patron de la ville, saint Donat, martyrisé en 304.

Museo statale d'Arte medievale e moderna *(plan couleur A1)* **:** *via San Lorentino, 8. Tlj sf lun et j. fériés 14h15-19h30. GRATUIT.* Installé dans l'imposant palais du XVe s Bruni-Ciocchi, ce très vaste musée renferme une belle section médiévale au rez-de-chaussée (statues, délicats ivoires sculptés, objets de culte...), et dans les étages une remarquable pinacothèque (œuvres de Spinello Aretino et de son fils, de Pietro Lorenzetti, de Bartolomeo della Gatta, de Luca Signorelli, sans oublier bien évidemment Giogio Vasari) et une superbe collection de céramiques du XIIIe au XVIIIe s (magnifiques compositions d'Andrea Della Robia). Un bel endroit.

Chiesa di San Domenico *(plan couleur B1)* **:** *largo Beato Angelico. Tlj 10h-19h (horaires réduits en hiver).* Église gothique des XIIIe et XIVe s à nef unique, dépouillée, comme le furent les églises consacrées aux ordres mendiants. Une chose à ne pas manquer ici, ***Le Crucifix*** de **Cimabue,** une œuvre charnière dans le renouvellement de la peinture byzantine, voire carrément à l'origine de la peinture Renaissance, dans la mesure où l'auteur y introduit l'expression des personnages alors que jusqu'alors ils demeuraient figés. Notez le Christ, les traits de son visage évoquent la souffrance. Une œuvre remarquable. Dans la chapelle à droite du chœur, une *Annonciation* de Spinello Aretino.

Museo archeologico Mecenate *(plan couleur A2)* **:** *via Margaritone, 10. ☎ 0575-20-882. Tlj 8h30-19h30. Entrée : 6 € ; réduc. Fait partie du billet combiné.* Installé dans un ancien monastère, en surplomb des vestiges d'un amphithéâtre romain dont il occupe une partie du site, il conserve sur deux étages des objets étrusques et romains trouvés dans la région. Voir l'ensemble de vases coralliens qui firent la richesse de la ville dès le Ier s av. J.-C., des collections de statues, de bijoux (provenant notamment de la nécropole de Poggio del Sole), de superbes céramiques attiques à figure rouge (remarquable cratère de Euphronios), de bronzes (statuettes votives, casques...), mais aussi des éléments d'architecture et des fragments de mosaïques. Vaste et très complet.

Casa Giorgio Vasari *(plan couleur A1)* **:** *via XX Settembre, 55. ☎ 0575-35-44-49. Tlj sf mar 8h30-19h30 (13h30 dim et j. fériés). Entrée : 4 € ; réduc ; gratuit le 1er dim du mois. Fait partie du billet combiné.* L'occasion de découvrir une riche demeure d'artiste toscan du XVIe s. Les fresques sont du proprio *himself*, Giorgio Vasari. Il s'est même représenté dans la *salle du Triomphe et de la Vertu* en train de regarder par la fenêtre. Quelques toiles Renaissance et maniéristes (Santi di Tito, Alessandro Allori). Belle salle avec grande cheminée. Agréable jardin à la française.

Itinéraire Benigni : *disponible sur le site internet de l'office de tourisme, il vous indique les différents lieux concernés (piazza della Libertà, piazza Grande, piaggia San Martino, piazza San Francesco, teatro Petrarca, piazza della Badia, via Porta Buia et via Garibaldi), où l'on trouve des panneaux informatifs.* L'enfant terrible de Castiglion Fiorentino, Roberto Benigni, a tourné de nombreuses scènes de son film *La vie est belle,* grand prix du jury au Festival de Cannes en 1997 et trois oscars en 1998. Vous pourrez découvrir huit lieux où ont été tournées des scènes du film.

À faire

– ***Sentiero della Bonifica*** **:** une piste cyclable en site propre qui permet de relier Arezzo à Chiusi en longeant le val di Chiana. On pédale sur la trace des Étrusques, du bon vin et des villages typiques. C'est faisable avec des enfants, puisque le parcours est tout plat. Tous les renseignements, cartes, descriptifs, etc. sur le site ● *sentierodellabonifica.it* ●

Manifestations

– ***Foire des antiquaires :*** *le 1er dim de chaque mois et le sam qui le précède.* Les exposants investissent toutes les rues de la ville. Réunion de plusieurs centaines d'antiquaires, artisans et joailliers.
– ***Giostra del Saracino*** *(la Joute du Sarrasin)* **:** *l'avt-dernier sam de juin dans la soirée et le 1er dim de sept. ☎ 0575-37-74-62. Achat des billets sur Internet slt : • giostradelsaracinoarezzo.it • Se déroule sur la piazza Grande.* Tournoi médiéval qui oppose quatre quartiers *(contrade)* de la ville, afin de gagner la Lance d'or. Deux cavaliers sont sélectionnés dans chaque quartier pour participer aux tournois. À l'issue du tournoi, un *Te Deum* de remerciements est chanté à la cathédrale. Des documents du XIIIe s prouvent que les Arétins étaient déjà des passionnés de joutes.
– ***Concours polyphonique Guido d'Arezzo :*** *vers la fin sept. ☎ 0575-35-62-03. • polifonico.org •* Rassemblement de nombreuses chorales du monde entier.

DANS LES ENVIRONS D'AREZZO

Les environs d'Arezzo sont riches et variés, tant du point de vue de leurs paysages que des centres d'intérêts culturels qui émaillent les parcours. Si le Casentino (au nord) ravit les amateurs de randonnées, la Valtiberina, ou haute vallée du Tibre (au nord-est), regorge de petits villages médiévaux chargés d'histoire : Caprese Michelangelo (où est né Michel-Ange), Anghiari, Sansepolcro (où est né Piero della Francesca)... Toutes ces étapes sont quotidiennement desservies en bus à partir d'Arezzo et de Città di Castello. Tous les horaires sur *• fsbusitalia.it •* ou *• etruriamobilita.it •*

ANGHIARI (52031)

Un village qui a le privilège de figurer sur la très sélective liste des plus beaux bourgs d'Italie. Serti tel un cabochon dans son écrin de remparts, ce petit bijou d'architecture médiévale est fort bien conservé. Coupé en deux comme par un coup de glaive par le corso Matteotti, il possède un ensemble architectural étonnamment varié pour sa petite taille : église de style roman du XIIe s, palais Renaissance et même un théâtre du XVIIIe s avec caryatides et tout et tout... Mais la renommée de la ville tient surtout au fait qu'elle fut le théâtre d'une bataille décisive entre Milanais et Florentins en 1440, bataille qui fut peinte à la demande des Florentins vainqueurs par Léonard de Vinci alors en compétition avec Michel-Ange ; une œuvre maintes fois attestée, qui fut même réinterprétée par Rubens, mais dont on se demande encore sur quel mur elle peut bien être... Les experts la cherchent encore !
➢ Anghiari est desservie par le bus de la ligne ***Arezzo-Città di Castello.***
– Marché le mercredi.

Adresse utile

ℹ ***Ufficio turistico Pro Loco :*** *corso Matteotti, 103. ☎ 0575-74-92-79. • proloco@anghiari.it • anghiari.it • Au niveau de la piazza Baldaccio. Tlj 9h30-12h30, 16h-18h30.* Liste des hébergements. Bon accueil.

Où dormir ? Où manger ? Où boire un verre à Anghiari et dans les environs ?

Agriturismo La Scarpaia : *via Tavernelle, 95. ☎ 0575-72-32-58. 📱 328-711-63-45. • info@lascarpaia.it • lascarpaia.it • Après le bourg de*

LE VAL DI CHIANA

Tavernelle, à gauche, en allant vers Arezzo. Doubles 60-80 € ; pas de petit déj. Loc min 2 nuits hors saison ; en principe min 1 sem en juil-août. Dans une jolie propriété agricole coiffant le sommet d'une colline, cernée de cyprès droits comme des « i ». Cet ensemble de maisons en pierre aux murs parfumés de jasmin dispose d'un petit bâtiment indépendant réservé aux hôtes : il comprend 2 chambres, chacune avec une salle de bains, qui peuvent être louées séparément ou ensemble sous forme d'appartement. Dans ces conditions on a accès à une cuisine bien équipée. Sinon, petite terrasse pour se détendre, et une grande piscine d'où l'on aperçoit le Castello di Galbino, sur la colline d'en face.

La Meridiana : *piazza IV Novembre. ☎ 0575-78-81-02. • info@hotellameridiana.it • hotellameridiana.it • ♿ En face du théâtre, derrière l'office de tourisme. Doubles 60-70 €, quadruples 95-100 € selon confort, petit déj en sus. (payants).* On aime bien ces petits hôtels de campagne qui, sans faire trop cossus, sont confortables et soignés. Ici, 2 douzaines de chambres modernes, impeccables et bien équipées (clim, frigo, salles de bains nickel). À partir du 2e étage, les supérieures ont un balcon (la n° 321 dispose même d'une terrasse avec une vue imprenable sur les environs). Accueil très gentil.

Al Cantuccio : *piazza Baldaccio. ☎ 0575-78-85-47. Sur la place principale. Tlj (slt le midi dim). Plat du jour env 8 €, part de pizza env 2 €.* Pour la pause déjeuner, c'est dans ce petit café sans prétention que rappliquent les gens qui travaillent dans le coin et les habitués venus en voisin. La terrasse est bien agréable, la petite salle de bistrot pittoresque, mais ce qui fidélise les foules, c'est le plat du jour simple, bon et pas chichiteux, et les savoureuses pizzas à la coupe préparées en direct en fonction de l'affluence. Sympa et pas ruineux.

Ristorante da Alighiero : *via Garibaldi, 8. ☎ 0575-78-80-40. • rist.daalighiero@libero.it • En plein centre. Tlj sf mar, midi et soir. Résa conseillée. Plats 10-14 €.* C'est bien simple, Silvia, la chef, passe son temps le nez dans ses fourneaux. Faut dire qu'ici tout est fait maison, du pain aux amuse-gueule, jusqu'aux desserts. La cuisine s'ancre dans la tradition mais elle bénéficie de quelques touches originales. Salade de foie au *vin santo* et vinaigre balsamique, gnocchis aux cèpes, magrets de canard au romarin et fenouil. Reste plus qu'à trouver une place dans cette noble demeure parmi les bouteilles alignées avec leurs bouchons, signe distinctif de la maison. Dommage que l'accueil ne soit pas toujours à la hauteur.

Vecchia Osteria La Pergola : *à **Tavernelle,** 52031 Anghiari. ☎ 0575-72-23-30. • osterialapergola.it • Dans le bourg de Tavernelle, à 5 km sur la SP 43 en direction d'Arezzo. Ouv tte l'année, tlj sf mar. Plats 9-11 €.* On s'arrête avec grand plaisir dans cette sympathique auberge de campagne. D'abord, parce que l'accueil familial est chaleureux, ensuite, parce que la cuisine de saison des deux sœurs garantit un repas typique tout en saveurs (du genre *ravioli al ragù* ou farcis à la sauge, pâtes aux tomates fraîches au printemps ou aux cèpes en hiver, gibier...). Qu'on s'attable dans l'une des jolies petites salles ou en terrasse, bien tranquille à l'arrière de la maison, on est assuré de passer un bon moment.

Giardini del Vicario : *piazza del Popolo, 7 a. ☎ 0575-78-83-01. • info@giardinidelvicario.it • Entrée à gauche du Palazzo Pretorio. Ouv de mi-mars à mi-nov, tlj (fermé lun en demi-saison).* Quel cadre ! Car ce café discret dissimule une terrasse fleurie formidable, en surplomb d'une vue dégagée sur les environs. Parfait pour boire un verre (on peut y manger quelques assiettes de charcuterie et de fromages, ou des sandwichs, mais ce n'est pas donné).

À voir

Museo di Palazzo Taglieschi : *piazza Mameli, 16. ☎ 0575-78-80-01. Mar-jeu 9h-18h, ven-dim 10h-19h. Fermé lun. Entrée : 4 € ; réduc.* Une visite qui

LE VAL DI CHIANA

vaut la peine, à la fois pour le lieu (un beau palais Renaissance) et pour ses collections. Quelques belles pièces, comme des fonts baptismaux du XIIe s ou encore des fragments de gargouilles, chapiteaux ou sculptures de l'école florentine. Côté céramiques, de la couleur, avec ***Benedetto Buglioni*** et son neveu Santi, mais surtout une très belle *Nativité* de l'atelier d'***Andrea Della Robbia,*** une remarquable *Madone à l'Enfant* de ***Jacopo della Quercia,*** le sculpteur de la *Fonte Gaia* de Sienne. Autrement, statuaire de pierre, christ en croix de tous formats et belle collection d'ex-voto, dont des *cuscinetti* finement brodés. Pour terminer, une petite collection d'armes à feu et des toiles qui marquent la transition entre l'école florentine décadente et le baroque : ***Matteo Rosselli*** et son élève ***Jacopo Vignali.***

Museo della Battaglia *(museo delle Memorie e del Paesaggio nella terra di Anghiari)* **:** *piazza Mameli, 1. ☎ 0575-78-70-23. • anghiari.it • Tlj 9h-13h, 14h30-18h30 ; nov-mars slt 14h30-17h30. Entrée : 3,50 € ; réduc.* Un musée en trois temps. D'abord, une petite présentation générale de la ville et de ses environs (topographie, géologie et toutes ces sortes de choses), puis un peu de préhistoire et d'histoire ancienne (on a dit « un peu »). La pièce rare est une délicate tête du dieu Pan en cristal de roche. Enfin, à l'étage, de grands cartels en italien pour expliquer la bataille d'Anghiari avec quelques reproductions de croquis de Leonardo. Une maquette de la bataille et des vieux fusils. Un peu court au final.

À voir dans les environs

Museo Madonna del Parto : *via delle Reglia, 1, à* ***Monterchi,*** *à env 15 km au sud d'Anghiari. ☎ 0575-70-713. En contrebas du village, au bord de la route. Avr-oct, tlj 9h-13h, 14h-19h ; en hiver, ferme à 17h. Entrée : 5,50 € ; réduc. L'entrée donne droit au musée de la Balance (sans intérêt).* Aux confins de la Toscane et de l'Ombrie, Monterchi doit sa notoriété à une femme enceinte. Et pas n'importe laquelle : la *Madonna del Parto,* **une fresque de Piero della Francesca.** Œuvre éminemment symbolique d'une rare élégance où l'on voit une Vierge au ventre rond dans une attitude hiératique. La fresque fut exécutée en 7 jours en 1460, et son originalité vient du thème traité : à l'époque, la grossesse était plutôt un sujet tabou en Italie. Le réalisme de la scène est frappant ! Deux anges l'encadrent afin d'attirer notre attention. Ces regards sont d'autant plus mystérieux que Piero della Francesca est devenu aveugle à la fin de sa vie. Une œuvre rare donc... dont la municipalité profite pour demander un droit d'entrée excessif (car il ne s'agit en aucun cas d'un musée : le bâtiment ne renferme qu'une vidéo de présentation et la fresque !). Dommage.

SANSEPOLCRO *(52037)*

Une petite ville désormais millénaire, organisée autour de la *piazza Torre di Berta,* où converge un maillage de rues à angle droit cerné de murailles. Sansepolcro est la ville natale de ***Piero della Francesca.*** Le Museo civico garde avec fierté deux de ses plus belles œuvres, dont la *Résurrection,* une œuvre qu'Aldous Huxley, le chantre du New Age, considérait comme le « plus grand chef-d'œuvre du monde ». À une encablure de là, l'***Aboca Museum*** est l'un des plus riches musées traitant de la phytothérapie de l'Antiquité à nos jours. Deux raisons nécessaires et suffisantes pour faire une courte escale ici. Sinon, le deuxième dimanche de septembre se déroule le *Palio della Balestra,* opposant les archers de Gubbio à ceux de Sansepolcro, en costumes d'époque. Pour l'anecdote, sachez que la ville est aussi la capitale de la *pasta* avec les usines *Buitoni.*

➢ Sansepolcro est desservi par le bus de la ligne ***Arezzo-Città di Castello.*** La station des bus se trouve près des remparts, via Marconi, à 100 m à droite de la *porta Fiorentina.*

Adresse utile

ℹ @ ***Ufficio turistico Valtiberina toscana :*** *via Matteotti, 8. ☎ 0575-74-05-36. • valtiberinaintoscana.it • En face de la mairie (Palazzo delle Landi). Avr-oct, tlj 9h30-13h, 14h30-18h30 ; hors saison, tlj 10h30-13h (plus 15h-17h ven-dim).* Bonne doc. 2 ordis à dispo, gratuit les 30 premières minutes.

Où dormir ? Où manger ?

Foresteria di Santa Maria dei Servi : *piazza A. Dotti, 2. ☎ 0575-74-23-47. 339-624-61-94. • info@santamariadeiservi.it • santamariadeiservi.it • Compter env 20 €/pers, petit déj compris. Entre mi-oct et fin avr, l'établissement reçoit slt les groupes (½ pens obligatoire à cette période). CB refusées.* Juste à côté de l'église du même nom. C'était le couvent de l'ordre religieux des serviteurs de Marie. C'est désormais une *foresteria* laïque (donc mixte) proposant 5 petits dortoirs (20 lits au total), plutôt austères mais très propres. Si vous voyagez en groupe, c'est une bonne affaire car la maison équipe les chambres à la demande. Certaines possèdent leur propre salle de bains. Grande salle à manger. Bon accueil.

À voir

Duomo : *via G. Matteotti, 4. Tlj 8h30-12h30, 14h30-18h30.* Il date du XIVe s et fut construit sur la base d'une église du XIe s. C'est une structure à nef unique, sobre, avec un plafond à *capriate,* c'est-à-dire à charpente visible. Il recèle quelques œuvres remarquables : un polyptyque de la Résurrection de ***Niccolò di Segna,*** dont vous apprécierez la finesse des détails sur la prédelle, un ***Santi di Tito*** *(L'Incrédulité de saint Thomas)*, une très colorée *Ascension* du Pérugin et un tabernacle d'***Andrea Della Robbia.*** Dans le cloître attenant, une fresque du début du XVe s représentant la vie de saint Benoît.

Museo civico : *via Niccolò Aggiunti, 65. ☎ 0575-73-22-18. • museocivicosansepolcro.it • De mi-juin à mi-sept, tlj 10h-13h30, 14h30-19h ; hors saison, tlj 10h-13h, 14h30-18h ; fermeture des guichets 30 mn avt. Fermé 1er janv et 25 déc. Entrée : 8 € ; réduc. Le billet donne droit à une réduc à l'Aboca Museum.* Ce musée occupe la totalité du Palazzo dei Conservatori (XIVe s). Il expose des œuvres à caractère sacré provenant des monastères et églises de la région. ***Piero della Francesca,*** l'enfant du pays, y est à l'honneur. Son portrait réalisé par Santi di Tito marque l'entrée de la visite, qui commence par son superbe polyptyque de la Madone de la Miséricorde, dont la prédelle a été mise de côté de manière à pouvoir en apprécier les détails. Plus loin, la pièce rare, *La Résurrection,* avec le Christ déterminé, en porte-étendard, à peine égratigné sur fond d'arbres morts. Notez les soldats endormis à ses pieds, celui qui est de face, c'est un autoportrait de l'artiste. Puis, en vrac, une *Vierge à l'Enfant* d'***Andrea Della Robbia,*** un autre polyptyque de Piero della Francesca (la partie centrale est à la Galerie nationale de Londres), mais aussi des œuvres des deux autres natifs de Sansepolcro que sont les maniéristes ***Giovanni De Vecchi*** et ***Santi di Tito.***

Aboca Museum : *via Niccolò Aggiunti, 75. ☎ 0575-73-35-89. • abocamuseum.it • Avr-sept, tlj 10h-13h, 15h-19h ; oct-mars, tlj sf lun 10h-13h, 14h30-18h. Fermé 1er janv et 25-26 déc. Entrée : 8 € ; réduc. Si vous présentez le billet du Museo civico, vous avez une réduc.* Un musée insolite et réjouissant ! Vous apprendrez tout sur la médecine par les plantes : Aboca recèle plus de 1 500 manuscrits et herbiers de plantes médicinales, dont le plus vieil exemplaire date de 1541. Une vraie mine d'or, d'ailleurs la maison continue de les fouiller pour savoir si une plante non encore synthétisée ne serait pas passée à la trappe au fil de l'histoire. La visite en elle-même est un voyage dans le temps, avec toutes sortes de documents, réceptacles, cornues, fioles, herbiers, lithos de différentes époques. On enchaîne par un parcours à la fois ludique et sensoriel qui, d'une herboristerie du XVe s en passant par une épicerie de 1600 et un labo de la fin du XVIIIe, nous amène dans une officine du XIXe s. Super !

LE CROCO DU LABO

Au début du XVIIe s, les Européens commençaient sérieusement à parcourir le monde. Des pays lointains, ils rapportaient plantes rares, baumes, onguents et concrètes, afin de calmer les « humeurs » des patients. Pour affirmer la rareté, donc la préciosité de ces substances, les apothicaires affichaient quelques objets exotiques. C'est la raison pour laquelle trônait, dans chaque officine, un crocodile.

CASTIGLION FIORENTINO (52035)

Point névralgique entre les *lucomonies* (villes) d'Arezzo et de Cortona pendant la période étrusque, Castiglion Fiorentino, baptisée ainsi lorsqu'elle tombe sous la coupe de Florence au XVIe s, est une petite halte très agréable sur la route du val di Chiana. Au-delà de la belle porte fortifiée, un dédale de ruelles vénérables escalade la colline jusqu'à la *piazza del Commune,* d'où la vue sur la campagne à travers de larges arcades est absolument magique. La ville natale de Roberto Benigni ne manque pas de panache, surtout le troisième week-end de juin, lorsqu'elle organise *il Palio dei Rioni,* une course hippique opposant les trois *terzieri* de la ville. À ne pas manquer aussi, la procession de la Semaine sainte, et la très prisée crèche vivante aux environs de Noël. Bref, une petite ville de traditions...

Adresse utile

Ufficio Pro Loco : *piazza Risorgimento, 19. ☎ 0575-65-82-78. • prolococastiglionfiorentino.it • En dehors des remparts, sur la placette en contrebas de la porte. L'été, tlj sf dim 10h-12h, 16h-18h ; l'hiver, slt le mat, plus l'ap-m mar et ven.*

Où déguster une bonne glace ?

100 % Gelato : *piazza Risorgimento, 11. 328-955-38-72. En dehors des remparts, en bas de la placette en contrebas de la porte. Tlj 11h-minuit. Congés : nov-fév.* Petite *gelateria* pimpante tenue par une jeune équipe dynamique. Leurs glaces bien crémeuses, et préparées avec des fruits frais, sont la meilleure des récompenses après avoir arpenté les ruelles pentues de la vieille ville !

À voir

Pinacoteca Comunale : *via del Cassero, 6. ☎ 0575-65-74-66. En haut du village, au-dessus de la piazza del Municipio. Lun-sam 10h-13h (plus 15h-18h30 lun, mar et jeu). L'hiver, ouv selon disponibilités (téléphoner). Entrée : 3 € ; réduc. Billet combiné avec le Museo archeologico et la Torre : 5 €.* Aménagée dans l'ancienne église Sant'Angelo, la petite pinacothèque présente une courte, mais intéressante, collection d'œuvres d'art religieux (beaux reliquaires médiévaux notamment), ainsi que des peintures de l'école toscane : ***Taddeo Gaddi*** (XIVe s), mais surtout ***Bartolomeo della Gatta,*** au siècle suivant, connu pour avoir exécuté une partie des fresques de la chapelle Sixtine. Également quelques belles compositions de ***Giovanni Domenico Ferretti.***

Museo archeologico : *dans le Palazzo Pretorio. ☎ 0575-65-94-57. Mêmes tarifs et horaires que la pinacothèque.* Quelques salles rassemblent une poignées d'objets étrusques découverts à l'occasion de fouilles dans le secteur (belles statues, urnes funéraires, section sur l'écriture...). Sympa, mais pas indispensable.

Torre del Cassero : *s'adresser au museo pour qu'ils ouvrent la porte. Entrée : 1,50 € ; billet combiné avec les autres sites : 5 €. 5 pers à la fois.* Belle et haute tour solitaire du XIVe s, où l'on peut grimper pour profiter de la vue.

LE VAL D'ELSA

La vallée du fleuve Elsa, située à l'ouest de Sienne, fut toujours un carrefour d'importance du fait de sa position stratégique sur la route Francigena, arrière-garde de Volterra, ultime bastion entre Florence, Sienne et la mer. Pas étonnant donc que les bourgs se dressent ici en nids d'aigle, piqués de hautes tours guettant l'horizon, éternelles sentinelles surplombant les landes ordonnées.

MONTERIGGIONI (53035) 9 160 hab.

Édifiées le long de la voie Francigena, qui reliait Rome à l'Europe du Nord, les fortifications lombardes de Monteriggioni remontent au XIIIe s. Ce bourg bardé de remparts fut construit en 6 ans autour d'une ferme. D'où la place principale qui a su rester merveilleusement dans son jus. Aucune construction récente. Quatorze tours reliées par des murailles (totalement intactes) forment le système de défense qui offrit refuge à de nombreux Siennois au moment de leur face-à-face avec les Florentins. L'entrée du bourg est interdite aux véhicules, comme presque partout en Italie !

Arriver – Quitter

En voiture

Sur la SS 552. *Sienne :* 15 km ; *Florence :* 55 km ; *San Gimignano :* 15 km.

En bus

Bus Trainspa : *☎ 0577-20-41-11.* Liaisons par bus entre Sienne et San Gimignano via Colle di Val d'Elsa. Certains de ces bus passent par Monteriggioni (lignes 1310 A et R). Pas de liaisons le w-e.

En train

Le train est le moyen le plus pratique pour se rendre à Monteriggioni.

Stazione FS : *à* ***Castellina in Chianti-Monteriggioni,*** *à 3 km au nord de Monterrigioni.* Castellina est sur la ligne Sienne-Empoli-Florence. De la gare, pas de liaisons en bus pour le village.

➢ ***Florence :*** 1 train presque ttes les heures, passant par Empoli, Certaldo, Sienne et Poggibonsi.

Adresse et info utiles

Ufficio turistico : *petit bureau dans l'enceinte, sur la place, à gauche de l'église. ☎ 0577-30-48-34. • info@monteriggioniturismo.it • monteriggioniturismo.it • Avr à mi-sept, tlj 9h30-13h30, 14h-19h30 ; hors saison,* *tlj 10h-13h30, 14h-16h sf mar. Congés : 16 janv-15 fév.* Dans le même local, un minimusée *Monteriggioni in arme* (voir la rubrique « À voir. À faire »).

Parkings : *2 parkings payants. L'un au pied de la colline (2 €/j.) et l'autre au pied des remparts (3 €/j.).*

Où dormir ? Où manger ?

Prix moyens

Casa per Ferie Santa Maria Assunta : *juste à gauche de l'église, sous la voûte et en face.* ☎ *0577-30-40-66.* • *monteriggioniviafrancigena.it* • *Compter 50-80 € pour 2 (2 lits à 1 place).* Ce lieu dédié aux pèlerins consacre 5 chambres aux touristes de passage. Pas le grand luxe. Déco des chambres parfaitement monacales évidemment, mais ça peut dépanner. Cuisine à dispo. Carré de verdure agréable, donnant sur la vallée.

Romantik Hotel Monteriggioni : *via 1° Maggio, 4.* ☎ *0577-30-50-09.* • *monteriggioni@romantikhotels.com* • *romantikhotels.com/Monteriggioni* • *Résa conseillée. Double env 230 €.* Quand on aime, on ne compte pas ! Petit hôtel chic de 11 chambres donnant sur un jardin planté d'oliviers et entouré par les remparts de la ville. Un havre de quiétude et pourtant au cœur de la cité médiévale. Piscine.

Ristorante Il Pozzo : *piazza Roma, 20.* ☎ *0577-30-41-27.* *Fermé dim soir-lun. Congés : 6 janv-12 fév. Repas env 35-40 €.* Terrasse donnant sur la jolie place du village, abritée par des parasols. La cuisine reste très honorable et *casalinga* (« comme à la maison »). Essayer les *crostini toscani* (des tartines de pain aromatisées à différentes sauces), le *prosciutto toscano* ou encore les *ravioli di ricotta e spinaci.* Accueil moyen.

Où dormir ? Où manger dans les environs ?

Bon marché

Camping Luxor : *loc.* ***Trasqua,*** *Monteriggioni, 53011 Castellina in Chianti.* ☎ *0577-74-30-47.* • *info@luxorcamping.com* • *luxorcamping.com* • *À quelques km du bourg, en direction de Sienne. Compter env 30 € pour 2 avec voiture et tente.* Après quelques kilomètres sur une route étroite et caillouteuse à travers vignes et champs, on trouve le camping dans la forêt. Très tranquille donc, ombragé, propre. Snack et piscine. Douche chaude payante. Ne convient, bien sûr, qu'aux motorisés.

Bar dell'Orso : *via Cassia Nord, 23, loc.* ***La Colonna.*** ☎ *0577-30-50-74.* • *orsobar@libero.it* • *À 1 km de Monteriggioni. Ouv jusqu'à 23h30. Repas complet env 22 € (sans la boisson).* Voilà le genre de bar-épicerie-snack qu'on adore ! Situé le long de la nationale, mais, une fois à l'intérieur, on découvre un grand comptoir où se retrouvent les habitués. Savoureuses spécialités italiennes exposées derrière le comptoir, large choix de charcuteries fines et fromages. On paie au poids et l'on se régale de bons produits frais. Pour les plus pressés, copieux panini préparés à la demande. Le tout mené d'une main de maître(sse) par 3 générations de femmes.

Chic

Albergo Casalta : *via XVII Marzo, 22,* ***Strove,*** *53035 Monteriggioni.* ☎ *0577-30-10-02.* • *albergo@ristorantecasalta.it* • *hotelcasalta.it* • *Congés : 10 janv-15 mars. Doubles avec bains 75-100 €.* Petit hôtel de famille dans une maison de pierre datant du XIVe s, perdue parmi les tuiles romanes du hameau. Belles chambres rustiques, agrémentées de tout le confort (TV, minibar, téléphone...). La n° 5, avec sa mezzanine, ne manque pas de cachet. Un îlot de silence.

Accueil courtois. Mais c'est aussi un excellent resto (voir ci-dessous).

Ristorante Casalta : *via Matteotti, 220,* ***Strove,*** *53035 Monteriggioni. ☎ 0577-30-12-38. • info@ristorantecasalta.it • Fermé mer. Congés : 10 janv-12 fév. Résa conseillée. Menus dégustation 50-55 € ;* primi *env 15 €,* secondi *env 25 €.* À la tête de cette maison, Lazzaro Cimadoro, jeune chef de son état, formé par Gaetano Trovato, chef étoilé. En salle, Barbara, dont le geste, la voix et l'accueil mettent à l'aise. Si la carte est courte, tout fait envie : *pici con sugo di cinghiale, tagliolini con coda di rospo e crema di broccoli* et tant d'autres délices. Une cuisine harmonieuse qui puise son inspiration dans le terroir et la tradition. Cave exceptionnelle qui ne plombera pas l'addition (certains vins servis au verre). L'une des meilleures tables de la région.

À voir. À faire

La balade des remparts : *achat des billets (2 € ; gratuit jusqu'à 12 ans) directement au niveau des remparts ou à l'office de tourisme (billet jumelé avec le petit musée ci-dessous à 4 €).* Deux bouts de remparts ont été réaménagés, mais ils ne font pas le tour de l'enceinte. Belle vue.

Monteriggioni in arme : *dans l'office de tourisme (mêmes horaires que celui-ci ; entrée : 3 € ; 4 € avec l'accès aux remparts).* Quelques armures et de modestes vitrines issues de fouilles locales. Un truc amusant : on peut essayer des bouts d'armures. Dieu que c'est lourd !

DANS LES ENVIRONS DE MONTERIGGIONI

Abbadia a Isola : petit village médiéval groupé autour de l'ancienne abbaye cistercienne de San Salvatore, dominant légèrement la plaine alentour.

COLLE DI VAL D'ELSA

21 600 hab.

À environ 10 km au sud-est de San Gimignano, Colle di Val d'Elsa se divise en deux parties : *Colle Alta,* la villa haute édifiée sur le lieu de l'ancien château de Piticciano, et *Colle Bassa* (Il Piano), la ville basse. Comme dans les « grandes petites villes » médiévales, il y a deux cités en une. La ville basse, moderne et animée, qui cohabite avec sa voisine haut perchée, sans se confondre avec elle, et la partie médiévale, haut perchée sur son éperon rocheux, visitée le jour, étrangement tranquille le soir venu. La ville haute se visite à pied, en se perdant dans les ruelles bordées de palais et maisons seigneuriales des XIIIe et XVe s. On y accède par un ascenseur depuis la place principale ou par un escalier entre le *borgo* et le *castello.*

UN PEU D'HISTOIRE

Très tôt, les usines à papier et moulins à foulon installés sur les biefs aménagés au fil de l'Elsa affirment sa vocation industrielle. Mais la production du verre prendra le dessus, à tel point qu'au XIXe s la ville était appelée « la Bohême italienne ». Aujourd'hui, Colle s'enorgueillit de détenir 15 % de la production mondiale de cristal. Plusieurs magasins d'usine dans la ville basse. Un musée retrace cette histoire.

Arriver – Quitter

En bus

La gare routière pour toutes les compagnies et toutes les destinations se situe via Bilenchi, à l'arrière de la piazza Arnolfo di Cambio.

■ ***Siena Mobilità / Tiemme :*** *☎ 800-570-530 (nº Vert). • sienamobilita.it • Plusieurs points de vente dont un piazza Arnolfo di Cambio. ☎ 0577-92-13-34. Ouv lun-sam 6h40-13h30 et 15h30-20h50.*

➢ Liaisons avec **Florence** (1 bus/h, avec changement à Poggibonsi, durée : env 1h), **Sienne** (1 bus/h, durée : 30 mn), **Monteriggioni** (4/j. ; aucun le dim) et **San Gimignano** (2 bus/h, durée : 35 mn).

■ ***CPT*** *(Compagnia Pisana Transporti) :* *☎ 199-120-150 (nº Vert). • cpt.pisa.it •*

➢ De Colle di Val d'Elsa, on peut rejoindre **Volterra** par la ligne 770 *CPT* qui circule 4 fois/j. entre les 2 villes (1 fois slt dim et j. fériés). Départ de la station de bus. Durée : 50 mn.

En train

Stazione FS : *à Poggibonsi, à 10 km au nord de Colle di Val d'Elsa.* Ensuite, prendre le bus. Pas très pratique.

➢ ***Florence et Sienne :*** 1 train ttes les heures, passant par Empoli et Certaldo.

Adresses utiles

ℹ ***Pro Loco Informations touristiques :*** *via del Castello, 33. ☎ 0577-92-27-91. • turisticocolle@tiscali.it • comune.collevaldelsa.it • Juin-oct, tlj 10h-12h30, 15h30-18h ; l'hiver, jeu-dim 10h30-12h30, plus 15h30-18h w-e.* Plan de la ville. Infos sur les transports et réservation d'hébergement.

ℹ ***Punto città :*** *piazza Arnolfo di Cambio, 9. ☎ 0577-92-13-34. • puntocitta@invaldelsa.it • Lun-sam 6h40-13h30, 15h30-19h ; dim et j. fériés 8h-13h45.* Vente de billets de bus de la compagnie *Siena Mobilità / Tiemme.*

✉ ***Poste :*** *via Don Minzoni, 33. Lun-sam 8h25-19h10 (12h35 sam).*

Stationnement et accès à la ville haute

🅿 Le *borgo* et le *castello* (la vieille ville) ne sont pas accessibles aux voitures. Le plus simple est de se garer dans le parking gratuit au pied de la vieille ville, situé sur la SS 68, et de grimper par l'escalier. Sinon, stationner sur l'un des 2 parkings (payants) à proximité de la piazza Arnolfo di Cambio et prendre l'ascenseur public situé via Meoni, à 5 mn de la piazza, en prenant la via Garibaldi.

Où dormir ? Où manger ? Où boire un verre ?

Curieusement, très peu d'hôtels dans la ville haute de Colle, mis à part le (très cher et assez prétentieux) *Palazzo San Lorenzo,* aux chambres froides.

■ ***Arnolfo B & B :*** *via F. Campana, 53. ☎ 0577-92-20-20. • arnolfo@temainf.it • arnolfobb.it • Dans la ville haute. Accueil 9h-13h, 15h-21h. Doubles 75-82 €, avec petit déj.* Au pied du pont reliant le *borgo* et le *castello,* un *B & B* installé dans une grande maison ancienne restaurée avec goût. Une dizaine de chambres de bon confort (TV écran plat, clim, salle de bains moderne...) réparties sur 3 niveaux, avec 3 entrées. L'intérieur a un aspect un peu labyrinthique, c'est tout son charme. Spacieuses et hautes de plafond, elles ont un caractère ancien avec pierres apparentes. La plus romantique de toutes est au rez-de-chaussée, mais ce n'est pas la plus confortable. Petit déj servi dans le jardin ou dans une salle voûtée. Accueil jovial.

L'Angolo di Sapia Winebar : *via del Castello, 14 b (dans le renfoncement de la rue qui se termine par la terrasse Bastione di Sapia), dans la ville haute. ☎ 0577-92-14-53. • bastionesapia@libero.it • Avr-oct, tlj sf dim soir-lun 12h30-15h, 19h-1h. Congés : 3 sem en janv-fév et 2 sem en nov. Plats 8-13 € ; repas 20 €.* Belle salle voûtée et très colorée, mais on vient surtout pour sa belle terrasse qui surplombe le val d'Elsa. Beatrice, la maîtresse des lieux, vous accueille avec le sourire... et en français s'il vous plaît ! Bons *pici al ragù, trippa alla fiorentina* et excellents *gnocchi con carciofi e pecorino.*

Officina della Cucina Popolare : *via Gracco del Secco, 86, dans la ville haute. ☎ 0577-92-17-96. • matteo.infoofficina@gmail.com • À 150 m de la porte porta Salis (donc tt en haut de la ville haute). Ouv ts les soirs, plus le midi ven-dim. Congés : fév. Repas complet 20-35 €. Digestif offert sur présentation de ce guide.* Tenu par un jeune chef dynamique, qui revisite les classiques avec imagination (*agnello ripieno di carciofi e pecorino,* bonnes *trippa alla colligiana...*). On retrouve les bonnes recettes toscanes réinventées dans une atmosphère gentiment bohème. Service adorable et petite terrasse sur rue.

Trattoria Bel Mi'Colle : *via Garibaldi, 54. ☎ 0577-92-28-37. • trattoriabelmicolle.it • Ouv tlj sf lun. Dans la ville basse, à 200 m de la place Arnolfo di Cambio.* Petite terrasse dans la rue, salle intérieure mignonne, et excellente cuisine servie avec amabilité et efficacité. Des plats toscans soignés, bien mijotés... d'un très bon rapport qualité-prix. *Spaghetti con animelle, tortello di tripa, scottiglia...*

Chic

Ristorante Antica Trattoria : *piazza Arnolfo di Cambio, 23, dans la ville basse, sur la grande place. ☎ 0577-92-37-47. Fermé mar. Congés : janv et 10 j. en juin. Compter 40-45 € ; couvert 4 € ! Digestif offert sur présentation de ce guide.* Une adresse bien connue des locaux, tenue avec soin et savoir-faire par la famille Paradisi. Le décor est plus élaboré qu'une simple trattoria. On y vient pour déguster une pintade au *vino santo,* des calamars farcis aux tomates vertes, du pigeon au lard, des *pici* au ragoût de chevreuil ou les éternelles tripes. Pour s'en tirer au meilleur prix, se contenter d'un poulet au chianti *alla diavola.* Bref, une cuisine toscane raffinée, mais addition en conséquence.

À voir

– Il existe un billet unique pour les trois musées de la ville à 6 € (réduc).

Museo civico et museo diocesano d'Arte sacra *(dans le Palazzo dei Priori) : via del Castello, 33. ☎ 0577-92-38-88. • cultura@comune.collevaldelsa.it • Ouv 11h30-17h : mai-oct, tlj sf lun ; nov-avr, w-e et j. fériés slt. Entrée : 4 € ; réduc.* Il donne un bon aperçu de la création artistique dans le val d'Elsa du VIe au XXe s. Ce musée possède une belle collection de tableaux du XVIIe au XIXe s, mais l'une des œuvres majeures est le célèbre *Maestro di Badio a Isola,* œuvre d'un Siennois inconnu. On raconte qu'il a travaillé avec Duccio di Buoninsegna à la fin du XIIIe s. Également un très beau crucifix en bois polychrome de Marco Romano, datant du début XIVe s.

Museo archeologico : *piazza del Duomo, 42 (dans le Palazzo Pretorio). ☎ 0577-92-29-54. • museo.archeologico@comune.collevaldelsa.it • Mai-sept, tlj sf lun 10h30-12h30, 16h30-19h30 ; oct-avr, mar-ven 15h30-17h30, w-e 10h30-12h30, 15h-18h30. Entrée : 4 € ; réduc.* Plusieurs œuvres majeures de l'époque étrusque, dont deux nécropoles, *Ville* et *Domatia,* retrouvées dans les environs de Colle. Également de belles pièces (dont de magnifiques vases noirs) datant du VIIe s av. J.-C., provenant de la tombe de la famille noble Pierini ; la plus riche découverte faite en Étrurie du Nord. Pour les inconditionnels de la période étrusque.

🏛🏛 ***Museo del Cristallo :*** *via dei Fossi, dans la ville basse.* ☎ *0577-92-41-35.* • *info@cristallo.org* • *Mêmes horaires que le Museo archeologico. Entrée : 4 € ; réduc.* L'industrie du verre à Colle débuta en 1820 avec un Français, François Mathis. À sa mort, en 1832, c'est le Bavarois Giovan Schmid qui reprit les rênes, à la tête de l'entreprise. Grâce à lui, l'usine obtint même la médaille d'or à l'Exposition universelle de Paris en 1855. Les héritiers de ce dernier étant en désaccord, c'est finalement Alfonso Nardi, un vitrier d'Empoli, qui reprit l'affaire en 1889. Le musée, situé sur l'ancienne usine de verre Boschi (du nom de son dernier directeur), retrace, sur deux niveaux, l'histoire du cristal à travers de nombreuses pièces provenant de collections publiques et privées. À noter que la présentation et la muséographie de qualité doivent beaucoup à l'architecte qui a conçu là un design remarquable. Pour info, sachez qu'on produit à Colle 15 % du cristal mondial et 95 % du cristal italien.

🏛🏛 ***Duomo :*** *piazza del Duomo.* S'il vous reste un peu de temps, allez voir l'intérieur de la *concattedrale dei Santi Alberto et Marziale* : on y admire quelques belles œuvres de la fin du XVIe-début du XVIIe s. En ressortant, ne manquez pas de descendre dans la crypte.

🏛🏛 La rue la plus intéressante de la ville haute est la ***via del Castello.*** On y accède par un étonnant passage voûté sous le beau et vieux palais Campana. Très impressionnant et surtout très agréable quand il fait une chaleur caniculaire !

DANS LES ENVIRONS DE COLLE DI VAL D'ELSA

CASOLE DI VAL D'ELSA

➢ À 13 km au sud-ouest de Colle di Val d'Elsa.

Dans un paysage toscan intemporel, voici un très beau village perché de 3 000 habitants, où le temps semble s'être arrêté. Au Moyen Âge, il a défendu Sienne avec ardeur face à ses ennemies de toujours, Florence et San Gimignano. Aujourd'hui, même s'il ne reste de ce bastion siennois que les tours rondes des anciens remparts, on n'en est pas moins tombé sous le charme. Cette petite bourgade rurale a su préserver jalousement ses ruelles entrelacées, son architecture, ses magnifiques bâtiments médiévaux quasi intacts, ainsi que la fête séculaire du *Palio.* On accède au cœur de la ville par un ascenseur qui mène directement à la piazza della Libertà.

VOLTERRA (56048) 11 000 hab.

▸ Pour le plan de Volterra, se reporter au cahier couleur.

Perchée sur sa haute colline, Volterra porte les traces des civilisations qui s'y établirent successivement. C'est l'une des plus anciennes cités de la grande fédération étrusque. Elle gouverna la Toscane jusqu'à l'arrivée de Scipion en 298 av. J.-C. Après de longues luttes et une indépendance précaire, elle tomba sous la tutelle de Florence vers 1360. Le charme un

peu sévère de Volterra, appelée aussi « la cité du Vent », ravira nos lecteurs romantiques. D'ailleurs, avant eux, Stendhal vint y poursuivre une histoire d'amour malheureuse. D. H. Lawrence trouva sur ses remparts une riche inspiration, et le ténébreux Visconti y tourna *Sandra.* La balade de bonne heure le matin sur la piazza dei Priori, l'une des plus belles places médiévales d'Italie, sera l'un de vos temps forts toscans. Refaire la même chose le soir en sera un autre.

Arriver – Quitter

En voiture

Sienne : 55 km ; *Florence :* 84 km ; *San Gimignano :* 30 km ; *Colle di Val d'Elsa :* 28 km.

En bus

Gare routière au niveau du parking P1 *(plan couleur A2),* sur la piazza Marteri della Libertà. Billets à acheter dans les tabacs. Le moyen de transport en commun le plus pratique.

Bus CPT : *☎ 199-120-150 (nº Vert).* • *cpt.pisa.it* •

➢ ***Pise :*** env 10 bus/j., ts avec correspondance à Pontederra ; 1 slt dim et j. fériés. Au total compter 2h30.

➢ ***Colle di Val d'Elsa :*** env 4 bus directs/j. (A/R), 1 slt sam, dim et j. fériés. Durée : 50 mn. Passe par Colle di Val d'Elsa et Poggibonsi.

➢ ***Florence, Sienne et San Gimignano :*** pas de bus direct, prendre un bus jusqu'à Colle di Val d'Elsa. Puis en prendre un autre jusqu'à ces destinations.

Stationnement

Comme d'habitude, impossible de pénétrer à l'intérieur des murailles en voiture, sauf si vous avez une réservation dans un hôtel, juste le temps de déposer vos bagages.

P ***Parkings payants :*** *piazza della Libertà, près du parc archéologique (plan couleur A2,* ***1****). Parking souterrain P1, dit « La Dogana », sur plusieurs niveaux. Compter 11 €/j. Parking P4 (plan couleur A-B1-2,* ***4****) à la porta Fiorentina. Compter 1,50 €/h, gratuit la nuit. Attention le parking P2 (plan couleur B2,* ***2****) est réservé aux résidents. Également le parking P3 à la porta Docciola (plan couleur B2,* ***3****). Compter 8 €/j.*

P ***Parkings gratuits :*** *tt autour de la ville, à l'extérieur, près des portes. Parkings P5 et P6 (plan couleur A1,* ***5*** *et* ***6****), ainsi que celui face au Seminario Vescovile Volterra Sant'Andrea (plan couleur B2,* ***14****). Le parking P8 de la porta San Francesco (plan couleur A1,* ***8****) n'est gratuit que les 2 premières heures.*

P ***Parking camping*** *(hors plan couleur par A1,* ***9****)* ***:*** *près du camping* Le Balze *se trouve une zone où les camping-cars viennent se garer lorsque le camping est fermé (l'hiver), à 2 km de la ville.*

P ***Parking municipal*** *(hors plan couleur par B2,* ***10****)* ***:*** *à la* Vecchia Stazione *(ancienne gare), juste à l'extérieur des remparts, route de Florence, à droite, face à la station* Esso *(6 € la journée, 4 € après 14h).*

Adresses utiles

i ***Ufficio turistico*** *(plan couleur A2)* ***:*** *piazza dei Priori, 20. ☎ 0588-87-257.* • *volterratur.it* • *Tte l'année, tlj 9h30-13h, 14h-18h.* Accueil professionnel, efficace et aimable (en français). Plan de ville bien fait, infos sur les hébergements, les musées... Peut faire les résas dans les hôtels et les *B & B* de la région. Location d'audioguides en français (tour de 45 mn) pour 5 € (prévoir une pièce d'identité).

✉ ***Poste*** *(plan couleur A2)* ***:*** *piazza dei Priori, 14. Lun-sam 8h25-19h10 (12h35 sam).*

Où dormir à Volterra et dans les environs ?

Camping, auberge de jeunesse, monastère, hôtels et de nombreux *B & B*... le choix est large pour une halte agréable à Volterra, quel que soit votre budget.

Camping

Camping Le Balze (hors plan couleur par A1) : *via di Mandringa, 15. ☎ 0588-87-880. • campinglebalze@hotmail.it • campinglebalze.com • À env 1 km de Volterra. En contrebas du bourg, en direction de Pontedera. Ouv de Pâques à mi-oct. Réception 8h-11h, 16h-21h (horaires un peu variables). Compter env 28 € pour 2 avec tente et voiture. (payant).* Un camping de taille moyenne bien situé, avec des emplacements ombragés, en tête de la falaise. Équipements et sanitaires entièrement rénovés. Belle vue sur la campagne autour de Volterra. Pas de resto mais une agréable piscine. Bus fréquents pour le centre, pour ceux qui ont mal aux pieds !

Bon marché

Ostello della Gioventù (hors plan couleur par B2, **12**) : *via del Teatro, 4, loc. **Girolamo.** ☎ 0588-86-613. • info@ostellovolterra.it • ostellovolterra.it • Un peu excentré, à la sortie de Volterra, en direction de Sienne et Florence. Juste après la pompe à essence, prendre à gauche vers l'hôpital. L'auberge est indiquée sur la droite, dans l'enceinte de l'hôpital. Ouv mars-nov. Réception 7h-13h, 15h-23h. En dortoir, compter 16-18 €/pers selon saison ; petit déj 6 €. Chambres privatives (pour 2 pers) avec sdb 62-69 € selon saison, petit déj inclus. (payant).* Une auberge entièrement réhabilitée, aménagée dans un ancien couvent franciscain du XVe s. Comptant une centaine de lits, l'ensemble est vraiment impeccable, la déco monacale et dépouillée dans son style, mais les prestations et le confort sont dignes d'un hôtel. Grand patio agréable. Une vingtaine de chambres doubles avec TV écran plat et des petits dortoirs pour 4-6 personnes. Il y a aussi des chambres pour 3, 4, 5 et 6 personnes. Celles de 4 personnes partagent une salle de bains avec une autre chambre. Cafétéria et salle de TV.

Seminario Vescovile Volterra Sant'Andrea (plan couleur B1, **14**) : *viale Vittorio Veneto, 2. ☎ 0588-86-028. De la porte Selci ou Marcoli, suivre la route vers le nord, c'est au bout (10 mn à pied env). Ouv mars-sept. Réception 8h-20h. Attention, couvre-feu à minuit. Lit env 16 €/pers en dortoir sans sdb et 20 €/pers avec sdb ; pas de petit déj. Grand parking gratuit juste devant.* Ce monastère du XVIe s abrite à l'étage quelques grands dortoirs modestes et sans prétention. Chaque dortoir compte 8-12 lits alignés en rang d'oignons, avec salle de bains commune, d'autres avec sanitaires sur le palier. Vastes couloirs, grands escaliers, l'ensemble est vieillot, austère, mais très au calme. Pour dépanner si tout est complet.

De prix moyens à chic

La Primavera B & B (plan couleur A-B1, **15**) : *via Porta Diana, 15. ☎ 0588-87-295. • info@affittacamerelaprimavera.com • affittacamerelaprimavera.com • À deux pas de la porta Fiorentina. Double 75 €, petit déj compris.* Petite maison moderne entourée d'un jardin, avec des chambres impeccables, spacieuses et joliment aménagées. Deux avantages ici : parking gratuit dans l'enceinte de la maison et un carré de verdure pour les fins d'après-midi. Accueil cordial.

Albergo Etruria (plan couleur A-B2, **11**) : *via Matteotti, 32. ☎ 0588-87-377. • info@albergoetruria.it • albergoetruria.it • Congés : de mi-janv à fév. Doubles 69-99 €, beau petit déj-buffet compris.* Idéalement situé au cœur du centre historique, ce petit hôtel à taille humaine dispose d'une vingtaine de chambres sobres et claires, tout à fait charmantes, la plupart avec balcon. Agréables petits salons pour bouquiner et adorable double jardin-terrasse, avec une pelouse pour la bronzette ! Il y a même une chambre donnant sur cette terrasse aux bonnes odeurs de jasmin. Excellent accueil francophone. Le prix de la chambre inclut l'accès à la piscine de leur hôtel de campagne *Cavallino Blu* (à 5 mn du centre-ville).

Hotel San Lino *(plan couleur A1, **13**) : via San Lino, 26. ☎ 0588-85-250. • info@hotelsanlino.com • hotelsanlino.com • À 150m de la porte San Francesco. Ouv tte l'année. Résa conseillée. Doubles tt confort 90-105 € (20 €/pers en plus), petit déj inclus. Parking 11 €.* Un hôtel très confortable installé dans un ancien couvent aux murs larges. L'ensemble est très bien arrangé et ne manque pas de caractère grâce à une déco soignée (celle des chambres est plus standard). Une quarantaine de chambres classiques avec AC, certaines donnant sur rue mais la plupart ouvertes sur la belle piscine au cœur de l'édifice (nos préférées). Une adresse de charme au calme.

Hotel La Locanda *(plan couleur B2, **16**) : via Guarnacci, 24-28. ☎ 0588-81-547. • staff@hotel-lalocanda.com • hotel-lalocanda.com • Doubles standard 93-129 € selon saison ; supérieure avec jacuzzi 189 € ; petit déj compris.* Difficile de trouver meilleur emplacement que cet hôtel au cœur de la ville, de style classique, proposant des chambres de qualité. Moquette rouge au sol, lit copie Louis XVI (ou XV on ne sait plus) pour certaines. Toutes avec minibar et AC. Chambres familiales également.

Où manger ? Où boire un verre ?

On y mange fort bien : spécialités de charcuterie artisanale, de lapin *(coniglio)* et surtout de lièvre *(lepre)*. La campagne alentour réserve quant à elle de bonnes surprises.

Bon marché

La Carabaccia *(plan couleur B2, **25**) : piazza XX Settembre, 4-5. ☎ 0588-86-239. • info-lacarabaccia@libero.it • Tlj sf lun. Congés : nov. Repas 20-25 €. Coperto offert sur présentation de ce guide.* Sympathique *slow food,* dans une agréable salle à la déco fraîche, pleine d'ustensiles de cuisine et d'outils agricoles. Le resto est tenu par 3 jeunes femmes en robe paysanne proposant une cuisine traditionnelle toscane à base de bons produits locaux. La carte change tous les jours, selon le marché et la saison, avec une spécialité : la *zuppa carabaccia.* Belle terrasse ombragée sur la place.

L'Incontro *(plan couleur A2, **21**) : via G. Matteotti, 18. ☎ 0588-80-500. Tlj 7h-23h. Plats 10-15 €.* Bar à vins et fin glacier qui propose à toute heure quelques bons chocolats, des pâtisseries et les classiques *crostini* ou *bruschette.* Excellents *panforte* et *brutti ma buoni.*

Da Bado *(hors plan couleur par B2, **22**) : borgo San Lazzero, 9. 342-395-83-85. • info@trattoriadabado.com • À 5 mn à pied à l'extérieur des remparts par la porta Selci, juste au carrefour de la route qui mène à l'hôpital. Tlj sf mer, midi et soir. Plats 10-16 €.* Un bar-resto qui pourrait passer inaperçu mais qui mérite que l'on pousse la porte. Les habitants de Volterra tout comme les touristes apprécient cette trattoria qui a fait ses preuves avec le temps. Servie copieusement, sans chichis et avec le sourire, la cuisine est goûteuse. Belles charcuteries et superbe risotto.

La Vena di Vino *(plan couleur B2, **20**) : via Don Minzoni, 30. ☎ 0588-81-491. • info@lavenadivino.com • En face du Musée étrusque. Tlj sf mar 11h30-1h. Congés : 1 mois en hiver. Plats 8-12 €. Dégustation de vins 10-15 € (3-5 vins).* Cette petite *enoteca* comporte 2 caves à la fraîcheur salutaire (l'été), renfermant des bouteilles provenant de la plupart des grands vignobles italiens. On boit et on mange toutes sortes de charcuteries et de fromages, sur de grandes tables communes, dans une ambiance conviviale et amicale. On peut aussi goûter au *ponce,* sorte de punch local à base de rhum ou de cognac. Au plafond, une insolite collection de... soutiens-gorge, les fétiches porte-bonheur du patron.

Prix moyens

Iol **Trattoria Il Sacco Fiorentino** *(plan couleur A2, **24**)* **:** *via Turazza, 13. ☎ 0588-88-537. Tlj sf mer, midi et soir. Congés : janv-fév. Menus dégustation 25-28 € ; plats 10-15 €. Café offert sur présentation de ce guide.* Cuisine servie dans une salle voûtée agréable et fraîche ou sur une petite terrasse accolée au Palazzo Viti. Plats assez sophistiqués (*garganelli al ragù e porcini*, pigeon au four, coquelet aux olives, sanglier au chianti...). Une bonne adresse.

Très chic

Iol **Enoteca Del Duca** *(plan couleur A2, **23**)* **:** *via di Castello, 2. ☎ 0588-81-510. • delduca@sirt.pisa.it • agriturismo-marcampo.com • ♿ Tlj sf mar hors saison, midi et soir. Congés : 2 sem en janv-fév. Plats 12-22 € ; repas 32-42 €. Apéritif maison offert sur présentation de ce guide.* Installé au pied du parc E. Fiumi, le resto dispose d'une terrasse verdoyante sur l'arrière. Sinon, on dîne dans la salle voûtée, entourée de rayonnages de vins. Menus changeant au rythme des saisons, mais produits frais et pâtes maison. Le chef enrichit ses petits plats typiques et gastronomiques d'un soupçon de créativité. Propose aussi des plats végétariens. Ainsi que des chambres dans leur *agriturismo Marcampo*, à 4 km de Volterra.

Où manger dans les environs ?

Iol **Trattoria Albana :** *via Comunale, 69, loc. **Mazzolla.** ☎ 0588-39-001. • trattorialbana@hotmail.it • Sur la route de Colle di Val d'Elsa, à 4 km tourner à droite, puis faire encore 2 km jusqu'au village. Tlj midi et soir. Compter moins de 15 € pour une « pâte » et un verre de rosso ; 25-30 € pour un repas. 📶 Café offert sur présentation de ce guide.* Un des restos du bout du monde comme on les aime, au cœur d'un paisible village en hauteur. Cette bonne auberge de campagne prépare une cuisine toscane traditionnelle et copieuse, faite avec passion, déclinant toutes sortes de *ragù (coniglio, lepre, cinghiale...)*. Elle a servi de lieu de tournage à des scènes d'une comédie de la BBC *(The Trip to Italy)*, qui raconte les aventures d'un Anglais sur les traces de Shelley et de lord Byron en Italie. Une adresse incontournable dans un merveilleux village à l'écart de la grande route.

Achats

🧺 🍷 **Enoteca Scali** *(plan couleur B2, **30**)* **:** *via Guarnacci, 3. ☎ 0588-81-170. • enotecascali.com • Tlj 9h30-20h30 (22h30 juil-août). Congés : janv. Compter 10 € pour une assiette de charcuterie et de fromage.* Une *enoteca* avec salle de dégustation. Vend de beaux produits locaux et artisanaux : vins, fruits confits, pâtes fraîches, charcuterie, tomates, champignons séchés, etc. Adresse parfaite pour se confectionner d'excellents *panini* ou rapporter le plein de victuailles au pays.

À voir

Volterra propose le ***biglietto 3 musei*** à 10 €/pers (20 € pour une famille de cinq personnes ; réduc), comprenant les visites du *museo etrusco Guarnacci*, l'*ecomuseo dell'Alabastro* et le *museo d'Arte sacra*. Attention, les horaires des musées changent souvent. Passer à l'office de tourisme avant d'entamer la visite, surtout en été.

🏛🏛 ***Piazza dei Priori*** *(plan couleur A2)* **:** l'un des ensembles médiévaux les plus caractéristiques de Toscane et sans doute d'Italie. On y trouve le *Palazzo dei Priori*, datant du XIIIe s (le plus ancien de Toscane !). Façade couverte des blasons et écussons des gouverneurs florentins. Possibilité de visiter la salle du conseil et l'antichambre (belles fresques) : *tlj 10h30-17h30 (en hiver, slt le w-e 10h-17h) ; prévoir 1,50 € (3 € avec l'expo temporaire au dernier étage). Tour du Podestat* terminée par une figure animale appelée familièrement *porcellino* (« petit cochon »). En face, le *Palazzo Pretorio,* ancienne résidence du *capitano del Popolo.*

LA FILATURE RATÉE DE STENDHAL

En 1819, Stendhal est fou amoureux de Matilde Dembowski (une belle Milanaise née Viscontini) qu'il tente de conquérir maladroitement. Elle est mariée à un Polonais violent, se méfie de Stendhal et tient au secret absolu. Elle rend visite à son fils en pension à Volterra. Stendhal la suit déguisé. Malchance, elle le reconnaît dans les rues de Volterra. Tout s'effondre, Stendhal perd toutes ses chances. Elle ne lui pardonnera pas cette filature. De cet amour malheureux, il tirera un chef d'œuvre : De l'Amour.

Duomo *(plan couleur A2)* **:** *tlj 8h-12h30, 15h-18h (16h-18h30 ven).* Construit en 1120 dans le style roman pisan et agrandi au milieu du XIIIe s. Jolie façade en marqueterie de marbre polychrome attribuée à Nicola Pisano. Dans la nef, sur la gauche, belle Vierge en bois du XIVe s, la *Madonna dei Chierici* (la Vierge des Clercs) de Francesco del Valdambrino, et au-dessus, superbe *Annonciation.* En montant les marches du chœur, sur la droite, magnifique *Déposition de Croix* en bois polychrome du XIIIe s, particulièrement originale par son traité et ses intenses couleurs. Très riche plafond à caissons ajouté à la Renaissance. Quand on entre, sur la gauche, chapelle abritant face à face deux groupes de sculptures en terre cuite de toute beauté : à gauche une crèche avec fresque en toile de fond et, à droite, une présentation aux Rois mages (exceptionnel visage de la Vierge). Intéressant Christ. Chaire en marbre assise sur des piliers « lions » très expressifs. En face du Duomo, le baptistère, de forme octogonale et dont la belle façade de mosaïque de marbre a été réalisée dans la seconde moitié du XIIIe s. L'intérieur est entièrement en marbre.

– **Museo diocesano d'Arte sacra** *(plan couleur A2)* **:** *via Roma, 13, à côté du campanile. ☎ 0588-86-290. Tlj sf j. fériés.* Quelques belles statues et des fragments de fresques.

Pinacoteca *(plan couleur A2)* **:** *via dei Sarti, 1. ☎ 0588-87-580. Dans le palais Minucci Solaini. De mi-mars au 1er nov, tlj 9h-19h ; du 2 nov à mi-mars, tlj 10h-16h30. Entrée : 8 € ; réduc.* Tous les grands de la peinture médiévale : notamment Luca Signorelli (célèbre *Madonna col bambino* et son *Annunciazione*) et Rosso Fiorentino (superbe *Deposizione dalla croce*), ces trois pièces maîtresses du musée sont isolées dans une même salle, au 1er étage à droite. Mais aussi un retable de Ghirlandaio *(Cristo in gloria),* un Daniele da Volterra *(Giustizia),* un Taddeo di Bartolo *(Vergine con il bambino)...* Sublime !

Ecomuseo dell'Alabastro *(plan couleur A2)* **:** *via dei Sarti, 1. ☎ 0588-87-580. Dans le palais Minucci Solaini, à côté de la Pinacoteca. De mi-mars au 1er nov, tlj 9h-19h ; du 2 nov à mi-mars, tlj 8h30-13h30. Entrée : 8 € ; réduc.* Cet écomusée retrace sur les trois niveaux de cette tour médiévale (maison-tour Minucci) l'histoire de l'albâtre des Étrusques à nos jours à travers une riche collection d'œuvres finement sculptées. Rappelons que l'albâtre, pierre tendre, se travaille beaucoup plus facilement que le marbre. Outre les urnes, statues, vases, horloges et portraits travaillés dans cette précieuse pierre de lumière, on appréciera quelques réalisations contemporaines originales, notamment une étonnante lampe en forme d'œuf sur le plat. Reconstitution d'un atelier de sculpteur au dernier étage.

Palazzo Viti *(plan couleur A-B2)* **:** *via dei Sarti, 41. ☎ 0588-84-047. • palazzoviti.it • Avr-oct, tlj 10h-13h, 14h30-18h30 ; le reste de l'année, sur résa slt. Entrée : 5 € ; réduc.* Palais privé du XVIe s, acquis par les Viti (fabricants d'albâtre) au XIXe s. Douze salles ouvertes au public. Le cinéaste Visconti tourna ici en 1964 quelques scènes de *Sandra* (sous-titre *Pâles étoiles de la Grande Ourse,* avec Claudia Cardinale). Décoration XIXe s et exotique. Les descendants de la famille Viti habitent une partie du palais.

Museo etrusco Guarnacci *(plan couleur B2) : via Don Minzoni, 15. ☎ 0588-86-347. De mi-mars au 1er nov, tlj 9h-19h ; du 2 nov à mi-mars, tlj 8h30-13h45. Entrée : 8 € ; réduc. Audioguide en français 3 €.*
Ce riche musée présente la collection de Guarnacci, un riche abbé érudit du XVIIIe s, qui regroupe principalement plusieurs centaines d'urnes funéraires sculptées, classées par époques et par thèmes : quadriges, charrettes de marchands, cavaliers, magistrats, allégories, dauphins, sirènes, etc. Salle 19, voir *Les Vieux Époux (Urna Degli Sposi),* à l'extraordinaire expression (ils semblent se haïr !). Étonnez-vous, après ça que dans les pâtisseries de la ville la spécialité soit les *ossi di morti,* meringues en forme d'os ! Belles collections de petits bronzes (bijoux, anses de vases, statuettes, objets domestiques, etc.).
La pièce la plus belle et la plus curieuse est *L'Ombra della sera* (nom donné par le poète D'Annunzio), réalisé par un « Giacometti » de l'époque (salle 15). Il s'agit d'une très curieuse statuette filiforme en bronze. Elle représente un garçon et date du IIIe s. av. J.-C. Le paysan qui l'avait découvert avant 1737 s'en servait comme tisonnier !

DES GIACOMETTI 2 300 ANS AV. J.-C. !

L'art étrusque est réputé pour ses sculptures longilignes. Quand Giacometti découvrit ces personnages mystérieux, il en fut totalement bouleversé. Il partit à Volterra pour admirer la puissance magnétique de L'Ombre du soir, *révélation qui changera totalement son art.*

Fortezza *(plan couleur B2) :* l'un des ouvrages fortifiés les plus puissants et les plus spectaculaires de la Renaissance, construit à la demande des Médicis, sur le point le plus élevé de la ville, entre 1472 et 1475. Le pénitencier qui s'y trouve est toujours en activité.

Parco archeologico Enrico Fiumi *(plan couleur A-B2) : l'entrée se trouve via Castello. De mi-mars au 2 nov, tlj 10h30-17h30 ; le reste de l'année, tlj 10h-16h.* Impressionnant par sa taille. Agréable pour se reposer après avoir arpenté la ville. On peut aussi visiter la zone de fouilles, l'*Acropoli etrusca* située à l'intérieur du parc *(3,50 € ; ticket combiné avec le* teatro romano*).*

LA LIBERTÉ LE TEMPS D'UN DÎNER

Une fois par mois, un grand chef italien est invité à la fortezza pour préparer un menu festif (35 €) pour 120 invités préalablement inscrits sur une liste établie par le ministère de la justice et la direction de la prison. On laisse à l'accueil téléphones portables et autres effets personnels. Les détenus, le temps d'une soirée, redécouvrent la dignité en s'improvisant cuisiniers ou serveurs. Les bénéfices vont à des associations caritatives. Belle initiative ! Résas et renseignements sur • cenegaleotte.it •

Teatro romano *(plan couleur A1-2) : entrée par le viale Francesco Ferrucci (porta Fiorentina). 16 mars-1er nov, tlj 10h30-17h30 ; 2 nov-15 mars, slt w-e et j. fériés 10h-17h. Entrée : 3,50 € ; billet combiné avec l'Acropoli etrusca.* Construit à l'époque d'Auguste (vers 42 apr. J.-C.), financé par la puissante famille Caecina (de Volterra), ce théâtre avait disparu sous la terre de la colline pendant des siècles. Jusqu'au jour où il a été découvert dans les années 1950. Il pouvait contenir avec ses 19 rangées de gradins plus de 2 000 personnes. Derrière le théâtre, on a découvert également les restes des thermes construits au IIe, voire IIIe s apr. J.-C. Petite documentation explicative en français (à rendre à la fin de la visite). Vue remarquable sur les collines.

Le Balze di Volterra *(hors plan couleur par A1) : par la porte San Francesco, à 1 km en direction de Pontedera.* À voir en fin d'après-midi, quand la lumière donne au site sa couleur dorée. Ce sont d'impressionnantes mais fragiles falaises sablonneuses, qui s'effondrent parfois, entraînant nécropoles étrusques, églises et monastères. Le dernier monastère, la Badia, fut abandonné en 1861 devant le vide qui avançait. Peut-être les moines paniquèrent-ils un peu vite, car l'édifice est toujours là, restauré d'ailleurs.

Manifestation

– **Volterra 1398 :** *3e et 4e dim d'août. Infos : • volterra1398.it • Forfait à la journée : env 10 €.* Importante fête médiévale, les habitants et commerçants s'habillent en chevaliers, nobles et roturiers du XIVe s. Chants, danses, défilés et nombreuses animations.

SAN GIMIGNANO (53037) 7 500 hab.

Pour le plan de San Gimignano, se reporter au cahier couleur.

Sans conteste, l'un des plus beaux villages (petite ville en fait) de Toscane, inscrit au Patrimoine mondial de l'Unesco. Cette remarquable cité hérissée de tours médiévales se dresse au sommet d'une colline comme une vigie surveillant la campagne et les collines de Toscane. La ville est restée quasiment identique à ce qu'elle était en 1300 ! Incroyable vision ! San Gimignano est encore plus séduisante en automne, lorsque la couleur de ses palais passe du brun au doré et que la déferlante touristique s'émousse un peu. Sa visite viendra compléter la découverte de Florence dans votre périple toscan. Pour apprécier pleinement le site, préférez les matins clairs ou les débuts de soirée. Une petite dégustation œnologique s'impose ici : le *vernaccia,* un vieux, vieux blanc (XIIIe s !) qui faisait déjà des ravages à la Renaissance, DOC depuis 1966.

Florence : 57 km ; *Sienne :* 42 km ; *Livourne :* 89 km ; *Rome :* 268 km.

UN PEU D'HISTOIRE

La ville était déjà habitée à la fin de la période étrusque, comme l'attestent plusieurs tombes mises au jour dans le voisinage. Au XIIe s, elle devient une commune libre (avec un podestat) et prospère, elle rivalise avec Sienne, Florence, Lucques et Pise. Elle entre en conflit avec ces rivales, Volterra par exemple. Théâtre sanglant des luttes intestines menées par deux familles ennemies : les Salvucci (gibelins) et les Ardinghelli (guelfes), San Gimignano, affaiblie par la peste noire de 1348, tombe sous la coupe de Florence en 1353. C'est la fin de l'âge d'or de San Gimignano (XIIe-XIIIe s), néanmoins la physionomie de la ville est déjà fixée pour des siècles : son destin est accompli !
De ces périodes de troubles, la ville a gardé son aspect défensif : corsetée par une triple muraille, elle pointe vers le ciel les tours construites à l'initiative des riches bourgeois de l'époque. Aux XVe et XVIe s, la cité connaît des influences artistiques diverses (florentines, siennoises et pisanes), comme en témoignent nombre de ses monuments. Surnommée « delle Belle Torri », elle possède encore 14 de ses 72 tours-maisons dont la hauteur était proportionnelle à la fortune de son

commanditaire (à savoir les familles nobles de la ville). Certains affirment qu'au moment de son développement économique elle eut plus de tours au mètre carré que New York a de gratte-ciel !

Arriver – Quitter

En bus

Les quelques bus qui relient San Gimignano aux autres villes passent tous par **Poggibonsi** (où se trouve la gare *FS*), à 12 km à l'est de San Gimignano. Départs depuis le piazzale Martiri Montemaggio, qui est le point d'arrêt de tous les bus *(plan couleur A3)*. Achats des billets à l'office de tourisme.

■ Liaisons bus assurées par la compagnie ***Siena Mobilità (Tiemme).*** *Infos et résas : ☎ 800-570-530 (n° Vert). • sienamobilita.it •*

➢ ***Pour Poggibonsi, puis Sienne et Florence :*** une douzaine de bus/j. de San Gimignano à Poggibonsi (durée : 30 mn). Le bus en direction de Sienne passe par Colle di Val d'Elsa. Env 2 bus directs/h en sem ; ttes les 2h le w-e. Durée : 1h15. Pour Florence, 1 bus/h, changement à Poggibonsi.

➢ ***Pour Volterra :*** 4 bus/j. (1 slt dim et j. fériés) avec changement à Colle di Val d'Elsa.

➢ ***Pour Rome :*** 8 bus/j. avec *Sena Autolinee* reliant ***Poggibonsi*** à ***Rome.*** Durée du bus direct : 3h20 (plus long quand il marque un arrêt à Sienne).

En train

Stazione FS : *à* ***Poggibonsi*** *ou à* ***Certaldo.***

➢ ***Pise et Florence :*** le mieux est de prendre le train (1 liaison/h). Pour Pise, changement à Empoli. Pour rejoindre San Gimignano, descendre à Poggibonsi, puis prendre un bus en face de la gare. Les billets s'achètent au café ou à l'office de tourisme.

Circulation et stationnement

Hormis celles de ses habitants, San Gimignano a banni les voitures de ses remparts. La circulation est toutefois autorisée aux visiteurs ayant une réservation dans un hôtel du centre, et seulement pour décharger leurs bagages. Vous serez donc obligé d'utiliser les parkings de la périphérie *(compter env 2 €/h ou 15-20 €/24h ; réduc de 2 € le 2e j., puis de 3 € le 3e j.).* Le jeudi, c'est jour de marché sur la piazza del Duomo et la piazza della Cisterna : bain de foule assuré !

P ***Parcheggio Montemaggio*** *(plan couleur A3,* ***2****) :* *le plus proche, juste à côté de la porte sud, porta San Giovanni. Le plus cher à la journée (env 20 € !), payant même la nuit (5 € 20h-8h).*

P ***Parcheggio Bagnaia Superiore*** *(plan couleur B1,* ***3****) :* *en contrebas de la porta San Jacopo. Un peu moins cher que le Montemaggio, 2 €/h et à la journée (15 €), payant pour la nuit également.*

P ***Parcheggio Giubileo*** *(hors plan couleur par A3,* ***1****) :* *si vous n'avez toujours pas trouvé de place, reste ce parking, le plus au sud (de la porta San Giovanni), de loin le moins cher à l'heure 1,50 €, et à la journée (6 €/24h, 1,50 € pour la nuit). Compter 10 mn de grimpette à pied jusqu'à la porta. Pour les flemmards, navette pour le centre-ville ttes les 30 mn.*

Adresses utiles

i ***Ufficio turistico*** *(Pro Loco ; plan couleur A-B2) :* *piazza del Duomo, 1. ☎ 0577-94-00-08. • info@sangimignano.com • comune.sangimignano.si.it • Tlj tte l'année, mars-oct, 10h-13h, 15h-19h ; nov-fév, 10h-13h, 14h-18h.* Accueillant et professionnel. Donne un plan de ville et de la doc bien faite. Fait les résas hôtels, *B & B*, agrotourisme, mais en direct (pas par téléphone). Pas de commission mais un dépôt de 10 % est demandé (déductible lors du règlement chez l'hébergeur).

✉ **Poste** (plan couleur A2) **:** *via della Rocca. Lun-ven 8h15-13h45, sam 8h15-12h45.*

■ **Libreria La Francigena** (plan couleur A1, **5**) **:** *via Mainardi, 10. ☎ 0577-94-01-44. Tlj sf dim 10h30-13h, 14h30-19h30.* Une belle librairie à l'ancienne, comme on aime. Beaux livres (en anglais) sur l'histoire et l'architecture toscane ou la cuisine italienne. Une sélection de livres consacrés à la ville.

@ **La Tuscia** (plan couleur A1, **4**) **:** *viale Garibaldi, 2 (juste après la sortie de la porte San Matteo, sur la droite). ☎ 0577-94-20-87. Tlj 7h-19h30 (fermé 13h-15h hors saison).* Loue aussi des chambres en ville.

Où dormir ?

Pas facile de loger à San Gimignano, surtout en haute saison, les hôtels sont soit complets, soit inabordables. Par ailleurs, il semblerait que certains hôteliers ne tiennent pas compte de votre réservation et préfèrent accorder une nuit supplémentaire aux clients déjà en place. En revanche, un certain nombre de chambres sont à louer chez l'habitant. Infos à l'office de tourisme.

Bon marché

Foresteria del Monastero di San Girolamo (plan couleur B1, **10**) **:** *via Folgore da Gimignano, 32. ☎ 0577-94-05-73. • monasterosangimignano@gmail.com • monasterosangirolamo.it • ♿ À env 5 mn à pied du centre. Réception 9h30-12h, 15h30-17h30. Compter 32 €/pers la nuit (sans petit déj) et 35 € avec petit déj ; petite réduc familles. Utilisation de la cuisine : 3 €. CB refusées. Parking payant vraiment pas cher (2 €/24h), juste en face du bâtiment.* Une trentaine de lits en tout, répartis en 9 chambres de 2 à 5 lits. Tenu par des sœurs bénédictines de Vallombreuse (le nom de leur congrégation), ce couvent est situé dans un secteur tranquille de la vieille ville. Derrière les lourdes portes, on découvre des installations modernes et des chambres austères (les sœurs ont fait vœux de simplicité) mais confortables, avec vue sur la campagne. Uniquement des lits simples. Pas de couvre-feu.

Prix moyens

B & B e ristorante Locanda Il Pino (plan couleur A1, **13**) **:** *via Cellolese, 4-8. ☎ 0577-94-22-25. 📱 347-707-24-69. • locandailpino@gmail.com • locandailpino.com • Dans la partie nord de la vieille ville, près de la porte San Matteo, dans un coin tranquille. Doubles 55-70 €. Resto fermé le jeu. Congés : 20-27 déc. Café ou digestif offert sur présentation de ce guide.* C'est une des plus vieilles pensions (1929) de la ville, fondée par Papy et Amelia Dante (c'est leur nom !). Aujourd'hui, restaurée, modernisée, elle abrite une demi-douzaine de chambres tout confort, toujours prises d'assaut car idéalement situées, propres et agréables. Elles donnent sur la ruelle ou sur une courette. Accueil charmant. Fait aussi resto. Le meilleur rapport qualité-prix.

B & B Locanda La Mandragola (plan couleur A1-2, **12**) **:** *via Diacceto, 7. ☎ 0577-94-03-77. 📱 338-163-16-70. • locandalamandragola@tin.it • locandalamandragola.it • Réception 15h-19h. Congés : janv et fév. Double 85 €, beau petit déj compris. CB refusées. (payant).* En plein cœur de la ville, dans une ruelle parallèle à la grande artère centrale, donc très au calme, une superbe maison d'hôtes de charme abritant 8 chambres de caractère, toutes de tailles différentes (la plus grande est la « Girasole »). Elles donnent sur le jardin-terrasse ou sur un parc extérieur. Décoration vraiment soignée, mobilier bien choisi et classique. On a aimé le jardin-terrasse avec transats et vue sur les toits de la ville. Les propriétaires n'y habitent pas. Excellent rapport qualité-prix.

B & B et logements Busini Rossi Carla : *via Vecchia, 66, Ponte a Nappo (à 1 km de San Gimignano, hors les murs). ☎ 0557-90-72-82. 📱 349-496-73-62 (Francesco, le mari de Carla, parle l'anglais). • info@rossicarla.it •*

accommodation-sangimignano.com • Doubles avec bains 65-130 € ; apparts 2-6 pers 85-260 €. 10 % de réduc pour un séjour supérieur à 3 nuits sur présentation de ce guide. Depuis les années 1980, Carla a acquis maisons et appartements un peu partout en ville et dans la campagne environnante, et en a fait une véritable industrie. Tous différents et agréablement décorés, certains bénéficient de belles terrasses pour le petit déj. Dans le centre de San Gimignano, on loge dans le Palazzo Tortoli (en plein cœur de la cité). À 15 mn à pied du centre-ville, les Rossi proposent également le *B & B Ponte a Nappo,* avec piscine et salle de fitness. Bref, une affaire qui tourne, très prisée par les Allemands.

Chic

Hotel Leon Bianco *(plan couleur B2,* ***14****) : piazza della Cisterna, 13. ☎ 0577-94-12-94. • info@leonbianco.com • leonbianco.com • Congés : début janv à mi-fév et 9 nov-27 déc. Chambres 90-140 € selon saison et confort, petit déj inclus. Une bouteille de vin offerte sur présentation de ce guide.* Sur la place principale dans le vieux palais Lolli-Cortesi dominé par les tours médiévales. Difficile d'être plus central et plus historique que chez *Leon Bianco !* Une vingtaine de belles chambres toutes différentes, tout confort, avec AC, TV satellite, téléphone et décoration standard. Certaines ont une vue dégagée sur la campagne et les autres sur la place. Hall élégant avec puits de lumière et terrasse avec jacuzzi. Accueil francophone très souriant.

Albergo La Cisterna *(plan couleur B2,* ***15****) : piazza della Cisterna, 23. ☎ 0577-94-03-28. • info@hotelcisterna.it • hotelcisterna.it • Congés : 9 janv-25 mars. Doubles tt confort 88-100 € pour les standard et jusqu'à 140 € pour les supérieures, avec petit déj-buffet.* Cet ancien palais du XIVe s possède une cinquantaine de chambres agréables, avec ou sans balcon, donnant sur la campagne ou la place... aux tarifs en conséquence ! Le salon a conservé ses ogives d'époque, le reste a été modernisé (d'où le confort). Resto *Le Terrazze* au rez-de-chaussée.

Hotel Antico Pozzo *(plan couleur A1,* ***11****) : via San Matteo, 87. ☎ 0577-94-20-14. • info@anticopozzo.com • anticopozzo.com • Congés : 15 janv-15 fév. Doubles 90-139 €, 180-220 € pour les supérieures, petit déj inclus. Café offert sur présentation de ce guide.* Au cœur du centre ancien, un magnifique palais du XVe s entièrement restauré, alliant le style ancien, la classe et le confort moderne. Le nom de l'hôtel vient du très beau puits restauré à l'entrée. La légende raconte qu'on y jetait les vierges qui refusaient les avances du seigneur local (le fameux droit de cuissage). Une petite vingtaine de belles chambres (toutes très bien équipées) avec lits à baldaquin (certaines avec fresques au plafond), poutres apparentes, tomettes, baignoire pour certaines. La plus prestigieuse est la chambre « Dante ». Adorable terrasse pour le petit déj. Personnel aux petits soins. Un hôtel pour voyageurs romantiques !

Hotel Bel Soggiorno *(plan couleur A2,* ***20****) : via San Giovanni, 91. ☎ 0577-94-03-75. • info@hotelbelsoggiorno.it • hotelbelsoggiorno.it • Doubles standard 90-140 €, supérieures 130-150 € selon saison et type de chambre, petit déj (très complet) inclus.* Ce n'est pas le plus charmant des hôtels de la ville mais justement c'est là qu'il reste en général un peu de place quand tous les autres sont complets. Confortables et propres, les chambres sont standardisées et donnent sur la rue piétonne (calme la nuit).

Où manger ?

Bon marché

Locanda di Sant'Agostino *(plan couleur A1,* ***30****) : piazza di Sant'Agostino, 15. ☎ 0577-94-31-41. Tlj 11h30-23h en continu. Congés : 10 janv-28 fév.* Primi 6-11 €, secondi *9-15 €.* On y vient surtout pour le calme et l'environnement agréable, avec une terrasse ouverte sur la grande place tranquille et moins fréquentée, à l'ombre de Sant'Agostino. Salades généreuses et pâtes à toute heure. Beaucoup de charme une fois la nuit tombée, et si vous aimez les roses, la salle en est tapissée... Bon accueil, et service professionnel.

Rigoletto *(plan couleur A3,* ***37****) : via Roma, 23. ☎ 0577-94-01-59. • info@trattorialabriciola.com • Face à l'entrée sud de la ville (porta San Giovanni). Tlj 11h30-22h15 en continu. Plats 6-12 €. CB refusées.* Pour fuir la cohue du centre-ville, une petite trattoria où vont déjeuner les locaux. Seulement quelques tables dans une petite salle aux murs décorés de photos. Cuisine franche et goûteuse. Vue superbe sur la campagne. Accueil excellent et prix doux.

Caffè delle Erbe *(plan couleur A2,* ***31****) : via Diacceto, 1. ☎ 0577-94-04-78. À l'angle de la piazza delle Erbe, à côté de la poste. Tlj 8h-23h (fermé mar hors saison). Congés : déc-janv. Plats du jour 8-13 €. Café offert sur présentation de ce guide.* Idéalement situé (une magnifique place chargée d'histoire et de siècles), on y vient pour grignoter un morceau, une salade ou l'un des petits plats du jour, en profitant de la jolie terrasse et de sa vue sur le flanc du Duomo.

Trattoria Chiribiri *(plan couleur A3,* ***32****) : piazzetta della Madonna, 1. ☎ 0577-93-19-48. Tlj 11h-23h en continu. Repas complet 22-28 € (sans le vin). CB refusées.* Minuscule trattoria en demi sous-sol, dans le renfoncement d'une des artères principales de la ville. La salle parvient à donner l'illusion de l'espace grâce à une fresque réussie. Une belle cuisine de ménage, familiale et bien servie, tournant autour de la tradition locale : *stracotto al Chianti* (bœuf au vin), *fagioli al « Fiasco »* (haricots blancs à l'huile d'olive)...

Prix moyens

Osteria del Carcere *(plan couleur B2,* ***39****) : 13, via del Castello. ☎ 0577-94-19-05. Ouv tlj midi et soir, sf mer-jeu midi. Congés : de mi-janv au 15 mars. Repas 25-30 €.* En léger contrebas de la place centrale, près de l'abominable musée de la Torture (qui vous coupe l'appétit !), voici un immeuble en briques avec une double porte en bois qui ouvre sur une salle animée avec vitrine (charcuterie, fromages, gâteaux) et mezzanine. Les produits sont frais et locaux. Tout est bien préparé. Le chef pratique un savoir-faire culinaire familial. Pas de pâtes mais des plats savoureux comme les *bruschette,* les assiettes de charcuterie-fromage, les soupes remarquables...

Cum Quibus *(plan couleur A1,* ***33****) : via San Martino, 17. ☎ 0577-94-31-99. • info@cumquibus.it • Tlj sf mar jusqu'à 22h. Congés : janv-fév. Primi 9,50 €, secondi 12-16,50 € ; carte 25-30 €.* Un peu excentré et donc moins fréquenté par les foules. Petite cour ombragée et tranquille, déco fleurie et ambiance jazzy. On se laisse facilement tenter par cette cuisine inspirée, d'autant que la courte carte change tous les mois. Les prix sont sages (pas de *coperto*). Viandes délicieuses, œufs et *bruschette* aux truffes. Accueil cordial et en français.

Le Vecchie Mura *(plan couleur B2,* ***34****) : via Piandornella, 15. ☎ 0577-94-02-70. • info@vecchiemura.it • Tlj sf mar 18h-22h. Congés : de mi-janv à mi-mars. Pasta 8,50-11 €, secondi 9,50-14,50 € ; repas complet env 25-35 €.* Ce resto un peu à l'écart de la concentration touristique attire pour sa grande terrasse surplombant en beauté la vallée. Et c'est vrai que le soir la vue est captivante. On s'attendait à une cuisine prétexte, basée sur le panorama exceptionnel. Eh bien pas du tout : les plats sont soignés, enlevés et goûteux. C'est du classique *(agnello al forno, osso buco in umido...)*, les cuisiniers s'activent sous des voûtes du XVIe s (mais mobilier design). Même le service est pro et souriant.

Locanda San Domenico *(plan couleur B2,* ***38****) : via del Castello, 20. ☎ 0577-94-02-06. • locandasandomenico@libero.it • Ouv tlj 11h-23h. Menus 13-18 € ; plats 15-16 €.* Fait resto, bar à vins, *enoteca,* bref c'est trois lieux en un ! Dans un vieux palais patiné par le temps, et très bien restauré. Choisir la terrasse avec sa superbe vue plongeante sur la vallée. Cuisine toscane sincère et goûteuse dans un cadre vraiment ancien, et prix sages.

La Perucà *(plan couleur A1,* ***35****) : via Capassi, 16. ☎ 0577-94-31-36. • ristorante@peruca.eu • ♿ Tlj sf lun 12h-14h, 19h-22h. Congés : 7 janv-1er fév et 10-26 déc. Repas complet env 35-40 €.* Dans l'un des plus anciens *palazzi* de la ville, un resto réputé auprès des locaux, à tel point qu'on a installé un petit banc dans la ruelle pour attendre son tour. On dîne sous les voûtes du XIVe s d'une belle salle chaleureuse à la lumière tamisée. Le chef concocte une cuisine toscane authentique et bien élaborée. Savoureux risotto aux truffes, viandes juteuses... *pappardelle,* gnocchis, *crostini...* tout est bon, tout !

Chic

Osteria delle Catene *(plan couleur A1,* ***36****) : via Mainardi, 18. ☎ 0577-94-19-66. • info@osteriadellecatene.it • Tlj sf mer 12h-14h15, 19h-21h30. Congés : 6 janv-10 mars.* Secondi *14 € ; menus 21-31 €. Digestif offert sur présentation de ce guide.* Dans une ruelle à l'écart des foules, proche de la porta San Mateo, voici l'une des meilleures tables de la ville, tenue par les sympathiques Gino et Virgilio, qui parlent le français. Cuisine traditionnelle toscane bien confectionnée, avec un soupçon de fantaisie à l'occasion. Une belle spécialité : la *zuppa medievale allo zafferano.* Petit bémol sur les portions, un rien chiches.

Où dormir ? Où manger dans les environs ?

Camping

Camping Il Boschetto di Piemma *(hors plan couleur par A3,* ***16****) : loc.* ***Santa Lucia,*** *38 c. ☎ 0577-90-71-34. • info@boschettodipiemma.it • boschettodipiemma.it • À 2 km au sud de San Gimignano. Bien indiqué. Ouv mars-oct. Selon saison, 29-35 € pour 2 avec tente et voiture, douches chaudes comprises ; mobile homes pour 4-6 pers 45-120 €/j. selon surface et saison.* Dans une forêt de jeunes chênes, un camping bien tenu avec des emplacements ombragés. Nombreux services : laverie, snack-bar-pizzeria, terrain de tennis (payant) et piscine. C'est le seul camping de la ville... du coup, les campeurs s'y entassent, et c'est un peu bruyant en été. Bon accueil.

Agriturismi

Podere Villuzza *(hors plan couleur par A1,* ***19****) : loc.* ***Strada,*** *25, 53037 San Gimignano. ☎ 0577-94-05-85. 📱 331-620-33-84. • info@poderevilluzza.it • poderevilluzza.it • À 4 km de San Gimignano en direction de Certaldo (SP 127) ; attention à ne pas rater le panneau « Strada ». Congés : fév. Chambre double 98 € et appartement (2 pers) 110 €, petit déj non inclus ; apparts avec cuisine pour 3-4 pers 125-140 €/j. Pina vous concocte un menu complet pour 25 €.* Depuis cette maison traditionnelle située sur une colline à l'écart du village, on embrasse la campagne et les hautes tours de San Gimignano. Un environnement de choix, parfaitement au calme et bénéficiant d'un panorama remarquable. Une douzaine de chambres rustiques et cossues à la fois. Superbe piscine à débordement. C'est aussi une ferme biologique qui produit huile, vinaigre balsamique et vin. Fait aussi restaurant.

Casanova di Pescille *(hors plan couleur par A3,* ***21****) : loc.* ***Pescille,*** *53037 San Gimignano. ☎ 0577-94-19-02. • info@casanovadipescille.com • casanovadipescille.com • À 4 km de San Gimignano en direction de Volterra (fléché à gauche). Ouv avr-4 nov. Doubles 90-105 €, apparts 120-125 €, petit déj inclus. Menu complet 30 € (sans le vin).* Un *agriturismo* aux allures d'hôtel de charme, dans une maison du XIXe s. Belles chambres de caractère, confortables (TV satellite, AC, frigo, coffre-fort) ainsi qu'un appart spacieux dans l'une des dépendances. Superbe piscine dans le jardin ombragé avec solarium et vue panoramique sur San

Gimignano. Le tout dans une ambiance familiale, avec le papa francophone à la disposition des hôtes pendant que la maman et les grands enfants s'affairent en cuisine. Bons repas servis dans une salle à la déco très contemporaine (restaurant Zafferano). Excellente adresse !

Il Vecchio Maneggio *(hors plan couleur par A1,* ***22****) : loc.* ***Sant'Andrea,*** *22, 53037 San Gimignano. ☎ 0577-95-02-32. 347-647-73-34. • info@ilvecchiomaneggio.com • ilvecchiomaneggio.com • À 5 km de San Gimignano, avt le village d'Ulignano, à gauche. Congés : 15 janv-15 fév. Double 90 €, petit déj inclus. ½ pens 160 € (demandée en juil-août). Menu complet 35 €. CB acceptées mais pas Amex ni Diners. Café ou digestif offert sur présentation de ce guide.* Bienvenue à la ferme ! L'exploitation agricole est située au sommet d'une colline, bénéficiant d'une vue remarquable sur la campagne toscane et San Gimignano. Tenue efficacement par Tiziana, cette « vieille ferme » un peu *roots* séduira les routards en quête d'authenticité. On y produit huile d'olive, miel, vin ainsi que du safran, l'une des plus grosses productions de la région. Chambres rustiques simples et confortables (AC), grandes tablées pour de copieux repas composés de produits naturels et bio. On peut visiter l'exploitation, faire des balades à cheval et se baigner dans la belle piscine isolée dans un coin tranquille. Une adresse en or !

Chic

Hotel-ristorante da Graziano *(hors plan couleur par A3,* ***17****) : via Matteotti, 39 a, loc.* ***Santa Chiara.*** *☎ 0577-94-01-01. • info@hoteldagraziano.it • hoteldagraziano.it • À 500 m au sud de la ville de San Gimignano. Resto tlj sf lun. Congés : 7 janv-15 mars. Double 80 €, avec petit déj ; possibilité de ½ pens 55 €/pers (avec choix de plats à la carte). Au resto (ouv jusqu'à 21h30), menus à partir de 15 €. Apéritif maison offert sur présentation de ce guide.* Une très bonne auberge un peu à l'écart de San Gimignano ! Elle compte une douzaine de chambres claires, modernes et confortables. Ensemble très bien tenu. Quelques-unes s'agrémentent d'un balcon avec vue (magnifique) sur la campagne (n° 27) ou sur le village (n° 24). Bon accueil en français. Au restaurant, une salle moderne, se prolonge par une terrasse agréable et ombragée.

Hotel Le Renaie *(hors plan couleur par A1,* ***18****) : loc.* ***Pancole,*** *10 b. ☎ 0577-95-50-44. • info@hotellerenaie.it • hotellerenaie.it • À Pancole, 5 km au nord de San Gimignano. Resto fermé mar. Congés : de début nov à mi-mars. Doubles 106-145 €, petit déj inclus ; possibilité de ½ pens. Repas env 30 €. 10 % de réduc sur le prix de la chambre et apéritif maison offert pour un repas le soir sur présentation de ce guide.* Hôtel isolé dans un petit village paisible, caché dans les collines environnantes. Les chambres, toutes climatisées, spacieuses et classiques dans la décoration, donnent sur un jardin calme et très fleuri. Au resto, spécialités toscanes classiques.

LE VAL D'ELSA

Où déguster une glace ? Où boire un verre ?

Gelateria dell'Olmo *(plan couleur B2,* ***40****) : piazza della Cisterna, 34. Tlj 10h-1h.* Une adresse incontournable pour les glaces ! Glaces artisanales et crémeuses à souhait. Goûter les parfums *truffato* ou *stracciatella* s'ils sont disponibles.

Gelateria Dondoli *(plan couleur B2,* ***41****) : piazza della Cisterna, 4. ☎ 0577-94-22-44. Tlj en hte saison.* Une adresse qui a été récompensée par de nombreux prix. Goûtez la *dolce amaro* ou la *gorgonzola*. Une foule de personnalités est passée par là, notamment l'ancien Premier ministre britannique Tony Blair, un inconditionnel de la Toscane, et même l'écrivain russe Soljenitsyne.

Divinorum Wine Bar *(plan couleur B2,* ***42****) : vicolo degli Innocenti, 4, mais entrée plus simple à trouver par la piazza della Cisterna.*

☎ 0577-90-71-92. ● info@divinorumwinebar.com ● Tlj 11h-21h (parfois plus tard en été). Congés : janv-fév. Une œnothèque proposant une superbe sélection de vins toscans. Le décor de style design sobre et branché change de l'habituelle ambiance médiévale. C'est sans doute sur l'étroite terrasse offrant une vue remarquable sur la vallée (divin au coucher du soleil !) qu'on dégustera son p'tit verre de *vernaccia*, accompagné de *bruschette* ou d'une belle assiette de charcuterie.

À voir

San Gimignano mérite au moins une demi-journée de visite. Baladez-vous dans les vieilles ruelles jusqu'au parc de la Rocca. De là-haut, très belle vue sur l'ensemble du village et les vignobles.
Il existe ***deux forfaits*** : l'un à 6 € cumulant les visites du musée d'Art sacré et du Duomo (la collégiale) ; l'autre à 6,50 €, combinant les visites du Palazzo comunale (avec la pinacothèque et la tour), de l'ex-couvent de Santa Chiara (avec le Musée archéologique, la galerie d'art moderne et la pharmacie de Santa Fina) et du Musée ornithologique ; réduc. Les horaires sont donnés à titre indicatif, car ils changent régulièrement : vérifier à l'office de tourisme, sur le site ● sangimignano.com ● ou en téléphonant au : ☎ 0577-94-00-08. Les billets combinés ou individuels s'achètent uniquement auprès des musées et des sites, mais pas à l'office de tourisme.

*** ***Duomo (Basilica di Santa Maria Assunta) e Cappella di Santa Fina*** *(plan couleur A2)* : *piazza del Duomo ou piazza Luigi Pecori, 1-2.* ☎ *0577-94-03-16. Avr-oct, lun-sam 10h-19h10 (17h10 sam), dim 12h30-19h10 ; nov-mars, lun-sam 10h-16h40, dim et j. fériés 12h30-16h40. Fermé 15 derniers j. de janv et de nov. Ne se visite pas pdt les messes. Entrée : 4 € ; réduc.* Cernée de tours et de palais formant un cadre magnifique, la collégiale fut construite entre les XIe et XIIe s dans le style roman et agrandie au XVe s par Giuliano de Maiano. La façade a été refaite au XIXe s. À l'intérieur, fabuleuses fresques de Domenico Ghirlandaio et de l'école de Sienne. Il s'agit d'un ensemble exceptionnel auquel on se doit de consacrer un peu de temps. À gauche, tout le mur est couvert de scènes tirées du Nouveau Testament façon bande dessinée. À droite, les scènes inspirées par l'Ancien Testament. Noter que le sens de lecture est souvent de droite à gauche. À la contre-façade, à l'opposé du chœur, un *Martyre de saint Sébastien,* de Benozzo Gozzoli, voisine avec un *Jugement dernier,* aux effrayantes terreurs de l'Enfer, de Tadeo di Bartolo. Vente d'une brochure en français à l'intérieur.

* ***Museo d'Arte sacra*** *(plan couleur A2)* : *tt près de la collégiale, dans un palais du XIIe s. Mêmes horaires et dates de fermeture que le Duomo. Entrée : 3,50 € ; réduc. Fait partie du billet combiné.* Pas indispensable, présentation un peu désordonnée. Vous y verrez, entre autres, quelques sculptures, des reliquaires, croix et ostensoirs en argent, ainsi qu'une collection de chasubles sacerdotales.

** ***La piazza della Cisterna*** *(plan couleur B2),* particulièrement agréable avec ses terrasses de cafés, doit son nom au puits *(cisterna)* qui en occupe le centre. Triangulaire, elle est bordée de remarquables tours et palais médiévaux.

** ***Chiesa Sant'Agostino*** *(plan couleur A1)* : *piazza Sant'Agostino, en haut de la via delle Romite. Tlj avr-oct 10h-12h, 15h-19h (18h de nov à mi-avr).* Cet édifice romano-gothique de la fin du XIIIe s, remarquable par sa simplicité, contraste avec de belles fresques, en particulier celles dues à Benozzo Gozzoli (XVe s) consacrées à la vie de saint Augustin. À gauche de l'église, un passage conduit à un cloître. On y apprécie le silence, ce qui change un peu de la horde bruyante des touristes. Beau cadran solaire.

Palazzo comunale e Pinacoteca e Torre Grossa (plan couleur A2) **:** *piazza del Duomo, 2. ☎ 0577-99-03-12. Avr-sept, tlj 9h30-19h ; oct-mars, tlj 11h (12h30 janv)-17h30. Entrée : 5 € (ou billet cumulé 6 €) ; réduc.* C'est le siège de la municipalité. La célèbre Torre Grossa de 54 m le domine, d'où vous aurez une vue magnifique sur les tours et les toits de la ville. Le musée rassemble, au deuxième étage, des œuvres remarquables des écoles siennoise et florentine et, dans la salle du Podestat, des scènes nuptiales qui font l'apologie de la vie conjugale. Au 1er étage, salle des Réunions secrètes. Pour les férus d'histoire, c'est de cette salle que Dante, ambassadeur de Florence, réclama, le 8 mai 1300, l'envoi de députés au congrès guelfe. Ne pas rater la fresque de Lippo Memmi, *La Maestà* (à comparer avec celles de Martini et de Duccio à Sienne). Dans la cour, en sortant, noter les superbes fresques (décrépites).

Museo archeologico, Spezieria di Santa Fina, e Galleria d'Arte Moderna e contemporanea (plan couleur A1) **:** *via Folgóre da San Gimignano, 11. Ouv 1er avr-30 sept, 9h30-19h. Le reste de l'année, 11h-17h30. Billet cumulé : 6 € ou 7,50 € ; réduc. Cet endroit s'appelle aussi Polo Museale Santa Chiara.* L'ancien conservatoire abrite sur deux étages des collections archéologiques (époques étrusque, romaine et médiévale) et des céramiques (Spezieria di Santa Fina).

Museo San Gimignano 1300 (plan couleur A2) **:** *via Berignano, 23. ☎ 0577-94-10-78. • sangimignano1300.com • Tlj mai-sept 9h-19h. Entrée : 5 € ; réduc.* Ce petit musée expose une grande maquette de la ville, telle qu'elle était en 1300. Plus de 300 maisons, 72 tours, plus de 200 personnages, cette reconstitution en céramique a nécessité 2 ans de recherche et autant pour sa réalisation soit 20 000 heures de travail et une tonne d'argile. Dans une salle attenante, quelques saynètes de la vie quotidienne au Moyen Âge.

Rocca di Montestaffoli (plan couleur A2) **:** *à l'ouest de la ville. De la piazza del Duomo, bien indiqué : on y accède par des petites ruelles entrelacées.* Forteresse du XIVe s. À ne rater sous aucun prétexte. La vue sur la campagne toscane est É-POUS-TOU-FLAN-TE !

Museo del Vino (plan couleur A2) **:** *sur l'esplanade, en contrebas de la Rocca. ☎ 0577-94-12-67. Tlj 11h30-18h30 (en hiver, slt le w-e, horaires variables, rens à l'office de tourisme). GRATUIT.* Un petit musée retraçant les origines du vin dans la région. On peut aussi déguster les cépages toscans, sous les conseils avisés d'un sommelier dans une petite salle prévue à cet effet *(sur résa et payant).*

Manifestation

– **San Gimignano Estate :** *juin-sept. Infos : • comune.sangimignano.si.it •* De nombreux concerts lyriques et symphoniques sont donnés au cours de l'été sur la piazza del Duomo. Également fête historique, théâtre, danse, musique baroque et cinéma en plein air.

DANS LES ENVIRONS DE SAN GIMIGNANO

Santuario de Pancole : *à l'entrée du hameau de Pancole, à 5 km au nord de San Gimignano. Tlj sf lun 9h-12h, 16h-19h.* En 1668, la Vierge serait apparue pour guérir une jeune sourde et muette, fournissant à sa famille, par la même occasion, de l'huile, de la farine et du vin. Il n'en fallut pas moins pour que les gens du coin lui construisent un sanctuaire dès 1670. Détruit pendant la Seconde Guerre mondiale, puis reconstruit, il abrite aujourd'hui une *Madone allaitant l'Enfant* de Pier Francesco Fiorentino (XVe s).

CERTALDO ALTO

(50052) 300 hab.

À 9 km au nord de San Gimignano, Certaldo se divise en deux parties : la ville basse moderne avec ses 16 343 habitants, et la partie haute (Certaldo Alto), un adorable village médiéval perché comme un nid d'aigle. On y accède en funiculaire. Il est constitué de quelques petites rues pavées bordées de demeures anciennes. Des cyprès grands comme des oriflammes semblent le rattacher au ciel. L'auteur du *Décaméron,* Giovanni Boccaccio (« Boccace »), y passa la fin de sa vie, mais c'est l'oignon qui fait la fierté de la ville depuis le Moyen Âge, à tel point qu'outre la célèbre soupe à la *cipolla di Certaldo* on en fait aussi de la confiture ! Peu fréquentée, c'est une halte agréable.

Arriver – Quitter

En train

Stazione FS : *via Matteotti, dans la ville basse (Certaldo Basso). À quelques mn à pied du funiculaire.* La gare de Certaldo se situe sur la ligne Empoli-Poggibonsi, deux carrefours ferroviaires pratiques.

➢ Départs ttes les heures pour ***Florence,*** parfois avec changement à ***Empoli.*** Durée : env 1h. À Empoli, correspondance pour Pise et son aéroport.

➢ Nombreuses liaisons avec ***Poggibonsi*** (ttes les 15 mn env). Durée : moins de 15 mn. De Poggibonsi, bus ttes les 30 mn pour San Gimignano.

Circulation et stationnement

À Certaldo Alto, la circulation n'est autorisée qu'aux résidents. Un grand parking est situé devant la mairie de la ville basse : environ 1 €/h. L'accès à Certaldo Alto se fait de 2 manières :

➢ ***par un escalier*** qui monte dans la petite rue Vicolo Signorini qui part de la pointe droite de la place quand on a la mairie dans le dos. Parcours plutôt réservé aux sportifs ;

➢ ***par le funiculaire :*** de mi-avr à mi-oct, départ ttes les 15 mn 7h30-1h (1,50 € l'A/R) ; jusqu'à 19h30 en hiver. Le point de départ se trouve piazza Boccaccio, 35-36 (sur la place centrale de la ville basse).

Adresse utile

Ufficio informazioni turistiche : *dans la ville haute, à l'entrée de la casa di Boccaccio, 16. ☎ 0571-65-67-21. • comune.certaldo.fi.it • Avr-déc, tlj 9h30-13h30, 14h30-19h. Fermé le reste de l'année.* Livret en français et plan de la ville. Bon accueil et plein d'infos.

Où dormir ?

Dans la ville basse

Auberge de jeunesse et *B & B*

Fattoria di Bassetto, Boutique Hostel et chambres d'hôtes : *via delle Città, 3. ☎ 0571-66-83-42. 340-158-99-37. • reservations@fattoriabassetto.com • fattoriabassetto.com • Attention, pas facile à trouver car très mal indiqué. Prendre direction Poggibonsi sur env 700 m, puis prendre le chemin à gauche (pas* *d'indication) env 300 m après être passé sous la voie rapide et juste avt la zone industrielle (juste en face de l'entreprise* Ferramenta Signorini*). Puis grimper le sentier sur env 200 m. À env 40 mn à pied de la gare ferroviaire, donc vraiment pas pratique sans véhicule. Ouv 15 avr-15 oct. Réception 8h30-11h, 17h-20h. Compter 22-24 € en dortoir 4-5 lits, petit déj compris ; dans les dépendances, 6 chambres doubles 70-75 €.* Dans un ancien couvent bénédictin datant du XIVe s (qui fut aussi une fabrique d'huile d'olive), à l'écart de la ville mais proche d'une route passante en contrebas (un peu bruyante). Un lieu bohème aux installations possédant un vrai caractère. Le père-aubergiste assure une navette 2 fois par jour pour la gare ferroviaire. Les 5 dortoirs sont simples mais bien arrangés, dans un vieux bâtiment restauré. Meublées à l'ancienne, les chambres privatives ont du caractère et du charme, mais les sanitaires (douche-w-c) sont en commun. Cuisine commune, laverie, bassin hors sol pour faire trempette, belle bibliothèque...

À Certaldo Alto

Prix moyens

Casa al Cantone : *via Boccaccio, 2. ☎ 0571-66-65-78. 347-752-08-60 (Miriam Mocarini). • info@countrydomus.com • countrydomus.com • Appartement 90-100 €/j. et chambre double 80 €/j. Résa indispensable, la propriétaire ne vit pas sur place.* Face au Palazzo Pretorio, un grand appartement avec un petit salon et une grande cuisine. À l'étage, une chambre avec une vaste salle à manger, une cuisine et une terrasse. Les 2 logements possèdent autant de charme (vieux meubles, tomettes, fauteuils club). Propose aussi des appartements à louer à la campagne (Gambassi), non loin de la ville.

Osteria del Vicario : *via Rivellino, 3. ☎ 0571-66-82-28. • info@osteriadelvicario.it • osteriadelvicario.it • Congés : fév et nov. Doubles dans la partie* guesthouse *70-100 €, dans la partie hôtel 100-110 €, petit déj inclus.* Situées dans un couvent du XIIIe s jouxtant le *palazzo,* les 5 chambres de l'*osteria* ont été aménagées avec beaucoup de goût dans les anciennes cellules de moine. La n° 4 est la plus grande, la n° 5 la plus petite. Elles donnent sur la rue calme. Toutes disposent de TV, AC, téléphone, ventilo et mobilier toscan. Des chambres plus modernes et moins chères sont également proposées dans une dépendance. Excellent accueil. Sur la terrasse panoramique, resto gastronomique très cher pour la qualité proposée, mais formule bistrot convenable.

LE VAL D'ELSA

Où manger ?

Bon marché

Da Messer Boccaccio : *via Boccaccio, 35 (entrée également par la via del Castello). ☎ 0571-66-51-22. • info@damesserboccaccio.it • Tlj sf lun 12h-15h, 19h-23h. Congés : fév. Pizzas 5-8 €. Compter 13-20 €. Ne pas confondre avec l'*Enoteca*, juste à l'entrée (sur rue). Il faut passer par la courette et descendre au sous-sol.* La salle est un peu sombre, mais voûtée et fraîche. Bonne petite cuisine toscane appréciée des locaux et menu fort honnête à prix particulièrement démocratique.

Prix moyens

L'Antica Fonte : *via Valdracca, 25. ☎ 0571-65-22-25. • info@tavernaanticafonte.it • Tlj sf mer hors saison. Congés : janv-fév. Carte 25-30 €.* Superbe terrasse offrant une vue exceptionnelle sur la campagne toscane avec San Gimignano au loin. Bien qu'assez touristique, la table ne déçoit pas avec ses belles assiettes de pâtes fraîches maison comme les *paccheri con cozze, carciofi e pecorino* (pâtes aux moules et artichauts). À déguster le soir à la lueur des photophores dans un cadre vert et fleuri. Un bon rapport qualité-prix-plaisir.

À voir

Un billet combiné à 6 € (réduc) permet d'avoir accès aux trois sites suivants : Palazzo Pretorio, casa di Boccaccio et museo d'arte sacra. Si vous ne disposez que de peu de temps, un billet à 4 € (réduc) pour la visite des deux premiers sites est également proposé à l'office de tourisme.

Palazzo pretorio : *au croisement des rues Boccaccio et Rivellino. Tlj 9h30-13h30, 14h30-19h (16h30 nov-mars).* Bâtie au XIIe s, c'est une haute demeure de caractère, dont les murs de la petite cour centrale sont incrustés de blasons. Grâce à un édit de Frédéric Barberousse, signé en 1164, on sait que ce palais logeait la famille Alberti avant que les Florentins ne décident d'y installer leurs vicaires à l'époque de la peste noire (vers 1350). On jettera un petit coup d'œil aux cachots de la prison (il n'en reste pas grand-chose) et à la salle d'audience récemment restaurée. À droite à l'entrée, traverser le jardin pour accéder à l'église *San Tommaso e Prospero,* superbe fresque peinte vers 1464 par Benozzo Gozzoli : *Le Tabernacle des condamnés.* Petite salle archéologique également.

Casa-Museo di Boccaccio : *via Boccaccio, 21. Avr-oct, tlj 9h30-13h30, 14h30-19h.* Bibliothèque collectant toutes les publications sur l'œuvre de cet auteur né en 1313 et mort en 1375. Il pourrait être né à Paris d'une union illégitime entre son père, un marchand florentin et une femme de la noblesse française. En 1353, il publie *Le Décaméron,* un livre en prose qui lui vaut un immense succès, mais les habitants de Certaldo le conspuent car ils sont choqués par ses histoires de débauche sexuelle. En 1362, seul et déprimé, il pense détruire ses manuscrits mais Pétrarque l'en empêche. Précurseur de la littérature italienne en prose, Boccace admirait Dante, considéré comme le fondateur de la poésie italienne. Il passa la fin de sa vie seul et dans la misère, dans cette maison (reconstruite) de Certaldo. Il est d'ailleurs enterré un peu plus loin, dans l'église San Jacopo (du XIIIe s) où l'on peut voir sa plaque tombale. Superbe vue panoramique du haut de la tour.

LE DÉCAMÉRON : UN DÉCAPANT ACTIF

« 100 nouvelles racontées en 10 jours, par 7 femmes et 3 hommes fuyant la peste qui ravage Florence en 1348 », tel est le sujet du Décaméron *de Boccace. Ses histoires galantes d'amour grivois mêlent le tragique à l'érotique, le réalisme et la satire.* Le Décaméron *fustige aussi les mœurs dissolues et l'hypocrisie du clergé de l'époque.* Le Décaméron *sera censuré par les papes Paul IV et Pie IV. Plus de 600 ans après sa parution, le livre sera adapté au cinéma par Pasolini.*

Museo d'arte sacra : *piazza San Jacopo e Filippo, dans l'ancien couvent des Augustins. Tlj (sf mar en hiver) 9h30-13h30, 14h30-19h (16h30 nov-mars). Entrée : 3 €.* Quelques salles où sont exposées des peintures à partir du XIIIe s. Également quelques sculptures et objets du diocèse. Pas indispensable.

Manifestations

– **Cena da Messer Boccaccio** *(repas médiéval) : les 2 premiers sam de juin, rue Boccaccio, avec vaisselle d'époque et figurants en costume. Infos : ☎ 0571-66-31-28. • elitropia.org • Résa obligatoire.*
– **Mercantia :** *5 j. en juil. Infos : ☎ 0571-66-12-59. • mercantiacertaldo.it •* Certaldo accueille un festival de théâtre de rue « 100 % » marionnettes. Toutes les rues sont alors décorées de petits stands.

LUCCA ET SES ENVIRONS

LUCCA (LUCQUES)

(55100) 85 000 hab.

Un véritable coup de cœur pour cette ville qui, bien qu'elle soit très touristique, a gardé son caractère, son style et sa splendeur passée. Entourée de plusieurs kilomètres de murailles et de bastions de brique rouge du XVIIe s, Lucca a conservé sa structure romano-médiévale, ses placettes et ses rues piétonnes, à l'ombre de ses vieilles églises et de ses somptueux palais. D'ailleurs, l'embellissement de la ville date de cet âge d'or (du XIIIe au XVe s) : construction de remparts et d'églises, de belles demeures et de tours verdoyantes aux faîtes desquelles des jardins suspendus étaient aménagés. Lucca porte encore aujourd'hui le souvenir de sa richesse passée. Sa trame urbaine – le *cardo maximus* et le *decumanus maximus,* les deux voies romaines qui la structuraient jadis, sont encore bien visibles. Essentiellement piétonne, Lucca se découvre facilement à pied, laissez votre voiture à l'extérieur. Dans ce décor ancien se déroule, le 3e dimanche de chaque mois, un marché aux puces très prisé des collectionneurs. En outre, il faut croire que l'atmosphère de Lucca inspire les musiciens : Luigi Boccherini (1743-1805), Alfredo Catalani (1854-1893) – auteur de l'air de la cantatrice dans *Diva,* le film de Jean-Jacques Beineix – et Giacomo Puccini (1858-1924) y virent le jour. En été, manifestations musicales et concours lyriques attirent de nombreux mélomanes.

UN CADEAU IMPÉRIAL !

Une piazza Napoleone, en Italie, n'est pas chose commune ! Préservée par son enceinte, la ville fut, pendant des siècles, la capitale d'un État indépendant. Bonaparte, lors de sa campagne d'Italie en 1799, en fit une principauté qu'il offrit en 1805 à sa sœur Élisa, qui y régna jusqu'en 1815. Celle-ci s'y investit pleinement, notamment dans le domaine des arts, et c'est bien sûr à elle que l'on doit cette piazza Napoleone.

UN PEU D'HISTOIRE

De l'époque romaine, il ne reste quasiment rien à Lucca, sauf ces anciennes arènes transformées aujourd'hui en place publique. N'oublions pas que c'est à Lucca que Jules César, Crassus et Pompée renouvelèrent leur triumvirat en 56 av. J.-C. Dès le XIe s, la production (la sériciculture) et le commerce de la soie assurent la richesse de la ville. En 1160, Lucca est déjà une cité libre qui fait des affaires notamment avec Lyon et les Flandres. Ses soieries s'échangent sur tous les marchés d'Europe et d'Orient. Dante y vient se réfugier lors de son exil, après avoir été un ambassadeur florentin. Au XIVe s le condottiere Castruccio Castracani fait main basse sur Lucca, pour en faire la cité-État la plus puissante d'Italie centrale, rivale de Florence et de Pise, ses voisines. Puis au XVe s c'est Guinigi qui prend le contrôle de la cité (voir la tour et le musée à son nom).

C'est l'âge d'or de Lucca. Des dizaines de familles puissantes et fortunées construisent des palais en ville (plus d'une centaine) et de somptueuses villas à la campagne. La famille Buonvisi est parmi les plus riches : elle possède 19 villas (des châteaux à la campagne en fait). ***La cité-État compte alors près de 400 banques,*** pour moins de 50 000 habitants, un record européen. Séduit par ce dynamisme, le roi de France Charles VIII invite les marchands et les banquiers de Lucca à venir en France. Lors de son voyage en Italie, ***Montaigne*** y séjourne

en 1581, mais, malade, il passe plus de temps à Bagno di Lucca pour soigner ses calculs rénaux... Au XVIIe s, un ambassadeur représente la république de Lucca auprès de Louis XIV et vit comme un grand prince (voir la superbe villa Torrigiani aux environs). Au siècle suivant, l'économie essoufflée, la soie ne rapportant plus, la ville se referme et s'endort sur sa splendeur passée.
Elle fut réveillée en sursaut par l'invasion des troupes napoléoniennes en 1799. Après 650 ans de liberté, Lucca perd son statut de république indépendante. ***Napoléon Ier*** en fait une principauté qu'il confie à sa sœur, Élisa Bonaparte Baciocchi (voir le palais de la piazza Napoleone). Après 1815 et la chute de l'Empire napoléonien, Lucca est placée après sous la protection des Bourbon-Parme, puis rattachée au grand-duché de Toscane en 1847, lequel est intégré plus tard à l'Italie réunifiée.

Arriver – Quitter

En train

Gare ferroviaire *(plan C4)* ***:*** *piazza Ricasoli. ☎ 89-20-21 (0,54 €/mn). • trenitalia.it • Tlj 6h30-20h10. Consignes à bagages.*
➢ ***San Giuliano Terme, Pise Centrale :*** départ ttes les 30 mn, de 5h37 à 0h24. Durée du trajet : env 30 mn. ***L'aéroport Galileo Galilei à Pise*** est très bien relié en train à *Pise Centrale.*
➢ ***Pescia, Pistoia, Prato, Florence (Firenze) :*** env 2 trains/h pour Florence. Durée : 1h19 ou 1h43 selon train.
➢ ***Rome :*** pas de ligne directe, il faut changer de train à Pise ou à Florence. Env 1-2 départs ttes les heures. Durée (Rome-Lucca) : env 3-4h selon les trains (Regionale, Frecciargento ou Frecciabianca.
➢ ***Gênes (Genova) :*** aucun train direct, il faut changer à Viareggio ou à Pise. Compter 2h30-4h.

En bus

Gare routière *(plan A3)* ***:*** *piazzale Verdi. ☎ 0583-58-78-97. • vaibus.it • Lun-sam 6h-20h, dim 8h-20h.* ***Vaibus*** regroupe les compagnies *Clap* et *Lazzi* et dessert plutôt bien les environs.
➢ ***Florence :*** env 1 bus/h lun-sam, 6h25-18h55 ; ligne directe, durée : 1h15.
➢ ***Pise, San Guiliano Terme :*** 1 bus/h (ttes les 2h dim) 6h30-19h05 ; ts ne desservent pas San Guiliano Terme, mais ts passent par l'aéroport de Pise (durée : 1h).
➢ ***Viareggio*** *(pour piquer une tête dans l'eau)* ***:*** env 1 bus/h, 8h05-18h03 ; durée : 45 mn.
➢ ***Pescia :*** env 1 bus/h (ttes les 2h dim) ; durée : 35 mn.

Circulation et stationnement

Au moins ici, c'est facile ! Les motorisés gareront leur voiture hors les murs, à moins d'avoir un logement intra-muros, auquel cas ils pourront déposer leurs affaires. Les quelques parkings dans les murs sont le plus souvent chers et réservés aux résidents. On conseille d'utiliser les différents parkings autour des remparts (1,50 €/h). Les places délimitées par les lignes blanches sont gratuites mais limitée à 1h. Les autres sont régulés par des horodateurs. Quelques parkings non surveillés sont normalement gratuits, notamment près de l'*hôpital (plan D1)* et du *marché (plan D4).* Également de grands parkings surveillés payants très bien indiqués.
■ ***Radio-taxi :*** *☎ 02-53-53.*

Adresses utiles

Informations touristiques

Ufficio turistico *(plan A2)* ***:*** *piazzale Verdi. ☎ 0583-58-31-50. • info@luccaitinera.it • luccaitinera.it • Tlj sf fêtes religieuses 9h-19h (17h oct-mars).* Distribue un plan de la ville en couleur, très pratique, et effectue les résas d'hôtels. Consigne à bagages *(bien pratique, 7 €/j.)*. Loue aussi des vélos *(3 €/h, 15 €/j.)*.

Poste et Internet

✉ **Poste centrale** (plan C3) **:** *via Vallisneri, 2. Lun-ven 8h25-19h10, sam 8h20-12h35.*

@ **Internet Point :** *au* **Betty Blue Café** *(plan C1,* **4***), via del Gonfalone, 16. Tlj sf jeu 12h-1h.* **Paolini Digital Print** *(plan B3,* **3***)* **:** *via San Paolino, 65. Lun-ven 9h-18h.*

Santé, urgences

Ospedale Campo di Marte (hors plan par D1) **:** *via dell'Ospedale, 238. ☎ 118 (urgences).*

■ **Police municipale** (plan A2) **:** *piazzale San Donato, 12 a. ☎ 0583-44-27-27.*

Location de vélos

■ **Poli Antonio Biciclette** (plan C1, **5**) **:** *piazza Santa Maria, 40, 41 et 42. ☎ 0583-49-37-87. • biciclettepoli.com • Tlj 9h-20h.* Pour les routards hostiles à la marche, possibilité de faire le tour des remparts à vélo *(3 €/h ; 15 € la journée)* ou même en tandem. Un bon plan pour découvrir Lucques.

■ **Punto Bici** (plan A3, **6**) **:** *via del Crocefisso, 8. 347-922-67-29. • puntobici.lucca.it • Tlj 9h-20h (horaires restreints en hiver). Compter 3 €/h ; 15 € la journée.*

Où dormir ?

Les hôtels sont peu nombreux, vite complets et assez chers pour les prestations offertes. Nous vous conseillons donc de vous rabattre sur les *affittacamere*, qui offrent un meilleur rapport qualité-prix, surtout celles hors les murs. Pourtant, une soirée à Lucca est quelque chose d'inoubliable, lorsque la ville et les petites rues retrouvent leur calme. Si vous ne trouvez pas de place, prenez la route SS 12 qui va vers Pise.

Bon marché

Ostello San Frediano (plan C2, **10**) **:** *via della Cavallerizza, 12. ☎ 0583-46-99-57. • info@ostellolucca.it • ostellolucca.it • À deux pas de l'église San Frediano. Congés : 5 janv-1er fév et 5 nov-8 déc. Résa conseillée en été. Env 20-23 €/pers en dortoir 6-8 lits (avec sdb privée ou non) ; 68 € la double avec sdb ; petits déj 5 €. Ajoutez 3 €/pers si vous n'êtes pas membre. Repas 11 €. Parking gratuit.* Pas de panique : les dortoirs propres et confortables n'ont rien d'une cellule, et vous ne serez pas réveillé à l'aube pour les matines ! Cet *ostello* est une réussite. D'anciens bâtiments conventuels ont été métamorphosés en une hostellerie pratique et de caractère. Pièces communes immenses, aux plafonds très hauts, dortoirs avec ventilo (vue sur le jardin) et sanitaires collectifs ou privés. Quelques chambres doubles, triples et quadruples (en duplex) parfaites pour les familles. Vraiment une belle auberge, dotée en plus d'un charmant jardin. Accueil francophone super efficace.

B & B Locanda Buatino (hors plan par C1, **21**) **:** *via borgo Giannotti, 508. ☎ 0583-34-32-07. Hors les murailles, au nord de la ville. Le borgo Giannotti est en sens interdit au rond-point ; contourner en passant par la viale P. Batoni. Doubles 50-70 €, selon saison, petit déj inclus.* Une dame charmante et son fils proposent 4 chambres simples mais plutôt spacieuses au-dessus de leur resto. L'une d'elles possède un balcon sur l'arrière. Salle de bains sur le palier. Sans charme, mais à ce prix, on ne se plaindra pas.

Prix moyens

La Gemma di Elena (plan C2, **12**) **:** *via della Zecca, 33 ; 1er étage. ☎ 0583-49-66-65. • lagemma@interfree.it • lagemmadielena.it • Double 75 €, appart 70 €, plus 20 €/pers supplémentaire, petit déj-buffet compris. Parking privé 8 €/j.* La propriétaire Anna y habite. C'est une dame charmante et accueillante. Son grand appartement dans un immeuble du

XIXe s est à son image. Il compte d'une demi-douzaine de chambres joliment meublées et soigneusement décorées. Hautes de plafond, elles donnent sur la rue ou sur l'arrière de l'immeuble. Elles n'ont pas d'AC mais un ventilo. La chambre « Marianna » est la plus grande. La plupart possèdent des canapés-lits pour les familles ou groupe d'amis. Bonne atmosphère et plein de bons conseils sur les visites touristiques à Lucques.

B & B Evelina (plan B2, **18**) : *via Streghi, 12. ☎ 0583-49-36-43. • info@bedandbreakfastevelina.it • bedandbreakfastevelina.it • Doubles 75-80 €.* Dans une ruelle étroite et ancienne, au 3e étage d'un immeuble du XVIIe s, c'est Silvia ou Giulio (il parle un peu le français) qui ouvre la porte. On entre alors dans un vaste appartement bien restauré par ce jeune couple souriant et courtois. Le long du couloir, il y a 6 chambres bien arrangées et équipées de ventilos (pas d'AC), partageant 3 salles de bains sur le palier. La n° 4, plus petite, a 2 fenêtres d'angle, on l'aime bien. La déco est réussie : photos anciennes de la famille, outils, objets, beaux meubles de charme, du caractère et de la jeunesse dans de très vieux murs. Vue sur la Torre delle Ore à l'arrière. Bref une adresse rétro-branchée tenue par des gens adorables.

B & B La Colonna (plan C2, **19**) : *via dell'Angelo Custode, 16. ☎ 0583-44-01-70. • info@lacolonnalucca.it • lacolonnalucca.it • Congés : 12 janv-1er mars. ♿ Doubles avec ou sans bains 65-80 € selon saison. CB refusées.* Cette demeure un peu sombre cache 5 chambres refaites par un jeune propriétaire avenant. Avec leurs meubles anciens, elles ont un certain caractère, certaines avec un genre plus romantique. La plupart donnent sur un petit jardin intérieur calme.

B & B Al Tuscany (plan B3, **17**) : *via Cenami, 17. ☎ 0583-46-40-37. • info@altuscany.it • altuscany.it • Doubles 60-110 € selon taille et saison.* L'appartement est tout en haut de la bâtisse (ascenseur). Claudio, le sympathique et volubile patron, reçoit bien ses hôtes. Son appartement, quasi labyrinthique, est un étrange mélange : plafond à fresques dans le vénérable salon, mobilier années 1970, un peu de formica, des bibelots en tout genre... Les chambres sont du même style, très différentes, avec du caractère et de la personnalité. Frigo et machine à café à disposition dans la cuisine. Vraiment une adresse pas banale, un rien bohème.

B & B Lucca Porta Sant'Anna (hors plan par A3, **20**) : *via Carlo Angeloni, 211. ☎ 0583-31-60-15.*

Adresses utiles

- Ufficio turistico
- Parkings
- @ 3 Paolini Digital Print
- @ 4 Betty Blue Café
- 5 Poli Antonio Biciclette (location de vélos)
- 6 Punto Bici (location de vélos)

Où dormir ?

- 10 Ostello San Frediano
- 11 B & B Al Tondone
- 12 La Gemma di Elena
- 13 B & B Dimora dei Guelfi
- 14 Piccolo Hotel Puccini
- 15 B & B La Bohème
- 16 Albergo San Martino
- 17 B & B Al Tuscany
- 18 B & B Evelina
- 19 B & B La Colonna
- 20 B & B Lucca Porta Sant'Anna
- 21 B & B Locanda Buatino
- 22 Villa Corte degli Dei
- 23 B & B La Romea

Où manger ?

- 30 Osteria Il Mecenate
- 31 La Pecora Nera
- 32 Da Felice
- 33 Osteria del Neni
- 34 Pizzeria Bella M'Briana
- 35 Da Giulio
- 36 Bastian Contrario
- 37 Osteria da Rosolo
- 38 Ristorante Buca di San Antonio

Où déguster une bonne pâtisserie ?

- 40 Panificio Chifenti

Où boire un verre ?

- 80 Caffetteria San Colombano
- 81 Rewine

Où acheter de bons produits ?

- 40 Boutique dei Golosi
- 39, 50 Pizzicheria La Grotta

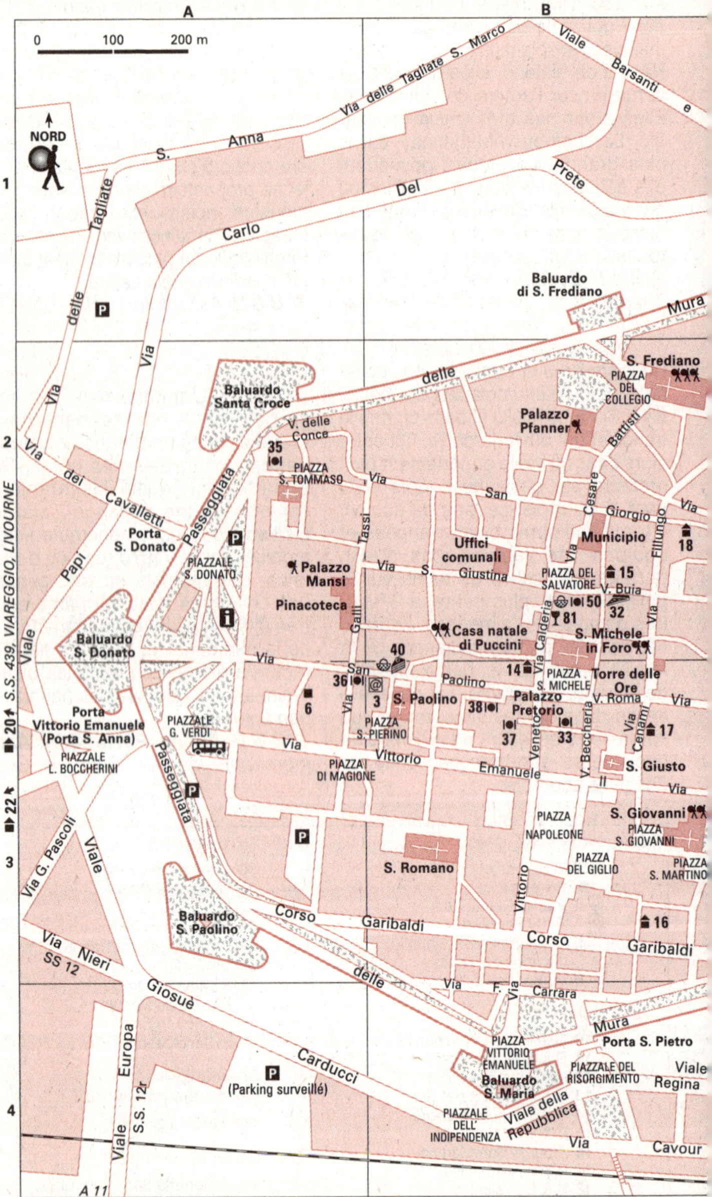

LUCCA ET SES ENVIRONS

LUCCA (LUCQUES)

335-762-31-70. • info@luccaportasantanna.it • luccaportasantanna.it • Hors les murs mais à 300 m du centre, dans un quartier résidentiel paisible. La rue est en sens interdit. À la porta S. Anna, prendre la via Catalani puis via delle Rose et 2 fois à droite. Congés : janv. Doubles 80-90 €, petit déj inclus. Dans une maison récente, facilement repérable avec ses drapeaux accrochés au balcon supérieur, 3 chambres doubles et 2 quadruples super grandes. Elles sont fraîches, bien tenues et calmes. Petit déj servi dans la véranda. Bon accueil.

B & B Al Tondone *(hors plan par D3,* ***11****) : via Fontanella, 663, San Filippo. ☎ 0583-95-53-70. 329-961-45-83. • altondone@tin.it • famigliatomei.it • À 5 mn en voiture du centre, dans un secteur résidentiel tranquille. Doubles avec ou sans sdb 50-80 € ; apparts dans le centre de Lucques, dont un petit, 50-75 € la nuit. Thé, café, tisane offerts, prêt de vélos.* Tenue avec sérieux par un couple hospitalier, cette maison agréable, dotée d'un petit jardin verdoyant et fleuri, comprend une demi-douzaine de chambres confortables. Bref, un vrai logement chez l'habitant, même si c'est un peu loin du centre. Très bon accueil d'Anna-Maria.

Chic

B & B La Romea *(plan C2,* ***23****) : vicolo delle Ventaglie, 2. ☎ 0583-46-41-75. • info@laromea.com • laromea.com • Doubles 100-135 € selon confort et saison.* Incroyable palais (Palazzo Gentile) du XIVe s à côté de l'église San Andrea, au cœur de la ville. Un de ses étages abrite un vaste appartement où Gaia et Giulio, un couple accueillant, ont aménagé un *B & B* et des chambres dans des murs vieux de 700 ans ! Les plafonds atteignent presque 5 m de hauteur. Le résultat est étonnant, on a l'impression que Dante et Boccace viennent d'y passer la nuit... La plus grande chambre, la « Celeste », a une superbe salle de bains et des fresques d'époque. Il n'y a que 5 chambres, mais toutes ont un charme ancien et une belle personnalité. Vraiment une adresse exceptionnelle.

Piccolo Hotel Puccini *(plan B2-3,* ***14****) : via di Poggio, 9. ☎ 0583-55-421. • info@hotelpuccini.com • hotelpuccini.com • Double 100 €, petit déj en plus. Parking (les contacter pour l'autorisation de circuler dans le centre-ville). 10 % de réduc sur le prix de la chambre 5 nov-31 mars sur présentation de ce guide.* Très bien situé (proche de la maison natale du musicien Puccini), cet adorable petit hôtel familial renferme une quinzaine de chambres bien arrangées (ventilo et coffre). Mobilier fonctionnel sans prétention, salles de bains impeccables et confort à tous les étages. Les chambres donnent sur la rue (piétonne), en choisir une dans les étages élevés (plus de lumière). Le patron, Paolo, très accueillant et anglophone, donne de bons conseils pour la visite de la ville.

B & B La Bohème *(plan B2,* ***15****) : via del Moro, 2. ☎ 0583-46-24-04. • info@boheme.it • boheme.it • En plein centre, dans une ruelle tranquille. Doubles 90-140 €, petit déj inclus.* Au 1er étage sans ascenseur d'un immeuble ancien, la réception nette et moderne cache 6 chambres pleines de charme et toutes climatisées (3 sur rue, autant sur cour). Belles couleurs chaudes, sols d'origine (céramiques anciennes), lustres type Murano, grandes armoires en bois et même un lit à baldaquin dans les chambres « La Tosca » ou « Madame Butterfly ». Tout est bien propre et accueil fort courtois.

B & B Dimora dei Guelfi *(plan C2,* ***13****) : piazza San Pietro Somaldi, 5. ☎ 0583-48-427. • info@dimoradeiguelfi.com • dimoradeiguelfi.it • Compter 65-110 € selon saison et confort, avec petit déj.* Adorable *B & B* dans un palais du XVe s, abritant 4 chambres, toutes en rez-de-chaussée, donnant soit sur la petite *piazza,* soit sur l'arrière. Grandes chambres hautes de plafond, impeccables et confortables (avec AC) et au charme discret. Une belle adresse aux tarifs raisonnables compte tenu de la qualité des prestations.

Villa Corte degli Dei *(hors plan par A3,* ***22****) : via dei Franceschini, 328. ☎ 0583-58-34-17. • info@villacortedeglidei.it • villacortedeglidei.it • De la* *porta S. Anna, prendre la via S. Donato sur 1 km, puis à gauche après la voie ferrée (fléché), la villa est 200 m plus loin. Doubles env 60-149 €, petit déj inclus, selon confort et saison. Parking gratuit.* Belle villa proche de la ville mais déjà à la campagne, avec une délicieuse piscine dans un jardin ombragé. Très belles chambres de type médiéval avec lit à baldaquin pour la plupart, pierres et poutres apparentes, de bon confort (AC, TV satellite, réfrigérateur...). Beaucoup d'originalité dans la déco. Une adresse de charme, au calme. Les propriétaires proposent également des chambres dans le même esprit en formule *B & B* en ville.

Albergo San Martino *(plan B3,* ***16****) : via della Dogana, 9. ☎ 0583-46-91-81. • info@albergosanmartino.it • albergosanmartino.it • Doubles 100-120 €. Possède dans le même pâté de maisons une annexe, l'*Albergo Diana*, avec des tarifs plus bas (70-90 €).* Petit hôtel de charme dans la partie sud de la ville historique (quartier calme et moins fréquenté). Toutes bien arrangées (AC) et soigneusement décorées, les chambres, donnent sur les ruelles. Petite terrasse extérieure couverte pour lire et se reposer.

Où dormir dans les environs et entre Lucca et Pise ?

Agriturismo Le Capanne : *à La Capanna, 12 via Statale Abetone 22. 56017* ***San Giuliano Terme.*** *☎ 050-81-83-92. • info@lecapanne.it • lecapanne.it • À 13 km au nord-est de Pise et 10 km de Lucques. Prendre la SS 12 jusqu'à San Giuliano Terme puis, dans le village, la route qui part vers les collines et suivre le fléchage sur 2,5 km. Chambres ou studios 80-110 € ; apparts 100-140 € (110-150 € pour 6 pers, avec 2 sdb) ; petit déj 8 €. Repas 20-25 €. Réduc de 10 % sur la chambre sur présentation de ce guide.* Une superbe maison de charme et de caractère dans un emplacement remarquable. C'est une grande et belle demeure haut perchée sur une colline verte qui surplombe la vallée de Pise. La vue est si dégagée que l'on voit la mer au loin. La maison principale à la façade ocre et les annexes abritent des chambres et des appartement très confortables jouissant de cette magnifique vue. Agréable piscine sur une terrasse tranquille en contrebas d'un jardin ombragé et luxuriant (pins, cyprès, palmiers...). Accueil cordial. Fait également resto.

Relais del Lago : *via della Chiesa di Gragnano, 36,* ***Capannori.*** *☎ 0583-97-50-52. • info@relaisdellago.com • relaisdellago.com • À 13 km au nord-est de Lucca, en dessous de la villa Marqui Arnolfini (fléché Fanini). De Lucca, prendre la SR 435 vers Pescia, à 9 km au niveau de Borgonuovo, tourner sur la gauche et continuer encore 4 km en direction de Gragnano. Selon saison, doubles 100-140 €, petit déj compris ; apparts 150-200 € pour 2 + 15 €/pers en sus.* Situation exceptionnelle dans la belle campagne lucquoise, pour ce *B & B* tenu par Alessandro et Elisa. Une demi-douzaine de chambres et 3 apparts aménagés avec goût, clim et tout le confort : petits salons, livres d'art à dispo. Pour les nuits sauvages, il y a même une chambre isolée, avec lit circulaire et spa privé. Les romantiques préféreront dîner aux chandelles sur le petit affût semblant flotter sur le lac. Belle terrasse, superbe piscine et le petit déj est un pur bonheur !

Casetta delle Selve : *à Pugnano, 56010* ***San Giuliano Terme.*** *☎ et fax : 050-85-03-59. • casettadelleselve.it • À 13 km au nord-est de Pise et 10 km de Lucques. Prendre la SS 12 jusqu'à San Giuliano Terme ; dans le village, quitter la SS 12 et emprunter celle de Molina di Quosa et Ripafratta ; à Pugnano, sur la droite, prendre un chemin en terre de 1,5 km, accidenté et très pentu ; les arrivées de nuit risquent d'être épiques, en tt cas, montez la dernière partie en première. Congés : début nov-fin mars. Résa indispensable. Double avec sdb env 80 € ;*

petit déj en plus. CB refusées. Tenue par Nicla, personnage haut en couleur (comme ses peintures), une adresse qui se mérite, car on jouit d'un panorama superbe. De la terrasse, vue sur la mer au loin et sur l'île Gorgona (on en resterait médusé !). Les 5 chambres (dont une pour le pèlerin de passage) et la romantique bonbonnière dans un bâtiment annexe au jardin sont d'un honnête confort et toutes décorées selon le goût de Nicla, qui y a mis tout son cœur. Un lieu plein de poésie !

Villa di Corliano : *via Stratale Abetone, 50,* ***San Giuliano Terme.*** *☎ 050-81-81-93. • info@ussero.com • corliano.it • Congés : nov. Doubles avec ou sans sdb 70-110 € selon saison, petit déj compris.* Dans un parc remarquable, planté d'arbres séculaires, un *B & B* aménagé dans un superbe palais du XVIIIe s chargé d'histoire. Il a reçu la visite de princes, de généraux napoléoniens et d'artistes, comme Goldoni, Byron, Shelley et même notre cher Alexandre Dumas... Il abrite une douzaine de chambres dont la majorité avec salle de bains sur le palier. L'ensemble est défraîchi mais pas dénué de charme, avec ses fresques magnifiques, son atmosphère Grand Siècle et ses lithos dans d'interminables couloirs. Dans les chambres : lavabo, bidet et une écritoire pour ses cartes postales.

San Gennaro Castello B & B : *via di Castello, 40,* ***San Gennaro.*** *☎ 0583-97-84-68. 349-596-00-56. • boutiquefarmhouses@gmail.com • sangennarocastello.com • À 15 km au nord-est de Lucca, direction Peschia par la route 435. Tourner à gauche, faire 3 km dans les monts, traverser le bourg de San Gennaro, c'est dans un des derniers hameaux perchés dans la montagne. Plus proche de Pescia que de Lucca, non loin de Collodi (parc Pinocchio). Doubles 65-80 €, petit déj compris, selon saison.* Un *B & B* au bout du monde, à flanc de colline, tenu par le charmant Dario (un expatrié revenu en Toscane) et sa femme américaine Marie-Claire, tout aussi charmante. Excellent accueil. Quelques belles chambres dans une petite maison dans l'une des ruelles d'un hameau dominant la plaine. Beau petit déj. Piscine. Une bonne base pour partir à la découverte des environs.

Où manger ?

De très bon marché à bon marché

Da Felice (*plan B2,* **32**) **:** *via Buia, 12. ☎ 0583-49-49-86. Ouv tlj sf dim, 10h-20h30. Pizza vendue à la part, prix variables 3-7 € selon la taille.* Au cœur du centre historique, une minuscule boutique où les pizzaiolos s'activent derrière un grand comptoir. Quelques bancs dehors pour une pause. Le principe est d'acheter une part de pizza de son choix et de l'emporter. Elles sont savoureuses et les Lucquois font la queue pour en déguster une. Populaire, bon marché, authentique et délicieux...

La Pecora Nera (*plan C2,* **31**) **:** *piazza San Francesco, 4. ☎ 0583-46-97-38. Tlj sf lun-mar, midi et soir. Congés : 6-24 août. Plats 7-13 €, pizzas 5-9 €.* Sur une calme place dominée par la belle église San Francesco, à l'écart de l'agitation, salles en briquette et une toute verte avec un coin pour les enfants ; aux murs, des dessins de moutons blancs et, par-ci par-là, un noir. Ce mouton noir, c'est un enfant autiste à qui le profit de ce restaurant associatif reviendra. Et pour cela, le chef s'applique, car dans l'assiette, ce n'est que du bon ! Écrevisses, *baccalà, carpaccio di manzo* ou *di mare...* et pizzas le soir. Une belle adresse associative, bonne et vraiment pas chère !

Pizzeria Bella M'Briana (*plan C2,* **34**) **:** *via della Cavallerizza, 29. ☎ 0583-49-55-65. En face de l'AJ. Tlj sf lun. Congés : janv. Pizzas à partir de 6 €.* On choisit sa pizza et sa boisson que l'on commande et paie au comptoir avant de s'asseoir en salle ou en terrasse. Oui, ça fait un peu fast-food, mais le décor et l'accueil sont plutôt sympathiques. La musique est un peu trop présente, et l'endroit ne conviendra pas pour une soirée amoureuse aux chandelles. En revanche, parfait pour un repas rapide et bon... car les pizzas (au feu de bois) sont goûteuses !

Prix moyens

Osteria da Rosolo *(plan B3, **37**) : corte Campana, 3. ☎ 0583-31-20-37. Tlj sf ven. Plats 8-12 €.* Au cœur de la ville, sur une place tranquille, ce bon petit restaurant est tenu par Stefania et Salvatore (qui parle un peu le français), des gens fort aimables et affables. La cuisine y est savoureuse, les prix sont sages, les produits sains et naturels, le service plutôt rapide. Goûter aux tripes, c'est la spécialité de la maison. Tout est bon et bien mijoté (excellentes pâtes). On déjeune dans la petite salle ou sur la terrasse extérieure aux beaux jours.

Osteria Il Mecenate *(plan C2, **30**) : via del Fosso, 94. ☎ 0583-51-18-61. • info@ristorantemecenate • Tlj midi et soir. Congés : 10 j. en nov, 10 j. en fév. Plats 8-15 €.* Vieille demeure au bord d'un canal, dans la partie est de la ville, à l'écart de l'animation. Grande salle à manger, hauts plafonds, poutres anciennes, planchers patinés par l'âge. On y sert une cuisine locale traditionnelle faite avec talent. Les produits frais et naturels proviennent des fermes de la région. Si le patron est peu souriant, les serveuses font de leur mieux pour satisfaire les clients.

Osteria del Neni *(plan B3, **33**) : via Pescheria, 3. ☎ 0583-49-26-81. • osteriadelneni@alice.it • Tlj sf lun.* Encore une bonne adresse de restaurant au cœur de la ville. Quelques tables dehors, et une salle colorée accueillante. Carte toscane classique avec les plats habituels, bien préparés. Parmi les spécialités, la *garmugia lucchese,* une savoureuse soupe de légumes, et *il peposo* (viande, purée, ail, romarin, le tout cuit dans du chianti). En dessert, excellent tiramisù.

Da Giulio *(plan A2, **35**) : via delle Conce, 45. ☎ 0583-55-948. ♿ À deux pas de la porta San Donato. Tlj sf dim, midi et soir. Congés : fév. Compter 25-30 €.* Un resto un peu oublié dans son recoin, il est dans la même famille depuis 1945. De la grande salle, vue sur la vitrine réfrigérée où refroidissent quelques cochonnailles. Voici une jolie cuisine de ménage : soupe de lentilles *(zuppa di farro), baccalà con porri* (morue à la toscane), et le *matuffi,* une bouillie de farine de maïs sauce *ragù* et tomates.

Chic

Ristorante Buca di San Antonio *(plan B3, **38**) : via della Cervia, 3. ☎ 0583-55-881. • info@bucadisantantonio.com • ♿ Près de San Michele. Fermé dim soir-lun. Congés : 1 sem mi-janv et 6-14 juil. Résa conseillée. Menu dégustation de produits toscans le midi env 22 € ; repas 30-35 € ; coperto 3,50 € !* Véritable institution de Lucca, considérée à juste titre comme l'une des meilleures tables de la ville, la *Buca di San Antonio* accommode une délicieuse cuisine toscane, un rien inventive mais toujours inspirée du terroir. Décor intime et accueillant, à l'image des propriétaires. Ici, on fabrique ses pâtes fraîches tous les jours. Au gré du marché, on passe de bons *risotti* à de délicats plats de poisson, mais la spécialité de la maison, c'est la tripe !

Bastian Contrario *(plan A3, **36**) : via San Paolino, 69. ☎ 0580-63-624. ♿ Tlj midi et soir.* Pasta 9-10 €, *plats 20-25 €. Digestif offert sur présentation de ce guide.* Un spécialiste de la truffe qui décline ses produits sous toutes leurs formes et dans pratiquement tous les plats : soupes, pâtes, risotto... Une merveille : les truffes aux champignons *(tartufi e funghi).* On s'installe avec plaisir sur le bout de terrasse pour déguster une cuisine pleine de saveurs mais assez riche, autant le savoir si vous suivez un régime.

Où déguster une bonne pâtisserie ?

Panificio Chifenti *(plan B2-3, **40**) : via San Paolino, 66. ☎ 0583-55-304. Tlj sf dim (ouv le 3e dim du mois) 7h30-19h30. Fermé 15 août.* On y vend la spécialité de Lucques : la *torta di verdura coi becchi,* ainsi que d'autres pâtisseries ou friandises locales comme le *buccellato*, le *crostatine...*

Où boire un verre ?

La ***piazza Napoleone*** *(plan B3)* ombragée par des platanes est bordée de plusieurs cafés en terrasse. C'est en soirée un endroit agréable et animé pour boire un verre.
On recommande aussi, dans un autre style, la ***piazza Anfiteatro*** *(plan C2),* de forme ovale, bordée de plusieurs terrasses, un autre lieu animé de la ville. Voir également la ***piazza San Frediano,*** à deux pas (moins touristique et plus branchée).

Caffetteria San Colombano *(plan C4,* ***80****)* **:** *Mura Urbane, Baluardo San Colombano, 10. ☎ 0583-46-46-41. • info@caffetteriasancolombano.it • Tlj sf mer hors saison.* Sur la promenade des remparts, un endroit à la déco contemporaine, frais et calme en été. Certains soirs, un DJ vient mettre de l'ambiance dans ce local. Fait aussi resto un brin chic avec un coin pizzeria-cafétéria. Élégante terrasse en patio.

Rewine *(plan B2,* ***81****)* **:** *via Calderia, 6. 📱 320-817-95-11. Tlj 8h-1h.* Petit bar à vins jeune et branché, qui se remplit de monde à l'heure de l'apéro, et pour cause : les vins (ou autres boissons) de qualité sont alors accompagnés de l'*aperitivo.* Cette belle tradition du nord de l'Italie vous permet de grignoter une multitude de bonnes petites choses pour le prix d'un verre.

Où acheter de bons produits ?

Boutique dei Golosi *(plan B2-3, près de* ***40****)* **:** *via San Paolino, 80. ☎ 0583-41-88-50. Tlj 8h-19h.* Francesca (une charmante Italienne) et Alain Charlot (un jovial Bourguignon) tiennent cette belle boutique où ils vendent des produits locaux de qualité : vins de Toscane, *limoncello,* huile d'olive, vinaigre aux truffes, confitures, chocolats... L'accueil est excellent, l'ambiance agréable, et les prix restent sages. Très bonne adresse à ne pas manquer.

Pizzicheria La Grotta *(plan C2,* ***39****)* **:** *via Anfiteatro, 2 ; accès également par la piazza Anfiteatro, 14. Tlj sf mer 8h-20h.* Une boutique gourmande, idéale pour préparer son pique-nique « du terroir » : salaisons, *focaccie* à la demande, crudités et fromages. Aussi quelques plats préparés, de la bière et du chianti ! *Autre adresse : via Calderia, 18 (plan B2,* ***50****). ☎ 0583-49-69-40. Tlj 7h30-20h.* Excellentes charcuteries, fromages et vins.

À voir

Lucca se visite à pied ou à vélo. De plus, les beaux remparts ont été aménagés en promenades verdoyantes bien agréables, livrant de nombreuses échappées sur la campagne ou sur des jardins obligés de dévoiler leurs secrets. Bonne balade !

Duomo ou cattedrale San Martino *(plan C3)* **:** *piazza San Martino. ♿ Lun-sam 9h30-17h45 (18h45 sam), dim 9h-10h45, 12h-18h. Ferme 1h plus tôt en hiver. Interdit aux visites pdt les messes. Entrée : 3 € ; billet cumulé : 7 €. D'importants travaux de rénovation sont en cours à l'intérieur.*
Édifiée à partir du XIe s, la cathédrale de Lucques offre une façade ornée de trois superbes galeries à colonnades inspirée de Pise, toutes richement sculptées et doublées de fines colonnettes. Chacune présente un décor différent. Dans une frise de cette façade (la première en partant du bas) sont sculptés en bas-relief les travaux des 12 mois de l'année, cet ensemble se lit de droite à gauche. Noter une curiosité : la façade romane richement décorée vient buter dans la grande tour de

69 m qui existait déjà auparavant, et l'architecte a dû réduire la dernière arcade. La façade y gagne ainsi une belle asymétrie.
– À droite du porche d'entrée, à l'extérieur, sur un pilier, noter le ***beau labyrinthe*** sculpté dans la pierre. Ce symbole spirituel a été touché et caressé par des milliers de pèlerins qui marchaient de la via Francigena reliant Canterbury (Angleterre) à Rome en passant par Lucca.

> **IL ÉTAIT UN PETIT NAVIRE...**
>
> *On ignore qui a sculpté le crucifix. Il serait arrivé un beau matin sur les côtes d'Italie, à bord d'un bateau sans voiles ni équipage, puis emporté à Lucques sur une charrette tirée par deux taureaux sauvages... Les pèlerins du Moyen Âge pensaient qu'il avait été sculpté par Nicodème, contemporain du Christ.*

L'intérieur est de style gothique avec un pavement de marbre polychrome. Plusieurs chefs-d'œuvre : au troisième autel à droite, splendide *Cène* du Tintoret (éclairage payant). Dans la nef, sur le côté gauche, dans un petit temple octogonal, le *Volto Santo* (la Sainte Face), christ noir en bois du XIIIe s. Son visage, qui serait la réplique parfaite du *Voile de Véronique,* est saisissant. Dans la sacristie, remarquer le magnifique retable de Ghirlandaio, *Vierge et l'Enfant sur le trône,* ou encore le superbe ***tombeau d'Ilaria del Carretto Guinigi*** (les Guinigi étaient la famille la plus puissante de la ville à la Renaissance). Au centre de la nef, marqueterie de marbre polychrome superbe. Fresque au plafond de l'abside, dans les tons mordorés.
En sortant, aller admirer l'église du côté de l'abside, avec son élégante loggia.
– Visiter également, à gauche de l'édifice, le ***museo della Cattedrale*** : *de mi-mars à oct, tlj 10h-18h ; de nov à mi-mars, tlj 10h-14h (17h w-e). Billet cumulable avec l'entrée de l'église San Giovanni et la sacristie de la cathédrale : 7 € ; sinon entrée seule, 4 €. Audioguide en français 1 €.* Renferme des objets liturgiques, peintures, sculptures, parures en or et autres petites merveilles d'orfèvrerie qui habillent le *Volto Santo* pour sa « sortie annuelle ». Également quelques reliques de saints, calices, crucifix et un remarquable triptyque représentant une Madone à l'Enfant datant de 1430 et attribué à Francesco Anguilla.

Repasser par la ***piazza San Giovanni*** pour constater que l'***église*** *(plan B3)* n'est pas moins belle que le Duomo. *Tlj 10h-18h (17h de début nov à mi-mars). Billet cumulable avec le musée de la Cathédrale : 7 € ; sinon, 4 €. Concerts fréquents.* Beau portail du XIIe s, avec chapiteaux surmontés de lions sur une façade postérieure (XVIe s). Très beau plafond à caissons. Les couches successives de ruines souterraines que l'on a trouvées sous l'église raconteraient 12 siècles d'histoire.
– À côté, la ***piazza Napoleone*** fut construite par Élisa Bacciochi, la sœur aînée de Napoléon. Au centre, le monument à Marie-Louise de Bourbon, réalisé en 1843 par Bartolini. Au fond, la longue façade jaune du palais ducal.

Palazzo Mansi *(plan A2) : via Galli Tassi, 43. ☎ 0583-55-570. Tlj sf dim-lun 8h30-19h30. À partir du 30 mars, ouv aussi le dim et pdt les fêtes en avril. Entrée : 4 € ; réduc. Billet cumulable avec la villa Guinigi : 6,50 €.* Cette ancienne demeure patricienne du VIe ou VIIe s abrite la ***pinacothèque nationale,*** exposant des œuvres du XVIe au XIXe s. Peintures des écoles italienne et flamande. Remarquable *Chambre des Époux* avec une décoration délirante, or et soies brodées.

Chiesa San Michele in Foro *(plan B2-3) : tlj 7h40-12h, 15h-18h (17h hors saison). Fermé à la visite pdt l'office religieux dim mat et j. fériés.* Chef-d'œuvre de l'art roman pisan. Élevée sur l'ancien forum romain, aujourd'hui l'une des plus belles places de la ville. Noter l'admirable façade richement décorée de scènes de chasse et surmontée d'un immense saint Michel terrassant le dragon encadré par deux anges. Noter que toutes les colonnettes possèdent une forme différente et des décors d'une grande richesse. En façade, en bas à droite, quelques graffitis datant du Moyen Âge. À l'angle, une *Vierge à*

l'Enfant offerte par la ville après une épidémie de peste en 1480. Durant tout le Moyen Âge, l'église était le palais de justice lucquois.
– Autour de l'église : de nobles demeures et, à l'angle de la via Veneto, le *Palazzo Pretorio,* belle œuvre Renaissance. Via di Loretto, le *Palazzo Orsetti* avec les plus belles portes de la ville.

Via Fillungo *(plan B-C2)* **:** c'est la grande rue commerçante de Lucca, bordée de palais et de jolies maisons médiévales (maison Barletti, palais Cenami). Au nº 104, ne pas manquer la façade coquette de la bijouterie. Le soir, de 18h à 19h30, c'est là que s'effectue la *passeggiata.*

Piazza Anfiteatro ou Anfiteatro romano ou piazza del Mercato *(plan C2)* **:** une place atypique, originale, et de forme ovale. En effet, les anciennes arènes romaines du IIe s furent proprement « avalées » par la ville. S'appuyant sur leurs vestiges et en respectant la forme elliptique, des maisons se sont élevées tout autour, toutes de niveaux différents mais ayant conservé une cohérence chromatique étonnante. En se baladant dans la via dell'Anfiteatro, on peut d'ailleurs apercevoir, figés dans les façades, de nombreux blocs de pierre et éléments des arènes.
– Hormis ces anciennes arènes transformées en place publique, Lucca compte peu de restes de l'époque romaine. Signalons toutefois la ***Domus Romana Lucca*** *(plan B2 ; via Cesare Battisti, 15. ☎ 0583-05-00-60. Tlj mars-nov 9h-19h. Billet : 3 €).* Vestiges en sous-sol d'un maison romaine (Casa del Fanciullo sul Delfino) datant du règne d'Auguste (1er s av J.-C.).

Casa natale di Giacomo Puccini *(plan B2)* **:** *corte San Lorenzo, via di Poggio ; au 2e étage. ☎ 0583-58-40-28. • puccinimuseum.it • Tlj sf mar 10h-18h (11h-17h nov-mars). Entrée : 7 € ; réduc.* Giacomo Puccini (1858-1924) est né dans cette maison où il a passé son enfance et une partie de son adolescence avant d'aller étudier à Milan, en 1880. Sans parler de prédestination, il est tout de même amusant de constater que l'auteur de *La Bohème* est issu d'une longue lignée de musiciens lucquois. Dans cette maison, très bien restaurée, il écrivit toutes ses compositions jusqu'à la *Messa a 4 voci* (1880). Nombreux témoignages de son travail, comme des partitions manuscrites de la *Tosca,* des costumes de scène de *Turandot,* des croquis de décors de *Manon Lescaut,* ou encore le superbe pianoforte Steinway sur lequel il composa plusieurs de ses œuvres majeures. La maison s'avère sobre, peu meublée et un peu sombre malgré des murs qui ont retrouvé leurs belles couleurs d'antan. Peu d'anecdotes sur sa vie, les panneaux donnent principalement des infos sur son œuvre, déjà immense.

Chiesa San Frediano *(plan B2)* **:** *piazza San Frediano, à deux pas de la via dell'Anfiteatro. Tlj 10h30-17h (8h30-12h, 15h-17h en hiver). Les visites ne sont pas autorisées pdt les messes.* L'une des églises les plus intéressantes. Observer le clocher crénelé avec des ouvertures de plus en plus larges à chaque étage. Façade assez exceptionnelle avec, chose rare, une belle mosaïque romano-byzantine du XIIIe s en fronton représentant le Christ lors de l'Ascension. Intérieur à trois nefs, austère mais étonnamment mis en valeur par l'éclairage naturel le matin. Chapelles riches en œuvres d'art. Notamment, dans la dernière chapelle de la nef à gauche, un devant d'autel de marbre en forme de polyptyque gothique (Vierge avec quatre saints, entourée d'une perspective en trompe l'œil et en grisaille). Magnifiques fonts baptismaux romans. Au-dessus, une *Annonciation* en terre cuite d'Andrea Della Robbia. Voir aussi les fresques de la chapelle Saint-Augustin et la momie de sainte Zita (en entrant, à droite, derrière les fonts baptismaux).

Palazzo Pfanner *(plan B2)* **:** *via degli Asili, 33. À côté de San Frediano. Tlj 10h-18h. Fermé de mi-nov à fév. Entrée : 4,50 € pour le palais ou les jardins ; 6 € pour l'ensemble ; réduc.*
Un palais du milieu du XVIIe s offrant un magnifique escalier... en béton (le marbre blanc ayant disparu dans la restauration !) mais cela ne se voit pas et ne choque

pas. Le palais a successivement appartenu aux familles Moriconi puis Controni. En 1860, il est acheté par un docteur autrichien, Felice Pfanner, pour en faire une... brasserie dans les caves ! Celle-ci fonctionnera jusqu'en 1929. Les descendants de Pfanner vivent toujours dans une partie du palais. À l'étage, collection d'instruments chirurgicaux et de médecine générale, belles fresques en trompe l'œil dans le salon principal, cuisine et salle à manger meublées d'époque. Dans la chambre à coucher, un grand lit à baldaquin où a dormi le prince Frederick IV du Danemark (1671-1730). Lors de son séjour à Lucca, il tomba fou amoureux de Maria Maddalena Trenta, une belle Lucquoise. L'idylle finit mal. Le prince rentre chez lui amer, où il sera élu roi, et la belle Italienne part vivre dans un couvent... où elle devient nonne.
– Petit mais délicieux ***jardin à la française*** ponctué de statues et de citronniers (visible également de la balade sur les remparts qui longent le palais).

Torre Guinigi *(plan C2)* **:** *à l'intersection des vie Sant'Andrea et Guinigi. Tlj 9h30-19h30 (16h30 en hiver, 17h30 ou 18h30 à la mi-saison). Fermé j. fériés. Entrée : 4 €. Billet jumelé avec la Torre delle Ore et le Jardin botanique : 6 €.* Harmonieuse construction en brique du XIVe s édifiée par la riche famille Guinigi. Noter la finesse des fenêtres à colonnettes. On peut accéder au sommet après avoir grimpé 230 marches. Une curiosité qui « décoiffe » : la chevelure de chênes verts qui a poussé sur la tour. Vue étonnante sur toute la ville, sa mosaïque de toits de tuiles et ses nombreuses terrasses.

Chiesa Santa Maria Forisportam *(plan C3)* **:** *piazza Santa Maria Bianca. Tlj 10h-18h (17h en hiver). Fermé pdt les offices religieux.* Cette église doit son nom au fait que jusqu'à la construction des remparts, au Moyen Âge, elle se trouvait à l'extérieur des portes de la ville. On y trouve la colonne tronquée qui servait de but dans les courses du *Palio*. L'église, construite sur le modèle de la cathédrale de Pise, propose la riche décoration de son portail et, à l'intérieur, une remarquable peinture sur bois : *Dormition de la Vierge et Assomption*.

Via del Fosso *(plan C3)* **:** si les vestiges des remparts du XIIIe s sont peu nombreux (porte fortifiée Saint-Gervais, entre autres), l'ancien fossé, lui, a été habilement incorporé au tissu urbain. Très pittoresque.

Museo nazionale della villa Guinigi *(plan D2)* **:** *via della Quarquonia. ☎ 0583-49-60-33. À côté de la piazza San Francesco. Tlj sf dim-lun 8h30-19h30. Entrée : 4 €. Billet cumulable avec le Palazzo Mansi : 6,50 €.* Dans l'élégante villa de Paolo Guinigi, puissant notable qui régna sur Lucca de 1400 à 1450. Collections archéologiques, plusieurs primitifs religieux dignes d'intérêt, soies et tissus précieux, orfèvrerie et meubles anciens. Portrait d'Alexandre de Médicis par le Pontormo.

***Les remparts* :** plantés d'arbres, ils constituent un lieu de promenade idéal aménagé au XIXe s par Marie-Louise de Bourbon. Cette magnifique ceinture verte existait déjà au XVIe s ; d'ailleurs Montaigne (en 1581) et Montesquieu (début XVIIIe s) en parlent déjà avec beaucoup d'admiration dans leurs récits de voyage. La ville ancienne fut entourée de près de 4 km de murailles, réalisées pour la plupart au XVIe s par des ingénieurs flamands. Ces fortifications, d'une douzaine de mètres de hauteur et de 3 m de large à la base, sont agrémentées de 11 bastions et percées de 6 portes. Avec la piazza dell'Anfiteatro, Lucca rêvasse dans son corset de mémoire. En été, des milliers de lucioles clignotent dans les douves. Le spectacle est féerique !

À voir aux environs de Lucca

Villa Torrigiani (appelée aussi villa di Camigliano)* :** *3, via del Gomberaio, à* ***Camigliano*. ☎ 0583-92-80-41. • villeepalazzilucchesi.it • À une quinzaine de km au nord-est de Lucca. De Lucca, prendre la route 435 vers Peschia. À une dizaine de km tourner sur la gauche, vers Camigliano et Segromigno. Continuer encore env*

4 km, c'est mieux indiqué à la fin de la route qu'au début. Ouv 1er dim de mars-fin nov, tlj 10h-13h et 15h-17h (18h30 juil-août et sept). Entrée : 10 € (villa et parc) ; 7 € parc slt ; réduc. Visites guidées slt, en italien et en anglais, feuillet explicatif en français. C'est le plus somptueux et le mieux conservé des châteaux du XVIe s de la région de Lucca. On y accède par une longue allée et un très beau parc à la française inspiré par Le Nôtre. La villa fut construite en 1593 par les Buonvisi, la plus puissante famille lucquoise de l'époque, puis il passa aux mains de Nicolao Santini, ambassadeur de la république de Lucca à Versailles auprès de Louis XIV. Il modifia la façade en style baroque sur les conseils de l'architecte bolognais Torrigiani, qui a laissé son nom à la demeure. Le château appartient toujours à la même lignée familiale depuis le XVIIe s. C'est le fils de la marquise Simonetta Torrigiani et du prince di Stagliano Don Carlo Colonna qui en est le propriétaire actuel. Il est aussi le cousin de la reine Paola de Belgique. La propriété est restée intacte et complète, ce qui lui confère toute sa personnalité et sa beauté.

L'intérieur est splendide, encore bien vivant, et non pas figé comme un musée. On peut y voir de nombreuses photos de famille. On visite 6 pièces, toutes remarquables, remplies de meubles anciens et d'objets précieux : le salon de Leda, le salon de musique avec les chinoiseries offertes par le président Pompidou en 1972, la chambre de l'Été avec un plan du jardin de 1798... Des scènes du film *12 + 1* (*Una su 13,* sorti en 1969) de Nicolas Gessner et Luciano Lucignani, avec Sharon Tate, Orson Welles et Vittorio Gassman, ont été tournées dans ce décor. Dans le parc, voir aussi la vieille chapelle toujours en service lors des grands mariages de la famille.

Fêtes et manifestations

Attention, en raison des nombreuses foires et festivités qui animent la ville en septembre, le logement y est alors difficile et (encore plus) onéreux.

– ***Summer festival :*** *en juil. Rens : ☎ 0584-46-477. • summer-festival.com •* Festival de musique rock et pop célèbre dans toute l'Italie avec nombre de stars internationales à l'affiche. Concerts payants. Un des grands événements de Lucca en été.

– ***Palio della Balestra per San Paolino :*** *3 j. autour du 12 juil.* Chaque soir, festivités en l'honneur d'un des saints patrons de la ville.

– ***Murabilia – Mura i Fiore :*** *2e w-e de sept. Rens : 📱 366-121-09-55. • murabilia.com •* Sur les remparts, marché aux fleurs, où vous trouverez aussi tout ce qui concerne le jardin.

– ***Luminare di Santa Croce :*** *13 sept.* Procession du *Volto Santo* de l'église San Frediano à la cathédrale San Martino, close par un concert gratuit dans la cathédrale et un feu d'artifice. Plusieurs fêtes et foires en l'honneur des saints patrons de la ville en ce mois de septembre (San Michele, San Matteo...).

– ***Lucca Comics & Games :*** *début nov. Rens : ☎ 0583-40-17-11. • luccacomicsandgames.com •* Après Angoulême, un des festivals de B.D. les plus importants en Europe.

– ***L'Olio ed i tesori di Lucca :*** *un w-e de nov ou déc.* Fête de l'huile d'olive, à l'occasion de laquelle de nombreux palais ouvrent leurs portes. À noter qu'une des variétés d'olives, très répandue aujourd'hui dans le Languedoc, s'appelle « la Lucques ». Originaire de la province de Lucca, elle a une forme en croissant de lune et un goût savoureux.

MONTECATINI TERME (51016) 21 300 hab.

À 15 km à l'ouest de Pistoia, voici l'archétype de la ville thermale italienne. Cette ville d'eau étalée au pied des collines accueille des curistes de tous

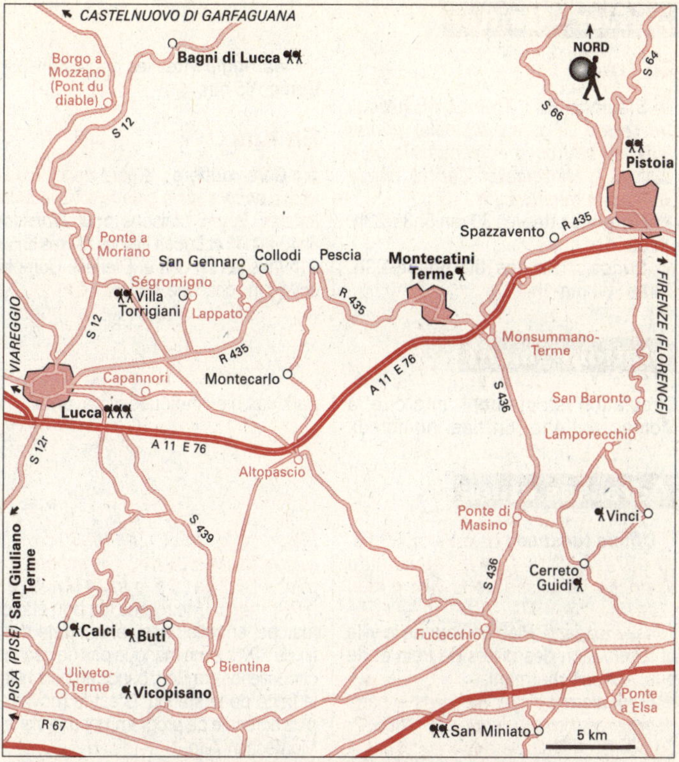

LA RÉGION ENTRE LUCCA (LUCQUES), PISTOIA ET SAN MINIATO

âges, et c'est ce qui fait une partie de son charme... Si la ville n'est pas incontournable, nos lecteurs qui ont du temps pourront y faire une petite halte. Très étendue, Montecatini n'est pas facile à explorer à pied... ni en voiture d'ailleurs puisqu'elle est organisée en de multiples sens interdits qui s'amusent à se faire face.

La courte visite de Montecatini Alto, auquel on accède par un funiculaire datant de la fin du XIXe s, est sans doute le moment le plus agréable. Le fin du fin, c'est d'aller prendre un thé en fin de journée aux thermes Tettuccio et, dans un décor somptueux, de se laisser bercer par la mélodie du concertiste qui, chaque soir aux beaux jours, caresse l'ivoire de son piano sous la grande coupole.

– À noter : à 6 km au sud de Montecatini Terme, la ville de Monsummano Terme, moins connue. C'est la ville où est né le chanteur et acteur Yves Montand le 13 octobre 1921, un an avant l'arrivée au pouvoir de Mussolini. De son vrai nom Ivo Livi (fils de Giovanni et Giuseppina Livi), il est issu d'une famille ouvrière et militante juive italienne, qui émigra en France en 1923. Peu de souvenirs du comédien à Monsummano, mais on parle d'une plaque et d'un petit théâtre pour commémorer sa mémoire... à suivre.

Florence : 40 km ; *Pise* : 50 km ; *Lucques* : 30 km.

Arriver – Quitter

En train

Stazione FS : *2 gares,* ***Montecatini Terme*** *(la gare principale), piazza Italia, où se trouve également la gare routière, et* ***Montecatini Centro,*** *piazza Gramsci. • trenitalia.it •*
➢ ***Florence :*** ttes les 30 mn 5h35-23h. Durée : 1h.
➢ ***Lucca :*** ttes les 30 mn 6h-23h. Durée : 30 mn-1h.
➢ ***Viareggio :*** ttes les heures 6h-23h. Durée : 45 mn.

En bus

Gare routière : *la gare principale se trouve en face de la gare ferroviaire Montecatini Terme.* Liaisons pour ***Florence*** 6h40-20h42 et ***Lucca*** ttes les heures 6h50-21h (ttes les 2h dim et j. fériés). Compter env 50 mn chacune. *• blubus.it •*

Stationnement

Circulation strictement interdite à Montecatini Alto. En bas, nombreux parkings bien indiqués et payants.

Adresses utiles

Ufficio turistico : *viale Verdi, 66-68. ☎ 0572-77-22-44. • montecatinituri smo.it • ou le site de la ville • montecatini.it • Tlj 9h-13h, 15h-19h. (payant).* Plan couleur de la ville et réservation des billets de train et de bus. Accueil charmant.

■ **Funiculaire :** *viale Diaz (dans le parc, derrière les thermes Tettuccio). ☎ 0572-76-68-62. • funicolare-montecatini.it • Mars-oct, tlj 9h30-13h, 14h30-minuit ; liaison ttes les 30 mn. On achète son billet à l'arrivée : 4 € le trajet simple, 7 € l'A/R ; réduc.* Une relique (en bon état de marche, entretien assuré) qui date de la fin du XIXe s et ne manque pas de cachet : carrosserie vermillon, bancs en bois ; il fait la fierté de la station. C'est le moyen le plus agréable de programmer une visite à Montecatini Alto.

Où dormir ? Où manger ?

Albergo Natucci : *via Felice Cavallotti, 102. ☎ 0572-70-380. • info@albergonatucci.it • albergonatucci.it • De l'office de tourisme, descendre via Manzoni, c'est la 1re intersection à gauche. Ouv mai-oct. Doubles 39-52 € selon confort et saison, petit déj compris. Parking gratuit à 200 m.* Une demeure ancienne (XIXe s) de 3 étages à la façade patinée par le temps. Elle cache un hôtel de bon standing avec un certain caractère. Excellent accueil. On compte une trentaine de belles chambres (aussi pour 3 ou 4 personnes) à la déco conventionnelle mais de bon confort. Fait aussi resto.

Le Maschere : *piazza G. Giusti, 21 (Montecatini Alto). ☎ 0572-77-00-85. • info@lemaschere.eu • Dans l'ancien Teatro di Risoli, sur la place principale. Fermé lun. Compter 20-35 € pour un repas sans le vin. Réduc de 10 % sur le repas sur présentation de ce guide.* Au rez-de-chaussée d'un immeuble ancien (Teatro dei Risorti), témoin de ce que fut Montecatini à la Belle Époque. Rez-de-chaussée largement ouvert sur la place et étage avec vue panoramique. Dans l'assiette, une cuisine toscane soignée, déclinée sur la carte autour de thèmes liés au théâtre *(Pulcinella, Colombina...).* L'assiette de charcuterie est un grand moment, sans parler des *antipasti,* mais aussi des plats végétariens. Pizzas également.

Tocqueville : *via Pistoiese, 34. ☎ 0572-76-61-82. À deux pas de la gare de Montecatini Terme. Tlj sf lun-mar, le soir slt (ferme*

LUCCA ET SES ENVIRONS

tard). Compter 20-25 €. Ambiance plutôt jeune dans ce petit établissement où l'on vient aussi pour écluser un gorgeon en écoutant de la musique. Pizza au feu de bois de qualité et *antipasti* fort plaisants.

Où manger aux environs de Montecatini Terme ?

Trattoria Da Baffo : *via della Tinaia, 6,* ***Montecarlo.*** *☎ 0583-22-381. 📱 333-468-90-66. À une douzaine de km à l'ouest de Montecatini Terme par la route de Peschia, puis à gauche vers Montecarlo. À partir de la via Montecarlo, prendre la route qui part en face du stade de foot, puis à gauche via Tinaia (suivre les indications* Vitinicultore Fuso*). Pas de signe extérieur et pas facile à trouver. Tlj sf lun, le soir slt. Menu fixe 22 €.* Une adresse pour les aventuriers ! Salle ridiculement petite, quelques tables et chaises en plastoc sous les néfliers. Pour Gino, formé à l'école des vosne-romanée (grand cru de Bourgogne), ce qui compte, c'est ce qu'il y a dans l'assiette et dans le verre. Moitié anar, moitié bluesman (comme en témoigne le nom de son dernier cru « For Duke »), ce restaurateur libertaire, comme il se définit lui-même, propose une cuisine on ne peut plus basique : des *antipasti* de la terre, du poulet-frites et de la soupe d'orge ! Rien que du bio et du vin ! Pas le sien malheureusement, car il est trop cher ! Faut dire que sa famille, installée ici pratiquement depuis le Néolithique, produit un cru fort apprécié. Barack Obama en a même bu lors de son investiture !

Où boire un verre ?

Bar des thermes Tettuccio : après avoir payé un droit de visite *(5 €),* rendez-vous tous les après-midi 17h-19h aux beaux jours au bar des thermes pour assister à un miniconcert sous la grande coupole. Surprenant décor rétro, style « Touring-Club ».

À voir

Montecatini Alto

Le plus pratique est de s'y rendre en empruntant le funiculaire. À voir, la crèche animée qui se trouve dans l'***église San Pietro*** (XVIIe s), un petit ange descend du ciel, et c'est parti pour une petite histoire en v.o. de 7 mn.

Montecatini Terme

Montecatini est une élégante station thermale. Ses eaux sont réputées depuis le XIVe s, et les amateurs d'Art nouveau seront aux anges. L'un des édifices les plus évocateurs de cette époque étant le cinéma Excelsior (1922) avec sa marquise en verre et fer forgé et son fronton curviligne en encorbellement. La balade le long du mail du viale Verdi, planté de tilleuls et de catalpas centenaires, est très rafraîchissante.

Les thermes Tettuccio : *à l'extrémité du viale Verdi, non loin du départ du funiculaire. ☎ 0572-17-781. • termemontecatini.it • Heures des cures 8h-12h, 16h-19h. Ouv au public pour la visite, tlj 11h-19h. Entrée : 12 € (aux heures de cures, verre d'eau compris), 6 € pour la visite seule.* Un très bel établissement thermal qui n'est pas sans évoquer ce que furent les thermes romains. Galeries à colonnes et portiques antiques, balustrades et rotondes sculptées, plafonds avec verrières anciennes, fresques et détails architecturaux d'un autre âge, voici un endroit chargé d'histoire qui a su garder son caractère tout en s'adaptant à l'époque moderne.

PISTOIA (51100) 90 290 hab.

Située au pied des Appenins, Pistoia a conservé intacte sa belle vieille ville riche d'églises romanes, célèbres pour leurs façades à bandes bicolores, vert et blanc. Ce fut une cité médiévale prospère, rivale de Lucques et de Florence jusqu'aux terribles pestes de 1348 et 1401. Ici s'affrontèrent deux clans rivaux, les guelfes blancs et les guelfes noirs. Les guelfes, nationalistes et partisans du pape, se divisèrent au XIIIe s, notamment pour des raisons sociales : les *cerchi* (blancs) étaient proches du peuple, tandis que les *donati* (noirs) frayaient avec l'élite florentine.
Évitez d'y aller un dimanche (en raison des messes), car, ici, les monuments les plus intéressants sont les églises. Par ailleurs, Pistoia et sa région sont célèbres pour leur activité de pépinières. C'est souvent de Pistoia que proviennent les plus beaux arbres plantés dans les grandes villes d'Europe !
Florence : 40 km ; *Pise :* 60 km ; *Lucques :* 40 km.

Arriver – Quitter

En train

Stazione FS : *piazza Dante Alighieri. ☎ 89-20-21. Au sud de la ville, à 10 mn à pied du centre (piazza del Duomo), hors les murailles.*
➢ Pistoia se trouve sur la ligne ferroviaire ***Lucques-Florence.*** 2 trains/h en moyenne. Env 40 mn-1h de trajet pour Lucques ou Florence. En chemin vers Lucques, le train marque l'arrêt à ***Pescia ;*** vers Florence, à ***Prato*** et ***Sesto Fiorentino.***

En bus

Gare routière : *piazza Dante Alighieri (celle de la gare ferroviaire).*
➢ Les ***Blubus*** *(☎ 0573-36-32-43 ou n° Vert : ☎ 800-27-78-25 ; • blubus.it •)* regroupant les compagnies *Copït* et *Lazzi* assurent 1-2 liaisons/h avec ***Florence*** (ttes les 2h dim), mais également avec Lamporecchio, Vinci et Empoli.

Stationnement

Même inconvénient que dans la plupart des villes. Interdiction de circuler dans le centre pour les non-résidents. Attention, car on pénètre facilement dans les zones interdites sans s'en apercevoir. Quelques parkings bien fléchés et gratuits sont disponibles en bordure de la ville ancienne (centre historique). Le parking Cellini est peut-être le plus pratique. Navette pour le centre toutes les 5-10 mn, autrement il faut 10 mn à pied.

Adresses utiles

Ufficio turistico : *sur la pl. du Duomo. ☎ 0573-21-622. • turismo.provincia.pistoia.it • Tte l'année sf Noël, lun-sam 9h-13h, 15h-18h ; dim et j. fériés 10h-13h, 15h-18h.* Demandez Paolo Bresci, son directeur francophone, toujours présent, non pas dans son bureau mais au comptoir tel un réceptionniste souriant, affable et très serviable. Sans doute le meilleur accueil

francophone de Toscane ! Donne un plan de la ville bien fait et de nombreuses infos sur la ville et ses environs.
@ **Cyber Com :** *via Carducci, 25. Dans une petite rue perpendiculaire à la via Cavour, derrière l'église San Giovanni Fuorcivitas. Tlj 9h-22h.* Une multitude d'ordis. Fait aussi *Western Union.*

Où dormir ? Où manger ?

B & B La Locanda dei Fiori : *via Porta San Marco, 16-18. ☎ 0573-35-82-11. • locandadefiori.it • Doubles à partir de 40 €. Parking privé à disposition.* Situé à 100 m de la place du Duomo, dans un palais du XVIIe s entièrement restauré et bien aménagé. Les chambres sont modernes, coquettes et bien arrangées (avec douche/w-c et AC), l'une d'elles a un lit à baldaquin. Elles donnent sur un jardin à l'arrière. Beau rapport qualité-prix pour une maison proche du centre de Pistoia.

Hotel Patria : *via Crispi, 8. ☎ 0573-25-187. • info@patriahotel.com • patriahotel.com • Derrière l'église San Giovanni Fuorcivitas. Doubles 80-110 € (prix plus bas en été), petit déj compris. Parking gratuit.* Dans une ruelle du centre, un hôtel agréable et tenu par un propriétaire charmant qui vous renseignera dans la langue de Molière. Chambres sans grande originalité mais impeccables, spacieuses, propres et confortables (bonne literie).

Trattoria-pizzeria Il Duomo : *via Bracciolini, 5. ☎ 0573-178-01-97. Dans une petite rue qui part de la piazza del Duomo, dans l'alignement de l'office de tourisme. Ouv tlj 12h-15h, 19h30-23h30. Repas 10-35 €. Pizzas 4 à 8,50 €.* Le patron a une forte et aimable personnalité, il semble sorti d'un film de Dino Risi. On y sert une cuisine 100 % toscane dans 2 salles agréables et chaleureuses. Spécialités : *fungi fresci* et *tartuffo bianco di San Miniato.*

Osteria La Cantinetta : *via Crispi, 15. ☎ 0573-178-11-13. • info@lacantinettapistoia.com • Tlj sf dim. Repas 25-30 € selon appétit.* Près de l'église San Giovanni, au cœur du centre historique, une excellente adresse tenue par un jeune Italien très aimable. La cuisine est assurée par un chef qui a vécu en Amérique latine. La carte toscane classique n'est pas très longue, mais tout est frais, bien préparé, et savoureux. Quelques tables dans la ruelle piétonne et une salle bien décorée.

La Sala da Ale : *via San Anastasio, 4 (angle avec piazza Sala). ☎ 0573-241-08. Tlj. Pizzas 4,50-8 €.* Sur une petite place animée du centre historique, sa façade vitrée à l'ancienne avec son bois patiné évoque une échoppe banale mais en fait elle cache une excellente pizzeria. Ici le patron propose 80 types de pizzas toutes savoureuses et faites avec passion et talent.

Vineria 4 : *via del Lastrone, 4. ☎ 0573-97-73-38. Ouv tlj sf lun, jusqu'à 23h30. Salade 8 €, burgers 12-14 €.* Un petit café modeste tenu par 2 jeunes. Bien pour une salade ou le hamburger du mois. Quelques tables dehors, sinon on peut passer la porte en forme de tonneau et s'installer dans la minuscule salle décorée de bouteilles.

La Bottegaia : *via del Lastrone, 17. ☎ 0573-36-56-02. • info@labottegaia.it • Fermé lun. Congés : 11-25 août. Repas complet env 30 € ; plats à partir de 12 €. Apéritif offert sur présentation de ce guide.* 2 miniterrasses, l'une dans la petite via del Lastrone et l'autre derrière le baptistère, sur la place de la cathédrale. Entre les 2 terrasses, une salle fraîche et agréable, dans les tons pastel. Dans l'assiette, une cuisine toscane soignée et mijotée. Spécialité de la maison : les *maccheroni con ragù di anatra* (canard). Bons vins chaleureux et ronds, un peu plus chers.

Où dormir ? Où manger dans les environs ?

Azienda agricola Marzalla : *via Collecchio, 1, **Pescia.** ☎ 0572-49-07-51. • info@marzalla.it • marzalla.it • (1 appart). Entre Pistoia et Lucques.*

Depuis l'autoroute (sortie Chiesina Uzzanese), faire env 5 km en direction de Pescia ; au rond-point situé à hauteur du supermarché, tourner à gauche vers Lucca, puis prendre à droite, à 800 m, une petite route qui monte vers Collechio. À 1km de la gare ferroviaire de Pescia. Double env 80 € (75 € si plus de 2 nuits), petit déj compris ; apparts 2, 4 ou 6 pers 350-1 300 €/sem selon taille et saison. Réduc de 10 % sur le prix de la chambre pour un séjour min de 1 sem. On passe par un impressionnant portail, pour accéder à cette jolie demeure toscane. Accueil jovial et attentionné, en français. L'ensemble se compose de 3 bâtisses : le *B & B Vinsantaia*, la *casa Natalino* (appartements) et la *casa Tersilio*. Confortables chambres de caractère et de style « rustique-chic », et appartement profitant d'un généreux espace privé et d'une belle vue sur la campagne (et la piscine). Possibilité de visiter l'ancienne villa Guardatoia (XVIIe s) faisant partie du domaine familial.

Casa del Popolo : *via Provinciale Lucchese, 249,* **Spazzavento** *(à env 4 km du centre de Pistoia). ☎ 0573-57-25-03. Si, si ! c'est bien là, dans le sous-sol du parking ! Ouv jeu-dim le soir slt. Repas complet 20-25 € ; on mange à partir de 15 €. CB refusées.* Un resto à mi-chemin entre une 3e mi-temps de rugby et le repas des noces d'argent de tante Simone. N'empêche que tout y est : l'ambiance, le prix et la quantité. Pour la déco, vous repasserez, c'est une enfilade de salles totalement dépourvues d'âme. C'est d'ailleurs ce qui fait le succès de cette table hors norme, gérée par une association culturelle où les membres œuvrent tantôt en cuisine, tantôt en salle. Ici, le rouge râpe un peu et le menu change tous les jours. Disons une cuisine maison à grande échelle. C'est en groupe qu'on apprécie le mieux ce lieu.

Où boire un verre ?
Où manger une bonne glace ?

Taverna Gargantuà : *piazzetta dell'Ortaggio, 12-13. ☎ 0573-23-330. • info@tavernagargantua.com • À env 100 m de La Bottegaia. Ouv tlj. Congés : 10 j. en janv. Plat env 10 € ; repas 20-35 €. Digestif offert sur présentation de ce guide.* On y mange aussi, mais la terrasse fait le plein pour ses apéros et cocktails. En début de soirée, c'est un rendez-vous d'oiseaux de nuit et de fêtards en partance pour leurs migrations nocturnes. Chaude ambiance les soirs d'été.

Librairie Edison : *via degli Orafi, 64. ☎ 0573-31-866.* Une librairie accueillante et multiculturelle qui propose des animations musicales tous les 3 ou 4 soirs aux beaux jours. Un endroit à découvrir en soirée en sortant du resto...

Gelateria Voronoi by Mani : *via Roma, 2. Une tte petite boutique dans un angle, à deux pas du Duomo.* Ce nom commercial désigne une marque de glaces artisanales et destinée à faire des petits dans toute l'Italie. Peu de choix dans les parfums mais on utilise ici les meilleurs produits dans leur catégorie. Pour vous en convaincre, essayez la glace à la pistache ou celle à la noisette. Un vrai régal !

À voir

Il fait bon flâner dans le *centro storico* de Pistoia. Tous les matins, la ***piazza della Sala*** accueille les marchands de fruits et légumes. Se crée alors une animation haute en couleur qui ne semble pas avoir changé depuis le Moyen Âge.

Piazza del Duomo : cœur historique et politique de la ville, avec son ensemble d'édifices médiévaux, son baptistère du XIVe s et ses *palazzi del Podestà* et *del Comune* (1284-1385). Tous les bâtiments qui bordent la place valent le coup d'œil. Le palais de justice, avec ses fresques et ses blasons, mérite à lui seul le détour.

Museo civico : *piazza del Duomo, 1. Au 1er étage du bâtiment de l'hôtel de ville (Palazzo comunale), face au Duomo. Jeu-dim 10h-18h (17h oct-mars). Entrée : 3,50 € ; réduc. Explications en italien et en anglais.* Un intéressant petit musée. Au premier niveau, peinture florentine des XIIe, XVe et XVIe s. Au deuxième, les amateurs d'architecture et d'aménagement urbain ne manqueront pas le centre Giovanni Michelucci (l'un des maîtres de l'Art nouveau) pour y découvrir esquisses, croquis et maquettes du célèbre architecte. Également une petite salle où sont exposées des peintures et sculptures d'artistes pistoiens du XIXe s. Enfin, au troisième niveau, des bois et des huiles sur toile du XVIIe s, ainsi que la collection Puccini (belles séries de portraits).

Duomo *(cattedrale di San Zeno) :* *☎ 0573-25-095. Tlj 8h-12h30, 16h-19h.* Présente une élégante façade à portique, surmontée d'un fronton à arcades en bichromie. Imposant campanile de pierre (ancienne tour de guet) haut de 66 m et enrichi d'étages à colonnes *(possibilité d'y monter le w-e ; visite guidée de 1h en anglais et en italien – 5 € ; réduc).* À l'intérieur, à gauche en entrant, monument sculpté pour le cardinal Forteguerri par Andrea Verrocchio (le maître de Léonard de Vinci) et ses élèves, parmi lesquels Lorenzo di Credi. Le buste et le sarcophage sont du XVIIIe s. La pièce la plus originale de l'église est un ***superbe autel en argent*** (Altare d'Argento) dans la *chapelle San Jacopo (visible 10h-12h30, 15h-17h30 ; 3,60 €).* Ce chef-d'œuvre de l'orfèvrerie toscane, commencé en 1287, ne fut achevé que vers la fin du XVe s. Des générations d'artistes ont contribué à cette œuvre étonnante où l'on compte, paraît-il, 628 figures sculptées dans l'argent. Remarquer, sur le côté gauche devant l'autel, deux apôtres attribués à Brunelleschi (l'auteur de la coupole du Duomo de Florence).

Dans la chapelle de gauche, au fond, monter les escaliers et demander à voir le tableau qui est souvent protégé par un rideau : une *Vierge à l'Enfant entourée de saint Jean-Baptiste et de saint Zénon,* le patron de l'église. Il est de Lorenzo di Credi, sur un carton d'Andrea Verrocchio, vers 1485.

LA VOLEUSE ET L'INNOCENT DE PISTOIA

Dans La Divine Comédie, *Dante place au 8e cercle de l'Enfer une célébrité de Pistoia de la fin du XIIIe s : une certaine Vanni Fucci. Celle-ci avait volé des objets sacrés dans la sacristie de la cathédrale. Elle ne fut ni démasquée ni accusée, mais elle laissa condamner un pauvre innocent à sa place.*

Battistero : *face au Duomo. Tlj sf lun 10h-13h, 15h-18h30.* Date du XIVe s. Peut-être construit selon les plans de Nicola Pisano. À l'intérieur, belle architecture de brique rose avec une voûte octogonale surprenante (et vertigineuse). Au centre, fonts baptismaux du XIIIe s.

Ospedale del Ceppo : *pas loin du Duomo.* Mérite le coup d'œil pour la magnifique frise en terre cuite, œuvre de l'atelier des Della Robbia. On reconnaîtra les œuvres de miséricorde : visite aux malades, aux détenus, les enterrements.

Chiesa Sant'Andrea : *via di Sant'Andrea. Tlj 7h30-18h.* Belle façade du XIIe s. À l'intérieur, remarquable chaire de Giovanni Pisano avec de très belles scènes de la vie du Christ exécutées entre 1298 et 1301. Caractère dramatique des figures, bien plus développé que dans la chaire de Guido da Como (chiesa San Bartolomeo in Pantano).

Chiesa San Bartolomeo in Pantano : *piazza San Bartolomeo. Tlj 8h30-12h, 16h-19h.* Fondée au milieu du XIIe s. À l'intérieur, une magnifique chaire avec des scènes de la vie du Christ, datée de 1250 et signée de Guido da Como. Elle représente le passage entre l'art roman et l'art plus moderne de Giovanni Pisano (voir « Chiesa Sant'Andrea » ci-dessus).

Manifestations

– ***Pistoia Blues Festival :*** *sur 4 j. mi-juil. • pistoiablues.com •* Plus que du réel blues, c'est plutôt le Woodstock des faubourgs de Florence. Déplacement en masse de la jeunesse tendance « hippy-centro-sociale », donc pénurie de logements à prévoir ! Un grand terrain vague est aménagé en camping, mais il est rapidement plein à ras bord !

– ***Joute de l'Ours*** *(Giostra dell'Orso)* **:** *le 25 juil. • giostradellorso.it •* C'est le *Palio* de Pistoia. Se déroule le soir à 21h sur la piazza del Duomo. L'ours est un des emblèmes de Florence, repris par Pistoia pour rejoindre le camp florentin.

DANS LES ENVIRONS DE PISTOIA

COLLODI (51014)

À 7 km au nord-ouest de Peschia. Accroché à un promontoire rocheux, le site surprend en venant de San Gennaro. Collodi mérite une petite escale. C'est ici qu'est né l'inventeur de *Pinocchio,* Carlo Lorenzini plus connu sous son nom d'auteur Carlo Collodi (1826-1890). En outre, en plus du parc (pas folichon) dédié au petit bonhomme dont le nez s'allonge quand il ment, le village recèle un très beau jardin italien du XVIIIe s, le parc de la villa Garzoni.

Adresse utile

Infos touristiques : *piazza Collodi ; à deux pas de l'entrée du parco di Pinocchio. ☎ 0572-42-96-60. • turismocollodi@comune.pescia.pt.it • En principe mars-nov, mar-mer 9h-13h, jeu-dim 14h-17h. Fermé lun.* Donne des renseignements sur les choses à faire dans la région de Pescia.

À voir

Parco di Pinocchio : *☎ 0572-42-93-42. • pinocchio.it • Tlj de 8h30 au coucher du soleil (attractions 10h-18h30). Fermé 1er-15 nov. Entrée : 12 € ; 9 € pour les 3-14 ans. Billet combiné avec les jardins de la villa Garzoni et la Maison des papillons : 21 € ; 17 € pour les 3-14 ans.* Ce n'est pas un parc d'attractions, mais plutôt l'œuvre d'un collectif d'artistes retraçant les aventures de Pinocchio à travers des sculptures et des mosaïques disséminées dans le parc. Chemin faisant, on croise les protagonistes du livre de Lorenzini. Spectacles et animations de mars à octobre. Sincèrement, si la promenade n'est pas désagréable, l'ensemble semble un peu léger pour le prix, surtout que nombre d'attractions sont payantes, et si vos enfants ne connaissent pas Pinocchio, il se pourrait bien que cet univers plein de références les ennuie.

PINOCCHIO : UN BEST-SELLER

Les Aventures de Pinocchio *est le deuxième livre le plus vendu en Italie au XXe s (9 à 10 millions d'exemplaires) après* La Divine Comédie *de Dante Alighieri. En outre, le livre a été traduit dans 400 langues dans le monde (120 langues environ pour* Le Petit Prince *de Saint-Exupéry).*

Storico Giardino Garzoni e Casa di farfalle *(Maison des papillons, Collodi Butterfly House)* **:** *☎ 0572-42-73-14. Avr-oct, tlj de 9h au coucher du soleil. Entrée : 13 € ; 10 € pour les 3-14 ans.* Commencé au début du XVIIe s et terminé à la fin du XVIIIe, ce jardin est un étonnant exemple de la tradition toscane. Épousant à la perfection la dénivelée du terrain, c'est l'un des rares jardins de style baroque que l'on peut visiter en Europe. Une volière à papillons agrémente la visite. À propos de papillon, une anecdote insolite : le mot français farfelu vient de l'italien *farfalle* qui désigne le papillon...

SAN MINIATO (56027)

À 40 km à l'est de *Pise* et 40 km à l'ouest de *Florence* par l'autoroute Fi-Pi-Li. Juché sur une colline élevée, dominé par la haute tour de son château et le Duomo, San Miniato n'est pas un gros bourg mais une petite ville de 28 000 habitants dont la partie la plus intéressante est perchée sur son éperon rocheux, dominant le paysage de la Toscane éternelle.
L'origine de la ville est étrusque, puis romaine, mais au VIIIe s un groupe de Lombards bâtissent une église en mémoire de leur saint martyr *Miniato* et établissent la ville. Ensuite, son histoire, comme celle de ses voisines, est liée aux incessants tiraillements entre Pise et Florence. Après la chute de Pise à la fin du XIIIe s, les villageois arrivent à proclamer leur « commune libre », mais ils ne peuvent résister aux sirènes florentines à la fin du XIVe s.
– San Miniato est la ville natale des frères ***Paolo et Vittorio Taviani*** (nés en 1929 et 1931), cinéastes italiens, auteurs de quelques films célèbres comme *Padre padrone* (1977), *La Nuit de San Lorenzo* (1982) et *Kaos, contes Siciliens* (1984).

Arriver – Quitter

Gare ferroviaire : *à **Fucecchio**, à 3 km au nord de San Miniato.* Horaires des trains à l'office de tourisme de San Miniato.

➢ Trains ttes les 30 mn ***depuis et vers Florence*** ou ***Pise*** (gare centrale et aéroport). Trajet 30-40 mn.

Stationnement

Se garer sur le parking gratuit *Fonti Alle Fate* (attention, quelques places payantes tout au bout). Ensuite prendre l'ascenseur. Autre option, grimper dans la ville haute, où l'on peut trouver quelques emplacements gratuits face à l'office de tourisme et sur la *piazza Dante* dans la descente en direction de Florence. Nombreuses aires de stationnement également, mais plutôt loin du centre.

Adresses utiles

Ufficio turistico : *piazza del Popolo, 1. ☎ 0571-42-745. • sanminiatopromozione.it • Tlj 9h-17h (13h lun).* Donne des plans de la ville et de la doc en français. Résas d'hébergement. Vente de topoguides pour les nombreux chemins de randos aux environs. Bon accueil francophone (si l'hôtesse francophone est là) et d'excellents conseils pour les nombreux *agriturismi* du coin.

Où dormir ?

Dimora del Grifo : *via Cesare Battisti, 31. ☎ 347-536-99-30. • dimoradelgrifo@yahoo.it • Dans le centre historique ; à 150 m de la piazza* *del Popolo. Double 60 € (plus 15 €/ pers supplémentaire), ttes avec sdb commune (l'une avec w-c et lavabo à l'intérieur) ; pas de petit déj. CB refusées.* Une belle maison ancienne à l'enseigne du griffon, avec beaucoup de cachet. Les propriétaires n'y vivent pas, il faut leur téléphoner. La demeure abrite à l'étage 3 chambres (bleue, rose et jaune) vraiment spacieuses, coquettes et confortables, dont 2 donnent sur un jardin, baignant dans une atmosphère à l'ancienne. Accueil très gentil.

Où manger ?

Rosso Antico Osteria Moderna : *via IV Novembre, 2. ☎ 0571-41-97-59. Dans la rue principale. Tlj sf lun. Menus 7-10 €.* Petite *osteria* à la déco moderne avec une collection d'ustensiles émaillés accrochés au plafond et une miniterrasse sur la rue. Repas économique et rapide avec grosse salade ou *pasta* incluant tapas ou dessert.

Caffe Marlene e Roberto (Bar Cantini) : *via A. Conti, 1. ☎ 057-14-30-30. Presque en face de l'office de tourisme. Tlj 7h-22h.* Installez-vous sur la petite terrasse qui offre une vue panoramique sur la campagne. Ici tout est fait maison, les pizzas, les pâtes, mais aussi les *dolci* que le patron fait gentiment goûter aux clients. Et si c'est la saison, profitez-en pour commander des œufs à la truffe. Eh oui ! les truffes de San Miniato que l'on trouve dans les bois alentour sont aussi appréciées des connaisseurs que les truffes blanches d'Alba. Accompagnés d'un bon vin toscan, vous nous en direz des nouvelles !

Caffe Centrale : *via IV Novembre, 19. ☎ 0571-43-03-37. Tlj sf lun, jusqu'à 2h du mat. Repas le midi slt.* À côté du très chic restaurant *Pepenero*, voici un petit café-resto tenu par le jeune et jovial Anthony. Originaire de San Miniato par son père, il a vécu à Châteauroux et travaillé à Paris, Londres et Buenos-Aires, avant de rentrer au pays paternel. Il a repris ce café avec un ami associé, ancien pilote. On y mange bien (produits frais et naturels de la région) mais surtout on y boit : 40 sortes de thé, des bières artisanales, des cocktails, du vin au verre... dans une grande salle prolongée par une terrasse avec une vue remarquable sur la ville et la campagne.

Plus chic

Ristorante Pepenero : *via IV Novembre, 13. ☎ 0571-41-95-23. • info@pepenerocucina.it • Tlj sf mar et sam midi.* Primi *13-15 €,* secondi *16-25 € ; menus dégustation 35-50 €.* Resto gastronomique tenu par le jeune chef Gilberto Rossi, vainqueur d'un jeu culinaire télévisuel italien. Dans un cadre contemporain délicieux avec salles voûtées élégantes meublées design et terrasses en paliers, le chef surprend grâce à une cuisine créative, inventive et savoureuse. Dressage superbe et service sans chichis. L'une des grandes tables de ce beau coin de Toscane.

Aux environs

Agriturismo La Palazzina : *via La Palazzina, 37,* ***Palaia*** *(à 20 km sud-ouest de San Miniato). 345-334-91-62. • lapalazzina.net • De l'autoroute Fi-Pi-Li, prendre la sortie Montopoli, puis suivre le fléchage Palaia qui passe par Monte Foscoli. Ouv tte l'année. Résa conseillée. Doubles 70-135 € ; petite dizaine d'apparts 70-165 € pour 2-4 pers selon saison. Petit déj offert sur présentation de ce guide.* Un *agriturismo* dans un paysage exceptionnel (une colline plantée d'oliviers et de cyprès). Fraîches, lumineuses, confortables et arrangées avec goût (poutres apparentes, tomettes toscanes), les chambres donnent sur le jardin, avec une vue étendue sur les monts et la campagne environnante. Bon petit déj pris dans le pavillon de chasse, proche de la piscine qui domine la vallée. Une bonne adresse.

Trattoria Antica Farmacia : *via del Popolo, 51,* ***Palaia.*** *☎ 0587-62-25-34.*

Dans la rue principale de Palaia. À 20 km au sud-ouest de San Miniato. Tlj, lun-sam le soir 19h-22h (fermé le midi), et le dim midi et soir. Repas 25-30 €. Une petite salle voûtée, une cheminée d'époque, une fenêtre largement ouverte sur la verdure en été. La carte est écrite à la main, un peu de travers. Marcello énumère les plats : une longe de porc, un civet de lapin, une belle assiette d'*antipasti* ou alors du poisson, car il en connaît un rayon, le *surfcasting* est sa passion. Il vous refilera de bons tuyaux pour la plage. Des restos comme ça, on en trouve de moins en moins...

Le Colombaie : *à 4 km de San Miniato, à* ***Catena*** *(dépend de San Miniato Basso). ☎ 0571-48-42-20. 340-986-06-05. • info@lecolombaie.eu • De San Miniato, prendre vers le lieu-dit Catena (gros hameau) et en arrivant prendre à droite et immédiatement à gauche. Faire env 1 km sur cette tte petite route (fléché). Ouv mar-dim slt pour le dîner et j. fériés pour le déj. Repas 28-35 €.* Bon, il n'est pas situé dans la ville haut perchée mais dans la plaine, en bas. Si l'on vous en parle, c'est pour une bonne raison. C'est que la cuisine est inventive, goûteuse, et les produits de grande qualité. Le jeune chef ne se sert qu'auprès de producteurs locaux et réalise des plats enjoués et pleins de saveurs, ravissant toutes les fines gueules de la région, qui se refilent l'adresse sous le manteau. Du *slow food* bien dans la peau.

– Signalons aussi deux remarquables adresses à ***Montaione,*** une bourgade située à 15 km au sud de San Miniato. La première est exceptionnelle. C'est la ***Casa Masi*** (une des meilleures de Toscane et d'Italie) *via Collerucci, 53. ☎ 0571-67-71-70. • casamasimontaione.it •* Autre adresse recommandée, un peu moins gastronomique : l'***Osteria San Vivaldo,*** *via San Vivaldo, 21/23. ☎ 0571-692-64.*

À voir

San Miniato et Palaia (quelques kilomètres au sud-ouest) sont parmi nos villages préférés de Toscane centrale. Vallonnée, ondulée par de nombreuses collines vertes, piquées de cyprès et d'oliviers, la campagne est très sauvage pour peu que l'on s'éloigne des grands axes routiers. Pour découvrir la ville, il existe un forfait à 5 € pour huit petits musées, mais peu intéressant lors d'un passage en semaine, car ils ne sont pour la plupart ouverts que le week-end.

Piazza del Seminario *(piazza della Repubblica)* **:** *en contrebas du Duomo.* Place très romantique la nuit. Le séminaire, long bâtiment, présente de nombreuses fresques en trompe l'œil sur sa façade. De là, des escaliers conduisent à la piazza del Duomo et au Musée diocésain.

Duomo (Cattedrale) : accès par un escalier monumental. Construit au XIIIe s, souvent remanié. Originalité : une des tours de l'ancien château lui sert de clocher. Plafond richement décoré. Dans le transept gauche, une *Déposition* de Lo Spillo (1528).

Museo d'Arte diocesano : *à côté du Duomo. Lun-mar 10h-13h, 14h-16h, mer et jeu (le mat slt), ven-dim 10h-13h, 14h-18h (17h ven). Entrée : 2,50 €.* On y trouve une jolie *Maestà* en fresque, un retable de Neri di Bici, un *Saint Michel archange* de l'école d'Orcagna, *Le Sacrifice d'Isaac* de Cigoli, une *Annonciation* d'Empoli et une *Visitation* de Matteo Rosselli.

QUEL FLAIR

San Miniato détient le record mondial de la truffe. En octobre 1954, un certain Arturo Gallerini et son chien Parigi ont découvert une truffe de 2,520 kg. Elle fut offerte au président des États-Unis Dwight Eisenhower. Chaque année au mois de novembre, la petite ville organise la foire nationale aux truffes blanches.

Rocca di Federico II : *à partir de la cathédrale, suivre le chemin d'accès. Mar-dim 11h-18h (17h en hiver). Entrée : 2,50 €.* Connue comme San Miniato « al tedesco » (San Miniato la germanique), la ville garde de son passé germanique cette tour de 37 m de haut, construite par l'empereur souabe Frédéric II en 1223. Détruite pendant la Seconde Guerre mondiale, elle fut reconstruite en 1956. Du sommet, panorama époustouflant sur les environs.

Museo archeologico : *dans l'enceinte du Palazzo comunale. Slt w-e 10h-19h (18h oct-mars). Entrée : 4 €.* Petit musée archéologique de la période étrusco-romaine.

Chiesa San Iacopo et Lucia : *piazza del Popolo.* Édifiée au XIVe s. Beau tombeau dessiné par Donatello. Nombreuses fresques. Nef ornée de trompe-l'œil et étonnante ambiance due aux vitraux jaunes.

CARRARA ET LA VERSILIA

Géographiquement située entre les rives du Cinguale, au nord, et celles du Fosso di Motrone, au sud ; respectivement entre Massa et Torre del Lago, la Versilia délimite une bande côtière adossée aux contreforts des Alpes apuanes. Très humide en raison des fréquentes entrées d'air maritime, elle n'en demeure pas moins, avec ses plages interminables et ses possibilités de randos en montagne, un lieu de villégiature très prisé des Italiens. Dès le début du XIXe s, en effet, nombre d'artistes ont jeté leur dévolu sur elle, tant et si bien qu'elle connaît par la suite un rayonnement mondial, grâce notamment au style Art nouveau (Liberty) dont témoignent encore aujourd'hui, avec élégance, la plupart de ses monuments. Car ce n'est pas tant pour la beauté de ses plages que la région a acquis ses lettres de noblesse. Entre Torre del Lago, patrie chérie de Puccini, et Pietrasanta, terre d'adoption de Fernando Botero, la Versilia – avec ses nombreuses fonderies et un savoir-faire multiséculaire en ce qui concerne la taille du marbre – est résolument tournée vers les arts ! En outre, celles et ceux qui pensent que les vacances passent aussi par la table seront ravis, car l'arrière-pays regorge de bonnes petites adresses.

CARRARA (CARRARE) (54033) 65 000 hab.

Connue dans le monde entier pour la qualité de son marbre, la petite ville de Carrare, lovée au pied de la montagne dont elle tire subsistance depuis l'époque romaine, n'est pas comme les autres villes toscanes. Ici, on n'exploite pas le marbre, on le cultive, disent les puristes ! C'est vrai que la visite vaut surtout pour les carrières (le mot français « carrière » vient d'ailleurs de Carrare), dont 150 sont encore en activité. On vient aussi à Carrare pour les remarquables ateliers Nicoli, où des œuvres de grands artistes sont fabriquées et expédiées un peu partout à travers le monde. En été, tous les 2 ans (années paires), importante exposition de sculptures contemporaines en marbre dans les rues de la ville. Dans un autre domaine, sachez que Carrare demeure l'un des bastions de l'anarchisme italien et international (comme en témoigne la piazza Sacco et Vanzetti) et que, en septembre 1968, y fut créée l'Internationale des fédérations anarchistes.

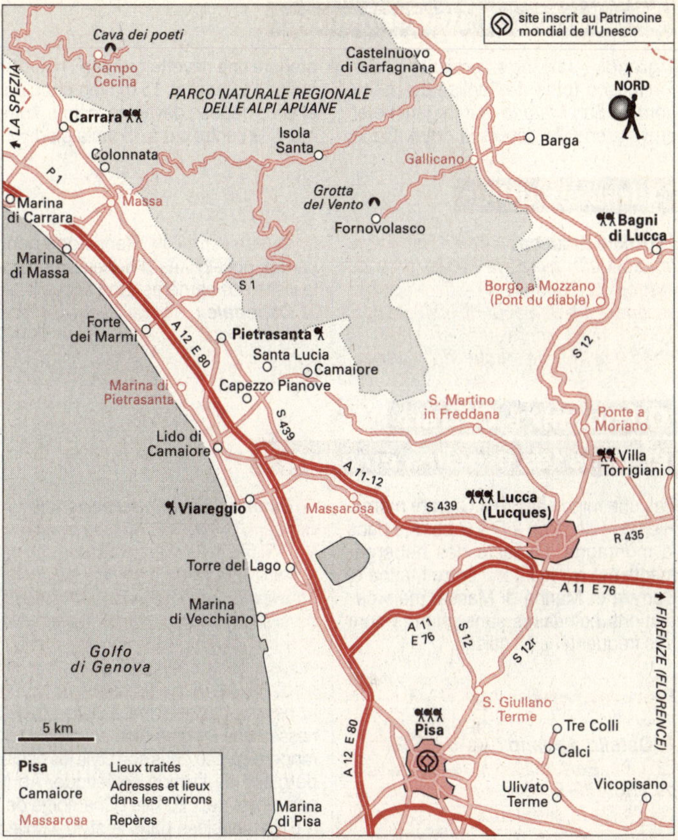

LA VERSILIA

Arriver – Quitter

En train

Gare ferroviaire : *via Petacchi, à* ***Avenza.*** *☎ 89-20-21 (horaires) ou • trenitalia.it •* La gare est desservie par les bus nos 52, 70 et 73.

➢ Liaisons directes ttes les heures pour ***Pietrasanta*** (durée : 15 mn), ***Viareggio*** (durée : 24 mn), ***Pise*** (durée : 40-60 mn), avec changement à La Spezia ou Massa pour ***Milan, Gênes*** et ***Turin.*** Pour ***Florence*** et ***Livourne,*** changer à Pise.

En bus

Gare routière : *piazza Sacco e Vanzetti (devant l'hôpital). De la via Verdi (artère principale de la ville), remonter la via Sarteschi jusqu'au bout. ☎ 800-223-010 (no Vert). • atnsrl.it •*

➢ C'est d'ici que l'on prend les petits cars *ATN* pour les villages environnants : ***Marina di Carrara*** (70), ***Massa*** (75), ***Marinella*** (52), ***Paradiso*** (73, 53), ***Colonnata*** (50), ***Miseglia*** (49), ***Aulla*** (17), ***Fivizzano*** (39), ***Sorgnano*** (47), ***Torano*** (48).

Circulation et stationnement

2 grands parkings gratuits : *San Francesco* (près de l'église du même nom) et *San Martino* (sur la gauche en arrivant en ville depuis la côte). De là, prendre une navette gratuite 7h15-19h, qui part toutes les 15 mn (en principe !) et vous dépose devant la mairie. Autrement, le centre est à 15 mn à pied.

Adresses utiles

Ufficio turistico : *viale XX Settembre (intersection avec via Piave, près du stade). ☎ 0585-84-41-36. • aptmassacarrara.it • Juil-août, tlj 8h45-12h45, 15h30-18h ; mars-juin et sept, tlj 8h45-15h45 ; le reste de l'année, horaires restreints.* Renseignements sur les possibilités d'hébergements et la visite des carrières. Bon accueil.

Ospedale : *piazza Sacco et Vanzetti (au nord du centre-ville). ☎ 118 (urgences).*

Où dormir à Carrare et dans les proches environs ?

Pas une mince affaire à Carrare même. Rien en ville, 1 ou 2 *B & B* perdus dans la montagne. Le reste des hébergements est sur le littoral entre Marina di Carrara et Marina di Massa, mais ces stations balnéaires sans charme sont très fréquentées en saison.

Bon marché

Ostello Apuano : *via delle Pinete, 237, loc.* ***Partaccia,*** *à Marina di Massa. ☎ 0585-78-00-34. • ostelloapuano.com • De la gare ferroviaire d'Avenza, prendre le bus n° 52 et s'arrêter à Pinete Alberti. Ouv de mi-mars à sept. Résa conseillée. Réservé aux adhérents YHI, mais on peut acheter sa carte sur place pour 18 €. Compter 15-18 €/pers en dortoir 6-12 lits, 17 € en chambre double ; petit déj continental ou buffet. Repas 10,50 €. (payants).* Une grande auberge de jeunesse dans une superbe villa en front de mer avec parking à bateaux à côté et près d'une vaste pinède. Pas moins de 160 lits, garçons et filles séparés, avec literie de base en mousse, draps et couverture. La douche est contingentée, cuisine à jeton et salon TV. Accès direct à la mer, mais si vous ne souhaitez pas piquer une tête dans les cailloux, il y a une plage de sable à moins de 100 m ! Chaude ambiance en été autour du bar aménagé sur le parking.

Turimar Ostello Internazionale : *via Bondano a Mare, 4,* ***Marina di Massa.*** *☎ 0585-24-32-82. • ostelloturimar.it • Sur le front de mer. Ouv tte l'année 7h-minuit. Doubles avec sdb 29-37 €/pers selon saison (23-29 €/pers avec sdb commune) selon saison ; petit déj inclus. Moins cher si résa sur leur site web. Repas 15 €. Possibilité de ½ pens et pens complète.* Une auberge de jeunesse dans un gros bloc en ciment, qui rappelle un peu dans son style les heures de gloire de l'Union soviétique. Abrite pas moins de 1 200 lits ! Chambres de 1 à 6 lits meublées dans le style « collectivité » mais propres, réfectoire hall de gare. Un gros avantage : les 2 belles piscines et l'accès direct à la plage. Pour les nostalgiques des camps de vacances du Parti, le tilleul-menthe, les œufs durs et le chou rouge au petit déj en moins...

Prix moyens

Albergo Kelly : *via delle Pinete, 75,* ***Marina di Massa.*** *☎ 0585-24-53-59. De l'autoroute, sortie Massa, direction Marina di Massa jusqu'aux feux avec via delle Pinete, c'est à 100 m à droite. Doubles avec ou sans sdb 50-75 €, petit déj-buffet compris. CB refusées.* À 300 m de la plage, une charmante villa crème, avec une dizaine de chambres simples à la déco balnéaire. Petit jardin avec une table de ping-pong. Accueil souriant (et en français !).

Ambiance familiale et bon rapport qualité-prix.

Hotel Caprice : *via delle Pinete, 3,* ***Marina di Massa.*** *☎ 0585-86-80-28. • info@hotelcaprice.net • hotelcaprice.net • Sur l'axe principal, à 100 m du centre piéton et 70 m de la mer (plage Milano). Ouv fin avril-20 sept. Doubles 60-100 € selon saison et confort ; petit déj 6 €. Parking privé. 10 % de réduc sur le prix de la chambre lun-jeu (sf août) ou petit déj offert si plus de 3 j. en basse saison sur présentation de ce guide.* Une villa toute rose, de style Bauhaus, dans un jardin planté de palmiers, tilleuls, jasmins et magnolias. Une vingtaine de chambres fraîches, aux dessus-de-lit fleuris, toutes différentes, réparties sur 3 étages. Déco sobre et confort suffisant (douche/w-c, ventilo). Certaines avec balcon ou terrasse. Également 2 dans une annexe au jardin. Plusieurs recoins dans celui-ci pour se poser, au calme et à l'ombre. Accès direct à la plage. Accueil francophone chaleureux.

Hotel Carrara : *via Petacchi, 21,* ***Avenza*** *(Carrara). ☎ 0585-85-76-16. • info@hotelcarrara.it • hotelcarrara.it • En face de la gare ferroviaire. Doubles 90-105 € (négociable en basse saison), petit déj compris. Possibilité de ½ pens. Parking gratuit.* Un hôtel d'une trentaine de chambres coquettes Et toutes bien arrangées : TV grand écran, AC, meubles mélaminés en bois sombre et toile au-dessus de chaque lit. En revanche, cabine de douche un peu vieillotte. Au sous-sol, beau salon meublé dans un style bourgeois et salle de resto pour un super petit déj-buffet. Accueil courtois.

Où manger à Carrare et dans les proches environs ?

De très bon marché à bon marché

Plusieurs *focaccerie* dans la rue Verdi, dont certaines mettent des tables dans la rue l'été.

Tarasbi : *via Cavour, 2, dans le centre-ville de Carrare. ☎ 0585-77-51-70. Tlj sf lun (tlj juil-août) 18h30-minuit. Salades ou focaccie 7-10 €, pizzas 5-9 €.* Un resto-*enoteca* en sous-sol, un tantinet branché et qui accueille des œuvres d'artistes du cru. Déco soignée, pierre, cuivre, fer forgé et quelques tables en terrasse. Une *focacceria* sympa à l'ambiance bons copains. Cuisine soignée et goûteuse. Excellentes pizzas dont la pizza *tarasbi* (au poisson).

À Marina di Carrara

Bar Ristorante Bagno Sport : *via Vespucci, 76 à* ***Marina di Carrara.*** *☎ 389-510-49-51. Tlj en saison. Plats 8-15 €. Menu midi et soir : 15 € (boisson non incluse).* On peut ressembler à un petit et agir comme un grand, telle pourrait être la devise de ce modeste resto de plage, situé au bord d'une avenue parallèle à la mer. Son nom est banal. Son décor est quelconque, une cafétéria balnéaire attenante à une plage privée (elles le sont toutes ici) et un établissement balnéaire. Tout est dans la cuisine, fraîche, savoureuse, et servie avec sourire par une équipe qui brille par sa modestie. De loin ce qu'il y a de mieux dans ce secteur.

Gelateria Imperiale : *piazza Menconi, 4, à Marina di Carrara. ☎ 0585-63-00-08. Face à la piazza Gino Menconi. Tlj sf mer en hiver.* Ici, le percolateur n'a pas le temps de refroidir... Dans l'arrière-salle ou en terrasse sur la place, une équipe féminine s'active et sert le petit noir à la chaîne, des glaces aussi. Plat du jour à prix sage.

De prix moyens à chic

Ristorante-enoteca Il Rebacco : *via Loris Giorgi, 5. ☎ 0585-77-67-78. • ilrebacco@yahoo.it • Tlj sf sam midi et dim (tlj juil-août). Primi 8-12 €, secondi 13-18 €.* Entre la piazza Mazzini (à 50 m en contrebas de celle-ci) et la piazza Alberica, un resto qui propose une cuisine terre-mer, authentique et raffinée, concoctée uniquement à base de produits frais de producteurs locaux. Le chef s'inspire de la tradition qu'il revisite et magnifie à sa manière. Salle à la déco un brin chic autour d'un petit patio verdoyant ou en terrasse dans la rue piétonne.

I●I *La Petite Cuisine di Roberto* : *via Verdi, 4. ☎ 0585-70-226. Tlj midi et soir sf dim soir et lun soir hors juil-août. Menu 25 € en sem ; carte env 35 € (sans le vin).* Entre via Mazzini et la piazza Mazzini (50 m). Un petit resto de poisson qui sert de cantine aux employés du quartier, mais c'est le soir que la cuisine prend toute sa dimension. Le service est correct. Bons *antipasti* de la mer, spécialité de daurade au four, pâtes aux langoustines ou raviolis de poisson maison. En dessert, craquez pour un *semifreddo di torrone* ou une *pinolata* (gâteau à la crème et aux pignons). Pour passer un bon moment.

Où manger du lard de Colonnata ?

I●I *Ristorante Venanzio* : *piazza Palestro, 3 (au pied de la tour),* ***Colonnata.*** *☎ 0585-75-80-33. • info@ristorantevenanzio.com • À 8 km au nord-est de Carrare, par une petite route qui grimpe dans les montagnes environnantes. Tlj midi et soir sf jeu et dim soir. Ouv aussi en août. Congés : 25 déc-15 janv. Résa fortement conseillée. Formule déj 15 € ; menus 25-40 € (sans le vin).* En terrasse sur la placette ou en salle, pâtes, lard et patate... Pour savourer la spécialité du cru : prendre une tranche fine de lard noble sur un *crostino* bien chaud et un verre de blanc sec. La carte propose par ailleurs toute une symphonie de mets fins, travaillés avec passion et servis avec brio par une équipe enjouée. Une excellente adresse à l'accueil charmant.

À voir

L'un des intérêts premiers d'une visite à Carrare est son marbre, mondialement connu. Un petit musée en retrace d'ailleurs toute l'histoire. Si vous avez le temps, passez voir les mines, sinon, la visite des ateliers Nicoli est très enrichissante.

Duomo : *piazza Duomo. Tlj 7h-12h, 15h30-19h. Fermé à la visite pdt les offices religieux.* La cathédrale Sant'Andrea des XIe-XIVe s présente un superbe fronton romano-gothique de style pisan, en marbre blanc bien sûr ! À l'intérieur, *murale* du XVe-XVIe s, *« la vergine della cintola »*, mais rien d'exceptionnel. Sur la place, belle statue inachevée de Neptune représentant Andrea Doria, exécutée entre 1528 et 1538 par Baccio Bandinelli à la demande de la république de Gênes.

Museo del Marmo* :** *viale XX Septembre, loc.* ***Stadio *(en face de l'office de tourisme de Carrare, à env 2 km du centre en allant vers Marina di Carrara). ☎ 0585-84-57-46. Bus n° 70 ou 52, arrêt Stadio. Tlj sf dim : mai-sept, 9h30-13h, 15h30-18h ; le reste de l'année, 9h-12h30, 14h30-17h. Entrée : 5 € ; réduc.* Créé en 1982 à l'initiative de la commune il relate l'histoire de l'exploitation du précieux filon depuis l'époque romaine. On y apprend beaucoup sur la géologie ; il y a aussi 114 échantillons de marbres extraits des Alpes apuanes,

QUAND LE DUCE DÉBLOQUE (DE MARBRE)...

Si le marbre est connu depuis l'époque romaine, ce n'est qu'au XIIe s, au temps des cathédrales toscanes, que commença véritablement son exploitation à Carrare. Les grandes familles prirent rapidement le contrôle de cette industrie, jusqu'au moment où la Révolution française ralentit la cadence, orientant le marché exclusivement vers l'édification de monuments funéraires. C'est Mussolini, avide de luxe, qui relancera la machine en faisant extraire un bloc de 300 t d'un seul tenant !

travertins et granits, mais le reste peut sembler un peu « froid » et risque de laisser de marbre (!) nombre de visiteurs.

Cava 177 : *en montant vers Colonnata (fléché). 338-578-36-29. • cava177.com • Tte l'année, tlj, en principe 9h-18h, mais réserver avt. Entrée : 6 € ; réduc.* Une carrière typique à ciel ouvert. Marco Bernacca, qui travaille ici avec son père et son oncle, vous fait faire la visite. Le tour dure une bonne demi-heure et permet d'appréhender les différentes techniques qui, de l'Antiquité à aujourd'hui, ont permis aux hommes de découper la montagne. Les blocs de marbre de plusieurs tonnes sont découpés en cubes réguliers, ce qui donne une allure très rationnelle et géométrique à cette carrière.

Cava dei poeti : celles et ceux qui possèdent une voiture pousseront jusqu'à la *Cava dei poeti (Cava Morlungo D)*, un amphithéâtre naturel perdu dans la montagne, à 1 300 m d'altitude, sorte de symphonie en vert-blanc-bleu, d'où la vue est à couper le souffle. Compter 20 bonnes minutes par la petite route qui passe par campo Cecina (route de Gragnana). De là-bas partent des chemins de rando pour le parc des Alpes apuanes.

Ateliers Nicoli (Centre de sculpture contemporaine) : *piazza XXVII Aprile, 8 e. ☎ 0585-70-079 ou 74-243. • info@nicoli-sculptures.com • nicoli-sculptures.com • Attention, la visite n'est réservée qu'aux groupes et slt sur rdv avec demande auprès de la famille Nicoli. Ouv lun-ven 9h-12h, 13h-16h. Autant dire que ce n'est pas évident... Entrée : 4 €.* Un atelier fondé en 1863 par Carlo Nicoli, dont les descendants travaillent encore aujourd'hui pour les plus grands sculpteurs, et qui héberge aussi quelques artistes en résidence (stages). L'occasion d'une visite au royaume du marbre pour admirer ce que des mains talentueuses et expertes peuvent en tirer. Deux ateliers sur place : dans le plus grand, les ouvriers de Nicoli travaillent à la commande ; dans l'autre, quelques artistes viennent sculpter eux-mêmes. Dans le grand atelier, des moulages célèbres : Melotti, Poncet, Henry Moore, Zadkine, César, Louise Bourgeois... Mais aussi des classiques de Michel-Ange, du Bernin, de Canova. Enfin, une intéressante petite galerie d'art contemporain, et surtout, l'envie de Francesca Nicoli, fille du maître, de faire partager sa passion des beaux-arts.

DANS LES ENVIRONS DE CARRARA

Marmo Tours : *piazzale Fantiscritti, 84 à* ***Miseglia.*** *339-765-74-70. • marmotour.com • De la Cava 177, emprunter le tunnel, c'est sur le versant caché (fléché Cave di Marmo). Avr-oct, tlj 11h-17h (18h30 mai-août). Visite guidée de 30 mn : 10 € ; réduc.* Dix personnes à chaque fois dans un minibus, et hop, c'est parti pour un tour ! La carrière s'appelle « Galerie Ravaccione N84 » et se trouve à l'intérieur de la montagne, ce qui fait toute son originalité. Attention car à l'intérieur, il ne fait que 16 °C, même en plein été ! Ici aussi, visite éclair et même contenu didactique, mais cela vaut quand même la peine. Pour l'anecdote, sachez que le lieu est si remarquable que des marques de voitures de luxe comme Maserati et Lamborghini y ont organisé des tournages de films publicitaires. Juste à côté, le petit ***musée Walter-Danesi*** témoigne de la pénibilité du travail de mineur et expose aussi de très jolies réalisations en marbre. Visite possible en 4x4 également, avec ***Carrare Marble Tour*** *(infos : 333-602-40-26 ; • carraramarbletour.it • ; compter 10 €/pers pour 50 mn, réduc).* Le guide vous montre en route le lieu où ont été tournées des scènes du film de James Bond *Quantum of Solace. L'essence de la vie* (2008).

Colonnata : à 8 km au nord-est de Carrare, dans un cirque vert et blanc où se rencontrent les arbres et les carrières de marbre, voici un village typique, rythmé par l'incessant balai des engins qui charrient les éboulis vers l'aval. Ici, on a l'âme ouvrière. De la placette qui jouxte l'église, beau panorama. Les ruelles du village comptent plusieurs *larderie* où chacun y va de sa recette maison : le lard est roi à Colonnata. On a même vu du chocolat au lard de Colonnata !

LA PATIENCE D'ANGE DE MICHEL-ANGE

Michel Ange est venu 7 fois à Carrare dans sa vie. Il aurait passé 3 ans à choisir des blocs de marbre (du blanc pur, dit le statuario*) pour réaliser le tombeau du Pape Jules II ! En revanche, le* David *du même artiste fut sculpté dans un bloc de mauvaise qualité, étroit et fissuré, qui avait été abandonné par de précédents sculpteurs. Michel Ange l'a récupéré et a réussi à en faire un chef-d'œuvre.*

FORTE DEI MARMI *(55042)*

Entre Marina di Massa et la Marina di Pietrasanta, à 10 km au nord de Viareggio. L'attrait pour cette partie de la côte italienne remonte au fameux *Manuel pour les bains de mer,* un précis de savoir se baigner écrit par un médecin en 1833. Mais Forte dei Marmi, qui tire son nom du fort bâti pour la défendre, connaît son véritable essor au XIXe s, alors qu'elle sert de base pour expédier le marbre aux quatre coins du globe. Ce n'est véritablement qu'à partir des années 1960 que la station voit affluer la bourgeoisie des villes. On y construit alors d'élégantes résidences, parées de magnifiques jardins, et les cabines de bains, parasols et autres transats éclosent un peu partout sur ses plages. Thomas Mann, Aldous Huxley, Visconti y firent des séjours.
Le PDG de Fiat, Gianni Agnelli, patriarche de la dynastie, y possédait une somptueuse villa aujourd'hui transformée en hôtel de luxe. Artistes fortunés, bourgeois de Florence et familles patriciennes de Genève y passaient l'été. Forte dei Marmi étant devenue une station balnéaire pour la jet-set milanaise, avec ses avenues remplies de boutiques de mode, les tarifs ont explosé, et le séjour s'avère inabordable pour un touriste ordinaire. En haute saison, le prix moyen pour un hébergement sans charme dans un hôtel banal avoisine les 200-300 € ! Et si vous voulez vous poser sur la plage, l'emplacement ombragé avec transat vous sera proposé à 120 € la journée ! Sans oublier que le parking de la plage est également payant. Pour ceux qui auront malgré tout envie de venir, un *B & B* abordable :

Albergo Villa Lorena : *via F. Carrara, 86. ☎ 0584-78-72-78. À 1 km de la plage, une rue perpendiculaire à la via Provinciale, axe principal entre l'autoroute et la place centrale. Ouv de juin à mi-sept. Doubles 80-90 €, petit déj compris.* Enfin une adresse qui a gardé des prix sages. Dans un quartier résidentiel calme, une pension de famille toute simple dans un jardin fleuri, tenue par un couple de personnes âgées bien accueillant. Contient une dizaine de chambres propres et sans prétention, avec salle de bains privative et balcon. Petit déj-buffet avec des produits frais, du fromage et des gâteaux faits maison.

PIETRASANTA (55044) 25 000 hab.

À 15 km au nord de Viareggio, dans un site admirable à flanc de montagne et à deux pas de la mer. En raison du grand nombre d'ateliers de taille du marbre et de fonderies de bronze Pietrasanta a été autrefois surnommée

« La petite Athènes ». C'est aujourd'hui une étape à ne pas manquer. Fondée en 1255 par Guiscardo da Pietrasanta, alors podestat de Lucques, puis capitale de la capitainerie des Médicis, la ville s'est enrichie au fil des siècles de fastueux monuments. Aujourd'hui, noyaux d'art et de culture, ses ruelles promettent au visiteur d'agréables promenades à la rencontre de petites galeries d'artistes et de boutiques de créateurs.

Arriver – Quitter

En train

Gare ferroviaire : *tt près du centre-ville. Également la gare de **Lido di Camaiore** (mieux desservie).* Trains fréquents pour ***Pise*** 5h23-23h (durée : 25-30 mn), ***Florence*** (avec changement à Pise pour certains, durée : env 1h40), ***Gênes*** (avec changement à ***Massa, Viareggio*** ou ***La Spezia***). Pour ***Lucca,*** changer à Viareggio (durée : 35 mn).

En bus

Gare routière : *derrière la gare ferroviaire (emprunter le passage souterrain). Liaison pour l'aéroport de Pise 6h50-19h50 (ttes les heures, sinon avec changement à Viareggio). Horaires sur • vaibus.it •*

Circulation et stationnement

Tous les parkings sont bien fléchés. Le plus pratique est celui situé à l'est, sur la route de Camaiore (parking des *carabinieri*). De là, remonter la rue Garibaldi, la piazza Duomo est à 5 mn à pied. Également un parking gratuit à la gare routière (puis emprunter le souterrain).

Adresses utiles

Kiosque d'informations touristiques : *piazza Statuto, 1. ☎ 0584-28-33-75. • comune.pietrasanta.lu.it • En saison, tlj sf lun 10h-13h, 17h-20h ; le reste de l'année, slt l'ap-m.* Borne d'informations touristiques également.

Poste : *piazza della Repubblica. Lun-ven 8h25-19h10, sam 8h25-12h35.* Distributeur de billets sur le côté (peu visible).

Où dormir ?

Peu de choix à Pietrasanta même, mais il y a de beaux petits *B & B* dans les environs et aussi une offre considérable d'hôtels et de campings sur la côte.

Prix moyens

B & B Il Corso da Elsa Matilde : *via Mazzini, 11. ☎ 0584-70-101. Double 60 €, petit déj inclus. À 30 m de la place de la Statuto, au début de la rue.* Enfin un *B & B* où le propriétaire est présent la journée ! Grand voyageur et collectionneur, Luciano a accumulé dans son appartement des centaines d'objets et de souvenirs de ses voyages. Il propose 4 chambres bien équipées (AC) sans caractère particulier mais propres et spacieuses. Chacune porte un nom de fruit. Elles donnent sur la rue piétonne, calme la nuit. L'une d'elles a une terrasse et un coin cuisine. Bon rapport qualité-prix, et accueil jovial.

B & B ristorante Nonna Lory : *via Traversagna, 5. ☎ 0584-79-00-31. • info@nonnalory.com • nonnalory.com • En sortant de la ville en direction du sud, prendre tt de suite à gauche après la voie ferrée, c'est la 2e à droite. Ouv tte l'année. Doubles 60-70 €, petit déj compris.* Dans une grande maison particulière à la façade jaune, 6 chambres bien arrangées (TV et AC), à la déco sobre et nette, dont une familiale. C'est propre mais literie un peu molle. La maison fait également resto et sert d'excellents raviolis et une spécialité : la *pasta della nonna*, des pâtes au poisson et aux champignons. Bon accueil.

Hotel-ristorante Stipino : *via Provinciale Vallecchia, 50. ☎ 0584-71-448. • info@albergostipino.it • hotelstipinopietrasanta.it • Fléché à gauche avt d'arriver au parking principal à l'entrée de la ville. Ouv tte l'année sf 20 déc-10 janv. Double env 70 € (55 € hors saison) ; sans petit déj.* Un hôtel familial d'une douzaine de chambres avec salle de bains et AC, ensemble correct et propre, décoration sans recherche. Pour le petit déj, il y a un snack juste à côté.

Où dormir dans les environs ?

Hotel Locanda Le Monache : *piazza XXIX Maggio, 36,* ***Camaiore.*** *☎ 0584-98-92-58 ou 0584-98-42-82. • info@lemonache.com • lemonache.com • Dans le centre du bourg de Camaiore. Ouv tte l'année. Résa conseillée. Doubles 65-90 € selon taille et saison, petit déj compris. ½ pension 45-65 €/pers.* Au-dessus de la porte d'entrée de la ruelle, on peut lire : *Infidis Impervia*, « interdit aux infidèles », ça met tout de suite dans l'ambiance ! Rassurez-vous, cet ancien relais de pèlerins de la via Francigena a été entièrement remis au goût du jour ! On y trouve une quinzaine de chambres très cosy, style baroque et bois peint, parquet, tapis d'Orient, fleurs et angelots en tête de lit. Fait aussi resto (voir plus loin « Où manger dans les environs ? »).

Où manger ?

Pietrasanta (et ses environs) regorge de bonnes tables. On ne s'en plaindra pas !

Quarantuno : *via S. Stagi, 41. ☎ 0584-77-25-07. Tlj sf mer (hors été). Congés : janv et nov. Compter 15-25 €. Digestif ou café offert sur présentation de ce guide.* Dans une rue piétonne et commerçante. Petit resto de poche à la déco coquette pour un repas simple mais préparé avec soin par une jeune femme aimable.

Osteria alla Giudea : *via Barsanti, 52-54. Repas 25-30 €. ☎ 0584-71-514. • info@osteriaallagiudea.com • Tlj sf lun. Plats 10-18 € ; repas 25-30 € selon appétit et vin.* Il faut un peu s'éloigner de la piazza del Duomo pour trouver ce restaurant très prisé des locaux. Quelques tables dehors et une salle chaleureuse (mobilier en bois, bouteilles) terminée par une verrière ouvrant sur les arbres. On voit le chef s'affairer en cuisine. Une gentille dame fait le service. Patience récompensée, le bonheur est dans l'assiette. Cuisine toscane savoureuse de la terre et de la mer *(baccalá, cernia, calamari...)* très bien préparée.

Trattoria Il Marzocco : *via del Marzocco, 64. ☎ 0584-71-446. • news@trattoriailmarzocco.it • Tlj à partir de 20h (en hiver, tlj sf mar, slt le midi). Résa conseillée le w-e. Compter 30-35 € avec le vin de la maison.* Un resto comme on les aime, pas petit... pas grand... mais plutôt petit. En été, ça déborde allègrement sur les pavés ! 2 salles à la déco d'objets hétéroclites où l'on se régale. Carte simple mais efficace. Ce n'est pas de la cuisine toscane traditionnelle, ici on cuisine régional à l'échelle planétaire (plats marocains, indonésiens et indiens). Faut dire qu'aux fourneaux l'association d'un Indien à la barbe bleue et d'une Marocaine fonctionne bien...

Locanda del Gusto : *via del Marzocco, 82. ☎ 0584-28-30-91. Tlj midi et soir sf lun hors saison. Compter 25-30 € (sans le vin).* Déco lumineuse, chic et ton sur ton. L'été, terrasse dans la ruelle, mais c'est vite plein. Ici, on accommode la tradition d'une pointe d'exotisme. Carte courte, c'est bon signe : thon au sésame, ou risotto au *pecorino* et aux poires...

Où manger dans les environs ?

La Dogana : *via delle Pianore, 20,* ***Capezzano Pianore.*** *☎ 0584-91-51-59. À 4 km env de Pietrasanta par une route étroite et sinueuse. En venant de Pietrasanta, avt l'entrée du village, prendre à gauche puis suivre le fléchage. Tlj sf lun-mar midi. Résa fortement conseillée. Comptez 35-40 € si vous voulez bien manger.* Installé au sommet d'une colline avec une vue grandiose depuis ses élégantes terrasses au mobilier design, un resto « gastro » de haute voltige. Chaque jour, un menu de terre et un de mer pour une cuisine travaillée avec élégance. *Linguine* aux langoustines ou papillotes de fruits de mer, très appréciés des habitués. Le tout arrosé d'un excellent *Sannio Falanghina.* Mais les carnivores ne seront pas en reste, car le *cuoco* (le chef) sait aussi revisiter la cuisine du terroir.

Osteria Il Vignaccio : *via della Chiesa, 26, loc.* ***Santa Lucia,*** *Camaiore. ☎ 0584-91-42-00. Avr-sept ouv tlj, le reste de l'année tlj sf mer et dim midi. Compter 25-30 € (sans le vin).* Une bonne table, tenue par l'accueillant propriétaire du *B & B Locanda Pietrasantese* à Pietrasanta. On accède à ce resto perché parmi les chênes verts et les cyprès en suivant une route étroite avec plein de virages. Manger ici, ça se mérite ! De la baie vitrée, la vue est superbe. Les gens du cru viennent y passer un bon moment autour d'une cuisine locale. À la carte : carpaccio de *magro* ou grillades, et belle assiette de charcuterie, quoiqu'un peu grasse. Pas de poisson, sauf dans les entrées, les végétariens se vengeront sur les artichauts !

Locanda Le Monache : *piazza XXIX Maggio, 36,* ***Camaiore.*** *☎ 0584-98-92-58 ou 0584-98-42-82. Dans le centre du bourg de Camaiore. Tlj (sf dim en hiver). Résa conseillée l'été. Repas 25-30 €.* Du caractère et du style, des chaises, des sofas, des livres anciens, tel est le décor du *Monache* où l'on mijote une cuisine du cru : des *gnocchi alla crema di tartufo,* une pâte aux champignons des bois (en saison) ou des *sacottini,* sortes de petites boules fourrées à la crème de cèpe et liées avec de la ciboulette.

Osteria Candalla : *via di Candalla, 264, loc.* ***Lombrici,*** *à Camaiore. ☎ 0584-98-43-81. 📱 335-635-38-88. • info@osteriacandalla.it • ♿ Traverser Camaiore (23 km ouest de Lucques) en direction de Lombrici, puis suivre le fléchage, c'est au bout du monde (env 3 km de Camaiore). Ouv le soir mar-dim, plus le midi sam-dim. Fermé lun. Congés : nov. Résa fortement conseillée. Compter 25-40 € (sans le vin). Apéritif offert sur présentation de ce guide.* Vaut le déplacement même si l'auberge est isolée dans la nature. De la terrasse, on surplombe un torrent de montagne. En salle, photophores, chandelles et musique jazzy. Dans l'assiette, une cuisine inventive où les viandes dominent. Carte savoureuse : *antipasti, crostini,* soupes et pâtes fraîches, bref une table toscane à dominante lucquoise, mais légèrement rehaussée par le sésame, c'est le choix du chef. Pour digérer, on empruntera la passerelle pour se poser sur un transat de l'autre côté de la rivière, l'endroit est magnifique.

Où manger une bonne glace ?
Où boire un verre ?

Gelateria La Dolce Vita : *via Stagio Stagi, 4. ☎ 0584-71-004. Face à la terrasse de la* Locanda Pietrasantese. *Tlj 10h30-minuit (20h hors saison).* Difficile de faire son choix parmi la quarantaine de parfums proposés !

Locanda Pietrasantese : *piazza Duomo, 29. ☎ 0584-70-147.* Une terrasse stratégique, idéale pour apprécier l'ambiance nonchalante de la ville, mais pas toujours facile d'y trouver une place !

À voir

Pietrasanta se prête bien à la promenade car, en dépit d'une certaine rigueur militaire, ses rues – avec leurs boutiques d'art et d'antiquités, leurs ateliers d'artistes et leurs galeries d'expo – demeurent encore fort agréables à arpenter. De la piazza Duomo à la piazza Matteotti, où trône fièrement *Le Guerrier* de Botero, une succession d'échoppes aux façades colorées sont toujours un ravissement pour l'œil.

👁👁 ***Duomo San Martino :*** *piazza Duomo.* Construite sur les bases d'une église plus ancienne au XIVe s, commande des Lucquois qui tenaient à affirmer leur autorité sur la région, cette imposante cathédrale entièrement parée de marbre blanc est l'une des plus belles de la région. Son campanile du début du XVIe s, mesure 36 m de haut. Inachevé (il devait être lui aussi recouvert de marbre), il tranche avec l'ambiance générale de la place, et le magnifique escalier hélicoïdal qui tourne à l'intérieur n'est malheureusement que très rarement visitable.
À l'intérieur de la cathédrale, quelques huiles sur toile exécutées par des peintres anonymes du XVIIe s. Aussi une *Vierge à l'Enfant* (la Vierge du soleil, patronne de la ville), représentée entre saint Jean et saint Jean-Baptiste, datée de 1424, malheureusement cachée la plupart du temps.
– Sur une placette qui prolonge la piazza del Duomo, une plaque sur le mur du *Bar Michelangelo* rappelle que **Michel-Ange** *(Michelangelo)* a logé dans cet immeuble le 27 avril 1518. Plus loin, au nº 1 via Stagio Stagi, une autre plaque rappelle que le même artiste a signé ici le premier contrat de construction de la façade San Lorenzo à Florence.

👁 ***Battistero :*** *sur la droite de la cathédrale, rue Garibaldi.* C'est l'oratoire de sainte Jacynthe. À l'intérieur, deux fonts baptismaux, chose assez rare. Le plus ancien, de forme hexagonale, date de 1385, il est l'œuvre de Pardini. Le second est une bonbonnière travaillée avec finesse par Donato Benti et Nicolas Civitali. Commencé au XVIe s, il fut terminé plus tard, au début du XVIIe s, par Bergamini et Pellicia.

👁👁 ***Chiesa della Misericordia*** *(Sant'Antonio e Bagio)* **:** *via Giuseppe Mazzini.* On ne peut la rater ! Avec sa façade rose, cette petite église, construite avant 1320, est l'une des plus anciennes de Pietrasanta. Elle avait une double fonction, servant de lieu de culte et de dispensaire pour les plus démunis et les condamnés au gibet. Elle a subi de nombreuses transformations. À l'intérieur, belles sculptures en bois, une toile de Lorenzo Cellini (1550), la *Madonna del carmine* et, plus proches de nous, deux œuvres magistrales de Fernando Botero, la *Porte du Paradis* et la *Porte de l'Enfer,* don de l'artiste à la ville où il réside depuis plusieurs années.

👁 ***Museo dei Bozzetti :*** *piazza Duomo. ☎ 0584-79-55-00. • museodeibozzetti.it • Dans l'ancien couvent Sant'Agostino. En été, lun 9h-13h, mar-sam 9h-13h et 19h-minuit, dim et j. fériés 19h-minuit. GRATUIT.* C'est le centre culturel de Pietrasanta. En coursive, une expo pêle-mêle de toutes les maquettes des artistes qui ont plus ou moins résidé à Pietrasanta. Les plus volumineuses sont entreposées à l'arrière du bâtiment comme *Le Centaure* de César ou encore *Adam et Ève* de Botero. Au rez-de-chaussée de la bibliothèque, petite expo de céramiques extraites des fouilles du couvent (fin XVe-début XVIe s).

👁 ***Rocca di Sala :*** *départ du petit chemin d'accès derrière le couvent Sant'Agostino. Compter une bonne vingtaine de minutes à pied.* Cet ensemble défensif (non visitable) fait partie d'un vaste dispositif militaire déjà en place au Moyen Âge. Il fut intégré intra-muros à l'époque du *condottiere* Castracani (début du XIVe s). De là-haut, très belle vue sur la piazza Duomo en contrebas.

Spartaco palla Scultore : *piazza Carducci, 25.* ☎ *0584-70-547.* • *spartacopalla-scultore.it* • *En face de l'hôtel Palagi. Pas d'horaires officiels.* Dans une belle demeure toscane qui expose sur son fronton les bustes d'illustres sculpteurs. Si vous n'êtes pas trop nombreux, Rosana vous fera découvrir l'atelier où son mari exécute les commandes des artistes. Belles salles, où l'on peut admirer des sculptures classiques et modernes.

DES *CONDOTTIERI* PAYANTS !

L'Italie du Moyen Âge et de la Renaissance est célèbre pour une race d'hommes bien particuliers : les condottieri, ces chefs de guerre mercenaires à la solde des plus grands et dont les services étaient rémunérés en titres ou en espèces. Parmi les plus célèbres, citons Castracani, dont Machiavel a écrit la biographie, ou encore Andrea Doria, qui servit François Ier.

VIAREGGIO (55049) 64 000 hab.

À 23 km au nord de Pise, voici l'une des plus anciennes stations balnéaires de la côte toscane, étendue sur près de 10 km. Au départ, dans la première moitié du XVIe s, c'était une modeste cité servant d'accès la mer à la république de Lucca (c'était en quelque sorte la marina di Lucca). Puis au début du XIXe s, elle prend de l'ampleur pour devenir à la Belle Époque une des stations balnéaires chic de l'Italie. Pirandello y avait ses habitudes. On attribue même à Viareggio la première *passeggiata,* la fameuse promenade du soir, si chère aux Italiens. Connue pour son carnaval (en février), le deuxième plus important après celui de Venise, Viareggio intéressera surtout les plagistes et les amateurs d'Art nouveau (Liberty). Aujourd'hui, avec ses plages de sable, ses bars et ses discothèques qui la rendent attrayante de jour comme de nuit en été, elle est devenue le lieu privilégié du tourisme international, et un rendez-vous gay et lesbien.

Arriver – Quitter

En train

Gare ferroviaire : *piazzale Dante Alighieri.* ☎ *89-20-21 (horaires) ou* • *trenitalia.it* • Tristement célèbre depuis la gigantesque explosion de 2 wagons de gaz en juin 2009, elle se situe à l'extrémité de la via Mazzini, à 10 mn à pied du front de mer. Env 1-2 liaisons chaque heure pour ***Florence, Pise*** (durée : 1h14-1h40), ***Lucques*** (durée : 17-27 mn), ***Livourne*** (durée : 30 mn), ***Gênes*** (durée : 2h ou 2h55 avec changement à La Spezia), ***Turin*** et ***Rome.***

En bus

Gare routière : *piazza d'Azeglio, 1.* ☎ *0584-30-996. Lun-ven 6h30-20h, w-e 8h-19h30 (21h en été). Ts les horaires sur* • *vaibus.it* • Liaisons ttes les 30 mn-1h pour ***Forte dei Marmi, Pietrasanta*** et ***Torre del Lago.***

Circulation et stationnement

Circulation et stationnement facile hors saison, très difficile l'été. Tentez votre chance dans les rues vers le port.

Adresses utiles

APT *(Provincia di Lucca Informazioni turistiche-office de tourisme de la Province de Lucques)* **:** *viale Carducci, 10.* ☎ *0584-96-22-33.* • *turismo.*

provincia.lucca.it • Entre la marina et le Grand Hotel, *repérer la tour de l'horloge, côté plage, c'est presque en face. Tte l'année sf dim 9h-13h, 15h-18h (horaires plus larges en été).* Bon accueil. Fournit un plan de la ville. Infos sur les hébergements, les transports et les excursions. En été, le « train des saveurs » vous emmène découvrir l'arrière-pays. Renseignements sur *• pontineltempo.it •* Excellent accueil.

Ospedale Versilia, *via Aurelia, 335, à* **Lido di Camaiore.** *N° d'appel spécial : ☎ 0584-60-51. • usl12.toscana.it • Urgences : ☎ 118.*

Où dormir ?

Pratiquement tous les hôtels sont fermés hors saison, à la rigueur ouverts le week-end. En été, les prix flambent, et ils sont pris d'assaut. Aussi, est-il préférable de loger dans des coins un peu plus tranquilles comme Lido di Camaiore.

Camping

Camping Viareggio : *via Comparini, 1, angle avec viale dei Tigli. ☎ 0584-39-10-12. • campingviareggio.it • Sur la ligne de bus Torre del Lago-Viareggio, arrêt Sombrero. Ouv avr-sept. Compter 23-32 € pour 2 avec tente et voiture, selon saison ; loc de bungalows pour 4-5 pers 60-140 €/j. selon saison.* À 800 m à pied de la plage publique (à travers la pinède). Un camping bien équipé avec des emplacements bien verts sous les peupliers. Sanitaires impeccables. Bungalows en béton ou en bois au choix. Resto, pizzeria, épicerie, jeux pour enfants, location de vélos... mais piscine payante. Beaucoup de monde en été, évidemment. Accueil en français.

Où dormir dans les environs ?

Hotel Gigliola : *via del Secco, 23,* **Lido di Camaiore.** *☎ 0584-61-71-51. 348-119-60-20. • info@hotelgigliola.it • hotelgigliola.it • Ouv tte l'année. Doubles 70-100 € selon saison, petit déj compris. Possibilité de ½ pens. Parking gardé.* Dans une charmante villa Liberty du début du XXe s, une vingtaine de chambres hautes sous plafond ; sol moquetté, déco nette et fonctionnelle (avec AC), meubles style années 1980. Préférer celles des dépendances sur l'arrière, car elles sont plus calmes. L'été, la maison possède des accords avec certaines plages privées. Excellent accueil de Monica.

La Mandolata B & B : *via del Paduletto, 19, loc. Secco,* **Lido di Camaiore.** *☎ 0584-61-91-76. 347-713-22-11. • info@lamandolata.it • lamandolata.it • Pas très loin de l'hôpital de la Versilia. Ouv 1er mars-4 nov. Résa fortement conseillée. Doubles 100-170 € selon saison (possibilité de triples ou de quadruples), petit déj-buffet compris. Parking gardé.* Dans une grande maison entièrement restaurée, une demi-douzaine de chambres et appartements tout confort. Beaux volumes, déco soignée, très propre et confortable. Agréable jardin avec belle piscine et solarium. Accueil et service irréprochables d'Antonella, qui s'exprime très bien en français.

B & B Simonetti : *viale Puccini, 238,* **Torre del Lago.** *☎ 0584-34-05-97. 328-291-94-90. • info@casasimonetti.com • casasimonetti.com • Dans la rue qui conduit au lago di Massaciuccoli. Ouv avr-sept. Quelques chambres dispo en hiver si vous êtes de passage (téléphoner avt). Double 80 € (120 € en hte saison), petit déj compris ; ajouter 10 € pour la clim.* Dans une ravissante demeure bourgeoise, une petite dizaine de chambres de caractère, hautes sous plafond, décorées avec goût. La moitié ont une salle de bains privative. Préférez les petites chambres de bonne aménagées dans les dépendances, elles ont de l'intimité et de la personnalité. Ambiance et style Grand Siècle ;

pour un peu on entendrait Puccini faire ses gammes dans la pièce d'à côté. Ici, rien ne semble avoir changé depuis que le maestro composait ses opéras dans sa maison de Torre del Lago. Aux murs, quelques peintures du fils de la maison, mobilier d'époque. Agréable jardin, ou à l'ombre du magnolia centenaire, on prend un copieux petit déj-buffet.

Où manger dans les environs ?

Beaucoup de restos de plage, il vaut mieux sortir un peu en dehors de la station pour trouver une table digne de ce nom. Voir également nos bonnes adresses dans la rubrique « Où manger dans les environs ? » à Pietrasanta.

I●I *La Cantina da Bruno :* *via Italica, 61, **Lido di Camaiore.** ☎ 0584-67-624. Tlj midi et soir sf jeu et ven midi hors juil. Résa fortement conseillée. Compter 25-30 € (sans le vin) ; pizza max 10 €.* Un resto « sans âge », qui a fait ses preuves depuis 1960. Délicieuse salade de la mer et toute une flopée d'*antipasti* du même acabit. On se régale. Autrement, la « terre » se tient aussi, avec tout ce que la campagne alentour produit de cochonnaille et de bons légumes. C'est copieux, alors gardez une place pour les *dolci,* qui font la réputation de la maison. Une excellente adresse.

À voir

Le principal attrait de Viareggio est de se balader à vélo le long du littoral.

🚶🚶 ***Les plages de Viareggio :*** à l'exception de la percée située au niveau de l'*Hotel Principe di Piemonte,* les plages sont privées et gérées par des établissements balnéaires. Les plages libres *(spaggia libera)* se trouvent au sud de la marina, le long de la viale Europa et de la grande pinède.

🚶🚶 ***Le marché aux poissons et la marina :*** le quartier du port mérite une petite visite. D'abord parce que les amateurs de beaux bateaux seront enchantés. Des yachts superbes accostent ici pour se refaire un lifting complet. Il s'y tient quotidiennement un des trois marchés aux poissons de la ville. Le principal se déroulant tous les jours piazza Cavour.

🚶🚶 ***L'architecture balnéaire :*** les amateurs d'architecture de style Art nouveau (Liberty) ne manqueront pas d'arpenter le *viale Margherita* (célèbre pour ses pizzas), ainsi que le *viale Marconi* (célèbre pour son pâté). À l'angle de la viale Carducci et de la piazza Giacomo Puccini, admirable vieil ***Grand Hotel Principe di Piemonte,*** construit dans les années 1920, qu'on verrait bien comme décor dans un film de Visconti. Il a été entièrement restauré et a gardé son style d'époque. Également de beaux immeubles autour de la *piazza Mazzini,* en empruntant le *viale Manin.*

Manifestations à Viareggio et dans les environs

– ***Carnaval de Viareggio :*** *un défilé a lieu chaque année ts les dim au mois de fév ainsi que le Mardi gras. ● viareggio.ilcarnevale.com ●* À Viareggio, le premier défilé masqué date de 1873, mais ce n'est vraiment qu'en 1921 que le carnaval devient une institution. Les chars supportant des géants de papier mâché s'inspirent en général de la politique nationale et internationale et sont suivis d'une mascarade. C'est également un prétexte aux rencontres d'artistes et expositions. Le réalisateur Fellini y est venu plusieurs fois. Il passait commande de décor pour ses films au fabricant Arnaldo Galli, spécialiste des figures en papier mâché.

– ***Festival Puccini :*** *en juil-août, à* ***Torre del Lago.*** *● puccinifestival.it ●* Une rétrospective des œuvres du maestro dans le plus grand théâtre en plein air de Toscane, avec le lac pour arrière-plan. Superbe !

DANS LES ENVIRONS DE VIAREGGIO

TORRE DEL LAGO

Les romantiques pousseront jusqu'à Torre del Lago, où, de mars à septembre, on peut se balader en bateau sur le lac et les canaux navigables du marais (observation des oiseaux).

Villa Museo Giacomo Puccini : *viale Puccini, 266. ☎ 0584-34-14-45. ● giacomopuccini.it ● Bus n° 1 ligne Torre del Lago-piazza d'Azeglio. Visite guidée en groupe tlj sf lun, ttes les 40 mn 10h-12h40, 15h-18h20 (ferme 1h plus tôt en hiver). Entrée : 7 € ; réduc.* C'est en 1891 que Puccini arrive pour la première fois à Torre del Lago. Après avoir vécu quelques années en location il fit construire l'actuelle villa en 1899. C'est à Torre del Lago que Puccini composa la plupart de ses opéras : *Manon Lescaut* (1893), *La Bohème* (1896), *Tosca* (1900), *Madame Butterfly* (1904), pour ne citer que les plus connus. La villa appartient aujourd'hui à Simonetta Puccini, petite-fille du maestro qui a consacré sa vie à la mémoire et à l'œuvre de son grand-père.
La visite permet de découvrir l'atmosphère qui inspira le musicien, des toiles de ses amis de l'école des Macchioli, ainsi que sa collection d'armes (le maître était un fieffé chasseur de gibier d'eau). On peut voir aussi son masque funéraire réalisé à Bruxelles après sa mort, en 1924. La tombe du musicien se trouve dans la chapelle familiale, attenante à la maison.

BAGNI DI LUCCA ET LA GARFAGNANA

Région historique de la province de Lucques, située aux confins des Alpes apuanes et des Apennins toscans émiliens, la Garfagnana, véritable joyau naturel, est traversée par une imposante rivière : le Serchio. Saupoudrée de villages médiévaux, où le gris de la pierre tranche sur le vert des forêts alentour, la région, encore épargnée par les cohortes de touristes, est un paradis pour les amateurs de sport de pleine nature.

BAGNI DI LUCCA (55022) 6 500 hab.

À 23 km au nord-est de Lucca, cette petite station thermale est nichée dans une vallée baignée par la rivière Lima (un torrent de montagne en fait) et entourée de collines vertes et boisées. Bagni di Lucca doit ses lettres de noblesse aux prestigieux visiteurs qui se sont baignés dans ses eaux. De Montaigne à lord Byron, de Heinrich Heine à Carducci, en passant par Élisa Bonaparte, la ville n'a cessé d'attirer celles et ceux qui souhaitaient se remettre en forme. Et ça continue... Avec ses thermes modernisés, Bagni est un lieu idéal pour ceux qui souhaitent se reposer loin de l'agitation du monde, et se mettre au vert. Aux alentours, des petites routes sinueuses mènent à des villages et des hameaux isolés, souvent perchés sur le flanc des monts.

Arriver – Quitter

La commune de Bagni di Lucca est très étendue. Il y a en gros 3 parties. ***Fornoli*** (à 3 km à l'ouest de Bagno di Lucca), d'où part la route pour la Garfagnana et où se trouvent le stade et la gare ferroviaire, ***Ponte a Serraglio,*** d'où l'on accède aux thermes, et enfin ***La Villa.***

En train

Gare ferroviaire : *à Fornoli. ☎ 89-20-21 (horaires) ou • trenitalia.it •* Une gare « champêtre », noyée dans la verdure.

➢ ***De Lucca (Lucques) :*** env 10 trains/j. Durée : env 30 mn. Depuis la gare de Fornoli, liaisons par navette pour les différentes parties de Bagni di Lucca.

En bus

Gare routière : *ts les horaires sur • vaibus.it • Arrêt de bus situé devant la gare ferroviaire de Fornoli.*

➢ ***De/vers Lucca (Lucques) :*** 3 bus interurbains relient Lucca à Fornoili Stazione (gare ferroviaire). C'est la ligne Q 10.

➢ Bus aussi pour ***Castelnuovo*** (ligne Q 48) et ***San Marcello Pistoies*** (ligne Q 46).

Circulation et stationnement

Un petit parking à l'entrée de la ville en venant de Lucques. On est à 3 mn à pied de Ponte a Serraglio. Hors saison, aucun problème de stationnement.

Adresses utiles

Ufficio turistico : *viale Umberto I, 96. ☎ 0583-80-57-45. • bagnidilucc aterme.info • Pâques-sept, tlj 10h-13h, 15h-19h ; le reste de l'année, ouv slt le mat, fermé dim et mar.* Renseignements sur les possibilités d'hébergements et les balades à faire dans le coin. Quelques ordis pour surfer sur Internet. Bon accueil.

Poste : *en face du Bridge Hotel à Ponte a Serraglio. Lun-sam 8h15-13h30 (12h30 sam).*

Où dormir ?

Prix moyens

Hotel Bernabo : *Bagni di Lucca Terme, Ponte a Serraglio (sur les hauteurs). ☎ 0583-80-52-15. • info@bernabohotel.it • bernabo hotel.it • Au bord de la route qui monte aux thermes. Ouv tte l'année. Double env 58 € (10 € en plus avec balcon), petit déj compris ; réduc si séjour prolongé. Parking privé.* Un petit hôtel dans un bâtiment récent, abritant des chambres simples, confortables et de taille standard. 4 d'entre elles ont un balcon offrant une vue superbe sur la vallée (ne pas s'en priver). L'escalier grince, ne rentrez pas trop tard !

Chic

Albergo La Corona : *via Serraglia, 78, à Ponte a Serraglio. ☎ 0583-80-51-51. • info@coronaregina.it • coronaregina.it • Doubles à partir de 44 €, petit déj compris.* Située au-dessus de la rivière Lima (et de son déversoir), voici une demeure du XVIIIe s, décorée à l'intérieur dans un style Liberty. Abrite une quinzaine de chambres tout confort, lumineuses et meublées dans un style classique.

Antico Albergo Terme : *via del Paretaio, 1. ☎ 0583-86-034. • anti coalbergo@termebagnidilucca.it • ter mebagnidilucca.it • À 3 km du centre du village. On accède aux thermes en* *empruntant la route qui monte devant le* Bridge Hotel *depuis Ponte a Serraglio. Ouv tte l'année. Doubles 90-106 € (prix pour 2 pers), petit déj compris. Supplément pour chambre avec balcon. Menus à partir de 12 €.* Une petite trentaine de chambres style années 1970, sans effort de déco. La literie est un peu molle. Également un petit resto pour avaler des carottes râpées et des pommes vapeur. Pour celles et ceux qui privilégient l'idéal ascétique en oubliant que Montaigne, l'épicurien, est passé par là avant eux.

Où manger ?

Circolo dei Forestieri : *piazza Jean Varraud, 10, à La Villa. ☎ 0583-86-038. • info@circolodeiforestieri.it • Tlj sf lun. Repas 25-30 € (sans le vin) ; ajouter 10 € pour un bon dîner.* Un resto que fréquentaient déjà les aristos lucquois dans les années 1800. Ambiance Belle Époque, dentelles, marquises et voilages. Aux beaux jours, la maison a la bonne idée de proposer un menu touristique à un prix sage. À déguster à l'arrière, sur la terrasse qui surplombe le torrent. Dans l'assiette, des spécialités du coin, mais aussi melon au jambon de Parme, *fantasia d'antipasti* ou terrine de la mer. Les carnivores essaieront un filet de bœuf au poivre. Le service est stylé.

Ristorante Antico Caffè Del Sonno : *viale Umberto I, 146-148, à La Villa. ☎ 0583-80-50-80. Tlj sf jeu. Congés : de mi-janv à mi-fév. Compter 25 € pour un repas complet (sans le vin).* Sous les voûtes, dans la salle ou carrément sur la terrasse tout en longueur qui borde la route, pour une pizza au feu de bois.

À voir. À faire

La commune de Bagni di Lucca ne compte pas moins de 25 petits villages disséminés un peu partout autour du point culminant local, le *mont Pratofiorito* et ses 1 297 m. De nombreux sentiers de randonnée sont balisés pour y accéder.

À 9 km au nord, le village médiéval de ***Montefegatesi,*** est perché sur une montagnette à 850 m d'altitude. Non loin de là se trouve le plus beau canyon de Toscane, l'***Orrido di Botri,*** sanctuaire naturel de l'aigle royal. Voir aussi ***Casabasciana, Casoli*** et ***Lucchio,*** deux villages de caractère. Les amateurs de randonnée pousseront jusqu'aux ***gorges de la Cocciglia*** pour voir ses eaux émeraude.

Les thermes Jean-Varraud : *via del Paretaio, 1. ☎ 0583-87-221. • termebagnidilucca.it • Congés : de mi-janv à mi-fév et à Noël. Tlj 8h-12h30, plus 14h-17h (sf dim) de mi-juin à mi-oct. Accès à la grotte pour un hammam.* Dans la grotte, l'eau sort à 54 °C, c'est un genre de hammam naturel, puis elle est dérivée vers différents bains. Il règne un charme désuet dans cet établissement, avec ses salles d'attente et de massage très agréablement décorées, surtout dans la partie des thermes où se trouvait l'ancien casino.

LE MAIRE DE BORDEAUX EST DANS SON BAIN

En 1581, Montaigne séjourne près d'un mois et demi à Bagni di Lucca. Malade de la vésicule et des reins, l'auteur des Essais *se baigne tous les jours et se soigne avec l'eau. Il loge au palais Buonvisi aujourd'hui villa Webb. Le 7 septembre 1581, alors qu'il est aux bains, il apprend son élection à la mairie de Bordeaux... ville qu'il a quittée à cheval depuis un an... pour faire son grand voyage.*

Le casino : *via del Casino, à Ponte a Serraglio. Mêmes heures d'ouverture que l'office de tourisme. C'est la dame de l'office qui assure la visite.* Déjà au XVe s, la ville était connue pour ses réunions galantes, mais à l'époque, les bals avaient lieu dans les thermes. Le casino actuel a fermé ses portes à la fin de la Seconde Guerre mondiale. Ici, seuls les lustres et les portes sont d'origine, car le bâtiment a été sérieusement endommagé pendant la guerre. À noter que c'est à Bagni di Lucca qu'a vu le jour le premier casino d'Europe. La roulette ayant été inventée en France, deux Français y avaient élu résidence pendant les neuf premières années de sa mise en service, histoire de mettre le train sur les rails, et ont par la suite gagné Monaco.

Ponte del Diavolo *(Ponte della Maddalena)* **:** *à* ***Borgo a Mozzano,*** *avt d'arriver à Bagni di Lucca, il enjambe le Serchio.* Même forme, même reflet, même nom que tous les ponts du Diable de France et de Navarre, sauf que celui-ci, bâti dans la seconde moitié du XIe s, sur un point névralgique de la via Francigena qui reliait Canterbury à Rome, a été reconstruit par Castrani (le fameux *condottiere*) au début du XIVe s. De nombreuses légendes courent à son sujet.

DANS LES ENVIRONS DE BAGNI DI LUCCA

C'est au nord de Bagni di Lucca que commence la grande Garfagnana, une des régions les plus sauvages d'Italie. La haute vallée du Serchio, avec ses reliefs escarpés et sa végétation dense, offre de multiples possibilités de randonnées à pied ou à VTT. À partir de Castelnuovo di Garfagnana, un itinéraire balisé de 9 jours permet de faire le tour des plus beaux sites naturels de la région. Tous les renseignements sur • *turismo.garfagnana.eu* • Consulter également le site du parc naturel régional des Alpes apuanes : • *parcapuane.it* •

BARGA

Cette petite ville, perchée sur sa montagne et quadrillée d'étroites ruelles, a su garder son caractère médiéval. C'est aujourd'hui le centre le plus important de la vallée du Serchio. Le Duomo, dont on aperçoit la tour crénelée bien avant d'arriver, date du IXe s. Il a été agrandi au XIIIe s et abrite de nombreuses œuvres d'art. Un festival de Jazz se déroule en ville chaque année en été.
De Barga, vous pouvez gagner la *Grotta del Vento,* une des grottes les plus importantes d'Europe.

À voir

Grotta del Vento* :** *village de* ***Fornovolasco, *à l'extrémité de la vallée de la Turitte Gallicano. • grottadelvento.com • Avr-nov et 26 déc-6 janv, tlj ; le reste de l'année, ouv j. fériés slt. 3 itinéraires possibles avec des horaires différents suivant la durée. Entrée : 9-20 € selon itinéraire choisi ; réduc.* Partie intégrante du puissant système karstique qui caractérise les Alpes apuanes, la grotte du Vent est l'une des plus richement fournies en concrétions d'Europe. Ouverte au public depuis la fin des années 1960, elle offre trois itinéraires distincts, qui permettent d'appréhender la géologie du coin. Pour la visite, n'oubliez pas une paire de chaussures adéquates et une petite laine.

CASTELNUOVO DI GARFAGNANA

Centre névralgique de la région, situé au confluent de la Turrite Secca et du Serchio, Castelnuovo est réputée pour son marché du jeudi (depuis 1430). C'est aussi le point de départ de nombreux sentiers de randonnées.

Adresse utile

ℹ ***Centro Visite Parco Alpi Apuane :*** *piazza delle Erbe, 1.* ☎ *0583-65-169 ou 0583-64-42-42.* ● *turismo.garfagnana.eu* ● *Tte l'année, tlj sf j. fériés.* Fournit une jolie carte sur tous les itinéraires praticables à pied ou à VTT dans le parc et donne aussi des renseignements sur les hébergements. Excellent accueil.

➢ De Castelnuovo, on peut rejoindre la côte en empruntant une petite route qui passe par ***Isola Santa,*** un adorable petit village médiéval surplombant une retenue d'eau. Compter une petite heure. Le parcours est superbe, surtout dans la seconde partie du trajet. Seul hic, ça tourne sans arrêt, alors si vous avez dans l'idée de promettre une glace aux enfants, offrez-la-leur plutôt à l'arrivée !

LA TOSCANE LITTORALE

LIVORNO (LIVOURNE) (57100) 170 000 hab.

Le destin de la ville fut scellé en 1421, lorsque les Médicis achetèrent ce petit port aux Génois pour désengorger Pise. Le commerce florissant et une politique libérale vis-à-vis des immigrés juifs (dont la famille du peintre Modigliani né à Livourne) enrichirent considérablement la ville. Au XVIIIe s, c'est une cité paradisiaque, dont les habitations sont l'œuvre des meilleurs architectes de l'époque. Hélas, les bombardements alliés de la dernière guerre lui ont ravi une partie de ses charmes. Seuls restent le front de mer, avec ses belles maisons de villégiature, et son quartier central qui, avec ses canaux, lui offre quelques airs de Venise.
Mais cela ne suffit pas. C'est d'ailleurs assez étonnant d'observer ces voies d'eaux ceinturer le cœur de la vieille ville, où chaque habitant a sa petite embarcation garée comme au parking. Si l'on ne s'attarde pas à Livourne, à moins d'avoir un bateau à prendre pour la Corse ou la Sardaigne, les quelques heures qu'on y passe seront loin d'être désagréables.
Pise : 22 km ; *San Gimignano :* 83 km ; *Florence :* 120 km ; *Grosseto :* 135 km ; *Sienne :* 185 km ; *Rome :* 400 km.

Arriver – Quitter

En train

🚂 ***Stazione FS Livorno Centrale :*** *piazza Dante.* ☎ *89-20-21.* Loin du centre-ville (30 mn à pied), mais les bus urbains ***ATL*** relient fréquemment la gare à la piazza Grande dans le centre (notamment le bus n° 1).
➢ ***Pise :*** 2-4 trains/h. Durée du trajet : env 15 mn. Moyen le plus simple de rejoindre l'aéroport de Pise pour les non-motorisés.
➢ ***Florence*** *(S. M. Novella)* ***:*** 1-2 trains/h. Durée du trajet : env 1h20-1h40.
➢ ***Grosseto :*** 1-2 trains/h. Durée du trajet : 50 mn-1h30 selon le train.
➢ Il est possible de rejoindre ***Piombino*** en train, d'où partent les ferries pour l'île d'Elbe, mais il faut le plus souvent changer à *Campiglia Marittima.* Durée du trajet : 50 mn-1h40 selon le train.

En bus

🚌 ***Compagnie de bus CPT*** *(Compagnia Pisana Transporti)* ***:*** *départ des bus piazza Grande.* ☎ *199-120-150 (n° Vert).* ● *cpt.pisa.it* ●
➢ ***Pise :*** 2 bus/h. Compter 1h de trajet.

LA TOSCANE LITTORALE

Compagnie de bus ATL (Azienda Trasporti Livornese) **:** *via Carlos Meyer, 57. ☎ 0586-84-71-11. • atl.livorno.it • Les bus partent de la gare ferroviaire puis passent par la piazza Grande (devant la cathédrale).*

➢ Bus quotidiens ttes les 10-20 mn pour la ***plage*** viale di Antignano et pour le ***Santuario de Montenero*** (notamment le bus nº 2).

En ferry

Pour se rendre au ***terminal d'embarquement,*** *prendre la direction porto Mediceo, puis stazione marittima et suivre le fléchage. Les bureaux des compagnies maritimes sont dans la grande bâtisse ocre, au 1er étage, ainsi que les loueurs de voitures. Point d'information au rdc.*

■ ***Corsica Ferries :*** *à* ***Livourne,*** *☎ 0586-88-13-80. Ou à* ***Bastia*** *: 5 bis, rue Chanoine-Leschi ; ☎ 04-95-32-95-95. • corsicaferries.com •* Forfaits intéressants, comme les tarifs « Jackpot ». 2 départs/j. en moyenne pour Bastia (Corse) ou Golfo Aranci (Sardaigne). Compter respectivement 4h et 6h30 de trajet.

■ La compagnie ***Mobylines*** : pour la Corse (Bastia) et la Sardaigne (Olbia). *Infos et résas : ☎ 0586-89-99-50. • mobylines.it •*

➢ ***Pour l'île d'Elbe :*** départs du port de Piombino (à env 90 km au sud de Livourne) avec les compagnies *Mobylines* ou *Toremar* *(☎ 0586-89-61-13 ; • toremar.it •).*

Circulation et stationnement

On accède aux quartiers intéressants de la ville par la via Italia ou par la via della Cinta Esterna, qui longent le port. Dans le centre-ville, pas facile de circuler : un véritable labyrinthe de rues en sens unique s'étend entre la piazza della Repubblica (très animée et où se dresse la Fortezza Nuova, dans le quartier de la Venezia), la piazza Grande (où se trouve le Duomo) et la piazza Cavour. Mieux vaut donc se cantonner au viale Italia et à la Cinta Esterna. Pour le stationnement, de nombreuses places payantes sur les quais autour de la piazza Cavour, mais en s'éloignant un peu, il est facile de trouver des places gratuites.

Adresse et info utiles

Ufficio turistico : *piazza del Municipio. ☎ 0586-89-42-63. • costadeglietruschi.it • Juin-sept, tlj 8h-18h30 ; oct-mai, tlj sf dim ap-m 9h-17h.* On peut y acheter la ***Livornocard,*** un forfait *(3 €/j., 5 € pour 3 j., gratuit pour les moins de 12 ans accompagnant un adulte)* qui rend le bus gratuit, accorde des réductions sur le bateau de promenade et des entrées gratuites aux musées de la ville. Billetterie pour les balades en bateau sur les canaux. Demander le livret d'infos en français. Accueil francophone super efficace.

– ***Marché :*** *dans le mercato centrale et sur la piazza Cavallotti, derrière la cathédrale. Tlj sf dim 7h-13h30.* Le plus important de Toscane !

Où dormir à Livourne et dans les environs ?

Camping

Collina 1 : *via di Quercianella, 377, à* ***Montenero.*** *☎ 0586-57-95-73. • mail@collina1.it • collina1.it • À une dizaine de km au sud de Livorno. De Livourne, avt Quercianella, prendre à gauche et suivre les panneaux. Ouv tte l'année. Compter 35 € pour 2 avec tente et voiture selon saison.* Caché dans les collines, voici un camping verdoyant et calme, avec des emplacements ombragés et à seulement 2 km de la mer. Les anti-campings domestiqués devraient s'y plaire, même si les équipements et les sanitaires sont un peu rustiques pour le prix.

Prix moyens

Hotel Cavour : *via Adua, 10 ; au 1er étage. ☎ 0586-89-96-04. • info@hotelcavour-livorno.it • hotelcavour-livorno.it • De la Piazza Cavour, prendre la via Michon jusqu'au bout de celle-ci, on arrive sur la via Adua. Résa conseillée en été. Doubles 50-70 € selon confort. Réduc de 10 % sur le prix de la chambre sur présentation de ce guide.* Très centrale (à 1 km du port), cette pension discrète est fort bien tenue. Une dizaine de grandes chambres sans prétention mais suffisamment confortables, et impeccables. Très bon accueil de Fabio.

Hotel Touring : *via Goldoni, 61, à deux pas de la piazza Cavour. ☎ 0586-89-80-35. • info@hoteltouringlivorno.it • hoteltouringlivorno.it • Double avec sdb 85 € ; petit déj 7 €. Parking 20h-7h juste à côté 15 €.* Hôtel d'un rapport qualité-prix très correct, qui remplit parfaitement sa part du contrat : on y dort au calme, dans des chambres confortables (AC, frigo, TV...) et bien équipées. Joli mobilier blanc patiné au goût du jour. Bon accueil.

Hotel Ariston : *piazza della Repubblica, 11. ☎ 0586-88-01-49. • info@hotelaristonlivorno.com • hotelariston livorno.com • Doubles 75-120 € selon saison, petit déj compris. (dans le hall slt).* Andrea tient son hôtel avec amour, de manière familiale et très professionnelle. Chambres soignées et de bon volume, toutes avec sanitaires. Certaines donnent sur cour, d'autres sur la grande place, les meilleures sur le canal. Couloirs avec reproductions de tableaux de Dalí et des photos de marines. Une adresse pratique et de qualité. Bon rapport qualité-prix.

Où manger ?

Une halte gastronomique s'impose à Livourne pour goûter au célèbre *cacciucco,* soupe de poisson et crustacés accompagnée d'une tranche de pain aillée.

De bon marché à prix moyens

La Barrocciaia : *piazza Cavallotti, 13. ☎ 0586-88-26-37. • barrocciaia@gmail.com • Tlj midi et soir. On mange bien pour 15-20 €.* 2 tables à l'extérieur, sur la place du marché, à peine plus en salle, et des jambons suspendus. Une sandwicherie de terroir où l'on vous sert à la demande, et ce depuis 1944 ! Essayez les *panini* ou la *torta di ceci* à la livournaise, c'est du plaisir garanti.

Cantina Nardi : *via Cambini, 6-8. ☎ 0586-80-80-06. De piazza Cavour, dos au canal, prendre le viale Ricascoli sur 200 m, dans une ruelle piétonne à droite. Tlj sf dim, le midi slt. Repas 15-20 €.* Un petit *slow food* de belle allure où l'on pourra se poser au choix dans une salle boisée pour une dégustation de vin, dans un carré de bateau, une véranda calme au fond ou simplement en terrasse dans la rue piétonne. Petit choix à l'ardoise variant selon l'arrivage mais généreusement servi et goûteux. Si vous êtes en transit, possibilité de prendre une douche.

DOC, Parole e Cibi : *via Goldoni, 42. ☎ 0586-88-75-83. De piazza Cavour, dos au canal, prendre la via Ernesto Rossi à gauche ; c'est la 3e à droite. Tlj sf lun, le soir slt. Repas complet env 25 €.* Une suite de salles façon bistrot plutôt élégant, avec des murs couverts de bouteilles. Une *enoteca* doublée d'une *olioteca.* Profitez-en pour goûter une des nombreuses spécialités vinicoles du pays, au verre ou en bouteille, avec un excellent carpaccio, une salade ou une assiette de charcuterie. Bon risotto à l'encre de seiche.

Bella Napoli : *via Sardi, 40. ☎ 0586-89-87-31. Tlj sf mer, midi et soir. Compter 15-20 € pour un repas.* Resto familial et bien agréable. Grande salle au fond où se retrouvent les familles autour d'une bonne pizza, une *pasta* ou une viande de qualité. Quelques tables en terrasse également.

Ristorante Vecchia Livorno : *scali delle Cantine, 34. ☎ 0586-88-40-48. • vecchialivorno@gmail.com • En bordure du canal face à la piazza della Repubblica. Fermé lun midi et mar. Congés : 2 sem en sept. Repas 20-25 €.* Petit resto de famille au cadre intime et chaleureux malgré une façade un peu triste, en revanche régulier en qualité. La femme du patron est aux fourneaux et cuisine un excellent poulpe à la livournaise. Sinon, les poissons (au poids) demeurent une valeur sûre, accommodés en toute simplicité pour ne pas gâter les saveurs. Terrasse face au canal mais circulation incessante.

À voir

Museo civico Giovanni Fattori : *via San Jacopo in Acquaviva. ☎ 0586-80-80-01. • pegaso.comune.livorno.it/index • Suivre le* lungomare *vers le sud, passer devant le* Grand Hotel, *puis à gauche 200 m après. C'est fléché. Tlj sf lun 10h-13h, 16h-19h. Entrée : 4 € ; réduc.* Dans une grande villa aux volets clos. Un musée qui accueille des expos temporaires, mais la villa mérite à elle seule une visite. Construite en 1865 pour le riche commerçant Francesco Mimbelli, elle présente un décor intérieur fastueux et délirant. Au rez-de-chaussée, ne pas manquer la *sala Turca,* un fumoir orientalisant avec un luxe de mosaïques et de marqueteries. Rampe d'escalier on ne peut plus kitsch, avec des chérubins en céramique polychrome. Au 1er étage, une salle de bal ouvertement inspirée de la galerie des Glaces à Versailles, sans la démesure mais avec son lot de dorures adéquat. Et ce n'est qu'un échantillon...

Casa Natale Amedeo Modigliani : *via Roma, 38. 📱 320-888-70-44. • casanataleamedeomodigliani.com • Ouv 10 avr-fin oct, tlj 10h30-12h30. Horaires pas très pratiques. Billet : 5 €.* Ce grand appartement bourgeois au 1er étage d'un immeuble du XIXe s expose des documents, des objets et des souvenirs liés à la vie de Modigliani. Né ici le 12 juillet 1884, Amedeo Modigliani est issu d'une famille d'origine juive séfarade. Après une enfance pauvre marquée par la maladie (typhoïde à 14 ans et tuberculose à 16 ans), il s'inscrit en 1902 à l'école libre du Nu à Florence, et quitte Livourne. En 1906, il s'installe à Paris, capitale de l'avant-garde, d'abord à Montmartre puis à Montparnasse, rue de la Grande-Chaumière, où il fréquente et peint les artistes de son temps. Il rentre quelque temps à Livourne en 1913 où il s'essaie à la sculpture sur marbre dans une carrière. De retour à Paris, il meurt à 35 ans, le 24 janvier 1920 d'une méningite tuberculeuse (mais aussi de l'alcool et de la drogue). Il est enterré au cimetière du Père-Lachaise. Ironie de l'Histoire, ses tableaux (la majorité sont des nus) atteignent aujourd'hui des sommes astronomiques sur le marché mondial de l'art.

LE CANULAR DE LIVOURNE

Modigliani a sculpté à Livourne en 1913. Des amis se moquèrent de ses œuvres. Une légende prétend qu'il les aurait jetées dans le canal. En 1984, à l'occasion d'une exposition sur l'artiste, on drague les eaux du canal et on retrouve 3 têtes sculptées que les experts attribuent à Modigliani. En fait, c'est un canular organisé par 3 étudiants malicieux ! Ils avaient réalisé des faux Modigliani puis les avaient jetés à l'eau pour rigoler. Les experts durent démissionner de leurs postes... suite au scandale.

Balade autour des canaux : le centre-ville, cerné par des canaux, offre une balade plaisante si vous avez 2h à tuer. On peut faire le tour de cette ceinture d'eau (compter une petite heure) en démarrant de la *Fortaleza nuova,* au niveau de la piazza della Repubblica. Des balades sur les canaux sont également organisées *(infos à l'office de tourisme ; compter 10 €, réduc).*

Dans le quartier du Museo civico et vers le sud, de nombreuses ***villas*** témoignent de la richesse passée de la ville. Si vous avez envie de piquer une tête avant de prendre le bateau, rendez-vous au ***Bagni Pancaldi*** *(juste en face du* Grand Hotel *; entrée : 5 €).* C'est la plus ancienne plage privée de Livourne, il y règne une ambiance très sixties.

DANS LES ENVIRONS DE LIVORNO

Santuario di Montenero : *au sud de Livourne, à env 8 km (bien fléché). Parking en bas de la colline puis accès en funiculaire (ttes les 15 mn 7h20-20h ; 1,20 €). Bus* ATL *de la piazza Grande (ttes les 10-20 mn). Tlj 6h30-12h30, 14h30-19h (18h en hiver). Entrée libre.* Important lieu de pèlerinage dont l'origine remonte à la légende d'un berger infirme, miraculé en 1345 après avoir trouvé une image de la Vierge. Ce vaste sanctuaire, dressé au sommet d'une colline, est dédié à la *Madonna delle Grazie,* patronne de la Toscane. Superbe église de style baroque tardif, mêlant dorures, colonnes marbrées, fresques, plafond en bois sculpté et, en son chœur, la fameuse image de la Vierge auréolée d'angelots. On appréciera dans la galerie votive une riche collection de 700 ex-voto, des armoiries et une foule de bondieuseries kitschissimes. Voir également la chapelle commémorative et les grottes, anciens refuges de brigands. Sur l'esplanade, vue panoramique exceptionnelle sur la baie de Livourne.

PISA (PISE)

(56100) 86 000 hab.

Pour le plan de Pise, se reporter au cahier couleur.

Pendant de nombreuses années, les tour-opérateurs ne programmaient Pise que pour y déverser leurs flots de visiteurs. Une excursion au pas de course, une photo-souvenir (en faisant mine de retenir la tour penchée avec les mains comme le veut la tradition), et le car reprenait la route vers une autre ville toscane. Il en est tout autrement aujourd'hui. Pise se visite pour elle-même. Avec ses immeubles Renaissance de brique rose, ses croix du Languedoc (héritage des croisades), le charme nonchalant et provincial de ses ruelles, et le fleuve qui coule en son milieu, elle nous rappelle un peu Toulouse. En revanche, bien que la ville soit étudiante, sa sagesse étonne, exception faite de quelques points névralgiques. Pise est aussi la ville natale d'Antonio Tabucchi.

PISE, LA VILLE ÉTUDIANTE

Les étudiants constituent un tiers de la population de Pise (environ 30 000 étudiants pour 100 000 habitants). Son université fut l'une des premières en Europe (1343), et c'est aussi ici que les bonnes familles envoient leurs chérubins à « la Scuola » (Normale Superiore), *fondée par Napoléon en 1813.*

Florence : 77 km ; *Livourne :* 22 km ; *Rome :* 335 km ; *Sienne :* 106 km ; *San Gimignano :* 79 km.

UN PEU D'HISTOIRE

Ville étrusque puis romaine, elle devint rapidement un port florissant à 10 km de l'estuaire de l'Arno, puis une ville de marché prospère dès le Xe s. République marchande, elle conquit les Maures, la Sardaigne en 1063, la Corse en 1092, et

participa aux côtés des Catalans à la conquête des *Pitiusas* (Ibiza-Formentera) en 1114. Les Pisans prirent également part aux croisades. La puissance de la ville faisait trop d'ombre à Gênes et à Venise. Sa flotte fut anéantie à la bataille de Meloria en 1284 par les Génois, et elle perdit la Corse en 1300, puis la Sardaigne tombée dans l'escarcelle du royaume d'Aragon en 1325. C'est la fin de l'âge d'or de Pise.
Les guelfes de Toscane l'assiégèrent. Après les Visconti de Milan, ce fut le tour des Médicis. Elle passa définitivement sous la tutelle de Florence en 1406 avec quelques soubresauts d'indépendance sous Charles VIII.
Les Pisans restent célèbres pour leurs édifices romans, dont la célèbre tour, et leur université. Sous l'Empire français, la ville fut le chef-lieu d'arrondissement du département de la Méditerranée, créé par Napoléon. La ville fut, avec la Toscane, incluse au royaume d'Italie en 1860.

Arriver – Quitter

En avion

✈ ***Aeroporto Galileo Galilei*** *(hors plan couleur par D3)* **:** ☎ *050-84-93-00 (infos sur les vols).* • *pisa-airport.com* • *Aéroport le plus important de Toscane, situé à 5 mn du centre-ville, dans la banlieue sud.* Pratique d'abord par sa situation vraiment proche, aux portes de la ville. Pratique aussi puisqu'il est bien desservi par une gare ferroviaire qui le relie à Pise centre en quelques minutes et, de là, à Florence et d'autres villes de Toscane. On y trouve quelques distributeurs et une annexe de l'office de tourisme.

➢ Vols directs et réguliers pour ***Paris*** (Orly ou Roissy en 2h), ainsi qu'avec la plupart des grandes villes européennes. Liaisons *low-cost* fréquentes également avec Paris-Beauvais et Charleroi en Belgique.

➢ L'aéroport dessert également les principales villes italiennes et siciliennes : ***Rome, Milan, Catane*** et ***Palerme.***

Depuis et vers l'aéroport

– Fin 2015 un ***tram automatique Pisa Mover*** reliera l'aéroport de Pise à la gare ferroviaire (gare FS) de Pise Centrale. *Pisa Mover* fonctionnera tlj entre 6h du mat et minuit. Le trajet ne durera que 5-8 mn.

🚂 ***Gare ferroviaire de l'aéroport :*** les billets s'achètent au bureau des infos, à droite en sortant des arrivées ; le train se prend du côté opposé, en sortant du bâtiment sur la gauche. Mais mieux vaut prendre le bus.

➢ ***Pour la gare ferroviaire FS de Pise Centrale :*** trains ttes les 15-40 mn 7h-22h20 ; quelques trains 22h20-7h. Compter env 1,40 € et 5 mn de trajet.

🚌 ***Arrêt des bus :*** *à la sortie des arrivées.* Les billets sont en vente au même bureau des infos que pour le train ; l'achat de billet dans le bus est possible (un peu plus cher).

➢ ***Pour le centre de Pise :*** le bus de la ligne rouge de la compagnie *CPT* (bus *LAM Rossa*) part ttes les 10-15 mn 6h-20h15 env, à destination de la gare FS de Pise Centrale, rive gauche. Il marque ensuite plusieurs arrêts avant de rejoindre la tour penchée (Torre Pendente) et enfin San Jacopo, son terminus, où se trouve le parking Pietrasantina. De la tour, vous pourrez marcher jusqu'au camping *Torre Pendente.* Même option de bus *LAM Rossa* pour aller du centre-ville à l'aéroport. Après 20h30, prendre le bus nº 21 depuis l'aéroport. Billet env 1 € (plus si vous l'achetez dans le bus).

➢ ***En taxi :*** *à la sortie du terminal des arrivées.* Env 10 € pour le centre.

➢ ***En voiture :*** tous les grands loueurs ont leur bureau à l'aéroport, mais dans une zone à l'écart. On peut s'y rendre à pied en 5 mn ou bien prendre une navette (gratuite).

En train

🚂 ***Gare ferroviaire*** *(plan couleur C3)* **:** *piazza della Stazione, rive gauche.* ☎ *89-20-21 (répond rarement).* • *trenitalia.it* • Distributeur en sortant sur la gauche au *Banco San Paolo*. Consigne.

Les liaisons avec le nord de l'Italie et Lucca passent aussi par l'autre gare de Pise, la ***stazione Pisa S. Rossore*** *(viale della Cascine),* qui se trouve à 5 mn à pied de la tour et du camping.

➢ ***Florence (S. M. Novella), via Pontedera, Empoli et San Miniato-Fucecchio :*** 1-3 trains/h de 4h15 du mat à 22h30. Durée : 50 mn-1h20. Attention, ts les trains ne s'arrêtent pas à San Miniato.

➢ ***Lucca :*** 1-2 trains/h de 5h25 à 21h50. Durée : 24-30 mn.

➢ ***Livourne :*** 2-4 trains/h de 5h15 à 23h27 Durée : env 15 mn.

➢ ***Rome :*** les trains quotidiens entre Pise et Rome passent soit par *Florence S. M. Novella* (où il faut parfois changer), soit par *Livourne* et *Grosseto* (marquant parfois également l'arrêt à *Cecina, Fellonica, Orbetello* et *Capalbio*). Durée : env 2h30-4h selon le train.

➢ ***Gênes :*** 1 train ttes les 1 à 2h. Durée : 1h45-2h30. Les trains les plus longs passent par Viareggio et ttes les petites gares de la Versilia.

En bus

Gare routière *(plan couleur B3)* **:** *piazza Sant'Antonio, dans le bel immeuble avec la tour. Cette gare accueille principalement la compagnie CPT : ☎ 800-120-150 (n° Vert). • cpt.pisa.it •*

➢ ***Marina di Pisa et Tirrenia*** *(la plage)* **:** bus ttes les 15-30 mn. Durée : env 30 mn.

➢ ***Vicopisano :*** env 1 bus (n° 140) ttes les 1-2h, 6h20-19h15. Durée : 50 mn.

➢ ***Calci et Tre Colli :*** env 1 bus (n° 160) ttes les 1-2h. Durée : env 24 mn pour Calci et 30 mn pour Tre Colli.

➢ ***Livourne :*** bus n° 10 ttes les 30 mn, 6h-19h. Durée : 1h. Le train est moins cher que le bus et met 20 mn.

Circulation et stationnement

Pratiquement impossible de circuler à Pise, les rues sont presque toutes en sens unique, sans compter que le centre est **STRICTEMENT INTERDIT AUX VÉHICULES DES NON-RÉSIDENTS.** Ne vous y aventurez surtout pas ! Il y a des caméras de surveillance partout et, contrairement à d'autres villes où les « erreurs » de pénétration de la zone interdite par les touristes sont plus tolérées, ce n'est pas le cas à Pise. Chaque passage en zone interdite, c'est-à-dire chaque lecture de votre plaque d'immatriculation vous coûtera 120 € si vous n'êtes pas accrédité ! Et vous recevrez la note quelques mois après, chez vous, par le biais d'une convocation au commissariat. Si, si ! Pour les véhicules de location, vous serez débité sur votre carte de crédit, avec des frais de dossier en sus ! Le mieux est de se procurer la carte précisant les limites autorisées et, dans le doute, de s'abstenir. Attention, les zones peuvent varier en fonction des saisons. Bref, le mieux est de garer sa voiture dans un parking (bien indiqué), de prendre le bus (payant) et d'arpenter la ville à pied. Le stationnement coûte de 0,60 à 2 €/h, suivant l'endroit où l'on se trouve ; tarifs souvent en vigueur lun-sam 8h-20h (tlj 6h30-23h30 pour certains). *Infos sur • pisamo.it •*

P ***Parkings gratuits*** *(hors plan couleur par A1 et B1,* ***1****)* **:** *sur la via Pietrasantina (hors plan couleur par A1), immense parking gratuit, navettes pour le centre-ville. Également des emplacements gratuits sur la via di Pratale, au bout de la via del Brennero, et via Papareli, à côté du stade (la SS 12, direction Lucca ; hors plan couleur par B1). Ces derniers sont à 10 mn à pied de la piazza dei Miracoli.*

P ***Parking*** *(plan couleur A1,* ***2****)* **:** *via Carlo Cammeo. Env 2 €/h.* Le parking payant le plus proche du campo dei Miracoli.

P ***Parking*** *(plan couleur D3,* ***4****)* **:** *le long de l'Arno, Lugarno Guadalongo. Quelques emplacements gratuits.*

P ***Parking*** *(plan couleur B2,* ***5****)* **:** *sur la piazza F. Carrara. Env 2 €/h.* Très pratique car situé près du quartier le plus animé du centre (mais peu de places).

Adresses et infos utiles

Informations touristiques et communications

Ufficio turistico (plan couleur C3) : *APT, piazza Vittorio Emanuele II, 16. ☎ 050-42-291. • piazzavittoriotu rismo@provincia.pisa.it • pisacittapal coscenico.it • Tlj 9h-18h (16h dim hors saison).* Personnel aimable, compétent et efficace. Une des hôtesses parle très bien le français. Plan de la ville. Infos sur les hôtels et les *B & B* si tout est complet (demander la longue liste d'adresses).

Bureau de tourisme de l'aéroport (hors plan couleur par D3) : *juste à la sortie des arrivées. ☎ 050-50-25-18. Tlj 9h30-21h30.*

Poste centrale (plan couleur C3) : *piazza Vittorio Emanuele II. ☎ 050-51-95-14. Lun-sam 8h25-19h10 (12h35 sam).*

Santé, urgences, taxis

Ospedale Santa Chiara (plan couleur A1, **6**) : *via Roma, 67. ☎ 050-99-21-11. Près de la cathédrale.*

Préfecture de police (questura) : *via Mario Lalli, 3. ☎ 050-58-35-11.* Pour les vols de papiers.

Radio-taxis : *☎ 050-54-16-00 ou 050-55-53-30.*

Où dormir ?

Rive gauche (quartier de la gare)

Bon marché

Hostel Pisa (plan couleur D3, **11**) : *via Filippo Corridoni, 29. ☎ 050-520-18-41. • hostelpisa.it • Ouv tte l'année. Réception 24h/24. Compter 18-20 €/pers en dortoir de 4 lits (10-15 €/pers en hiver) et 50 € la double avec sdb. Buffet du soir (19h-21h) à 5 €.* À proximité de la gare ferroviaire, une auberge de jeunesse à la façade colorée recouverte de dessins psychédéliques. Dortoirs spacieux et impeccables de 2-4 lits avec salle de bains propre. Quelques petits défauts ici ou là mais dans l'ensemble une bonne adresse jeune et économique. Petite cour à l'arrière, malheureusement en bordure de voies ferrées, mais plusieurs salles communes avec canapés, billard, ordinateurs et grande cuisine à dispo. Pise a enfin son AJ !

Prix moyens

Hotel La Torre (plan couleur B3, **13**) : *via Cesare Battisti, 17. ☎ 050-25-220. • info@hotellatorre.pisa.it • hotellatorre.pisa.it • Doubles 40-85 € selon confort et saison, petit déj-buffet compris. Parking privé 10 €/24h ou 6 € dans la rue avec accréditation de l'hôtel.* Dans le quartier de la gare, on passe le hall design de cet hôtel pour accéder à des couloirs labyrinthiques, avec une petite trentaine de chambres entièrement refaites, propres et fonctionnelles. Certaines ont la douche sur le palier, mais celles avec bains sont climatisées et celles donnant sur la rue possèdent un double vitrage. Bon accueil.

Hotel Milano (plan couleur C3, **16**) : *via Mascagni, 14. ☎ 050-23-162. • info@hotelmilano.pisa.it • hotelmi lano.pisa.it • Fermeture des portes à 1h. Doubles 40-50 € sans sdb, 50-70 € avec, petit déj inclus. Pas de parking.* Derrière une façade banale se cache un hôtel familial à la déco sobre, mais bien net et agréable. Chambres blanches et lumineuses avec TV et clim. Salle de bains commune impeccable. Préférez les chambres des étages élevés, plus claires et plus calmes. Bon accueil. Très calme.

Albergo Roseto (plan couleur C3, **14**) : *via Mascagni, 24. ☎ 050-42-596. • hotelroseto.it • Doubles 50-90 € selon saison. Parking privé 10-15 €/j. selon saison.* Proche de la gare, cet hôtel classique propose des chambres très colorées et décorées un peu pompeusement, mais on ne va pas s'en plaindre car le confort est là (AC et salles de bains bien équipées). À deux pas de la gare, au calme et c'est son avantage.

Hotel Minerva *(plan couleur D3,* **18***) : piazza Toniolo, 20. ☎ 050-50-10-81. • info@hotelminerva.pisa.it • hotelminerva.pisa.it • Doubles avec TV et AC 59-99 € selon période, petit déj-buffet compris. Parking privé 6 €/24h, sinon quelques places gratuites à 300 m sur le quai.* Un peu à l'écart de l'agitation, à proximité de la Fortezza Nuova, cet hôtel offre un bon confort (AC), avec des chambres dotées de meubles en bois sombre. La moitié de celles-ci donnent sur un beau jardin ombragé à l'arrière où l'on peut prendre son petit déj et se relaxer en fin d'après-midi. Bon accueil.

Rive droite (quartier de la tour et au-delà)

Camping

Camping Torre Pendente *(hors plan couleur par A1,* **10***) : via delle Cascine, 86. ☎ 050-56-17-04. • info@campingtorrependente.it • campingtorrependente.it • À env 1 km au nord-ouest de la tour. Bus Lam (linea rossa), arrêt piazza dei Miracoli, puis prendre le tunnel souterrain. Venant de Lucca en train, descendre à la station Pisa San Rossore ; le camping est tt proche. Ouv d'avr à mi-oct. Env 30-35 € pour 2 avec tente et voiture selon saison ; loc de mobile homes 45-85 € pour 2 pers. (payant).* La situation de ce camping, non loin de la tour, est idéale, même si son environnement, juste au bord d'une route très passante, n'est pas des plus enthousiasmant... Accès au centre-ville rapide, mais il faut aimer traverser les longs tunnels pas franchement riants. Cela dit, le site est bien aménagé, ombragé et conviendra à un court séjour. Piscine, jeux pour enfants, laverie, vélos à louer, resto, supermarché... Prévoyez l'équipement antimoustiques !

Prix moyens

Pensione Rinascente *(plan couleur B1,* **17***) : via del Castelletto, 28. ☎ 050-58-04-60. • info@rinascentehotel.com • rinascentehotel.com • Suivre la via Tavolera jusqu'au n° 46 (et resto Tavola Calda) puis prendre une ruelle perpendiculaire. Doubles avec ou sans sdb env 50-65 €.* Aux derniers étages d'une très belle demeure du XVIIe s, décorée de meubles anciens, cette pension de charme est tenue par Pina, une dame adorable et attentionnée. Le décor vraiment superbe, le mobilier ancien, l'atmosphère unique en son genre en font une excellente adresse à prix sages dans le cœur de la ville. Certaines des chambres sont immenses avec plafonds voûtés à fresques, d'autres en revanche sont assez vieillottes. La n° 2 est la plus petite. La n° 13 est la plus belle avec vue sur un jardin.

Hotel Amalfitana *(plan couleur B2,* **19***) : via Roma, 44. ☎ 050-29-000. • info@hotelamalfitana.it • hotelamalfitana.it • Double 75 € ; petit déj continental 6 €.* Un petit bar au rez-de-chaussée et les chambres dans l'immeuble idéalement situé (à 5 mn à pied de la tour et du centre-ville). Elles sont classiques (style des années 1980) et tout confort (AC, TV). Celles du 3e étage sont les mieux. Bonne literie et accueil agréable.

Hotel Leonardo *(plan couleur B2,* **12***) : via Tavoleria, 17. ☎ 050-57-99-46. • info@hotelleonardopisa.it • hotelleonardopisa.it • Doubles 60-90 € selon saison, petit déj inclus. Parking payant (sur résa).* Dans une ruelle calme, proche de tout, dans une belle demeure historique, un hôtel bien tenu aux chambres standard agréables. Une fresque différente pour chacune d'elles. On a bien aimé la n° 441, la plus belle. Salles de bains irréprochables. Accueil affable et très pro.

Chic

Hotel Novecento *(plan couleur B2,* **15***) : via Roma, 37. ☎ 050-50-03-23. • info@hotelnovecento.pisa.it • hotelnovecento.pisa.it • À 500 m au sud* *de la tour. Doubles 80-110 € selon confort ; petit déj en plus.* 💻 📶 *Petit déj offert sur présentation de ce guide.* Cet élégant hôtel discret et douillet cache bien son jeu derrière sa façade sobre et passe-partout. L'intérieur est à la fois contemporain et classique. Les chambres sont impeccables et donnent en partie sur la rue ou sur le jardin à l'arrière de la demeure. Ce dernier carré vert est l'endroit idéal (rare en ville) pour prendre le frais en soirée.

Où camper dans les environs ?

⛺ ***Camping Mare e Sole :*** *viale del Tirreno, 56018* ***Tirrenia-Calambrone.*** ☎ *050-32-757.* • *info@campingmareesole.it* • *campingmareesole.it* • *Sur la côte au sud, vers Tirrenia, à env 5 km de la ville. De Pise ou de Livourne, prendre la ligne pour Calambrone et descendre à via Tirrenia. Ouv 20 avr-20 sept. Compter 22-27 € pour 2 avec tente et voiture selon saison ; loc de bungalows pour 4 pers 350-770 €/sem.* 📶 *10 % de réduc sur le prix de l'emplacement en hte saison (20 % en basse saison) ou 10 % de réduc sur le prix des bungalows avr-juin et sept sur présentation de ce guide.* Terrain peu ombragé mais bien équipé : aire de jeux pour les enfants, bar avec terrasse et piscine, restaurant-pizzeria et épicerie. Un alignement de bungalows colorés (mais tassés) mène tout droit à la belle plage gratuite pour les campeurs. Un site qui conviendra aux familles cherchant un camping avec animations, beaucoup moins aux campeurs en quête de tranquillité, surtout l'été.

Où dormir dans les Monti Pisani ?

Au nord-est de la ville, entre Pise et Lucques, s'étendent les montagnes pisanes, comprenant les villages médiévaux de Vicopisano, Calci, Buti, et Tre Colli à l'est de Pise, disséminés sur la route de l'huile d'olive, où les champs d'oliviers occupent des terrasses à flanc de colline. Au nord, sur la route de Lucques, se trouvent San Giuliano Terme et Pugnano.
Voir également plus haut nos bonnes adresses à San Giuliano, entre Pise et Lucques, dans la rubrique « Où dormir dans les environs et entre Lucca et Pise ? »

À l'est de Pise

🏠 ***B & B Il Molendino :*** *via Nicosia, 1, 56011* ***Calci*** *(à 12 km est de Pise).* ☎ *050-93-42-59.* 📱 *347-784-59-59.* • *info@ilmolendino.com* • *ilmolendino.com* • *Le hameau se trouve à 1 km du bourg de Calci, en pleine campagne. À gauche à l'entrée du village (fléché). Doubles 85-115 € selon confort, petit déj compris ; appart pour 2-6 pers 110 €.* 💻 📶 *Sur présentation de ce guide, 10 % de remise sur le prix de la chambre 7 janv-28 fév et 2 nov-22 déc 2015 sur présentation de ce guide.* Ce merveilleux vieux moulin a été réhabilité avec savoir-faire et beaucoup d'imagination par Stefano (francophone) et Fabiola, un couple très accueillant. On y dort dans 4 belles chambres impeccables et décorées à l'ancienne, avec ou sans salle de bains. Il y a un appart idéal pour un séjour en famille. Dehors dans le jardin, hamacs accrochés aux oliviers, coins pour la lecture, produits bio au petit déj. Les maîtres des lieux sont toujours de bons conseils et vous feront découvrir la région autour de Pise ! Une excellente adresse.

🏠 ***Affitacamere B & B San Francesco :*** *piazza San Francesco, 2, à* ***Buti*** *(à 20 km à l'est de Pise).* ☎ *0587-72-21-55.* 📱 *320-111-72-39.* • *info@bebsanfrancesco.it* • *bebsanfrancesco.it* • *Double avec sdb 55 € ; ½ pension 85 €/par pers/j. ; petit déj en plus.* 📶 Au centre de ce ravissant village médiéval, un *B & B* dans une maison ancienne dotée d'installations modernes. Belles chambres de style rustique ancien et bien arrangées (pour 2 ou 4 personnes), literie confortable, douche, w-c et AC. Petit déj parfois composé de pâtisseries préparées par la chaleureuse Rita, à savourer sur la terrasse aux beaux jours.

Azienda agricola I Felloni : *loc. **La Fellonica,** Tre Colli, 56010 **Calci.** ☎ 050-93-86-65. 338-648-35-28. • info@ifelloni.it • ifelloni.it • Non loin de la certosa di Pisa. Après Calci (15 km à l'est de Pise), monter en direction de Tre Colli, puis suivre le fléchage (à gauche) du resto Il Conventino. Ouv avr-oct. Résa indispensable. Double env 65 € ; loue aussi des apparts 2-4 pers. Séjour 2 nuits min.* Isolé en pleine nature parmi les oliviers, les aulnes et les sureaux, un beau corps de bâtiment tout en pierre surplombant un ru (petit ruisseau), labyrinthe d'étages et d'escaliers. Chambres rustiques, avec poutres et charpente apparentes et des fenêtres qui s'ouvrent sur la verdure, le ruisseau et les oliviers. En plus de ça, Caterina vous accueille en français.

B & B Villa Fiona : *le Risaie, via delle Risaie, 1, à **Vicopisano.** 339-733-40-31. • info@villafiona.it • villafiona.it • À 2 km de Vicopisano, suivre direction Buti, puis Cascine di Buti ; surveiller le fléchage parfois trop discret. Doubles 63-68 € selon saison, petit déj inclus ; familiales 4 pers 83-98 €. Apéritif maison offert sur présentation de ce guide.* Dans une agréable maison du XVIIIe s située au pied des monts Pisani, dans un paysage agricole occupé par d'anciennes rizières devenus des prés. La demeure solide et confortable a été restaurée. Les chambres sont bien équipées (sanitaires privatifs), claires et simples dans la déco. Elles donnent sur les vignes et les oliviers. Excellent accueil.

Où manger ?

De très bon marché à bon marché

Pizzeria Il Montino di J. Collodi *(plan couleur B1, **30**) : vicolo del Monte, 1. ☎ 050-59-86-95. Depuis le borgo Stretto, tourner dans la piazza Donati. Tlj sf dim ; fermé tôt le soir en basse saison. Congés : août. Pizzas 5-8 € selon taille et type.* À l'ombre de la Torre del Campano. Cette pizzeria confectionne les meilleures pizzas de la ville. À pâte épaisse, elles sont simplement mais généreusement garnies. Vous goûterez aussi à la spécialité de Pise : la *cecina,* une galette de pâte croustillante sur le dessus et moelleuse à l'intérieur, servie simplement assaisonnée de sel et poivre. Un endroit populaire souvent pris d'assaut par les touristes étrangers et gourmets bien informés.

Pizzeria L'Arancio *(plan couleur B2, **40**) : via l'Arancio 1. ☎ 050-50-07-29. Dans une ruelle qui fait l'angle avec la piazza San Frediano. Pizzas 5-7 € ; antipasti 4-8,50 €.* Modeste mais bien propre, et cuisine mijotée de manière simple et sincère. Bon accueil.

Trattoria della Faggiola *(plan couleur B1, **33**) : via della Faggiola, 1. ☎ 050-55-61-79. Tlj sf mar. Repas 18-22 €. Café offert sur présentation de ce guide.* En terrasse ou dans la salle voûtée, asseyez-vous dans ce lieu sans vanité, où le chef mijote une sérieuse cuisine toscane populaire toujours fine et copieuse. Les plats typiques, simples et frais, changent chaque jour. Ici c'est du *slow food* à prix doux !

Osteria La Stanzina *(plan couleur B2, **41**) : via Curtatone e Montanara, 7/9. ☎ 050-991-19-25. Tlj sf lun, midi et soir. Plats 7-14 €.* Au cœur de la vieille ville, proche de l'Arno, une petite *osteria* discrète qui fait du bon travail en cuisine. Les prix sont sages pour la qualité proposée. *Crostini, burrata* (fromage du Sud), pâtes fraîches à l'espadon ou aux amandes... La carte change souvent alors regardez d'abord l'ardoise extérieure... Bon service, parfois avec quelques mots de français.

Vineria di Piazza *(plan couleur C2, **32**) : piazza delle Vettovaglie, 14. ☎ 050-382-04-33. • vineriadipiazza@gmail.com • Tlj sf dim, midi et soir.*

Plats 9-13 € ; repas 15-20 €. Tables et bancs de collectivités sous les arcades de la place. Ici, on ne s'embarrasse pas de cartes pléthoriques, juste 3 ou 4 plats bien ficelés. Au gré du marché, des pâtes fraîches, des salades ou de bonnes cochonnailles de l'arrière-pays. Plutôt pour le déjeuner.

Pizzeria-tavola calda La Tana *(plan couleur B2,* ***34****) : via San Frediano, 6. ☎ 050-58-05-40. Tlj sf dim, midi et soir jusqu'à 22h30. Pizzas 5-7 € ; repas 10-15 €.* En face du resto *Sosta dei Cavalieri.* Ce n'est pas un rendez-vous de gastronomes mais plutôt une vaste cantine à petits prix. Étudiants et touristes y viennent pour les pizzas au feu de bois et alimentent une ambiance trépidante.

Trattoria da Stelio *(plan couleur B2,* ***40****) : piazza Dante Aligheri, 11. ☎ 050-220-01-71. • trattoriadastelio@libero.it • ♿ Lun-ven 11h30-15h. Ouv tlj en sem, fermé le w-e. Congés : août. Menu 22 € (mais on se contente d'un plat).* Resto de quartier, sobre et rustique, on y mange au coude à coude, bercé par le gentil brouhaha des habitués. C'est copieux et bon comme dans la plupart des petits restos en Italie, pour des prix raisonnables. Petite terrasse l'été sur la place.

Ristorante Lo Schiaccianoci *(plan couleur C3,* ***42****) : via Amerigo Vespucci, 104. Ouv tlj 11h-23h. Plats 10-15 €.* À 200 m de la gare ferroviaire, dans un quartier assez pauvre en bons restos, en voici un qui nous a étonnés par sa qualité et ses prix doux. Son nom signifie « casse-noisettes ». Il est tenu par un couple aimable de restaurateurs bien expérimentés. On se régale d'une cuisine toscane traditionnelle, sincère et bien mijotée. D'ailleurs, un bon signe, les gens du quartier le recommandent tous ainsi que les hôteliers. *Tagliata ai funghi porcini* (viande en tranches cuites avec des cèpes), risotto à la crème de basilic, carpaccio au poivre vert...

Trattoria da Cucciolo *(plan couleur C2,* ***31****) : vicolo Rosselmini, 9 ; entrée au niveau du n° 73 San Martino. ☎ 050-26-086. Tlj sf dim, midi et soir. Plats 8-15 €.* Populaire et tranquille, une adresse nichée dans une ruelle perpendiculaire à la via San Martino. Cuisine familiale impeccable, vraiment goûteuse, à l'image de ces *agnelotti* (raviolis sauce à la viande) ou de *la carne de Manzo,* sans oublier le *mucco pisano,* la viande locale la meilleure et la plus tendre.

Trattoria San Omobono *(plan couleur C2,* ***36****) : piazza San Uomobuono, 6-7. ☎ 050-54-08-47. Tlj sf dim jusqu'à 22h. CB refusées. Plats 8-9,50 €.* Trattoria familiale qui dissimule derrière ses rideaux une salle voûtée avec un vieux pilier médiéval à chapiteaux encastré dans une plaque en plexiglas... Cuisine bien maîtrisée mais sans fioritures. Bonnes tripes *alla pisana* et carpaccio de bœuf. Accueil sympathique.

Salza *(plan couleur C2,* ***37****) : borgo Stretto, 46. ☎ 050-58-01-44. Tlj sf lun 8h-20h.* Une institution sur le borgo Stretto. Un maître chocolatier depuis 1898 (il ne doit plus être tout jeune !) qui, outre de bons chocolats, propose de magnifiques *ricciarelli, panpepato, tramezzini...* Pour un déjeuner sur le pouce au comptoir, dans la salle à la déco rococo des années 1920 ou en terrasse sous les arcades. Pas donné à la pièce mais tellement bon !

De prix moyens à chic

I Miei Sapori *(plan couleur B1,* ***35****) : via Uguccione della Faggiola, 20. ☎ 050-55-12-98. Tlj midi et soir sf mer hors saison. Plats env 10-15 € ; repas env 25 €.* Un peu à l'écart de l'animation dans une ruelle calme, les amateurs de viandes trouveront ici l'une des meilleures tables de la ville. Bon service dans un décor élégant. D'une tendreté remarquable, fondante et goûteuse, les viandes servies sont vraiment généreuses *(chianina, mucco pisano, limousine pisana...).* Elles proviennent du domaine Pisani, réputé pour ses élevages de bovins. Le reste de la carte se défend bien (huîtres gratinées, scampi).

La Sosta dei Cavalieri *(plan couleur B2,* ***38****) : via San Frediano, 3. ☎ 050-991-24-10. • info@sostadeicavalieiri.it • ♿ Attention, ne pas confondre avec la décevante* Osteria dei Cavalieri, *en face. Fermé dim.*

Congés : 2 sem en août. Primi *9-13 €,* secondi *16-22 € ; menu 20 € à midi, compter 35 € le soir. Café offert sur présentation de ce guide.* Un remarquable resto « œnogastronomique », où le chef est particulièrement talentueux et imaginatif. Il travaille la tradition en l'améliorant sans cesse : savoureuses pâtes, excellents poissons et légumes cuits minute. C'est frais, fin, et délicieux. La carte varie au fil des saisons, et vous ferez sûrement d'autres trouvailles. En revanche, le cadre, pourtant élégant, est un peu froid, une impression certainement due à la grande cave réfrigérée en parois de verre qui borde la salle. Choix de vins exceptionnel, donc. Service impeccable, sans chichis.

Osteria La Grotta *(plan couleur C1,* **39***) : via San Francesco, 103, à l'angle avec la via Case Dipinte.* ☎ *050-57-81-05.* • *info@osteriala grotta.it* • *Fermé dim. Congés : 15 j. en août et Noël-Nouvel An.* Primi *9-10 €,* secondi *15-17 € ; repas 25-35 €.* Depuis 1947, *La Grotta* – le nom convient parfaitement au cadre imitant l'intérieur d'une grotte – propose une cuisine de qualité, traditionnelle et toscane. La cuisinière ne lésine pas sur l'huile d'olive (la meilleure du monde), mais c'est bon. Vaste sélection de fromages. Côté vins, le choix ne manque pas. Une valeur sûre.

Où manger dans les environs ?

Trattoria da Cinotto : *via Provinciale Vicarese, 132,* **Uliveto Terme.** ☎ *050-78-80-43. À une dizaine de km à l'est de Pise. À la sortie d'Uliveto, en allant vers Vicopisano attention, c'est à peine visible, le resto est mal indiqué et sur la droite en contrebas de la route). Fermé ven soir, sam et dim soir. Congés : août. Compter 25-35 €.* Une petite trattoria de campagne à l'opposé des pièges à touristes. Stanislao, en salle, annonce le menu en français, et Lia, aux fourneaux, travaille une cuisine du cru. On vient ici pour une longe de porc aux cèpes, un pâté d'aubergines ou un poulpe bouilli aux haricots blancs. Une très bonne table.

Ristorante Alloro : *via Rio Magno, 101,* **Buti.** ☎ *0587-72-33-33. Buti se trouve à une vingtaine de km à l'est de Pise, entre Vicopisano et Calci. À la sortie de Buti sur la route de Pise, le resto est juste en face de la station-service. Ouv le soir. Fermé mar. Congés : 3 sem en fév et en sept. Menus 15-20 € ; compter 25-30 € à la carte. Petite bouteille d'huile d'olive locale offerte sur présentation de ce guide.* Un resto aménagé façon « pages déco de *Marie Claire* ». Dans l'assiette, de bonnes pizzas au feu de bois et une cuisine locale tout en rondeur. Accueil gentil.

La Grotta : *via Rio Magno, 33-35,* **Buti.** ☎ *0587-72-21-96. Ouv le soir tlj, plus le dim midi. Congés : fév. Plats 9-15 €, pizzas moins chères. Digestif offert sur présentation de ce guide.* On se presse le soir venu dans ce resto qui n'a rien d'une grotte. Une salle en demi sous-sol, d'autres en demi-étage, mais en bas comme en haut (chacun a ses habitudes), on se retrouve par grappes pour déguster pizzas, assiettes composées ou plats de ménage bien tournés dans un décor qui importe moins que la cuisine.

Où déguster une bonne glace ?

De Coltelli Gelateria Naturale *(plan couleur C2,* **51***) : lungarno Pacinotti, 23.* • *decoltelli.it* • *À proximité du Royal Victoria Hotel. Tlj sf lun, 12h-minuit.* Un glacier haut de gamme à l'apparence simple et modeste. *Granite, gelati* et tutti quanti, évidemment *home made,* tout bio, tout bon. On s'incline devant le sorbet menthe-citron (normal, on est à Pise...). La maison fait l'éloge de l'inventeur de la glace, *Francesco Procopio De'Coltelli,* dont le propriétaire actuel du glacier serait le descendant ! Né en Sicile, passé par Pise dans la seconde moitié du XVIIe s et émigré en France, Procopio créa à Paris le premier café d'Europe, le célèbre café *Le Procope*...

Bottega del Gelato *(plan couleur C2,* ***50****) : piazza Garibaldi, 11. ☎ 050-57-54-67. Tlj 11h-20h (1h en été). Fermé mer sept-fév. Congés : 3 sem en déc-janv.* L'une des *gelaterie* les plus réputées. Quelques parfums vedettes : *fragola,* yaourt (le plus onctueux qu'on ait découvert), *zabaione, fiore di panna*... Incontournable.

Où boire un verre ?

Pise est une ville universitaire, on y croise des cohortes d'étudiants, et pourtant on ne peut pas dire que les bars soient légion. La ***piazza delle Vittovaglie,*** adjacente au borgo Stretto *(plan couleur C2),* est certainement le lieu le plus festif de la ville. Sinon, quelques bars le long de l'Arno, notamment à l'angle de la piazza Cairoli et du lungarno Mediceo, ***Amaltea*** *(plan couleur C2,* ***60****).*
De nombreux bars branchés se sont créés récemment sur la rive gauche, en plein essor et assez bobo. On aime bien l'accueillant ***Mocambo*** *(plan couleur C2,* ***62****) : via San Bernardo, 29.* Une *rhumeria-libreria* au cadre cosy et à l'éclairage feutré.

Café Sospeso-Libreria Ubik *(plan couleur C2,* ***61****) : via Garofani, 6. ☎ 050-866-76-90. Tlj 8h (9h w-e)-21h.* Au début du Corso Italia, sur la droite, dans un renfoncement. Grande librairie certainement la plus dynamique de la ville, elle fait aussi cafétéria, vend des sandwichs et des petites choses à grignoter. Une très bonne adresse culturelle !

Achats alimentaires

Ravitaillement possible au ***marché de la piazza delle Vettovaglie*** *(plan couleur C2 ; tlj sf dim).* On y trouve plein de produits frais de qualité.

À voir

Rive droite : la piazza dei Miracoli
(plan couleur A1)

On ne vous apprendra rien en vous disant que Pise doit sa renommée à sa célèbre tour penchée (la *torre pendente*). Eh bien, vous découvrirez qu'elle fait en réalité partie d'un ensemble exceptionnel, ceint de murailles médiévales, répondant au nom de *piazza dei Miracoli* ! Cette « place des Miracles » comprend le *Duomo,* le *Battistero* et le *Campo Santo,* ainsi que deux musées (*museo dell'Opera* et *museo delle Sinopie*).
Pour vraiment l'apprécier, mieux vaut la découvrir en arrivant du centre-ville, quand elle se dévoile en douceur au détour des rues paisibles et que, tout à coup, vous tombez sur cette grande prairie grouillante de monde et parée de magnifiques monuments. Si vous arrivez du nord-ouest, la vision de tous ces vendeurs à la sauvette, l'ambiance de foire et la cohue risquent de vous donner envie de tourner les talons... et ce serait vraiment dommage, car bien qu'extrêmement touristique cet ensemble est exceptionnel et cette tour fascinante...
– ***La billetterie principale*** *(derrière la tour, dans le palazzo de couleur jaune ; tlj 8h-19h40)* propose différents forfaits, comprenant des visites à choisir parmi cinq sites du Campo : le *Duomo,* le *Battistero,* le *Campo Santo,* le *museo dell'Opera* et le *museo delle Sinopie.* Billet pour un site : 5 € (2 € pour le Duomo) ; deux sites : 7 € ; trois sites : 8 €. La tour échappe à la règle (tiens donc !).
➢ De la gare, bus de la ligne rouge *(LAM Rossa)* ou 20 mn à pied. Mais attention aux pickpockets dans ce bus !

– ***Horaires d'ouverture des monuments et des musées :*** pas une mince affaire, car ça change très souvent. Le plus sage est de consulter leur site internet : *• opapisa.it • En général, cela donne : tlj tte l'année ; avr-sept, 8h-20h ; oct, 9h-19h ; mars, 9h-18h ; nov-24 déc et 7 janv-17 fév, 10h-17h ; 25 déc-6 janv, 9h-18h.*

Torre di Pisa *(tour de Pise ou Campanile ; plan couleur A1)* **:** *résas par Internet sur • info@opapisa.it • opapisa.it • En saison, mieux vaut réserver son billet longtemps à l'avance, même si c'est plus cher. Tarif : 18 € pour grimper dans la tour (21 € sur résa). Interdit aux moins de 8 ans. Attention, la montée est rude et compte 300 marches. Le sol peut être glissant. Les personnes cardiaques éviteront de grimper au sommet de la tour.*

Si la vision de cette tour est assez hallucinante (selon le point de vue, elle penche plus ou moins), l'intérieur n'est pas palpitant.

Depuis longtemps, les redresseurs de tours cogitent sur les solutions pour empêcher son inexorable chute. Parmi les dizaines de projets présentés, les plus fantaisistes proposèrent une gigantesque bouteille de *Coca-Cola* pour servir de tuteur ou envisagèrent d'y installer une rampe de lancement de fusées. Plus sérieusement, des ingénieurs écolos préféreraient planter des séquoias tout autour pour retenir la terre. Il y a enfin les tenants de la technique d'Abou Simbel : découper la tour et la remonter plus loin. Bref, la chute de la tour de Pavie en 1989 (pourtant bien droite, elle !) a précipité les décisions. En 1992, on a entrepris des travaux titanesques en cerclant la tour avec des câbles d'acier pour empêcher les pierres de jouer. Puis une ceinture de béton a été coulée à la base pour la renforcer, et un contrepoids de 750 t de plomb a progressivement redressé les 15 000 t de pierres du colosse. Un tour de force qui offre à la tour un répit de trois siècles selon les experts. Les Pisans ont donc de la marge avant que le ciel ne s'écroule sur leur tête...

« L'EFFET TOURNESOL ! »

La tour de Pise est l'un des plus célèbres édifices au monde : elle évoque Pise comme Pise l'évoque. Commencés en 1173, les travaux ne prirent fin qu'en 1370, après avoir été longtemps bloqués au niveau du 3e étage. Deux nappes phréatiques ont imbibé la terre et l'ont rendue instable, provoquant un sérieux affaissement du terrain. Depuis le Moyen Âge, son sommet s'est décalé de 5,20 m vers le sud. En plus, il paraît qu'elle tourne un peu aussi !

Duomo *(plan couleur A1)* **:** *attention, visite suspendue pdt les offices (dim mat et j. fériés). Prévoir pour les femmes un vêtement qui couvre les épaules (des ponchos sont disponibles à l'entrée). Gratuit (mais il faut tt de même un ticket).*

Symbole de l'art roman pisan qui essaima dans toute la région, cette cathédrale commencée en 1063 fut achevée au XIIIe s. Malgré la durée des travaux, les proportions sont harmonieuses. Selon Montaigne, qui y passa en 1581, elle aurait été construite à l'emplacement du palais de l'empereur romain Hadrien. Longue de 100 m, haute de 34 m, large de 35 m et construite en forme de croix latine. Façade superbe qu'on copia abondamment à l'époque. Ici il y a une astuce technique et architecturale : avoir inventé ces rangées d'arcades, détachées de la paroi et qui lui donnaient rythme et profondeur.

À l'intérieur, là aussi, on remarque l'ensemble tout en rythme et harmonie par la répétition des arcades et la polychromie de la pierre. Dans le transept droit, sarcophage du roi Henri VII. Au centre, *Vierge en gloire*. Dans le chœur, balustrade de marbre en marqueterie avec ange de bronze de Jean Bologne. Dans le transept gauche, dans l'abside, *Assomption* en mosaïque du XIVe s. Tombeau de l'archevêque d'Elci.

Pour finir, le ***chef-d'œuvre du Duomo : la chaire,*** due au ciseau de Giovanni Pisano dans les années 1302-1311. Exubérance de style totale. Colonnes corinthiennes s'appuyant sur des lions et supportant d'admirables panneaux représentant des scènes du Nouveau Testament. À côté de la chaire (au milieu de la nef), lampe de bronze datant du XVIe s, appelée lampe de Galilée. Son balancement régulier, bien que diminuant, durait toujours un temps égal. Cela avait amené Galilée à de savants calculs sur les oscillations (voir encadré).

GALILÉE À PISE

À 19 ans, Galilée, natif de Pise, mène des expériences personnelles dans le domaine de la physique. À l'aide de son pouls, il mesure la régularité des oscillations des lustres de la cathédrale de Pise (Duomo). Il découvre ainsi la loi du pendule simple. Du sommet de la tour de Pise, Galilée aurait eu l'intuition du principe de la chute des corps, un peu comme Newton avec sa pomme. C'est à l'université de Pise aussi qu'il est nommé en 1589 à la tête de la chaire de mathématiques.

Battistero *(baptistère ; plan couleur A1) : démonstrations de l'écho ttes les 30 mn. Entrée : 5 €.* « *Une tiare de marbre posée sur un pré* », selon André Suarès. Commencé en 1153 et achevé au XIVe s avec 110 m de circonférence et un dôme haut de 55 m, il est considéré comme le plus grand baptistère d'Italie. Cela explique la coexistence des styles roman-pisan pour la base et gothique pour les étages. Nicola Pisano, auteur de la chaire, y travailla ; son fils Giovanni, architecte du Duomo de Sienne, lui succéda en 1285 pour effectuer le décor extérieur. Le dôme gothique, enfin, ne coiffa l'ensemble qu'à la fin du XIVe s. L'intérieur détonne par son dépouillement architectural. Deux étages à arcades seulement. Ne pas manquer de monter au 1er étage pour avoir une vue plongeante sur les fonts baptismaux.
Sur les côtés, des petites cuves pour les nouveau-nés. *Chaire* de Nicola Pisano ; réalisée en 1260, elle est considérée comme la première œuvre gothique italienne. Trois des sept colonnes sont soutenues par des lions. Observez la multitude de symboles : aux angles de la chaire, au-dessus des chapiteaux corinthiens, les Vertus (entre autres, la Force, symbolisée par Hercule, la Foi, la Charité). Sur les panneaux sculptés, les grands classiques : crucifixion, Jugement dernier...

Campo Santo *(plan couleur A1) :* ce monumental cimetière du « Champ consacré » fut réalisé en 1278 par Giovanni di Simoni. C'est un long édifice de marbre au style très sobre, avec arcatures aveugles. L'intérieur évoque des galeries de cloître aux grandes baies flamboyantes. Belles pierres tombales médiévales et Renaissance sculptées, et séduisants jeux de lumière à travers les baies. Pourtant, en 1944, un cruel bombardement provoqua l'incendie de la toiture. On tremble à l'idée qu'une de ces bombes aurait pu tomber sur le Duomo ou sur le baptistère, situés seulement à quelques dizaines de mètres !
On raconte qu'à l'occasion des croisades plusieurs navires rapportèrent de pleines cargaisons de terre du mont Golgotha pour que les nobles familles pisanes (environ 400 à l'époque) puissent reposer en Terre sainte.
De nombreuses fresques des XIVe et XVe s furent détruites lors de la dernière guerre, mais il y a toujours des miracles : conservée dans l'une des salles, à l'opposé de l'entrée sur le côté gauche, ***l'une des plus fascinantes, Le Triomphe de la Mort,*** en réchappa et se révèle aujourd'hui un fabuleux chef-d'œuvre, attribué à Buffalmacco, un artiste pisan du XIVe s. Dans cette période de guerres sans pitié et de cruelles épidémies, le thème de la mort revenait sans cesse dans les préoccupations des artistes. Ici, dans la scène principale, sur le coin gauche, c'est la découverte des trois étapes de la mort symbolisées par un cadavre gonflé comme une outre, un autre se décomposant et un dernier réduit à l'état de squelette. « La mort est là... on la voit venir la vieille Camarde en cheveux gris, une faux dans la main, elle s'avance pour frapper les heureux, les voluptueux, des dames, des jeunes seigneurs gras et frisés qui se divertissant dans un bosquet... », écrit Taine en 1846 lors de son voyage en Italie.
Très grand réalisme, pourtant dédramatisé par la joliesse du paysage et l'élégance des vêtements des personnages. Au fond de la salle, ***Le Jugement dernier et***

l'Enfer. Les élus d'un côté, les damnés de l'autre. Au milieu, de petites scènes qui échappent parfois au regard la première fois. Ainsi, cet « ange-chef » qui ordonne à l'un de ses subalternes de récupérer au dernier moment une jeune fille avant l'Enfer. Dans ses yeux, un mélange de joie et d'incrédulité. Quant aux « scènes des damnés », elles se révèlent là aussi d'un réalisme et d'une précision « diaboliques ». Difficile d'imaginer supplices plus féroces. Les malheureux pécheurs sont éventrés, coupés en morceaux, croqués par d'odieux serpents, bouillis, dégustés en brochette... quel raffinement !

Museo delle Sinopie *(musée des Sinopie ; plan couleur A1)* **:** *au sud du campo dei Miracoli. ☎ 050-56-05-47.* Installé dans un ancien hôpital du XIIIe s construit par le même architecte que celui du Campo Santo. La sinopia est une terre de couleur rouge-brun qui servait à rehausser les dessins (appelés *sinopie*) préliminaires aux fresques. On les a donc redécouverts sous les fresques d'une manière imprévue. En 1944, suite à un bombardement allié, le Camposanto s'enflamme. La couverture en plomb fond et l'enduit des fresques se détache sous l'effet de la chaleur. Sous les fresques on découvre ces incroyables dessins. Restaurés, et sauvés dès 1947, ils ont été enlevés du Campo Santo pour être exposés dans ce musée. Ces dessins se révèlent d'une qualité vraiment exceptionnelle, et leur mise en valeur est tout à fait réussie. En particulier, vous retrouverez les merveilleux dessins du *Triomphe de la Mort,* du *Jugement dernier* et une belle *Crucifixion* de F. Traini. Au rez-de-chaussée, un système de visualisation en 3D permet de voir l'évolution de la piazza dei Miracoli du XVIe s à nos jours, avec l'inclinaison progressive de la tour. Expo temporaire à l'étage.

Museo dell'Opera del Duomo *(plan couleur B1)* **:** *piazza Arcivescovado, 8. ☎ 050-56-05-47. À côté de l'évêché (au fond à droite comme toujours), et tt près de la tour.* ***Fermé en 2014 pour travaux. Ils devraient durer au moins jusqu'à la fin 2015.***
Installé dans un ancien couvent de capucines du XVIIe s, il renferme des œuvres d'une grande richesse provenant des monuments principaux du Campo. Celles-ci ont été remplacées par des copies. Signalons que du cloître et du jardin de cet ancien couvent, on a un très beau point de vue sur la tour.
– *Au rez-de-chaussée,* ne pas rater la copie de la chaire magnifique de la cathédrale. Remarquer également les neuf bustes des Pisano père et fils, les tombes d'archevêques de Nino Pisano (XIVe s) ou le monument funéraire d'Andrea Guardi (beaux drapés des personnages). Enfin, le trésor passionnera les amoureux d'objets liturgiques.
– *À l'étage,* ce sont surtout les admirables travaux de marqueterie des stalles de la cathédrale qui retiennent l'attention (belles représentations des quais de Pise au XVe s). Également de beaux antiphonaires (recueils de chants liturgiques), une sélection de vêtements ecclésiastiques et une petite section archéologique.

Autres monuments de la rive droite

Via Santa Maria *(plan couleur A-B1-2)* **:** bordée d'élégants palais, pour la plupart occupés par des départements de l'université. Tenter, au détour de portes ou de cours ouvertes, de découvrir les secrets des demeures. Détailler les façades pour repérer les détails insolites. Notamment autour de l'***église San Nicola*** (en bas, proche de l'Arno), noter comme tous les édifices ont été curieusement triturés, retouchés, rafistolés. L'église elle-même présente un patchwork de modifications apportées au fil des siècles. Tour octogonale ajourée de fines colonnettes et légèrement penchée (c'est une manie !). Au n° 19, escalier monumental, voûtes, colonnes doubles. Au n° 26, la *maison de Galilée,* le savant étant né à Pise.

Piazza dei Cavalieri *(plan couleur B1)* **:** calme, particulièrement poétique la nuit, la place des Cavaliers était le centre de la vie politique de Pise au Moyen Âge.

Elle semble en revanche un peu sèche et nue en plein jour. Entourée de beaux palais, devenus aujourd'hui, presque tous, des bâtiments de l'université.
Le plus remarquable de ces bâtiments : le ***Palazzo dei Cavalieri,*** du XVIe s *(Scuola Normale Superiore).* Façade entièrement décorée des sgraffites du célèbre Giorgio Vasari (technique qui consiste à gratter un enduit clair posé sur un fond sombre). Bustes des grands-ducs de Toscane dans des niches richement sculptées. Devant, jolie fontaine ornée de la statue du premier Médicis (XVIe s). Cette grande école fut fondée par Napoléon Ier sur le modèle de l'École normale supérieure de Paris. Elle jouit d'une grande réputation toujours aujourd'hui. La sélection y est très sévère (maximum 40 élèves) et le niveau d'enseignement très haut. Trois anciens élèves italiens de cet établissement ont été récompensés par le prix Nobel : Enrico Fermi (physique, 1938), Carlo Rubbia (physique, 1984) et Giosué Carducci (littérature, 1906).
En face, le ***Palazzo dell'Orologio.*** Édifié au XVIIe s à partir de deux anciennes tours médiévales (dont l'ancienne Torre della Fame, la tour de la Faim) englobées dans la nouvelle construction, reliées par un haut passage voûté. C'est dans cette tour de la Faim que fut enfermé le comte Ugolino della Gherardesca (voir encadré). Sous le passage, on remarque un des angles de la tour, dégagé du mur.

UNE PETITE HISTOIRE AVANT DE S'ENDORMIR...

L'une des tours du Palazzo dell'Orologio fut la prison communale. Au XIIIe s, on y enferma avec ses enfants le comte Ugolino della Gherardesca, magistrat de la ville, accusé de despotisme et condamné à mourir de faim ; on dit qu'il mangea l'un de ses enfants. Dante le cite d'ailleurs dans La Divine Comédie *(« l'Enfer»).*

Chiesa Santo Stefano dei Cavalieri *(plan couleur B1)* **:** *située à droite du Palazzo dei Cavalieri. Ouv le matin slt, mar-sam 10h-12h. Entrée : 1,50 €.* Édifiée en 1565 par Vasari pour l'ordre national des chevaliers de Saint-Étienne, ordre militaire fondé par Cosme Ier de Médicis avec la croix de Malte comme symbole. Le campanile est plus tardif, ainsi que la belle façade de marbre commandée par Jean de Médicis en 1602. À l'intérieur, admirer d'abord l'exubérant plafond à caissons racontant des épisodes de l'histoire de l'ordre. Tout en haut également, huit lanternes en cuivre doré des XVIe et XVIIIe s, prises aux galères turques. Le long du mur de droite, vestiges de galère toscane. Nombreux drapeaux saisis aux Turcs, dont la flamme de combat du vaisseau amiral d'Ali Pacha lors de la célèbre bataille de Lépante (7 octobre 1571). Bas-côté gauche : quelques toiles, dont une *Nativité* de Bronzino et une *Sainte Famille* d'Aurelio Lomi, ainsi qu'une chaire en marbre marqueté. Le maître-autel de style baroco-funéraire très lourd (XVIIe et XVIIIe s) est entouré de deux élégants buffets d'orgue.

Les thermes *(plan couleur B1)* **:** au nord de Santa Caterina, accès aux vestiges des thermes romains du IIe s. À côté, la *porta a Lucca* percée dans la muraille médiévale.

Chiesa San Francesco *(plan couleur C1)* **:** *à l'angle des vie San Francesco et F. Buonarroti. Ouv lun-sam 7h30-12h, 16h-19h ; dim 9h-15h, 16h-19h. Fermé pdt les offices.* Construite en trois temps : début du XIIIe s, XIVe et XVIIe s pour l'austère façade en marbre (1603). Dans le chœur, retable en marbre du XVe s de Tommaso Pisano. Sur la voûte, fresques de Taddeo Gaddi (1342). Dans la deuxième chapelle de droite, ravissant triptyque et dalle funéraire du comte Ugolino et Gherardesca et de sa famille (voir l'encadré sur le Palazzo dell'Orologio, plus haut).

Museo San Matteo *(plan couleur D2)* **:** *piazza San Matteo, lungarno Mediceo. ☎ 050-54-18-65. Mar-sam 8h30-19h, dim 9h-13h30. Entrée : 5 € ; réduc ; 8 € avec une entrée pour le Palazzo Reale (fermé mar, dim et j. fériés).*

PISE ET SES ENVIRONS

Tout à côté de l'église, il occupe un ancien couvent bénédictin. Il présente une très riche collection de primitifs italiens ayant appartenu à l'évêque de Cortone au XVIIIe s : peintures, sculptures, céramiques.

- ***Dans le cloître :*** arcades romanes en brique sur colonnes de pierre. Pierres tombales finement sculptées.
- ***Premier étage :*** peinture médiévale et primitifs religieux exposés dans un cadre remarquable. Œuvres du maestro de San Torpè (XIVe s), dont le beau *Christ en croix,* avec scènes du Nouveau Testament ; *Sant'Andrea Apostolo* et polyptyque de Lippo Memmi ; *Annonciation* en bois polychrome (de 1321) et polyptyque de Simone Martini (XIVe s).

Une petite salle est consacrée à Benozzo Gozzoli, et dans une autre est présenté le splendide buste-reliquaire de San Rossore en bronze doré, œuvre magistrale de Donatello.

On déambule avec plaisir dans les belles salles qui se succèdent, même si la plupart des textes sont en italien. Outre les œuvres évoquées ci-dessus, on admire ici une des plus belles collections de ***céramique décorative médiévale,*** et là des chapiteaux (qu'on a rarement l'occasion de pouvoir scruter d'aussi près).

Casa Natale di Galileo *(maison natale de Galilée plan couleur C1)* **:** *via Giusti, 24/26.* En face du palais de justice. Ironie de l'Histoire, Galilée n'est pas né dans un palais et il a eu de sérieux ennuis avec la justice ! L'Inquisition catholique de son temps le condamna pour avoir dit que la Terre n'était pas au centre de l'Univers... Il fut excommunié et assigné à résidence à Arcetri près de Florence où il passa la fin de sa vie (mort en 1642). Le célèbre mathématicien et astronome est donc né en 1564 dans cette modeste demeure pisane. Une plaque le rappelle sur la façade. Une image du génie qui avait la tête dans les étoiles apparaît modestement sur une des fenêtres. La maison ne se visite pas.

Prefettura (Palazzo Medici) *(plan couleur D2)* **:** *lungarno Mediceo. À côté du musée.* C'est l'ancien palais des Médicis du XIIIe s, souvent lieu de résidence de Laurent le Magnifique. Noter l'extrême finesse des colonnettes géminées ou triples, ainsi que l'harmonieuse alliance de la pierre, du marbre et de la brique.

Palazzo Toscanelli *(plan couleur C2)* **:** *lungarno Mediceo, 17, à 150 m du Palazzo Medici (Prefettura). Ne se visite pas.* Un palais du XIXe s dominant le quai nord de l'Arno. Le poète anglais lord Byron y a séjourné en 1821 et 1822 alors qu'il se rendait en Grèce, où il trouva la mort. Une plaque sur le mur de la façade le rappelle.

Museo nazionale di Palazzo reale *(plan couleur B2)* **:** *lungarno Pacinotti, 46. ☎ 050-92-65-11. Lun-sam 9h-14h (sam 13h). Fermé dim et j. fériés. Entrée : 5 € ; réduc ; 8 € avec une entrée pour le museo San Matteo. Musée souvent fermé par manque de personnel (appelez avt). Dépliant en français.* Ce palais construit en 1583 fut une résidence d'hiver des Médicis, puis des familles princières de Lorraine et de Savoie avant d'être acquis par l'État italien. Il renferme des collections réunies depuis 1989 par des donations successives : tableaux, tapisseries, mobilier, et surtout armures et armements métalliques utilisés pour le *Gioco del Ponte* introduit par les Médicis depuis 1596 et qui se perpétue de nos jours (en juin ; voir plus loin « Manifestations »).

Orto Botanico *(Jardin botanique, plan couleur B1)* **:** *entrée par la via Luca Ghini, 5. Ouv lun-ven 8h30-17h 30 (denrière entrée 17h) et sam 8h30-13h (dernière entrée 12h30). Billet : 2,50 €.* Un de plus vieux jardins botaniques d'Europe et peut-être du monde. Créé en 1544 par Luca Ghini, médecin et botaniste, avec le soutien financier du grand-duc de Toscane, Cosme Ier de Médicis. Dans le secteur dit « jardin du Cèdre » on peut admirer un magnolia et un gingko biloba plantés en 1787 !

Rive gauche

Moins de prestigieux monuments bien sûr, mais on peut y faire d'agréables balades dans des quartiers peu touristiques et visiter de jolies églises. Accès par le

Ponte di Mezzo, le plus ancien pont de Pise. Dans son prolongement, le *corso Italia,* la grande voie commerçante piétonne de la ville.

Palazzo Gambacorti *(plan couleur C2) :* *au niveau du Ponte di Mezzo. Ne se visite pas.* Un des plus beaux palais de la rive gauche. Construit au XIVe s par Pietro Gambacorti, un des Pisans les plus riches de son temps, sur un plan de Tommaso Pisano. Il appartint plus tard à la famille Del Tignoso, et devint au XVIIe s le siège de la magistrature. Côté quai, façade de style gothique bel assemblage de grès vert de toutes nuances, pierre blanche, grise et jolies baies gothiques. Nombreuses armoiries. À l'intérieur, au rez-de-chaussée, on peut admirer les voûtes en ogive avec retombées sur colonnes corinthiennes.
– En face, les ***logge di Banchi,*** au début du corso Italia. Ce sont les halles édifiées au début du XVIIe s et qui abritaient le marché de la laine et de la soie. De l'autre côté, le *Palazzo Pretorio.*

Palazzo Blu (Fondazione Pisa) *(plan couleur B2) :* *lungarno Gambacorti, 9. ☎ 050-220-46-50. • palazzoblu.it • Tlj sf lun 10h-19h (20h le w-e). GRATUIT.* Un beau palais du XIVe s, qui fut notamment la propriété de la famille Agostini. Des artistes et des membres de la famille impériale de Russie y séjournèrent au XVIIIe s. Avant qu'il ne soit repris par l'État, on l'appelait encore Palazzo Giuli Rosselmini Gualandi, du nom de son dernier propriétaire, le comte Giuli. Peint en bleu, le palais est aujourd'hui dédié aux arts, à la culture et aux sciences. Importantes expos temporaires, de renommée internationale (Chagall, Miró, Picasso, Kandinsky... et Modigliani sans doute en 2015). À l'étage, dans les salons, intéressante ***expo permanente*** de tableaux de peintres pisans du XIVe au XIXe s, salle à manger au mobilier marqueté, plafond sculpté, frises et peintures en trompe l'œil. Au passage, on remarquera une œuvre d'Artemisia, la célèbre fille d'Orazio, un polyptique d'Agnano et sa copie faite en 1935 pour échapper aux fureurs de la Seconde Guerre mondiale, et de nombreuses œuvres naturalistes.

Chiesa Santa Maria della Spina *(plan couleur B2) :* *lungarno Gambacorti. En face du Palazzo reale, de l'autre côté de l'Arno. N'est ouv que pour les expos temporaires. En temps normal, elle est fermée à la visite.*
Cette adorable chapelle de marbre au bord de l'Arno compose depuis le Ponte Solferino l'un des plus insolites paysages urbains qui soient. L'édifice trônait depuis 1230 à l'embouchure de l'Arno et subissait sans cesse les crues du fleuve. En 1871, l'église fut démontée et reconstruite à cet emplacement, seule, coincée entre le fleuve et une route très passante. L'emplacement de cette chapelle est curieux et son style est étonnant : riche décor gothique de la face sud, toute en marbre blanc, hérissée de pinacles, de flèches, de baldaquins, de clochetons et de statues.
Elle doit son nom à une relique, une épine *(spina)* de la couronne du Christ rapportée de Terre sainte ; celle-ci se trouve maintenant dans l'église Santa Chiara de l'Hôpital (près du Duomo). L'intérieur de la chapelle est plus simple que l'extérieur, avec un beau plafond de bois peint.

Chiesa San Paolo a Ripa d'Arno *(plan couleur B3) :* *lungarno Sonnino Sidney.* ***Fermée momentanément en raison d'un problème d'affaissement du terrain.*** Peu avant le Ponte della Cittadella, vos pas vous porteront vers cette ravissante église, probablement la plus ancienne de Pise. Construite au IXe s, elle hérita d'une façade de style roman pisan. Considérée comme une sorte de maquette du Duomo, car on y retrouve nombre d'éléments architecturaux et décoratifs identiques. Grand dépouillement intérieur. Ne pas rater, derrière, la *chapelle Sant'Agata,* du XIIe s. Construction octogonale de brique assez originale.

Sur le lungarno Galileo, la ***chiesa del San Sepolcro*** *(plan couleur C2),* du XIIe s. *Ouv slt ven, 15h-18h.* Élégante construction octogonale avec dôme. Campanile inachevé. Une curiosité historique : on y trouve ***la tombe de Marie Mancini*** *(1639-1715).* Cette belle dame était la nièce de Mazarin, qui l'avait fait venir de Rome à la cour de France. Elle fut le grand amour de jeunesse de Louis XIV. Celui-ci souhaitait même l'épouser, ce qui scandalisa Anne d'Autriche (sa mère) et Mazarin qui rêvait de marier Louis XIV à l'infante d'Espagne (un mariage de raison). Résultat : Marie Mancini dut s'exiler pour qu'elle ne perturbe plus le jeune roi. Elle ne se consola jamais de cette disgrâce, fit un mauvais mariage, quitta mari et enfants pour voyager avec sa sœur. Louis XIV ne la revit jamais mais elle mourut à Pise, 4 mois avant la mort du Roi-Soleil...

La via San Martino *(plan couleur C2)* est l'ancienne rue des marchands arabes et turcs ; elle est bordée d'étroites et pittoresques ruelles.

Museo della Grafica *(plan couleur C2)* **:** *lungarno Galilei, 9. ☎ 050-221-60-60. • museodellagrafica.unipi.it • Mar 9h-13h, 15h-17h30 ; mer-sam 9h-18h30 ; dim et j. fériés 10h-18h30. Entrée : 3 € ; réduc.* Installé dans le palais Lanfranchi de style médiéval avec ses fresques d'époque et celles du XVIIIe s. L'endroit sert de cadre à des expos temporaires dédiées à l'architecture, à la photographie et à l'art contemporain. Un lieu qui vaut autant pour son espace muséographique que pour les œuvres exposées. Programmation à suivre sur le site.

Corso Italia *(plan couleur C2-3)* **:** élégante voie commerçante piétonne, reliant l'Arno à la piazza Vittorio Emanuele II.

Manifestations

– ***Giugno Pisano :*** le mois de juin est festif à Pise. Les réjouissances commencent avec la ***régate des anciennes républiques maritimes*** : avec défilé où les anciennes républiques maritimes sont représentées (Amalfi, Gênes, Pise et Venise) avant de s'affronter sur l'Arno. Également, la ***Luminara de San Ranieri*** : à la tombée de la nuit, des milliers de bougies illuminent les palais, les murs et les églises des rives de l'Arno. Le même soir, la tour et l'enceinte de la piazza dei Miracoli sont également mises en lumière... la ville retrouve pour un temps sa splendeur passée... Puis vient le ***Palio di San Ranieri,*** qui voit s'affronter les quatre quartiers historiques de la ville sur la rivière Arno.
Le ***Gioco del Ponte,*** le dernier samedi de juin, conclut ce mois de festivités. Tout commence par une parade militaire costumée du XVIe s et composée de plus de 700 figurants. Elle précède les jeux mettant aux prises deux groupes qui, selon des règles bien définies, vont s'affronter pour la conquête du Ponte di Mezzo. Tous les renseignements sur • *giugnopisano.com* •
– ***Musica sotto la Torre :*** *sur 15 j. fin juin-début juil. Infos sur • opapisa.it •* Festival de musique jazz et classique dans le cloître du *museo dell'Opera del Duomo,* face à la tour.
– ***Festival Anima Mundi :*** *2de quinzaine de sept. Infos sur • opapisa.it •* Festival de musique sacrée rassemblant de grands ensembles ou interprètes nationaux et internationaux.

DANS LES ENVIRONS DE PISE

À l'est

Certosa di Pisa (la Chartreuse de Pise) : *à* ***Calci.*** *☎ 050-93-84-30. À env 13 km à l'est de Pise. Accessible par le bus n° 160 de la CPT au départ de Pise ; liaisons régulières ; 30 mn de trajet. Fermé lun. Visites « accompagnées » (mais non guidées). Entrée : 8 € ; réduc.*

Un des plus grands ensembles monastiques d'Italie, facilement visible depuis Pise. Chartreuse fondée en 1366 et remaniée au XVIIIe s. En 1808, un décret napoléonien sonne le glas de cette vie fastueuse des religieux observant la règle de saint Bruno. Commence alors le début de la désaffection progressive de l'édifice. Ce n'est pourtant qu'en 1972 que le dernier des moines de Calci quitte les lieux.

CALCI, UN BLASON QUI NOUS BOTTE !

À l'époque romaine, Calci était connue pour être un important centre de manufacture de cothurnes, ces bottes aux semelles épaisses et lacées sur le devant du mollet que portaient les légionnaires romains. La ville les arbore encore aujourd'hui sur son blason.

Au cours de la visite on découvre une dizaine de pièces depuis la superbe pharmacie jusqu'à la bibliothèque en passant par le réfectoire, la cuisine et le jardin potager de cet établissement où vivaient 15 pères et une soixantaine de *conversi.* La cerise sur le gâteau, ce sont la *chiesa,* avec sa superbe façade de marbre, et les 12 chapelles, toutes richement décorées par Pietro Giarrè, à la fin du XVIIIe s, de fresques représentant la vie des richissimes occupants et des scènes religieuses. On note un débordement de luxe : mosaïques, marbre de Carrare, fresques d'une richesse sans égale.

– ***Museo di Storia naturale e del Territorio :*** *à côté, dans les superbes bâtiments de la chartreuse. ☎ 050-93-84-30. • msn.unipi.it • Juil-août tlj 10h-19h45. Mars-mai et sept, lun-ven 9h-16h45, w-e 10h-18h45. Le reste de l'année lun-ven 9h-15h45, et w-e 10h-18h45. Entrée : 8 € ; réduc ; gratuit moins de 6 ans.* Géré par l'université de Pise, un riche musée d'histoire naturelle que l'on ne s'attend pas à trouver ici ! Reconstitution d'une forêt d'il y a 300 millions d'années, aquariums, importante collection d'animaux naturalisés mais surtout une bonne dizaine de ***squelettes de baleines*** présentée sous une verrière dans une partie bien restaurée de l'édifice. Un musée qui mérite que l'on s'y attarde.

Monti Pisani : au nord-est de Pise, voici une région tout en vallons, montagnes, forêts et oliveraies. Elle comprend les villages de *Vicopisano, Calci, Buti, San Giuliano Terme* et *Vecchiano.* La route qui relie Calci à Buti et part à l'assaut des contreforts parmi les robiniers, les châtaigniers et les pins est très belle. On trouve des aires de repos pour pique-niquer.

Parmi les villages, ***Buti*** (entre Calci et Vicopisano) demeure l'un de nos préférés car il a conservé son caractère médiéval sur son flanc de colline. Ne pas manquer d'aller faire un tour dans le vieux quartier. À 3 km au sud de Buti, l'adorable village de ***Vicopisano*** clame haut et fort son nom. Il était en effet un des hauts lieux de la lutte entre l'évêché et la commune de Pise. Son suffixe indique qui des deux gagna. Témoins de cette époque, les quelques demeures aux façades de couleur pastel disséminées çà et là dans la campagne. Belle tour de l'horloge, visible de loin.

Les plages

Attention, il est quasi impossible d'accéder au littoral sans payer un droit d'accès aux loueurs de transats et de parasols à ***Marina di Pisa*** et autour. Quant au parc naturel, il est gardé, et seules quelques plages autorisées permettent d'aller piquer une tête dans la grande bleue.

Pour se baigner sur une vraie plage, aller à ***Marina di Vecchiano*** dans le parc naturel, sur la route de Torre del Lago. La plage, dans sa première partie, est un peu sale, mais si vous poussez plus loin sur le rivage, ça s'améliore.

LA MAREMME

La Maremme est la partie la moins connue au sud de la Toscane. Longtemps négligée par les professionnels du tourisme, on y trouve moins de touristes que dans la région du Chianti. La Maremme présente des visages bien différents, du paysage de bocage dans la région de Scansano à la presqu'île escarpée et très chic de l'Argentario, en passant par les superbes villages médiévaux perchés sur des falaises de tuf. Il faut donc en profiter !

MASSA MARITTIMA (58023) 8 700 hab.

À 60 km au nord de Grosseto et 55 km au sud de Volterra. Perchée sur un des derniers contreforts des monts métallifères, cette ville de caractère n'est située qu'à une vingtaine de kilomètres de la côte. Pourquoi ce nom Massa Maritima ? Elle a été baptisée « maritime » car autrefois son vaste territoire courait jusqu'aux rivages de la Méditerranée. À l'époque étrusque, ce fut un centre minier (cuivre, plomb, argent) puis elle passa en 1335 sous la tutelle de Sienne. Au XVe s des épidémies dévastatrices de peste et de malaria anéantirent la cité : elle passa de 10 000 habitants en 1300 à 500 en 1500 ! Au XIXe s, l'assainissement des marais lui redonna vie. Aujourd'hui, toujours accrochée à son versant de montagne, elle se compose de deux quartiers distincts : la partie haute et la partie basse, laquelle conserve ses charmantes ruelles anciennes.

Sienne : 50 km ; *Grosseto :* 60 km ; *Florence :* 134 km ; *Rome :* 234 km.

Arriver – Quitter

En bus

🚌 ***Compagnie RAMA :*** *viale Risorgimento.* ☎ *199-848-787.* • *tiemmespa.it* •

➢ ***Sienne :*** 1 bus direct le mat en sem. Durée : 1h50.

➢ ***Follonica :*** bus ttes les heures, 5h-21h. Durée : 40 mn. De là, correspondances avec *Piombino* (d'où partent les ferries vers l'île d'Elbe), *Punta Ala, Grosseto, Sienne* puis *Poggibonsi* (qui dessert San Gimignano et le val d'Elsa). C'est aussi la gare ferroviaire la plus proche.

➢ ***Grosseto :*** 3 bus/j. sf dim par *Ribolla.* Durée : 1h10.

Adresses utiles

ℹ ***Ufficio turistico A.ma.tur :*** *via Todini, 3-5.* ☎ *0566-90-27-56.* • *altamaremmaturismo.it* • *Rue démarrant piazza del Duomo. En été, tlj 9h30-13h, 15h-19h ; en basse saison, tlj sf dim-lun et horaires restreints.* Tenue par une équipe féminine efficace et accueillante. Plan de la ville, infos sur les hébergements et de bons conseils pour les promenades. Demandez le livret d'infos en français de la région.

■ ***Agence de voyages Massa Veternensis :*** *piazza Garibaldi, 18.* ☎ *0566-90-20-62. Tlj sf dim 8h30-12h30, 15h30-19h30.* Vente de billets de bus.

Où dormir ?

🏠 ***Ostello S. Anna :*** *via Gramsci, 3.* ☎ *0566-90-11-15.* • *leclarisse@libero.it* • *digilander.libero.it/leclarisse* • ♿ *De la ville basse monter*

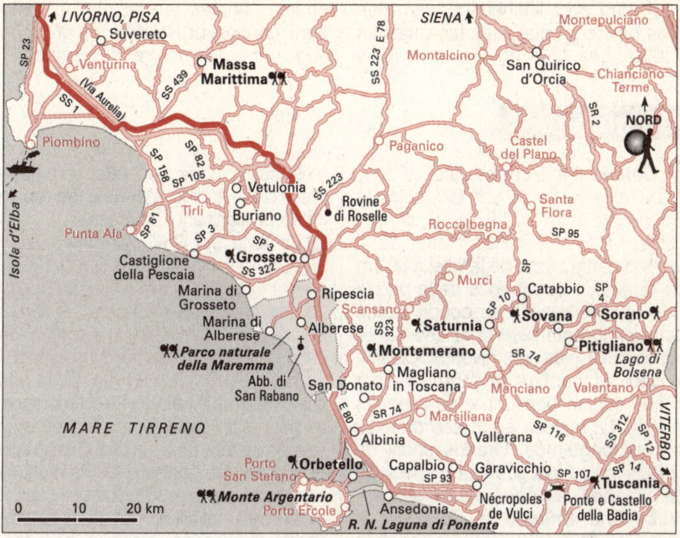

LA MAREMME

vers la ville haute par la via Valle Aspra, puis à 150 m avt d'arriver à la piazza XXIV Maggio, tourner à droite dans la via Gramsci. Réception 9h-12h, 17h-20h. Résa indispensable en été. 15 €/pers en chambre 2-10 lits, draps inclus ; petit déj 1,50 €. CB refusées. Parking gratuit. Une petite auberge dirigée par une équipe qui propose un logement simple mais de qualité aux voyageurs à petits budgets. Certes, la déco est tout à fait neutre et fonctionnelle, mais c'est très propre et plutôt confortable. Cuisine à disposition, vaste salle à manger, terrains de foot...

Hotel Duca del Mare : *piazza Dante Alighieri, 1-2. ☎ 0566-90-22-84. • info@ducadelmare.it • ducadelmare.it • À l'entrée de la ville, à gauche dans la montée. Congés : janv-fév. Doubles env 65-100 € selon confort, vue et saison, petit déj inclus. Parking privé gratuit.* À deux pas du centre, que l'on atteindra par un chemin piéton, un hôtel de bon confort à prix raisonnables. Il abrite des chambres fonctionnelles avec une déco sobre. Les plus chères possèdent un balcon avec une vue dégagée sur la campagne et la mer avec au loin (par beau temps) la silhouette de la Corse. En prime, belle piscine avec un coin hydromassant. Accueil et service impeccable, le meilleur rapport qualité-prix de la ville.

Aux environs proches

Albergo Massa Vecchia : *☎ 0566-90-38-85. • info@massavecchia.it • massavecchia.it • En contrebas de la ville de Massa Marittima à 5 km du centre-ville, sur la route de Sienne-Follonica (SR 439), fléché au km 159. Doubles env 66-128 € selon confort et saison, petit déj inclus. Possibilité de ½ pens : supplément de 20-25 €/pers selon menu. Loc de vélos.* Madame est italienne, monsieur suisse. Tous deux sont des amoureux de la Toscane. Leur association a permis de faire de cette vieille ferme rustique un endroit très agréable au cœur des cyprès et des champs d'oliviers. C'est un rendez-vous bien connu et apprécié des vététistes. Le domaine compte 2 bâtiments, un récent et un de pierre (plus authentique), ils abritent des chambres simples et confortables.

La plupart avec kitchenette, certaines avec balcon et quelques familiales en duplex. Les plus anciennes, moins chères, situées au-dessus du resto sont un peu bruyantes. Terrains de sport, ping-pong et grande piscine.

Où manger ?

IOI ***Osteria Da Tronca :*** *vicolo Porte, 5, au niveau du 46 de la via de la Liberta. ☎ 0566-90-19-91. Tlj sf mer, 12h30-14h15, 18h-minuit. Plats 8-12 €.* Dans la partie basse de la ville, à 300 m du Duomo, en contrebas de la piazza Cavour, une venelle en coude cache cette excellente *osteria* et ses caves voûtées sur plusieurs niveaux. Cuisine sincère et copieuse, goûteuse, car basée sur un bon choix de produits locaux. La maison a fait ses preuves depuis longtemps. Grands choix de *crostini* mais il faut goûter à la spécialité de la maison, les *tortelli alla maremma.*

IOI ***Le Fate' Briache :*** *corso Armando Diaz, 3. ☎ 0566-90-10-10. • lefatebriache@hotmail.it • Au pied de la Torre del Candeliere, sur une superbe place ancienne. Tlj sf lun. Résa indispensable. Compter env 20-25 €. Café ou digestif offert sur présentation de ce guide.* On peut être petit et faire de grandes choses. C'est le cas dans cette salle composée seulement de 6 tables pour un maximum de 14 personnes. La fée du logis, Caternia, soigne ses hôtes comme si elle recevait des amis. Elle est aidée par sa maman certains soirs. Sa cuisine, créative et goûteuse, est confectionnée avec passion et délicatesse. Raviolis à la pistache, porc rôti et des suggestions chaque jour différentes. Au fait, le *fate briache,* ce n'est pas une fée clochette, comme le laisse croire le logo, mais une fée saoule (*ubriache* signifiant « bourrées ») !

IOI ***La Tana del Brilli Parlante :*** *vicolo del Ciambellano, 4. ☎ 0566-90-12-74. • brilla2003@hotmail.it • De la pl. du Duomo, par la via della Libertà. Tlj sf mer jusqu'à minuit (hors mi-juil à mi-août). Résa conseillée pour une table dans la ruelle. Compter 30 €. CB refusées.* Dans une charmante ruelle verdoyante et ombragée, ce petit resto pratique la méthode et le savoir-faire *slow food.* Le chef Ciro Murolo et son épouse sont aux petits oignons pour leurs convives. Savoureuse cuisine locale bien travaillée. *Tortelli,* gnocchis, ricotta et aussi en saison un bon sanglier à la bière ou bien à la *maremmane.*

IOI ***Taverna del Vecchio Borgo :*** *via Norma Parenti, 12. ☎ 0566-90-39-50. • taverna.vecchioborgo@libero.it • En contrebas du Duomo. Ouv le soir mar-dim, plus le midi dim hors saison. Congés : 15 fév-15 mars. Menu 30 € ; sinon viande au poids 35-40 €/kg.* Dans cette salle voûtée de style rustique, on déguste une cuisine qui respecte les traditions du pays, sans aucune concession pour les effets de mode. Plats copieux cuisinés façon grand-mère, comme ces grillades juteuses ou ces *minestre* qui sentent bon le terroir. Une bonne adresse mais assez onéreuse.

À voir

Un billet combiné (valable 1 mois) pour l'accès à l'ensemble des musées est proposé à 15 €. Intéressant seulement si vous les visitez tous (faire le calcul).

★★ ***Piazza Garibaldi :*** bordée de beaux monuments historiques, dont le plus important est le ***Duomo.*** Cette église, couverte d'une belle façade de travertin, se dresse en haut d'un escalier. Étant donné la déclivité de la place, les architectes ont fait jouer les perspectives. Si l'on regarde bien, on constate que le portail central est légèrement décalé. Le campanile est allégé par le nombre croissant de ses arches superposées sur cinq étages d'ouvertures. Admirer, à l'intérieur, les fonts baptismaux du XIIIe s, la *Madonna delle Grazie,* peinte dans une chapelle latérale, et, dans l'abside, le tombeau avec des bas-reliefs contant la vie de saint Cerbone. Le ***Palazzo pretorio*** et le ***Palazzo comunale*** complètent le bel ensemble de cette place Garibaldi. Le Palazzo del Podestà *(comunale)* du XIIIe s abrite le ***Museo***

archeologico. ☎ *0566-90-22-89. Tlj sf lun 10h-13h, 16h-22h ; août-oct 10h-12h30 et 15h30-19h (mêmes horaires mais 15h-17h nov-mars). Entrée : 3 €.* Exposition d'objets datant du Paléolithique à l'époque romaine. Voir absolument la superbe statue-stèle du IIIe millénaire av. J.-C., sorte d'ancêtre de Barbapapa.

Museo della Miniera : *via Corridoni.* ☎ *0566-90-22-89. À l'est de la ville, hors les murs. Tlj sf lun : juil-août 10h-17h30 ; sept-oct et avr-juin 10h-17h45 (nov-mars 10h-16h30) ; visite guidée env ttes les heures. Entrée : 5 € ; réduc.* Plus qu'un simple musée, c'est la reconstitution d'une mine de métal, mise en scène dans les galeries d'anciennes carrières. Ce lieu rappelle que Massa Maritima tira des mines une partie de sa richesse aux XVIIIe et XIXe s.

LA MAREMME

Dans la partie haute de la ville

Torre del Candeliere : *piazza Matteotti. Dans la partie haute de la ville. Tlj sf lun 10h-13h, 15h-18h. Entrée : 3 € ; réduc.* En remontant la via Moncini, juste derrière la porte de la ville, admirer la tour du XIIe s et son pont à arche unique : vraiment unique. La piazza Matteotti où se tient la tour constitue un des plus beaux endroits de la ville haute, de par son caractère et son charme.

Complesso museale di San Pietro all'Orto : *corso Diaz, 28.* ☎ *0566-90-22-89. De la piazza Garibaldi, remonter la via Moncini, passer la porte de la ville, puis prendre le corso Diaz.* L'ancienne église San Pietro all'Orto, du XIIe s, abrite plusieurs musées. Attenant, le reposant *chiostro de Sant'Agostino.*

- **Museo di Arte sacra e Collezione d'Arte contemporanea :** *tlj sf lun : avr-oct, 10h-13h, 15h-18h ; nov-mars, 11h-13h, 15h-17h. Entrée : 5 € ; réduc.* De toutes les œuvres exposées ici la plus étonnante et élégante reste la *Maestà* du XIVe s d'Ambrosio Lorenzetti (représentant la Vierge assise, entourée de saints). Également des bas-reliefs romans patinés par les siècles, d'origine inconnue, qui furent exposés jadis dans le Duomo.
- **Museo degli Organi Meccanici Santa Cecilia :** *au 1er étage. • museodeglior gani.it • Tlj sf lun : juin-sept 10h-13h, 16h-19h (mars-mai 15h-18h) ; nov-mars, 10h30-12h30, 15h-18h. Fermé de mi-janv à fév. Entrée : 4 € ; réduc.* Un lieu certes petit, mais dont la beauté, l'atmosphère et l'acoustique méritent la visite, surtout si vous êtes mélomane. Sont présentés ici de magnifiques orgues du XVIIe au XIXe s, venant de toute l'Italie. Tous sont en état de marche. Parmi eux, un des trois seuls orgues portables qui subsistent en Italie. Le fondateur de ce musée, le passionné Lorenzo Ronzoni, restaure les orgues sur place. Également quelques pianos. Avec un peu de chance, vous aurez droit à quelques airs pour apprécier la différence de puissance entre un pianoforte de 1830 et un autre de 1892.

Manifestations

- **Balestro del Girifalco :** *le 4e dim de mai et le 2e dim d'août.* À cette occasion, les arbalétriers des différents quartiers revêtent des costumes médiévaux pour tirer sur le *corniolo,* placé à 36 m.
- **Toscana Foto Festival :** *2 sem mi-juil. Infos sur • toscanafotofestival.net •* Important festival international de la photographie : expos, rencontres avec des pointures dans ce domaine...

DANS LES ENVIRONS DE MASSA MARITTIMA

Suvereto : *à 26 km au nord-ouest de Massa Marittima par une petite route à travers les monts, sinon on peut y accéder depuis l'autoroute du littoral*

(E 80) même sortie que pour Piombino. Charmant village de 3 200 habitants, recroquevillé autour de ses ruelles pavées, ses passages discrets et ses escaliers. En bas, extra-muros, l'*église San Giusto* du XIIe s : romane du portail jusqu'au chœur, sans ajout « barococos » à l'italienne, une simplicité rare dans le coin ! Beau *Palazzo comunale* du XIIIe s avec arcades et joli *cloître de San Francesco,* XIIIe s, revêtu de brique. Tout en haut, la *Rocca Aldobrandesca* est le lieu du village originel (du IXe s), dont il reste un vestige de fortification (XIIe-XIVe s).

ISOLA D'ELBA *(l'île d'Elbe)*

L'île d'Elbe a été un centre d'extraction de métaux dès l'ère étrusque, un lieu de villégiature de riches patriciens romains, ensuite dans le giron des Espagnols et du grand-duché de Toscane. Son nom entre dans l'histoire de France lors de l'exil de Napoléon. L'*Elba,* bien italienne, conserve des témoignages de toutes ces époques : mines à l'est et au sud ; fortifications à Portoferraio et sur les reliefs ; palais de Napoléon. Aujourd'hui, l'île est une destination de tourisme familial. Abordable et adorable à la mi-saison, elle devient nettement plus onéreuse et saturée en plein été, prisée principalement par les Romains et les Toscans. Portoferraio, capitale de l'île avec ses 12 000 habitants, est une bonne base pour explorer les environs et découvrir de belles plages de sable blanc. C'est aussi ici que débarque la majorité des ferries.

Comment y aller ?

➢ Plusieurs ***liaisons maritimes*** au départ de *Piombino*. ***Moby Lines*** *(☎ 0565-91-41-33 ; • moby.it •)* et ***Toremar*** *(☎ 0565-96-01-31 ; • toremar.it •)* arment les ferries de Piombino à Portoferraio : ttes les heures, avr-sept ; env ttes les 2h oct-mars ; compter 1h et 6,50 €/pers, 23-40 €/véhicule. Taxes en sus (parfois élevées !).

Adresses et infos utiles

🛈 Pour plus de renseignements, n'hésitez pas à contacter l'***office de tourisme de Portoferraio*** : *viale Elba, 4. ☎ 0565-91-46-71. • info@isoleditoscana.it • aptelba.it • Ouv de mi-mai à mi-sept : lun-sam 9h-19h ; dim 10h-13h, 15h-18h.*

🚌 ***Bus locaux : ATL,*** *☎ 0565-91-43-92. Liaisons sur l'île en ttes saisons. À Portoferraio, départ juste au-delà du débarcadère.*

GROSSETO (58100) 82 300 hab.

Très active pendant la journée, cette grosse cité administrative s'endort dès la tombée de la nuit. L'animation se concentre alors dans son vieux quartier, plutôt agréable, ceint de murs puissants du XVIe s en forme d'étoile. Grosseto reste un nœud ferroviaire important d'où l'on rayonne vers les petits villages de l'arrière-pays et les plages du littoral, dont celles de *Marina di Grosseto,* toute proche. Et puis on y mange fort bien !

Sienne : 75 km ; *Florence :* 140 km ; *Pise :* 151 km ; *Livourne :* 132 km ; *Rome :* 178 km.

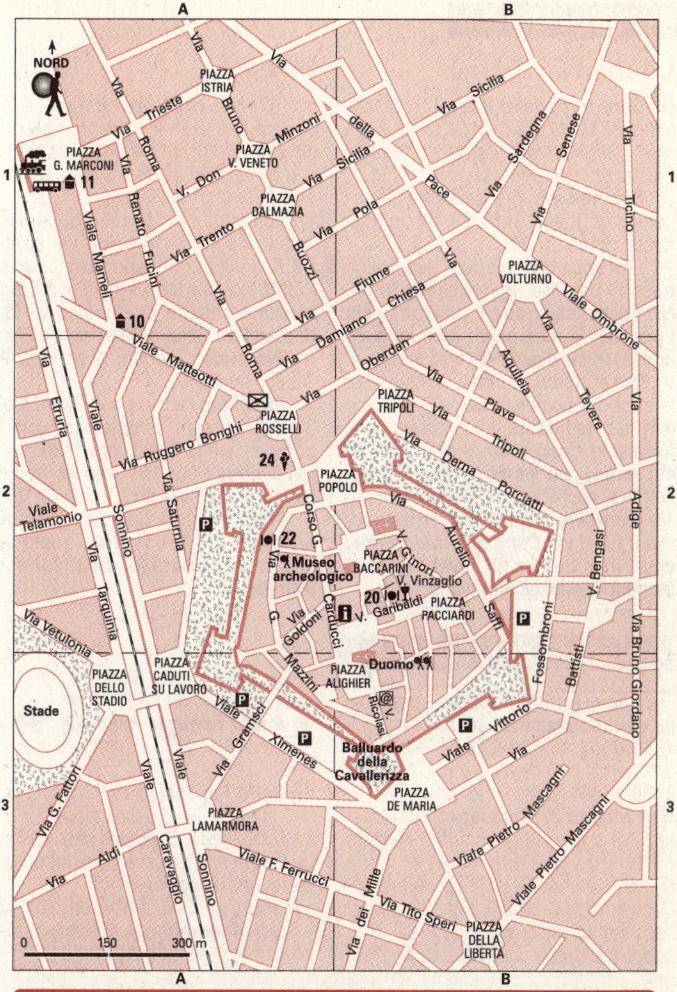

GROSSETO

■ **Adresses utiles**

- i Ufficio turistico
- @ Caffè Ricolasi

Où dormir ?

- **10** Albergo Appennino
- **11** Nuova Grosseto

Où manger ?

- **20** Vineria da Romolo
- **22** Taverna Il Canto del Gallo

Où manger une bonne glace ?

- **24** Gelateria Corsaro Nero

Arriver – Quitter

En train

Gare ferroviaire *(plan A1)* **:** *piazza Marconi. ☎ 89-20-21 (0,54 €/mn). Guichet d'infos lun-ven 6h-20h40, sam et j. fériés 9h-13h, 14h-17h.*

➢ ***Sienne :*** env 6-9 trains via *Buonconvento.* Trajet : 1h50-2h. Slt un train direct, durée : 1h30.

➢ ***Florence :*** la plupart des trains passent par Pise. Trajet : env 2h30-3h. Nombreuses autres liaisons via Livourne, Sienne guère plus longues que les trains directs (il y en a très peu).

➢ ***Pise et Rome :*** Grosseto se trouve sur le trajet des nombreux trains Pise-Rome (env ttes les heures), qui font aussi halte à *Livourne, Cecina, Follonica* ou *Orbetello* et *Capalbio* pour les moins directs. Trajet : env 1h30 pour *Pise,* env 2h pour *Rome.*

➢ ***Piombino*** *(départ des ferries pour l'île d'Elbe)* ***via Campiglia Marittima :*** env 1 train ttes les 2h Trajet : 1h-1h20 (correspondance comprise).

En bus

Gare routière *(plan A1)* **:** *compagnie* Rama, *piazza Marconi. ☎ 199-84-87-87. • tiemmespa.it • À la sortie de la gare ferroviaire, dans le petit bâtiment sur la droite.*

➢ ***Follonica :*** 3-4 bus/j. (2 slt le w-e). Trajet : 45 mn-1h15 selon les arrêts. De Follonica, correspondances avec *Piombino* (ferries vers l'île d'Elbe), *Massa Marittima* et *Poggibonsi* (qui dessert San Gimignano et le val d'Elsa).

➢ ***Florence :*** 7 bus/j. (2 slt le w-e). Trajet : env 2h10.

➢ ***Piombino*** *(ferries pour l'île d'Elbe)* **:** 3 bus/j. en sem, directement vers le port des ferries. Trajet : env 1h30.

➢ ***Sienne :*** bus env ttes les heures lun-sam ; moins le dim. Trajet : 1h15.

➢ Nombreuses liaisons tlj pour ***Marina di Grosseto,*** quelques uns pour ***Orbetello, Scansano*** et ***Pitigliano.***

Adresses et infos utiles

Ufficio turistico *(bureau principal au centre ; plan B2)* **:** *corso Carducci, 1. ☎ 0564-48-82-08 et 21. • turismo grosseto.it • Face au Duomo. Lun-ven 9h30-17h30. Fermé le w-e.*

À Marina di Grosseto : via Grossetana. ☎ 0564-34-449. • prolo comarinadigrosseto.it • À la limite sud du village. Tt droit en venant de Grosseto, sur l'artère principale descendant vers la plage à partir du croisement entre la SS 322 et la SP 158. Tlj sf mar 10h-12h, 16h-20h.

✉ **Poste centrale** *(plan A2)* **:** *piazza Rosselli, 9. Lun-sam 8h25-19h10 (12h35 sam).*

@ **Caffè Ricolasi** *(plan B3)* **:** *via Ricolasi, 20. ☎ 0564-26-220. Compter env 2 € pour 30 mn.* Quelques ordis au fond du café et une terrasse où se retrouvent les jeunes du coin.

– ***Marché :*** *jeu, viale Ximenes (plan A3).*

– ***Stationnement :*** *parkings tt autour de la ville close. Compter 0,60 €/h.*

Où dormir ?

Albergo Appennino *(plan A1,* ***10****)* **:** *viale Mameli, 1. ☎ 0564-23-009. • reception@albergoappennino.it • albergoappennino.it • Doubles 59-65 € selon saison, petit déj compris.* Un bâtiment ancien couleur saumon avec une élégante façade. Ce petit hôtel de quartier, discrètement niché dans un renfoncement compte une douzaine de chambres chaleureuses, bien arrangées, avec TV à écran plat et salle de bains nickel. Accueil cordial.

Nuova Grosseto *(plan A1,* ***11****)* **:** *piazza Marconi, 26. ☎ 0564-41-41-05. • nuovagrosseto@tin.it • hotelnuova grosseto.com • Doubles 70-92 € selon saison, petit déj inclus.* Un hôtel moderne, face à la gare ferroviaire. Grand hall style Art déco, avec fresque en bas-relief. Chambres fonctionnelles à la déco standard mais confortables et bien équipées (AC, TV, minibar...).

Où dormir dans les environs ?

Campings

Camping Il Sole : *via Cavalleggeri. ☎ 0564-34-344. • info@campingilsole.it • campingilsole.it • Proche de Marina di Grosseto, 1er camping sur la SP 40 en direction du sud (vers Principina al Mare). Ouv de mi-avr à mi-sept. Réception 8h-minuit. Selon saison, 15-42,50 € pour 2 avec tente ; bungalows 4 pers 395-900 € ; mobile homes 4 pers 265-720 €.* À 900 m de la mer, en bordure de la vaste pinède de Marina di Grosseto, un beau camping bien organisé et bien équipé dans un environnement vert avec des emplacements bien ombragés : belle piscine, boutique, barbecues, etc. Prévoyez une bonne crème contre l'ennemi n° 1 ici, *la zanzara* (moustique). Accueil professionnel.

Camping Village Cielo Verde : *via della Trappola, 180, 58046* ***Marina di Grosseto.*** *☎ 0564-32-16-11. • info@cieloverde.it • cieloverde.it • Le long de la SP 40, un peu plus au sud que le Camping Il Sole. Ouv de mi-mai à mi-sept. Réception 8h-13h, 16h-20h. Selon saison, 18-50 € pour 2 avec tente et voiture ; mobile homes et bungalows 300-1 500 €/sem selon saison et confort. Loc de 2 vélos offerte pour une journée sur présentation de ce guide.* Pour les campeurs qui aiment la belle organisation et la netteté ! Avec ses rues tirées au cordeau, ses ronds-points, sa banque ou encore sa chapelle (!), on a scrupuleusement reconstitué l'atmosphère d'une petite cité estivale sous les pins. Les emplacements sont ombragés, assez spacieux... et même dotés de téléphones pour certains ! Le site est donc très verdoyant, ce camping est très bien équipé avec des infrastructures en bon état, mais les règles internes sont strictes (tout le monde n'entre pas dans ce camping, on peut les comprendre car en été c'est une petite ville !).

Où manger ?

De bon marché à prix moyens

Taverna Il Canto del Gallo *(plan A2,* ***22****)* **:** *via Mazzini, 29. ☎ 0564-41-45-89. Tlj sf dim, le soir slt. Congés : 2 sem en fév. Plats 8-16 €. Café offert sur présentation de ce guide.* Un peu en retrait de l'agitation, dans un coin de rue calme, avec une petite terrasse agréable. La charmante cave voûtée, coquette à souhait, comble d'aise. Accueil jovial. Ici, pas de congelé, on travaille des produits frais et du terroir. Spécialités maison : *galletto alla « Diavolo »* et *contro filetto* (viande toscane)... Belle sélection de vins locaux.

Vineria da Romolo *(plan B2,* ***20****)* **:** *via Vinzaglio, 3. ☎ 0564-27-551. • vineriadaromolo@yahoo.it • Tlj sf mar, midi et soir. Fermé 10 j. en nov. Menus complets 20-29 €. Une bouteille de vin offerte sur présentation de ce guide.* Façade et terrasse avec des masques de Bacchus qui poussent au tonneau, le ton est donné. La salle est dans le même style enjoué : bouteilles de vin, vieux outils, dictons rabelaisiens comme : « Qui boit timidement du vin rentre d'humeur morose chez soi. » Le menu de Romolo est tout aussi jovial, avec ses *bruschette, tortelli maremmani,* assiettes de cochonnailles ou de fromages locaux. Carte des vins variée et sélection judicieuse de crus locaux. Et puis Romolo est un peu de la famille : routard dans l'âme, un planisphère tapisse le comptoir épinglé de ses périples avec un joyeux bazar de souvenirs du monde entier.

Où manger dans les environs ?

Osteria Il Cantuccio : *piazza Independenza, 31, 58043* ***Buriano.*** *☎ 0564-94-80-11. • info@osteriailcantuccio.it • À 15 km au nord-ouest* *de Grosseto, au centre du village. Situé dans un petit hameau isolé. De Grosseto, prendre la route 3 vers Castiglione della Pescaia, faire 10 km puis tourner à droite et suivre cette route secondaire sur env 7 km en direction de Vetulonia (c'est avt ce village sur la gauche). Tlj sf lun, le soir slt (plus dim midi hors juil-août). Congés : nov. Résa conseillée. Repas 30-35 €.* Voici sans doute une des meilleures auberges de la région. Le chef talentueux y élabore une cuisine inventive et savoureuse à base de *chianina* en tartare (une vache élevée dans les prés toscans), de *pancetta* aux prunes ou de lièvre. À table, une sélection d'huiles d'olive du cru (testez une goutte de chaque sur un bout de pain, elles sont excellentes !). Sans oublier des desserts pur sucre, à l'instar de la *zucotta* aux amandes accompagnée de son verre de muscat. Service attentif et raffiné. Réservez, ce serait trop bête de rater ce rendez-vous avec la gastronomie maremmane !

Où manger une bonne glace ?

Gelateria Corsaro Nero *(plan A2, **24**)* **:** *via IV Novembre, 15. ☎ 0564-41-42-07. Tlj 11h-minuit, w-e 11h-13h et 15h30-minuit.* Ici ni colorants, ni conservateurs ! Pour venir partager avec les locaux des glaces aux saveurs peu communes : sorbet à la mûre et corsaire noir y font merveille. Le must, 2 parfums renouvelés chaque jour.

À voir. À faire

Duomo *(plan B2-3)* **:** *tlj 7h30-12h30, 15h30-19h.* La cathédrale de Grosseto de style gothique présente une superbe façade en marbre blanc et rose. Elle fut construite vers 1300 et rénovée en 1845 ; sa beauté en impose et confère à la place qu'il domine une certaine allure. En façade, intéressante statuaire symbolisant les évangélistes (lion pour saint Marc, aigle pour saint Jean, taureau pour saint Luc et homme pour saint Matthieu). Le portail latéral est également très ouvragé avec ses colonnettes à vis, statues et autre voussure torsadée. Beau campanile de 1402, avec ses baies géminées et triplées.

Museo archeologico e d'Arte della Maremma *(plan A-B2)* **:** *piazza Baccarini, 3. ☎ 0564-48-87-52 ou 50. Juil-août, mar-ven 10h30-17h, w-e 10h-13h, 17h-20h ; juin et sept, mar-ven 10h-17h, w-e 10h-13h, 16h-19h. Entrée : 5 € (avec accès aux expos temporaires dans le même bâtiment). Brochure en français.* Dans le palais du vieux tribunal, des objets exhumés sur le site de Roselle (voir plus bas) et autres découvertes archéologiques dans la Maremme bénéficient d'une très belle muséographie. Le musée d'Art sacré partage le 2e étage avec des salles consacrées à l'histoire de Grosseto.

Les remparts **:** ils offrent une belle promenade le long des jardins.

DANS LES ENVIRONS DE GROSSETO

Sito archeologico di Roselle **:** *à 12 km au nord-est de Grosseto, par la S 223 direction Sienne. ☎ 0564-40-24-03. • parcodeglietruschi.it • Tlj mars-oct 9h-19h30 (17h30 le reste de l'année). Entrée : 4 € ; réduc.* Au sommet d'une colline, le site est entouré d'un imposant mur d'enceinte fait de blocs de pierre pouvant atteindre 2 m de haut ! L'endroit fut bien choisi par les Étrusques il y a 2 500 ans, et offre une vue à 180° sur la campagne environnante et la Méditerranée. Pas étonnant que les Romains aient pris la ville (en 294 av. J.-C.), nous laissant un forum, une voie romaine, des mosaïques et un petit amphithéâtre de forme ovale.

Vetulonia : *à env 24 km au nord-ouest de Grosseto (route de Livourne, puis Follonica).* Ce petit village paisible, juché sur sa colline, fut le premier centre d'exploitation minière et une puissante ville étrusque. Les vestiges étrusques sont disséminés ici et là dans le village et ses environs, notamment la *Tomba della Pietrera,* celle *del Diavolino* et *la Tomba del Belvedere* (VIIe s av. J.-C.), isolées dans la campagne, bien avant d'arriver au village – indiqué en venant du sud *(normalement tlj 10h-19h).* Dans le village, tout en découvrant les vestiges du *Mura del Arce,* on jouit d'un remarquable point de vue sur les paysages de la Maremme qui s'étendent à l'infini.

Castiglione della Pescaia et ses alentours : *à env 22 km à l'ouest de Grosseto.* À deux pas de la mer, une charmante cité médiévale aujourd'hui bien chic et touristique, entourée d'inélégantes constructions. De Castiglione, on peut serpenter sur des routes dans les collines généreusement arborées. Au passage, sur les hauteurs, le village de Tirli baigne encore dans son jus, et la côte s'offre joliment à vos yeux.

PARCO NATURALE DELLA MAREMMA (PARC NATUREL DE LA MAREMME)

UN PEU D'HISTOIRE

À 40 km au sud de Grosseto, ce parc naturel englobe les monts de l'Uccellina, entre l'estuaire de l'Ombrone au nord et le golfe de Bengodi. On y accède par le village d'***Alberese,*** situé à 13 km au sud de Grosseto. La Maremme, froide et humide en hiver, est une terre sèche en été. Les Romains ayant progressivement délaissé les drainages créés par leurs prédécesseurs étrusques (comme dirait Obélix : « *Sono pazzi questi Romani !* »), les anophèles meurtriers s'y épanouirent, colportant des épidémies de malaria. Au Moyen Âge, Sienne, sans débouché maritime (contrairement à Florence), convoitait ce morceau du littoral pour des raisons géostratégiques mais Florence le lui souffla en absorbant la Maremme dans sa zone économique.

RÉGIME SEC POUR LES MARAIS

Aux temps forts de la malaria, le gouvernement de Grosseto dut plier bagages et émigrer sur les hauteurs de Scansano, au nord de Saturnia, afin d'échapper aux satanées zanzare (moustiques). Le seul pouvoir politique à prendre vraiment les choses en main pour mettre fin aux épidémies fut celui de... Mussolini. Lors de la célèbre « bataille du Blé », il mobilisa les anciens combattants pour assainir le marais. Le mauvais air (malaria) *fut ainsi chassé et la palude (marais) curée de son paludisme.*

Les chevaux de la Maremme

La Maremme est accessible à certaines conditions. Traditionnellement, le moyen de locomotion le plus adapté (la région étant la moitié du temps inondée) est la plus noble conquête de l'homme : le cheval. On trouve ici une race autochtone croisée avec quelques cousins du Nord au cours de différentes vagues d'invasion. Relativement robuste, d'un pied très sûr, loyal et volontaire, il résiste aux moustiques, lui. Autant de qualités pour en faire un cheval ès armées.

Aujourd'hui, il ne sert plus de chair à canon mais est mené par les *butteri,* des bergers façon gauchos argentins ou *manadiers* camarguais, qui élèvent de drôles de vaches grises aux cornes style guidon de bicross. Depuis la crise de la « vache folle » (début des années 2000), la viande de ces *vacche maremmane* connaît un succès sans précédent. Le *buttero* est toujours muni d'une grande perche en bois de cornouiller débarrassée de son écorce par le feu. À sa pointe se trouve un crochet en corne multi-usage (fermeture d'une barrière, sanglage à distance des jeunes pur-sang fougueux, ramassage du chapeau tombé à terre...). Avec un peu d'expérience, on peut les accompagner dans leur travail quotidien.

Recommandations

Vous êtes dans un parc naturel où le fragile écosystème doit être respecté encore plus qu'ailleurs. C'est peut-être évident, mais les mégots de cigarettes, mouchoirs ou papiers gras ne sont pas les bienvenus ici. Les oiseaux viennent nidifier ou se reposer dans la région : alors si vous pouvez apporter vos canettes pleines, rapportez-les vides à la civilisation plutôt que de polluer. Quant aux chiens, ils restent à la niche. Pour les randonnées, prévoir des chaussures de marche (certains chemins sont escarpés), de l'eau en quantité, un chapeau et un répulsif pour les moustiques (même en hiver !). Aucun commerce dans le parc, excepté quelques produits de base et un peu de production bio locale (jambon, fromage...) en vente au *Centro visite.*

Arriver – Quitter

Arrêt des bus : devant le centre d'informations touristiques (Centro visite di Alberese) *à **Alberese.** • tiemmespa.it •*

➢ ***Grosseto :*** bus ttes les heures 7h-18h au départ d'Albarese (7h30-19h de Grosseto). 3 bus slt le dim.

– ***Stationnement :*** *parking payant face au Centro visite. Compter 1,20 €/h.*

Adresse utile

Centro visite di Alberese : *via del Bersagliere, 7-9. ☎ 0564-40-70-98 et 72-69. • parco-maremma.it • naturalmentetoscana.it • À l'entrée d'Alberese en venant du nord. De mi-mars à sept, tlj 8h30-18h ; d'oct à mi-mars, tlj 8h30-14h.* Toutes les infos sur le parc et vente des billets pour les balades. Une des hôtesses parle le français. Le centre est aussi le siège de l'association *Naturalmente Toscana* qui gère les activités et propose une liste d'une quarantaine d'*agriculturismi.*

Où dormir ?

Agriturismo Redipuglia : *strada Vecchia Aurelia, 31, 51010 **Alberese.** ☎ 0564-40-70-41. • info@agriturismoredipuglia.com • agriturismoredipuglia.com • Sur la route de Marina di Alberese, à 2 km au nord d'Alberese, au niveau de l'intersection avec la Strada Vecchia Aurelia. Double avec bains 50 € ; appart pour 4 pers 90 €. Pas de petit déj. Prêt de vélo gratuit sur présentation de ce guide.* Dans une grande exploitation agricole, entourée d'oliviers et de pins parasols, cette ferme est tenue par un couple accueillant et charmant. On est reçu par le roucoulement des tourterelles. La demeure bien entretenue abrite des chambres simples mais vastes et fraîches. Toutes (sauf une) ont un coin cuisine et la clim. La propriétaire met à disposition table et chaises pour prendre l'apéro dans le jardin. On peut déguster le miel artisanal et naturel de la ferme. Une adresse d'un bon rapport qualité-prix.

🏠 ***Azienda Regionale Alberese :*** *strada del Mare, 27, loc.* ***Spergolaia,*** *Alberese. ☎ 0564-40-71-00 (en sem). 📱 329-260-37-94 (le w-e). • agriturismo@alberese.com • alberese.com • À 2 km au nord d'Alberese sur la route de Marina di Alberese. Pour 2 nuits (min exigé en saison) : chambres avec cuisine 150 € pour 2 pers, 200-250 € pour 3-4 pers ; chambres et apparts pour 2-5 pers dans la luxueuse* Villa Fattoria Granducale, *180-310 € pour 2 nuits, tarifs à la sem également.* Cette immense *azienda* est unique en son genre. Attention il ne s'agit pas du tout d'un *agriturismo* privé mais d'une sorte de grande coopérative équestre appartenant à la collectivité régionale. Point de chute idéal pour rayonner, à pied ou à cheval, dans les 4 000 ha de terres qu'exploitent encore les *butteri* de l'*azienda.* Au total, une trentaine de chambres et apparts, de 45-95 m², tout confort et tout équipés, sont répartis dans 4 fermes disséminées dans le parc et une villa luxueuse dans le centre d'Alberese. Propose également des balades à cheval.

Plus chic

🏠 🍽 ***Agriturismo Giuncola & Granaiolo*** *(chez Christine Pagliarino) : loc. Giuncola, 61, 58010* ***Rispecia.*** *☎ 0561-40-59-22. • eventi@giuncola.it • giuncola.it • À 7 km au nord du parc naturel de la Maremme. En venant d'Alberese, direction Ripescia, c'est à gauche avt le pont de chemin de fer (on passe devant le restaurant* Da Remo*), continuer env 1 km, c'est indiqué. Ouv avr-oct, doubles 80-100 € (135 € en août).* Vaste domaine agricole de 140 ha dans un paysage de plaine fertile. La propriétaire, la charmante Christine, parle bien le français. Elle est revenue en Toscane après avoir vécu en Suisse. Elle a aménagé avec soin et goût son *azienda agricola.* Les chambres sont bien équipées, calmes, et ouvrent sur les champs. Plus loin une piscine agréable en été. Possibilité de prendre ses repas au restaurant (mais ils ne sont pas inclus dans le prix de la chambre). Balades à cheval possibles car le domaine est spécialisé dans l'accueil des cavaliers.

Où manger ?

🍽 ***Osteria Il Mangiapane :*** *strada Cerretale, 9,* ***Alberese.*** *☎ 0564-40-72-63. En bordure du parc naturel, à 500 m du centre de visite, sur la route principale en direction de Grosseto. Tlj sf jeu hors saison. Plats 8-13 €.* Rustique *osteria* avec terrasse, en retrait de la route, dans un jardin fleuri planté d'oliviers, où les enfants trouveront des jeux pour patienter. Cuisine roborative à petits prix : *coniglio, cinghiale, scottiglia della nonna...* Tenue par une famille charmante.

🍽 ***Bar-ristorante Da Remo :*** *via Stazione, 5-7,* ***Ripescia.*** *☎ 0564-40-50-14. ♿ À deux pas de la gare. À 7 km au sud de Grosseto et à 7 km au nord du parc naturel de la Maremme. En venant d'Alberese, en direction de Ripescia : c'est à gauche avt le pont de chemin de fer. Ouv slt le soir, plus le midi dim et j. fériés. Fermé mer. Congés : nov. Repas complet 35-45 €. Digestif offert sur présentation de ce guide.* On entre par la terrasse dans cette auberge qui abrite un bar et 2 salles. C'est une bonne adresse fréquentée principalement par les locaux. On y vient pour ses spécialités de poisson. Testez le poisson blanc au vinaigre balsamique.

À voir. À faire

➢ ***Randonnées :*** *de mi-sept à mi-juin, visite en solo ; de mi-juin à mi-sept, 2 petits itinéraires à faire en solo mais les plus intéressants se font obligatoirement sur résa (la veille) et avec un* *guide (en italien, en anglais, en allemand, et en français jeu à 16h30). Selon parcours, visite libre sans guide 3-6 € (2h de marche), avec guide env 10 € (3-4h de marche) ; réduc. Également des visites pour la journée (50 €) et en nocturne en été (15 €). Navette entre le centre de visite et le point de départ des circuits : env ttes les heures ; départs 9h-16h30.* La carte détaillée des randonnées est fournie par le centre d'information des visiteurs du parc. Les parcours thématiques varient au fil des saisons, ils explorent paysages forestiers méditerranéens, pinède et l'embouchure de l'Ombrone en été, et ils mènent en hiver vers l'***abbaye de San Rabano*** ou sur les tours médiévales parsemées sur les collines.

➢ ***À cheval, à bicyclette et en bateau :*** *sur résa slt.* Pour les adeptes de la petite reine, prévoir 10 € pour l'itinéraire balisé de 4h (19 km). Des centres équestres privés affiliés au *Centro visite di Alberese* proposent deux itinéraires balisés à cheval. Compter 46-100 € selon le niveau de difficulté. Découverte accompagnée également possible en canoë. Compter 16 € par personne pour 2h, 20 € pour la sortie ornithologique ou en nocturne. Pour finir sans effort, sorties en roulotte pour 14-19 € par personne.

Les plages du parc : on y accède dans le cadre des itinéraires balisés. Intéressant pour la période de visite en solo, mais en été le guide n'accorde que peu de temps à la trempette. En revanche, en limite de parc, on peut accéder librement et en voiture (ou à moto) à la plage de ***Marina d'Alberese.*** Un chemin de terre de 6 km y conduit depuis l'intersection de Spergolaia. On doit passer par un péage électronique qui prend en photo la plaque d'immatriculation de votre véhicule. On paie au retour (cher). Sur la plage elle-même beau paysage mais beaucoup de débris de bois mort sur le sable, un snack, et début du sentier A 7 (vente de billets) ; sinon, accès en navette *(payante également, 1,50 €)* depuis Alberese.

L'***Azienda Alberese*** (voir « Où dormir ? Où manger ? ») propose des visites de cette vaste ***ferme publique*** totalement autarcique (forge, scierie, entrepôts, sellerie...).

L'ARGENTARIO (LA CÔTE D'ARGENT)

ORBETELLO (58015) 15 200 hab.

À 33 km au sud de Grosseto, la vieille ville d'Orbetello est bizarrement située en bord de mer et bordée par deux belles lagunes. Elle est implantée sur une bande de terre (un isthme en fait) qui relie la terre ferme au promontoire du Monte Argentario. Le centre ancien n'est pas désagréable à découvrir à pied, une fois son véhicule garé. Ne pas manquer son Duomo gothique du XIVe s (belle façade, où deux modillons lutins regardent à travers un oculus).

UN PEU D'HISTOIRE

Étrusque puis byzantine, Orbetello fut de 1557 à 1808 la capitale du petit État espagnol des Présides *(Presidi),* d'où proviennent les armoiries de la porte du Secours. On peut voir aussi des éléments de style hispano-flamand sur certaines parties de la cathédrale et il existe encore un moulin hispanique sur la lagune à la sortie ouest de la ville. La ville a perdu sa fonction militaire, mais jusqu'à l'époque mussolinienne, elle était une base pour hydravions.

Arriver – Quitter

En train

Gare ferroviaire : ☎ *89-20-21 (0,54 €/mn).* • *trenitalia.com* • *Station* ***Orbetello – Monte Argentario,*** *à Scalo, à 2 km de la ville. Ensuite, bus Rama pour Orbetello-ville (normalement calés sur les horaires des trains).*

➢ ***Florence :*** une dizaine de trains/j. via Pise. Trajet : env 3h30.

➢ ***Pise :*** liaisons env ttes les 1-2h, certaines via Grosseto. Trajet : 2h15.

➢ ***Capalbio :*** liaisons env ttes les 1-2h, 4h44-22h. Trajet : 10 mn.

En bus

Rama : *viale Mura di Ponente, 4.* ☎ *199-84-87-87.* • *tiemmespa.it* •

➢ Bus directs ttes les 30 mn pour ***Porto San Stefano*** (durée : 20 mn) et (plus rares) ***Capalbio.*** Pour rejoindre ***Manciano*** et ***Pitigliano,*** 1 bus direct, sinon 3 bus/j. avec changement à Albinia.

Adresses et info utiles

Ufficio turistico *(Pro Loco)* ***:*** *piazza della Repubblica, 1 ; en face du Duomo.* ☎ *0564-86-04-47.* • *prolocoorbetello.it* • *Tte l'année, 10h-13h, 16h30-19h30.* Équipe compétente et disponible. Plein d'infos sur les activités à faire à Orbetello et les minicroisières autour de l'Argentario. Demander les fiches des pistes cyclables.

Poste : *piazza Eroe dei Due Mondi. En plein centre. Lun-sam 8h25-19h10 (12h35 sam).*

– ***Stationnement :*** *parking payant face à l'office de tourisme et sur le front de mer. Compter 1 €/h.*

Où dormir à Orbetello et dans les environs ?

Campings

Dès la mi-juin, les hôtels de l'Argentario affichent complets. L'option la plus économique est de réserver un bungalow ou un appartement dans un des campings de la région, même si ces derniers ne sont pas bon marché. Aux campings bruyants bordant l'Aurelia, on préfère des adresses plus sereines sur le tombolo della Giannella qui relie le Monte Argentario, à 1,5 km d'Albinia.

Camping Bocche d'Albegna : *loc.* ***Torre Saline,*** *58010 Albinia.* ☎ *0564-87-00-97.* • *info@bocchedalbegna.com* • *bocchedalbegna.com* • *Ouv Pâques-sept. Nuit env 30 € pour 2 avec petite tente et voiture ; apparts 4-7 pers 380-1 180 €/sem selon saison.* Le camping donne sur une petite plage à l'embouchure de la rivière d'Albegna et pratique des tarifs raisonnables pour le coin. Emplacements rentabilisés au maximum. Sanitaires nombreux et bien conçus mais plus ou moins propres selon l'heure. Bref, du bon et du moins bon... la somme des 2 restant positive !

Argentario Camping Village : *loc.* ***Torre Saline,*** *58010 Albinia.* ☎ *0564-87-00-68.* • *info@argentariocampingvillage.com* • *argentariocampingvillage.com* • *En venant d'Albinia, en direction de Porto San Stefano, le camping se trouve indiqué sur la droite au début du tombolo della Gianella. À peu près au même niveau que le camping* Bocche d'Albegna. *Nuit 24-42 € pour 2 avec petite tente et voiture ; bungalows 4 pers 420-1 015 €/sem pour les plus simples, 700-1 365 € pour les plus confortables. Attention, pas de résa pour les courts séjours.* Cher, mais la liste des prestations est complète et variée ! Plages (publique et privée), centre équestre, terrain de foot, 3 (!) piscines, supérette, cabaret... À déconseiller aux romantiques. Même si, à ce prix-là, on pouvait attendre des sanitaires mieux tenus et plus confortables.

Prix moyens

B & B Toni & Judi : *corso Italia, 112. ☎ 0564-86-71-09. • pensionetoniejudi.it • Ouv avr-sept. Doubles 65-105 €, selon saison, petit déj léger compris.* Dans une rue piétonne du centre, un appartement de style un peu bohème au 2e étage, avec des chambres de bon confort, mansardées et colorées, AC (plus ventilo). On prend le petit déj dans une véranda style paillote de plage à la déco originale. Salon TV et coin Internet à dispo. Accueil excellent de 2 routards dynamiques.

Pensione Verde Luna : *via Banti, 1. ☎ 0564-86-74-51. • albergoverdeluna@yahoo.it • albergoverdeluna.eu • Dans une ruelle perpendiculaire au corso Italia. Ouv de mi-mars à mi-nov. Doubles 60-105 € selon saison ; sans petit déj. CB refusées.* Dans une ruelle charmante et calme, voici une petite pension très bien tenue. Les chambres sont claires (surtout au 2e étage), grandes et fraîches. Confort et déco standard : TV, ventilo, AC, frigo et balcon. Pour la région, un bon rapport qualité-prix et un accueil vraiment agréable.

Albergo Piccolo Parigi : *corso Italia, 169. ☎ 0564-86-72-33. • albergopiccoloparigi@hotmail.it • albergopiccoloparigi.it • Ouv tte l'année. Doubles 65-75 € selon saison, petit déj léger compris.* Le « *Petit Paris* » n'est pas le palais de Versailles loin de là... Il abrite des chambres très simples, à la déco passée de mode, mais convenables et bien tenues. En dépannage.

Où dormir un peu plus loin ?

Azienda agricola La Speranza : *loc.* ***Casale Nuovo,*** *strada prov. Guinzoni, Frazione Marsiliana, 58010 Manciano. ☎ 0564-60-60-37. 📱 338-411-43-66. • info@agriturismolasperanza.it • agriturismolasperanza.it • Depuis Albinia, suivre la SR 74, direction Manciano ; 3 km après Marsiliana, au rond-point à gauche (fléché). Ouv Pâques-fin oct. Apparts 2-4 pers 300-1 000 €/sem selon confort et saison. Séjour de 1 sem min en juil-août.* De prime abord, l'endroit ressemble plus à un petit complexe touristique (moderne) qu'à une exploitation agricole. L'accueil jovial, les 10 appartements spacieux et confortables, la piscine, le terrain de tennis, le jardin potager, le sauna, tous libres d'accès, font de *La Speranza* un lieu appréciable pour les séjours en famille. Pour dîner, boire un verre, ou faire un barbecue, rendez-vous sur la jolie terrasse.

Locanda Le Mandriane : *loc.* ***San Donato,*** *58010 Orbetello. ☎ 0564-87-81-78. • info@locandalemandriane.it • locandalemandriane.it • À env 14 km d'Orbetello. Depuis Albinia, suivre la SR 74, direction Manciano, puis à gauche vers San Donato, fléché ensuite sur la droite. Ouv tte l'année. Doubles 60-110 € selon saison, avec petit déj. Table d'hôtes env 25 €/pers. Tt confort : TV, clim, sdb, parking et même possibilité de louer des vélos.* Au milieu des champs, Fabio et sa famille ont aménagé cette grande ferme aux murs roses pour en faire une oasis de calme dans la nature. On y croise des perroquets, paons, autruches, et même des chats perchés, comme dans un conte. Les chambres, à l'étage ou dans des dépendances, sont confortables, le petit déj consistant. Pour les repas, au choix cuisine à dispo ou table d'hôtes. Une bonne base arrière à deux pas des prix délirants de l'Argentario !

Où manger à Orbetello et dans les environs ?

I Pescatori : *via Leopardi, 14. ☎ 0564-86-06-11. • ipescatori@tiscali.it • Juste à l'extérieur des remparts, au bord de l'eau. Juil-sept, tlj le soir slt ; en basse saison, slt jeu-sam le soir et w-e le midi. Repas env 25 €.* Cette adresse fait le plein à l'heure du dîner. On commande et on paie avant d'être placé à l'une des grandes tables dans la vaste salle ou, aux beaux jours, entre 2 hangars en bord de lagune. Ça tourne, c'est bruyant, l'atmosphère est plus celle de la cantine enfiévrée que du resto pour repas aux chandelles. Mais on vient ici pour la qualité du poisson frais (anguille, mulet...) servi grillé le plus souvent. Attention, il y a souvent des moustiques virulents venus de la lagune !

Trattoria l'Ovosado : *piazza Cortesini, 21. ☎ 0564-86-77-23. Sur la place ombragée par des pins, à l'entrée est de la ville (en venant de l'autoroute). Tlj sf mar. Repas env 15-25 €.* Petite trattoria discrète, avec une salle colorée, et une terrasse si la circulation vous indiffère. Carte classique à dominante de poissons et produits de la mer, mais les viandes ne sont pas oubliées. Adresse qui a l'avantage d'avoir des horaires d'ouverture larges.

Antica Trattoria Aurora : *chiasso Lavagnigni, 12-14, 58051* ***Magliano in Toscana.*** *☎ 0564-59-20-30 ou 27-74. • gnanisas@alice.it • À 22 km au nord d'Orbetello. 1re rue à droite après la porte San Giovanni. Tlj sf mer 12h30-13h30, 19h30-22h. Congés : janv-fév. Repas complet env 30-50 €.* Une halte gastronomique de choix, qui mérite le détour. Cela donne l'occasion de découvrir une jolie cité de caractère entourée de remparts. Ce resto se compose de belles salles voûtées prolongées dehors par un agréable jardin-terrasse face aux murailles étrusques. Carte selon le marché, composée de plats faits à l'ancienne. Bonne cave à vins. Accueil chaleureux.

LA MAREMME

À voir à Orbetello et dans les environs

Museo archeologico « Polveriera Guzman » : *via Mura di Levante. ☎ 0564-86-03-78. Ouv en principe slt le w-e : sam 16h-19h (20h juin-août), dim 10h-13h ; mais horaires variables, se renseigner. GRATUIT.* Cette ancienne poudrière espagnole a été réhabilitée et transformée en un petit musée archéologique pas inintéressant (commentaires traduits en anglais).

La réserve naturelle de la laguna di Ponente : *au nord-ouest. ☎ 0564-87-01-98. Visite guidée possible en saison (sur résa), sinon accès libre et gratuit.* La langue de sable ou *tombolo di Giannella,* qui relie le Monte Argentario à la terre ferme et clôt la lagune, sert de point d'observation. La réserve, riche en faune avicole, est gérée par le WWF.

Capalbio : *à 25 km à l'ouest d'Orbetello.* Une cité bien conservée avec remparts, chemin de ronde et ruelles encaissées. Il faut prendre les 10 mn nécessaires pour se promener sur les murailles. Point de vue saisissant sur la campagne de la Maremme s'étendant jusqu'à la mer.

Il Giardino dei Tarocchi : *à* ***Garavicchio,*** *à 24 km à l'ouest d'Orbetello. ☎ 0564-89-51-22. • giardinodeitarocchi.it • D'Orbetello prendre au sud l'autoroute E 80, la suivre sur env 18 km, jusqu'à la 2e bretelle de sortie. C'est indiqué Garavicchio. Continuer encore 2 km dans la campagne. D'avr à mi-oct, tlj 14h30-19h30. Entrée : 12 € ; réduc ; gratuit moins de 7 ans.* Un jardin fantastique de sculptures, un lieu hors normes, mêlant le ludique et l'artistique ! En 1955, Niki de Saint Phalle, la célèbre artiste franco-américaine, a flashé sur le parc Güell à Barcelone. Son horoscope l'a convaincue que ses personnages aux formes rondes et lisses devaient s'exprimer dans la nature. Un songe aujourd'hui devenu réalité. Basé sur les 22 arcanes du jeu de tarot, ce jardin a été réalisé entre 1979 et 1993 avec l'aide du mari de l'artiste, le sculpteur Jean Tinguely. Il présente, parmi les chênes verts et les oliviers, une grosse douzaine de gigantesques « personnages » en mosaïque dans lesquels on entre, on monte et que l'on peut actionner pour certains. Notre préférence va à *La Mort,* qui caracole allègrement sur son cheval bleu, mais *L'Impératrice* est insolite aussi, car elle abrite un studio recouvert de mosaïque de miroirs. C'est dans cette cellule qu'a vécu et travaillé Niki de Saint Phalle pendant les travaux de construction...

MONTE ARGENTARIO

Ce promontoire sauvage et sans constructions se dresse comme une étrange avancée dans la mer. Relié au continent par trois langues de terre (des *tombolos*), le Monte Argentario est une destination recherchée des riches Italiens. Son nom vient probablement des puissants banquiers qui y régnaient à l'époque romaine. Ses coins les plus beaux sont d'accès impossible, notamment ses magnifiques petites criques à l'eau turquoise. Entre rivages rocheux et forêt, une route côtière permet d'en faire en partie le tour. Elle s'interrompt quelques kilomètres après *Porto Ercole.* Ce petit port de pêche et de plaisance occupe un beau site dominé par des forteresses, dont l'imposant *Forte Stella,* édifice espagnol en forme d'étoile.
Au nord, la station balnéaire de *Porto Santo Stefano,* nichée dans une baie en forme de croissant, est le prototype du bon port typique italien, ayant conservé sa taille humaine et son caractère propre. C'est de là que partent les bateaux pour les îles de Giglio et Giannutri. Les tarifs hôteliers n'incitant guère aux longs séjours, autant loger dans les terres et venir en balade pour la journée.

Les plages : les nombreuses criques sont surtout accessibles en bateau. Ceux qui préfèrent le sable en trouveront des kilomètres sur les langues de terre : version « urbanisée » sur le *tombolo di Giannella,* version bien plus sauvage sur le *tombolo di Feniglia* (aux abords envahis par des cafés avec pignon sur plage). Le prix des parasols et lits bain de soleil ne donne qu'une envie : griller à même le sable !

➢ Plusieurs ***sentiers de randonnée*** parcourent la péninsule. C'est le meilleur moyen de la découvrir. Vous pouvez vous procurer une carte auprès de l'office de tourisme d'Orbetello. Les sentiers du sud sont les plus beaux car ils traversent les nombreuses criques paradisiaques à l'eau limpide. Sinon, les motorisés ou les sportifs grimperont jusqu'au couvent *Dei Padri Passionisti* (suivre la route d'*Il telegrafo*), d'où la vue sur la lagune est spectaculaire.

Tagliata etrusca : *à 7 km au sud d'Orbetello. Depuis l'Aurelia, prendre la sortie Ansedonia (km 138). Continuer 1,5 km vers la mer, jusqu'au parking payant de la plage (pas d'indication).* Les Étrusques ont taillé un canal de plusieurs kilomètres dans la falaise côtière. En utilisant le courant des eaux du lac de Burano, ces fins hydrologues créaient ainsi une « chasse » qui désensablait naturellement le port d'Ansedonia. Astucieux, non ? À noter : à côté de la petite plage, la ***torre della Tagliata*** (XVIe s), où Puccini résida et composa quelques œuvres, dont le fameux *Turandot.*

Porto Ercole : à 6 km au sud d'Orbetello, dans une entaille de la côte, au pied du mont Argentario, ce petit port tranquille est le lieu de la mort du Caravage, le célèbre peintre (voir encadré).

LA VRAIE MORT DU CARAVAGE

Fuyant par la mer Rome où il était accusé de meurtre, Caravage aurait trouvé la mort sur une plage de Porto Ercole. On a découvert en 2001 dans les registres paroissiaux de ce port son acte de décès de 1610 à l'hôpital. Il serait mort des suites d'une crise de paludisme. Un petit monument en ville rend hommage au grand peintre mort en fuite...

LA MAREMME DES COLLINES

MONTEMERANO ET SATURNIA (58014 et 58050)

À environ 70 km nord-est d'Orbetello (littoral) et 28 km ouest de Sovana, Saturnia est un gros village connu pour ses thermes tandis que Montemerano (à 7 km au sud de Saturnia), accessible par une jolie route de campagne, se présente comme un village en forme de cœur, perché sur son piton rocheux. Déjà à l'époque romaine, on n'hésitait pas à faire de longs trajets pour se baigner dans les eaux sulfuro-boriques de Saturnia. On quittait alors la *via Aurelia,* 121 *millaria* après Rome, pour s'engager sur la *via Clodia,* dont quelques vestiges et une belle porte subsistent à deux pas de l'église. Près de deux millénaires plus tard, avec une nette amélioration des moyens de transport, les touristes y viennent dès le printemps.

Adresse utile

Ufficio turistico : *l'Altra Maremma, via Mazzini, 4, 58050* ***Saturnia.*** *☎ 0564-60-12-80. • laltramaremma.it • Au début d'une rue qui part de la grand-place. Ven-dim slt 9h30-12h30, 15h30-18h30.* Demander la liste des hébergements, de nombreux *agriturismi* de charme dans ce joli coin de Toscane.

Où dormir ?

À Saturnia

De bon marché à prix moyens

Affittacamere La Cherubina : *via Italia, 3. ☎ 0564-60-12-80. • laltramaremma.it • Dans une rue qui part de la place principale. Double 60 € ; pas de petit déj.* Près de l'église, une demeure avec des chambres fleuries et propres. Un bon logement chez l'habitant, avec un accueil en italien adorable de Fernanda et Nonna di Monia Tanturli. Certes, la déco est un peu datée, mais c'est bien tenu et certaines chambres ont un balcon. Bonne adresse pour un court séjour.

B & B Il Giardino Etrusco *(Rosetta Governi) : via Mazzini, 10. ☎ 056-60-13-45. 📱 3477-941-074. • ilgiardinoetrusco@gmail.com • Double 65 €, petit déj inclus.* À 100 m de la place centrale du village, en face de l'école communale, cette maison est tenue par une dame aimable et un peu francophone. Ses chambres sont impeccables, calmes et simples (douche/w-c, AC). Vue sur les arbres de l'école ou sur le jardin à l'arrière.

Hotel Villa Clodia : *via Italia, 43. ☎ 0564-60-12-12. • info@hotelvillaclodia.com • hotelvillaclodia.com • Dans le centre du village. Congés : 9 janv-8 fév. Doubles 110-120 €, petit déj compris. Sauna, massage et bain turc (payants).* Adresse remarquable ! Adorable petit hôtel de charme arrangé et décoré avec style et caractère avec une décoration dans les tons bleus et un mobilier élégant et choisi. Notre préférée est la n° 7 (avec terrasse, plus chère, 140 €). Salon avec cheminée. Vue sur la vallée ou l'adorable jardin ombragé avec sa piscine. Terrasse sur le toit pour prendre son petit déj. Accueil d'une extrême gentillesse. Tickets de réduction pour se baigner aux thermes.

À Montemerano

Prix moyens

Pian dei Casali : *loc.* ***Pianetti.*** *☎ 0564-60-26-25. • info@piandeicasali.it • piandeicasali.it • À 2 km avt les thermes, en arrivant de Montemerano. Double avec sdb 70 € (65 € à partir de 2 nuits) ; apparts 80-85 €.* Cette ferme biologique de 45 ha est dirigée par Roberto, un dynamique francophone qui est aussi un passionné de montgolfières. Chambres réparties dans une annexe récente de plain-pied. Très propres et confortables (TV, frigo, AC), elles disposent de petites terrasses, d'une cuisine d'été avec barbecues et d'une belle piscine pour prendre le frais. Vue sur les prés ombragés du domaine, et plus loin les oliviers de la ferme.

Agriturismo Le Fontanelle : *Poderi di Montemerano à* ***Manciano.*** *☎ 0564-60-27-62. • informazioni@lefontanelle.net • lefontanelle.net • À quelques km de Montemerano, en direction de Manciano (fléché sur la droite). Double 85 €, petit déj inclus. Possibilité de ½ pens : plus 26 €/pers. Café ou digestif offert sur présentation de ce guide.* Isolée en pleine nature, cette belle maison traditionnelle dispose d'une dizaine de chambres confortables, réparties dans plusieurs bâtisses. Il y a aussi un petit chalet en bois. Environnement très verdoyant, avec le village de Montemerano à l'horizon et une réserve de daims au pied de la propriété. Repas copieux à la table d'hôtes. Les chaleureux propriétaires ont plein d'humour et aiment les animaux (chiens, chats, biquettes...).

Chic

Villa Acquaviva : *strada Scansanese. ☎ 0564-60-28-90. • info@relaisvillaacquaviva.com • relaisvillaacquaviva.com • À 800 m de Montemerano, sur la droite en direction de Scansano. Congés : 8 janv-1er mars. Doubles et suites 105-185 € selon confort et saison, petit déj inclus. Apéritif maison offert sur présentation de ce guide.* Au cœur du vignoble, une belle allée conduit à cette ancienne *fattoria* transformée en maison d'hôtes de charme. L'imposante demeure à la façade ocre saumon se tient près d'une belle annexe en pierre du pays (le *tavertino*). C'est un *agriturismo* de luxe avec des chambres de style, climatisées et douillettes, même si certaines, parmi les moins onéreuses, sont un peu étroites. D'autres chambres, plus chères et plus spacieuses, possèdent une terrasse et des baignoires hydromassantes. Salle à manger très agréable, avec poutres apparentes. Piscine. Tennis. Production de vin et de miel.

Où manger dans la région ?

Passaparola : *vicolo delle Mura, 21, à* ***Montemerano.*** *☎ 0564-60-29-83. Dans le vieux bourg, une rue perpendiculaire à la via Italia. Fermé jeu. Congés : 10 j. en janv et juil. Résa obligatoire. Repas 20-35 €. Digestif offert sur présentation de ce guide.* *Passaparola* signifie « bouche à oreille » en italien, c'est de cette manière que le resto se fait connaître... Petite auberge familiale qui sert une bonne cuisine de terroir : *cinghiale al morellino* (sanglier au vin rouge), *filetto di capra* (chèvre) avec une belle carte de fromages au miel d'abeilles toscanes. On peut emporter, en fin de repas, le vin que l'on a savouré. Petite terrasse l'été, avec vue dégagée.

Il Melangolo : *piazza Veneto, 2, à* ***Saturnia.*** *☎ 0564-60-10-04. • info@ilmelangolo.it • Sur la place principale. Tlj en saison, midi et soir. Plats 10-20 €.* Resto dans une maison de caractère avec ses tables installées dans un charmant jardin. La spécialité est le champignon, de bons gros cèpes *(funghi porcini)* accommodés à toutes les sauces. Bonnes pizzas pour les petits budgets. Accueil souriant.

Trattoria La Posta : *via Verdi, 9, 58055* ***Catabbio.*** *☎ 0564-98-63-76. • info@trattorialaposta.com • À 8 km au nord-est de Saturnia, en direction de Sovana. Tlj sf lun : le soir mar-dim,* *plus le midi le w-e. Congés : 2 sem mi-janv et mi-juil. Plats 12-22 €.* Voilà une petite *osteria* de village qui propose une délicieuse cuisine familiale, 100 % fraîche et faite maison. Goûtez aux succulentes *pappardelle al cinghiale, all'acquacotta.* Bon petit vin du pays de Pitigliano pour en souligner les saveurs.

À faire

– ***Terme di Saturnia :*** *à 2 km en contrebas de Saturnia, sur la route de Montemerano. ☎ 0564-60-01-11. • termedisaturnia.it • Ouv 9h30-19h. Au sein d'un complexe hôtelier de soins thermaux de luxe (Spa & Golf Resort), un bain public est accessible aux visiteurs extérieurs, avec sa propre entrée : env 17-23 €/j. ; moins cher à partir de 15h. Parking : 4 €.* Accès à toutes sortes d'équipements : jets d'eau, jacuzzi, bassins d'eau chaude... Tout le monde vient faire trempette ici. Vous verrez, les gens ont leurs rituels, c'en est presque religieux. Les eaux jaillissent à 37 °C, et on souffre de leur forte odeur d'œuf pourri (eh oui ! le soufre). Avec le magnésium, le carbonate et les algues, elles laissent une peau très douce, des cheveux soyeux : presque une fontaine de jouvence. Évitez les longueurs forcenées ou de rester plus de 15 mn d'affilée dans l'eau, cela peut causer des malaises. N'oubliez pas la serviette (pour vous sécher, mais aussi le savon, le shampooing, car, pour peu que vous dîniez chic ce soir-là, vous risqueriez d'emporter quelques senteurs peu ragoûtantes au restaurant...

SOVANA (58010) 500 hab.

À 10 km au nord-ouest de Pitigliano, juché au sommet d'une colline, Sovana se présente comme l'un des plus beaux villages médiévaux des collines de la Maremme. C'est l'un des cœurs de la région des nécropoles étrusques. Près de 4 700 tombes ont été recensées dans la région, et les fouilles archéologiques continuent. Le village fut pendant des siècles le fief d'une famille d'origine allemande, les Aldobrandeschi, qui régnait sur la Maremme et dont est issu le pape Grégoire VII (1020-1085). Vassal de Sienne, il fut ensuite gouverné par les Médicis de Florence.

Adresse utile

ℹ ***Ufficio turistico :*** *sur la piazza del Pretorio. ☎ 0564-61-40-74. Avr-sept, tlj sf jeu 10h-13h, 15h-19h ; oct-mars, w-e slt 10h-13h, 14h-17h (18h oct).* Infos et résas pour les quelques *B & B* du village. De bons conseils pour les visites des nécropoles étrusques.

Où dormir ? Où manger ?

🏠 |●| ***Albergo Scilla & Locanda della Taverna Etrusca :*** *réception commune à ces 2 établissements, au 16, piazza del Pretorio. ☎ 0564-61-65-31. • info@scilla-sovana.it • scilla-sovana.it • 2 hôtels différents gérés par le même bureau (à côté de la chiesa Santa Maria). Doubles 80-120 € selon saison, petit déj compris.* La *Locanda della Taverna Etrusca* est située dans une belle et vieille demeure médiévale (avec le resto au rez-de-chaussée), dont les origines remontent à 1200. L'*Albergo Scilla,* quant à lui, propose des chambres tout aussi élégantes et confortables, et laisse à la disposition de ses hôtes un appréciable petit salon avec cheminée. Le *Ristorante Scilla dei Merli* *(repas 25-35 €)* sert une cuisine traditionnelle dans une grande et élégante véranda ; la *Taverna Etrusca* propose une cuisine plus inventive mais aussi plus onéreuse *(repas env 30 €).* Attention la *Locanda* et la *Taverna Etrusca* n'ouvrent qu'en fonction de l'affluence (se renseigner).

Pizzeria La Tavernetta da Mauro e Angela : *via del Pretorio, 3. ☎ 0564-61-62-27. Fermé jeu (sf l'été). Congés : juil. Plats 7, 9 et 10 € ; pizzas 5,50-7 € (le soir slt).* Une cuisine traditionnelle et familiale, avec de succulentes pizzas au feu de bois (goûtez la « pizza étrusque » aux artichauts... une merveille !). On dîne dans la salle climatisée ou sur une petite terrasse surélevée donnant sur la rue piétonne.

À voir à Sovana et dans les environs

Ruines du château Aldobrandesca : *au bout de la via dei Pretorio, à l'entrée du village.*

Necropoli etrusca : Poggio di Sopra Ripa, *à 1,5 km à l'ouest sur la route de Saturnia. • leviecave.it • Mars-oct, tlj 10h-18h. Entrée : 5 € ; un billet cumulatif à 8 € comprend également l'entrée à la forteresse, au Musée médiéval de Sorano et au musée de Sovana ; sinon, 2-5 € par site. Visite libre dans la forêt, demander le plan.* La *tomba Ildebranda,* la plus intéressante, a conservé de grandes colonnes cannelées. Des 12 tombes d'origine, il n'en reste plus guère. Sur le côté gauche, on peut encore contempler (en hauteur) des feuilles d'acanthe. Voir également la *tomba della Sirena* sur la route de Satúrnia, avec des vestiges de bas-reliefs, celle *des enfants,* ou encore celle *da Edicola.*

Chiesa Santa Maria di Sovana : l'une des plus belles de la région. En tout cas, c'est notre préférée. Son ciborium (il s'agit d'un autel sous un baldaquin en pierre) du IXe s provient du Duomo situé au bout du village. Admirez les fresques d'inspiration byzantine représentant le Christ en majesté encadré par deux évangélistes.

Duomo : *tlj 10h-13h, 14h30-19h (17h en hiver).* Situé à la sortie ouest du village (3 mn à pied depuis la place centrale du village) ; on peut admirer son portail magnifique orné de motifs végétaux, d'entrelacs et des spirales... Cette belle église datant de l'époque romane cache un intérieur sobre, sombre et dépouillé avec des chapiteaux historiés.

Via Cave : *en contrebas du village. Pas de droit d'entrée.* Ce ne sont pas les caves des Étrusques mais le chemin (via) des nécropoles étrusques. Creusée à même le tuf, profondément encaissée, traversée par le ruisseau, la Folonia, le site est par conséquent très humide (rafraîchissant les jours d'été). À un point tel qu'un spécimen unique de fougère (la *capele venere*) y prospère. On remarque en hauteur de nombreuses figures gravées à même le tuf, comme un énorme svastika (symbole du soleil).

Les ruines : ce pan de muraille que vous croisez en entrant dans le village est ce qui reste du vieux château du XIIIe s des Aldobrandeschi (Ildebrando).

SORANO (58010) 3 600 hab.

Au sud-est de la Toscane, aux confins de celle-ci et du Latium, à 50 km d'Orvieto, et seulement 11 km de Pitigliano. Comme ses voisins, Sorano est un gros village fort bien conservé, qui n'a pas vendu son âme au diable du progrès. Authentique, il n'est pas devenu un village-musée. Eté comme hiver il y a de la vie à Sorano. Ses belles demeures s'accrochent à la roche pour

ne pas dévaler dans les profondes gorges du Lente, tandis que l'impressionnante forteresse des Orsini surveille ses ouailles du haut de la falaise.

Adresse et info utiles

Ufficio turistico : *piazza Busatti, 8. ☎ 0564-63-30-99. • comune.sorano.gr.it • Au pied de la porte de la vieille ville. Ouv slt jeu-dim, 10h30-12h30 et 15h-18h.* ***Annexe*** *face à la forteresse Orsini, dans la partie haute du village : ☎ 0564-63-34-24. Avr-oct, tlj sf lun 10h-13h, 15h-19h.* Billetterie pour la visite de la forteresse et du Musée médiéval.

– **Parking :** *en haut du bourg, face à la forteresse.*

Où dormir à Sorano et dans les environs ?

De prix moyens à chic

Antico Casale Il Piccione : *podere Belvedere, loc.* ***La Fratta,*** *58010 Sorano. 338-321-03-42. À 1 km du centre de Sorano, en direction de San Quirico, au bout d'un chemin de terre sur la droite. Double 75 €, petit déj compris ; également 1 appart 3 pers (min 3 nuits) 80 €. Café offert sur présentation de ce guide.* Comme son nom l'indique, cet *affittacamere* aux allures de gentilhommière est installé dans un ancien pigeonnier du XVe s. On a donc conservé toutes les niches dans lesquelles se réfugiaient jadis les ramiers. Chambres sous les toits (belle vue), agréables et spacieuses, avec mobilier toscan, ou en rez-de-chaussée, modulables en appartement. Belle piscine dans un jardin bien entretenu. Accueil sympathique.

Hotel della Fortezza : *piazza Cairoli, 5. ☎ 0564-63-35-49. 333-537-79-51 (en cas d'absence). • info@hoteldellafortezza.it • fortezzahotel.it • Doubles 60-140 € selon confort et saison, petit déj compris. Grand parking face aux remparts.* Niché au cœur de la forteresse de Sorano, cet hôtel de charme abrite de belles chambres jouissant d'une superbe vue sur la ville et la campagne. Confortables (minibar, TV satellite) bien que la literie soit un peu molle, elles sont de petite taille, ce qui leur donne leur aspect intime et douillet. Bon accueil.

Où manger ?

Locanda dell'Arco : *via Roma, 22. 340-187-08-65. Dans une ruelle piétonne du centre historique, en contrebas de la forteresse. Ouv tlj (sf lun en hiver). Congés : nov. Repas 15-20 €.* Quelques tables sous un passage, d'autres dans une salle à plafond très haut et voûté. Plats classiques de Toscane (*crostini*, ricotta, *tagliolini* aux truffes) préparés avec des produits de qualité. C'est touristique mais c'est quand même une bonne adresse.

À voir

Museo del Medioevo e del Rinascimento : *à l'intérieur de la forteresse Orsini. ☎ 0564-63-34-24. • leviecave.it • Tlj sf lun 10h-13h, 15h-19h. Fermé oct-mars. Entrée : 4 € ; visite guidée gratuite à 11h et 16h (durée : 40 mn) des caves et de la forteresse (en anglais ou en italien) ; possibilité de billet cumulatif (8 €) pour les différents sites archéologiques de la région qui forment ce qu'on appelle la « Città del Tufo ».* Il s'agit du château médiéval de la puissante famille des Aldobrandeschi. Depuis ce nid d'aigle ils préparaient leur plan d'attaque sur les Pisans. La forteresse tomba ensuite aux mains des Orsini. Le musée conserve quelques fresques du VIe s et présente l'histoire de la région sous diverses vitrines, en italien seulement.

PITIGLIANO

(58017) 5 000 hab.

À 80 km au nord de Grosseto et 60 km à l'est d'Orbetello (littoral). Un site et un paysage incroyables ! Les rivières Lente et Meleta se glissent au pied d'un éperon rocheux au sommet duquel se dresse cette étonnante ville perchée. Pitigliano offre le visage admirable d'une cité médiévale idéale, avec ses rues pavées et tortueuses, son palais et ses demeures anciennes patinées par les siècles, ses petits passages couverts et son aqueduc du XVIe s.
Comme un gruyère, la falaise est truffée de caves, parfois installées dans d'anciennes tombes étrusques. Elles s'étagent souvent sur près de trois niveaux sous les maisons. Destinées à conserver le grain lorsqu'elles sont au sud et le vin lorsqu'elles sont au nord, ces caves constituent une véritable cité souterraine. Elles appartiennent à la mémoire et au patrimoine de la cité. D'ailleurs, si vous en visitez quelques-unes, vous verrez que jadis un véritable réseau reliait les cavités entre elles (les portes sont aujourd'hui murées).
Passez-y au moins une nuit : une fois le soleil couché, la façade de tuf et les vieilles maisons au bord du gouffre sont illuminées. *Bellissimo !*
– Stationnement : on se gare hors les murs, dans les différents parkings de la ville moderne (compter 0,50 €/h).
Grosseto : 80 km ; *Sienne :* 120 km ; *Florence :* 190 km.

UN PEU D'HISTOIRE

La communauté hébraïque de Pitigliano présente une exception territoriale, d'où le nom de « petite Jérusalem » attribué à la cité. Son implantation est due au bon vouloir du comte Orsini, vassal des Aldobrandeschi de Sovana. Il leur réserva un privilège teinté de tolérance. En 1599, les juifs peuvent bâtir leur synagogue (toujours visitable) qui vient s'adjoindre à leur école, au cimetière, au four à pain azyme, et leur offre ainsi la possibilité d'abattre leur propre bétail, et même de le vendre aux catholiques. Chose rare, Orsini défend même aux inquisiteurs de les molester et aux autorités de les expulser en cas d'épidémie. Le ghetto s'étale sur la voie Zuccarelli, le vicolo Manin et l'ex-via de Sotto.
La présence de cette communauté apporte un certain dynamisme à la petite ville. Mais l'appui du comte ne veut pas dire l'appui de la commune, dans laquelle ils n'ont aucune base politique. En 1608, le comte perd son emprise sur la région, ce qui annonce le déclin de la communauté. À la fin du XVIIIe s (1799), à la suite de l'occupation française de la ville, elle ne compte plus que 300 membres. Après la Seconde Guerre mondiale, le ghetto est abandonné. Il reste aujourd'hui une fabrication de produits casher et un important cimetière hébraïque.

Arriver – Quitter

Gare routière Rama-Tiemme : *via Santa Chiara, 72. ☎ 0564-61-60-40. • tiemmespa.it •*
➢ ***Rome :*** prendre le train pour *Albinia* ou *Grosseto,* puis le bus pour Pitigliano ; env 3 bus/j. de et vers Grosseto (durée : 2h).
➢ ***Sovana et Saturnia :*** 2 bus/j. Durée : env 25 mn.
➢ ***Sorano :*** 5 bus/j. Durée : env 20 mn.

Adresses utiles

i *Ufficio turistico :* *piazza Garibaldi, 12. ☎ 0564-61-71-11. • comune.pitigliano.gr.it • À côté du Municipio. Tlj sf dim ap-m et lun 10h30-12h30,*

15h30-18h (le w-e slt hors saison). Très bon accueil et personnel efficace qui fournit un plan de la ville, la carte culturelle détaillée de la région, informe sur les visites guidées... De bons conseils aussi pour les hébergements, demander la liste des nombreux *agriturismi* de charme de cette belle région.

@ ***Wine Bar :*** *piazza F. Petruccioli, 16.* Il s'agit du café situé sous l'*Albergo Guastini.* Un seul poste mais cher.

Où dormir ?

Bon marché

☗ ***Casa per Ferie San Paolo della Croce :*** *piazza Dante Alighieri, 80. ☎ 0564-61-60-97. À 2 mn à pied de la vieille ville ; dans la ville nouvelle, sur la place dans le prolongement de la rue qui vient du vieux pont enjambant la via Unità d'Italia. Double 50 € (30 € en chambre simple) ; petit déj 4 €. Parking gratuit à deux pas.* Maison de vacances religieuse tenue par des bénévoles. Excellent accueil. Propose de grandes chambres fonctionnelles, sans aucun caractère (avec 1, 2, 3 ou 4 lits) mais propres et confortables. Réfectoire pour la *prima colazione,* petite chapelle et un jardin de poche. Parfait pour une petite famille à condition de respecter les règles internes de ce genre d'endroit (calme et discrétion).

Prix moyens

☗ ***Affittacamere Rosanna Camilli :*** *via Unità d'Italia, 92. ☎ 0564-172-03-59. 📱 347-084-83-07. • rosannacamillicamere.com • Nuit 60 € pour 2, 80 € pour 4, petit déj compris.* Dans une maison ancienne, située sur la gauche dans la montée vers Pitigliano. 2 petits appartements avec kitchenette, poutres et lits en fer forgé. Le grand avantage, c'est la vue extraordinaire (sur la ville perchée et la vallée) depuis les apparts.

☗ ***Locanda Il Tufo Rosa :*** *piazza F. Petruccioli, 97. ☎ 0564-61-70-19. 📱 330-47-01-98. • info@iltuforosa.com • iltuforosa.com • Tlj 10h-19h30. Congés : 10 j. fin juin. Doubles 55-70 € selon confort et saison. Petit déj offert sur présentation de ce guide.* À l'entrée de la ville, voici un *affittacamere* situé à côté d'une petite boutique de souvenirs où officient les très affables propriétaires (qui possèdent une oliveraie et produisent leur huile). Escalier étroit et pentu pour accéder aux chambres, arrangées et décorées avec style et caractère. Les fenêtres ouvrent sur la rue et la place. Un bon rapport qualité-prix pour cette région. Propose également un bel appartement avec terrasse à proximité (un peu plus cher).

☗ ***Albergo Guastini :*** *piazza F. Petruccioli, 16. ☎ 0564-61-60-65 ou 0564-61-41-06. • htlguastini@katamail.com • albergoguastini.it • Congés : 10 janv-fin mars et 27 juil-10 août. Doubles 55-75 € selon saison et confort ; petits déj en plus. 10 % de réduc sur le prix de la chambre sur présentation de ce guide.* Posté comme une sentinelle face à la porte de la vieille ville. Propreté et agencement réglés comme du papier à musique. Plusieurs chambres petites, à la déco simple et pas très joyeuse, mais certaines ont vue sur la vallée, ceci compense cela. Nos préférées : les n°s 25 et 32, pour la vue. Accueil courtois. Fait aussi resto *(fermé lun).*

Chic

☗ ***Le Camere del Ceccottino :*** *via Roma, 159. ☎ 0564-61-42-73. Pas de réception, les propriétaires tiennent l'*Hostaria del Ceccotino *sur la place. • info@ceccottino.com • ceccottino.com • Congés : 10 janv-10 mars. Doubles 90-150 € selon saison et confort ; pas de petit déj. 10 % de réduc sur le prix de la chambre sur présentation de ce guide.* Chiara (francophone) et Alessandro ont restauré avec soin leur vieille demeure historique aux murs épais. Ils peuvent venir chercher leurs hôtes à l'entrée de la ville, dans leur Fiat vintage... Les chambres ont beaucoup de charme. De grand confort et de style contemporain, elles ont été pensées dans le moindre détail. Peignoir, chaussons, TV écran plat, clim, coffre-fort... Notre préférée (la n° 3) possède une baignoire à l'ancienne et donne sur la place, mais la « Romantique » est bien aussi. En prime, une terrasse sur le toit avec une vue géniale. Vraiment bien !

Où dormir dans les environs ?

Agricamping Poggio del Castagno : ***Poggio del Castagno,*** *58017 Pitigliano. ☎ 0564-61-55-45. • poggio_castagno@tiscali.it • poggiodelcastagno.net • À 8 km de Pitigliano. Suivre direction Manciano ; après 2 km, tourner à gauche, route de Viterbo et Pantano, puis suivre le fléchage. Ouv tlj. Env 24 € pour 2 avec tente et voiture. Double avec sdb 50 € ; supplément pour 3 ou 4 pers ; petit déj 4 €.* Niché dans la campagne, voici un modeste camping, très tranquille (20-25 personnes maximum), aux emplacements de bonnes tailles, sous les chênes et les acacias. Propose aussi quelques chambres à la déco simple, avec des sanitaires basiques. Une grande salle commune conviviale pour les jours de pluie ou le dîner (si vous le souhaitez), avec bouquins et jeux de société à disposition. Enfin, un magnifique chêne pluricentenaire vous offre son branchage à l'heure de la sieste. Les propriétaires sont des néoruraux à l'esprit pionnier, qui produisent de l'orge, des noisettes, des légumes et de l'huile d'olive.

Locanda Pantanello : *strada provinciale del Pantano, 6233, loc.* ***Pantano.*** *☎ 0564-61-67-15. 328-621-72-46. • l.pantanello@tiscali.it • pantanello.it • De Pitigliano, suivre la route de Manciano sur 2 km, puis prendre à gauche la route secondaire pour Pantano et Viterbo puis continuer en direction de San Quirico sur 3 km. Doubles 100-120 €, petit déj compris. Repas 25-30 € (resto ouv slt le soir). CB refusées. Apéritif, café ou digestif offert sur présentation de ce guide.* Jolie demeure à la campagne, entourée d'un jardin calme et verdoyant. Chambres confortables portant des noms de fleur, et décorées avec soin. La maîtresse des lieux met une cuisine à la disposition des résidents, mais après avoir goûté les petits plats de Morena, on préfère sa table d'hôtes. Excellent *prosciutto* et pâtes fraîches faits maison. Piscine, solarium, tables de ping-pong, *mountain bikes* gratuits et possibilité de promenades à cheval. Accueil charmant des hôtes.

Où manger ? Où boire un verre ?

Les restos sont dans l'ensemble bons à Pitigliano, certains excellents. Prévoir d'y faire une étape gastronomique !

Prix moyens

Hostaria del Ceccottino : *piazza S. Gregorio VII, 64 (piazza del Duomo). ☎ 0564-61-42-73. • info@ceccottino.com • Tlj sf jeu, sinon ouv midi et soir jusqu'à minuit. Congés : du 10 janv à mi-mars. Menus 12-18 € ; à la carte, primi 10-16 €, secondi 10-14 €.* Sur la charmante place du Duomo, voici une excellente adresse de resto. Élégante terrasse avec parasols, salle intérieure joliment décorée par Chiara (francophone) et Alessandro. La carte donne la distance exacte entre le lieu de production de chaque produit et le resto, preuve qu'ici tout est local, et frais. Aux fourneaux, une dame d'expérience qui mitonne une cuisine créative et raffinée, surprenante et goûteuse. Un festin à prix sages ! Quant à la côte de bœuf, elle est remarquable. Pour les petits budgets, le 2e menu est vraiment excellent et copieux.

La Chiave del Paradiso : *via Vignoli, 209. ☎ 0564-61-41-41. Au bout de la via Roma, sur la droite en contrebas de la piazza San Gregorio. Tlj sf lun. Congés : de janv à mi-mars. Menu 17,50 € ; carte 15-25 €.* Dans le quartier le plus populaire, rendez-vous à « La Clef du Paradis », c'est le nom de cette auberge. Quelques tables en terrasse ou dans une salle agréable, pour savourer une cuisine bien faite. Viande de l'élevage du propriétaire, un ancien coureur cycliste professionnel très accueillant.

Chic

|●| ***Osteria Il Tufo Allegro :*** *vicolo della Costituzione, 5. ☎ 0564-61-61-92. • iltufoallegro@libero.it • Dans une rue perpendiculaire à la via Zuccarelli, qui débute à la piazza della Repubblica. Tlj sf mar-mer midi. Congés : de mi-janv à mi-fév. Menus 21,50-35 € ; repas complet env 50 € (moins si vous optez pour les pâtes). Apéritif offert sur présentation de ce guide.* Ce resto réputé se situe au-dessus d'une cave en tuf typique de la ville. On y concocte une exquise cuisine de marché réalisée avec talent par le très aimable (et talentueux) chef autodidacte Domenico Pichini. Avec sa tignasse bouclée, cet ancien architecte reconverti dans la cuisine a l'allure d'un empereur romain. C'est raffiné, artistique, créatif. Superbe carte des vins, lesquels sont conservés dans les caves sur plusieurs niveaux.

Où boire un verre ?

🍷 ***Enoteca La Corte del Ceccottino :*** *via Vignoli, à 200 m de la plazza del Duomo. C'est indiqué. ☎ 0564-61-54-23. Tlj sf mer juil-sept. Le reste de l'année, ouv slt le soir jeu-ven et tte la journée le w-e.* Dans une vénérable demeure répartie sur plusieurs niveaux, avec une courette intérieure. On y boit de bons vins accompagnés de petits plats simples et économiques (5-15 €). Déco charmante et recherchée avec une vieille Vespa de collection.

Achats

Dans la via Roma, la rue centrale, de nombreuses charcuteries proposent de délicieux jambons de sanglier.

Cantina cooperativa di Pitigliano : *Ildebrando, via S. Chiara, 70. ☎ 0564-61-44-25. À 200 m de l'entrée de la vieille ville. Tlj 8h30-13h, 15h-20h ; en continu le w-e.* Une boutique de produits locaux et artisanaux. Tout est de qualité. Tomates séchées au soleil, pesto, aromates et vin local casher (l'une des spécialités de Pitigliano), et le *bianco di Pitigliano,* un petit blanc dont la production s'étend sur 1 250 ha jusqu'aux confins de Manciano.

La Cantina Incantata : *piazza Petruccioli, 68. ☎ 0564-61-60-02. Sous la porte principale de la cité. Tlj sf lun 9h-19h30.* Si vous ne vous laissez pas tenter par les produits locaux, allez au moins jeter un coup d'œil dans les nombreuses caves.

À voir

Ne pas manquer de visiter quelques-unes des ***caves*** qui constituent ici une véritable cité souterraine. En route vers Sovana, celles que vous pouvez visiter (gratuitement) sont indiquées.

Autre siège du pouvoir des ***Orsini,*** Pitigliano accueille leur ***château,*** abritant aujourd'hui deux musées.

– ***Museo di Palazzo Orsini (museo d'Arte sacra) :*** *piazza Fortezza Orsini, 25. ☎ 0564-61-60-74. Tlj sf lun (tlj en août) 10h-13h, 15h-18h (19h en août). Entrée : 4 € ; réduc. Distribution d'un petit guide en français pour la visite.* On y vient pour admirer les nombreuses pièces et objets d'art sacré mais aussi pour flâner dans ce dédale de salles (dont le donjon) et de couloirs. Au fil de la visite, vous découvrirez aussi quelques beaux plafonds à caissons, malheureusement bien endommagés.

– ***Museo civico archeologico della Civiltà Etrusca :*** *à côté, dans la cour du château. Tlj sf mar 10h-17h (18h le w-e). Entrée : 3 € ; réduc. Billet combinable avec* *le museo archeologico Alberto Manzi : 6 €.* Le musée, qui présente une collection d'objets étrusques provenant des nécropoles du voisinage, est petit, mais les objets y sont assez bien mis en valeur. Dommage que tout ne soit qu'en italien.

Sinagoga – La Piccola Gerusalemme : *via Zuccarelli. ☎ 0564-61-42-30. • lapiccolagerusalemme.it • Mai-oct, tlj sf sam 10h-13h30, 14h30-18h30. Entrée : 5 € ; réduc. Demander le feuillet de visite en français.* Longtemps négligée, cette synagogue de 1598 est un émouvant vestige de l'ancienne communauté juive de Pitigliano. Endommagé pendant la Seconde Guerre mondiale, le monument a été restauré. On peut y voir des ruines de bains rituels, ainsi que le four à pain azyme dans la cave. Petit musée *(museo Ebraico)* également.

À l'extérieur de la ville

Museo archeologico all'Aperto « Alberto Manzi » : *via Cava del Gradore. ☎ 0564-61-40-74. De Pitigliano, suivre la route de Manciano sur 2 km, puis prendre à gauche vers Viterbo et Pantano ; le musée se trouve sur la gauche, au bord de la route. Tlj sf mar 10h-17h (18h le w-e). Entrée : 4 € ; réduc. Billet combiné avec le Museo civico ci-dessous : 6 €.* Chaussez-vous bien, la voie étroite est très irrégulière par endroits et peut être glissante (nos genoux bleuis en sont témoins !) ; la balade est assez longue et un peu pentue, prévoyez de l'eau. La visite commence par quelques panneaux sur l'habitat à Pitigliano de l'âge du bronze à l'époque étrusque. Ensuite, l'ancienne voie dans la roche vous mène au gré des témoignages du passé étrusque (tombes, nécropoles), vous offrant au passage de superbes vues sur Pitigliano. C'est d'ailleurs l'un des intérêts du lieu : mêler la visite culturelle à la promenade dans un bel environnement.

DANS LES ENVIRONS DE PITIGLIANO

L'ensemble rupestre de Vitozza : *visite guidée slt. Rdv avec le guide dim, lun et mer à 10h piazza della Repubblica à San Quirico. ☎ 0564-61-40-74. Visite gratuite.* Un dédale de couloirs parmi les roches témoigne de l'occupation lointaine de la zone, entre le Ier s av. J.-C. et le Ier s apr. J.-C.

TUSCANIA (01017) 8 200 hab.

À 22 km à l'ouest de Viterbo (Viterbe), la ville se dresse au cœur d'un paysage ondulant de collines vertes piquées de cyprès et d'oliviers, à proximité des centres étrusques de Vulci. Avec un nom pareil, on s'en voudrait de ne pas inclure en Toscane cette adorable petite cité, même si elle se situe dans le Lazio (Latium). La ville possède une longue histoire. En 1222, saint François d'Assise y séjourna pour construire des monastères dans la région. Ses remparts abritent un centre historique avec ce qu'il faut pour plaire au promeneur : beaux édifices religieux, rues pavées, passages couverts et cours de maisons.

Arriver – Quitter

En bus

Départs depuis le viale Trieste (av. parallèle aux remparts, à l'ouest).

Compagnie *Cotral* *(☎ 0766-89-041 ; • cotralspa.it •).*

➢ ***Viterbo :*** env 1-2 bus/h (slt 2 dim).

➢ ***Gare de Montalto di Castro***

(27 km au sud de Tuscania) **:** env 10 bus/j. 6h50-19h.

En train

Il n'y a pas de gare à Tuscania. Le plus pratique est de se rendre à ***Montalto di Castro*** en bus, à 27 km (voir ci-dessus).

➢ ***Rome (Termini) :*** 10 trains directs/j. Dernier départ vers 22h. Trajet : env 1h30.

➢ ***Grosseto :*** env 10 trains/j. Trajet : env 50 mn.

➢ ***Pise via Livourne :*** 6-7 trains/j. Trajet : env 2h30.

Circulation et stationnement

Le centre-ville est interdit aux voitures de tourisme. Stationnement gratuit aux abords des remparts, limité à 30 mn ou 1h. Le nom des rues fait l'objet de bizarreries, avec des doubles plaques auxquelles mêmes les habitants ne comprennent rien !

Adresse utile

Ufficio turistico : *piazzale Trieste. ☎ 0761-43-63-71. • comune.tuscania.vt.it • Chalet de bois à l'extérieur de la porta del Poggio Fiorentino. Tlj sf lun 9h30-13h, 16h30-19h.*

Où manger ?

Osteria da Alfreda : *largo Torre di Lavello, 1-2. Ne pas confondre avec l'établissement chic situé juste au-dessus. Fermé jeu.* Sur une petite place au pied de la tour di Lavello. On y mange en terrasse sous une treille, sur de grandes tables en bois avec toiles cirées. C'est populaire et pas cher. Cuisine familiale *(casalinga)* toscane savoureuse et copieuse. Quand le temps est maussade, on passe les rideaux de perles et on installe les mêmes tables rudimentaires à l'intérieur, dans une salle voûtée, lambrissée à mi-hauteur. Accueil franc et jovial, on s'en doutait !

À voir

Au cœur de Tuscania, dans le dédale des rues plusieurs ***palais privés.*** Fermés à la visite, on ne voit que l'extérieur : *Baronale-Tartaglia (Poggio Barone, 9 b), Palazetto Farnese (via Rivellino, 19), Maccabei (via Lunga, 23), Spagnioli (via Valle d'Oro, 22), Giannotti (via della Libertà).*

– ***Très belle vue sur la campagne*** au sud, depuis le ***Parco di Lavello,*** un jardin public au bord des remparts. Il domine la vallée. De là on a un bon aperçu sur la basilica San Pietro et la chiesa Santa Maria Maggiore. Pour les voir de près, il faut sortir de la ville à pied et marcher environ 800 m. Promenade facile.

Basilica di San Pietro : *à l'extérieur des murs, au sud-ouest de la ville. Tlj sf lun 9h-13h, 15h-19h (17h oct-avr ; en continu en juil-août). Entrée gratuite.* Construite du VIIIe au XIIIe s, dans un beau site, sorte de monticule verdoyant à l'extérieur de la ville. Édifice dépouillé et fermé au culte, mais renfermant un beau sol de mosaïque polychrome. Notez ces curieux couvercles de sarcophages étrusques (Ier-IIe s av. J.-C.) éparpillés alentour. Ils adoptent la position allongée du repas.

Chiesa Santa Maria Maggiore : *juste en contrebas de la basilique di San Pietro. Mêmes horaires.* L'église a été sérieusement endommagée pendant le tremblement de terre de 1971 ; sa reconstruction à l'identique est parfaite avec des portails romans du XIIIe s (des copies donc). Petite et toute trapue, de style médiéval. Elle renferme une belle charpente en bois et surtout un magnifique pupitre ciselé en marbre. Autel couvert également intéressant. Belle *Annonciation.*

DANS LES ENVIRONS DE TUSCANIA

Parco Naturalistico Archeologico di Vulci : *à env 20 km vers l'ouest de Tuscania et une dizaine de km au nord de Montalto di Castro. ☎ 0766-87-97-29. • vulci.it • Tlj 10h-18h (hors saison, tlj sf mar mat 14h-18h). Entrée : 8 € ; réduc ; gratuit moins de 6 ans. Billet combiné avec le musée : 10 €.*
Vulci était l'une des 12 villes de la fédération étrusque. Un paysan qui labourait vit le sol se dérober sous ses pieds : le site fut ainsi découvert. Lucien Bonaparte, frère de Napoléon et propriétaire désargenté du domaine, lança aussitôt des fouilles dans l'espoir de découvrir quelque trésor. En 4 mois, environ 2 000 objets furent exhumés. Persuadé que les Étrusques étaient d'ascendance ionienne, on ne conserva que les poteries à figure rouge. Les vases noirs, jugés sans intérêt, furent détruits systématiquement. Manque de pot (ça, on peut le dire !), c'étaient des *buccheri,* si caractéristiques de la civilisation étrusque, teintés au cœur par une cuisson avec de l'oxyde de fer.
Les nécropoles se visitent désormais (à pied) dans un très beau parc archéologique savamment arrangé. Une des tombes du site s'appelle la ***tombe François,*** du nom de son découvreur en 1857, l'archéologue florentin Alessandro François. Son couloir d'accès mesure 27 m de long et elle compte 10 chambres funéraires dont certaines couvertes de fresques.

Ponte e castello dell'Abadia : *au nord du parc archéologique.* Très bel ensemble. Le pont, d'abord, suspend bien haut son unique jambe au-dessus de l'Olpetta : la base est d'époque étrusque puis romaine, le tablier est médiéval. Le château, ensuite, ancien prieuré bénédictin fortifié (IXe s), devenu une place militaire sous les Aldobrandeschi, accueille le ***Museo archeologico di Vulci.*** Nombreux sarcophages et objets étrusques provenant des tombes découvertes autour de la ville. La plus belle est la tombe de la Panatenaica. Voir aussi la statue de Mithra, qui faisait l'objet d'un culte à l'époque romaine. On peut en visiter quelques-unes (sur réservation).

L'OMBRIE

ABC DE L'OMBRIE

- *Superficie :* 8 546 km².
- *Densité :* 106 hab./km².
- *Chef-lieu :* Pérouse.
- *Divisions administratives :* 2 régions (Pérouse et Terni).
- *Population :* 906 100 hab.
- *Principales ressources :* agriculture, vin, cuir, chocolat, tourisme.

Pour la carte générale de l'Ombrie, se reporter au cahier couleur.

Petite région en plein centre de la Botte, au relief en grande partie montagneux, l'Ombrie mérite bien son appellation de « poumon vert » de l'Italie. Aux confins de l'Italie du Nord et de celle du Sud, traversée de part en part par le Tibre et l'antique via Flaminia des Romains, elle se fait discrète derrière ses murailles, plus secrète et authentique que sa voisine toscane, et aussi plus généreuse. Au détour des collines apparaissent tour à tour bourgs d'origine étrusque et villes millénaires, accrochés aux versants couverts de vignobles, d'oliveraies et d'amanderaies. Ici, un ermitage à flanc de falaise, au milieu des châtaigniers. Là, un clocher s'élevant au-dessus des blés et des cyprès. Terre de seigneurs et d'une paysannerie longtemps exploitée, mais une terre saine et sainte, peut-être même magique. Au centre domine la belle Assise, berceau de saint François, patron de l'écologie, qui prêchait aux oiseaux et communiait avec les loups. À l'est, la sorcière Sibylle détournait les croisés des chemins de Jérusalem à leur passage dans les Apennins, du côté de Nursie. D'autres sanctuaires plus populaires attirent les pèlerins du monde entier : celui de sainte Rita à Cascia et de saint Valentin à Terni. Un paradis pour amateurs d'art religieux, dont la douceur et les charmes des paysages inspirèrent maints artistes, tels Giotto, Signorelli et même Raphaël, élève du Pérugin. Ceux-ci en saisirent l'essence pour mieux la célébrer au travers de grandes fresques, comme celles du magnifique duomo d'Orvieto ou de la basilique Saint-François-d'Assise.
Mais pour visiter ces joyaux de l'architecture, il faudra du courage car, comme le remarquait justement Pie II en 1462, on ne voit rien en Ombrie sans

grimper. Que les mollets un peu faiblards se rassurent cependant. De nombreuses municipalités ont investi dans les ascenseurs ou escalators pour acheminer les visiteurs jusqu'à leur centre-ville haut perché.
Peinture, architecture, mais aussi céramique, qui tient une place de choix dans l'artisanat ombrien depuis que, au XVIe s, un certain Mastro Giorgio inventa la technique du *riverbero,* un lustre métallique dont la formule garde encore quelques secrets.
Attachés à leur patrimoine tant naturel que culturel et à leurs traditions, les Ombriens ne cèdent pas facilement aux produits sous Cellophane et au folklore aseptisé. Ici, le passé, on en vit. On le revit même chaque année, au travers de reconstitutions médiévales et de fêtes ancestrales. Dans ces décors de vieilles pierres et de venelles en escaliers, on s'y croit tout à fait.

LE NORD DE LA VALLÉE DU TIBRE

Le Tibre traverse l'Ombrie du nord au sud, irriguant la campagne de bon nombre de ses cités importantes. L'invisible frontière qui sépare la vallée du Tibre du reste de l'Ombrie prend source dans son histoire : l'Est fut occupé par les Umbrii, tandis que l'Ouest fut un temps dominé par les Étrusques, dont la civilisation a laissé de beaux vestiges à Pérouse et à Città di Castello. Important carrefour depuis l'Antiquité, le territoire de Pérouse fut une étape obligatoire pour les érudits en route vers Rome, tels Goethe ou lord Byron à l'époque du romantisme. Tous deux furent charmés par la lumière du lac Trasimène, ainsi que le fameux Pérugin (dont vous entendrez assurément beaucoup parler), qui naquit dans l'actuelle Città della Pieve, non loin de là. Et à propos de peintures, les pinacothèques de Pérouse et de Città di Castello exposent les meilleures collections de toute l'Ombrie.

PÉROUSE (PERUGIA) (06100) 168 170 hab.

▶ Pour le plan de Pérouse, se reporter au cahier couleur.

Capitale administrative de la région, Pérouse la cosmopolite est perchée sur une colline ceinte de remparts derrière lesquels pointent cyprès et clochers, dominant le Tibre. Dès le premier contact, la ville réveille l'intérêt du plus blasé des voyageurs : de jour, la splendeur de ses palais Renaissance coupe le souffle ; la nuit, son labyrinthe de ruelles étroites fait plonger dans un univers mystérieux.
Fondée par les Étrusques, Pérouse resta romaine sept siècles durant, puis subit le joug des envahisseurs goths, ostrogoths, lombards et byzantins. Au Moyen Âge, quand elle fut devenue l'une des cités-États, des guerres incessantes l'opposèrent à Assise et à d'autres villes des environs. Elle tomba en 1538 dans l'escarcelle pontificale pour ne s'en libérer qu'en 1860. De son passé tumultueux, la capitale ombrienne conserve un riche patrimoine. Son relief escarpé pourrait vous décourager de vous écarter du corso Vannucci, l'artère principale ; pourtant, le véritable plaisir se trouve dans la découverte des ruelles en contrebas. Heureusement, escalators *(scale mobili)* et ascenseurs fonctionnent toute la journée et une partie de la soirée ! Et si vous n'avez pas les chevilles assez souples, la seule visite de l'éblouissante

Galleria nazionale est tout un programme ! Le Pérugin y est à l'honneur, mais aussi le Pinturicchio, le « petit peintre », enfant du pays.
Ville imprégnée d'histoire donc, mais aussi dynamique, réunissant étudiants de l'université pour étrangers et amateurs de jazz. En effet, chaque année, lors d'un festival estival de haute volée, on vient de toute l'Europe assister aux concerts dans les rues de la vieille cité.

SANGLANTS CINGLÉS

La ville a vu, vers le milieu du XIIIe s, s'épanouir la secte des Flagellants. Ces énergumènes défilaient en se flagellant avec des lanières aux bouts cloutés. Et ce pendant 33 jours, en référence à l'âge supposé du Christ à sa mort. Cette seule pratique, rejetée par l'Église qui finit par les livrer à l'Inquisition, était censée faire gagner le Paradis à ses adeptes. Nul ne sait si leur objectif a été atteint...

Arriver – Quitter

En avion

✈ ***Aeroporto San Francesco d'Assisi*** *(anciennement Sant'Egidio)* **:** *à* ***Sant'Egidio,*** *à 16 km de Pérouse et 13 km d'Assise.* ☎ *075-59-21-41.* • *airport.umbria.it* • Liaisons assurées avec Londres Stansted, Barcelone, Düsseldorf Bruxelles Charleroi. Également avec la Sicile et la Sardaigne.

➢ Liaisons par bus *(8 € l'aller, 14 € l'A/R)* pour rejoindre le centre-ville (piazza Italia) et la gare ferroviaire FS.

■ ***Location de voitures à l'aéroport :*** ***Avis,*** ☎ *075-692-97-96 ;* ***Autoeuropa,*** ☎ *075-782-93-14 ;* ***Europcar,*** ☎ *075-692-06-15 ;* ***Hertz,*** ☎ *075-592-85-90.*

En train

Pérouse est desservie par le réseau *FS* et le réseau *FCU,* dont les trains partent de 2 gares différentes.

Stazione di Fontivegge *(hors plan couleur par A3)* **:** *piazza Vittorio Veneto.* ☎ *89-20-21 (n° Vert).* • *trenitalia.it* • Dessert le réseau national *(Ferrovie dello Stato, FS).* Loueurs de voitures *Avis* et *Maggiore (ouv lun-sam).* Pour gagner le centre-ville, prendre le *Minimetrò* (voir plus loin « Adresses et infos utiles. Transports »), à 100 m à gauche en sortant de la gare, ou l'un des bus C ou G. Billets en vente dans la guérite verte ou chez les marchands de journaux.

Stazione di Sant'Anna *(plan couleur B3)* **:** *piazza Bellucci.* ☎ *800-512-141.* • *umbriamobilita.it* • Trains de la *Ferrovia Centrale Umbra (FCU),* ligne privée reliant le nord de l'Ombrie (Città di Castello) au sud (Deruta, Todi, Terni...) via Pérouse. Un escalator menant au corso Cavour permet de gagner facilement le centre-ville à pied.

➢ ***De/vers Assise, Spello et Foligno :*** à peu près 1 train/h. Trajet : 20 mn pour Assise, 30 mn pour Spello et 40 mn pour Foligno.

➢ ***De/vers Trevi et Spolète :*** train ttes les 1-2h, parfois avec changement à *Foligno.* Trajet : 50 mn-1h20 pour Trevi et 1h-1h30 pour Spolète.

➢ ***De/vers Todi (Ponte Rio) et Terni :*** nombreuses liaisons, soit par *FS* (avec changement à *Ponte San Giovanni*), soit par *FCU.* Trajet : 1h pour Todi et 1h30-2h pour Terni.

➢ ***De/vers Rome :*** 6 trains directs/j. et une dizaine avec changement à *Foligno, Arezzo* ou *Terontola.* Trajet : 2h30-3h30.

➢ ***De/vers Florence :*** train ttes les 1-2h, directs ou avec changement à *Terontola.* Trajet : 2-3h.

En bus

Gare routière *(plan couleur A-B3-4)* **:** *piazza dei Partigiani.* Des escalators vous montent jusqu'au centre-ville.

■ ***Umbria Mobilità :*** groupement de toutes les compagnies de transport de la région. ☎ *800-512-141 (n° Vert).* • *umbriamobilita.it* •

■ Pour **Florence, Rome, Naples** et **Milan,** compagnie **Sulga.** ☎ *800-099-661 (n° Vert).* • *sulga.it* •

PÉROUSE ET SES ENVIRONS

➢ ***De/vers Assise :*** une dizaine de liaisons/j. (3 slt dim). Trajet : 1h. Départ d'Assise piazza Matteotti, piazza Unità d'Italia ou de Santa Maria degli Angeli. Trajet : 1h.

➢ ***De/vers Foligno :*** 8 liaisons/j. (aucune dim). Trajet : env 40 mn.

➢ ***De/vers Gubbio :*** une dizaine de bus/j. (4 dim). Trajet : env 1h15.

➢ ***De/vers Deruta et Todi :*** env 6 bus/j. (aucun dim). Départs de la piazza Jacopone ou Consolazione (selon les bus) à Todi. Trajet : env 30 mn pour Deruta et 1h30 pour Todi.

➢ ***De/vers Rome :*** 5 liaisons/j. (4 dim), dont 3-4 liaisons (2 dim) au départ ou à destination du terminal 3 (vols internationaux) de l'*aéroport de Fiumicino* et ttes les autres de la *stazione Tiburtina* à Rome. Trajet : 3h10 à partir de l'aéroport, 2h30 à partir de Rome. Les billets peuvent s'acheter dans le bus.

➢ ***De/vers Florence :*** 1 bus/j. lun et ven au départ de la piazza Adua. Trajet : 2h30.

➢ ***De/vers Naples :*** 1 bus/j. de la piazza Garibaldi. Trajet : 4h30.

➢ ***De/vers Milan :*** de la piazza Famagosta, 1 bus/j. lun-mar et ven-sam ; très, très tôt au départ de Perugia et en fin d'ap-m de Milan. Trajet : env 7h.

Circulation et stationnement

Circuler à Pérouse

Circuler en voiture à Pérouse est éprouvant. Non seulement le trafic est dense, mais les rues pas franchement droites ni à angle droit du *centro storico* sont aussi parfois incroyablement étroites. Le corso Garibaldi, par exemple, évoque davantage une ruelle un peu large qu'une avenue ! Croyez-nous, la Fiat Panda et la Fiat 500 ont encore de beaux jours devant elles dans cette ville ! Sans parler des zones de trafic limité (la majeure partie du *centro storico*), de la signalisation défaillante, des travaux qui vous dévient de votre route mais sans aucune indication pour vous remettre dans le droit chemin...

Les problèmes de circulation dans Pérouse ne datent cependant pas d'hier et, depuis le début des années 1980, la municipalité fait tout pour y remédier et inciter les gens à se déplacer à pied : construction de parkings au pied de la cité médiévale (rappelons que Pérouse est sur une colline, ce qui complique tout) et de parcours mécanisés (escalators, tapis roulant, ascenseurs) pour relier la ville basse et la ville haute. Le tout sans défigurer le paysage, car tout cela reste très discret. Sincèrement, le parcours mécanisé dans la ville souterraine de la Rocca Paolina est presque une curiosité à lui seul ! En 2008, le *Minimetrò* est venu compléter ces infrastructures. C'est l'architecte français Jean Nouvel qui a dessiné cette ligne automatique de 4 km et ses 7 stations. Le *Minimetrò* reste aussi très discret : ses étranges petites voitures (qui ressemblent à des cabines de téléphérique) ne font que de brèves apparitions dans la ville. Tout à fait entre nous, le *Minimetrò* est beaucoup plus chou (et propre) que le métro parisien !

Se garer à Pérouse

P ***Parking gratuit :*** *porta Nova à Pian di Massiano (hors plan couleur par A3). Relié au centre par le* Minimetrò. Idéal pour ceux arrivant de Florence ou hébergés à l'extérieur de la ville, surtout à l'ouest. Attention, une partie de celui-ci doit être libérée pour le marché du samedi matin !

P ***6 parkings payants :*** *1-1,90 € la 1re heure, puis 1,50-1,80 €/h. Forfaits soirée 20h-2h (2,50 €) et journée (16,50 €). • sipaonline.it •*

– ***Piazza dei Partigiani*** *(plan couleur A-B3-4)* **:** conseillé en arrivant de Florence. Escalator débouchant corso Vannucci via la Rocca Paolina.

– ***Piazzale Europa*** *(plan couleur B4)* **:** à proximité de la gare Sant'Anna. Conseillé en arrivant de Rome. Le moins cher de tous. Accès mécanisé au corso Cavour.

– ***Viale Pellini*** *(plan couleur A2)* **:** escalator vers la via dei Priori.

– ***Briglie di Braccio - Ripa di Meana*** *(plan couleur B2)* **:** accès au centre par

ascenseur.
- ***Sant'Antonio*** *(plan couleur B2)* **:** grimpette pédestre jusqu'au centre via l'arc étrusque.
- ***Mercato Coperto*** *(plan couleur B2)* **:** ascenseur vers la piazza Matteotti. Le plus proche du centre historique, mais aussi le plus cher (1,40 € la 1re heure, 2,40 € à partir de la 2e et aucun forfait) et souvent saturé.

Parking gratuit pour les camping-cars : ***Del Bove*** *(hors plan couleur par A4), via Campo di Marte. Relié au centre par le bus I.* Il s'agit d'un parking pour les camping-cars (attention, une partie est payante).

Adresses et infos utiles

Informations touristiques

Ufficio turistico *(plan couleur B2)* **:** *piazza Matteotti, 18. ☎ 075-577-26-86 ou 075-573-64-58. • regioneumbria.eu • comune.perugia.it • Pâques-nov, tlj 9h-19h ; le reste de l'année, tlj 8h30-18h30.* Vend un plan-guide de la ville avec des itinéraires quartier par quartier et donne des brochures très bien faites sur l'Ombrie (le tout en français) ainsi que la liste des hébergements.

Point d'information de Pian di Massiano *(hors plan couleur par A3)* **:** *piazza Umbria Jazz. ☎ 075-505-85-40. Tlj 9h-16h (13h dim).* Prestations identiques au précédent. Idéal pour qui utilise le parking porta Nova et le *Minimetrò*.

Association des guides d'Ombrie AGTU : pour visiter la ville avec un guide francophone (voir « Adresses utiles » à Assise).
- ***Viva Perugia :*** *env 1 €, en italien.* Petit mensuel très pratique en vente dans les kiosques, comportant tous les renseignements utiles, les expos en cours, les concerts, etc.

Spécial 14-30 ans

@ ***Informagiovani*** *(plan couleur B2, 2)* **:** *piazza del Melo (accès en vis-à-vis du n° 57 ou du n° 79 de la via Pinturicchio). ☎ 075-577-24-96. Lun-ven 10h-13h30, plus lun-mer 15h30-17h.* La carte *Informagiovani*, gratuite, permet l'accès à Internet (sur place), le wifi gratuit dans le centre historique (identifiants de connexion donnés avec la carte), la consultation de journaux et revues, ainsi que des réductions et des avantages chez les partenaires (restaurants, bars et nombreux commerces).

Poste et Internet

✉ ***Poste centrale*** *(plan couleur B2)* **:** *piazza Matteotti. ☎ 075-573-69-77. Lun-sam 8h30-19h (12h30 sam).*
- Il existe des points wifi dans la ville (sur la piazza Matteotti, le Mercato Coperto et le Pincetto, notamment), mais pour en profiter et bénéficier de 2h de connexion gratuite, il faut s'inscrire à l'*Ufficio Relazioni con il Pubblico,* le bureau juste derrière l'office de tourisme, dans le passage menant à la place du Mercato Coperto. Un bon nombre de cafés proposent aussi le wifi gratuitement, notamment sur la piazza Danti et la piazza IV Novembre, mais là encore il n'est pas rare que la durée soit limitée.

Transports

Voir aussi ci-dessus « Arriver – Quitter ».

Autobus urbains : outre les billets ordinaires (1,50 € à l'unité si acheté « à terre » et 2 € à bord du bus), il existe des tickets touristiques (5,40 € pour 24h ou 12,90 € pour 10 voyages). Les bus portent des lettres selon l'itinéraire. Les arrêts où convergent la plupart des bus urbains se trouvent à la gare FS, piazza Italia et piazza Morlacchi.
- ***Kiosque d'infos*** *(plan couleur B3)* **:** *sur la piazza Italia. Ts les horaires et ttes les lignes sur : • umbriamobilita.it •*
- ***Minimetrò :*** *lun-sam 7h-21h, dim 8h30-20h30. Mêmes tarifs que les bus.*

Radio-taxi : *☎ 075-500-48-88. Stations via Cesare Fani (près de la piazza Matteotti ; plan couleur B2), piazza Italia (plan couleur B3) et piazza Partigiani (plan couleur A-B3-4).*

Location de voitures : *à l'aéroport (tlj) ou à la gare de Fontivegge (tlj sf dim).*

Divers

■ ***Farmacia San Martino*** *(plan couleur B2,* ***1****)* ***:*** *piazza Matteotti, 26. ☎ 075-572-23-35. Pharmacie ouv 24h/24.* Si besoin, *Viva Perugia* indique aussi les pharmacies de garde.

■ ***Commissariat de police*** *(questura ; hors plan couleur par A3)* ***:*** *via del Tabacchificio, 21, à Pian di Massiano. ☎ 113.*

■ **Toilettes publiques :** *dans une venelle donnant sur le corso Vannucci et longeant le Palazzo dei Priori ; au marché couvert (piazza Matteotti, 18) ; aux jardins Carducci (en contrebas de la Rocca Paolina) ; aux parkings de la piazza dei Partigiani et du piazzale Europa.*

Où dormir ?

Réservez longtemps à l'avance si vous devez vous rendre à Pérouse en juillet, pendant la période du festival *Umbria Jazz.*

Dans le centro storico

AUBERGE DE JEUNESSE

Centro internazionale di accoglienza per la gioventù Bontempi *(plan couleur B2,* ***23****)* ***:*** *via Bontempi, 13. ☎ 075-572-28-80. • ostello@ostello.perugia.it • ostello.perugia.it • ♿ Réception 8h-11h, 15h30-minuit. Retour nocturne max à 3h30 (vérifiez quand même !). Congés : 15 déc-25 janv. Compter 17 €/pers. Consigne à bagages.* AJ privée installée dans un ancien palais du XIIIe s orné de fresques du XVIe s. Dortoirs (non mixtes) bien agencés de 4, 6 ou 8 lits. Également 2 chambres avec 2 lits, mais pas mixtes elles non plus (sauf si vous êtes mariés !). À l'étage, certaines chambres sont aménagées dans ce qui était le théâtre du palais, d'où les mezzanines ! Salle de bains privée pour quelques-unes d'entre elles. Très belle bibliothèque, salle TV et cuisine spacieuse impeccable pour mitonner ses propres plats (eh oui, vous avez bien lu ! Une AJ avec cuisine à disposition en Italie !). Sanitaires nickel. De la terrasse, très belle vue sur Pérouse et Assise. En un mot, un palais à prix doux.

HÔTELS

De bon marché à prix moyens

Hotel San Sebastiano *(plan couleur A-B2,* ***22****)* ***:*** *via San Sebastiano, 4 (entre la via Elisabetta et la via Eremita). ☎ 075-572-78-65. • info@hotelsansebastianoperugia.com • hotelsansebastianoperugia.com • ♿ Doubles avec ou sans sdb 50-75 € selon confort et saison. Parking gratuit. Un petit déj offert sur présentation de ce guide.* Grande maison au calme dans le quartier universitaire, avec un charmant petit parc privatif gazonné de l'autre côté de la rue, où vivent quelques canards et les chats de la maison. Une dizaine de chambres assez spacieuses, avec murs tout blancs et carrelage couleur rouille. Certaines d'entre elles bénéficient même d'une vue sur le parc. Cadre agréable et accueil vraiment serviable.

Hotel Sant'Ercolano *(plan couleur B3,* ***26****)* ***:*** *via del Bovaro, 9. ☎ 075-572-46-50. • s_ercolano@yahoo.it • info@santercolano.com • santercolano.com • Doubles 50-85 €, petit déj compris.* Hôtel très bien situé, dans un quartier calme, proposant une quinzaine de chambres un peu inégales. Certaines manquent vraiment de charme alors que d'autres sont avenantes. Quoi qu'il en soit, le rapport qualité-prix reste tout à fait correct. Certains de nos lecteurs se sont plaints du bruit.

Hotel Umbria *(plan couleur B2,* ***16****)* ***:*** *via Boncampi, 37. ☎ 075-572-12-03. • info@hotel-umbria.com • hotel-umbria.com • Doubles 40-97 €, petit déj inclus.* Pas très spacieux mais tout confort, et l'accueil est sympathique. Situé dans le centre historique, à deux pas de la rue principale et dans une ruelle au calme absolu.

Albergo Anna *(plan couleur A2,* ***18****)* ***:*** *via dei Priori, 48. ☎ 075-573-63-04. • info@albergoanna.it • albergoanna.it • Résa indispensable. Doubles avec sdb 50-100 € selon saison et confort,* *petit déj compris.* Au 2e étage d'un immeuble de la vieille ville, une pension à l'atmosphère familiale, surchargée d'un bric-à-brac d'objets et de meubles plus ou moins anciens. Les chambres sont propres mais de qualité très inégale : certaines sont vraiment vieillottes ou de taille très réduite, alors que d'autres, bien que toujours rustiques, sont vraiment plaisantes, spacieuses, comme celle dotée d'une cheminée colorée et d'une petite véranda avec vue sur les toits (n° 4) ou celle avec terrasse (n° 3).

Prix moyens

Hotel Eden *(plan couleur A3,* ***13****) : via Cesare Caporali, 9 ; au 3e étage. ☎ 075-572-81-02. • info@hoteleden.perugia.it • hoteleden.perugia.it • Doubles 70-120 € selon saison et confort, petit déj-buffet inclus.* Chambres impeccables et gentiment décorées, avec une ou plusieurs toiles de votre hôtesse, Silvia. Allemande, elle parle parfaitement le français et vous réserve un accueil très pro.

Hotel Signa (plan couleur B4, **11**) : *via del Grillo, 9. ☎ 075-572-41-80. • hotelsigna@gmail.com • hotelsigna.it • Congés : 10-26 déc. Doubles avec sdb 65-93 € selon saison et confort ; petit déj 6,50 €. Parking gratuit. Réduc de 10 % sur le prix de la chambre sur présentation de ce guide.* Chambres sans charme particulier mais qui offrent toutes un bon confort. Certaines, un peu plus chères, bénéficient de l'AC et d'une vue panoramique sur le quartier ou la campagne, et d'autres, pour quelques euros de plus encore, ajoutent à cela la terrasse. Loue également des appartements juste un peu plus loin dans la rue *(borgo XX Giugno, 38 ; ☎ 075-572-66-67).* Accueil agréable.

Hotel Morlacchi *(plan couleur A2,* ***21****) : via Leopoldo Tiberi, 2. ☎ 075-572-03-19. • info@hotelmorlacchi.it • hotelmorlacchi.it • Double 75 € ; petit déj inclus. Également un appart 120 €. Petit déj ou café offert sur présentation de ce guide.* Une quinzaine de chambres, pas très grandes mais tout à fait plaisantes, réparties autour d'un escalier central et meublées à l'ancienne. Belle cheminée sculptée dans la n° 58 et fresque au plafond dans la n° 54. Une adresse calme et familiale, où l'on vous accueille avec le sourire.

Hotel Priori *(plan couleur A2,* ***17****) : via Vermiglioli, 3. ☎ 075-572-33-78. • hotel.priori@gmail.com • hotelpriori.it • Doubles 70-100 € selon saison. Petit déj 10 €. Garage payant (très cher). (à la réception).* Chambres confortables à la déco sobre mais plutôt élégante, et nombre d'entre elles offrent une vue panoramique sur une mer de toits. Évitez celles, bruyantes, donnant sur la via dei Priori (étudiants en goguette le soir). Salon de lecture. Terrasse vraiment agréable, surplombant la vieille ville. Bon accueil en français. Idéal pour qui veut être au cœur de la ville.

De prix moyens à chic

Peu d'adresses hors du commun dans ces prix, nous vous renvoyons donc à nos adresses de charme dans la région.

Hotel Fortuna *(plan couleur A-B3,* ***14****) : via Luigi Bonazzi, 19. ☎ 075-572-28-45. • fortuna@umbriahotels.com • umbriahotels.com • ♿ Doubles 100-130 €, petit déj-buffet inclus. Garage 25 €/j. Un petit déj offert ou réduc de 10 % sur le prix de la chambre sur présentation de ce guide.* Dans un ancien palais du XIIIe s (quelques pièces sont ornées de fresques baroques, et l'on vous montrera un mur du IIIe s !), une cinquantaine de chambres joliment meublées dans un style en harmonie avec le bel immeuble. Les moins chères n'ont pas l'AC, en revanche certaines disposent de balcons offrant une vue splendide sur la ville et ses environs. Belle terrasse, salle de lecture. Accueil agréable.

Hors du centro storico

Ostello per la Gioventù Mario Spagnoli (hors plan couleur par A3, **24**) : *via Cortonese, 4, loc.* ***Pian di Massiano.*** *☎ 075-501-13-66. • perugiahostel@tiscali.it • ♿ En voiture, sortir de la superstrada à Madonna Alta. Excentré, mais relié à la gare FS et au centre par le*

Minimetrò *(station Cortonese). Tlj 24h/24. Check in 7h-minuit. Selon confort, nuitée 18-23 €/pers, petit déj compris. Repas complet sur résa 10,50 €. Loc de vélos. Parking gratuit.* Dans une grande bâtisse jaune construite autour d'une tour médiévale restaurée, en retrait par rapport à la grande route très passante. Chambres avec salle de bains de 4, 6, voire grand maximum 8 lits, mais les chambres de 4 peuvent être louées pour 2 ou 3 personnes (idéal pour une famille, car elles disposent d'un grand lit et d'un lit superposé). Toutes sont dotées d'une salle de bains. Laverie, bibliothèque, des espaces verts, un billard, une salle TV très bleue et à la déco musicale, et même un studio d'enregistrement ! Même si l'environnement n'est pas des plus excitant, l'AJ, elle, est vraiment sympa. En plus, l'accueil est super !

Etruscan Chocohotel *(hors plan couleur par A4,* **25***) : via Campo di Marte, 134. ☎ 075-583-73-14. • etruscan@chocohotel.it • chocohotel.it • À 500 m de la gare FS de Fontivegge et à 1 km du centre historique ; arrêt de bus juste en face de l'hôtel, lignes A (piazza Partigiani) et G (piazza Italia). Doubles 88-140 €, petit déj inclus ; selon disponibilités, chambres 69-90 €, petit déj inclus. Parking gratuit.* Cette construction moderne à la façade soulignée de motifs étrusques évoque tout d'abord un hôtel de chaîne. Elle sort pourtant de l'ordinaire : elle est entièrement dédiée au chocolat. Celui-ci est absolument partout, il dégouline même des murs (inutile de sauter dessus, c'est pour de faux !). Plus sérieusement, les chambres à la déco très cacaotées sont agréables et douillettes. Les « éco », un peu plus petites seulement, offrent un très bon rapport qualité-prix. Aux beaux jours, piscine à ciel ouvert au dernier étage. Certes, l'établissement ne jouit pas de la situation la plus agréable, mais il est pratique et confortable. Accueil pro.

Où dormir dans les environs ?

Camping Il Rocolo *: strada Fontana, 1 n, loc.* **Colle della Trinità.** *☎ 075-92-88-029. 320-25-20-935, 393-96-86-405 ou 328-33-22-119. • info@ilrocolo.it • ilrocolo.it • À 10 km env du centre de Pérouse. En voiture, sur la superstrada, sortir à Ferro di Cavallo ; en venant de Perugia, prendre à droite en sortant de la 4-voies et, au rond-point, suivre la direction de Corciano par la nationale ; après 1,5 km env, guetter le panneau « Camping » sur la droite. Bus Z4 direct entre les terrains et la piazza Italia (2 le mat, 3 à la mi-journée, 2 en fin d'ap-m). Sinon, bus G (ttes les 20 mn) en direction de Colle Maggio, qui vous dépose au bas de la strada Fontana, puis une sérieuse grimpette ; en revanche, aucun bus le dim. Ouv de mi-avr à fin oct. Accès fermé minuit-7h. Selon saison, 25-28,50 € pour 2 avec tente et voiture. (payant).* Un très beau terrain situé sur les hauteurs, en périphérie de Perugia. D'un côté, les emplacements en terrasse sur l'herbe et sous les oliviers, et de l'autre, bien à l'écart, le bar-buvette-petite restauration très sympa, avec ses tables sous abris disséminées ici et là. Le tout avec vue sur les alentours. À côté du bar, une belle piscine ainsi qu'une grande pataugeoire ; en revanche, n'oubliez pas la crème solaire, car elle est en plein cagnard. Quant aux sanitaires, ils sont sommaires mais propres et en nombre suffisant (en revanche, certaines douches étranges en forme de triangle manquent singulièrement de confort !). Géré par une équipe jeune et très sympa.

AGRITURISMO, B & B ET HÔTEL

De bon marché à prix moyens

C'era una volta Bed & Breakfast : *strada San Marino, 6 l,* **Ponte Rio,** *06125 Perugia. 393-987-19-68. • info@ceraunavoltabeb.it • ceraunavoltabeb.it • À env 6 km à l'est de Pérouse. Accès fortement conseillé par l'E 45 et non par le centre-ville (quitte à faire un détour si vous arrivez de la superstrada ; croyez-nous, vous ne le regretterez pas !) ; sortir* *à Ponte Felcino et, de Ponte Felcino, suivre la direction de San Marino. De l'intersection pour San Marino, rouler 2 km puis prendre à gauche dans un chemin de terre repérable à son alignement de poubelles et à sa barrière rouge et blanc levée ; c'est la dernière maison tt en haut. Doubles avec sdb 60-70 €, petit déj inclus.* Perchée dans un bel environnement de collines verdoyantes, la maison est cernée par son petit jardin et sa terrasse toute fleurie. Les charmants proprios et leurs enfants vivent au rez-de-chaussée. Les hôtes, eux, disposent de tout l'étage, avec des chambres pas toujours très grandes mais d'une très grande fraîcheur. Ameublement soigné, des salles de bains bien conçues et des murs tout blancs où surgissent ici et là des grandes fleurs. La plus grande chambre bénéficie aussi d'une importante terrasse. Le matin, les hôtes travaillant tous les deux, vous trouverez tout ce qu'il faut dans la grande cuisine pour préparer votre petit déj. Vous avez également la possibilité de participer au jardinage (récoltes, confitures, etc.). Résultat : très vite, on se sent vraiment chez soi.

Casale Mille Soli : *strada Mugnano Poggio Montorio, 64, 06132* ***Mugnano.*** *☎ 075-374-48-85. 333-593-09-73. • millesoli@casalemillesoli.it • casalemillesoli.it • À 15 km au sud-ouest de Pérouse et 11 km au sud de Magione. Contourner Mugnano par la via Giuseppe Sbaraglini et tourner dans la strada Poggio Montorio, puis suivre le fléchage jaune. Doubles 65-75 €, petit déj inclus. CB refusées. Réduc de 10 % sur le prix de la chambre sur présentation de ce guide.* Isolée, sur une butte entourée d'oliviers, cette vieille ferme familiale retapée abrite une petite poignée de chambres (dont une pour 4). C'est très sobre (disons que les proprios n'ont pas vraiment investi dans le mobilier !) mais chaleureux, grâce à la beauté de la bâtisse elle-même et à la débauche de couleurs : l'accueillante hôtesse des lieux semble en effet s'en être donné à cœur joie pour peindre ici des fleurs, là un animal. Tout autour de la maison, plein d'endroits où buller en toute tranquillité.

Hotel Sirius : *via del Padre Guardiano, 9. ☎ 075-69-09-21. • mail@sirius.it • sirius.it • À 5 km du centre de Pérouse, direction Elce, puis Santa Lucia et Montemalbe ; de la superstrada, sortie Ferro di Cavallo, et prendre à droite (en venant de Pérouse) puis, au rond-point, suivre le fléchage. Bus ttes les heures jusqu'à 19h30 vers le Minimetrò. Doubles 52-85 € selon confort et saison, petit déj inclus. Parking gratuit. Un petit déj offert sur présentation de ce guide.* Souvent réservé par des groupes, cet hôtel fonctionnel entouré d'un beau parc forestier de 1,5 ha propose des chambres simplement meublées, spacieuses et claires, avec vue imprenable sur Pérouse, Assise, la vallée ombrienne et même les monts Sibyllins. L'hôtel lui-même ne déborde pas de charme, mais l'accueil dans un français parfait de la famille Angeli, la grande terrasse et l'environnement bucolique font qu'on s'y sent bien.

Agriturismo Mandoleto : *strada Mandoleto, 15. ☎ 0755-29-31-19. • info@borgomandoleto.com • borgomandoleto.com • À env 10 km à l'ouest de Pérouse. Superstrada vers Florence, sortie Corciano, suivre Magione et, après env 1 km, prendre Solomeo à gauche et traverser le village pour trouver la maison. Congés : janv. Double 125 €, petit déj compris ; apparts 4 pers 830 € la semaine. 10 % de réduc sur le prix de la chambre sur présentation de ce guide.* Si, après les visites, vous avez besoin de campagne, cet endroit est fait pour vous. Belles chambres confortables à la déco lumineuse et d'agréables espaces extérieurs avec une piscine. Propriétaire très communicative et à l'écoute de ses clients.

Où manger ?

Très bon marché

Dal mi Cocco *(plan couleur B1,* ***35****) : corso Garibaldi, 12. ☎ 075-573-25-11. Tlj midi et soir. Résa obligatoire le soir. Menu unique 13 € (boisson non comprise), variant partiellement chaque soir.* Dégrafez vos ceintures et en avant pour un enchaînement pantagruélique de plats plutôt rustiques : des *crostini* au *vin santo* en passant par la soupe aux macaronis, il ne manquera rien ! Et, comble du bonheur, le pain et les pâtes sont à base de farine bio. L'un des restos préférés des étudiants. Excellent rapport qualité-prix. Petites faims, s'abstenir !

Pizzeria Mediterranea *(plan couleur B2,* ***38****) : piazza Piccinino, 11-12. ☎ 075-572-13-22. Tlj midi et soir. Pizza env 8 €.* Beau cadre dépouillé avec voûtes en brique et luminaires en cuivre. Une vingtaine de pizzas cuites au feu de bois. Petit blanc pétillant pas cher et bières de toutes tailles et couleurs. La surprise vient du tiramisù, *ottimo !* Service sympa et efficace. Rançon du succès : une longue queue certains soirs ; il ne vous reste plus alors qu'à prendre votre ticket et à attendre gentiment dehors !

La Romantica *(plan couleur B4,* ***36****) : borgo XX Giugno, 9. ☎ 075-372-14-06. • grace.vece@hotmail.fr • Ouv le soir slt, fermé dim-lun. Congés : août. Pizze 6-10 €.* On ne vient pas dans cette petite adresse pour la déco, réduite au strict minimum (ni pour la musique d'ailleurs, qui semble figée dans les années 1980), mais pour les *pizze,* seules et uniques occupantes de la carte, ce qui ne semble pas gêner tous les gens qui se pressent ici... C'est parce qu'ils savent que le choix est large, les ingrédients de qualité, bref que le résultat est bon et pas cher. Aux beaux jours, terrasse dans la rue.

|●| ***Osteria del Turreno*** *(plan couleur B2,* ***54****) : piazza Danti, 16. ☎ 075-572-19-76. • osteriadelturreno@yahoo.it • Tlj sf sam 12h-15h30. Repas 10-15 €. Fermeture en août. Café offert sur présentation de ce guide.* Ce self-*tavola calda* possède une jolie terrasse donnant sur la cathédrale et des salles très propres avec tables en marbre et éclairage tamisé. Ça change de la cantoche ! On choisit son plat de résistance (poisson, viande), ses légumes frais et ses pâtes avant de passer à la caisse. Tout est bon, le repas équilibré et le prix raisonnable.

|●| ***Ristorante Brizi*** *(plan couleur B1,* ***31****) : via Fabretti, 75. ☎ 075-572-13-86. Fermé mar. Congés : 24-31 déc. Menu (qui change tlj) 11 €, midi et soir jusqu'à 22h ; carte env 18 €.* À deux pas du Palazzo Gallenga (l'université pour étrangers). 2 petites salles voûtées accueillent une clientèle d'habitués. La nourriture étant d'une honnête qualité, les routards fauchés trouveront ici leur bonheur avec un plat de pâtes, des saucisses grillées ou des viandes (agneau, poulet).

Bon marché

|●| ***Civico 25*** *(plan couleur B2,* ***32****) : via della Viola, 25. ☎ 075-571-63-76. • civico25@hotmail.com • Le soir slt, tlj sf dim. Congés : 13-20 août. Repas 15-25 €. Digestif offert sur présentation de ce guide.* Un petit menu, mais riche en propositions, composant avec le meilleur du terroir et l'inspiration du moment. C'est frais, fin (mention spéciale pour les *antipasti*), et même les desserts sortent de l'ordinaire. En plus, le chef vous présente ça joliment sans jamais tomber dans le chichiteux ou le prétentieux. Quant aux amateurs de bonnes bouteilles, ils pourront se perdre dans la lecture de l'impressionnante carte des vins (italiens pour la plupart). Pour ne rien gâcher, cadre très agréable, que ce soit dans la salle toute colorée aux murs couverts de tableaux où, là encore, les vins sont à l'honneur, ou, aux beaux jours, sur la terrasse en escalier en surplomb de la rue. Ambiance détendue, genre repaire où trentenaires et quadras appréciant la bonne chère se retrouvent pour le repas ou pour un simple verre de vin accompagné d'*antipasti.*

|●| ***Trattoria del Borgo*** *(plan couleur A2,* ***40****) : via della Sposa, 23 a. ☎ 075-572-03-90. • blusnc@hotmail.it • Tlj sf dim, le soir slt. Congés : 1 sem en janv et 3 sem entre août et sept. Menu 20 € ; carte 25 € (voire un peu plus avec certains plats de viande). Café offert sur présentation de ce guide.* La carte fait la part belle aux viandes rouges (la fameuse race *chianina*), mais aussi au porc, à l'agneau, au lapin et autres gibiers (sanglier, faisan à la broche). Délicieuses charcuteries de Nursie. Pour les pâtes, suivre les *proposte del giorno* du patron, qui

ne manque pas d'inspiration. Desserts maison. Joli jardin intérieur aux beaux jours. Bref, on sort de là repu (attention, la pente est raide pour s'en retourner !).

Osteria Il Gufo (*plan couleur B2,* ***30***) : *via della Viola, 18. ☎ 075-573-41-26. • info@osteriailgufo.it • Accès par la via Cartolari. 20 mars-30 oct, ouv le soir mer-dim, plus le midi w-e ; nov-20 mars, ouv mar-sam. Congés : août. Menu 20 € ; carte env 25 €. CB refusées. Digestif offert sur présentation de ce guide.* Joli et délicieux resto composé de 2 salles tamisées et décorées d'œuvres modernes et colorées. Spécialités ombriennes, telles que le *cinghiale al finocchio selvatico* (sanglier au fenouil), mais aussi des pâtes maison. Patron francophone et accueillant.

Trattoria La Lumera (*plan couleur B2,* ***37***) : *corso Bersaglieri, 22. ☎ 075-572-61-81. • info@lalumera.it • Tlj sf lun. Repas 20-25 €.* Une petite salle toute rouge aux murs couverts de vieilles photos et aérée par les grands ventilos au plafond. Le menu qui change tout le temps tient en une page : en *antipasti,* un très bel assortiment de spécialités ombriennes et sinon... cela change selon les produits disponibles et l'humeur du chef. Pâtes maison. Ambiance agréable de bon petit resto de quartier.

Al Mangiar Bene (*plan couleur B2,* ***34***) : *via della Luna, 21. ☎ 075-573-10-47. • almangiarbene@gmail.com • ♿ Tlj sf dim-lun midi. Assiette de spécialités (très conséquentes), 11 € ; carte 20-25 € (moins si vous optez pour une pizza). Café ou digestif offert sur présentation de ce guide.* Corso Vannucci, une ruelle plonge vers l'entrée de ce resto installé dans une vaste et belle salle voûtée. Si les oreilles sont à la peine les jours d'affluence, les papilles sont à la fête avec un choix de plats locaux bien cuisinés, uniquement à base de produits bio.

Dalla Bianca (*plan couleur B3,* ***33***) : *via Piantarose, 13-14 ; à l'angle de la via del Persico. ☎ 075-572-71-32. • ristbianca1947@gmail.com • ♿ Tlj midi et soir, sur résa. Congés : 2de quinzaine de juil. Menus 15-25 € ; carte 25-30 €. Café offert sur présentation de ce guide.* Dans une ruelle, près du Musée archéologique, une salle animée et bruyante où se retrouvent les habitués du quartier. Malgré une façade pas très engageante, l'établissement sert une cuisine familiale simple mais très honnête, avec des plats copieux.

De prix moyens à chic

La Taverna (*plan couleur A-B3,* ***39***) : *via delle Streghe, 8. ☎ 075-572-41-28. • taverna9@interfree.it • Indiqué par une enseigne lumineuse sur la piazza della Repubblica. Tlj midi et soir. Carte env 35 € (ou 45 € pour un repas à base de truffes). Apéritif maison offert sur présentation de ce guide.* Considérée par la bourgeoisie pérugine comme l'une des meilleures tables de la ville. Les plus aisés pourront s'offrir un festin de truffes *(tartufi)* : *antipasto* de croûtons aux truffes noires hachées ; *primo piatto* de raviolis aux truffes et parmesan ; en *secondo,* un médaillon de filet aux truffes noires. Les autres trouveront le bonheur gustatif parmi le large choix de spécialités régionales. Très belle carte des vins (celui de la maison, un montefalco, se laisse boire avec beaucoup de plaisir). Service décontracté mais irréprochable. Cadre agréable en sous-sol et petite terrasse tranquille... à condition de ne pas être allergique au bruit de l'extracteur d'air de la cuisine !

Où déguster des pâtisseries et des glaces ?

C'est le moment de goûter au *torciglione,* un gâteau composé d'amandes, d'œufs et de sucre, très nourrissant, en forme de serpent et dont les yeux sont en général deux griottes.

Grom (*plan couleur B2,* ***56***) : *via Mazzini, 31 ; à l'angle de la piazza Matteotti. ☎ 075-573-13-23. L'été, tlj 12h (11h ven-dim)-minuit (0h30 ven-sam) ; l'hiver, tlj 12h (11h ven-dim)-22h30*

(23h30 ven-sam). Un glacier piémontais qui choisit de bons ingrédients pour davantage d'arôme. Un poil plus cher qu'ailleurs et service pas franchement souriant (il faut dire que ça ne désemplit quasiment jamais), mais le parfum et le crémeux des *gelati* le valent vraiment.

L'Antica Latteria *(plan couleur B2-3,* ***53****) : via Baglioni, 5. Lun-sam 7h-13h, 16h-20h.* Un des plus anciens commerces du centre historique : Umberto exerce son activité depuis 56 ans ! Il se fera un plaisir de vous servir sa fameuse *panna* (crème), avec une pâtisserie ou une boisson chaude, ou encore en accompagnement d'une glace (même si le choix dans ce domaine est réduit), d'une salade de fruits...

Pasticceria dell'Accademia *(plan couleur A2,* ***55****) : via dei Priori, 52. ☎ 075-573-43-84. Tlj sf lun 7h-21h.* Un bar-pâtisserie de quartier bien pour une pause sucrée ou pour prendre le petit déj à prix justes.

Où boire un verre ? Où sortir ?

L'artère principale de la ville est le *corso Vannucci (plan couleur B2-3),* nom de famille du Pérugin. Il regorge de terrasses d'où vous pourrez assister au flux et reflux des passants. Mais si vous cherchez le dernier repaire à la mode, adressez-vous aux étudiants, car ils changent de saison en saison. Voici toutefois une sélection pour ne pas vous laisser assoiffé.

Caffè Morlacchi *(plan couleur A-B2,* ***66****) : piazza Morlacchi, 8. Face à l'université. Tlj sf dim jusqu'à 1h30 (minuit lun).* Café branché, dans une belle pièce voûtée aux lumières tamisées. Sympathique atmosphère pour une rencontre. Clientèle 18-30 ans. Très animé en fin de semaine.

La Bottega del Vino *(plan couleur B2,* ***64****) : via del Sole, 1. Tlj sf dim midi 12h-15h, 19h-minuit.* Vous cherchez plutôt une ambiance raffinée ? Du jazz cool et le romantisme de la flamme des bougies ? Un choix de vins de qualité ? Vous êtes arrivé !

The Merlin Pub *(plan couleur B2,* ***62****) : via del Forno, 19 (ruelle en coude accessible depuis la via Cesare Fani ou la piazza Matteotti). Tlj 18h-2h.* Endroit tout en voûtes fréquenté par les étudiants, surtout étrangers. Ambiance à l'avenant.

Buskers *(plan couleur B3,* ***65****) : corso Cavour, 46. Tlj 18h-2h.* Pub irlandais, avec des tables en terrasse autour desquelles se presse une jeunesse pleine de joie de vivre et de désirs d'évasion.

Où faire ses achats gastronomiques ?

Chez Giuliano *(plan couleur B2,* ***70****) : via Danzetta, 1. Tlj sf dim 8h-13h, 16h-20h.* Tous les produits gastronomiques locaux : *pasta, prosciutto,* salami, huile d'olive, miel, truffes, *salumi di Norcia,* vins d'Ombrie...

Augusta Perugia *(plan couleur B2,* ***71****) : via Pinturicchio, 2. Tlj sf lun 10h30-minuit.* Une chocolaterie artisanale dont les produits font des cadeaux appréciés... même si, évidemment, par temps chaud, ce n'est pas facile à conserver... et encore moins si vous faites partie de l'espèce très répandue des chocophages ! Glaces de qualité elles aussi.

Marché : *un grand marché le sam mat à* ***Pian di Massiano,*** *au terminus du* Minimetrò.

À voir

– La carte *Perugia Città Museo,* en vente dans les musées *(10 € ; réduc),* permet de belles économies et évite les files d'attente. Elle est valable pour un adulte (qui peut être accompagné d'un enfant de moins de 18 ans) pendant 48h, elle donne accès à 5 musées au choix parmi les 12 qui participent à l'opération (indiqués ci-dessous).

– En général, les *églises* sont ouvertes au public de 8h à 12h et de 16h jusqu'au coucher du soleil.
– Pérouse est une ville étendue où le cheminement piéton réserve des surprises. Repérez les emplacements des ascenseurs et des escalators *(scale mobili)* : certains peuvent vous éviter de longs détours (ou de grosses montées). Mettez de bonnes chaussures, confortables et adaptées à la marche sur des pavés inégaux, et si vous ne voyez pas la fin de l'escalier ou de la ruelle, méfiance, la montée peut être plus longue que vous ne le pensez... mais c'est tellement beau, et puis ça vous garde en forme !

LE CENTRE HISTORIQUE

Autour de la piazza IV Novembre (plan couleur B2)

Centre artistique de Pérouse, cette superbe place est entourée de monuments prestigieux.

Fontana Maggiore *(plan couleur B2)* **:** édifié à la fin du XIIIe s, ce chef-d'œuvre de l'art gothique, dû à Nicola Pisano et à son fils Giovanni, alterne sur trois niveaux scènes bibliques et mythologiques, entrecoupées de fines colonnes cannelées. Remarquer l'extrême finesse de l'exécution.

Duomo San Lorenzo *(plan couleur B2)* **:** construit au XIVe s, il ne fut jamais achevé, si bien que la façade attend toujours ses plaques de marbre ! Côté piazza IV Novembre, près de la loggia, superbe statue du pape Jules III (1555). Dans la cappella di san Bernadino da Siena (chapelle Saint-Bernardin), belle grille en fer forgé du XVe s, derrière laquelle on peut apercevoir une intéressante *Déposition* du Baroche. La cappella del Sant'Anello (chapelle du Saint-Anneau) conserve dans un tabernacle l'anneau qui, d'après une vieille légende, fut passé au doigt de la Vierge lors de son mariage. Dans l'abside, stalles sculptées et marquetées.

Museo del Capitolo della Cattedrale di San Lorenzo *(plan couleur B2)* **:** *tlj sf lun 10h-17h. Entrée : 6 € ; réduc ; visite guidée de l'area archeologica (sur résa et en italien slt) : hiver, lun-ven à 11h, w-e à 11h et 15h30 ; été, tlj sf lun et 15h30. Billet combiné musée et visite guidée : 8 €.*
Expose de riches parements et ornements liturgiques, ainsi que de nombreux tableaux et sculptures du XIVe au XIXe s. Parmi les peintures, belle *Vierge à l'Enfant* de Luca Signorelli. Également une section lapidaire. La visite guidée de l'*area archeologica* permet de voir un ensemble de salles exhumées lors de récentes campagnes de fouilles et couvrant l'histoire du site de la cathédrale, à l'origine occupé par un temple étrusque.
– En sortant du musée, passer sous le petit porche au fond à gauche de la cour pour découvrir, autour d'une charmante courette, les quatre niveaux de galeries à arcades de l'ancien palais épiscopal.

Palazzo dei Priori *(palais des Prieurs ; plan couleur B2)* **:** sa construction débute vers 1293 et ne s'achève qu'en 1443. Architecture extrêmement harmonieuse. Côté corso Vannucci, magnifique portail. En haut, appuyés sur deux consoles, les symboles de Pérouse, le griffon et le lion guelfe. L'intérieur du palais accueille l'imposante et austère salle des Notaires dont la voûte, décorée de blasons, est soutenue par huit grands arcs romans. Belles fresques historiques. Le palais des Prieurs abrite aussi la Galerie nationale de l'Ombrie, la guilde du commerce et la guilde du change.

Nobile Collegio della Mercanzia *(guilde du commerce)* **:** *corso Vannucci, 15. ☎ 075-573-03-66. Au rdc du palais des Prieurs. Mars-oct, tlj sf lun : mar-sam 9h-13h, 14h30-17h30 ; dim 9h-13h. En hiver, horaires restreints. Entrée : 1,50 € ;*

réduc ; carte Perugia Città Museo *acceptée.* Il s'agit de la salle d'audience où la puissante guilde des commerçants se retrouvait pour traiter de ses affaires, fixer les taxes, etc. La salle, achetée par la guilde en 1390, n'a guère changé depuis. Ici, ce ne sont pas les fresques qui dominent mais les beaux panneaux de bois de peuplier et de noyer finement travaillés qui couvrent les murs et le plafond.

Nobile Collegio del Cambio *(guilde du change) : corso Vannucci, 25. ☎ 075-572-85-99. Lun-sam (sf lun ap-m nov-mars) 9h-12h30, 14h30-17h30 ; dim 9h-13h. Entrée : 4,50 € ; carte* Perugia Città Museo *acceptée.* Le *Collegio del Cambio* possède un des exemples les plus significatifs de l'art de la Renaissance italienne. Dans la Sala dell'Udienza, le Pérugin (aidé de ses disciples) a peint des sujets religieux et civils, ainsi qu'une série de personnages illustres. Des divinités païennes figurent sur la voûte décorée de grotesques (figures fantastiques et caricaturales inspirées de l'Antiquité) et de sujets astronomiques. La capella di San Giovanni, quant à elle, fut construite entre 1506 et 1509, et ses fresques y sont encore fortement sous l'influence du Pérugin.

Galleria nazionale dell'Umbria : *corso Vannucci, 19. ☎ 075-572-10-09. • gallerianazionaleumbria.it • Tlj sf lun (ouvertures exceptionnelles) 8h30-19h30. Entrée : 6,50 € ; 3,25 € 18-25 ans ; carte* Perugia Città Museo *acceptée.*
Située au 3e étage (ascenseur) du palais des Prieurs, la Galerie abrite la plus riche collection de peinture ombrienne (du XIIIe au XIXe s). Excellente présentation, aérée et bien éclairée.
- La salle 1, voûtée et imposante, est consacrée aux bronzes et peintures du Moyen Âge. Sublimes croix préfigurant le christ de Cimabue et aux influences byzantines, notamment celle, monumentale, de Maestro di San Francesco.
- En salle 2, surprenante *Vierge à l'Enfant,* de Meo di Guido da Siena, avec un effet quasi photographique intermédiaire entre le négatif et l'isohélie, obtenu par un dégradé de verts. On la comparera avec une autre toile sur le même thème, réalisée 15 ans après et d'une grande perfection formelle : les pulsions créatives du maestro sont hélas assagies.
- En salle 4, explosion de laques et de dorures à la feuille dans de beaux triptyques et morceaux de polyptyques. Celui de Mello da Gubbio, représentant l'Enfant Jésus avec un visage très poupon, est particulièrement intéressant.
- Salles 5 à 8, par ordre chronologique croissant, succession de retables, plus sublimes les uns que les autres. Remarquer en salle 5 les visages de saints particulièrement expressifs peints par Domenico et Taddeo di Bartolo. Ce sont ceux d'hommes en proie au doute et aux tourments.
- Arrêtez vos pas en salle 9 et fixez votre œil sur les chères têtes blondes de Giovanni Boccati, du milieu du XVe s, avant de décider si, pour vous, le regard de l'*Enfant* de Benozzo di Lese est plutôt craintif ou cabotin.
- Pour les effets de perspective qui donnent le vertige, rendez-vous en salle 11... un des chefs-d'œuvre de la peinture italienne du Quattrocento, à savoir *Il Polittico di Sant'Antonio* de Piero della Francesca. En salle 16, un *Saint Sébastien* qui annonce celui, tout aussi androgyne, de Mantegna. Levez les yeux en salle 18 pour un surprenant trompe-l'œil au milieu du plafond.
- Au 2e étage, place à la Renaissance à Pérouse et aux œuvres du Pérugin, autrement dit de Pietro Vannucci, né à Città della Pieve en 1446, qui fut le maître de Raphaël. Des salles 22 à 25, on traverse les diverses étapes qui ont marqué l'œuvre du peintre, avec un crescendo dans la saturation des bleus et des rouges. On mentionnera *L'Adoration des Rois mages, San Bernardino risana una fanciulla (Saint Bernardin guérit une fillette)* et *Cristo morto nel sepolcro (Christ mort au sépulcre).* Les tableaux des salles suivantes vous rapprocheront du style de Raphaël : scènes de dévotion mêlées au quotidien, gracieux déhanchés, angelots suspendus en plein vol...
- En salle 31, une *Nativité* du XVIe s, étonnamment moderne, avec Marie accouchant. Remarquez, en salle 32, le profil de la Vierge de la *Natività* de San Domenico di Paride Alfani. Une question : qui a servi de modèle pour ce tableau ?

– Les dernières salles déploient une petite collection de peintures jusqu'au XIXe s. Parmi elles, la salle 39 expose les œuvres de Silvestro Massari et Giuseppe Rossi, dont le travail est entièrement consacré à la ville de Pérouse au XVIIIe s. Intéressant de découvrir ainsi la ville à cette époque sous différentes perspectives.

Palazzo del Capitano del Popolo *(plan couleur B2)* **:** *piazza Matteotti. Prendre la via Cesare Fani, qui descend en face du palais des Prieurs.* Édifice Renaissance au beau portail ouvragé.

Le belvédère de Pincetto *(plan couleur B2-3)* **:** *accès par la via Oberdan et le passage voûté face au n° 11.* De la terrasse, beau panorama sur la ville, ses environs et, au loin, Assise sur les pentes du Monte Subasio. Pour les flemmards, la même vue en moins bien depuis la terrasse du marché couvert, à laquelle on accède par un passage couvert près du n° 18 de la piazza Matteotti (l'office de tourisme).

Via Volte della Pace *(plan couleur B2)* **:** presque entièrement couverte de hautes voûtes et de passerelles, cette ruelle médiévale qui part dans le prolongement de la piazza Matteotti est la plus pittoresque de Pérouse.

Cappella di San Severo *(plan couleur B2)* **:** *piazza Raffaello. Tlj sf lun (tlj avr et août) : avr-oct, 10h-13h30, 14h30-18h ; nov-mars, 11h-13h30, 14h30-17h. Entrée : 7 € ; réduc ; billet commun pour l'entrée au Pozzo etrusco et au museo delle Porte e delle mura Urbiche ; carte* Perugia Città Museo *acceptée (les 3 sites ne comptant alors que pour un).* Une fresque de Raphaël, seule œuvre attestée du peintre que l'on puisse admirer à Pérouse. La partie inférieure fut complétée par le Pérugin, après la mort de son célèbre élève.

Pozzo etrusco *(puits étrusque ; plan couleur B2)* **:** *piazza Danti, 18. Horaires et tarifs : voir la cappella di San Severo ci-dessus.* Puits étrusque du IIIe s av. J.-C., de 37 m de profondeur (il était encore plus profond à l'origine), que l'on peut parcourir grâce à un système d'escaliers. Il alimentait la ville en eau.

Au nord, par le corso Garibaldi

Au départ de la piazza Danti, prendre la via Ulisse Rocchi et tourner à gauche, après le restaurant *La Lanterna,* dans le passage voûté *(via Cantine).* Ensuite, deux possibilités (une pour l'aller et une pour le retour !).
– Juste en face, un autre passage voûté conduit à une longue volée de marches *(via Appia ; plan couleur B2),* de laquelle part la *via dell'Acquedotto (plan couleur B1-2).* Cet ancien aqueduc romain transformé en voie piétonne mène tout droit jusqu'à la *via Benedetta,* qui permet de rejoindre le *corso Garibaldi (plan couleur A-B1).*
– Prendre à droite pour rejoindre la *via Cesare Battisti (plan couleur B2).* Panorama agréable sur un quartier résidentiel arboré et la via dell'Acquedotto. Suivre le mur étrusque jusqu'à l'***Arco etrusco,*** datant du IIIe s av. J.-C., au pied duquel part le *corso Garibaldi.*

Museo delle Porte e delle Mura urbiche *(plan couleur A1)* **:** *porta Sant'Angelo. ☎ 075-416-70. Tlj sf lun (tlj avr et août) : avr-oct, 10h30-13h30, 15h-18h ; nov-mars, 11h-13h, 15h-17h. Tarifs : voir la cappella di San Severo ci-dessus.* Au fin fond de la ville, dans un coin tout à fait charmant, presque campagnard, un gros donjon du XIVe s. Le musée dédié aux portes et aux murs de la ville intéressera les spécialistes italianisants. Les autres jetteront un coup d'œil aux maquettes sommaires représentant la ville à différentes époques. On y va surtout pour grimper sur la plate-forme et profiter de la vue panoramique sur Pérouse et sa région.

Tempio Sant'Angelo *(plan couleur A1)* **:** *porta Sant'Angelo.* Juste à côté, contre les remparts, entouré de cyprès, un curieux édifice paléochrétien du VIe s. De plan circulaire, il est constitué d'un chœur appuyé sur une colonnade dépareillée provenant de monuments romains, entouré d'un péristyle. Un bon millénaire plus tard, il hérita d'un portail gothique. On y sent le souffle de l'Histoire, et nombreux sont les couples qui viennent y célébrer épousailles ou noces d'or.

À l'ouest, en bas de la via dei Priori

Chiesa San Francesco al Prato : Oratorio San Bernardino e oratorio Sant'Andrea della Giustizia *(plan couleur A2)* **:** *piazza San Francesco al Prato. Tlj 8h30-12h30, 15h30-17h30.* Sur la même place, deux églises côte à côte qui méritent le déplacement. *San Francesco al Prato* offre un merveilleux assemblage polychrome de figures géométriques en marbres blanc et rose. L'église est en rénovation permanente depuis le XVe s à cause de l'instabilité du terrain ! *San Bernardino* fascine par sa façade ornée de sculptures Renaissance polychromes.

Au sud, de part et d'autre du corso Cavour

Cette partie de la visite part de la *piazza Italia (plan couleur B3),* à l'extrémité sud du *corso Vannucci.*

Rocca Paolina *(plan couleur B3)* **:** *accès par la piazza Italia (via l'escalier mécanique vers la piazza dei Partigiani). Autres accès possibles par la via Marzia, la via Masi ou le viale Indipendenza. GRATUIT.* La *Rocca Paolina* est le nom de la forteresse que le pape Paul III fit édifier en 1540. Il en confia la construction à Antonio da Sangallo, qui se contenta de faire disparaître certains quartiers en les englobant dans la forteresse et en les recouvrant. En 1860, lorsque l'unité italienne se réalisa, on se dépêcha de liquider la forteresse, symbole de l'absolutisme pontifical. Il n'en reste plus aujourd'hui qu'une petite portion de remparts englobant la ***porta Marzia,*** l'une des plus belles portes étrusques, intégrée au mur par l'architecte qui répugnait à la détruire (pour l'admirer, descendre vers l'église Sant'Erculano et emprunter la via Marzia). En revanche, dans les années 1930, d'importants travaux furent entrepris pour dégager la partie souterraine, soit les vestiges des quartiers médiévaux sur lesquels la forteresse fut érigée. C'est dans ce bel ensemble labyrinthique constitué de rues avec voûtes en berceau, de maisons médiévales reliées par des arches, de tours, de bassins de réception des eaux de pluie, que l'on se promène librement aujourd'hui. Quelques salles abritent même des expos temporaires gratuites. Sincèrement, l'endroit mérite le coup d'œil, et il y a de fortes chances que vous y passiez de toute façon puisque un des parcours mécanisés de la ville le traverse.

Palazzo della Penna *(plan couleur B3)* **:** *via Podiani, 11.* ☎ *075-571-62-33.* • *sistemamuseo.it* • *Tlj sf lun 10h-20h. Entrée : 5 € (audioguide compris) ; réduc ; carte* Perugia Città Museo *acceptée. Attention, en cas d'expo temporaire, les horaires peuvent être ajustés... et les tarifs augmentés.*
Dans un palais du XVIe s, le musée des « collections de la ville » propose un petit parcours entre baroque et contemporain, faisant cohabiter les extrêmes, à savoir le fasciste Dottori et l'écolo Beuys.
– *Espace Gerardo Dottori,* peintre inventeur de l'art sacré futuriste dans les années 1930, avec des corps fluides et une drôle de lumière céleste, voire extraterrestre ! Versions géométriques et aériennes de la *Crucifixion* et de *Saint François d'Assise.* Nu féminin *Flora,* très harmonieux dans sa composition et dans le choix des couleurs.

– Au 1er sous-sol, *collection Martinelli* : ensemble baroque romain (sculptures, peintures, esquisses, estampes...).
– Au 2d sous-sol, six *Tableaux noirs* (oui, oui, ceux de l'école !) de l'artiste allemand Joseph Beuys, conçus en 1980 lors d'une conférence que Beuys donna à Pérouse à propos de son message artistique et philosophique. La ville acheta les tableaux pour 25 millions de lires (soit 13 000 €), et les Pérugins crièrent au scandale. Un art conceptuel difficile à déchiffrer pour les non-initiés : génie ou supercherie ?

Museo archeologico nazionale dell'Umbria (plan couleur B3) **:** *piazza G. Bruno, 10. ☎ 075-572-71-41. • archeopg.arti.beniculturali.it • Tlj 8h30 (10h lun)-19h30. Entrée : 4 € ; réduc ; gratuit pour les citoyens de l'Union Européenne de moins de 25 ans ; carte Perugia Città Museo acceptée.* Dans le couvent de la basilique San Domenico, collections préhistoriques, étrusques et romaines. C'est grand, mais rien de très remarquable, à l'exception des principales pièces étrusques : le cippe de Pérouse, stèle couverte d'une longue inscription, un beau sarcophage provenant de la nécropole de Sperandio, la copie en bois d'un char funéraire et, surtout, le tombeau des Cutu, présenté en sous-sol dans l'état où il fut trouvé. Cartels prolixes, mais seule une partie est traduite en anglais, voire en français pour certains.

Basilica San Domenico (plan couleur B3) **:** *corso Cavour-piazza G. Bruno. ☎ 075-572-41-36. Jouxte le Musée archéologique. Entrée par la porte latérale via del Castallano. Ouv tlj 7h-12h, 16h-19h (19h30 en été).* La nef sans fioriture de la plus grande église de Pérouse et d'Ombrie est d'une ampleur à couper le souffle, avec un vitrail dans les mêmes proportions. Également un admirable tombeau gothique, celui de Benoît XI.

LE FRUIT DÉFENDU

Benoît XI, fils d'un berger de Trévise, fut nommé pape de l'Église catholique romaine en 1303. Malheureusement pour lui, son pontificat ne dura que 8 mois. Empoisonnement par Guillaume de Nogaret, ministre de Philippe le Bel et ennemi juré de la papauté, ou simple indigestion ? Il serait mort après avoir ingurgité des figues, fruit dont il raffolait. Péché mignon et péché mortel !

EN DEHORS DU CENTRE HISTORIQUE

Chiesa e abbazia di San Pietro (hors plan couleur par B4) **:** *via Borgo XX Giugno. À 700 m du Musée archéologique via le corso Cavour et la porta San Pietro. Entrée discrète au fond d'une cour de la faculté d'agronomie. Tlj 7h-12h, 15h-18h (17h nov-janv).*

L'église, dominée par un élégant campanile des XIVe et XVe s, fait partie d'une ancienne abbaye bénédictine du Xe s qui abrite aujourd'hui la faculté d'agronomie. Celle-ci fut édifiée sur le site de l'ancienne cathédrale de Pérouse. Si l'extérieur est bien défraîchi, à l'intérieur, quel choc ! L'église, dont la nef principale est surplombée par un plafond à caissons, est somptueusement décorée. C'est tout simplement la plus importante collection d'art de Pérouse après celle de la Galerie nationale. Les voûtes des nefs latérales couvertes de fresques, le chœur décoré de panneaux de bois en *intarsia* (marqueterie avec effet de relief) et ses stalles Renaissance finement sculptées, le baldaquin richement orné, les chapelles chargées d'œuvres des meilleurs artistes locaux, la sacristie dotée (entre autres !) de portraits de saints du Pérugin, tout concourt à faire de cette visite le point d'orgue de votre séjour à Pérouse. Sans oublier la crypte du haut Moyen Âge qui, à l'opposé de cette profusion, est d'une grande sobriété dans ses décorations.
Prenez le temps de vous promener sur ce site étonnant où passé et présent se tutoient, avec le petit café de la fac juste à côté de l'église ou encore les petits panneaux « Wifi » qui ornent les murs du vieil édifice. Derrière l'église, ne manquez pas non plus la promenade dans les jardins médiévaux *(accès libre par le couloir*

s'ouvrant au fond et à droite de la cour intérieure). Tout au bout, belle vue sur Assise, le Subasio et, en arrière-plan, les monts Sibyllins.

Ipogeo dei Volumni (hypogée des Volumni) **:** *via Assisana, 53. ☎ 075-39-33-29. À 5 km de Pérouse ; du centre, suivre « Autostrade » puis « Assisi ». Juil-août, tlj 9h-19h ; le reste de l'année, w-e 9h-18h30. Entrée : 3 € ; réduc ; carte* Perugia Città Museo *acceptée.* L'hypogée (en grec, « sous la terre ») est l'une des plus intéressantes sépultures étrusques connues (IIe s av. J.-C.) où reposent les Volumni, une famille noble. Elle fait partie d'une nécropole de plus de 200 tombes, le *Palazzone.* Un couloir à gradins permet de descendre jusqu'à un vaste vestibule donnant accès à plusieurs petites chambres dont l'une contient les urnes funéraires sculptées. La visite est rapide car l'espace est exigu et les suivants attendent...

Manifestations

Contrairement à la plupart des autres villes d'Ombrie, Pérouse n'organise pas de grande manifestation à caractère historique ou religieux.
– ***Umbria Jazz :*** *juil (les dates varient). ☎ 075-57-26-924. • umbriajazz.com •* Chaque année, toute la ville, et notamment la piazza IV Novembre, est animée de concerts jazz, blues, funk ou soul. Parmi les très grands qui sont passés par là, citons B. B. King, James Brown, Herbie Hancock, Gilberto Gil, Keith Jarrett, Maceo Parker, Mark Knopfler, Sonny Rollins, Chick Corea, Pat Metheny, Paolo Conte...
– ***Sagra musicale Umbra :*** *sept. ☎ 075-572-22-71. • perugiamusicaclassica.com •* Fête de la musique classique et sacrée. Orchestres et chorales se produisent dans les cathédrales, les églises et les théâtres de plusieurs villes et villages de l'Ombrie (Torgiano, Deruta, Montefalco...). La plupart des concerts ont toutefois lieu à Pérouse.
– ***Eurochocolate :*** *10 j. en oct. ☎ 075-502-58-80. • eurochocolate.com •* Chaque année, autour d'un thème différent, le centre médiéval se couvre de stands de dégustation du chocolat sous toutes ses formes. Cours de cuisine, laboratoires et stages.

DANS LES ENVIRONS DE PÉROUSE

PARCO DI MONTE TEZIO

À 15 km au nord de Pérouse ; par San Marco, Cenerente et Colle Umberto (route SP 170-1), village à partir duquel le parc est fléché.
– Massif constituant un belvédère qui offre une vue grandiose, des Apennins au lac Trasimène. Plusieurs sentiers le parcourent, d'une durée de 1h à 2h, et autant pour le retour. Le plus ardu (jusqu'au sommet du Monte Tezo) a une dénivelée de 400 m. *• montideltezio.it •*

CORCIANO

À 15 km à l'ouest de Pérouse. Ce village du XIVe s perché sur sa colline semble presque trop coquet et propre sur lui pour être vrai ! On n'en déambule pas moins avec plaisir dans ses quelques ruelles tortueuses ceintes de belles fortifications médiévales quasiment intactes. La légende raconte qu'il aurait été fondé par Coragino, un compagnon d'Ulysse. Comme souvent dans la région, le Moyen Âge a laissé ici l'empreinte la plus forte. Vous pourrez admirer la *porta Santa Maria,* la *chiesa San Francesco* (hors les murs, elle est accolée au resto *Il Convento*), de style gothique (XIIIe s), et la *chiesa Santa Maria Assunta,* qui conserve des œuvres précieuses, dont une *Assomption* du Pérugin.
– Pendant la 1re quinzaine d'août, reconstitutions médiévales : sérénades de ménestrels, processions au flambeau, pièces de théâtre, etc.

TORGIANO

À 15 km au sud de Pérouse. Dans cette bourgade de 6 500 habitants, une grande famille de riches négociants d'Ombrie, les Lungarotti, a aménagé dans le centre historique deux beaux musées.

Museo del Vino : *corso Vittorio Emanuele, 31. ☎ 075-988-02-00. • lungarotti.it/fondazione/ • Juil-sept, tlj 10h-18h ; le reste de l'année, tlj sf lun 10h-13h, 15h-18h (17h oct-mars). Entrée unique couplant le museo del Vino et le museo dell'Olivo e dell'Olio 7 € ; réduc.* Aménagé dans un ancien palais, ce musée a reçu en 1992, lors du IIIe Salon international des musées de Paris, le prix de l'excellence régionale, vous comprendrez vite pourquoi. Des poteries aux manuscrits, sans oublier les pressoirs (étonnant exemplaire dont la poutre maîtresse fait près de 12 m de long) ni les céramiques à usage œnologique (noter les belles pièces modernes), aucun aspect de l'histoire de la vigne et des techniques viticoles depuis trois millénaires n'a été oublié tout au long des 20 salles d'exposition. Bornes interactives bilingues anglais-italien et cartels en anglais à l'entrée des salles.

Museo dell'Olivo e dell'Olio : *via Garibaldi, 10. ☎ 075-988-03-00. Mêmes horaires que pour le museo del Vino.* Très beau parcours, idéalement agencé : domestication de l'arbre, usage alimentaire, lumifère et religieux, techniques de culture et d'extraction, symbolique de l'olivier et de l'huile, vous deviendrez incollable sur l'autre richesse de la région.

BETTONA

À 22 km au sud-est de Pérouse, 5 km à l'est de Torgiano et 17 km au sud-ouest d'Assise. Ce beau bourg aux ruelles médiévales, dit « le balcon étrusque », est perché sur un promontoire et ceint de lourds remparts d'origine étrusque. Les diverses églises de la ville, notamment l'oratoire Sant'Andrea, renferment de belles fresques de l'école de Giotto.

Museo della Città : *mars-oct, tlj sf lun : mars-juin, 10h30-13h, 15h30-18h ; juil-sept, 10h30-13h, 15h30-18h30 ; oct, 10h30-13h, 15h-17h30. Nov-fév, ven-dim 10h30-13h, 15h-17h30 (15h30-18h janv-fév).* Présente une section archéologique et une pinacothèque avec notamment deux toiles du Pérugin, *Sant'Antonio da Padova* et *Madonna della Misericordia.*

Relais La Corte di Bettona : *via Santa Caterina, 2 et viccolo del Forte, 11. ☎ 075-98-71-14. • info@relaisbettona.com • relaisbettona.com • Doubles 120-160 € selon confort et saison ; suites 210-250 € ; petit déj inclus. ½ 95-115 €/pers. Menu 30 € ; carte 35-40 €.* Dans 2 bâtiments médiévaux rénovés (un moulin à huile et un monastère), avec tout le confort dont on peut rêver. Très belles chambres à la déco plutôt classique (poutres apparentes et meubles élégants, lits immenses), certaines avec vue sur Assise ou la campagne. Pour ne rien gâcher, l'accueil est agréable. Son resto gastronomique, la *Taverna del Giullare,* constitue une étape incontournable, le Tourmalet des restos avec sa cuisine créative et originale. Belle salle et terrasse panoramique avec piscine et espace spa.

DERUTA

À 20 km au sud de Pérouse. Une belle bourgade perchée de 8 500 habitants, dominée par ses trois clochers et agrémentée de cyprès, connue depuis le XVe s comme LA ville de la céramique. À ce titre, les amateurs ne la manqueront sous aucun prétexte. La succession de boutiques est impressionnante.

Comment y aller ?

➢ ***En bus :*** env 8 liaisons/j. avec Pérouse et 6 avec Todi (dans les 2 cas, aucun bus dim) ; à Deruta, arrêt via Tiberina, en bas de la ville (env 10 mn de montée).

➢ ***En train :*** trains *FCU* (de la gare de Sant'Anna à Pérouse) tlj jusqu'à *Fanciullata* (à 2 km de Deruta) mais pas de bus jusqu'à Deruta.

Adresse utile

Pro Deruta : *piazza dei Consoli. ☎ 075-971-15-59. • proderuta.it • regioneumbria.eu • En été, tlj sf lun ap-m 9h-12h, 15h-18h.* Plan de la ville et guide avec divers points d'intérêt à découvrir au fil des rues.

À voir

Museo regionale della Ceramica : *largo San Francesco. ☎ 075-971-10-00. Tlj sf lun-mar : oct et mars, 10h30-13h, 14h30-17h ; avr-juin, 10h30-13h, 15h-18h ; juil-sept, 10h-13h, 15h-18h. Entrée : 5 € ; réduc. Mars-oct, dim 7 € (incluant un vidéoguide en français et cumulable avec la pinacothèque) ; réduc.* Outre de belles pièces de collection relevant des arts de la table, on verra des pièces archaïques, de la mosaïque de sol provenant de l'église San Francesco de Deruta, des plaques votives, des bouliers... Les images religieuses côtoient des dessins coquins et humoristiques. Tout aussi impressionnant, le « dépôt », une ancienne salle de cinéma avec ses balcons, regroupant des dizaines de vitrines qui renferment plus de 6 000 céramiques modernes. Un dernier espace est dévolu aux expositions de céramique contemporaine. Bibliothèque spécialisée.

Santuario Madonna del Bagno *(plus connu sous le nom de Santuario della Madonna dei Bagni) : en arrivant par l'E 45, prendre la sortie Casalina, au sud de Deruta (c'est plus ou moins bien fléché) ; de Deruta, on peut suivre la via Tiburtina vers le sud. Tlj 8h-12h30, 14h30-18h30 (ouv 7h30 et ferme à 19h l'été). Messe à 17h (18h l'été).* Dans un bosquet au bord de la *superstrada*. Les parois de cette petite église sont tapissées d'ex-voto en céramique offerts, depuis 1657, par les fidèles en remerciement à la Vierge pour une grâce reçue. Chaque tableau raconte, sans aucune légende, un petit drame de manière touchante et en toute simplicité. Ce millier d'anecdotes témoigne de l'évolution de la vie en Ombrie durant presque quatre siècles : au fil du temps, les accidents ont changé de nature, des chutes de cheval à celles de moto... L'ensemble, très coloré, produit une forte impression.

LAGO TRASIMENO (LAC TRASIMÈNE)

Quatrième lac d'Italie par sa taille (128 km²), le Trasimène porte le nom d'un roi tyrrhénien qui s'y serait noyé en poursuivant une nymphe. Byron comparait le lac à un « voile d'argent » ; son charme romantique et ses hauteurs couronnées de châteaux ont en effet inspiré plus d'une belle plume et plus d'un bon pinceau : explorez les toiles du Pérugin, né à

Città della Pieve, vous y trouverez souvent le Trasimène en arrière-plan. Ses abords ne sont hélas pas toujours à la hauteur de ses légendes et la baignade est déconseillée, mais les îles et les bourgs médiévaux alentour, qu'ils se trouvent sur les rives ou sur les collines environnantes, offrent quelques belles découvertes. Très vite aussi, vous ne manquerez pas de constater que le lac est vivement apprécié des Néerlandais, notamment en juin et juillet.

UNE TACTIQUE BRUMEUSE

Ce lac évoque avant tout une bataille au cours de laquelle Hannibal et son armée infligèrent une sacrée dérouillée aux légions romaines, en 217 av. J.-C. Celles-ci, étirées en une longue colonne et trompées par des feux que le rusé chef punique avait fait allumer dans le lointain, furent surprises par un ennemi surgissant soudain de la brume. La déroute qui s'ensuivit coûta pas loin de 16 000 morts côté romain ! Cet épisode reste encore aujourd'hui inscrit dans le nom du hameau Sanguineto, qui signifie « sanglant ».

Arriver – Quitter

En bus

Aucun bus ne fait le tour du lac, Castiglione del Lago et Passignano ne sont donc pas reliés par les transports en commun (c'est ballot !). De Pérouse, les bus partent de la piazza Partigiani. *• umbriamobilita.it •*

➢ ***Ligne Pérouse-Magione-Passignano :*** 1 seul bus/j. desservant les 3 destinations et env 3 bus/j. entre Passignano et Magione. Aucun bus dim.

➢ ***Ligne Pérouse-Magione-Castiglione del Lago :*** env 8 bus/j. (aucun dim). Trajet : 1-2h entre Pérouse et Castiglione selon les bus.

En train

➢ ***Castiglione del Lago*** se trouve sur la ligne FS Rome-Florence. Env 8 trains/j. dans les 2 sens (moins dim). Compter 2h de trajet pour ***Rome*** et 1h30 pour ***Florence.*** Pour *Pérouse, Assise, Foligno* et *Spolète*, changement à *Terontola.*

Adresse utile

ℹ ***Service touristique territorial du Trasimène :*** *piazza Mazzini, 10, 06061* ***Castiglione del Lago.*** *☎ 075-965-24-84. • lagotrasimeno.fr • En saison, tlj 8h30 (9h w-e)-13h, 15h30 (16h dim)-19h ; hors saison, lun-sam mat.* Bonnes brochures, dont une en italien seulement, *Intorno al Trasimeno*, donnant toutes les infos utiles pour la période de juin à septembre, et une autre en français détaillant les activités sportives (sports nautiques, randonnées hippiques, cyclistes ou pédestres, etc.) et artistiques proposées.

CASTIGLIONE DEL LAGO (06061)

La petite capitale de la région du lac domine celui-ci du haut de son promontoire. Les routards appréciant la proximité de leurs semblables y trouveront matière à satisfaction.

Où dormir ? Où manger ?

⛺ ***Camping Listro :*** *via Lungolago. ☎ 075-95-11-93. • listro@listro.it • listro.it • Au bord du lac, à env 800 m du centre-ville. Ouv avr-fin sept. Compter 20 € pour 2 avec tente et voiture.* Bar, *minimarket*, terrain de

LE NORD DE LA VALLÉE DU TIBRE

volley et jeux pour enfants sont les seules infrastructures qui viennent troubler la quiétude de ce joli petit camping. Les pieds dans l'eau et bien ombragé, à 15 mn à pied du centre et à moins de 30 mn en voiture des centres d'intérêts de la région. Qui dit mieux ? On regrette seulement l'accueil en demi-teinte.

Il Torrione B & B : *via delle Mura, 4-8. ☎ 075-95-32-36 ou 63-52-119. • info@iltorrionetrasimeno.com • iltorrionetrasimeno.com • Dans le centro storico. Congés : 15 nov-1er mars. Doubles avec sdb 60-80 €, petit déj inclus. Apéritif maison offert sur présentation de ce guide.* Les meilleures chambres donnent sur le beau jardin, situé au sommet d'une petite tour du XVIe s, avec une vue agréable sur le lac. Intérieur aux couleurs chaudes et murs tapissés d'œuvres de votre hôte. Ce dernier mettra tout son cœur à vous accueillir, et en français ! Une bien bonne adresse.

Hotel Aganoor : *via Vittorio Emanuele, 91. ☎ 075-95-38-37. • info@hotelaganoor.it • hotelaganoor.it • En plein centre. Doubles 70-80 €, petit déj inclus. ½ pens env 54 €.* À peine une dizaine de chambres aux tons pastel. Impeccables, fraîches avec têtes de lit en fer forgé ou en bois (peint ou non) et vue sur le lac. Superbe terrasse. Accueil pro et cordial.

Ristorante La Cantina : *via Vittorio Emanuele, 93. ☎ 075-965-24-63. • info@ristorantecantina.it • C'est le resto de l'Hotel Aganoor. Tlj (sf lun hors saison). Menu 25 € ; carte 25-30 €, moins pour les pizzas.* Cuisine typique du Trasimène et de l'Ombrie, servie soit sur une plaisante terrasse avec vue sur le Trasimène, soit dans une grande salle voûtée à la déco rustique. Grand choix de poissons, préparés au gril. Pizzas le soir et viandes au poids. Petite carte de vins analysés et commentés par un éminent œnologue.

Où dormir dans les environs ?

Camping Badiaccia : *via Pratovecchio, 1. ☎ 075-965-90-97. • info@badiaccia.com • badiaccia.com • À env 8 km au nord de Castiglione ; prendre en direction d'Arezzo, puis tourner vers Borghetto. Ouv avr-fin sept. Selon saison, 22-27 € pour 2 avec tente et voiture. 5 % de réduc sur présentation de ce guide.* Beau terrain spacieux, mais en été, la tendance est quand même à l'entassement sur les grandes pelouses plantées d'arbres. Très bon confort global avec des sanitaires impeccables (il y en a même pour les enfants !) et une belle plage constituée d'une bande de sable précédée d'une grande étendue d'herbe (sans arbres celle-ci). Piscines, foot, volley, tennis, salle de jeux et, en juillet, animations en journée et en soirée... évidemment, si c'est la tranquillité que vous recherchez, ce n'est peut-être pas l'endroit idéal en haute saison !

À voir

Palazzo della Corgna et Rocca Leone : *☎ 075-951-10-99. Tlj : de mi-mars à juin et sept, 9h30-19h ; juil-août, 9h30-19h30 ; oct, 9h30-18h ; de nov à mi-mars, 9h30-17h ; dernière entrée 45 mn avt la fermeture. Entrée : 5 € ; réduc. Loc de jumelles.* Un long passage couvert relie l'ancien palais ducal à la forteresse qui occupe l'extrémité du promontoire. Le palais n'offre qu'un intérêt anecdotique, malgré les fresques dont la plupart sont de Niccolò Circignani. Dans la forteresse, un parcours en boucle est organisé. Vue imprenable sur le lac, surtout si vous trouvez la petite porte discrète ouvrant sur les 84 marches permettant d'accéder à la tour.

PASSIGNANO SUL TRASEMINO (06065)

C'est la deuxième destination des touristes séduits par le lac, qui ne se lassent pas de parcourir la longue promenade offrant une vue sur les îles et la forteresse de Castiglione.

Où dormir ? Où manger ?

Hotel Kursaal : *viale Europa, 24. ☎ 075-82-80-85. • info@kursaalhotel.net • kursaalhotel.net • Doubles 90-98 €, petit déj compris. Camping : selon saison, 22-28 € pour 2 avec tente et voiture. Au resto, menu 22 € ; carte 30-35 €. Apéritif maison offert sur présentation de ce guide.* Bien au calme, au milieu de pins et de cèdres centenaires, une demeure à l'avenant. Belles chambres sobres, à la déco fraîche, toutes avec petit balcon et AC. Piscine, terrasse sur le lac et plage toute privée. Resto avec agréable terrasse, bien entendu sur le lac. Camping quant à lui bien équipé et bien ombragé, seul gros bémol : il n'accepte pas les familles un peu nombreuses...

L'ISOLA MAGGIORE (06060)

Embarcadères à Passignano, Tuoro et Castiglione. Umbria Mobilità : *☎ 800-512-141 (n° Vert). • umbriamobilita.it • Les billets peuvent s'acheter à bord.*

➢ En été, l'Isola Maggiore est reliée environ ttes les 40 mn avec ***Tuoro,*** ttes les heures avec ***Passignano*** et un peu moins avec ***Castiglione del Lago.***

Son nom de « Majeure » ne doit pas faire illusion : l'île, habitée par quelques familles de pêcheurs, ne fait qu'environ 700 m de long pour 300 m de large ! Autant dire que c'est un lieu très paisible où, en plus de beaux bâtiments chargés d'histoire, vous pourrez apprécier le silence nocturne.

Où dormir ? Où manger ?

Hotel da Sauro : *via Guglielmi, 1. ☎ 075-82-61-68. • info@dasauro.it • dasauro.it • Congés : nov-fin fév. Doubles avec sdb 50-70 €, petit déj inclus.* Auberge lacustre de 12 chambres comblant amoureux et Robinson d'un jour. Pas de panique, l'auberge fait aussi resto, vous ne manquerez donc de rien !

MAGIONE

Cette petite ville commerçante de 13 000 habitants est surtout idéale pour s'approvisionner... ce qui n'empêche pas non plus une petite visite.

Où dormir ? Où manger dans le coin ?

Casale Mille Soli : *strada Mugnano Poggio Montorio, 06132* ***Mugnano.*** *Voir plus haut « Où dormir dans les environs ? » à Pérouse.*

Ristorante Da Settimio : *via Lungo Lago, 1, 06060* ***San Feliciano.*** *☎ 075-847-60-00. • dasettimio@tiscali.it • Au bord du lac, non loin de l'embarcadère, à l'écart de la route. Tlj sf jeu jusqu'à 21h. Repas 20-25 €. CB refusées.* Pour manger du poisson tout frais pêché dans le Trasimène, ainsi que du gibier local (en saison). Salle moderne avec baie vitrée.

Ristorante Da Massimo : *via dei Romani, 16, 06063* ***San Savino*** *(fléché depuis la route, puis aller jusqu'à un grand portail anonyme à 250 m). ☎ 075-847-60-94. • damassimo@perugiaonline.com • Tlj sf lun jusqu'à 22h30. Pizza le soir env 7 € ; repas env 25 € et jusqu'à 35 € avec du poisson.* Clientèle de connaisseurs locaux. Plats très copieux, risottos, viandes et poissons du lac. Uniquement en salle mais avec vue sur le lac.

À voir

Torre dei Lambardi : *fléché depuis la route. Avr-sept : lun-mer, sur résa slt ; jeu-dim 10h30-13h, 15h-18h (16h-19h30 juil-août). Oct-mars, slt sur résa. Entrée : 3 € ; réduc.* Tour de défense très massive, au milieu d'un bel espace planté de pins et de cyprès, qui offre de son sommet une vue admirable sur le lac et sur Pérouse.

Castello di Magione : *via Cavalieri di Malta, 31 (au début de la descente vers Pérouse). ☎ 075-84-35-47. • info@castellodimagione.it • castellodimagione.it • Ouv sur résa slt.* Ancienne abbaye transformée en château par les chevaliers de Malte, aujourd'hui un lieu de négoce de vin, d'huile et de miel.

Oasi naturalistica La Valle : *au sud de San Savino. ☎ 075-847-28-65. • oasinaturalisticalavalle.it • Juin-sept, tlj 9h-13h, 16h-20h ; oct-mai, tlj sf lun 9h-13h, 15h-18h. Visite seule 3 € (4 € avec audioguide italien-anglais).* Petite exposition sur cette réserve et le lac en général. Observation des oiseaux nicheurs (grèbes, hérons...) et migrateurs. Jumelles fournies.

L'ISOLA POLVESE

Embarcadère à San Feliciano (en été, liaison env ttes les heures ; également 1 liaison/j. avec Passignano). Umbria Mobilità : *☎ 800-512-141 (nº Vert). • umbriamobilita.it • Les billets peuvent s'acheter à bord.*

Au contraire de l'Isola Maggiore, l'Isola Polvese, trois fois plus grande, n'est pas habitée à l'exception de l'adresse ci-dessous. On ne s'y rend ni pour sa petite église ni pour les ruines du monastère ou du château, mais pour un parc scientifique et éducatif comprenant un *jardin des plantes aquatiques (avr-juin ouv w-e – tlj juil-sept – avec visites guidées à 11h, 12h, 15h, 16h et 17h. 3 € ; réduc).*

Où dormir ? Où manger ?

Ostello Il Poggio : *☎ 075-965-95-50. • info@fattoriaisolapolvese.com • fattoriaisolapolvese.com • Ouv avr-déc. Lit à partir de 20 €/pers. ½ pens possible. Apéritif maison offert sur présentation de ce guide.* Chambres nickel de 2 à 4 lits. Dans une ferme rénovée, une auberge de jeunesse écologique d'où l'on peut admirer le lac en rêvassant dans un hamac. Les repas sont préparés avec les herbes et les légumes du jardin, et l'eau est chauffée grâce à des panneaux solaires. Une sympathique adresse « verte ».

PANICALE

Ce bourg de 6 000 habitants, blotti derrière ses murailles, offre une vue fort agréable sur le lac et ses îles, ainsi que le charme de ses placettes et les trésors de ses églises.

Piazza Umberto I : au centre du bourg médiéval, paisible et charmant ensemble de maisons mêlant brique rouge et pierre ocrée, avec la fontaine en son centre et les terrasses des *trattorie* sur le pourtour. Toute proche, la *chiesa San Michele Arcangelo* incite au recueillement dans sa nef exceptionnellement obscure.

Chiesa di San Sebastiano : *demander la clé à l'office de tourisme local, piazza dell'Ospedale. ☎ 075-83-73-19. Ouv en saison, tlj 10h30-12h30, 15h-17h30.* Beau *Martyre de saint Sébastien* du Pérugin, dont l'arrière-plan représente le lac tel qu'il était en 1505.

CITTÀ DELLA PIEVE (06062) 7 800 hab.

Perchée à plus de 500 m d'altitude, Città della Pieve occupe une position dominante sur le val di Chiana et le lac Trasimène, aux confins de l'Ombrie et de la Toscane. Durant la période étrusco-romaine, ce territoire appartenait à Chiusi, puis les Lombards en firent un poste avancé pour surveiller Pérouse, position que reprit cette dernière à la fin du XIIe s, afin de mieux contrôler Sienne, sa rivale. Mais c'est Frédéric II au XIIIe s qui lui accorda ses lettres de noblesse en donnant à la ville la forme d'un aigle, histoire de défier Rome. À partir de cette époque, la production de safran qui, jusqu'à la Renaissance, était utilisé principalement pour teinter les tissus, est l'une des ses principales ressources. Mais Città della Pieve, c'est surtout la terre natale de Pietro Vannucci, un artiste de génie plus connu sous le nom du « Pérugin ». Sinon, la bourgade ne manque pas d'attrait : charmante, animée, elle renferme un centre historique bien préservé. On y découvre quelques belles réalisations datant de la Renaissance, des immeubles empreints de maniérisme, de baroque ou encore de rococo. La ville se targue également de posséder l'une des ruelles les plus étroites d'Italie, le *vicolo baciadonne,* littéralement « les baisers aux dames », tout un programme !
– *Marché :* *sam.*

Arriver – Quitter

➢ Città della Pieve est facilement accessible de ***Chiusi*** (départ de la gare ferroviaire) par une quinzaine de ***bus*** quotidiens (sf dim). Compter moitié moins depuis Pérouse.

Adresse utile

ℹ ***Ufficio turistico :*** *piazza Matteotti, 4 (dans la Rocca).* ☎ *0578-29-93-75.* ● *cittadellapieve.org* ● *Avr-sept, tlj 9h-13h, 15h-19h ; oct-mars, tlj 9h30-12h30, 15h30-18h30.* Accueil compétent.

Où manger ? Où déguster une bonne glace ?

|●| ***Bistrot del Duca :*** *via Po' di Mezzo, 3.* ☎ *0578-29-80-08.* ● *bistrot.duca@yahoo.it* ● *Derrière le théâtre (indiqué). Tlj sf mar. Congés : fév. Repas env 20-25 €.* Ce petit restaurant un peu en retrait est une bonne surprise. Au menu, des plats délicieux et un peu plus inventifs que la moyenne, comme le *carpaccio di spada, yogurt e menta,* la *crema di cipolle e timo* ou les *linguine con pesto di rucola.* Toute petite salle intérieure avec vue plongeante ou terrasse ombragée et tranquille (même vue).

Pasticceria-gelateria Stefanini : *piazza Plebiscito, 9-10 (face à la cathédrale).* ☎ *0578-29-92-26. Tlj sf mar (tlj juil-août).* Un petit bar-pâtisserie à l'ancienne, populaire et convivial : idéal pour déguster un p'tit kawa, un verre de blanc, une glace, en compagnie des habitués.

À voir

Città della Pieve est réputée pour ses fresques du Pérugin. La plus célèbre, *L'Adoration des Mages,* se trouve dans l'oratoire de Santa Maria dei Bianchi, la deuxième dans le Musée diocésain (Santa Maria dei Servi) et la dernière dans l'église San Pietro. En plus des fresques, la ville possède deux toiles de l'artiste dans la cathédrale dei Santi Gervasio e Protasio.

Remarquables également sont les œuvres de Nicolò Circignani, dit Il Pomarancio, et de Salvio Savini, qui se trouvent dans le Palazzo della Corgna ainsi que dans la cathédrale. *Pour visiter tt ça, billet groupé : 4 € ; réduc. À acheter à l'office de tourisme (le **Museo civico-diocesano** n'est accessible qu'à certaines heures, pour des visites guidées : voir plus loin). Sf si précisé, les horaires de visite sont identiques à ceux de l'office de tourisme.*

Oratorio di San Bartolomeo : *à côté de la chiesa di San Francesco (sanctuario della Madonna de Fatima).* Entrée par le Centro pastorale, c'est la porte située à droite de l'église. À l'intérieur, une superbe *Crucifixion* (1384), fresque attribuée à Nicola di Bonifazio. Notez le mysticisme qui se dégage de chacun des personnages. Absolument remarquable !

Cattedrale dei Santi Gervasio e Protasio : *piazza Plebiscito.* Elle s'élève sur les restes d'une église probablement construite dès le VIIIe s. Intérieur typiquement baroque, avec dans le premier autel à gauche, encadrée par deux colonnes salomoniques en marbre, et paraissant être surveillée par un autoportrait du peintre, *une œuvre maîtresse du **Pérugin : Le Baptême du Christ.*** Également quelques grandes toiles d'Il Pomarancio. L'autre Pérugin se trouve au niveau du chœur. C'est une *Madone en gloire* aux superbes variations chromatiques dans les rouges et les bleus. Notez à droite la chapelle du Saint-Sacrement on ne peut plus baroque !

Palazzo della Corgna : *juste en face de la cathédrale. Ouv slt le w-e 10h30-12h30, 16h-19h. GRATUIT.* Immanquable, avec son allure massive, œuvre de l'architecte Galeazzo Alessi de Pérouse en 1564. Il est inachevé, car les *pievesi* s'étaient révoltés contre l'impôt qu'exigeait le gouverneur Asciano Corgna. À l'étage, minuscule musée d'Histoire naturelle. Sans intérêt, mais dans les salles attenantes, on notera les plafonds ornés des superbes fresques ***de Salvio Savini*** : *Le Festin des dieux* ainsi que *Les Amours des dieux,* inspirés des métamorphoses d'Ovide. Remarquable, aussi, dans la chambre du gouverneur située au rez-de-chaussée (tout de suite à gauche), *Le Concert* d'Il Pomanrancio.

Museo civico diocesano : *juste à l'extérieur des remparts. Descendre la via Roma jusqu'à la porta Santa Maria, puis c'est à 20 m après la station-service. Ouv dans le cadre de visites guidées (en principe à 10h, 11h30, 16h et 17h30).* C'est l'ancienne église des serviteurs de Marie (XIIIe s), transformée en hôpital après l'unification de l'Italie. L'intérieur est à la fois sobre et typiquement baroque. Quelques confessionnaux en rythment l'espace. L'endroit sert de lieu d'exposition. À droite en entrant, une *Déposition de la Croix* du Pérugin (on l'a découverte par hasard en 1834, soit plus de 300 ans après son exécution). Entre les deuxième et troisième autels, prenez la porte et descendez. Au sous-sol, des toiles : Alessandro Brunelli, Salvio Savini, Cesare Nebbia...

L'oratoire de Santa Maria dei Bianchi : *via Vannucci. À mi-chemin entre la piazza Plebiscito et la porta San Agostino. Ouv tlj 9h30-13h45, 15h30-19h. Entrée : 2 €.* C'est l'oratoire des Disciplinés de la Vierge, dits aussi les « blancs » eu égard à leur tenue lors des processions. Ce sont des pénitents. C'est ici que vous admirerez la très belle ***Adoration des Mages*** du Pérugin. Elle inaugure un tournant dans la peinture du maître. Car il l'a exécutée l'année même où son meilleur élève (un certain Raphaël !) quitte son atelier pour voler de ses propres ailes. L'œuvre se situe donc à un moment charnière pour la

LE PÉRUGIN ET LES PÉNITENTS

En 1504, les Disciplinés de la Vierge demandèrent au Pérugin le prix de la décoration de leur oratoire. Ce dernier en proposa 200 ducats, en ajoutant qu'il était prêt à négocier. Les blancs n'avaient pas cette somme. Huit jours plus tard, le Pérugin modifia son offre : s'ils lui envoyaient une mule afin qu'il puisse gagner Città della Pieve pour se mettre au travail, il était prêt à leur accorder un rabais de 25 ducats et à leur faire crédit. L'affaire fut conclue. Mais en définitive, le Pérugin ne reçut jamais que 25 ducats et une vieille maison en échange de ce chef-d'œuvre. Et on se demande bien pourquoi les blancs se flagellent lors des processions...

culture artistique florentine. Regardez avec attention cette fresque, le Pérugin s'y trouve, il porte un faucon et, derrière lui, la tête penchée vers le poteau, c'est Raphaël ! Cette œuvre, exécutée avec une extrême parcimonie de moyens, donne l'effet d'avoir été réalisée au pastel.

Manifestations autour du lac Trasimène

– ***Palio delle Barche :*** *à* ***Passignano,*** *fin juin.* Commémoration d'une escarmouche entre les familles Oddi et Baglioni en 1495, où les premiers avaient dû prendre la fuite en utilisant des barques de pêcheurs. Course en trois temps entre les quartiers de la ville, le 1er et le 3e sur le lac et le 2e avec les barques portées à l'épaule.
– ***Palio dei Terzieri :*** *à Città della Pieve, l'avt-dernier dim d'août.* Dans les rues de la vieille ville, le XIVe s est de retour, avec un cortège historique en habits inspirés des œuvres du Pérugin. Au terme du défilé, avant le *Palio,* consistant en un concours de tir à l'arc sur des cibles mobiles à l'effigie d'un taureau, a lieu l'*Infarinata,* bagarre généralisée à coups de sachets de farine. N'espérez pas y échapper !

CITTÀ DI CASTELLO (06012) 40 500 hab.

À 50 km au nord de Pérouse, sur la route d'Arezzo, une petite ville tranquille, au relief plat, ceinte de remparts. C'est à coup sûr la plus toscane des villes ombriennes. Elle doit son look Renaissance aux Vitelli, une riche famille de mécènes et de *condottiere* qui, aux XVe et XVIe s, mangeaient dans la main des Médicis. Du coup, la ville s'est dotée à l'époque de nobles *palazzi* dont certains furent décorés par les Raphaël, Lucas Signorelli et consorts... Aujourd'hui, Città di Castello, terre d'immigration depuis que l'industrie du meuble y a dopé l'économie locale, est régulièrement citée dans les magazines. La raison ? C'est la ville natale de Monica Bellucci !

Arriver – Quitter

En train

Stazione : *au bout de la via Carlo Liviero, à côté de la piazza della Repubblica, hors les murailles, à l'est du centre-ville.* • *umbriamobilita.it* • Ce site permet de visualiser votre train en temps réel (donc d'anticiper sur les retards).
➢ ***De/vers Pérouse :*** tlj, une dizaine de trains. Trajet : 1h.
➢ ***De/vers Terni et Todi :*** tlj, une dizaine de liaisons, avec changement à *Ponte San Giovanni.* Trajet : 2-4h.

En bus

Gare routière : *piazza Garibaldi.*
➢ ***De/vers Arezzo :*** une quinzaine de bus/j., 2 slt dim. Trajet : 1h30. • *etruriamobilita.it* •
➢ ***De/vers Gubbio :*** 2 bus/j., aucun dim. Trajet : 1h30. • *umbriamobilita.it* •
➢ ***De/vers Todi et Rome :*** avec *Sulga.* 2 bus/j. lun-sam tôt le mat. Départ à 5h30 pour Rome slt ; celui de 7h15 passe par Rome mais poursuit jusqu'à l'aéroport de Fiumicino (arrivée 11h15). Billets à acheter dans le bus. Départ de Rome vers Città di Castello à 16h. Trajet : 4h. *Résas : ☎ 800-099-661 (n° Vert).* • *sulga.it* •

En voiture

➢ ***Pour Arezzo :*** aux routards motorisés qui se dirigent vers la Toscane, nous conseillons un très agréable chemin des écoliers par *Monte Santa Maria Tiberina,* un village en nid d'aigle à 10 km de Città di Castello. De Monte Santa Maria Tiberina, on rejoint ensuite Monterchi par d'étroites routes désertes, à travers de beaux paysages.

Adresse utile

Ufficio turistico : *piazza Matteotti, logge Bufalini.* ☎ *075-855-49-22.* • *info@iat.citta-di-castello.pg.it* • *regioneumbria.eu* • *Lun-ven 9h-13h30, 15h-18h ; sam 9h30-12h30, 15h30-18h30 ; dim 9h30-12h30.* Carte de la ville et plusieurs bons dépliants (y compris en français) sur la ville et la région de la haute vallée du Tibre.

Où dormir ?

Prix moyens

Hotel Umbria : *via S. Antonio, 6.* ☎ *075-855-49-25.* • *umbria@hotelumbria.net* • *hotelumbria.net* • *Entrée par la via Galanti. Congés : 10 janv-10 mars. Double 58 €, petit déj inclus. Parking gratuit. 10 % de réduc sur le prix de la chambre sur présentation de ce guide.* Un hôtel familial bien tenu. Le bâtiment principal dispose de chambres correctes, mais dans la dépendance les pièces sont un peu petites. Accueil en français par la patronne, native de Saint-Étienne.

Hotel Le Mura : *borgo Farinario, 24.* ☎ *075-852-10-70.* • *direzione@hotellemura.it* • *hotellemura.it* • *Doubles 60-80 € ; petit déj 7 €. Parking privé. (payant).* Un 3-étoiles de 35 chambres toutes climatisées. Un vrai mélange de style, allant des archives du cinéma italien aux enluminures byzantines en passant par des aquarelles du désert. Couvre-lit à rayures, faux plancher, un peu de doré. Où est-on au juste ? Enfin c'est propre, calme, et l'accueil en français est gentil.

Residenza Antica Canonica : *via San Florido, 23.* ☎ *075-852-32-98.* • *info@anticacanonica.it* • *anticacanonica.it* • *Accès par la tour cylindrique de la Canonica, à côté de la cathédrale, sinon par l'ascenseur via San Florido. Ouv tte l'année. Double 70 €, sans petit déj. Parking gratuit.* Dans un ancien monastère du XVIe s dont on a conservé les portes des cellules. Une petite dizaine d'apparts de 2 à 6 lits, tous avec cuisine, salon et grande salle de bains. Les chambres sont sobres mais pas très riantes. Une adresse gérée par la dynamique Elisa.

Chic

Hotel Tiferno : *piazza Raffaelo Sanzio, 13.* ☎ *075-855-03-31.* • *info@hoteltiferno.it* • *hoteltiferno.it* • *À deux pas de l'église San Francesco. Doubles 90-145 €, petit déj-buffet compris. Parking fermé 25 €/nuit. 10 % de réduc sur le prix de la chambre sur présentation de ce guide.* Aménagé dans un ancien couvent, c'est l'un des plus anciens hôtels d'Ombrie (1895). Très élégant. Belle réception avec voûtes, cheminée et tableaux originaux d'Alberto Burri, l'artiste dont on peut admirer l'œuvre dans le palais voisin. Pour la déco, c'est *Modern Art,* moquette, portes quasi blindées. On aime bien les 2 *junior suites* avec mezzanine. Dans les parties communes, les vieux meubles d'époque donnent du cachet. Petit centre de remise en forme. Excellent accueil.

Où manger ? Où boire un verre ? Où déguster une bonne glace ?

Pizzeria Express : *corso V. Emanuele, 13.* ☎ *075-855-49-85. Tlj sf lun-mar 8h30-13h, 16h-20h. Compter env 1,50 € la part de pizza.* Vous êtes chez Vicenzo Manni, et sans faire de manie ni de mauvaise contrepèterie, on peut dire que monsieur est au four et madame à la caisse. La maison fait aussi dans le poulet grillé.

Trattoria Lea : *via San Florido, 38 a. ☎ 075-852-16-78. • trattoria lea@libero.it • Dans le prolongement de la rue Marconi. Tlj sf lun, midi et soir jusqu'à 22h. Congés : 1 sem en janv et 2 sem en août. Carte 20-25 €. Digestif offert sur présentation de ce guide.* Une valeur sûre ! La file d'attente devant la porte le prouve ! 3 belles salles voûtées et fraîches avec une déco classique de trattoria, sans faute de goût. On y vient pour les pâtes maison. Les tagliatelles aux truffes et les *agnolotti* aux cèpes sont exceptionnels. Les *penne* au cognac se défendent. Aussi de la viande passée au gril. Bonne sélection de vins et de grappa. Service ultra-efficace.

L'Osteria : *via Borgo di Sotto (fléché depuis la piazza Matteotti). ☎ 075-855-77-98. • info@losteria.biz • Tlj sf dim 12h30-14h30, 19h30-22h (22h30 mar, 23h30 ven, jeu fermé le soir, sam service en continu jusqu'à 23h30). Menu 18 € ; carte env 20 € ; pizzas 4-6 €.* Viandes au gril et salades bien fraîches. Tous les âges se côtoient dans cette auberge conviviale où attendent preneur les œuvres d'artistes locaux. Grand choix de *pizze* et *bruschette,* à déguster accommodées d'une bonne bière pression. Pour le dessert, laissez-vous tenter par les profiteroles au mascarpone, absolument diaboliques. Portions généreuses à souhait. Poignée de tables en terrasse. Service jeune et efficace.

L'Accademia : *via del Modello, 1. ☎ 075-852-31-20. 333-246-58-82. Tlj sf lun, le soir slt. Plats 12-14 € ; assortiment d'antipasti 10 € ; carte 20-35 €.* Terrasse à l'ombre de la cathédrale et salle bien agencée avec des tables en bois d'olivier. Le menu est court mais précis, il fait la part belle à la viande du coin. Quelques plats exotiques, parfois, comme le poulet-curry. Aux pâtes *della casa* s'ajoute le pain fait maison. Service impeccable. Musique live le jeudi soir d'octobre à avril.

Caffè-pasticceria-gelateria Benedetti : *piazza Santa Maria Maggiore, 4. Tlj sf mer 7h-23h (plus tard en été).* Grand choix de pâtisseries et bonnes glaces artisanales. Petite terrasse sur le derrière de la chiesa Santa Maria, très sympa en été.

LE NORD DE LA VALLÉE DU TIBRE

À voir

L'achat d'un billet à plein tarif *(Carta Musei)* dans n'importe quel musée de Città di Castello donne droit à l'entrée à prix réduit dans tous les autres musées de la ville.

Palazzo comunale : *dans le centre. Ouv tlj.* Bel ouvrage gothique du XIVe s, avec un imposant hall d'entrée. La *Torre Civica* en face servit longtemps de prison, avec une seule cellule par étage. Elle est fermée pour travaux.

Duomo San Florido : *à côté du Palazzo comunale. Tlj 9h-12h, 15h30-19h.* De l'ancienne église romane ne subsiste que le *Campanile Cilindrico* du XIIIe s (de son sommet, vue imprenable sur la ville). Pour le reste, la cathédrale est immanquable avec sa façade baroque (tardif) inachevée côté jardin. Au nord, son portail est du plus pur style gothique, et quand on sait qu'elle a été commencée dans sa forme actuelle à la Renaissance, vous imaginez le mélange des genres ! À l'intérieur, ça se simplifie, quoique... Les plafonds à caissons sont du plus bel effet. Au niveau de la coupole, on trouve des fresques d'***Il Pomanrancio*** ainsi que des œuvres du ***Pinturicchio*** (dans la salle du chapitre). Ne pas manquer également le Christ « relax » de ***Rosso Fiorentino.*** Et tant que vous y êtes, descendez dans la crypte pour y voir le gisant et les reliques de San Florido.

Museo del Duomo : *piazza Gabriotti. ☎ 075-855-47-05. • museoduomocdc.it • Mar-dim 10h-13h, 15h30-18h (10h-12h30, 15h-17h oct-mars). Entrée : 6 € ;*

réduc. Collection d'objets du culte remontant à l'époque des premiers chrétiens, tels une *pastorale* (crosse d'évêque) en argent, un *palliotto* (devant d'autel) du XIIe s et une exceptionnelle collection de plats et cuillères byzantins du VIe s retrouvés à Canoscio, une localité proche.

Pinacoteca comunale : *via della Cannoniera, 22. ☎ 075-852-06-56. Tlj sf lun 10h-13h, 14h30-18h30. Entrée : 6 € ; réduc.* La plus belle collection de peintures ombriennes après celle de la Galleria nazionale à Pérouse. Dans le superbe palais Vitelli alla Cannoniera du XVIe s, à la façade recouverte de sgraffites (une technique proche de la fresque) attribués à Gherardi. Toute l'histoire de l'art en Ombrie est présentée dans le cadre médiéval de vastes salles à la somptueuse décoration intérieure, avec fresques et frises d'origine, mobilier en bois et cheminées. On admirera tout particulièrement un *Couronnement de la Vierge* de ***Ghirlandaio,*** quelques ***Luca Signorelli*** dont un intéressant *Martyre de saint Sébastien* de 1498 (forçant un peu sur l'arbalète !), ainsi que des œuvres de jeunesse de Raphaël travaillant déjà sur commande de riches seigneurs de Città di Castello. Au sous-sol, plâtres et bronzes contemporains, ainsi que quelques tableaux dont deux ***De Chirico.***

À HUE ET À DIA

Sur la deuxième rampe de l'escalier monumental du palais Vitelli alla Cannoniera, on remarque trois demi-lunes représentant Aristote, Hercule et Salomon se faisant chevaucher par des femmes en signe de domination : est-ce un avertissement lancé par son épouse au jeune et puissant condottiere *Vitelli ?*

À voir également, pour leurs stalles marquetées et leurs fresques, les églises ***San Domenico*** (via Signorelli) et ***San Francesco,*** où Raphaël réalisa l'un de ses chefs-d'œuvre, *Les Noces de la Vierge* (il s'agit d'une copie, l'original se trouve à la pinacothèque de Brera à Milan). Le ***Palazzo del Podestà,*** piazza Matteotti, constitue un bel exemple d'architecture du XIVe s.

Collections Burri : *via Albizzini, 1, et via Pierucci (ancienne manufacture des tabacs). ☎ 075-855-46-49 ou 075-855-98-48. • fondazioneburri.org • Mar-sam 9h30-12h30, 14h30-18h30 ; dim 10h30-12h30, 15h-19h. Entrée : 6 € pour le palais Albizzini seul ; 10 € pour les 2 sites (via Pierucci ouv sur résa slt, à demander au palais Albizzini) ; réduc. Demander la notice explicative en français.* Ce pionnier de la peinture contemporaine (1915-1995), qui vécut aux États-Unis, a légué son œuvre à sa ville natale. Elle est répartie entre le palais Albizzini, sur la piazza Garibaldi, et d'anciens séchoirs à tabac *(Seccatoi del Tabacco),* qui abritent les grandes œuvres et les sculptures. Burri, qui était doté d'un grand sens de la composition, excellait dans le détournement des matériaux de la vie quotidienne comme le plastique, le goudron, la toile de jute, le fer, les lamelles en bois, dont il récupérait la texture et qu'il assemblait de manière étonnante afin de leur restituer une nouvelle patine, voire une nouvelle couleur. Au rez-de-chaussée du palais, petites gouaches proches de la palette d'un Klimt, d'un Mirò ou d'un Calder. Au 1er étage, étonnants tableaux dont la toile laisse place au plastique fondu au chalumeau, où même le tableau se gonfle d'une excroissance comme dans la série des *Gobbi* (bossus) avec ses reliefs rugueux et ses saillies ferrugineuses, ou dans *Sacco 5P,* où la toile se fond en peau sanguinolente.

Manifestations

– ***Retrò, il mercatino delle Cose Vecchie & Antiche :*** *3e dim du mois, dans le centre historique. 8h-20h.* Littéralement, « le petit marché des choses anciennes et antiques ».

– **Festival des Nations :** *fin août-début sept.* Concerts dans un magnifique petit théâtre rouge et or ainsi que dans différentes églises de la ville et des proches environs.
– **Foire nationale au cheval :** *3ᵉ w-e de sept.* La deuxième plus importante d'Italie après celle de Vérone. Toutes les races équines y sont présentes. Spectacles équestres.

DANS LES ENVIRONS DE CITTÀ DI CASTELLO

Montone : *à 22 km au sud. Suivre Pérouse et guetter le fléchage à gauche un peu avt Umbertide. Se garer au pied des murailles.* Protégée de hautes murailles qui lui donnent un cachet austère, lieu de naissance d'un fameux chef de guerre du Moyen Âge, Montone a le charme des bourgades médiévales rendues somnolentes par la digestion de leur glorieuse histoire. Parcourez ses ruelles sinueuses et pentues, de préférence au soleil couchant, moment inégalable de silence et de sérénité.

La Locanda del Capitano : *via Roma, 7. ☎ 075-930-65-21. • info@ilcapitano.com • ilcapitano.com • Au centre du village médiéval de Montone. Congés : de déc à mi-mars. Doubles 120-140 €, petit déj inclus. Carte env 40 €.* Un hôtel de charme décoré de meubles anciens et abritant de belles chambres, dont les plus grandes possèdent une terrasse avec vue sur les toits. Piscine. Resto chic avec service en salle ou en terrasse. Par la parole et par le contenu de vos assiettes, le patron vous fait partager son amour des plats traditionnels revisités avec une touche de modernité. Les goinfres regretteront les portions « nouvelle cuisine ». Remarquable carte des vins. Ambiance jazz. Très bon accueil.

Abbazia di Monte Corona : *à 28 km au sud. À la sortie ouest d'Umbertide, prendre la SP 170 et la suivre sur 3 km, après quoi l'abbaye est fléchée. Tlj.* Entrée par une petite porte à gauche du campanile, par où on pénètre dans une très belle crypte du Xᵉ s. Église supérieure des XIIIᵉ-XIVᵉ s, avec de nombreuses œuvres d'art, des fresques du XIVᵉ s et un ciboire en pierre du VIIIᵉ s.

LE TERRITOIRE EUGUBIN

Au pied de la chaîne des Apennins ondulent les monts verdoyants du bassin Eugubin, bordé à l'est par le Monte Cucco. La forêt, parsemée de hêtres et d'ifs séculaires, couvre 30 % du territoire. Dans les sous-bois abondent les cèpes *(funghi porcini)* et les *truffes blanches* entrant dans la composition de plats simples et typiques – les meilleurs d'Ombrie, paraît-il. La rivière Chiascio prend sa source dans l'argile du mont Ingino, surplombant la ville de Gubbio. Farouchement attachée à ses coutumes, la population eugubine célèbre chaque année son patrimoine historique à travers de grandes fêtes populaires auxquelles chacun participe allègrement. C'est ici que, selon la légende, saint François fit d'un loup dangereux une créature inoffensive et amicale, lors de l'un de ses multiples périples sur le sentier de la Paix, que l'on peut encore parcourir de Gubbio à Assise.

GUBBIO (06024) 32 000 hab.

Dominée par la haute silhouette du Palazzo dei Consoli, la belle Gubbio semble tout droit sortie du Moyen Âge, avec son dédale de ruelles et d'escaliers

accrochés aux pentes du Monte Ingino. Détruite à plusieurs reprises par les hordes barbares, occupée par les Longobards quand mourut l'Empire byzantin, Gubbio devint ville-État au XIIe s sous la régence éclairée d'Ubaldo Baldassini. Au XIVe s, les ducs d'Urbino et de Montefeltro l'assujettirent, et sa position stratégique sur la route de Rome lui permit de rivaliser avec la puissante Pérouse. Outre pour ses fêtes qui trouvent leur origine dans ce passé glorieux, la ville est célèbre pour ses céramiques car, au XVe s, un artisan local découvrit le secret de certaines couleurs comme le rouge rubis, très à la mode pendant la Renaissance. Mais le maître qui a laissé la plus forte empreinte est Mastro Giorgio qui, au XVIe s, s'est spécialisé dans la céramique lustrée.

Arriver – Quitter

En train

La gare la plus proche est ***Fossato di Vico,*** à 20 km. Liaison avec la ville par une douzaine de bus/j. (moins dim).
➢ ***De/vers Rome :*** une petite dizaine de trains/j., presque ts directs, mais attention au grand creux 9h30-15h. Trajet : env 2-3h.
➢ ***De/vers Pérouse et Assise :*** une dizaine de trains/j. pour Pérouse et Assise, changement à *Foligno.* Trajet : 1h-1h30 pour Assise et 1h30-2h pour Pérouse.

En bus

Gare routière *(plan A2) : piazza dei 40 Martiri. Mar mat, jour de marché, les bus partent et arrivent via Matteotti.*
■ ***Umbria Mobilità :*** *☎ 800-512-141 (nº Vert).* • *umbriamobilita.it* •
■ ***Sulga :*** *☎ 800-099-661 (nº Vert).* • *sulga.it* •
➢ ***De/vers Pérouse :*** une dizaine de bus/j., 4 slt dim. Trajet : env 1h15.
➢ ***De/vers Assise :*** correspondance nécessaire à *Pérouse.*
➢ ***De/vers Rome :*** avec *Sulga,* 1 bus/j. (aucun dim). Départ vers 6h de Gubbio et vers 16h de Rome Tiburtina. Billets à acheter dans le bus. Trajet : env 3h.

En voiture

➢ ***De Gubbio à Assise :*** nous vous conseillons la petite route, fort peu fréquentée, passant par Padule puis, quittant la SS 219, par Colpalombo, Carbonesca et Casa Castalda. De là, 2 possibilités, soit Valfabricca et Pieve San Niccolò, soit, encore plus beau, San Presto et Piano di Pieve dans le parc du Monte Subasio. Ces routes longent le *Chemin franciscain.* Paysages sereins des collines et adorables villages. Le plus beau du « cœur vert de l'Italie », surtout le soir, au soleil déclinant.
➢ ***De Gubbio à Pérouse :*** SS 298, par Mengara et Belvedere. Presque aussi charmant que les itinéraires précédents.

Adresses et info utiles

Ufficio turistico *(plan A2) : via della Repubblica, 15. ☎ 075-922-06-93 ou 075-922-07-90.* • *info@iat.gubbio.pg.it* • *gubbio-altochiascio.umbria2000.it* • *comune.gubbio.pg.it* • *Tlj 8h30 (9h sam)-13h45 (13h w-e) et 15h30-18h.* Bonne doc en français, avec un plan de la ville *(payant).*
@ ***Servizi Sebastiani*** *(plan B2,* ***6****) : via Nino Bixio, 46. ☎ 075-922-26-56. Lun-sam 8h30-13h, 14h30-20h ; dim 11h-13h, 15h-20h.* Pas de wifi. Accueil très sympa.
✉ ***Poste*** *(plan A-B2) : via Cairoli, 11. ☎ 075-927-39-25. Lun-sam 8h30-19h (12h30 sam) ; en été, slt le mat.*
Parkings gratuits : *primo, de part et d'autre du viale del Teatro Romano (plan A1,* ***2*** *et* ***3****). Ce dernier a quelques places ombragées et un accès direct au centre par un passage*

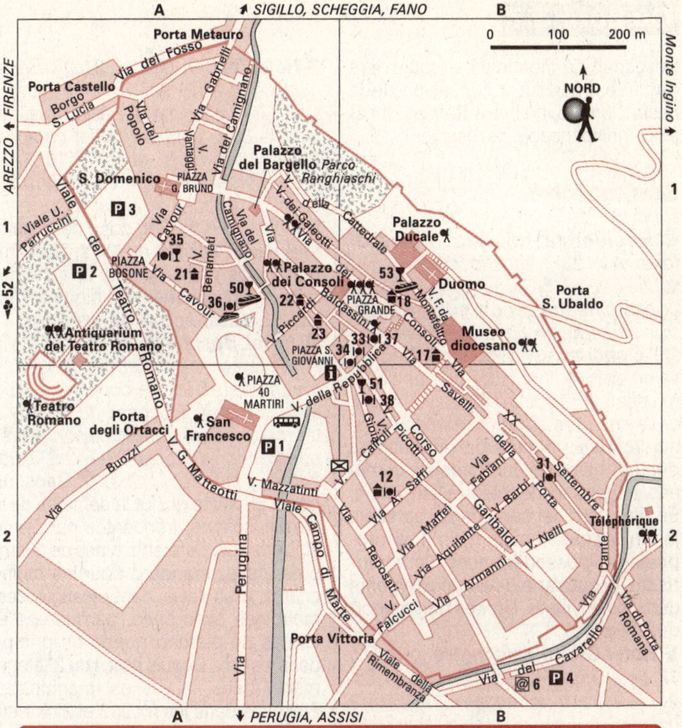

GUBBIO

■ **Adresses utiles**	**31** Picchio Verde
Ufficio turistico	**33** Ristorante Alla Balestra
1, 2, 3 et **4** Parkings	**34** Federico da Montefeltro
@ **6** Servizi Sebastiani	**35** Osteria dei Re di Brunelli Moreno
Où dormir ?	**36** Fabiani
12 Hotel Grotta dell'Angelo	**37** Taverna del Lupo
17 Hotel Bosone	**38** La Cantina
18 Relais Ducale	**Où boire un verre ? Où déguster une glace ? Où manger sur le pouce ?**
21 Hotel Tre Ceri	**50** The Village
22 Residenza Le Logge	**51** Fusion Café
23 Residenza di Via Piccardi	**52** Bar 5 Colli
Où manger ?	**53** Buvette des Giardini Pensili
12 Grotta dell'Angelo	

*couvert tt au fond. Secundo, le long de la via del Cavarello (plan B2, **4**), mais attention, elle est barrée en son milieu !*

*P **Parking payant :** sur la piazza dei 40 Martiri (plan A2, **1**). Env 1 €/h et 12 €/j. (8 € si vous logez dans un hôtel du centre). Ne pas oublier d'enlever sa voiture le lun soir à cause du marché le lendemain.*

*– **Grand marché** (plan A1-2) **:** le mar mat, piazza dei 40 Martiri.*

Où dormir ?

Beaucoup de monde en saison et lors des fêtes, surtout à l'occasion de la *Festa Ceri* (15 mai) et à Pâques. Il est alors indispensable de réserver.

Bon marché

Residenza di Via Piccardi (plan A1, **23**) : *via Piccardi, 12-14. ☎ 075-927-61-08. • info@residenzadiviapiccardi.it • residenzadiviapiccardi.it • Résa indispensable, slt 6 chambres. Doubles 45-55 € selon saison, petit déj compris. CB refusées. 10 % de réduc sur le prix de la chambre sur présentation de ce guide.* Une poignée de charmantes petites chambres confortables, certaines voûtées et meublées à l'ancienne. En été, petit déj servi dans l'agréable jardin. Accueil en français. Les propriétaires possèdent aussi un *agriturismo* proposant des appartements dans les environs. Un très bon rapport qualité-prix.

Hotel Grotta dell'Angelo (plan B2, **12**) : *via Gioia, 47. ☎ 075-927-34-38. • info@grottadellangelo.it • grottadellangelo.it • Congés : 7 janv-7 fév. Doubles 50-70 € ; petit déj 5 €. ½ pens 60 €. (au resto).* Chambres très simples, claires et propres, avec poutres apparentes. Les nos 18 et 19 ont une vue sur la ville médiévale. Joli petit jardin. Resto (voir « Où manger ? »).

De bon marché à prix moyens

Residenza Le Logge (plan A1, **22**) : *via Piccardi, 7-9. ☎ 075-927-75-74. • residenzalelogge@gmail.com • residencegubbio.it • Doubles 55-95 €, petit déj compris ; familiales 80-150 €. (réception et jardin).* Des chambres sobres mais bien décorées, dans une belle maison particulière très bien entretenue, donnant sur un petit jardin agréable. Meubles en bois et parquets forment un bel ensemble. Les familles apprécieront la chambre familiale, une vraie petite suite, avec baignoire hydromassante.

Hotel Tre Ceri (plan A1, **21**) : *via Benamati, 6-8. ☎ 075-927-75-43. • treceri@treceri.it • treceri.it • ♿ Résa conseillée. Double 80 €, petit déj-buffet compris. Parking payant (et cher). 10 % de réduc sur le prix de la chambre (hors ponts et périodes de fêtes) sur présentation de ce guide.* Au cœur de la vieille ville, dans 2 édifices du XVe s, 25 chambres modernes au calme et à l'atmosphère étonnamment nordique (pin et tissus bleutés). Accueil sympathique.

Hotel Bosone (plan B1, **17**) : *via XX Settembre, 22. ☎ 075-922-06-88. • info@hotelbosone.com • hotelbosone.com • ♿ Congés : de mi-janv à mi-mars. Selon confort, saison et fréquentation, doubles 70-140 €, suite 240 €, petit déj inclus.* Dans un palais du XIVe s qui fut la demeure de la famille Bosone, fréquentée par Dante et Pétrarque. Différents types de chambres. Assez standard pour les moins chères, elles deviennent prestigieuses, meublées avec style, parquetées et hautes de plafond quand on grimpe dans les prix. Depuis celles du 2e étage, mansardées, la vue est magnifique. Fresques dans les nos 212 et 214. Petit déj servi sous une voûte baroque décorée. Si l'hôtel est un des plus beaux de Gubbio, son restaurant ne nous a pas paru relever du même standing.

Chic

Relais Ducale (plan B1, **18**) : *via Galeotti, 19 (arrivée en voiture piazza Grande, via Ducale, 2). ☎ 075-922-01-57. • info@relaisducale.com • relaisducale.com • ♿ Doubles 115-180 €, deluxe et suites 180-242 € selon saison, petit déj compris. Parking payant.* Déco simple mais agréable pour les chambres standard, luxueuse pour les autres, évoquant l'époque où ce petit palais recevait les hôtes des ducs d'Urbino. Jardin avec fontaine et très jolie terrasse fleurie où prendre le petit déj en profitant d'une vue grandiose sur la campagne et le palais dei Consoli. Du haut de gamme pour un service pro, à un tarif somme toute très raisonnable vu la qualité.

Où dormir dans les environs ?

Campings

Camping di Gubbio et Camping Villa Ortoguidone : *fraz. Cipoletto 49, loc.* ***Ortoguidone.*** *☎ 075-927-20-37. • info@gubbiocamping.com • gubbiocamping.com • À 3,5 km de Gubbio par la SS 298 vers Pérouse. Guetter le fléchage à droite et continuer 1,5 km. Ouv de Pâques à mi-sept. Pour 2 pers avec tente et voiture, au camping di Gubbio (2 étoiles) 20-27 € selon saison (piscine payante), au camping Ortoguidone (2 étoiles) 21,50-28,50 € (piscine gratuite). Douches chaudes payantes. Piscine ouv vers la mi-juin (selon temps) jusqu'au 31 août.* Voici une situation un peu particulière puisque ces 2 campings sont en fait sur le même terrain (autour d'un stade municipal) et partagent la même réception. L'un est le camping municipal de Gubbio, l'autre est privé. Avouons que notre préférence va au municipal, et pas seulement à cause du prix. Plus nature, il bénéficie d'un joli environnement. Ses 3 larges bandes de pelouse jalonnées de nombreux bouleaux semblent se dérouler à perte de vue. Seul inconvénient : les bouleaux, l'ombre, c'est pas leur fort. Les places de l'autre camping, elles, sont bien ombragées grâce à des bâches tendues. Installations assez sommaires, mais sanitaires en nombres suffisants et bien tenus. Si vous souhaitez bénéficier du terrain du camping municipal et tremper gratuitement vos orteils dans la piscine, c'est possible. Accueil charmant.

Prix moyens

Centro agrituristico Oasi Verde Mengara : *loc.* ***Mengara Vallingegno,*** *1. ☎ 075-922-70-04. • info@oasiverdemengara.it • oasiverdemengara.it • À 11 km en direction de Pérouse. Resto ouv slt le soir, plus le midi dim. Congés : 10 janv-10 fév. Doubles 70-85 € selon saison, petit déj compris. Menu 20 € ; carte 25-35 €.* Sur une exploitation agricole de plus de 100 ha, une quinzaine de chambres à la déco campagnarde chic et douillette, avec une forte présence du bois et même des lits à baldaquin pour certaines. Agréables salon et terrasses. Belle salle de resto et vente de produits de la ferme. Piscine en été. Le tout dans la verdure, mais un peu près de la route.

Hotel La Rocca : *via Monte Ingino, 15. ☎ 075-922-12-22. • laroccahotel.net • En voiture, à 5 km de Gubbio, par la route vers Scheggia, ou à pied, par le téléphérique. En face de la basilique de Sant'Ubaldo. Résa impérative. Doubles 70-110 € selon saison, petit déj inclus.* Dans une belle bâtisse en pierre avec terrasse, accolée à la roche, une adresse pas franchement rigolote ni très chaleureuse, mais sérieuse. Les chambres de style classique sont parfaitement tenues. Idéal au printemps avec les senteurs des pins des collines environnantes. La vue panoramique sur Gubbio et la vallée fait de nombreux adeptes, et les chambres nos 12 et 22 sont très demandées.

Où manger ?

Bon marché

Osteria dei Re di Brunelli Moreno *(plan A1,* ***35****) : via Cavour, 15 b. ☎ 075-922-25-04. • info@osteriadeire.com • Tlj sf mer 8h30-15h, 18h-minuit. Résa conseillée le soir. Carte 15-20 €.* Ce tout petit resto a pour spécialité l'« assiette du Roi » *(piattone del Re)*, qui constitue, à elle seule et pour 13 €, un condensé de la gastronomie paysanne locale : jambon, omelette, *bruschette*, flageolets, *torta al testo*, fromages, pommes de terre *al forno*... Ce n'est certes pas très fin, mais cela a du goût et le mérite de satisfaire tous les appétits à un bon prix. Sinon, kyrielle d'autres plats, dont certains typiques. Belle salle voûtée. L'été, des tables sont installées sur la piazza.

Ristorante Alla Balestra *(plan B1,* ***33****) : via della Repubblica, 41.*

☎ 075-927-38-10. • info@ristoranteallabalestra.it • ♿ Tlj sf mar. Résa conseillée. Menus 13 €, 14 €, 19,50 €, 28,50 €, plus ou moins sophistiqués ; carte 20-25 €. Cuisine traditionnelle, pas de grandes inventions culinaires, mais des pizzas (le soir), plats aux truffes *(gnocchetti)* et viandes *alla brace*. On mange dans une grande salle qui accueille un monde fou. Terrasse extérieure. Pour les quelques tables sous la véranda, mieux vaut réserver, car la vue sur le palais connaît un gros succès.

Grotta dell'Angelo *(plan B2, **12**) : voir « Où dormir ? Bon marché ». Tlj sf mar. Congés : 7 janv-7 fév. Menu 15 € tt compris ; carte 25-30 €. 📶 10 % de réduc pour un repas à la carte sur présentation de ce guide.* Service dans une belle cave et, en été, sous une tonnelle de l'autre côté de la rue. La cuisine d'Angelo n'a rien de surprenant, mais elle est plutôt bonne et copieuse.

Prix moyens

Picchio Verde *(plan B2, **31**) : via Savelli della Porta, 65. ☎ 075-927-66-49. • rist.picchioverde@libero.it • Tlj midi et soir sf mar. Menus 15-28 €, vin, café et service compris ; carte 25-30 €.* Les grandes salles dépouillées sont certes un peu sonores mais pas désagréables. Et puis, dès qu'on passe devant la grande cheminée où se préparent les grillades, les narines frémissent, la salive monte... Bonnes pâtes maison également. Service efficace et portions généreuses.

Federico da Montefeltro *(plan B1-2, **34**) : via della Repubblica, 35. ☎ 075-927-39-49. • info@federicodamontefeltro.it • Fermé slt jeu en hiver. Ouv midi et soir. Congés : fév. Menu 18 € ; carte 25-30 €.* Un resto de bonne tenue, au service impeccable. Délicieuse cuisine classique avec des spécialités comme les *umbrichelli* aux champignons et un soufflé au fromage parfumé aux truffes. À savourer dans l'agréable jardin à l'arrière dès que la saison le permet.

Fabiani *(plan A1, **36**) : piazza dei 40 Martiri, 26 b. ☎ 075-927-46-39. • info@ristorantefabiani.it • Tlj sf mar. Menus 20-35 €.* Grandes salles aux poutres apparentes et céramiques aux murs, manquant un peu d'intimité, mais le cadre reste fidèle aux vieilles pierres. Carte bien fournie proposant aussi des *pizze*. L'été, on mange sur l'agréable terrasse couverte à l'arrière.

La Cantina *(plan B2, **38**) : via Piccotti, 3. ☎ 075-922-05-83. • lacantina@gmail.com • Tlj sf lun midi et soir. Menus 15-30 € ; carte 25-30 € (moins pour des pizze).* Dans de belles salles voûtées un peu sonores, de souriants jeunes gens vous accompagnent dans la dégustation d'une cuisine honorable et roborative. Bon choix de vins, dont certains au verre. Bougie sur chaque table, pour rendre encore plus charmantes dames et demoiselles.

Chic

Taverna del Lupo *(plan B1, **37**) : via Ansidei, 21, et via della Repubblica, 17. ☎ 075-927-43-68. • tavernadellupo@mencarelligroup.com • Fermé lun sf août-sept et pdt les fêtes de fin d'année. Résa conseillée. Menus 25 €, puis 40-60 € ; carte 40-50 €.* Grande salle voûtée au style médiéval raffiné. Les livres de gastronomie donnent le ton, la carte des vins est renversante. Goûtez à l'*arrosto misto della casa* (rôti) ou au *faraono al ginepro* (faisan). Pour finir, rien de tel que des biscuits à tremper dans du *vin santo*. Accueil pro et agréable.

Où boire un verre ? Où déguster une glace ? Où manger sur le pouce ?

Nombreux glaciers : *via della Repubblica (plan A-B1-2) ou via dei Consoli, au niveau de la piazza Grande (plan B1).*

Bar 5 Colli *(hors plan par A1, **52**) : piazza Empedocle, 9. Accès par la via Parruccini, puis la via Alcuino di York (en voiture, compliqué du fait des sens*

LE TERRITOIRE EUGUBIN

uniques, mais ce n'est pas loin à pied). Au dire des locaux, le meilleur glacier de Gubbio, avec une terrasse ombragée. Et ce ne sont pas les nombreux *ragazzi* en Vespa, qui se donnent des rendez-vous galants ici, qui vous diront le contraire ! Nous non plus, d'ailleurs.

Fusion Café *(plan B2, **51**) : via Gioia, 3. • info@fusioncafe.it • Tlj sf lun 18h-2h.* L'endroit où il se passe quelque chose à Gubbio à la nuit tombée. Les soirs les plus chauds, l'ambiance festive s'étend aux rues voisines.

The Village *(plan A1, **50**) : piazza dei 40 Martiri, 29. Tlj 19h30-2h.* Dans une ancienne chapelle. Pas mal d'ambiance dans ce pub à la britannique où l'on peut goûter une bonne variété de bières et manger sur le pouce (pizzas, *bruschette*). Musique rock à fond.

Buvette des Giardini Pensili *(plan B1, **53**) : dans les jardins du palais ducal. Accès par un passage voûté via Federico da Montefeltro, en face du Musée diocésain, dans la montée au palais ducal. De mi-mars à fin oct, tlj 9h-19h.* Snack avec spécialités de *piadina, crescia* et *focaccia.* Quelques tables à l'ombre des cyprès, sauf si vous préférez vous accouder à la rambarde pour savourer la vue sur la ville et la vallée. Vraiment plaisant !

Achats

Tartufi *(plan B2) : via della Repubblica, 19. Juste à côté de l'office de tourisme.* Spécialités à dévorer : truffes, gâteaux de Norcia, *vin santo,* saucissons divers et variés, huiles d'olive et pâtes de toutes tailles.

Nombreux ***magasins de céramiques*** sur la via dei Consoli *(plan A-B1).*

À voir

La ville a mis en place deux initiatives intéressantes. Un ***audioguide*** *(3 €/j., slt en italien et en anglais)* qui décrit 62 sites et la ***Turisticard*** *(4 €)* qui donne droit à l'audioguide et au téléphérique gratuit, ainsi qu'à des réductions dans certains musées et chez ses partenaires (hôtels, restaurants, boutiques...).

Vue d'ensemble de la ville *(hors plan par A1) :* depuis le long du viale Parruccini, superbe vue d'ensemble avec le théâtre en premier plan et la cité médiévale en fond, adossée à la montagne. Encore plus beau en fin de journée, au soleil couchant ou quand les monuments commencent à s'illuminer.

Teatro romano *(plan A1-2) : viale del Teatro Romano. ☎ 075-922-09-92. Tlj 10h-19h30 (9h-18h30 nov-mars). Entrée : 3 € (billet commun avec l'Antiquarium del Teatro romano) ; réduc.* Au milieu d'un grand terre-plein herbeux partiellement ombragé (avec tables de pique-nique), il rappelle que la ville fut un centre très important de l'Antiquité, au Ier s av. J.-C. notamment, date de la construction de l'édifice. Des gradins subsistent et accueillent les spectateurs lors du festival d'été. Son accès est payant, mais comme seul un grillage l'entoure, on peut aisément l'admirer de l'extérieur.

Antiquarium del Teatro romano *(plan A1-2) : viale del Teatro Romano. Sur la même esplanade que le Teatro romano, mêmes horaires, même billet.* Ce musée archéologique bien fait (avec des cartels bien fournis, en anglais et en italien) est construit sur les vestiges d'une grande villa romaine (la *domus* de Scylla), dont on peut encore admirer aujourd'hui, au rez-de-chaussée, de beaux vestiges de mosaïques. L'étage, lui, recèle d'intéressantes pièces découvertes dans les tombes et nécropoles autour de Gubbio.

Chiesa di San Francesco *(plan A2) : piazza dei 40 Martiri. ☎ 075-927-34-60. Tlj 7h15-12h, 15h30-19h30.* L'édifice est repérable grâce au campanile octogonal. Dans les absides, belles fresques de la fin du XIIIe s et du début du XIVe s. Le reste, remanié à la fin du XVIIIe s, n'est pas passionnant.

La piazza dei Quaranta Martiri *(plan A1-2)* porte son nom en hommage aux 40 habitants de Gubbio exécutés par les nazis en août 1944 en représailles de la mort de deux officiers allemands. Elle marque le centre de la ville basse avec ses étonnantes *logge dei Tiratori dell'Arte della lana* du XIVe s où, sous les arcades, les artisans faisaient sécher et étiraient les pièces d'étoffe qu'ils venaient de tisser. Désormais, ce sont les vendeurs ambulants, les maraîchers ou les fleuristes qui y dressent leurs étals.

En suivant la très commerçante via della Repubblica, on arrive à un ascenseur et un escalier (au choix !) permettant d'accéder à la ***piazza Grande*** *(plan B1).* Cette vaste esplanade offre une très belle vue sur la plaine et la ville basse. Elle est bordée d'un côté par le ***Palazzo Pretorio*** (siège de la municipalité) et de l'autre par le ***Palazzo dei Consoli,*** construit au XIVe s et surmonté d'un beffroi haut de 60 m.

Pinacoteca e Museo civico di Palazzo dei Consoli *(plan A-B1)* **:** *piazza Grande. ☎ 075-927-42-98. Tlj 10h-13h, 14h30-18h (15h-18h avr-mai, 14h30-17h30 nov-mars). Fermé 13-15 mai. Entrée : 5 € ; réduc.* Outre les quelques pierres tombales et urnes cinéraires retrouvées dans les environs, le musée expose les *tables eugubines* (300-100 av. J.-C.), composées de sept plaques de bronze découvertes par un berger près du théâtre, en 1444. Des générations de chercheurs se sont escrimées à déchiffrer les mystérieux caractères gravés en langue ombrienne (un alphabet écrit de droite à gauche, dérivant de l'étrusque), pour découvrir qu'il s'agissait d'une description de cérémonies divinatoires et sacrificielles. Dans les étages supérieurs (desservis par un escalier d'une raideur assez impressionnante – décourageante diront certains !), la pinacothèque abrite, entre autres, quelques restes de fresques qui recouvraient autrefois les murs du palais ou encore ceux de plusieurs églises locales, ainsi que des œuvres de l'école toscane (quelques Signorelli), des collections de monnaie et des céramiques. Au fond de la salle des céramiques à droite, un petit couloir permettait aux édiles municipaux d'observer secrètement la grande salle de l'Assemblée – dans ce même couloir, notez les trois toilettes médiévales pas très intimes qui datent de la construction du palais. Depuis le balcon, surplombant la ville basse (gare au vertige !), on a la vue la plus belle sur les toits de tuiles de la ville et la campagne alentour.

La via Federico da Montefeltro conduit au ***Duomo*** *(plan B1),* une construction du XIIIe s à nef unique assez dépouillée, qui ne manque pas d'allure. Plusieurs autels latéraux, surmontés de tableaux de la Renaissance, accompagnent les dépouilles des évêques de Gubbio.

Museo d'Arte Palazzo ducale *(plan B1)* **:** *via della Cattedrale, 1. ☎ 075-927-58-72. Face au portail ogival du Duomo. Tlj sf lun 8h30-19h30. Entrée : 5 € ; réduc.*

Une belle cour Renaissance à arcades donne accès à ce musée aménagé sur plusieurs niveaux. Au fond de la cour, escaliers menant à la partie supérieure de la galerie.

– Au niveau de la billetterie, plusieurs salles de peinture du XIVe au XVIIIe s, la majeure partie montrant des toiles de faible intérêt. L'immense salle C, meublée à la mode du Quattrocento, tout en clair-obscur, est consacrée à Federico da Montefeltro, l'un des plus célèbres *condottiere* de la Renaissance, duc d'Urbino, né à Gubbio. Une vidéo imaginant une discussion (en italien, bien sûr) entre Federico et Gentile, autour de la problématique du pouvoir et de la guerre, y est projetée sur une toile de tulle. Les acteurs sont incroyablement ressemblants et le mode de projection leur donne une présence étonnante. La salle B1 présente la reproduction du tout petit cabinet de travail de Federico (aujourd'hui exposé au Metropolitan Museum of Art de New York), réalisée entre 2002 et 2007 par des artisans de la ville en utilisant les méthodes et les outils de l'époque : un époustouflant travail de marqueterie en trompe l'œil et de belles fresques au plafond évoquant la vie à la cour de Federico.

– Un escalier en colimaçon donne ensuite accès à une longue salle voûtée du XIIe s avec explications (très techniques et en italien) sur les diverses périodes de construction du palais. Au fond, balade parmi les murets découverts pendant les dernières fouilles, jusqu'à une petite salle où est projetée une vidéo réservée aux italophones non encore allergiques aux *Quatre Saisons* de Vivaldi.

Museo diocesano (plan B1) : *via Ducale, en contrebas du Duomo. ☎ 075-922-09-04. • museogubbio.it • En sem 10h30-17h. Fermé janv-fév, 15 mai et à Noël. Entrée : 5 € ; réduc. Conservez votre ticket pour obtenir une réduc dans les autres musées diocésains (Assise, Spolète...). 3 accès possibles : par le Duomo lui-même, par la via da Montefeltro ou par l'entrée en contrebas du Duomo.* Une fois à l'intérieur, c'est un peu un labyrinthe ! À côté d'un ensemble lapidaire (colonnettes et chapiteaux) d'intérêt inégal, il présente une collection de reliquaires, des fresques de la fin du XIIIe s, des vêtements sacerdotaux de la Renaissance, de beaux bois polychromes (poignant Christ souffrant) et de nombreux retables souvent anonymes. Ne manquez pas le tonneau visible de la rue, qui renfermait, pour l'usage des moines de la cathédrale, l'équivalent de 387 barriques contenant chacune 52 l de vin de messe ! Faites le calcul !

Redescendre par la **via Galeotti** : tout en voûtes, fraîche et romantique, elle se faufile entre les vieilles demeures et débouche via Remosetti, puis **via dei Consoli** *(plan A-B1)*, l'une des plus pittoresques de la ville, et sur le *Palazzo del Bargello*, construit en 1300, qui domine la **fontana dei Matti** et abrite des expos temporaires.
Passer ensuite devant la *chiesa San Domenico*, qui abrite derrière son élégante façade quelques belles fresques. Remontant la **via Gabrieli**, vous atteindrez la *porta Metauro* et le *Palazzo del Capitano del Popolo*. Prolongez votre visite en flânant dans cet univers médiéval, empruntant au hasard ruelles et escaliers. Églises, palais et humbles demeures baliseront votre promenade.

PLUS ON EST DE FOUS, PLUS ON RIT !

La légende veut que, lorsqu'un individu fait trois fois le tour de la fontana dei Matti et feint de s'autobaptiser avec son eau, il acquiert la citoyenneté eugubine et obtient ainsi le titre de matto *(fou) de Gubbio. Le mot « fou » prend ici un sens léger, plein de gentillesse et dépourvu de mauvaises pensées. Ce rituel est finalement un honneur !*

Via Baldassini *(plan A-B1)* : *en contrebas de la piazza Grande.* C'est ici que se trouve le plus bel ensemble de maisons du XIIIe s, avec leur porte de la Mort.

Funivia Colle Eletto *(téléphérique ; plan B2)* : *via Armanni. ☎ 075-927-38-81. • funiviagubbio.it • Juin, en sem 9h30-13h15, 14h30-19h, w-e 9h-19h30 ; juil-août, tlj 9h-20h ; le reste de l'année : très compliqué, se renseigner à l'office de tourisme. A/R : 5 € ; réduc.* Maintenant que vous connaissez tous les monuments de la ville, amusez-vous à les reconnaître en empruntant, debout à deux dans une nacelle métallique ressemblant furieusement à la cage de votre canari, le téléphérique qui conduit à la chiesa di Sant'Ubaldo. Si vous souffrez du vertige, abstenez-vous en cas de vent.

AUX PORTES DU PARADIS

En regardant bien les façades des maisons, vous apercevrez une seconde porte jouxtant l'entrée principale, plus petite et un peu surélevée, le plus souvent murée. Selon la légende, elle ne servait qu'au passage des cercueils et s'appelait la porta della Morte. *L'âme, entrée par la grande porte, restait ainsi dans la maison.*

Gola (gorge) del Bottaccione *(hors plan par A1) : à la sortie de la ville en direction de Scheggia. Sur résa au 328-136-74-18 ou • fernanda.clementi@alice.it • Centre ouv sur résa. Groupes de plus de 4 pers 10h30-12h30, 15h30-18h30.* Ce défilé anodin est célèbre dans le milieu scientifique, car Walter Alvarez y trouva dans les années 1970 la justification de sa théorie selon laquelle une météorite aurait été à l'origine de l'extinction des dinosaures, voici 65 millions d'années. Dans une couche d'argile, une concentration extrêmement élevée d'un métal rarissime sur terre, l'iridium, prouve qu'à cette époque-là un corps céleste important a percuté notre planète.

Chiesa di Sant'Ubaldo *(hors plan par B1) : accès par la Funivia Colle Eletto, en voiture ou à pied (5 km), en sortant par la porte Sant'Ubaldo, derrière le Duomo.* Ubaldo Baldassini, saint patron de Gubbio, fut régent de la ville de 1130 à 1160. Contrairement aux autres évêques de l'époque, il ne s'intéressait pas aux biens matériels, vivait chichement et refusait tout népotisme. Cela lui valut une immense popularité, encore renforcée lorsqu'il convainquit l'empereur Frédéric Barberousse de ne pas mettre la ville à sac. Son corps momifié, coiffé de sa tiare, est exposé dans l'église, lieu de pèlerinage à l'agencement plutôt dépouillé. Sur la droite, les trois *ceri* (cierges) portés en procession le 15 mai (voir « Manifestations » ci-dessous). Après ce moment de recueillement, notez que vous êtes sur le flanc du Monte Ingino, à 827 m, et qu'il fait plus frais qu'en ville : c'est un bel endroit pour le pique-nique, des tables vous tendent d'ailleurs les bras.

UNE HISTOIRE QUI TOURNE ROND

Sant'Ubaldo avait légué son anneau épiscopal à son serviteur. À la mort du saint homme, le serviteur partit rejoindre son foyer, loin au nord, cachant dans son bâton l'anneau auquel était collé un peu de la peau du doigt. Le 30 juin 1161, sur le site actuel de Thann, en Alsace, il ne put reprendre son bâton, enraciné ! À cet instant, le comte Engelhard de Ferrette aperçut trois lumières au-dessus de la forêt. Y voyant la volonté divine, il fit vœu de construire une chapelle sur les lieux du prodige et, aussitôt, le bâton se détacha. La chapelle devint la collégiale de Thann, où est conservée la relique. Et en 1976, l'analyse de l'ADN a confirmé qu'elle provenait bien de la dépouille de Sant'Ubaldo à Gubbio...

Manifestations

– ***Procession du Christ mort :*** *le Vendredi saint.* Les membres de la confrérie de Santa Croce défilent en fin d'après-midi, encadrés de chanteurs qui psalmodient le *Miserere.*

– ***Festa dei Ceri :*** *le 15 mai. • ceri.it •* Voici LA fête, la vraie, dont l'origine remonte à la nuit des temps. Les *ceraioli* (porteurs de cierge) revêtent un pantalon blanc et une chemise de couleur selon le saint : une jaune pour Ubaldo (protecteur des maçons), une noire pour Giorgio (protecteur des artisans) et une bleue pour Antonio (protecteur des paysans). Leurs statues trônent sur d'énormes *ceri* (c'est-à-dire « cierges », pièces de bois formées de deux prismes octogonaux) de 300 kg et de près de 4 m de haut, portés par de solides équipes également à leurs couleurs. C'est une course folle dans les rues de la ville, avant l'ascension du Monte Ingino. La foule suit avec une extraordinaire ferveur ce rite annuel, mélange troublant de mysticisme religieux et de rites païens. Les dimanches suivants se déroulent la ***festa dei Ceri Mezzani*** puis la ***festa dei Ceri Piccoli.*** La première met en scène des équipes d'adolescents, la seconde des équipes d'enfants, avec des *ceri* moins lourds, mais la course est tout autant chargée d'émotion. Pour ces trois fêtes, nous conseillons vivement d'arriver la veille pour bien prendre connaissance des lieux et des horaires, ainsi que, bien sûr, de réserver sa chambre d'hôtel longtemps à l'avance. Le programme est immuable. La journée commence à 5h30 avec le « réveil des capitaines ». À 8h, est célébrée la messe à l'issue de laquelle a lieu le tirage au sort des capitaines qui guideront la fête 2 ans plus tard. La procession des porteurs se met en branle à 10h30. Une heure plus tard, c'est la « levée des cierges » avant leur dépôt à 14h sur d'antiques piédestaux. Le défilé des porteurs s'ébranle à 16h30. Le départ de la course frénétique est fixé à 18h, piazza Grande, avant l'ascension du Monte Ingino. Petit détail : cette course n'est pas une compétition, et l'ordre d'entrée dans l'église est toujours le même.

– ***Palio della Balestra :*** *dernier dim de mai.* Concours de tir à l'arbalète (reine des armes eugubines) entre les représentants de Gubbio et de Sansepolcro vêtus de parures médiévales, sur une cible placée à 36 m. Pendant le concours, les *sbandieratori* jonglent avec les bannières. Après la compétition, un cortège parcourt la vieille ville. Le gagnant reçoit un étendard appelé *Palio.* Cette fête remonte à l'an 1461.

– ***Torneo dei Quartieri :*** *le 14 août.* Reconstitution médiévale d'un jour de fête par les habitants. Superbes costumes. Toutes les catégories sociales sont représentées.

– ***L'arbre de Noël le plus grand du monde :*** *7 déc-10 janv.* ● *alberodigubbio.com* ● Dessiné sur les pentes du mont Ingino avec près de 1 000 ampoules et 20 km de câbles.

PARCO NATURALE DEL MONTE CUCCO (PARC NATUREL DU MONT CUCCO)

Le Monte Cucco, c'est une succession de falaises, de grottes (dont l'une des plus longues au monde) et de gouffres vertigineux. Renommé pour son relief karstique et sa nature préservée, le parc s'appréciera évidemment bien mieux en randonnée. Plus de 120 km de sentiers de tous niveaux sont balisés, que l'on parcourt au chant des pinsons dans des forêts sillonnées de petites rivières. Sur le versant est, on peut croiser des blaireaux, des porcs-épics et même, avec un peu (ou beaucoup !) de chance, des loups.

Arriver – Quitter

➢ ***En train et bus :*** la gare la plus proche est ***Fossato di Vico,*** d'où 2 bus quotidiens partent pour ***Scheggia,*** l'un tôt le mat et l'autre en début d'ap-m. De Scheggia, pas de transport public jusqu'au *val di Ranco,* mais 13 km qui demandent 4h30 de marche pour 500 m de dénivelée (carte nécessaire). Les très bons marcheurs peuvent aller de la gare au val di Ranco en 6h env (17 km pour 500 m de dénivelée).

➢ ***En voiture :*** au départ de Gubbio, prendre la SS 298 pour Scheggia, passant par le *col de la Madonna della Cima,* d'où l'on profite d'une belle vue sur le mont Cucco.

Adresse utile

ℹ ***Info Point Parco del Monte Cucco :*** *via Matteotti, 52, 06028* ***Sigillo.*** ☎ *075-917-73-26.* ● *info@discovermontecucco.it* ● *parks.it/parco.monte.cucco* ● *discovermontecucco.it* ● *Sur la rue principale, juste à côté de la pizzeria* Villa Anita *(panneau jaune). Eté tlj 9h-12h30, 15h-17h ; sept-oct slt w-e 9h-12h30 ; fermé nov-avr.* Dispose de cartes (nous conseillons celle au 1/16 000) et d'une brochure (en italien ou en anglais) décrivant une dizaine de balades à pied ou en voiture.

Où dormir ? Où manger ?

Albergo Monte Cucco di Tobia : *loc. **Val di Ranco,** 06028 Sigillo. ☎ 075-917-71-94. • albergo montecucco@gmail.com • albergo-montecucco.it • Ouv avr-nov. Double avec sdb 55 €, petit déj inclus.* Au cœur du parc, au départ des sentiers. Jolies chambres, simples et confortables, situées dans un écrin de verdure fait de hêtres centenaires, au fond d'un vallon couvert de fleurs des prés. Le paradis des randonneurs et des parapentistes qui envahissent les nombreux sites de décollage alentour. Terrasse agréable pour boire un verre et un resto servant pizzas, lasagnes et autres petits plats dans une salle où s'est incrusté un gros arbre !

Piatto d'Oro : *loc. **Branca,** 205, 06024 Gubbio. ☎ 075-925-62-38. À env 12 km au sud-est de Gubbio, au bord de la SS 219 (sur la gauche en direction de Gubbio, ouvrez l'œil car l'endroit tend à se fondre dans le paysage). Tlj sf lun. Repas 15-20 €.* On ne traverserait pas nécessairement toute l'Ombrie pour un repas ici, mais l'endroit est, à maints égards, attachant, même si ce n'est pas flagrant au premier abord (façade grise, 2 grandes salles à l'éclairage verdâtre, sans parler de la télé dans un coin...). Les nombreux habitués viennent profiter ici d'une cuisine maison simple mais généreuse (l'assiette de tagliatelles aux truffes, notamment, n'est pas radine en précieux champignons) et à prix tout doux. Bref, l'endroit parfait pour se requinquer après une longue rando. Accueil tranquille.

À voir. À faire

Pour les randonneurs, les principaux départs de sentiers sont situés en altitude (de part et d'autre du mont Cucco), il est donc préférable d'être motorisé. En flânant autour du mont Cucco, vous pourrez aussi admirer de nombreuses ailes de couleurs vives dans le ciel : l'endroit est en effet très apprécié des parapentistes.

Val di Ranco : pour les routards motorisés qui n'ont pas beaucoup de temps. À Scheggia, prendre vers Rome et Sigillo (10 km) puis tourner à gauche en direction du mont Cucco. 9 km de montée par une bonne route asphaltée avec de superbes vues sur la vallée. En haut, à 1 100 m d'altitude, nombreux départs de sentiers et possibilité d'hébergement et de restauration (lire ci-dessus).

Pian delle Macinare : pour les routards motorisés qui aiment flâner. À Scheggia, prendre la direction de Rome et Sigillo mais, dès la sortie du village, prendre tout de suite à gauche la petite route qui monte et qui passe devant l'hôtel *La Pineta.* C'est parti pour 11 km de montée sur une petite route, tantôt asphaltée tantôt empierrée, qui traverse la forêt avec de beaux points de vue sur la vallée jusqu'au pied de l'autre versant du mont Cucco. Possibilité de pique-niquer et resto en saison. Beaucoup de départs possibles pour les randonneurs et notamment pour atteindre l'ermitage du mont Cucco *(eremo San Girolamo).*

Le tour du mont Cucco : pour les routards motorisés qui ont beaucoup de temps et qui veulent allier découvertes spirituelles et visions vertigineuses. Cet itinéraire, qui forme une boucle d'environ 100 km, est décrit dans le sens qui nous semble le plus aisé, mais on peut aussi l'effectuer dans l'autre sens. À Scheggia, prendre à droite vers Rome puis, quelques centaines de mètres plus loin, tourner à gauche en direction d'Isola Fossara, que l'on rejoint par 10 km d'une belle route qui longe la rivière. De là, en direction de Serra San Abbondio, une route de 20 km aller-retour conduit au *monastère de Fonte Avellana* (visites guidées slt, lun-sam à 10h, 11h, 15h, 16h et 17h ; dim, ttes les 30 mn, 10h-12h, 15h-17h30 ; offrande demandée), dont l'origine date d'avant l'an mille et qui hébergea Dante Alighieri. En route, vous remarquerez la petite *abbaye Badia di Sitria,* fondée par saint Romuald il y a près de 1 000 ans. Pour une très belle vue d'ensemble du monastère, il suffit de continuer encore un peu sur la route qui monte après celui-ci. De retour à Isola Fossara, reprendre la route vers Sassoferrato. 2 km après Sassoferrato, tourner à droite en direction de l'*eremo San Girolamo (ermitage San Girolamo)* et passer le village de Pascelupo (sans y entrer, sinon demi-tour difficile). L'ermitage, perché en dessous des falaises, apparaît peu après, sur la droite. Il ne se visite pas et n'est pas accessible en voiture. L'itinéraire se corse un peu pour atteindre *Bastia* par les chemins de traverse : continuer la route jusqu'au village de Perticano, à droite toute après le pont ; au bout de 2 km, contournement du hameau de Rucce. Arrivé à Viacce, encore quelques kilomètres, puis prendre la petite route à droite pour atteindre Bastia. De là, une route qui se transforme en 7 km de piste permet de rejoindre directement la route qui mène à *Val di Ranco.* Conseil d'ami : si vous roulez en 4x4 ou avec votre propre voiture et que celle-ci ne craint absolument plus rien (et vous non plus), lancez-vous, les paysages sont superbes. Les autres joueront la carte de la prudence (cette piste est plus que chaotique) et regagneront tranquillement Fossato di Vico.

– Le parc comporte d'autres sites spectaculaires accessibles seulement à pied, comme le ***ravin du rio Freddo,*** où l'on peut faire du rafting, ou la ***grotte du Monte Cucco.***

LA VALLÉE OMBRIENNE

Entre le Tibre à l'ouest et les Apennins à l'est, la vallée ombrienne déploie ses charmes d'Assise à Spolète. Ses douces collines fertiles se parent de petits bourgs médiévaux, perdus entre les chênes, les oliviers, les vignes et les prairies de coquelicots. Au couchant, quand les rayons obliques soulignent arbres et bâtiments, c'est un spectacle d'une rare douceur qu'offrent vallée et collines baignées d'une lumière dorée. Mais si cette vallée attire autant de pèlerins, c'est que la ferveur religieuse l'occupe tout entière et que saint François d'Assise est au détour de chaque chemin. C'est ici qu'il fonda l'ordre des Franciscains, tandis que sainte Claire créait celui des clarisses. Ici, les défunts parlent aux saints, les saints prêchent aux oiseaux et les Vierges pleurent des larmes de sang. Le territoire dans son intégralité reçoit de nombreux visiteurs, pieux pénitents ou touristes curieux. Dès lors, sortir des chemins battus par saint François comme par ses suiveurs s'avère compliqué. Si Assise reste l'attrait principal de la vallée, il est de nombreuses bourgades environnantes qui offrent davantage d'authenticité.

ASSISE (ASSISI) (06081) 28 100 hab.

▸ Pour le plan d'Assise, se reporter au cahier couleur.

Alanguie au pied du Monte Subasio, inchangée depuis des siècles, Assise offre au regard du visiteur ses nombreuses églises, sa magnifique basilique Saint-François, son imposante Rocca et ses ruelles pentues, qui ont inspiré maints artistes italiens. La ville, fondée par la tribu des Umbrii puis important

municipe de l'Empire romain, déclina à la suite des grandes invasions. Sa renaissance date du Moyen Âge. Berceau de saint François et de sainte Claire, elle connut alors bien des périodes fastes durant lesquelles la fine fleur de l'art toscan et ombrien s'y précipita. Elle rivalisait avec sa puissante voisine, Pérouse, qui finit par l'asservir avant de tomber elle-même aux mains de l'Église. Aujourd'hui inscrite par l'Unesco au Patrimoine mondial de l'humanité, Assise est parcourue chaque année par 6 millions de visiteurs, dont 90 % de pèlerins.

Arriver – Quitter

En train

Stazione FS : *à* ***Santa Maria degli Angeli*** *(hors plan couleur par A1), dans la vallée au pied de la colline d'Assise, sur la ligne Foligno-Terontola. Navette ttes les 30 mn (ligne C, 5h30-22h40) avec le centre historique, piazza Unità d'Italia (plan couleur A1-2), largo Properzio (plan couleur D3) ou piazza Matteotti (plan couleur C-D2) ; trajet : 20-30 mn.* Consigne à bagages *(au comptoir de la boutique de presse et de souvenirs, à droite dans la gare ; tlj 6h30-18h30 ; env 3 €/j. par bagage).* Billets en vente à la gare, ainsi qu'à l'agence de voyages *Stoppini (plan couleur C2,* ***4*** *; corso Mazzini, 31 ; ☎ 075-81-25-97, lun-ven 9h-12h30, 15h30-19h).*

➢ ***De/vers Pérouse :*** ttes les heures. Trajet : 20-30 mn.

➢ ***De/vers Spello, Trevi et Spolète :*** env ttes les heures, parfois avec changement à *Foligno.* Trajet : 40 mn pour Spolète.

➢ ***De/vers Rome :*** une douzaine de trains, directs ou avec changement à *Foligno.* Trajet : 2-3h.

➢ ***De/vers Florence :*** trains env ttes les 2h, directs ou avec changement à *Terontola.* Trajet : 2h30-3h.

En bus

Arrêts de bus : ***piazza Matteotti*** *(plan couleur C-D2) ou* ***porta San Pietro*** *(plan couleur A1-2) pour les bus régionaux, et* ***piazza Unità d'Italia*** *(plan couleur A1-2) pour les bus interurbains.*

■ ***Umbria Mobilità :*** *☎ 800-512-141 (nº Vert). • umbriamobilita.it •*

■ ***Sulga :*** *☎ 800-099-661 (nº Vert). • sulga.it •*

➢ ***De/vers Pérouse :*** une dizaine de liaisons/j. (3 slt dim). Trajet : 1h. D'Assise, départ de piazza Matteotti, de piazza Unità d'Italia ou de Santa Maria degli Angeli. De Pérouse, départ de piazza Partigiani.

➢ ***De/vers Spello et Foligno :*** 3 bus/j. sf dim. Trajet : respectivement 25 mn et 50 mn.

➢ ***De/vers Montefalco et Bevagna :*** 1 bus/j., départ de la piazza Garibaldi à Santa Maria degli Angeli. Trajet : 20 mn pour Bevagna et 40 mn pour Montefalco.

➢ ***De/vers Rome :*** 2 liaisons/j. avec *Sulga* (1 bus/j. dim). Départ de Rome Tiburtina et, à Assise, de porta San Pietro *(plan couleur A1-2).* Trajet : env 3h.

En voiture

La circulation dans le centre historique est limitée à 1h, le temps de poser vos bagages. Après cela, il faut garer votre véhicule dans l'un des ***parkings*** payants, aménagés pour la plupart à l'extérieur des remparts *(1,05-1,50 €/h ou 10-19 €/j.).*

– *Mojano (plan couleur C2) :* le plus spacieux, couvert et relié au centre-ville par des escaliers mécaniques.

– *Piazza Matteotti (plan couleur D2) :* le seul à l'intérieur des remparts et le plus cher.

– *Porta San Pietro (plan couleur A2) : sous la piazza Unità d'Italia.*

– *Porta Nuova (plan couleur D3).*

– *Porta San Giacomo (plan couleur B1) :* le plus proche de la basilique, presque toujours complet.

Attention, certains jours d'affluence particulière (comme le dimanche ou lors des grandes fêtes religieuses), d'immenses bouchons se forment sur la route venant de Santa Maria degli Angeli et sur celle des remparts. Les oliveraies se transforment alors en parkings privés (payants, bien sûr !).

➢ ***De/vers Pérouse :*** nous vous conseillons vivement un petit détour par le sud, par le très joli village médiéval de *Bettona* et celui de *Torgiano*. Ou, par le nord, en rejoignant la SS 318, soit par *Pieve San Niccolò* et *Valfabbrica*, sur une petite route tranquille traversant de très beaux paysages, soit par *Tordibetto, Palazzo, Rocca Sant'Angelo,* un itinéraire parsemé de bourgs médiévaux.

➢ ***De/vers Bevagna, Montefalco et Trevi :*** ne manquez surtout pas les villages perchés médiévaux de *Collemancio, Limigiano* et *Castelbuono* en quittant la SS 75 vers *Cannara.*

Adresses utiles

Informations touristiques

i *Ufficio turistico* *(plan couleur C2)* **:** *piazza del Comune, 22.* ☎ *075-81-25-34 et 813-86-80.* • *conoscerelumbria.regioneumbria.eu* • *Tlj, lun-ven 8h-14h, 15h-18h (18h30 juil-sept) ; sam 9h-19h (9h30-17h nov-mars) ; dim 9h-18h (9h30-17h nov-mars).*

i *Pro Loco de Santa Maria degli Angeli* *(hors plan couleur par A1)* **:** ☎ *075-804-45-54.* • *prolocosantamariadegliangeli.com* • *Mars-oct, tlj 10h-13h.* Kiosque d'infos juste en face de la basilique où l'on peut, éventuellement, vous aider dans votre recherche d'hébergement.

■ ***Association des guides d'Ombrie AGTU*** *(plan couleur C2,* ***3****)* **:** *via Dono Doni, 18 b.* ☎ *075-81-52-28.* • *info@assoguide.it* • *assoguide.it* • *Centre de résas ouv mars-juin et sept-oct, en sem 9h-17h ; le reste de l'année, tte la journée. ½ journée (2h30) 120 € (1-10 pers), journée 240 €.* Pour visiter non seulement la ville et ses environs, mais toute l'Ombrie, avec un guide francophone.

Poste, Internet

✉ ***Postes :*** *largo Properzio, 4 (plan couleur D3) et piazza San Pietro, 4 (plan couleur A2). Tlj sf mar et dim 8h30-13h35 (12h35 sam).*

@ ***Caffè Duomo*** *(plan couleur C2)* **:** *piazza S. Rufino, 5.* ☎ *075-81-30-23.* 2 ordis à disposition dans un petit café joliment situé mais très cher.

Santé, urgences

✚ ***Hôpital :*** *via San Bernardino da Siena, à Santa Maria degli Angeli (hors plan couleur par A1).* ☎ *075-81-39-502 ou 075-81-39-513.*

■ ***Pharmacie :*** ***Farmacia Antica dei Caldari*** *(plan couleur C2), piazza del Comune, 44.* ☎ *075-81-25-52. Lun-ven 9h-13h, 16h-20h.* Affiche les pharmacies de garde.

■ ***Police*** *(carabinieri ; plan couleur D2,* ***1****)* **:** *piazza Matteotti.* ☎ *075-819-08-00.*

Divers

■ ***Taxis :*** *piazza San Francesco (plan couleur A1), piazza Unità d'Italia (plan couleur A1-2) et piazza Santa Chiara (plan couleur C2), ou à la gare FS de Santa Maria degli Angeli.* ***Radio-taxis :*** ☎ *075-81-31-00.*

Où dormir ?

Les possibilités d'hébergement abondent à Assise, mais il est indispensable de réserver, quelle que soit la période de l'année, saint François drainant les foules de janvier à décembre. Par ailleurs, l'hébergement n'y présente pas le meilleur rapport qualité-prix, surtout pour les adresses de charme et un peu chic. Pour être même très honnêtes (mais surtout ne le répétez à personne !), la ville ne nous semble pas être le meilleur endroit où poser ses valises pour un séjour prolongé et sillonner la région...

Dans le centro storico

Assise compte 19 maisons d'accueil religieuses ou monastères, ouvertes aux hommes et aux femmes. Ce type d'hébergement s'adresse aux couche-tôt épris de calme (ou de prière, bien sûr) : au-delà de 23h, vous trouverez la porte irrémédiablement close. L'office de tourisme dispose de la liste complète de ces institutions. Pour notre part, nous n'en indiquons que 2 (*Suore Franscane dell'Atonement* et *Casa Santa Elisabetta d'Ungheria*).

Bon marché

☗ ***Hotel Grotta Antica*** *(plan couleur C2,* ***17****) : via Macelli Vecchi, 1. ☎ 075-81-36-20. • info@grottaantica.com • grottaantica.com • Congés : fév. Double 55 €.* Dans une ruelle très calme, cet hôtel-restaurant familial propose des chambres simples, un peu sombres mais bien tenues. Bon accueil.

☗ ***Hotel San Rufino*** *(plan couleur C2,* ***18****) : via di Porta Perlici, 16. ☎ 075-81-28-03. • info@hotelsanrufino.it • hotelsanrufino.it • Congés : 15-28 fév. Double avec sdb 60 € ; petit déj 5 €/pers. Accord avec parking voisin 7 €/j.* Un tarif très honnête pour des chambres d'une sobriété monacale et sans grand charme, mais impeccables, d'un assez bon confort et plutôt spacieuses. Autre atout, le quartier, joli, hors des grands axes touristiques et encore habité par des familles italiennes. Pour les budgets plus restreints, le même hôtel possède aussi à quelques pas l'***Hotel Il Duomo*** (plan couleur C2, **21**) : *vicolo San Lorenzo, 2. • ilduomo@hotelsanrufino.it • Congés : 15-28 fév. Doubles avec sdb 49-58 €.* Un peu plus vieillot, mais très correct également.

☗ ***Hotel La Rocca*** *(plan couleur C2,* ***14****) : via di Porta Perlici, 27. ☎ 075-81-22-84. • info@hotelarocca.it • hotelarocca.it • Congés : 10-31 janv. Double avec sdb 60 € ; petit déj 5 €/pers. ½ pens obligatoire avr-mai, août et oct, 49 €/pers. Parking payant 7 €. (payant).* Un hôtel qui, là encore, ne brille pas par son charme, mais qui a le mérite d'être bien tenu et assez confortable. Terrasse au 2ᵉ étage, avec vue panoramique sur la vallée. Voir aussi « Où manger ? ».

☗ ***St Anthony's Guest House – Suore Francescane dell'Atonement*** *(plan couleur C2,* ***11****) : via G. Alessi, 10. ☎ 075-81-25-42. • atoneassisi@tiscali.it • Congés : nov-mars. Double avec sdb 65 €, petit déj compris.* En arrivant, n'ayez pas peur du double portail grillagé : sonnez, parlez et on vous ouvrira avec le sourire ! Des franciscaines américaines vous offrent tout le confort de leur maison. Vu leur enthousiasme et leur joie de vivre, on regrette presque de ne pas avoir la vocation. Bibliothèque et vue panoramique du très joli jardin. Parking gratuit de 10 places, ce qui est exceptionnel là-haut. Attention : c'est souvent complet !

De bon marché à prix moyens

☗ ***Lieto Soggiorno*** *(plan couleur B2,* ***24****) : via Arnoldo Fortini, 26. ☎ 075-81-61-91. • info@lietosoggiorno.com • lietosoggiorno.com • Doubles 60-85 € selon saison, petit déj compris ; suites 80-110 € selon saison.* Une jolie petite adresse proposant une poignée de chambres décorées chacune à sa façon, mais toutes pimpantes et agréables. Quant à la suite, avec son arche servant d'alcôve, elle ne manque pas d'allure ! Gestion familiale et accueil d'une grande gentillesse.

☗ ***Hotel Roma*** *(plan couleur C2,* ***12****) : piazza Santa Chiara, 13-15. ☎ 075-81-23-90. • info@assisihotelroma.com • assisihotelroma.com • Doubles avec sdb 55-80 €, petit déj compris. Accord avec parking Mojano 10 €/j.* Une trentaine de petites chambres sans charme mais super propres. Certaines, donnant sur la piazza Santa Chiara, bénéficient d'une vue magnifique, mais pour plus de calme, préférer celles à l'arrière.

☗ ***Hotel Berti*** *(plan couleur A1,* ***19****) : piazza San Pietro, 24. ☎ 075-81-34-66. • hotelberti.it • Congés : 20 janv-1ᵉʳ mars. Doubles 75-100 € selon saison, petit déj compris. Accord avec parking voisin 10 €/j.* Une dizaine de petites chambres modernes et cossues, à moquette épaisse. Agréable terrasse sur la piazza, pour le petit déj ou un brin de lecture. Le restaurant *Da Cecco*, au nº 8, fait partie de la maison.

ASSISE ET SES ENVIRONS

Hotel Ideale (plan couleur C2, **20**) : *piazza Matteotti, 1. ☎ 075-81-35-70. • info@hotelideale.it • hotelideale.it • Congés : janv-fév. Doubles avec sdb 80-85 €, petit déj inclus. Parking privé.* Situé sur les hauteurs de la ville, cet hôtel a beaucoup de « plus » à son actif : terrasse, magnifique jardin, confort des chambres avec une vue sur la ville et la vallée tout simplement sublime au soleil couchant... L'accueil est parfois un rien bourru au premier abord, il faut prendre le temps de faire connaissance !

Casa Santa Elisabetta d'Ungheria (plan couleur C2, **10**) : *piazza del Vescovado, 5. ☎ 075-81-23-66. • info@casaterziario.org • terziario-santaelisabetta.com • Ouv Pâques-oct. Double 80 €, petit déj compris. ½ pens 53 €/pers. Min 2 nuits.* Une maison franciscaine décorée de fresques du XVIIe s. Chambres de 2 à 6 personnes, toutes avec salle de bains. Celles du 2e étage et une partie de celles du 1er disposent d'une belle vue. Superbe chapelle mêlant l'ancien et le moderne. Salle de lecture du XVe s.

Hotel Umbra (plan couleur C2, **25**) : *via degli Archi, 6. ☎ 075-81-22-40. • info@hotelumbra.it • hotelumbra.it • Venelle partant de la piazza del Comune, au niveau de l'office de tourisme. Congés : de mi-nov à mi-mars. Doubles 90-130 €, petit déj compris. Accord avec le parking Matteotti. Un petit déj offert sur la présentation de ce guide.* Géré par la même famille depuis belle lurette, l'hôtel semble un peu d'une autre époque, mais les chambres sont confortables et soigneusement tenues. Outre l'accueil, très gentil, l'autre atout du lieu réside dans les terrasses à la disposition des hôtes, dont une avec jolie vue panoramique sur la vallée. En revanche, éviter d'y manger.

De chic à très chic

Residenza d'epoca San Crispino (plan couleur C2, **15**) : *via Sant'Agnese, 11. ☎ 075-815-51-24. • info@assisiwellness.com • assisibenessere.it • Réception fermée à 18h30, sf si vous prévenez de votre arrivée tardive. Doubles 150-330 € selon confort et saison ; tarifs dégressifs à partir de 2 nuits. Accord avec parking Mojano 7 €/j.* Un endroit d'exception, logé dans un couvent du XIVe s. Au choix, on préférera les chambres (on devrait plutôt parler de suites) datant du XIIIe (en bas) ou du XVIIIe s (en haut). Certaines possèdent une vue magnifique sur la vallée, d'autres donnent directement sur le joli jardin. Toutes sont soigneusement meublées, mêlant harmonieusement le cachet de l'ancien au confort moderne. Accueil d'une gentillesse à toute épreuve.

Hors les murs, mais à portée de pieds un peu courageux !

De bon marché à prix moyens

Complesso Turistico Fontemaggiore (hors plan couleur par D2, **16**) : *via Eremo delle Carceri, 24. ☎ 075-81-23-17 ou 075-81-36-36. • info@fontemaggio.it • fontemaggio.it • À 1 km du centre-ville, suivre le fléchage « Eremo delle Carceri ». Env 25 € pour 2 avec tente et voiture ; double 22 €/pers en AJ et 54 € en auberge ; apparts 4 pers 120-140 € ; petit déj 6 €. Au resto (tlj sf lun), carte env 20-25 €.* Un complexe en pleine nature sur un immense terrain planté d'arbres de toutes essences, dont certains centenaires. Le camping (bien à part du reste de la structure) est rustique, le sol dur et pas vraiment herbeux, mais le côté sauvage de la forêt est plaisant et puis les emplacements sont bien dispersés. Côté chambres, c'est simple, pas très grand mais tout à fait correct. Quant au resto, *La Stalla* (ouvert aux non-résidents), il s'agit en fait d'un self-service. Dans une salle voûtée en hiver, il prend ses quartiers sur une immense terrasse aux beaux jours. L'ambiance est celle d'une grande cantine : on prend sa nappe, ses couverts et on s'installe à une table. Après consultation du menu, on passe (et on règle) la commande à la caisse qui vous remet des bons pour chaque plat que vous allez vous-même chercher au guichet concerné (les *antipasti*, les *contorni*, etc.). Ça turbine ! Ce n'est pas de la grande gastronomie, mais c'est plus qu'honnête pour le prix.

Ostello della Pace *(plan couleur A2,* ***30****) : via di Valecchie, 4. ☎ 075-81-67-67. • info@assisihostel.com • assisihostel.com • À 15 mn à pied de l'arrêt de bus piazza Unità d'Italia. Sur la route entre Santa Maria degli Angeli et Assise. En arrivant à Assise, prendre à droite juste avt que la route ne commence à monter (fléché). Ouv mars-oct. Dortoir (6 ou 8 lits) 18-22 €/pers, petit déj inclus ; chambres privées à partir de 2 pers, 21 €/pers. Dîner (sur résa avt 18h30) 11 €. Machine à laver, loc de vélos. (payant). Café offert sur présentation de ce guide.* Au calme, dans un joli coin de nature, cette ancienne ferme du XVIIIe s est une auberge de jeunesse bien tenue mais d'une main un peu ferme par la famille qui habite dans la maison. Dortoirs vastes et propres, avec une belle vue sur la vallée et sur Assise. Jardin agréable parsemé de chaises longues sous les arbres. La gérante parle un français parfait.

Country House Tre Esse *(plan couleur A2,* ***28****) : via di Valecchie, 41. ☎ 075-81-63-63. • info@countryhousetreesse.com • countryhousetreesse.com • À 1 km au sud d'Assise. Sur la route entre Santa Maria degli Angeli et Assise. En arrivant à Assise, prendre à droite juste avt que la route ne commence à monter (fléché). Congés : janv-fév. Double 85 €, petit déj compris. ½ pens 22 €. Réduc de 10 % sur le prix de la chambre sur présentation de ce guide.* Dans un hameau adorable, une ancienne maison paysanne entourée d'un jardin en terrasses fleuri et arboré, avec piscine. D'un côté, vue imprenable sur Santa Maria degli Angeli et la vallée, et de l'autre petite vue sur Assise. Les chambres quant à elles sont très simples, mais quel cadre ! Un petit paradis, à condition toutefois d'éviter celles qui donnent sur la route d'accès, fréquentée même la nuit.

Où manger ?

Inflation de restos plus ou moins touristiques (plutôt plus que moins). La plupart d'entre eux ferment leurs cuisines à 21h30, et même pour le déjeuner, ça ne traîne pas. L'ambiance est au recueillement, pas à la ripaille, vous l'aviez compris, non ?

De très bon marché à bon marché

Trattoria Pallotta *(plan couleur C2,* ***44****) : vicolo della Volta Pinta, 3. ☎ 075-81-26-49. • info@pallottaassisi.it • Congés : une sem à cheval sur fév et mars. Tlj. Menu 18 € ; carte 20-30 €.* Dans une venelle ouvrant en face du temple de Minerve. Délicieuse cuisine familiale : minestrone, omelette, sauté de lapin, *strangozzi* maison (genre de grosses spaghettis sans œuf), lasagnes et autres cannellonis raviront les fines bouches. Cave bien garnie et vins au verre. Bon accueil. Bref, un bon rapport qualité-prix.

Trattoria da Erminio *(plan couleur C2,* ***41****) : via Montecavallo, 19. ☎ 075-81-25-06. Tlj sf jeu 12h-14h30, 19h-21h. Congés : fév et 1re quinzaine de juil. Menus 18-34 € ; carte env 25 €.* Bonne petite table familiale, sans grande originalité mais qui présente l'avantage d'être toute proche du parking Matteotti. Spécialité de grillades. Une seule salle carrée, bien tenue, et quelques tables dans la ruelle, au calme.

Pizzeria Otello *(plan couleur C2,* ***42****) : piazzetta Chiesa Nuova. ☎ 075-81-24-15. • otelloassisi@gmail.com • Tlj jusqu'à 22h30. Plat, pizza ou salade 5-9 € ; menu 14 €.* 2 salles voûtées agréables à la déco simple mais très soignée et quelques tables dans la rue. Une adresse sympathique et efficace. La cantine quotidienne de routards du monde entier. Bon vin de table (bio).

Buca di San Francesco *(plan couleur B2,* ***50****) : via Eugenio Brizi, 1, et via Antonio Cristofani, 26. ☎ 075-81-22-04. • bucasanfrancesco@libero.it • Fermé lun. Congés : 1re quinzaine de juil. Carte 20-25 €.* Resto connu et apprécié plutôt pour ses vins (le choix est remarquable) que pour ses plats. Goûtez cependant aux *spaghetti alla buca* ou au pigeon *alla assisana*. Le resto tire son nom d'anciennes cavernes où se retrouvaient les premiers chrétiens : demandez et visitez ! Mais, pour votre part, le choix est entre les 2 salles, dont une ancienne cave voûtée du XIIIe s à l'ambiance médiévale, et le beau jardin avec tonnelle. Accueil courtois.

|●| ***Ristorante La Rocca*** *(plan couleur C2,* ***14****) : via di Porta Perlici, 27. ☎ 075-81-64-67 ou 075-81-22-84. • info@hotelarocca.it • Tlj 12h30-13h30, 19h30-20h30. Congés : 10 janv-15 fév. Menu* turistico *15 €, menu du jour 12 € ; carte 15-20 €.* Spécialités de biftecks, filets et autres viandes grillées. Carte variée. Une grande salle à l'étage, toute simple. Terrasse en été. Voir aussi « Où dormir ? ».

Prix moyens

|●| ***Osteria piazzetta dell'Erba*** *(plan couleur C2,* ***45****) : via San Gabriele dell'Addolorata, 15. ☎ 075-81-53-52. ♿ Tlj sf lun 12h30-14h30, 19h30-22h30. Congés : janv. Carte 25-30 €.* Au calme, à l'écart de la foule. Ici, c'est frais, c'est beau et c'est bon. Petite carte de mets originaux à caractère gastronomique, au prix où la concurrence propose les sempiternelles spécialités ombriennes. À déguster en salle ou en terrasse. Et comme la déco est particulièrement agréable et le service souriant, efficace et décontracté, on en redemande !

|●| ***Ristorante La Fortezza*** *(plan couleur C2,* ***49****) : vicolo della Fortezza, 2 b. ☎ 075-81-29-93. • info.lafortezza@gmail.com • Tlj sf jeu jusqu'à 21h30. Congés : 15 j. en juil. Résa conseillée. Menus 30-45 € ; carte 25-30 €.* Installé dans une ancienne maison médiévale, elle-même bâtie sur les vestiges d'un édifice d'époque romaine, voici l'un des meilleurs restos de la ville. Les spécialités de la maison (pintade, canard, veau, oie), tout simplement grillées ou plus savamment cuisinées, sont toutes aussi bonnes les unes que les autres. Très bon service et belle carte des vins. Seul hic : les portions peu copieuses.

|●| ***Taverna dei Consoli*** *(plan couleur C2,* ***47****) : vicolo della Fortezza, 1. ☎ 075-81-25-16. • info@tavernadeiconsoli.it • Service à tte heure. Fermé mer. Congés : 15 janv-15 fév et 20-30 juin. Menu 20 € ; carte 25-30 €. Digestif offert sur présentation de ce guide (slt en salle).* Très belle terrasse dominant la piazza del Comune, mais les places sont chères. Vous trouverez peut-être une table dans les 3 autres petites salles. Bonnes *pennette alla moda di Norcia, stringozzi* et autres plats à la truffe pour plaire au plus grand nombre.

|●| ***Da Cecco*** *(plan couleur A2,* ***46****) : piazza San Pietro, 8 c. ☎ 075-81-34-66. • info@hotelberti.it • Menu 18 € ; carte 20-35 €.* Dans un quartier où l'on ne trouve guère que de médiocres enseignes destinées à apaiser la faim du pèlerin pressé, *Da Cecco* fait figure d'exception, avec ses 3 petites salles en enfilade joliment décorées, sa cuisine honorable et sans chichis, ainsi que son service souriant et attentionné. Même s'il nous paraît un peu cher, de ce côté de la ville, a-t-on le choix ?

Où dormir ? Où manger dans les environs ?

Les lecteurs motorisés avides d'air pur se reporteront également au chapitre « Parco regionale del Monte Subasio » plus loin.

Camping

⛺ |●| ***Camping Village Internazionale Assisi*** *: via San Giovanni in Campiglione, 110. ☎ 075-81-68-16. • info@campingassisi.it • campingassisi.it • ♿ À 3,5 km à l'ouest d'Assise ; accès par la SS 147, en direction de Bastia Umbria (fléché). Congés : 3 nov-27 mars. Selon saison, 26-34 € pour 2 avec tente et voiture ; tente à louer 18 €/nuit pour 2. Loc de bungalows et mobile homes. Resto env 16 €, pizzas 4-7 €. 📶 (payant).* Un camping ombragé mais assez tassé, avec 2 piscines (payantes !), terrain de sport et de tennis. Bref, un camping pratique, bien équipé, aux sanitaires nickel, mais c'est quand même un peu l'usine en saison. Bon point toutefois pour le resto avec son excellente cuisine au feu de bois. Selon la saison, 3 à 5 navettes payantes relient le camping à la ville, à la gare et à l'aéroport. Accueil indifférent.

De bon marché à prix moyens

🏠 ***Ostello Victor Center :*** *via Romana, 31, 06081* ***Capodacqua di Assisi.*** ☎ *075-806-45-26. • info@victorhostel.com • ostellovictorcenter.com • Entre Assise (à 4 km) et Spello, sur la route qui longe l'autoroute. D'Assise, sortir par la via della Madonna dell'Olivo, continuer via Assisiana (la SS 147) et tourner à gauche via Romana juste avt la* superstrada ; *fléchage très discret. Nuitée 16-23 €/pers, petit déj inclus.* Ce n'est sûrement pas l'auberge de jeunesse la plus gaie qui soit, surtout dans les parties communes, mais les chambres privées (de 2 à 4 lits) sont accueillantes et toutes avec salle de bains. Une autre partie de l'auberge est réservée aux très grands groupes. Cour-jardin pour prendre un peu l'air. Piscine.

🏠 |●| ***Agriturismo Malvarina :*** *via Pieve di Sant'Apollinare, 32, 06081 Assisi.* ☎ *075-806-42-80. • info@malvarina.it • malvarina.it • À 6 km au sud-est d'Assise. En venant de Pérouse, sortir à Rivotorto et prendre à gauche, puis c'est fléché ; en venant de Foligno, sortir à Viole di Assisi, tourner tt de suite à droite et tt de suite à gauche, puis c'est fléché. Repas slt le soir. Double 90 €, petit déj compris ; apparts 4 pers 120-150 €. Menu 30 €.* Les ingrédients du succès : une vraie ferme dans une vaste propriété à flanc de colline, des bâtiments au milieu des arbres, une piscine, le calme et les chants d'oiseaux, un accueil familial, une grand-mère experte mitonnant de délicieux plats traditionnels avec les produits bio de l'exploitation.

|●| ***Perbacco :*** *via Umberto I, 14, 06033* ***Cannara.*** ☎ *0742-72-04-92.* ♿ *À 12 km au sud d'Assise ; juste à l'entrée du centre historique, après le pont. Tlj sf lun 18h30-2h ; ouv aussi le dim midi. Congés : fin juin-fin juil. Résa conseillée (pour la fin de sem). Menus 18-25 € ; carte env 30 €.* Osteria familiale moderne au cadre original mais sans ostentation, pour une cuisine largement innovante ou plus sagement classique, réputée dans la région. Seul reproche : la salle carrée au décor d'anges sympa devient rapidement sonore. Carte d'une centaine de vins.

|●| Rappelons aussi que le ***Complesso Turistico Fontemaggiore*** (voir « Où dormir ? Hors les murs... ») et certaines de nos adresses dans le parc régional du mont Subasio sont aussi de bonnes tables.

Où déguster une pâtisserie ou une glace ?

Pasticceria e gelateria Santa Monica *(plan couleur C2,* ***61****) : via Portica, 4. • pasticceria.smonica@libero.it • Ouv tlj 10h (12h janv-mars)-20h. 10 % de réduc sur présentation de ce guide.* Délicieuses pâtisseries qui pourraient même bien tenter ceux qui n'ont aucun penchant pour le sucré. Excellents gâteaux à la noisette, notamment.

Où boire un verre ?

🍷 Assis à une des terrasses de la ***piazza del Comune*** *(plan couleur C2)*, vous pourrez observer le flot des groupes, toutes nationalités confondues. Et le soir, tout Assise s'y retrouve pour l'*aperitivo*.

À voir

– ***Rappel :*** *pas de visite possible des églises et sanctuaires pdt les offices liturgiques. En particulier, la visite de la basilique n'est pas autorisée le dim mat.*

ASSISE ET SES ENVIRONS

🏛🏛🏛 ***Basilica di San Francesco*** *(plan couleur A1) : piazza di San Francesco. ☎ 075-81-90-01. • sanfrancescoassisi.org • Pour les visites guidées (en français pour les groupes de 15 pers min), rens en face de l'entrée de la basilique inférieure ou téléphoner. Sinon, audioguide.*
Premier lieu de culte dédié au saint (XIIIe s), elle est composée de deux églises superposées, construites dans la superbe pierre blanche et rose du Subasio, aux effets si lumineux. C'est là que saint François fut enterré, sur la colline alors appelée *colle d'Inferno* (colline de l'Enfer) car on y exécutait les condamnés à mort. Depuis, le lieu a pris le nom de « colline du Paradis ».

– ***Chiesa inferiore*** *(1228-1230) : tlj été 6h30-18h45 (19h15 w-e), hiver 6h30-18h. Horaires des messes variables selon j. de la sem et saison. Vêpres à 18h.* De prime abord, l'intérieur paraît assez sombre, car l'on ne voit devant soi que la nef réservée aux prières. Mais la nef principale s'ouvre à gauche et c'est l'éblouissement. Ses fresques, qui racontent la vie de Jésus et de saint François, troublèrent même l'agnostique Taine. Dans la chapelle Saint-Martin (la première à gauche), Simone Martini, l'un des premiers artistes à introduire la perspective, a retracé la vie du saint : *Saint Martin renonçant aux armes* et le *Rêve de saint Martin.* Tout autour du maître-autel, baigné d'un clair-obscur où toutes les sources de lumière, intérieures autant qu'extérieures, concourent à une harmonie qui n'a rien à envier à celle des sphères célestes, c'est une inimaginable profusion de fresques. Au-dessus, un ensemble attribué à Giotto représente la Chasteté, la Pauvreté, l'Obéissance et le triomphe de saint François. Dans le transept droit, ce sont des scènes de la vie de l'Enfant Jésus, dont le chef-d'œuvre de Cimabue, une *Vierge entourée de quatre anges et de saint François.* Dans le transept gauche, Pietro Lorenzetti a peint la Passion, notamment la *Grande Crucifixion* et l'*Entrée de Jésus à Jérusalem.*

UN AVANT-GOÛT DE JUGEMENT DERNIER ?

En 2004, la basilique San Francesco a fêté ses 750 ans d'existence. Pourtant, le 26 septembre 1997, on avait bien cru la perdre lors du tremblement de terre qui secoua Assise. En effet, à 20 km de l'épicentre, il régnait dans la bâtisse une ambiance d'Apocalypse : tympan effondré, fresques de Giotto et Cimabue réduites à l'état de puzzle (400 000 morceaux éparpillés sur le sol !), nef jonchée de débris... et quatre personnes sous les décombres. Rassurez-vous, depuis, les plaies ont été cautérisées, mais il reste quelques cicatrices, car une partie des fresques est irrémédiablement perdue.

Au centre de la nef, par un petit escalier, on accède à la ***crypte*** en forme de croix, redécouverte en 1818, au centre de laquelle repose saint François *(messes et adoration dès 7h).* Sous un éclairage propre au recueillement, l'on ne peut être qu'impressionné par la ferveur et la dévotion des fidèles.

– ***Salle des reliques :*** *mêmes horaires que la basilique.* Au fond du chœur, un escalier mène à l'église supérieure en passant par les bâtiments monacaux de style Renaissance. C'est dans l'harmonieux et lumineux cloître de Sixte IV que se trouvent le **museo del Tesoro e la collezione Perkins** *(9h30-17h – fermé nov-fév ; entrée : obole).* Nombreux objets de culte, tous de belles œuvres d'art (noter l'énorme tabernacle du XVIe s). Époustouflante collection de retables et de peinture religieuse du XVe s, la plupart d'obscurs maîtres connus des seuls spécialistes. Superbe tapisserie flamande du XVe s. Remarquable panneau peint byzantin de la fin du XIIIe s évoquant (presque à chaud !) quatre miracles de saint François. Un vrai trésor qu'envieraient beaucoup de musées !

– ***Chiesa superiore*** *(1230-1253) : tlj été 8h30-18h45 (19h15 w-e), hiver 8h30-18h. Messe à 12h.* Sous son clocher roman et derrière sa façade gothique (très belle rosace), une église plus haute, plus simple, aussi richement décorée mais moins émouvante que la *chiesa inferiore.* À part celles du transept gauche, peintes par Cimabue, les fresques de l'église supérieure marquent l'hégémonie artistique de Giotto. La nef, du plus pur gothique, présente deux cycles indépendants. Le premier, en hauteur, illustre des épisodes de la Bible ; le second retranscrit, en 28 scènes, la vie de saint François. À voir notamment de part et d'autre de l'entrée : *François parlant aux oiseaux* et le *Miracle de la source,* chefs-d'œuvre qui marquèrent les artistes de la Renaissance.

Abbazia di San Pietro *(plan couleur A2) : piazza San Pietro. Tlj 8h-19h (18h en hiver).* Belle, haute et sobre. Ses trois nefs, son chœur surélevé au bout d'un plan incliné ascendant, sa coupole et sa pénombre sont une invitation à la méditation. Si vous avez traîné vos mouflets durant toute cette journée d'art et de religion, accordez-leur une récompense : au fond de la nef de gauche, belle crèche *(presepio)* permanente, peuplée de personnages variés. Des feux brillent dans les foyers et dans le lointain, tant sur la colline que dans les villages environnants. Magique !

Pinacoteca *(plan couleur B1) : via San Francesco, 10. ☎ 075-815-52-34. Ouv tlj : mars-oct 10h-13h, 14h30-18h (19h juin-août) ; nov-fév 10h30-13h, 14h-17h. Entrée : 3 € ; réduc. Billet commun pour la pinacothèque, la Rocca Maggiore, le Musée archéologique et le forum romain : 8 € (mêmes horaires que la pinacothèque).* Installé dans un palais du XVIe s, ce petit musée municipal abrite une collection de fresques réduite mais de tout premier ordre. Celles-ci proviennent de divers bâtiments de la ville et des environs. Touchante représentation de *Saint Julien assassinant ses parents* et gracieuse *Vierge à l'Enfant* de Giotto.

Chiesa San Stefano *(plan couleur B2) : via San Stefano. Tlj 8h30-17h30 (21h30 Pâques-oct).* Du XIIe s, cette église est une des plus charmantes de la ville. Sa nef unique et ses fenêtres étroites en forme de meurtrières lui confèrent une atmosphère propice au recueillement.

Piazza del Comune *(plan couleur C2) :* harmonieux mélange de styles, avec le *temple romain de Minerve* (Ier s) transformé en église d'intérieur baroque (bel exemple de préservation et d'intégration), la *Torre del Popolo* du XIIIe s, le *Palazzo del Capitano* et le *Palazzo dei Priori* qui abrite l'hôtel de ville. C'était l'emplacement du forum antique, dont on peut admirer les quelques vestiges au musée ci-dessous.

Museo archeologico e Foro romano *(Musée archéologique et forum romain ; plan couleur C2) : via Portica, 2. ☎ 075-815-50-77. Ouv tlj : mars-oct, tlj 10h-13h, 14h30-18h (19h juin-août) ; nov-fév, 10h30-13h, 14h-17h. Entrée : 4 € ; réduc. Billet commun pour la pinacothèque, la Rocca Maggiore, le Musée archéologique et le forum romain : 8 €.* Le forum antique se trouvait un niveau au-dessous du temple et donc au-dessous de ce qui est aujourd'hui la piazza del Comune. Le musée est donc une sorte de galerie souterraine sous la place qui permet d'admirer les quelques vestiges du forum. Plusieurs cartels (en italien et en anglais), plans, films ou photos tentent de vous aider à visualiser le forum tel qu'il devait être à l'époque.

Chiesa Nuova – Santuario casa paterna di San Francesco *(plan couleur C2) : derrière le Palazzo dei Priori. Tlj 6h15-12h30, 14h-19h45.* Église de la Renaissance, édifiée sur les ruines de la maison natale de saint François grâce à la générosité du roi d'Espagne Philippe III. On y voit la « prison » du saint, espace étroit où il fut reclus par son père qui n'admettait pas que son fils dilapide son patrimoine en réparant d'humbles chapelles.

Oratorio di S. Francesco Piccolino *(plan couleur C2) : à côté de la chiesa Nuova. Tlj 8h-18h.* Le saint serait né dans cette modeste étable en pierre brute... ça ne vous rappelle pas quelqu'un ?

Basilica di Santa Chiara *(plan couleur C2-3) : piazza Santa Chiara. ☎ 075-81-22-82. Tlj 6h30-12h, 14h-19h (18h nov-mars).* La façade fut conçue sur le modèle de celle de San Francesco (l'alternance des pierres blanches et roses en plus). Une originalité : l'énorme arc-boutant à angle droit qui prolonge la façade. À l'intérieur, fresques de l'école de Giotto et d'artistes ombriens (XIIIe et XIVe s). Sainte Claire, très jeune, quitta sa riche famille pour rejoindre l'idéal de pauvreté de saint François. Elle passa sa vie dans la solitude, la prière et la pénitence, à San Damiano. La basilique abrite une crypte où se trouve le tombeau de la sainte, ainsi que divers objets personnels. On y trouve également des reliques de saint François et, surtout, dans la chapelle à droite en entrant, le crucifix qui permit à Dieu de s'adresser à lui pour lui demander de réparer sa maison qui tombait en ruine. À toute heure, des pèlerins y sont en adoration.

Cattedrale di San Rufino *(plan couleur C2)* **:** *piazza San Rufino. Tlj 8h-13h, 15h-19h.*
Bel exemple d'architecture romane du XIIe s. Sa façade est l'une des plus jolies du pays. Grande finesse des sculptures du portail, de la frise de colonnettes, de la rosace et des lions (dégustant quelques païens, semble-t-il). L'intérieur, baroque quant à lui, est beaucoup plus banal.
– À l'intérieur, **_Museo diocesano_** : ☎ *075-81-27-12. • assisimuseodiocesano.com • De mi-mars à mi-oct, tlj sf mer 10h-13h, 15h-18h (août et w-e, 10h-18h) ; de mi-oct à mi-mars, tlj sf mer 10h-13h, 15h-18h. Entrée : 3,50 € ; réduc. Conservez votre ticket pour obtenir une réduc dans les autres Musées diocésains (Spolète, Gubbio...).* Sarcophage de saint Rufin, premier évêque et martyr d'Assise, mort en 238. Belle crypte du XIe s et puits romain au centre des vestiges d'un cloître de style carolingien.

Rocca Maggiore *(plan couleur C1)* **:** *via della Rocca.* ☎ *075-815-52-34. • sistemamuseo.it • Prenez la via di Porta Perlici et... votre courage à 2 mains ! Tlj 10h-18h30 (avr-mai, sept-oct), 17h30 (mars), 20h (juin-août), ou 16h30 (nov-fév). Entrée : 5 € ; réduc. Billet commun pour la pinacothèque, la Rocca Maggiore, le Musée archéologique et le forum romain : 8 €.* Édifiée au XIVe s sur les ruines d'une forteresse de l'empereur Frédéric Barberousse détruite par un soulèvement populaire en 1198. De la première tour, prendre un très beau passage étroit de 105 m. Après cela, une dernière grimpette par un escalier de pierre en colimaçon et, là-haut, la récompense : un panorama de toute beauté sur Assise et la campagne ombrienne. En revanche, les grands claustrophobes et les sujets au vertige réfléchiront à deux fois avant de se lancer à l'assaut de la forteresse... dommage pour eux, car ils avaient là l'occasion de visiter enfin un site à Assise sans aucun rapport avec saint François ou l'Église !

Manifestations

Les fêtes religieuses abondent à Assise. Les païens égarés ici se contenteront des Calendes de mai.
– **_Semaine sainte :_** théâtre le Jeudi saint, procession le Vendredi saint (silencieuse, éclairée par les torches de centaines de fidèles) et le dimanche de Pâques.
– **_Festa del Calendimaggio :_** *3 j. début mai.* Grande fête annuelle, défi entre les deux parties du centre historique (*sopra* et *sotto*). La ville se couvre de bannières et la foule se pare de rutilants costumes médiévaux pour s'affronter lors de joutes artistiques et sportives.
– **_Processions de la Fête-Dieu_** *(Corpus Domini)* **:** *le 9e dim après Pâques.* Certaines rues du quartier Porta Perlici s'habillent d'un immense tapis de fleurs (voir plus bas, à Spello, l'*Infiorata*).
– **_Festa del Voto :_** *vers le 22 juin.* Commémoration du miracle de l'Hostie : alors que, le 22 juin 1240, des soldats sarrasins à la solde de l'empereur donnaient l'assaut au couvent de Saint-Damien, sainte Claire les en aurait éloignés en leur montrant l'hostie consacrée.

– ***San Francesco Patrono d'Italia :*** *début oct.* Célébration solennelle de saint François. Un grand moment de ferveur et de liturgie.

DANS LES ENVIRONS D'ASSISE

Dans les environs proches encore plus qu'à Assise, le tourisme se fait monomaniaque, car l'on reste en permanence dans les pas de saint François.

UN SUJET ÉPINEUX

Par une nuit où saint François était en proie à la tentation (la légende ne précise pas laquelle...), il se jeta dans les buissons de roses près de sa chapelle. Les épines tombèrent au contact de sa sainte peau, et depuis, la roseraie produit des tiges sans épines...

Basilica di Santa Maria degli Angeli : *env à 4 km au sud d'Assise. ☎ 075-805-14-30. • porziuncola.org • Tlj 6h15-12h40, 14h30-19h30, ainsi que 21h-23h juil-sept pour la prière silencieuse. Ts les sam vers 21h15, retraite aux flambeaux.* De très loin, on aperçoit cette église édifiée au XVe s, mais dont aujourd'hui seuls le dôme et les murs sont encore d'origine. Le reste s'effondra lors d'un tremblement de terre au XIXe s et la façade de style néo-Renaissance date des années 1920. Le plus étonnant est que cette immense basilique ne fut construite que pour servir de coquille protectrice à la *Porziuncola* – une toute petite chapelle du IVe s, fort modeste, qui abrita saint François durant 3 ans, au début de sa « mission » – et à la *cappella del Transito*, où le 3 octobre 1226, le saint passa de la vie au trépas. Vous noterez que, alors qu'il voulait mourir en regardant Assise, le peintre, sur une fresque à droite de la chapelle, l'a immortalisé le regard tourné vers le mur d'une maison proche ! On peut aussi admirer un superbe polyptyque racontant des épisodes de la vie du saint ainsi que, à l'extérieur, sur l'abside, le fragment d'une fresque monumentale attribuée au Pérugin, la *Crucifixion*.

Santuario di San Damiano : *à 2,5 km au sud d'Assise (fléché). ☎ 075-81-22-73. • assisiofm.it • Tlj 10h-12h, 14h-18h (16h30 en hiver).* Saint-Damien, au milieu des cyprès et des oliviers, joua un rôle primordial dans la vie de saint François. En 1205, il s'y arrêta pour prier et, dans la ferveur de ses oraisons, il entendit Dieu lui parlant par l'entremise du crucifix (aujourd'hui une copie, l'original est conservé dans la basilique Santa Chiara – voir plus haut). C'est également ici que saint François élabora la majeure partie du *Cantique des créatures,* expression de son amour de Dieu. Vers 1212, sainte Claire y fonda l'ordre des clarisses, et nombreux sont celles et ceux qui se recueillent dans la salle où elle dormit sur une paillasse, jusqu'à sa mort en 1260. Dans la chapelle à droite de l'entrée, crucifix de l'artiste sicilien Frate Innocenzo da Palermo, datant de 1637.

Santuario francescano del Sacro Tugurio di Rivotorto : *à Rivotorto, à 4,5 km au sud d'Assise. Tlj 8h-12h, 14h30-19h15.* Là encore un imposant monument-coquille abrite un des lieux fréquentés par saint François, à savoir un ensemble de deux masures reliées par un auvent (promu Monument historique en 1926). C'est là que le saint s'installa avec ses premiers compagnons (de 1208 à 1211 environ, mais pas en continu), après avoir obtenu l'approbation orale de la Règle par Innocent III. Le galetas *(tugurio)* témoigne de la façon de vivre du groupe de frères, dans la simplicité et la pauvreté. Dans l'une des masures, dans la pénombre, statue de saint François dormant. Des scènes de la vie du saint sont représentées par 12 toiles de Cesare Sermei, malheureusement sombres et mal éclairées, ce qui contraste avec la mise en couleur joyeuse des quelques vitraux.

Eremo delle Carceri : voir ci-après « Parco regionale del Monte Subasio ».

➢ ***Sentiero francescano della Pace :*** saint François, chassé d'Assise par son père, alla trouver refuge à Gubbio. Par la suite, le moine itinérant arpenta fréquemment ce *chemin franciscain de la Paix,* que plusieurs générations de pèlerins ont ensuite parcouru, découvrant des paysages parmi les plus représentatifs et les plus beaux d'Ombrie. L'office de tourisme distribue un plan-guide avec la description des étapes. La seule bourgade proposant un choix d'hébergements étant *Valfabbrica,* au tiers du parcours, les bons marcheurs parcourent l'itinéraire (une quarantaine de kilomètres) en 2 jours, un pour la mise en jambes (environ 4h30) et l'autre pour les choses sérieuses (environ 9h).

PARCO REGIONALE DEL MONTE SUBASIO (PARC RÉGIONAL DU MONT SUBASIO)

Le mont Subasio, de par sa forme caractéristique en dos de tortue, se distingue immédiatement des monts environnants. Culminant à 1 290 m d'altitude, il attire les adeptes du parapente et offre, depuis son plateau sommital dénudé par l'homme au cours des siècles, une vue exceptionnelle sur toute la région. Autour, entre Assise, Spello, Nocera Umbra et Valtopina, s'étend un parc de 74 km² où vivent le loup et le sanglier, et qui permet de belles randonnées à pied, à VTT ou à cheval... C'est aussi un endroit très couru pour le bronzage (ne riez pas, quand il fait beau, le plateau est envahi par les chaises longues et les corps s'offrant au soleil). En cas d'indigestion de fresques, c'est l'endroit qu'il vous faut. Vous y comprendrez certainement l'immense amour que saint François portait à la nature.

Où dormir ? Où manger ?

Albergo Il Tartufaro : *via Balciano, 18,* ***Valtopina.*** *☎ 0742-75-00-32. • tartufaro@tartufaro.it • tartufaro.it • À Valtopina (12 km au nord de Foligno), prendre la direction de Ponte Rio et guetter le fléchage à gauche. Resto fermé mar. Doubles 50-80 €, petit déj inclus. Repas à la carte 20-25 €.* Une auberge de campagne à flanc de colline, avec de belles chambres, toutes simples, dans une totale tranquillité et avec une piscine pour barboter. Quant au resto, il suffit de voir le parking un dimanche midi pour comprendre que l'adresse est bien connue localement ! Accueil souriant.

Agriturismo Il Castello : *fraz.* ***Costa di Trex,*** *25, 06081 Assise. ☎ 075-81-36-83. 333-328-22-25. • info@agriturismoilcastello.com • agriturismoilcastello.com • À 4 km d'Assise, sortir par la SS 444 en direction de Gualdo Tadino et guetter le fléchage à droite. Doubles 62-70 € selon saison, petit déj compris. ½ pens 47-55 €/pers. Menu 16 €. Café offert sur présentation de ce guide.* Des chambres spacieuses dans une ferme rénovée, dominant de belles collines. Préférez les nos 5, 7, 8 et 9, qui ont vue sur la vallée. Terrasse ombragée. Nourriture qui fait la part belle aux produits de la propriété (huile d'olive, agneau) ou de la région (soupe d'épeautre, tagliatelles au sanglier...). Accueil chaleureux et discret.

Agriturismo La Contessa : *loc.* ***Madonna dei Tre Fossi,*** *47 c, Costa di Trex, 06081 Assise. ☎ 075-80-23-09. • lacontessa.assisi@tiscali.it • lacontessaassisi.it • À 10 km d'Assise, sortir par la SS 444 en direction de Gualdo Tadino et, au niveau de Piano delle Pieve, guetter le fléchage à droite ; une fois au bout du chemin, c'est le portail à gauche. Doubles 70-90 € selon chambre, petit déj compris ; apparts 2-4 pers 490-1 350 €/sem selon taille* *et saison. Menus 15-25 €, boisson comprise.* Le credo de vos hôtes, un couple très simple et bien sympathique, se décline en 3 concepts : bon air, calme, bonne bouffe. Pour les 2 premiers, vu la situation de la maison, aucun problème ! Pour le 3e, repas 100 % bio et 100 % maison, avec de la viande d'agneau, de veau et de porc élevés en liberté. Jolies chambres avec murs de pierre brute. Piscine. Départ de sentiers, avec de beaux coins pour pique-niquer.

Agriturismo La Tavola dei Cavalieri : *fraz.* ***Santa Maria di Lignano,*** *104, 06081 Assise. ☎ 075-801-90-54. • cesare@luoghispeciali.it • assisiresort.com • À 13 km d'Assise, sortir par la SS 444 en direction de Gualdo Tadino et, au niveau de Piano delle Pieve, guetter le fléchage à droite. Double 80 €, petit déj compris.* Une adresse de charme, très classe sans prendre de grands airs, dans un endroit perdu, au départ de sentiers et avec vue sur le Subasio. Les superbes chambres, une dizaine en tout, avec beau parquet ou pavés et meubles de bois sombre, offrent tout le confort souhaité. Piscine avec petit bain et cascade. Repas à base de produits de la ferme, y compris du vin et de la bière élaborée d'après une recette trouvée dans les vieux manuscrits d'un ancien monastère. Accueil très pro et souriant.

Ristorante Da Giovannino : *loc.* ***Ponte Grande,*** *89 a, 06081 Assise. ☎ 075-81-36-98. • info@ristorantedagiovanninoassisi.it • À 5 km d'Assise, au bord de la SS 444 en direction de Gualdo Tadino. Tlj midi et soir sf lun jusqu'à 21h30, dim fermé entre 14h30 et 19h30. Carte 20-25 €.* Le fameux Giovannino adore la bonne chère et vous le fait partager. Portions pantagruéliques (l'*antipasto da Giovannino* est un repas à lui tout seul) et viandes extrêmement goûteuses. Agréable terrasse couverte.

LA VALLÉE OMBRIENNE

À voir. À faire

➢ La partie nord du parc propose plusieurs sentiers balisés, pour lesquels il vous faudra la carte au 1/25 000 éditée par la section de Foligno du Club alpin italien *(☎ 0742-229-21).*

➢ Le mont lui-même est parcouru par une piste parfaitement carrossable que nous vous conseillons de parcourir d'Assise vers Spello.

Eremo delle Carceri : *à 4 km d'Assise. ☎ 075-81-23-01. • eremocarceri.it • Tlj 6h30-19h (18h nov-mars). GRATUIT.* L'ermitage, qui attire de nombreux pèlerins dont beaucoup en robe de bure, est accroché à la montagne, à 800 m d'altitude, au milieu d'une belle forêt. C'est ici que saint François se retira pour méditer, après avoir entendu la parole de Dieu. Lui et ses frères s'y retrouvaient et y dormaient dans l'humilité la plus totale. On peut voir leurs cellules *(carceri).* Les alentours de l'ermitage sont parcourus de quelques sentiers qui permettent de bien agréables balades. Parfois, au couchant, lorsque la lumière devient féerique, on peut, tel saint François, se sentir débordé d'amour pour la nature ombrienne.

Monte Subasio : la route panoramique (une piste sur une large partie, mais en très bon état) qui relie l'*Eremo delle Carceri* au village de ***Collepino,*** près de Spello, traverse les croupes dénudées du Subasio. Allant tantôt le long de la vallée ombrienne, qu'elle domine de près de 900 m, tantôt de l'autre côté, elle offre des vues réellement époustouflantes sur toute la région, en particulier sur les Apennins. Ces paysages, d'une sérénité incomparable, aident à comprendre pourquoi ces terres ont vu naître tant de personnages mystiques. Cette route peut se parcourir en voiture, à VTT ou à pied. Dans les deux derniers cas, assurez-vous qu'une distance de 20 km, pimentée par près de 1 000 m de dénivelée vers le haut puis vers le bas, ne vous fait pas peur (sans parler de l'absence d'ombre !).

SPELLO

(06038) 8 700 hab.

À quelques kilomètres au nord de Foligno, la coquette bourgade de Spello, bâtie comme Assise sur les contreforts du mont Subasio, est l'antique *Iula Hispellum* des Romains. Elle subit l'invasion d'Attila et de Totila avant de tomber aux mains des Longobards. Au cours du XIIe s, Spello obtint enfin son statut de commune libre. Aujourd'hui, elle est une alternative calme aux foules d'Assise et un lieu de séjour idéal. Ses vieilles ruelles grimpent autour des monuments situés au flanc de sa colline, d'où l'on aperçoit la belle vallée ombrienne entourée d'autres hauteurs plantées d'oliviers. Les amateurs du Pinturicchio aussi bien que les autres trouveront matière à enchantement et profiteront de cette sérénité propre à l'Ombrie.

PAS DE PRÉCIPITATION...

Le bienheureux Andrea Caccioli, l'un des premiers disciples de saint François, est né à Spello. Il est devenu célèbre en faisant, par la seule force de la prière, tomber la pluie dans une région où régnait la sécheresse, puis apparaître une source dans un couvent de clarisses. Il eut aussi le privilège, dit-on, de serrer contre lui l'Enfant Jésus, apparu avec une armée d'anges.

Arriver – Quitter

En train

La gare ferroviaire FS *(plan B3)* est située dans la vallée, à moins de 1 km du mur d'enceinte. Aucun bus ne la relie au centre.

➢ ***De/vers Pérouse*** *(stazione di Fontivegge)*, ***Assise et Foligno :*** env 1 train ttes les heures. Trajets : 40 mn pour Pérouse, 10 mn pour Assise et Foligno.

➢ ***De/vers Spolète et Terni :*** env 1 train ttes les 1-2h, mais avec un grand creux 11h30-14h ; pour la plupart, changement à *Foligno*. Trajets respectifs : 30 mn et 1h.

➢ ***De/vers Rome (Termini) :*** env 1 train ttes les heures, mais avec un grand creux 11h30-14h ; pour la plupart, changement à *Foligno*. Trajet : 2-3h.

➢ ***De/vers Florence :*** env 1 train ttes les 1-2h, parfois avec changement à *Terontola*. Trajet : 2h30-3h.

En bus

Les bus arrivent ou partent de la *piazza della Repubblica (plan B2)* et de la *via Centrale Umbra (plan B3)*.

■ ***Umbria Mobilità :*** ☎ 800-512-141 *(n° Vert)*. ● *umbriamobilita.it* ●

➢ ***De/vers Assise :*** tlj sf dim, 5 liaisons/j. À Assise, départ de la piazza Matteotti. Trajet : env 30 mn.

➢ ***De/vers Foligno :*** tlj sf dim, plus de 10 liaisons/j. Trajet : 20-30 mn. À Foligno, nombreuses correspondances vers le sud de l'Ombrie.

Circulation et stationnement

La circulation est interdite dans l'enceinte de la vieille ville. Des navettes gratuites sont assurées depuis les parkings gratuits de la *porta Consolare (plan B3)* et de la *porta Montanara (plan A1)*. Les touristes qui ont réservé un hôtel peuvent demander un permis de circuler. Cela dit, même si cela grimpe gentiment en partant de la porta Consolare, la ville n'est pas très grande.

Adresses utiles

Ufficio turistico (Pro Spello ; plan B2) **:** *piazza Matteotti, 3. ☎ 0742-30-10-09. • prospello.it • Tlj 9h30-12h30, 15h30-17h30 (16h-18h de mi-juin à fin sept).* Vente de guides en français sur l'art à Spello.

Poste centrale (plan B2) **:** *piazza della Repubblica. ☎ 0742-300-81. Lun-ven 8h-18h30 (15h30 août), sam 8h-12h30.*

Taxis : *334-570-42-18.*

Où dormir ?

Bon marché

Residenza La Terrazza (plan A2, **12**) **:** *via Torre di Belvedere, 37. ☎ 0742-65-11-84. • info@laterrazza dispello.it • laterrazzadispello.it • Double 50 € ; petit déj copieux 4 €. Studio 2 pers 60 €. Parking.* Selon la chambre, ameublement fonctionnel ou meubles anciens. Accueil très chaleureux des proprios ; madame se fait un plaisir de vous cuisiner le plus copieux des petits déj (avec pâtisseries maison) et de vous le servir dans la chambre ou dans le jardin, d'où l'on profite d'un beau panorama sur la campagne. Une adresse simple et sympa.

Hotel del Prato Paolucci (plan B2, **11**) **:** *via Brodolini, 4. ☎ 0742-30-10-18. • hoteldelpratopaolucci.it • ♿ À 5 mn à pied du centre historique, dans un quartier résidentiel. Doubles 50-62 € selon saison, petit déj sommaire compris. Parking gratuit.* Une propriété aménagée en hôtel et un immeuble au style motel presque adjacent. Plutôt simple (murs et dessus-de-lit tout blancs, meubles sombres), mais situation vraiment agréable, au calme. Jolie vue sur la campagne depuis la salle du petit déj. Piscine l'été. Gestion familiale et patronne très gentille sous un abord timide.

De prix moyens à chic

Albergo del Teatro (plan A1, **13**) **:** *via Giulia, 24. ☎ 0742-30-11-40. • info@hoteldelteatro.it • hoteldel teatro.it • Doubles 95-110 € selon saison, petit déj compris ; tarif dégressif à partir de 3 nuits. Parking gratuit. Wifi (à la réception).* Chambres assez standard et sobres, mais de bonne taille et très soignées (parquet, et même poutres pour certaines). Accueil très agréable. Petit déj servi sur la terrasse panoramique.

Palazzo Bocci (plan B2, **10**) **:** *via Cavour, 17. ☎ 0742-30-10-21. • info@ palazzobocci.com • palazzobocci.com • Doubles 130-160 € selon saison, petit déj compris. Parking. Wifi (à la réception).* Vous voulez du rêve et du charme ? Voici un palais du XVIIIe s avec ses fresques, son jardin méditerranéen gardé par 2 palmiers qui vous contemplent indolemment et un bar pour vous replonger dans l'ambiance du film *Le Guépard* avec votre bien-aimé(e). Une vingtaine de chambres confortables aux beaux volumes, fonctionnelles à défaut d'être vraiment chaleureuses.

Où dormir dans les environs ?

Camping

Campeggio Subasio : *via del Campeggio, 06038 Spello. ☎ 075-801-06-55. 347-539-74-95. • info@campeggiosu basio.com • campeggiosubasio.com • À 6 km au nord de Spello. Prendre vers Collepino, puis tourner à gauche vers la pinède de Sportella (fléché). Ouv de juin à mi-sept. Pour 2 avec tente et voiture, 25 €.* Un beau petit camping de montagne en terrasses pour se la couler douce en pleine nature, sous les pins, loin de l'agitation de la vallée. D'une grande simplicité, mais tout est là (sauf le soleil, tellement il

LA VALLÉE OMBRIENNE

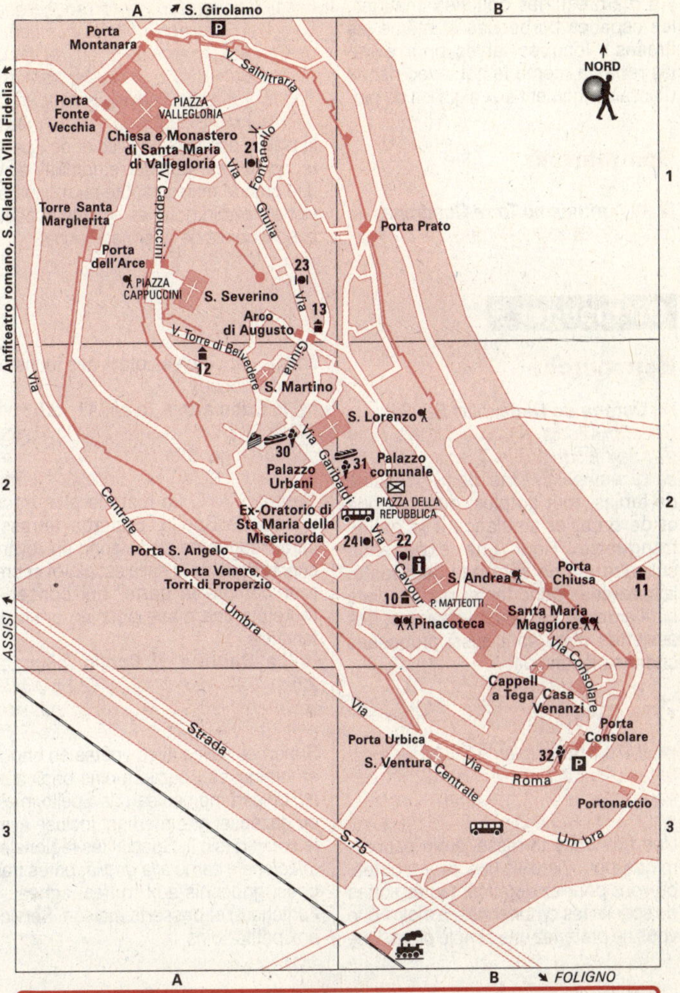

SPELLO

Adresse utile

Ufficio turistico

Où dormir ?

10 Palazzo Bocci
11 Hotel del Prato Paolucci
12 Residenza La Terrazza
13 Albergo del Teatro

Où manger ?

21 Il Trombone
22 La Cantina di Spello
23 Il Cacciatore
24 Osteria de Dadà

Où manger sur le pouce ? Où déguster une glace ?

30 Pasticceria-bar-gelateria Tullia
31 Bar Giardino
32 Gelateria-bar Borgo

y a d'arbres) : les douches chaudes, les espaces barbecues et même les (trèèès !) longues tables pour éviter les repas à même le sol, avec risque d'assaisonnement aux aiguilles de pin.

Bon marché

Agriturismo Torre Quadrana : *via Limiti, 39. ☎ 333-294-59-87. • torrequ@tiscali.it • agriturismotorrequadrana.com • À 5 km de Spello, à mi-chemin de Cannara, en face de la tour du même nom. Double 45 €, petit déj compris. Repas 15-20 €. Parking gratuit. Café offert sur présentation de ce guide.* Dans la plaine, non loin d'Assise et de Spello, un *agriturismo* abordable, familial, dans une grande maison sobre au milieu des vignes. Jardin pour les enfants et petite expo d'objets de la ferme. Piscine.

Où manger ?

Bon marché

Osteria de Dadà *(plan B2, **24**) : via Cavour, 47. ☎ 0742-30-13-27. Tlj sf dim soir jusqu'à 22h. Menus 12-20 € ; carte env 22 €.* Une demi-douzaine de tables, tout au plus, déco de bric et de broc, et ambiance à la bonne franquette. Pour une expérience culinaire qui ne sera pas décevante, laissez-vous donc tenter par les plats sur l'ardoise. Froides ou chaudes, des assiettes d'été sont aussi proposées comme plat unique.

Prix moyens

Il Trombone *(plan A1, **21**) : via Fontanello, 1. ☎ 0742-65-10-69. • osteriailtrombone@hotmail.com • Tlj sf mar jusqu'à 1h. Carte 20-35 €. CB refusées.* Une très belle terrasse-jardin panoramique pour l'été et une cave voûtée, où vous pourrez déguster toutes sortes de spécialités ombriennes, à moins que vous ne préfériez une simple pizza. Une adresse appréciée autant des touristes que des locaux.

Il Cacciatore *(plan A1, **23**) : via Giulia, 42. ☎ 0742-65-11-41. • info@ilcacciatorehotel.com • Tlj sf lun. Congés : 15 j. en juil. Résa conseillée. Carte 25-30 €.* Le resto le plus traditionnel de Spello. Superbe terrasse ultra-fréquentée en saison ; en revanche, la déco de la salle est plutôt sobre, tout comme la carte, qui conserve toutefois une place pour un grain de fantaisie.

La Cantina di Spello *(plan B2, **22**) : via Cavour, 2. ☎ 0742-65-17-75. 339-161-96-24. • info@lacantinadispello.com • Tlj sf lun. Repas 25-35 €.* Superbes salles avec voûtes en brique et luminaires pour le moins originaux. Ici, on sert même l'eau de Spello, plate ou gazeuse, gratuitement incluse avec le couvert (sic !). Spécialités régionales (*piccione e carne alla griglia,* pâtes fraîches, gnocchis aux truffes, agneau à l'artichaut) et desserts maison. Service aux petits soins.

Où manger sur le pouce ?

Où déguster une glace ?

Pasticceria-bar-gelateria Tullia *(plan A2, **30**) : largo Mazzini, 6.* Idéal pour observer le va-et-vient paisible depuis la terrasse. En plus des glaces, bons sandwichs, *panini* et autres en-cas.

Bar Giardino *(plan A-B2, **31**) : via Garibaldi, 10. Tlj sf mer 7h-22h (minuit en été). CB refusées.* Gelateria et snack sur une immense terrasse bien ombragée avec une vue plaisante sur la campagne et les collines proches. Plateaux de charcuteries et fromages ; *bruschetta* et *torta al testo* pour le grignotage.

Gelateria-bar Borgo *(plan B3, **32**) : piazza Kennedy, 14.* Sous un des parasols géants de la terrasse,

LA VALLÉE OMBRIENNE

admirez donc les statues romaines au-dessus des 3 arches de la *porta*, tout en dégustant des *gelati* avant de vous enfoncer dans la vieille ville.

À voir

La spécificité de la petite ville de Spello réside dans ses ruelles médiévales, pleines de charme. L'idéal est donc de les arpenter de long en large pour mieux s'imprégner de l'atmosphère des lieux.

Chiesa Santa Maria Maggiore *(plan B2)* **:** *piazza Matteotti. • smariamaggiore.com • Tlj 9h-19h en été, 9h30-18h en hiver.* En 1600, il y avait à Spello 2 000 habitants pour 100 églises, dont 22 consacrées à la Vierge. La plus importante, Santa Maria Maggiore, célébrait tous les événements de la vie de Marie. On n'y entre vraiment que pour ses éblouissantes fresques peintes en 1500 par le Pinturicchio, qui se trouvent dans la *cappella Baglioni* (à gauche), dite *la Bella* : elles représentent l'Annonciation, la Nativité et la Dispute du Temple. Les tons vifs et les visages expressifs des personnages tranchent avec ce que d'aucuns appellent la mièvrerie du Pérugin. On sait que les deux peintres travaillèrent ensemble dans l'atelier du Pérugin, et les historiens d'art parlent d'une complémentarité plutôt que d'une rivalité. Cependant, la chapelle Bella peut être interprétée comme une réponse aux fresques du *Collegio del Cambio* à Pérouse, que le Pérugin avait terminées quelques mois auparavant. Il s'agit sans doute de l'une des plus belles réalisations du Pinturicchio qui, certain de son succès, a même glissé son autoportrait dans un tableau accroché chez Marie dans la scène de l'Annonciation. Son grand sens de la décoration et de l'ornementation lui permet de recentrer la scène picturale, fragmentée en petits épisodes. Le Pérugin a signé, quant à lui, les fresques de la *Pietà* et *La Vierge sur le Trône* situées dans le chœur, de part et d'autre du baldaquin.

Pinacoteca civica *(plan B2)* **:** *via Cavour, 10. Tlj sf lun : avr-sept, 10h30-13h, 15h-18h30 ; oct-mars, 10h30-13h, 15h-17h. Entrée : 2,60 € ; réduc.* L'œuvre maîtresse du musée est une *Madonna con Bambino* à l'histoire assez rocambolesque. Volée il y a plus de 35 ans en Allemagne et retrouvée fin 2004, on crut longtemps que son auteur était le Pinturicchio. Toutefois, une fois l'œuvre retournée au bercail, des études ont révélé qu'elle était d'un certain Andrea d'Assisi detto l'Ingegno. La reproduction en noir et blanc que vous pouvez voir en face d'elle fut celle exposée en l'absence de l'original. Pour continuer dans les histoires curieuses, vous pourrez aussi admirer une statue de bois polychrome d'une *Madone à l'Enfant* du XIIIe s, dont on a dérobé le bambin en juin 2008 ! Également une *Pietà* du XVIe s ou encore diverses œuvres religieuses des XVIe-XVIIIe s.

Chiesa Sant'Andrea *(plan B2)* **:** *via Cavour.* Cette église du XIIIe s, sanctuaire franciscain à croix latine et à nef unique, abrite d'autres œuvres du Pinturicchio, notamment un grand tableau représentant une Vierge à l'Enfant avec saint Jean enfant. À gauche en entrant, dans la chapelle du baptistère, fresque de l'école de Foligno.

San Lorenzo *(plan A-B2)* **:** *via Garibaldi.* Église à l'intérieur baroque plus ou moins réussi. Le baldaquin est une réplique de celui que le Bernin conçut pour Saint-Pierre de Rome. Depuis 2012, l'église est fermée pour travaux, et ce pour une durée indéterminée.

Piazza Cappuccini *(plan A1)* **:** la via Torre di Belvedere conduit au sommet de la colline où se trouvait l'*acropole antique*. Il en reste quelques vestiges, dont un petit arc romain qui en gardait jadis l'entrée. Mais l'intérêt de cette grimpette réside davantage dans la vue sur les collines et la vallée du Topino qu'offre la piazza Cappuccini. Puisque vous êtes parvenu au sommet de la ville, il ne vous reste plus qu'à entamer la descente par l'autre côté du tertre...

Manifestations

– ***Via Crucis d'autore :*** *le Vendredi saint.* Des peintres contemporains interprètent la thématique religieuse et exposent dans toute la ville.
– ***Infiorata di Spello :*** *40 j. après Pâques, le jour de la Fête-Dieu.* Spectacle haut en couleur, drainant une foule considérable. Pour profiter au mieux de la fête, préparez-vous à une nuit blanche ! Arrivez dans la soirée et observez les artistes à l'œuvre. Chaque groupe travaille à la constitution de son tableau : certains préparent les pétales, d'autres les broient ou les effilent, et les plus virtuoses composent les tableaux. L'inspiration est libre : scènes bibliques, motifs géométriques, allégories, symboles religieux. Puis, très tôt le matin, presque seul dans les ruelles, parcourez le trajet de la procession en vous extasiant sur cette beauté éphémère que va fouler la procession.
– ***Fête de l'Olive et de la Bruschetta :*** *1re sem de déc.*

FOLIGNO

(06034) 58 200 hab.

Foligno a toujours été une ville de commerçants et d'artisans. De par sa situation, elle fut un carrefour important entre les littoraux de l'Adriatique et de la mer Tyrrhénienne. Aujourd'hui encore, même si son centre n'est pas dénué d'attraits, elle reste un centre commercial et industriel qui est loin d'avoir le charme des autres villes de la vallée.

Arriver – Quitter

En train

Gare ferroviaire *(stazione FS) : viale Mezzetti.* Pour rejoindre le centre-ville (piazza della Repubblica), petit quart d'heure à pied en remontant le viale Mezzetti puis, à droite, le corso Cavour.
➢ Trains directs avec *FS* à peu près ttes les heures pour ***Assise*** (20 mn), ***Spello*** (10 mn), ***Pérouse*** (40 mn), ***Trevi*** (10 mn), ***Spolète*** (20 mn), ***Terni*** (1h) et ***Rome*** (2h).

En bus

La gare routière étant un peu excentrée, tous les bus s'arrêtent sans exception devant la *stazione FS*. Achat des tickets de bus dans les kiosques de la gare ferroviaire.
■ ***Umbria Mobilità :*** ☎ *800-512-141 (nº Vert).* • *umbriamobilita.it* •
➢ Bonnes liaisons directes vers ttes les villes de la région, sf le dim où les bus ne circulent pas : ***Pérouse*** (9 bus/j., env 40 mn), ***Assise*** (5 bus/j., 50 mn), ***Spello*** (10 bus/j., 10 mn), ***Bevagna*** (3 bus/j., 20 mn), ***Montefalco*** (7 bus/j., 30 mn), ***Trevi*** (12 bus/j., 15-25 mn), ***Spolète*** (5 bus/j., 30 mn).

En voiture

➢ ***De/vers Pérouse et Assise :*** Foligno est à 36 km au sud-est de Pérouse et à 18 km au sud-est d'Assise par la S 75.
➢ ***De/vers Spolète :*** Foligno est à 29 km au nord de Spolète, par la S 3.

Adresses utiles

🛈 ***Ufficio turistico :*** *corso Cavour, 126.* ☎ *0742-35-44-59.* • *comune.foligno.pg.it* • *Dans une des principales artères du centre, proche de la gare ferroviaire et tt près de la porta Romana. Tlj 9h-13h, 15h-19h (dim 9h-13h).* Peut aussi vous renseigner sur Montefalco, Bevagna et Trevi.
✉ ***Poste centrale :*** *via G. Piermarini. De la porta Romana, c'est la 3e à droite dans le corso Cavour. Tlj sf dim 8h20-13h35 (19h05 mer-ven, sam 12h35).*

Où dormir ?

Bon marché

Casa Beata Angelina : *via N. Alunno, 29. ☎ 0742-34-26-88. • info@casabeatangelina.it • casabeatangelina.it • À 10 mn à pied de la gare. Dans une rue perpendiculaire à la via Umberto I. Double avec sdb 60 €, petit déj inclus.* Monastère tenu par des sœurs clarisses, dont l'ensemble des bâtiments et plus particulièrement le cloître valent le coup d'œil. Chambres impeccables. Un bel endroit. En revanche, revers de la (sainte) médaille : fermeture des portes à 23h.

Prix moyens

Hotel Italia : *piazza Matteotti, 12. ☎ 0742-35-04-12. • info@hotelitaliafoligno.com • hotelitaliafoligno.com • Doubles 85-105 €, petit déj compris. ½ pens possible. Au resto, menus 18-25 € ; carte env 25 €. Parking. (à la réception).* Parmi la quarantaine de chambres, certaines sont romantiques à souhait, à plafond voûté ou décoré de fresques ; d'autres tout à fait sobres, mais toujours très agréables et assez spacieuses. À vous de choisir selon vos préférences (et les disponibilités), mais sachez qu'en période de festivités les chambres côté piazza sont plus calmes, du fait des bars côté ruelle. Dans le salon à gauche en entrant, belle fresque ex-voto du XVe s. Une adresse de qualité et un accueil gentil comme tout.

Où manger ? Où déguster une glace ? Où boire un verre ?

Les restos (notamment les pizzerias) ne manquent pas à Foligno. Dans cette multitude, peut-être trouverez-vous votre bonheur.

Central Bar : *piazza della Repubblica.* En été, une grande terrasse permet de vous délecter de *gelati* et de pâtisseries, au soleil et au cœur de l'action folignaise.

Il Cavaliere : *via XX Settembre, 39. ☎ 0742-35-06-08. • info@ristoranteilcavaliere.eu • Dans une rue débouchant sur la piazza della Repubblica. Tlj sf lun jusqu'à 23h30. Carte env 30 €.* Un resto de bonne tenue, même si l'extérieur ne paie pas de mine. 3 salles aux murs tapissés de bouteilles de crus locaux. Tous les plats ombriens sont à la carte, avec un supplément pour les truffes.

À voir

Duomo di San Feliciano : *piazza della Repubblica. Tlj 9h-12h, 16h-19h.* Cette cathédrale, construite au XIIIe s, a subi maintes modifications qui lui donnent un aspect composite intéressant et lui valent une caractéristique inhabituelle : elle possède deux façades, une pour la nef et une pour le transept gauche. Sa forme actuelle date de 1734 et de 1808, ce qui explique l'intérieur combinant les styles néoclassique et baroque, avec un baldaquin monumental rappelant celui de Saint-Pierre de Rome. La façade latérale romane a été sauvegardée : elle est splendide, avec son portail ouvragé, ses fenêtres à fines colonnettes et ses rosaces délicates.

Palazzo Trinci : *piazza della Repubblica, 25. ☎ 0742-35-79-89. Entrer dans la cour ; billetterie en haut de l'escalier monumental. Tlj sf lun 10h-13h, 15h-19h. Entrée : 6 € ; réduc.*
Les Trinci, seigneurs guelfes qui régnaient sur Foligno entre 1305 et 1439, possédaient quelques « modestes » palais. Relié au Duomo par une arcade, celui de Foligno abrite un musée municipal comportant trois sections. Le déploiement de moyens ferait pâlir d'envie bien des conservateurs de grandes institutions. Pourtant, les collections sont loin d'être inoubliables.

– *Section archéologique* dans les sous-sols, où sont notamment exposées des mosaïques romaines.
– *Pinacoteca comunale* avec, entre autres, de nombreuses œuvres de l'école de Foligno (XVe et XVIe s).
– *Museo multimediale dei Torni, delle Giostre e dei Giocchi* (musée multimédia des Tournois, des Joutes et des Jeux) exposant divers objets sur ce thème ainsi que des mannequins richement vêtus. Cartels et vidéos en italien.
La visite vaut surtout pour le palais lui-même. Tout entier construit par une famille qui voulait démontrer sa puissance, il recèle de nombreuses fresques de style gothique flamboyant qui rappellent la grandeur passée des Trinci. L'une d'entre elles, dans la salle d'études, représente les arts libéraux, les planètes et les âges de la vie. Dans la loggia, une belle représentation du mythe de Romulus et Remus. Signe de la mégalomanie des maîtres de céans, la salle des Empereurs et des Géants lie la famille Trinci aux grandes figures de l'histoire (vous aurez aisément reconnu le seul personnage assis : l'empereur Auguste). Dans une chapelle peinte par Ottaviano Nelli, effets de perspective saisissants et superbe escalier gothique. Jetez un coup d'œil au magnifique plafond à caissons de la salle du pape Sixte IV et aux fresques du corridor menant à la cathédrale. Notez les expressions des visages, particulièrement intenses. Le sujet est délibérément emprunté à la culture française du roman courtois, afin de révéler la culture internationale des Trinci.

Manifestations

– ***Giostra de la Quintana*** *(Joute de la Quaintaine)* **:** *juin et sept.* • *quintana.it* • Fête s'inspirant d'un concours hippique datant du XVe s, précédée, la veille, d'un cortège de 600 personnes costumées défilant dans les rues. La joute entre les 10 quartiers de la ville fut codifiée en 1613 : les cavaliers au galop doivent enfiler sur leur lance trois anneaux de plus en plus petits suspendus à la main d'un guerrier en bois représentant Mars, la *Quintana*. Une bonne occasion de faire la fête en costume d'époque, et surtout de ripailler !
– ***Notte Barocca* :** *fin août-fin sept.* • *folignocity.com* • Musique baroque, danse et théâtre.
– ***I Primi d'Italia* :** *fin sept ou début oct.* • *iprimiditalia.it* • Réunion de grands chefs autour des recettes les plus extravagantes, dites « d'auteur », pour agrémenter les *primi* : pâtes, riz, polenta... Cours de cuisine au programme.

DANS LES ENVIRONS DE FOLIGNO

***Abbazia di Sassovivo* :** *à 6 km à l'est de Foligno. Prendre la S 3 en direction de Rome, sortir à Foligno Est (et Colfiorito) et suivre le fléchage ; attention, les routes se séparent très vite à la sortie de la 4-voies. Ouv de l'aube au crépuscule. Accès libre.* Fondée au XIe s sur le versant du mont Serrone, dominant la vallée du torrent Renaro, cette ancienne abbaye bénédictine (accueillant aujourd'hui des moines de la Fraternité sacerdotale Jésus-Caritas) vaut le détour pour son adorable cloître du XIIe s, fait de 128 colonnettes.

BEVAGNA (06031) 5 160 hab.

À 8 km au sud-ouest de Foligno, au milieu d'une plaine verdoyante, la petite bourgade de Bevagna cache son charme indéniable derrière ses vieilles murailles. Rien n'aura été épargné à l'antique *Mevania*, construite le long de

la via Flaminia : ni les invasions des Goths et des Lombards, ni les exactions des troupes papales et impériales, ni les pillages orchestrés par les ambitieux Trinci de Foligno et les veules Baglioni de Pérouse, ni, enfin, le tremblement de terre de 1997 qui endommagea toutes ses belles églises. La bourgade mérite un détour dans votre périple en Ombrie pour goûter l'atmosphère, ô combien agréable, de la place Filippo Silvestri, véritable cœur de la ville depuis le XIIe s.

Arriver – Quitter

En bus

■ ***Umbria Mobilità :*** *☎ 800-512-141 (n° Vert). • umbriamobilita.it •*
➢ ***De/vers Foligno :*** env 7 bus/j., sf dim. Trajet : 20 mn.
➢ ***De/vers Montefalco :*** env 7bus/j., sf dim. Trajet : 20 mn.

En voiture

Bevagna est à 8 km au sud-ouest de Foligno par la SS 316 et à 7 km au nord-ouest de Montefalco.
P ***Parking :*** *l'accès au centre en voiture est réservé aux habitants, mais un grand parking gratuit se trouve juste devant la porta Guelfa.*

Adresse utile

i ***Bureau d'informations touristiques*** *(Pro Loco)* ***:*** *église Santa Maria Laurentia, piazza Filippo Silvestri, 1. ☎ 0742-36-16-67. • prolocobevagna.it • Face au corso Matteotti, 58. Tlj sf mar 9h30-12h30, 15h-19h.* Vente d'un petit guide sur la ville en français.

Où dormir ?

Camping

⛺ ***Camping Pian di Boccio :*** *loc. Pian di Boccio. ☎ 0742-36-01-64. • info@piandiboccio.com • piandiboccio.com • ♿ Prendre la route de Montefalco, tourner à droite après le pont, puis suivre le fléchage (env 5 km). Véhicule indispensable. Ouv avr-sept. Env 18,50-24 € en fonction de la saison pour 2 avec tente et voiture, douche chaude non incluse (0,50 €/pers) ; bungalows 2-5 pers 40-80 €. 💻 📶 (payants).* Grand terrain plutôt bien équipé. En revanche, il vous faudra choisir entre des nuits sur un lit d'herbe et des journées en plein cagnard ou des nuits sur les cailloux et des journées à l'ombre ! En effet, une partie des emplacements se trouve dans une sorte de sous-bois sans aucun brin d'herbe et l'autre sur de grandes pelouses plantées de quelques arbres radins en ombre. Vente de produits locaux, piscine, petit lac, terrains de sport et pizzeria.

Prix moyens

🏠 ***Albergo Il Chiostro di Bevagna :*** *corso Matteotti, 79. ☎ 0742-36-19-32. • info@ilchiostrodibevagna.com • ilchiostrodibevagna.com • ♿ Congés : janv-fév. Double 80 €, petit déj-buffet compris. Parking privé gratuit. 📶 10 % de réduc sur le prix de la chambre sur présentation de ce guide.* Situé sur le côté de l'église San Domenico, cet ancien couvent dominicain garde son identité sans négliger le confort de ses hôtes. Les grandes chambres sobres au carrelage ocre ont toutes vue sur les collines. Fresque du XIVe s dans la salle capitulaire. Accueil sympathique.

🏠 ***Hotel Palazzo Brunamonti :*** *corso Matteotti, 79 ; réception au 1, vicolo Cirone (accès derrière la pharmacie). ☎ 0742-36-19-32. • hotel@brunamonti.com • brunamonti.com • ♿ Congés : janv-fév. Doubles 80-110 € selon taille, petit déj compris. 📶 (au rdc).* Le palais qu'habita la poétesse Alinda Bonacci Brunamonti est aujourd'hui transformé en un bel hôtel d'une vingtaine de chambres confortables, qui ne manquent pas de cachet avec leurs belles armoires et leurs cadres de lit en fer forgé. Certaines possèdent même un plafond voûté. Fresques dans les salles de petit déj. Accueil pro et prévenant.

Chic

L'Orto degli Angeli : *via Dante Alighieri, 1. ☎ 0742-36-01-30. • ortoangeli@ortoangeli.it • ortoangeli.it • Doubles 130-150 € selon la saison, suite 250-350 € selon saison et confort, petit déj inclus.* Un bel hôtel de charme comprenant des chambres et des suites, toutes différentes et luxueusement aménagées. Jardin suspendu entre le Palazzo Alberti, construit sur les restes d'un théâtre romain, et la noble demeure que possède la famille Angeli Nieri Mongalli depuis 1788. Salon avec plafond à fresques et papeterie médiévale visitable. Belle salle à manger pour le petit déj.

Où manger ? Où boire un café ? Où déguster une glace ?

La Tavernetta di Porta Guelfa : *via Raggiolo, 2. 333-430-07-22. À l'entrée de la vieille ville, juste à côté de la porta Guelfa (face au grand parking gratuit). Tlj sf lun, le soir slt. Repas 20-25 €. CB refusées.* L'adresse idéale pour les indécis : son menu riquiqui avec quelques *antispasti*, un *primo*, un *secondo* et quelques desserts leur facilite en effet sacrément la tâche. Chaque jour, ça change, d'où la grande fraîcheur de la cuisine de saison qui vous est proposée. Le tout à prix très justes. Quant à l'ambiance, c'est très simple et convivial, un peu comme dans une vieille auberge de bord de route où l'on aurait caser quelques longues tables en bois dans la toute petite salle, ainsi que 2 autres à l'extérieur, entre le mur et la route.

Enoteca di Piazza Onofri : *via Onofri, 1. ☎ 0742-36-19-26. Ouv ts les soirs sf mer, et le w-e le midi. Carte 25-30 €.* Dans une salle voûtée, à la fois rustique et élégante, à l'éclairage tamisé et aux murs tapissés de bouteilles : le choix de vins est exceptionnel (près de 700 références !) et on ne vous parle pas des alcools forts... Cela dit, l'endroit est aussi une excellente table, où un chef de talent propose des plats originaux à base de saveurs du terroir. Un vrai régal !

Gran Caffè Garibaldi : *corso Matteotti, 66.* Un établissement de quartier qui, depuis 1884, délivre le breuvage roi et des *gelati* artisanales. Quelques chaises dans la rue principale permettent de ne rien manquer du défilé des touristes.

LA VALLÉE OMBRIENNE

À voir

Piazza Filippo Silvestri : les bâtiments civils et religieux qui bordent cette place datent tous du Moyen Âge, ce qui confère à l'ensemble une belle unité. Seules la fontaine (XIXe s), reconstitution de l'originale, et la colonne romaine de San Rocco ne sont pas de la même époque. Le pouvoir temporel a légué le *Palazzo dei Consoli*, petit palais qui repose son grand âge sur des arcades. Un ample escalier permet d'accéder à son 1er étage aux belles fenêtres géminées.

Chiesa San Domenico : *piazza Silvestri, à gauche en arrivant par le corso Matteotti.* Abrite une fresque et un tableau d'un artiste local, Ascencidonio Spacca, rappelant les premières œuvres de Giotto.

Chiesa San Michele : *piazza Silvestri, à droite en arrivant par le corso Matteotti.* Construite fin XIIe-début XIIIe s, l'église fut l'objet de nombreuses restaurations. De son antique jeunesse datent le portail et la très belle corniche. À l'intérieur, très haut de plafond, chœur surélevé ménageant l'espace d'une grande crypte romane à l'acoustique sublime.

Chiesa San Silvestro : *piazza Silvestri, près du Palazzo dei Consoli.* Contemporaine de la précédente, elle est demeurée inachevée, comme le montre sa façade. Très beau portail et intérieur roman d'une grande sobriété, dont la solennité est renforcée par le clair-obscur, la perfection des proportions et l'élévation du chœur auquel on accède par une monumentale volée de marches. Sous le chœur, la crypte.

Chiesa San Filippo : *prendre la ruelle à côté de San Michele.* Construite en 1725. Décoration en stuc et fresques de 1757 attribuées à Domenico Valeri.

Teatro Torti : *piazza Silvestri. Une dizaine de visites guidées/j., à intervalles réguliers ; rens à l'office de tourisme ou au musée.* Mignon petit théâtre de 270 places construit en 1886 dans le Palazzo dei Consoli. Si les contraintes d'utilisation le permettent, vous verrez un superbe rideau réalisé par Domenico Bruschi à la fin du XIXe s et un autre réalisé par Luigi Frappi en 1994 lors de la restauration des lieux.

Museo comunale : *corso Matteotti, 70. ☎ 0742-36-00-31. Ven-dim : avr-sept 10h30-13h, 15h-18h ; oct-mars 10h30-13h, 14h30-17h. Entrée : 5 € (comprend la visite du musée Mosaico delle terme romane et du teatro Torti) ; réduc.* Aménagé dans le *Palazzo municipale,* collection de pièces archéologiques et surtout quelques peintures des XVIIe et XVIIIe s. La salle du Conseil est décorée de portraits des célébrités locales, de l'époque romaine au XXe s. Le reste du bâtiment est occupé par la bibliothèque municipale et les archives.

Chiesa San Francesco : *remonter le corso Matteotti et tourner à gauche vers la piazza Garibaldi, puis à droite.* Bâtie à l'endroit le plus élevé de la ville, à un emplacement où furent érigés successivement un temple romain puis un oratoire dédié à saint Jean-Baptiste. À l'intérieur, dans une chapelle à droite, scellée au mur et protégée par une grille, la pierre sur laquelle saint François était juché lorsqu'il fit son discours aux oiseaux.

L'HOMME QUI MURMURAIT À L'OREILLE DES OISEAUX

Saint François, alors qu'il approchait de Bevagna, abandonne ses compagnons pour se précipiter vers un groupe d'oiseaux en tout genre. Il les salua et, s'apercevant que les volatiles l'écoutaient, leur dit qu'ils devaient entendre la parole de Dieu qui leur a donné des plumes pour les vêtir, des ailes pour voler et tout ce dont ils ont besoin pour vivre. Les oiseaux, pour lui témoigner leur joie, auraient piaillé en chœur tout en agitant les ailes !

– Bevagna conserve quelques autres vestiges du temps où elle s'appelait *Mevania.* Les amateurs de l'époque romaine se rendront au musée pour obtenir plus d'infos sur les sites à voir et leurs horaires d'ouverture (restreints).

Manifestation

– ***Mercato delle Gaite :*** *2de quinzaine de juin. • ilmercatodellegaite.it •* Atmosphère médiévale avec joutes et concours entre les quatre *gaite* ou quartiers de la ville. Tout le centre devient une foire où sont présentés d'anciens métiers : souffleurs de verre, tisseurs de soie, ferronniers, fabricants de cierges...

MONTEFALCO (06036) 5 760 hab.

« Mont du Faucon » ou « Balcon de l'Ombrie », cette bourgade, perchée sur une colline au milieu des oliveraies et des vignobles, offre de très beaux points de vue et comblera les amateurs de la peinture *a fresco.* Gozzoli,

il Perugino, Melanzio et quelques autres encore, inspirés sans doute par le charme de Montefalco et de la campagne environnante, y ont semé quelques graines de leur génie respectif. Et visiblement, cela a rendu cette terre extrêmement féconde : pas moins de huit saints y ont vu le jour ! Pour vous qui, abandonné par vos amis épris de nourritures spirituelles, préférez les plaisirs de la table, un grand vin local, le *sagrantino*, sera un agréable compagnon en attendant le retour des esthètes.

Arriver – Quitter

En bus

■ ***Umbria Mobilità :*** *☎ 800-512-141 (n° Vert). • umbriamobilita.it •*
➢ Au départ de ***Foligno,*** 8 bus/j. sf dim (trajet : 20 mn).

En voiture

Montefalco est à 11 km au sud-ouest de Foligno.

Adresses utiles

ℹ ***Informations touristiques :*** il n'y a pas d'office de tourisme à Montefalco, il faut se rendre à celui de Foligno.
■ ***Bureau de la Strada del Sagrantino :*** *piazza del Comune. ☎ 0742-37-84-90. Tlj sf dim 9h30-13h, 14h-18h30 (été, ouv dim 10h-13h, 15h-18h).* Regroupe les producteurs locaux et propose des visites des caves. Donne uniquement des infos sur les établissements affiliés.
✉ ***Poste :*** *corso Mameli. Lun-sam 8h-13h30 (12h30 sam).*
🅿 ***Parkings :*** *4 parkings le long des murs d'enceinte, sans compter celui du viale della Vittoria, à côté duquel on peut garer son camping-car.*
@ ***Caffè del Corso :*** *corso Mameli, 63.* Quelques postes au fond du café.

Où dormir ?

La seule adresse que nous indiquons dans le village (et encore, elle est juste à l'entrée de celui-ci, hors les murs) est chic. Pour des prix plus doux, il faudra se réfugier dans la campagne, qui recèle de très belles adresses.

🏠 |●| ***Villa Pambuffetti :*** *viale della Vittoria, 20 (entrée par la via Alunno). ☎ 0742-37-94-17. • info@villapambuffetti.it • villapambuffetti.it • ♿ Au-dessus du grand parking à l'entrée de Montefalco. Congés : janv-avr. Doubles 120-170 € selon confort, suites 170-240 €, petit déj-buffet compris. Resto 30-40 €. Parking privé.* 📶 Dans un parc aux arbres séculaires, avec piscine, un hôtel d'une quinzaine de chambres à la décoration de vieille demeure familiale soignée. Les standard ne sont pas immenses, en revanche, coup de cœur dans la catégorie supérieure pour la « petite tour » avec toutes ses fenêtres offrant une superbe vue sur la vallée. Le resto, élégant et raffiné comme le reste de la maison, propose une cuisine ombrienne créative. Un bel endroit reposant et intime, jouissant d'un accueil charmant.

Où manger ?

|●| ***L'Alchimista :*** *piazza del Comune, 14. ☎ 0742-37-85-58. • info@montefalcowines.com • Tlj sf mar (tlj en août). Congés : fév. Carte 20-30 €. Apéritif maison offert sur présentation de ce guide.* Au rez-de-chaussée, c'est la boutique (des bouteilles mais aussi des produits locaux). Pour le repas, ça se passe dans une des salles au sous-sol ou, aux beaux jours, sur la belle

terrasse installée sur la grande place. Bien sûr, les ingrédients locaux ont la vedette, mais ils sont relevés et mis en valeur par la créativité du chef. La carte offre donc un bon choix de plats que vous ne trouverez pas ailleurs, comme les salades et autres délices qui fondent dans la bouche sans vous plombez l'estomac, et ça tombe bien, car il faut garder une petite place pour les desserts maison !

Il Falisco : *via XX Settembre, 14. ☎ 0742-37-91-60. Menu 16 € ; carte 15-20 €.* Pour les petits budgets, à côté de l'église Sant'Agostino et du square, un petit resto sans prétention qui évoque les films de l'école réaliste des années 1950, avec, tous les jours, les mêmes papys qui y jouent aux cartes ! Belle terrasse partiellement ombragée, avec vue sur Assise.

Où dormir ? Où manger dans les environs ?

La Cardoncina : *Case Sparse, 45,* ***Pietrauta-Montefalco.*** *☎ 0742-37-80-98. • lacardoncina@libero.it • lacardoncinavacanzeinumbria.it • En direction de Bastardo, à env 1,5 km de Montefalco, prendre à droite la petite route en montagne russe ; c'est au bout. Ouv tlj. Congés : avr et oct. Doubles 55-75 € selon saison, petit déj inclus. CB refusées.* Bienvenue chez Luisa, retraitée très cool, qui entend bien que vous le soyez aussi ! Elle a mis tous les atouts dans son jeu : propriété au milieu des oliviers avec vue panoramique, jardin fleuri où se niche la piscine, chambres confortables avec poutres apparentes et tissus de Montefalco, copieux petit déj, hamacs, barbecue, potager en libre-service et buanderie si vous restez quelques jours. 2 chambres disposent d'une kitchenette (louées au même prix, mais sans petit déj). Superbe accueil, et en français s'il vous plaît.

B & B San Marco : *via Case Sparse, 67,* ***San Marco.*** *☎ 0742-37-79-84. 📱 329-29-37-670. • info@bbsanmarco.it • bbsanmarco.it • À 5 km de Montefalco et à 1 km de San Marco, en direction de Bastardo. Doubles 50-60 €, avec petit déj. Café ou apéritif maison offert sur présentation de ce guide.* Tenu par un couple franco-italien bien sympathique, Carla et Philippe, ce *B & B* convivial situé dans une ancienne ferme en pleine campagne est idéal pour un séjour découverte en Ombrie, car vos hôtes vous dispensent d'excellents conseils. Certaines chambres sont spacieuses et lumineuses et d'autres plus petites mais fort mignonnes. Barbecue, salle de TV avec cheminée, jardin où les enfants sont rois, petit déj qui change tous les matins. Un accueil vraiment excellent, en toute simplicité et avec un sens inné de l'hospitalité.

Tenuta San Felice : *loc.* ***San Felice,*** *06030 Giano dell'Umbria. ☎ 0742-90-533. • tenutasanfelice@libero.it • tenutasanfelice.com • Aller jusqu'à Bastardo et, de là, suivre Massa Martana puis l'abbazia San Felice et continuer env 2 km en guettant le panneau. Double 55 €, apparts 3-4 pers 75-85 € selon taille et saison ; petit déj 4 €.* En pleine campagne. Chambres avec mobilier rustique et têtes de lit joliment peintes par la famille. Toutes disposent aussi d'un frigo. Appartements avec meuble-cuisine, dont un avec une très grande chambre sous les toits. Également une bien jolie piscine. Selon la saison, possibilité de voir faire l'huile, le vin ou le fromage.

Où acheter une bonne bouteille dans les environs ?

Les vins de Montefalco sont parmi les plus prisés de l'Ombrie, grâce au *rosso di Montefalco* et à 2 vins particuliers : le *sagrantino* (vin rouge sec) et le *sagrantino passito* (un vin doux rouge, idéal pour le dessert). Le *sagrantino*, cépage qui serait originaire de Catalogne ou de Syrie, n'existe qu'ici. La

Settimana enologica (Semaine œnologique, généralement la 3e semaine de septembre) et la *festa dell'Uva* (fête des Vendanges) permettent de déguster ces crus. Quant à la *Strada del Sagrantino,* plus qu'une route des vins avec un itinéraire précis, c'est une association de viticulteurs et de professionnels de l'hôtellerie et de la restauration.

Cave Colle del Saraceno : *via Todi, 37c, à* ***Pietrauta.*** *☎ 0742-37-95-00.* *• cantinabotti.com • À 3 km en direction de Bastardo ; discrètement fléché sur la gauche en venant de Montefalco, peu après le panneau de sortie de Pietrauta. Tlj sf dim ap-m.* Francesco et Maila sont des producteurs passionnés de *sagrantino* ainsi que du blanc *grechetto,* qui ont décidé de produire peu mais bien, et le plus naturellement possible. Ils tiennent également une petite exploitation d'huile d'olive. Accueil charmant et, cerise sur le gâteau, les dégustations (accompagnées des explications du processus de production) se font en français si vous le souhaitez.

À voir

Montefalco a conservé ses remparts du XIVe s, percés de portes aux quatre points cardinaux. On entre dans la ville par la porta Sant'Agostino et on remonte la via Umberto et le corso Mameli jusqu'à la piazza del Comune. Tout se parcourt aisément à pied. Très beau panorama depuis la ville.

Piazza del comune : *pour la visite de la salle des Conseillers, s'adresser à l'Ufficio Culturale à droite en montant l'escalier.* Appelée autrefois *campo del Certame* (champ de bataille), cette place pentagonale est dominée par le Palazzo comunale, hôtel de ville de la fin du XIIIe s mais qui a moins bien vieilli que le vin. Précédée d'un portique, cette bâtisse un peu massive est surplombée par la *torre comunale,* d'où l'on jouit d'une vue couvrant quasiment toute l'Ombrie. D'autres édifices civils (palais nobiliaires) et religieux (San Filippo Neri et Santa Maria di Piazza) achèvent de donner à l'ensemble son atmosphère médiévale.

Museo civico San Francesco : *via Ringhiera Umbra, 6. ☎ 0742-37-95-98. De la piazza del Comune, dos au Palazzo comunale, prendre la 1re rue à gauche ; c'est un peu plus bas sur la droite. Juin-août, tlj 10h30-13h, 15h-19h ; avr-mai et sept, tlj sf lun 10h30-13h, 14h-18h ; oct-mars, tlj sf lun 10h30-13h, 14h30-17h. Entrée : 6 € ; réduc.* Ancienne église franciscaine transformée en musée, après avoir fortement souffert du tremblement de terre de 1997. Le 4 octobre, on y célèbre une messe solennelle en l'honneur de saint François. Dès l'entrée, la profusion de fresques aux couleurs chaudes produit une forte impression. Temps fort de la visite : les fresques de l'abside centrale relatant la vie trépidante de l'incontournable saint François (réalisées par Gozzoli au XVe s), d'une qualité et d'une fraîcheur de ton fabuleuses. Contrairement à Assise, où Giotto représenta la vie au Moyen Âge telle qu'elle était au temps de saint François, Gozzoli donne ici une version Renaissance, avec un grand soin apporté aux détails, comme la texture des vêtements (soie, tissus damassés, fourrures, chaussures en feutre) ou encore aux mets (carafes de vin, eau, gâteaux...). Du Pérugin, magnifique *Nativité* et beau *Père éternel,* avec ce rapprochement improbable des couleurs des habits et ces coiffures féminines élaborées qui constituent l'une de ses signatures. Tibère d'Assise, quant à lui, signe une émouvante *Madone à l'Enfant* et une curieuse *Madone du Secours,* sujet récurrent dans les églises augustiniennes. La scène de la Vierge chassant le diable devant une mère repentie et son enfant peut surprendre : elle avait pour but de faire baptiser rapidement les nouveau-nés dans une période de forte mortalité infantile. À l'étage, ne négligez pas la très belle pinacothèque, qui abrite également une section consacrée à l'histoire locale. Remarquez la *Madone avec Enfant* de 1470, où l'on distingue des influences byzantines.

TREVI

(06039) 8 400 hab.

La *Trebia* des Anciens, située sur une hauteur escarpée au milieu des oliveraies, domine la vallée de l'Ombrie du haut de ses 412 m. Cette petite altitude en fera sourire certains, mais elle confère un charme supplémentaire à ce joli labyrinthe de venelles médiévales et d'antiques murailles. Et l'on passe forcément non loin de Trevi quand on vient se balader en amoureux (de la nature) sous les saules pleureurs d'un cours d'eau enchanteur, le Clitunno.

LA LENTEUR, C'EST LA SANTÉ

Ne dit-on pas qu'à l'heure de la sieste on peut entendre les ronflements des habitants dans toute l'Ombrie ? La ville se veut un modèle de sérénité. Elle fait partie des neuf villes ombriennes autoproclamées città slow. *Tout un programme ! Aux antipodes du fast-food et du stress urbain associé, on y milite (sans forcer !) pour les productions locales et le bien-vivre, au détriment de toute culture de masse.*

Arriver – Quitter

En train

La gare ferroviaire *(Stazione FS)* est située dans la vallée. Pour rejoindre le centre-ville, il vous faudra, en descendant du train, attraper dans la foulée un des rares bus qui y montent. Les plus courageux pourront toujours grimper les 4 km à pied...
- Bus au départ de la piazza Garibaldi pour la gare : 6h55, 10h35, 12h50, 14h25, 17h40. Bus au départ de la gare : 7h30, 11h, 13h05, 14h10, 15h20, 18h15.
- Pour ceux qui rateraient leur bus et ne veulent pas marcher, il reste le taxi : *328-953-39-63.*

➢ Trevi se trouve sur la ligne ***Rome-Ancône,*** qui passe aussi par ***Foligno*** et ***Spolète.*** Depuis ces 2 villes, trains fréquents.

En bus

■ ***Umbria Mobilità :*** *☎ 800-512-141 (n° Vert). • umbriamobilita.it •*

➢ ***De/vers Foligno :*** env 5 bus/j. (sf dim). Trajet : 20-30 mn.

En voiture

➢ Trevi se trouve à 47 km au sud-est de Pérouse et à 20 km au nord de Spolète.

P Pour le stationnement, parking payant de la piazza Garibaldi, située à deux pas du centre historique.

Adresses utiles

Ufficio turistico *(Pro Trevi)* **:** *villa Fabri. ☎ 0742-33-22-69. • treviturismo.it • Tlj 10h-13h, 14h30-17h30.* Quelques brochures, dont le plan de la ville. En français, un seul dépliant général : *Trevi,* au centre de la vallée d'Ombrie.

■ ***Pharmacie :*** *via Lucarini, 33. ☎ 0742-78-223. Aux abords de la piazza Garibaldi.*

■ ***Carabinieri :*** *piazza Garibaldi, 12. ☎ 0742-78-227.*

Où dormir ?

Il Terziere : *via Coste, 1, à l'angle de la via Coste. ☎ 0742-78-359. • info@ilterziere.com • ilterziere.com • ♿ Juste à l'extérieur du centre historique, à deux pas de la piazza Garibaldi, donc accessible en voiture. Congés :*

2de quinzaine de janv. Doubles avec sdb 80-100 €, petit déj inclus. Belles chambres plutôt spacieuses et confortables, dont 2 avec balcon offrant une vue sur la vallée. Terrasse, petit jardin et charmante piscinette où se rafraîchir par grande chaleur. Gestion familiale et accueil souriant. Fait aussi resto (voir plus bas « Où manger ? »).

Où dormir dans les environs ?

Agriturismo I Mandorli : *loc.* ***Fondaccio,*** *6, 06039 Bovara di Trevi. ☎ 0742-78-669. • info@agriturismoimandorli.com • agriturismoimandorli.com • De Foligno, avt de monter vers Trevi, tourner à droite vers Bovara au rond-point et guetter le panneau à gauche (attention, prendre la tte petite route qui longe la pizzeria et non celle qui monte) ; de Spolète, suivre Trevi et guetter le panneau à droite. Résa obligatoire (3 chambres et 3 apparts loués slt à la sem en hte saison). Doubles 70-90 € selon saison, petit déj inclus ; apparts 4 pers 130-145 €. (près de la réception).* Propriété familiale de 45 ha depuis la fin du XVIIe s (demandez à voir l'antique pressoir datant de cette époque), constituée de plusieurs bâtiments formant comme un hameau dans un écrin de verdure. Jardin privatif arboré pour chacun des appartements très bien équipés et des chambres agréables bien qu'assez standard. Barbecue, buanderie, jolie piscine avec petit bain et terrasse avec vue de Montefalco à Spolète. Produits de la ferme au petit déj. À l'automne, possibilité de participer à la cueillette des olives. Bel accueil.

Casa Giulia : *loc.* ***Corciano,*** *1, Bovara. ☎ 0742-78-257. • info@casagiulia.com • casagiulia.com • À 4 km de Trevi ; suivre la nationale vers Spolète puis, après la station-service, prendre à gauche la route qui monte vers Bovara et guetter le panneau. Doubles 90-115 € selon saison et confort, petit déj inclus ; apparts 4 pers 600-860 €/sem selon saison.* Giulia Petrucci vous accueille gentiment et en français dans sa superbe maison en brique rose (propriété familiale depuis 1600 !), située dans un très beau parc planté de grands pins, de cèdres du Liban et de marronniers. Une grosse poignée de chambres stylées, spacieuses et agréables. Fresques du XVIIe s. Piscine avec vue sur la campagne.

Où manger ?

Maggiolini : *via San Francesco, 20. ☎ 0742-38-15-34. À 50 m de la piazza Mazzini. Tlj sf mar. Repas 15-25 €.* Petit resto proposant à prix modérés des spécialités locales (*strangozzi alla trevana* ou escalopes à la truffe...) et des desserts maison. On dîne sous un plafond voûté, dans une cave profonde, loin des ardeurs du soleil, ou sur la petite terrasse dans la rue. Bonne liste de vins et accueil impeccable.

La Vecchia Posta : *piazza Mazzini, 14. ☎ 0742-38-16-90. • camerelavecchiaposta@gmail.com • Tlj (sf jeu sept-juin). Menus 22-30 € ; carte 25-30 €.* Quelques tables sur la *piazzetta* et une belle salle intérieure cosy. Cuisine traditionnelle avec des *primi* de charcuterie, des pâtes maison et des viandes d'agneau et de sanglier. Desserts originaux. Bon service.

Il Terziere : *via Salerno, 1, à l'angle de la via Coste. ☎ 0742-78-359. Tlj sf dim soir-lun midi. Menus 13-33 € ; carte 20-25 €.* Bonne cuisine ombrienne et spécialités de Trevi, servies dans une grande salle accueillante ou en terrasse, avec vue sur un coin de verdure au calme. Parmi les plats : *strangozzi al tartufo,* risotto, escalope florentine de viande *chianina...* Dépend de l'hôtel du même nom (voir « Où dormir ? »).

Où manger chic dans les environs ?

La Taverna del Pescatore : *via chiesa Tonda, 50, 06039* ***Pigge di Trevi.*** *☎ 0742-78-09-20. À 5 mn en voiture de Trevi, en direction de Spolète : après le carrefour vers Bovara et Pigge à gauche, prendre une route qui longe la nationale en contrebas de celle-ci. Tlj sf lun. Congés : janv. Carte env 30 €. Vaste parking privé et ombragé.* Cuisine réputée. Spécialités de poisson et de fruits de mer mais aussi quelques grillades. Plateau de fromages original. Carte des vins de toute la péninsule. De son agréable terrasse, laissez-vous bercer par les flots du Clitunno, qui prend sa source à quelques kilomètres. Accueil courtois et très pro.

Où acheter de bons produits ?

– **Mercatino del Contadino :** *piazza Mazzini, le mat du 4e dim de chaque mois.* Vente du producteur au consommateur. Si vous pouvez cuisiner, ne manquez pas le céleri noir *(sedano nero)* de Trevi, une variété exclusive que vous pouvez aussi déguster dans certains restaurants de la ville.

À voir

Piazza Mazzini : Trevi, comme les autres villes d'Ombrie, possède sa place centrale où se dresse depuis le XVe s le Palazzo comunale, dominé par une tour érigée deux siècles auparavant.

Complesso museale di San Francesco : *dans l'ancien couvent Saint-François. ☎ 0742-38-16-28. Juin-juil, tlj sf lun 10h-12h30, 15h30-19h ; août, tlj 10h30-12h30, 15h-19h30 ; avr-mai et sept, tlj sf lun 10h-12h30, 14h30-18h ; oct-mars, ven-dim 10h-12h30, 14h30-17h. Entrée : 4 € ; réduc.*
Une des rares billetteries au monde décorées d'une fresque de la Crucifixion de la première moitié du XIVe s !
– *Section archéologique,* pour spécialistes.
– *Musée de la Civilisation de l'huile,* assez didactique, qui retrace l'histoire du fruit de l'arbre considéré comme le symbole de la paix ; ceux qui ont visité le musée de Bevara passeront rapidement, mais les enfants apprécieront les belles maquettes d'une exploitation agricole, le pressoir actionné par un âne (pas un vrai !) et la reconstitution des conditions de vie des journaliers du début du XXe s.
– *Pinacothèque,* avec de belles toiles du Pinturricchio et de Giovanni di Pietro, dont une monumentale *Incoronazione della Vergine e Santi.*
– *Église gothique,* emplie d'œuvres d'humbles artistes oubliés : buffet d'orgue richement décoré, fresque au XVIe s, statues en bois polychrome, toiles... le regard ne sait plus où se poser.

Manifestation

– **Festa di Olio** (FestivOl) **:** *pdt un w-e début nov.* C'est la fête de l'huile nouvelle, lors de laquelle les visiteurs ont accès au vieux pressoir pour goûter le cru de l'année sur des *bruschette.* S'adresse à ceux qui aiment « le bon, le beau, le classique, le moderne, le son, le silence, l'huile, l'huile et l'huile » !

DANS LES ENVIRONS DE TREVI

Tempietto sul Clitunno : *via del Tempio, 1, loc.* ***Pissignano.*** *☎ 0743-27-50-85. Sur l'ancienne route entre Trevi et Spolète, au niveau de Pissignano,* *près d'une antique cheminée d'usine. Petit panneau très discret ! Mar-sam 14h15-19h45 (17h45 en hiver). Entrée : 2 € ; réduc.* L'histoire de cette petite église en forme de temple corinthien, bâtie sur l'emplacement d'un édifice païen, reste très incertaine. Quoi qu'il en soit, le site et l'édifice sont charmants.

Fonti del Clitunno : *viale Fonti del Clitunno, 7. Sur l'ancienne route entre Trevi et Spolète. Horaires à s'arracher les cheveux : tlj, min 9h-18h avr-sept et 10h-13h, 14h-16h30 oct-mars. Entrée : 3 € ; réduc.* Les sources du Clitunno ont été célébrées, entre autres, par Pline le Jeune, Virgile et Lord Byron. Une grande paix émane de cette étendue d'eau où cygnes et canards barbotent à l'ombre des saules.

SPOLETO (SPOLÈTE)

(06049) 39 600 hab.

Pour le plan de Spolète, se reporter au cahier couleur.

Spolète, accrochée à une colline baignée par le Tessin, n'a pas l'aura de ses grandes voisines. Pourtant, elle vous réserve de belles émotions historiques et culturelles issues de près de trois millénaires d'histoire. Saint François lui-même aimait y séjourner et fonda un ermitage sur le Monteluco qui domine la ville. Le charme du site est hélas altéré par la route remplaçant l'antique via Flaminia, mais l'époque moderne nous a aussi apporté le rayonnement du passionnant festival des Deux Mondes.

Arriver – Quitter

En train

Gare ferroviaire *(Stazione FS ; hors plan couleur par C1)* **:** *légèrement en dehors de la ville. Pour rejoindre le centre, le plus simple est de prendre un des nombreux bus en direction du centro (notamment les oranges) ; départ ttes les 15 mn 6h30-21h. Sinon, 30 mn à pied.*

➢ ***De/vers Terni, Narni et Rome-Termini :*** trains directs ttes les 1-2h. Trajet pour Rome : 1h30-2h.

➢ ***De/vers Florence :*** trains ttes les 1-2h, mais avec changement à *Terontola, Orte* ou *Foligno*. Trajet : 3-4h.

➢ ***De/vers Assise et Pérouse :*** env 1 train/h, parfois avec changement à *Foligno*. Trajets respectifs : 50 mn et 1h30.

En bus

■ ***Umbria Mobilità :*** *☎ 800-512-141 (nº Vert).* • *umbriamobilita.it* •

Circulation et stationnement

2 parcours piétons mécanisés relient 2 grands parkings payants au centre historique (et on peut espérer que l'escalator reliant le parking Posterna à la piazza Campello soit terminé...) :

– le parking souterrain *Spoletosfera (plan couleur B4)* est relié à la piazza della Libertà *(plan couleur B3)* ;

– le parking *Tiro a Segno (plan couleur D2)* à la Rocca *(plan couleur D3)*.

Ces 2 parkings coûtent 1 € la 1re heure, 0,80 € entre la 2e et la 6e heure, et sont gratuits à partir de la 7e heure jusqu'à minuit.

En cas d'allergie grave au parking payant, vous risquez de devoir chercher un moment ou de marcher un peu. Le parking au croisement des vie Nursina et Lettere *(hors plan couleur par C1)* est gratuit, tout comme plusieurs emplacements sur le viale Trento Trieste (la rue qui mène à la gare).

N'oubliez pas que le centre est une ZTL *(Zona Traffico Limitato)* dans laquelle il vous faut un permis pour circuler.

Adresses et info utiles

🅸 ***Ufficio turistico*** *(plan couleur B3) : piazza della Libertà, 7. ☎ 0743-21-86-20 ou 21. • comunespoleto.gov.it • Lun-sam 9h-13h30, 15h-19h ; dim 10h-13h, 15h-17h30.*

– ***Spoleto Card :*** *• spoletocard.it •* Carte valable 7 jours qui donne accès gratuitement à 7 musées, le transport dans certains bus et parfois à des visites gratuites de la ville (quand elles sont organisées...). En vente dans les musées et à la librairie du Duomo *(tarif : 9,50 € ; réduc).*

✉ ***Poste centrale*** *(plan couleur B3) : viale Matteotti, 2. Lun-sam 8h-18h30 (13h sam).*

@ ***Internet : Bar degli Artisti*** *(plan couleur C3,* ***40*** *; piazza del Mercato).* Propose le wifi. Le **Café Collicola** *(plan couleur B3,* ***1*** *; piazza Collicola)* met un ordinateur à disposition.

✚ ***Hôpital*** *(ospedale ; plan couleur A3) : via Madonna di Loreto, 3. ☎ 0743-21-01.*

■ ***Police municipale*** *(plan couleur C1) : piazza della Vittoria. ☎ 0743-22-10-30.*

■ ***Taxis :*** *☎ 0743-22-58-09.*

Où dormir ?

Lors du festival *dei Due Mondi*, réservez vos chambres très longtemps avant votre séjour et préparez-vous à débourser quelque 20 % plus cher (dans nos fourchettes de prix, le prix fort correspond à celui en période de festival et, éventuellement, à Pâques). Pour vous aider par téléphone et e-mail uniquement, un centre de réservation : ***Con Spoleto,*** *☎ 0743-22-07-73. • info@conspoleto.com •*

Centro storico

De bon marché à prix moyens

🏠 ***Hotel Aurora*** *(plan couleur B3,* ***10****) : via dell'Apollinare, 3. ☎ 0743-22-03-15. • info@hotelauroraspoleto.it • hotelauroraspoleto.it • ♿ Doubles avec sdb 70-90 €, petit déj compris. 📶 (dans le hall).* Une vingtaine de chambres spacieuses, joliment décorées (vous aurez le choix de la dominante, rouge, vert ou bleu !), calmes et bien équipées (AC, TV satellite, écran plasma, minibar). En été, petit déj servi sur la *piazzetta*. Gestion familiale et bon accueil.

🏠 ***Albergo Panciolle*** *(plan couleur C2,* ***11****) : via del Duomo, 3 ☎ 0743-45-677. • info@ilpanciolle.it • ilpanciolle.it • Résa indispensable (slt 7 chambres). Doubles 60-80 €, petit déj inclus. Parking gratuit. 📶 Apéritif maison offert sur présentation de ce guide.* Des chambres correctes, propres et bien équipées. Si vous cherchez la vue, demandez une chambre au dernier étage. Bon accueil.

De prix moyens à chic

🏠 ***Hotel Clitunno*** *(plan couleur B3,* ***12****) : piazza Sordini, 6. ☎ 0743-22-33-40. • info@hotelclitunno.com • hotelclitunno.com • ♿ Doubles 80-180 € selon saison et standing, petit déj compris. Parking gratuit.* 📶 Une cinquantaine de chambres cossues de différents styles : à l'ancienne, avec pavés rouges et mobilier sombre, ou « modernes », tout aussi douillettes mais avec une déco revisitée dans un style plus contemporain. Quoi qu'il en soit, teintes douces à l'œil et confort pour tout le monde. Les parties communes sont dans le même esprit : bar avec cheminée, salon confortable et spacieux, grande terrasse sur la *piazza*. Très bon accueil.

🏠 ***Hotel Charleston*** *(plan couleur B3,* ***13****) : piazza Collicola, 10. ☎ 0743-22-00-52. • info@hotelcharleston.it • hotelcharleston.it • Congés : mai. Doubles 89-135 € selon saison et standing, petit déj compris. Parking 10 €/j. 📶 Apéritif maison ou café offert sur présentation de ce guide.* Dans un édifice du XVIIe s, un hôtel moderne où l'on cherche à vous

LA VALLÉE OMBRIENNE

accueillir « comme à la maison ». Déco élégante, lambris au plafond et parquets. Terrasse sur la *piazza* où, en été, on vous servira le petit déj sous une tonnelle. Salon avec bar et cheminée. Sauna (payant).

Palazzo Dragoni (plan couleur C2, **14**) : via del Duomo, 13. ☎ 0743-22-22-20. • info@palazzodragoni.it • palazzodragoni.it • Doubles 125-150 € selon standing, petit déj compris. Parking gratuit. Dès l'entrée, on est plongé en plein Quattrocento ! Magnifiques plafonds et mobilier de style. Certaines des 15 chambres conservent une atmosphère historique, d'autres sont nettement plus modernes : précisez vos desiderata. Très belles suites. Salle de petit déj s'ouvrant par des arcades vitrées vers la cité médiévale.

Hors l'enceinte du centro storico

De bon marché à prix moyens

San Carlo Borromeo (hors plan couleur par B4, **15**) : via San Carlo, 13. ☎ 0743-22-53-20. • info@hotelsancarloborromeo.it • hotelsancarloborromeo.it • Juste à l'extérieur de l'enceinte de la ville, à deux pas de la porta Monterone ; le centre se rejoint donc en deux temps trois mouvements (et quelques essoufflements parce que, quand même, ça grimpe un peu). Doubles 60-90 € selon saison, petit déj compris. Parking gratuit. Structure communale bien restaurée et gérée par une coopérative. Réparties autour d'un jardin intérieur et d'un parking, les chambres, une trentaine en tout, sont très simples, mais aussi très agréables avec leur déco avenante. Accueil charmant.

Casa accoglienza religiosa San Ponziano (plan couleur D1, **16**) : via della Basilica di San Salvatore, 2. ☎ 0743-22-52-88. • info@sanponziano.it • sanponziano.it • À 10 mn à pied de la vieille ville. Double 70 € ; petit déj 5 €. Parking gratuit. Légèrement excentrée, cette maison offre une vue d'ensemble du quartier historique. Très bel agencement, avec un mariage réussi d'architecture ancienne (le monastère, avec son cloître et sa fresque du Quattrocento dans la salle de conférences) et moderne (escaliers intérieurs métalliques, verrière). Accueil dynamique et sympa de Milena. Pas de couvre-feu. Une bonne adresse !

De chic à très chic

Hotel Gattapone (plan couleur C3, **17**) : via del Ponte, 6. ☎ 0743-22-34-47. • info@hotelgattapone.it • hotelgattapone.it • Doubles 80-190 € selon saison et confort, petit déj compris. Parking gratuit. 10 % de réduc sur le prix de la chambre (janv-mars, août et oct-28 déc) sur présentation de ce guide. Accroché à la falaise et dominant le Tessin, cet hôtel abrite une quinzaine de chambres jouissant toutes d'une vue magnifique, avec le ponte delle Torri comme proche voisin. Si, de l'extérieur, l'*Hotel Gattapone* adopte un profil modeste, l'intérieur, dont l'aménagement joue habilement avec le contemporain et l'ancien, révèle un lieu doté d'une vraie personnalité et évoque davantage une maison privée qu'un hôtel. C'était d'ailleurs ce qu'il était au début du XXe s, quand le peintre Francesco Santoro venait ici chercher l'inspiration. Il a été transformé en petit hôtel de charme dans les années 1960, et ses propriétaires ont su garder l'esprit des lieux, faisant de celui-ci un nid pour nombre de grands noms du cinéma, de la musique ou des arts plastiques.

Où dormir dans les environs ?

Camping

Monteluco : loc. **San Pietro**. ☎ 0743-22-03-58. • campeggiomonteluco@libero.it • campeggiomonteluco.com • Proche du centre-ville, juste derrière l'église San Pietro ; suivre la direction de Monteluco. Ouv avr-sept. Selon saison, 19-25 € pour 2 avec tente et voiture. À peine une cinquantaine d'emplacements répartis en terrasses sous les arbres, offrant une petite vue sur la vallée. Bien qu'on soit dans le vert, on entend la rumeur de la via Flaminia qui passe juste en contrebas (mais ce n'est pas non plus assourdissant). Sanitaires assez rustiques mais corrects. Pizzeria bon marché *(tlj en été ; fermé mar le reste du temps)* et bar.

De bon marché à prix moyens

Azienda Agrituristica Bartoli : *fraz.* ***Patrico sul Monteluco,*** *10. ☎ 0743-22-00-58. • info.bartoli@yahoo.it • agriturismobartoli.com • Suivre Monteluco puis Patrico (14 km de route de montagne offrant de très belles vues). Congés : 6 janv-1er mars. Double 70 €, petit déj compris. ½ pens 55 €/pers. Au resto, carte 15-25 €. Parking gratuit. Café, apéritif maison ou digestif offert sur présentation de ce guide.* Propriété de 6 ha, au milieu de nulle part, que la famille Bartoli habite depuis 1840 et où ils élèvent moutons, vaches et cochons à 1 400 m d'altitude. Chambres toutes simples mais très agréables. Produits de la ferme servis à table : viande, légumes, huile, fromage, safran... Demandez les ficelles pour trouver des truffes, qui abondent dans les environs. De nombreux sentiers traversent la propriété et, par beau temps, le panorama sur la plaine ombrienne s'étend jusqu'à Pérouse. Un endroit de rêve pour les bambins : air pur, chats, chiens, chevaux, et aucun trafic automobile car la route est en cul-de-sac.

Fattoria biologica Patrice : *via Lago di Bracciano, 148, fraz.* ***Uncinano,*** *à San Martino in Trignano. 348-582-08-85. • patrice@patrice.it • patrice.it • À env 10 km de Spoleto ; suivre la direction d'Acquasparta jusqu'à San Giovanni di Baiano, tourner à droite vers San Martino in Trignano, traverser le village, guetter le panneau à droite et continuer quelques km jusqu'au petit panneau indiquant le chemin non bitumé qui mène à la propriété. Double 55 €, petit déj inclus ; ½ pens 45 €/pers. CB refusées.* Bien loin du monde, dans le chant des oiseaux et le murmure du vent dans les arbres, une exploitation de 17 ha entourée de vignes, de champs et d'oliviers. Une dizaine de chambres simples, avec exposition au nord idéale pendant les journées chaudes. La famille Niclas, franco-italienne, vous accueillera à sa table et vous montrera sa pratique de l'agriculture biologique (vin, lait, charcuterie, huiles, confitures). Produits en vente sur place et dans ses magasins à Spolète et à Terni. En automne, vous pourrez participer à la cueillette des olives et goûter le soir même l'huile obtenue ! Excellent accueil.

L'Ulivo : *via Bazzanese, 62, loc.* ***Bazzano Inferiore.*** *☎ 0743-49-031. 333-650-30-86. • info@agrulivo.com • agrulivo.com • À 5 km de Spoleto, en direction de Foligno et Trevi. Sortir en direction de Bazzano, puis suivre le fléchage pour Bazzano Inferiore. Résa obligatoire. Doubles 50-80 € ; apparts 2-3 pers 275-715 €/sem selon saison. Parking gratuit. 10 % de réduc sur le prix de la chambre (slt janv-fév et oct-nov) sur présentation de ce guide.* Dans d'anciens bâtiments d'exploitation agricole au milieu des oliveraies. L'*agriturismo* produit de l'huile d'olive biologique. Beau jardin et piscine. VTT, dégustation de produits locaux, cours de peinture et d'art floral. Très calme. Accueil discret, néanmoins attentif.

La Licina : *loc.* ***La Licina,*** *9, 06049 Spoleto. ☎ 0743-49-323. • info@lalicina.it • lalicina.it • À 2 km au nord de Spoleto. Sur la S 3, sortir à Spoleto Nord et, au rond-point, prendre la route entre la pharmacie et le supermarché Conad (direction Eggi), puis tourner à droite peu après pour passer sous la S 3 (suivre le fléchage de l'*Albergo-Ristorante La Macchia, *puis* La Licina*). Congés : 10-30 janv. Selon saison, apparts 4-5 pers 90-130 €/nuit, 800-1 000 €/sem (obligatoire en été). 10 % de réduc sur le prix de la loc (hors période de Noël) sur présentation de ce guide.* Ce n'est pas l'hébergement le moins cher ni le plus luxueux, mais un incroyable bien-être vous envahit dès que vous posez l'orteil là-bas, comme si vous arriviez dans votre propre petite maison de campagne et son ameublement qui n'a pas changé depuis des lustres. 2 appartements seulement, tout à fait indépendants l'un de l'autre. On avoue un petit faible pour « La Ginestra », qui dispose de son propre bout de pelouse-terrasse à l'écart du reste du monde. Le cadre est superbe (du vert, rien que du vert), la piscine aussi... sans parler de l'accueil (en français, s'il vous plaît).

Où manger ?

De bon marché à prix moyens

Osteria del Matto *(plan couleur C3, **22**) : vicolo del Mercato, 3. ☎ 0743-22-55-06. ♿ Légèrement en retrait de la place. Tlj sf mar. Menu 20 € ; carte 25-30 €. Café offert sur présentation de ce guide.* Petit resto familial, avec la *mamma* aux fourneaux et le fiston en salle. Tables à trois sous et chaises cannées, lumières douces et bougie sur chaque table, décor envahi par Pinocchio et les œuvres des artistes de passage. Menu variant chaque jour en fonction du marché et de l'inspiration du moment, mais c'est toujours une cuisine traditionnelle, généreuse et savoureuse.

Taverna dei Duchi *(plan couleur C3, **20**) : via A. Saffi, 1. ☎ 0743-40-323. • duchi@libero.it • Tlj. 3 menus 16,50-39 € ; pizzas (le soir slt) 6-10 € et pâtes 6-7 € ; carte 20-25 €. Eau traitée en carafe, gratuite. Digestif offert sur présentation de ce guide.* Plusieurs grandes salles hautes de plafond, à la déco moderne, dans un bâtiment du XIVe s, et quelques tables en terrasse dans la petite rue. Plats typiques de la cuisine spolétine. Copieux.

Trattoria del Festival *(plan couleur B3, **21**) : via Brignone, 8. ☎ 0743-22-09-93. Tlj sf jeu. Congés : fév. Menu 15 € ; carte 20-25 €. Café offert sur présentation de ce guide.* Petite trattoria sans prétention, plébiscitée par les locaux. 3 salles avec de belles voûtes en brique et une décoration un peu fouillis mais qui, avec de vieilles chansons en fond sonore, crée une atmosphère très agréable. Grand choix de *bruschette, pasta* et *salsiccie*. Accueil chaleureux de Sergio et de sa gentille équipe.

Il Biologico *(plan couleur C1, **23**) : via Cacciatori delle Alpi, 1. ☎ 0743-401-64. • info@ilbiologico-spoleto.com • Tlj sf dim et jeu ap-m 8h-20h (19h30 en hiver). Résa conseillée. Menu unique env 16 €.* Fatigué des agapes ombriennes ? Foie saturé ? Estomac stressé ? Intestins en compote ? Au fond de leur boutique bio, voici vos sauveurs, Gianluca et Mariapaola. Lui, formé par de grands noms d'Italie et d'ailleurs, improvise chaque jour un menu à la manière des grands chefs, exclusivement composé de produits bio. Vous le voyez faire, dans la cuisine ouverte sur le coin resto. Quant à Mariapaola, elle sert la demi-douzaine de tables. Une adresse du midi succulente mais inadaptée aux grosses faims.

Pecchiarda *(plan couleur B2, **24**) : vicolo San Giovanni, 1. ☎ 0743-22-10-09. • info@ristorantepecchiarda.it • Tlj. Carte 20-25 €.* Institution centenaire à la gestion familiale. Une salle traditionnelle, une autre sous véranda et des tables éparpillées dans un vaste jardin. Cuisine traditionnelle de Spolète, copieuse à défaut d'être très fine, à base de plats aux truffes et d'un bon *filetto di manzo*.

Prix moyens

Il Tempio del Gusto *(plan couleur B3, **25**) : via Arco di Druso, 11. ☎ 0743-47-121. • info@iltempiodelgusto.com • Accès possible par la piazza Fontana. Tlj sf jeu. Menu ombrien 35 € ; carte 20-30 €.* Une placette tranquille, le glouglou de la fontaine, quelques tables en terrasse doucement éclairées, des bougies, des nappes blanches et un ballet de serveuses de noir vêtues... et si c'était LA soirée romantique de votre voyage ? Dans l'assiette, une nouvelle cuisine inventive, belle à voir et savoureuse. Tout au long du repas, les charmantes attentions se succèdent. S'il fait mauvais, de petites salles très agréables également. Un vrai coup de cœur.

Osteria del Trivio *(plan couleur B2,*

LA VALLÉE OMBRIENNE

26) : via del Trivio, 16. ☎ 0743-44-349. *Tlj sf mar. Congés : janv. Carte 25-30 €.* Une trattoria dont les patrons, grands voyageurs, ont parié sur le retour aux racines ombriennes et sur la fraîcheur des produits. Les pâtes aux légumes sont vraiment délicieuses, tout comme les viandes. Originalité et saveurs du terroir, on aime, malgré un accueil qui manque un peu de chaleur.

La Barcaccia (plan couleur C3, **27**) : *piazza Fratelli Bandiera, 5. ☎ 0743-22-50-82. • info@ristorantelabarcaccia.it • Menus 12-18 € ; carte env 25 €.* Ambiance familiale, la *mamma* aux fourneaux, madame au service et monsieur, dynamique et accueillant, qui virevolte en salle parmi sa clientèle d'habitués et cherchera sûrement à vous placer son plat du jour ! Les plats proposés oralement ne sont pas tous au menu et l'addition peut être très « pifométrique », mais sans aucun excès. Belle salle claire décorée de nombreuses affiches et petite terrasse.

Chic

Ristorante Il Pentagramma (plan couleur B3, **28**) : *via Martani, 4. ☎ 0743-22-31-41. • info@ristorantepentagramma.com • Tlj sf dim soir-lun. Congés : dernière sem de juil. Carte min 35 €.* Lancé en 1959 par le créateur du festival des Deux Mondes et la nièce de Toscanini. Aux murs, des dédicaces de nombreux artistes, comme Vittorio Gassman et Sophia Loren. Menu joliment mis en musique. Très belle et douce ambiance en salle, et quelques tables en terrasse dans la ruelle. Service impeccable, mais accueil un rien guindé.

Où boire un verre et manger sur le pouce ?
Où manger une glace ?

Piazza del Mercato *(plan couleur C3,* ***40****)* : une charmante place pleine de vie (en dehors de l'heure de la sieste !) avec de nombreuses terrasses. Parfait pour un verre, un *panino* ou une glace.

Bar Vincenzo (plan couleur B3, **41**) : *corso Mazzini, 41. Tlj sf lun 7h30-22h30.* Pâtisseries et gourmandises traditionnelles, ainsi que de bonnes glaces.

Bar La Portella (plan couleur C3, **42**) : *via del Ponte.* L'endroit idéal pour vous requinquer une fois arrivé en haut de la rue qui mène au viaduc. La terrasse se compose de quelques meubles de jardin en plastique, mais la vue vaut tous les coussins du monde. Glaces et en-cas.

À voir. À faire

À Spolète plus qu'ailleurs, les horaires de visite ont tendance à n'en faire qu'à leur tête.

Centro storico

Ponte Garibaldi *(plan couleur C1)* : *piazza della Vittoria.* Construit à l'époque d'Auguste sur le Tessin et abandonné lorsque, poussée par l'homme, la rivière accepta de s'établir dans un lit plus confortable. La tradition populaire veut qu'il tienne son nom d'un épisode de persécution des chrétiens. Il en reste un pilier et deux belles arches.

Chiesa San Gregorio Maggiore *(plan couleur B1)* : *piazza Garibaldi, 34. Ouv tlj 8h-12h, 16h-18h.* L'église Saint-Grégoire-le-Majeur, édifiée au XIe s, domine la piazza Garibaldi de son puissant campanile dont la base est constituée de blocs de l'époque paléochrétienne. Belle architecture romane dépouillée à trois nefs,

LA VALLÉE OMBRIENNE

avec chœur surélevé en haut d'une volée de marches. Crypte sombre et humide. Les chapelles latérales baroques sont des ajouts postérieurs. La tradition voulant que, sous l'église, se trouvent les os de milliers de chrétiens tués par les Romains en 304 en même temps que saint Grégoire, une *chapelle des Innocents* a été consacrée. Accessible du porche du XVIe s mais protégée par une grille, elle est décorée de fresques évoquant ces martyrs.

Torre dell'Olio *(plan couleur B2)* **:** *via Cecili, 24.* C'est une tour défensive du XIIIe s, et la légende veut que l'huile bouillante jetée de son sommet ait mis en déroute l'armée carthaginoise. Or l'incursion d'Hannibal en Ombrie, c'était en 217... soit un bon millier d'années avant la construction de l'édifice ! C'est tout le charme des légendes...

Chiesa San Domenico *(plan couleur B2)* **:** *piazza San Domenico. Tlj 10h-17h (18h juin-août).* L'église, aux murs de pierres blanches et roses, mérite une petite halte pour ses œuvres d'art, parmi lesquelles les fresques relatant de la chapelle la légende provençale de sainte Marie Madeleine et une toile du XVIIe s de Giovanni Lanfranco. Mais le clou de la visite est... l'un de ceux de la Crucifixion, c'est du moins ce qu'affirme la tradition !

Palazzo Collicola – Arti visive *(plan couleur B3)* **:** *piazza Collicola. ☎ 0743-46-434. • palazzocollicola.it • Tlj sf mar 10h30-13h, 15h30-19h. Entrée : 9 € ; réduc.* Un musée dédié aux arts visuels avec, au rez-de-chaussée, la collection permanente qui regroupe principalement les œuvres d'artistes américains et italiens des années 1960 (notamment Accardi). À l'étage, reconstitution du palais tel qu'il était autrefois, avec meubles et tableaux de l'époque. Le deuxième étage, quant à lui, accueille les expos temporaires.

Piazza della Libertà *(plan couleur B3)* **:** dominée par la façade du *Palazzo Ancaiani* (XVIIe s), elle permet de jeter un coup d'œil au plus beau vestige de l'antique Spoletum, un *théâtre* datant des premières années de l'empire, utilisé par le festival pour des spectacles de danse. Si vous êtes passionné par la Rome antique, vous pouvez parcourir les gradins après avoir acheté un billet combiné avec la visite (rapide) du ***Museo archeologico*** tout proche, installé dans le Palazzo Corvi *(via Sant'Agata ; tlj sf 1er janv, 1er mai et 25 déc 8h30-19h30 ; entrée : 4 €, gratuit moins de 18 ans et plus de 65 ans ressortissants de l'Union européenne).* Les objets exposés sont d'un maigre intérêt, mais les cartels (en italien et en anglais) sont excellents. On y voit la modélisation de deux sépultures de la première moitié du IVe s découvertes sur la plazza d'Armi (seuls les objets sont exposés, avec leur emplacement par rapport au corps).

Arco di Druso *(plan couleur C3)* **:** *via dell'Arco di Druso.* Juste avant de pénétrer sur la piazza Mercato, l'arc de triomphe de Drusus, érigé en 23 apr. J.-C. pour vanter les mérites du fils de Tibère, mort d'une chute de cheval au retour d'une campagne chez les horribles Teutons, marquait l'entrée du forum. L'ancienne via Flaminia passait juste à côté.

Casa romana *(plan couleur C3)* **:** *via di Visiale, 1. ☎ 0743-23-42-50. Avr-oct, tlj sf mar 11h-19h. Entrée : 3 €.* Les quelques mosaïques de cette demeure hypothétiquement impériale (elle aurait appartenu à la mère de l'empereur Vespasien) ne réjouiront que les férus d'Antiquité. On peut cependant admirer le gros travail de restauration et passer un moment au frais.

Museo diocesano e chiesa Sant'Eufemia *(plan couleur C3)* **:** *via Aurelio Saffi, 13. ☎ 0743-23-10-22. Avr-oct, tlj sf lun-mar 11h-13h, 15h-18h. Entrée : 6 € ; réduc. Brochure en français à la billetterie. Conservez votre ticket pour obtenir une réduc dans les autres Musées diocésains (Assise, Gubbio...).* Installé dans le palais épiscopal du XVIe s, ce musée regroupe des œuvres du XIIIe au XIXe s. Ensemble de triptyques médiévaux et Renaissance de tout premier plan. Vous apprécierez notamment les magnifiques visages de la *Vierge à l'Enfant allaitant* (1485) de Filippino Lippi et l'impressionnant buste en bronze d'Urbain VIII (1640) par le Bernin. Au fond de la dernière salle, une petite chapelle couverte de fresques (levez les yeux !) donne accès à la *chiesa Sant'Eufemia,* datant du début du XIIe s (accessible uniquement via le musée). Il s'agit de la seule église romane d'Italie centrale qui possède encore une galerie en hauteur (à l'époque réservée aux femmes). Ouvrez le portillon pour accéder à la partie inférieure, prenez garde à la raideur des marches et appréciez l'élégante sobriété des lieux. Notez le curieux pilier à section cubique, finement sculpté.

***Duomo** *(plan couleur C2-3) :* *piazza del Duomo. Avr-oct 8h30-12h30, 15h30-19h. Nov-mars 8h30-12h30, 15h30-17h30. Quelques piécettes vous seront utiles pour éclairer les plus belles œuvres.*
Construit de 1175 à 1227, le Duomo, à la façade précédée d'un portique Renaissance et dominé par un élégant campanile, capte le regard de tous. Au-dessus de la rosace centrale, belle et lumineuse mosaïque de Solsterno (1207), de style byzantin, représentant le Christ entouré de la Vierge et de saint Jean. L'intérieur fut remodelé au XVIIIe s : la coupole fut restaurée et la rosace dégagée, ce qui donne davantage de lumière à l'intérieur de l'édifice, doté d'un pavement d'origine. Il abrite un grand nombre d'œuvres.
- En entrant, sur la droite, dans la *cappella del vescovo Eroli,* une fresque du Pinturicchio.
- À droite du chœur, l'un des plus anciens *crucifix* peints sur parchemin et collés sur bois (1187), seule œuvre d'Alberto Sozio parvenue jusqu'à nous, aux bleus et aux rouges d'une grande subtilité.
- Dans l'abside, fresque monumentale contant la vie de la Vierge, de Fra Filippo Lippi. Commencée en 1467, elle fut terminée en 1469 par les élèves du peintre, car celui-ci mourut sans pouvoir achever l'œuvre. Son fils Filippino fut chargé de construire son tombeau, qui se trouve dans le transept droit.
- À gauche du chœur, la *cappella della Santa Icona* : en 1155, les armées de Frédéric II Barberousse saccagèrent la ville et, se repentant, l'empereur lui offrit une icône de style byzantin que l'archevêque de Spolète présente chaque année à la foule qu'il bénit. Dans la même chapelle, une lettre autographe de saint François d'Assise au frère Léon (en latin, traduite en français) appelle au recueillement.

Piazza della Signoria *(plan couleur C2) :* *en contrebas du Duomo.* On y découvre une belle vue sur la ville.

Piazza Campello *(plan couleur C3) :* agrémentée de la *fontana del Mascherone,* elle est aménagée en jardin et complétée par une promenade offrant de belles vues entre ses arbres.

Rocca Albornoziana et le museo nazionale del Ducato di Spoleto *(plan couleur C-D3) :* *piazza Campello, 1. ☎ 0743-22-49-52. Rocca Albornoziana et musée : mar-dim 9h-13h30. Dernière entrée 45 mn avt la fermeture. Entrée : 7,50 € ; réduc.*

ROCCA'LCATRAZ

Cette forteresse fut une prison de haute sécurité de 1817 à 1982. Elle a accueilli de nombreux membres de la Mafia (du moins ceux que l'on avait réussi à arrêter) ainsi qu'Ali Ağca, qui tenta d'assassiner le pape Jean-Paul II en 1981.

La *Rocca,* vaste quadrilatère de 140 m de long et de 40 m de large, fut témoin d'une histoire beaucoup plus mouvementée que ne le sera la visite. Au XIVe s, les possessions papales d'Ombrie étaient sous la coupe du gibelin seigneur de Viterbe, Giovanni di Vico. Le Saint-Siège confia au cardinal Albornoz la restauration du pouvoir pontifical, mission accomplie en 1354 à l'issue de la bataille d'Orvieto. Afin d'asseoir le pouvoir papal, Albernoz confia alors

LA VALLÉE OMBRIENNE

à Gattapone la construction de cette forteresse, qui accueillit des personnages importants, parfois tristement célèbres comme Lucrèce Borgia et son frère César.
– ***Le musée :*** on entre d'abord dans la cour d'honneur avec son interminable succession d'armoiries des papes. Ensuite, une quinzaine de salles réparties sur deux étages autour de la cour d'honneur évoquent l'unité culturelle de la région telle que l'ont façonnée les événements historiques, en commençant au milieu du IVe s avec la communauté chrétienne, puis en abordant le monachisme, le duché lombard de Spolète, l'Empire et la papauté, le Quattrocento, etc. Dans une salle de la tour principale, une série de fresques de la fin du XIVe s et du début du XVe s représentent des scènes de chevalerie. Elles ne sont qu'en partie conservées mais valent le coup d'œil en raison de leur belle facture et de l'originalité de leur sujet : les représentations profanes étaient fort rares à cette époque dévote. Assez peu d'objets sont exposés (la plupart proviennent des églises ou des tombes de Spoleto et des environs), mais les cartels (en anglais et en italien) sont bien faits et présentent à la fois les objets exposés et le contexte dans lequel ils s'inscrivent, ainsi que les salles de la forteresse dans lesquelles ils se trouvent.

Hors l'enceinte du centro storico

Ponte delle Torri *(plan couleur D3)* **:** de la Rocca, il ne vous reste plus qu'à poursuivre votre chemin jusqu'à ce grandiose aqueduc du XIVe s. Enjambant le torrent Tessino, l'aqueduc (230 m de long pour 80 m de haut) permet de gagner à pied le Monteluco et la *chiesa San Pietro.* Goethe évoque dans son *Voyage en Italie* ce pont aux 10 puissantes arcades qu'il a foulé du pied. Les routards souffrant de vertige demanderont à leurs camarades de ne pas faire semblant de les jeter dans le vide... Arrivé au milieu du pont, un regard aménagé dans la structure vous offrira une vue impressionnante sur la vallée. De l'autre côté, le *fortilizio dei Mulini* dresse ses ruines à flanc de colline.

Chiesa San Pietro *(hors plan couleur par C4)* **:** *franchir le pont et, sur l'autre rive du Tessin, prendre à droite sur 800 m. Ouv tlj nov-mars 9h-12h, 15h30-17h ; avr-oct 9h-18h30.* Bâtie fin XIIe-début XIIIe s sur une hauteur dominant la ville. L'escalier précédant l'église est imposant, la façade magnifique avec ses bas-reliefs, le point de vue sur les environs agréable... Trois bonnes raisons donc pour aller jeter un œil à ce chef-d'œuvre de l'art roman. Intérieur du XVIIIe s, avec une nef très dépouillée et un chœur moderne joliment arrangé autour de l'autel sous lequel repose San Giovanni di Spoleto, martyrisé le 19 septembre 887.
Pour les deux monuments suivants, si vous visitez Spoleto en suivant les sites dans l'ordre où nous les indiquons, il est plus logique de commencer votre exploration de la ville par eux.

Basilica di San Salvatore *(hors plan couleur par D1)* **:** *via Basilica di S. Salvatore – piazza Salmi. À 20 mn à pied de la piazza della Vittoria ; accès par l'entrée supérieure du cimetière. Mai-août, tlj 8h-12h, 16h-19h ; sept-avr, 9h-12h, 15h-18h (14h-17h nov-fév).* San Salvatore nous vient du IVe s, époque où les chrétiens appréciaient de ne plus systématiquement être la pâture des lions du cirque. Le chœur, avec ses hautes et antiques colonnes, est resté inchangé malgré une restauration aux IXe et XIIe s. De cette époque paléochrétienne subsiste une atmosphère telle que la ville l'a utilisée en affiche avec pour accroche « *A Spoleto, il tempo è spiritualità* ».

Chiesa San Ponziano *(plan couleur C-D1)* **:** *via della Basilica di San Salvatore. Ouv tlj 10h-12h, 15h-18h. Si c'est fermé, cherchez le gardien qui n'est jamais loin. Obole bienvenue.* Le 14 janvier de chaque année, le crâne de saint Pontien, martyr décapité en 175, est porté en procession. Son église présente une façade romane à trois niveaux avec campanile latéral, typique de l'Ombrie. La crypte du

X[e] s merveilleusement mise en valeur par son éclairage, avec de belles fresques du XIVe s, mérite le détour, et le gardien très aimable n'est pas avare en explications. Remarquer aussi les deux étranges colonnes effilées.

➢ Des sentiers permettent ***balades et randonnées*** dans des paysages offrant de sublimes panoramas. En demander le plan à l'office de tourisme. Parmi les plus notables : *Monteluco* (2 km aller et 400 m de dénivelée), le *Monte Fionchi* (9 km aller et près de 1 000 m de dénivelée) et *San Pietro in Valle* (17 km aller et plus de 1 000 m de dénivelée).

Manifestations

– ***Vini nel Mondo :*** *le w-e le plus proche du 2 juin. • vininelmondo.org •* Des viticulteurs de toute l'Italie viennent présenter leur vin. On commence par acheter un verre et après, on fait le tour des exposants, avec dégustation à la clé. Le samedi soir, nuit blanche devant la cathédrale avec, notamment, un concert.
– ***Festival dei Due Mondi :*** *chaque année de fin juin à mi-juil. Bureau du festival : piazza della Libertà, 10. ☎ 0743-22-16-89 (billetterie). • festivaldispoleto.it •* Fondé en 1958 par Gian Carlo Menotti, compositeur italo-américain qui voulait rassembler le meilleur des jeunes talents américains et italiens, d'où son appellation. Des contentieux entre les autorités et la famille du fondateur, décédé en 2007, n'ont pas empêché qu'il continue à se dérouler. Concerts de musique classique, sacrée et jazz, opéra et danse, en plein air sur la piazza del Duomo, dans les églises, les théâtres et à la Rocca. Les billets sont plutôt chers, généralement autour de 30 €. Il faut même débourser plus de 100 € pour une bonne place aux spectacles les plus recherchés… et réserver au plus tard en avril !

DANS LES ENVIRONS DE SPOLETO

Le Monteluco et le couvent San Francesco : *à env 7 km de Spoleto. Bus au départ de la gare ferroviaire ou de la piazza della Vittoria (en été slt). 6 liaisons/j., dernier retour de Monteluco vers 19h. Trajet : 30 mn.* Une fort belle route grimpe jusqu'au Monteluco (850 m), sillonné de sentiers de balades et de randonnées au milieu des forêts (lire plus haut « À voir. À faire »). Là-haut, à côté de grandes prairies idéales pour la bronzette ou le pique-nique, un lieu saint, fief des anachorètes, ces petits hommes tonsurés appréciant la vie en solitaire. S'arrêter en contrebas de l'hôtel *Ferretti. Visite 9h-12h, 15h-18h.* On y voit l'oratoire fondé en 1218 par saint François et le couvent primitif : un couloir sur lequel s'ouvrent les cellules. Remarquez la hauteur des portes (moins de 1,40 m) et imaginez-vous menant ici une vie de prières, sur votre bat-flanc avec une paillasse et quelques pots pour tout mobilier !

LE SUD DE LA VALLÉE DU TIBRE

Traversé par l'autoroute du Soleil, celle qui mène de Florence à Rome, le sud de la vallée du Tibre ne compte plus ses visiteurs. Il faut dire qu'il les mérite, avec ses airs de fraîcheur champêtre et sa belle lumière. Frontière du territoire étrusque, comme Pérouse au nord, il abrite en son fertile territoire quelques exemples probants de ces temps révolus. Le Tibre rejoint Todi, puis serpente vers l'ouest, à la recherche d'un nouveau lit. Rencontrant le barrage de Corbara, il s'élargit et se transforme en lac artificiel, autour duquel l'agrotourisme fait bon commerce. Du temps des Romains, les marchandises

étaient acheminées de Rome à Città di Castello en passant par ici. Bifurquez pour une halte dans la vieille ville d'Orvieto, fière cité perchée sur une falaise de tuf volcanique, jalousée maintes fois pour sa magnifique cathédrale. Si vous avez boudé les fresques tout au long du voyage, vous jetterez cette fois un œil à celles de Fra Angelico et de Signorelli dans la cappella di San Brizio. Un seul regard suffit ici pour comprendre le cheminement du Moyen Âge à la Renaissance.

TODI

(06059) 17 400 hab.

Pour le plan de Todi, se reporter au cahier couleur.

Bâtie par les Étrusques sur des collines jumelles, l'antique *Tuder* (d'un vieux mot étrusque signifiant « frontière ») fut remodelée par les Romains qui comblèrent la vallée les séparant afin d'en faire une place forte unique. De cette époque antique, il reste quelques vestiges dont de belles murailles. Aujourd'hui, ce gros bourg perché, ceint de remparts médiévaux et aux rues pavées à l'ancienne, constitue une belle étape.

Arriver – Quitter

En train

La gare ferroviaire de Todi est située à ***Ponte Rio,*** soit à 6 km au nord-est de la ville. Pour gagner le centre-ville, bus C présent au départ et à l'arrivée des trains (normalement, du moins... car si le train a du retard, le bus n'attend pas). Env 15 mn de trajet.

➢ ***De/vers Pérouse*** *(stazione di Sant'Anna)* **:** nombreuses liaisons, soit par *FS* (avec changement à Ponte San Giovanni), soit par *FCU*. Trajet : 1h.

➢ ***De/vers Terni :*** 1 liaison ttes les 1-2h lun-sam 6h45-20h30 de Todi et 5h40-19h40 de Terni ; 5 liaisons slt dim. Trajet : 40 mn.

En bus

Arrêts de bus : il n'existe pas vraiment de gare routière à Todi. Selon les destinations et les bus, ils vous déposent soit ***piazza Jacopone*** *(plan couleur A2)*, au cœur de la ville, soit ***piazza Consolazione*** *(plan couleur A2)*, soit ***via Menecali*** *(plan couleur A2)*. De ce dernier arrêt, pour gagner le centre-ville autrement qu'à pied, minibus orange *(tlj sf dim ; trajet 15 mn)*. Étrangement, Todi est plutôt mal relié en bus.

■ ***Umbria Mobilità :*** ☎ *800-512-141 (nº Vert).* • *umbriamobilita.it* •

➢ ***De/vers Pérouse :*** env 6 bus/j. Départs de la piazza dei Partigiani à Pérouse, et de piazza Jacopone ou Consolazione (selon les bus) à Todi. Trajet : 1h30.

➢ ***De/vers Terni :*** 2 bus/j. (sf dim), en fin de matinée de Todi et en fin d'ap-m de Terni. Départ et arrivée piazza Consolazione à Todi. Trajet : 2h.

➢ ***De/vers Orvieto :*** 1 seul bus/j. (sf dim), en début d'ap-m d'Orvieto (de la gare ferroviaire) et vers 6h de la piazza Consolazione à Todi. Trajet : 2h.

Circulation et stationnement

La circulation dans Todi est difficile, et de toute manière interdite en juillet-août ainsi que certains w-e. Comme d'habitude, il est beaucoup plus simple de garer votre véhicule à l'extérieur des remparts pour gagner le

centre-ville à pied ou en bus.
🅿 Les parkings de Todi sont payants. Le plus grand, celui de la porta Orvietana *(plan couleur A2)*, a le mérite d'être relié au centre par un funiculaire. À la sortie de celui-ci, vous n'aurez plus qu'une petite grimpette jusqu'au centre. *Parking ouv 7h-minuit ; 0,90 €/h la 1re heure, 0,60 € ensuite, max 6,60 €/j.*

Adresses utiles

ℹ ***Ufficio turistico*** *(plan couleur A1)* **:** *piazza del Popolo, 38.* ☎ *0758-94-25-26 ou 0758-94-54-16.* • *info@iat.todi.pg.it* • *comune.todi.pg.it* • *Lun-sam 9h30-13h, 15h-18h ; dim 10h-13h.* Distribue un petit guide en français sur Todi et la vallée du Tibre.
✉ ***Poste*** *(plan couleur A1)* **:** *piazza Garibaldi, 6. Lun-ven 8h30-13h30, sam 8h30-12h30.*

Où dormir ?

Les charmes quelque peu toscans de Todi donnent le vertige aux hôteliers dont certains pratiquent des prix démesurés par rapport au confort offert...

Bon marché

Casa per Ferie Monastero S. S. Annunziata *(plan couleur B1,* ***10****)* **:** *via S. Biagio, 2.* ☎ *0758-94-22-68.* • *monasterotodi@smr.it* • *monastero.smr.it* • *Couvre-feu à 23h. Double 60 €, petit déj compris. ½ pens 84 € pour 2. (payant).* Une belle pension religieuse d'une trentaine de chambres, simples et parfaitement tenues par les sœurs de Marie-Réparatrice. Installée dans un couvent du XVe s, il en émane une grande quiétude. Jardin. Accueil vraiment très gentil. Un bon rapport qualité-prix.

Prix moyens

Hotel San Lorenzo Tre *(plan couleur A1,* ***11****)* **:** *via San Lorenzo, 3 (ruelle s'ouvrant juste au niveau du bas de l'escalier du Duomo).* ☎ *0758-94-45-55.* • *info@sanlorenzo3.it* • *sanlorenzo3.it* • *Congés : 7 janv-20 mars. Résa indispensable. Doubles 95-110 € selon saison et confort, copieux petit déj inclus. Réduc de 10 % sur le prix de la chambre sur présentation de ce guide.* Une vieille maison de famille en plein centre historique, abritant de belles chambres confortables (sans TV !). Les plus chères jouissent d'une très belle vue qui, les beaux jours, porte jusqu'à Assise. Accès au délicieux jardin pour se prélasser à l'ombre, ou à la terrasse pour griller tout en admirant la vue sur les toits. Vraiment une très belle adresse où l'on se sent comme chez soi. Même si les salles de bains sont assez sommaires, le charme des lieux et la qualité de l'accueil justifient le prix demandé.

Villa Luisa *(hors plan couleur par B2,* ***12****)* **:** *via Cortesi, 147.* ☎ *0758-94-85-71.* • *villaluisa@villaluisa.it* • *villaluisa.it* • ♿ *À env 1 km de la porta Romana, en direction de Terni. Doubles 75-130 € selon confort et saison, petit déj compris. Parking gratuit.* La structure elle-même, un bâtiment en brique assez massif, n'a aucun charme, mais le cadre, avec le jardin, la piscine (d'avril à fin septembre) et les différentes terrasses, lui, est agréable. Côté chambre, c'est du classique standard, mais de bon confort. Accueil charmant.

Chic

Fonte Cesia *(plan couleur A2,* ***13****)* **:** *via Lorenzo Leonj, 3.* ☎ *0758-94-37-37.* • *fontecesia@fontecesia.it* • *fontecesia.it* • ♿ *Doubles 120-150 € selon confort et saison, petit déj inclus. Parking 10 €/j. (gratuit à la réception, payant dans les chambres).* Dans un ancien palais Renaissance communiquant avec l'ancienne église Saint-Benoît (XIIIe s) transformée en centre de conférences, une quarantaine de chambres bien équipées et quelques suites dans un cadre d'époque luxueux. Très beau salon avec voûte en brique et fauteuils bien tentants.

Hotel Bramante *(hors plan couleur par A2,* ***14****) : circonvallazione Orvietana, 48. ☎ 0758-94-83-81. • bramante@hotelbramante.it • hotelbramante.it • Doubles 140-190 € selon orientation, petit déj compris ; suites 220-260 €.* Chambres très (trop ?) classiques mais suites somptueuses et richement meublées. Côté ville, vue sur un parking et sur la chiesa Santa Maria della Consolazione, mais côté collines, le panorama est de toute beauté. Hall immense car l'hôtel accueille de nombreux congrès. Piscine avec vue panoramique.

Où manger ?

De bon marché à prix moyens

Trattoria Piero e Silvana *(plan couleur B2,* ***20****) : via Matteotti, 91. ☎ 0758-94-46-33. • silvanaepiero@todi.net • Ouv tlj. Menus 18-20 € ; carte env 20 €.* La carte est simple, mais tout le terroir est représenté à travers les pâtes et plats à base de lapin, porc et bœuf. Dans cette trattoria de quartier, des tables aux nappes blanc et rouge sont disposées dans la salle boisée, sous le porche attenant ou sur la petite terrasse donnant sur la rue en pente. À l'issue du repas, vive la grimpette jusqu'à la piazza del Popolo !

Pane e Vino *(plan couleur A2,* ***21****) : via Ciufelli, 33. ☎ 0758-94-54-48. • paneevinotodi@libero.it • Tlj sf mer. Repas 25-35 €. Carte en français.* Belles tables en terre cuite peinte sur la terrasse et 3 petites salles intérieures mignonnes comme tout. L'accueil du propriétaire vous prédispose à vous laisser conseiller sur les *primi* et les viandes. Ne passez pas à côté des charcuteries, servies avec du pain fait maison ! Belle cave, surtout de vins ombriens, avec possibilité d'en acheter.

Antica Hosteria della Valle *(plan couleur A2,* ***21****) : via Ciufelli, 19. ☎ 0758-94-48-48. Tlj sf lun. Repas env 30 €.* Plats délicieux et copieux à base de spécialités locales. Si vous tombez à la bonne saison (la carte change 4 fois l'an), goûtez aux *tagliolini Antica Hosteria* (tomates fraîches et truffes). Dans la jolie petite salle de style rustique ou en terrasse, les jeunes patrons font eux-mêmes le service et viennent régulièrement s'enquérir du bien-être de leurs clients.

Ristorante Pizzeria Cavour *(plan couleur A-B2,* ***22****) : corso Cavour, 21-23. ☎ 0758-94-37-30. Ouv tlj. Menu 15 € ; carte 15-25 €. Café offert sur présentation de ce guide.* Plusieurs salles où il règne un petit côté usine et une grande terrasse sur 3 niveaux, dont un sous une tonnelle, avec vue sur les toits de la ville et la campagne et, juste au-dessus, le cyprès de Garibaldi (lire plus loin « À voir »). Pizzas et viandes excellentes. Accueil dynamique, mais qui peut paraître un rien expéditif.

Trattoria Jacopone « da Peppino » *(plan couleur A2,* ***23****) : piazza Jacopone da Todi, 3. ☎ 0758-94-23-66. • ristorantejacopone@libero.it • Tlj sf lun 12h30-19h30. Congés : juil. Carte 20-40 €. Café offert sur présentation de ce guide.* Vieille maison familiale proposant des plats locaux, parmi lesquels de bonnes spécialités de pâtes. Les murs sont un hommage au chef, dont les spécialités sont la palombe *alla ghiotta (slt oct-janv)* ou la *braciola* (côtelette de porc) *all'etrusca.*

Chic

Le Palme *(plan couleur A2,* ***13****) : via Lorenzo Leonj, 3. ☎ 0758-94-37-37. • fontecesia@fontecesia.it • Tlj sf mar. Carte env 40 €.* Resto de l'hôtel *Fonte Cesia.* 4 petites salles classiques ainsi qu'une belle terrasse dominant la fontaine et qui, le soir, est éclairée aux flambeaux. Plats traditionnels revisités.

LE SUD DE LA VALLÉE DU TIBRE

Où dormir ? Où manger dans les environs ?

Torre Sangiovanni : *à* ***Collevalenza.*** *☎ 0758-87-364. • info@torre-sangiovanni.it • torre-sangiovanni.it • À 8 km au sud-est de Todi ; suivre d'abord la direction de Terni, puis prendre la petite route pour Collevalenza. Dans le centre du bourg, fléché. Resto fermé mer. Congés : 8-20 nov. Double env 90 €, petit déj inclus. Menus 25-30 €. Parking gratuit. Apéritif maison ou digestif offert ou 10 % de réduc sur le prix de la chambre sur présentation de ce guide.* Une petite dizaine de chambres dans ce *B & B* de charme, avec meubles d'époque mais confort d'aujourd'hui : AC, TV satellite... Certes, la déco est un rien chargée, mais c'est chaleureux (même si les madones et autres sujets religieux en refroidiront peut-être certains). Tout petit resto, mais bon. Accueil charmant.

La Mulinella : *ponte Naia, 29. ☎ 0758-94-47-79. À 4 km de Todi. Partir en direction de Terni, puis juste après l'hôtel* Luisa, *prendre à gauche et suivre le fléchage pour le* stadio comunale Franco Martelli ; *c'est juste à côté. Resto tlj sf mer. Congés : 6-20 nov. Double 65 €. Menus 18-28 €. Parking ombragé. Café offert sur présentation de ce guide.* Irma de la Mulinella, cuisinière émérite, ne connaît qu'une règle : « *Fatti in casa.* » Sa cuisine paysanne offre un bon rapport qualité-prix. Vaste terrasse et jeux pour enfants. Loue aussi des chambres sans chichis mais tout à fait correctes.

Où boire un verre ? Où déguster une glace ?

Pianegiani *(plan couleur A2,* ***31****) : corso Cavour, 40. Congés : fin fév-début mars. CB refusées.* Beaucoup s'accordent à dire qu'on vend ici les meilleures glaces de la ville. Le soir, sur sa belle terrasse, l'animation bat son plein, couvrant les glouglous de la Fonte Cesia.

À voir

Tous les édifices que nous mentionnons se trouvent, à l'exception de Santa Maria della Consolazione, à l'intérieur de l'enceinte médiévale. Notez qu'il existe un billet d'entrée combiné *(7,50 € ; réduc)* pour la pinacothèque, la citerne romaine et le campanile San Fortunato.

Piazza del Popolo *(plan couleur A1)* **:** sur le site du forum romain, au XIIIe s, poussèrent comme champignons après la pluie trois magnifiques palais témoignant de la vitalité de la vie communale. Le *Palazzo del Popolo*, bâtiment austère surmonté de créneaux, comporte au rez-de-chaussée une galerie à arcades. À sa gauche, le *Palazzo del Capitano* renferme les collections de la pinacothèque. À sa droite, le *Palazzo dei Priori*, doté d'une tour trapézoïdale, est orné de l'aigle symbole de la ville, bronze fondu en 1340. La légende veut en effet que le lieu où construire la ville ait été indiqué aux fondateurs par un aigle.

Museo comunale e pinacoteca *(plan couleur A1)* **:** *piazza del Popolo, au 2e étage du Palazzo del Capitano. Tlj sf lun : avr-oct, 10h-13h30, 15h-18h ; nov-mars, 10h30-13h, 14h30-17h. Entrée : 4 € ; réduc.* Histoire de la ville de la période étrusque à la Renaissance, archéologie, numismatique, tissus et céramiques. Visite couronnée par une pinacothèque : belle collection de maîtres mineurs du Cinquecento et du Seicento, surtout originaires de Todi (comme Pietro Sensini et Andrea Polinori), et de Giovanni di Pietro (dit le Spagna). Noter, dans la salle des céramiques, les fresques du XVIIIe s représentant les gloires nées dans la ville. Pour info, seule la partie archéologique bénéficie de cartels en partie traduits en anglais, tout le reste n'est qu'en italien.

Cisterne romane (citerne romaine) : *accès par une ruelle ouvrant face au Palazzo del Capitano. Tlj sf lun 10h-13h30, 15h-18h. Entrée : 2 € ; réduc. Dépliant en anglais à l'entrée.* Enfilade de 12 salles souterraines, à 8,50 m de profondeur, dont une partie est ouverte à la visite. En sortant, remarquer le puits qui communique avec la citerne.

Duomo (plan couleur A1) : *piazza del Popolo. Tlj 8h30-13h, 15h30-18h30 (19h dim).* Construit au XIIe s mais rénové par la suite, il domine l'ensemble civil de la piazza del Popolo du haut de son escalier. L'extérieur (façade en marbre rose et blanc ornée de rosaces) mérite un coup d'œil. À l'intérieur, les amateurs apprécieront les chapiteaux finement sculptés, mais surtout, sur la contre-façade, *Le Jugement dernier,* fresque du XVIe s de Ferraù de Faenza, même si certains pensent qu'il s'agit d'une bien pâle copie de celle de Michel-Ange à la chapelle Sixtine. On peut aussi visiter la crypte abritant quelques sculptures et pierres tombales *(1 €, adressez-vous au gardien, si vous le trouvez...).*

Piazza Garibaldi (plan couleur A1-2) : cette place jouxtant la piazza del Popolo possède une terrasse offrant une très belle vue sur les environs et en particulier sur les monts Martani. Juste en contrebas, un arbre de 33 m connu comme le *cyprès de Garibaldi.* Il fut planté en juillet 1849, lorsque, après l'échec de la République romaine, Todi accueillit Garibaldi pourchassé par les Autrichiens.

Nicchioni romani (niches romaines ; plan couleur B2) : *piazza del Mercato Vecchio.* Ces quatre niches, datant d'Auguste, sont hautes de plus de 6 m. Imaginez les statues qu'elles pouvaient accueillir !

Chiesa Sacro Cuore (Convento Padri Cappuccini ; plan couleur B2) : *via Cesia o della Piana, 2.* Si c'est ouvert, on peut y admirer une œuvre de Fiorenzo Bacci, sculpteur né à Todi en 1940, *Apparizione di Maria a Fra Raniero da San Seplocro.* Dans ce beau bronze, Marie, auréolée des couleurs pastel du mur sur lequel s'appuie l'œuvre, est reliée au saint homme porteur de l'Enfant Jésus par une draperie s'élevant jusqu'aux cieux.

Tempio di San Fortunato (plan couleur A2) : *piazza Umberto I. Tlj sf lun : avr-oct, 9h-13h, 15h-19h ; nov-mars, 10h-13h, 14h30-17h.* Élevé entre 1292 et 1462, cet édifice, gigantesque pour la bourgade qu'est Todi, mêle éléments romans et gothiques. La façade, au majestueux portail, est l'œuvre de Lorenzo Maitani, maître d'œuvre du Duomo d'Orvieto. La légende veut que les Orviétans, craignant que cette nouvelle œuvre n'éclipse leur cathédrale, aient rendu l'artiste aveugle pour l'empêcher de terminer son travail. Sans doute réussirent-ils à l'effrayer, car la façade est restée inachevée... Vous trouverez un peu de fraîcheur à l'intérieur, cela va sans dire, mais surtout de belles fresques peintes en 1432 par Masolino da Panicale *(Vierge à l'Enfant et deux anges)* ainsi que, dans une crypte austère et sans âme dont l'entrée se situe à gauche du chœur, le tombeau de marbre du poète franciscain Jacopone da Todi (1230-1306).

CHANGEMENT DE CAPE

Jacopone da Todi n'a pas toujours vécu en indigent. Né dans une famille noble, il mena une vie mondaine et épousa Vanna, aussi riche que lui. Vanna mourut durant une fête, lors de l'effondrement d'une tribune. Sur le corps, le veuf trouva un cilice (vêtement de crin porté en signe de pénitence) et comprit que Dieu lui faisait signe. Il se jeta dans la dévotion et la pauvreté en rejoignant l'ordre franciscain. Il s'éleva contre l'autorité et la vie fastueuse du pape Boniface VIII, lequel l'excommunia et le fit emprisonner.

Campanile di San Fortunato (plan couleur A2) : *accès par l'église. Bien refermer la grille en haut pour éviter aux pigeons affolés par les cloches d'envahir* *la tour. Tlj sf lun : avr-oct, 10h-13h, 15h-18h30 ; nov-mars, 10h30-13h, 14h30-17h. Entrée : 2 € ; réduc.* Vue panoramique sur quasiment toute l'Ombrie. On reconnaît en particulier le profil du mont Subasio avec Assise sur son flanc. Cela vaut bien l'ascension des 150 marches !

Parco della Rocca *(plan couleur A2)* **:** agréable parc où se trouvent les ruines du château fort (XIVe s).

Chiesa Santa Maria della Consolazione *(plan couleur A2)* **:** *viale della Consolazione. À pied, du parco della Rocca, descendre par la serpentina del Viale (le chemin de terre sous les arbres qui part tt à droite juste après l'escalier et ses 2 lions ; si ça peut vous rassurer, la montée est beaucoup plus douce que ne le laisse penser la descente !). Tlj sf mar : avr-oct, 9h-12h30, 15h-18h30 ; nov-mars, 9h30-12h30, 14h30-17h.* Ce joyau de la Renaissance, construit d'après des dessins de Bramante, a fêté en 2008 son demi-millénaire. Bâti en forme de croix grecque, l'édifice est coiffé d'un dôme. À l'intérieur, qui surprend par son volume (la lanterne est à près de 50 m de haut !), statues des 12 apôtres sculptées par Scalza.

Vue d'ensemble de la ville *(hors plan couleur par B2)* **:** la route de Pontenaia offre une vue admirable de la ville et de sa colline, surtout en fin d'après-midi. Cyprès, peupliers, oliveraies, prairies et remparts composent un tableau idyllique.

Manifestations

– **Rassegna Antiquaria d'Italia :** *la sem de Pâques.* Dans un palais au cœur de la ville, une foire aux antiquités parmi les plus anciennes et les plus réputées d'Italie.
– **Grand Prix d'Italie des Montgolfières :** *en juil.* Le spectacle nocturne où les montgolfières sont installées à tous les emplacements du centre historique est un grand moment visuel.
– **Todi Arte Festival :** *dates variables, le plus souvent en sept.* Il ravira les amateurs de théâtre et de ballet.

DANS LES ENVIRONS DE TODI

Monte Castello di Vibio : *à 12 km au nord de Todi. Fléché depuis la superstrada vers Pérouse.* Ce petit village très bien conservé avait pour mission principale de défendre Todi. Vous l'avez compris, et votre moteur également... ça monte, ça monte, jusqu'à 422 m d'altitude... Petites ruelles tortueuses avec beaucoup de cachet. S'enorgueillit de son tout petit *teatro della Concordia* en bois, qui date du XIXe s. Il serait le plus petit théâtre du monde avec 99 sièges. *☎ 0758-78-07-37. 338-918-88-92. • teatropiccolo.it • W-e slt ou sur résa : avr-août, 10h-12h30, 16h-19h ; sept-mars, 10h-12h30, 15h30-18h30. Gratuit, mais obole bienvenue.*

Collazzone : *à 20 km au nord de Todi. Fléché depuis la superstrada vers Pérouse.* Petit village perché à 469 m d'altitude. De ses rues médiévales, qui semblent ne pas avoir bougé d'un iota, on peut jouir de jolis panoramas. À l'intérieur de l'église de San Lorenzo, remarquez une *Madonna Lignea* polychrome du XIIIe s.

Foresta fossile di Dunarobba *(forêt fossile de Dunarobba)* **:** *voc. Pennicchia, 46,* ***Dunarobba.*** *☎ 0744-94-03-48. • forestafossile.it • À 17 km au sud de Todi, par la SP 379. ☎ 0744-94-03-48. Tlj sf lun : avr-juin et sept, 10h-13h, 14h-18h (15h-19h sept) ; juil-août, 10h-13h, 14h30-19h ; oct 10h-13h (et 15h-18h mar-ven) ; nov-mars, 10h-13h (14h-16h30 w-e). Entrée : 5 € ; réduc. Visites guidées slt. Feuillet d'info en français.* Au milieu d'un champ, non loin de Dunarobba, émerge un groupe d'une cinquantaine de troncs gigantesques datant de la fin de l'ère tertiaire. Ce phénomène géologique, connu depuis 1637, a longtemps gêné l'extraction de tourbe et de lignite. Voisins du séquoia, ces arbres pouvaient atteindre 50 voire 100 m de haut, et l'on n'en voit donc qu'une petite partie. Ils ne sont pas pétrifiés, mais momifiés : il s'agit donc de vrais bois, vieux de 2,5 millions d'années ! Évidemment, une fois à l'air libre, ces troncs doivent être protégés, et les toitures de tôle gâcheront le plaisir des photographes. Trois sont d'ailleurs inclus dans une structure à température et humidité constantes. Petite expo d'intérêt limité.

ORVIETO

(05018) 21 100 hab.

▸ Pour le plan d'Orvieto, se reporter au cahier couleur.

Orvieto trône magnifiquement sur son rocher de tuf et de pouzzolane, témoins d'une activité volcanique vieille de mille siècles. Une tribu s'y installa dès l'âge du fer, avant de voir les Étrusques s'y implanter pour créer la cité de *Velzna,* détruite par les Romains qui y ont construit leur propre ville, *Urbe Vetus.* Annexée par les États pontificaux au milieu du XVe s, elle devient un séjour favori des papes, plus sûr que Rome. Possédant l'un des plus beaux Duomo d'Italie et un vin célèbre, la ville est devenue très touristique mais a su conserver son charme. On peut flâner longuement, sans but précis, dans ses ruelles médiévales qui réservent toujours des surprises. On peut également en profiter pour déguster ce vin d'Orvieto, jadis très apprécié du pape Paul III Farnèse, dans sa version rouge, blanc moelleux *(abboccato)* ou blanc sec.

Arriver – Quitter

En train

Gare ferroviaire (plan couleur D1) **:** *à Orvieto Scalo, à 4 km du centre historique. Pour rejoindre celui-ci, funiculaire (voir « Circulation et stationnement ») ou bus n° 1.* Sur la ligne Rome-Florence.

➢ ***De/vers Rome et Florence :*** liaisons ttes les heures env avec *Roma Termini* ou *Firenze Santa Maria Novella* ou *Firenze Rifredi.* Trajets respectifs : env 1h15 et 1h45-2h20.

➢ ***De/vers Pérouse*** *(stazione di Fontivegge)* **:** une dizaine de trains avec changement à *Terontola.* Trajet : 1h40-3h.

En bus

Gare routière : *à la gare ferroviaire (plan couleur D1). Certains bus partent aussi de la piazza Cahen.*

■ **Umbria Mobilità :** ☎ *800-512-141 (n° Vert).* • *umbriamobilita.it* •

➢ ***De/vers Todi :*** 1 liaison/j. sf dim. Départ en début d'ap-m de la gare d'Orvieto et très tôt le mat de Todi. Trajet : près de 2h.

➢ ***De/vers Terni :*** 6 bus/j. sf dim via *Narni* et *Amelia.* À Terni, pour presque ts les bus, départ de la gare routière. Trajet : env 2h.

Circulation et stationnement

Comme d'habitude, mieux vaut ne pas chercher à entrer dans la vieille ville, la circulation y étant difficile, voire interdite à certaines périodes *(de mi-juin à mi-sept, en sem 21h-1h, w-e 10h-19h ; le reste de l'année, w-e*

10h-18h). 3 solutions :

🅿 À l'est, derrière la gare, le **Parcheggio della Funicolare** *(plan couleur D1)*, gratuit. Le funiculaire *(lun-ven 7h20-20h30, w-e 8h-20h30, puis bus ttes les 40 mn 20h30-minuit ; A/R env 2 €, bus vers le centre compris)* conduit à la piazza Cahen *(plan couleur C1-2)* ; de là, bus A ttes les 10 mn pour la piazza Duomo et bus B ttes les 20 mn pour la piazza della Repubblica.

🅿 À l'ouest, le parking **Campo della Fiera** *(plan couleur A2)*, payant *(entrée 7h-minuit ; 1 €/h, 12 €/j.)*, est relié à la ville par un ascenseur et un escalier mécanique.

🅿 En haut, à l'entrée de la ville, grand parking payant sur la ***piazza Cahen*** *(plan couleur C1-2)*.

Adresses et info utiles

Ufficio turistico *(plan couleur B3)* : *piazza del Duomo, 24. ☎ 0763-34-17-72. • info@iat.orvieto.tr.it • regioneumbria.eu • Lun-ven 8h-13h50, 16h-19h ; w-e et j. fériés 10h-13h, 15h-18h.* Doc complète et renseignements sur les transports.

Ufficio turistico *(plan couleur C1-2)* : *piazza Cahen. Ouv tlj, lun-ven 8h15-13h50, 16h-19h ; w-e 10h-13h, 15h-18h.*

– **Carta Orvieto Unica :** *• cartaunica.it • 20 € ; réduc. Achat piazza Duomo, 23 (à côté de l'office de tourisme), au Parcheggio della Funicolare et aux billetteries des principaux monuments.* Accès libre à 9 sites, dont ceux du *museo dell'Opera del Duomo*, la *torre del Moro*, le *Pozzo San Patrizio* et *Orvieto Underground*. Permet un voyage gratuit en funiculaire, le libre accès aux bus A et B. Donne droit à des réductions dans les hébergements, restaurants et commerces partenaires.

✉ **Poste centrale** *(plan couleur B2)* : *largo Maurizio Ravelli. Sur l'arrière du théâtre Mancinelli, situé sur le corso Cavour, au n° 122. Lun-ven 8h30-19h (13h30 mar et ven), sam 8h30-12h30.*

@ Plusieurs adresses :

– **Biblioteca pubblica Fumi** *(plan couleur B3,* **1***)* : *piazza Febei. ☎ 0763-30-64-50. Lun-mar et ven 8h30-13h, mer 15h-18h, jeu 8h30-13h, 15h-18h.*

– **Copisteria Espa** *(plan couleur B2,* **2***)* : *via Felice Cavallotti, 9-9 A. ☎ 0763-34-14-31.*

– **Internet@caffè Montanucci** *(plan couleur B2,* **31***)* : *corso Cavour, 23. Voir plus loin « Où déguster une glace ?... ».*

■ **Urgences médicales :** *☎ 118.*

✚ **Hôpital** *(ospedale Santa Maria della Stella)* : *loc. Ciconia. ☎ 0763-30-71.*

■ **Police municipale :** *piazza della Repubblica. ☎ 0763-34-37-24.*

■ **Taxis :** *à la gare. ☎ 0763-30-19-03.*

■ **Toilettes publiques :** *sous la piazza Duomo (plan couleur B2) et via Filippeschi (plan couleur A2).*

Où dormir ?

Il est INDISPENSABLE de réserver si vous venez à Orvieto un week-end en saison. Non seulement la destination est très courue des Anglo-Saxons, mais elle est aussi très appréciée des Italiens, qui y affluent en fin de semaine. En conséquence, les tarifs grimpent d'année en année et le rapport qualité-prix n'est hélas pas toujours au rendez-vous.

Petit détail piquant : la basse vallée du Tibre est aussi très prisée des moustiques. Prenez vos précautions !

De bon marché à prix moyens

Hotel Posta *(plan couleur B2,* **10***)* : *via Luca Signorelli, 18. ☎ 0763-34-19-09. • hotelposta@orvietohotels.it • orvietohotels.it • Congés : 2de quinzaine de janv. Doubles avec ou sans sdb 45-60 € ; petit déj 6 €. CB refusées. (réception et jardin).* Dans une vieille demeure seigneuriale, le Palazzo Guidoni, des chambres agréables, toutes éclairées d'un lustre de Murano dont certains sont de véritables œuvres d'art. Toujours frais en été du fait de l'épaisseur des murs du XIVe s. Un rapport qualité-prix étonnant et, pour couronner le tout, un accueil vraiment charmant.

Istituto San Salvatore *(plan couleur B2,* ***11****) : via del Popolo, 1. ☎ 0763-34-29-10. • istitutosansalvatore@tiscalinet.it • istitutosansalvatore.it • ♿ Couvre-feu à 22h30. Congés : juil. Doubles avec sdb 50-60 € ; pas de petit déj. Séjour de 2 nuits min. Parking gratuit.* Très belle demeure tenue par des dominicaines. La gentillesse et la sérénité de la sœur hôtelière nous ont laissés sans voix. Joli jardin et terrasse, avec vue sur la ville basse et les collines. Si votre chambre y donne, réveil avec les oiseaux !

Podere Sette Piagge *(plan couleur B1,* ***15****) : strada della Stazione, 24. ☎ 0763-39-33-61. • info@poderesettepiagge.it • poderesettepiagge.it • Congés : nov. Double 80 € selon saison, petit déj inclus ; également des chambres familiales. Parking gratuit. 10 % de réduc sur le prix de la chambre sur présentation de ce guide.* L'adresse n'est pas dans le centre mais au bord d'une route très passante. Pourtant, l'endroit reste un excellent point de chute pour ses chambres impeccables et confortables à la déco d'une très grande sobriété mais plaisantes. Sans parler du très joli jardin avec piscine et de l'accueil, excellent. Enfin, le lieu est très facilement accessible en voiture, vous vous y garerez sans aucune difficulté et gratuitement et, de la maison, un joli chemin (très pentu) mène à la piazza Cahen en 15 mn à pied.

De prix moyens à un peu plus chic

Casa Religiosa di Ospitalità Villa Mercede *(plan couleur B3,* ***12****) : via Soliana, 2. ☎ 0763-34-17-66. • info@villamercede.it • villamercede.it • Double env 70 €, petit déj compris.* Dans le Palazzo Buzi dessiné par Scalza au XVIe s, les pères mercédaires (un ordre 8 fois centenaire créé à l'origine pour racheter les chrétiens prisonniers des « infidèles ») proposent des chambres spacieuses et simples mais non sans élégance. Si vous n'avez pas la vue sur le jardin et les collines, consolez-vous avec les belles fenêtres Renaissance du mur d'en face ! Pas de couvre-feu.

Casa Sèlita *(plan couleur A3,* ***13****) : strada di Porta Romana, 8. ☎ 0763-34-42-18. • info@casaselita.com • casaselita.com • Fermeture annuelle de mi-nov à mi-mars. Résa indispensable et longtemps à l'avance ! Double avec sdb 80 €, petit déj compris. CB* American express *refusées. Apéritif offert à l'arrivée sur présentation de ce guide.* Un aperçu du paradis : un coin de campagne au pied des murs de la ville (à 5 mn de l'ascenseur), des chambres élégamment décorées et avec terrasse ouverte sur la vallée, un copieux petit déj, un accueil chaleureux et francophone. Même si la maison est située dans l'épingle à cheveux d'une route fréquentée, ce n'est pas très bruyant.

Valentina *(plan couleur B2,* ***14****) : via Vivaria, 7. ☎ 0763-34-16-07. 📱 393-970-58-68. • cameravalentina@gmail.com • bandbvalentina.com • Congés : janv-fév. Doubles 50-130 € selon saison, petit déj compris ; apparts (5-9 pers) 400-1 900 €/sem. Parking 10 €/j.* Sous le même toit, au choix, des chambres doubles ou, plus cher, des locations d'appartements familiaux pouvant accueillir 5 à 9 personnes. Quelle que soit la solution choisie, les hébergements sont aérés, confortables et plaisants avec leur déco alliant le confort d'aujourd'hui et un style plus rustico-bourgeois.

Albergo Filippeschi *(plan couleur A2,* ***16****) : via Filippeschi, 19. ☎ 0763-34-32-75. • info@hotelfilippeschi.it • hotelfilippeschi.it • Congés : période de Noël. Doubles 60-130 € selon confort, petit déj inclus.* Voici un hôtel qui hésite entre une déco standard bien d'aujourd'hui et quelque chose de plus chic et classique. L'ensemble est par conséquent un poil hétéroclite, mais ça fonctionne, et les chambres sont agréables et confortables, même si certaines souffrent d'un léger manque d'espace. Celles donnant sur la rue sont aussi un peu bruyantes. Confortable salle de lecture. Bon accueil.

LE SUD DE LA VALLÉE DU TIBRE

🏠 **Hotel Corso** *(plan couleur C2, **17**) : corso Cavour, 343. ☎ 0763-34-20-20. • info@hotelcorso.net • hotel corso.net • ♿ Fermé à Noël. Doubles 80-110 € selon saison, petit déj inclus. Parking 8 €/j.* Un hôtel plutôt standard offrant toutefois une quinzaine de chambres avenantes dans les tons abricot, avec de belles tentures. Très calme, mais à quelques minutes seulement des quartiers animés.

🏠 **Hotel Duomo** *(plan couleur B2, **18**) : vicolo di Maurizio, 7. ☎ 0763-34-18-87. • info@orvietohotelduomo.com • orvietohotelduomo.com • ♿ Congés : janv. Doubles 90-120 € selon saison, petit déj compris. Parking 10 €/j. 10 % de réduc sur le prix de la chambre sur présentation de ce guide.* L'hôtel, bien situé, ne séduit guère au premier abord avec sa réception froide et impersonnelle (on parle de la pièce et non de l'accueil, tout à fait cordial, lui). Les chambres, bien que très standard dans leur déco, se révèlent pourtant classes, agréables, confortables, et de bonne taille en plus. Pour la vue directe sur le Duomo, il faut monter dans les étages (et dans les prix aussi, car ce sont surtout les *junior suites* qui bénéficient de la vue). Pour une vingtaine d'euros de moins, mais toujours un très bon confort, la même maison propose des chambres dans une annexe (« Dépendance »).

Où manger ?

La ville abonde en restos proposant des cartes sans grand relief à des tarifs pas très raisonnables. Nombre de restaurateurs profitant d'une clientèle majoritairement anglo-saxonne, peu regardante sur les prix et la qualité, servent en effet n'importe quoi et n'importe comment. Rassurez-vous, cela n'empêche pas les belles surprises, pour qui cherche un peu.

Bon marché

Charlie Pizzeria *(plan couleur A2, **20**) : via Loggia dei Mercanti, 14. ☎ 0763-34-47-66. • info@pizzeriacharlieorvieto.it • Tlj sf mar et slt le soir en hiver. Carte 15 €. Café offert sur présentation de ce guide.* 2 points forts pour cette pizzeria qui draine les foules : les *pizze* (ça tombe bien !) et le cadre. Aux beaux jours, en effet, on s'installe dans une grande cour gravillonnée ceinte de murs, autour de tables sous les parasols, avec ici et là des lampadaires qui, quand la nuit tombe, diffusent un éclairage intime. Les 2 petites salles intérieures sont beaucoup plus anonymes, mais le contenu de l'assiette, lui, ne change pas.

La Bottega del Buon Vino *(Pozzo della Cava ; plan couleur A2, **21**) : via della Cava, 26. ☎ 0763-34-23-73. • bottega@pozzodellacava.it • ♿ Ouv slt le midi, tlj sf lun. Congés : de mi-janv à début fév. Carte 20-30 €. 33 % de réduc sur le prix d'accès au puits étrusque sur présentation de ce guide.* Cuisine simple mais correcte. Bon choix de pâtes (dont les *umbrichelli,* faites maison). Le patron est très fier de son puits étrusque (lire « À voir. À faire »). Bons vins d'Orvieto, en vente à la boutique attenante ou au verre pendant le repas.

Al San Francesco *(plan couleur B3, **22**) : via B. Cerretti, 10. ☎ 0763-34-33-02. • info@ristoranteal sanfrancesco.it • ♿ Tlj jusqu'à 22h30, sf lun-mer soir en hiver. Congés : janv. Le midi, 15-20 € ; le soir, carte 20-25 € et pizzas 6-10 €.* Ambiance cantine d'entreprise le midi, car c'est là que déjeunent les groupes de passage, mais avec de belles arches au lieu d'un plafond de béton ! Cuisine correcte si l'on prend en considération le nombre de couverts. Le soir, beaucoup plus intime, surtout sur la terrasse ouvrant sur une place très tranquille.

De bon marché à prix moyens

Trattoria La Pergola *(plan couleur B2, **23**) : via dei Magoni, 9 B. ☎ 0763-34-30-65. • lapergolaorvieto@gmail.com • Tlj sf mer. Repas 20-25 €.*

Une petite salle plaisante à l'entrée et, derrière, la délicieuse terrasse sous la pergola. La petite carte que vient compléter le menu du jour propose une cuisine préparée avec doigté à partir d'excellents ingrédients locaux et qui pioche volontiers dans les recettes traditionnelles, mais pas nécessairement celles que vous trouverez partout. Au final, c'est un véritable plaisir pour le palais, d'autant plus que le service, efficace et discret, est gentil comme tout. À noter aussi, la jolie petite sélection de bières italiennes artisanales.

I●I ***La Palomba*** *(plan couleur B2,* ***24****) : via Cipriano Manente, 16. ☎ 0763-34-33-95. De la piazza della Repubblica, prendre la rue passant sous une des arches (la via Garibaldi), puis dans la 1re ruelle à gauche. Tlj sf mer. Congés : en juil. Résa conseillée. Carte 25-35 €.* Ces 3 salles de trattoria classiques, tenues par la même famille depuis 1965, sont l'endroit idéal pour déguster le sanglier, en *bocconcini* ou en sauce avec des tagliatelles... un bonheur ! Quant à la palombe (ou pigeon ramier) qui donne son nom au resto et qui, bien empaillée, vous observe du haut d'une étagère, elle évoque un plat typique servi les jours de fête, le *piccione alla leccarda.* Vins *della casa* pas chers et service tout sourire. Allez-y tôt (ou très tard !) car c'est très fréquenté. Très bon rapport qualité-prix.

I●I ***Osteria Numero Uno*** *(plan couleur B2,* ***25****) : via Ripa Corsica, 2 a. ☎ 0763-34-18-45. ● info@osterianumerouno.eu ● ♿ Tlj midi et soir. Congés : fév (autre date encore indéterminée). Repas 30-35 €. CB Visa acceptée. 📶 5 % de réduc pour un repas complet sur présentation de ce guide.* .L'enseigne de la maison indique « *Vino e Cucina* »... En entrant, on se demande presque si la personne chargée de la déco n'a pas un peu poussé sur le premier ! En tout cas, le ciel parsemé d'objets divers peut surprendre. Les salles suivantes sont plus classiques (quoique l'espace réservé aux enfants ne soit pas très commun lui non plus dans les restos). Quant à la carte, il n'y en a pas, c'est au tableau que ça se passe, et ça change selon l'humeur et les saisons (tout ce qu'on peut vous dire, c'est que vous ne devriez pas couper aux truffes ni aux *umbrichelli* – la *pasta* locale qui ressemble à un spaghetti épais). Le choix n'est vraiment pas énorme (contrairement à celui des vins), mais tant que c'est bon... et comme c'est bon, que demander de plus ?

I●I ***Trattoria dell'Orso*** *(plan couleur B2,* ***26****) : via della Misericordia, 18. ☎ 0763-34-16-42. Tlj sf lun-mar. Congés : janv-fév. Carte 25-32 €. Apéritif maison offert sur présentation de ce guide.* La plus ancienne trattoria d'Orvieto, où un patron américain s'évertue à maintenir la traditionnelle cuisine locale. Le problème est que tout dépend de son humeur du jour : vous trouverez parfois porte close ! Mais quand l'ours ouvre sa tanière, la chère y est bonne.

De chic à très chic

I●I ***Il Giglio d'Oro*** *(plan couleur B2,* ***27****) : piazza del Duomo, 8. ☎ 0763-34-19-03. ● emiliano73@cheapnet.it ● Tlj sf mer jusqu'à 23h. Carte 40-60 €.* Le resto le plus prestigieux d'Orvieto. Des risottos, des pâtes maison et diverses préparations traditionnelles de viande, toujours revisitées avec une pointe d'originalité. De plus, sauf à préférer la salle très classe, on mange en face du Duomo !

Où dormir ? Où manger dans les environs ?

Camping

⛺ ***Il Falcone :*** *loc.* ***Vallonganino,*** *2 a, Civitella del Lago, 05023 Baschi. ☎ 0744-95-02-49. ● info@campingilfalcone.com ● campingilfalcone.com ● À env 16 km d'Orvieto ; de la SS 448 en direction de Todi, suivre le fléchage. Ouv avr-sept. Selon saison et taille de la tente, 18-27 € pour 2 ; bungalows 4 pers 55-77 €. 📶 (payant).* Un très beau terrain perché dans une oliveraie, peu ombragé (un olivier n'a pas une ramure très fournie...), mais avec une jolie vue sur la vallée. Petite piscine. Extrêmement paisible.

Prix moyens

Pour info, la SS 79 bis qui mène à plusieurs des adresses mentionnées ci-dessous ondule au milieu de paysages de toute beauté...

Agriturismo Cioccoleta : *loc.* ***Bardano,*** *34, 05019 Orvieto. ☎ 0763-31-60-11. 349-860-97-80. • cicco leta@cioccoleta.it • cioccoleta.it • À 4 km au nord-ouest d'Orvieto. Prendre la route d'Allerona ; à Fontanelle di Bardano, tourner à gauche vers Bardano puis, après 150 m, chemin de terre à gauche (fléché). Double 85 €, petit déj inclus.* Près d'Orvieto et déjà dans la campagne, de belles chambres, simples, spacieuses, proposées par un jeune couple fort sympathique. Vraiment une adresse de qualité.

Agriturismo San Giorgio : *loc.* ***San Giorgio,*** *6, 05019 Orvieto. ☎ 0763-30-52-21. • agrisgiorgio@libero.it • agriturismosangiorgio.net • À 6 km au nord-est d'Orvieto ; prendre la direction d'Arezzo et, après le fleuve, suivre Todi (par la SS 79 bis) ; fléché à gauche. Résa nécessaire. Apparts 3-6 pers 85-155 € (max 590 €/sem pour 3 pers) ; séjours à la sem slt à certaines périodes estivales.* Graziella et Mario mettent à votre disposition, à plusieurs kilomètres de leur ferme, un fabuleux petit coin de nature, au milieu d'une forêt protégée (100 ha), près d'un torrent et de nombreux sentiers. Dans un très ancien moulin (arc romain et mur étrusque !), apparts agréables et spacieux avec mobilier de qualité, cuisine bien équipée, cheminée et bois à disposition. Piscine au milieu d'une grande pelouse entourée par la forêt. VTT à disposition. Buanderie. Et vous repartirez avec une bouteille produite par l'exploitation (huile ou vin à votre convenance). Un de nos gros coups de cœur.

Agriturismo Ma'Falda : *SS 79 bis, km 21, 05100* ***Prodo.*** *☎ 0758-74-96-46. • info@fattoriamafalda.com • fattoriamafalda.com • À 21 km au nord-est d'Orvieto. Gîtes 30-45 €/pers en double ou 20-35 €/pers pour 3-4 pers ; petit déj 5 €. CB refusées. Petite maison pour 2 pers 80 €/nuit.* À mi-chemin entre Orvieto et Todi, une famille cosmopolite (on y parle le français) applique des principes d'agriculture et d'élevage respectueux de l'environnement. Les gîtes ont une cuisine équipée et les produits de la ferme sont en vente. Le routard de passage peut participer aux activités (si vous n'avez jamais trait une chèvre, c'est le moment ou jamais !). Un bain de nature et d'authenticité, à une distance raisonnable des richesses culturelles de la région.

Fattoria di Titignano : *loc.* ***Titignano,*** *7, 05019 Orvieto. ☎ 0763-30-80-00 ou 22. • info@titignano.com • titignano.com • Accès par la SS 79 bis, à 25 km d'Orvieto ou de Todi. Double 90 €, petit déj inclus. ½ pens 15 €/pers et par j. Menu 25 €.* Une belle route blanche assez difficile d'accès pour les petits véhicules s'étend sur environ 3 km et traverse des champs, des vignes puis un grand parc planté de cyprès et de pins avant de déboucher sur ce qui était au Moyen Âge un domaine seigneurial, soit quasiment un petit village surplombant le lac, avec sa cour pavée et même son église. Aujourd'hui, tout cela est transformé en hôtel ! Vous êtes chez le prince Corsini de Florence. La superbe vue sur les collines, le lac et les vignes de la propriété est d'une totale sérénité. Les chambres, confortables, sont néanmoins très simples. Les repas sont pris à une grande tablée commune. En plein cœur du parco regionale fluviale del Tevere, le lieu est propice aux promenades à pied ou à vélo dans les forêts de la propriété. Piscine et tennis. Vente de produits, entre autres viticoles. Une adresse vraiment étonnante. Très prisée pour les mariages, il arrive cependant que cette adresse soit calme, voire déserte, à certaines périodes de l'année.

Tenuta di Corbara : *loc.* ***Corbara,*** *7, 05019 Orvieto. ☎ 0763-30-40-03. • info@tenutadicorbara.it • tenutadicorbara.it • À 15 km* *d'Orvieto ; direction Terni puis suivre le fléchage. Si l'accueil est fermé, dirigez-vous vers la maison Caio (fléché), à quelques km. Doubles 80-120 € ; ½ pens 70-80 €/pers ; également des apparts (4-8 pers). Carte 25-30 €.* Immense exploitation agricole répartie sur une vallée entière. Plusieurs hectares à flanc de colline, parsemés de petites maisons habillées de calme et, tout en haut, celle de *Caio*, avec son superbe panorama et une piscine. Vous y trouverez quelques chambres toutes fraîches dans leur extrême sobriété (l'une d'entre elles a sa salle de bains privée sur le palier) et un personnel très gentil. À table, vous serez comblé : bons produits de la ferme. Possibilité de promenades à cheval et à pied.

Très chic

La Badia di Orvieto : *loc.* ***La Badia,*** *8, 05019 Orvieto. ☎ 0763-30-19-59. • info@labadiahotel.it • labadiahotel.it • À env 4 km au sud-ouest du centre d'Orvieto ; suivre la direction de Bolsena et Viterbo, puis le fléchage. Selon saison et confort, doubles 160-260 €, suites 280-380 €, petit déj inclus.* Retirée dans la verdure, cette ancienne abbaye du XIIe s est aujourd'hui transformée en hôtel de luxe où, dans un écrin de vieilles pierres, tout n'est que raffinement et sérénité. Les chambres les moins onéreuses (déjà très chères) sont un peu trop standard pour le prix, en revanche certaines *deluxe* ressemblent bigrement à ce qu'un hôtel normal appellerait une suite ! Piscine.

Où déguster une glace ? Où boire un verre et manger sur le pouce ?

Gelateria Pasqualletti *(plan couleur B2,* ***30****) : piazza del Duomo, 19, et corso Cavour, 56.* La meilleure *gelateria* d'Orvieto. Pendant les grosses chaleurs, goûtez leurs glaces aux fruits frais (pamplemousse, pêche, melon...). Les crèmes glacées ne sont pas mal non plus !

Internet@caffè Montanucci *(plan couleur B2,* ***31****) : corso Cavour, 23. Ouv tlj.* Dans une salle aux murs tapissés de journaux, ou sur la terrasse à l'arrière, bonnes salades, petits en-cas façon salon de thé chic et pâtisseries à foison. Un long étalage de succulents chocolats invite encore à la gourmandise. Possibilité de surfer sur le Net. Mais mieux vaut avoir une bourse bien remplie, car la nourriture, virtuelle ou réelle, n'est vraiment pas donnée.

Bar San Paolo *(plan couleur C2,* ***32****) : piazza Marconi, 9. Tlj sf dim. Repas rapide 10-15 €.* À l'opposé de la trattoria attrape-touristes, un rade familial et sa demi-douzaine de tables. Les bons jours, vous aurez droit à une scène de ménage sur fond de TV berlusconienne... un vrai film de Dino Risi ! Assiettes d'*antipasti*, jambon de Parme et melon, *caprese, panini*, burgers, portions de pizza, *piadine, focaccia*... Simple et typique.

Cantina Foresi *(plan couleur B2,* ***34****) : piazza del Duomo, 2. ☎ 0763-34-16-11. • info@cantinaforesi.it • Tlj midi et soir. Plats rapides 6-12 €. Verres de vin 3-5 €.* Œnothèque à la terrasse ombragée, avec vue sur le Duomo.

Achats

– Le meilleur endroit pour acheter de bons produits locaux, c'est au marché les mardi et samedi matin sur la *piazza del Popolo (plan couleur B2)*, quand les producteurs des environs descendent en ville.

Il Palazzo del Gusto – Enoteca regionale dell'Umbria *(plan couleur A2,* ***40****) : via Ripa Serancia I, 16. ☎ 0763-34-18-18. À l'intérieur de l'ancien monastère S. Giovanni. Visite guidée sur résa ; de mi-juin à mi-sept, lun-ven 11h-13h, 17h-19h ; le reste de l'année, lun-ven 11h-13h, 15h-17h. Visite seule : 3 € ; avec dégustation : 5 €.*

LE SUD DE LA VALLÉE DU TIBRE

Le *Palazzo del Gusto* est l'antre du mouvement *slow food* à Orvieto, et cette œnothèque régionale en fait partie. Une belle façon de découvrir les vins produits en Ombrie, avec aussi la possibilité d'en acheter.

Carraro *(plan couleur B2, **41**) : corso Cavour, 101. ☎ 0763-34-28-70.* On repère cette bonne épicerie où s'approvisionnent nombre d'habitants d'Orvieto (d'où, parfois, une certaine attente) au sanglier qui trône devant l'entrée. Charcuterie, pâtes, le choix n'est pas pléthorique mais qualitatif, et les prix sont justes...

Dai Fratelli *(plan couleur B2, **42**) : via Duomo, 11. ☎ 0763-34-39-65.* Beau choix de fromages et de charcuteries ; en revanche, les nez délicats seront mis à rude épreuve, car ces beaux produits exhalent toutes leurs odeurs sans la moindre pudeur...

À voir. À faire

Dans les murs

Étonnant (et dommage) qu'avec les foules étrangères que draine le Duomo les cartels de tous les musées (à l'exception du museo Faina) ne soient pas écrits dans une autre langue que l'italien...

Duomo *(plan couleur B2) : piazza del Duomo. Avr-sept, lun-sam 9h30-19h, dim et j. fériés 13h-17h30 (18h30 juin-sept) ; mars et oct, lun-sam 9h30-18h, dim 13h-17h30 ; nov-fév, lun-sam 9h30-13h, 14h30-17h, dim et j. fériés 14h30-17h30. Entrée : 3 € (chapelle de San Brizio comprise). Billet combiné (valable 3 j.) avec le museo dell'Opera del Duomo (museo Modo, de son p'tit nom) qui comprend le Palazzo Soliano (museo Emilio Greco), la cappella di San Brizio, les Palazzi papali et la chiesa Sant'Agostino : 5 € ; réduc.*
Pour parler sans détour, le Duomo d'Orvieto, qui a ébloui des générations de voyageurs, est sans conteste le plus beau de toute l'Ombrie et l'égal des monuments florentins les plus élégants. Entre 1290, date à laquelle Fra Bevignate entreprend sa construction pour abriter les reliques du miracle de Bolsena, et 1330, où il est terminé par Lorenzo Maitani, artiste dont les sculptures en façade évoquent l'Ancien et le Nouveau Testament, quelque 300 architectes, sculpteurs, peintres et mosaïstes ont travaillé sur ce joyau de l'art gothique italien.
– De la ***façade,*** on ne sait ce qu'il faut admirer le plus : les mosaïques, la rosace, les bas-reliefs... Des mosaïques, vous apprécierez sans doute la richesse de la polychromie qui, les jours de beau temps, vous permettra de réaliser de jolis clichés, surtout en soirée. Faut-il dresser l'inventaire de toutes ces mosaïques, attirer votre attention sur la beauté du *Couronnement* ou l'ancienneté du *Baptême du Christ ?* De la rosace (œuvre d'Andrea Orcagna), entourée d'un carré et de niches abritant les statues des apôtres et des prophètes, on soulignera l'extrême délicatesse des sculptures, qui en fait un véritable joyau. Des bas-reliefs ornant les quatre pilastres (surmontés des symboles des évangélistes) et illustrant les principales scènes de la Bible, il serait facile de parler inlassablement, tant sont époustouflantes de réalisme ces images gravées dans la pierre. Parmi celles-ci, *Le Jugement dernier* et sa cohorte d'affreux personnages (pilastre au bout à droite), rivalisant de laideur et de brutalité, mérite d'être regardé à la loupe (ça tombe bien, la scène est quasiment à hauteur d'œil). La terreur qui se lit sur les visages des pauvres pécheurs vous fera méditer sur votre comportement envers vos compagnons de voyage.
– ***Les murs latéraux*** alternent travertin blanc et basalte gris-bleu, d'où un effet de rayures que l'on retrouve un peu partout dans la ville. Celle-ci l'a d'ailleurs pris pour emblème, présent sur nombre de documents touristiques.
– ***L'intérieur*** de la cathédrale est divisé en trois nefs aux grandes colonnes alternant elles aussi travertin et basalte, et portant de riches chapiteaux. Admirez la charpente apparente, recevant la lumière des grands vitraux ; les fonts

baptismaux, à côté desquels se trouve une *Vierge à l'Enfant* de Gentile da Fabriano ; les fresques du chœur ; le buffet d'orgue richement orné, le groupe sculpté de la *Pietà* d'Ippolito Scalza...

– ***La cappella del Corporale,*** à gauche, entièrement couverte de fresques, abrite le reliquaire du miracle de Bolsena, un incroyable petit chef-d'œuvre de l'orfèvrerie siennoise datant de 1300, en or, argent et émaux de Limoges. Notez la subtilité des verts et des bleus.

– ***La cappella di San Brizio*** est décorée de fresques illustrant l'Apocalypse, qui font partie des sommets absolus de l'art italien et dont l'intensité dramatique a inspiré Michel-Ange pour la chapelle Sixtine. Fra Angelico et Benozzo Gozzoli ont peint la voûte en 1447, et Luca Signorelli les murs de 1499 à 1504. Ce dernier a enrichi l'œuvre par plusieurs épisodes comme les *Prophéties* et la *Fin du monde.* La composition est particulièrement saisissante, et étonnamment moderne comme lorsque les personnages sortent du cadre en s'enfuyant face aux démons. Notez l'expression des visages désemparés et déformés par une indicible terreur, et regardez à gauche, dans la scène de l'Antéchrist : Signorelli s'y est représenté lui-même, en noir, aux côtés de Fra Angelico. Vous le reconnaîtrez aisément maintenant, émergeant de la mêlée de démons et d'humains condamnés à l'Enfer... Sigmund Freud lui-même fut très impressionné par ces personnages de noir vêtus, au point d'oublier le nom de Signorelli et d'auto-analyser ce trou de mémoire dans sa *Psychopathologie de la vie quotidienne.*

MARQUÉ AU SUAIRE ROUGE

C'était en 1264. Doutant de manière éhontée que le pain se tranformât en corps du Christ et que le vin en devînt le sang, un prêtre, alors qu'il célébrait la messe à Bolsena, près d'Orvieto, vit l'hostie saigner. Miracle ! Depuis, le Corporale *(le suaire ensanglanté par l'hostie) est placé dans un reliquaire porté en procession lors de la Fête-Dieu (Corpus Domini), en juin.*

– ***Les portes*** montrent que la création pour le Duomo continue. Dès le début du XXe s s'est fait jour la nécessité de remplacer les vieilles portes de bois altérées par les ans. Après plusieurs concours, différents artistes ont été dépositaires de cet honneur, mais seul Emilio Greco vit son projet mené à bien en 1964, ce qui provoqua une controverse médiatico-artistique qui perdura pendant 6 ans. Pourtant, si on ne vous en avait pas parlé, vous auraient-elles choqué de quelque manière que ce soit ?

Palazzi papali *(plan couleur B2)* **:** *piazza del Duomo, 26.* ☎ *0763-34-35-92.* • *opsm.it* • *Contourner le Duomo par la droite. Avr-sept, tlj 9h30-19h ; mars et oct, tlj sf mar 10h-17h ; nov-fév, tlj sf mar 10h-13h, 14h-17h. Entrée : fait partie du museo Modo (le museo dell'Opera del Duomo, donc) ; voir plus haut « Duomo ».* Dans la salle du bas, collection de fresques des XIVe et XVe s issues de divers édifices religieux. Ici, elles sont à hauteur de vos yeux : profitez-en pour examiner le travail sur la matière réalisé par ces peintres peu connus. Dans les salles du haut, éblouissante *Maestà,* autrefois positionnée sur la lunette de la porte principale du Duomo, peintures et sculptures des XIIIe et XIVe s, mosaïques et peintures maniéristes des XVIe et XVIIe s, et de beaux objets liturgiques. Œuvres ou objets ayant particulièrement retenu notre attention : un magnifique *Coro ligneo* et les toiles de Simone Martini (dont une *Madonna con Bambini e angeli*).

Museo archeologico nazionale *(plan couleur B2)* **:** *piazza del Duomo, dans les Palazzi papali. Tlj 8h30-19h30. Entrée : 3 € ; billet combiné avec la Nécropole étrusque : 5 € ; réduc.* Objets en provenance des nécropoles étrusques proches et reconstitution (en contreplaqué et moquette) des *tombes Golini,* deux tombeaux excavés dans le tuf, avec leurs fresques (originales, elles) évoquant le passage dans l'au-delà.

Palazzo Soliano – Museo Emilio Greco *(plan couleur B2)* **:** *piazza del Duomo. Mêmes horaires et billets que les Palazzi papali.* À sa mort, le créateur des portes du Duomo a légué à la ville 60 œuvres graphiques et 32 sculptures, pour la plupart des bronzes mais aussi quelques marbres. Parmi les pièces remarquables, le bas-relief original du *Monument au pape Jean XXIII* de Saint-Pierre de Rome, avec son sens aigu de la fragilité humaine et de la transcendance de l'idée de Dieu.

Museo civico archeologico Claudio Faina *(plan couleur B2) : dans le palais Faina, piazza del Duomo, 29. ☎ 0763-34-12-16. • museofaina.it • Avr-sept, tlj 9h30-18h ; oct-mars, tlj 10h-17h (fermé lun nov-mars). Entrée : 4,50 € ; réduc.* Des collections numismatiques, de nombreux vases grecs et étrusques, ainsi que quelques sarcophages et urnes cinéraires sont présentés dans ce musée dédié à Mauro Faina, un archéologue passionné de la fin du XIXe s. Une grande partie des pièces exposées font en réalité partie de la collection qu'il a peu à peu constituée et qui fut reprise et complétée par la suite par son neveu Eugenio Faina.

Chiesa San Francesco *(plan couleur B3) : piazza Febei.* En dehors de son beau portail de marbre, il ne reste rien de l'époque où cette église gothique vit Boniface VIII canoniser notre bon roi Saint Louis (le 12 août 1297 pour être précis). Son ornementation baroque ne vous laissera pas de grands souvenirs.

Chiesa San Lorenzo de' Arari *(plan couleur B3) : piazza Santa Chirara. Ouv tlj 9h30-13h, 15h-19h.* C'est en 1291 que les frères mineurs du couvent Saint-François, importunés par la fréquence et la ferveur des offices de cette modeste église romane, obtinrent qu'on la déplaçât pour la reconstruire sur son emplacement actuel ! Derrière son humble façade se cachent quelques fresques du XIVe s : *La Vie et le Martyre de saint Laurent* (dans la nef centrale) et *Le Christ donnant la bénédiction du haut de son trône entouré de quatre saints* (dans l'abside). Si les horaires d'ouverture sont respectés (!), un petit coup d'œil sur le maître-autel, quelques génuflexions accompagnées de prières... et vous pouvez continuer votre chemin de croix.

Pozzo della Cava *(plan couleur A2) : via della Cava, 28. ☎ 0763-34-23-73. • pozzodellacava.it • Tlj sf lun 9h-20h. Congés : de mi-janv à mi-fév. Entrée : 3 € ; réduc.* Le propriétaire de *La Bottega del Buon Vino* (voir « Où manger ? ») trouva, en creusant dans sa cave, un atelier médiéval de céramiques et un énorme trou dans le tuf de 36 m de profondeur qui, pendant 27 siècles, connut des utilisations variées. En effet, ce puits, initialement creusé par les Étrusques, fut agrandi sur ordre du pape Clément VII puis bouché en 1646. Aujourd'hui, l'ensemble est aménagé pour la visite, avec des cartels en français. On y voit entre autres des *butti,* les vide-ordures de l'époque (une aubaine pour les archéologues !), un four à céramique, une fosse encore mal identifiée qui pourrait être un tombeau transformé en foulon (bac où l'on rendait les tissus plus compacts et plus moelleux) ainsi que des cavités plus grandes qui resteront certainement à jamais mystérieuses...

Chiesa San Giovenale *(plan couleur A2) : via Volsinia. Tlj 8h30-12h, 16h-18h30.* Charmante église à trois nefs avec arcs romans, bâtie dès 1004 en remplacement d'une église primitive dédiée à saint Juvénal, évêque de Narni. Elle abrite de nombreuses fresques, pour la plupart assez altérées, mais celles-ci sont en cours de restauration (il est d'ailleurs possible que l'église soit encore fermée lors de votre passage). Près de sa façade, un portillon et un petit escalier permettent d'accéder à un jardinet public à la végétation un peu folle, d'une tranquillité absolue.

Chiesa Sant'Agostino *(plan couleur A2) : piazza San Giovenale. ☎ 0763-34-44-45. Mêmes horaires et billet que les Palazzi papali.* Lorsque les pères augustins trouvèrent l'église Santa Lucia trop petite, ils voulurent en bâtir une nouvelle, et ce fut un échec (c'est la structure accolée à l'église). En remplacement, Sant'Agostino fut construite. Elle est aujourd'hui le lieu d'exposition des statues Renaissance de marbre blanc (1556-1644, sauf deux plus tardives) ôtées du Duomo en 1896 pour lui redonner son aspect d'origine. Bel ensemble de dessins maniéristes de Franceschini (1648-1729), pour une église de Gênes détruite par un incendie. Seule tache colorée, une morbide tête de saint Jean-Baptiste en terre cuite polychrome, d'Ippolito Scalza.

Piazza della Repubblica *(plan couleur A-B2)* **:** c'est là que se trouvait le forum romain, lui-même implanté sur des structures étrusques. Au sud, elle est fermée par la masse imposante du *Palazzo comunale,* édifié au XIIIe s avant d'être reconstruit au début du XVIIe s. À côté, l'*église Sant'Andrea,* dominée par un surprenant campanile dodécagonal reconstruit en 1926. À l'intérieur, belle chaire en mosaïque du XIIIe s et restes de fresques des XIVe et XVe s.

Torre del Moro *(plan couleur B2)* **:** *corso Cavour, 87. Mars-avr et sept-oct, tlj 10h-19h ; mai-août, tlj 10h-20h ; nov-fév, tlj 10h30-13h. Entrée : 2,80 € ; réduc.* Haute de 47 m, elle doit son nom soit à une tête de Sarrasin qu'on y installait et contre laquelle les doux chevaliers du Moyen Âge brisaient leur lance lors des joutes de la Quintaine, soit à Raffaele di Sante, dit « il Moro », qui vécut au XVIe s et donna son nom au quartier. Sur sa terrasse, vous vous retrouvez le souffle coupé, d'abord par l'ascension des 240 marches (170 si vous avez pris l'ascenseur), puis par la vue à 360° sur les toits de la ville et la région qui l'entoure.

Piazza del Popolo *(plan couleur B2)* **:** c'est la plus grande place d'Orvieto, dominée par le *Palazzo del Popolo,* édifice de style romano-gothique au majestueux escalier extérieur, revêtu de tuf comme bon nombre de bâtiments de la ville et transformé en centre de congrès. De l'autre côté de la place, la petite *église Saint-Roch (ouv slt pour des expos)* renferme quelques fresques très altérées du XIVe s.

Chiesa San Domenico *(plan couleur B2)* **:** *piazza XXIX Marzo. Tlj 10h-12h30, 15h-18h30.* Construite au XIIIe s dans le style gothique, elle fut entièrement transformée par d'innombrables remaniements. Mais peu importe, car vous ne venez ici que pour le monument au cardinal Guillaume de Braye, de l'ordre des Templiers, réalisé par Arnolfo di Cambio en 1282.

Pozzo San Patrizio *(plan couleur C1)* **:** *viale Sangallo. Avr-sept 10h-18h45, oct-mars 10h-17h45. Entrée : 5 € ; réduc.* Ce puits, d'une profondeur de 53 m, constitue l'un des temps forts de toute visite d'Orvieto. Clément VII (encore lui !), cherchant à assurer à la ville l'alimentation en eau dont elle aurait besoin en cas de siège, ordonna son creusement en 1527. Achevé en 1537, il est depuis toujours source d'admiration. Cependant, il a perdu sa raison d'être et vous n'avez plus aucune chance de rencontrer les bêtes de somme qui, naguère, allaient y chercher l'eau. Plus déconcertant, en remontant vers la clarté (qui atteint les escaliers grâce à 70 fenêtres), vous ne croiserez aucun de vos semblables en route vers les ténèbres. En effet, l'escalier est formé d'une double rampe hélicoïdale, une descendante de 248 marches et une montante de 247 marches... à moins que ce ne soit le contraire, nous comptons sur vous pour nous le faire savoir. Enfin, sachez que, si ce puits fut baptisé du nom de saint Patrick, c'est en référence à la légende du gouffre gémissant que Dieu aurait indiqué au saint irlandais, pour l'aider à convaincre ses ouailles de l'existence du Purgatoire.

Giardini comunali : *entrée piazza Cahen. Tlj 8h-16h30 (19h30 mai-sept).* Après toutes ces pierres, un peu de verdure vous fera du bien... Sous des arbres multiséculaires, profitez d'un beau panorama sur les collines avoisinantes.

Sous les murs

Orvieto Underground *(plan couleur B3)* **:** *billetterie piazza Duomo, 23, à gauche de l'office de tourisme. ☎ 0763-34-48-91. 📱 347-383-14-72. • orvietounderground.it • Tlj 10h30-12h30, 14h30-17h30. Visites guidées en italien (en français slt si le nombre de pers le justifie) tlj à 11h, 12h15, 16h et 17h15. Entrée : 6 € ;*

réduc. Orvieto compte environ 1 200 cavités, dont 440 cartographiées. Leur creusement était très organisé, selon le fil de la roche et toujours vers le bas, afin de ménager les fondations des bâtiments en surface. C'est là que l'on travaillait, à l'abri du soleil, et que l'on conservait les aliments, car il y faisait frais et sombre. Au cours des siècles, elles ont connu de nombreux usages : citernes, carrières, caves à vin, à huile et à fromage, et même abris antiaériens durant la Seconde Guerre mondiale. Les points saillants de la visite sont un ancien moulin à huile, un puits étrusque d'une section de 80 cm sur 120 cm (telle qu'un homme de l'époque, mesurant en moyenne 1,45 m, pouvait y descendre) et d'anciens pigeonniers (leurs occupants étaient appréciés pour leur viande autant que pour leur fiente, servant d'engrais).

Hors les murs

Necropoli etrusca di Crocifisso del Tufo *(nécropole du Crucifix du Tuf)* **:** *loc. La Conce. ☎ 0763-34-36-11. Accessible à pied en 25 mn env. Tlj 8h30-19h30 (17h30 oct-mars). Entrée : 3 € ; billet combiné avec le Museo archeologico nazionale : 5 €.* Après la visite, vous saurez tout de la société égalitaire des Étrusques : les tombeaux, du IVe s av. J.-C., sont organisés comme une petite cité. Ils ont tous la même taille (4 m sur 3 m) et portent, à l'entrée, le nom du mort et celui de son père.

A passeggio sotto la rupe *(en promenade sous la falaise)* **:** *5 points d'accès répartis autour de la ville ; dépliant à l'office de tourisme.* Une belle balade de 3h vous permet de faire le tour de la ville au pied de ses remparts. Si la roche de tuf volcanique constitue, à elle seule, un rempart naturel, l'homme n'hésita pas à perfectionner et à renforcer cette fortification originelle pour se protéger des multiples ennemis. Église troglodytique, aqueduc médiéval, nécropoles et vénérables portes agrémenteront votre balade.

Manifestations

– ***Festa della Palombella*** **:** *dim de Pentecôte, à midi.* Instituée au XVe s, elle se déroule au pied du Duomo. C'est une occasion solennelle, dont le peuple tirait naguère de bons ou de mauvais augures pour l'année agricole.

– ***Fête-Dieu*** *(Corpus Domini)* **:** *2e dim après la Pentecôte.* C'est la fête du corps et du sang du Christ, et on y commémore donc le miracle de Bolsena. Le reliquaire abritant le suaire est porté dans toute la ville, précédé d'un cortège de 400 figurants en costume médiéval. Un grand moment de ferveur religieuse, à ne rater sous aucun prétexte.

– ***Orvieto con gusto*** **:** *un w-e mi-oct. • orvietocongusto.it •* Gastronomie à la fête pendant 2 jours. Pour visiter les propriétés viticoles, prenez rendez-vous. Une liste est fournie à l'office de tourisme.

OUVREZ, OUVREZ LA CAGE AUX OISEAUX

Chaque dimanche de Pentecôte à midi, pour commémorer la descente de l'Esprit saint, une innocente et blanche colombe subit la frayeur de sa vie. La pauvrette est enfermée dans une cage décorée de rubans dans laquelle on ajoute quelques fusées de feu d'artifice. À midi pile, on fait glisser le tout le long d'un filin tendu entre la lanterne de l'église San Francesco et la piazza Duomo... en ayant bien sûr allumé les fusées ! On nous a assuré que la colombe était toujours arrivée entière et vivante. La tradition veut que le dernier couple marié dans la cathédrale soit chargé de la recueillir.

– ***Umbria Jazz Winter*** **:** *entre Noël et le Nouvel An.* • *umbriajazz.com* • Au théâtre Luigi Mancinelli, au Palazzo Soliano et au musée Emilio Greco. Fêtes et concerts tard dans la nuit. Saint-Sylvestre animée.

LES VALLÉES DE LA NERA ET DE SES AFFLUENTS

Les collines prennent ici plus d'altitude et la forêt devient plus dense. Des falaises abruptes apparaissent au tournant des routes, dotées de vieilles tours et de châteaux en ruine, tandis que vous longez la profonde vallée creusée par la rivière Nera. Au bout commence la chaîne des Apennins, culminant à 2 476 m avec le mont Vettore. À ses pieds, le parc des monts Sibyllins, considéré au Moyen Âge comme le royaume des démons, des nécromanciens et des fées. L'antre de la Sibylle et ses légendes côtoient le savoir-faire très empirique des moines de Preci, qui pratiquaient déjà la chirurgie au XIIIe s. La nature y demeure sauvage, à l'image de ces bergers de Castelluccio, aux visages brûlés par le soleil de montagne. La fière tribu des Sabins occupait autrefois ce territoire, avant qu'il ne tombât dans l'escarcelle des Romains, des Ostrogoths, des Byzantins puis des Lombards. Le pape, bien sûr, prit la relève. C'est d'ailleurs ici que saint Benoît de Nursie jeta les bases du monachisme occidental et que sainte Rita de Cascia reçut les stigmates du Christ. Certes, un tel palmarès de saints attire les foules pieuses. Mais comment résister à d'autres formes de mysticisme face aux plateaux immenses et dégagés de Castelluccio qui rappellent étrangement le Tibet ? Vous l'aurez compris, ces vallées ont bien des secrets à vous dévoiler !

LA VALNERINA

La Valnerina, c'est le nom de la vallée de la Nera que nous vous suggérons de remonter à la rencontre de ses eaux vives nées dans les monts Sibyllins. Avant de mêler ses eaux à celles du Tibre, dont elle est le principal affluent, la rivière arrose un large bassin où l'homme a implanté ses industries. Par conséquent, la région de Terni manque singulièrement de charme avec toutes ses grandes routes qui se croisent et les grosses structures industrielles qui ont envahi l'espace. C'est dans le haut du parcours de la Nera que le voyage se fait le plus plaisant. Elle creuse son lit dans une vallée encaissée où vous rencontrerez, ici et là, de charmantes bourgades propices à une petite halte.

Info utile

– Le nord de la vallée de la Nera dépend de l'office de tourisme régional de Cascia, et le sud, à partir de Ferentillo, de celui de Terni.

AMELIA

À 50 km au sud-est d'Orvieto par la SS 205, via Baschi et Lugnano in Teverina. En train et bus : Amelia est à 18 km de la gare d'Orte, grand nœud ferroviaire accessible de tte l'Ombrie ; 4 bus/j. lun-sam depuis la gare, aucun dim.
Perché et entouré de très vieux remparts, ce bourg tranquille domine la vallée du Tibre aussi bien que celle de la Nera.

Ufficio turistico dell'Amerino : *via Roma, 4. ☎ 0744-98-14-53. • amerino.regioneumbria.eu • Juin-sept, lun-ven 9h-13h, 15h30-18h30 ; sam 9h30-12h30, 15h30-18h30 ; dim 9h30-12h30. Hors saison, horaires réduits.*

Scoglio dell'Aquilone : *via Orvieto, 23. ☎ 0744-98-24-45 ou 30-05. • info@scogliodellaquilone.it • scogliodellaquilone.it • À 2 km en direction d'Orvieto et Lugnano. Resto tlj sf mar. Doubles 50-80 €, petit déj inclus. Menus 16-28 € ; carte 20-28 €. Apéritif maison offert sur présentation de ce guide.* Dans une étrange construction en arc de cercle qui surplombe une gorge verdoyante, des chambres ultra-classiques, voire un rien vieillottes. Le resto, quant à lui, est tenu par 2 sœurs fines cuisinières. Viandes grillées dans la cheminée, pigeon et sanglier en saison. De la salle, superbe vue sur la ville d'Amelia, perchée sur son rocher.

À voir à Amelia et dans les environs

D'Amelia, l'une des plus anciennes villes d'Italie, on retiendra la ***loggia del Banditore,*** piazza Marconi, tribune typiquement médiévale d'où étaient proclamés les édits communaux ; la ***cathédrale,*** décorée de fresques de Luigi Fontana et dotée d'une tour à 12 côtés de 1050 ; le ***théâtre ad Operina,*** avec son plan en forme de fer à cheval ; et les ***cisterne romane*** *(citernes romaines ; ☎ 0744-97-84-36 ; • ameliasotterranea.it • Avr-sept, sam 16h30-19h30, dim 10h30-12h30, 16h30-19h30 ; oct-mars, sam 15h-18h, dim 10h30-12h30, 15h-18h).*

Lugnano in Teverina : *à 12 km à l'ouest d'Amelia.* Ce charmant village, protégé derrière ses remparts, renferme la collégiale *Santa Maria Assunta* du XIIe s *(tlj 8h30-12h, 16h30-19h),* délicieuse église qui, à elle seule, mérite une petite halte.

NARNI

À 14 km à l'est d'Amelia par la SS 205. Accessible en train (ligne Rome-Ancône) et en bus depuis Terni.

Narni bénéficie d'une situation pittoresque, en haut d'une colline dominant la Nera, à l'endroit où cette rivière se fraie un passage vers le Tibre à travers une gorge étroite. Si elle est, comme sa voisine Terni, très industrielle dans la vallée, elle possède un centre médiéval bien conservé qui se découvre avec plaisir.

– Il existe un grand parking au pied du *centro storico* (fléché), payant dans certaines parties et pas dans d'autres... De là, les plus courageux emprunteront escaliers et ruelles pentues, et les autres, les ascenseurs qui les hisseront jusque là-haut.

Adresse utile

Office de tourisme : *piazza dei Priori, 3. ☎ 0744-71-53-62. Tlj sf lun mat 9h30-12h30, 17h-19h.*

Où manger dans le centre et les environs ?

Il Pincio : *via XX Settembre, 117. ☎ 0744-72-22-41. Dans le centre. Suivre la SS 3 en direction de Rome, qui traverse Narni ; quand la SS 3 devient la via Vittorio Emanuele (la route longe alors le superbe précipice verdoyant), guettez sur votre gauche la via XX Settembre (rue piétonne interdite aux voitures). Tlj sf mer midi et soir. Repas 20-25 €.* Même s'il fait chaud dehors, munissez-vous de votre petite laine. En effet, ce qui ressemble à une simple salle de resto voûtée un peu froide dans un premier temps dissimule, à l'arrière, dans une grotte, 2 ou 3 tables diablement plus romantiques ainsi qu'une cave à vins dans ce qui était un puits au Moyen Âge. D'où la petite fraîcheur du lieu et l'odeur d'humidité qui chatouille les narines. À part ça, dans l'assiette, une bonne petite cuisine locale à prix très raisonnables.

Da Sara : *strada Calvese, 55-57, loc.* ***Moricone.*** *☎ 0744-79-61-38. À env 10 km de Narni, qu'il faut traverser, puis suivre la SS 3 en direction de Rome ; tourner en direction de Calvi et continuer jusqu'à Moricone ; resto au bord de la route à la sortie du hameau. Tlj sf mer. Repas 20-25 €.* En bas, le bar, et à l'étage, la salle de resto, avec terrasse aux beaux jours. On ne vient pas dans ce petit resto qui semble figé dans le temps pour la déco – inexistante –, mais pour passer, sans se ruiner, un moment simple et bon, comme la cuisine. Celle-ci est préparée uniquement à partir de produits de saison venant, pour beaucoup, directement de l'exploitation de la famille qui tient les lieux. Accueil gentil.

À voir

Ponte di Augusto : *dans la descente en direction de la superstrada vers Pérouse (petit parking avec belvédère).* De son passé romain (elle fut l'une des premières colonies romaines établies en Ombrie), Narni n'a conservé que peu de choses. Le pont d'Auguste, du temps de sa jeunesse, parvenait allègrement à enjamber la Nera avec ses 130 m de long. Il en reste une belle arche.

La ville médiévale : ramassée autour de la *piazza dei Priori,* où se trouve le *Palazzo del Podestà,* et du *Duomo San Giovenale,* bâti au XIe s en croix latine à trois nefs, complété au XVe s par une quatrième.

Museo della Città e del Territorio : *Palazzo Eroli, via Aurelio Saffi. ☎ 0744-71-71-17. • museoeroli.it • Juil-août, tlj sf lun 10h30-13h, 15h30-18h30 ; avr-juin et sept, tlj sf lun (tlj en sept) 10h30-13h, 15h30-18h ; oct-mars, ven-dim 10h30-13h, 15h-17h30. Entrée : 5 € ; réduc. Audioguide (2 €) en italien et en anglais (cartes slt en italien).* Précisons d'emblée que ce lieu ne semble pas avoir été conçu comme un musée, et la muséographie y est quelque peu déroutante. Sections archéologique et historique (la ville replacée dans l'organisation romaine, la formation des cités-États...), et pinacothèque avec de belles œuvres du Maestro della Dormitio di Terni et du Maestro di Narni. Mais le clou reste *L'Incoronazione della Vergine* de Domenico Ghirlandaio, exposée dans une salle bunker climatisée et en clair-obscur.

Narni sotterranea : *via San Bernardo, 12. ☎ 0744-72-22-92. • narnisotterranea.it • Visites guidées avr-14 juin : sam 12h, 15h, 16h15 et 17h30, dim 10h, 11h15, 12h30, 15h, 16h15 et 17h30 ; 15 juin-15 sept, lun-ven 12h et 16h, sam, 12h, 15h, 16h15 et 17h30, dim 10h, 11h15, 12h30, 15h, 16h15 et 17h30 ; nov-mars sam 15h, dim 11h, 12h15, 15h et 16h15. Entrée : 6 € ; réduc. Durée de la visite : 1h. Visite en italien, mais livret avec traduction en français mis à disposition.* On trouve dans Narni et ses environs des citernes et un aqueduc souterrain construits par les Romains, mais ici ce sont les sous-sols d'un ancien monastère dominicain à la longue histoire que l'on découvre. En grande partie détruit pendant la Seconde Guerre mondiale, c'est une équipe de jeunes spéléologues (l'aîné avait 17 ans) qui découvrit une des entrées des souterrains en 1979. À force de creuser et de dégager la végétation folle, ils mirent au jour dans une première pièce l'ancienne église sur laquelle le monastère avait été construit au XIVe s. On peut aujourd'hui y admirer de belles fresques, malheureusement abîmées par des infiltrations d'eau dans la roche. Quelques années plus tard, ils trouvèrent une autre entrée qui avait, elle, été sciemment murée. Derrière celle-ci se cachait la salle où, durant plusieurs siècles, s'était tenu le tribunal de la Sainte Inquisition. Quelques copies d'instruments de torture de l'époque sont là pour vous rappeler ce qui se passait dans ces lieux... et, juste à côté, la cellule des prisonniers aux murs couverts des graffitis laissés par l'un d'entre eux. La visite se termine dans l'église du monastère où, au début des années 2000, on a mis au jour la crypte de l'ancienne église du XIIe s, ainsi qu'à un niveau différent une mosaïque byzantine de 14 m de long du VIe s, derniers vestiges d'une église plus ancienne encore. Si vous parlez l'italien, la visite est vraiment intéressante, sinon cela peut sembler long (on ne visite que 4-5 salles en 1h), même avec l'histoire des lieux traduite en français.

Rocca Albornoz : *strada di Feronia. Tt en haut ! Mar-sam 10h30-12h30, 15h30-18h30 ; dim 10h30-18h30. Horaires restreints en hiver. Entrée : 3 €.* On monte à la forteresse surtout pour la vue panoramique parfaite sur la ville et la vallée de la Nera.

TERNI

À 13 km au sud-ouest de Narni par la SS 3. Située à l'intersection de la SR 209 qui suit la vallée de la Nera et de la via Flaminia (axe Rome-Spolète), et proche de la SS 3 bis qui remonte vers Todi et Pérouse. En train comme en bus, bonnes liaisons avec Pérouse, Spolète, Todi (voir à ces villes).

Bien que Terni ait vu naître saint Valentin, le patron des amoureux, elle est un peu un tue-l'amour. Depuis longtemps, en effet, cette capitale provinciale de 113 000 habitants s'est adonnée à l'industrie. Si on était méchants et qu'on décidait d'établir un classement des villes les moins attirantes d'Italie... mais nous ne sommes pas méchants (ou si peu !) et nous ne dirons rien, si ce n'est que, depuis la fin du XIXe s, Terni est devenue pour le pays un important pôle sidérurgique, métallurgique (avec notamment l'implantation du groupe allemand ThyssenKrupp) et chimique ; et ce qui fait du bien à l'économie ne fait pas nécessairement bien dans le paysage... Sans parler des lourds bombardements pendant la Seconde Guerre mondiale qui ont ravagé la ville... Un petit tour dans le *centro storico* (ou le peu qu'il en reste) permet cependant de découvrir, perdues au milieu des constructions modernes, quelques vieilles églises. Les amateurs de sites antiques profiteront de leur passage pour faire un crochet jusqu'à Carsulae.

Adresse utile

Office de tourisme de Terni : *via Cassian Bon, 4. ☎ 0744-42-30-47. • terni.regioneumbria.eu • marmorefalls.it • Lun-ven 9h-13h, 15h-18h ; sam 9h-13h.*

Où dormir ? Où manger dans les environs ?

Poggio del Sole : *loc.* ***San Rocco di Collepizzuto,*** *05029 San Gemini. ☎ 0744-33-40-72. 338-498-94-89. • info@ilpoggiodelsole.it • ilpoggiodelsole.it • À 15 km au nord de Terni. À San Gemini, prendre vers Montecastrilli, puis à gauche vers Collepizzuto (panneau visible slt dans l'autre sens !) et traverser le village jusqu'à une maison jaune à gauche. Congés : nov. Double 90 €, petit déj compris (2 nuits min). ½ pens 55-65 €/pers selon saison. Menu 20 € (25 € dim et j. fériés).* Une adorable ferme près de laquelle gambadent moutons, chèvres et poules. Jolies chambres aux dessus-de-lit en patchwork, réalisés par la très accueillante maîtresse de maison. Spécialité de pâtes *picchiarelli*, à déguster dans une belle salle. Petite piscine, jardin en terrasses, très fleuri, et belle vue sur les alentours.

Les églises : en centre-ville, vous pourrez voir ***Sant'Alo*** *(via Sant'Alo, 20 ; visite sur rdv au ☎ 0744-40-71-48),* romane, dévolue à la communauté roumaine.

San Salvatore *(sur le largo San Salvatore),* à la place d'un temple du Soleil prétendument antique qui s'avéra finalement dater du XIe s. **San Francesco** *(sur la plaisante piazza San Francesco),* avec sa chapelle Paradisi ornée des fresques de Bartolomeo di Tommaso. Enfin, en périphérie, de l'autre côté de la rivière, la basilica **San Valentino** *(via Papa Zaccaria, 12)* qui abrite les restes du saint évêque de Terni, décapité à Rome en 273 et dont on voit la dépouille *(9h-12h, 15h30-19h30)* gardée depuis des lustres par des carmes italiens.

CAOS *(Centre Arti Optificio Siri) : viale Campofregoso, 98. ☎ 0744-28-59-46. • caos.museum • Tt près du centre, mais de l'autre côté de la rivière (fléché). Tlj sf lun 10h-13h, 16h-19h. Entrée : 5 € (7 € avec l'accès à Carsulae) ; réduc.*
Complexe constitué de deux musées.
– ***Museo d'Arte moderna e contemporanea,*** avec une section consacrée au peintre naïf Orneore Metelli et une autre à la collection Aurelio De Felice, mais comportant également, malgré son nom, la pinacothèque municipale et ses œuvres de la Renaissance (dont le remarquable *Polittico dei francescani* de Piermatteo d'Amelia).
– ***Museo archeologico,*** avec deux sections, une préromaine (sépultures de guerriers ombriens, objets funéraires, bronzes votifs...) et une romaine (évocation de la ville d'alors, statues...).

À voir dans les environs

Carsulae : *à 15 km au nord-ouest de Terni. ☎ 0744-33-41-33. • carsulae.it • ♿ Fléché depuis la E 45. Tlj 8h30-19h30 (17h30 oct-mars). Entrée : 5 € ; 7 € avec les musées de Terni associés ; réduc. Parking immense et sans ombre (payant en saison).* Carsulae rumine depuis longtemps, dans une superbe solitude, sa grandeur passée. Promenant votre mélancolie, ou votre chien, au milieu de ces ruines, vous reconnaîtrez ici le forum, là la basilique, ailleurs les lieux des spectacles. Séparant Carsulae en deux, la via Flaminia, qui reliait jadis Rome à Rimini, a conservé son pavement antique. Légèrement excentrée, une porte, symbolisant l'entrée de la ville, se tient encore debout malgré son grand âge. Au-delà de celle-ci commence la zone des morts, reconnaissable à un tombeau. Cela ne vaut pas Pompéi mais, pour peu qu'on ait un minimum d'intérêt pour l'Antiquité romaine et un brin d'imagination, on pourra encore entendre résonner l'écho des applaudissements à son entrée dans l'enceinte du théâtre. Une belle visite au pied de verdoyantes collines.

CASCATA DELLE MARMORE E PIEDILUCO

En voiture, de Terni, accès soit par la SS 79 en direction de Rieti (belvédère supérieur), soit par la SR 209 (belvédère inférieur). En train, la ligne Terni-Rieti donne accès au belvédère supérieur des cascades (10 trains/j., trajet 15 mn). Le bus n° 24 Terni-Rieti donne accès à la cascade et à Piediluco (départ de la gare routière de Terni, env 10 bus/j., trajet env 30 mn).
Terni doit beaucoup à la cascade de Marmore, qui draine chaque année un demi-million de visiteurs. Tout proche, le charmant petit lac de Piediluco.

Où camper dans les environs ?

Camping Cuore Verde : *loc. **Valle Spoletina,** 05100 Piediluco. 📱 328-109-93-96 ou 349-498-74-23. • info@campingcuoreverde.it • campingcuoreverde.it • À quelques km du village. Ouv w-e avr-mai et tlj juin-sept. Selon saison, 18-25 € pour 2 avec tente et voiture.* Sur les rives du lac de Piediluco, ombragé et bien tenu. Propose diverses activités sportives, du nautisme (location au village) au vélo en passant par le tennis. Resto. Pizzeria. Piscine juste à côté.

Camping Cascata delle Marmore : *loc. **Campacci,** 05030 Marmore. ☎ 0744-671-98. • camping.marmore@hotmail.it • campinglemarmore.com • Jouxte le parking du belvédère supérieur. Ouv de Pâques à mi-sept. Selon saison, 19-23 € pour 2 avec tente et voiture.* Camping bien ombragé, fonctionnel mais sans grand charme.

Cascata delle Marmore *(cascade des Marmore)* **:** *☎ 0744-62-982. • marmorefalls.it • Les eaux étant utilisées tantôt à des fins touristiques pour les lâchers d'eau, tantôt pour la production hydroélectrique, horaires d'accès complexes : se renseigner avt de venir. Entrée : 9 € ; réduc. Sur place, 2 terrasses panoramiques : le belvédère supérieur et le belvédère inférieur, avec une billetterie à chaque niveau. Les w-e et j. fériés avr-oct, liaison par bus entre les belvédères, comprise dans le prix.*

Si ce site incroyable n'attira que peu les grands peintres (Corot fut l'exception), il s'avéra une source d'inspiration intarissable pour les écrivains, et ce à n'importe quelle époque. Côté romain, Virgile dans *L'Énéide* et Cicéron en furent les chantres... Côté romantiques, lord Byron, qui avait un petit penchant pour l'Italie, en chante la beauté dans son long poème *Le Pèlerinage de Childe Harold.*

Cette cascade, contrairement à ce que l'on pourrait penser, n'est pas un cadeau de la nature, mais le fruit du travail de l'homme. Au IIIe s av. J.-C., le consul Manlius Curius Dentatus décida de ménager une brèche dans un barrage naturel de travertin derrière lequel s'accumulaient des eaux qui inondaient la plaine de Rieti. Il en résulta cette chute d'une hauteur totale de 165 m en trois sauts, qui subit encore quelques aménagements entre 1546 et 1788. Aujourd'hui, elle écoule les eaux de la rivière Velino et celles du lac de Piediluco, dans un spectacle époustouflant, surtout au moment des lâchers d'eau. Du belvédère inférieur, on est rafraîchi par les embruns, et, du belvédère supérieur, on approche la première chute d'eau qui fait 80 m de haut. Entre les deux, un petit sentier complété, à mi-parcours, par une boucle qui permet de frôler l'eau à de multiples endroits. Les routards fatigués et ceux habitués à tutoyer la cigarette plutôt que l'air des alpages n'iront peut-être pas jusqu'au bout. Tentez tout de même d'aller jusqu'au *balcon des Amoureux,* via un petit tunnel creusé dans la roche. Enfin, pour les plus courageux, une troisième terrasse a été aménagée sur le mont Pennarossa, sur l'autre rive de la Nera, presque au-dessus de l'entrée du belvédère inférieur. Encore quelques marches... et une vue imprenable ! Bonnes chaussures nécessaires (le terrain est glissant), ainsi qu'un imperméable pour le passage du tunnel et l'arrivée au *balcon des Amoureux* (lors des lâchers d'eau c'est la douche assurée !)

Lago di Piediluco : un agréable lac semblable à ceux du Jura, à ceci près que les villages perchés tout autour, tel *Labro* fièrement campé sur sa colline, sont bien typiquement italiens.

FERENTILLO

À 18 km de Terni sur la route SR 209. En bus, sur la ligne Rome-Terni-Cascia, 2 bus/j.

Situé là où les versants de la vallée s'évasent, le village de Ferentillo est un bon point de séjour pour rayonner dans la région, car c'est à partir là que l'on quitte vraiment l'industrieuse et industrielle Terni pour s'enfoncer peu à peu dans de somptueux paysages de montagne. C'est aussi sur ce territoire que deux moines fondèrent un ermitage devenu, au fil des siècles, la belle abbaye de San Pietro in Valle.

Ferentillo est séparée en deux par la grande route, avec d'un côté Ferentillo Precetto (où se trouve le musée des Momies) et de l'autre Ferentillo Mattarella, où se trouvent nos hébergements.

Où dormir à Ferentillo et dans les environs ?

Le Due Querce : *via del Piano, 5. ☎ 0744-78-04-41. 📱 329-440-64-07. • leduequerce@virgilio.it • bellaumbria.net/agriturismo-leduequerce/home_fra.htm • Légèrement en retrait de la grande route (fléchage discret). Double 60 € ; petits apparts 2-4 pers 50-90 € ; camping 14 € pour 2 avec tente et voiture.* Toutes les chambres ont une salle de bains privée et l'accès à des parties communes (dont la cuisine). Petit déj sous forme d'un bon utilisable au bar proche. Accueil sympa et tentes bienvenues dans le jardin.

Agriturismo La Pila : *loc.* **La Pila,** *3. ☎ 0744-78-07-93. • agriturismolapila@tiscali.it • agriturismolapila.com • À env 1 km du centre de Ferrentillo Mattarella (discrètement fléché). Doubles 50-60 € selon saison, certaines avec coin cuisine (10 € en plus). Repas env 20 € avec les produits de la ferme ou locaux.* D'un côté la maison des proprios et, de l'autre, dans une annexe rose saumon légèrement à l'écart, les chambres, très agréables. La déco elle-même est d'une grande sobriété, mais l'espace, la hauteur de plafond de certaines d'entre elles et la fraîcheur des lieux font qu'on s'y sent bien. Également une jolie piscine dans un beau bout de jardin tout coquet et bien léché, en contrebas duquel se trouvent les vieux tracteurs et des espaces où la nature a repris ses droits.

Abbazia San Pietro in Valle – Residenza d'Epoca : *via Case Sparse, 1. ☎ 0744-78-01-29. • abbazia@sanpietroinvalle.com • sanpietroinvalle.com • ♿ Congés : 3 nov-3 avr. Doubles 125-155 €, suite 175 € ; petit déj inclus. 📶 Café offert sur présentation de ce guide.* Une partie de l'ancien monastère est devenue un hôtel de charme, dont la terrasse panoramique s'ouvre sur une nature sereine et d'une beauté sauvage, que l'on croirait à des lieues de tout endroit habité. Chambres simples et belles. Suites somptueusement meublées, dont celle du duc Faroaldo, avec poutres apparentes et, pour certaines, lit à baldaquin. Petit déj servi sous les arcades du cloître. Sauna, salle de lecture et de billard. Les bénédictins trouvaient la paix intérieure par la prière, mais le luxe fonctionne aussi...

Museo delle Mummie (musée des Momies) **:** *crypte de la chiesa San Stefano (fléché). ☎ 0744-78-07-08. Avr-sept, 9h-12h30, 14h30-19h30 ; mars et oct, 9h30-12h30, 14h30-18h ; nov-fév, 10h-12h30, 14h30-17h. Fermé dim mat pdt la messe (9h30-10h15). Cartels en français. Entrée : 3 €. Billet combiné avec l'abbazia di San Pietro in Valle : 5 €.* Lorsque, au XVIIe s, l'actuelle église fut bâtie, l'église primitive (qui, elle, date du XIIIe s) fut transformée en cimetière et utilisée comme tel jusqu'à la création, au XIXe s, d'un cimetière hors de la ville. Or, la nature minérale particulière du sol associée à la présence de champignons a permis la momification de certains des cadavres inhumés : il fallait pour cela qu'ils soient à l'abri de toute infiltration. Dans le cas contraire, le processus habituel suivait son cours, ce qui explique la collection de crânes... Quelque 25 momies sont exposées dans des vitrines et les conditions du décès de chacune de ces personnes vous sont racontées. Les expressions, parfaitement préservées, sont étonnantes et, parfois, même les vêtements ont été conservés ! Assez impressionnant.

Abbazia di San Pietro in Valle : *fléché depuis la SR 209. Entrée au-dessus de la résidence. Avr-sept, tlj 10h-13h, 15h-18h ; oct-mars, le w-e slt et horaires restreints. Entrée : 3 €. Billet combiné avec le museo delle Mummie : 5 €.*
Au tout début, il semblerait qu'il y ait eu à l'emplacement de l'église un temple païen, dont on peut encore admirer quelques vestiges aujourd'hui, ainsi qu'une villa romaine. Puis Lazare et Jean (deux moines syriens arrivés on ne sait comment dans les parages) décidèrent de fonder ici un ermitage. Pour honorer leur mémoire, le duc de Spolète, Faroaldo II, fit construire, sur le lieu même de l'ermitage, une abbaye dans laquelle il finit par se retirer, évincé du pouvoir par son intrigant de fils (720). Ainsi commença, il y a bien longtemps, l'histoire de San Pietro

in Valle, qui connut par la suite de sombres heures à cause des ignobles Sarrasins qui la détruisirent (fin IXe s). Reconstruite au début du XIe s, puis embellie par des cycles de fresques au Moyen Âge et à la Renaissance (on peut encore admirer aujourd'hui de larges bouts de ces trois cycles de fresques), elle n'a depuis, bien que passant de main en main, pas trop subi l'usure du temps et les outrages des hommes, ce qui lui vaut d'être considérée comme l'une des plus belles abbayes d'Italie centrale. Elle trône au milieu d'un paysage sublime sur le plateau du Monte Solenne, dominant la vallée, mais on n'en visite plus aujourd'hui que l'église et les extérieurs. En effet, l'abbaye devint propriété de la famille Ancaiano en 1850 et le dernier descendant de celle-ci fit don de l'église à la paroisse en 1917 et vendit les bâtiments conventuels. Les héritiers de la famille qui les acheta les transformèrent en hôtel en 1999.
L'intérieur, à nef unique et éclairé de petites fenêtres, devait être merveilleux quand les fresques (celles de la nef et de l'abside) étaient encore pimpantes. De cette jeunesse perdue, de beaux vestiges demeurent toutefois, qui feront tomber les âmes sensibles en pâmoison. Les autres porteront leur regard sur les murs de la nef où se déploient de magnifiques fresques relatant sur plusieurs registres des épisodes de l'Ancien et du Nouveau Testament. Certaines figurations sont encore lisibles, telles que la *Création du Monde*, le *Péché originel*, le *Baptême du Christ*, le *Calvaire*...

LA HAUTE VALLÉE DE LA NERA

Suivre la route SR 209 qui emprunte la vallée de la Nera.
Entre Ferentillo et Triponzo, connu depuis la nuit des temps pour ses sources sulfureuses, la route vous permet de découvrir tour à tour trois villages perchés. Les environs permettent toutes sortes d'activités sportives (rafting, escalade, VTT, randonnée pédestre, trekking avec des mulets...). L'association écologique *Legambiente*, qui dispose d'un point d'information à *Borgo Cerreto (piazza Giovanni XIII)*, non loin de Triponzo, pourra vous aiguiller vers un tourisme compatible avec le développement durable *(☎ 347-671-23-40 ; ● legambientenera.it ●).*

CHARLATANS ET SALTIMBANQUES

Petite leçon d'étymologie. Selon des recherches ethnologiques récentes, la tradition des charlatans est née au XVIe s, dans le village de Cerreto di Spoleto, proche de Triponzo... En effet, ses habitants avaient l'habitude de quitter leur village pour vendre des onguents, des herbes ou pour accomplir des miracles de guérisseurs dans les villes. Habiles avec les mots et avec les mains, les cerretani étaient connus comme les ciarlatani, *des charlatans. Et pour attirer le public sur la piazza, ils sautaient sur des bancs...* salt' in banco !

Sant'Anatolia di Narco : petit bourg médiéval construit autour d'un château du XIIe s et ceint d'une muraille du XIVe s. Il abrite désormais un écomusée consacré au chanvre *(museo della Canapa ; horaires restreints, fluctuants et un brin complexes !)*, situé à côté de l'église. On y trouve des métiers à tisser, des rouets, des tissages blancs et bleus typiques d'Ombrie et du linge ancien donné par les habitants.

Castel San Felice et abbazia di San Felice di Narco : en contrebas de cette bourgade fortifiée au sommet d'un piton rocheux, petite abbaye bénédictine du XIIe s, dont vous remarquerez les colonnes et mosaïques de l'autel. Elles sont d'époque romaine et ont été réutilisées au Moyen Âge. Pour visiter l'abbaye, inutile de grimper jusqu'au village : cela vous évitera d'encombrer le minuscule parking et les manœuvres pénibles. De la route principale, en face de celle qui monte au village, une petite route mène à l'abbaye (indiqué).

Vallo di Nera : ce village est considéré comme l'un des plus beaux d'Italie et l'un des mieux conservés de la Valnerina. Vous y verrez un ensemble de maisons en pierre et, au centre, l'*église franciscaine de Santa Maria* datant du XIIIe s *(si elle n'est pas ouv, vous pouvez demander la clé à la maison portant le no 3).* De style gothique simple, elle a conservé toutes ses décorations murales et des peintures réalisées par un élève de Giotto (épisodes de la vie de Jésus, de la Madone et de saint François). Sur les murs de la nef, des ex-voto en fresques. Sur le mur de droite, près de l'autel, une procession de pénitents en blanc, une bise de la réconciliation remarquable, couronnée par un angelot à deux têtes et, enfin, une série de cochons noirs, propres à la région de Nursie, race disparue depuis.

➢ Les amateurs de balades se procureront à l'office de tourisme de Cascia la brochure *Passegiate in Valnerina, Cerreto di Spoleto-Sant'Anatolia di Narco-Scheggino-Sellano-Vallo di Nera,* qui détaille une quinzaine d'itinéraires de 3 à 7 km de difficulté variable, dont beaucoup en boucle.

CASCIA

(06043) 3 300 hab.

Cascia doit sa renommée au safran et à sainte Rita, patronne des causes perdues et des cas désespérés, pour qui un sanctuaire fut construit entre 1918 et 1936. Cette populaire sainte a ses fidèles dans le monde entier, et plus de 2 millions de pèlerins viennent lui rendre visite chaque année. Si elle profite largement de ce tourisme religieux, la région cherche également à promouvoir les activités sportives dans les environs.

– Si vous vous sentez une petite faiblesse du mollet, pas de panique, du grand parking piazzale Papa Leone XIII et du centre-ville, une fois encore, un ascenseur et des escalators sont là pour vous hisser jusqu'à la basilique (il vous faudra quand même faire un petit effort à la fin).

Arriver – Quitter

En bus : ☎ *800-512-141 (no Vert).* • *umbriamobilita.it* •

➢ **De/vers Spolète :** 5 liaisons/j. (3 le w-e), avec changement à *Serravalle.* Trajet : env 1h.

➢ **De/vers Nursie :** min 2 bus/j. via *Serravalle* (et env 8 bus/j. pour ***Serravalle***).

➢ **De/vers Rome** *(Tiburtina)* **:** 2 bus/j. (1 dim). Trajet : 3h.

Adresse utile

Ufficio turistico di Cascia et della Valnerina : *piazza Garibaldi, 1.* ☎ *0743-71-147.* • *info@lavalnerina.it* • *lavalnerina.it* • *Tlj (sf dim nov-fév) 9h-13h, 15h30-18h30.* Une avalanche de jolies plaquettes... mais en italien et en anglais.

Où dormir ? Où manger à Cascia et dans les environs ?

Hotel Cursula : *viale Cavour, 3.* ☎ *0743-762-06.* • *info@hotelcursula.com* • *hotelcursula.com* • *Juste à l'entrée de Cascia. Congés : janv-fév pour le resto. Doubles standard 75-140 € selon saison, petit déj compris ; également des suites 4 pers. Au resto,* *carte 25-30 €.* Toutes les chambres sont impeccables et agréables, mais les *superior* avec leur parquet et leur déco revue et corrigée au goût du jour sont plus élégantes. La famille a 60 ans de tradition d'accueil et, si vous aimez les vieux objets, vous vous entendrez comme larrons en foire avec le patron. Son *ristorante della Locanda Giustini* propose des plats savoureux, comme un risotto aux truffes d'été, des soupes d'épeautre, des saucisses de foie sucrées ou des gâteaux « pauvres ».

Azienda agrituristica Casale S. Antonio : *loc. Casali Sant'Antonio. ☎ 0743-76-819. 333-321-23-44. • info@casalesantantonio.it • casalesantantonio.it • À 3 km de Cascia en direction de Monteleone di Spoleto (fléché à gauche). Doubles 50-65 € selon saison, petit déj compris. Repas (midi et soir) 15-25 €.* Une vraie ferme dans un environnement de verdure sur les hauteurs, avec une belle vue sur la vallée, qui propose un hébergement au calme et un resto avec des produits bio de la ferme, dont des variétés locales risquant l'extinction. Chambres simples, certaines avec coin cuisine, d'autres avec coin salon et mezzanine. Barbecue. Départ de sentiers. Très bon accueil.

À voir. À faire

Basilica di Santa Rita : *☎ 0743-75-091. • santaritadacascia.org • Avr-oct, tlj 6h30-20h ; nov-mars, 6h45-18h. Monastère : visites guidées slt, avr-oct, tlj 10h (10h15 w-e), 11h15, 14h30, 16h30.* Derrière cette façade austère, typique de la période mussolinienne, vous attend un intérieur chatoyant, avec son autel d'inspiration Art déco et ses fresques très colorées du début des années 1950, proches de celles des Mexicains Siqueiros et Diego Rivera. Consacré par Pie XII en 1955, le sanctuaire abrite, dans une chapelle, le corps intact de Rita. Dans l'église se trouve également la relique du « Miracle eucharistique », sous forme des pages d'un livre de prières taché du sang qui, en 1330, aurait coulé d'une hostie consacrée. Près du sanctuaire, le monastère renferme la cellule où Rita vécut et mourut en 1457, ainsi que l'oratoire où elle reçut les stigmates.

Palazzo Santi e chiesa di Sant'Antonio : *☎ 0743-75-10-10. Ouv 10h30-13h, 15h-18h (16h-19h juil-août) : tlj en août ; ven-dim mai-juil et début sept ; w-e avr et fin sept-oct. Entrée : 3 €.* Le musée propose notamment un ensemble de statues de bois polychromes caractéristiques de l'art religieux médiéval. Dans le chœur de l'église, fresques de Nicolà di Siena représentant la passion du Christ (1461). Dans la nef, épisodes de la vie de Sant'Antonio Abbate, du début du XIVe s.

- À 5 km, on visite le petit bourg de ***Roccaporena*** où Rita naquit, devint épouse, mère et veuve. Maison natale, maison maritale, église locale... à réserver aux fervents pèlerins ou aux voyageurs fascinés par la dévotion poussée à l'extrême.

➢ Les amateurs de balades se procureront à l'office de tourisme la brochure *Passegiate in Valnerina, Cascia-Monteleone-Poggiodomo,* qui détaille 15 itinéraires de 3 à 9 km de difficulté variable, dont beaucoup en boucle. Le plus difficile est l'ascension du *Monte Meraviglia* (1 392 m) avec ses 450 m de dénivelée.

DANS LES ENVIRONS DE CASCIA

La Biga etrusca di Monteleone di Spoleto : *à 18 km au sud, sur la route de Leonessa. Fléché en contrebas et à droite de l'église San Francesco. Si* *c'est fermé, s'adresser au bar. Obole bienvenue.* Ce petit village perché à près de 1 000 m d'altitude sur une colline verdoyante fut habité dès l'Antiquité. Pour preuve, un char *(biga)* en bois étrusque, recouvert de bronze martelé mettant en scène des épisodes de la victoire d'Achille sur Hector, fut trouvé dans les environs en 1902. Aujourd'hui, seule une copie est visible, agrémentée d'une petite expo, car l'original est exposé depuis 1903 au Metropolitan Museum of Art (Met) de New York. L'objet est vraiment beau et la copie de qualité.

LA BIG BAGARRE DE LA BIGA

Quand, en 1902, Isidoro Vannozzi prit sa pioche pour agrandir sa maison, il ne savait pas qu'il allait trouver un tombeau étrusque du VIe s av. J.-C. ni qu'un vrai trésor allait lui glisser entre les doigts. Il construisit un nouveau mur avec les pierres du tombeau et vendit les objets à vil prix. Parmi eux, la biga, *achetée par un antiquaire de Cascia, qui passa ensuite par Rome puis Paris, avant d'être acquise par le Met de New York. Mais en 2005, la presse américaine dévoila les objets frauduleusement achetés par le Met au début du XXe s avec, en tête de liste, la* biga *de Monteleone ! Depuis, la commune a monté l'*Operazione recupero biga *et la bataille juridique fait rage...*

NORCIA E IL PARCO NAZIONALE DEI MONTI SIBILLINI (NURSIE ET LE PARC NATIONAL DES MONTS SIBYLLINS)

À cheval sur l'Ombrie et les Marches, au pied du mont Vettore, ce très beau parc constitue la seule zone vraiment sauvage de l'Italie centrale. Pendant des siècles, on disait le massif peuplé de fées et de la mystérieuse Sibylle. Aujourd'hui, c'est un refuge pour le loup, l'aigle royal, le faucon pèlerin et le hibou grand duc. Accros des versants escarpés, des vallées profondes et des cirques glaciaires, vous êtes ici chez vous ! C'est la petite ville de Nursie (5 000 habitants) qui en constitue la clé d'accès. Petite ville mais grand renom, car d'une part saint Benoît, patriarche des moines d'Occident, y naquit en 480, d'autre part le simple nom de *Norcia* fait saliver tout gourmet italien : sa foire à la truffe noire (Nero Norcia, dernier week-end de février et premier week-end de mars) constitue une occasion unique de goûter à toutes sortes de spécialités à base de truffes, mais aussi à moult cochonnailles, fromages et produits céréaliers.

Arriver – Quitter

En bus

À Nursie, ***l'arrêt des bus*** *se trouve soit porta Romana, soit, à l'opposé, porta Ascolana.*

■ ***Umbria Mobilità :*** ☎ *800-512-141 (n° Vert).* • *umbriamobilita.it* •

➢ ***De/vers Rome*** *(Tiburtina)* **:** 2 bus/j. (1 dim), avec changement à *Serravalle.* Trajet : env 3h.

➢ ***De/vers Spolète :*** 5 bus/j. (4 dim). Départ de la gare ferroviaire de Spolète. Trajet : 1h. À Spolète, correspondances pour de nombreuses villes.

➢ ***De/vers Cascia :*** 1-2 bus/j. selon les saisons via *Serravalle* (30 mn de trajet) ou *Agriano* (1h de trajet).

En voiture

➢ ***De Spolète :*** à 42 km à l'est de Spolète via le tunnel que l'on prend à Eggi, sur la route de Foligno.

➢ ***De Terni :*** 65 km en suivant la SR 209 qui emprunte la vallée de la Nera (voir « La Valnerina » plus haut).

Adresses utiles

Case del Parco (Maisons du parc) : • *sibillini.net* • Informations, dépliants et cartes (y compris topographiques).
– **À Nursie :** *piazza San Benedetto.* ☎ *0743-82-81-73.* • *info.norcia@sibillini.net* • *Juil-août, tlj 9h30-12h30, 15h30-18h30 ; sept, ouv slt w-e.*
– **À Preci :** *via del Mulino, borgo Garibaldi.* *329-781-81-13.* • *info.preci@sibillini.net* • *Juil-août, tlj 9h30-12h30, 15h30-18h30 ; sept, ouv slt w-e.*
– Plusieurs autres dans les Marches (Visso, Castelsantangelo sul Nera...).

Poste : *à* **Nursie,** *corso Sertorio, 63. Près de la porta Romana. Lun-sam 8h-13h30 (12h30 sam).*

Où dormir ?

À Nursie et dans les environs

Bon marché

Casa Religiosa di Ospitalità San Benedetto : *via delle Vergini, 13, 06046* **Norcia.** ☎ *0743-82-82-08.* • *monastero.s.antonio@tiscali.it* • *Proche de la chiesa San Giovanni et du Tempietto. Ouv avr-oct. Accueil 9h30-21h30 ; entrée libre le soir avec la clé. Double avec sdb 60 €. CB refusées.* Corps de bâtiment constitué d'un monastère de bénédictins et d'un couvent de clarisses reliés par une passerelle. Assez austère et sans charme, et des chambres simples mais impeccables. Le seul petit problème pour les dormeurs au sommeil léger : ce n'est pas bien insonorisé. Y a plus qu'à croiser les doigts pour ne pas avoir un voisin qui se lève à l'aube ou bavarde avec une voix qui porte un peu... Cela dit, la clientèle de ces lieux n'est pas non plus du genre à faire la java tous les soirs.

Prix moyens

B & B Nonna Rosa : *loc.* **Fiano di Abeto,** *06047 Preci.* ☎ *0743-93-80-24.* • *info@nonna-rosa.it* • *nonna-rosa.it* • *À 8 km de Nursie ; prendre la direction de Preci sur 4 km, puis fléché à gauche. Double 70 €, petit déj compris. CB refusées. Parking.* Chambres toutes mignonnes, meublées à l'ancienne et chacune avec sa propre tonalité. Joli petit jardin pour se détendre et des kilomètres de nature pour se balader. Petit déj maison, sucré ou salé au choix, servi dans la cuisine de style rustique. Accueil très gentil. Un lieu de toute quiétude et un très bon rapport qualité-prix.

Hotel Da Benito : *via Marconi, 4, 06046* **Norcia.** ☎ *0743-81-66-70.* • *info@hotelbenito.it* • *hotelbenito.it* • *Doubles 70-80 €, petit déj compris. Repas 20-25 €.* Petit hôtel familial d'à peine 10 chambres. Ces dernières ne sont pas très grandes mais plaisantes et parfaitement tenues. Au resto, une cuisine régionale de bonne facture, proposant même quelques poissons (les truites élevées dans le coin). On dévore le tout attablé dans la salle agréable ou sur la terrasse dans la rue. Accueil gentil. Bref, une petite maison bien sous tous rapports.

Agriturismo La Cascina di Opaco : *loc.* **Case Sparse,** *06046 Norcia.* ☎ *0743-81-68-30.* • *info@agriturismolacascinadiopaco.it* • *agriturismolacascinadiopaco.it* • *Congés : nov-janv. À env 2 km de Norcia, en direction de Castelluccio (fléché sur la droite dans la « zone industrielle » de Norcia). Doubles 70-80 €, petit déj inclus. Parking. 10 % de réduc sur le prix de la chambre sur présentation de ce guide.* Dans la vallée, dans une exploitation adossée à la montagne boisée et avec les champs cultivés qui s'étalent à ses pieds, 2 chambres dans la maison principale et plusieurs autres dans une bâtisse récente avec une grande salle commune dotée, en son centre, d'une étonnante cheminée. La déco est sobre : carrelage, murs blancs, lits en fer forgé, mais fraîche et avenante. Le tout est impeccable. Les espaces extérieurs (une terrasse et un petit jardin) manquent encore un peu d'ombre. Ne reste plus qu'à attendre que ça pousse un peu...

Agriturismo Casale nel Parco : *loc. **Fontevena,** 8, 06046 Norcia. ☎ 0743-81-64-81. • agriumbria@casalenelparco.com • casalenelparco.com • À 1 km de Nursie, en direction de Preci. Congés : janv-fév et nov. Résa indispensable. Doubles 70-90 €, petit déj compris. Lors des w-e prolongés, ½ pens obligatoire 120-160 € pour 2. Menu 30 € ou à la carte.* Les chambres et le resto se trouvent dans une ancienne ferme complètement rénovée (à tel point qu'il est bien difficile d'y reconnaître une ferme). Belles chambres à la déco plutôt épurée, rehaussée de quelques touches coquettes. Salon commun avec piano et petite cuisine au cas où il faudrait faire manger des petits. Buanderie. Petit déj à l'heure que vous souhaitez, composé de produits bio cultivés sur place. Très belle piscine donnant sur le Monte Patino. Vente de produits de la ferme (les proprios possèdent une exploitation produisant de l'huile et des céréales) et nombreuses activités proposées.

À Castelluccio (06046)

Les hébergements à Castelluccio même ne présentent pas les meilleurs rapports qualité-prix. L'étonnante situation de ce minuscule village peu à peu retapé dominant un superbe cadre explique peut-être ce phénomène...

Rifugio Perugia : *loc. **Forca Canapine.** ☎ 0743-82-30-19. • info@rifugioperugia.it • rifugioperugia.it • À mi-chemin entre Nursie et Castelluccio malgré l'adresse, il ne faut pas bifurquer vers Forca Canapine, mais continuer vers Castelluccio. Ouv Pâques-oct ; tlj 7h-minuit. Nuit en dortoir 25 €. Sdb sur le palier. Draps 3 €. Petit déj 5 €. ½ pens 50 €/pers (obligatoire en août). Repas env 15-20 €. Parking privé.* Un grand refuge fonctionnel pour les adeptes de montagne et d'air pur. Resto proposant, entre autres bonnes choses, des viandes cuites aux braises de la cheminée, de la *scamorza* fondue ou encore des raviolis au beurre et à la sauge.

Albergo Sibilla : *via Piano Grande, 2. ☎ 0743-82-11-13. • info@sibillacastelluccio.com • sibillacastelluccio.com • Sur la place du village. Ouv avr-oct. Arrivée avt 22h30. Résa indispensable. Doubles 65-70 €, petit déj compris ; appart 4-6 pers 130 €.* Un grand chalet moderne à la décoration simple. Certaines chambres bénéficient d'un splendide panorama sur le Piano Grande et les Apennins... ce qui compense un peu les salles de bains riquiqui et les prix un poil élevés pour le confort proposé.

Agriturismo Antica Cascina Brandimarte : *via Libia, 58. ☎ 0743-82-11-94. • info@anticacascinabrandimarte.it • anticacascinabrandimarte.it • Dans le vieux village (fléché). Congés : fév-mars. Doubles 90-100 € selon vue, petit déj inclus ; tarif légèrement dégressif à partir de la 2e nuit.* Dans une vieille maison joliment restaurée, 10 chambres à peine, situées sous la belle salle de restaurant. L'espace n'est pas leur point fort, mais c'est coquet et douillet, avec un beau parquet et des teintes douces. Les plus chères ont une vue panoramique (légèrement mangée par le mur qui entoure le village) et les autres, au niveau inférieur, donnent sur la rue et le bas du mur ! (Elles n'en sont pas moins agréables.) Accueil charmant.

Où manger ?

À Nursie

Négliger une halte gastronomique à Nursie est impensable car vous êtes ici au cœur du pays des truffes noires, des truites de la Nera, des lentilles et des *salumi.* Des sangliers empaillés à chaque coin de rue signalent les épiceries ou *norcinerie,* débordantes de succulents jambons et de saucisses en tout genre. L'odeur de toute cette cochonnaille s'invite jusque dans la rue.

Sur le pouce

Pourquoi pas un ***pique-nique*** près de Nursie, puisque vous êtes dans un temple de la charcuterie et du fromage ? ***Brancaleone da Norcia*** *(corso Sertorio, 17 ; • info@brancaleonedanorcia.it •)*, une *norcineria* à la devanture évocatrice, qui propose pas moins d'une cinquantaine de produits typiques à des prix en phase avec leur qualité. Les multiples déclinaisons de saucissons font rêver, et les fromages de Nurcie sont fameux. Pour un bon pain, vous irez au ***Panificio Coccia*** *(via Roma, la boulangerie qui fait l'angle du bâtiment rose ; à côté du nº 16).* Plus popu, pour emplir votre panier un poil moins cher qu'en ville, sachez que l'usine de charcuterie ***Antica Norcineria Fratelli Ansuini*** *(viale della Stazione ; ☎ 0743-82-86-04 ; • fratelliansuini.com •)* et la chocolaterie ***Cioccolateria Vetusta Nursia*** *(viale della Stazione, 41 ; ☎ 0743-81-73-70 ; • norciaciok.it •)* sont ouvertes au public, dans la « zone industrielle », au bord de la grand-route en direction de Castelluccio.

Bon marché

Hotel Da Benito : *voir « Où dormir ? Prix moyens ».*

Taverna del Boscaiolo : *via Bandiera, 9. ☎ 0743-82-85-45. Tlj sf lun. Pizza env 6 € ; carte env 20 € (sans truffe).* Dans une ancienne cave voûtée au crépi clair et aux fresques en trompe l'œil, 2 salles accueillent les convives. Plats régionaux. Bons *primi* et viandes à prix correct.

Prix moyens

Taverna de Massari : *via Roma, 13. ☎ 0743-81-62-18. • info@tavernademassari.com • Tlj sf mar jusqu'à 21h. Repas à la carte 25-30 € ; menu dégustation 30 €.* Cuisine typique et raffinée : *gnocchetti alla norcina,* soupe d'épeautre aux truffes, filet aux cèpes et aux truffes... Bon choix de vins de la maison également. 2 belles salles, dont l'une en sous-sol, très agréable, et aussi une sympathique terrasse sur la placette.

Trattoria dal Francese : *via Riguardati, 16. ☎ 0743-81-62-90. Derrière la basilique San Benedetto. Tlj jusqu'à 21h45, sf ven oct-mai. Menu dégustation 48 € ; carte env 25 € sans truffes et 40 € avec.* La trattoria « du Français » appartenait à un émigré originaire de Nursie qui, après une pause en France, revint dans sa ville natale y fonder cet excellent resto. Les gens du pays le surnommèrent « le Français » jusqu'à la fin de sa vie. L'enseigne est restée, tenue par son fils, et l'on y mange dans un cadre boisé tout à fait convivial. Petite carte des vins. Service sympathique.

À Castelluccio (06046)

La Vostra Cantina : *piazzale Monte Vettore. ☎ 0743-82-12-06. • lavostracantina.it • Sur la place principale, au bord de la grand-route. Au printemps et en été, tlj 9h-19h30 ; le reste de l'année, horaires restreints. Congés : fév-mars. Repas 15-25 €.* Une agréable épicerie-rôtisserie avec quelques tables sur une terrasse couverte pour les beaux jours. On peut emporter son *panino* ou déguster le *pecorino* local avec un plateau de charcuterie, un assortiment de *bruschette* et, pour les appétits robustes, un plat de lentilles et saucisses ou une soupe d'épeautre.

Sibilla : *via Piano Grande, 2. • info@sibillacastelluccio.com • Sur la place du village. Juste en dessous de l'hôtel du même nom. Repas 15-25 €.* Restaurateur passionné de bonne chère à base de produits locaux : lentilles, truffes, *tortelloni alla ricotta* (faits maison), agneau et chevreau. Propose aussi des *pizze,* une bonne sélection de vins de Montefalco et des glaces.

À voir. À faire

➢ Les amateurs de balades se procureront à l'office de tourisme la brochure *Passeggiate in Valnerina, Norcia-Preci,* qui détaille 14 itinéraires de 3 à 10 km de difficulté variable, dont beaucoup en boucle.

Norcia : sur la *piazza San Benedetto,* cœur de la ville, se trouvent les plus beaux édifices. La *basilica San Benedetto,* d'architecture gothique et étonnamment dépouillée, abrite dans sa crypte les ruines d'une maison romaine qui, selon la légende, aurait vu la naissance de saint Benoît et de sa vertueuse sœur, sainte Scholastique. De la fastueuse période de l'indépendance que connut Nursie aux XIIIe et XIVe s, le *Palazzo comunale* n'a conservé qu'un antique portique. Le *Museo civico diocesano « La Castellina »* *(☎ 0743-81-70-30 ; juin-sept, tlj 10h-13h, 16h-19h30 ; le reste de l'année, tlj sf lun et horaires restreints ; entrée : 4 € ; 5 € avec les collections archéologiques ; réduc),* dans un austère palais bâti au XVIe s par Vignola à la demande de Sa Sainteté Jules III, renferme des sculptures sur bois et sur pierre (XIIIe au XVIe s) et quelques peintures.

Abbazia Sant'Eutizio : *sur la route de Preci, à 3 km de ce village et à 15 km au nord de Norcia. Tlj sf mar, en été 10h-19h (18h w-e), en hiver 10h-18h.* Dès le Ve s, des moines syriens élevèrent dans un site idyllique un oratoire, bientôt fréquenté par le futur saint Benoît. L'actuelle abbaye, bâtie à flanc de colline, date du début du XIIIe s. Elle abrita une véritable école de chirurgie qui pratiquait différentes opérations dont la castration qui, à partir du XVIe s, a permis d'obtenir les voix aiguës si particulières dont raffolaient les auditeurs de l'époque. Baladez-vous tout autour des bâtiments, visitez la nef, très dépouillée, admirez la rosace, recueillez-vous devant les cendres de saint Eutizio et jetez un coup d'œil au petit musée où sont conservés les instruments de chirurgie des moines *(9h30-12h30, 15h30-18h30 ; entrée : 2 €, réduc).*

Castelluccio et le Piano Grande : *à 30 km à l'est de Nursie. Slt 2 bus/sem (le jeu !) au départ de la porta Ascolana. Parking pour camping-cars (pour une nuit inoubliable).* Un site de sérénité et de beauté auquel on accède par une route magnifique s'élevant graduellement au-dessus de la vallée. Tel un amphithéâtre bordé de montagnes souvent enneigées, le Piano Grande, plaine d'origine karstique, forme un paysage différent de tout ce que vous pourrez voir en Italie, qui nous a évoqué le Tibet, les Andes ou encore le Grand Nord. De fin mai à mi-juin au moins, il se pare de ses plus belles couleurs pour la *fiorita,* tapis chaque jour différent de coquelicots, de pâquerettes, de renoncules, de jacinthes ou de bleuets que l'on vient voir de partout. Dominant cette plaine, le petit village de Castelluccio, perché sur une colline à 1 452 m d'altitude, semble un peu perdu dans cette immensité. Il est renommé pour ses lentilles blondes d'appellation contrôlée et pour sa ricotta. Lorsque le temps se couvre, Castelluccio flotte au-dessus d'une mer de nuages.

Parco nazionale dei Monti Sibillini : en voiture, on aura un aperçu en poursuivant la route de Castelluccio vers *Castelangelo sul Nera,* où l'on rejoint la rivière Nera, puis jusqu'à *Visso,* un gros bourg au centre médiéval conservé, d'où l'on peut revenir à Nursie via Preci. Vous pourrez admirer en cours de route tous les élevages de truites. À pied, faites-vous détailler les itinéraires de randonnée si vous souhaitez explorer la richesse du parc. Parmi les sentiers les plus populaires, celui de la gorge de l'*Infernaccio,* bien moins terrifiante que son nom ne le laisse présumer, en 3h30 aller-retour à partir de *Montefortino* (à 75 km de Nursie par Acquasante). Le très beau *lago di Pilato* (des buffles auraient tiré le corps inerte de Pilate jusqu'aux profondeurs de ce lac « démoniaque ») est accessible par deux itinéraires différents, l'un facile et l'autre moins. Le premier, partant de Foce, hameau de Montemonaco à 77 km de Nursie, se parcourt en 5h aller-retour. L'autre, partant de Forca di Presta à 33 km de Nursie, passe par *Forca Viola* et le *Monte Vettore* et nécessite 8h aller-retour.

➢ Les VTTistes trouveront de nombreux itinéraires de différents niveaux de difficulté.

➢ Les cavaliers trouveront à Castelluccio des propositions de randonnée à la journée ou à la demi-journée.

– Deltaplane et parapente se pratiquent à Castelluccio, y compris si vous êtes débutant. C'est un paradis pour le vol libre, et des adeptes y convergent du monde entier.
– Les skieurs de fond se régaleront sur le Piano Grande ou, dans les Marches, à Acquacanina au nord de Castelluccio. Les skieurs alpins trouveront des descentes dans plusieurs communes des Marches, et notamment à Frontignano, tout proche de Castelluccio.

les ROUTARDS sur la FRANCE 2015-2016

(dates de parution sur • ***routard.com*** •)

Découpage de la FRANCE par le ROUTARD

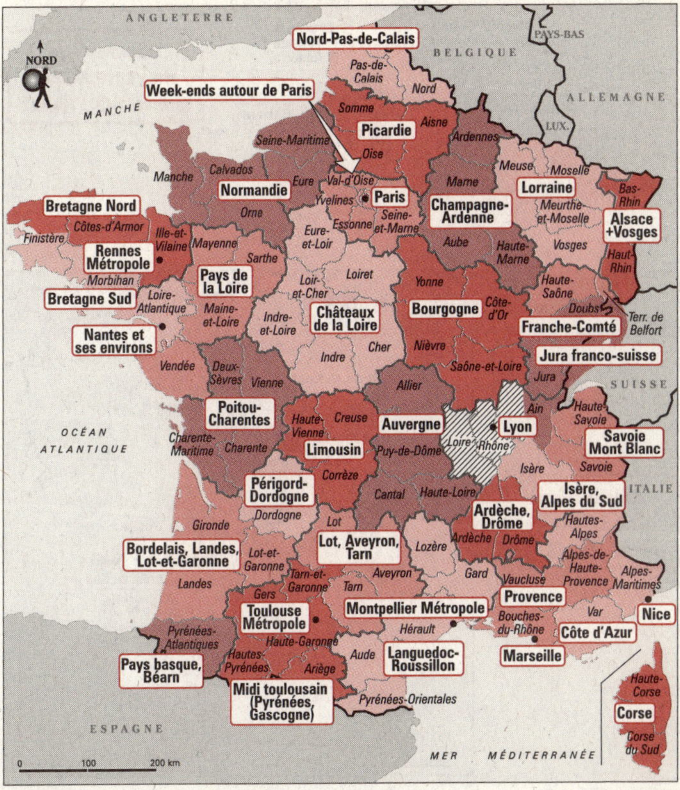

Autres guides nationaux

- La Loire à Vélo (février 2015)
- Les grands chefs du Routard
- Nos meilleurs campings en France
- Nos meilleures chambres d'hôtes en France
- Nos meilleurs hôtels et restos en France
- Nos meilleurs sites pour observer les oiseaux en France
- Tourisme responsable

Autres guides sur Paris

- Paris
- Paris à vélo
- Paris balades
- Restos et bistrots de Paris
- Le Routard des amoureux à Paris
- Week-ends autour de Paris

les ROUTARDS sur l'ÉTRANGER 2015-2016

(dates de parution sur • **routard.com** •)

Découpage de l'ESPAGNE par le ROUTARD

Découpage de l'ITALIE par le ROUTARD

Autres pays européens

- Allemagne
- Angleterre, Pays de Galles
- Autriche
- Belgique
- Budapest, Hongrie
- Crète
- Croatie
- Danemark, Suède
- Écosse
- Finlande
- Grèce continentale
- Îles grecques et Athènes
- Irlande
- Islande
- Madère (mai 2015)
- Malte
- Norvège
- Pologne
- Portugal
- République tchèque, Slovaquie
- Roumanie, Bulgarie
- Suisse

Villes européennes

- Amsterdam et ses environs
- Berlin
- Bruxelles
- Copenhague
- Dublin
- Lisbonne
- Londres
- Moscou
- Prague
- Saint-Pétersbourg
- Stockholm
- Vienne

les ROUTARDS sur l'ÉTRANGER 2015-2016

(dates de parution sur • **routard.com** •)

Découpage des ÉTATS-UNIS par le ROUTARD

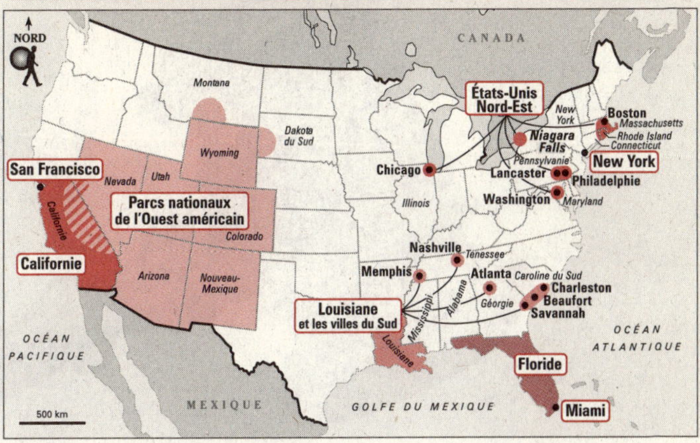

Autres pays d'Amérique

- Argentine
- Brésil
- Canada Ouest
- Chili et île de Pâques
- Équateur et les îles Galápagos
- Guatemala, Yucatán et Chiapas
- Mexique
- Montréal
- Pérou, Bolivie
- Québec, Ontario et Provinces maritimes

Asie

- Bali, Lombok
- Bangkok
- Birmanie (Myanmar)
- Cambodge, Laos
- Chine
- Hong-Kong, Macao, Canton
- Inde du Nord
- Inde du Sud
- Israël et Palestine
- Istanbul
- Jordanie
- Malaisie, Singapour
- Népal
- Shanghai
- Sri Lanka (Ceylan)
- Thaïlande
- Tokyo, Kyoto et environs
- Turquie
- Vietnam

Afrique

- Afrique de l'Ouest
- Afrique du Sud
- Égypte
- Kenya, Tanzanie et Zanzibar
- Maroc
- Marrakech
- Sénégal
- Tunisie

Îles Caraïbes et océan Indien

- Cuba
- Guadeloupe, Saint-Martin, Saint-Barth
- Île Maurice, Rodrigues
- Madagascar
- Martinique
- République dominicaine (Saint-Domingue)
- Réunion

Guides de conversation

- Allemand
- Anglais
- Arabe du Maghreb
- Arabe du Proche-Orient
- Chinois
- Croate
- Espagnol
- Grec
- Italien
- Japonais
- Portugais
- Russe
- G'palémo (conversation par l'image)

Le Routard Express

- Amsterdam (nouveauté)
- Barcelone
- Berlin
- Bruxelles (nouveauté)
- Florence (mars 2015)
- Istanbul (mars 2015)
- Lisbonne (nouveauté)
- Londres
- Madrid
- Marrakech (mars 2015)
- New York
- Prague
- Rome
- Venise

Nos 1200 coups de cœur

- France (nouveauté)
- Monde

Look!
Le guide du routard
Disponible sur iPhone
Pour vous faire comprendre partout dans le monde !
Randonnée à dos de ...
Riding a...
Achetez l'application sur l'App Store 2,99 €

Adresses utiles

1 Office [redacted]

[redacted]

Où dormir ?

11 Pension [redacted]

[redacted]

Où manger ?

30 Restaurante Fernando

[redacted]

[redacted]

Où boire un verre ?

61 Caruag[redacted]m Bar

[redacted]

Où sortir?

83 Pingo[redacted] Norte

[redacted]

À voir

90 Palacio do Monte

[redacted]

INDEX GÉNÉRAL

A

B

C

D-E-F

G-H-I

L

M

N-O

P

Q-R

S

T-U

V

OÙ TROUVER LES CARTES ET LES PLANS ?

Les **Routards** *parlent aux* **Routards**

Faites-nous part de vos expériences, de vos découvertes, de vos tuyaux. Indiquez-nous les renseignements périmés. Aidez-nous à remettre l'ouvrage à jour. Faites profiter les autres de vos adresses nouvelles, combines géniales... On adresse un exemplaire gratuit de la prochaine édition à ceux qui nous envoient les lettres les meilleures, pour la qualité et la pertinence des informations. Quelques conseils cependant :

– Envoyez-nous votre courrier le plus tôt possible afin que l'on puisse insérer vos tuyaux sur la prochaine édition.
– N'oubliez pas de préciser l'ouvrage que vous désirez recevoir.
– Vérifiez que vos remarques concernent l'édition en cours et notez les pages du guide concernées par vos observations.
– Quand vous indiquez des hôtels ou des restaurants, pensez à signaler leur adresse précise et, pour les grandes villes, les moyens de transport pour y aller. Si vous le pouvez, joignez la carte de visite de l'hôtel ou du resto décrit.
– N'écrivez si possible que d'un côté de la lettre (et non recto verso).
– Bien sûr, on s'arrache moins les yeux sur les lettres dactylographiées ou correctement écrites !

En tout état de cause, merci pour vos nombreuses lettres.

Les Routards parlent aux Routards :
122, rue du Moulin-des-Prés, 75013 Paris

e-mail : • ***guide@routard.com*** •
Internet : • ***routard.com*** •

Routard Assurance *2015*

Née du partenariat entre *AVI International* et le *Routard, Routard Assurance* est une assurance voyage complète qui offre toutes les prestations d'assistance indispensables à l'étranger : dépenses médicales, rapatriement médical, caution et défense pénale, responsabilité civile vie privée et bagages. Présent dans le monde entier, le plateau d'assistance d'*AVI International* donne accès à un vaste réseau de médecins et d'hôpitaux. Pas besoin d'avancer les frais d'hospitalisation ou de rapatriement. Numéro d'appel gratuit, disponible 24h/24. *AVI International* dispose par ailleurs d'une filiale aux États-Unis qui permet d'intervenir plus rapidement auprès des hôpitaux locaux. *AVI International* est un courtier reconnu qui gère lui-même ses dossiers et garantit une réponse rapide et simple. C'est aussi la filiale d'un groupe (SPB) présent à l'international. Pour toutes vos questions : ☎ 01-44-63-51-00 ou par mail • *routard@avi-international.com* • Conditions et souscription sur • *avi-international.com* •

Édité par Hachette Livre (43, quai de Grenelle, 75905 Paris Cedex 15, France)
Photocomposé par Jouve (45770 Saran, France)
Imprimé par Lego SPA Plant Lavis (via Galileo Galilei, 11, 38015 Lavis, Italie)
Achevé d'imprimer le 19 janvier 2015
Collection n° 13 - Édition n° 01
31/4445/4
I.S.B.N. 978-2-01-002747-5
Dépôt légal : janvier 2015

PAPIER À BASE DE FIBRES CERTIFIÉES

hachette s'engage pour l'environnement en réduisant l'empreinte carbone de ses livres. Celle de cet exemplaire est de :
650 g éq. CO_2
Rendez-vous sur www.hachette-durable.fr